westermann

Dipl.-Hdl. Dipl.-Kfm. Hartwig Heinemeier, Dipl.-Hdl. Hans Jecht,
Dipl.-Hdl. Marcel Kunze, Dipl.-Hdl. Peter Limpke, Dipl.-Hdl. Rainer Tegeler,
M. Ed. Tobias Fieber

Groß im Handel

2. Ausbildungsjahr: Lernfelder 5 bis 9 –
Kaufmann/Kauffrau für Groß- und Außenhandelsmanagement

7. Auflage

Bestellnummer 203151

Die in diesem Produkt gemachten Angaben zu Unternehmen (Namen, Internet- und E-Mail-Adressen, Handelsregistereintragungen, Bankverbindungen, Steuer-, Telefon- und Faxnummern und alle weiteren Angaben) sind i. d. R. fiktiv, d. h., sie stehen in keinem Zusammenhang mit einem real existierenden Unternehmen in der dargestellten oder einer ähnlichen Form. Dies gilt auch für alle Kunden, Lieferanten und sonstigen Geschäftspartner der Unternehmen wie z. B. Kreditinstitute, Versicherungsunternehmen und andere Dienstleistungsunternehmen. Ausschließlich zum Zwecke der Authentizität werden die Namen real existierender Unternehmen und z. B. im Fall von Kreditinstituten auch deren IBANs und BICs verwendet.

Zusatzmaterialien zu Groß im Handel
2. Ausbildungsjahr: Lernfelder 5 bis 9 –
Kaufmann/Kauffrau für Groß- und Außenhandelsmanagement

Materialien für Lehrerinnen und Lehrer:

- Lösungen zum Schülerband: 978-3-14-203223-8
- Lösungen zum Schülerband Download: 978-3-14-203159-0
- Lösungen zum Arbeitsbuch: 978-3-14-203231-3
- Lösungen zum Arbeitsbuch Download: 978-3-14-203175-0
- Lehrerlizenz BiBox Dauerlizenz: 978-3-14-203215-3
- Kollegiumslizenz BiBox Dauerlizenz: 978-3-14-203207-8

Materialien für Schülerinnen und Schüler:

- Arbeitsbuch: 978-3-14-203167-5
- Schülerlizenz BiBox Schuljahr 978-3-14-203183-5

westermann GRUPPE

© 2021 Bildungsverlag EINS GmbH, Köln, www.westermann.de

Das Werk und seine Teile sind urheberrechtlich geschützt. Jede Nutzung in anderen als den gesetzlich zugelassenen bzw. vertraglich zugestandenen Fällen bedarf der vorherigen schriftlichen Einwilligung des Verlages. Nähere Informationen zur vertraglich gestatteten Anzahl von Kopien finden Sie auf www.schulbuchkopie.de.

Für Verweise (Links) auf Internet-Adressen gilt folgender Haftungshinweis: Trotz sorgfältiger inhaltlicher Kontrolle wird die Haftung für die Inhalte der externen Seiten ausgeschlossen. Für den Inhalt dieser externen Seiten sind ausschließlich deren Betreiber verantwortlich. Sollten Sie daher auf kostenpflichtige, illegale oder anstößige Inhalte treffen, so bedauern wir dies ausdrücklich und bitten Sie, uns umgehend per E-Mail davon in Kenntnis zu setzen, damit beim Nachdruck der Verweis gelöscht wird.

Druck und Bindung: Westermann Druck GmbH, Braunschweig

ISBN 978-3-14-203151-4

VORWORT

Groß im Handel zu sein: Diesem Anspruch können Auszubildende nur gerecht werden, wenn neben einem grundlegenden kaufmännischen Handlungswissen auch Methoden-, Personal- und Sozialkompetenzen in der Berufsausbildung vermittelt werden.

Das 2. Ausbildungsjahr umfasst die Lernfelder 5 bis 9 des Rahmenlehrplans für den Ausbildungsberuf Kaufmann für Groß- und Außenhandelsmanagement/Kauffrau für Groß- und Außenhandelsmanagement vom 13.12.2019. Dieser ist nach dem Lernfeldkonzept strukturiert. Das heißt, die Lernfelder wurden so konzipiert, dass sie konkrete berufliche Lernsituationen umfassen. In der Auseinandersetzung mit diesen Situationen können die Auszubildenden sowohl die für den Beruf erforderlichen fachlichen und methodischen als auch personale und soziale Kompetenzen erwerben.

Auch der vorliegende zweite Band der Schulbuchreihe Groß im Handel möchte vor diesem Hintergrund die Handlungskompetenz der Lernenden explizit und nachhaltig fördern.

Als Handlungskompetenz verstehen wir „die Fähigkeit des Einzelnen, sich in beruflichen, gesellschaftlichen und privaten Situationen sachgerecht, durchdacht sowie individuell und sozial verantwortlich zu verhalten" (KMK). Die Schülerinnen und Schüler sollen auf die selbstständige Bewältigung der zunehmend komplizierteren und komplexeren Praxis in den Großhandelsunternehmen vorbereitet werden.

In einem von dem neuen Rahmenlehrplan geforderten Unterricht muss ein Schulbuch
- den von den Lernsituationen ausgelösten Lernprozess strukturieren,
- die zur Erreichung der geforderten Kompetenzen notwendigen Inhalte und Methoden darstellen,
- zum Lesen und zum Lernen bewegen und motivieren.

Komplexe Lernsituationen – sowohl für das **gesamte Lernfeld** als auch für die einzelnen Kapitel – konkretisieren das Lernfeld. Sie stellen den Ausgangspunkt problem- und entscheidungsorientierten Lernens dar.
Die einzelnen Kapitel dieses umfassenden und verständlichen Schulbuchs sind einheitlich gegliedert:

1. **Einstieg:** Jedes Kapitel beginnt mit einer anschaulichen Fallschilderung oder Darstellung, die auf eine Problemstellung des Kapitels hinweist.

2. **Information:** Es schließt sich ein ausführlicher Informationsteil mit einer großen Anzahl von Beispielen und weiteren Veranschaulichungen an.

3. **Aufgaben:** Die im Aufbau folgenden Lernaufgaben, die der Erschließung des Textes dienen, sollen von den Schülern mithilfe des Informationsteils selbstständig gelöst werden.

4. **Aktionen:** Durch Anwendung wichtiger Lern-, Arbeits- oder Präsentationstechniken im Zusammenhang mit dem behandelten Thema werden Grundlagen zum Erwerb der beruflich geförderten Handlungskompetenz gelegt.

5. **Zusammenfassung:** Am Kapitelende werden die wesentlichen Lerninhalte in Form einer farblich hervorgehobenen Übersicht als Post-Organizer zusammengefasst. Die Übersicht eignet sich sehr gut zur Wiederholung des Gelernten.

Die übersichtliche Gestaltung der Kapitel, die ausführlichen Erläuterungen der Fachbegriffe, die leicht verständliche Textformulierung und die vielen Beispiele und Abbildungen veranschaulichen die Inhalte ganz besonders, sodass das Lernen wesentlich erleichtert wird.

Der zweispaltige Satz und das breitere Buchformat wurden gewählt, um die Erfassbarkeit des Textes zu verbessern.

Das umfangreiche Sachwortverzeichnis am Schluss des Buches soll dem schnellen und gezielten Auffinden wichtiger Inhalte dienen.

Aus Gründen der leichteren Lesbarkeit wird zumeist die männliche Sprachform bei personenbezogenen Substantiven und Pronomen verwendet. Dies impliziert jedoch keine Benachteiligung der anderen Geschlechter, sondern soll im Sinne der sprachlichen Vereinfachung als geschlechtsneutral zu verstehen sein.

Frühjahr 2021   Die Verfasser

INHALTSVERZEICHNIS

LERNFELD 5

5		**Kaufverträge erfüllen**	**7**
5	1	Erfüllungsort, Gefahrenübergang und Gerichtsstand	9
5	2	Streckengeschäft	16
5	3	Mängel im Geschäftsverkehr (Schlechtleistung)	23
5	4	Rechte des Käufers bei mangelhaft gelieferter Ware	30
5	5	Lieferungsverzug (Nicht-Rechtzeitig-Lieferung)	45
5	6	Annahmeverzug	57
5	7	Reklamations- und Retourenmanagement	62
5	8	Kontrolle von Eingangs- und Ausgangsrechnungen	80
5	9	Barzahlung	93
5	10	Bargeldlose Zahlung	100
5	11	Kartenzahlung	104
5	12	Zahlungsverkehr beim Onlinekauf	110
5	13	Überwachung des Zahlungseingangs	122
5	14	Außergerichtliches Mahnverfahren	135
5	15	Gerichtliches Mahnverfahren	140
5	16	Zwangsvollstreckung	146
5	17	Verjährungsrecht	151

LERNFELD 6

6		**Ein Marketingkonzept entwickeln**	**162**
6	1	Marketing als zentrale Aufgabe zur Sicherung und Steigerung des Absatzerfolgs	168
6	2	Marktuntersuchung und Marktforschung	181
6	3	Produktpolitik	196
6	4	Sortimentspolitik	210
6	5	Distribution	217
6	6	Marketing in den Online-Vertriebskanälen	233
6	7	Kommunikationspolitik	247
6	8	Werbearten	262
6	9	Gesetzliche Regelungen des Wettbewerbs	265
6	10	Werbeplan und Werbeerfolgskontrolle	276
6	11	Werbemittel und Werbeträger	287
6	12	Mechanismen der Preisbildung	295
6	13	Preis- und Konditionenpolitik	308
6	14	Optimales Marketing	318
6	15	Strategisches Marketing	330
6	16	Einsatz von EDV-Programmen zum Marketing-Controlling	342

7	**Außenhandelsgeschäfte anbahnen**	348
7 | 1	Risiken im Außenhandel	351
7 | 2	Interkulturelle Rahmenbedingungen	354
7 | 3	Absicherungsmöglichkeiten von Risiken im Außenhandel	366
7 | 4	Warenhandel mit EU- und Drittländern	376
7 | 5	Dokumente im Außenhandel	382
7 | 6	Zollanmeldung und Einfuhrabgaben	395
7 | 7	Vertragsgestaltung unter Berücksichtigung internationaler Rechtsnormen und Lieferbedingungen	412
7 | 8	Einfluss von internationalen Handelsabkommen auf den Warenhandel mit EU- und Drittländern	427

LERNFELD 7

8	**Wertströme auswerten**	442
8 | 1	Jahresabschlusserstellung	444
8 | 2	Bewertungsvorschriften für Vermögens- und Schuldenwerte des Unternehmens (Bewertungsprinzipien)	453
8 | 3	Bewertungsmethoden des Anlagevermögens	460
8 | 4	Bewertung des Umlaufvermögens	474
8 | 5	Bewertung von Forderungen und Verbindlichkeiten	479
8 | 6	Zeitliche Abgrenzung – Rückstellungen und Rechnungsabgrenzungsposten	484
8 | 7	Analyse des Jahresabschlusses	498
8 | 8	Statistische Auswertungen und grafische Darstellungen der Unternehmensergebnisse	510
8 | 9	Maßnahmen zur Optimierung der wirtschaftlichen Situation	515

LERNFELD 8

9	**Geschäftsprozesse mit digitalen Werkzeugen unterstützen**	532
9 | 1	Visualisierung von Geschäftsprozessen	534
9 | 2	Funktionen von ERP-Systemen	541
9 | 3	Datenfeeds und Produktdatenoptimierung	565
9 | 4	Datenaustausch	574
9 | 5	Webshops als Instrument der Kundengewinnung	584
9 | 6	Elektronische Marktplätze	595
9 | 7	Auktionen	607
9 | 8	Datensicherung	611
9 | 9	Datenschutz	618
9 | 10	Chancen und Risiken digitaler Technologien	632

LERNFELD 9

Sachwortverzeichnis	643
Bildquellenverzeichnis	648

KAUFVERTRÄGE ERFÜLLEN

5

LERNFELD 5

Kaufverträge erfüllen

Lernsituation 1

Die Fairtext GmbH schließt täglich eine Fülle von Kaufverträgen mit ihren Kunden ab. Beim Zustandekommen eines Kaufvertrages durch Antrag und Annahme übernehmen Verkäufer und Käufer bestimmte Verpflichtungen, man spricht vom sogenannten **Verpflichtungsgeschäft**. Dabei verpflichtet sich der Verkäufer, die Ware rechtzeitig zu liefern und die richtige Ware fehlerfrei am richtigen Ort zu übergeben und dem Käufer das Eigentum an dem Kaufgegenstand zu übertragen. Der Käufer wiederum hat die ordnungsgemäß gelieferte Ware anzunehmen und sie rechtzeitig zu bezahlen.

Dem Verpflichtungsgeschäft folgt das **Erfüllungsgeschäft**, bei dem die Vertragspartner ihre eingegangenen Vertragspflichten erfüllen: Die Ware wird mangelfrei übergeben – Die Lieferung erfolgt rechtzeitig – Die Übergabe der Ware erfolgt am vereinbarten Ort – Der vereinbarte Kaufpreis wird rechtzeitig bezahlt – Die Ware geht in das Eigentum des Käufers über.

Durch diese Handlungen haben Verkäufer und Käufer ihre Pflichten aus dem Kaufvertrag erfüllt. Die Erfüllung der Pflichten aus dem Kaufvertrag ist rechtlich immer unabhängig vom eigentlichen Verpflichtungsgeschäft.

Insgesamt verläuft aber auch bei der Fairtext GmbH die Abwicklung eines Geschäfts – angefangen bei der Kundenanfrage bis zum Eintreffen der Ware beim Kunden sowie der abschließenden Zahlungsabwicklung – nicht immer ohne Störungen ab.
Verletzt der Verkäufer seine Pflichten, spricht man von Lieferungsverzug und mangelhafter Lieferung.
Verstößt der Käufer gegen seine Pflichten, liegt ein Annahme- oder Zahlungsverzug vor.

Jede dieser Vertragsstörungen kann für beide Vertragsseiten zu unangenehmen Situationen führen und im Einzelfall sogar das Ende einer Geschäftsbeziehung bedeuten. Dies bei der Vertragsabwicklung nach Möglichkeit zu vermeiden steht im Großhandelsunternehmen an oberster Stelle. Hierin sind sich die beiden Abteilungsleiter Herr Raub (Verkauf) und Herr Harriefeld (Einkauf) einig.

1. Prüfen Sie als Mitarbeiter der Verkaufsabteilung der Textilgroßhandlung Fairtext GmbH, welche Bedeutung beim Erfüllungsgeschäft die gesetzlichen Regelungen zum Erfüllungsort sowohl für die Warenlieferung als auch für die Geldzahlung haben. Stellen Sie gleichzeitig den gesetzlichen Regelungen die von Ihrem Ausbildungsunternehmen in seinen AGB verwendeten Regelungen gegenüber.

2. In der Fairtext GmbH wird in der Chefetage seit einigen Tagen die Frage diskutiert, ob man zukünftig die Warenzustellung vom Lagergeschäft nicht stärker auf das Streckengeschäft (Drop-Shipping) verlagern sollte. Befürworter des Streckengeschäfts als auch die Bewahrer des Lagergeschäfts können triftige Gründe für ihre jeweilige Position vorbringen. Beurteilen Sie die Situation.

3. Gehen Sie der Frage nach, welche gesetzlichen Regelungen greifen, wenn ein Kunde der Fairtext GmbH den Kaufvertrag nicht erfüllt, d. h. nicht rechtzeitig zahlt bzw. die vom Verkäufer fristgerecht und ordnungsgemäß gelieferte Ware nicht annimmt.

4. Informieren Sie sich in Ihrem Ausbildungsunternehmen nach
   - den Schritten bei der Abwicklung von Retouren und
   - den Maßnahmen zur Vermeidung von fehlerhaften Folgen einer Reklamation (Reklamationsmanagement).

   Visualisieren Sie Ihre zusammengetragenen Informationen auf Folien und präsentieren Sie sie vor Ihrer Klasse. Gehen Sie dabei auch auf die Bedeutung der entsprechenden betrieblichen Maßnahmen und Reaktionen ein.

5. In der Fairtext GmbH gehen täglich viele zu bezahlende Rechnung ein und es werden ebenso viele Ausgangsrechnungen geschrieben und versandt. Aus vielerlei berechtigten Gründen muss das besondere Augenmerk auf die Rechnungsprüfung beim Einkauf bzw. die Rechnungserstellung beim Verkauf gelegt werden.
   a) Beschreiben Sie die einzelnen Bearbeitungsschritte beim Eingang einer Rechnung.
   b) Aufgrund ständiger Probleme mit dem Zahlungsverhalten der Kunden hat man schon vor einigen Jahren in der Fairtext GmbH ein sogenanntes Forderungsmanagement etabliert.
   Erläutern Sie die Notwendigkeit eines Forderungsmanagements zur Überwachung der Zahlungseingänge sowie geeignete Maßnahmen zur Vermeidung von Zahlungsausfällen.

6. a) Teilen Sie als Mitarbeiter Ihres Ausbildungsunternehmens einem Kunden aus Manila in englischer Sprache mit, dass der angefragte Artikel (Produkt Ihrer Wahl) leider erst in zwei Monaten lieferbar ist. Fragen Sie nach, ob der Kunde seine Anfrage trotz dieser Auslieferungsverzögerung aufrechterhalten möchte.

b) Mahnen Sie einen Kunden in Los Angeles in englischer Sprache, der mit der Zahlung 20 Tage in Verzug ist.

Lernsituation 2

Aufgrund einer Bestellung hat die Fairtext GmbH dem Einzelhändler Heinrichs GmbH in Alfeld/Leine am 2. Juni 2021 10 Steppjacken geschickt, zahlbar bis 20. Juni 2021. Nach Ablauf der vereinbarten Frist und auch in den Wochen danach hat sich der Kunde allerdings nie wieder beim Textilgroßhändler gemeldet.

1. Erstellen Sie eine Mindmap über die Voraussetzungen und den Eintritt des Zahlungsverzugs.
2. Beurteilen Sie die rechtliche Situation.
3. Stellen Sie unter der Voraussetzung, dass ein rechtsgültiger Kaufvertrag zustande gekommen ist, fest, wann die Forderung der Fairtext GmbH gegenüber dem Einzelhandelsunternehmen Heinrichs GmbH verjährt ist.
4. Angenommen, das Einzelhandelsunternehmen Heinrichs GmbH kommt seinen vertraglichen Pflichten aus dem geschlossenen Kaufvertrag ordnungsgemäß nach. Es überweist den verlangten Kaufpreis am 19. Juni; der Betrag geht auf dem Geschäftskonto der Fairtext GmbH aber erst am 22. Juni ein.
   a) Beurteilen Sie die Situation.
   b) Stellen Sie alle in Ihrem Ausbildungsunternehmen vorherrschenden Kundenzahlungsarten bei der Auftragsabwicklung in einer Übersicht zusammen.
   c) Erklären Sie die Bedeutung der einzelnen Zahlungsarten für Ihr Unternehmen. Visualisieren Sie Ihre Ergebnisse. Präsentieren Sie diese vor Ihrer Klasse.
5. Das Einzelhandelsunternehmen Heinrichs GmbH hat die 10 Steppjacken fristgerecht am 19. Juni 2021 per Banküberweisung beglichen. Als am 23. Juni 2021 der Fairtext GmbH jedoch der Kontoauszug über den Rechnungseingang vorliegt, stellt sich heraus, dass die Sachbearbeiterin Frau Eisenberg bei der Abgabe des schriftlichen Angebots anstatt 402,00 € die Ware zu 204,00 € angeboten hatte. Prüfen Sie die rechtliche Situation.

LERNFELD 5

KAPITEL 1
Erfüllungsort, Gefahrenübergang und Gerichtsstand

Die Einzelhandlung Elegantia Textil GmbH in Lübeck bestellt bei der Textilgroßhandlung Fairtext GmbH in Hannover 30 Kleider aus Polyester. In ihrer Bestellung weist die Elegantia GmbH nur darauf hin, dass die Kleider am 15. des Monats fest benötigt werden. Weitere Vereinbarungen über die Übergabe der Ware werden nicht getroffen.
Am 16. des Monats sind die Kleider beim Einzelhändler in Lübeck noch nicht eingetroffen.
Der Einkaufsleiter der Elegantia Textil GmbH, Herr Hermerding, ist der Auffassung, dass die Kleider spätestens am 15. des Monats in Lübeck eingetroffen sein müssten.

> [...] weisen wir darauf hin, dass unsere Bestellung spätestens am 15. d. M. geliefert sein muss. [...]

In der Textilgroßhandlung Fairtext GmbH vertritt man jedoch die Meinung, dass die Kleider bis zum 15. des Monats nur ordnungsgemäß in Hannover zur Abholung bereitgestellt werden müssen.

Bestimmen Sie den Ort, an dem die Fairtext GmbH (Verkäufer) der Elegantia Textil GmbH (Käufer) die Kleider zur Verfügung stellen muss.

INFORMATIONEN

Aufgrund eines Kaufvertrags verpflichten sich beide Vertragspartner, bestimmte Leistungen zu erbringen. Der Verkäufer muss rechtzeitig liefern und das Eigentum übertragen. Der Käufer muss die Ware annehmen und rechtzeitig den Kaufpreis bezahlen.

> **DEFINITION**
> Den Ort, an dem diese Leistungen zu erbringen sind, nennt man **Erfüllungsort (Leistungsort)**.
> Der Ort, an dem der Leistungserfolg eintritt, wird als **Erfolgsort** bezeichnet (§§ 270 und 362 BGB).

Gesetzlicher Erfüllungsort

Ist im Kaufvertrag kein Ort genannt, tritt die gesetzliche Regelung in Kraft:

> Die Leistung muss an dem Ort erfolgen, an dem der Schuldner zur Zeit der Entstehung des Schuldverhältnisses seinen Wohnsitz hatte (§ 269 BGB).

Bei einem Kaufvertrag sind stets beide Vertragspartner Schuldner: Der Käufer schuldet das Geld, der Verkäufer schuldet die Ware. Daher gibt es auch stets **zwei (gesetzliche) Erfüllungsorte** (wenn beide nicht gerade im selben Ort ansässig sind).

1. Erfüllungsort für die Zahlung

> Der Erfüllungsort für die Zahlung ist der Wohn- oder Geschäftssitz des Käufers (im vorliegenden Beispiel Lübeck).

Es ist gesetzlich geregelt, dass der **Käufer (Geldschuldner)** seine Zahlungsverpflichtung erst dann erfüllt hat, wenn er das Geld fristgemäß an seinem (Erfüllungs-)Ort an den Verkäufer **auf seine Gefahr und Kosten** abgeschickt hat.

Der Geschäftssitz des **Geldgläubigers** (im Beispiel Hannover) ist dann der Ort, an dem der Leistungserfolg eintritt.

> **BEISPIEL**
> Die vom Verkäufer Fairtext GmbH an den Käufer Elegantia Textil GmbH verkauften Kleider sollten vereinbarungsgemäß bis zum 30. Juni bezahlt werden. Als die Geldsumme am 3. Juli bei der Fairtext GmbH in Hannover (= Erfolgsort) eingeht, stellt das Großhandelsunternehmen dem säumigen Zahler aufgrund der Fristüberschreitung Verzugszinsen in Rechnung.
> Allerdings unberechtigt, denn die Elegantia Textil GmbH hatte am 30. Juni einen Verrechnungsscheck per Post an die Fairtext GmbH abgeschickt und war da-

mit rechtzeitig vor Fristablauf ihrer Zahlungspflicht nachgekommen.
Maßgeblich für die fristgerechte Zahlung ist der Zeitpunkt, in dem der Brief mit dem Scheck in den Postbriefkasten eingeworfen wurde (Erfüllungsort = Lübeck), und nicht der Zugang des Schecks beim Gläubiger Fairtext GmbH in Hannover (Erfolgsort).
Die Fairtext GmbH als Geldgläubiger trägt daher die weitere **Verzögerungsgefahr**, wenn die Vertragsparteien keine abweichenden Vereinbarungen getroffen haben. Die **Verlustgefahr** muss allerdings von der Elegantia Textil GmbH getragen werden.

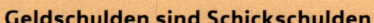

Geldschulden sind Schickschulden

2. Erfüllungsort für die Warenlieferung

Der Erfüllungsort für die Warenlieferung ist der **Wohn- oder Geschäftssitz des Verkäufers** (in unserem Beispiel Hannover).

Der **Verkäufer (= Warenschuldner)** braucht die Ware demnach lediglich an seinem Wohn- oder Geschäftssitz zur Abholung bereithalten. Der Käufer muss sie dort abholen.

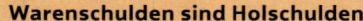

Warenschulden sind Holschulden

Bedeutung des Erfüllungsortes für die Warenschuld

Der Erfüllungsort ist besonders bedeutsam für den **Gefahrenübergang** und die **Kostenübernahme** beim Warenversand.

Mit der **Übergabe der verkauften Ware am Erfüllungsort geht die Gefahr** des zufälligen Untergangs und einer zufälligen Verschlechterung (z. B. Transportunfall, Diebstahl, Brand) **auf den Käufer über**.

Das bedeutet, dass die Ware auf Gefahr des Käufers reist. Der Käufer muss das Transportrisiko tragen, nicht der Verkäufer.

Dabei muss man zwischen drei Arten des Kaufs unterscheiden:
– dem Handkauf (= Ladenkauf),
– dem Platzkauf und
– dem Versendungskauf.

1. Hand- oder Ladenkauf

Beim Hand- oder Ladenkauf findet die Warenübergabe im Geschäft des Verkäufers statt. Die Gefahr geht mit der **Übergabe der Ware** auf den Käufer über.
Da Warenschulden nach der gesetzlichen Regelung Holschulden sind, muss der Käufer auch die Kosten für die Abholung der Ware tragen.

2. Platzkauf

Die Gefahr geht mit der **Übergabe** an den Käufer über. Die Übergabe kann erfolgen:
- an den Käufer in dessen Wohnung
- an einen Transportbeauftragten, wie z. B. Post oder Spediteur

Die Transportkosten sind generell vom Käufer zu tragen (Warenschulden = Holschulden). Lediglich wenn vereinbart wird, dass die Übergabe in der Wohnung des Käufers stattfinden soll, kommt der Verkäufer für die Kosten des Versands auf.

BEISPIEL

Einzelhändlerin Villanueva, ebenfalls mit Wohnort in Hannover, hat beim Textilgroßhändler Fairtext GmbH 40 Seidenblusen gekauft. Sie vereinbart mit der Angestellten Frau Matz, dass die Blusen um 16:00 Uhr in ihr Geschäft gebracht werden sollen. Durch ein Missgeschick beschädigt der hauseigene Bote der Fairtext GmbH die empfindlichen Seidenblusen während des Transports.
Da die Gefahr noch nicht auf Frau Villanueva übergegangen ist – das Großhandelsunternehmen Fairtext GmbH hatte die Blusen noch nicht übergeben –, muss die Fairtext GmbH den Schaden tragen. Die Kosten für den Transport sind in diesem Fall ohnehin von der Fairtext GmbH zu übernehmen.

3. Versendungskauf

Generell sind Warenschulden Holschulden. Das bedeutet, dass der Verkäufer die Ware **zur Abholung** an seinem Wohnort **bereitstellen** muss.

BEISPIEL

Die Fairtext GmbH aus Hannover muss die 30 Kleider in Hannover ordnungsgemäß und rechtzeitig zur Verfügung stellen und das Einzelhandelsunternehmen Elegantia Textil GmbH aus Lübeck muss sie dort abholen.

Derartige Praktiken würden aber den Handelsverkehr zwischen den Unternehmen sehr erschweren, denn Käufer und Verkäufer wohnen meistens an verschiedenen Orten. Daher ist in der Praxis der Versendungskauf üblich.

Versendungskauf bedeutet, dass der Verkäufer die Ware auf Verlangen des Käufers an einen anderen Ort als den Erfüllungsort versendet, etwa durch Übergabe an ein Transportunternehmen wie Bahn oder Spedition.

Aufgrund der handelsgebräuchlichen Regelung ist die Warenschuld zur Schickschuld geworden. Der Erfüllungsort bleibt jedoch der Ort des Verkäufers. Die Gefahr der Beschädigung, Verschlechterung oder des zufälligen Untergangs geht **mit der Übergabe an der Versandstation** auf den Käufer über.

BEISPIEL

Angenommen, die Einzelhändlerin Villanueva hätte ihren Geschäftssitz nicht in Hannover, sondern in Hildesheim. Der Sachbearbeiter in der Verkaufsabteilung, Herr Vergin, übernimmt auf Wunsch von Frau Villanueva die Versendung der Seidenblusen von Hannover (dem Erfüllungsort) nach Hildesheim (dem Bestimmungsort). Er veranlasst die Beförderung durch den United Parcel Service.

Unterwegs wird die Ware aus Gründen, die das Transportunternehmen nicht zu vertreten hat, beschädigt.

Den Schaden hat die Einzelhändlerin Villanueva zu tragen. Die Gefahr ist auf sie übergegangen, als der Verkäufer (die Fairtext GmbH) die Ware dem Fahrer übergeben hat. Die Blusen sind demnach auf Gefahr von Frau Villanueva gereist. Sie ist sogar zur Zahlung des vollen Kaufpreises verpflichtet.

Der Fairtext GmbH entsteht aus der Übernahme des Versands kein Nachteil.

Wird die Ware mit einem dem Verkäufer gehörenden Transporter versandt, so geht die Gefahr erst **mit der Warenübergabe** auf den Käufer über.
Für den Fall, dass ein **Verbraucher** in seiner Eigenschaft als Käufer das Transportunternehmen beauftragt und ohne dass der Unternehmer dieses zuvor benannt hat, geht das Risiko, dass die Ware auf dem Transportweg verloren geht oder beschädigt wird, vorzeitig mit der Übergabe der Ware vom Verkäufer an den Spediteur auf den Verbraucher über (§ 447, Abs. 1 BGB).

Da das Abholen der Ware beim **gesetzlichen Erfüllungsort** zu den Pflichten des Käufers gehört, muss er auch die Abnahme- und Versendungskosten (= Transportkosten) ab Versandstation des Verkäufers tragen.
Die Übergabekosten, z. B. für das Wiegen oder Messen, trägt der Verkäufer.

Durch Festlegen des Erfüllungsortes wird bestimmt, wer die Transportkosten tragen muss, vorausgesetzt, es wurden keine besonderen Abmachungen darüber getroffen.

Sollten die Versandkosten von den Geschäftspartnern vertraglich geregelt werden, so wirkt sich diese Abmachung nicht auf den Erfüllungsort aus.

Wird die Ware **vor der Übergabe** zufällig beschädigt oder vernichtet, werden die Vertragspartner von ihren Leistungspflichten befreit.

Bedeutung des Erfüllungsortes für die Geldschuld

Der gesetzliche Erfüllungsort für die Geldschulden ist der Ort des Käufers.

Der Käufer (= Schuldner der Zahlung) muss allerdings das Geld auf seine Kosten und seine Leistungs-(Verlust-)gefahr an den **Wohnort des Verkäufers** (= Gläubiger der Zahlung) schicken (§ 270 BGB).

Geldschulden sind Schickschulden

Das Besondere dieser gesetzlichen Regelung liegt darin, dass Schickschulden wie Bringschulden behandelt werden: Der Käufer ist zur Geldübermittlung verpflichtet. **Das Geld reist auf Kosten und Gefahr des Käufers.**

Würde das Geld demnach bei Übermittlung, z. B. durch einen hauseigenen Boten, verloren gehen, müsste der Käufer noch einmal zahlen.

Der Erfüllungsort ist bei Geldschulden nicht identisch mit dem Ort des Gefahrenübergangs.

Für die **fristgerechte Zahlung** ist allerdings der Zeitpunkt entscheidend, zu dem das Geld

abgesandt wurde. Für Verzögerungen, die durch die Zahlungsübermittlung entstehen, z. B. durch die Kreditinstitute oder die Post, haftet der Käufer nicht.

> **BEISPIEL**
>
> Das Einzelhandelsunternehmen Elegantia Textil GmbH, Lübeck, überweist am 6. Juni den am 7. Juni fälligen Rechnungsbetrag für die 30 Kleider von 6.000,00 €. Am 9. Juni wird der Betrag dem Konto der Fairtext GmbH, Hannover, gutgeschrieben.
> Das Einzelhandelsunternehmen hat damit fristgerecht und am rechten Ort seine Zahlungsverpflichtungen erfüllt. Für die zeitliche Verzögerung muss es nicht haften.

Eine Zahlung per Überweisung ist rechtzeitig geleistet, wenn der ordnungsgemäß ausgefüllte Überweisungsauftrag fristgerecht bei der Bank abgegeben bzw. online veranlasst wurde.

Bei der Zahlung per Scheck auf dem Postweg ist der Poststempel (im Falle Elegantia Textil GmbH der 7. Juni) für die **fristgerechte** Zahlung maßgebend.

Fristen bei Scheckzahlung

Ein Käufer darf ferner bei rechtzeitiger Absendung eines Schecks auch dann das vereinbarte Skonto vom Kaufpreis abziehen, wenn der Scheck erst nach Ablauf der festgelegten Frist beim Verkäufer eingeht.

Zwar muss der Schuldner den Scheck auf seine Gefahr und Kosten zum Gläubiger befördern. Zur Wahrung der Skontofrist genügt es jedoch, den Scheck rechtzeitig zur Post zu geben.

> **BEISPIEL**
>
> Käuferin und Verkäufer haben für ein Geschäft folgende Klausel vereinbart: „Zahlbar innerhalb von 10 Tagen mit 3 % Skonto." Der Verrechnungsscheck der Käuferin, auf dem das Skonto bereits abgezogen war, ging aber erst nach dieser Frist ein.
> Nach dem Gesetz ist der „Leistungsort" der Wohnsitz des Schuldners. Zu klären ist lediglich, ob der Scheck tatsächlich innerhalb der Frist abgeschickt wurde.

Seine **Zahlungspflicht** hat der Zahlungsschuldner in allen Fällen aber erst erfüllt, wenn der Gläubiger den Betrag erhalten hat.

Anders verhält es sich bei **Steuerschulden**. Wann das Finanzamt eine Steuerschuld als beglichen ansieht, hängt von der Zahlungsart ab:

- Überweisung oder Einzahlung auf ein Konto der Finanzbehörde: Es ist der Tag maßgeblich, an dem das Geld auf dem Konto gutgeschrieben wird.
- Einzugsermächtigung: Darf der Fiskus den Betrag einziehen, gilt die Zahlung am Fälligkeitstag als beglichen.
- Zahlung per Scheck: Steuerschuld gilt erst drei Tage nach dessen Eingang bei der zuständigen Finanzkasse als beglichen.

> **BEISPIEL**
>
> Ist die Steuerschuld zum 25. Januar 20.. (Donnerstag) fällig, muss der Scheck der Finanzkasse spätestens am Montag, den 22. Januar 20.. vorliegen.
> Fällt das Ende dieser Dreitagesfrist auf einen Samstag, Sonntag oder gesetzlichen Feiertag, gilt die Zahlung erst mit Ablauf des darauffolgenden Werktages als geleistet. Geht der Scheck also am Mittwoch, dem 7. Februar 20.., bei der Finanzkasse ein, gilt die Steuerschuld erst am folgenden Montag, dem 12. Februar 20.., als beglichen.

Vertraglicher Erfüllungsort

Im Allgemeinen wird der Erfüllungsort von den Vertragsparteien frei vereinbart. So kann der Wohnort des Verkäufers, der Wohnort des Käufers oder ein anderer Ort als Erfüllungsort festgelegt werden (**vertraglicher Erfüllungsort**).

In der Praxis wird meistens der Wohnsitz des Verkäufers zum Erfüllungsort erklärt.

Im Unterschied zum gesetzlichen Erfüllungsort gibt es bei der vertraglichen Regelung nur **einen** Erfüllungsort.

> **BEISPIEL**
>
> Das Großhandelsunternehmen Fairtext GmbH in Hannover und das Einzelhandelsunternehmen Elegantia Textil GmbH in Lübeck vereinbaren schriftlich: „**Erfüllungsort ist für beide Teile Hannover.**"

Bedeutung des Erfüllungsortes für den Gerichtsstand

1. Gesetzlicher Gerichtsstand

Der Erfüllungsort bestimmt auch das Gericht (Amts- oder Landgericht), das vom Gläubiger angerufen werden kann, wenn der Vertragspartner seine Verpflichtungen aus dem Kaufvertrag nicht ordnungsgemäß erfüllt hat.

LERNFELD 5

Die Höhe des Streitwertes bestimmt, welches Gericht in erster Instanz für das Verfahren zuständig ist. Bei Beträgen bis 5.000,00 € ist die Klage beim örtlich zuständigen Amtsgericht, bei darüber liegendem Streitwert beim Landgericht einzureichen.

Verhandelt wird vor dem Gericht, in dessen Bereich der Erfüllungsort liegt. Diese Regelung gilt jedoch nur dann, wenn im Kaufvertrag keine Vereinbarung über den Erfüllungsort und damit über das zuständige Gericht bei Streitigkeiten getroffen wurde (= **gesetzlicher Gerichtsstand**).

> Für **Warenschulden** (Holschulden) ist das zuständige Gericht am Wohn- bzw. Gewerbesitz des Verkäufers, für **Geldschulden** (Schickschulden) ist es am Wohn- bzw. Gewerbesitz des Käufers.

BEISPIEL

Die Textilgroßhandlung Fairtext GmbH, Hannover, schließt mit dem Einzelhandelsunternehmen Elegantia Textil GmbH, Lübeck, einen Kaufvertrag ab. Der **Erfüllungsort wurde nicht vereinbart**.

Wenn die Elegantia Textil GmbH in Zahlungsverzug geriete, müsste die Fairtext GmbH vor dem **Landgericht in Lübeck** klagen.

Würde umgekehrt die Fairtext GmbH z. B. mangelhafte Kleider liefern, müsste das gerichtliche Verfahren am Ort des Verkäufers, also **in Hannover**, stattfinden.

Derjenige Vertragspartner, bei dem sich der Gerichtsstand befindet, hat Zeit- und Kostenvorteile.

2. Vertraglicher Gerichtsstand

Sind die Vertragspartner Kaufleute, dann kann – abweichend von der gesetzlichen Regelung – der Gerichtsstand frei vereinbart werden (= **vertraglicher Gerichtsstand**).

Denkbar wäre z. B.: „Erfüllungsort und Gerichtsstand sind für beide Teile Hannover." Jeder Prozess würde dann vor einem Hannoveraner Gericht verhandelt werden. Die Fairtext GmbH könnte bei dieser Vertragsgestaltung Zeit und Kosten sparen.

Ist einer der Vertragspartner eine Privatperson, gilt die **gesetzliche Regelung**. Der Gerichtsstand für Geldschulden ist in diesem Fall immer der Wohnort des Käufers. Hiermit will der Gesetzgeber den Verbraucher als den wirtschaftlich Schwächeren schützen.

AUFGABEN

1. Was verstehen Sie im Geschäftsverkehr zwischen Kaufleuten unter dem Erfüllungsort?

2. Die Fairtext GmbH mit Sitz in Hannover schließt mit der Einzelhändlerin Sonja Winkelmann e. Kfr. in München einen Kaufvertrag ab über die Lieferung von 25 Kinderschlafanzügen im Gesamtwert in Höhe von 1.085,88 €. Vereinbart wird zwischen den Vertragspartnern u. a. die Lieferung „frei Haus", während über den Erfüllungsort nichts vereinbart wird.
   Der Versand durch die Fairtext GmbH erfolgt am 6. Juni. Die ordnungsgemäße Übergabe der Ware an einen Spediteur kann nachgewiesen werden. Doch leider trifft die Sendung auch 14 Tage nach der Warenübergabe an die Spedition bei der Einzelhändlerin in München nicht ein.
   a) Prüfen Sie die Rechtslage differenziert aus der Sicht beider Vertragspartner.
   b) Berechnen Sie den Nettowert für einen Schlafanzug.

3. Erklären Sie:
   a) Warenschulden sind Holschulden.
   b) Geldschulden sind Schickschulden.

4. Wer muss den Schaden tragen?
   a) Ein Kunde kauft ein Fernsehgerät und bezahlt bar. Der Verkäufer vereinbart kostenfreie Zustellung und Aufstellung in der Wohnung des Kunden. Durch einen vom Fahrer nicht verschuldeten Autounfall wird das Gerät bei der Zustellung stark beschädigt.
   b) Herr Melchers, Inhaber eines Antiquitätengeschäfts, kauft auf einer Fachmesse eine Porzellanschüssel. Während er an der Kasse bezahlt, stellt der Verkäufer die Schüssel auf die Theke. Noch bevor Herr Melchers erscheint, stößt ein anderer Kunde die Schüssel aus Versehen von der Theke – das antiquarische Stück zerbricht.
   c) Ein Lebensmittelgroßhändler aus Goslar überweist einen Rechnungsbetrag an eine Konservenfabrik nach Hildesheim. Fällig war der Rechnungsbetrag am 12. Sept., die Überweisung wurde in Goslar am 11. Sept. veranlasst. Das Geld ist der Konservenfabrik am 13. Sept. gutgeschrieben worden. Zugrunde lag ein Kaufvertrag mit der Vereinbarung „Erfüllungsort für beide Parteien ist Hildesheim".

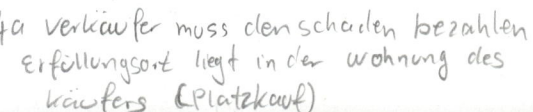

4a) Verkäufer muss den Schaden bezahlen. Erfüllungsort liegt in der Wohnung des Käufers (Platzkauf)

LERNFELD 5

5. Warum sind im Geschäftsverkehr zwischen Kaufleuten Warenschulden meistens Schickschulden?

6. Der Möbeleinzelhändler Düsterhöft aus Kassel kauft Ware bei seinem Großhändler in Frankfurt.
   a) Wo ist der gesetzliche Erfüllungsort und Gerichtsstand
      – für die Warenlieferung und
      – für die Zahlung?
   b) Wo könnten der vertragliche Erfüllungsort und Gerichtsstand festgelegt werden?

7. Der Haushaltsgeräteersteller Faber in Lüneburg liefert an den Großhändler Örtmanns in Hamburg Waren im Wert von 10.000,00 €. Unterwegs verunglückt der beauftragte Spediteur schuldlos, die Ware wird dabei vernichtet.
   Wie ist die Rechtslage, wenn
   a) über den Erfüllungsort nichts vereinbart wurde,
   b) der vereinbarte Erfüllungsort Hamburg war?

8. Wie wäre die Rechtslage, wenn Großhändler Örtmanns die Ware aus Lüneburg selbst abholt und auf dem Rückweg nach Hamburg auf der Autobahn mit seinem Transporter verunglückt? *Seite 10 Hand und Ladenkauf*

9. Analysieren Sie das vorliegende Angebot an die Fit for Fun AG in Berlin und begründen Sie dabei Ihre Antworten zu den Fragen a) bis f). Es soll angenommen werden, dass der Kaufvertrag auf der Grundlage dieses Angebotes (Abnahme 30 Stück) zustande kommt.
   a) Wer muss die Kosten für die Verpackung und den Versand übernehmen?
   b) Wo ist der Erfüllungsort für die Warenlieferung?
   c) Welche rechtliche Bedeutung hat im vorliegenden Fall der Erfüllungsort für die Fairtext GmbH?
   d) Bestimmen Sie den Erfüllungsort für die Zahlung.
   e) Wo muss die Fairtext GmbH klagen, sollte die Fit for Fun AG ihren Verpflichtungen aus dem Kaufvertrag nicht nachkommt?
   f) Welche vertragsrechtliche Konsequenz hätte es, wenn die Fairtext GmbH auf den Hinweis „Sämtliche Artikel sind sofort lieferbar" in ihrem Angebot verzichtet hätte?

Angebot

Aus unserem Lieferprogramm Sportbekleidung möchten wir Ihnen folgendes Angebot unterbreiten:

Art.Nr. 306 600 12	Leggings, Damen – schwarz	Stck. 14,43 €
Art.Nr. 306 600 15	Leggings, Damen – geblümt	Stck. 9,56 €
Art.Nr. 510 340 11	Skihose Piste, Herren – blau	Stck. 89,31 €
Art.Nr. 510 360 17	Skijacke Piste, Damen – bordeaurot	Stck. 43,17 €

zuzüglich 19 % Umsatzsteuer.

Sämtliche Artikel sind sofort lieferbar.
Bei Abnahme von je 30 Stück gewähren wir 12 % Rabatt.
Die Lieferung erfolgt ab Werk.

Mit freundlichen Grüßen
Fairtext GmbH
Textilgroßhandlung

Menne
Menne, Sachbearbeiter Einkauf

AKTIONEN

1. Bearbeiten Sie den Text des vorliegenden Kapitels in sechs Schritten:
   - Überblick verschaffen
   - Leseabschnitte einteilen
   - unbekannte Wörter nachschlagen
   - Wichtiges abschreiben
   - mit eigenen Worten wiederholen
   - den Text skizzieren in Form
     – einer Mindmap (falls möglich verwenden Sie das Programm MindManager),
     – eines Ablauf- oder Ordnungsschemas oder
     – eines Bildes, das den Textinhalt darstellt

2. Bereiten Sie sich darauf vor, Ihre Ergebnisse des letzten Schrittes Ihren Mitschülern angemessen zu präsentieren.

3. Erstellen Sie eine PowerPoint-Präsentation, die das Thema Bedeutung des Erfüllungsortes für die Warenschuld vorstellt. Visualisieren Sie Ihre Präsentation mithilfe von Abbildungen aus dem Internet. Verwenden Sie dazu die Bildersuche verschiedener Suchmaschinen, z. B. Google oder Yahoo.

4. Sammeln Sie in Ihrer Klasse Gründe für die Berücksichtigung des Erfüllungsortes und Gerichtsstands in einem Kaufvertrag.
   - Verwenden Sie dazu die „Kopfstandmethode".
   - Suchen Sie – in Gruppen zu maximal sechs Personen aufgeteilt – nach Ideen im Brainstorming.

5. Informieren Sie sich über den von Ihrem Ausbildungsunternehmen in seinen Verträgen verwen-

LERNFELD 5

deten Erfüllungsort für die Warenlieferung bzw. die Geldzahlung.

6. Stellen Sie anschließend Ihre gewonnenen Erkenntnisse der Klasse vor unter Nennung der Vorteile bzw. Nachteile für Ihr Unternehmen. (Liegen Originalunterlagen aus dem Unternehmen vor, sollten sie entsprechend präsentiert werden, z. B. mithilfe einer Folie.)

ZUSAMMENFASSUNG

Erfüllungsort
- Ort, an dem der **Schuldner** seine Leistungen zu erbringen hat (**Leistungsort**)
- Ort, an dem die Gefahr des zufälligen Untergangs und der zufälligen Verschlechterung der Ware auf den Vertragspartner übergeht (**Ort des Gefahrenübergangs**)
- Ort, an dem bei Streitigkeiten aus dem Kaufvertrag die Klage eingereicht wird (**Klageort**)

gesetzlicher Erfüllungsort
(gültig, wenn keine vertraglichen Absprachen vorliegen)

zwei Vertragsparteien / **zwei** Erfüllungsorte

Erfüllungsort für die **Warenlieferung** → Wohnsitz des Verkäufers (**Waren**schuldner)

- Verkäufer muss die Ware fristgerecht an seinem Wohnort bereitstellen. (Erfüllungsort = Erfolgsort)
- Käufer trägt Kosten und Gefahr des Transports
  - ab Übergabe bei Holschulden.
  - ab Versandstation bei Schickschulden.
  (Warenschulden = Hol- bzw. Schickschulden)

Erfüllungsort für die **Geldzahlung** → Wohnsitz des Käufers (**Geld**schuldner)

- Käufer muss das Geld fristgerecht an seinem Erfüllungsort abschicken
- Käufer trägt Kosten und Verlustgefahr der Geldübermittlung bis Wohnort (Erfolgsort) des Verkäufers (Geldschulden = Schick- bzw. Bringschulden)
- Verkäufer trägt die Verzögerungsgefahr

Der Erfüllungsort bestimmt den Gerichtsstand:
- Wohnsitz des Verkäufers
- Wohnsitz des Käufers

vertraglicher Erfüllungsort
(kann von den Vertragspartnern vereinbart werden)

zwei Vertragsparteien / **ein** Erfüllungsort

meistens der Wohnsitz des Verkäufers

Gerichtsstand:
meistens der Wohnsitz des Verkäufers

Vertragliche Vereinbarung nur unter Kaufleuten möglich; bei Abzahlungsgeschäften ist der Gerichtsstand immer am Wohnsitz des Käufers

LERNFELD 5

KAPITEL 2
Streckengeschäft

Die Textilgroßhandlung Fairtext GmbH in Hannover (Niedersachsen) bekommt einen Auftrag über 100 Blusen verschiedener Größen von einem Kunden aus Potsdam (Brandenburg). Daraufhin erteilt sie dem Hersteller, der auch in Potsdam ansässig ist, den Auftrag.

Der Hersteller liefert nun die Ware von Potsdam mit seiner Hausspedition nach Hannover. Von dort versendet sie die Fairtext GmbH mit einem eigenen Auslieferungsfahrzeug zurück nach Brandenburg zu ihrem Kunden.

Beurteilen Sie die Abwicklung dieses Kundenauftrags unter ökonomischen/ökologischen Gesichtspunkten und suchen Sie dabei ggf. nach einem anderen, sinnvolleren Lösungsweg.

INFORMATIONEN

Eigenschaften des Streckengeschäfts[1]

1. Abgrenzung zum Lagergeschäft

Bei einem Lagergeschäft handelt es sich um ein **Eigengeschäft**[2] des Großhändlers, bei dem er seine Ware zur Deckung des kurzfristigen Bedarfs seiner Kunden im eigenen Lager bereithält. Die Auslieferung geschieht entweder von einem Zentrallager aus oder von Regionallagern bzw. Auslieferungslagern in Gebieten mit großem Absatz.

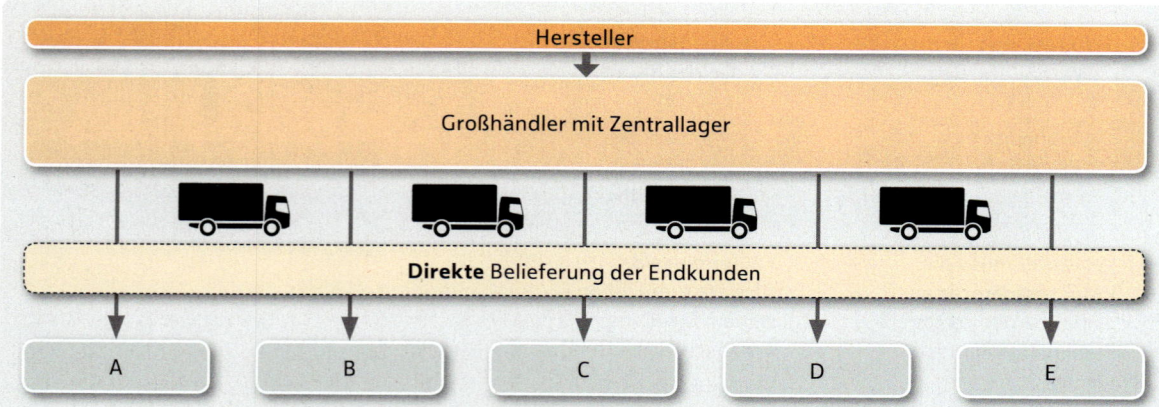

2. Streckengeschäft

DEFINITION

Bei einem **Streckengeschäft** handelt es sich um Eigenumsätze des Großhandels, bei denen die Ware das **Lager** des Großhändlers **nicht berührt**, sondern **direkt** vom Lieferanten (Hersteller) an die Kunden des Großhändlers (z. B. Einzelhändler) **geliefert** wird.

BEISPIEL

Die Boutiqueninhaberin Helen Villanueva aus Hildesheim bestellt bei der Fairtext GmbH in Hannover 120 Jacken der neuen Yna-Herbstkollektion im Colour Style (Amber, Glow, Gold), Größen 48/54. Der zuständige Sachbearbeiter im Einkauf, Herr Marxen, der die Bestellung von seinem Kollegen aus dem Verkauf erhält, bestellt die Pullover beim Hersteller Hutter OHG in Leipzig. Der Hersteller Hutter OHG schickt die Pullover nach Fertigstellung direkt an die Einzelhändlerin Villanueva in Hildesheim.

---

[1] Das Streckengeschäft wird auch als Streckenhandel, **Drop-Shipping** oder Direkthandel bezeichnet. Weitere Ausführungen zum Streckengeschäft siehe auch Kapitel 1.15 und 2.13 in Schülerband 1.

[2] Ausführliche Ausführungen zum Wesen des Eigengeschäfts siehe auf der nächsten Seite.

Der Hersteller übernimmt beim Streckengeschäft die Lagerhaltung und den Transport, d. h. die physische Distribution bzw. die Logistik. Der Großhändler beschränkt sich auf die Akquisition und Disposition, also auf die Lenkung der Warenströme.

Der Umweg der Warenlieferung vom Hersteller zum Großhändler entfällt dabei vollständig.

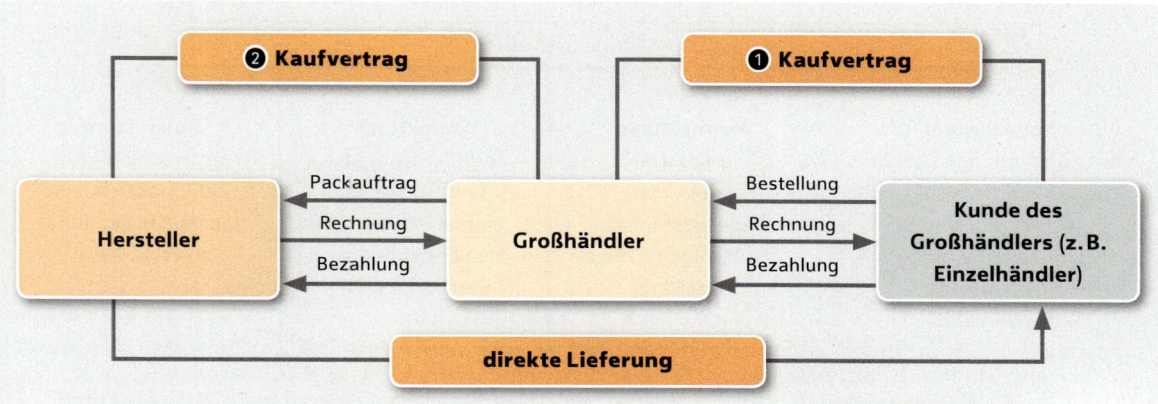

Beim **Streckengeschäft** handelt es sich ebenfalls wie beim Lagergeschäft um ein **Eigengeschäft** des Großhandelsunternehmens. Das bedeutet:

- Der Großhändler handelt im eigenen Namen und für eigene Rechnung. Er erwirbt das Eigentum an der Ware.
- Die Auftrags- und Rechnungserstellung sowie der Zahlungsweg werden über den Großhändler abgewickelt.
- Die vom Hersteller erworbene Ware wird an die Endkunden weiterveräußert. Die Risiken der Beschädigung oder des Untergangs der Ware sind vom Großhändler zu tragen.

Voraussetzung für das Streckengeschäft ist, dass der Lieferant (Hersteller) zu Einzel- bzw. Kleinmengenlieferungen bereit ist.

Streckengeschäfte findet man häufig bei der Verteilung von Massengütern wie z. B. Getreide, Eisen, Stahl, Kohle, Baustoffe, Düngemittel, aber auch beim Handel mit Verbrauchsgütern, z. B. in kooperativen Gruppen. Hier senden die Lieferanten ihre Waren nicht an den zentral disponierenden Großhandel, sondern an die dezentralen Auslieferungslager oder die Mitglieder der Einzelhandelsstufe direkt.

Oft werden auch räumlich entfernt liegende Kunden, die aber nicht abgewiesen werden sollen, im Wege des Streckengeschäfts bedient.

Knapp 29 % aller Großhandelsunternehmen betätigen sich im Streckengeschäft. Auf das Streckengeschäft entfielen im letzten Jahr 48,6 % aller Großhandelsumsätze. Daraus kann man ableiten, dass es sich bei den Unternehmen, die im Streckengeschäft tätig sind, um überdurchschnittlich große Unternehmen handelt.

Vorteile

Das Eingangsbeispiel zu diesem Kapitel zeigt, wie wenig sinnvoll eine kompromisslose Anwendung des Lagergeschäfts ist, und macht die folgenden Vorteile des Streckengeschäfts deutlich:

LERNFELD 5

Vorteile des Streckengeschäfts

... ergeben sich beim

- Entstehen von hohen Transport- und Umladekosten
- Umladen, bei dem sich aufgrund der Warenart erhöhte Gefahren ergeben können
- Transport gleichartiger Güter in größeren Mengen

... und führen zur

- **Reduzierung** der Aufwendungen bei der Logistik, da Verpackung und Warenversand eingespart werden (Outsourcing des Versands)
- **Vermeidung** von kostenintensiven Lagerbeständen (Outsourcing der Lagerung)
- **Steigerung** der Nachhaltigkeit, da die Ware nur einmal – direkt an den Endkunden – versendet wird
- **Ausnutzung** unterschiedlicher Zahlungsziele, um die eigene Liquidität zu verbessern[1]

- **Verkürzung der Lieferzeit**
- **Reduzierung des Warenrisikos** und Kostensenkung durch den Kauf auch kleinerer Warenmengen
- **einfacheren Internationalisierung** durch die Zusammenarbeit mit ausländischen Partnern im Streckengeschäft. Dadurch kann das Auslandsgeschäft ggf. einfacher, zeitsparender und günstiger erfolgen.

Grundsätzlich kann gelten, dass der Großhändler die Alternative des Streckengeschäfts ernsthaft prüfen sollte, wenn die Entfernung zwischen Hersteller und Großhandelskunde geringer ist als diejenige zwischen Großhandelslager und Kunde.

Risiken und Nachteile

Bei den aufgezeigten Vorteilen dürfen aber auch die **Risiken** und **Nachteile**, die mit dem Streckengeschäft verbunden sind, nicht übersehen werden.

Risiken und Nachteile des Streckengeschäfts

Der Kaufvertrag zwischen dem Großhändler und seinem Lieferanten (Hersteller) ist ein *zweiseitiger Handelskauf*, bei dem der Käufer verpflichtet ist, die Ware unverzüglich nach der Ablieferung auf Mängel zu untersuchen und diese ebenso unverzüglich mitzuteilen (§ 377 Absatz 1 HGB).

Auf das Streckengeschäft bezogen bedeutet das, dass der Großhändler **seine gesetzlichen Gewährleistungsrechte verliert**, wenn die Ware nicht rechtzeitig überprüft wird (er selbst kann die Ware allerdings nicht überprüfen) oder die Mängelrüge von seinem Kunden (Einzelhändler) zu spät erstellt wird. Unterlässt der Einzelhändler die unverzügliche Mängelanzeige, gilt die Ware als genehmigt, d. h. als mängelfrei.

---

1 Während der Endkunde die Ware in der Regel kurzfristig bezahlt (Lastschrift, Kreditkarte, Nachnahme), kann der Großhändler selbst längerfristige Zahlungsziele mit seinem Lieferanten (Produzenten) verhandeln und mit dem Geld in der Zwischenzeit „arbeiten".

Um dieses Risiko zu verringern, sollte der Großhändler gegenüber dem Hersteller vertraglich längere Untersuchungs- und Rügepflichten vereinbaren. Gegenüber dem Einzelhändler kann er sich dadurch absichern, dass er diesen verpflichtet, die Ware innerhalb der für ihn selbst geltenden Fristen zu untersuchen bzw. zu rügen (siehe auch Teilkapitel „Wichtige Grundregeln").

Kontrollverlust und Abhängigkeit:
Der Großhändler gibt einen wesentlichen Teil seiner **Lieferkette aus der Hand** (Outsourcing von Lagerung und Versand), wodurch er Verfügbarkeiten, Qualität der Verpackung und der fremdversandten Ware sowie Liefertreue nicht mehr direkt steuern kann.

Da er unmittelbar von der Leistung des Herstellers abhängig ist, hat möglicherweise jeder Fehler, den dieser macht, wie verspätete Lieferung oder Auslieferung mangelhafter Ware, negative Auswirkungen auf die Reputation des Großhändlers.

Der Großhändler kann bei derartigen Fehlern dann nur im Innenverhältnis zum Lieferanten (Hersteller) einen entsprechenden Ausgleich verlangen (Regressansprüche).

Hohe Komplexität der Lieferung:
Waren unterschiedlicher Lieferanten (Hersteller) können **nicht gemeinsam verpackt und geliefert** werden, wodurch bei gleichzeitiger Bestellung mehrerer unterschiedlicher Waren durch den Kunden steigende Versandkosten entstehen können.

Geringe Gewinnmargen:
Da der jeweilige Lieferant die Waren einzeln ausliefert, kann der Großhändler möglicherweise bei ihm **keine Mengenrabatte** aushandeln, was wiederum die eigene Gewinnspanne schmälert.

Aufgrund der **Auslagerung der Lagerlogistik** an den Hersteller fällt ein nicht unerheblicher Arbeitsschritt weg, an dem der Großhändler verdienen könnte. Der Hersteller wiederum lässt sich seine Organisations-, Verpackungs- und Versandleistungen vom Großhändler natürlich bezahlen.

Bestandsprobleme:
Beim Streckengeschäft ist der Großhändler vom **Bestandsmanagement des Herstellers abhängig**, sodass es zu Problemen bei der eigenen Bestandsplanung kommen kann.

Wichtige Grundregeln

- Der Erfolg des Streckengeschäfts hängt immer auch von zuverlässigen und vertrauensvollen Geschäftspartnern (Lieferanten) des Großhändlers ab.

- Problematisch beim Streckengeschäft ist die **Überwachung der Warenqualität** und **Durchsetzung von Gewährleistungsansprüchen**. Erhält z. B. der Kunde des Großhändlers vom Hersteller (Lieferanten) mangelhafte Ware oder liefert der Hersteller die Ware nicht innerhalb der vom Großhändler vertraglich zugesicherten Lieferzeit, so kann sich der Endkunde mit seinen Ansprüchen direkt an den Großhändler wenden. Der Großhändler haftet in diesem Fall für ein Verschulden des Lieferanten seinem Kunden gegenüber als Vertragspartner vollständig, d.h. wie für eigenes Verschulden.

Daher sollte der Großhändler mit seinem Partner im Streckengeschäft u. a. neben längeren Untersuchungs- und Rügepflichten auch ein funktionierendes Retourenmanagement[1] vertraglich vereinbaren.

---

[1] Nähere Ausführungen siehe im Kapitel 5.7 „Retouren- und Reklamationsmanagement"

- Die Vereinbarung von Mindestabnahmemengen und Mindermengenzuschlägen sollte vermieden werden, um die eigene Rentabilität nicht zu schmälern.

- Weiterhin sollten möglichst lange Zahlungsziele ausgehandelt werden, bis zu denen die Lieferantenrechnungen bezahlt werden müssen.

- Der Großhändler sollte beim Streckengeschäft darauf achten, dass sein EDV-System mit dem des Lieferanten (Herstellers) kompatibel ist.

Grundsätzlich sollten die typischen Risiken der Lagerung und des Versandes von Waren in einem Vertrag mit dem Hersteller (Lieferanten) berücksichtigt werden.

AUFGABEN

1. Erläutern Sie das Wesen eines Streckengeschäfts.
2. Nennen Sie die Vorteile des Streckengeschäfts für den Großhändler.
3. Im Rahmen eines Streckengeschäfts erhält ein Einzelhändler mangelhafte Ware. An wen kann er sich mit seiner Mängelrüge/einen Schadensersatzansprüchen wenden?
4. Welche Aussage zu einem Streckengeschäft ist richtig?
   a) Ein Streckengeschäft liegt vor, wenn eine Ware durch einen außerbetrieblichen Frachtführer über eine längere Strecke transportiert werden muss.
   b) Streckengeschäfte sind in der Regel für beide Vertragspartner nachteilig, da zusätzliche Kosten auftreten.
   c) Beim Streckengeschäft übernimmt der zwischengeschaltete Großhändler die Lagerfunktion seines Kunden.
   d) Beim Streckengeschäft erfolgt die Lieferung nicht an den Großhändler, sondern unmittelbar an dessen Kunden.
   e) Beim Streckengeschäft erfolgt die Lieferung zwar über das Lager des Großhändlers, die Fakturierung erfolgt allerdings vom Lieferanten des Großhändlers.
5. Im Rahmen eines Streckengeschäftes stellt der Textileinzelhändler Jens Liebermann als Endkunde der Großhandlung Nordex GmbH 14 Tage nach Wareneingang bei der Warenkontrolle fest, dass diverse Jeans am Hosenbund unsauber vernäht und für den Verkauf definitiv nicht mehr geeignet sind.

   Daraufhin verfasst er eine Mängelanzeige und stellt sie noch am gleichen Tag dem Großhändler per E-Mail zu, der sie unverzüglich an den Hersteller und Lieferanten Stricker AG telefonisch weiterleitet.

   Die Sticker AG verweigert nun allerdings eine Neu- bzw. Ersatzlieferung mit Hinweis auf die eindeutige Rechtslage gem. HGB.

   Prüfen Sie auch mithilfe des u.a. Gesetzestextes, ob die Großhandlung Nordex GmbH auf die Neu- bzw. Ersatzlieferung bestehen und/oder Schadensersatz von der Stricker AG verlangen kann, wenn es keine weiteren zusätzlichen Vereinbarungen bezüglich der Rüge- und Untersuchungspflichten zwischen den Vertragspartnern gegeben hat.

> **§ 377 Handelsgesetzbuch**
>
> (1) Ist der Kauf für beide Teile ein Handelsgeschäft, so hat der Käufer die Ware unverzüglich nach der Ablieferung durch den Verkäufer, soweit dies nach ordnungsmäßigem Geschäftsgang tunlich ist, zu untersuchen und, wenn sich ein Mangel zeigt, dem Verkäufer unverzüglich Anzeige zu machen.
>
> (2) Unterlässt der Käufer die Anzeige, so gilt die Ware als genehmigt, es sei denn, dass es sich um einen Mangel handelt, der bei der Untersuchung nicht erkennbar war.
>
> (3) Zeigt sich später ein solcher Mangel, so muss die Anzeige unverzüglich nach der Entdeckung gemacht werden; anderenfalls gilt die Ware auch in Ansehung dieses Mangels als genehmigt.
>
> (4) Zur Erhaltung der Rechte des Käufers genügt die rechtzeitige Absendung der Anzeige.
>
> (5) Hat der Verkäufer den Mangel arglistig verschwiegen, so kann er sich auf diese Vorschriften nicht berufen.

Nr. 5 - Hersteller ist nicht zur Neulieferung verpflichtet
- Großhändler hat seine Rechte aus der Lieferung verloren da er es nicht unverzüglich nach der Warenprüfung gemeldet hat.

LERNFELD 5

Zu 6 Grundsätzlich ist der Lieferant der verpackungsrechtlich Verpflichtete

6. Welcher der Partner im Streckengeschäft ist nach dem geltenden **Verpackungsgesetz** verpflichtet, sich einerseits bei der zuständigen **Zentralen Stelle Verpackungsregister** (ZSVR) zu registrieren und andererseits das Verpackungsmaterial bei einem Dualen System zu lizenzieren? Benutzen Sie zur Lösung der Aufgabe die Rechtsauffassung der ZSVR:

   > *zb Spedition →* Wenn ein Verkäufer (Versand- bzw. Onlinehändler) seine Ware durch einen externen Dritten verschicken lässt, ist grundsätzlich dieser Dritte als Versand- bzw. Logistikdienstleister hinsichtlich der jeweiligen Versandverpackung systembeteiligungs- und registrierungspflichtig. Dies kann ein Fulfillmentdienstleister oder ein Produzent/Großhändler sein, der via Drop-Shipping vom Verkäufer (Versand- bzw. Onlinehändler) unmittelbar mit dem Versand der Artikel beauftragt wird.
   >
   > Da das Verpackungsgesetz den tatsächlichen Erstinverkehrbringer verpflichtet, ist grundsätzlich der beauftragte Versanddienstleister als Fulfillmentdienstleister bzw. der Produzent der Ware oder der Großhändler („Drop-Shipper") für die Versandverpackung (inkl. Füllmaterial, Etiketten etc.) systembeteiligungs- sowie registrierungspflichtig.

   Recherchieren Sie zur Lösungsfindung auch im Internet und lesen Sie darüber hinaus im Verpackungs-Gesetz[1] nach.

7. Das Streckengeschäft ist auch mit Risiken und Nachteilen verbunden. Ordnen Sie drei der fünf Aussagen den entsprechenden Risiken und Nachteilen zu.

Aussagen	Risiken und Nachteile
a) Unterlässt der Einzelhändler die unverzügliche Mängelanzeige, gilt die Ware als (mängelfrei) genehmigt.	
b) Der Großhändler ist vom Bestandsmanagement des Herstellers abhängig.	[e] Geringe Gewinnmargen
c) Bei gleichzeitiger Bestellung mehrerer unterschiedlicher Waren durch den Kunden können steigende Versandkosten entstehen.	[d] Kontrollverlust
d) Der Großhändler kann Verfügbarkeiten, Qualität der Verpackung und der fremdversandten Ware nicht mehr direkt steuern.	[a] Verlust gesetzlicher Gewährleistungsrechte
e) Aufgrund der Auslagerung der Lagerlogistik an den Hersteller fällt ein nicht unerheblicher Arbeitsschritt weg.	

AKTIONEN

1. Bearbeiten Sie dieses Kapitel mithilfe des aktiven Lesens.
2. Klären Sie mithilfe der Kopfstandmethode, warum die Wahl der Absatzmethode für einen Großhändler wichtig ist.
3. Erstellen Sie eine Mindmap, die alle wichtigen Informationen dieses Kapitels zum Streckengeschäft und die Ergebnisse der Aktion 2 enthält. Verwenden Sie zur Anfertigung der Mindmap das Programm MindManager.
4. Die Geschäftsleitung der Textilgroßhandlung Fairtext GmbH hat den Abteilungsleiter Verkauf, Herrn Raub, gebeten zu untersuchen, ob zukünftig neben dem Lagergeschäft stärker das Streckengeschäft berücksichtigt werden sollte.
   a) Sammeln Sie mithilfe der Kartenabfrage Informationen zur Fragestellung: „Welche Anforderungen sollten zukünftige Kundenaufträge erfüllen, damit das Streckengeschäft zum Einsatz kommt?"
   b) Heften Sie Ihre Vorschläge an die Pinnwand, ordnen Sie sie nach Sinneinheiten und bilden Sie anschließend Oberbegriffe.
   c) Halten Sie mithilfe des Clusterns verbleibende Ideen und weitere gedankliche Verknüpfungen und Einfälle fest.

---

[1] Informationen zum Verpackungs-Gesetz siehe auch Kapitel 6.3.

LERNFELD 5

d) Stellen Sie – so weit wie möglich – eine Rangfolge bezüglich der Bedeutung der einzelnen Faktoren auf.
e) Entscheiden Sie sich mithilfe der von Ihnen zusammengestellten Faktoren für oder gegen das Streckengeschäft und begründen Sie Ihre Wahl.
f) Stellen Sie die Ergebnisse auf übersichtliche Weise dar.

ZUSAMMENFASSUNG

Streckengeschäft (Drop-Shipping)

(1) Der Kunde (Einzelhändler) bestellt und bezahlt die Ware beim Großhändler.
(2) Der Großhändler bestellt die Ware beim Hersteller und erwirbt die Ware von ihm (Großhändler erhält vom Hersteller nach dem Versand die Sendungsdaten und Rechnung).
(3) Die Warenlieferung erfolgt **direkt** vom Hersteller an den Endkunden (Einzelhändler), ohne dass der Großhändler physischen Kontakt mit der Ware hat.

Vergleich ausgewählter Vor- und Nachteile

Lagergeschäft	Streckengeschäft
• Hohe Zustell-, Fuhrpark-, Kommissionierungs-, Lager-, Umlade- und Verpackungskosten	• Durch Outsourcing Einsparung von Verlade-, Warenpflege-, Kommissionierungs-, Umschlags-, Fracht-, Inventur- und Lagerkosten
• Mit ständiger Vorratshaltung gängiger Artikel wird flexibel und schnell jeder Kundenbedarf jederzeit gedeckt.	• Durch den direkten Versand Reduzierung von Warenschäden
• Kompetenzgewinn durch zusätzlichen Kundenservice bei Versand und Verpackung	• Durch direkten Kontakt des Kunden mit dem Hersteller besteht die Gefahr der Umgehung des Großhandels, um mit dem Hersteller direkt um Konditionen und Preise zu verhandeln.
	• Reduzierung von Kosten und Risiken bei nicht so häufig nachgefragten Artikeln

LERNFELD 5

KAPITEL 3
Mängel im Geschäftsverkehr (Schlechtleistung)

Herr Harriefeld, Einkaufsleiter in der Fairtext GmbH in Hannover, bestellt am 31. Mai bei der Gebr. Preinel KG, Fabrikation von Sportkleidung in Altbach:

- 100 Stück Preinel Prestige, Jogginganzüge, Farbe Marine, Obermaterial Tactel-Polyamid, Polyester, Klimamembrane für absolute Wasserdichtheit, verstellbarer Beinabschluss, in der Taille Kordelzug und Klemmverschluss, Größe 44
- 50 Stück Preinl Prestige, Größe 38

Eine Woche später – am 7. Juni – trifft die bestellte Ware bei der Fairtext GmbH in Hannover ein. Beim Eingang der Anzüge werden bei der Überprüfung der Lieferung einige Mängel festgestellt. Daraufhin erhält Herr Harriefeld von einem Mitarbeiter des Wareneingangs folgende schriftliche Mitteilung:

Wareneingang: 07.06.20..   Lieferant: Firma Preinel KG
Sport- und Freizeitbekleidung
Fabrikstr. 3 a
73776 Altbach

Fehlermeldung

Ware	Best.-Nr.	gelieferte Anzahl	fehlerhafte Anzahl	Beanstandung
Jogginganzüge Preinl Prestige Größe 44	17649	99	3	1 Anzug wurde zu wenig geliefert. 1 Anzug weist unsaubere Nähte auf. 2 Anzüge haben Risse im Oberstoff.
Preinel Prestige Größe 38	17647	–	–	Es wurden 50 Anzüge Preinl Sierra geliefert.

geprüft: *Schramm*   Datum: 07.06.20..

Stellen Sie fest, worin sich die verschiedenen Beanstandungen an der Ware unterscheiden.

INFORMATIONEN

Die Ware muss mit der Bestellung übereinstimmen und zum Zeitpunkt des Gefahrenübergangs am Erfüllungsort mängelfrei sein. Für sämtliche Fehler bis zum Zeitpunkt der Übergabe muss der Verkäufer haften **unabhängig davon, ob ihn ein Verschulden trifft oder nicht**.

§ 433 Abs. 1 und 2 BGB
Der Verkäufer hat dem Käufer die Sache **frei von Sach- und Rechtsmängeln** zu übergeben und ihm das Eigentum daran zu verschaffen

Arten der Mängel

1. Sachmängel (§ 434 BGB)

DEFINITION
Ein **Sachmangel** liegt vor, wenn die Sache zum Zeitpunkt des Gefahrenübergangs (Übergabe) mit Fehlern behaftet ist.

In den folgenden sechs Fällen handelt es sich jeweils um einen Sachmangel:

1.1 Ware entspricht nicht der vereinbarten Beschaffenheit
Die **tatsächliche** Beschaffenheit (Zustand der Sache) weicht von der **vereinbarten** Beschaffenheit ab.

LERNFELD 5

> **BEISPIELE**
> - Die Fairtext GmbH bestellt für die eigene Verwaltung bei ihrem Lieferanten fünf Drucker. Zugesagt wurde, dass die Geräte eine Druckleistung von 26 Seiten (s/w) pro Minute haben werden. Es stellte sich jedoch heraus, dass die tatsächliche Leistung nur 20 Seiten pro Minute beträgt.
> - Eine Uhr zeigt nicht präzise die Zeit an.
> - Ein Regenschirm ist nicht wasserdicht.
> - Ein Geländewagen ist nicht tauglich für schweres Gelände.

Bringt ein Käufer im Verkaufsgespräch seine Vorstellungen mit ein, können sie zur vertragsgemäßen Beschaffenheit werden.

> **BEISPIELE**
> - Die Ware soll genau der Probe oder einer vorherigen Lieferung entsprechen.
> - Die gekaufte Tapete soll wasserfest sein.
> - Fliesen werden für den Außenbereich verlangt, sind aber nicht frostsicher.

Wurde im Kaufvertrag keine Beschaffenheit vereinbart,[1] dann ist die Sache frei von Mängeln, wenn sie sich für die Verwendung eignet, die nach dem Vertrag vorausgesetzt ist (= Eignung für die **gewöhnliche** Verwendung).

> **BEISPIELE**
> - Die Textilgroßhandlung A. Tang e. Kfm. verkauft Sporttrikots mit leichten Verfärbungen am unteren Saum **unter Hinweis auf diesen Mangel** mit einem Preisnachlass an einen Einzelhändler.
> In diesem Fall liegt **kein Sachmangel** vor und dem Kunden stehen keine weiteren Rechte zu.
> - Notiert ein Gebrauchtwagenhändler bei allen Baugruppen pauschal „schadhaft" oder „Wagen zum Ausschlachten", so kann der Käufer nichts reklamieren. Ein Auto gilt jetzt als mängelfrei, wenn es die „**vereinbarte Beschaffenheit**" hat.

1.2 Ware entspricht nicht der Werbeaussage

Der Ware fehlen Eigenschaften, die der Käufer **aufgrund von Werbeaussagen** erwarten kann.

Äußerungen in der Werbung, die beim Kunden entsprechende Erwartungen wecken, binden das werbende Unternehmen.

Es gilt der schlichte Grundsatz: Was man verspricht, muss man halten. Eine Werbeaussage, die nicht erfüllt werden kann, ist demzufolge nicht nur irreführend (i. S. v. § 3 UWG), sondern löst beim Kunden unmittelbar Ansprüche wegen eines Sachmangels aus.

> **BEISPIELE**
> - Ein Hersteller von Markenpullovern wirbt für seine Waren mit hautfreundlich, weil schadstoffgeprüft entsprechend den Maßstäben des „Öko-Tex-Standard 100", obwohl sich seine Textilien nicht von den übrigen nicht zertifizierten Produkten am Markt unterscheiden. In diesem Fall haben die Pullover einen Mangel, auch wenn sie ansonsten der Produktbeschreibung entsprechen und qualitativ einwandfrei sind.
> - Ein neuer Kühlschrank darf nicht mehr Energie verbrauchen, als die Werbung verspricht. Sagt der Großhändler zu, dass eine Flasche Limonade darin in einer Stunde eiskalt wird, muss der Kühlschrank sogar das leisten (bei mündlichen Absprachen allerdings Problem des Beweises).
> - „Auf dieser CD-ROM finden Sie die gesamte Rechtsprechung des Bundesfinanzhofs ab 1985!" Das ist eine konkrete Aussage, die voll nachprüfbar ist. Stellt sich heraus, dass das nicht stimmt, stehen dem Kunden die Rechte aufgrund mangelhafter Lieferung zu.

1.3 Die Kennzeichnung auf der Verpackung oder auf der Ware selbst weicht von den tatsächlich vorhandenen Eigenschaften ab

> **BEISPIEL**
> Der Lachs in einem Cash-and-carry-Großhandel ist wie folgt gekennzeichnet: „Original Kanadischer Lachs". Später stellt sich heraus, dass der Lachs aus heimischer Zucht stammt.

1.4 Montagefehler des Verkäufers

Ein Sachmangel liegt auch bei **unsachgemäßer Montage** durch den Verkäufer oder seinen Monteur vor, selbst wenn die Kaufsache ursprünglich mangelfrei war (**Montagefehler = Sachmangel**).

Voraussetzung ist allerdings, dass der Verkäufer zur Montage verpflichtet war (§ 434 Abs. 2 Satz 1 BGB)

---

[1] Je alltäglicher ein Geschäft ist, umso häufiger fehlt es an einer Vereinbarung über die Beschaffenheit einer Sache.

> **BEISPIEL**
>
> Die angelieferte vollautomatische Hebebühne für das Lager der Fairtext GmbH wird infolge fehlerhaften Anschlusses durch den Verkäufer beschädigt, sodass die Sicherheitsbeleuchtung dieser Anlage nicht mehr funktioniert.
> Eine zunächst mangelfrei gelieferte Ware ist dadurch mangelhaft geworden, dass der Verkäufer sie unsachgemäß montiert bzw. beim Käufer aufgestellt hat.

Erfasst werden auch alle Fälle, in denen **allein die Montage selbst fehlerhaft** ist, ohne dass das zu einer Beeinträchtigung der Beschaffenheit der verkauften Sache führt.

> **BEISPIEL**
>
> Arbeiter der Tischlerei Melchers stellen in den Schauräumen der Fairtext GmbH mehrere neue Regalwände auf, wobei allerdings zwei durch die Handwerker schief montiert werden. Obwohl diese zwei Regalwände frei von Mängeln sind und ohne Beeinträchtigung ihrer Beschaffenheit vom Händler genutzt werden können, liegt durch die fehlerhafte Montage ein Mangel vor.

1.5 Fehlerhafte Montageanleitung

Eine **fehlerhafte Montageanleitung** führt dazu, dass eine verkaufte Sache nicht fehlerfrei montiert werden kann, vorausgesetzt, der Kunde besitzt keine eigenen Sachkenntnisse (§ 434 Abs. 2 Satz 2 BGB; sog. **IKEA-Klausel**).

> **BEISPIEL**
>
> Ein Möbelgroßhändler händigt zusammen mit der Lieferung von Eckschreibtischen eine fehlerhafte Montageanleitung aus. Dadurch können die Schreibtische nicht richtig aufgebaut werden.

Im Gesetz wird nicht verlangt, dass die Montageanleitung schriftlich sein muss. Auch mündliche Tipps zur Selbstmontage, die sich als Flop herausstellen, führen zur Gewährleistung des Unternehmers. Allerdings wird der Geschädigte diese Tipps im Streitfall beweisen müssen.

1.6 Falsch- bzw. Minderlieferungen (§ 434 Abs. 3 BGB)

Sachmängel liegen auch vor bei

Falschlieferungen
(= Artmangel)

- Beim Gattungskauf wird eine andere Gattung geliefert:
  - Der gelieferte Gegenstand weicht erheblich von der Bestellung ab, z. B. anstatt des Sony DVD-Players XP60 wird der Akai Power GT geliefert.
  - Die Lieferung entspricht nicht genau der vereinbarten Kaufsache, z. B. wenn anstatt der vereinbarten Dosenmilch light mit 4 % Fettgehalt 15%ige Milch geliefert wird.
- Beim Stückkauf wird nicht das bestellte Stück geliefert.

Minder- oder Zuweniglieferungen
(= Quantitätsmangel)

- Eine Minderlieferung liegt nur vor, wenn die Lieferung vom Verkäufer als vollständige Erfüllung des Vertrags ausgeführt wurde. Andernfalls handelt es sich um eine bewusste Teilleistung. Ob eine Mindermenge vorliegt, richtet sich nach der Stückzahl sowie nach Maß und Gewicht:
  - Eine Warensendung enthält weniger Stücke oder eine geringere Menge als die vereinbarte.
  - Die Ware weist zu geringe Abmessungen auf, z. B. statt eines Lampendurchmessers von 35 cm wird eine mit nur 30 cm geliefert.

LERNFELD 5

Nicht gesetzlich geregelt sind **Zuviellieferungen**. In derartigen Fällen sind die Grundsätze der ungerechtfertigten Bereicherung anzuwenden.

Die Waren müssen demzufolge vom Käufer zurückgegeben werden. Der Verkäufer hat keinen Anspruch auf den Kaufpreis.

2. Rechtsmängel (§ 435 BGB)

> **DEFINITION**
>
> Ein **Rechtsmangel** liegt vor, wenn Dritte an der gelieferten Sache **Rechte** gegen den Käufer geltend machen können.

Ein typischer Rechtsmangel liegt beispielsweise vor, wenn der Verkäufer einer Sache nicht ihr Eigentümer ist, die Ware mit einem Pfandrecht belastet ist oder eine andere Person Nutzungsrechte gegen den Käufer geltend machen kann, von denen dieser bei Abschluss des Vertrags nichts wusste.

> **BEISPIELE**
>
> - Ein Großhändler für Elektroartikel kann einem Einzelhändler kein Eigentum an gestohlenen Handys verschaffen.
> - Eine Textilgroßhandlung kann eine Kollektion von Damenkostümen wegen der Rechte des Designers nicht weiterverkaufen.
> - Bei einer als Original verkauften Musik-CD handelt es sich um eine Raubkopie.

Im Fall von Rechtsmängeln stehen dem Käufer die gleichen Rechte zu wie bei Sachmängeln.

Mängel im Hinblick auf ihre Erkennbarkeit

Mängelrüge

> Liegt ein **zweiseitiger Handelskauf** vor, hat der Käufer die Pflicht, die gelieferte Ware **unverzüglich nach Ablieferung** zu prüfen und etwaige Mängel aufzunehmen.

Dabei sind die Verhältnisse des Käufers und die Art der Ware zu berücksichtigen, also z. B. ob es sich um einen Großbetrieb oder um ein kleines Handelsgewerbe handelt oder ob es sich um leicht verderbliche Ware handelt, für die dann nur eine sehr kurze Untersuchungszeit besteht. Gegebenenfalls sind Stichproben zu entnehmen, deren Anzahl sich an der Menge und der Art der Ware orientiert; z. B. genügt es, fünf von 2400 Pilzkonserven zu prüfen.

Für die Untersuchungsfrist lässt sich allgemein ein verbindlicher Zeitraum, innerhalb dessen spätestens zu untersuchen ist, nicht festlegen. Entscheidend sind die Umstände des Einzelfalls.

Wird allerdings bei der Übergabe ein Mangel festgestellt, kann der Käufer die Annahme verweigern.
Der Käufer muss einen nach der Übergabe festgestellten Mangel dem Verkäufer gegenüber eindeutig erklären, indem er eine **Mängelrüge** erteilt.

Die Mitteilung an den Verkäufer über die vorgefundenen Warenmängel ist grundsätzlich **formfrei** (mündlich, schriftlich). Ausnahmen können durch Vertrag oder durch Allgemeine Geschäftsbedingungen geregelt werden.

Die Mängelrüge muss so formuliert sein, dass der Verkäufer daraus genau Art und Umfang der Fehler entnehmen kann. Ein allgemein gehaltener Satz ist keine ordnungsmäßige Mängelanzeige.

> **BEISPIEL**
>
> Die Formulierung der Fairtext GmbH an den Lieferanten Gebr. Preinel KG: *„Sie haben uns nicht nur zu wenig Jogginganzüge, sondern auch gleich in mehrfacher Hinsicht falsche und fehlerhafte Anzüge geliefert"*, ist keine ordnungsgemäße Mängelrüge.

Versucht der Käufer mehrfach erfolglos, den Verkäufer telefonisch zu erreichen, muss er danach – unverzüglich – schriftlich rügen. Es genügt die **rechtzeitige Absendung** der Rüge durch ein zuverlässiges Beförderungsmittel. Verzögerungen bei der Übermittlung gehen zulasten des Verkäufers.

Die **Beweislast für den Zugang** und die Verlustgefahr liegen allerdings **beim Käufer**. Aus Gründen der Beweissicherung ist es daher immer empfehlenswert, schriftlich zu reklamieren und dabei die festgestellten Mängel so genau wie möglich zu beschreiben. Die Rüge kann auch durch Telefax oder E-Mail erfolgen. Welche Reklamationsfrist dabei eingehalten werden muss, ist u. a. abhängig von der Erkennbarkeit des Mangels.

> Beim **einseitigen Handelskauf** ist der Kunde nicht verpflichtet, unverzüglich eine Mängelrüge zu erteilen.

Sollte für eine Reklamation der Kassenzettel nicht mehr vorhanden sein, so reicht an seiner Stelle schon die Kartenabrechnung (Kontoauszug), um Waren zu reklamieren. Ein Kassenbon und die Originalverpackung sind dafür nicht nötig. Ein Zeuge, der beim Kauf dabei war, ist bereits ausreichend. Für Forderungen, beanstandete Waren nur im Originalverpackung zurückzugeben, gibt es keine Rechtsgrundlage.

Reklamationsfristen (Rügefristen)

Der Käufer muss bestimmte Reklamationsfristen einhalten. Sie sind beim einseitigen und zweiseitigen Handelskauf unterschiedlich.

Art des Kaufs (Vertragspartner) / Erteilung der Mängelanzeige bei	Zweiseitiger Handelskauf: Käufer und Verkäufer sind Kaufleute (für beide Seiten ist das Geschäft ein Handelsgeschäft)	Einseitiger Handelskauf (bei beweglichen Gütern: Verbrauchsgüterkauf): Käufer handelt als Privatperson und Verkäufer als Unternehmer (nur für eine Seite ist das Geschäft ein Handelsgeschäft)
Offenen Mängeln	**Unverzüglich** (= ohne schuldhaftes Verzögern) **nach Erhalt und Entdeckung** des Schadens bei der Eingangsprüfung (§ 377 Abs. 1 HGB)	Keine unverzügliche Prüfung der gelieferten Ware nötig Prüfung bei **neuen Sachen**: innerhalb von **2 Jahren** nach Ablieferung (gesetzliche Gewährleistungsfrist). Bei **gebrauchten Sachen** haftet der Verkäufer innerhalb der Frist für Sachmängelhaftung **von einem Jahr** (§ 475 BGB).
Versteckten (verdeckten) Mängeln	**Unverzüglich nach Entdeckung**, jedoch spätestens innerhalb der Frist für Sachmängelhaftung (gem. BGB 2 Jahre); eine Frist für Sachmängelhaftung kann generell ausgeschlossen werden (§ 377 Abs. 2 und 3 HGB).	
Arglistig verschwiegenen Mängeln	Innerhalb von 3 Jahren, beginnend am 1. Januar des Jahres nach der Entdeckung (§ 195 BGB)	

Bei der Vorschrift der **unverzüglichen** Untersuchung sind beim zweiseitigen Handelskauf die Verhältnisse des Käufers und die Art der Ware zu berücksichtigen.

> **BEISPIEL**
>
> - Bei der Lieferung von leicht verderblicher Ware, wie beispielsweise Obst, sollte die Prüfung innerhalb weniger Stunden erfolgen.

LERNFELD 5

- Bei bestellten Festplatten, die kurz vor Geschäftsschluss am Sonnabend angeliefert werden, ist die Prüfung am Montag ausreichend.

Kommt beim **zweiseitigen Handelskauf** ein Käufer seiner Reklamationspflicht nicht fristgerecht nach, verliert er seine Rechte aus der mangelhaften Lieferung. Die Ware gilt dann als genehmigt, es sei denn, es handelt sich um einen „nicht erkennbaren" Mangel.

BEISPIEL
Die Fairtext GmbH verkauft die mangelfrei erscheinenden Jogginganzüge der Gebr. Preinel KG innerhalb von drei Wochen nach der Lieferung. 14 Tage später beschweren sich zwei Einzelhändler beim Textilgroßhändler. Sie reklamieren, dass ihre Kunden in ihren Jogginganzügen nass geworden sind. Sie mussten die Sportanzüge zurücknehmen und verlangen nun ihrerseits von der Fairtext GmbH den Kaufpreis zurück. Versehentlich meldet der Einkaufsleiter, Herr Harriefeld, den versteckten Mangel bei der Gebr. Preinel KG in Altbach erst sieben Monate nach der Lieferung. Er hat nun kein Recht mehr auf Rückgabe der Ware. Die Fairtext GmbH muss die mangelhaften Sportanzüge bezahlen.

Durch Schweigen verliert also der Käufer seine Gewährleistungsansprüche. Das gilt sogar, wenn der Verkäufer ihm eine andere als die vereinbarte Ware geliefert hat.

Die Vorschrift soll dazu beitragen, Handelsgeschäfte zügig abzuwickeln. Der Verkäufer soll voraussehen und berechnen können, was im Geschäftsverkehr mit anderen Unternehmen auf ihn zukommt.

Die zweijährige Rügefrist beim **Verbrauchsgüterkauf** beginnt bei einer Reklamation erneut zu laufen. Voraussetzung ist allerdings, dass auch der Händler von einem Mangel ausgeht und sich nicht nur aus Kulanz auf die Reklamation eingelassen hat.

Andere Regeln gelten, wenn der Verbraucher eine Garantie[1] in Anspruch genommen hat. Dann beginnt die Frist nur von vorne, wenn ein neuer Garantiezettel ausgestellt wird.

Aufbewahrungspflicht beim zweiseitigen Handelskauf

- Der Käufer ist beim **Distanzkauf** (Käufer und Verkäufer wohnen an unterschiedlichen Orten) dazu verpflichtet, die mangelhafte Ware – auf Kosten des Verkäufers – selbst aufzubewahren bzw. die Einlagerung bei einem Dritten zu veranlassen, bis ihm der Verkäufer mitteilt, wie er weiterhin mit ihr verfahren will (§ 379 HGB).
- Beim **Platzkauf** (Käufer und Verkäufer wohnen am selben Ort) kann der Käufer die Annahme der mangelhaften Ware verweigern bzw. die beanstandete **Ware sofort zurückschicken**.
- Bei **verderblicher Ware** hat der Käufer das Recht, die mangelhafte Ware öffentlich zu versteigern oder, falls sie einen Markt- oder Börsenpreis hat, durch einen öffentlich ermächtigten Handelsmakler verkaufen zu lassen (= **Notverkauf**; § 379 HGB).

AUFGABEN

1. Die Fairtext GmbH erhält am 15. August die von ihr beim Schreiner Fehring bestellte Büro-Schrankwand, speziell nach den Maßen ihres Bürotrakts angefertigt. Als ein Geselle des Schreiners das Möbelstück aufstellt, stellt er fest, dass
   - die Schrankwand 7 cm zu kurz ist und
   - zwei der dazugehörigen Einbauschubladen leicht zerkratzt sind.

   Wann muss die Fairtext GmbH reklamieren, damit sie ihre gesetzlichen Gewährleistungsrechte nicht verliert?

2. Wann muss ein Großhändler beim Auspacken festgestellte offene Mängel beim Lieferanten beanstanden?

3. Was geschieht mit mangelhafter Ware?

4. Wann liegt ein Sachmangel vor?

5. Wie werden Sachmängel und Rechtsmängel unterschiedlich behandelt?

6. Was verstehen Sie unter der „IKEA-Klausel"?

LERNFELD 5

AKTIONEN

1. Sie sollen ein Referat über Sachmängel einschließlich Mängelrüge halten.
   a) Zur Information nutzen Sie bitte die Informationen dieses Kapitels und die des Internets.
   b) Erstellen Sie eine Gliederung und formulieren Sie das Referat.
   c) Organisieren und strukturieren Sie die Informationen, die Sie vermitteln möchten, sodass Ihre Zuhörer möglichst gut folgen können. Benutzen Sie dazu die Strukturen und Organisationsprinzipien, die Sie in den zugrunde liegenden Texten vorfinden, orientieren Sie sich z. B. an Kapitelüberschriften.
   d) Präsentieren Sie Ihre Arbeit mithilfe ausgewählter Medien. Benutzen Sie dabei bildliche Darstellungen wie z. B. Diagramme, Tabellen, Symbole, Cartoons, Strukturdarstellungen usw., um Ihre mündlichen Informationen zu unterstützen. Denken Sie daran, dass Ihre Zuhörer ungefähr 70 % Ihrer Informationen über die Augen und nur 30 % über die Ohren aufnehmen.

2. Erstellen Sie mithilfe des Programms MindManager eine Mindmap zu den Reklamationsfristen beim zweiseitigen und einseitigen Handelskauf.

3. Wählen Sie eine der im Einstiegsbeispiel genannten Mängelarten aus und erstellen Sie mithilfe des PC die unterschriftsreife Mängelrüge an die Gebr. Preinel KG in Altbach. Beachten Sie beim Abfassen des Geschäftsbriefes die DIN-Vorschriften.

ZUSAMMENFASSUNG

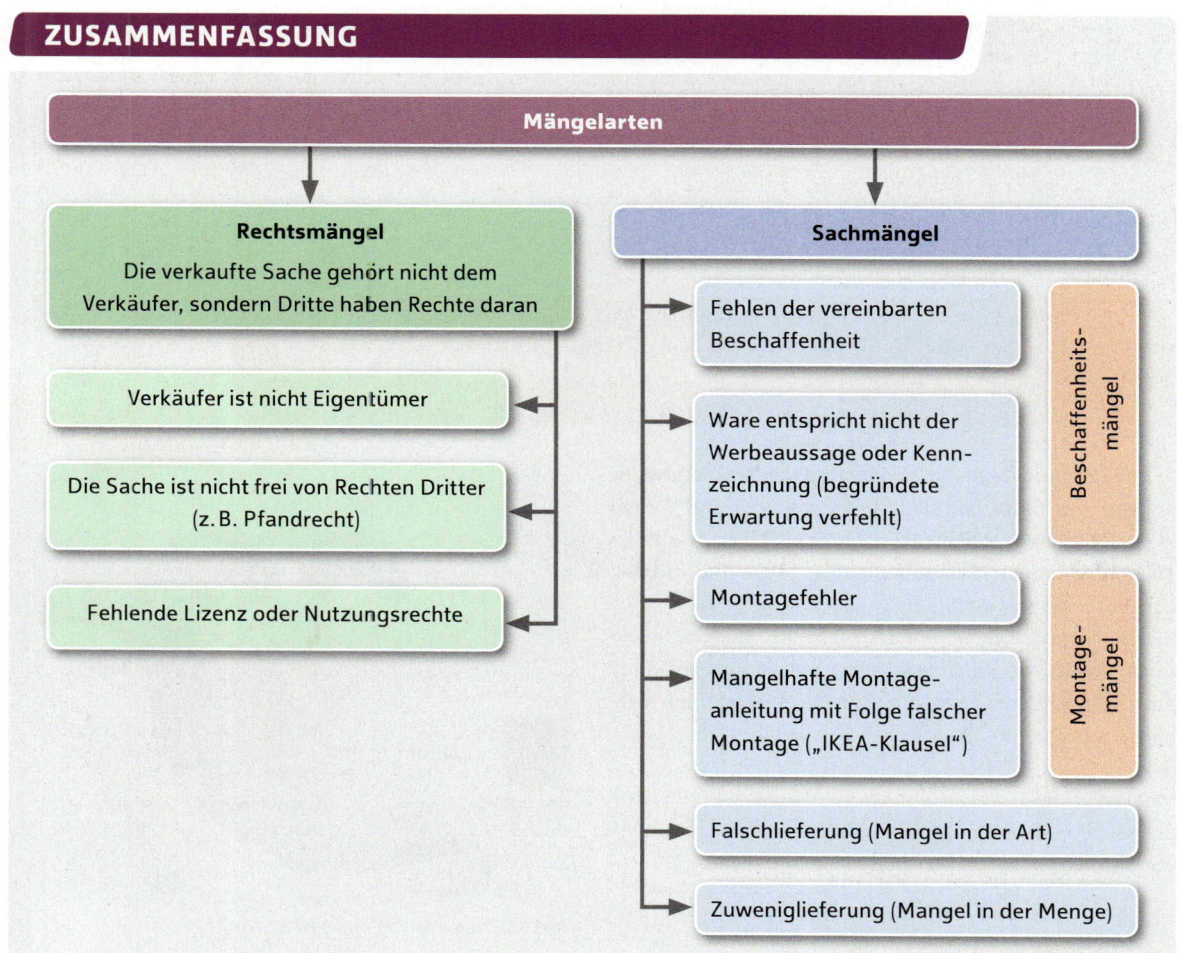

LERNFELD 5

ZUSAMMENFASSUNG

Mängelrüge

- Die beim zweiseitigen Handelskauf gesetzlich besonders ausgestaltete Mängelrüge ist die Anzeige des Käufers an den Verkäufer, dass die gelieferte Ware einen Mangel aufweist.

- Mit der Mängelrüge können beim Kaufvertrag Ansprüche aus Gewährleistung geltend gemacht werden.

- Für die Mängelrüge genügt es, dass der Käufer die Anzeige rechtzeitig absendet.

- Die Pflicht zur Mängelrüge beruht auf der kaufmännischen Untersuchungspflicht.

- Wird die Mängelrüge unterlassen, ist der Mangel genehmigt. Damit verliert der Käufer seine Ansprüche aus Gewährleistung (außer bei Mängeln und Abweichungen, die bei der Untersuchung nicht erkennbar waren).

- Stellt sich später ein Mangel heraus, muss die Mängelrüge unverzüglich nach der Entdeckung erhoben werden.

- Kein Ausschluss der Rechte des Käufers tritt ein, wenn der Verkäufer einen Mangel arglistig verschwiegen hat.

KAPITEL 4
Rechte des Käufers bei mangelhaft gelieferter Ware

In der Einkaufsabteilung überlegen Frau Besten und ihr Kollege Herr Esser, wie sie mit den von der Gebr. Preinel KG aus Altbach gelieferten mangelhaften Jogginganzügen am besten umgehen sollen (siehe Einstiegsfall zum vorherigen Kapitel).

Bisher hatte die Gebr. Preinel KG immer pünktlich und mangelfreie Ware geliefert, sodass die Fairtext GmbH auch weiterhin an diesem bewährten Lieferanten festhalten möchte.

Stellen Sie fest, welche Rechte die Fairtext GmbH aufgrund der mangelhaft gelieferten Ware in Anspruch nehmen kann bzw. sollte. Begründen Sie Ihre Meinung.

Was tun bei mangelhaft gelieferter Ware?

INFORMATIONEN

Rechte des Käufers bei Lieferung mangelhafter Ware (§ 437 BGB)

Der Käufer kann bei Mängeln je nach Sach- und Interessenlage bestimmte Rechte in Anspruch nehmen.

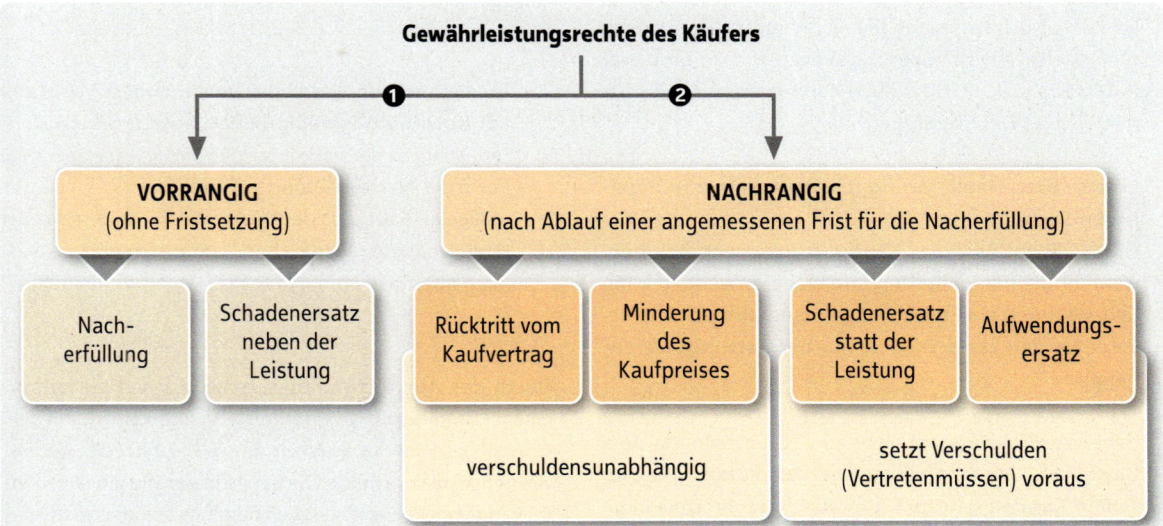

Voraussetzung für das Bestehen von Gewährleistungsansprüchen ist, dass der Käufer den Mangel nicht kannte oder kennen musste. Hat der Verkäufer den Mangel allerdings arglistig verschwiegen oder hat er eine Garantie für das Vorhandensein von bestimmten Eigenschaften der Ware übernommen, dann stehen dem Käufer auch dann Gewährleistungsrechte zu, wenn er den Mangel kennen musste.

Hat der Käufer einen festgestellten und **behebbaren Mangel** rechtzeitig gemeldet und ist kein Ausschlussgrund ersichtlich, hat er **vorrangig** einen **Anspruch auf Nacherfüllung**, den er geltend machen muss, bevor er auf die anderen Gewährleistungsrechte zurückgreifen kann (§ 439 BGB).

1. Vorrangige Rechte

1.1 Nacherfüllung (§§ 437 Abs. 1 und 439 BGB)

Im Fall der Nacherfüllung hat der Käufer ein **Wahlrecht** zwischen

- **Beseitigung des Mangels (Nachbesserung)** und
- **Lieferung einer mangelfreien Sache (Ersatzlieferung).**

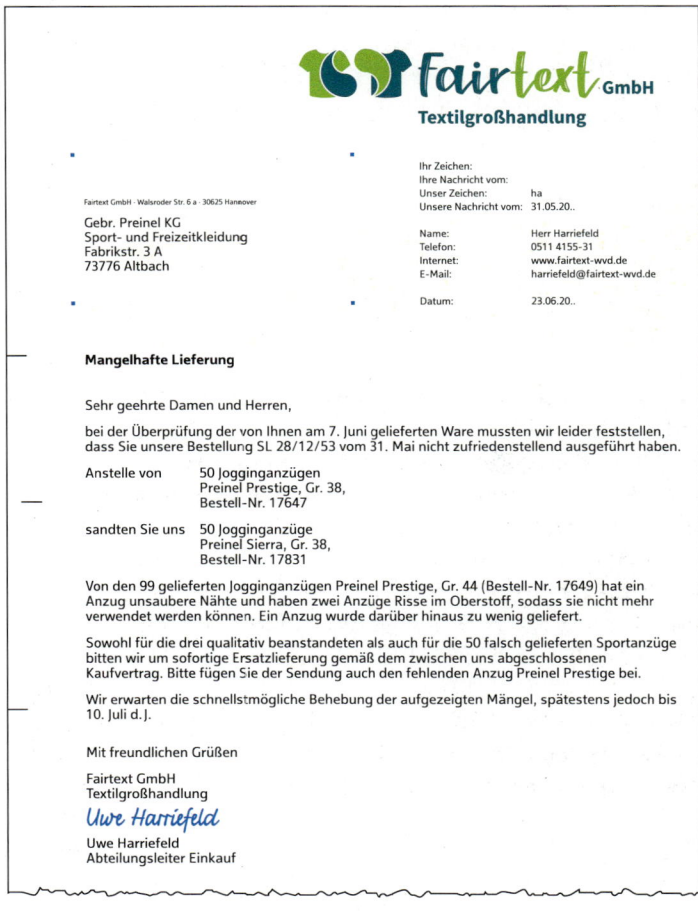

LERNFELD 5

LERNFELD 5

- **Beseitigung des Mangels (Nachbesserung)**
  Die Beseitigung des Mangels durch den Verkäufer[1], z.B. durch Reparatur, ist möglich, wenn an der Ware **keine erheblichen Mängel** festzustellen sind und die Beseitigung des Mangels für den Verkäufer **zumutbar** ist. Das ist sowohl bei Gattungs- als auch bei Stückschuld möglich. Eine Nachbesserung gilt als fehlgeschlagen, wenn der **zweite Nachbesserungsversuch** erfolglos war (§ 440 Abs. 2 BGB). Der Käufer kann in diesem Fall neue (fehlerfreie) Ware verlangen.

- **Ersatz- bzw. Neulieferung (Lieferung einer mangelfreien Sache)**
  Dieses Recht wird der Käufer in Anspruch nehmen, wenn er die mangelhafte Ware nicht verwenden kann und sie durch eine gleichartige mangelfreie Sache ersetzt werden kann. Dies ist nur bei **Gattungswaren**[2] möglich.

  Die **Ersatzlieferung** ist nicht zu verwechseln mit dem **Umtausch**, den ein Unternehmer aus **Kulanzgründen** seinen Kunden gewährt. Umtausch ist die freiwillige Verpflichtung eines Unternehmers, Ware ohne Fehler bei Nichtgefallen zurückzunehmen.

  Liefert der Verkäufer auf Verlangen des Käufers (neue) mangelfreie Ware, muss der Käufer die mangelhafte Sache zurückgeben. Zugleich muss der Käufer Wertersatz für den Vorteil, den er durch den Gebrauch der Sache hatte, leisten. Die Kosten für die Rücksendung einschließlich Verpackung muss der Verkäufer tragen.

  Kein Wertersatz oder Nutzungsausfall bei Nacherfüllung kann der Unternehmer bei einem **Verbrauchsgüterkauf** verlangen (§ 474 Abs. 5 BGB).

- **Nachbesserung oder Neulieferung?**
  - Ist eine der beiden vom Käufer gewählten Formen der **Nacherfüllung unmöglich**, dann kann er – soweit das überhaupt noch möglich ist – den jeweils anderen Nacherfüllungsanspruch wählen.

> **BEISPIEL**
> - Eine **Ersatzlieferung** ist nicht möglich bei einer gebrauchten Sache oder einer Stückware, z.B. einer seltenen Briefmarke.
> - Eine **Nachbesserung** kann nicht durchgeführt werden, wenn der Mangel an der Ware zum Totalverlust geführt hat.

- Bei Unikaten, wie beispielsweise Gemälden oder Gebrauchtwagen, gilt, dass die Nacherfüllung auf die Nachbesserung beschränkt ist. Ist daher z.B. ein gebrauchter Pkw mangelhaft, muss der Verkäufer nachbessern. Eine Ersatzlieferung scheidet in diesem Fall aus.

- Ist die Nacherfüllung zwar noch möglich, aber nur mit **unverhältnismäßig** hohen Kosten durchzuführen, so kann der Verkäufer die vom Käufer gewählte Form der **Nacherfüllung verweigern**.
  In diesem Fall muss der Käufer auf die andere Art der Nacherfüllung ausweichen, vorausgesetzt, sie ist nicht ebenfalls unmöglich oder unverhältnismäßig.

> **BEISPIEL**
> Durch das Auswechseln des zu schwachen Lüfters in einem Computer durch einen leistungsstärkeren kann der Mangel des Funktionsausfalls durch Überhitzen behoben werden. Eine vom Käufer verlangte Lieferung eines neuen PC kann vom Verkäufer wegen damit verbundener unverhältnismäßiger Kosten verweigert werden.

- Der Anspruch auf Nacherfüllung besteht auch bei **geringfügigen Mängeln**. Bei geringwertigen Sachen des Alltags, wie beschreibbaren DVDs, Bürobedarf oder Taschenrechnern wird in der Regel nur Ersatzlieferung infrage kommen. Nachbesserung wäre in diesen Fällen als unverhältnismäßig anzusehen, da eine Reparatur meist ein Mehrfaches des Neuwerts der Sache beträgt.

- Die im Zusammenhang mit der Nacherfüllung anfallenden Aufwendungen, insbesondere Transport-, Wege-, Arbeits- und Materialkosten, sind vom Verkäufer zu tragen. Die Kostenerstattung kann aber auf einen angemessenen Betrag begrenzt werden. Bei der Bemessung dieses Betrages sind der Wert der Ware in mangelfreiem Zustand und die Bedeutung des Mangels zu berücksichtigen.
  Zusammen mit der Nacherfüllung ist Schadenersatz neben der Leistung möglich (siehe Seite 37).

- Der Nacherfüllungsanspruch des Käufers, insbesondere dessen Wahlrecht kann beim Verbrauchsgüterkauf (B2C) nicht durch die AGB eingeschränkt werden.

---

[1] Für Mängel haftet der Verkäufer. Was der Hersteller dazu sagt, braucht den Verbraucher nicht zu interessieren.
[2] Vertretbare, d.h. mehrfach vorhandene Sachen, z.B. Bier, Reis oder Zucker.

Gegenüber Geschäftsleuten (B2B) kann der Verkäufer allerdings im Vertrag die Klausel aufnehmen, dass er selbst die Wahl hat zwischen Mängelbeseitigung oder Neulieferung.

– Bei mangelhafter Nacherfüllung stehen dem Käufer die Gewährleistungsrechte weiterhin zu.

BEISPIELE FÜR NACHERFÜLLUNGSANSPRÜCHE

- Anstatt des vereinbarten Druckers KRA Laser Jet VI wird versehentlich der Monitor LV 234 R geliefert (Falschlieferung).
  Nacherfüllungsanspruch des Käufers: Lieferung des vertraglich vereinbarten Druckers. Der Monitor wird auf Kosten des Verkäufers zurückgeschickt.
- Die Fairtext GmbH hat 200 Tennisshirts der Marke „TOUGH" bestellt, vom Hersteller aber nur 193 Hemden erhalten (Zuweniglieferung).
  Nacherfüllungsanspruch der Fairtext GmbH: Nachlieferung der fehlenden sieben Sporthemden.
- Ein Sanitärgroßhändler stellt bei 500 Fliesen der Marke „Elegantia" fest, dass 25 Stück geringfügige Farbabweichungen aufweisen.
  Nacherfüllungsanspruch des Großhändlers: Komplett neue Lieferung aus einer Serie (Ausnahmeregelung).
- Ein Großhändler kauft in einem Technikhaus eine digitale Videokamera für interne Schulungen. Die Kamera ist bereits nach wenigen Betriebsstunden aufgrund eines Fertigungsfehlers gebrauchsunfähig.
  Nacherfüllungsanspruch des Großhändlers: Reparatur des Schadens. Die anfallenden Kosten muss das Technikhaus tragen.

1.2 Fristsetzung

Wird die Ware beim Händler abgeliefert, sollte eine angemessene Frist für die Mängelbeseitigung gesetzt werden. Dabei spielt es keine Rolle, ob der Händler oder der Hersteller für die Verzögerung verantwortlich ist.

Weitere Rechte kann der Käufer erst geltend machen, wenn eine von ihm gesetzte **angemessene Nachfrist** zur Nacherfüllung **verstrichen** ist. Der Käufer muss dem Verkäufer als Frist aber nicht unbedingt einen festen Zeitrahmen nennen. Es reicht, wenn er eine „schnelle Behebung" des Mangels verlangt (BGH, Az. VIII ZR 49/15).

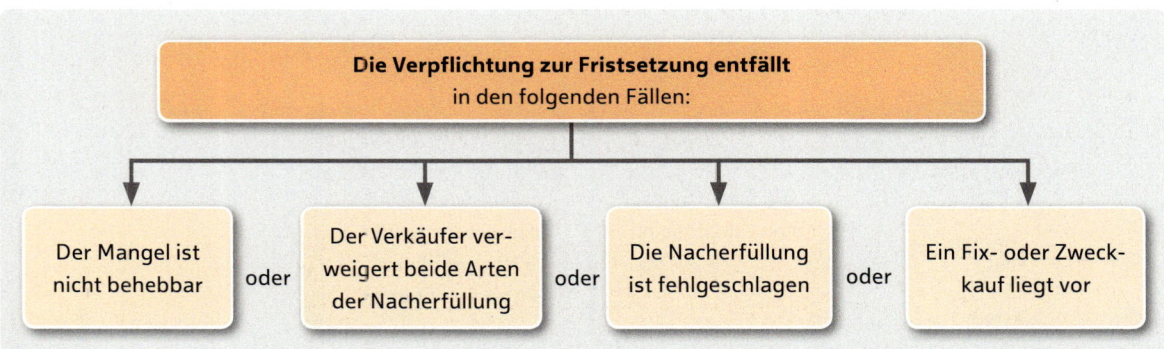

Der Käufer kann nach Ablauf der gesetzten Nachfrist unmittelbar auf die nachfolgend aufgeführten (nachrangigen) Rechte zurückgreifen.

2. Nachrangige Rechte

Erst wenn die Nacherfüllung fehlschlägt, nicht mehr möglich oder nicht zumutbar ist, hat der Käufer das Recht, vom Kaufvertrag zurückzutreten oder den Kaufpreis zu mindern.

LERNFELD 5

2.1 Rücktritt vom Vertrag (§ 323 BGB)

Durch den **Rücktritt vom Vertrag** wird der **Kaufvertrag rückabgewickelt**. Nach dem Rücktritt sind die Vertragsparteien verpflichtet, die erhaltenen Leistungen zurückzugewähren: Die bereits gelieferte Ware wird zurückgeschickt und der schon gezahlte Kaufpreis muss zurückgezahlt werden.

Ein Rücktritt ist möglich, wenn ein Grund für den Rücktritt vorliegt. Ohne Grund ist ein Rücktritt nicht möglich.

Für den **Rücktritt vom Vertrag** müssen die folgenden **Voraussetzungen** vorliegen:

Bei einem **geringfügigen Mangel** hat der Käufer demnach **keinen Anspruch auf Rücktritt**. Es bleibt ihm allerdings noch der Anspruch auf Preisminderung.

Andererseits kann ein Käufer einen Kauf rückgängig machen, auch wenn die Ware Mängel hat, der Mangel behebbar ist und der Verkäufer sie nicht auf seine Kosten repariert oder Ersatz leistet. Dies allerdings nur, wenn der Fehler erheblich ist. **Faustregel:** Betragen die Reparaturkosten mindestens 5 Prozent, darf der Kunde sein Geld zurückverlangen (BGH, Az. VIII ZR 94/13).

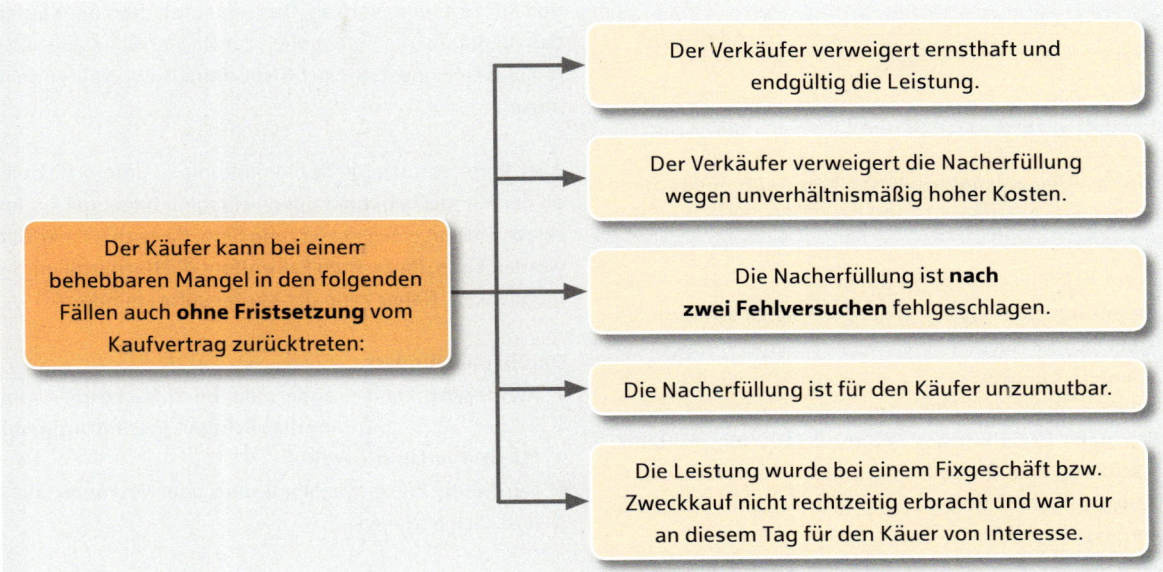

Der Rücktritt erfolgt durch Erklärung des Käufers gegenüber dem Verkäufer (§ 349 BGB).

BEISPIEL

Ein Großhandelsunternehmen setzte einem Technikhaus wegen des Schadens an einer digitalen Videokamera eine Frist von 14 Tagen. Das Technikhaus behebt den Kameraschaden innerhalb von zehn Tagen durch Austausch eines Halbleiters. Drei Tage später ist die Kamera erneut defekt. Deshalb tauscht das Technikhaus das gesamte elektronische Modul gegen ein neues aus, das allerdings wiederum nur eine Woche hält. Daraufhin teilt das Großhandelsunternehmen dem Technikhaus mit, dass es vom Vertrag zurücktritt.

Den Rücktritt wird der Käufer dann wählen, wenn das Geschäft sich im Nachhinein als ungünstig herausstellt und er froh ist, davon loszukommen – beispielsweise wenn er anderswo günstiger einkaufen kann.

Neben dem Rücktritt hat der Geschädigte das nachrangige Recht auf **Schadenersatz statt der Leistung** bzw. Aufwendungsersatz[1], soweit ein Verschulden des Verkäufers und ein erheblicher Mangel vorliegen.

2.2 Minderung des Kaufpreises
(§ 441 Abs. 1 BGB)

Ist die Nacherfüllung fehlgeschlagen oder wurde sie verweigert, kann der Käufer statt vom Vertrag zurückzutreten die Minderung des Kaufpreises verlangen.

BEISPIEL

Ein gekauftes DVD-Gerät hat leichte Kratzer. Nachdem die angemessene Nachfrist für die Nacherfüllung abgelaufen ist, verlangt der Käufer Preisminderung.

Bei der Minderung bleibt – anders als beim Rücktritt – **der Kaufvertrag bestehen und wird zwischen den Vertragspartnern abgewickelt**.

Beim Recht auf Minderung hat der Käufer das Recht, den Kaufpreis entsprechend des vorhandenen Mangels zu reduzieren. Der Wert für die Minderung soll nicht an den Kosten einer Nachbesserung festgemacht werden. Des-

---

1 Ausführungen auf den Folgeseiten Pkt. 2.3 und Pkt. 2.4

halb bemisst sich die Minderung am Verhältnis von Kaufpreis und tatsächlichem Preis der mangelhaften Ware, die notfalls auch durch einen sachverständigen Schätzer ermittelt werden kann (Minderungsformel gem. § 441 Abs. 3 BGB). Gesucht wird daher der neue Preis, also der *Preis nach der Minderung*:

$$\frac{\text{Neuer}}{\text{Preis}} = \frac{\text{Wert der mangelhaften Ware}}{\text{Wert der mangelfreien Ware}} \cdot \text{Kaufpreis}$$

BEISPIEL

Ein Großhandelsunternehmen kauft von einem Hersteller ein Produkt für 600,00 €, das ohne Mangel 1.000,00 € wert ist. Der Hersteller hat demnach ein schlechtes Geschäft gemacht. Er wollte dieses Produkt loswerden, um Platz für neue Modelle zu schaffen. Es stellt sich im Nachhinein heraus, dass das Produkt mit Mängeln behaftet ist. Es ist jetzt nur noch 400,00 € wert.
Der neue Preis beträgt 240,00 € (400,00 · 600,00/ 1.000,00). Der Großhändler muss also nur 240,00 € zahlen, obwohl das mangelhafte Produkt 400,00 € wert ist.

Falls der Käufer bereits mehr als den geminderten Kaufpreis bezahlt hat, hat er Anspruch auf Rückerstattung des zu viel Gezahlten.

Zusätzlich kann das Recht auf Schadenersatz **neben** der Leistung bzw. Aufwendungsersatz geltend gemacht werden (Ausführungen siehe nächste Seite).

Auf Minderung (statt des Rücktritts) wird der Käufer bestehen, wenn er die mangelhafte Ware zwar behalten will (er kann die Ware trotz des Mangels wirtschaftlich verwerten), aber nur weniger dafür zu zahlen bereit ist.

Für das Recht des Käufers auf Minderung des Kaufpreises müssen die gleichen Voraussetzungen vorliegen wie für den Rücktritt vom Vertrag. Das bedeutet, dass der Käufer dem Verkäufer die Gelegenheit zur Nacherfüllung gewähren und eine gesetzte Nachfrist erfolglos abgelaufen sein muss.

Allerdings ist auch bei der Minderung zu unterscheiden, ob der Mangel behebbar oder nicht mehr behebbar ist. Im ersten Fall hat eine Fristsetzung Sinn, da noch nacherfüllt werden kann. Im zweiten Fall entfällt die Nacherfüllungsmöglichkeit. Daher kann der Käufer sofort mindern.

Darüber hinaus gilt:
- **Minderung** kann – anders als beim Rücktritt – vom Käufer auch bei **unerheblichem (geringfügigem) Mangel** verlangt werden.
- Der Käufer muss die Minderung dem Verkäufer ausdrücklich mitteilen.

Sobald sich der Käufer für den Rücktritt oder die Minderung entschieden hat, ist er an diese Entscheidung gebunden.

2.3 Schadenersatzanspruch

Liefert der Verkäufer **schuldhaft** die Ware nicht so wie vereinbart, dann hat er dem Käufer den dadurch **entstandenen Schaden zu ersetzen** (§ 280 Abs. 1 BGB).

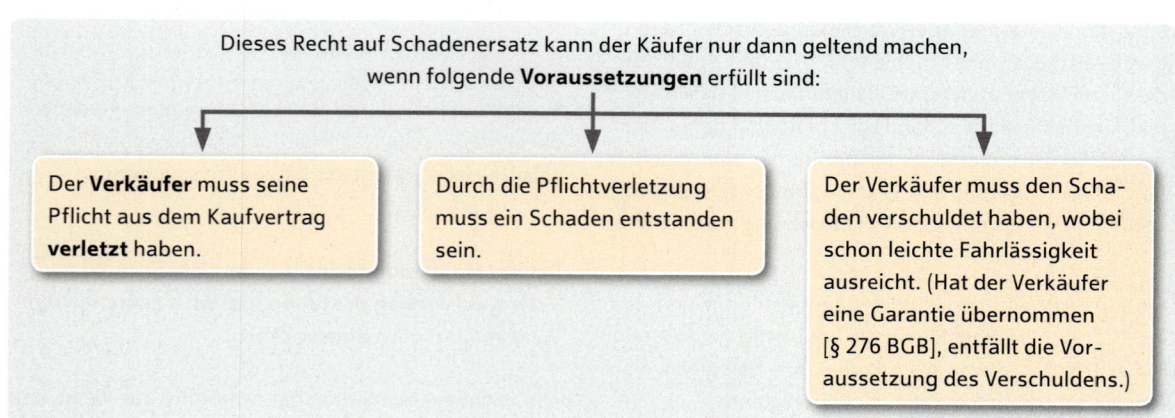

Es lassen sich folgende Ansprüche des Käufers auf Ersatz des Schadens unterscheiden:

Schadenersatz neben der Leistung (kleiner [beschränkter] Schadenersatz)	Schadenersatz statt der Leistung (großer [unbeschränkter] Schadenersatz)
Beim kleinen Schadenersatz **akzeptiert** der Käufer die **mangelhaft gelieferte Ware** und behält sie. Er bekommt **zusätzlich** seinen durch die mangelhafte Lieferung entstandenen Schaden vom Verkäufer ersetzt ([nur] Verzögerungsschaden; § 281 Abs. 1 Satz 1 BGB). Dieser Anspruch des Käufers ist in der Regel auf Ersatz der Kosten gerichtet, die erforderlich sind, um den Mangel zu beseitigen. Dazu zählen z. B.: • Ersatz des reinen Minderwertes (entspricht im Ergebnis der Minderung) • Ersatz der Kosten für die Mangelbeseitigung • Ersatz der Vermögensschäden, die in unmittelbarem Zusammenhang mit der mangelhaften Sache stehen, z. B. Nutzungsausfall wegen des Mangels, entgangener Gewinn Den „kleinen" Schadenersatz wird der Käufer wählen, wenn er die Ware bei Gewährung einer Preisminderung und Kostenersatz behalten möchte. Schadenersatz neben der Leistung ist **zusammen mit der Nachbesserung bzw. der Neulieferung möglich, aber auch zusammen mit der Minderung**.	Es handelt sich um einen Schadenersatzanspruch, der **an die Stelle der ursprünglichen Leistung** tritt. Der **Käufer gibt die Ware zurück**. Der Verkäufer ersetzt den eigentlichen Mangelschaden und den Schaden, der durch die insgesamt ausgebliebene mangelfreie Warenlieferung entstanden ist (§ 281 Abs. 1 Satz 3 BGB). Schadenersatz statt der Lieferung ist **zusammen mit dem Rücktritt möglich**. Voraussetzungen: • Eine angemessene Frist zur Nacherfüllung muss abgelaufen sein. • Den Verkäufer muss ein Verschulden treffen. Verschulden umfasst auch die einfache Fahrlässigkeit. Der Schadenersatz statt der Leistung ist ausgeschlossen bei **geringfügigen** Mängeln. **BEISPIEL** Eineinhalb Jahre nach dem Verkauf eines qualitativ hochwertigen Wintermantels nimmt ein Einzelhändler einen nur bei intensivem Hinsehen erkennbaren Webfehler zum Anlass, Schadenersatz statt der Leistung zu verlangen. In diesem Fall wird der Schadenersatzanspruch daran scheitern, dass der Mangel unerheblich ist. Andererseits kann der Schadenersatzanspruch höher sein als der Kaufpreisanspruch. Dies ist z. B. der Fall, wenn der Einzelhändler die Ware nicht mehr liefern kann und der Käufer sie sich anderweitig beschaffen und mehr als den vereinbarten Kaufpreis bezahlen muss.

BEISPIELE ZU SCHADENERSATZANSPRÜCHEN

- Die Textilgroßhandlung Fairtext GmbH erhält von einem ihrer Lieferanten nur einen Teil der Sommerkollektion. Der Textilgroßhändler begnügt sich mit dieser Teillieferung. Die Ware kann zwar verkauft werden, aber es entsteht eine Umsatz- und Gewinneinbuße. Dieser Schaden muss vom Lieferanten ersetzt werden („kleiner Schadenersatz").

- Die Fairtext GmbH könnte aber auch die gesamte Lieferung zurückweisen, weil sie sich lieber bei einem anderen Lieferanten vollständig eindecken möchte. Muss das Großhandelsunternehmen in diesem Fall einen höheren Preis entrichten, besteht **Schadenersatz statt der Leistung** („großer Schadenersatz"). Dieser Anspruch steht dem Textilgroßhändler aber nur zu, wenn er an der Teillieferung kein Interesse mehr hat. Das könnte im vorliegenden Fall zutreffen, wenn eine Ersatzbeschaffung nur bei größeren Bestellungen möglich wäre oder die Führung von zwei verschiedenen Sortimenten für das Großhandelsunternehmen zu aufwendig wäre.

- Eine Möbelgroßhandlung hat am **gesamten Kauf** einer bestimmten Esstischgruppe im italienischen Design kein Interesse mehr, weil der Hersteller der Möbel anstatt der vereinbarten sechs Stühle nur vier liefert. Die mangelhafte Lieferung (Schlechtleistung) des Herstellers ist daher erheblich. Somit kann der Großhändler **Schadenersatz statt der gesamten Leistung** verlangen. Das bereits gelieferte Mobiliar erhält der Hersteller zurück.

2.4 Ersatz vergeblicher Aufwendungen (§ 284 BGB)

Anstelle des Rechts Schadenersatz statt der Leistung kann der Käufer (Gläubiger) **Ersatz der Aufwendungen** verlangen, die ihm im Zusammenhang mit der erwarteten mangelfreien Warenlieferung entstanden sind. Hierunter fallen auch die Vertragskosten.

> **BEISPIEL**
>
> Die Fairtext GmbH hat ein neuartiges Warenwirtschaftssystem gekauft und ihr Personal für die Bedienung ausbilden lassen. Zusätzlich hat das Unternehmen in diesem Zusammenhang erhebliche Umbaumaßnahmen durchführen lassen. Falls der Verkäufer jetzt nicht liefern kann, hat er die der Fairtext GmbH entstandenen Aufwendungen zu tragen.

Garantie (§ 443 BGB)

Von der Gewährleistung, die gesetzlich geregelt ist, ist die Übernahme einer Garantie streng zu trennen. **Gewährleistung** ist die **gesetzliche Verpflichtung** des Verkäufers, für die Mangelfreiheit der Kaufsache einzustehen.

> **DEFINITION**
>
> Unter einer **Garantie** ist zu verstehen, dass
> - der Verkäufer (Garantiegeber) dem Käufer
> - freiwillig einen Anspruch einräumt,
> - der über die gesetzliche Mängelhaftung hinausgeht.

Garantie bedeutet das Versprechen des Garantiegebers (z. B. in der einschlägigen Werbung), dass
- der Kaufpreis erstattet,
- die Sache ausgetauscht oder nachgebessert oder
- sonstige Dienstleistungen im Zusammenhang mit der Ware erbracht werden,

falls die Sache **nicht die Beschaffenheit** hat oder die **Anforderungen erfüllt**, mit denen sie angepriesen wird.

Eine Garantieerklärung muss im Rahmen von Verbrauchsgüterkäufen enthalten:

> Eine Garantie ist demzufolge eine **freiwillige** (vertragliche) **Zusatzleistung** des Garantiegebers (Hersteller, Lieferanten, Verkäufer) und tritt neben die gesetzlichen Gewährleistungsrechte. Nicht geregelt ist die Verpflichtung des Garantiegebers zur Leistung von Schadenersatz; diese kann individuell vereinbart werden.

- den Hinweis auf die gesetzlichen Rechte des Verbrauchers sowie darauf, dass sie durch die Garantie nicht eingeschränkt werden, und
- den Inhalt der Garantie und
- alle wesentlichen Angaben, die für die Geltendmachung der Garantie erforderlich sind, insbesondere die Dauer und den räumlichen Geltungsbereich des Garantieschutzes sowie Namen und Anschrift des Garantiegebers.

Hinweise wie lediglich „5 Jahre Herstellergarantie" oder Ähnliches ohne erläuternde Zusätze reichen auch im Rahmen einer bloßen Werbung in einem Onlineshop nicht aus, um den gesetzlichen Anforderungen zu genügen.

BEISPIEL im Rahmen eines Onlineangebots

„5 Jahre Herstellergarantie (...) Wird in der Artikelbeschreibung eine Garantie ausgewiesen, bleiben Ihre gesetzlichen Mängelrechte uns gegenüber hiervon unberührt. Den Inhalt der Garantie und alle wesentlichen Angaben, die für die Geltendmachung der Garantie erforderlich sind, können Sie hier einsehen: (‚Angabe des Links, der zu den Garantiebedingungen führt')"

Die Garantiebedingungen müssen einem Verbraucher **vor** Abgabe seiner Vertragserklärung mitgeteilt werden (Art. 246a § 4 EGBGB).

Darüber hinaus kann der Verbraucher verlangen, dass ihm die Garantie schriftlich oder auf einem anderen dauerhaften Datenträger (z. B. per E-Mail oder in Papierform) zur Verfügung gestellt wird. Ein Hinweis auf die Garantiebedingungen auf der Webseite des Unternehmens reicht nicht aus. Diese Sonderregelung für Garantien findet zwischen Unternehmern keine Anwendung.

Der Garantiegeber kann den Umfang einseitig selbst bestimmen. Der Käufer hat keinen Einfluss auf die inhaltliche Ausgestaltung dieser freiwilligen Garantie. So kann er beispielsweise bestimmen, ob sich die Garantie auf die Lebensdauer oder auf einzelne Teile des Produkts erstreckt. Sehr häufig übernehmen Hersteller, um die Qualität ihrer Ware zu unterstreichen und damit ihre Absatzchancen im Wettbewerb um die Kunden zu erhöhen, die Zusicherung dafür, dass die Ware während eines bestimmten Zeitraums oder für eine bestimmte Nutzungsdauer nicht durch Verschleiß oder Abnutzung beeinträchtigt wird. Wird ein Produkt als „rostfrei" bezeichnet (Haltbarkeitsgarantie), stehen dem Käufer im Garantiefall die Rechte zu, die sich aus der Garantieerklärung und der einschlägigen Werbung ergeben.

Wird eine Garantie angeboten, hat der Käufer die Wahl, ob er bei Auftreten eines Mangels seine Rechte aus der Garantie oder aus der gesetzlichen Sachmangelhaftung in Anspruch nimmt. Treten innerhalb einer bestimmten Frist Schäden auf, garantiert der Hersteller kostenlose Nachbesserung, es gibt aber normalerweise weder Preisminderung noch Rücktritt. Dafür sorgt aber die Sachmangelhaftung. Schlagen die Garantiereparaturen fehl, hat der Käufer per Gesetz ein Rücktrittsrecht. Darauf muss der Verkäufer in seinen Geschäftsbedingungen ausdrücklich hinweisen.

Der Käufer hat letztlich jedoch zu beweisen, dass eine Garantie gegeben worden ist und dass der Mangel während der Garantiefrist aufgetreten ist. Er braucht dagegen nicht zu beweisen, dass der Mangel von Anfang an bestanden hat und dass er nicht auf einer unsachgemäßen Behandlung der Sache durch den Käufer beruht. Nach den gesetzlichen Bestimmungen bezieht sich die Garantieaussage sowohl auf die **schriftlichen Inhalte** als auch auf die vom Garantiegeber gemachten **Äußerungen** zur Garantie **in der Werbung**.

Im Gegensatz zu Herstellergarantien sind Garantien im Handel die Ausnahme. Zur Übernahme einer Garantie durch den Großhändler besteht keine gesetzliche Verpflichtung.

Verjährung von Mängelansprüchen und Beweislast
(Gewährleistungsfristen)

> **DEFINITION**
> Verjährung ist der Zeitabschnitt, in dem die Gewährleistungsrechte geltend gemacht werden können.

Nach Ablauf der Frist kann der Verkäufer mangelbedingte Ansprüche (Gewährleistungsansprüche) auf Nacherfüllung, Schadenersatz oder Aufwendungsersatz aus Kaufverträgen verweigern.

Neben der besonderen Verjährung beim Kauf von Bauwerken und Baustoffen ist die regelmäßige Verjährungsfrist für Mängel zu nennen.
Bei Mängelansprüchen gibt es verschiedene Verjährungsfristen:

1. Regelmäßige Verjährung

- Die **gesetzliche Verjährungsfrist** für **Mängelansprüche bei neuen beweglichen Sachen** (z. B. Auto, Computer, Maschinen, Sportgeräte oder Spielzeug) beträgt grundsätzlich **zwei Jahre** ab Übergabe der mangelhaften Ware an den Käufer (**Ablieferung**). Dies gilt unabhängig davon, ob die gekaufte Sache neu oder gebraucht ist.
- Bei einem Verkauf an einen Verbraucher kann die gesetzliche Verjährungsfrist weder ausgeschlossen noch verkürzt werden (§ 438 Abs. 1 Satz 3 BGB).
- Bei einem Mangel innerhalb der ersten sechs Monate ab Ablieferung wird zugunsten des Käufers angenommen, dass die Sache bereits im Zeitpunkt der Übergabe mangelhaft war. Der Verkäufer muss nachweisen, dass die Ware bei Übergabe noch nicht mangelhaft war (**Beweislastumkehr**). Danach trifft die Beweislast den Käufer.
- Der Käufer muss bei der Inanspruchnahme seiner Rechte die Originalverpackung nicht vorweisen.

2. Besondere Verjährungsfristen

Anspruchsgrundlage	Gewährleistungsfristen
Der Mangel wurde vom Verkäufer **arglistig verschwiegen**.	Regelmäßige Verjährungsfrist von **3 Jahren**; Beginn: am Ende des Jahres, in dem der Anspruch entstanden ist (der Mangel entdeckt wurde)
Gewährleistungsrechte bei Kaufverträgen über eingebaute mangelhaften Gegenstände für ein Bauwerk, wie z. B. Fenster, Türrahmen oder Treppen.	Regelmäßige Verjährungsfrist von 5 Jahren; Fristbeginn: Übergabe/Abnahme der Sache
Die **Person des Schuldners** ist **unbekannt**.	Es gilt **die Verjährungsfrist für Mängel**, **sofern** der **Mangel** nicht arglistig verschwiegen ist. Wenn die Kenntnis fehlt, dann gilt die **Maximalfrist von 10 Jahren** ab Fälligkeit des Anspruchs.

LERNFELD 5

Haftungsausschluss
(Ausschluss der Käuferrechte)

1. Vertraglicher Haftungsausschluss

1.1 Bei **Kaufverträgen zwischen Unternehmen** darf der Verkäufer seine **Haftung** per Vertrag **beliebig verkürzen** oder sogar **ganz ausschließen**. Für Allgemeine Geschäftsbedingungen gelten Sonderregelungen:
- Bei neuen Sachen ist eine Befristung nur auf ein Jahr erlaubt,
- bei gebrauchten Sachen auch auf weniger als ein Jahr.

Ausnahme: Die fünfjährige Frist für Baumaterialien kann auch durch AGB nicht reduziert werden.

1.2 Beim **Verbrauchsgüterkauf** darf die Gewährleistungsfrist nur bei gebrauchten Sachen einzelvertraglich oder in den AGB und dann auch nur auf ein Jahr verkürzt werden, beginnend mit der Ablieferung (§ 475 Abs. 2 BGB). Die häufig in der Vergangenheit vorgefundene Klausel „Gekauft wie besichtigt, unter Ausschluss jeder Gewährung" ist daher nicht verwendbar.

Folge für Unternehmen:
Da es bei gebrauchten Sachen auf die „vertragsmäßige Beschaffenheit" ankommt, sollten Unternehmer, die gebrauchte Sachen verkaufen, beim Verkauf den Zustand der Ware im Vertrag genau beschreiben und vorhandene Mängel exakt dokumentieren. Nur so sind sie in der Lage, ihre Haftung zumindest teilweise zu begrenzen bzw. zu Unrecht behauptete Mängel zurückweisen.

1.3 Der **Handel zwischen Privatpersonen** ist davon nicht erfasst. Auch Verkäufe zwischen Gewerbebetreibenden untereinander gelten nicht als Verbrauchsgüterkauf, bei dem der Verbraucher besonders geschützt werden muss. In beiden Fällen können andere Gewährleistungsrechte vereinbart werden; auch kann die Gewährleistung ganz ausgeschlossen werden.

2. Haftungsausschluss bei Kenntnis oder grob fahrlässiger Unkenntnis (§ 442 BGB)

Der Käufer kann keine Rechte wegen eines Mangels mehr geltend machen, wenn

- er bei Vertragsschluss den Mangel der Kaufsache bereits kannte bzw.
- ihm aufgrund **grober Fahrlässigkeit**[1] der Mangel unbekannt geblieben ist. In diesem Fall kann der Käufer nur dann Gewährleistungsrechte geltend machen, wenn der Verkäufer den Mangel **arglistig verschwiegen** oder eine Garantie[2] für die Beschaffenheit der Ware übernommen hat.

3. Haftungsausschluss bei Verletzung der Rügepflicht beim Handelskauf

Ein besonderer Haftungsausschluss folgt aus der Untersuchungs- und Rügepflicht des Käufers beim Handelskauf (§ 377 HGB). Danach ist der Unternehmer zur **unverzüglichen Untersuchung** der eingegangenen Ware verpflichtet. Kommt er dieser Verpflichtung nicht nach, gilt die Ware als genehmigt. Nur bei **versteckten Mängeln**, die bei der Wareneingangskontrolle unentdeckt geblieben sind, bleiben die Gewährleistungsansprüche bestehen.

4. Haftungsausschluss bei unerheblichen Mängeln

Bei unerheblichen Mängeln steht dem Käufer **kein Recht** auf
- Rücktritt vom Kaufvertrag und
- Schadenersatz statt der Ware zu.

Die übrigen Gewährleistungsrechte des Käufers bleiben unberührt.

Der nebenstehend abgebildete Mangel hat auf die Verwendung der Sache keinen Einfluss.

---

1 Grobe Fahrlässigkeit liegt vor, wenn die Unkenntnis auf einer besonders schweren Vernachlässigung der im Verkehr erforderlichen Sorgfalt beruht.
2 Über die gesetzliche Verjährungsfrist hinaus kann der Verkäufer zusätzlich eine längere Garantie für Beschaffenheit und Haltbarkeit einer Sache übernehmen. In diesem Fall hat der Käufer neben den gesetzlichen Ansprüchen die in der Garantieerklärung angegebenen Rechte.

AUFGABEN

1. Herr Vogel, Inhaber eines Lebensmittelgroßhandels, kauft von einem Händler einen neuen Lieferwagen. Schon eine Woche nach dem Kauf kann der Transporter trotz sachgemäßer Behandlung wegen eines Lenkungsschadens zwei Tage lang nicht eingesetzt werden. Welche Rechte kann Herr Vogel gegenüber dem Autohändler geltend machen?

2. Die Textilgroßhandlung Fairtext GmbH kauft für ihre Buchhaltung einen neuen leistungsfähigen Scanner. Bei der Installation wird festgestellt, dass das Gehäuse einige leichte Kratzer aufweist, die bis dahin anscheinend niemandem aufgefallen waren.
Welches Recht kann die Fairtext GmbH geltend machen?

3. Die Fairtext GmbH erhält am 15. August die von ihr beim Schreiner Fehring bestellte Büro-Schrankwand (siehe Kapitel 5.3, Aufgabe 1). Als ein Geselle der Tischlerei das Möbelstück aufstellt, stellt er fest, dass
   - die Schrankwand 7 cm zu kurz ist und
   - zwei der Schubladen leicht zerkratzt sind.
   Welche Rechte kann die Fairtext GmbH in Anspruch nehmen?

4. Unter welcher Voraussetzung hat der Käufer auch das Recht auf Schadenersatz?

5. Wie ist die in den Garantie- und Gewährleistungsbedingungen eines Lieferanten formulierte Klausel „... gewähren wir Ihnen eine Garantie von 3 Monaten" rechtlich zu beurteilen?

6. Welche Vorschriften gelten für die Beanstandung von Falschlieferungen?

7. Ein Hersteller verkauft an einen Elektro-Großhändler ein technisches Gerät für 100,00 €. Ein mangelfreies Gerät dieser Art ist aber 50,00 € wert. Der Hersteller hat demnach ein gutes Geschäft gemacht. Allerdings stellt sich heraus, dass das Gerät einen Mangel hat. Es ist daher nur 25,00 € wert. Um wie viel Euro kann der Großhändler mindern?

8. Wann kann man Ersatz für vergebliche Aufwendungen verlangen?

9. Was sind die Rechtsfolgen des Rücktritts?

10. Was passiert, wenn eine mangelhafte Sache, die aufgrund des Rücktritts des Kunden vom Vertrag zurückgenommen werden soll, zuvor zerstört wird?

11. Wann ist das Rücktrittsrecht ausgeschlossen?

12. Welche Rechte kann der Käufer bei erhaltener mangelhafter Ware geltend machen?

13. Welches Gewährleistungsrecht ist im Fall mangelhafter Lieferung vorrangig?

14. Kann auch bei unerheblichen Mängeln Minderung oder/und Rücktritt verlangt werden? Wie ist die Rechtslage?

15. Der Küchengroßhändler Manfred Nietschke e. Kfm. kauft bei einem Hersteller eine Waschmaschine für Vorführungszwecke. Infolge eines fahrlässigen Montagefehlers des Herstellers ist die Tür der Maschine undicht, sodass Wasser ausläuft, das den Teppichboden seines Salons zerstört. Großhändler Nietschke fordert daraufhin den Hersteller auf, ihm eine neue Waschmaschine zu liefern. Dieser meint, es müsse nur die Dichtung ausgewechselt werden, Nietschke könne doch nicht deshalb gleich eine neue Maschine verlangen. Großhändler Nietschke setzt dem Hersteller eine Frist zur Abdichtung der Tür, die der Hersteller verstreichen lässt. Nun will Großhändler Nietschke die Maschine nicht mehr, verlangt Rückzahlung des Kaufpreises, entgangenen Gewinn und Ersatz für den beschädigten Teppich. Fordert Großhändler Nietschke dies zu Recht?

16. Der Großhändler Aust (A) kauft bei dem Hersteller für Verpackungsmaschinen, der Firma Maltex GmbH (M), eine universelle Verpackungsmaschine für Kleinpakete jeder Art. M versichert, die Maschine sei für sämtliche Arten von Paketen geeignet. Als A die Maschine ausprobiert, stellt er fest, dass sie zwar funktioniert, man sie aber nicht für Kleinpakete mit Sondermaßen verwenden kann. M hätte das erkennen können. A will die Maschine behalten, aber weniger bezahlen. Er verlangt einen Nachlass auf den Kaufpreis. M verlangt von A aber den vollen Kaufpreis.
Wie ist die Rechtslage?

17. Ein Großhandelsunternehmen kauft von einem Computerfachgeschäft einen Universaltisch für PC, Drucker, Scanner, Monitor und mit integriertem Ablagesystem. Das Möbelstück ist besonders preiswert, da es für den Selbstaufbau angeboten wurde. Die hauseigenen Arbeiter montieren allerdings den Tisch aufgrund einer fehlerhaften Montageanleitung falsch, sodass u. a. die Wand in

der Versandabteilung durch unnötige Bohrlöcher beschädigt wurde.
Welche Rechte kann das Großhandelsunternehmen geltend machen?

18. Die Textilgroßhandlung Fairtext GmbH kauft von einem Fotohaus für die eigene digitale Fotografie die Camera Cyber-Shot MFN-CD215 mit CD-R-/ RW 0 8 cm und 2,11 Mio. Chips für 1.150,00 €. Der Verkäufer des Fachgeschäfts versichert, dass die Digitalkamera erst vor zwei Tagen brandneu aus Japan eingetroffen sei. Nach zwei Monaten hat die Fairtext GmbH anlässlich einer Präsentation die Kamera erstmalig eingesetzt und dabei aufgrund eines dummen Zufalls herausgefunden, dass die Kamera bereits gebraucht und das dem Verkäufer des Fotohauses bekannt war. In der Fairtext GmbH ist man hierüber verständlicherweise äußerst aufgebracht. Jedenfalls will man unbedingt eine neue Kamera haben, wobei allerdings mittlerweile aufgrund von eingetretenen Preissteigerungen bei den Chips 250,00 € mehr bezahlt werden muss. Diese 250,00 € will die Textilgroßhandlung nun vom Fotohändler ersetzt bekommen.
Wird diese Forderung zu Recht erhoben?

19. Frau Besten, kaufmännische Angestellte in der Einkaufsabteilung der Fairtext GmbH, kauft im Auftrag ihres Arbeitgebers beim Bürogeräteeinzelhändler Stresemann OHG für die eigene Verwaltung 15 neue Eurorechner PIAHR-98, u. a. mit Zweifarbendruck und grüner Digitronanzeige, für 58,30 € pro Rechner. Die Verkäuferin der Stresemann OHG weiß, dass Frau Besten in einer Textilgroßhandlung als kaufmännische Sachbearbeiterin arbeitet, dass aber die Rechner für die Fairtext GmbH angeschafft werden, geht aus dem Kaufverhalten von Frau Besten nicht hervor.
Leider drucken die Geräte nur in schwarzer Farbe aus. Der Zweifarbendruck, im vorliegenden Fall der Druck der roten Farbe, ist defekt. Die Reparatur scheint aber kein großes Problem zu sein.
Frau Besten bringt die Rechner daraufhin zum Einzelhändler zurück und verlangt neue, funktionsfähige Eurorechner bzw. alternativ die Reparatur der 25 Stück. Die Stresemann OHG lehnt dies ab. Man will ganz offensichtlich von diesem Geschäft – aus welchen Gründen auch immer – abrücken. Kann die Fairtext GmbH von der Stresemann OHG daraufhin Schadenersatz verlangen? Begründen Sie Ihre Stellungnahme.

20. Ein Großhändler für Garten- und Hobbybedarf kauft von einem Hersteller am 18. Juni 2019 zehn automatische Heckenscheren, von denen ein Gerät aufgrund eines nicht zu behebenden technischen Fehlers nicht funktioniert. Die Fehlerhaftigkeit wird aber erst neun Monate später, am 13. März 2020, festgestellt. Daraufhin verlangt der Großhändler unter Berufung auf die Verjährungsfrist die Lieferung einer neuen Heckenschere.
Besteht diese Forderung zu Recht?

21. Der Großhändler Doormann kauft von der Maschinenfabrik Eppmann GmbH einen Gabelstapler für das Hochregal. Das Fahrzeug, das am 12. Aug. 2017 geliefert wird, weist allerdings einen Mangel bei der Hebeautomatik auf, der regelmäßig ab einer bestimmten Anzahl von Einsatzstunden auftritt und den Eppmann arglistig verschweigt. Im Großhandelsunternehmen tritt dieser Mangelschaden am 7. Sept. 2020 erstmalig und nachhaltig auf, sodass das Fahrzeug im Lager nicht mehr eingesetzt werden kann.
Nehmen Sie begründete Stellung zu der Frage, ob Großhändler Doormann seine Gewährleistungsansprüche noch geltend machen kann.

22. Das Spezialmaschinenunternehmen Illner AG liefert am 24. Jan. 2016 an das Textilgroßhandelsunternehmen Fairtext GmbH eine automatische Hebebühne für das Lager; Kaufpreiszahlung 10 Tage später am 3. Febr. 2016. Am 1. Dez. 2019 hat das Großhandelsunternehmen die längst überfällige Rechnung immer noch nicht bezahlt – aus guten Gründen, wie man in der Fairtext GmbH meint.
Daraufhin beginnen noch am 3. Dez. 2019 diverse Verhandlungen zwischen den Vertragspartnern über den von der Illner AG gemachten Anspruch auf Rechnungsausgleich. Die Gespräche erweisen sich jedoch als äußerst schwierig und die Gegenargumente von der Fairtext GmbH sind für die Verantwortlichen der Illner AG nicht akzeptabel. Die Verhandlungen werden daraufhin zwei Monate später, am 3. Febr. 2020, abgebrochen mit der definitiven Aufforderung an die Fairtext GmbH, unverzüglich die Rechnung zu begleichen. Da man in der Fairtext GmbH der Ansicht ist, dass die (regelmäßige) Verjährungsfrist von drei Jahren mittlerweile abgelaufen sei, verweigert man die Zahlung. Handelt die Fairtext GmbH zu Recht?

23. Ein Großhändler und ein Hersteller haben am 17. Juli 2019 einen Kaufvertrag über neue schnurlose Wasserkocher geschlossen. Der Hersteller

liefert nicht. Ab wann (genaues Datum) kann sich der Hersteller auf die Verjährung berufen?

24. Die Elektrogroßhandlung Sonnemann KG, Braunstraße 14, 27749 Delmenhorst, erhält am 15. Dez. von der Fernsehgerätefabrik Globus GmbH, Braunschweiger Straße 178, 31061 Alfeld/Leine, 20 von ihr bestellte Farbfernsehgeräte. Bei der unverzüglichen Prüfung der Warensendung stellt ein Mitarbeiter fest, dass drei der Geräte kleine Kratzer am Gehäuse aufweisen und ein Gerät funktionsunfähig ist.

a) Schreiben Sie an die Fernsehgerätefabrik Globus GmbH eine unterschriftsreife Mängelrüge in Anlehnung an die DIN 5008.
Machen Sie in dieser Mangelrüge zunächst Ihre **vorrangigen** Ansprüche geltend.

b) Die Fernsehgerätefabrik Globus GmbH kann die vorrangigen Rechte nicht erfüllen. Begründen Sie, welches Recht / welche Rechte die Elektrogroßhandlung Sonnemann KG nun nachrangig sinnvollerweise geltend machen sollte.

25. Was verstehen Sie unter einer Garantie?

AKTIONEN

1. Schaffen Sie sich eine Übersicht zu dem Thema „Die Rechte des Großhändlers beim Erhalt von mangelhafter Ware".
   a) Bilden Sie zu jedem Thema Arbeitsgruppen.
   b) Wenden Sie die „Methode der Kartenabfrage" an. Schreiben Sie in gut lesbarer Blockschrift eine Idee bzw. einen Gedanken pro Karte und hängen Sie anschließend Ihre Karten an die Pinnwand.
   c) Wählen Sie aus Ihrer Mitte zwei Schüler, die mit Unterstützung der Arbeitsgruppen die Karten nach Oberbegriffen (Sinneinheiten) ordnen (clustern).
   d) Überprüfen Sie die Zuordnungen und geben Sie jedem Cluster eine passende Überschrift.
   e) Kontrollieren Sie, ob in der so gewonnenen Systematisierung noch wichtige Gedankengänge fehlen. Kommentieren Sie Ihre Vorschläge.

2. a) Schaffen Sie sich eine Übersicht zum Thema: „Über welche gesetzlichen Vorschriften zur Verjährung von Mängelansprüchen muss ein Großhändler informiert sein?" Benutzen Sie dafür verschiedene Informationsquellen:
   - Lesen Sie die Informationen dieses Kapitels mithilfe der Methode des aktiven Lesens.
   - Suchen Sie darüber hinaus im Internet nach Ausführungen zum Verjährungsrecht bezogen auf mangelhafte Lieferung.
   - Nutzen Sie für die weitere Informationsbeschaffung Bibliotheken, Nachschlagewerke und Behördenauskünfte.
   b) Fassen Sie die Informationen in diesem Kapitel des Lehrbuches und Ihrer Recherchen mithilfe des Computers in einer entsprechenden visuellen Darstellung zusammen.

3. Erkundigen Sie sich in Ihrem Ausbildungsunternehmen, wie im Fall mangelhaft gelieferter Ware verfahren wird.
   a) Bereiten Sie Ihre Informationen mithilfe der **Netzwerktechnik** auf.
   b) Fertigen Sie mithilfe des Computers und geeigneter Software eine Farbfolie Ihrer Arbeit an. Beachten Sie dabei die Tipps zur Gestaltung von Folien und Plakaten.
   c) Bereiten Sie sich darauf vor, Ihr Arbeitsergebnis mittels Overheadprojektor vorzutragen.
      - Prüfen Sie zuvor, ob der Inhalt der Folie auf der Projektionsfläche zu lesen ist.
      - Achten Sie auf die Anwendung der Präsentationsregeln.

4. a) Vergleichen Sie das Verhalten Ihres Ausbildungsunternehmens im Fall der Schlechtleistung mit der Praxis in den Unternehmen Ihrer Klassenkameraden.
   b)
      - Sammeln Sie die verschiedenen Reaktionen an der Tafel.
      - Stellen Sie die Unterschiede bzw. Gemeinsamkeiten fest und erörtern Sie im Klassenverband die möglichen Gründe für Abweichungen.
   c) Stellen Sie das Ergebnis Ihrer Gemeinschaftsarbeit in Form eines Kreis- oder Säulendiagramms dar. Benutzen Sie hierfür das Tabellenkalkulationsprogramm Excel.

LERNFELD 5

ZUSAMMENFASSUNG

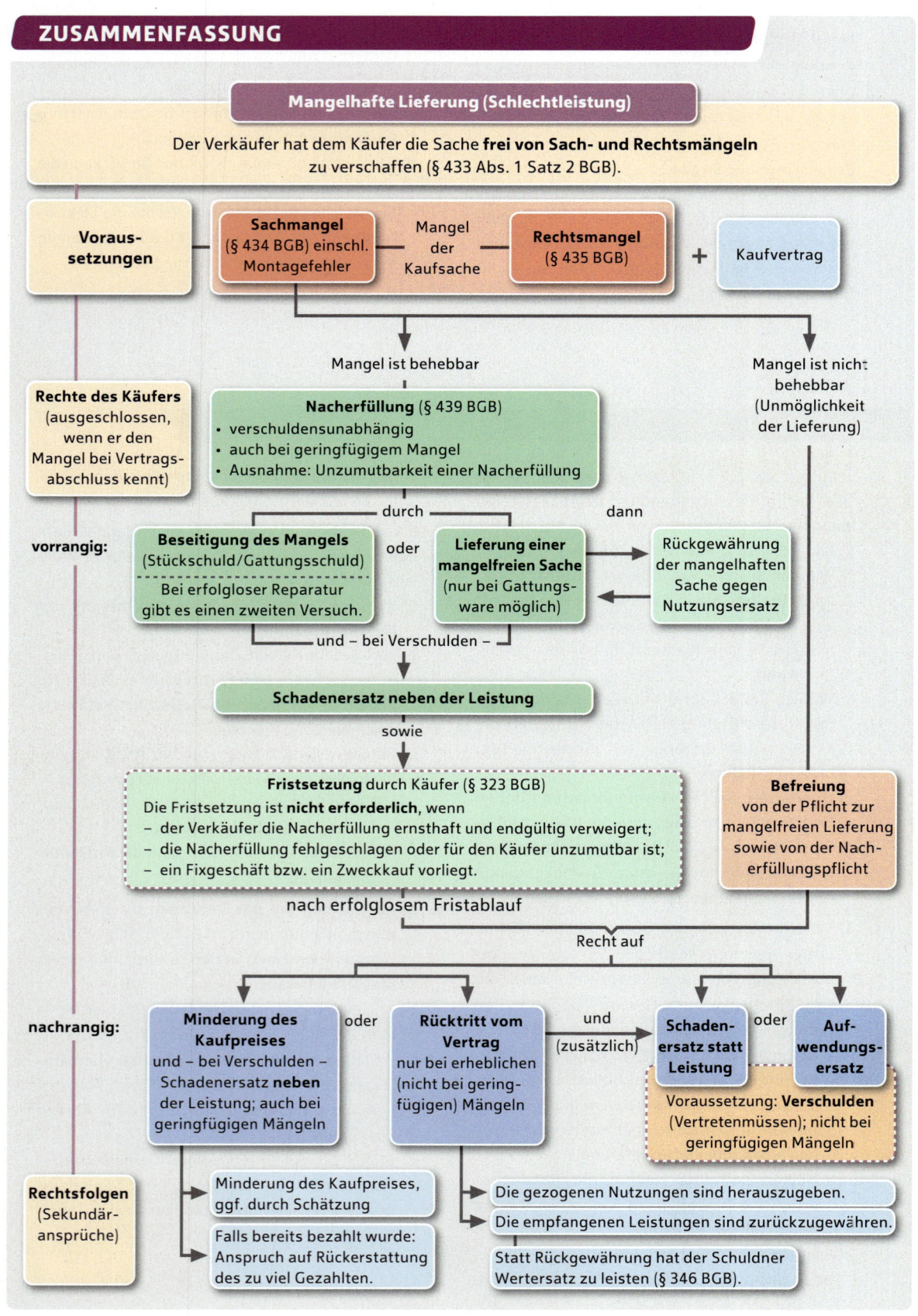

LERNFELD 5

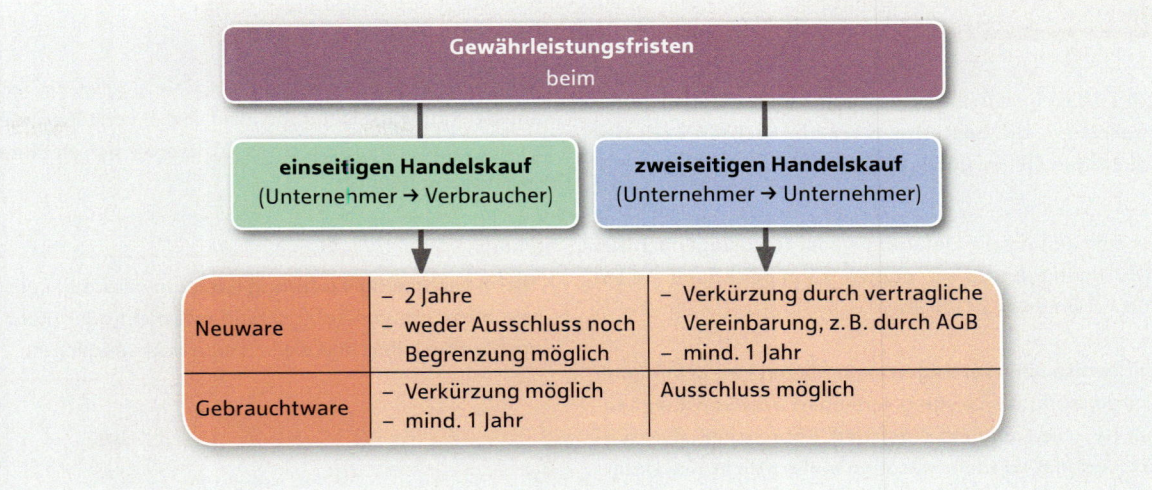

KAPITEL 5
Lieferungsverzug (Nicht-Rechtzeitig-Lieferung)

Die beiden Geschäftsführer der Fairtext GmbH, Herr Hahnenkamp und Frau Schröter, haben die Bedeutung des Thekengeschäfts und der Musterschauen in ihren Geschäftsräumen in der Walsroder Str. 6 a erkannt.

Angenehme Atmosphäre in den hochwertig ausgestatteten Verkaufsräumen

Im Kaufvertrag wird „Lieferung ab Mitte April" vereinbart.

Daraufhin beschließen sie die völlige Umgestaltung der Geschäftsräume in der Walsroder Str. 6 a. Eine groß angelegte Einweihungsaktion ist für den 2. Mai vorgesehen. Die Einladungen an diverse Einzelhändler sind schon verschickt, weitere Werbeaktionen sind in Vorbereitung. Die fantasievolle und hochwertige Atmosphäre der Räume wird nach den ganz speziellen Wünschen der beiden Geschäftsführer und ihrem engen Beraterstab bei der Tischlerei Gerhard Zimmermann aus Hannover am 16. März in Auftrag gegeben.

Als am 21. April die Spezialeinrichtung immer noch nicht eingetroffen ist, wird man in der Fairtext GmbH unruhig. Aufgrund eines Telefonats erfährt der Leiter der Stabsstelle Organisation, Herr Kalweit, dass die Tischlerei wegen Arbeitsüberlastung den Auftrag nicht bis zum vereinbarten Termin fertigstellen kann.

Prüfen Sie den Sachverhalt und schlagen Sie vor, was die Verantwortlichen der Fairtext GmbH tun können.

LERNFELD 5

INFORMATIONEN

Mit Abschluss des Kaufvertrags verpflichtet sich der Verkäufer, die **bestellte Ware zur rechten Zeit am richtigen Ort zu übergeben** (§ 433 Abs. 1 BGB).

Ist eine Zeit für die Lieferung weder festgelegt noch aus den Umständen zu entnehmen, kann der Käufer sie sofort verlangen (§ 271 BGB).

Bei **Verbraucherverträgen** kann – wenn kein bestimmter Zeitpunkt für die Leistung vereinbart oder sonst erkennbar ist – die Lieferung durch den Verbraucher unverzüglich verlangt werden, was eine **Lieferpflicht** des Unternehmers **innerhalb von 30 Tagen** bedeutet. Unverzüglich heißt „ohne schuldhaftes Zögern" und duldet somit kleine Verzögerungen, sofern sie unverschuldet sind. Die 30-Tage-Frist soll dem Verbraucher Rechtssicherheit bei der Lieferzeit geben.

Ist aber eine konkrete Zeit für die Lieferung vereinbart, kann der Käufer die Lieferung nicht vorher verlangen. Liefert der Verkäufer nicht rechtzeitig, kann er sich im **Lieferungsverzug** befinden.

DEFINITION

Nicht-Rechtzeitig-Lieferung (Lieferungsverzug) liegt vor, wenn der Verkäufer **schuldhaft nicht** oder **nicht rechtzeitig** liefert und die Leistung noch möglich ist.

Voraussetzungen für den Eintritt des Lieferungsverzugs

Da beim Vorliegen des Lieferungsverzugs (= Schuldnerverzug) der Käufer weitgehende Rechte gegenüber dem Verkäufer hat, sind bestimmte Voraussetzungen für den Eintritt des Lieferungsverzugs gesetzlich festgelegt.

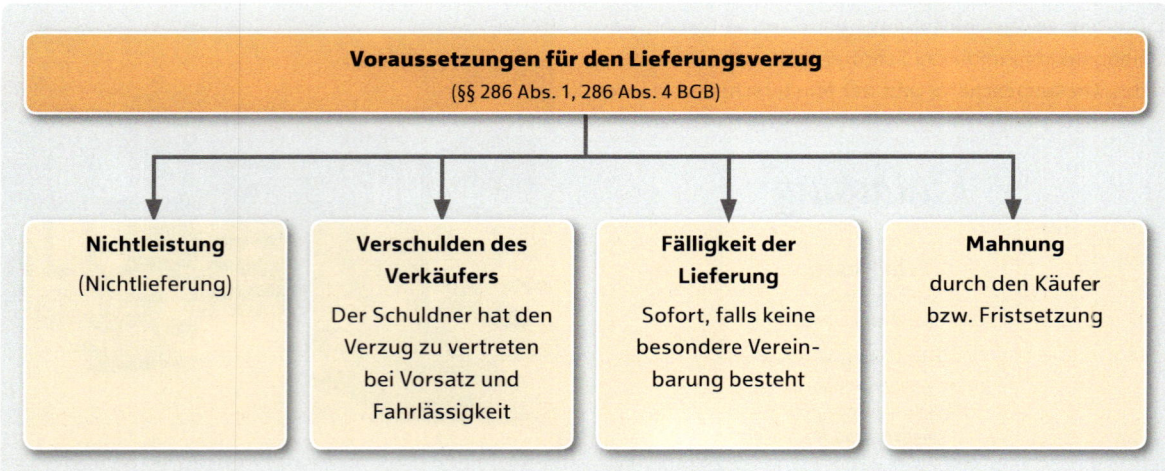

1. Nichtleistung

DEFINITION

Nichtleistung bedeutet, dass der Schuldner seine Leistung nicht erbringt, obwohl er das noch könnte. In diesem Fall ist die Lieferung für ihn noch nicht unmöglich geworden.

BEISPIEL

Im vorliegenden Fall liegt Nichtleistung vor, da die Tischlerei Zimmermann erklärt hat, dass sie momentan nicht leisten kann. Die Lieferung ist aber grundsätzlich noch möglich, also durchaus nachholbar.

2. Verschulden des Verkäufers

(Vertretenmüssen; § 286 Abs. 4 BGB)

DEFINITION

Ein Verschulden liegt immer dann vor, wenn der Verkäufer **fahrlässig** oder **vorsätzlich** die Lieferung verzögert oder unterlassen hat.

Fahrlässig handelt, wer die im Verkehr erforderliche Sorgfalt nicht beachtet, z.B. die Ware nicht ordnungsgemäß verpackt, sie nicht rechtzeitig beim Vorlieferer bestellt oder ein en Liefertermin übersieht (§§ 276–278 BGB).

Vorsätzlich handelt, wer absichtlich rechtswidrig handelt und den Eintritt des Schadens in Kauf nimmt.

Das gilt nicht bei Gattungsware[1]. Hier übernimmt der Lieferant regelmäßig das Beschaffungsrisiko, da er Gattungssachen immer nachliefern kann (**Verzug auch ohne Verschulden**). Das Vertretenmüssen des Lieferanten trifft daher auf die Mehrheit der heutzutage getätigten Käufe zu. Ist jedoch bei einem Stückkauf die verspätete Lieferung auf höhere Gewalt zurückzuführen, dann hat der Lieferant dies nicht zu vertreten.

BEISPIEL
Die Tischlerei Zimmermann hat die Lieferung der Einrichtungsgegenstände zwar nicht absichtlich (vorsätzlich) verzögert, aber sie hat die im Verkehr erforderliche Sorgfalt außer Acht gelassen (Fahrlässigkeit). Der Tischlermeister hätte die Annahme des Auftrags von der Fairtext GmbH nach seinen betrieblichen Möglichkeiten sorgfältiger planen müssen.

Liegt **kein Verschulden** (Vertretenmüssen) des Lieferanten vor (= **unverschuldete Lieferungsverzögerung**), hat der Kunde keinen Anspruch auf Schadenersatz.

BEISPIEL
Der Vertrag zwischen der Tischlerei Zimmermann und der Fairtext GmbH weist als Liefertermin „ab Mitte April" aus. Die Tischlerei hat bei Bestellungseingang ihrerseits unverzüglich das benötigte Holz bei einem Sägewerk bestellt.
Da der Holzlieferant Lieferschwierigkeiten hat, erhält die Tischlerei das Rohmaterial erst am 30. April, also einige Wochen später als geplant. Die Spezialeinrichtung kann daraufhin nicht mehr termingerecht für die Geschäftsräume der Fairtext GmbH fertiggestellt werden.

Zur **unverschuldeten Lieferungsverzögerung** gehört auch die verspätete Lieferung aufgrund **höherer Gewalt**, z. B. Brand, Sturm, Hochwasser und Streik. In allen diesen Fällen greift die Bestimmung über die Haftungsverschärfung (siehe Seite 48) nicht.

3. Fälligkeit der Lieferung und Mahnung durch den Käufer

3.1 Fälligkeit
Damit der Lieferungsverzug entstehen kann, muss die Lieferung auch fällig gewesen sein, d.h., der Käufer muss berechtigt gewesen sein, die Lieferung auch zu fordern.

3.2 Mahnung
Grundsätzlich muss der Käufer die **Lieferung** beim Verkäufer nach Eintritt der Fälligkeit **anmahnen**, damit die Rechtsfolgen des Lieferungsverzugs eintreten können.

Das gilt insbesondere immer dann, wenn der **Liefertermin** (Leistungszeit) **kalendermäßig nicht genau festgelegt** wurde. Erst wenn der Käufer die Ware nochmals ausdrücklich verlangt, gerät der Verkäufer (Schuldner) in Verzug (§ 286 Abs. 1 Satz 1 BGB).

BEISPIELE
- Lieferung ab Anfang Juni
- Lieferung frühestens am 10. Juni
- lieferbar ab Juli
- Lieferung sofort
- Lieferung ab Mitte April (siehe Einstiegsbeispiel)
- Lieferung so schnell wie möglich
- Lieferung innerhalb von ca. drei Wochen ab Bestelleingang

„Baldigst" bedeutet höchstens acht Wochen

München (AP) Steht im Bestellformular, dass ein Neuwagen „baldigst" geliefert werden soll, braucht sich der Käufer – nach einer Entscheidung des Oberlandesgerichts Nürnberg – auf Lieferfristen von mehr als acht Wochen nicht einzulassen.

Ist in der Auftragsbestätigung eine längere Lieferfrist angegeben, so ist der Käufer an seine Bestellung nicht mehr gebunden, entschieden die Richter nach Mitteilung des ADAC in München.

---

[1] Gattungswaren sind vertretbare, d. h. mehrfach vorhandene Sachen, wie beispielsweise Butter, Wein oder Öl.

LERNFELD 5

Die **Mahnung** hat den rechtlichen Stellenwert
- einer Klage auf die Lieferung und
- der Zustellung eines Mahnbescheids im Mahnverfahren.

Sie ist **formfrei** und kann daher auch mündlich erfolgen. Um die dann eintretenden Beweisschwierigkeiten zu vermeiden, sollte man immer schriftlich mahnen.

Inhaltlich muss für den Schuldner aus der Mahnung die erneute Aufforderung zur Lieferung erkennbar sein.

Die Mahnung kann erst nach Fälligkeit der Lieferung erfolgen (§ 286 Abs. 1 Satz 1 BGB). Eine „sicherheitshalber" geschriebene Mahnung vor Fälligkeit der Lieferung ist rechtlich nicht wirksam.

> Der Lieferungsverzug beginnt **ab Zugang** der Mahnung.

BEISPIEL

Die Fairtext GmbH muss aufgrund des vereinbarten Liefertermins „Lieferung ab Mitte April" die Tischlerei Gerhard Zimmermann zunächst mahnen, damit diese in Lieferungsverzug gerät.

3.3 Entbehrlichkeit der Mahnung

Die **Mahnung** ist in den folgenden vier Fällen **nicht notwendig** (§ 286 Abs. 2 BGB):

- **Der Liefertermin (Leistungszeit)**
  - **steht kalendermäßig genau fest** (sogenannte Kalendergeschäfte: für die Lieferung ist eine Zeit nach dem Kalender bestimmt; Vereinbarung eines genau bestimmten Zeitpunkts oder eines begrenzten Zeitraumes) oder
  - **ist kalendermäßig genau** nach einem vorausgehenden Ereignis **zu berechnen**.
  In diesen Fällen kommt der Verkäufer ohne Mahnung in Verzug. Es wird dem Grundsatz gefolgt: „Der Tag mahnt anstelle des Menschen."

BEISPIELE FÜR LIEFERTERMINE

- Lieferung am 15. 11. fest (bestimmt, exakt, präzise) ⎫ **Fixgeschäft**[1]
- Lieferung zur Party am 10. Juni 18:00 Uhr ⎭

- Lieferung bis spätestens 6. Juni
- Lieferung am 21. September
- Lieferung 30 Tage ab heute
- Lieferung bis Ende März
- Lieferung innerhalb 30 Tagen ab Bestelldatum
- Lieferung zwischen 10. und 13. Oktober
- Lieferung im Mai
- Lieferung innerhalb von 10 Werktagen nach Abruf
- Lieferung Anfang September
- Lieferung 14 Tage nach Zugang der Rechnung

Termingeschäft[2] (Zeitkauf; kalendermäßig bestimmt bzw. bestimmbar)

- Der Verkäufer will oder kann nicht liefern, weil er z. B. die für die Ausführung der Bestellung erforderlichen Materialien nicht rechtzeitig erhalten hat. Mit seiner Weigerung setzt er sich selbst in Verzug (**Selbstinverzugsetzung** = ernsthafte und endgültige Leistungsverweigerung).
- Es liegen besondere Umstände vor, die den sofortigen Eintritt des Verzugs rechtfertigen. Das ist beispielsweise der Fall bei besonderer Eilbedürftigkeit, z. B. bei Reparatur eines ausgefallenen Servers oder bei einem Wasserrohrbruch.
- Die verspätete Lieferung macht für den Kunden keinen Sinn mehr (**Zweckgeschäft**).

4. Haftungsverschärfung

Befindet sich der Verkäufer im Lieferungsverzug, haftet er auch für Zufall und leichte Fahrlässigkeit, soweit der Schaden nicht auch bei rechtzeitiger Lieferung eingetreten wäre (= Haftungsverschärfung gem. § 287 BGB).

BEISPIEL

Angenommen, die Fairtext GmbH setzt der Tischlerei Zimmermann zusammen mit der Mahnung eine Nachfrist von 14 Tagen, innerhalb derer die Sonderanfertigung auch angefertigt wird. Am Tag vor der Auslieferung brennt der Lagerraum der Tischlerei mitsamt dem Mobiliar für die Fairtext GmbH aufgrund der Unachtsamkeit eines Gesellen ab. Da die Tischlerei sich bereits im Verzug befindet und der Schaden nicht eingetreten wäre, wenn der Auftrag termingerecht Mitte April ausgeführt worden wäre, haftet der Inhaber der Tischlerei.

---

1 Beim Fixgeschäft (Fixkauf) muss unterschieden werden zwischen Fixhandelskauf (beide Parteien des Vertrages sind Kaufleute gem. § 376 HGB) und bürgerlich-rechtlichem Fixkauf (§ 323, Abs. 2 BGB).

2 Ein Terminkauf liegt vor, wenn zwischen Käufer und Verkäufer vereinbart wird, dass die Ware zu einem bestimmten Termin oder innerhalb einer festgelegten Frist geliefert werden soll.

Rechte des Käufers (Gläubigers)

Die Vorschriften über den Lieferungsverzug regeln die Fälle, in denen der Verkäufer (Schuldner) zu spät liefert.
- Dabei kann der Käufer trotz der Verspätung noch an der Lieferung interessiert sein oder
- infolge der Verspätung sein Interesse verloren haben.

Beide Fälle unterscheiden sich in der Rechtsfolge. Liegen die Voraussetzungen für den Eintritt des Lieferungsverzugs vor, so stehen dem Käufer **wahlweise** folgende Rechte zu:

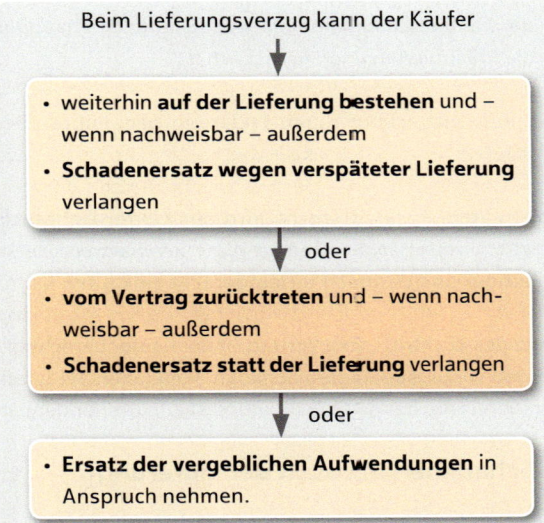

1. Bestehen auf Vertragserfüllung

Aus der Sicht des Käufers können folgende Gründe dafür sprechen, weiterhin auf Lieferung zu bestehen:
- Die Lieferungsverzögerung ist für ihn nicht bedeutsam.
- Zwischen Käufer und Verkäufer besteht eine langjährige Geschäftsbeziehung.
- Die Ware ist eine Sonderanfertigung.
- Die Beschaffung der Ware ist bei einem anderen Lieferanten nicht möglich.
- Die Ware ist bei anderen Lieferanten teurer.
- Andere Lieferanten haben längere Lieferfristen.

2. Erfüllung und Schadenersatz wegen verspäteter Lieferung

(Verspätungsschaden; Schadenersatz **neben** der Leistung)

Der Käufer (Gläubiger) besteht weiter auf der Lieferung, macht zusätzlich jedoch den durch die Verzögerung entstandenen Schaden geltend. Voraussetzungen sind:

- das **Verschulden** (Vertretenmüssen) des Lieferanten,
- **Fälligkeit** der Lieferung und
- eine **Mahnung** des Käufers (Gläubigers), soweit sie erforderlich ist (siehe § 286 BGB).

> **BEISPIEL**
>
> Die Fairtext GmbH kann kurzfristig keine ihren Vorstellungen entsprechende Einrichtung von einer anderen Tischlerei bekommen, sodass sie **auf Erfüllung des Kaufvertrags besteht**. Die Einweihung der neuen Geschäftsräume in Hannover kann daraufhin erst 14 Tage später als angekündigt erfolgen. Den entstandenen Schaden (Ersatz des Verzugsschadens) wie Kosten für die erneute Anzeigenkampagne, Telefonate, Porti, entgangener Gewinn usw. will sie von dem Tischlermeister Zimmermann ersetzt haben.

3. Rücktritt vom Vertrag (§§ 323, 346 ff. BGB)

Voraussetzungen für den Rücktritt sind
- die **Fälligkeit** und
- grundsätzlich der erfolglose Ablauf einer zuvor eingeräumten **angemessenen Frist**.

Die Nachfrist ist dann angemessen, wenn es dem Lieferanten möglich ist, die Leistung (Ware) während dieser Zeit zu erbringen (zu liefern), ohne jedoch die Kaufsache erst bei einem anderen Lieferanten beschaffen oder selbst anfertigen zu müssen.

Die Fristsetzung ist eine grundsätzlich formlose Erklärung des Käufers, die erkennen lassen muss, dass der Lieferant eine letzte Gelegenheit zur Leistungserbringung erhält. Sie kann mit einer Mahnung verbunden werden.

Ist dieser Termin verstrichen, kann der Käufer vom Vertrag zurücktreten.

Rücktritt vom Kaufvertrag

3.1 Nachfrist

Die **Nachfristsetzung** ist in den folgenden vier Fällen nicht erforderlich:

- Der Verkäufer verweigert die Leistung ernsthaft und endgültig (**Selbstinverzugsetzung** = Lieferungsverweigerung; § 281 Abs. 2 BGB).
- Bei einem **Zweckkauf**
  Ein Zweckkauf liegt vor, wenn **eine Ware für einen ganz bestimmten Zweck** bestellt wurde, beispielsweise ein weißes Brautkleid anlässlich einer Hochzeit. Kommt die Ware erst nach der Feier, hat sie ihren Zweck verfehlt, sie ist für den Käufer uninteressant geworden.

  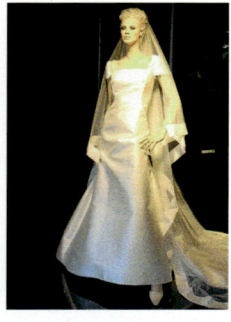
  Zweckkauf

- Es liegt ein **Fixkauf** vor (als Handelskauf gem. § 376 HGB).
  Soll ein Handelskauf als Fixgeschäft gelten, so bedarf es einer sehr **deutlichen Hervorhebung des Liefertermins** (Fixhandelskauf): Das Datum der Lieferung muss für die Vertragspartner eine überragende Bedeutung haben. Das bedeutet, dass mit der Einhaltung des festgelegten Termins der Vertrag steht oder fällt und der Gläubiger bei Terminüberschreitung kein Interesse mehr an der Lieferung hat.
  Äußerlich erkennbar gemacht werden kann das durch bestimmte Formulierungen (Fixklauseln) wie
  – Lieferung am 28. Sept. exakt
  – fix
  – genau oder
  – prompt.
  Der Verkäufer gerät mit dem Überschreiten des vereinbarten Liefertermins automatisch in Verzug, auch wenn kein Verschulden vorliegt.

  Der Käufer kann **beim Fixkauf ohne Nachfristsetzung**
  – ohne Mahnung vom Vertrag zurücktreten oder
  – auf Lieferung bestehen, muss das aber dem Verkäufer **unverzüglich** (**sofort nach dem Stichtag**) mitteilen, und/oder
  – Schadenersatz wegen Nichterfüllung (statt der Lieferung) verlangen. Dann ist aber Voraussetzung das Verschulden des Verkäufers.

- Es liegen **besondere Umstände** vor, die den sofortigen Rücktritt bzw. die sofortige Geltendmachung des Schadenersatzanspruchs auch ohne vorherige Fristsetzung rechtfertigen; dies ist z. B. bei Just-in-time-Geschäften gegeben.

> Das Rücktrittsrecht setzt, im Gegensatz zum Schadenersatzanspruch, kein Verschulden voraus. **Es gilt auch bei unverschuldetem Lieferungsverzug.**

3.2 Ausschluss des Rücktritts

Der **Rücktritt** ist **ausgeschlossen**, wenn
- der Käufer (Gläubiger) für den Lieferungsverzug allein oder weit überwiegend verantwortlich ist oder
- der Käufer sich im Annahmeverzug befunden hat oder
- die Pflichtverletzung unerheblich ist.

Der Rücktritt erfolgt durch Erklärung gegenüber dem Verkäufer.

Von seinem Rücktrittsrecht wird der Käufer Gebrauch machen, wenn er die gleiche Ware inzwischen preisgünstiger und dennoch termingerecht einkaufen kann.

Trotz des Rücktritts vom Vertrag ist der Käufer berechtigt, für den verzugsbedingten Schaden Schadenersatz (statt der Lieferung) bzw. Aufwendungsersatz zu verlangen.

4. Schadenersatz statt der Lieferung

(Schadenersatz wegen Nichterfüllung; § 280 Abs. 1 und 3 i. V. m. § 281 BGB)
Der Käufer tritt, da er kein Interesse mehr an der Lieferung hat, vom Vertrag zurück und macht den ihm entstandenen Schaden geltend.

Voraussetzungen für Schadenersatz statt der Lieferung sind:
- **Fälligkeit**,
- **Verschulden** (Vorsatz und Fahrlässigkeit) und
- die **erfolglose Fristsetzung** oder die Entbehrlichkeit der Fristsetzung.
  Die unter „Rücktritt vom Vertrag" genannten Entbehrlichkeitsgründe für die Nachfrist gelten – mit Ausnahme des Fixhandelskaufs – auch hier.

Von dem Recht auf Schadenersatz, das **zusätzlich** zum Rücktrittsrecht geltend gemacht werden kann (§ 325 BGB), wird der Käufer bei einem Deckungskauf Gebrauch machen.

> **BEISPIEL**
>
> Die Fairtext GmbH will den Eröffnungstag ihrer neuen Geschäftsräume in Hannover nicht weiter verschieben. Nach Ablauf der gesetzten Nachfrist (hier: zwei Wochen, Lieferung bis zum 5. Mai) bestellt sie bei der Konkurrenz eine fast gleichwertige Einrichtung (= Deckungskauf). Der neue Handwerksbetrieb liefert zwar pünktlich, doch muss die Fairtext GmbH nun 2.000,00 € mehr bezahlen. Den Preisunterschied muss die in Lieferungsverzug geratene Tischlerei Zimmermann bezahlen.

Verlangt der Käufer Schadenersatz statt der Lieferung, kann er **auf die Lieferung nicht mehr bestehen**.

5. Ersatz vergeblicher Aufwendungen

Anstelle des Schadenersatzes statt der Lieferung ist der Ersatz der Aufwendungen, die der Käufer im Vertrauen auf den pünktlichen Erhalt der Ware gemacht hat, möglich. Diese Aufwendungen müssen angemessen sein und vom Käufer nachgewiesen werden.

> **BEISPIEL**
>
> Ein Konkurrenzunternehmen der Tischlerei Zimmermann kann der Fairtext GmbH eine gleichwertige Einrichtung zu einem sogar preisgünstigeren Preis liefern. Bei ihren Verhandlungen präsentiert der Geschäftsführer dieses Möbel- und Designer-Unternehmens sogar eine Lösung, die Herrn Hahnenkamp und Frau Schröter besser gefällt als die ursprünglich von ihnen geplante Variante. Allerdings sind Anfang April von der Fairtext GmbH bereits spezielle Umbauarbeiten in den Geschäftsräumen der Fairtext GmbH in Hannover vorgenommen worden, die auf die ursprünglichen Entwürfe zugeschnitten waren. Da die Tischlerei Zimmermann innerhalb der Nachfrist nicht geliefert hat, kann die Fairtext GmbH vom Vertrag zurücktreten und die Kosten für die Umbauarbeiten verlangen.

Berechnung des Schadens beim Lieferungsverzug

Das BGB sieht vor, dass der Verkäufer dem Käufer den durch den Lieferungsverzug entstandenen Schaden ersetzen muss.

1. Konkrete Schäden

Von **konkreten Schäden** spricht man, wenn sie sich genau nachweisen lassen, z. B. die Mehrkosten beim Deckungskauf, Anwaltsgebühren, Mahnkosten, Telefonkosten.

> **BEISPIEL**
>
> Die Spielwarenhandlung Ackermann & Lange KG hat zum bevorstehenden Weihnachtsgeschäft beim Hersteller, der Weinmann OHG in Hildesheim, 50 Minimodelleisenbahnen zum Preis von 30,00 €/Stück bestellt: **Liefertermin 10. Dez. fix.**
> Als die Ware am 10. Dez. nicht eintrifft, kauft Herr Lange die Eisenbahnen bei einem anderen Lieferanten in Hamburg zum allerdings höheren Preis von 34,00 €/Stück. Die Mehrkosten dieses Deckungskaufs von 200,00 € für die Eisenbahnen zuzüglich der Kosten für Telefonate und den Transport (von Hamburg) von 62,80 € stellt er der in Lieferungsverzug geratenen Weinmann OHG in Rechnung.

2. Abstrakte Schäden

Abstrakte Schäden liegen immer dann vor, wenn sie nur geschätzt werden können oder schwer zu beweisen sind.

> **BEISPIEL**
>
> Dem Käufer ist Gewinn entgangen, weil er durch die verzögerte Warenlieferung des Lieferanten seinen Kunden gegenüber nicht lieferfähig war. Die Kunden haben deshalb bei der Konkurrenz bestellt. Die genaue Anzahl dieser Kunden kann allerdings nur geschätzt werden.

Kommt der Käufer (Warengläubiger) durch die Lieferungsverzögerung selbst in Lieferungsverzug, muss der säumige Lieferant auch diesen Schaden übernehmen.

LERNFELD 5

Da derartige Probleme bei der Schadensberechnung häufig zu gerichtlichen Auseinandersetzungen führen, sollte der Käufer schon bei Vertragsabschluss eine **Konventionalstrafe** (= Vertragsstrafe) vereinbaren. Sie ist zu zahlen, sobald der Verkäufer in Lieferungsverzug gerät. Neben der Konventionalstrafe kann der Käufer weiterhin auf Lieferung bestehen.

Unmöglichkeit der Lieferung

Befindet sich der Lieferant in Lieferungsverzug, so bedeutet das, dass er zwar zum vereinbarten Termin nicht liefern kann, doch später seine Leistung ohne Weiteres erbringen könnte.

Ist die Lieferung allerdings auch später nicht mehr möglich, also nicht mehr nachholbar, spricht man von **Unmöglichkeit** der Lieferung.

BEISPIEL

- Die Fairtext GmbH kauft für die Eingangshalle ihres Verwaltungsgebäudes von einem Kunsthändler ein Bild eines bekannten Malers. Die Übergabe des Gemäldes soll am darauffolgenden Tag erfolgen. In der Nacht wird das Gemälde gestohlen. Die Lieferung ist für den Verkäufer nicht mehr nachholbar, d. h., es ist für ihn unmöglich geworden, die Ware zu liefern (= **nachträgliche Unmöglichkeit**).
- Verkäufer und Käufer schließen einen Kaufvertrag über ein goldenes Armband. Durch Unachtsamkeit fällt dem Verkäufer einen Tag vor der vereinbarten Übergabe das Armband auf einer Hochsee-Angeltour auf der Nordsee ins Meer. Da nun feststeht, dass er das Armband nicht mehr übergeben kann, weil er das Armband nicht mehr hat, steht auch die Unmöglichkeit der Lieferung fest.

Bei Unmöglichkeit der Lieferung **entfällt der vertragliche Anspruch auf Lieferung** (§ 275 Abs. 1 BGB). Auch die Frage des Verschuldens (Vertretenmüssen der Unmöglichkeit) spielt in diesem Zusammenhang keine Rolle. Der Lieferant wird von der Lieferung frei.

Bei **nachträglicher Unmöglichkeit** (eingetreten nach Vertragsschluss) haftet der Lieferant dem Käufer allerdings auf **Schadenersatz statt der Lieferung** (§§ 280 Abs. 1 und 3, 283 BGB).

AUFGABEN

1. Herr Kaufmann, Großhändler für Feinkostwaren, bestellt am 15. Aug. bei der Molkerei Bernd Wolf e. Kfm. 200 kg französischen Camembert zum Preis von 6,20 € pro kg. Die Lieferung soll unverzüglich erfolgen.
   Nach vier Wochen ist der Käse immer noch nicht bei Kaufmann eingetroffen, weil in der Molkerei Wolf ein Mitarbeiter den Auftrag versehentlich als erledigt abgelegt hatte.
   a) Befindet sich die Molkerei Wolf in Lieferungsverzug? Begründen Sie Ihre Antwort.
   b) Was sollte Herr Kaufmann unternehmen, wenn der Preis dieses Käses inzwischen um 17 % gestiegen ist?
   c) Welche Voraussetzungen müssen für den Eintritt des Lieferungsverzugs im Allgemeinen vorliegen?

2. Welches der ihm zustehenden Rechte wird der Käufer beim Lieferungsverzug geltend machen?

3. Wie wird die Höhe eines Schadens berechnet?

4. Nach einer Ware besteht unerwartet große Nachfrage. Der Großhändler verkauft die erste Sendung innerhalb von nur vier Tagen restlos. Daraufhin bestellt er weitere Sendungen beim Hersteller zur Lieferung „sobald wie möglich". Diese Sendung trifft jedoch später ein als üblich. Zwischenzeitlich hätte der Großhändler einen großen Teil der Ware verkaufen und einen erheblichen Gewinn machen können.
   Welches Recht kann er gegenüber dem Hersteller geltend machen?

5. Ein Lieferant der Textilgroßhandlung Fairtext GmbH befindet sich bereits im Lieferungsverzug (Nicht-Rechtzeitig-Lieferung). Daraufhin fordert die Großhandlung Ersatz des Verzögerungsschadens und besteht aber weiterhin auf Lieferung (Erfüllung).
   In welchen Fällen könnte die Fairtext GmbH auf eine Mahnung als Voraussetzung für die Nicht-Rechtzeitig-Lieferung verzichten?

6. Nennen Sie drei Kaufvertragsvereinbarungen, bei denen der Verkäufer bei Nichterfüllung ohne Mahnung in Verzug gerät.

7. Wann kommt der Verkäufer bei folgenden Lieferterminen in Verzug?
   a) am 22. Aug. 20..
   b) lieferbar ab Januar
   c) heute in vier Monaten
   d) im Laufe der zweiten Novemberhälfte
   e) bis 30. Nov. 20..
   f) 23. Sept. 20.. fix
   g) drei Wochen nach Abruf
   h) sofort

8. Die Spielwarengroßhandlung Mönckemeyer OHG, Gartenstraße 26, 82481 Mittenwald, bestellt am 15. Nov. 20.. beim Hersteller Schroeder GmbH, Illingstraße 131, 81379 München, 100 Modelleisenbahn-Grundkästen „Tandem" für das Weihnachtsgeschäft.
   Firma Schroeder sagt die Lieferung bis Ende November zu. Am 2. Dez. sind die Kästen in der Spielwarengroßhandlung Mönckemeyer immer noch nicht eingetroffen.
   Schreiben Sie für den Großhändler Mönckemeyer an den Hersteller Schroeder.

9. Die Textilgroßhandlung Fairtext GmbH bestellt am 6. Juni für ihre internen Verkäuferschulungen ein neues Videosystem bei der ViTeMa GmbH. Es wird vertraglich festgelegt, dass die komplette Anlage bis zum 20. Juni geliefert werden soll, da am 21. Juni eine groß geplante Schulungsveranstaltung stattfindet, an der auch Personal von diversen Filialen teilnehmen wird.
   Als Herr Esser von der Fairtext GmbH am Morgen des 20. Juni bei ViTeMa anruft, teilt ihm der Verkaufschef mit, dass die Bestellung irrtümlicherweise von einem Mitarbeiter falsch einkuvertiert wurde und insofern den eigenen Lieferanten erst am 18. Juni erreicht hat. Die Anlage sei daher erst Ende Juni lieferbar.
   Damit die Schulung dennoch stattfinden kann, mietet die Fairtext GmbH nun bei einem Fachgeschäft für Elektronik eine technisch vergleichbare Anlage zum Mietpreis von 250,00 € für den Schulungstag.
   a) Überprüfen Sie, ob sich die ViTeMa GmbH bereits in Lieferungsverzug befindet.
   b) Kann die Fairtext GmbH Ersatz der Kosten für das ersatzweise Mieten der anderen Anlage von der ViTeMa GmbH verlangen?

10. Die in Aufgabe 9 von der Fairtext GmbH bestellte Videoanlage wird – wie vom Hersteller zugesichert – am 29. Juni bei der ViTeMa GmbH angeliefert. Während der firmeneigenen Auslieferung am nächsten Tag verunglückt der Transporter auf

dem Weg zur Fairtext GmbH wegen einer Ölspur auf der Bundesstraße.
Die ViTeMa GmbH kann die gleiche Anlage nun nicht mehr beschaffen, da der Hersteller nur eine begrenzte Auflage angeboten hatte. Beurteilen Sie die Rechtslage.

11. Die in Aufgabe 9 von der Fairtext GmbH bestellte Videoanlage kann lt. Aussage der ViTeMa GmbH aufgrund von Produktionsengpässen beim Hersteller vorläufig nicht geliefert werden. Man glaubt allerdings, die Anlage in vier bis fünf Wochen nachliefern zu können. Da man in der Fairtext GmbH verständlicherweise nicht so lange warten möchte, soll eine technisch baugleiche Kompaktanlage bei einem anderen Händler gekauft werden. Zuvor wird der ViTeMa GmbH eine Nachfrist von 14 Tagen (bis zum 5. Juli) zur Lieferung der am 6. Juni bestellten Videoanlage gesetzt. Als nach Ablauf der Frist die Anlage nicht eingetroffen ist, wird die Alternativanlage zu einem allerdings um 210,00 € höheren Preis gekauft.
Anschließend teilt die Fairtext GmbH der ViTeMa GmbH mit, dass man auf die weitere Lieferung verzichtet und den bezahlten Mehrpreis erstattet haben möchte. Die ViTeMa GmbH weigert sich mit Hinweis auf die Regelungen des Schuldrechts.
Wie ist die Rechtslage?

12. Ein Großhändler tritt aufgrund der verspäteten Lieferung vom Kaufvertrag zurück und verlangt darüber hinaus Schadenersatz statt der Lieferung.
In welchen Fällen kann er auf das Setzen einer angemessenen Nachfrist verzichten?

13. Zwischen einem Textilgroßhändler und einer Strickwarenfabrik wurde ein Kaufvertrag über Pullover aus Merinowolle geschlossen. Aufgrund der bevorstehenden Modemesse wurde zunächst auf die Festlegung eines Liefertermins verzichtet. Als einige Tage später der Preis für Merinowolle auf dem Weltmarkt ansteigt, weigert sich die Strickwarenfabrik, die Sendung zu den ausgehandelten Konditionen auszuliefern.
Welche Rechte hat der Großhändler gegenüber der Strickwarenfabrik?

14. Eine Lebensmittelgroßhandlung vereinbarte am 12. Mai mit einem Lieferanten für russischen Kaviar die Lieferung von zehn Kartons bis spätestens 27. Mai. Als am 28. Mai die Sendung immer noch nicht eingetroffen ist, deckt sich der Großhändler zwei Tage später bei einem anderen Lieferanten zu einem darüber hinaus wesentlich preisgünstigeren Preis mit Kaviar ein und verzichtet auf die weitere Erfüllung des Vertrags.
Der Kaviarlieferant wird hierüber noch am gleichen Tag telefonisch informiert, wobei er allerdings unmissverständlich auf die Abnahme der bestellten zehn Kartons zum ursprünglich vereinbarten Preis besteht.
Wie beurteilen Sie den Sachverhalt?

15. Die Fairtext GmbH und die Himmler OHG schließen am 28. April einen Leihvertrag über eine Zapfanlage für das bevorstehende Firmenjubiläum der Fairtext GmbH am 7. Mai. Vor der vereinbarten Übergabe am 6. Mai wird die Anlage durch einen Brand im Lager der Himmler OHG vernichtet. Der Brand, hervorgerufen durch einen Kurzschluss, wurde von einem Angestellten der Himmler OHG selbst leicht fahrlässig verursacht. Daraufhin muss die Fairtext GmbH nun für das Jubiläum bei einem anderen Verleiher eine um 250,00 € teurere Anlage mieten. Wenige Tage nach dem Fest verlangt die Fairtext GmbH diesen Betrag von der Himmler OHG.
Hat sie Aussicht, die 250,00 € ersetzt zu bekommen? Begründen Sie Ihre Stellungnahme.

16. Die Textilgroßhandlung Fairtext GmbH und der selbstständige Dekorateur R. Clemens schließen am 14. April einen Kaufvertrag über diverse Dekorationsstücke für die Einweihung der neuen Geschäftsräume der Fairtext GmbH am 2. Mai ab.
Vereinbart wird, dass Clemens die Kunstbäume, Banderolen, Ständer usw. zum 30. April liefert. Herr Ritter, Sachbearbeiter in der Einkaufsabteilung der Fairtext GmbH, weist ihn darauf hin, dass das Material für die Neueröffnung am 2. Mai unbedingt am 30. April benötigt wird, da eine Anlieferung wegen des arbeitsfreien 1. Mai ja wegfällt.
Herr Clemens liefert letztlich aber weder am 30. April noch am 2. Mai. Daraufhin setzt ihm Herr Prinzke eine Frist bis zum 10. Mai, da wegen einiger Schwierigkeiten mit der Tischlerei, die für die Inneneinrichtung verantwortlich war, die Neueröffnung ohnehin auf den 12. Mai verschoben werden musste.
Clemens lässt aber auch bis zu diesem Termin nichts von sich hören. Als er schließlich am 22. Mai liefern will, lehnt Herr Prinzke das ab: Die Fairtext

GmbH habe sich die notwendigen Ausrüstungsgegenstände für die Eröffnung inzwischen bei einem anderen Dekorationsunternehmen besorgen müssen, was das Unternehmen 120,00 € mehr gekostet habe und die Clemens nun ersetzen solle. Dekorateur Clemens beruft sich darauf, dass nicht er die Lieferung des Dekomaterials vergessen habe, sondern sein Angestellter Franz Lein.

a) Muss das Dekorationsunternehmen R. Clemens e. Kfm. die geforderten 120,00 € ersetzen?
b) Kann die Fairtext GmbH Schadenersatz verlangen, wenn sie zuvor vom Vertrag zurückgetreten ist?

17. Ein Lebensmittelgroßhändler bestellt bei einem Weinimporteur 40 Flaschen Rotwein Paul Masson Burgundy California für 288,00 €. Der Weinimporteur soll vereinbarungsgemäß am „12. Sept." liefern, doch die Sendung bleibt aus. Daraufhin tritt der Großhändler vom Vertrag zurück und kauft den Wein, der mittlerweile aufgrund des stärker gewordenen Euro billiger geworden ist, bei einem anderen Spirituosengroßhändler für nur 244,80 € ein.
Am 14. Sept. liefert der ursprüngliche Weinimporteur die 40 Flaschen Rotwein und besteht auf Begleichung der Rechnung von 288,00 €.
Wird er sein Geld bekommen?

AKTIONEN

1. Bearbeiten Sie den Text des vorliegenden Kapitels in sechs Schritten:
   - Überblick verschaffen
   - Leseabschnitte einteilen
   - unbekannte Wörter nachschlagen
   - Wichtiges abschreiben
   - mit eigenen Worten wiederholen
   - den Text skizzieren in Form
     - einer Mindmap (falls möglich, verwenden Sie das Programm MindManager),
     - eines Ablauf- oder Ordnungsschemas
     oder
     - eines Bildes, das den Textinhalt darstellt

2. Informieren Sie sich in Ihrem Ausbildungsunternehmen über die dort angewandten Regelungen zum Lieferungsverzug.

3. Vergleichen Sie Ihre Ergebnisse mit den gesetzlichen Vorschriften. Benutzen Sie für diese Überprüfung das vorliegende Lehrbuch und ergänzend das Bürgerliche Gesetzbuch. Halten Sie Ihre Ergebnisse nach inhaltlichen Gesichtspunkten geordnet in einer Übersichtstabelle fest.

4. Begründen Sie Ihre Ergebnisse in Form eines Kurzreferats vor der Klasse. Wiederholen Sie zum Schluss die wichtigsten Erkenntnisse Ihrer Arbeit.

5. a) Erkundigen Sie sich in Ihrem Ausbildungsunternehmen nach einem authentischen Fall, bei dem einer Ihrer Lieferanten Ware zu spät geliefert hat.
   b) Bereiten Sie Ihre Informationen mithilfe der Strukturgelenktechnik auf und fertigen Sie von dem Ergebnis eine Folie an.
   c) Formulieren Sie zusätzlich einen Ereignisbericht mithilfe folgender W-Fragen:
      - **Wann** geschah etwas?
      - **Wo** geschah es?
      - **Was** geschah?
      - **Wer** war an dem Geschehen beteiligt?
      - **Wie** kam es zu dem Ereignis?
      - **Warum** ist es zu dem Ereignis gekommen?
      - **Welche** wirtschaftlichen und rechtlichen Konsequenzen ergaben sich für die Beteiligten?

      Bei der Abfassung Ihres Berichts sollten in jedem Fall die vorhandenen rechtlichen Voraussetzungen und die von Ihrem Ausbildungsunternehmen in Anspruch genommenen Gewährleistungsrechte erwähnt und begründet werden.
   d) Präsentieren Sie die Fallstudie unter Verwendung der Ergebnisse aus Aufgabe b) und c) Ihren Klassenkameraden.

LERNFELD 5

ZUSAMMENFASSUNG

Lieferungsverzug (Schuldnerverzug)
(Nicht-Rechtzeitig-Lieferung = schuldhafte Nichtleistung trotz Fälligkeit und Mahnung)

Voraussetzungen für den Eintritt:

- **Fälligkeit** = Zeitpunkt, von dem an der Gläubiger die Lieferung verlangen kann.
- **+ Mahnung** wenn der Liefertermin kalendermäßig nicht genau bestimmt ist. Keine Mahnung erforderlich bei
  - Fixgeschäften
  - Leistungsverweigerung
  - Zweckkäufen
  - eilbedürftigen Pflichten
- **+ Nichtleistung** Die Nachholung der Leistung ist dennoch möglich.
- **+ Verschulden** Verzug auch ohne Verschulden
  - bei Gattungsware
  - beim Vertragsrücktritt
  - beim Fixkauf

Lieferant haftet für fahrlässiges und vorsätzliches Handeln. Nicht zu vertreten hat er höhere Gewalt. Bei Gattungswaren (Schuldner trägt das Beschaffungsrisiko) liegt ein Verschulden grundsätzlich vor!

Rechte des Käufers:

Ohne Nachfrist (vorrangig) — oder — **Angemessene Frist setzen**[1]

↓ ↓ Nach erfolglosem Ablauf der Nachfrist[2]

Bestehen auf die nachträgliche Warenlieferung (Erfüllung des Vertrags)

Rücktritt vom Vertrag (Verschulden ist nicht erforderlich)

und (falls nachweisbar) — und (falls nachweisbar)

Schadenersatz wegen Verzögerung der Lieferung (Verspätungsschaden) = Schadenersatz **neben** der Lieferung

Schadenersatz statt der Lieferung (Nichterfüllungsschaden) — wahlweise → **Ersatz vergeblicher Aufwendungen**

Schadenberechnung

- **abstrakt**: Genauer Nachweis des Schadens ist nicht möglich, z. B. entgangener Gewinn aufgrund vermuteten Kundenausfalls.
- **konkret**: Höhe des Schadens wird genau nachgewiesen, z. B. Mehrpreis beim Deckungskauf oder Überstundenzuschläge.

→ zu vermeiden durch zuvor vereinbarte ←

Konventionalstrafe
zu zahlen, sobald der Lieferant den Liefertermin überschritten hat

---
1 Das Setzen einer Nachfrist ist gleichzeitig mit der ersten Mahnung möglich.
2 Nachfristsetzung ist beim Rücktritt oder dem Schadenersatz statt Lieferung immer notwendig, auch wenn der Liefertermin genau bestimmbar ist. Die Nachfristsetzung entfällt allerdings beim Fix- und Zweckkauf sowie bei Selbstinverzugsetzung.

KAPITEL 6
Annahmeverzug

LERNFELD 5

Die Textilgroßhandlung Fairtext GmbH, Hannover, liefert ordnungsgemäß 200 orangefarbene Blusen aus Viskose an einen langjährigen Kunden, den Einzelhändler Körbel & Hansen OHG in Celle. Vereinbart war zwischen den Vertragspartnern im Kaufvertrag vom 13. August „Lieferung in 4 Wochen".

Auf der Fahrt wird der Lkw jedoch durch eine Demonstration von Umweltschützern unvorhergesehen lange aufgehalten, sodass er mit den Blusen eine Stunde nach Geschäftsschluss ankommt.

Daraufhin weigert sich Frank Körbel (jun.), die Blusen abzunehmen mit dem Hinweis, dass die Fairtext GmbH zu spät geliefert habe. Ausschlaggebend war dabei, dass sich inzwischen gezeigt hatte, dass sich der Farbton Orange nur schwer verkaufen lässt. Die gesamte Modebranche hatte sich in diesem Jahr verkalkuliert.

Nach telefonischer Rücksprache mit seinem Chef in Hannover fährt der Lkw-Fahrer die Wagenladung Blusen vorerst zur Einlagerung in die nahegelegene Celler Lagerhaus AG.

Zu allem Unglück werden dabei drei Kartons Blusen durch einen Unfall, an dem der hannoversche Fahrer schuldlos war, so beschädigt, dass die Ware nicht mehr verkaufsfähig ist.

1. Prüfen Sie,
   a) ob Frank Körbel (jun.) die Annahme der Blusen verweigern durfte und
   b) wer für den Schaden an der Ware haften muss.
2. Stellen Sie Maßnahmen zusammen, die die Fairtext GmbH ergreifen sollte.

INFORMATIONEN

Wesen des Annahmeverzugs und seine Voraussetzungen

DEFINITION
Der Käufer kommt in **Annahmeverzug**, wenn er die ihm ordnungsgemäß gelieferte Ware nicht oder nicht rechtzeitig annimmt (§ 293 BGB).

Anders als beim Lieferungsverzug[1], bei dem es sich um eine Pflichtverletzung des Verkäufers (= Schuldner) handelt, liegt beim Annahmeverzug eine Pflichtverletzung durch den Käufer (= Gläubiger) vor. Man spricht daher auch vom **Gläubigerverzug**.

Voraussetzungen für den Eintritt des Annahmeverzugs:	
▶ **Fälligkeit der Lieferung**	Damit der Annahmeverzug eintritt, muss die Lieferung fällig sein. Wird die Ware vorzeitig geliefert, gerät der Kunde nicht in Annahmeverzug.
▶ **Tatsächliches Angebot der Lieferung**	Der Verkäufer muss dem Käufer die Ware tatsächlich liefern, und zwar zur richtigen Zeit, am richtigen Ort und in der vereinbarten Art und Weise (Art, Güte, Menge); (§ 294 BGB).
▶ **Nichtannahme**	Der Käufer muss die ordnungsgemäß gelieferte Ware nicht angenommen haben. Der Annahmeverzug setzt **kein Verschulden** des Käufers voraus. Es ist daher gleichgültig, ob er an der Nichtannahme schuldlos ist oder nicht.
	BEISPIEL
	Aufgrund eines Hundebisses fährt der Elektroeinzelhändler Held unverzüglich ins Krankenhaus und muss sich dort mehrere Stunden aufhalten. In der Zwischenzeit liefert der Großhändler Schwerdtfeger per Lkw ordnungsgemäß zehn bestellte Farbfernseher an. Er trifft niemanden an. **Herr Held gerät in Annahmeverzug.**

---

[1] Informationen zum Lieferungsverzug (Nicht-Rechtzeitig-Lieferung) sind im Kap. 5.5 zu finden.

Rechtsfolgen des Annahmeverzugs

Nach Eintritt des Annahmeverzugs haftet der Verkäufer nur noch für Vorsatz und grobe Fahrlässigkeit (§ 300 Abs. 1 BGB).

Bei **Gattungswaren** trägt der Käufer das Risiko der Vernichtung und der Beschädigung der Ware vom Zeitpunkt der Annahmeverweigerung. Er hat die Mehraufwendungen für die erfolglose Anlieferung zu tragen und haftet nun nicht nur für leichte Fahrlässigkeit, sondern auch für Schäden, die durch Zufall, z. B. höhere Gewalt, eintreten (§ 300 Abs. 2 BGB).

> **BEISPIEL**
>
> Der Käufer hat die Annahme der Ware verweigert. Daraufhin lagert der Verkäufer sie bei sich ein. Durch leichte Fahrlässigkeit eines Lagerarbeiters wird die Ware durch Brand vernichtet. Der Käufer muss dennoch den Warenpreis zahlen. Anspruch auf die Ware hat er nicht mehr.

Rechte des Verkäufers

Liegen die Voraussetzungen für den Eintritt des Annahmeverzugs vor, stehen dem Verkäufer wahlweise folgende Rechte zu:

1. Rücktritt vom Kaufvertrag

Der Verkäufer tritt vom Kaufvertrag zurück. Der Rücktritt ist nicht von einem Verschulden des Käufers abhängig.

Von seinem Recht auf Rücktritt wird der Verkäufer Gebrauch machen, wenn
- er die Ware anderweitig verkaufen kann,
- die Verkaufspreise zwischenzeitlich gestiegen sind,
- er es mit einem guten Kunden zu tun hat (Kulanz),
- es sich um einen geringfügigen Rechnungsbetrag handelt.

Trotz eines Rücktritts vom Kaufvertrag kann der Verkäufer Schadenersatz geltend machen.

2. Bestehen auf Erfüllung des Kaufvertrags

Bis zur endgültigen Klärung der Sachlage muss der Verkäufer dafür sorgen, dass die Ware aufbewahrt wird, z. B. in einem öffentlichen Lagerhaus oder in seinem eigenen Lager (= Hinterlegungsrecht; § 373 HGB). Die Kosten der Lagerung und die Haftung für die Ware trägt der Käufer. Der Aufbewahrungsort muss dem Käufer unverzüglich mitgeteilt werden (§§ 374, 381 BGB).
Gleichzeitig kann der Verkäufer **wahlweise** folgende beiden Rechte in Anspruch nehmen:

3. Bestehen auf Abnahme der Ware

Der Verkäufer verklagt den Käufer auf Abnahme der Ware. Er wird das in Erwägung ziehen, wenn er die Ware anderweitig nicht mehr oder nur mit Verlust verkaufen kann.

Nachteile des Klageweges: Er ist sehr zeitraubend, gefährdet die Geschäftsbeziehung und erhöht die Lager- und Gerichtskosten.

4. Selbsthilfeverkauf (§ 383 f. BGB)

Um eine Klage zu umgehen, kann der Verkäufer die eingelagerte und hinterlegte Ware im Selbsthilfeverkauf verkaufen, und zwar
- in einer öffentlichen Versteigerung, z. B. durch einen Gerichtsvollzieher, oder
- im freihändigen Verkauf, z. B. durch einen anerkannten Handelsmakler, vorausgesetzt die Ware hat einen Börsen- oder Marktpreis (z. B. Kaffee, Getreide, Tee, Kupfer).

Die Durchführung des Selbsthilfeverkaufs (für Rechnung des Käufers) ist zum Schutz des Käufers an **bestimmte Voraussetzungen** gebunden:

Der Verkäufer muss

- dem Käufer den Selbsthilfeverkauf androhen und ihm eine angemessene Nachfrist zur Abnahme der Ware setzen.
  Ausnahme: bei leicht verderblichen Waren, wie z. B. Gemüse, Schnittblumen, Obst **(Notverkauf)**
- ihm rechtzeitig mitteilen, wo und wann der Selbsthilfeverkauf stattfinden wird, damit er selbst mitbieten kann.
- ihn nach abgeschlossenem Selbsthilfeverkauf unverzüglich unterrichten und ihm die Abrechnung übersenden.

Den Mindererlös (= Differenz zwischen Preis und Erlös) sowie die Kosten des Selbsthilfeverkaufs muss der Käufer tragen; ein etwaiger Mehrerlös ist an den Käufer auszuzahlen, denn die Versteigerung erfolgt auf Kosten und Gefahr des Käufers.

Kosten können anfallen für
- die Benachrichtigung des Schuldners (eingeschriebener Brief mit Rückschein),
- den Transport, die Versicherung und die Lagerung der Ware,
- den Auktionator.

LERNFELD 5

AUFGABEN

1. Die Annahme einer bestellten und ordnungsgemäß gelieferten Ware wird vom Käufer ohne Angabe von Gründen abgelehnt. Wie verhält sich der Verkäufer richtig?
2. Welche Rechte hat der Verkäufer beim Annahmeverzug?
3. Welche Haftungsfolgen ergeben sich für den Verkäufer durch den Annahmeverzug?
4. Bei einer Versteigerung wird im Rahmen eines Selbsthilfeverkaufs für die Ware ein höherer Preis erzielt, als die Vertragspartner im Kaufvertrag vereinbart hatten.
   Wie beurteilen Sie die Rechtslage?
5. Unter welchen Voraussetzungen tritt Annahmeverzug ein?
6. Welche Vorschriften sind bei der Durchführung des Selbsthilfeverkaufs vom Verkäufer zu beachten?
7. Unter welchen Umständen braucht die vorherige Androhung des Selbsthilfeverkaufs nicht zu erfolgen?
8. Wodurch unterscheidet sich der freihändige Verkauf vom Notverkauf?
9. Nennen Sie jeweils drei Warenarten, die beim freihändigen Verkauf bzw. beim Notverkauf gehandelt werden.
10. Welche Überlegungen können den Verkäufer veranlassen, von seinem Rücktrittsrecht Gebrauch zu machen?

AKTIONEN

1. Schaffen Sie sich eine Übersicht zum Thema „Welche Rechte hat der Verkäufer bei der Weigerung des Käufers, die Ware anzunehmen?".
   a) Klären Sie mithilfe der Kopfstandmethode, warum die Rechte des Verkäufers beim Annahmeverzug wichtig sind.
   b) Unterstützt werden sollte Ihre Arbeit durch die Internetrecherche.
   c) Seien Sie darauf vorbereitet, Ihren Klassenkameraden Ihre Ergebnisse zu erläutern und Fragen zu beantworten.
2. Lesen und bearbeiten Sie den Text des vorliegenden Kapitels Verkäuferrechte beim Annahmeverzug.
   a) Arbeiten Sie den Text nach der 5-Schritt-Lese-Methode durch (Überfliegen – Unbekanntes Nachschlagen – Lesen – Zusammenfassen – Wiederholen).
   b) Halten Sie die Inhalte in einer Skizze fest (Mindmap – Schema [Ablauf- oder Ordnungsschema] – Bild, das den Textinhalt darstellt).
   c) Tragen Sie Ihre Ausarbeitung vor:
   – Fassen Sie sich kurz.
   – Reden Sie laut und deutlich und in kurzen und verständlichen Sätzen.
   – Machen Sie kurze Pausen, wenn ein Gedanke abgeschlossen ist.
   – Schauen Sie die Zuhörer an.
   – Veranschaulichen Sie Ihre Ausführungen.
3. a) Informieren Sie sich über die getroffenen Regelungen beim Annahmeverzug durch den Käufer in Ihrem Ausbildungsunternehmen.
   b) Vergleichen Sie die unternehmenseigenen Bestimmungen beim Annahmeverzug mit den gesetzlichen Vorschriften.
   Benutzen Sie für diese Überprüfung das vorliegende Lehrbuch und ergänzend das Bürgerliche Gesetzbuch.
   Halten Sie Ihre Ergebnisse in einer Übersicht fest.
   c) Erläutern Sie Ihre Ergebnisse in Form eines Kurzreferats vor der Klasse. Wiederholen Sie zum Schluss die wichtigsten Erkenntnisse Ihrer Arbeit.

LERNFELD 5

ZUSAMMENFASSUNG

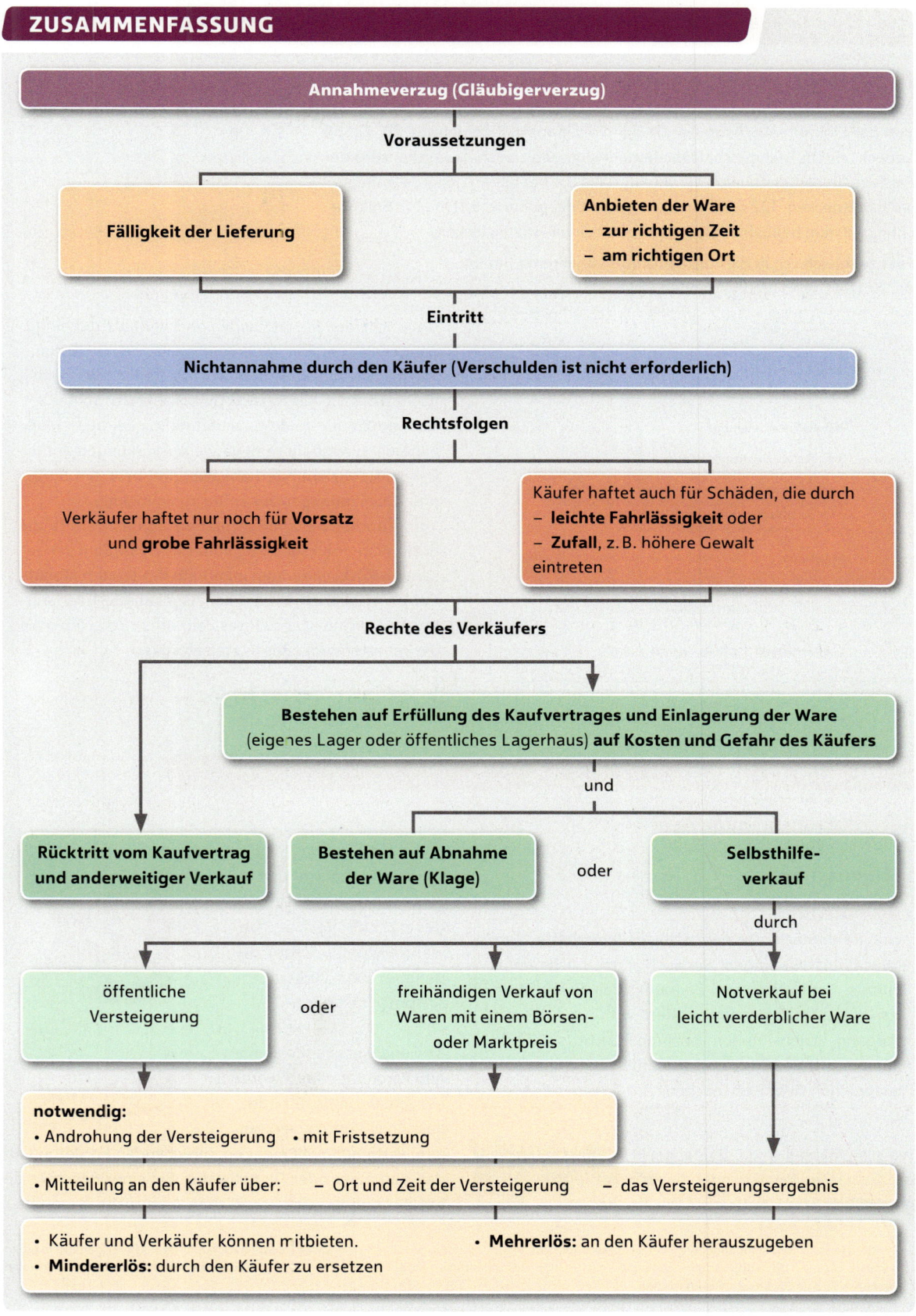

LERNFELD 5

KAPITEL 7
Reklamations- und Retourenmanagement

Bei der Fairtext GmbH gehen in der gleichen Woche die folgenden Kundenmitteilungen ein:

Von der Einkaufsabteilung der Design Fascination, Ziegelstraße 20, 23556 Lübeck, einem Fachgeschäft für Textildesign und Haushaltwäsche, wird der Fairtext GmbH telefonisch mitgeteilt, dass die bestellten hellgrauen Baumwoll-Bettdecken, 122 x 185 cm (5,5 kg) nicht der erwarteten Qualität entsprechen und man beabsichtigt, die Ware daher zurückzuschicken.

Fast zeitgleich erhält die Fairtext GmbH von ihrem Kunden, der Netzel GmbH, den folgenden Brief:

```
Netzel GmbH, Halberstädter Str. 18, 31141 Hildesheim

Fairtext GmbH
Walsroder Str. 6 a
30625 Hannover


Mangelhafte Lieferung

Sehr geehrte Damen und Herren,

bei der Überprüfung der von Ihnen am 14. März 20..
gelieferten Kurz-Pyjamas mussten wir leider feststellen,
dass Sie unsere Bestellung KV 117/36/934 vom 2. März
nicht zufriedenstellend ausgeführt haben.

Anstelle von        20 Kurz-Pyjamas, dunkelblaues Oberteil
                    mit Serafino-Kragen, kurze Knopfleiste,
                    Hose mit grafischem Allovermuster,
                    farblich abgehobene Brusttasche,
                    100 % Baumwolle, Größe L,
                    Artikel-Nr. 43302/45

sandten Sie uns     20 Kurz-Pyjamas, Größe S,
                    Artikel-Nr. 43302/41
```

1. Unterscheiden Sie die beiden Sachverhalte der eingegangenen Kundenmitteilungen nach ihren Ursachen.
2. Machen Sie Vorschläge, wie die Bearbeitung der beiden Sachverhalte in der Fairtext GmbH ablaufen sollte.
3. Nennen Sie für beide Geschäftsfälle geeignete Maßnahmen, um mögliche negative Auswirkungen auf die Geschäftsbeziehungen abzuwenden bzw. um derartige Rücksendungen zukünftig zu vermeiden.
4. Vom Kunden Design Fascination ist das bereits die dritte Warenrücksendung, sodass sich die Zahl der gesamten Rücksendungen innerhalb des letzten Monats auf 197 Artikel erhöht hat bei insgesamt 631 verkauften Artikeln innerhalb dieses Zeitraums. Berechnen Sie die Retourenquote des letzten Monats.

$$RQ = \frac{197}{631} \cdot 100 = 31,22$$

INFORMATIONEN

Reklamationsmanagement

1. Eigenschaft

> **DEFINITION**
>
> Eine **Reklamation** bezieht sich auf fehlerhafte Ware oder Dienstleistungen. Sie setzt einen Sachmangel voraus, der bereits zum Zeitpunkt des Gefahrübergangs (Übergabe) vorhanden war, und ist ein Vorgang, in dem Kunden von ihren Rücktritts-, Kündigungs- und Gewährleistungsrechten oder Garantieansprüchen Gebrauch machen.[1]

Typische Mängel sind z. B. Mängel in der Beschaffenheit, wie technische Defekte oder die nicht zufriedenstellende Abwicklung eines Auftrags.[2] Der Kunde kann in diesen Fällen je nach Sach- und Interessenlage bestimmte gesetzliche Rechte (Gewährleistungsrechte) gegenüber dem Verkäufer in Anspruch nehmen.

Im Gegensatz zur Reklamation wird unter Beschwerde die geäußerte Unzufriedenheit eines Kunden verstanden, verbunden mit einer entsprechenden Forderung an den Verkäufer oder Dienstleister. Bei einer Beschwerde hat der Kunde keine rechtlichen Ansprüche gegenüber

---

[1] Im Gegensatz zum Sachmangel liegt ein **Rechtsmangel** vor, wenn Dritte an der gelieferten Sache Rechte gegenüber dem Käufer geltend machen können. Ergänzende Ausführungen zu Mängelarten, Rechten des Käufers bei mangelhafter Ware (Gewährleistungsansprüche) und Garantien können im Kapitel 5.3 und 5.4 nachgelesen werden.

[2] Siehe auch „Digitaler Workflow" für ein effektives Auftragsmanagement im Kapitel 5.8.

dem Verkäufer. Darüber hinaus löst die erfolgreiche Behandlung einer Beschwerde zwar im Moment das Problem, sie wirkt sich langfristig aber nicht positiv auf das Unternehmen aus.

Kommt der Großhändler einer Kundenbeschwerde trotz nicht vorhandener rechtlicher Verpflichtung nach und nimmt die Ware freiwillig aus Imagegründen und/oder aus Gründen der Kundenbindung zurück, so liegt Kulanz vor. Rein rechtlich gesehen ist Kulanz also eine Gefälligkeit des Verkäufers, auf die der Kunde keinen Rechtsanspruch hat. Kulanz ist nicht zu verwechseln mit einer Garantie.

DEFINITION

Umtausch ist die freiwillige Verpflichtung des Großhändlers, fehlerfreie Ware, die sachlich unbegründet reklamiert wurde, aus **Kulanzgründen** zurückzunehmen.

2. Ziele des Reklamationsmanagements

Reklamationsmanagement ist gleichzeitig aktives Reputationsmanagement. Denn nur durch konsequentes Reklamationsmanagement kann der Großhändler eine hohe **Weiterempfehlungsquote** erreichen und damit die Geschäftsbeziehung mit seinen Kunden festigen.

- Vordergründiges Ziel des Reklamationsmanagements ist daher die Aufrechterhaltung oder Wiederherstellung der **Kundenzufriedenheit**.
- Durch ein wirksam integriertes Reklamationsmanagement können das positive Image des Unternehmens ausgebaut und
- Imageschäden aktiv verhindert werden.
- Dadurch kann die eigene Marktposition gestärkt und
- Kunden können durch verbesserte Zusammenarbeit langfristig an das Unternehmen gebunden werden.
- Schwachstellen am eigenen Sortiment können erkannt,
- Fehler durch klare Prozessabläufe vermieden bzw. reduziert werden und
- konstruktive Kundenrückmeldungen zur Verbesserung der Abläufe beitragen.

DEFINITION

Das **Reklamationsmanagement** umfasst sämtliche Maßnahmen und Reaktionen, die von einem Unternehmen durchgeführt werden, um fehlerhafte Folgen einer Reklamation möglichst zu vermeiden, die Reklamationsursachen systematisch zu finden und sie erfolgreich zu beheben bzw. in Zukunft abzustellen. Das Reklamationsmanagement hat die Aufgabe, den Kunden so schnell wie möglich zufriedenzustellen.

Als Teilbereich des Beschwerdemanagements bezieht sich das Reklamationsmanagement häufig auf den B2B-Bereich (Business to Business) und dessen Besonderheiten.

In Abgrenzung zum Beschwerdemanagement konzentriert sich das Reklamationsmanagement auf die **nachhaltige Abstellung der Fehler und die Dokumentation der Abstellmaßnahmen**, wohingegen das Beschwerdemanagement vor allem die Kommunikation mit Verbrauchern im B2C-Bereich unterstützt.

3. Ablaufprozess

Ein gut strukturierter Reklamationsprozess ist die Grundlage für ein effektives Reklamationsmanagement. Die Behandlung von Kundenreklamationen sollte daher nach den folgenden Prozessschritten ablaufen, um eine sichere, zuverlässige und termingerechte Bearbeitung gewährleisten zu können. (Hinweis: Der detaillierte Ablaufprozess wird auf den beiden Folgeseiten ausführlich beschrieben)

Die Umsetzung des betrieblichen Reklamationsmanagements funktioniert allerdings nur bei hinreichend zufriedenstellender **Organisationsstruktur**. Wenn beispielsweise der Kunde bei seiner telefonischen Kontaktaufnahme permanent in der Warteschleife landet oder ein automatisierter Text mit Hinweis auf das momentan hohe Kundenaufkommen abgespult wird, wenn Mitarbeiter zaghaft und unschlüssig agieren oder die urlaubs- oder krankheitsbedingte Abwesenheit von Mitarbeitern nicht über eine Vertretungsregelung organisiert ist, müssen sämtliche Bemühungen, die fehlerhaften Folgen von Reklamationen möglichst zu vermeiden bzw. zu reduzieren, erfolglos bleiben.

LERNFELD 5

Reklamationserfassung

Erster Prozessschritt ist die Aufnahme der Reklamation entweder per E-Mail, Telefon, als Fax, Brief, persönlich oder durch die Rücksendung des Artikels.

Die Reklamationserfassung ist ein bedeutungsvoller Vorgang, da hier wichtige prozessrelevante Daten dokumentiert werden.

Dabei sind die folgenden Fragen für den weiteren Prozessablauf von Bedeutung:

- Wer reklamiert?
- Wie wurde reklamiert?
- Was wurde reklamiert?
- Warum wurde reklamiert?
- Wann wurde reklamiert?
- Wie viele Reklamationen gab es bereits?
- Welche Reaktion wird erwartet?
- Wo ist die Ware?

Eingangsbestätigung

Es ist für die weitere gute Geschäftsbeziehung mit dem Kunden sinnvoll, ihn möglichst über jeden relevanten neuen Status seiner Reklamation zu informieren.

Ebenfalls sollten die beteiligten Mitarbeiter über den aktuellen Stand der Reklamation auf dem Laufenden gehalten werden, falls vom Kunden weitere Nachfragen erfolgen sollten.

Reklamationsanalyse – Ursachenidentifikation

Im weiteren Verlauf erfolgt die **Analyse der Reklamation** mit den in den Reklamationsprozess eingebundenen Mitarbeitern.

Im Mittelpunkt steht die Suche nach Lösungen, um zukünftig derartige qualitative Warenmängel vermeiden zu können.

So kann beispielsweise das Ergebnis sein, dass zunehmende Reklamationen auf Qualitätsmängel bei den Vorlieferanten, mangelnde Ausbildung oder sogar lückenhaft konzipierte Ablaufprozesse zurückzuführen sind.

In dieser Phase der Reklamationsbearbeitung wird aber auch entschieden, ob die Reklamation des Kunden berechtigt ist.

Ist das Ergebnis die „unberechtigte Reklamation", sollte der Kunde hierüber sehr taktvoll informiert werden.

Ist die Reklamation dagegen berechtigt und ist kein Ausschlussgrund ersichtlich, wird die Angelegenheit an den zuständigen Sachbearbeiter oder an ein (Experten-)Team weitergeleitet, der/das über den weiteren Verlauf der Reklamation entscheidet.

Hier ist dann zu entscheiden, welche **Sofortmaßnahme** eingeleitet wird und ob eine **Abstellmaßnahme** zur Vermeidung von Wiederholungsfehlern eingeführt werden sollte.

LERNFELD 5

Sofortmaßnahme

Im Rahmen der **Sofortmaßnahme** wird untersucht, welche Gewährleistungsrecht dem Kunden zustehen und daraus ableitend, welche Ersatzleistung aufgrund der berechtigten Kundenreklamation erbracht werden muss oder sollte (Nachbesserung, Ersatzlieferung, Kaufpreisminderung, Kulanzmaßnahme).

Durch die bei der o. g. Reklamationserfassung gewonnenen Ergebnisse ist ersichtlich geworden, mit welcher Maßnahme/Leistung der Kunde rechnet. Daher kann jetzt optimal auf die Kundenerwartungen reagiert werden.

Kundenkommunikation

Nachdem über die Sofortmaßnahme entschieden wurde, sollte der Kunde erneut über den Status des Reklamationsprozesses informiert werden.

Sollte die getroffene Sofortmaßnahme von der Erwartung des Kunden abweichen, ist eine sachgerechte Erläuterung der Maßnahme angeraten.

Abschließend ist die Abfrage der Zufriedenheit des Kunden sinnvoll.

Erarbeitung/Integration von wirtschaftlichen Langzeitlösungen

Zur Vermeidung von Fehlerwiederholungen ist es notwendig, wirksame **Abstellmaßnahmen** dauerhaft einzuführen und diese über einen längeren Zeitraum auf ihre Wirksamkeit hin zu beobachten.

Diese Maßnahmen können Verbesserungsmaßnahmen im Bereich des Ablaufprozesses oder aber auch bei bestimmten Artikeln sein.

Durch die **lückenlose Dokumentation** des Reklamationsprozesses und des daraus abzuleitenden Erkenntnisgewinns können die Reklamationen und die damit verbundenen Kosten nachhaltig reduziert werden.

Kostenerfassung

Daher ist es im Rahmen des Reklamationsmanagement-Prozesses sinnvoll, die entstandenen Kosten wie Bearbeitungszeiten und Kosten für Material zu erfassen und zu untersuchen mit dem Ziel, Verbesserungspotenzial zu finden.

LERNFELD 5

Retourenmanagement

1. Ursachen und Auswirkungen von Retouren

> **DEFINITION**
>
> **Retouren** sind Kunden-Rücksendungen gebrauchter und ungebrauchter Artikel an den Verkäufer. Die Gründe für die Rücksendungen sind dabei unbedeutend.

Die rechtlichen Grundlagen bei Rücksendungen sind unterschiedlich. Kunden können sich z. B. auf das Widerrufsrecht und das Gewährleistungsrecht berufen. Ein Verkäufer kann auch eine freiwillige Garantie geben oder eine Retoure aus Kulanz zurücknehmen. Das alles verursacht Kosten.

1.1 Kostenaspekt
Mit Retouren sind unmittelbare Folgekosten verbunden:
- **Personal:** Logistik-Mitarbeiter nehmen die zurückgesandte Ware entgegen, prüfen sie und müssen sie anschließend je nach fehlerhafter Beschaffenheit bearbeiten und neu lagern. Darüber hinaus muss in der Verwaltung der Beleg mit Auftragsreferenz erfasst und der Datensatz synchronisiert, aus dem Auftrag müssen sodann die entsprechenden Positionen auf den Retourenplatz gebucht und die Auftragsposition(en) storniert und eine Gutschrift erstellt bzw. eine Rücküberweisung der Rechnungssumme veranlasst werden.
- **Lagerung:** Reklamierte Ware wird nach der Rücksendung wieder eingelagert. Die Lagerkapazitäten erhöhen sich dadurch und es entstehen Kosten für die Bearbeitung der Retoure (z. B. Warenkontrolle).
- **Transport:** Transportkosten bezeichnen die Kosten, die beim Warentransport entstehen. Sie können für den Hin- und Rückversand anfallen.
  - **Transportkosten beim Fremdtransport** umfassen u. a. den Bahn-, Luft-, Schiffs- und Straßentransport. Dazu gehören auch Kosten der Abwicklung und Verpackung, die an einen Dienstleister für den Transport zu zahlen sind.
  - **Kosten der Transportkapazität** fallen bei der Nutzung von Fördermittelsystemen an und/oder entstehen durch die Löhne für das Transportpersonal. Hinzu kommen Instandhaltungsmaßnahmen und Kosten aufgrund von Transportschäden.
- Verluste beim Warenwert: Viele Artikel lassen sich nicht mehr verkaufen oder können nur noch im Rahmen der verkaufsfähigen Retourenbearbeitung als reduzierte B-Ware angeboten werden.

> Ein **kostenorientiertes Retourenmanagement** hat die Optimierung der Kosten des Handlings und der mit der Vermeidung der Retouren verbundenen Kosten zum Ziel.

1.2 Kundenzufriedenheit[1]
Neben der Minimierung von Kosten ist das Ziel eines gut organisierten Retourenmanagements, die negativen Auswirkungen der Unzufriedenheit, z. B. Abwanderung des Kunden, Imageschäden etc., niedrig zu halten und damit nachhaltig die Kundenzufriedenheit wiederherzustellen bzw. zu erhöhen (positive Weiterempfehlung).

Zurückgesendete Waren müssen wieder an dem richtigen Lagerplatz eingeordnet werden.

---

[1] Weitere Ausführungen zur Kundenzufriedenheit siehe Teilkapitel 2.1 und 3.2.

LERNFELD 5

> Ein **kundenorientiertes Retourenmanagement** hat die Sicherstellung der Kundenzufriedenheit, der Wiederkaufswahrscheinlichkeit und die positive Weiterempfehlung zum Ziel.

Im Vordergrund des Retourenmanagements stehen daher die **Vermeidung von Retouren** und die schnelle, kostengünstige und **kundenfreundliche Retourenabwicklung**, um nicht nur die Zufriedenheit des Kunden wiederherzustellen, sondern auch, um die Waren kosteneffizient in den Vertriebskreislauf zurückführen zu können.

Dafür müssen jedoch zunächst die Gründe für die Retouren analysiert werden.

1.3 Ursachen

Die **Ursachen** für Rücksendungen sind vielfältig:
- Sachmangel wie Funktionsunfähigkeit; Abweichung von der vereinbarten Beschaffenheit oder fehlerhaftes Äußeres;
- Artikel entspricht nicht der Beschreibung;
- Lieferung eines falschen Artikels oder Minder- bzw. Zuweniglieferung;
- der Artikel sagt dem Kunden nicht zu;
- Bestellung mehrerer Varianten bzw. Doppellieferung;
- zu lange Lieferzeit;
- Kauf auf Kommission: In diesem Fall plant der Großhändler von Beginn an Rücklieferungen ein.

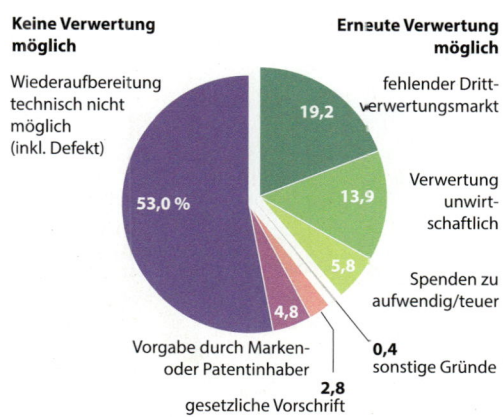

Retour und in die Tonne
2018 wurden schätzungsweise 20 Millionen Retouren entsorgt. Laut Umfrage waren folgende Gründe dafür ausschlaggebend:

Keine Verwertung möglich
- Wiederaufbereitung technisch nicht möglich (inkl. Defekt): 53,0 %
- Vorgabe durch Marken- oder Patentinhaber: 4,8
- gesetzliche Vorschrift: 2,8

Erneute Verwertung möglich
- fehlender Drittverwertungsmarkt: 19,2
- Verwertung unwirtschaftlich: 13,9
- Spenden zu aufwendig/teuer: 5,8
- sonstige Gründe: 0,4

basierend auf den Antworten von 69 Unternehmen, rundungsbedingte Differenzen

dpa • 100562 Quelle: Forschungsgruppe Retourenmanagement, Universität Bamberg

---

Kundenreklamationen können andererseits aber auch eine Chance darstellen, wenn sie als Ausgangspunkt für die Durchführung von organisatorischen Verbesserungsmaßnahmen gesehen werden.

2. Präventives Retourenmanagement

> **DEFINITION**
>
> Unter **Retourenmanagement** versteht man die Planung, Durchführung und Überwachung aller Maßnahmen, die dazu beitragen sollen, **Retouren zu minimieren** und die **Retourenabwicklung effizienter zu gestalten**.

Beim Retourenmanagement wird versucht,
- einerseits Retouren wirksam zu reduzieren (**präventives Retourenmanagement**) und
- andererseits die hereinkommenden Rücksendungen effizient zu bearbeiten (**reaktives Retourenmanagement**).

> **DEFINITION**
>
> Das **präventive Retourenmanagement** bezeichnet zielgerichtete Maßnahmen zur **Reduzierung** von **Retouren**.

Das präventive Retourenmanagement lässt sich in zwei Aufgabenbereiche[1] unterteilen:
- Retourenvermeidung sowie
- Retourenverhinderung.

2.1 Retourenvermeidung

Etwa 72 % der Retourekosten entfallen auf die Bearbeitung und die Wiedereinlagerung der retournierten Ware. Aufgrund der o. a. Risiken und Kostennachteile können Retouren den Gewinn spürbar mindern. Insofern sind Retouren zu vermeiden und im Sinne der Kundenbindung zu optimieren.

> Bei der **Retourenvermeidung** sind sämtliche Maßnahmen darauf gerichtet, die Ursachen[2] von Rücksendungen von vornherein zu vermeiden.

---

[1] Auf die dritte Art, die „Retourenförderung", soll in diesem Beitrag nicht eingegangen werden.
[2] Siehe Ausführungen zum Teilkapitel 1.3.

LERNFELD 5

Bereiche mit dem größten Einfluss auf die Retourenquote[1]

Sinnvolle Maßnahmen im Retourenmanagement tragen dazu bei, dass der Kunde gar nicht erst einen Grund zur Beanstandung hat.

Detaillierte Produktbeschreibungen und -darstellungen
Aussagekräftige Fotos, Videos und eine umfangreiche Beschreibung aller Merkmale reduzieren das Risiko, dass der Kunde aufgrund fehlender Information retourniert.

Hohe Produktqualität
Es muss darauf geachtet werden, dass ausschließlich Waren ohne jegliche Sachmängel das Unternehmen verlassen. Zusätzlich ist zu prüfen, ob die Ware mit der Bestellung übereinstimmt.

Sichere Verpackung
Sichere und professionelle Verpackung (z. B. feste, fabrikneue Kartonagen, ordentlich angebrachtes Klebeband) ist wichtig zum Schutz vor Beschädigungen.

Kurze Lieferzeiten
Kurze Lieferzeiten und schneller Versand sind häufig ein entscheidender Grund für eine Bestellung.

Kontaktmöglichkeit für persönliche Beratung
Möglichkeit für den Kunden, bei Problemen mit dem Produkt Kontakt aufnehmen zu können.
Beispiel: Bei leicht beschädigten Artikeln kann ein Nachlass eingeräumt oder bei technischen Artikeln die Inbetriebnahme erklärt werden. Ein guter Kundenservice trägt dazu bei, dass die Kundenzufriedenheit ansteigt.

Produktbewertungen durch Kunden
Auf dem Retourenschein[2] den Grund für die Rücksendung erfragen. So können Schwachstellen aufgedeckt und die Abläufe kontinuierlich verbessert werden. Bei einer angestiegenen Retourenquote bei einem bestimmten Artikel sollte z. B. geprüft werden, ob die Produktbeschreibung präzisiert oder der Artikel aus dem Angebot genommen werden sollte.

Insgesamt **steigern** die Maßnahmen zur Retourenvermeidung **die Kundenzufriedenheit**[3] da eine Rücksendung für den Kunden stets mit einem zeitlichen und/oder finanziellen Aufwand verbunden ist.

2.2 Retourenverhinderung

Die Retourenverhinderung soll die Rücksendung erschweren. Es wird zwischen zwei Arten der Retourenverhinderung unterschieden: der Verhinderung mit und ohne Ausgleichszahlung (Kompensation).

- **Verhinderung mit Ausgleichszahlung**
  Bei der Verhinderung mit Ausgleichszahlung erklärt sich der Verkäufer zur Zahlung bzw. Verrechnung einer

---
1 Zur Berechnung der Retourenquote siehe Teilkapitel 3.3 „Retourenanalyse mittels Kennziffern".
2 Ausführungen zum Retourenschein siehe Teilkapitel 3.4 „Notwendige Dokumente".
3 Siehe auch die Ausführungen zur Kundenzufriedenheit im Teilkapitel 1.2 und 3.2.

Pauschale bereit, wenn der Kunde im Gegenzug auf eine Rücksendung verzichtet.

- **Verhinderung ohne Ausgleichszahlung**
Bei der Verhinderungsmaßnahme ohne Ausgleich versucht der Verkäufer den zeitlichen, finanziellen und/oder emotionalen Aufwand des Kunden zu erhöhen.
So können beispielsweise **Rücksendekosten** erhoben werden. Derartige Maßnahmen können aber auch zu einem Wettbewerbsnachteil und bei den Kunden zu Verärgerungen führen und sich daher negativ auf die Kundenzufriedenheit auswirken.

3. Reaktives Retourenmanagement

DEFINITION

Das **reaktive Retourenmanagement** bezeichnet zielgerichtete Maßnahmen zum effizienten Handling von Retouren mit dem Ziel, diese wieder in den Warenkreislauf einzuführen.

3.1 Retourenabwicklung

Retourenabwicklung

Der Kunde gibt bekannt, dass er einen bestellten Artikel zurücksenden wird.
Daraufhin wird zuerst der Beleg mit Auftragsreferenz erfasst und der Datensatz synchronisiert.

Sortier- und Aufbereitungsprozesse mit Prüfung der Retoure:
- Er erfolgt die Prüfung des Grundes und der Berechtigung der Retoure.
- Aus dem Auftrag werden dann die entsprechenden Positionen auf den Retourenplatz gebucht.

- Parallel wird die Ware auf Mängel kontrolliert. Es ist zu prüfen, ob die Ware defekt ist und ob ein Garantiefall vorliegt, sodass der Hersteller kontaktiert werden muss.
- Abschließend wird die Ware auf einen entsprechenden Lagerplatz verschoben.

Im weiteren Prozessverlauf: Stornierung der Auftragsposition(en) und Erstellung einer Gutschrift.

- Häufig können zurückgesandte Waren nicht unmittelbar wieder als neu verkauft werden. Daher werden sie einer Kontrolle und – soweit machbar und sinnvoll – einer Aufarbeitung unterzogen. Anschließend kann die Austauschware über einen neuen Auftrag (auch alternativ zur Gutschrift) ausgeliefert werden.
- **Entsorgung defekter Ware und Verpackung:** Wurde die zurückgesandte Ware auf ihre Wiederverwendbarkeit überprüft mit dem Ergebnis, dass sie nicht mehr verwendbar ist, muss sie aussortiert werden. Beschädigte Originalverpackung muss ersetzt werden; Verpackungsmaterialien werden recycelt.

Dokumentation der Gründe für die Rücksendung, um derartige Vorfälle zukünftig vermeiden und damit den Prozess der Retourenabwicklung weiter optimieren zu können.

LERNFELD 5

3.2 Verbesserung der Kundenzufriedenheit[1]

Kunden erwarten bei fehlerhaften Waren oder Fehlmengen eine entgegenkommende Kulanzregelung und einen überzeugenden Kundenservice. Daher ist für jedes Großhandelsunternehmen ein **kundenfreundliches Retourenmanagement** notwendig, da die Qualität des Retourenprozesses direkte Auswirkungen auf die Kundenbindung und mittelfristig auf die Umsatzhöhe hat.

Der Großhändler muss sich daher permanent um die Zufriedenheit seiner Kunden kümmern, um langfristig seinen wirtschaftlichen Erfolg sichern zu können.

Mögliche Maßnahmen:
- **Kunden über Änderungen informieren**, z. B. bei der Verzögerung eines Auftrages, bei Preisänderungen etc. Mit diesen Kontakten wird signalisiert, dass die Anliegen der Kunden ernst genommen werden und man bemüht ist, die Dinge zu verbessern.
- **Mit Produktbildern und -videos informieren:** Je detaillierter ein Artikel präsentiert wird, desto besser. Idealerweise mit zoombaren Fotos, die die Ware in hoher Auflösung aus allen Blickwinkeln zeigen.
- **Wertschätzung zeigen**, beispielsweise durch die Gewährung von Rabatten, persönliche Briefe, Weihnachtspost mit einem Bonus und/oder durch die Belohnung für das Nicht-Retournieren. Das kann für den Großhändler kostengünstiger ausfallen als die Abwicklung einer Retoure und stärkt darüber hinaus die Kundenbindung.
- **Kontaktaufnahme erleichtern**
- **Kunden-Feedback** ermöglichen. Bei passender Gelegenheit sollten Kunden auch nach ihren Wünschen oder nach Vorschlägen befragt werden. Über die Umsetzung konstruktiver Beiträge, Wünsche oder Vorschläge sollten Kunden informiert werden. Positive Anmerkungen sorgen nicht nur für mehr Vertrauen auf der Käuferseite, sie motivieren auch zum Geschäftsabschluss.

3.3 Retouren- und Reklamationsanalyse mittels Kennziffern

3.3.1 Retourenquote

DEFINITION

Die Retourenquote (in Prozent) ist eine mengenmäßige Kennzahl, die durch das Verhältnis von zurückgeschickten Artikeln und der gesamten Anzahl versendeter Artikel ermittelt wird.[2]

$$\text{Retourenquote (Menge)} = \frac{\text{Anzahl der retournierten Artikel}}{\text{Anzahl der insgesamt versandten Artikel}} \cdot 100\%$$

Mithilfe der Retourenquote können die Artikel mit einem hohen Rücksendeanteil im Vergleich zu anderen Artikeln des Sortiments erkannt werden. Die Ergebnisse können dem Unternehmen insbesondere auf Artikelebene wertvolle Hinweise zur präventiven Vermeidung und Verhinderung geben.

BEISPIEL

Ein Textilgroßhändler hat im vorliegenden Untersuchungszeitraum einen Absatz von insgesamt 450 000 Artikeln. Davon haben seine Kunden 129 150 Artikel zurückgeschickt.

$$\text{Retourenquote} = \frac{129\,150 \text{ Retouren}}{450\,000 \text{ Artikel}} \cdot 100\% = \mathbf{28{,}7\%}$$

Die Retourenquote des Textilgroßhändlers beträgt 28,7 %.

- Die Retourenquote im gesamten deutschen Online-Handel liegt durchschnittlich bei 4 %; die Retourenquoten sind bei Kleidung/Schuhen (28,5 %, bei Damenoberbekleidung bis zu 70 %), Unterhaltungselektronik (15,6 %) und Haushaltsgeräten (15,4 %), EDV-Artikeln (15,1 %) besonders hoch; es folgen Bücher (13,4 %) und Tonträger (13,2 %).
- Nach der Zahlungsart ist die Retourenquote bei „Zahlung gegen Rechnung" besonders hoch, bei Vorkasse am niedrigsten.

---

[1] Siehe auch Ausführungen im Teilkapitel 2.1 „Retourenvermeidung" und Teilkapitel 1.2 „Kundenzufriedenheit".
[2] Unternehmen erfassen ihre Rücksendequote unterschiedlich. In Anlehnung an den aus der Logistik bekannten Servicegrad soll hier (nur) die sog. Beta-Retourenquote (= mengenmäßige Kennzahl) betrachtet werden.

LERNFELD 5

- Die Retourenquote kann sich sowohl auf einzelne Artikel als auch auf Versandeinheiten wie beispielsweise Pakete und Paletten beziehen.
- Sie sollte möglichst geringgehalten werden, da die Kontrolle und Aufarbeitung zurückgesandter Ware mit hohen Kosten verbunden sind.

- Da sich die Ergebnisse ermittelter Retourenquoten je nach Betriebstyp und/oder Branche deutlich voneinander unterscheiden, sind Betriebsvergleiche zu empfehlen.
- Die Retourenquote gibt keine Auskunft über die Ursachen für Retouren. Deshalb müssen unterstützend die Gründe für Retouren erhoben und analysiert werden.
- Maßnahmen zur Beeinflussung der Retourenquote sind u. a. detaillierte Produktbeschreibungen und -darstellungen sowie eine sichere Verpackung.[1]

3.3.2 Stornoquote

> **DEFINITION**
>
> **Stornierung** bedeutet die Rückabwicklung eines Vertrages. Der Käufer tritt von einem geschlossenen Vertrag zurück und nimmt die Leistung des Verkäufers nicht mehr in Anspruch.

Die Stornierung ist möglich, wenn die Voraussetzungen, z. B. eine Pflichtverletzung, für einen Vertragsrücktritt vorliegen. Nach dem Rücktritt sind die Parteien gesetzlich verpflichtet, die erhaltenen Leistungen zurückzugewähren.

Als **Ursachen** für Stornierungen, die einzeln oder kombiniert auftreten können, werden häufig genannt:
- schlechte Kundenberatung
- unseriöse Verkaufsgespräche
- eingetretene Bedarfsverschiebung beim Kunden
- ungewöhnlich lange Wartezeiten bis zur Lieferung
- Mängel in der Produktqualität
- verschlechterte Firmenreputation

Der wertmäßige Betrag der stornierten Aufträge kann bei der Abteilung Verkauf bzw. Rechnungswesen abgerufen werden. Insbesondere im Verkauf wird dazu i. d. R. eine Datenbank geführt, in der sämtliche Informationen über Auftragsabschlüsse und -stornierungen, zusätzlich differenziert nach unterschiedlichen unternehmensspezifischen Merkmalen, erfasst werden.

Die Stornoquote als Qualitätsindikator
Die Stornoquote gibt über die Qualität des Vertriebs (Bestandsfestigkeit und Bestandsstruktur) Auskunft. Sie berechnet sich aus der Anzahl der stornierten Verträge (Aufträge/Bestellungen), entweder
I. im Vergleich zu den neuen Kunden (Verträgen) oder
II. im Zusammenhang mit dem Gesamtauftragswert (Betragsvolumen).

I. Vertragszahl (Neukunden)

Die Stornoquote zeigt den prozentualen Anteil der stornierten **Aufträge an der Gesamtzahl der neu abgeschlossenen Verträge (neu akquirierten Kunden)**.

$$\text{Stornoquote (in \%)} = \frac{\text{Zahl der vorzeitig stornierten Aufträge bzw. Bestellungen}}{\text{Gesamtzahl neu abgeschlossener Verträge}} \cdot 100\,\%$$

Das Ergebnis gibt Auskunft über die Angemessenheit (den Nutzen) bestimmter Vertriebskanäle.

II. Betragsvolumen

Die Stornoquote zeigt den prozentualen Anteil der stornierten Aufträge zum **gesamten Auftragswert** des jeweils untersuchten Zeitraums.

$$\text{Stornoquote (in \%)} = \frac{\text{Betrag der vorzeitig stornierten Aufträge bzw. Bestellungen}}{\text{Gesamtauftragswert}} \cdot 100\,\%$$

Das Ergebnis gibt Auskunft über die Attraktivität des Angebotes: Je **weniger** Stornierungen vorliegen, desto **niedriger** fällt die ermittelte Stornoquote aus und desto **höher** ist die Zufriedenheit bei den Kunden und umgekehrt.

---

[1] Siehe weitere Ausführungen im Teilkapitel 2.1 „Retourenvermeidung".

LERNFELD 5

> **BEISPIEL**
>
> Im vorliegenden Untersuchungszeitraum wurde in einem Großhandelsunternehmen ein Gesamtauftragswert in Höhe von 144.000,00 € ermittelt. Während des gleichen Zeitraums wurden Aufträge in Höhe von 30.600,00 € widerrufen.
>
> $$\text{Stornoquote (in \%)} = \frac{30.600}{144.000} \cdot 100\,\% = \mathbf{21{,}25\,\%}$$
>
> Die Stornoquote beträgt im vorliegenden Untersuchungszeitraum 21,25 %.

Stornierungen haben die sinkende Kapazitätsauslastung des Unternehmens und abnehmende Gewinnmargen zur Folge.

3.4. Notwendige Dokumente

3.4.1 Lieferschein (Warenbegleitschein)

Wesen

Der Lieferschein ist ein Dokument, das die Warensendung auf dem ganzen Versandweg begleitet (**Warenbegleitschein**). Das Dokument wird vom Großhändler an der Verpackung angebracht oder in das Paket gelegt. Der Lieferschein ist für den Empfänger bestimmt und gibt ihm Auskunft über die mit der Sendung gelieferten Waren.

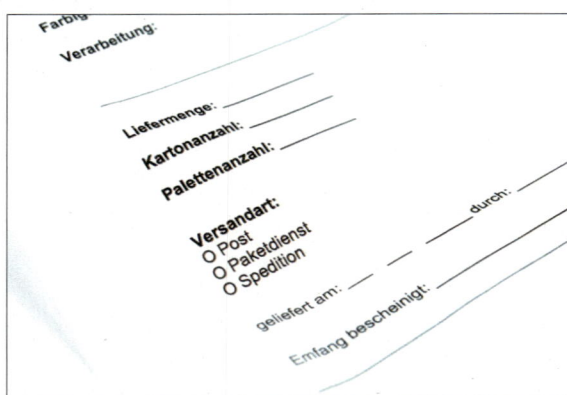

Der Lieferschein ist eine Checkliste für Absender und Empfänger, um zu überprüfen, ob wirklich alle Waren im Paket enthalten sind.

Angaben auf dem Lieferschein

Wer als Unternehmer Waren verkauft, ist gesetzlich zur Erstellung einer Rechnung, nicht aber eines Lieferscheins verpflichtet. Wird vom Verkäufer jedoch dieses Warenbegleitpapier ausgestellt (auch in elektronischer Form möglich), muss es auch die Mindestanforderungen eines Geschäftsbriefes enthalten.

Die notwendigen Bestandteile des Lieferscheins sind:
- Adresse und Name des Absenders (Verkäufers) und Adresse und Name des Empfängers (Käufers) der Lieferung
- Versand- und Lieferdatum
  - Beim **Lieferdatum** handelt es sich um das Datum der Warenübergabe.
  - Beim Warenversand durch Onlineshops ist das Lieferdatum der Tag, an dem das Paket an den Paketdienst oder den Spediteur übergeben wird.
  - Bei einem Verkauf in einem Ladengeschäft ist der **Einkaufstag das Lieferdatum**.
  - Bei Dienstleistungen gilt der Tag als Leistungsdatum, an dem der Dienstleister die Leistung fertigstellt.
  - Bei einem *Kauf auf Abruf* vereinbaren die Geschäftspartner innerhalb einer angemessenen Frist die Lieferung von Teilmengen. Entsprechend existieren mehrere Leistungsdaten.
- Eine **Lieferscheinnummer** und/oder Hinweise, auf welche Rechnungsnummer sich der Lieferschein bezieht. Die individuelle Lieferscheinnummer ist wichtig, um einen bestimmten Lieferschein später wiederfinden oder ihn einem anderen Dokument zuordnen zu können.
- Eine Liste und Beschreibung der gelieferten Ware mit gängiger Bezeichnung (Warenart, Artikelbezeichnung und ggf. Angabe der Sorte) und der Menge in der entsprechenden Maßeinheit (z. B. Stück, Gramm oder Liter).

> **BEISPIEL**
>
> Bei einer Lieferung Malerpinsel sollte z. B. vermerkt sein: Art (Flachpinsel, Fassadenstreicher, Ringpinsel etc.), Menge, Name des Herstellers und das Borstenmaterial.
>
> Anhand dieser Liste kann der Kunde prüfen, ob alle bestellten Artikel mit der Lieferung eingetroffen sind.

Je nach Art des Unternehmens und der versendeten Ware können darüber hinaus noch folgende Angaben sinnvoll sein:
- Besteht die Lieferung aus mehreren Packstücken, sollte das auf dem Lieferschein eingetragen sein. Damit enthält dann jedes Packstück einen Lieferschein, um die verschiedenen Packstücke einer Sendung (Bestellung) eindeutig zuordnen zu können.
- Nicht vorgeschrieben, aber nicht unwichtig, um rechtliche Missverständnisse zu vermeiden, ist der nochmalige Vermerk des Eigentumsvorbehalts. Es ist ein Hinweis darauf, dass der Käufer zunächst nur Besit-

zer der Ware wird und der Verkäufer bis zur vollständigen Bezahlung des Kaufpreises der Eigentümer bleibt.
- Kontaktdaten eines direkten Ansprechpartners im Unternehmen
- Zugehörige Rechnungsnummer
- Kundennummer
- Telefon-/Faxnummer oder E-Mail-Adresse des Unternehmens
- Artikelnummern der Waren
- Versandart und Transportunternehmen:
- In den Fällen von Transportschäden, Reklamationen oder Verlust sind Angaben zum Transportweg sehr nützlich. Wenn auf dem Lieferschein die Spedition vermerkt wurde, die die Lieferung transportiert hat oder hätte transportieren sollen, erleichtert die späteren Nachforschungen. Die gewählte Versandart kann zusätzlich angegeben werden.
- Gesamtgewicht der Waren

Aufbewahrungsfrist

Lieferscheine sind zwar im Geschäftsleben sehr sinnvoll, aber gesetzlich vorgeschrieben sind sie nicht. Wird vom Verkäufer allerdings ein Lieferschein erstellt, dann muss er – sofern er vor dem 01. Januar 2017 ausgestellt wurde – sechs Jahre lang aufbewahrt werden.

Für Lieferscheine, die nach dem 1. Januar 2017 geschrieben wurden gilt: Lieferscheine, die nicht als Buchungsbelege dienen, dürfen nach Erhalt oder Versand der dazugehörigen Rechnung vernichtet werden.[1]

Vorteile des Lieferscheins

Die übersichtlichen Angaben auf dem Lieferschein ermöglichen es den Mitarbeitern im Lager des Verkäufers (Versenders), die Warensendung problemlos zusammenzustellen (zu kommissionieren).

Die Mitarbeiter in der Warenannahme des Käufers können den ordnungsgemäßen Inhalt der Sendung mithilfe des Lieferscheins schnell überprüfen. Mängel können unverzüglich erfasst und an die kfm. Verwaltung weitergegeben werden.

3.4.2 Retourenschein

Um den Aufwand und den Ärger für Verkäufer und Käufer so gering wie möglich zu halten, sollte dem Kunden der Retourenprozess verständlich erklärt werden. Dafür eignet sich beispielsweise eine übersichtliche „Retourenanleitung" als Beilage zur Lieferung. Auch eine Beschreibung auf der Website ist sinnvoll.

---

[1] Gem. Bürokratieentlastungsgesetz (BEG II) § 147 AO, Artikel 2, in dem die Aufbewahrungsfrist für Lieferscheine neu geregelt wurde.

LERNFELD 5

Beispiel einer Rücksendungs- und Reklamationsanleitung
Artikel zurücksenden? – So geht's!

Ihre Rücksendung

Bevor Sie die Ware zurücksenden, müssen Sie die Rücksendung über den obigen Button anmelden. Ansonsten wird Ihnen eine Handlingspauschale von 50 % des Warenwerts berechnet.
Wir akzeptieren nur Rücksendungen neuwertiger, unversehrter Ware.
Die Lieferung darf nicht länger als 14 Tage zurückliegen.
Schreiben Sie die bei der Retourenanmeldung genannte Nummer auf den Rücksendeschein. Rücksendeschein hier ausdrucken.
Versenden Sie die Ware mit einem Paketdienstleister Ihrer Wahl an die folgende Adresse:

> Fairtext GmbH
> Textilgroßhandel
> Retourenabteilung
> Walsroder Str. 6 a
> 30625 Hannover

Nach Kontrolle und Bearbeitung Ihrer Rücksendung erhalten Sie Ihre Gutschrift, ggf. abzgl. Handlingspauschale, per E-Mail.

Wer trägt die Versandkosten?
Die Kosten der Rücksendung trägt der Kunde.

Wichtig, Handlingspauschale!
Bei der Rücksendung werden Ihnen 20 % des Warenwertes als Handlingpauschale berechnet, mindestens jedoch 25,00 Euro.
Bei der Rücksendung von Mustershirts berechnen wir Ihnen keine Handlingspauschale.
Wichtig: Artikel gelten nur als Muster, wenn nur
1 Artikel pro Farbe und Größe bestellt wurde.
Insgesamt können maximal 10 Artikel handlingskostenfrei als Muster bestellt werden. Wenn Sie mehr als 10 Artikel als Muster wünschen, berechnen wir für die überzähligen Artikel eine Handlingspauschale von 20 % des Warenwerts. Achten Sie jedoch bitte darauf, die Artikel unbeschädigt, unverschmutzt und – sofern eine Umverpackung vorhanden war – in dieser an uns zurückzusenden. Anderenfalls berechnen wir eine erhöhte Handlingspauschale von 50 %.

Bitte beachten Sie:
Bedruckte Artikel sind vom Umtausch ausgeschlossen! Senden Sie in keinem Fall die Ware unfrei zurück! Ansonsten berechnet uns die Deutsche Post 18,00 €, die wir an Sie weitergeben müssen.

Es wurden falsche oder defekte Artikel geliefert?

Ihre Reklamation

Nehmen Sie bitte vorab per
E-Mail oder Telefon Kontakt mit unserem Service-Team auf.
Legen Sie einen Zettel in den Karton, auf dem Ihre Kundennummer, Rechnungsnummer und die Beschreibung der Reklamation aufgeführt sind.
Unser Kundenservice hat Ihnen inzwischen eine DPD-Paketmarke per E-Mail zukommen lassen. Drucken Sie diese aus und kleben Sie diese auf das Paket.
Bringen Sie das Paket zu DPD.
Sobald wir das Paket erhalten haben, bearbeiten wir Ihre Rücksendung.

Wer trägt die Versandkosten?
Im Falle einer gerechtfertigten Reklamation übernimmt Fairtext GmbH selbstverständlich die Rücksendekosten.
Bei Transportschäden:
Wir und die Paketdienstleister sind sehr bemüht, Transportschäden auszuschließen. In seltenen Fällen kann jedoch trotzdem ein Transportschaden auftreten. In diesem Fall werden wir Ihnen selbstverständlich die Artikel schnellstmöglich kostenfrei nachliefern. Es ist jedoch unbedingt erforderlich, dass Sie sofort nach Erhalt der Ware (innerhalb von 24 Stunden) den Transportschaden per E-Mail oder Fax an uns melden.
Ihre Widerrufsbelehrung
Die Widerrufsbelehrung sowie weitere Informationen über das gesetzliche Widerrufsrecht finden Sie in unseren AGB.

LERNFELD 5

Mit dem Retourenschein wird gekaufte Ware an den Absender zurückgesendet. Damit wird sichergestellt, dass die Ware auch in der richtigen (Retouren) Abteilung ankommt. Je nach AGB des Unternehmens kann die Rücksendung mit einem Retourenschein kostenlos sein.

RÜCKSENDESCHEIN

Fairtext GmbH
Textilgroßhandel
Retourenabteilung
Walsroder Str. 6 a
30625 Hannover

Retourenanmeldung nicht vergessen!

Bitte tragen Sie nachfolgend die Ihnen bei der Retourenanmeldung unter

www.fairtext-wvd.de/ruecksendung-umtausch-reklamation

genannte Retourennummer ein und legen Sie diesen Schein dann Ihrer Rücksendung bei.

R –

Wenn Artikel defekt und/oder verschmutzt sind, bitten wir Sie unserem Kundenservice eine E-Mail an info@fairtext-wvd.de zu senden, in der Sie den Grund Ihrer Reklamation nennen und möglichst ein Foto der Mängel anhängen. **In diesem Falle benötigen Sie keinen Rücksendeschein.**

Unser Kundenservice kommt dann umgehend auf Sie zu und klärt das weitere Vorgehen mit Ihnen.

Einige Worte zu unserer Retourenpolitik

Es kommt vor, dass Unverständnis darüber herrscht, dass wir bei Rücksendungen die Kosten für Hin- und Rückversand nicht übernehmen und darüber hinaus im Regelfall eine Handlingspauschale von 25 % des Warenwertes verlangen.

Bitte berücksichtigen Sie, dass wir Ihnen unsere Produkte zu Großhandelskonditionen anbieten und anders als im Endverbrauchersegment die Margen so kalkulieren, dass Wiederverkäufer und sonstige Gewerbetreibender in den Genuss attraktiver, nach Umsatz gestaffelter Preise kommen. Dies schränkt unseren Spielraum für kostenfreie Retouren deutlich ein.

Bitte nutzen Sie daher beim Einkauf unsere Größentabellen, um die Wahrscheinlichkeit von Fehlkäufen zu minimieren. Sollten keine Größentabellen vorliegen, senden Sie uns eine E-Mail an info@fairtext-wvd.de. Wir bemühen uns, Ihnen die gewünschten Informationen zu beschaffen.

Wir vertrauen auf Ihr Verständnis und danken für Ihre Mithilfe.

Ihr Team Textilgroßhandlung Fairtext GmbH

AUFGABEN

1. Nennen Sie in sachlogischer Reihenfolge die Prozessschritte eines effektiven Reklamationsmanagements.
2. Begründen Sie, warum neben der Minimierung von Kosten das Ziel eines gut organisierten Retourenmanagements die Erhaltung bzw. Erhöhung der Kundenzufriedenheit sein sollte, und schlagen Sie gleichzeitig Maßnahmen zu ihrer Verbesserung vor.
3. Ordnen Sie fünf der neun Aussagen a) bis i) den Begrifflichkeiten zu.

Aussagen zum Retouren- und Reklamationsmanagement	Begrifflichkeit
a) Maßnahmen, die zielgerichtet auf die Reduzierung von Retouren gerichtet sind.	[ ] Reaktives Retourenmanagement *e*
b) Sämtliche Maßnahmen und Reaktionen, um Warenmängel zu vermeiden und die Kundenzufriedenheit wiederherzustellen.	
c) Das Dokument begleitet die Warensendung auf dem ganzen Versandweg.	[ ] Retourenschein *i*
d) Das Recht der Neulieferung wird der Käufer in Anspruch nehmen, wenn er die mangelhafte Ware nicht verwenden kann.	
e) Maßnahmen, die zielgerichtet auf ein effizientes Handling von Retouren gerichtet sind mit dem Ziel der Wiedereinführung der Retouren in den Warenkreislauf.	[ ] Reklamationsmanagement *b*
f) Um ständig verkaufsbereit zu sein, muss der Großhändler bestimmte Warenmengen vorrätig haben.	
g) Maßnahmen, die die einzige Möglichkeit darstellen, sich von den Mitbewerbern zu unterscheiden.	[ ] Präventives Retourenmanagement *a*
h) Das Dokument muss in jedem Fall sechs Jahre lang aufbewahrt werden.	[ ] Lieferschein *c*
i) Mit dem Dokument wird gekaufte Waren an den Absender zurückgesendet.	

LERNFELD 5

4. Unterscheiden Sie zwischen kosten- und kundenorientiertem Retourenmanagement.

5. In einem Großhandelsunternehmen geht eine schriftliche Reklamation ein. Machen Sie Vorschläge, wie Sie in einer derartigen Situation vorgehen würden.

6. Ein Kunde möchte mit seiner Rücksendung sofort neue Artikel bestellen bzw. einen Umtausch anfordern. Wie sollte der Verkäufer sinnvollerweise reagieren?

$RQ = \frac{9}{25} \cdot 100 = 36\%$

7. Bei einem Großhandelsunternehmen gehen von vier unterschiedlichen Kunden die folgenden Bestellungen ein:
   - Kunde A bestellt <u>sechs</u> Artikel zu je 175,00 € und retourniert davon <u>zwei</u>.
   - Kunde B bestellt <u>elf</u> Artikel zu je 43,00 €, wovon <u>drei</u> zurückgehen.
   - Kunde C bestellt <u>einen</u> Artikel zu 112,00 €; <u>keine Rücksendung</u>.
   - Kunde D bestellt <u>sieben</u> Artikel zu je 86,00 € und schickt davon <u>vier</u> zurück.

   Berechnen Sie die mengenmäßige Retourenquote.

8. Was können die Gründe für eine angestiegene Stornoquote sein?

9. Bringen Sie folgende Teilschritte bei der Retourenabwicklung durch Nummerieren in die richtige Reihenfolge.
   - [3] Prüfung, ob die Ware defekt ist und ob ein Garantiefall vorliegt.
   - [5] Möglicherweise Wiederaufbereitung der retournierten Ware.
   - [1] Kunde gibt bekannt, dass er einen bestellten Artikel zurücksendet.
   - [7] Dokumentation der Gründe für die Rücksendung.
   - [4] Stornierung der Auftragsposition und Erstellung einer Gutschrift.
   - [2] Prüfung des Grundes und der Berechtigung der Retoure.
   - [6] Entsorgung defekter Ware und Verpackung.

10. Welche Bereiche haben den größten Einfluss auf die Retourenquote?

11. Womit beschäftigt man sich im Rahmen der Retourenvermeidung einerseits und der Retourenverhinderung andererseits?

12. Erläutern Sie den Unterschied zwischen Beschwerde und Reklamation bzw. Beschwerde- und Reklamationsmanagement.

AKTIONEN

1. a) Bearbeiten Sie den Text des vorliegenden Kapitels in sechs Schritten:
      - Überblick verschaffen
      - Leseabschnitte einteilen
      - unbekannte Wörter nachschlagen
      - Wichtiges abschreiben
      - mit eigenen Worten wiederholen
      - den Text skizzieren in Form
        – einer Mindmap (falls möglich, verwenden Sie das Programm MindManager),
        – eines Ablauf- oder Ordnungsschemas oder
        – eines Bildes, das den Textinhalt darstellt
   b) Bereiten Sie sich darauf vor, Ihre Ergebnisse des letzten Schrittes Ihren Mitschülern angemessen zu präsentieren.

2. Erstellen Sie eine PowerPoint-Präsentation, die das Thema „Notwendigkeit eines Retourenmanagements" vorstellt. Visualisieren Sie Ihre Präsentation mithilfe von Abbildungen aus dem Internet. Verwenden Sie dazu die Bildersuche verschiedener Suchmaschinen, z. B. Yahoo, msn oder Google.

3. Schaffen Sie sich eine Übersicht zu dem Thema „Reklamationsmanagement: Eigenschaften und Notwendigkeit".
   a) Bilden Sie zu dem Thema arbeitsgleiche Arbeitsgruppen.
   b) Wenden Sie die „Methode der Kartenabfrage" an. Schreiben Sie in gut lesbarer Blockschrift eine Idee bzw. einen Gedanken pro Karte und hängen Sie anschließend Ihre Karten an die Pinnwand.
   c) Wählen Sie aus Ihrer Mitte zwei Mitschüler, die mit Unterstützung der Arbeitsgruppen die Karten nach Oberbegriffen (Sinneinheiten) ordnen (clustern).
   d) Überprüfen Sie die Zuordnungen und geben Sie jedem Cluster eine passende Überschrift.

e) Kontrollieren Sie, ob in der so gewonnenen Systematisierung noch wichtige Gedankengänge fehlen. Kommentieren Sie Ihre Vorschläge.

4. Erkundigen Sie sich in Ihrem Ausbildungsunternehmen, wie im Fall retournierter Ware verfahren wird.
   a) Bereiten Sie Ihre Informationen mithilfe der Netzwerktechnik auf.
   b) Fertigen Sie mithilfe des Computers und geeigneter Software eine Farbfolie Ihrer Arbeit an.

Beachten Sie dabei die Tipps zur Gestaltung von Folien und Plakaten.
   c) Bereiten Sie sich darauf vor, Ihr Arbeitsergebnis mittels Overheadprojektors vorzutragen.
   • Prüfen Sie zuvor, ob der Inhalt der Folie auf der Projektionsfläche zu lesen ist.
   • Achten Sie auf die Anwendung der Präsentationsregeln.

ZUSAMMENFASSUNG

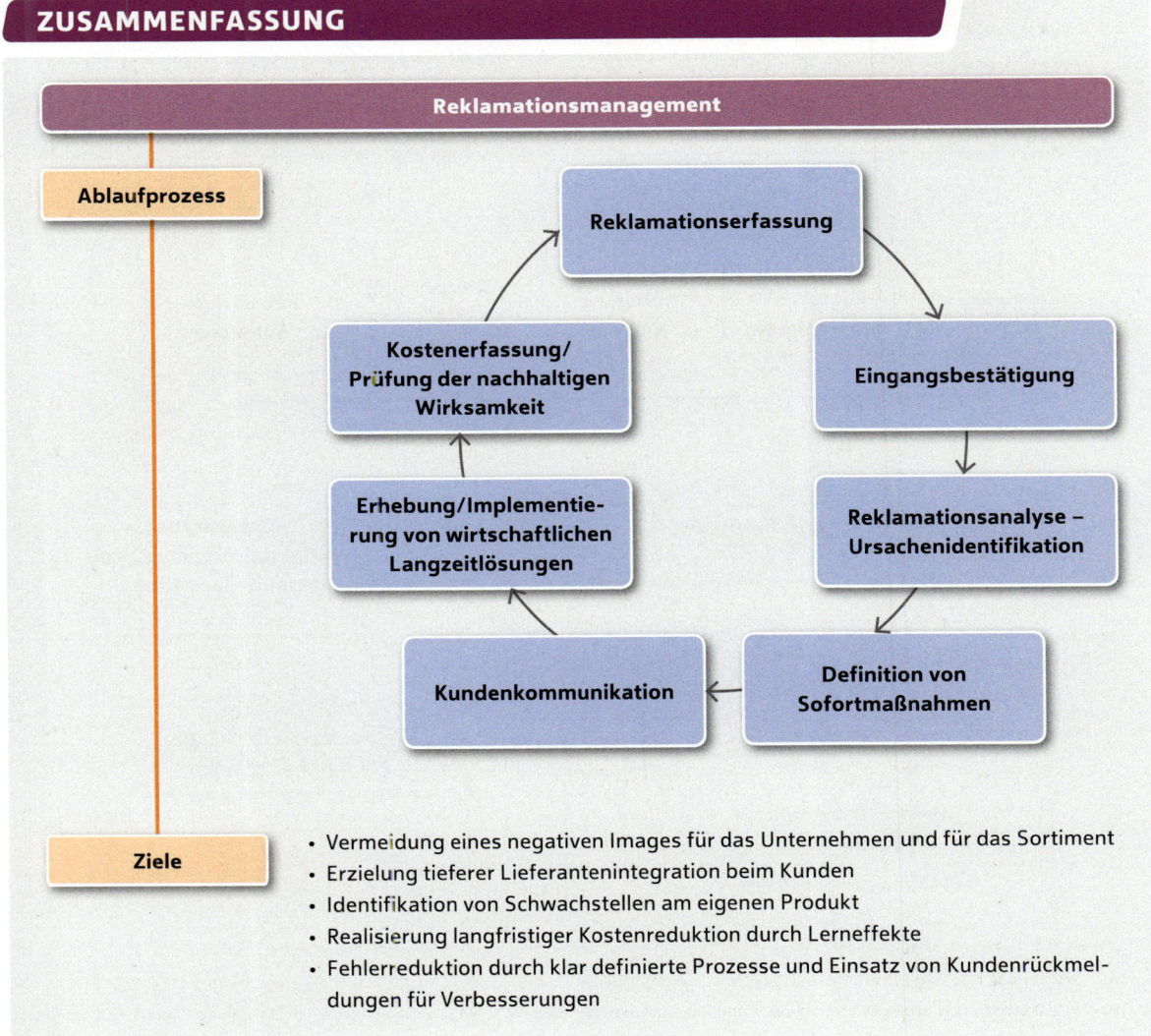

LERNFELD 5

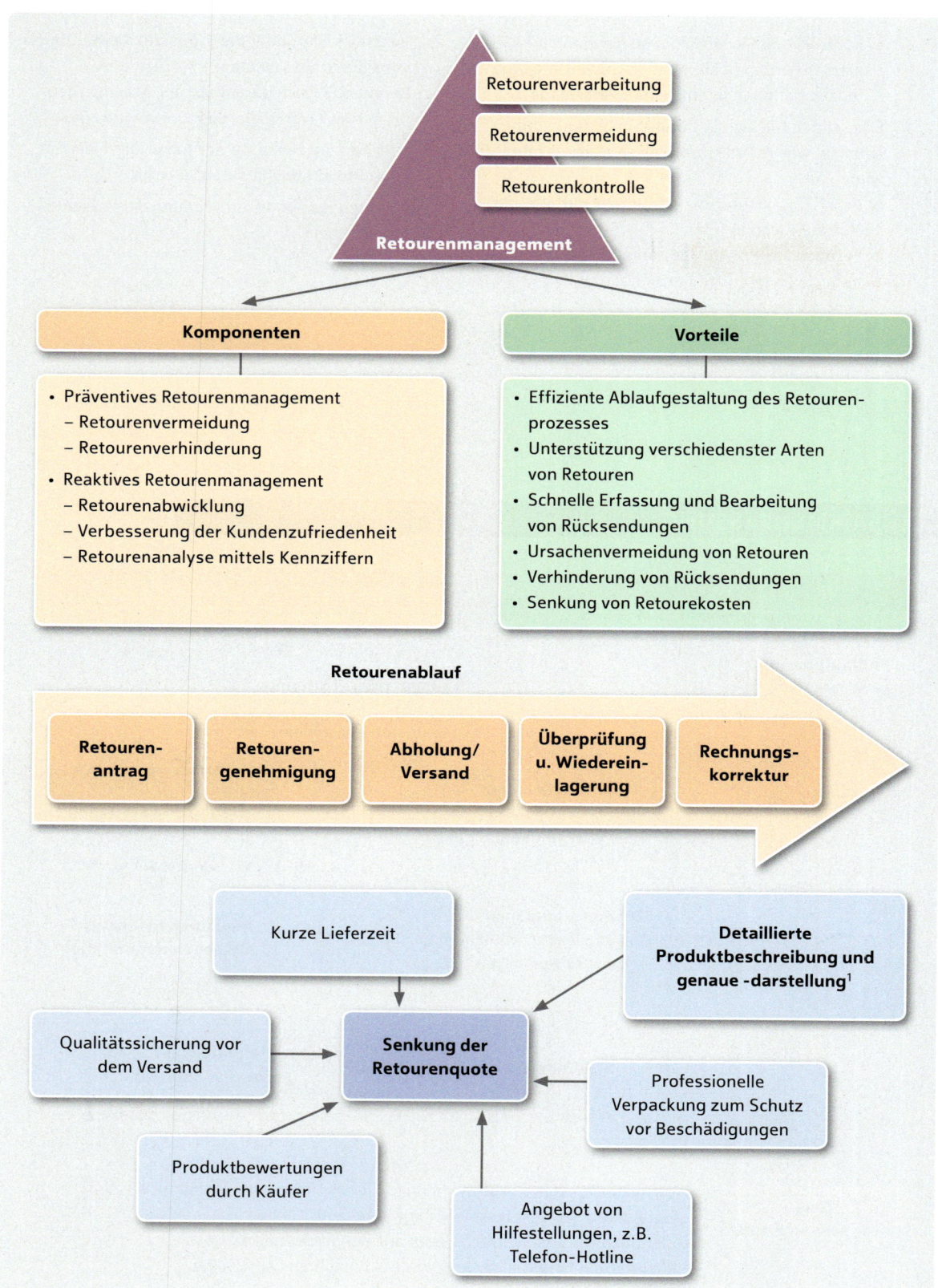

[1] Detaillierte Produktbeschreibungen und genaue Produktdarstellungen sind die wichtigsten unternehmerischen Maßnahmen, um die Retourenquote zu senken.

LERNFELD 5

Ursachen für Rücksendungen
- Sachmangel, Abweichung von der vereinbarten Beschaffenheit
- Artikel entspricht nicht der Beschreibung
- Lieferung eines falschen Artikels oder Minder- bzw. Zuweniglieferung
- Artikel sagt dem Kunden nicht zu
- Bestellung mehrerer Varianten bzw. Doppellieferung
- Zu lange Lieferzeit
- Kauf auf Kommission, bei dem von Beginn an Rücklieferungen eingeplant werden (müssen)

Mängelfreiheit

Der Großhändler ist verpflichtet, seinem Kunden ein Artikel oder eine Dienstleistung zu verkaufen, die frei von Sach- und Rechtsmängeln sind (§ 433 Abs. 1 Satz 2 BGB).

Der Sachmangel bezieht sich immer auf die Beschaffenheit des Vertragsgegenstandes.

Mängelhaftung

Ist die Ware nicht frei von Mängeln, greift die Mängelhaftung (**Gewährleistungsrechte**).

Das bedeutet, dass der Händler gesetzlich in Haftung genommen wird und eine Nachleistung erbringen, den Rücktritt vom Kaufvertrag akzeptieren oder dem Käufer Schadensersatz leisten muss.

Umtausch/Kulanz

Umtausch ist die **freiwillige** Verpflichtung des Händlers, fehlerfreie Ware, die sachlich unbegründet reklamiert wurde, aus **Kulanzgründen** zurückzunehmen.

Garantie

Die **Garantie** ist keine rechtlich verbindliche Leistung, sondern ein **freiwilliges** Angebot des Verkäufers (Garantiegebers), der dem Käufer einen über die gesetzliche Mängelhaftung hinausgehenden Anspruch einräumt. Eine Garantie aber wird einem Kunden in vielen Fällen nur für einen bestimmten Zeitraum zugestanden

LERNFELD 5

KAPITEL 8
Kontrolle von Eingangs- und Ausgangsrechnungen

Anne Schulte und Sebastian Holpert sind inzwischen schon einige Zeit in der Abteilung Rechnungswesen der Fairtext GmbH tätig und haben während dieser Zeit fundierte Kenntnisse über die Bedeutung insbesondere auch der Kreditorenbuchhaltung[1] erlangen können.

Heute sollen sie – nach vorheriger allgemeiner Einweisung durch Frau Tegtmeyer und wichtigen Hinweisen bezüglich der anzuwendenden Kriterien bei der Rechnungsprüfung – die beiden nachstehenden Rechnungen auf ihre Richtigkeit prüfen:

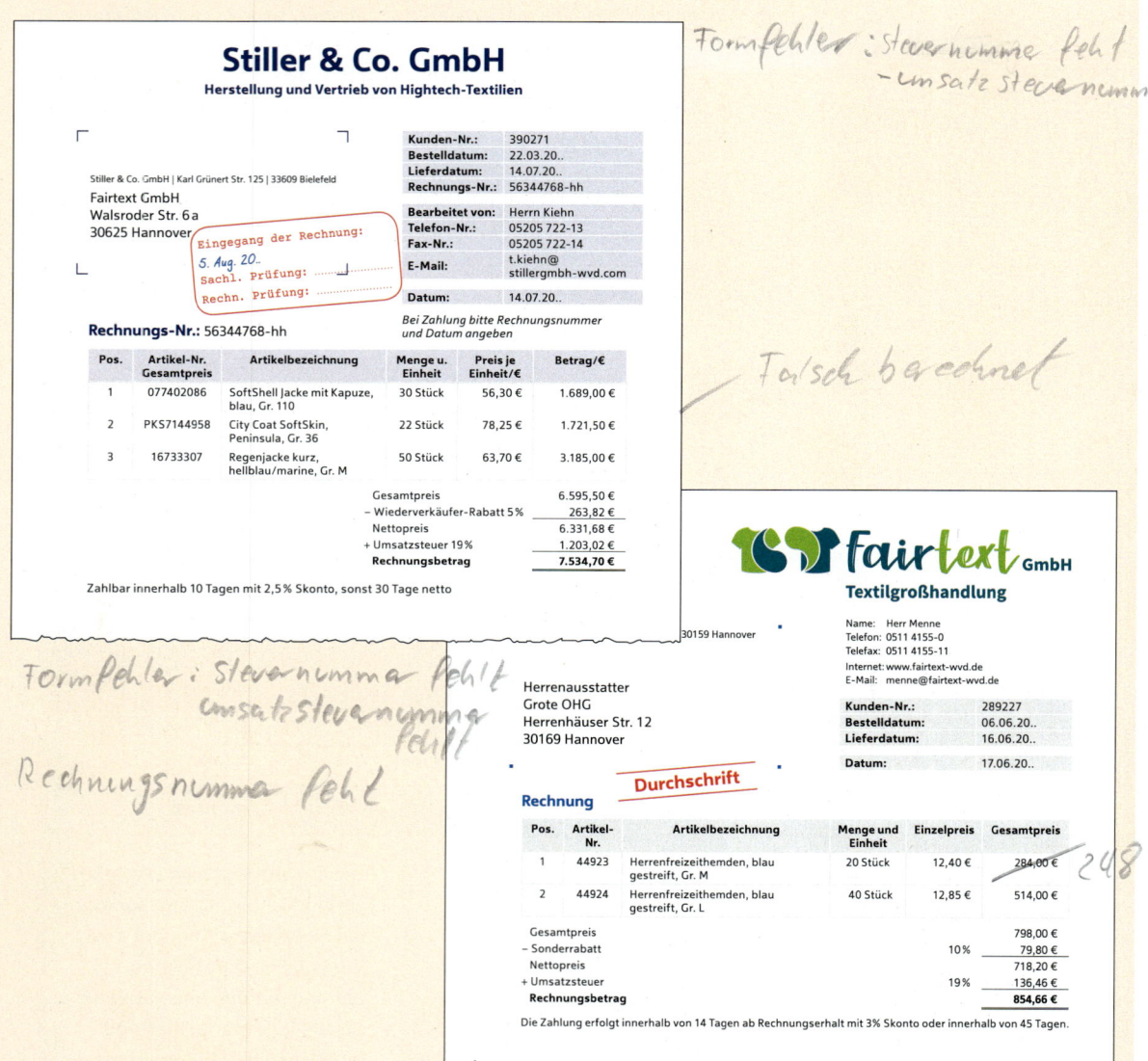

1. Versetzen Sie sich in die Rolle von Anne Schulte und Sebastian Holpert und erfüllen Sie den von Frau Tegtmeyer gestellten Auftrag.

2. Sollten Sie bei der Rechnungsprüfung Fehler finden, so kommentieren Sie bitte die sich daraus ergebenden Konsequenzen, denen sich die Stiller & Co. GmbH bzw. die Fairtext GmbH dann gegenübersieht.

---

[1] Zum Aufgabenbereich der Buchhaltung gehören neben der Erfassung der eingehenden Rechnungen sowie Gutschriften auch die Veranlassung der Zahlung und die Verwaltung von offenen Posten. Weitere Aufgaben sind die Archivierung und das Berichtswesen, die Rechnungsprüfung und Kontierung sowie die Stammsatzpflege.

LERNFELD 5

INFORMATIONEN

Rechnungsprüfung

1. Prüfung von Eingangsrechnungen[1]

Jeder Unternehmer ist wirtschaftlich daran interessiert, beim Wareneinkauf nicht mehr zu bezahlen als erforderlich. Schon deshalb ist die sorgfältige **Prüfung der eingehenden Rechnungen von Lieferanten** unerlässlich.

Hinzu kommt, dass der Großhändler die Umsatzsteuer, die ihm beim Wareneinkauf bzw. beim Erwerb von sonstigen Leistungen in Rechnung gestellt wird, als Vorsteuer abziehen kann. Voraussetzung: Es liegt eine **ordnungsgemäße** Rechnung vor.

Akzeptiert er eine **formal fehlerhafte** Rechnung, läuft er Gefahr, den Vorsteuerabzug bei seiner Umsatzsteuervoranmeldung beim Finanzamt nicht geltend machen zu können.

Dies ist einer der Gründe, warum das Finanzamt bei Betriebsprüfungen und Umsatzsteuer-Sonderprüfungen insbesondere Eingangsrechnungen sehr genau prüft. Fehlen bei einer Eingangsrechnung bestimmte nach dem Umsatzsteuergesetz erforderliche Pflichtangaben oder sind diese unzutreffend, liegt keine ordnungsgemäße Rechnung als Voraussetzung für den Vorsteuerabzug vor. Als Konsequenz droht dem Großhändler die Rückzahlung der geltend gemachten Vorsteuer einschließlich Verzinsung der Steuernachzahlung.

2. Rechnungsfehler

Arten von Rechnungsfehlern

- **Formfehler**
Rechnungen mit Formfehlern **(fehlenden Pflichtangaben)** gelten als **nicht vollständig**, z. B. das Fehlen der Rechnungsnummer. Es besteht die Gefahr der Nichtanerkennung der Rechnung durch das Finanzamt. Eine formale Rechnungsprüfung ist daher ein „Muss" für jeden Unternehmer.
Auch beim Einsatz einer professionellen Software kann es aufgrund eines Bedienfehlers des Anwenders zu formalen Fehlern kommen.

- **Inhaltsfehler**
Inhaltsfehler in einer Rechnung betreffen meist die **Menge** oder den **Umfang** der in Rechnung gestellten Leistungen, Positionen und Waren.
So kann es vorkommen, dass angegebene Mengen nicht korrekt sind, nicht erbrachte Leistungen abgerechnet oder vereinbarte Preise oder Preisnachlässe nicht berücksichtigt wurden.

- **Rechenfehler**
Rechenfehler treten i. d. R. nur bei fehlerhafter Bedienung der verwendeten Buchhaltungssoftware oder bei einer Neuinstallation auf.
Bei der Rechnungsprüfung kann es auch vorkommen, dass unterschiedliche Programme mit einer abweichenden Zahl von Nachkommastellen rechnen und dadurch Fehler beim Runden entstehen.

---

[1] Die vorliegenden Ausführungen zu Rechnungsfehlern sowie zur formalen und sachlichen Rechnungsprüfung beziehen sich sowohl auf **Eingangs-** als auch auf **Ausgangsrechnungen**.

LERNFELD 5

Erst nach erfolgter Rechnungsprüfung wird eine **Eingangsrechnung** zur Zahlung freigegeben, d.h. kontiert und gebucht.

3. Prüfung von Ausgangsrechnungen

Bezogen auf **Ausgangsrechnungen** dient die Rechnungsprüfung sowohl den Abläufen im Unternehmen als auch der Vertrauensbasis, die das Unternehmen zu seinen Kunden unterhält. Denn nur eine korrekt ausgestellte Rechnung mit allen dazugehörigen Pflichtangaben berechtigt den Rechnungsempfänger, also den Kunden des Großhändlers, Vorsteuer beim Finanzamt geltend machen zu dürfen, und vermeidet darüber hinaus intern unnötigen Mehraufwand in der eigenen Verwaltung.

Die Prüfung von Eingangs- als auch Ausgangsrechnungen muss daher aus guten Gründen sowohl **formell** als auch **inhaltlich** durchgeführt werden.

Formelle Rechnungsprüfung

1. Pflichtangaben

In einem *ersten Schritt* der Rechnungsprüfung ist vom Großhändler zu kontrollieren, ob die vorliegende Rechnung die **formellen Anforderungen (Pflichtangaben)** erfüllt. Die Prüfung hat damit das vorrangige Ziel, die Einhaltung der **gesetzlichen Vorschriften** sicherzustellen. Dies ist wichtig, da lediglich formal korrekte Rechnungen ein Unternehmen zum Vorsteuerabzug berechtigen. Die Pflichtangaben einer Rechnung gelten bei Rechnungen über einem Warenwert von 250,00 € brutto, ansonsten gelten die Regelungen für Kleinbetragsrechnungen.[1]

In einer Rechnung sind die folgenden Angaben zwingend erforderlich (§ 14 Abs. 4 UStG):

- **Vollständiger Name** und **komplette Anschrift** des Leistungsempfängers (Rechnungsempfängers) und des Leistungserbringers (Rechnungsstellers); Rechtsform des Unternehmens

- **Steuernummer** oder **Umsatzsteuer-Identifikationsnummer** des Leistungserbringers (Rechnungsstellers)

Eine vorhandene **Steuernummer** trägt maßgeblich zur Kommunikationsverbesserung unter Kreditinstituten und Steuerbehörden bei; der Fiskus kann hinterzogene Steuern schneller aufdecken.

Die Steuernummer macht zudem die elektronische Steuererklärung möglich; die Daten können direkt bei der Eingabe auf Gültigkeit unmittelbar geprüft werden. Dadurch müssen Finanzbeamte seltener nach weiteren Informationen nachfragen, sodass die Bearbeitung der Unterlagen schneller und reibungsloser abläuft.

Zur korrekten Abwicklung innergemeinschaftlicher Geschäfte benötigt jedes Unternehmen innerhalb der EU eine **USt-ID-Nummer**. Die Nummer wird zusätzlich zur Steueridentifikationsnummer erteilt. Das Bundeszentralamt für Steuern (BZSt) vergibt die Nummer auf Antrag.

- **Rechnungsdatum** (Daum der Ausstellung)

- Einmalige, fortlaufende **Rechnungsnummer** zur Identifikation der Rechnung

Umsatzsteuerpflichtige Unternehmer müssen auf ihren Rechnungen eine **Rechnungsnummer** ausweisen. Diese Nummer muss „**fortlaufend**" sein und die **Rechnung eindeutig identifizieren**. Wird die Bedingung vom Rechnungsaussteller missachtet, ist der Vorsteuerabzug für den Rechnungsempfänger gefährdet.

Die Finanzverwaltung fordert zwar eine **einmalig** vergebene Rechnungsnummer, aber **keine lückenlose Nummerierung**. Darüber hinaus erlaubt sie die Verwendung von Zahlen- und Buchstabenreihen sowie Buchstaben und Ziffern.

Aufgrund dieser weit gefassten Vorgaben kann der Großhändler bei der Rechnungsnummervergabe verschiedene Informationen berücksichtigen, die der eigenen Verwaltung und Organisation nutzen. Zur einfachen und schnellen Zuordnung kann die Rechnungsnummer z. B. die Kundennummer, bei größeren Aufträgen die Projektnummer, das Datum und ergänzend eine eindeutige lfd. Nummer beinhalten.

Prinzipiell empfiehlt es sich, Rechnungsnummern so kurz wie möglich zu gestalten, um die Gefahr von Tippfehlern und Zahlendrehern zu reduzieren und sowohl Mitarbeitern als auch Kunden den Umgang mit Rechnungsnummern zu erleichtern.

---

[1] Ausführungen zu Kleinbetragsrechnungen siehe unter Gliederungspunkt 3 dieses Teilkapitels.

> **BEISPIEL**
>
> Für die 76ste Ausgangsrechnung, die am 17. Juni 20.. für den Kunden Mehring ausgestellt wurde, könnte die Rechnungsnummer lauten:
>
> 20..-JUN-17-MEH-0076
>
> Die vorliegende Rechnungsnummer stellt eine eindeutige und nachvollziehbare Zuordnung zu einem Geschäftsvorfall sicher.

„Eine Rechnungsnummer entspricht dann nicht den Vorgaben der § 14 Abs. 4 Satz 1 Nr. 4 UStG, Art. 226 Nr. 2 Richtlinie 2006/112/EG, wenn sie durch die mehrfache Anfügung von Bindestrichen und weiteren Zahlen so unübersichtlich gestaltet wird, dass nur durch eine aufwendige Prüfung festgestellt werden kann, ob die Rechnungsnummer einmalig vergeben ist."[1]

- **Umfang** der Leistung bzw. **Menge** und die **Art** (handelsübliche Bezeichnung) der gelieferten Waren

- **Zeitpunkt** der Lieferung oder sonstigen Leistung

- **Preise, nach Steuersätzen und -befreiungen** aufgegliedert

Im Falle einer Steuerbefreiung für die Lieferung oder eine sonstige Leistung muss der entsprechende Hinweis für eine geltende Steuerbefreiung auf der Rechnung vermerkt sein.

- Anzuwendender **Steuersatz** sowie den auf das Entgelt entfallenden **Steuerbetrag**

Als Steuersatz bezeichnet man den Prozentsatz, mit dem eine bestimmte Steuerbemessungsgrundlage versteuert werden muss.

Grundsätzlich beträgt die Umsatzsteuer einheitlich für alle Leistungen 19 Prozent. Hiervon abweichend gilt für eine Vielzahl von Waren und Leistungen ein ermäßigter Steuersatz von 7 Prozent (§ 12 UStG).

> **BEISPIEL**
>
> Waren und Leistungen mit ermäßigtem Steuersatz:
> - Lebensmittel
> - Bücher, Zeitungen und andere Erzeugnisse des grafischen Gewerbes
> - Eintritte für Theater, Konzerte, Museen, Zirkus- und Filmvorführungen
> - Fahrkarten mit der DB
> - Tiernahrung
> - Übernachtungen in Hotels (aber: Frühstück im Hotel 19 %)

- Vorab vereinbarte **Preisminderungen** des Entgelts, wie Boni, Skonti oder Rabatte

- Ggf. der **Hinweis auf Kleinunternehmerregelung**

Kleinunternehmer werden weitgehend wie Nichtunternehmer behandelt und brauchen in Ihren Rechnungen keine Umsatzsteuer (Mehrwertsteuer) auszuweisen und dementsprechend auch keine Umsatzsteuer an das Finanzamt abzuführen. Im Gegenzug erhält der Kleinunternehmer aber auch nicht die Vorsteuer aus Rechnungen anderer Unternehmer erstattet. Der größte Vorteil dieser Regelung liegt vor allem darin, dass für den Kleinunternehmer ein großer Teil der Verwaltungsarbeit wegfällt.

Damit das Finanzamt die Einstufung als Kleinunternehmer akzeptiert, dürfen die umsatzsteuerpflichtigen Lieferungen und Leistungen folgende **Umsatzgrenzen** nicht übersteigen: Im vorangegangenen Kalenderjahr 22.000,00 € **und** im laufenden Kalenderjahr voraussichtlich 50.000,00 € (§ 19 UStG). Sollte der Umsatz im laufenden Jahr wider Erwarten die Grenze von 50.000,00 € übersteigen, besteht der Kleinunternehmerstatus aber weiterhin.

Ist eine **Pflichtangabe** auf einer **Ausgangsrechnung falsch** oder **nicht vorhanden**, kann sie nachträglich geändert werden, wenn mit dieser Änderung eine Korrektur oder Vervollständigung der erforderlichen Angaben erfolgt.

Zum reibungslosen Ausgleich einer Ausgangsrechnung durch den Kunden sollte auf der Rechnung die **Bankverbindung** angegeben sein.

2. Fehlende Pflichtangaben

Eine mangelnde formelle Rechnungsprüfung kann zu enormen finanziellen Risiken führen. Denn enthält eine Rechnung nicht alle gemäß Umsatzsteuergesetz erforderlichen Angaben, dürfen Unternehmen die Vorsteuer nicht abziehen. Wird sie dennoch vom Unternehmen bei seiner Umsatzsteuervoranmeldung gegenüber dem

---

[1] Rechtskräftiges Urteil des Finanzgerichts Hamburg vom 25.11.2014 (3 K 85/14)

LERNFELD 5

Finanzamt (zu Unrecht) geltend gemacht, kommt es im Falle einer betrieblichen Steuerprüfung zu entsprechenden Nachzahlungen.

3. Kleinbetragsrechnungen (§ 33 UStDV[1])

Unter einer Kleinbetragsrechnung versteht man Rechnungen, die einen Rechnungsbetrag von 250,00 € brutto **nicht übersteigen**.

Für Kleinbetragsrechnungen sind nur folgende Pflichtangaben erforderlich:
- vollständiger Name und Anschrift des Rechnungsstellers (Leistungserbringers)
- Ausstellungsdatum der Rechnung
- Art, Menge und/oder Umfang der gelieferten Gegenstände/Dienstleistungen
- Entgelt und Steuerbetrag für Lieferung oder Leistung in einer Summe
- zugrunde gelegter Steuersatz
- bei Steuerbefreiung nach §19 UStG Kleinunternehmerregelung ein Hinweis darauf, dass diese für die Lieferung oder Leistung gilt.

Sachliche Rechnungsprüfung

Als *zweiter Bearbeitungsschritt* bei der Kontrolle eingehender Rechnungen folgt die **sachliche** Rechnungsprüfung. Hierbei kontrolliert ein Sachbearbeiter der Fachabteilung zunächst, ob die Rechnung gerechtfertigt ist, d. h., ob die gelieferte Ware auch tatsächlich bestellt bzw. die erbrachten Leistungen auch zufriedenstellend durchgeführt wurden.

In dieser Kontrollphase wird die Eingangsrechnung mit
- der Bestellung (Auftrag) verglichen: Geprüft werden die korrekten Angaben der Ware selbst, der Einzelpreise laut Bestellung bzw. Preislisten und der daraus berechneten Gesamtpreise unter Berücksichtigung der Menge;
- den Positionen auf dem Lieferschein (Wareneingang) abgeglichen und geprüft, ob diese übereinstimmen.

Der **Lieferschein**[2] wird vom Absender der Warenlieferung ausgestellt. Als Dokument der Warenwirtschaft erfüllt der Lieferschein drei wichtige Grundfunktionen:
- Einerseits dient er als **Beleg** dafür, dass die Ware ordnungsgemäß dem Kunden zugestellt wurde.
- Andererseits **informiert** er über Umfang und Art der bestellten Ware.
- Anhand des Lieferscheins kann zudem **kontrolliert** werden, ob Menge, Qualität und Art der angelieferten Ware tatsächlich mit der bestellten Leistung übereinstimmen.

Bei Rechnungen mit Bestellbezug wird der Sachbearbeiter die Rechnung nur dann zur Zahlung freigeben, wenn es keine Abweichungen zur Bestellung bzw. zum Wareneingang gibt.

Die Rechnungsprüfung auf sachlicher Ebene sollte immer **dezentral** von den entsprechenden Stellen oder Sachbearbeitern durchgeführt werden, die den Bestellvorgang veranlasst oder die Lieferung bzw. Bestellung sachlich zu verantworten haben. Zu berücksichtigen ist dabei die Einhaltung von unternehmensinternen Prüf- und Genehmigungsgrenzen, die zusätzlich auch noch von der Höhe des Rechnungsbetrages abhängig sein können.

Klärung und Kontierung

Sollte eine Rechnung eine **Klärung** mit dem Lieferanten notwendig machen, wird der prüfende Sachbearbeiter die Eingangsrechnung zunächst ablehnen und zusammen mit seiner Begründung an den Lieferanten (per E-Mail) zurückschicken. Die abgelehnte Rechnung wird zwischenzeitlich in den Staus „Abgelehnt" gesetzt, protokolliert und archiviert.

Nach der Klärung der Unstimmigkeiten wird die Belastung der entsprechenden Kostenstelle (Konto) mit dem in der Rechnung aufgeführten Gesamtbetrag veranlasst (**Kontierung**).

---
1 Umsatzsteuer-Durchführungsverordnung
2 Weitere, ausführlichere Ausführungen zum Lieferschein siehe Kapitel 5.7.

Rechnungsfreigabe, Zahlung und Archivierung

Der *letzte Schritt* der Rechnungsprüfung bzw. -bearbeitung ist die **Freigabe der Rechnung**. Dazu wird die Stelle im Unternehmen benachrichtigt, die für das Budget des Unternehmens verantwortlich ist.[1]

In vielen Unternehmen gilt für die Rechnungsfreigabe die sogenannte **Vier-Augen-Prüfung**. In diesen Fällen wird neben dem Prüfer, der die sachliche Rechnungskontrolle durchgeführt hat, eine zusätzliche zweite Person zur Freigabe der Rechnung eingebunden. Ist diese Vier-Augen-Prüfung abgeschlossen, wird die Buchhaltung benachrichtigt, um den Rechnungsbetrag auszugleichen.

Nach erfolgter Rechnungsprüfung wird der Buchungssatz erstellt und die Papierrechnung abgelegt.

Anstelle dieses vielschrittigen und relativ zeitraubenden Vorgehens kann alternativ ein *digitaler Rechnungsworkflow* benutzt werden, mit dessen Hilfe Rechnungen mit nur wenigen Schritten geprüft und anschließend direkt freigegeben werden können.

Digitale Rechnungsverarbeitung

1. Eigenschaft

Bei der **digitalen Verarbeitung von Eingangsrechnungen** wird der gesamte Arbeitsprozess automatisiert und damit optimiert. Bestellung, Lieferschein und Rechnung sind u.a. im System verfügbar. Die Rechnungen werden elektronisch transportiert, digital freigegeben und automatisch verbucht. Insofern entfallen die Arbeit mit und der Transport von Papierdokumenten überwiegend. Zum Schluss werden die Dokumente revisionssicher im System archiviert (**Datenexport**).

Prozessablauf:

- Arbeitsvorbereitung: Die zu buchenden Kostenstellen und Konten werden bereits bei der Bestellung bestimmt und in der digitalen Bestellung hinterlegt.
- Rechnungseingang: Digitaler Eingang der Rechnung; bei Eingang im Papierformat wird das Dokument gescannt.
- Texterkennung und Speicherung: Das System erkennt automatisch mittels Texterkennungsprogramm (OCR = Optical Character Recognition) die Inhalte der Rechnung[2], die anschließend im Dokumentenmanagementsystem (DMS[3]) gespeichert wird.
- Datenautomatisierung: Die erfassten Buchungsinformationen werden entweder aus der digitalen Bestellung oder manuell hinzugefügt.
- Der Workflow[4] verarbeitet anschließend den Datensatz selbstständig in einer Reihe von festgelegten Schritten:
  - Digitale Weiterleitung der Informationen zum Genehmiger
  - Abwicklung der Freigaben
  - Veränderung der Buchungsinformationen (soweit gestattet)
  - Einholung weiterer Genehmigungen (soweit notwendig)
- Abschließende Prüfung der gesamten Rechnung. Der manuelle Eingriff erfolgt nur bei zusätzlich auftretenden Problemen.
- Automatische Rechnungsverbuchung.

---

1 Siehe Fußnotenhinweis zur Kreditorenbuchhaltung im Eingangsbeispiel dieses Kapitels.

2 Rechnungen im sog. „unstrukturierten Datenformat" können nach Empfang nicht direkt vom System verarbeitet werden, sondern müssen wie Papierrechnungen erst einmal durch ein OCR-Programm ausgelesen und in ein strukturiertes Datenformat (siehe Hinweis in der Zusammenfassung, Fußnote 1) umgewandelt werden.

3 Ein Dokumentenmanagement-System (DMS) strukturiert die Unternehmensdaten in elektronischen Akten, legt sie nach einheitlichen Kriterien ab und stellt sicher, dass die Mitarbeiter die gesuchten Informationen schnell finden.

4 Der Begriff **Workflow**, auch **Arbeitsablauf** genannt, unterstützt die Geschäftsprozesse, für die in der Vergangenheit endlose Papiermengen verwendet wurden und wo manuelles Erfassen notwendig war. Der Workflow legt fest, welche Arbeitsschritte überhaupt durchgeführt werden müssen und in welcher Reihenfolge. Er legt aber auch fest, wer was bis wann erledigen muss, damit der Prozess abgeschlossen werden kann. Zudem wird festgelegt, wo wer was ablegen muss, damit alle am Workflow Beteiligten Zugriff auf die benötigten Dokumente haben.

LERNFELD 5

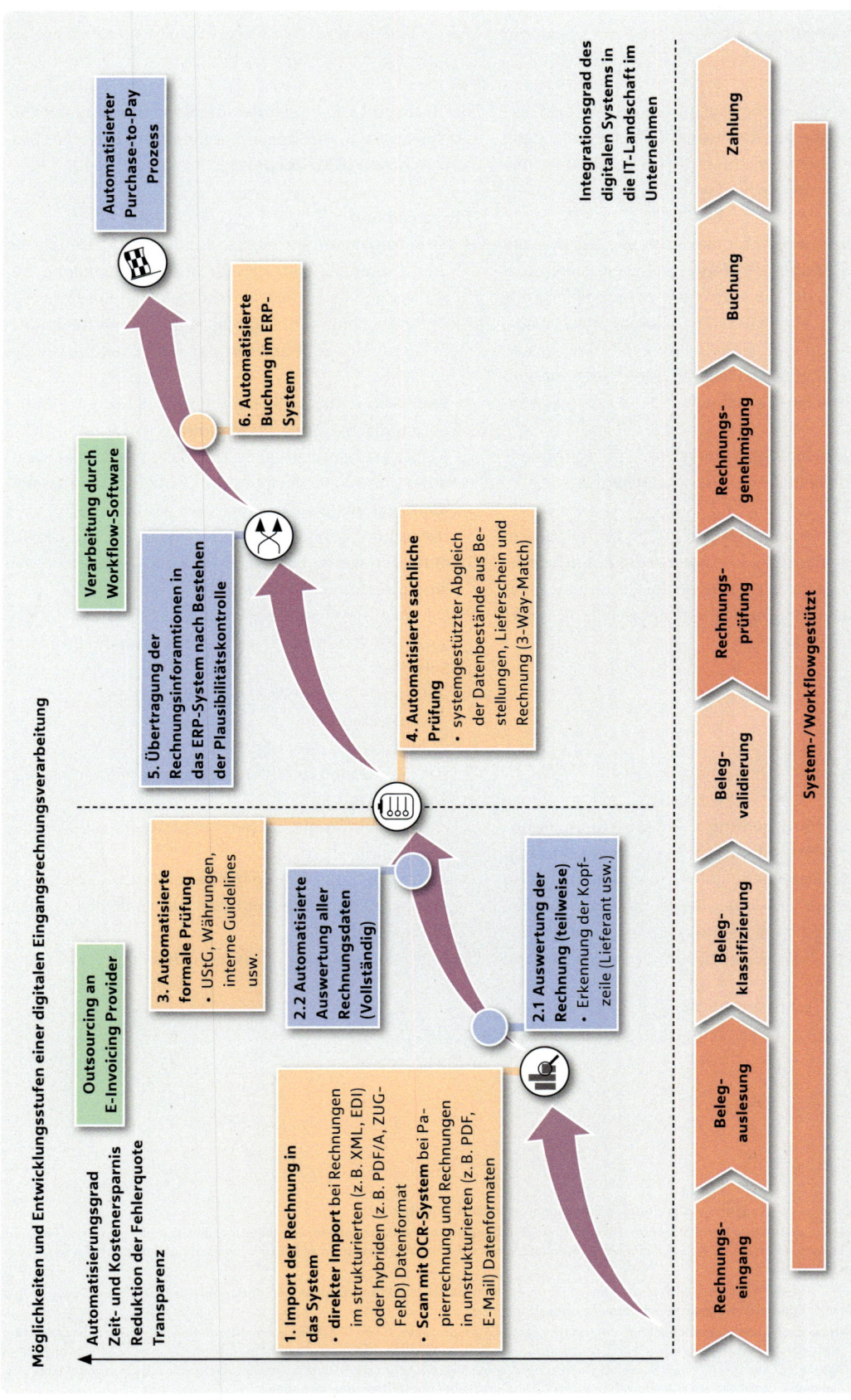

Bei Bundesbehörden müssen Unternehmen in Deutschland Rechnungen von über 1.000,00 € für Dienstleistungen oder Produkte digital als sog. **E-Rechnung** einreichen. Rechnungen in anderen Formaten können laut Verordnung (E-Rechnungsverordnung; ERechV) abgelehnt werden.

Die E-Rechnung wird dabei in einem bestimmten strukturierten elektronischen Format erstellt, übermittelt und empfangen. Das Format ermöglicht so eine automatische und elektronische Rechnungsverarbeitung. Der lediglich elektronische Versand einer Rechnung, die im PDF-Format erstellt einer E-Mail beigefügt ist, ist keine E-Rechnung.

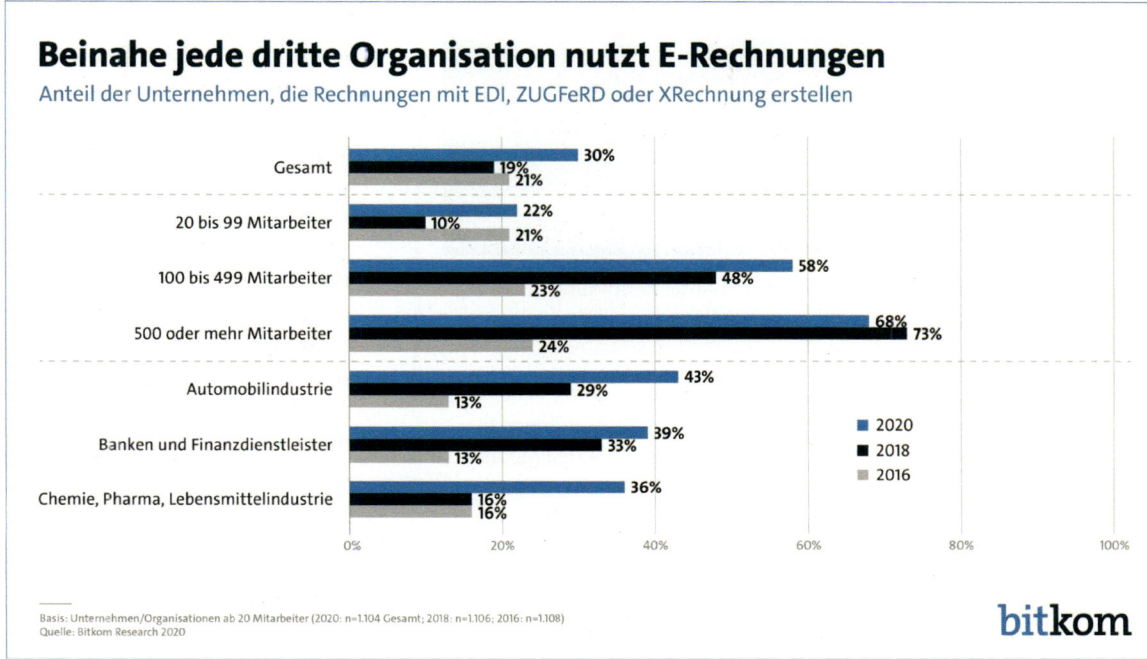

2. Vor- und Nachteile der digitalen Rechnungsverarbeitung

Vorteile	Nachteile
• Vermeidung von Eingabefehlern, wie sie bei der manuellen Bearbeitung von Rechnungsdaten häufig vorkommen. • Schnelleres Auffinden der Rechnungsdokumente, da sich die Rechnungsdaten in elektronischer Form bereits im System befinden. • Kein Verlorengehen von Originalrechnungen. • Kürzere Verarbeitungszeiten durch das Erstellen von automatisierten Workflows: Die notwendigen Daten für die digitale Genehmigung werden direkt beim Eingang automatisiert und an die hinterlegten Ansprechpartner verschickt. • Problemloses Durchführen der Rechnungsfreigabe, ohne weitere Genehmigungen einholen zu müssen. Die Rechnung wird in kürzester Zeit bezahlt. • Die mobile Rechnungsfreigabe via Smartphone oder Tablet ermöglicht maximale Flexibilität durch Zeit- und Standortunabhängigkeit der Prüfprozesse (arbeiten im **Homeoffice**).	• Notwendigkeit einer umfangreichen IT-Unterstützung. Steigende Abhängigkeit von der Informationstechnologie. • Notwendigkeit eines DMS mit einem Workflow. • Umschulung vieler Mitarbeiter von analogen Denkweisen auf digitales Handeln. • Strenge Vorgaben für die Bearbeitung digitaler Rechnungen: Unternehmen müssen alle elektronischen Bearbeitungsvorgänge protokollieren und zusammen

LERNFELD 5

- Rechnungsprüfung durch das System und gleichzeitiges automatisches Verbuchen. Alle Abläufe sind in kurzer Zeit erledigt inklusive der Rechnungsarchivierung im Dokumentenmanagement-System.
- Entlastung der Mitarbeiter in der Kreditorenbuchhaltung.
- Transparenz und Übersichtlichkeit des gesamten Rechnungsverarbeitungsprozesses: Status der Eingangsrechnungen, Änderungsschritte und bearbeitende Personen sind jederzeit abrufbar.

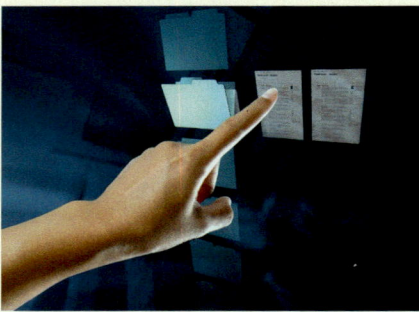

- Durch verkürzte Durchlaufzeiten rechtzeitige Erledigung aller Abläufe. Dadurch können Skonti und Gutschriften zuverlässig genutzt und Mahngebühren vermieden werden.
- Bei Ausgangsrechnungen (E-Invoicing) Einsparung von Porto sowie Papier- und Druckkosten und Beschleunigung der Rechnungszustellung mit positiver Auswirkung auf die Unternehmensliquidität.

- mit dem digitalen Dokument abspeichern.
- Der Versand digitaler Rechnungen ist nur mit dem Einverständnis des Empfängers möglich.
- Elektronische Rechnungen müssen grundsätzlich in dem Datenformat aufbewahrt werden und jederzeit lesbar sein, in dem sie empfangen wurden. Das einfache Ausdrucken zum Zwecke der Archivierung ist nicht erlaubt. Die Folge: Unternehmen müssen auch die Softwareprogramme zur Anzeige und Auswertung der Dateien während der gesetzlichen Aufbewahrungspflicht von zehn Jahren vorhalten.

Insgesamt führt die Digitalisierung zu einfacheren und schnelleren Prüfungen und zu einem gut strukturierten Aufbau von internen Regeln und Richtlinien, die von allen Mitarbeitern des Unternehmens eingehalten werden (Compliance). Alle Arbeitsschritte vom Empfang der Eingangsrechnungen bis zur Freigabe und Datenreport werden revisionssicher protokolliert.

AUFGABEN

1. Wer ist in einem Unternehmen i.d.R. für die Rechnungsprüfung zuständig?
2. Welche Folgen hat es für einen Kunden, wenn die Pflichtangaben auf der Ausgangsrechnung fehlen?
3. Welche Angaben muss eine Rechnung enthalten, damit der Vorsteuerabzug nicht gefährdet ist? Ordnen Sie zu.

Pflichtangaben in einer Rechnung	> 250,00 € § 14 UStG	≤ 250,00 €[1] § 33 UStDV
a) Angabe „Gutschrift" bei Ausstellung der Rechnung durch den Leistungsempfänger	X	
b) Ausgewiesener Steuerbetrag	X	
c) Vollständiger Name und Anschrift des Leistungsempfängers	X	
d) Ausstellungsdatum der Rechnung	X	X
e) Entgelt, aufgeschlüsselt nach Steuersätzen/-befreiungen	X	X
f) Menge bzw. Umfang und Art der gelieferten Gegenstände oder Dienstleistungen	X	X
g) Anzuwendender Steuersatz bzw. Hinweis auf Steuerbefreiung	X	X
h) Steuernummer oder USt-ID-Nr. des Leistungserbringers	X	
i) Einmalige, fortlaufende Rechnungsnummer	X	

[1] Vereinfachte Prüfung für Kleinbetragsrechnungen mit Gesamtbetrag nicht über 250,00 € nach § 33 UStDV

LERNFELD 5

Pflichtangaben in einer Rechnung	> 250,00 € § 14 UStG	≤ 250,00 €[1] § 33 UStDV
j) Vollständiger Name und Anschrift des Leistungserbringers	X	X
k) Im Voraus vereinbarte Minderung des Entgelts (z.B. Rabatte)	X	
l) Brutto-Gesamtsumme (Entgelt inkl. Umsatzsteuer) oder in Summen nach Steuersätzen aufgeteilt	X	X
m) Zeitpunkt der Lieferung/Leistung oder Vereinnahmung des (Teil-) Entgelts	X	

4. Erläutern Sie Wesen und Bedeutung der formalen Rechnungsprüfung.

5. Welche Aussage zur sachlichen Rechnungsprüfung ist richtig? *falsch ✓ richtig*

   ✗ a) Die sachliche Prüfung erfolgt immer als erster Bearbeitungsschritt zur Kontrolle eingehender Rechnungen.
   ✓ b) Bei der sachlichen Prüfung wird die Eingangsrechnung mit dem Lieferschein abgeglichen.
   ✗ c) Bei der sachlichen Prüfung ist die Vier-Augen-Prüfung zu beachten.
   ✓ d) Die Rechnungsprüfung auf sachlicher Ebene sollte immer dezentral erfolgen.
   ✗ e) Bei der sachlichen Rechnungsprüfung ist u.a. auch das Vorhandensein der Rechnungsnummer zu überprüfen.
   ✗ f) Sachliche Fehler in einer Rechnung verhindern die Geltendmachung des Vorsteuerabzugs.

6. Wann darf eine Ausgangsrechnung nachträglich geändert werden? Nennen Sie ergänzend Beispiele für erlaubte Änderungen und für nicht erlaubte Korrekturen. *S. 83 rechts unten*

7. Wem ist es erlaubt, eine Rechnung nachträglich zu ändern?

8. Darf eine Rechnung nachträglich erhöht werden? Begründen Sie Ihre Antwort.

9. Beschreiben Sie, was Sie unter Form-, Inhalts- und Rechenfehlern verstehen.

10. Führen Sie aus, worum es bei der digitalen Rechnungsprüfung geht.

11. Fertigen Sie auf einem DIN-A4 Blatt eine Skizze der u. a. Grafik an und fügen Sie anschließend die untenstehenden Aussagen in einer sinnvollen Reihenfolge in die noch offenen Bereiche ein.

    Aussagen:
    – Rechnung weicht von der Bestellung ab? (Preis/Menge)
    – Abweichungen klären?
    – Rechnungsablehnung
    – Rechnung im ERP System buchen
    – Rechnungs-/Bestelldaten im ERP
    – Abweichungen geklärt und freigegeben?
    – Ja (mehrfach)
    – Nein

Ablauf der Rechnungsprüfung bei einer Rechnung mit Bestellbezug

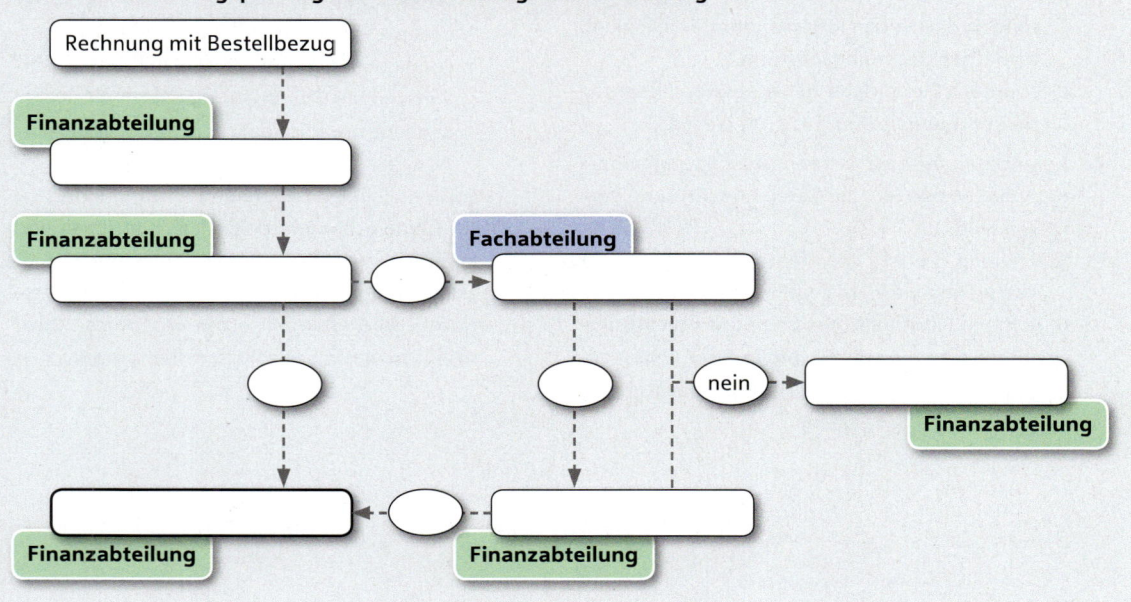

LERNFELD 5

AKTIONEN

1. Die Fairtext GmbH erhält von der Fit for Fun AG, einem Sportartikelhersteller aus Berlin, die folgende Eingangsrechnung.

   a) Stellen Sie zunächst die Arten von Rechnungsfehlern und die einzelnen (manuellen) Schritte der Rechnungsprüfung mithilfe einer Mindmap grafisch dar. Berücksichtigen Sie dabei die erforderlichen Pflichtangaben im Allgemeinen unter Einbeziehung der „Konsequenzen" bei Rechnungsfehlern.

   Beachten Sie bei Ihrer Arbeit die Hinweise zur Erstellung einer Mindmap im Kapitel 1.3, Band 1, sowie folgende ergänzende Regeln für das Mind-Mapping:

   - Beschränken Sie die Verästelungen: Zur Übersichtlichkeit sollte die Zahl der Hauptäste beschränkt und die Nebenäste nach Möglichkeit nicht noch weiter verästelt werden.
   - Ordnen Sie die Hauptäste und Schlüsselwörter im Uhrzeigersinn an, soweit nicht andere sinnvolle Anordnungskriterien diesem Vorgehen im Wege stehen.
   - Ergänzen Sie nach Möglichkeit Wörter durch einprägsame Bilder, Icons oder sonstige Symbole.

   b) Prüfen Sie die vorliegende Rechnung im Besonderen nach den Kriterien der formellen und sachlichen Rechnungsprüfung.

   c) Erläutern Sie mithilfe der erstellten Mindmap die Rechnungsprüfung in Ihrer Klasse.

2. Erkundigen Sie sich in Ihrem Ausbildungsunternehmen, wie im Fall der Rechnungsprüfung verfahren wird.

   a) Bereiten Sie Ihre Informationen mithilfe der Netzwerktechnik auf.

   b) Fertigen Sie mithilfe des Computers und geeigneter Software eine Farbfolie Ihrer Arbeit an. Beachten Sie dabei die Tipps zur Gestaltung von Folien und Plakaten.

   c) Bereiten Sie sich darauf vor, Ihr Arbeitsergebnis mittels Overheadprojektor vorzutragen.
   - Prüfen Sie zuvor, ob der Inhalt der Folie auf der Projektionsfläche zu lesen ist.
   - Achten Sie auf die Anwendung der Präsentationsregeln.

3. a) Vergleichen Sie die Abläufe im Fall der Rechnungsprüfung Ihres Ausbildungsunternehmens mit der Praxis in den Unternehmen Ihrer Klassenkameraden.

   b) - Sammeln Sie die unterschiedlichen Beiträge an der Tafel.
   - Stellen Sie die Unterschiede bzw. Gemeinsamkeiten fest und erörtern Sie im Klassenverband die Gründe für möglicherweise vorliegende unterschiedliche Vorgehensweisen/Abläufe.

   c) Stellen Sie die gewonnenen Informationen Ihrer Gemeinschaftsarbeit in anschaulichen und einprägsamen Darstellungen zusammen.

   d) Tragen Sie – mit Unterstützung Ihrer angefertigten Darstellungen – die Ergebnisse Ihrer Arbeit zu diesem Thema dem Plenum vor.

Fit for Fun AG · Bavenstedter Str. 124 · 12347 Berlin

Fairtext GmbH
Walsroder Str. 6 a
30625 Hannover

Name: Henriette Schwarz
Telefon: 030 8645-23
Telefax: 030 8645-10
Internet: www.fff-ag-wvd.de
E-Mail: schwarz@fff-ag-wvd.de

Kunden-Nr.: 4330
Bestelldatum: 27.10.20..
Lieferdatum: 07.10.20..

Rechnungsdatum: 14.11.20..

Rechnung: 20-NOV-14-FT-0003374

Pos.	Artikel-Nr.	Artikelbezeichnung	Menge und Einheit	Einzelpreis	Gesamtpreis
1	43902-V-23	CASANA ACTIVE Leggings mit reflektierenden Logodetails, schwarz, Gr. 40/42	96 Stück	17,30 €	1.660,80 €
2	39525-S-46	Naik Funktionstights, schwarz, Gr. M (38)	80 Stück	22,36 €	1.788,80 €
			Gesamtpreis		3.449,60 €
			– Rabatt 6 %		206,98 €
			Nettopreis		3.242,62 €
			+ Umsatzsteuer 19 %		616,10 €
			Rechnungsbetrag		**2.626,52 €**

Zahlungsziel: 20 Tage ab Rechnungsdatum.
Bei Zahlung innerhalb von 8 Tagen ab Rechnungsdatum mit 3 % Skonto.

Amtsgericht: Berlin-Mitte – USt-ID: DE 273 436 534 – Steuer-Nr. 5620 515 713
Bankverbindung: Postbank Berlin, BIC: PBNKDEFF, IBAN: DE18 3601 0043 9999 9999 99

LERNFELD 5

ZUSAMMENFASSUNG

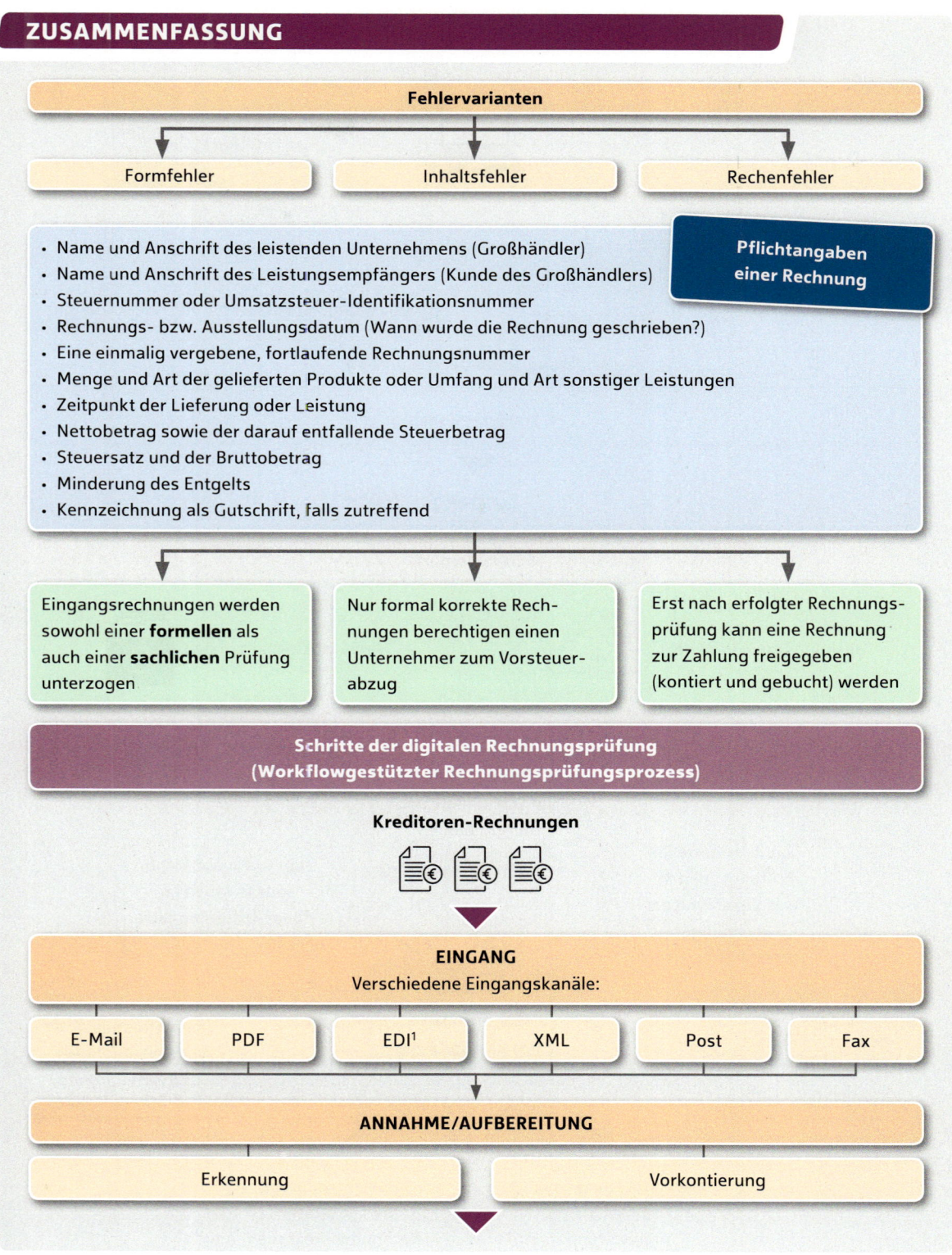

---

1 EDI (englisch „Electronic Data Interchange" oder zu Deutsch „Elektronischer Datenaustausch") bezeichnet den elektronischen Austausch strukturierter Daten gemäß festgelegter Standards zwischen den Geschäftspartnern und ermöglicht die Datenverarbeitung ohne manuelle Erfassung. Strukturierte Datenformate (z. B. EDI, XML) können direkt vom System ausgelesen und weiterverarbeitet werden. Es gibt noch die „Hybriden Datenformate" wie PDF/A oder ZUGFeRD, auf die aber in diesem Kapitel nicht weiter eingegangen werden soll.

2 Beim ERP-System handelt es sich um ein IT-gestütztes System aus Softwarelösungen, das der Geschäftsleitung dabei hilft, den Überblick über vorhandene Ressourcen und Geschäftsprozesse zu behalten.

LERNFELD 5

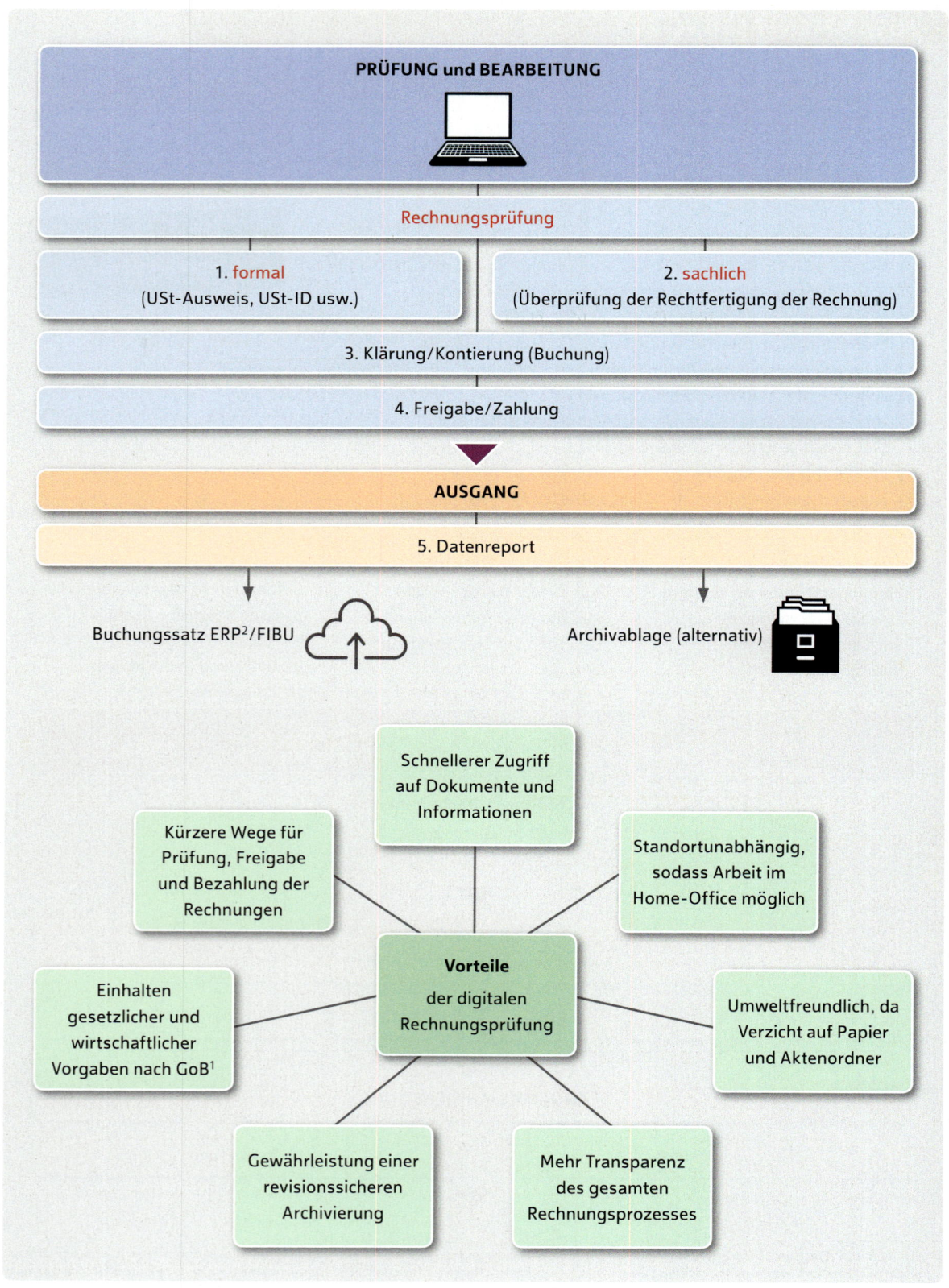

KAPITEL 9
Barzahlung

LERNFELD 5

Caroline König hat ihren ersten Tag an der Kasse im Rahmen des Thekengeschäfts der Fairtext GmbH hinter sich gebracht. Schon nach kurzer Zeit konnte sie ihre anfängliche Nervosität abbauen und hat nach Aussage der Sachbearbeiterin Frau Molzahn für eine Neueinsteigerin eine bravouröse Tagesleistung gezeigt.

Wenn da nur diese eine dumme Sache nicht gewesen wäre: Caroline fehlten nämlich am Ende ihres ersten Kassiertages 12,30 € in der Kasse.

Nennen Sie mögliche Gründe, warum Caroline König am Abend einen Kassenfehlbestand von 12,30 € festgestellt hat.

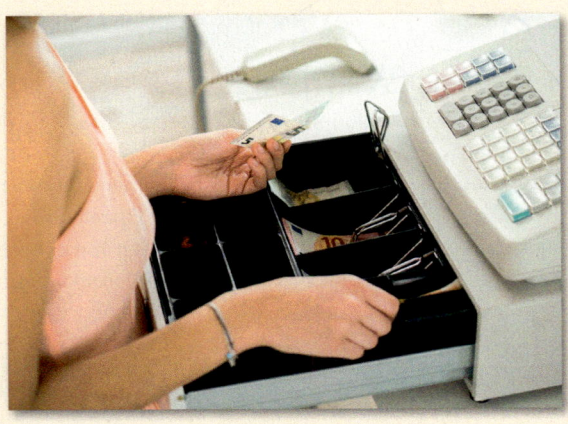

Auszubildende kassiert Bares.

INFORMATIONEN

Es gibt verschiedene Möglichkeiten, etwas zu bezahlen. Beim Zahlungsverkehr unterscheidet man deshalb nach **Zahlungsarten**. Die Übersicht zeigt die verschiedenen Arten.

Zahlungsart	Zahlender (Schuldner) zahlt durch	Zahlungsempfänger (Gläubiger) erhält	Zahlung von Hand zu Hand (persönlich/ durch Boten)	Formen	Konto
Barzahlung	Bargeld (Banknoten und Münzen)	Bargeld	Geldübergabe	Bargeldtransfer, Bezahldienst „Barzahlen", Wert National	keiner
halbbare Zahlung	Bargeld	Gutschrift auf Konto	–	Zahlschein	einer
	Lastschrift auf Konto	Bargeld	–	Barscheck	
bargeldlose Zahlung	Lastschrift auf Konto	Gutschrift auf Konto	–	z. B. Verrechnungsscheck, Überweisung, Girocard-Zahlung	beide

Zahlung mit Bargeld

Barzahlung liegt vor, wenn
- Bargeld vom Schuldner an den Gläubiger übermittelt wird und für die Zahlung keine eigenen Konten verwendet werden.
- Zur Barzahlung gehören die direkte Übergabe (persönlich oder durch einen Boten) von Bargeld, der Bargeldversand mittels Wertbrief, die Postanweisung und der Wechsel (der bar eingelöst wird).
- Mit der Übergabe der Zahlungsmittel ist die Verpflichtung gegenüber dem Gläubiger erfüllt.

Euro-Banknoten werden allein von der Deutschen Bundesbank aufgrund einer Genehmigung der Europäischen Zentralbank (EZB) ausgegeben (Notenprivileg). Auf Euro lautende Banknoten sind das einzige unbeschränkt geltende gesetzliche Zahlungsmittel.

Das alleinige Recht zur Prägung und Ausgabe von **Euro- und Centmünzen** hat die Bundesregierung. Auch Münzen sind gesetzliche Zahlungsmittel, müssen jedoch nicht in unbegrenzter Menge angenommen werden.

Annahmepflicht besteht für max. 50 Münzen unabhängig von der Einkaufssumme (§ 3 MünzG). Die Annahme von mehr als 50 Münzen kann vom Verkaufspersonal daher verweigert werden.

LERNFELD 5

BEISPIEL

50 Münzen	je 2,00 €	– Annahmepflicht
50 Münzen	je 1 Cent	– Annahmepflicht
60 Münzen	je 1 Cent	– keine Annahmepflicht

1. Barzahlung von Hand zu Hand
(= unmittelbare Zahlung)

Die Bedeutung von Bargeld in einer zunehmend digitalen Gesellschaft bleibt bestehen: 48,6 % des Einzelhandelsumsatzes erfolgt mit Karte. Dennoch werden immer noch 76,1 % aller Einkäufe im Einzelhandel mit Bargeld beglichen. Je kleiner der Betrag, umso eher wird mit Bargeld bezahlt. Bargeld ist vor allem im Lebensmitteleinzelhandel das beliebteste Zahlungsmittel.

Barzahlung, vor allem für kleine Warenmengen üblich

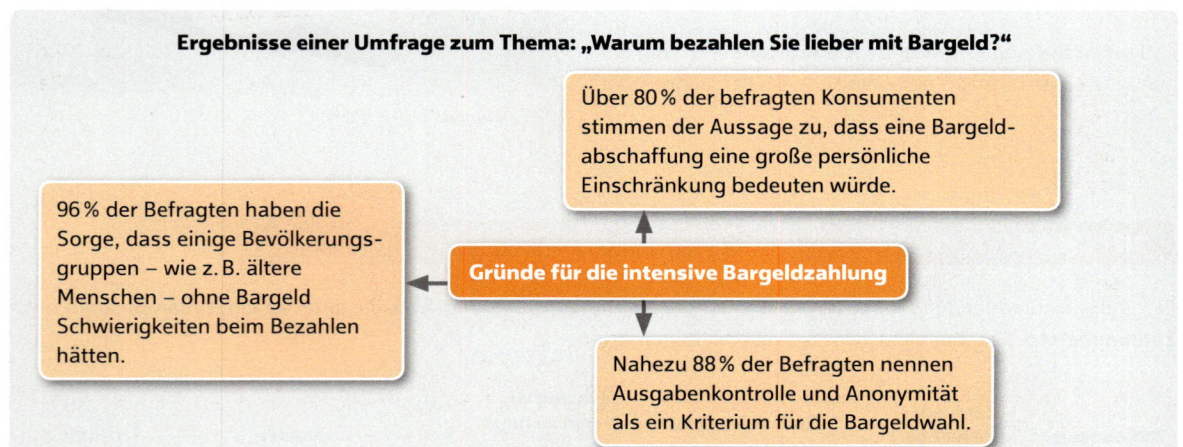

Ergebnisse einer Umfrage zum Thema: „Warum bezahlen Sie lieber mit Bargeld?"

- Über 80 % der befragten Konsumenten stimmen der Aussage zu, dass eine Bargeldabschaffung eine große persönliche Einschränkung bedeuten würde.
- 96 % der Befragten haben die Sorge, dass einige Bevölkerungsgruppen – wie z. B. ältere Menschen – ohne Bargeld Schwierigkeiten beim Bezahlen hätten.
- Nahezu 88 % der Befragten nennen Ausgabenkontrolle und Anonymität als ein Kriterium für die Bargeldwahl.

Gründe für die intensive Bargeldzahlung

Nicht jeder Geldschein muss angenommen werden

Euro-Banknoten sind gesetzliche Zahlungsmittel in unbegrenzter Höhe. Doch nicht immer müssen sie akzeptiert werden.

Als Grundregel gilt: Die gekaufte Ware oder Dienstleistung sollte in einem angemessenen Verhältnis zu dem hingegebenen Geldschein stehen. Wenn die Rechnung für eine Reparatur von 485,00 € zu begleichen ist, kann man mit einem 500-Euro-Schein bezahlen. Aber bei einer Rechnung von 30,00 € kann die Annahme eines 500-Euro-Scheines verweigert werden.

Begründung: Die Unternehmen müssten einen unverhältnismäßig hohen Bestandteil an Bargeld halten. Zudem ist der Schaden besonders groß, sollte der Kassierer einer Fälschung zum Opfer fallen. Unternehmen sind eben keine Wechselstuben.

Im Großhandel – zwischen Kaufleuten – ist die Praxis der Barzahlung weniger verbreitet. Ausnahmen bilden u. U. der Cash-and-carry-Großhandel und das Thekengeschäft.

2. Zahlungsnachweis

Wer bar bezahlt, ob der Schuldner persönlich oder ein Handlungsgehilfe (Bote), sollte sich immer eine Quittung ausstellen lassen – er hat das Recht darauf:

§ 368 BGB (Quittung)
Der Gläubiger hat gegen Empfang der Leistung auf Verlangen ein schriftliches Empfangsbekenntnis (Quittung) zu erteilen.

Eine Quittung beweist die Übergabe von Bargeld und muss mindestens das **Datum** und die **Unterschrift des Ausstellers** (ein Stempel allein reicht nicht) aufweisen (§§ 126 und 368 BGB).

Kassenbons[1] sind keine Quittungen, da sie nicht das Schriftformgebot (siehe § 126 BGB) erfüllen.

---

[1] Ein Kassenbon erleichtert zwar den Beweis eines Kaufs, für Garantie und Gewährleistung ist er aber gar nicht notwendig. Der Kauf kann auch durch Zeugen oder bei Kartenzahlung auch per Kontoauszug belegt werden. Seit dem 01. Januar 2020 sind alle Einzelhändler in Deutschland dazu verpflichtet, einen Bon auszugeben, unabhängig von der Größe des Unternehmens. Die Kassenbon-Pflicht soll Steuerbetrug an der Ladenkasse verhindern.

LERNFELD 5

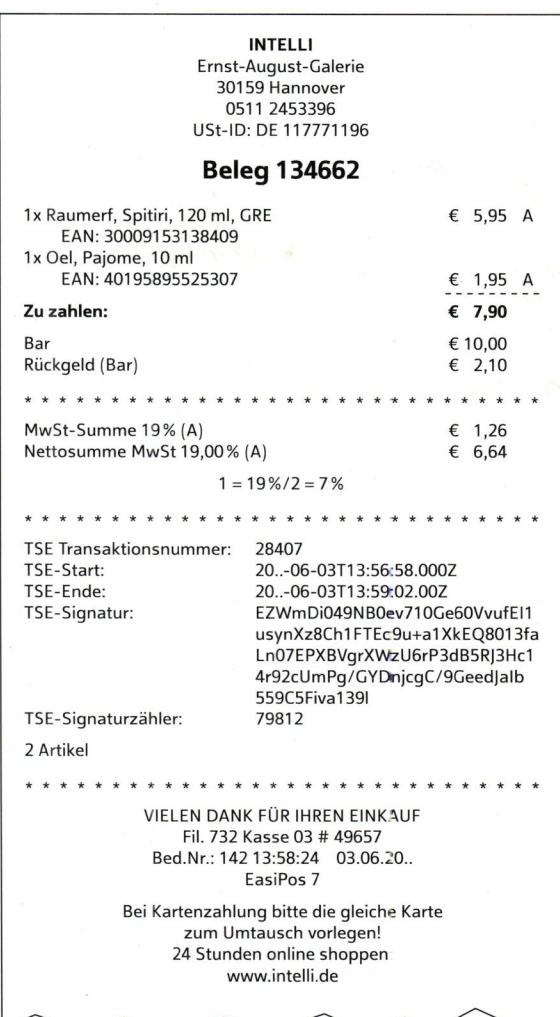

Es gibt aber auch Vordrucke, die man nur auszufüllen braucht. Jede Quittung sollte folgende Angaben enthalten:

- Zahlungsbetrag (in Ziffern und Buchstaben)
- Name des Zahlers
- Grund der Zahlung
- Empfangsbestätigung
- Ort und Tag der Ausstellung
- Unterschrift des Zahlungsempfängers (= Ausstellers)

Bei zweiseitigen Handelsgeschäften im Wert von 250,00 € und mehr hat der Käufer Anspruch darauf, dass die Mehrwertsteuer gesondert ausgewiesen wird. Alternativ können auch ein Quittungsvermerk auf der Rechnung angebracht werden wie „Betrag dankend erhalten" sowie das Datum und die Unterschrift des Zahlungsempfängers.

3. Bedeutung der Barzahlung

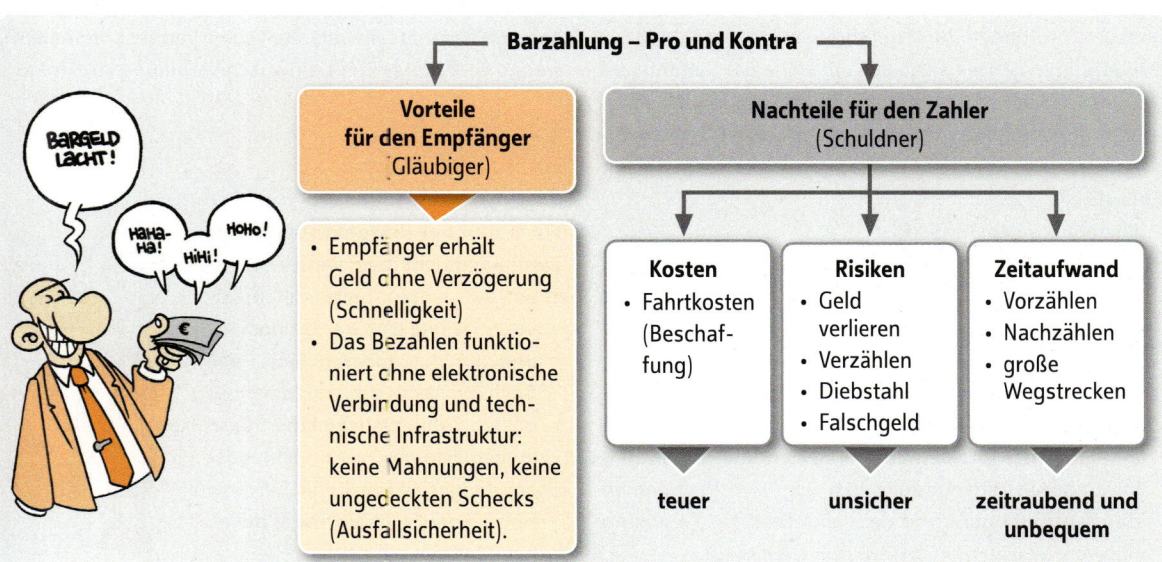

LERNFELD 5

4. Bezahldienst „Barzahlen"

Kunden können sogar Waren, die sie im Internet online kaufen, mit dem neuen **Bezahldienst „Barzahlen"** mit Scheinen und Münzen bezahlen: Der Käufer muss sich einen Zahlschein mit Barcode ausdrucken lassen, lässt diesen anschließend an der Kasse einer Partnerfiliale (zz. dm Drogerie-Märkte) scannen und bezahlt dort bar. Die Händlerkasse übermittelt die Zahlung in Echtzeit an den Onlineshop, der daraufhin die Ware losschickt. Bei Reklamationen wird die Ware zurück an den Onlineshop geschickt, der eine E-Mail mit Auszahlungsschein an den Kunden schickt mit der Berechtigung, diesen in der Partnerfiliale einzulösen. Vorteil: Kunden, die wegen Sicherheitsbedenken kein Onlinebanking bevorzugen oder keine Kreditkarte besitzen, können online einkaufen. Das Verfahren funktioniert ohne Anmeldung und ist kostenlos.

5. Barzahlung durch Bargeldtransfer

Es gibt verschiedene Anbieter, die die Übermittlung von Bargeld über eine räumliche Distanz ermöglichen. Um Bargeld beispielsweise mit „Western Union" zu verschicken, benötigt der Einzahler weder ein Bankkonto noch eine Kreditkarte, sondern nur einen gültigen Ausweis mit Lichtbild.

Man zahlt das Bargeld an einem Vertriebsstandort ein. Ein Vertriebsstandort ist eine Niederlassung eines Western Union-Vertriebspartners, der den Western Union-Bargeldtransfer-Service anbietet. In Deutschland sind das die ReiseBank, Postbank, Travelex, diverse Sparkassen und Kreissparkassen, AGw (in Hamburg) sowie Schiller 5 (in München).

Grundsätzlich gibt es kein Limit für Transaktionen. Ab einem Betrag von 6.200,00 € können zusätzliche Sicherheitsüberprüfungen durchgeführt werden.

Die Gebühren richten sich nach der Höhe der Summe und dem jeweiligen Empfängerland. Sie werden nur dem Absender berechnet; der Empfänger zahlt keine Gebühren.

Ablauf
- Einzahlung des Bargelds
- Ausfüllen des Auftragsvordrucks „Geldversand" („To send Money")
- Nach erfolgreicher Einzahlung erhält der Einzahler eine Transaktionsnummer, die sogenannte MTCN (Money Transfer Control Number), die zur internen Identifikation des Auftrags dient.
- Der Einzahler ruft den Empfänger an und übermittelt ihm: die Auftragsnummer, den Vor- und Nachnamen des Auftraggebers und dass das Geld zur Abholung bei einer Western Union-Agentur bereitliegt.
- Der Empfänger kann das Geld dann schon wenig später in einer Western Union-Agentur entgegennehmen. Die Auszahlung erfolgt grundsätzlich in der Landeswährung des Empfängerlandes, vereinzelt auch in US-Dollar.
- Bei der Abholung des Bargeldes muss sich der Empfänger durch seinen gültigen Ausweis legitimieren.

So kann Bargeld innerhalb Deutschlands und in mehr als 200 Länder und Gebiete mit über 280 000 Agenturen übermittelt werden.

6. Wert National

Mit dem Service „Wert National" der Deutschen Post können Privatkunden u. a. Bargeld innerhalb Deutschlands als versicherten Brief versenden. Die Post soll von außen nicht als Wertbrief erkennbar sein. Geht der Briefinhalt verloren, haftet die Post bei Bargeld mit maximal 100 €. Der Service wird nur in den Postfilialen angeboten und kann in allen Briefformaten genutzt werden. Kunden können die Sendungen im Internet verfolgen. Die Sendung wird nur gegen Unterschrift des Empfängers oder eines Empfangsberechtigen ausgehändigt.

Geldwäschegesetz

Die Kreditinstitute sind verpflichtet, bei Annahme oder Abgabe von Bargeld, Wertpapieren oder Edelmetallen im Wert von mehr als 15.000,00 € ihre Kunden anhand eines Personalausweises oder Reisepasses zu identifizieren und den wirtschaftlich Berechtigten der Transaktion festzustellen. Derartige Angaben müssen von den Kreditinstituten aufgezeichnet werden. Gegebenenfalls hat eine Verdachtsanzeige gegenüber den Strafverfolgungsbehörden (Staatsanwaltschaft oder Landeskriminalamt) wegen Verdachts einer Geldwäschehandlung zu erfolgen.

Halbbare Zahlung

Von **halbbarer (Bargeld sparender) Zahlung** spricht man, wenn
- auf der einen Seite der Geldübermittlung eine Barzahlung
- und auf der anderen Seite eine Buchung steht, d. h., nur einer der beiden Zahlungsteilnehmer (Zahlungspflichtiger oder Zahlungsempfänger) hat ein Konto bei einer Bank, einer Sparkasse oder bei einer Postbank.

1. Nur der Zahlungsempfänger hat ein Konto

Hat der Zahlungsempfänger ein Konto bei einer Bank, Sparkasse oder Postbank (= Träger des Zahlungsverkehrs), kann der Zahler mit einem Zahlschein zahlen.

Bei der Zahlung mit Zahlschein bei der Post oder bei Kreditinstituten zahlt der Zahlungspflichtige Bargeld mit dem Auftrag ein, dem Zahlungsempfänger den entsprechenden Betrag auf seinem Postbank- oder Bankkonto gutzuschreiben (siehe Abb. unten).

2. Nur der Zahlungspflichtige hat ein Konto

Hat nur der Zahlungspflichtige ein Konto, während der Zahlungsempfänger über kein Konto verfügt, kann der Zahler Barschecks von Geldinstituten (Banken, Sparkassen, Postbank) verwenden.

3. Bedeutung der halbbaren Zahlung

Im Vergleich mit der Barzahlung hat die halbbare Zahlung Vorteile, denn sie ist
- weniger zeitraubend und bequemer,
- sicherer (kaum Diebstahlgefahr, kein Transportrisiko),
- billiger als Zahlung von Hand zu Hand (keine Fahrtkosten) oder durch Postanweisung.

Zahlungspflichtiger
Bareinzahlung mit **Bargeld und Zahlschein**

↓

Postbank oder Kreditinstitut des Einzahlers

↓

Postbank oder Kreditinstitut des Zahlungsempfängers
Gutschrift

↓

Gutschriftsanzeige mit Kontoauszug
Zahlungsempfänger

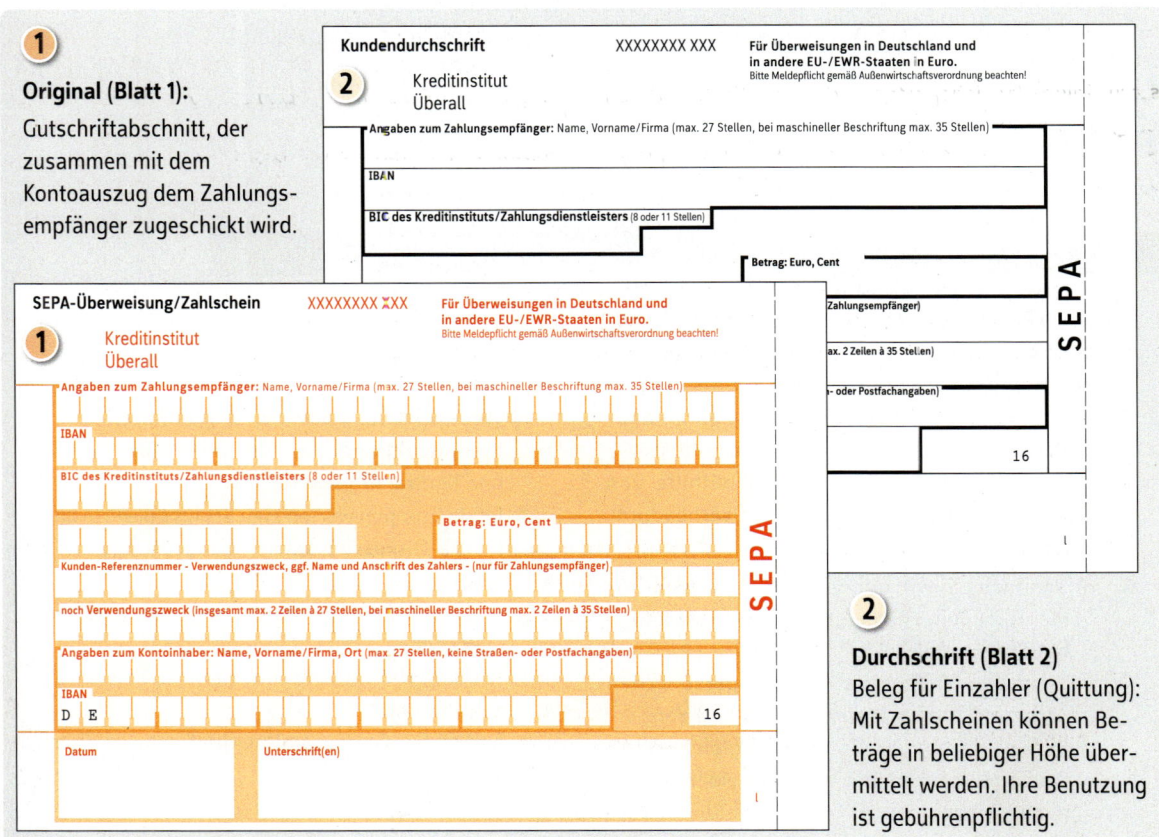

① Original (Blatt 1):
Gutschriftabschnitt, der zusammen mit dem Kontoauszug dem Zahlungsempfänger zugeschickt wird.

② Durchschrift (Blatt 2)
Beleg für Einzahler (Quittung):
Mit Zahlscheinen können Beträge in beliebiger Höhe übermittelt werden. Ihre Benutzung ist gebührenpflichtig.

LERNFELD 5

AUFGABEN

1. Was versteht man unter Barzahlung?
2. Welche Formen der Barzahlung unterscheidet man? *Persönlich, Boten, Bezahldienst*
3. Welche Angaben muss eine Quittung enthalten, um eine beweiskräftige Urkunde für die Zahlung zu sein? *Datum, Unterschrift des Austellers / Stempel alleine reicht nicht*
4. Welche Bedeutung hat eine rechtsgültige Quittung für den Zahler?
5. Erklären Sie den Bargeldtransfer mit Western Union. *Fehlende Bequemlichkeit, mangelnde Hygiene,*
6. Welche Nachteile hat der Zahler bei Barzahlung?
7. Der Einzelhändler Hartmut Krüger, Hornweg 17 a, 30457 Hannover, schuldet dem Großhändler Vosswinkel, Siemensstr. 153, 30173 Hannover, für eine zu spät bezahlte Rechnung Verzugszinsen von 135,00 €. Die Zinsen für die Rechnung vom 15. Juni zahlt Herr Krüger am 22. Juni im Büro des Großhändlers. Als die zuständige Sachbearbeiterin die Zahlung quittieren will, stellt Herr Krüger fest, dass er das Schreiben für die in Rechnung gestellten Verzugszinsen nicht dabeihat. Da im Büro des Großhändlers keine Quittungsformulare vorhanden sind, muss eine Quittung von Hand ausgeschrieben werden.
   a) Schreiben Sie die Quittung.
   b) Warum ist die kaufmännische Angestellte verpflichtet, Herrn Krüger eine Quittung auszustellen? *Da es im §368 festgelegt wurde*
   c) Prüfen Sie, ob Herr Krüger sich weigern kann, die Rechnung zu bezahlen, wenn die Angestellte keine Quittung ausstellt.
8. Was versteht man unter halbbarer Zahlung?
9. Wer besitzt bei Zahlung mit Zahlschein ein Konto? *Zahlungspflichtiger*
10. Beschreiben Sie den Zahlungsvorgang bei der Zahlung mit Zahlschein.
11. Füllen Sie einen Zahlschein nach folgenden Angaben aus: Großhändler Wentritt, Amselweg 15, 31094 Marienhagen, möchte die Rechnung Nr. 345-87 vom 27. November 20.. von 485,36 € des Handwerkers Fred Kunert, Postfach 34 62, 31061 Alfeld/Leine, mittels eines Zahlscheines auf das Postbankkonto Hannover IBAN: DE86250100300 217960304; BIC: PBNKDEFF begleichen.
12. Welche Vorteile hat die halbbare Zahlung im Vergleich mit der Barzahlung?

5. Man braucht nur einen Ausweis, Geld kann online oder in Filialen verschickt werden. Geld wird eingezahlt an western union im empfängerland geschickt wo es Bar abholbar ist.

8. Es bedeutet das nur einer von beiden also Empfänger und Absender ein Bankkonto besitzt

9.

AKTIONEN

1. Erschließen Sie sich den Text dieses Kapitels mithilfe des aktiven Lesens, insbesondere unter Beachtung der 5-Schritt-Methode.
   a) Ordnen und strukturieren Sie Ihre Informationen durch die Erstellung einer Baumstruktur.
   b) Präsentieren Sie Ihr Ergebnis mithilfe von Pinnwand, Flipchart, Tafel oder Overheadprojektor.
2. a) Sammeln Sie Argumente und Gegenargumente zu dem Thema: „Ist Bargeld heutzutage noch zeitgemäß?"
   b) Sie haben 10 Minuten Zeit, Ihre persönlichen „Pro- und Kontra-Argumente" zu notieren.
   c) Bilden Sie anschließend zwei gleich große Gruppen, die jeweils einen der beiden Standpunkte einnehmen.
   d) Die beiden Gruppen tragen abwechselnd ihre Argumente vor, wenn möglich mit Bezug aufeinander.
   e) Wechseln Sie nach ca. 5–7 Minuten Ihren Standpunkt und tauschen Sie erneut die Pro- und Kontra-Argumente aus.
   f) Beide Gruppen werten zum Schluss die Pro- und Kontra-Diskussion unter folgenden Fragen aus:
      – Welche Position ist mir leichter gefallen? Warum?
      – Welche Argumente haben mich überzeugt, welche nicht?
   g) Fassen Sie das Gesamtergebnis in einer Übersicht zusammen.

LERNFELD 5

ZUSAMMENFASSUNG

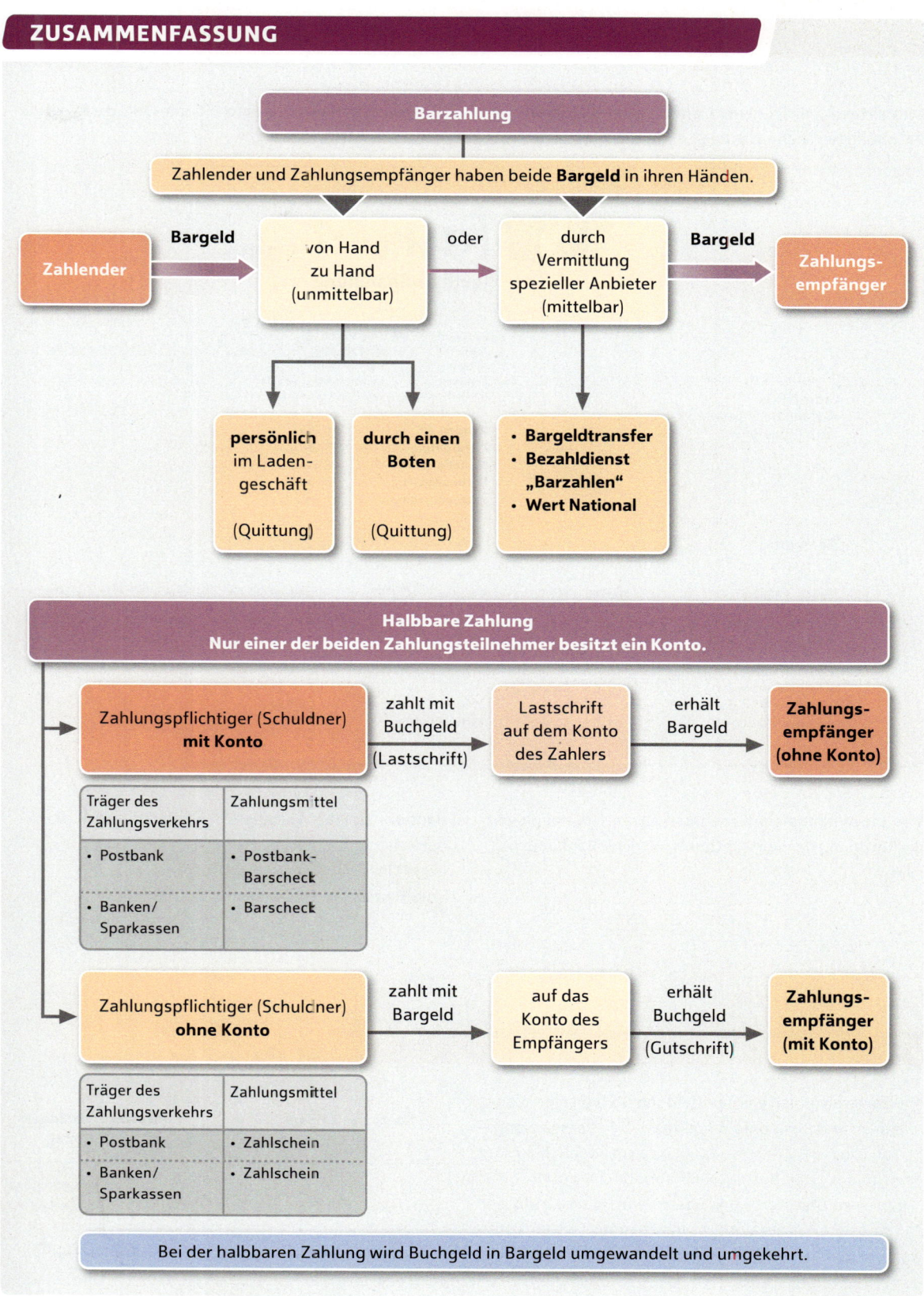

LERNFELD 5

KAPITEL 10
Bargeldlose Zahlung

Die Fairtext GmbH fügt der Lieferung von 100 Herrenfreizeithemden an den Herrenausstatter Grote OHG die folgende Rechnung bei (siehe Einstieg Lernfeld 2, Kapitel 4):

Das Einzelhandelsunternehmen Grote OHG begleicht die Rechnung der Fairtext GmbH mit einer Banküberweisung.

Erläutern Sie die Vorteile der Zahlung durch Banküberweisung für
- den Einzelhändler Grote OHG sowie
- die Textilgroßhandlung Fairtext GmbH.

INFORMATIONEN

Mit Überweisungen werden Geldbeträge von einem Konto auf ein anderes Konto umgebucht. Der Überweisungsbetrag wird vom Konto des Zahlers abgezogen. Man sagt dazu auch: „Der Betrag wird abgebucht", oder: „Das Konto wird belastet". Der Betrag wird dem Konto des Zahlungsempfängers gutgeschrieben, d. h., sein Konto wird um den Überweisungsbetrag erhöht.

Überweisungen werden von Banken, Sparkassen und Postbanken ausgeführt.

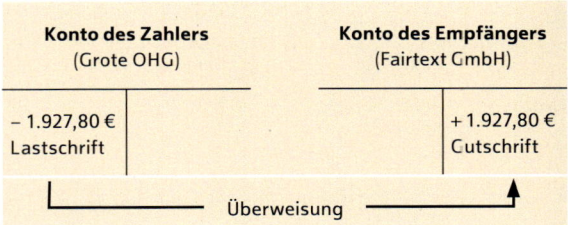

Überweisung

Mit einem Überweisungsauftrag können Beträge auf Girokonten der Banken, Sparkassen und Postbank überwiesen werden.

Euro-Überweisungen im einheitlichen Eurozahlungsraum in Europa (Single Euro Payments Area [SEPA]) werden mit einer SEPA-Überweisung durchgeführt. Seit dem 1. Februar 2014 sind auch Überweisungen im Inland mit SEPA-Überweisungen durchzuführen. Dabei werden die bisher üblichen Kontonummern und Bankleitzahlen ersetzt durch
- IBAN (Bank Account Number = Internationale Bankkontonummer) und
- BIC (Bank Identific Code = internationale Bankleitzahl) des Empfängers.

In das Überweisungsformular muss der Zahler
- den Namen des Empfängers,
- IBAN und BIC des Empfängers,
- den Überweisungsbetrag,
- seinen Namen und seine IBAN,
- das Ausstellungsdatum und
- seine Unterschrift

eintragen.

Außerdem sollte er den Verwendungszweck angeben (z. B. Rechnungsnummer), damit der Empfänger daraus ersehen kann, wofür er das Geld erhält.

Eine Überweisung kann auch mit dem kombinierten Formblatt „Zahlschein/Überweisung" erfolgen. Die kombinierten Formblätter werden häufig einer Rechnung beigefügt. Sie können als Zahlschein für Bareinzahlungen oder für Überweisungen auf das Girokonto des Zahlungsempfängers benutzt werden. Soll das Formblatt als Überweisung verwendet werden, muss der Zahler seinen Namen, seine Kontonummer, Name und Sitz des beauftragten Kreditinstituts (mit Bankleitzahl) und das Ausstellungsdatum eintragen und den Überweisungsauftrag unterschreiben.

SEPA-Überweisungen können ausschließlich in Euro abgewickelt werden. Zahlungen in anderen Währungen müssen mit einer **Auslandsüberweisung** durchgeführt werden.

Überweisungsfristen

Wird ein Überweisungsauftrag erteilt, wird das Konto des Auftraggebers noch am selben Tag belastet. Hat der Zahlungsempfänger sein Konto bei demselben Geldinstitut, erfolgt die Gutschrift meist schon am selben Geschäftstag. Bei Überweisungen auf Konten anderer Geldinstitute kann es einige Tage dauern, bis der Überweisungsbetrag gutgeschrieben wird.

Soweit keine anderen Fristen vereinbart werden, sind Überweisungen im Rahmen der gesetzlichen Fristen gem. § 675 s Abs. 1 BGB durchzuführen.

§ 675 s Ausführungsfrist für Zahlungsvorgänge

(1) Der Zahlungsdienstleister des Zahlers ist verpflichtet sicherzustellen, dass der Zahlungsbetrag spätestens am Ende des auf den Zugangszeitpunkt des Zahlungsauftrags folgenden Geschäftstags beim Zahlungsdienstleister des Zahlungsempfängers eingeht […] Für Zahlungsvorgänge innerhalb des Europäischen Wirtschaftsraums, die nicht in Euro erfolgen, können ein Zahler und sein Zahlungsdienstleister eine Frist von maximal vier Geschäftstagen vereinbaren. Für in Papierform ausgelöste Zahlungsvorgänge können die Fristen nach Satz 1 um einen weiteren Geschäftstag verlängert werden.

Sonderformen der Überweisung

Sammelüberweisungsauftrag

Inhaber von Girokonten können mehrere Überweisungsaufträge an verschiedene Zahlungsempfänger in einem Sammelüberweisungsauftrag zusammenfassen.

Sammelüberweisungsaufträge sind zeit- und kostensparend. Mit einem einzigen ordnungsgemäß unterschriebenen Sammelüberweisungsauftrag können beliebig viele zusammengefasste Überweisungen zum Preis einer einzigen Buchung durchgeführt werden. In den Sammelüberweisungsauftrag wird nur die Gesamtsumme der Überweisungen eingetragen. Für jeden Zahlungsempfänger muss ein Überweisungsträger ausgestellt werden. Die dafür notwendigen Endlosformulare erhält der Auftraggeber bei seiner Bank, Sparkasse oder seiner Postbank.

LERNFELD 5

Dauerauftrag

> Mit einem Dauerauftrag beauftragt ein Kontoinhaber sein Geldinstitut, regelmäßig zu einem bestimmten Termin einen bestimmten Betrag auf das Konto des Zahlungsempfängers zu überweisen.

Daueraufträge eignen sich für wiederkehrende Zahlungen in derselben Höhe (z. B. Miete, Versicherungsprämien).

Lastschriftverfahren

Beim Lastschriftverfahren erlaubt der Zahlungspflichtige dem Zahlungsempfänger, Zahlungen für einen bestimmten Zweck von seinem Girokonto abzubuchen.

Das Lastschriftverfahren bietet sich bei regelmäßigen Zahlungen von Beträgen in unterschiedlicher Höhe an (z. B. Telefongebühren, Strom-, Gas- und Wasserkosten).

Seit Februar 2014 ist im einheitlichen Eurozahlungsraum nur noch die SEPA-Lastschrift möglich. Sie ersetzt die nationalen Lastschriftverfahren in den Euro-Ländern. Ebenso wie bei SEPA-Überweisungen ersetzt bei einer SEPA-Lastschrift die IBAN die bisherige Kontonummer und die BIC die bisherige Bankleitzahl.

Für eine SEPA-Lastschrift muss der Kontoinhaber ein schriftliches Mandat erteilen, indem er den Zahlungsempfänger zum Einzug fälliger Forderungen mittels Lastschrift berechtigt und seiner Bank oder Sparkasse den Auftrag erteilt, die Lastschrift durch die Belastung seines Kontos einzulösen.

Bei der SEPA-Lastschrift gibt es zwei Verfahren:
- die SEPA-Basislastschrift für alle Bankkunden und
- die SEPA-Firmenlastschrift, die ausschließlich für Zahlungen zwischen Geschäftskunden genutzt werden kann.

Bei beiden Verfahren muss der Zahlungsempfänger den Kontoinhaber vierzehn Tage vor der Kontobelastung über den Lastschrifteinzug informieren, damit dieser für die genügende Deckung seines Kontos zum Zeitpunkt des Lastschrifteinzugs sorgen kann.

SEPA-Basislastschriften können innerhalb acht Wochen nach dem Belastungstag ohne Angabe von Gründen rückgängig gemacht werden.

Electronic Banking

Beim Electronic Banking erfolgt eine beleglose Auftragserteilung durch den Kunden an die Bank auf elektronischem Weg. Alle wichtigen Bankgeschäfte werden durch die Geschäftskunden der Bank vom Betrieb aus oder durch die Privatkunden von zu Hause aus mittels Datenfernübertragung erledigt. Dies geschieht überwiegend auf dem Übertragungsweg Internet.

BEISPIEL

Die Fairtext GmbH kann – ohne Papierbelege auszufüllen und die Bank direkt aufzusuchen – die folgenden Bankgeschäfte in Auftrag geben:
- Kontenstand-Abfragen
- Daueraufträge
- Überweisungen
- Mitteilungen an die Bank

Beim Electronic Banking wendet man sich über das Internet an seine Hausbank. Um eine Überweisung auszuführen, geht man folgendermaßen vor:
- Einstieg in das System
- Auswahl der Leitseite der Bank
- Eingabe der Kontonummer und der PIN
  Die PIN (Persönliche Identifikationsnummer) ist eine Geheimzahl, die den Zugang zum Bankrechner und dem dort geführten Konto ermöglicht.
- Auswahl der Bankleistung
- Eingabe der TAN
  Die TAN (Transaktionsnummer) berechtigt als zusätzliches Sicherungsmittel zu bestimmten Handlungen: Überweisungen können beispielsweise nur mit ihr durchgeführt werden. Die TAN „verbraucht" sich, das heißt, sie kann jeweils nur für eine Handlung verwendet werden.
- Durchführung des Dialogs mit dem Bankcomputer

Das Electronic Banking bringt folgende Vorteile:
- Zeitersparnis
- Kostenersparnis
- sichere Übergabe von Überweisungen und Lastschriften
- Verkürzung der Einreichungszeiten
- Aufträge außerhalb der Schalteröffnungszeiten

LERNFELD 5

BEISPIEL

Die Fairtext GmbH nahm früher 3000 beleghafte Buchungen vor. Achtmal in der Woche besuchte der zuständige Sachbearbeiter (Gehaltskosten: Stundensatz 50,00 €) die Hausbank für jeweils 30 Minuten.

	Beleghafte Buchungen	Beleglose Buchungen
Anzahl der monatlichen Buchungen	3000 Stück	3000 Stück
Preis für eine Buchung	0,25 €	0,05 €
monatliche Kosten der Buchungen	750,00 €	150,00 €
monatliche Kosten durch Zeitaufwand für Bankbesuche	200,00 € (4 Stunden à 50,00 €)	–

Gegenüber der bisher angewandten herkömmlichen Methode bringt die elektronische Kontenführung der Fairtext GmbH folgende Kostenvorteile:

Kostenvorteil aufgrund der elektronischen Zahlung:	750,00 € – 150,00 € = 600,00 €
Kostenvorteil durch Zeitersparnis:	200,00 €
Gesamtkostenvorteil:	600,00 € + 200,00 € = 800,00 €

AUFGABEN

1. Wie kann ein Zahler nachweisen, dass er seiner Bank einen Überweisungsauftrag erteilt hat?
2. Was muss der Zahler in einen Überweisungsauftrag eintragen?
3. Bis zu welchem Zeitpunkt muss der Überweisungsbetrag dem Konto des Zahlungsempfängers gutgeschrieben werden?
4. Welche besonderen Formen der Überweisung würden Sie in folgenden Fällen jeweils wählen? Begründen Sie Ihre Meinung.
   a) Zahlung der Fernsprechgebühren
   b) Zahlung des IHK-Beitrags
   c) Zahlung von Mitgliedsbeiträgen (Partei, Sportverein)
   d) Zahlungen an mehrere Zahlungsempfänger
   e) Zahlung der Miete
   f) Zahlung der Stromrechnung
   g) Zahlung der Gehälter an die Angestellten des Betriebs
5. Wozu dienen beim Electronic Banking
   a) die PIN und
   b) die TAN?
6. Welche Vorteile hat das Electronic Banking?
7. Beschreiben Sie die Erteilung eines Überweisungsauftrags beim Electronic Banking.

AKTIONEN

1. Die Leistner Wäsche GmbH hat bei der Fairtext GmbH folgende Artikel bestellt:
   - 500 Geschirrtücher
     Artikelnummer 112/2, zum Preis von 1,50 € netto je Stück
   - 500 Walkfrottiertücher
     Artikelnummer 156/3, zum Preis von 4,50 € netto je Stück

   Erstellen Sie die Rechnung für die Leistner Wäsche GmbH.

2. Der Geschäftsführer der Fairtext GmbH möchte Stammkunden die Zahlung per Lastschriftverfahren anbieten. Er bittet Caroline König, eine Übersicht mit den Vorteilen dieses Zahlungsverfahrens für die Fairtext GmbH und die Stammkunden zu erstellen.

LERNFELD 5

ZUSAMMENFASSUNG

Überweisung = Umbuchung von Konto zu Konto

Zahler
hat ein Girokonto bei einer Bank, Sparkasse oder ein Postbankkonto.

Empfänger
hat ein Girokonto bei einer Bank, Sparkasse oder ein Postbankkonto.

Besondere Formen der Überweisung

Sammelüberweisungsauftrag
für zusammengefasste Überweisungen an mehrere Zahlungsempfänger

Dauerauftrag
für regelmäßige Zahlungen in derselben Höhe

Lastschriftverfahren
für regelmäßige Zahlungen in unterschiedlicher Höhe

Electronic Banking

beleglose Weiterleitung von Zahlungsdaten per Datenfernübertragung

Erledigung aller wichtigen Bankgeschäfte von zu Hause oder vom Betrieb aus

KAPITEL 11
Kartenzahlung

Herr Wendenburg, Inhaber des Fachgeschäfts für Damenoberbekleidung Blunck e. K., möchte eine Rechnung der Fairtext GmbH über 3.600,00 € in deren Büro bei Sebastian Holpert mit einer Girocard oder einer Kreditkarte bezahlen.

1. Erläutern Sie den Unterschied zwischen Girocard und Kreditkarte.
2. Prüfen Sie, welche Kartenzahlungsart für die Fairtext GmbH vorteilhafter ist.

LERNFELD 5

INFORMATIONEN

Zahlung mit Girocard

Die Girocard ist eine Magnetkarte, die namensgebend ist für zwei Zahlungssysteme der deutschen Kreditwirtschaft:
- Electronic Cash im Handel
- das deutsche Geldautomatensystem

Mit nur einem Erkennungszeichen für diese zwei Systeme bietet die Girocard national und international die größtmögliche Sicherheit, die der Zahlungsverkehr in Verbindung mit einer Persönlichen Identifikationsnummer (PIN) garantiert. Bei beiden Systemen wird das Girokonto des Kunden sofort belastet. Beim Electronic Cash erhält er dafür an der Kasse die Ware, beim Geldautomatensystem Bargeld.

Electronic Cash lautet das Schlagwort, von dem sich die Einzelhändler, Cash-and-carry-Großhändler und Kreditinstitute Vorteile versprechen und das dem Kunden ein grenzenloses Einkaufsvergnügen garantieren soll.

> **DEFINITION**
> Unter **Electronic Cash** wird das bargeldlose Zahlen nur mit der Girocard verstanden.

Sobald der zu zahlende Betrag feststeht, schiebt der Kunde seine Girocard in das bereitstehende elektronische Lesegerät und bestätigt den angezeigten Betrag per Tastendruck. Als Nächstes wird die persönliche Geheimnummer PIN (Personal Identification Number) eingetippt. Damit ist der Zahlungsvorgang für den Kunden abgeschlossen, eine Unterschrift ist nicht erforderlich. Die Abwicklung ist schnell, denn es entfällt bei Electronic Cash das zeitaufwendige Wechseln von Bargeld. Für das Unternehmen verringert sich wegen des geringeren Bargeldbestands das Beraubungsrisiko, auch Kassenfehlbeträge sind mit Electronic Cash weitgehend ausgeschlossen. Um die hohen Sicherheitsanforderungen zu erfüllen, sind alle electronic-Cash-fähigen Datenkassen online mit Netzknotenrechnern privater Betreibergesellschaften verbunden, die den elektronischen Zahlungsverkehr abwickeln. Sobald also ein Zahlungsvorgang eingeleitet wird, erfolgt innerhalb weniger Sekunden – für Händler und Kunden unbemerkbar – eine Autorisierungsanfrage, die über den Netzknotenrechner an den jeweiligen Zentralrechner der Bankengruppe weitergeleitet wird. Dort wird dann je nach individueller Programmierung der Zahlungsvorgang unmittelbar untersucht oder noch mal weitergeleitet zum Computer des kontoführen-

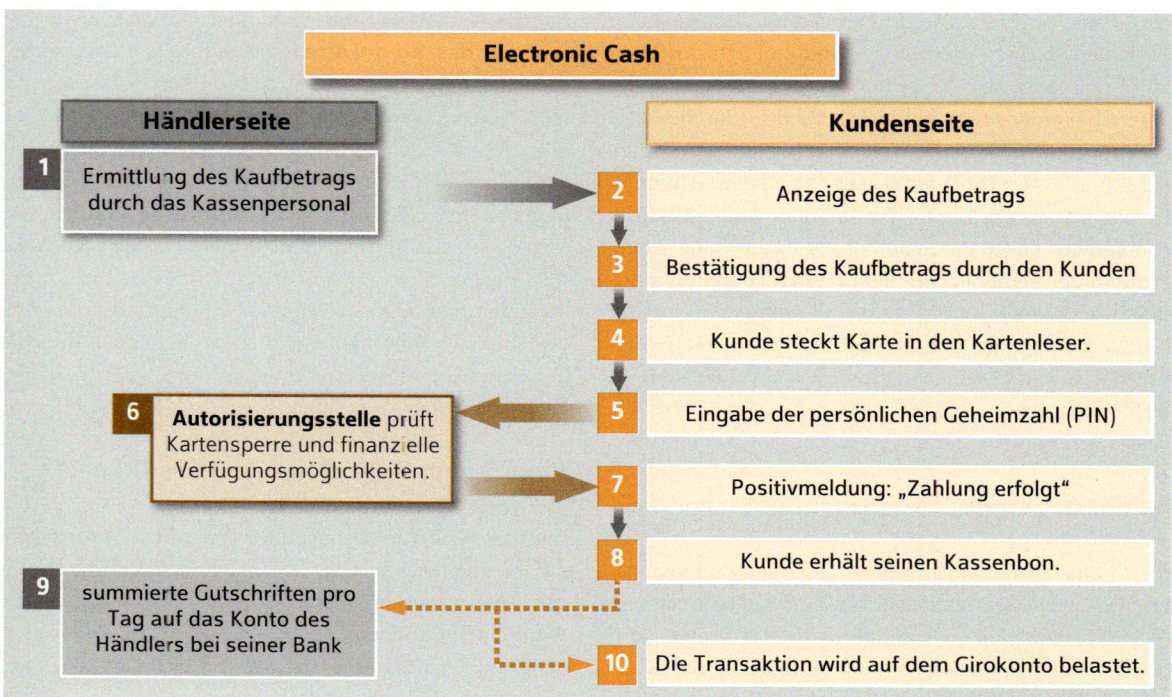

Electronic Cash

Händlerseite | **Kundenseite**

1. Ermittlung des Kaufbetrags durch das Kassenpersonal
2. Anzeige des Kaufbetrags
3. Bestätigung des Kaufbetrags durch den Kunden
4. Kunde steckt Karte in den Kartenleser.
5. Eingabe der persönlichen Geheimzahl (PIN)
6. Autorisierungsstelle prüft Kartensperre und finanzielle Verfügungsmöglichkeiten.
7. Positivmeldung: „Zahlung erfolgt"
8. Kunde erhält seinen Kassenbon.
9. summierte Gutschriften pro Tag auf das Konto des Händlers bei seiner Bank
10. Die Transaktion wird auf dem Girokonto belastet.

LERNFELD 5

den Instituts. Geprüft werden u. a. die richtige Eingabe der Geheimnummer sowie eine eventuelle Sperre der Karte. Das ebenso überwachte Ausgabenlimit kann von jeder Bankengruppe individuell vorgegeben werden. Möglich ist sowohl die Festlegung eines bestimmten Höchstbetrags (z. B. 1.000,00 € pro Woche) wie auch der unmittelbare Zugriff auf das Kundenkonto und das darin gespeicherte Guthaben bzw. Kreditlimit.

Untersuchungen haben gezeigt, dass mit Electronic Cash die Höhe der einzelnen Einkäufe und die Zahl der Spontankäufe deutlich zunehmen. Zudem kann eine höhere Kundenbindung erreicht werden.

Verbraucherschutzverbände weisen in diesem Zusammenhang auf folgende Probleme hin:
- Jeder Kauf mit der Girocard kostet den Kunden Geld. Für jede Kontenbewegung berechnen die Banken eine Postengebühr.
- Electronic Cash kann zu einer „Entsinnlichung" des Zahlens führen. Die Kunden verlieren den Überblick über ihre Käufe. Es besteht eine größere Neigung, sich zu verschulden.

Lastschriftverfahren

Die mit Electronic Cash verbundenen Kosten für die Händler (Bankgebühren, Leitungskosten, Hardwareausstattung) führten dazu, dass einige experimentierfreudige Händler Alternativen entwickelten. Bei dem von verschiedenen Händlern angewandten Lastschriftverfahren benötigt der Kunde nur seine Girocard, mithilfe derer über einen Magnetstreifenleser die IBAN des Kunden ermittelt sowie ein Lastschriftbeleg erstellt werden. Mit seiner Unterschrift auf dieser Einzugsermächtigung bevollmächtigt der Kunde den Händler, den Zahlbetrag von seinem Konto einzuziehen. Es findet dabei keine Prüfung der persönlichen Identifikationsnummer statt. Die Unternehmen sparen Kosten, da keine Gebühren für eine Verbindung zu einer Autorisierungszentrale anfallen. Das Unternehmen trägt jedoch das volle Risiko für die Zahlbeträge.

Zahlung mittels Near Field Communication

Die Girocard kann auch mittels Near Field Communication (NFC) zum kontaktlosen Bezahlen genutzt werden. Der NFC-Übertragungsstandard ermöglicht eine kontaktlose Kommunikation im Nahbereich bis zu zehn Zentimetern. Damit eine Girocard zum kontaktlosen Bezahlen eingesetzt werden kann, muss in ihr ein RFID-Chip (Radio Frequency Identification Chip) integriert sein.

Bei der kontaktlosen NFC-Zahlung muss der Zahler seine Girocard nur kurz in einem Abstand von weniger als vier Zentimetern an das Terminal des Zahlungsempfängers halten. Nachdem der Zahlungsempfänger das Terminal durch die Eingabe des Zahlungsbetrags aktiviert hat, wird dieser Betrag in weniger als einer Sekunde von dem auf der Girocard gespeicherten Guthaben abgebucht. Bis zu einer festgelegten Obergrenze (i. d. R. 20,00 € bis 50,00 €) erfolgt diese Zahlung ohne Eingabe einer PIN.

Auch mit einem Handy oder einer Kreditkarte kann mittlerweile im NFC-System kontaktlos gezahlt werden. Die großen Mobilfunknetzwerke bieten ihren Kunden die Möglichkeit an, in Einzelhandelsbetrieben mit ihren Handys zu bezahlen. Damit ein Handy zur kontaktlosen Zahlung eingesetzt werden kann, muss an ihm jedoch ein NFC-Sticker angebracht sein.
Mit Paypass und Paywave bieten die Kreditkartenunternehmen Mastercard und Visa ebenfalls kontaktloses Zahlen mit Kreditkarten an.

Zahlung mit Kreditkarte

Mit einer **Kreditkarte**, die von einer Kreditkartenorganisation oder Bank ausgegeben wurde, kann der Karteninhaber bei allen in- und ausländischen Vertragsunternehmen des Kreditkartenherausgebers Waren oder Dienstleistungen bis zu einer bestimmten Höchstsumme auf Kredit erhalten. Zur Bezahlung muss er nur seine Kreditkarte vorlegen und auf der Rechnung unterschreiben. Für die von Kreditkartenorganisationen und Banken ausgegebenen Kreditkarten muss der Inhaber häufig einen festen Jahresbeitrag bezahlen. Die wichtigsten Kreditkartenorganisationen auf dem deutschen Markt sind zurzeit Mastercard, American Express, Diners Club und Visa. Vertragsunternehmen sind hauptsächlich Handelsbetriebe, Hotels und Gaststätten, aber auch Banken, Tankstellen, Reisebüros und Fluggesellschaften.

Abwicklung der Zahlung mit Kreditkarte

Der Karteninhaber legt beim Kauf seine Kreditkarte vor. Auf ihr sind der Name des Karteninhabers und verschiedene Nummerierungen (u. a. Kartennummer und Verfallsdatum) in erhabenem Druck eingeprägt. Der Verkäufer stellt die Kreditkartenrechnung aus und lässt sie vom Kreditkarteninhaber unterschreiben.

(zurzeit bis zu 0,3 % des Rechnungsbetrags) ein. Dafür trägt er das volle Kreditrisiko, d. h., wenn der Karteninhaber seine Rechnungen nicht begleicht, geht dies zulasten des Kreditkartenherausgebers. Der Kreditkartenherausgeber verlangt meist einmal monatlich von dem Karteninhaber die Bezahlung aller Rechnungen. Sofern der Karteninhaber eine Einzugsermächtigung erteilt hat, lässt der Kreditkartenherausgeber den Betrag vom Konto des Karteninhabers durch Lastschrift einziehen. Der Karteninhaber braucht keine Zuschläge auf die von ihm unterschriebenen Rechnungen zu zahlen.

Bezahlen mit Kreditkarte im Internet

Beim Einkauf in Onlineshops bezahlt mittlerweile jeder fünfte Käufer den Einkauf mit seiner Kreditkarte. Bei der Zahlung im Internet mit Kreditkarte muss der Käufer nur die Daten übermitteln, die auf der Karte offen lesbar angegeben sind:

- Kreditkartennummer
- Ablaufdatum der Kreditkarte
- dreistellige Kreditkartenprüfnummer (CVC oder KPN genannt), die auf der Rückseite der Kreditkarte angegeben ist

Die geheime PIN darf der Kreditkarteninhaber beim Kauf im Internet grundsätzlich nicht angeben. Die Zahlung mit Kreditkarte beim Einkauf in Onlineshops, die ihren Standort in Deutschland haben, gilt als sehr sicher. Nur zuverlässige Shops dürfen die Zahlung mit Kreditkarte anbieten.

Kreditkartenrechnungen können elektronisch mit einem Kartenlesegerät erstellt werden. Zur Erstellung der Kreditkartenrechnung mit einer Datenkasse muss der Kassierer zunächst die Zahlungsartentaste „Kreditkarte" drücken und der Kunde seine Kreditkarte in das mit der Datenkasse verbundene Kartenlesegerät stecken. Nachdem durch eine Online-Überprüfung festgestellt wurde, dass die Kreditkarte nicht gesperrt ist, erstellt die Datenkasse zwei Kreditkartenbelege.

Ein Beleg wird dem Karteninhaber ausgehändigt. Den zweiten Beleg behält der Vertragsunternehmer (z. B. Großhändler). Der Kreditkartenherausgeber begleicht dann die Kreditkartenrechnung innerhalb einer vertraglich festgesetzten Frist. Von der Rechnungssumme behält er eine ebenfalls vertraglich vereinbarte Umsatzprovision

Vor- und Nachteile der Kreditkartenzahlung

Vorteile für den Kreditkarteninhaber
- zinsfreier Kredit bis zum Fälligkeitsdatum der Monatsrechnung
- übersichtliche Abrechnung: genaue und detaillierte Aufstellung aller Zahlungen mit Kreditkarte während eines Monats
- bequemes Zahlungsmittel: Zahlung mit Karte und Unterschrift
- sicheres Zahlungsmittel: Anstelle größerer Geldmengen braucht man nur eine Kreditkarte zum Einkauf mitzunehmen. Das Verlustrisiko wird dadurch erheblich vermindert.

Nachteile für den Kreditkarteninhaber
- Gefahr des Kreditkartenmissbrauchs im Internet
- Einkauf mit Kreditkarte nur bei Vertragsunternehmen
- Gefahr, mehr einzukaufen, als wenn mit Bargeld bezahlt würde

LERNFELD 5

- Offenlegen persönlicher Daten: Im Kreditkartenantrag werden u. a. Angaben über Familienstand, Monatseinkommen und Arbeitgeber verlangt.

Vorteile für das Vertragsunternehmen
- Steigerung des Umsatzes: Kreditkarten können zu Mehreinkäufen führen.
- kein Kreditrisiko, wenn der Kunde mit Kreditkarte zahlt, die von einer Kreditkartenorganisation oder Bank herausgegeben wurde

- Einsatz der Kreditkarte im Electronic Cash und im Internet möglich

Nachteile für das Vertragsunternehmen
- höhere Kosten: Der Kreditkartenherausgeber behält von den Kreditkartenumsätzen eine Umsatzprovision ein.
- größerer Verwaltungsaufwand durch Abwicklungsformalitäten

AUFGABEN

1. Welche Vorteile hat Electronic Cash für Großhandelsbetriebe?
2. Beschreiben Sie den Zahlungsvorgang beim Electronic cash.
3. Beschreiben sie den Ablauf einer NFC-Zahlung mit einer Girocard oder Kreditkarte an einer Kasse.
4. Beschreiben Sie den Ablauf einer NFC-Zahlung mit dem Smartphone an der Kasse.
5. Ein Kunde will in einer Cash-and-carry-Großhandlung mit Kreditkarte bezahlen. Wie verhält sich der Verkäufer, wenn die Cash-and-carry-Großhandlung Vertragsunternehmen des Kreditkartenherausgebers ist?
6. Wer trägt die Kosten, die bei der Zahlung mit Kreditkarte entstehen?
7. Welche Vorteile hat die Zahlung mit der Kreditkarte für den Kunden?
8. Welche Nachteile hat die Zahlung mit der Kreditkarte für den Kunden?
9. Ein Früchtegroßhändler entschließt sich, Vertragsunternehmer einer Kreditkartenorganisation zu werden. Welche Vorteile verspricht er sich davon?
10. Wie kann eine Kreditkartenrechnung erstellt werden?
11. Welche Daten muss ein Käufer in einem Onlineshop bei der Zahlung mit Kreditkarte angeben?

AKTIONEN

1. Die Fairtext GmbH bietet ihren Kunden seit mehreren Jahren an, die in ihren Geschäftsräumen gekaufte Ware mit ihrer Girocard im Lastschriftverfahren zu bezahlen. Da laut Zeitungsmeldungen der Scheckkartenmissbrauch stark zugenommen hat, überlegt die Geschäftsleitung, ob sie ihren Kunden diese Zahlungsmöglichkeit weiterhin einräumen soll. Dazu fordert sie von dem Abteilungsleiter Verkauf, Herrn Raub, eine schriftliche Stellungnahme an.

    Erstellen Sie die schriftliche Stellungnahme, die Auskunft geben soll über
    a) die Vor- und Nachteile des Lastschriftverfahrens mit Girocard,
    b) die Bedeutung dieses Zahlungsverfahrens,
    c) Alternativen zum Lastschrifteinzugsverfahren.

    Präsentieren Sie diese Stellungnahme in Ihrer Klasse.

2. Eine Kundin möchte bei Anne Schulte ein Kostüm zum Preis von 549,00 € mit einer Kreditkarte bezahlen. Versetzen Sie sich in die Rolle von Anne Schulte und stellen Sie die folgenden Situationen im Rollenspiel dar:
    a) Anne Schulte akzeptiert die Kreditkartenzahlung.
    b) Anne Schulte lehnt die Kreditkartenzahlung ab und schlägt der Kundin Zahlungsalternativen vor.

LERNFELD 5

ZUSAMMENFASSUNG

Verwendungsmöglichkeiten der Girocard

Bargeldabhebung
Abhebung von Bargeld am Geldautomaten mit der Girocard und der PIN

Electronic Cash
bargeldlose Zahlung mit der Girocard am Verkaufspunkt (Point of Sale [POS])

NFC-Zahlung
kontaktlose Bezahlung mittels Near Field Communication (NFC)

Abwicklung der Zahlung mit Kreditkarte

Kreditkarteninhaber ←— Ware oder Dienstleistung —— **Vertragsunternehmer**

❶ Unterschrift auf Kreditkartenbeleg →

Monatsabrechnung ↑ | Kreditkartenbeleg ↑

❸ Bezahlung der Monatsabrechnung → **Kreditkartenherausgeber** ← ❷ Bezahlung der Rechnung abzüglich Provision

LERNFELD 5

KAPITEL 12
Zahlungsverkehr beim Onlinekauf

Anne Schulte liest gerade einen Artikel über die Zahlung in Webshops:

In den letzten 24 Monaten sind zahlreiche kühne Prognosen zum Bereich des e-Commerce und der zu erwartenden Umsätze getroffen worden. Oft war dabei von Milliarden-Umsätzen die Rede, ohne konkret zu erläutern, welche Verfahren zur Bezahlung dem Kunden als auch dem Verkäufer zum Erhalt des Geldes zur Verfügung stehen.

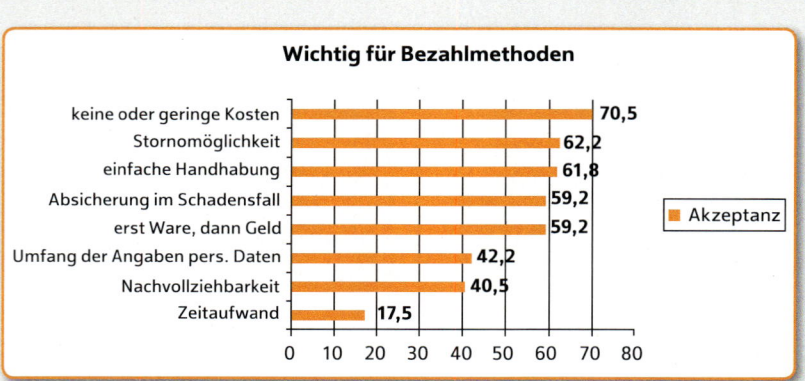

Neben den „traditionellen" Verfahren von Rechnung, Nachnahme und Bankeinzug gibt es im Internet zahlreiche Systeme, die sich um die Gunst der Nutzer bemühen. Für den Betreiber des Shops stellt sich damit die Frage nach dem optimalen System, dass sowohl Sicherheit und Nutzerfreundlichkeit gekoppelt mit einem hohen Bekanntheitsgrad verbindet. Kritisch sind ebenfalls die Abrechnungsmodelle der Anbieter, wenn völlig überzogene Provisionen den zu erwartenden Gewinn zunichtemachen. [...]

Quelle: Recklies, Oliver: e-Payment – Zahlungssysteme im Web. In: Managementportal. Mai 2001. https://managementportal.de/Ressources/e-payment.htm [29.01.2020]. (verändert)

Führen Sie verschiedene in Webshops übliche Bezahlmethoden auf.

INFORMATIONEN

Ist ein Kunde im Rahmen der Kaufabwicklung bei der Auswahl der Zahlungsart angelangt, ist der Einkauf schon so gut wie abgeschlossen. Der Betreiber des Webshops muss hier zwei entgegenlaufende Zielsetzungen in Übereinstimmung bringen:

- Um die Kunden zufriedenzustellen, sollten möglichst viele Zahlungsarten zur Verfügung stehen. Nachteilig für den Betreiber des Webshops ist es, dass darunter auch Zahlungsarten sein können, die für ihn sehr teuer sind. Muss ein Unternehmen dem Anbieter einer Zahlungsart hohe Transaktionskosten bezahlen, verringert sich der Gewinn.
- Werden dem potenziellen Käufer jedoch nicht die richtigen Zahlungsmethoden angeboten, sind die Transaktionskosten zwar geringer, es kann aber zu Abbrüchen im Checkout-Prozess kommen.

Der Großhändler als Betreiber des Webshops muss also die richtige Balance zwischen geringen Kosten und einem möglichst großem Angebot an Zahlungsarten finden.

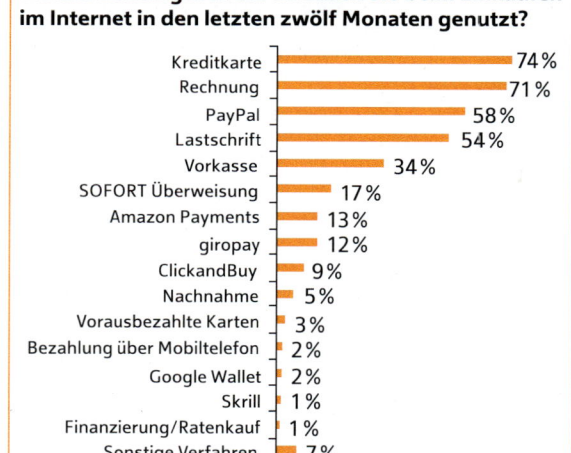

Zahlen nach: © ibi-research an der Universität Regensburg: Erfolgsfaktor Payment, S. 21, www.ecommerce-leitfaden.de/studien/item/zahlungsabwicklung-im-e-commerce

Die Probleme bei Zahlungen im Internet werden durch die folgenden Fragen deutlich: Wie kann sich ein Käufer gegenüber dem Verkäufer ausweisen und wie bezahlt er die bestellte Ware?

Payment Provider

Ein Webshop sollte sinnvollerweise seinen Kunden eine große Zahl an weit verbreiteten Zahlungsarten anbieten. Dies kann der Shopanbieter selber tun. In diesem Fall müssen eine Vielzahl von Verträgen – einzeln mit dem jeweiligen Anbieter eines Zahlungsverfahrens – ausgehandelt werden. Jede einzelne Zahlungsart muss dann noch technisch in den Webshop integriert werden. Oft kommt es im Verlauf zur Änderung von Schnittstellenfunktionen, die jeweils mühselige Anpassungsarbeiten erforderlich machen.

Statt jedes Zahlungsverfahren einzeln in den Webshop zu integrieren, nutzen viele Unternehmen einen Payment Service Provider (oft auch nur Payment Provider genannt). Hierbei handelt es sich um ein Dienstleistungsunternehmen, das auf komfortable Art für die Anbindung verschiedener Zahlungsarten an den Webshop sorgt. Payment Provider verfügen über bereits funktionierende Schnittstellen zu einer Vielzahl von Zahlungsartenanbietern. Der Betreiber eines Webshops muss also technisch nur eine einzige Schnittstelle in seinen Webshop integrieren. In vielen Fällen kann dies sogar entfallen, weil die Mehrheit der Shop-Softwaresysteme bereits über vorintegrierte Schnittstellen zu Payment Providern verfügt.

Im Gegenzug für diese Leistung fallen abhängig vom jeweiligen Payment Provider unterschiedliche Kosten an:
- Einrichtungskosten (einmalig) je ausgewählter Zahlungsart
- Gebühr für die monatliche Bereitstellung einer Zahlungsart
- Gebühr für jeden Kauf eines Artikels über die Zahlungsart

Gegen eine zusätzliche Gebühr kann der Payment Provider auch das Risiko für Zahlungsausfälle übernehmen.

Traditionelle Zahlungsarten

Zunächst einmal kann der Kunde den Rechnungsbetrag mit Auswahl einer Zahlungsart begleichen, die es auch schon vor den Zeiten von Webshops gab. Diese haben jeweils unterschiedliche Vor- und Nachteile. Als Zahlungsalternativen stehen die folgenden zur Auswahl:

- **Zahlung auf Vorkasse**
  Die Großhandlung muss ihren Kunden auf der entsprechenden Internetseite nur ihre Kontodaten mitteilen. Der potenzielle Käufer überweist anschließend per Onlinebanking den Rechnungsbetrag.
- **Zahlung auf Rechnung**
  Die Großhandlung tritt zunächst in Vorleistung, indem sie die Ware ausliefert. Erst anschließend muss der Kunde bezahlen.
- **Zahlung per Nachnahme**
  Verschiedene Logistik-Dienstleister bieten diese Zahlungsart an: Die Ware wird erst bei der Auslieferung der Ware bar an den Zusteller bezahlt.
- **Zahlung per Bankeinzug**
  Die Bezahlung im Internet per Bankeinzug oder Lastschrift ist für den Käufer bequem: Der Käufer teilt dem Verkäufer seine Bankinformationen mit und der Betrag wird abgebucht. Der Kunde muss sich nicht weiter um die Begleichung der Rechnung kümmern. Der Rechnungsbetrag wird direkt (üblicherweise erst bei Versand der Ware) von seinem Bankkonto abgebucht.

Elektronische Bezahlsysteme

Immer bedeutender werden die verschiedenen Methoden des digitalen Geldes. Da sich viele dieser elektronischen Zahlungssysteme noch in der Test- und Entwicklungsphase befinden, hat sich ein allgemeiner Standard derzeit noch nicht durchsetzen können. Ein weiterer Nachteil: Elektronische Zahlungen sind nur zwischen Mitgliedern des gleichen Verfahrens möglich.

Elektronische Bezahlsysteme ermöglichen finanzielle Transaktionen zwischen Käufern und Verkäufern. Sie sorgen für die Ausführung von Zahlungen über elektronische Medien wie das Internet. Für Kunden ist eine transparente und vertrauenswürdige Bezahlung eines der wichtigsten Merkmale im Onlineshopping.

Die richtige Auswahl eines solchen Bezahlsystems ist für Unternehmen also erfolgsrelevant. Einige dieser Bezahlsysteme sind im Zusammenhang mit der mobilen Zahlung auch im stationären Einzelhandel von Bedeutung.

Es gibt aktuell eine Vielzahl von konkurrierenden Verfahren des elektronischen Zahlungsverkehrs (E-Payment).

---

1 Mehr zur Bonitätsprüfung im Kapitel 5.13

LERNFELD 5

Zum gegenwärtigen Zeitpunkt hat sich (vielleicht mit Ausnahme von PayPal, das als deutlich führend einzuschätzen ist) noch kein System im gesamten E-Commerce-Bereich durchgesetzt. Die Systeme können sich z. T. erheblich unterscheiden im Hinblick auf die anfallenden Kosten für Käufer und/oder Verkäufer sowie den Käuferschutz.

Im Folgenden finden Sie einige E-Payment-Verfahren (ohne Anspruch auf Vollständigkeit).

E-Mail-basierte Verfahren

Bei diesen Verfahren werden die Buchungsinformationen über E-Mails übertragen. Der Kunde hat sich bei einem entsprechenden E-Payment-Anbieter registriert und hinterlegt bei diesem seine Konto- oder Kreditkartendaten. Will der Käufer nun eine Zahlung vornehmen, so muss er auf der Seite des Verkäufers lediglich seine E-Mail-Adresse und ein Passwort angeben und kann auf diese Weise dem Anbieter des Zahlungsdienstes einen Überweisungsauftrag erteilen. Dieser leitet die Zahlung an den Verkäufer weiter.

Vorteile:
- Die Sicherheit für den Kunden wird erhöht, da dem Verkäufer keine Konto- oder Kreditkarteninformationen gegeben werden müssen.
- Schnelles Verfahren: Der Verkäufer bekommt sofort eine Nachricht darüber, dass der Kaufbetrag seinem Konto gutgeschrieben wird.

PayPal

PayPal ist ein internetgestütztes Bezahlsystem, das früher zu eBay gehörte und heute selbstständig ist. Mit Paypal können sowohl kleinere als auch größere finanzielle Transaktionen durchgeführt werden. Für den Käufer ist PayPal ein sicherer Weg, um Waren zu bezahlen ohne den Händlern die Kreditkarten- oder Bankkontodaten geben zu müssen. PayPal ist oft preisgünstiger als andere Bezahlverfahren.

Bei PayPal/Für die Nutzung von PayPal benötigen sowohl der Käufer als auch der Verkäufer ein PayPal-Konto. PayPal ruft vom Kundenkonto die durch die Warenverkäufe fällig gewordenen Beträge ab und überweist diese auf das PayPal-Konto des Verkäufers. Die notwendigen Geldbeträge kommen entsprechend dem Wunsch des Kunden entweder durch Lastschrifteinzug vom Girokonto des Käufers oder durch Belastung von dessen Kreditkarte auf das Kundenkonto bei PayPal. Der Geldtransfer vom PayPal-Konto des Händlers auf sein Girokonto erfolgt dann wiederum durch einen Abbuchungsvorgang.

Kauft ein Kunde in einem Onlineshop eine Ware, wird beim Bezahlvorgang ein Fenster geöffnet, in das die PayPal-Kontodaten des Kunden eingegeben werden. Dem Kunden wird dann durch PayPal die Zahlung bestätigt, gleichzeitig wird dem Händler eine Rückmeldung gegeben. Der Händler kann nun die Warenauslieferung vornehmen.

> **BEISPIEL**
>
> PayPal ermöglicht Privatpersonen als auch Unternehmen beim privaten Kauf über das Internet ein schnelles Bezahlen. Bankdaten werden nicht an den Einzelhändler weitergegeben.
> Wer häufiger PayPal nutzen möchte, muss sich zunächst mit seinen Kontendaten dort registrieren.
> Beim Kauf eines Artikels in einem Onlineshop braucht man später nur seine E-Mail-Adresse und sein PayPal-Passwort einzugeben. PayPal bucht daraufhin die Zahlung vom Konto des Käufers ab und leitet sie an den Verkäufer weiter.

Amazon Payments

Der große Internetanbieter Amazon hat ein eigenes Bezahlsystem, das im Prinzip wie PayPal funktioniert.

Das bei Amazon hinterlegte Konto und die Lieferadresse können auch für die Zahlung auf anderen Webseiten verwendet werden, sofern diese den Zahldienst akzeptieren.

Mobiltelefon-basierte Verfahren

Das Mobiltelefon des Kunden dient seiner Identifizierung und der Übertragung der Rechnungsinformationen. Der Kunde zahlt also mit seinem Handy. Hierzu muss er sich vorher online bei einem der Anbieter registriert und diesem seine Bankdaten gegeben haben. Im Gegenzug erhält der eine PIN bzw. ein Passwort. Soll nun eine Zahlung erfolgen, muss der Kunde den Zahlungsauftrag per SMS noch einmal bestätigen. Zur Abbuchung vom Konto des Kunden wird das Lastschriftverfahren genutzt.

Google Pay

Mit Google Pay können Nutzer sowohl online als auch in zahlreichen Geschäften bargeldlos bezahlen.

Bei Google Pay handelt es sich um eine mobile Bezahlmethode, die mit NFC-fähigen Android-Smartphones funktioniert. Um bargeldlos zu bezahlen, muss der Nutzer das Handy beim Bezahlvorgang an den Kartenleser halten. Vorausgesetzt der Kartenleser ist kompatibel, durch kontaktloses Bezahlen mit Kredit- oder Girokarte ist aber auch hierzulande der Großteil des Einzelhandels mit entsprechenden Geräten gewappnet.

Unter dem Namen Google Pay bringt das Unternehmen neben dieser Zahlungsmöglichkeit auch die virtuelle Geldbörse Google Wallet, Kundenkarten und weitere Dienste unter ein Dach. Mit Google Pay kann nicht nur stationär in Supermärkten oder anderen Läden bezahlt werden, sondern auch auf Websites und in Apps Dinge gekauft werden.

Wertkarten-basierte Verfahren (vorausbezahlte Guthabenkarten)

Der Kunde kauft von einem entsprechenden Anbieter eine Guthabenkarte über einen bestimmten Betrag und erhält einen Ausdruck mit einem PIN-Code. Der PIN-Code wird beim Internethändler im Falle des Einkaufs eingegeben. Für die Kunden bieten solche Systeme Anonymität und Kostenkontrolle.

paysafecard

paysafecard ist eine Prepaidkarte, mit der man sicher im Internet bezahlen kann. Der Kunde eines Internetshops kann eine paysafecard in einer von 650000 Verkaufsstellen (in 46 Ländern) kaufen. Auf der Karte findet er eine 16-stellige PIN, die er beim Bezahlvorgang im Internet eingeben muss.

Das paysafecard-Verfahren ist ein relativ sicheres Zahlungsmittel, da bei der Bezahlung im Internet weder persönliche Daten noch Bank- oder Kreditkartendaten angeben werden müssen.

boon

Kunden, die keine Kreditkarte besitzen, können auf eine virtuelle Kreditkarte ausweichen, die vorab aufgeladen werden muss. Solche Karten gibt es für Visa oder MasterCard. Sie werden unabhängig vom Schufa-Scoring auf Guthabenbasis herausgegeben. Überall, wo normale Kreditkarten akzeptiert werden, kann man auch mit einer solchen Karte bezahlen.

Für die Mobile-Payment-Lösung boon., die auf einer virtuellen Mastercard basiert und Zahlungen via Google Pay und Apple Pay ermöglicht, lädt man sich die boon.-App herunter und lädt die Kreditkarte mit bis zu 5.000,00 € auf. Bezahlt werden kann dann ganz normal via NFC per Smartphone oder Smartwatch.

Inkassoverfahren

Bei Inkassoverfahren werden die ausstehenden Kaufbeträge von den Anbietern dieser Systeme eingezogen. Es handelt sich dabei um Inkassounternehmen oder Telekommunikationsdienstleister. Die jeweiligen Zahlungen werden vom Anbieter gebündelt und in einer Summe dem Verkäufer überwiesen.

Skrill

Dieser Dienst hieß früher auch moneybookers. Skrill ist nicht kostenfrei, für die einzelnen Dienste werden Gebühren in unterschiedlicher Höhe fällig.

Der Kunde eines Onlineshops muss sich vorher bei Skrill registrieren und ein Konto für E-Geld angelegt haben. Von diesem Konto aus kann er Zahlungen in E-Geld vornehmen und dieses auch empfangen.

LERNFELD 5

Onlinebanking-orientierte Verfahren

Onlinebanking-orientierte Verfahren ermöglichen es vom Internetshop aus direkt per Onlinebanking zu bezahlen.

Giropay

Um mit giropay im Internet zu bezahlen, genügt ein Girokonto bei einem Kreditinstitut, das dieses Zahlungsverfahren für seine Kunden anbietet. Das Girokonto muss für Onlinebanking freigeschaltet sein. Wählt der Kunde in einem teilnehmenden Onlineshop als Zahlungsart giropay, gelangt er direkt zum Onlinebanking-Zugang seiner Bank. Dort muss er sich wie sonst auch nur anmelden: Die Daten werden nur zwischen ihm und dem Kreditinstitut ausgetauscht.

Das Ausfüllen von Überweisungen sowie separate Registrierungs- und Anmeldeprozesse für die verschiedenen Onlineshops fallen mit giropay weg. Um die Bestellung im Internet sofort zu bezahlen, meldet der Kunde sich wie gewohnt bei seinem Onlinebanking-Konto an. Er bekommt dann das mit allen den Kauf betreffenden Daten ausgefüllte Überweisungsformular präsentiert und muss nur noch den Zahlungsvorgang mit einer TAN bestätigen.

Paydirekt

Seit Ende 2015 gibt es paydirekt, das Online-Bezahlverfahren der privaten Banken, Volksbanken und Sparkassen.

Um paydirekt zu nutzen, schaltet man es im Onlinebanking frei. Im Onlineshop bezahlt man dann mit Benutzername und Passwort. Der Kaufbetrag wird direkt vom Girokonto abgebucht. Sensible Daten bleiben in der sicheren Umgebung des Onlinebanking. Außerdem behält der Nutzer den Überblick über seine Ausgaben. Wird die Ware nicht geliefert, hilft ein Käuferschutz.

Von Vorteil ist auch der Datenschutz: Im Gegensatz zu anderen Bezahldiensten ist kein externer Dritter eingeschaltet und paydirekt verkauft die Transaktionsdaten nicht weiter.

Klarna

Klarna ist ein elektronisches Zahlungssystem, das die Zahlungsansprüche der Händler übernimmt und deren Kundenzahlungen abwickelt. Damit werden Risiken für Käufer und Verkäufer geschlossen.

Mit Klarna kann der Kunde beim Onlineshopping die Ware auf Rechnung kaufen. Er ist vor dubiosen Händlern

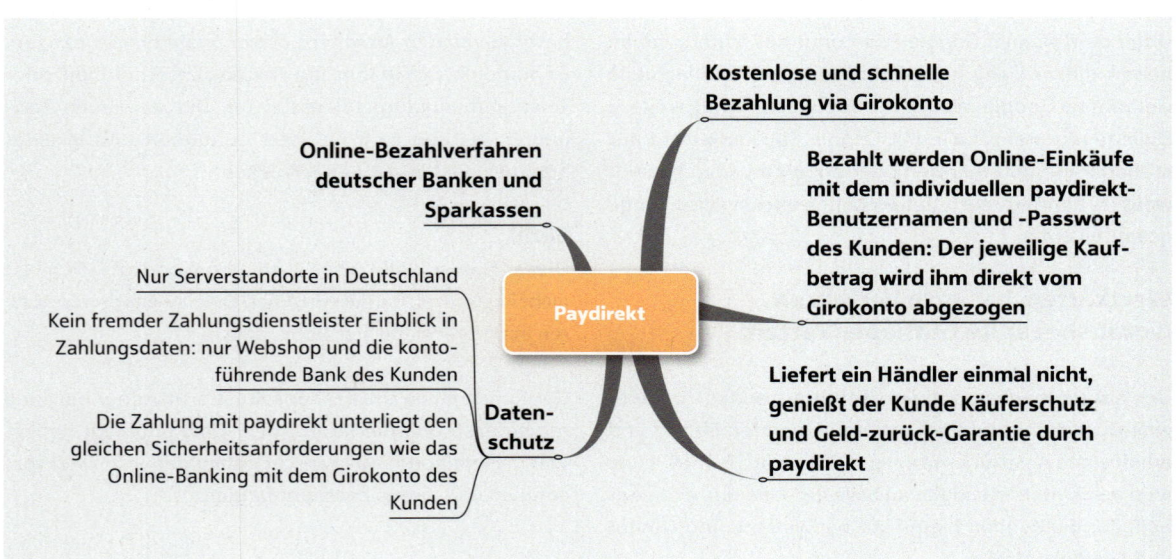

Beurteilung verschiedener Zahlungsarten durch die Unternehmen

	Schutz vor Zahlungs-ausfällen	Kunden	Akzeptanz bei Kunden aus dem Ausland	Abwicklungs-gebühren	Abwicklungs-aufwand	Gesamt-zufriedenheit
Vorkasse per Überweisung	1,2	2,5	3,0	1,2	1,9	1,7
Zahlung per Rechnung	3,9	1,4	2,0	1,6	2,5	2,4
Lastschrift	3,3	2,2	3,9	1,9	2,3	2,3
Nachnahme	1,9	3,1	4,1	3,2	2,8	2,6
Kreditkarte	2,2	2,3	1,6	3,4	2,3	2,1
PayPal	1,9	2,1	1,7	3,5	2,0	2,3
sofortüberweisung	1,4	2,9	3,1	2,4	1,5	1,9

Quelle: Ernst Stahl: E-Commerce-Leitfaden. Regensburg: Universitätsverlag Regensburg 2015, S. 199.

■ bester Wert   ■ schlechtester Wert

geschützt, da er normalerweise nicht in Vorleistung treten muss. Im Zuge eines Factorings wird dem Webshop die Zahlung garantiert.

Bei diesem Zahlungsverfahren bestellt der Kunde zwar bei einem Onlineshop, bezahlt aber an Klarna. Der Kunde bekommt also seine Ware bereits vor der Zahlung geliefert. Ist diese einwandfrei, überweist er dann das Geld an Klarna. Seine Kontoverbindung muss er nicht jedem einzelnem Webshop mitteilen.

Voraussetzung dafür ist allerdings, dass auch der entsprechende Onlineshop die Zahlung mit Klarna vorsieht. Bei einer Bestellung in dem Onlineshop gibt der Kunde dann zusätzlich zu seinen Adressdaten noch sein Geburtsdatum an und aktiviert die Einverständniserklärung für eine Bonitätsprüfung durch Klarna.

Klarna prüft die Bonität des Kunden. Einträge bei der SCHUFA können möglicherweise dazu führen, dass Kunden mit Klarna nicht bezahlen können. Klarna bietet zudem die Möglichkeit von Ratenzahlungen an.

LERNFELD 5

Bitcoin

Einige Onlineshops bieten auch die Zahlung mit der virtuellen Währung Bitcoin an, die für den Handel mit Waren und zur Bezahlung von Dienstleistungen verwendet wird.

Bei normalen Währungen geben Staaten und deren Zentralbanken Geldscheine und Münzen aus. Bitcoins jedoch werden im Internet künstlich, also „virtuell" erzeugt. **Bitcoins** basieren auf extrem sicheren Verschlüsselungssystemen. Dadurch werden die einzelnen Einheiten fälschungssicher. Jeder Betrag kann nur einmal ausgegeben werden. Seinen Besitz an Bitcoins verwaltet der Kunde in einer Art elektronischen Geldbörse (Wallet), die über eine Signatur (individuelle Kennung) geschützt ist. Der Wert, den die Einheit Bitcoin jeweils hat, hängt von der Akzeptanz ab.

Möchte ein Kunde seine Einkäufe mit Bitcoins bezahlen, hat er zwei Möglichkeiten diese zu erwerben:
- Der Kunde erwirbt sich Bitcoins durch sogenanntes **„Mining"**: Er kann mit seinem Computer mathematische Probleme, die in einem Netzwerk gestellt werden, lösen. Als Belohnung erhält er Bitcoins. Da hier i.d.R. eine große Rechenleistung des Computers notwendig ist, werden normale Nutzer diese Möglichkeit kaum nutzen.
- Die meisten Kunden haben ihre Bitcoins durch Tausch an einer der verschiedenen **Bitcoin-Börsen** im Internet erworben. Dort kann jeder Angebote einstellen, um Bitcoins gegen seine Landeswährung oder andere Währungen einzutauschen.

Hat ein Kunde Bitcoins erworben, werden diese in seiner Wallet – also der elektronischer Brieftasche – aufbewahrt. Diese kann sich auf dem eigenen Rechner, auf einem Smartphone oder auf einer externen Internetseite, die einen entsprechenden Service anbietet, befinden.

Zahlt man in einem Geschäft direkt, muss man die Zahlung mit einem kryptografischen Schlüssel autorisieren: Die Zugangsdaten zur Wallet sind also auf dem Smartphone verschlüsselt.

Überwiegend werden Zahlungen jedoch durch elektronische Überweisungen im Internet durchgeführt. Dabei weist man mit dem kryptografischen Schlüssel nach, dass man Eigentümer und Besitzer der Bitcoins ist. Die Überweisung wird in der Block-Chain verzeichnet. Dies ist eine im Internet geführte Datenbank, die alle Transaktionen mit Bitcoins aufzeichnet.

> **BEISPIEL**
>
> Eine Großhandlung möchte Bitcoins zum Bezahlen nutzen. Dazu registriert sie sich bei einem Anbieter, lädt eine entsprechende Software herunter und kauft anschließend bei einer Internetbörse Bitcoins gegen Euro. Beim Einkaufen mit Bitcoins tippt ein Mitarbeiter des Großhandelsunternehmens den persönlichen Code ins Smartphone oder in ein Bitcoin-Terminal ein.

Gegenüber Diensten wie PayPal bietet Bitcoin:
- keine Zensur-, Sperr- oder Kontrollmöglichkeit
- gebührenfreie weltweite Transaktionen
- vollständige Anonymität (wie Bargeld)

Bitcoins verbinden also – vor allem wegen der sehr niedrigen Transaktionsgebühren – die Vorteile von Bargeld und Überweisungen.

Die Verbreitung der Bitcoins wird jedoch durch starke Kursschwankungen sowie eine Anfälligkeit für Manipulationen Grenzen gesetzt. Aufgrund ihrer Anonymität stehen sie auch in dem Verdacht, für illegale Geschäfte verwendet zu werden.

Absicherung der Händler beim Zahlungsverkehr

E-Commerce-Händler können verschiedene Strategien verfolgen, um ihre Zahlungsrisiken zu minimieren:
- **Registrierung des Kunden**
  Der beste Weg, sich abzusichern, besteht darin, seine Kunden kennenzulernen. So ist in vielen Internetshops Voraussetzung für die Benutzung des Bankeinzugs (Lastschrifteinzug), dass sich der Kunde beim ersten Einkauf registrieren lässt und zunächst einmal mit einer für den Händler relativ sicheren Zahlungsform bezahlt. Wer beim ersten Kauf korrekt bezahlt hat, genießt zukünftig einen gewissen Zuverlässigkeitsbonus.
- **Sicherung der Datenübertragung**
  Kunden und Verkäufer können auch das Protokoll **SSL (Secure Socket Layer)** zur sicheren Datenübertragung

verwenden. Sensible Informationen wie Personen oder Kreditkarteninformationen sind so vor Hackern geschützt.

SSL – momentan zu **Transport Layer Security (TLS)** weiterentwickelt – bietet die Möglichkeit, Übertragungen über das Internet, unabhängig vom verwendeten Protokoll, gegen fremden Zugriff zu sichern. So können z.B. Daten sicher abgerufen werden und vertrauliche Daten über ein Formular gesichert an den Server übermittelt werden. Doch nicht nur die Verbindung ist gesichert, sondern auch die Echtheit des kontaktierten Servers und die Verbindung zu ihm werden durch ein Zertifikat garantiert. Die Übertragung erfolgt verschlüsselt und ist von Dritten nicht einsehbar. Die Verbindung und die Daten werden ständig überprüft. Weitere sehr hochwertige Varianten des sicheren Zahlens im Internet wie z.B. **SET (Secure Electronic Transactions)** haben bisher nur geringe Verbreitung gefunden.

- **digitale Signatur**
Seit 2001 ist die digitale Signatur rechtsgültig. Sie erlaubt das Unterschreiben beim Onlineeinkaufen, sodass dem Händler eine echte Zahlungsgarantie geboten wird. Voraussetzung hierfür ist, dass genügend Nutzer über Kartenleser und Signaturkarte verfügen.[1]

In der Detailbetrachtung zeigt sich, dass der Gesamtablauf der Geschäftsprozesse im E-Commerce im Vergleich zum konventionellen Handel deutlich anders aussieht. Nicht nur im Bereich Marketing müssen neue Produkt-, Preis-, Distributions- und Kommunikationskonzepte gefunden werden.

Die Auswahl der Zahlungsart im Webshop

Der Betreiber eines Webshops steht immer vor der Entscheidung, welche und wie viele Zahlungsarten er dem Kunden anbieten soll. Dabei muss er die folgenden Fragen berücksichtigen:
- Welche Kosten verursacht eine Zahlungsart dem Unternehmen?
- Wie groß ist das Risiko des Zahlungsausfalls für den Webshop?
- Welcher Arbeitsaufwand fällt im Unternehmen bei der Zahlungsabwicklung an?

Üblicherweise wird der Kunde durch den Webshop verschiedene Zahlungsarten zur Verfügung gestellt bekommen.

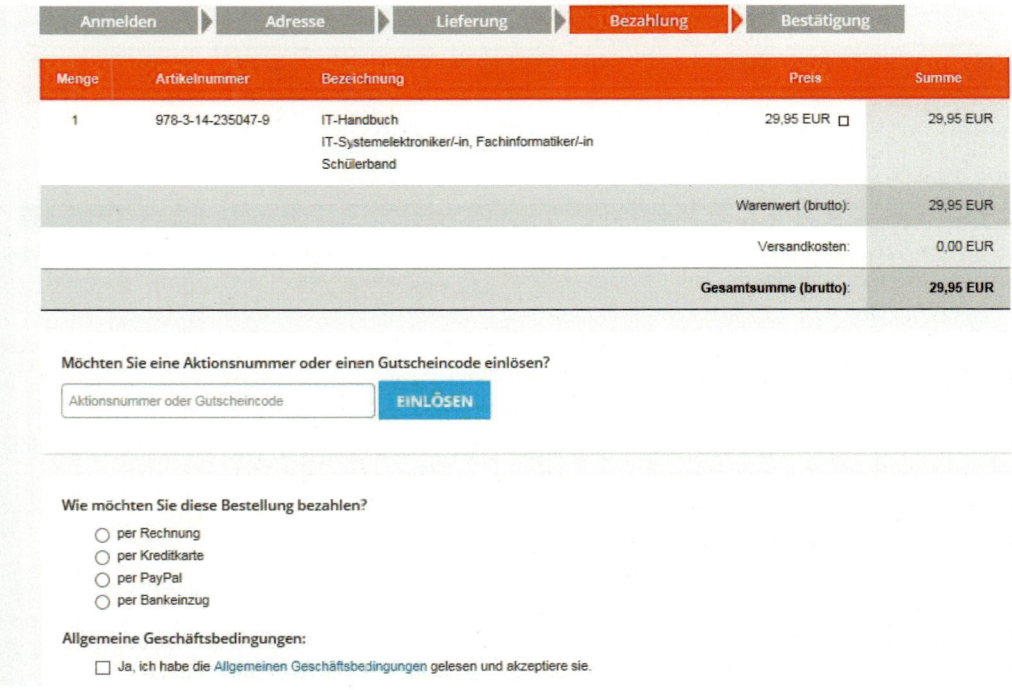

---

[1] Deutschland ist eines der Länder, in denen die Akzeptanz der digitalen Signatur noch nicht im gleichen Maße wie in anderen EU-Mitgliedsstaaten gewachsen ist: Im Hinblick auf die digitale Signatur und die dafür notwendige technische Ausstattung ist der Deutsche Markt gering entwickelt. Es wird jedoch in den nächsten Jahren mit einer erheblich größeren Verbreitung der digitalen Signatur gerechnet.

LERNFELD 5

Durch verschiedene Maßnahmen auf der Internetseite kann das Unternehmen dafür sorgen, dass die Kunden eine für den Webshop positive Zahlungsart auswählen:

- Es wird zunächst eine bestimmte Zahlungsart standardmäßig aktiviert und hervorgehoben.

BEISPIELE

- Da Menschen normalerweise bevorzugt von links nach rechts und von oben nach unten lesen, empfiehlt es sich die bevorzugte Zahlungsart links und/oder oben auf einer Internetseite zu platzieren.

Eine vom Unternehmen weniger favorisierte Zahlungsart wird nach diesem Grundsatz dann eher unten aufgeführt.

- Die bevorzugte Zahlungsart wird farblich hervorgehoben.

- Dem Kunden wird ein Rabatt bei Zahlung mit der bevorzugten Zahlungsart angeboten. Umgekehrt kann auch der Rechnungsbetrag bei Zahlung mit anderen Zahlungsarten verteuert werden. Hier muss allerdings beachtet werden, dass dies bei manchen Kunden zu einem Kaufabbruch führen könnte.

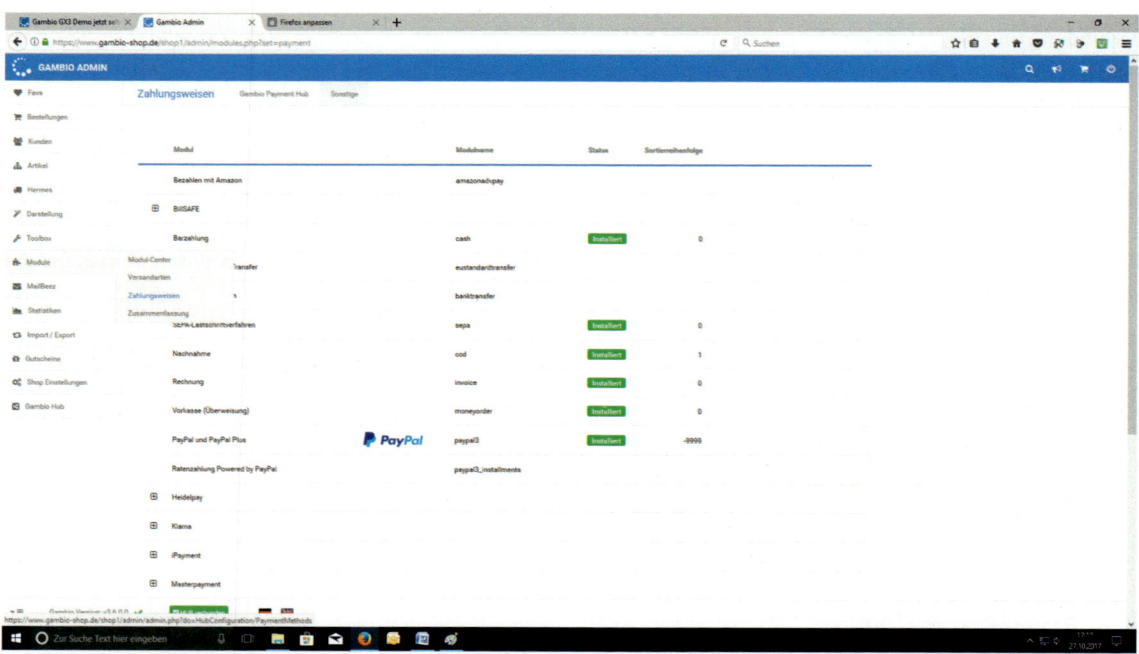

Über die Shopsoftware kann eingestellt werden, welche Zahlungsarten den Kunden zur Verfügung stehen. Die Module für den jeweiligen Anbieter der Zahlungsart stellen als Schnittstelle eine Verbindung zwischen der Shopsoftware und den Anbietern (z. B. PayPal) her.

Auswirkungen der Zahlungsdiensterichtlinie auf Zahlungen in Webshops

Große Auswirkungen hat die Zahlungsdiensterichtlinie („Payment Service Directive 2" abgekürzt PSD2) auf die Abwicklung von Zahlungen im Webshop. Für online kaufende und zahlende Endkunden bringt dies durch mehr Transparenz und mehr Sicherheit Vorteile. An die Webshops jedoch werden für die Abwicklung von Onlinezahlungen höhere Anforderungen gestellt.

Wichtigster Punkt für Webshops ist der verstärkte Kundenschutz. Reduziert werden soll das Betrugsrisiko. Durch die nun vorgeschriebene Zwei-Faktor-Authentifizierung soll sichergestellt werden, dass es sich bei getätigten Zahlungen tatsächlich um den jeweils berechtigten Benutzer und Geldinhaber handelt.

BEISPIEL

Wollte ein Kunde den Kauf von Waren in einem Webshop bezahlen, reichte bei Zahlung mit Kreditkarte bisher die Eingabe der Kreditkartennummer, des Ablaufdatums der Karte sowie der Prüfziffer aus. Diese Art der Authentifizierung reicht nun nicht mehr aus. Notwendig ist eine stärkere Prüfung der Identität über die Zwei-Faktor-Authentifizierung.

Bei der Zwei-Faktor-Authentifizierung muss ein Käufer zwei von drei möglichen Elementen erfüllen, um sicherzustellen, dass es sich tatsächlich um ihn selbst handelt. Folgende drei Elemente werden unterschieden:

- **Wissen:** Dabei handelt es sich um geheime Informationen, über die eigentlich nur der Kunde verfügen kann. Nur er kennt diese Informationen.

  BEISPIELE

  Nur der Kunde kann ein bestimmtes Passwort, eine PIN oder die Antwort auf eine Sicherheitsfrage kennen.

- **Besitz:** Nur der Kunde besitzt einen bestimmten Gegenstand, den er mit sich führen kann.

  BEISPIELE

  Ein Smartphone mit seiner eindeutigen Rufnummer, Token (eine spezielle Hardware zur Authentifizierung von Personen), Chipkarte, TAN-Generator

- **Biometrie:** Nur der Kunde besitzt ein eindeutiges und ständiges persönliches Merkmal.

  BEISPIELE

  Fingerabdruck, Stimme, Muster der Iris

Das Prinzip der Zwei-Faktor-Authentifizierung beruht darauf, dass es keinen perfekten Authentifizierungsfaktor gibt. Jeder Faktor hat seine Stärken und Schwächen. Der zweite Faktor gleicht die Schwäche des anderen Faktors aus und umgekehrt.

BEISPIEL

Ein Kunde möchte im Onlineshop mit seiner Kreditkarte zahlen. Im Rahmen der Zwei-Faktor-Authentifizierung wäre eine mögliche Kombination eine auf den Kunden registrierte App, bei der er entweder ein Passwort eingeben muss (Besitz) oder sich alternativ mit seinem Fingerabdruck eingeloggt (Biometrie) und dort dann eine TAN (Wissen) erhält.

Mit 2FA lässt sich eine Erhöhung der Authentifizierungssicherheit gegenüber einfachen Anmeldeverfahren per Passwort realisieren. Dadurch soll der Identitätsdiebstahl erschwert werden. Die Zwei-Faktor-Authentifizierung (2FA) nutzt zwei voneinander unabhängige Komponenten (Faktoren). Bei der Anmeldung mittels der 2-Fakktoren-Authentifizierung müssen beide Faktoren vorhanden und korrekt sein. Ist ein Faktor fehlerhaft oder nicht vorhanden, kann keine Authentifizierung des Users durchgeführt werden und der Zugang bleibt gesperrt. Der große Vorteil liegt im Zugewinn an Sicherheit. Dieser geht aber zu Lasten der Usability und Bequemlichkeit des Anmeldeverfahrens.

Vorgehensweise bei der Zwei-Faktor-Authentifizierung: Nutzer gibt sein Passwort ein. Wenn dies korrekt ist, wird ein weiterer Faktor angefordert (z. B. per SMS). Der Nutzer bestätigt diesen zweiten Faktor z. B. per Smartphone. Die Authentifizierung ist erfolgreich abgeschlossen.

Die starke Kundenauthentifizierung führt zwar zu mehr Sicherheit, geht aber letztendlich zulasten der Nutzerfreundlichkeit. Deshalb gibt es einige Ausnahmen:

- Bei Zahlungen unter 30,00 € ist weiterhin eine einfache Authentifizierung erlaubt.
- Bei wiederkehrenden Zahlungen (z. B. für ein Zeitungsabonnement) müssen sich Kunden ebenfalls nicht jedes Mal aufs Neue zweifach ausweisen.
- Kunden können bei ihren Hausbanken Listen von Webshops führen lassen, bei denen sie gerne einkaufen und denen sie vertrauen. Bezahlen sie dann ihre Einkäufe, müssen Sie sich bei den Webshops nicht doppelt identifizieren lassen. Diesen Vorgang nennt man Whitelisting.

LERNFELD 5

AUFGABEN

1. Beschreiben Sie, mit welchem Problem der Betreiber eines Webshops konfrontiert wird, wenn es um die Auswahl der Zahlungsart geht.
2. Erläutern Sie die Vorteile, die sich durch die Nutzung eines Payment Service Providers ergeben.
3. Nennen Sie drei Kostenpunkte, die bei der Benutzung von Payment Service Providern auftreten können.
4. Nennen Sie
    a) die Vorteile der Zahlung auf Vorkasse für den Verkäufer und
    b) die Nachteile der Zahlung auf Vorkasse für den Kunden.
5. Führen Sie
    a) die Nachteile der Zahlung auf Rechnung für den Verkäufer und
    b) die Vorteile der Zahlung auf Rechnung für den Kunden auf.
6. Erläutern Sie die Zahlung per Nachnahme.
7. Beschreiben Sie, welche Möglichkeiten ein Unternehmen hat, wenn es Zahlung per Bankeinzug anbietet.
8. Welche Nachteile bringt die Zahlung per Bankeinzug mit sich?
9. Welche Daten benötigt man für die Zahlung mit Kreditkarte?
10. Nennen Sie je einen Vorteil und einen Nachteil der Zahlung mit Kreditkarte.
11. Erläutern Sie die elektronischen Bezahlsysteme.
12. Nennen Sie eine Strategie, mit der ein E-Commerce-Händler sein Zahlungsrisiko minimieren kann, und erläutern Sie diese Strategie.
13. Welche Fragen muss der Betreiber eines Webshops in Hinsicht seiner angebotenen Zahlungsarten berücksichtigen?
14. Beschreiben Sie, wie ein Webshopbetreiber seine Kunden zu einer für den Webshop günstigen Zahlungsart lenken kann.
15. Ein Unternehmensberater äußert die folgende Meinung:

    „Was im Onlinehandel für viele Kunden neu ist, gibt es im Supermarkt schon seit Jahrzehnten: Dort steckt der Käufer seine Karte (Besitz) ganz selbstverständlich ins Lesegerät und gibt seine PIN (Wissen) zu ein. Seitdem mit dem Smartphone an der Kasse bezahlt werden kann, könnte auch ein Fingerabdruck auf dem Gerät (Biometrie) den zweiten Faktor darstellen."
    a) Welches Verfahren wird angesprochen?
    b) Erläutern Sie dieses Verfahren.
16. Elektronische Bezahlsysteme lassen sich in verschiedene Gruppen einteilen.
    a) Was sind E-Mail-basierte Verfahren?
    b) Führen Sie zwei Beispiele für E-Mail-basierte Verfahren auf.
    c) Was sind Wertkarten-basierte Verfahren?
    d) Führen Sie zwei Beispiele für Wertkarten-basierte Verfahren auf.
    e) Was sind Onlinebanking-orientierte Verfahren?
    f) Führen Sie zwei Beispiele für Onlinebanking-orientierte Verfahren auf.
17. Erläutern Sie den Begriff Mobile Payment.
18. Was sind Bitcoins?
19. Welche Vor- und Nachteile hat eine Zahlung mit Bitcoins?
20. Immer häufiger wird im Einzelhandel mit mobilen Endgeräten bezahlt (mobile Payment).

Erläutern Sie die Vorteile des mobilen Zahlens für Verbraucher.

21. Womit zahlt der Kunde in diesem Beispiel eines innovativen Einzelhandelsunternehmens?

LERNFELD 5

AKTIONEN

1. Untersuchen Sie mit einem Partner die angebotenen Zahlungsverfahren Ihrer Ausbildungsunternehmen.
   a) Überprüfen Sie, ob alle normalerweise in einem Warenkorb zu erwartenden Elemente vorhanden sind.
   b) Untersuchen Sie, ob Ihre Unternehmen unterschiedliche Zahlungsarten anbieten.

2. Recherchieren Sie im Internet die Kosten für einen Onlinehändler, wenn er die folgenden Zahlungsarten verwendet:
   a) Sofortüberweisung
   b) PayPal
   c) Amazon Payments
   d) Zahlung mit Kreditkarte

ZUSAMMENFASSUNG

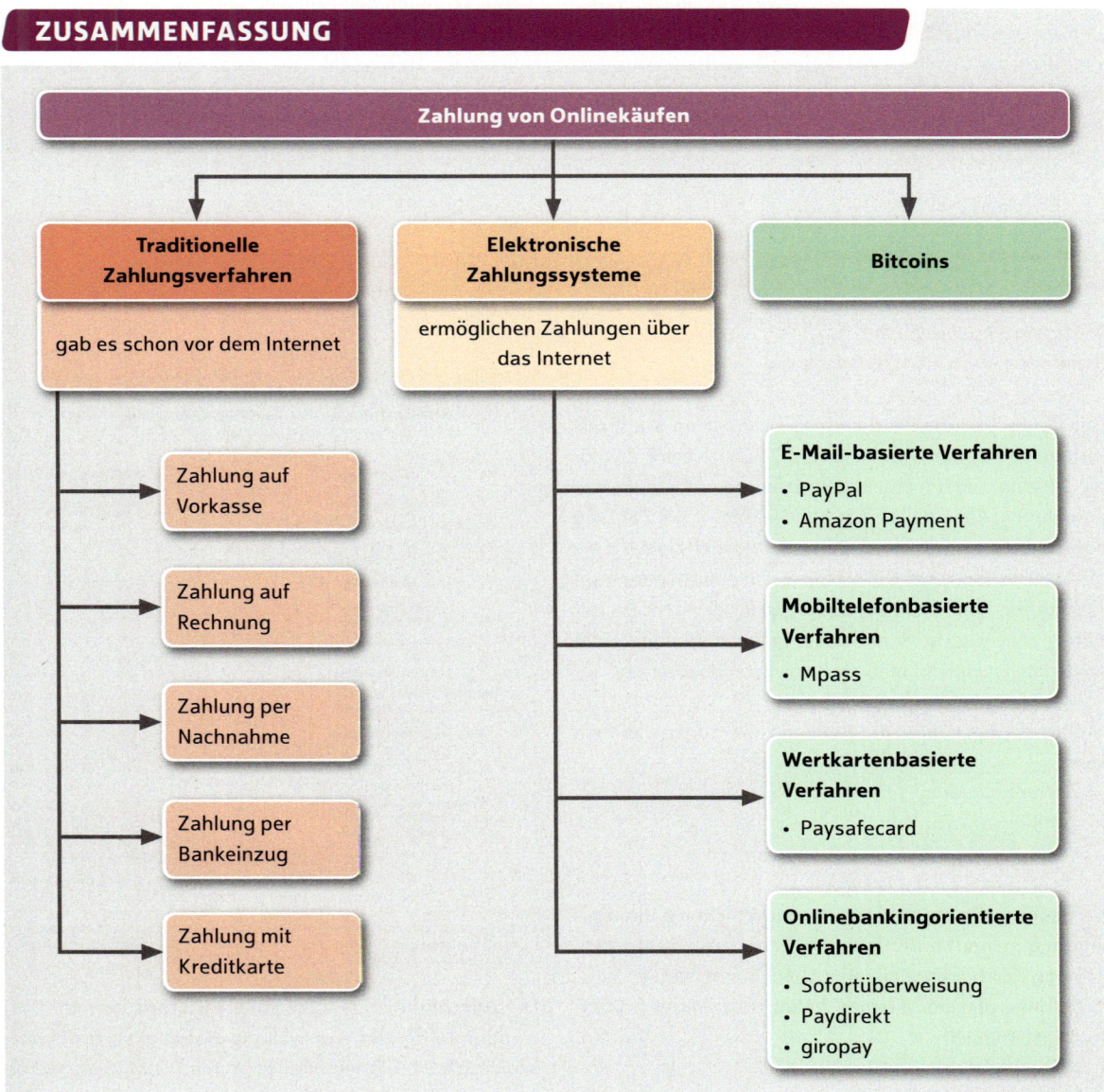

LERNFELD 5

KAPITEL 13
Überwachung des Zahlungseingangs

Nach ihrer Rückkehr von einer Geschäftsreise am 8. April lässt sich Frau Beere, Abteilungsleiterin des Rechnungswesens in der Fairtext GmbH, durch das EDV-gestützte Warenwirtschaftssystem die „Offene-Posten-Liste" der demnächst fälligen Ausgangsrechnungen ausdrucken:

```
Offene Posten Liste vom 8. April 20.. (Auszug)                                    Seite 1

Haus   Kunde         Kd.Nr.   RE-Nr.    RE-Datum   RE-Betrag   Fällig    Zahlungs-   Zahlungs-    Maßnahmen
                                                   (€)         am        eingang     verzug ab
1      Netzel GmbH   80233    1012/HH   22.02...   1.300,00    24.03...              25.03...
1      Hampe KG      80345    1213/HH   15.02...     228,00    10.04...              11.04...
1      Gebert GmbH   80258    1341/HH   05.04...     570,00    15.04...              16.04...
```

Der Ausdruck vom 8. April zeigt beim Kunden Netzel GmbH einen am 24. März fällig gewesenen Rechnungsbetrag. Die längst fällige Forderung von 1.300,00 € wurde durch die Unachtsamkeit eines Mitarbeiters in der Fairtext GmbH übersehen, sodass bis jetzt noch keinerlei Maßnahmen seitens der Textilgroßhandlung gegen den Kunden eingeleitet wurden.

1. Nennen Sie mögliche wirtschaftliche Folgen, die das Überschreiten des Fälligkeitstermins für die Fairtext GmbH haben könnte.
2. Schlagen Sie eine oder mehrere Maßnahmen vor, die die Verantwortlichen der Textilgroßhandlung Fairtext GmbH ergreifen sollten.

INFORMATIONEN

Notwendigkeit eines Forderungsmanagements

Der Käufer hat die Pflicht, den vereinbarten Kaufpreis rechtzeitig zu bezahlen (§ 433 Abs. 2 BGB). Ist eine Zeit für die Zahlung weder festgelegt noch aus den Umständen zu entnehmen, kann der Verkäufer (Gläubiger) **die Zahlung sofort verlangen**: Zug-um-Zug (Ware gegen Geld) ist die gesetzliche Regelung (§ 271 BGB). Zahlt er nicht oder nicht rechtzeitig, kann er in Zahlungsverzug geraten. Da der Käufer als Geldschuldner mit der Erfüllung seiner Pflicht im Verzug ist, spricht man auch von Schuldnerverzug.

Gründe für den Käufer, die Zahlung zu verzögern, können sein:
– Zahlungsunfähigkeit
– Zahlungsunwilligkeit
– Vergesslichkeit bzw. Unaufmerksamkeit

Ein Kaufmann muss stets auf den **pünktlichen Zahlungseingang** seiner Forderungen achten, da die verspätete Zahlung durch seine Kunden u. U. für ihn bedeutet:
- Verringerung der eigenen finanziellen Mittel (= Zahlungsfähigkeit)
- Aufnahme teurer Bankkredite
- Erschwerung der Skontoausnutzung

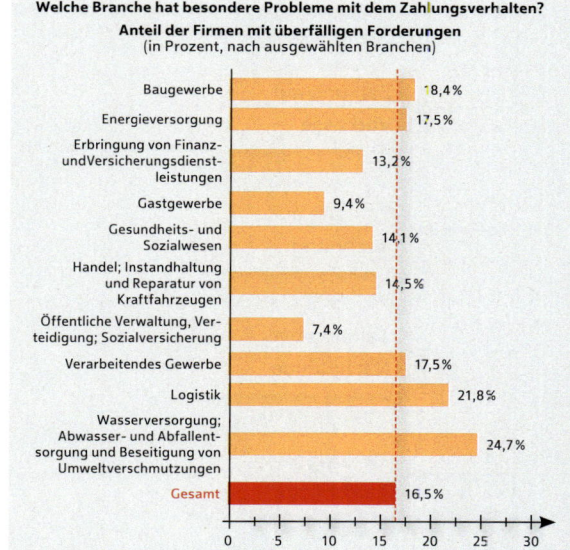

Quelle: Anteil der mit überfälligen Forderungen (in Prozent, nach Branchen). In: www.crifbuergel.de. . Mai 2015. https://www.crifbuergel.de/de/aktuelles/studien/zahlungsmoral-deutscher-unternehmen-2 [07.02.2020]. (verändert)

Der **Durchschnitt der Überfälligkeitstage** beträgt 21,8, wobei die Öffentliche Verwaltung die Rangliste mit durchschnittlich 34,9 Tagen anführt, gefolgt vom Baugewerbe mit durchschnittlich 26,7 Tagen.

- Erhöhung der Verlustgefahr, da sich die finanzielle Lage des Käufers verschlechtern kann und die Verjährung der Forderung droht
- Gefährdung der eigenen Existenz durch diese säumigen Schuldner

- **Straffe Organisation des Mahnwesens**[1]
- **Inanspruchnahme externer Hilfe** beim Forderungseinzug, z. B. durch professionelle Inkassoinstitute[2]
- Genaueste **Überwachung der Zahlungstermine**: Die Lieferanten erwarten vom Großhändler pünktliche Zahlung. Daher sollte auch die Einhaltung der vereinbarten Zahlungsziele von den eigenen Kunden verlangt werden. Dazu gehört auch die tägliche, wöchentliche und monatliche Auswertung, um die schwarzen Schafe der Kreditoren sichtbar zu machen, und die Vereinbarung eines verbindlichen Termins, zu dem die Rückstände bezahlt sind.

Kein Kaufmann will und kann sich solchen Gefahren und deren möglichen wirtschaftlichen Folgen aussetzen.

Insofern sind Forderungen gegenüber den Kunden als wichtige Ansprüche zu behandeln. Ein aktives **Forderungsmanagement**, das an den folgenden sechs Grundsätzen ausgerichtet ist, kann dabei helfen, den wirtschaftlichen Erfolg des Unternehmens zu sichern:

Die **Kontrolle der Zahlungseingänge** kann u. a. mithilfe einer **Offenen-Posten-Datei** erfolgen. Das Warenwirtschaftssystem kann hierfür die entsprechenden Daten zur Verfügung stellen.

- Bereits vor der Belieferung: **Prüfung der Bonität** der Kunden, denen ein Zahlungsziel eingeräumt werden soll. Die Kreditprüfung ist die beste Vorsorge gegen Forderungsausfälle. Bonitätsauskünfte erteilen Wirtschaftsauskunfteien.
- Kein Verkauf der Leistungen mithilfe großzügiger oder branchenunüblicher Zahlungsziele. Bei größeren Kreditbeträgen sollten Sicherheiten geschaffen werden, z. B. Bankbürgschaften.
- **Umgehende Rechnungserstellung**, sobald die Leistung erbracht wurde. Dabei ist auf die korrekte und vollständige Aufzählung der erbrachten Leistungen zu achten, damit der Kunde die Zahlung nicht hinauszögern oder verweigern kann.

---

1 Siehe Kap. 5.13 und 5.14
2 Siehe Kap. 5.14

LERNFELD 5

Voraussetzungen für den Zahlungsverzug
(Nicht-Rechtzeitig-Zahlung)

Der Käufer hat die Pflicht, den vereinbarten Kaufpreis rechtzeitig zu bezahlen (§ 433 Abs. 2 BGB). Ist eine Zeit für die Zahlung weder festgelegt noch aus den Umständen zu entnehmen, kann der Verkäufer (Gläubiger) die Zahlung **sofort verlangen**: Zug-um-Zug (Ware gegen Geld) ist die gesetzliche Regelung (§ 271 BGB). Zahlt er nicht oder nicht rechtzeitig, kann er in Zahlungsverzug geraten. Da der Käufer als Geldschuldner mit der Erfüllung seiner Pflicht im Verzug ist, spricht man auch von **Schuldnerverzug**.

Gründe für den Käufer, die Zahlung zu verzögern, können sein:
– Zahlungsunfähigkeit
– Zahlungsunwilligkeit
– Vergesslichkeit bzw. Unaufmerksamkeit

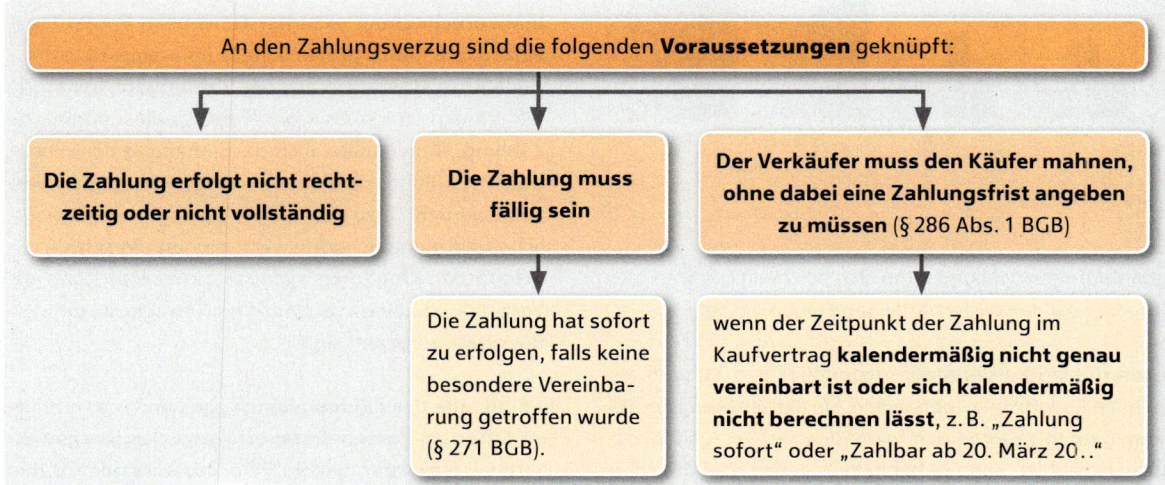

Verschulden liegt bei Geldschulden grundsätzlich vor. Der Hinweis des Käufers auf seine unverschuldete finanzielle Notlage wird vom Gesetz nicht akzeptiert, denn „Geld hat man zu haben". Insofern spielt die Überprüfung des Verschuldens des Käufers als Voraussetzung für den Eintritt des Zahlungsverzugs keine Rolle, da es grundsätzlich vermutet wird.

Eintritt

Wenn die Zahlung fällig ist, der Käufer nicht zahlt und der Verkäufer die Zahlung angemahnt hat, gerät der Käufer **mit dem Erhalt der Mahnung in Zahlungsverzug** (ab Zugang, § 286 Abs. 1 BGB). Eine Mahnung ist eine Aufforderung zur Zahlung. Sie braucht keine Zahlungsfrist zu enthalten.

Der Zahlungsverzug **tritt ohne Mahnung** in den folgenden Fällen ein:

1. Wenn ein **nach dem Kalender genau bestimmter bzw. bestimmbarer Zahlungstermin** (z. B. auf der Rechnung oder im Kaufvertrag) vereinbart wurde. Der Käufer (Schuldner) befindet sich ab dem Tag im Zahlungsverzug, der auf den letzten Tag der Zahlungsfrist folgt. Ist die Zahlungsfrist z. B. bis zum 6. Juni festgelegt, befindet sich der Käufer ab dem 7. Juni in Zahlungsverzug.

BEISPIELE

Folgende Formulierungen gelten als genau bestimmte bzw. bestimmbare Termine, weil dem Zeitpunkt der Zahlung ein bestimmtes Ereignis vorausgeht. Die Leistungszeit lässt sich insofern kalendermäßig von diesem Ereignis an berechnen:
- „Zahlung am 20. April 20.."
- „Zahlbar bis 20. Jan. 20.."
- 14. Kalenderwoche
- „Zahlung Mitte Mai 20.."
- „Zahlbar bis Ende Oktober"
- „20 Tage nach Kündigung"
- „20 Tage nach Kündigung"
- „zahlbar 10 Kalendertage nach Rechnungserhalt"; geht die Rechnung am 18. Sept. zu, dann gerät der Käufer mit Ablauf des 28. Sept. in Zahlungsverzug.
- „Zahlung im Lauf des Monats März"
- „Zahlung bis Ablauf der 17. KW."

2. Ist im Vertrag kein konkreter Zahlungstermin oder keine konkrete Zahlungsfrist festgelegt, bestimmt das Gesetz, dass der Käufer spätestens dann in Zahlungsverzug gerät, wenn er **nicht innerhalb von 30 Tagen nach Fälligkeit und Zugang einer Rechnung oder gleichwertigen Zahlungsaufstellung** bezahlt (§ 286 Abs. 3 BGB).

Der Verkäufer kann daher wählen, ob er – nachdem seine Forderung fällig geworden ist – durch eine Mahnung den Zahlungsverzug herbeiführt oder ob er den Verzug erst nach 30 Tagen eintreten lässt.

Die o. g. Regelung gilt bei einem Kaufvertrag mit einem **Verbraucher** als Zahlungsschuldner allerdings nur dann, wenn er auf die Folgen in der Rechnung oder Zahlungsaufstellung ausdrücklich hingewiesen wurde, z. B. mit dem Hinweis „*Erfolgt innerhalb von 30 Tagen nach Zugang der Rechnung kein Zahlungseingang, kommen Sie automatisch in Zahlungsverzug.*"
Ein Hinweis in den AGB des Unternehmens – wie im nachfolgenden Beispiel – reicht nicht aus, sondern muss zwingend in der Rechnung oder der Zahlungsaufstellung stehen.

Auszug aus den Allgemeinen Geschäftsbedingungen eines Unternehmens

Der Rechnungsbetrag muss spätestens am 10. Tag nach Zugang der Rechnung bei dem angegebenen Konto eingegangen sein. Sollte Ihr Konto bei der entsprechenden Abbuchung nicht gedeckt sein, kommen Sie **ab dem 10. Tag nach Zugang der Rechnung**, ohne Mahnung, mit den Forderungen der Norddeutschen Verlagsgesellschaft **in Verzug**. Mit den Forderungen der anderen Anbieter kommen Sie nach deren Allgemeinen Geschäftsbedingungen in Verzug, **spätestens aber am 30. Tag nach Zugang dieser Rechnung**. Ab Beginn des Verzugs können Ihnen die **Kosten für Mahnungen** aufgrund anhaltenden Zahlungsverzugs sowie **Verzugszinsen** in Rechnung gestellt werden. [...]

Den ordnungsgemäßen Zugang der Rechnung hat im Streitfall der Rechnungssteller zu beweisen.
Im Geschäftsverkehr (also bei **Unternehmen**, wenn der Geldschuldner kein Verbraucher ist) beginnt die 30-Tage-Frist mit **Erhalt der Ware** (= Gegenleistung), wenn der Erhalt der Rechnung nicht sicher bestimmbar (beweisbar) ist bzw. bestritten wird.
3. Bei ernsthafter und endgültiger Zahlungsverweigerung des Käufers.
4. Ebenfalls ist keine Mahnung erforderlich, wenn aus besonderen Gründen, die im beiderseitigen Interesse der Vertragsparteien liegen, der sofortige Eintritt des Verzugs gerechtfertigt ist. Das ist beispielsweise der Fall, wenn der Schuldner die Zahlung zu einem bestimmten Datum ankündigt (sogenannte Selbstmahnung) und damit der Mahnung des Gläubigers zuvorkommt oder wenn der Einzug einer Lastschrift scheitert.
5. Bei ergebnisabhängigem Leistungstermin, z. B. „*Der Kaufpreis ist zahlbar innerhalb von 15 Tagen **nach Lieferung***" oder „*Der Kaufpreis ist innerhalb von 10 Tagen **nach Rechnungslegung** zahlbar*". In beiden Beispielen muss der Zahlung ein bestimmtes Ereignis vorausgehen. Nicht ausreichend ist: „*Zahlung sofort nach Lieferung.*"

> **Kein Zahlungsverzug** liegt vor, wenn ein Verrechnungsscheck rechtzeitig mit einem einfachen Brief abgesandt wurde, d. h. am letzten Tag der Zahlungsfrist zur Post gebracht wurde und den Käufer kein Verschulden trifft. Eine Ausnahme ist bei den Finanzämtern zu beachten: Steuerzahlungen per Scheck gelten erst 3 Tage nach Eingang des Schecks als geleistet. Wer eine Steuer per Scheck zahlen will, muss darauf achten, dass der Scheck spätestens 3 Tage vor dem Fälligkeitstag dem Finanzamt vorliegt.

Darüber hinaus sind im Geschäftsverkehr (Forderungen von Unternehmen gegen andere Unternehmen[1] oder gegen öffentliche Auftraggeber) folgende gesetzliche Regelungen zu den Fälligkeiten und Fristen zu beachten:

- Die vertraglich festgelegte Zahlungsfrist zwischen Unternehmen ist auf **60 Tage** beschränkt. Überschreitungen müssen ausdrücklich vereinbart werden und dürfen den Gläubiger nicht grob benachteiligen (§ 271a Abs. 1 BGB).
- Bei Geschäften mit öffentlichen Auftraggebern als Schuldner (u. a. Bund, Länder und Gemeinden) gilt grundsätzlich eine Frist von 30 Tagen, d. h. eine Forderung wird automatisch 30 Tage nach Rechnungsstellung fällig. Soweit sachlich begründet, kann die **Zahlungsfrist maximal 60 Tage** betragen.
- Jede Zahlung ist nach Ablauf der vereinbarten Frist sofort fällig, ohne dass der Gläubiger noch mahnen muss. Fälligkeit tritt nach Ablauf der gesetzlichen oder vereinbarten Frist sofort ein.
- Die pünktliche Zahlung ist eingehalten, wenn der Betrag fristgerecht auf dem Konto des Gläubigers eingegangen ist.
- Eine Zahlungsfrist in den Allgemeinen Geschäftsbedingungen (AGB) von mehr als 30 Tagen ist i. d. R. unwirksam (§ 308 Nr. 1a BGB).

---

[1] Der Begriff „Unternehmen" schließt die freien Berufe mit ein.

LERNFELD 5

Rechte des Verkäufers (§§ 280 und 281 BGB)

1. Vorrangige Rechte

Ab dem Zeitpunkt, zu dem der Käufer in Zahlungsverzug geraten ist, stehen dem Gläubiger (Verkäufer) folgende **vorrangige Rechte** zu:

1.1 Zahlung verlangen und ggf. Käufer auf Zahlung verklagen oder

1.2 Bestehen auf verspätete Zahlung und Ersatz des Verzugsschadens (Verzögerungsschaden; Schadenersatz neben der Zahlung)

Der Verkäufer (Gläubiger) kann – **neben** der Erfüllung des Zahlungsanspruchs – den Ersatz sämtlicher durch den Zahlungsverzug des Käufers entstandenen Verzugsschäden fordern:

- **Verzugszinsen** (§ 288 BGB):
  Der Verzugszinssatz beträgt
  – beim Privatkauf und einseitigem Handelskauf 5 % über dem Basiszinssatz[1],
  – beim zweiseitigen Handelskauf 9 %[2] über dem Basiszinssatz.
  Höhere Zinsen können ausdrücklich oder in den Allgemeinen Geschäftsbedingungen vereinbart werden. Zinseszinsen dürfen nicht berechnet werden.
- Erstattung der Kosten für z. B.
  – den Verwaltungsaufwand,
  – ein Inkassobüro[3],
  – einen Anwalt,
  – ein mögliches Gerichtsverfahren.
- Neben Verzugszinsen und Kostenerstattung kann der Gläubiger
  – unabhängig von der tatsächlichen Höhe vom Schuldner, wenn dieser kein Verbraucher ist, eine Verzugsschadenpauschale von 40,00 € verlangen, und
  – weitere Schadenersatzforderungen stellen und den Schuldner auf Zahlung verklagen.

2. Nachrangige Rechte

Zur Wahrung seiner ihm zustehenden **nachrangigen** Rechte muss der Verkäufer dem Käufer (Geldschuldner) **eine angemessene Nachfrist setzen**.

Die **Fristsetzung kann entfallen**, wenn
- der Schuldner die Zahlung ernsthaft und endgültig verweigert hat (**Selbstinverzugsetzung**) oder
- es besondere Umstände rechtfertigen, den Schadenersatzanspruch auch ohne vorherige Fristsetzung geltend zu machen.

Befindet sich der Käufer in Zahlungsverzug, stehen dem Verkäufer **nach Ablauf der Nachfrist** – soweit sie nicht entbehrlich ist – folgende Rechte zu:

2.1 Ablehnung der Zahlung und Rücktritt vom Kaufvertrag (§§ 323, 346 ff. BGB)

Der **Rücktritt** setzt voraus
- Fälligkeit und
- den erfolglosen Ablauf einer angemessenen Frist oder die Entbehrlichkeit der Fristsetzung.

Beim Rücktritt vom Vertrag sind die bereits erbrachten Leistungen zurückzugewähren, beispielsweise Anzahlungen des Käufers oder die gelieferte Ware.

Vom Rücktrittsrecht Gebrauch zu machen wäre sinnvoll, wenn sich der Käufer in ernsthaften Zahlungsschwierigkeiten befindet und die Ware unter Eigentumsvorbehalt geliefert wurde.

Auch wenn sich der Verkäufer für den Rücktritt entschlossen hat, kann er zusätzlich noch Schadenersatz verlangen. Ausgeschlossen ist das Rücktrittsrecht, wenn der Gläubiger (Lieferant) für den Umstand des Zahlungsverzugs allein oder weit überwiegend verantwortlich ist.

2.2 Ablehnung der Zahlung und **Schadenersatz statt der Zahlung** (Nichterfüllungsschaden)
Die Kombination der Schadenersatzforderung mit dem **Rücktritt vom Kaufvertrag ist möglich** (§ 325 BGB). Denkbar wäre die kombinierte Inanspruchnahme, wenn der Verkäufer die nicht bezahlte Ware an einen anderen Kunden – zu einem niedrigeren Preis – verkaufen kann. Den Differenzbetrag zwischen zuvor vereinbartem und nun tatsächlich erzieltem Preis kann er als Schadenersatz verlangen.

---

[1] Der Basiszinssatz betrug am 1. Januar 2021 – 0,88 %. Er wird zum 1. Januar und 1. Juli eines jeden Jahres von der Deutschen Bundesbank neu berechnet. Der jeweils aktuelle Zinssatz kann im Internet unter www.bundesbank.de abgerufen werden.
[2] Bei Rechtsgeschäften, an denen kein Verbraucher beteiligt ist, beträgt der Verzugszins für Entgeltforderungen seit dem 29.07.2014 9 %.
[3] Obergrenze der Inkassokosten ist der entsprechende Gebührensatz für Rechtsanwälte.

LERNFELD 5

Hat der Verkäufer Schadenersatz verlangt, erlischt sein Anspruch auf die Zahlung.

Darüber hinaus kann er Ersatz für die Wertminderung der Ware und Rücknahmekosten verlangen. Da der Nachweis über den entgangenen Gewinn nur ungern geführt wird, kann unter Kaufleuten eine Konventionalstrafe vereinbart werden.

2.3 Ersatz vergeblicher Aufwendungen

Diese kann der Gläubiger verlangen entweder
- anstelle des Schadenersatzes statt der Zahlung oder
- gleichzeitig mit seinem Rücktritt vom Vertrag.

Sollte der Geldschuldner seinen Zahlungsverpflichtungen nicht rechtzeitig nachkommen, kann der Gläubiger versuchen, mithilfe des kaufmännischen bzw. gerichtlichen Mahnverfahrens zu seinem Geld zu kommen.

Die Anwendung der Zinsrechnung beim Zahlungsverzug

Angenommen, der Kunde „Netzel GmbH" würde den am 24. März fälligen Rechnungsbetrag erst am 1. Juni überweisen. Für das Überschreiten des Zahlungszieles um 69 Tage berechnet die Fairtext GmbH der Netzel GmbH Verzugszinsen.

Ermittlung der Verzugszinsen:

Gegeben sind:
- das Kapital 1.300,00 €
- der Zinssatz 8,12 % (gem. §§ 247, 288 BGB: 9 Prozentpunkte über dem Basiszinssatz. Basiszinssatz aktuell – 0,88 %)
- die Zeit 69 Tage (Fälligkeitstag: 24. März bzw. erster Verzugstag 25.03.; letzter Verzugstag [Zahlungseingang]: 1. Juni)

Die Zinsmethode ist bei Verzugszinsen gesetzlich nicht vorgeschrieben; auch die Rechtsprechung hat sich auf keine bestimmte Zinsmethode festgelegt. Da es sich nicht um einen Zeitraum-Zins, sondern um einen Tages-Zins für jeden Tag des Verzugs handelt, hat sich bei der Berechnung des Verzugszinses in der Praxis zunehmend die **tagesgenaue Echt/Echt-(act/act-)Methode** (oder Effektivzinsmethode) durchgesetzt. Hiernach werden alle Tage zwischen Fälligkeit und der Rückzahlung als vollverzinsliche Zinstage berechnet.

Für die Berechnung dieser Zinstage gilt in Deutschland folgendes:
- Die Zinstage werden kalendergenau bestimmt.
- Das Zinsjahr wird mit 365 Tagen bzw. 366 Tagen im Schaltjahr gerechnet.
- Beim Errechnen der Zinstage wird der Fälligkeitstag (hier der 24.03.) nicht mitgezählt (begonnen wird mit dem ersten Verzugstag: 25.03.).
- Der letzte Tag des Verzugszeitraum (hier der 01.06.) wird berücksichtigt.

Beispiel zum Einstiegsfall:

Gesucht werden die Verzugszinsen (Z)

$$Z = \frac{\text{Forderung} \cdot (\text{Basiszinssatz} + 5\% \text{ oder } 9\%) \cdot \text{Anzahl der Tage}}{100 \cdot 365 (366)}$$

$$= \frac{1.300,00 \cdot 8,12 \cdot 69}{100 \cdot 365} = 19,96 \text{ €}$$

Die Netzel GmbH muss für die verspätete Zahlung der Rechnung 19,96 € Zinsen für 69 Tage zahlen.

Darüber hinaus ist der Netzel GmbH ein Skontobetrag in Höhe von 26,00 € verloren gegangen. Hätte das Unternehmen den Rechnungsbetrag innerhalb des von der Fairtext GmbH eingeräumten Skontozeitraumes von 10 Tagen überwiesen, hätte ein Skontosatz von 2 % abgezogen werden können (Zahlungsbedingung: „Zahlbar innerhalb 10 Tagen mit 2 % Skonto oder innerhalb von 30 Tagen ohne Abzug").

Vermeidung von Zahlungsausfällen

Wenn ein Auftrag vertragsgemäß erledigt und die Leistung fristgerecht erbracht wurde, erwartet der Groß- und Außenhändler zu Recht den zeitnahen Eingang der Zahlung. Die **Begleichung von offenen Forderungen** lässt jedoch nicht selten auf sich warten. Die Gründe können vielfältig sein und reichen von einer schlechten Zahlungsmoral über vorübergehende Zahlungsschwierigkeiten bis hin zur Insolvenz des Geschäftspartners. Problematisch

LERNFELD 5

wird es allerdings, wenn sich unbezahlte Rechnungen häufen. Diese Situation kann je nach Höhe der eigenen Außenstände und Größe des Unternehmens zu Liquiditätsengpässen führen und die eigene unternehmerische Existenz gefährden.

Einen Großteil aller Zahlungsausfälle können Unternehmer aber bereits durch umsichtiges unternehmerisches Handeln im Vorfeld verhindern. Folgende fünf Empfehlungen sollten daher vor einer Zusammenarbeit mit einem Kunden von jedem Groß- und Außenhändler beachtet werden:

1. Risikominderung durch Informationen über Geschäftspartner

Informationen über Geschäftspartner sind im geschäftlichen Bereich von grundlegender Bedeutung, da sie helfen, mögliche Risiken bezüglich der Zahlungsfähigkeit frühzeitig zu erkennen und entsprechende Gegenmaßnahmen ergreifen zu können.

Am besten wird das geschäftliche Risiko abgesichert, indem man sich frühzeitig über Neukunden informiert und bestehende (interne) Daten über Bestandskunden aktuell hält. Zu den wichtigsten Unternehmensdaten gehören Firmierung, ladungsfähige Anschrift, Kontaktdaten sowie der Unternehmensstatus.

Weitere externe Eckdaten zu Unternehmen können z. B. abgerufen werden über:
- die Industrie- und Handelskammer,
- das Handelsregister, das bei den Amtsgerichten geführt wird,
- das Schuldnerverzeichnis beim Amtsgericht,[1]
- Wirtschaftsauskunfteien, die neben den Daten der öffentlichen Register noch zusätzliche Informationen anbieten und die Zahlungsfähigkeit prüfen.

2. Bonitätsauskunft

Neben solchen Unternehmensinformationen ist die Information über die finanzielle Situation des Geschäftspartners von Bedeutung. Deshalb sollte der Groß- und Außenhändler vor allem bei größeren Geschäftsabschlüssen vor Vertragsabschluss eine **Bonitätsprüfung**[2] vornehmen.

Hierfür können entweder Auskunfteien mit der **Prüfung der Zahlungsfähigkeit** beauftragt werden oder der Geschäftspartner wird direkt gebeten, seine Kreditwürdigkeit durch Vorlage einer Selbstauskunft der SCHUFA (Schutzgemeinschaft für allgemeine Kreditsicherung) nachzuweisen oder die Einholung einer SCHUFA-Auskunft über seine Hausbank zu gestatten.

Die SCHUFA ist eine Wirtschaftsauskunftei mit der Aufgabe, ihren Vertragspartnern Informationen zur Verfügung zu stellen, um sie vor Verlusten im Kreditgeschäft zu schützen. Sie speichert neben allgemeinen Angaben zur Person wie Name, Vorname, Geburtsdatum und Geschlecht auch gegenwärtige und frühere Anschriften (somit auch Umzugsverhalten) und bestimmte Informationen, die einen Rückschluss auf die Kreditwürdigkeit zulassen. Dazu gehören beispielsweise Informationen über die Eröffnung von Bankkonten, ausgegebene Kreditkarten, Kredit- und Leasingverträge mit Betrag und Laufzeit sowie Bürgschaften.

Die SCHUFA erhält von vielen Unternehmen weitere Informationen über abweichendes Zahlungsverhalten, wie z. B. über Forderungen, die fällig, ausreichend gemahnt und nicht bestritten sind, Missbrauch von Konten bzw. Kreditkarten nach Nutzungsverbot, die Abgabe einer Eidesstattlichen Versicherung oder die Eröffnung eines Insolvenzverfahrens.

Aus diesen Daten wird ein sogenannter Score-Wert errechnet. Das ist ein Wert zwischen 1 und 100, der einen Schätzwert darstellt für die Wahrscheinlichkeit eines Kreditausfalls. Je niedriger der Wert, desto größer ist das Risiko von zukünftigen Zahlungsschwierigkeiten.

---

1 Seit dem 01.01.2013 existiert ein bundesweites Schuldnerverzeichnis, das Vollstreckungsportal.
2 Weitere, ergänzende Ausführungen siehe Kapitel 2.8, Bd. 1.

Für den Groß- und Außenhändler empfiehlt es sich nicht nur, Neukunden zu überprüfen, sondern auch Bestandskunden mindestens einmal jährlich auf ihre Zahlungsfähigkeit selbst zu kontrollieren bzw. überprüfen zu lassen.

3. Dokumentation aller Geschäftsvorgänge und Einrichten eines Forderungsmanagements[1]

Voraussetzung für eine gezielte Nutzung der Kundendaten ist ein **effizientes Forderungsmanagement**. Ein unzureichendes Forderungsmanagement ist immerhin zu 64 % ursächlich für eine Insolvenz verantwortlich. Daher sollten alle Geschäftsprozesse sowie die Kommunikation mit dem Kunden lückenlos dokumentiert werden einschließlich der Nachweise über erbrachte Leistungen, Garantiefälle, Revisionen, Absprachen, Auftragsvolumen, vereinbarte Zahlungsziele und Zahlungsstand der Aufträge. Dies ermöglicht es dem Unternehmer, für jeden Kunden schnell und einfach einen Überblick zu erhalten, wann mit ihm welche Vereinbarungen getroffen wurden, ob er in der Vergangenheit zuverlässig gezahlt hat (Dokumentation der Zahlungserfahrungen), wann Rechnungen gestellt und Forderungen angemahnt wurden. So können nach erfolgten Mahnungen weitere Schritte, wie das gerichtliche Mahnverfahren, schnell eingeleitet werden.

Diese **Überwachung von Geschäftsbeziehungen** hat den Vorteil, dass genau angezeigt wird, wie die Geschäftsbeziehung zu einzelnen Kunden bislang verlaufen ist, sodass daraus Schlussfolgerungen für die weitere zukünftige Zusammenarbeit gezogen werden können.

Vornehmlich bei Altkunden ist eine aktualisierte **Debitorenliste** ein hilfreiches Dokument, einen schnellen Überblick über die Zahlungsmoral bestimmter Kunden zu erhalten.

Debitorenliste der Fairtext GmbH							Datum: 25.07.20.. (Auszug)
Kunden-nummer	Name	Umsätze in €		Höchster Einzelauftrag d. lfd. Jahres in €	Offene Posten in €	Zahlungs-moral	Externe Auskunftei
		Vorjahr	Lfd. Jahr				
10005	Adlatus GmbH Köln	428.862,12	201.802,67	39.339,79	3.468,70	01	SCHUFA
10015	Netzel GmbH Hildesheim	335.926,82	171.963,40	22.993,90	93.753,89	03	CREDITREFORM
10004	STOLCO eG Moers	92.639,21	41.319,60	17.601,45	23.761,96	04	CREDITREFORM

Zahlungsmoral:
01 = Skontoausnutzung; 02 = Zielausnutzung; 03 = Zielüberschreitung; 04 = Mahnbescheid; 05 = Zwangsmaßnahmen

Wenn Zahlungen öfter auf sich warten lassen, hilft unter Umständen aber auch die telefonische Kontaktaufnahme mit dem Kunden. Dabei kann dann genau geklärt werden, welchen Grund die Verzögerungen haben oder wie zukünftig damit umgegangen werden kann. **Telefoninkasso** kann dank gut geschulter Mitarbeiter oder externer Experten eine sinnvolle Ergänzung zum schriftlichen Mahnverfahren sein, um offene Forderungen zu realisieren.

Auch professionelle Dienstleister können dabei helfen, das eigene Forderungsmanagement effizienter zu gestalten, angefangen bei der Realisierung von Forderungen über die Absicherung bis hin zum Forderungsverkauf (**Factoring**). Mit dem Verkauf der Forderungen an einen Dienstleister werden alle Maßnahmen rund um den Ausgleich der eigenen Forderungen abgetreten und die Liquidität kann direkt gesteigert werden.[2]

4. Analysieren des Zahlungsverhaltens

Durch die gewonnenen Informationen über seine Kunden kann der Großhändler wiederum Anpassungen in der Zahlungsart vornehmen. Denn hat sich die Bonität eines Kunden verschlechtert, ist es eine denkbare Maßnahme, die Zahlungsart zu wechseln, um den rechtzeitigen Zahlungseingang sicherzustellen.

---

1 Siehe Ausführungen „Notwendigkeit eines Forderungsmanagements" zu Beginn dieses Kapitels.
2 Siehe Ausführungen zum Factoring im Kapitel 8.8.

LERNFELD 5

Dabei bieten sich verschiedene Möglichkeiten an, wie z.B. die Bezahlung von Teilbeträgen bei Vergabe des Auftrags, die Lieferung gegen Vorauskasse, ein verlängerter Eigentumsvorbehalt (in diesem Fall geht der Besitz vom Großhändler erst zum Kunden über, nachdem die Zahlung vorgenommen wurde) oder die Sicherungsübereignung[1].

5. Absicherung der Forderungen durch Kreditversicherungen

Eine weitere Möglichkeit, um finanzielle Verluste zu vermeiden, ist der Abschluss von **Forderungsausfall- bzw. Warenkreditversicherungen**. Hierbei versichert sich der Großhändler gezielt gegen den Ausfall einer oder aller seiner Forderungen bei einem Versicherungsinstitut. Diese spezialisierten Versicherer werden eine Bewertung und Risikoeinschätzung der Forderungen vornehmen und anhand des ermittelten Ausfallrisikos wird dann die Versicherungsprämie festgelegt. Da die Prämien bei riskanten Forderungen sehr hoch sein können, wird sich der Abschluss einer Kreditversicherung für kleinere und mittelständische Großhändler oftmals nur dann lohnen, wenn schon der Ausfall einer bestimmten Forderung existenzbedrohend für das gesamte Unternehmen sein kann.

Der Vorteil dabei ist, dass bei Nichtzahlung oder Insolvenz des Geschäftspartners die versicherten Forderungen schnell entschädigt werden und dadurch das eigene Unternehmen vor weiteren finanziellen Nachteilen geschützt ist.

Kreditversicherungen sind vor allem bei Geschäften mit hohen Rechnungsbeträgen sinnvoll.

6. Fazit

Eine Kombination aus Bonitätsprüfung, Inkasso, Versicherung und Factoring ermöglicht eine zuverlässige Risikoabsicherung und effektiven Schutz vor Zahlungsausfällen und Schäden durch Zahlungsverzug. Sollten **Zahlungsschwierigkeiten** bei bestimmten Kunden vermehrt auftreten, sollte man als letzte Maßnahme nicht zu lange zögern und sich von diesen trennen.

AUFGABEN

1. Warum wird ein Kaufmann auf den pünktlichen Eingang seiner Forderungen achten?
2. In einem Kaufvertrag war Zahlung bis zum 15. Juli vereinbart. Die Zahlung ist bis zu diesem Termin nicht eingegangen.
   a) Ist in diesem Fall eine Mahnung mit Fristsetzung erforderlich, um den Schuldner in Verzug zu setzen? Begründen Sie Ihre Antwort.
   b) Von welchem Tag an besteht Zahlungsverzug?
3. Die Firma Michaelis & Brunotte GmbH schickt einem säumigen Kunden fünf Wochen nach Rechnungserhalt eine nochmalige Rechnung mit dem Stempelaufdruck „Zweitrechnung" (vereinbart war ein Zahlungsziel von 20 Tagen ab Rechnungserhalt). Wie ist der Kunde in Zahlungsverzug geraten?
4. Die Kundin eines Großhändlers kaufte am 29. Mai Waren für 235,00 €. Es wurde vereinbart, den Betrag innerhalb von zwei Wochen zu bezahlen. Am 18. Juni ist der Rechnungsbetrag beim Großhändler noch nicht eingetroffen. Befindet sich die Kundin bereits im Zahlungsverzug? Begründen Sie Ihre Antwort.

---

1 Übertragen wird nur das Eigentum (bzw. die Inhaberschaft an Forderungen); die Sicherungsmittel selbst können im Besitz des Sicherungsgebers verbleiben. Daher können auch Sachen sicherungsübereignet werden, die der Schuldner dringend benötigt, um sein Geschäft fortzuführen und Einnahmen zu generieren, wie etwa Maschinen.

5. Wann tritt der Zahlungsverzug ein
   a) bei einem kalendermäßig genau festgelegten Zahlungstermin?
   b) bei einem kalendermäßig nicht genau festgelegten Zahlungstermin?

6. Welche Rechte stehen dem Gläubiger im Fall des Zahlungsverzugs zu und welche Voraussetzungen sind dabei zu beachten?

7. Um den Käufer in Zahlungsverzug zu setzen, ist häufig eine Mahnung erforderlich (zweckmäßig). Bei welchem der folgenden Zahlungstermine kann auf die Mahnung verzichtet werden bzw. kommt der Geldschuldner mit Ablauf des Zahlungstermins in Verzug?
   a) „Zahlbar bis 25. Nov. 20.."
   b) „Zahlbar sofort"
   c) „Zahlbar 4 Wochen ab heute"
   d) „Zahlbar 6 Wochen nach Rechnungsdatum"
   e) „Zahlbar am 6. Juni 20.."
   f) „Zahlbar 14 Tage nach Erhalt der Rechnung"
   g) „Zahlbar 3 Wochen nach Erhalt der Lieferung"

8. Das Modefachgeschäft für Damengarderobe Helen Villanueva e. Kffr. schuldet der Fairtext GmbH seit dem 4. Juni einen Betrag über 12.000,00 €. Die Fairtext GmbH berechnet Verzugszinsen von 12,00 %, Porti 4,50 € und Mahngebühren von 23,70 €.
   Wie viel Euro musste die Inhaberin Frau Villanueva am 15. Okt. insgesamt auf das Konto des Textilgroßhändlers überweisen? Bei der Tageberechnung ist die tagesgenaue Echt/Echt-Methode anzuwenden.

9. Herr Maurer kauft beim Computerfachgeschäft Jordan OHG die Webkamera „QuickCam Web" für 56,00 €. Da man sich gut kennt, wird die Zahlung bei Rechnungserhalt vereinbart. Herr Maurer erhält sieben Tage später, am 17. Aug., die Rechnung per Post. Zu diesem Zeitpunkt befindet er sich allerdings bereits im Urlaub und kehrt erst am 15. Sept. zurück.
   Befindet sich Herr Maurer bereits in Zahlungsverzug, wenn über die weitere Zahlungsabwicklung zwischen Privatmann Maurer und dem Händler nichts vereinbart wurde? Begründen Sie Ihre Stellungnahme.

10. Ein Großhandelsunternehmen liefert an einen Einzelhändler 15 italienische Deckenlampen der Marke „Sunshine". Der Einzelhändler erhält die entsprechende Rechnung zwei Tage später am 18. April.
    a) Vereinbart wurde zwischen den Vertragsparteien das Zahlungsziel „Zahlbar bis Ende April". Ab wann befindet sich der Einzelhändler in Zahlungsverzug?
    b) Angenommen, auf der Rechnung ist kein Zahlungsziel angegeben. Ab wann befindet sich der Einzelhändler in Zahlungsverzug?
    c) Es soll angenommen werden, dass die Rechnung kein Zahlungsziel enthält, der Großhändler den Einzelhändler aber am 2. Mai schriftlich gemahnt hat und die Mahnung postalisch am 4. Mai zugegangen ist. Ab wann befindet sich der Einzelhändler in Verzug?

11. Die Yson OHG, Freiburg, bestellt am 6. Mai bei der Textilgroßhandlung Fairtext GmbH 40 Basketballhemden mit V-Ausschnitt in glänzender Optik, 692,00 €. Am gleichen Tag bestellt die Karl Jens KG, Jena, 30 Zweiteiler (Shirt und Hose, hellblau) in pflegeleichter Crinkle-Qualität, 1.050,00 €. Die Lieferungen sollen unfrei in 14 Tagen – am 20. Mai – erfolgen, was von der Fairtext GmbH noch am Tag der Bestellung schriftlich bestätigt wird. Vereinbarte (unterschiedliche) Zahlungsbedingungen:
    - Yson OHG: zahlbar 4 Wochen nach Rechnungsdatum
    - Karl Jens KG: keine Angabe eines Zahlungstermins

    Am 20. Mai treffen die Warensendungen vereinbarungsgemäß bei den Kunden in Freiburg bzw. Jena ein. Die Rechnung an die Yson OHG liegt der Warensendung bei, die an die Karl Jens KG trifft zwei Tage später, am 22. Mai, per Post in Jena ein. Wann muss die Yson OHG bzw. die Karl Jens KG die bezogenen Waren an die Fairtext GmbH bezahlen?

12. Aufgrund unterschiedlicher betrieblicher Umstände wird sowohl die Ausgangsrechnung an die Yson OHG als auch die an die Karl Jens KG (siehe Aufgabe 11) in den nächsten Wochen nicht bezahlt. Das fällt den Verantwortlichen in den beiden Einzelhandelsunternehmen allerdings erst am 21. Aug. auf, als die Fairtext GmbH – wenn auch etwas spät – schriftlich in Form einer Mahnung an die Zahlung erinnert.
    Befinden sich die beiden Einzelhändler Yson OHG und Karl Jens KG damit bereits in Zahlungsverzug? Begründen Sie Ihre Antwort.

13. Angenommen, die Karl Jens KG bestreitet, die Rechnung von der Fairtext GmbH auf postalischem Wege erhalten zu haben (siehe Aufgaben 11 und 12).
    Wie ist die Rechtslage?

LERNFELD 5

14. Die Fairtext GmbH will die an die Karl Jens KG gelieferten 30 Zweiteiler zurückhaben (siehe Aufgaben 11 und 12), da man für die Textilien in der Zwischenzeit eine alternative Verwendungsmöglichkeit gefunden hat.
Welche Rechte kann die Fairtext GmbH in Anspruch nehmen?

15. Berechnen Sie nach der deutschen (kaufmännischen) Zinsmethode, wie viele Tage eine Kreditsumme in den folgenden Fällen ausgeliehen worden ist.
    a) 29.01. bis 15.09.
    b) 01.04. bis 09.06.
    c) 17.08. bis 19.11.
    d) 27.02. bis 06.06.
    e) 13.09. bis 15.10.
    f) 01.01. bis Ende Februar
    g) 28.07. bis 05.10. des folgenden Jahres
    h) 28.02. bis 05.10.

16. Berechnen Sie die Tage der angegebenen Zeiträume aus Aufgabe 15 a) bis h) nach der tagesgenauen Echt/Echt-Methode, wenn diese für die Ermittlung von Verzugszinsen berücksichtigt werden sollen.

17. Verzinsen Sie nach der kfm. Zinsmethode folgende Beträge:
    a) 180,00 € zu 5 % vom 03.01. bis 23.04.
    b) 5.489,97 € zu 8 % vom 19.02. bis 07.05.
    c) 2.600,00 € zu 7,5 % für 9 Monate

18. Großhändlerin Lippe hat bei ihrer Bank ein Darlehen von 14.000,00 € aufgenommen. Das Darlehen hat eine Laufzeit von drei Jahren und ist mit 7 % zu verzinsen.
Wie viel Zinsen sind für das Darlehen insgesamt zu bezahlen?

19. Frau Staudt aus der Abteilung fällt beim Überprüfen der Ausgangsrechnungen in der Debitorenliste der hohe noch offene Posten in Höhe von 93.753,89 € beim Kunden Netzel GmbH aus Hildesheim auf.
    a) Die Zahlungsmoral des Kunden ist mit 03 = Zielüberschreitung vermerkt. Welche wirtschaftlichen Auswirkungen könnte das auf die Fairtext GmbH haben?
    b) Schon seit Längerem hat die Fairtext GmbH ein Forderungsmanagement eingeführt. Erläutern Sie Sinn und Zweck dieser Maßnahme.
    c) Machen Sie Vorschläge, wie die Zahlungseingänge sinnvoll überwacht und die Risiken eines Forderungsausfalls reduziert werden könnten.

20. Beschreiben Sie die Bonitätsprüfung.

21. Welche Dokumente (Dateien) wird ein Sachbearbeiter für die Bonitätsprüfung bzw. Prüfung der Zahlungsmoral von Kunden heranziehen, wenn er sich der DV-gestützten Auftragsabwicklung bedient?

22. Erläutern Sie, was Sie unter SCHUFA verstehen.

23. Was wird bei einer Schufa-Auskunft angezeigt?

24. Was ist der SCHUFA-Score?

25. Woher stammen die Daten zur Berechnung des Scores?

AKTIONEN

1. Bearbeiten Sie den Text des vorliegenden Kapitels in sechs Schritten:
   - Überblick verschaffen
   - Leseabschnitte einteilen
   - unbekannte Wörter nachschlagen
   - Wichtiges abschreiben
   - mit eigenen Worten wiederholen
   - den Text skizzieren in Form
     – einer Mindmap (falls möglich verwenden Sie das Programm MindManager),
     – eines Ablauf- oder Ordnungsschemas oder
     – eines Bildes, das den Textinhalt darstellt.

2. Bereiten Sie sich darauf vor, Ihre Ergebnisse des letzten Schrittes Ihren Mitschülern angemessen zu präsentieren.

3. Erstellen Sie eine PowerPoint-Präsentation, die das Thema „Notwendigkeit eines Forderungsmanagements" vorstellt. Visualisieren Sie Ihre Präsentation mithilfe von Abbildungen aus dem Internet. Verwenden Sie dazu die Bildersuche verschiedener Suchmaschinen, z. B. Yahoo, msn oder Google.

4. a) Verschaffen Sie sich eine Übersicht zum Thema: „Über welche gesetzlichen Voraussetzungen zur Nicht-Rechtzeitig-Zahlung muss ein Großhändler informiert sein?" Benutzen Sie dafür verschiedene Informationsquellen:
   – Lesen Sie die Informationen dieses Kapitels mithilfe der Methode des aktiven Lesens.
   – Suchen Sie darüber hinaus im Internet nach Ausführungen zum Zahlungsverzug.

LERNFELD 5

- Nutzen Sie für die weitere Informationsbeschaffung Bibliotheken, Nachschlagewerke und Behördenauskünfte.
b) Fassen Sie die Informationen in diesem Kapitel des Lehrbuches und Ihrer Recherchen mithilfe des Computers in einer entsprechenden visuellen Darstellung zusammen.
5. Verschaffen Sie sich eine Übersicht zu dem Thema: „Welche Rechte sollte der Verkäufer bei der nicht rechtzeitigen Bezahlung der Warenlieferung haben?"
   a) Bilden Sie hierzu Arbeitsgruppen.
   b) Wenden Sie die Methode der Kartenabfrage an. Schreiben Sie in gut lesbarer Blockschrift eine Idee bzw. einen Gedanken pro Karte und hängen Sie Ihre Karten an die Pinnwand.
   c) Wählen Sie aus Ihrer Mitte zwei Schüler, die mit Unterstützung der Arbeitsgruppen die Karten nach Oberbegriffen (Sinneinheiten) ordnen (clustern).
   d) Überprüfen Sie die Zuordnungen und geben Sie jedem Cluster eine passende Überschrift.
   e) Kontrollieren Sie, ob in dieser Systematisierung noch wichtige Gedankengänge fehlen. Kommentieren Sie Ihre Vorschläge.

ZUSAMMENFASSUNG

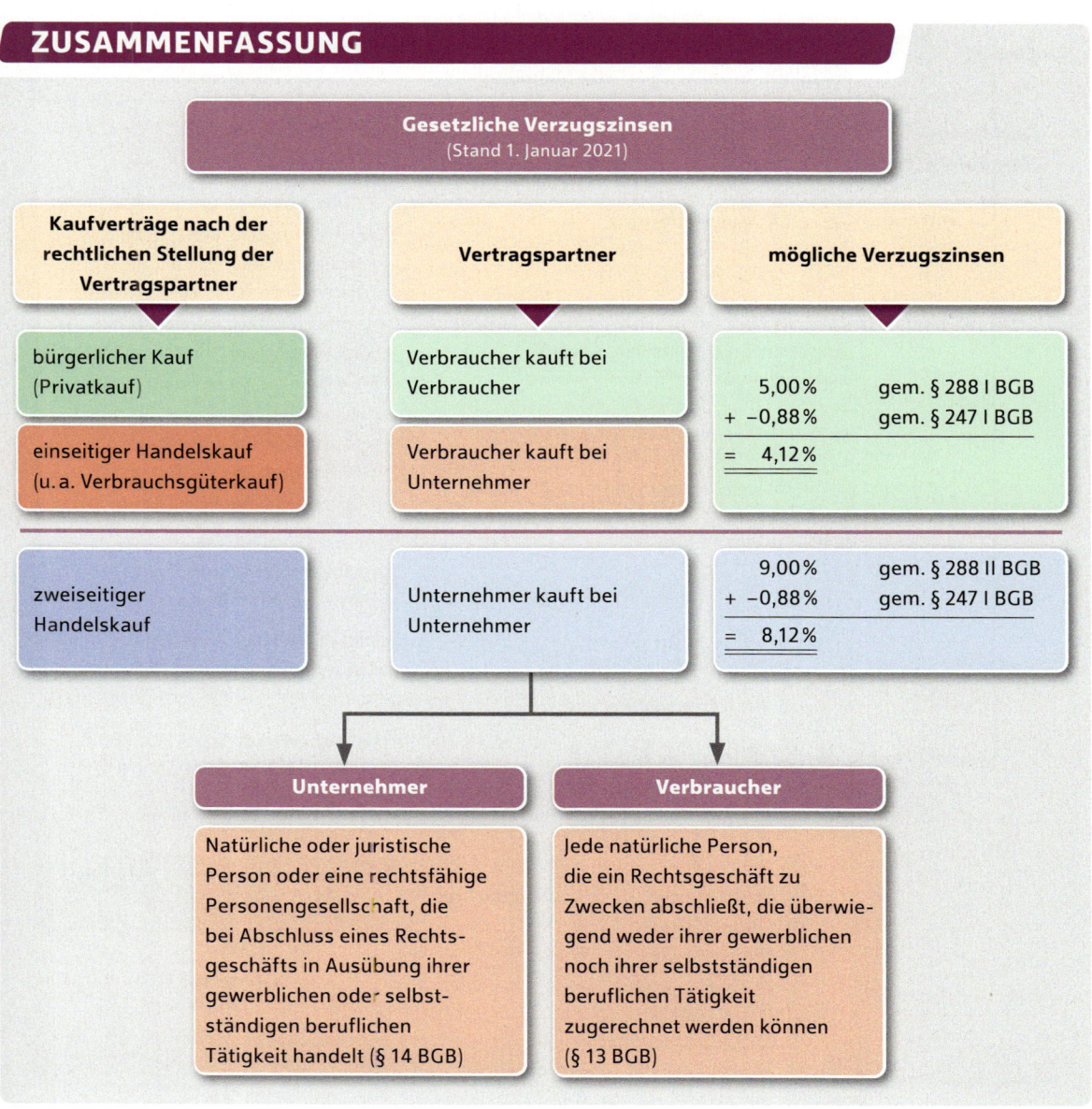

LERNFELD 5

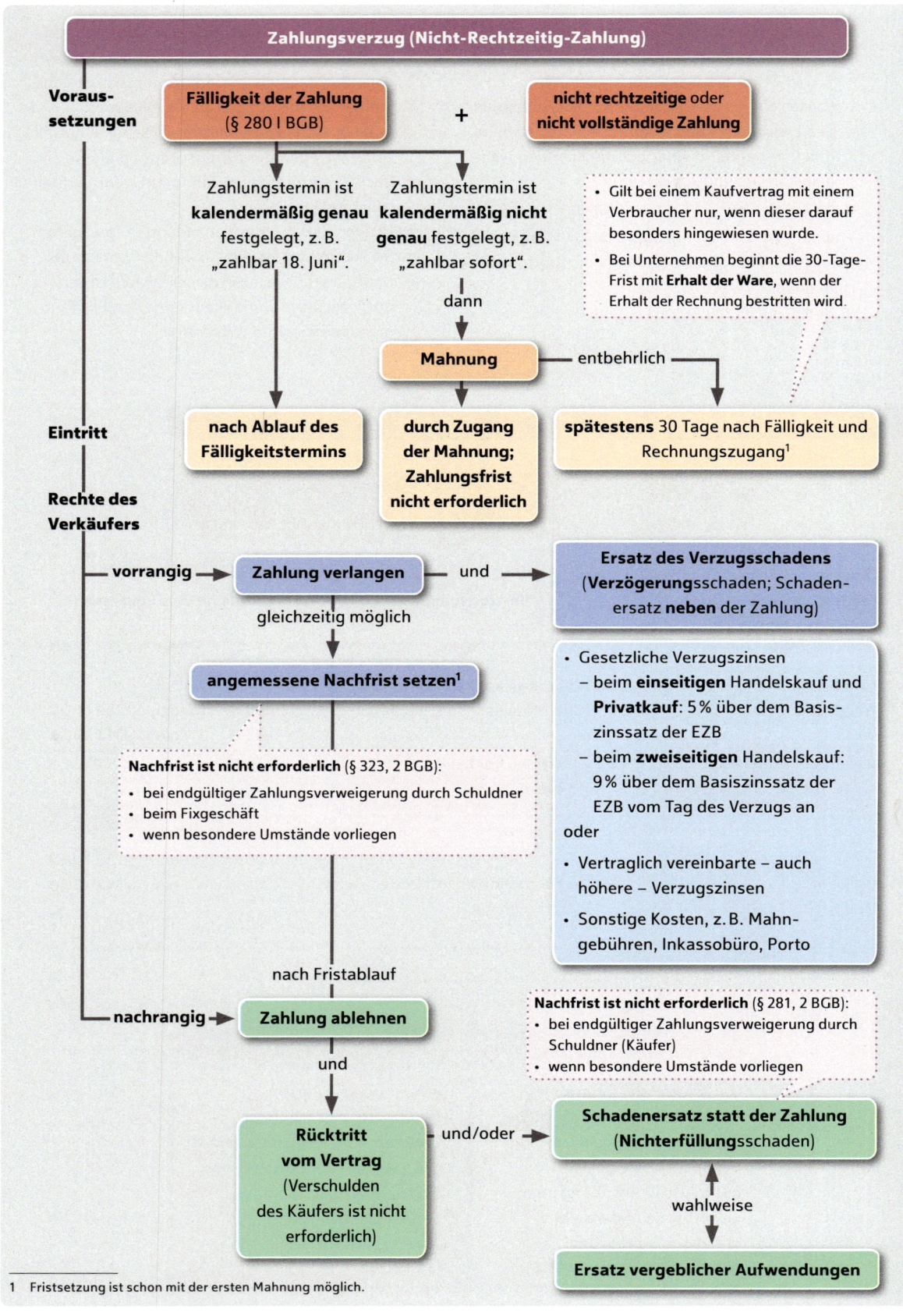

LERNFELD 5

Bedeutung eines aktiven Forderungsmanagements

Mit der laufenden Überwachung der Fälligkeitstermine und dem pünktlichen Eingang der Forderungen kann der Verkäufer:

- seine Liquidität erhöhen,
- Kreditkosten vermeiden,
- Skonti seiner Lieferanten in Anspruch nehmen,
- günstige Angebote wahrnehmen,
- seine eigene Kreditwürdigkeit durch pünktliche Zahlungen verbessern,
- das Forderungsrisiko (Zahlungsunfähigkeit des Käufers; Verjährung) verringern.

Beitrag zur Sicherung des wirtschaftlichen Erfolgs eines Unternehmens

KAPITEL 14
Außergerichtliches Mahnverfahren

Da die Netzel GmbH, ein langjähriger und guter Kunde der Fairtext GmbH, ihre Rechnung nicht termingerecht bezahlt hat, schreibt die Sachbearbeiterin der Fairtext GmbH, Frau Tegtmeyer, nebenstehenden Brief:

Textilgroßhandlung

Fairtext GmbH · Walsroder Str. 6 a · 30625 Hannover

Fachgeschäft für Herrenwäsche
Netzel GmbH
Halberstädter Straße 18
31141 Hildesheim

Ihr Zeichen:
Ihre Nachricht vom:
Unser Zeichen: te-l
Unsere Nachricht vom: 22.02.20..

Name: Frau Tegtmeyer
Telefon: 0511 4155-59
Internet: www.fairtext-wvd.de
E-Mail: tegtmeyer@fairtext-wvd.de

Datum: 08.04.20..

Zahlungserinnerung

Sehr geehrte Damen und Herren,

auf Ihrem Konto steht der Betrag unserer Rechnung 1012/HH vom 22. Februar 20.. von

1.300,00 €

noch offen.

Bei einem Ziel von 30 Tagen war dieser Rechnungsbetrag bereits am 24. März d. J. fällig.

Um nicht selbst in Zahlungsschwierigkeiten zu geraten und um die Aufnahme teurer Bankkredite zu vermeiden, müssen wir auf den pünktlichen Eingang unserer Forderung ganz besonders Wert legen.

Kein Kaufmann kann sich heutzutage die Geschäftsbeziehung mit Kunden leisten, die längst fällig gewordene Rechnungsbeträge erst mehrere Wochen nach Fälligkeit begleichen.

Sollten Sie den oben genannten Betrag zuzüglich 8,12 % Verzugszinsen nicht bis zum 15. April 20.. auf unser Konto überwiesen haben, werden wir gerichtlich gegen Sie vorgehen.

Hochachtungsvoll

Textilgroßhandlung Fairtext GmbH

Tegtmeyer

Tegtmeyer

Begründen Sie, warum es nicht ratsam ist, einen Kunden möglichst schnell und in einem derart scharfen Ton zu mahnen.

LERNFELD 5

INFORMATIONEN

Säumige Käufer müssen gemahnt werden.[1] Mit der Mahnung weist das Großhandelsunternehmen ausdrücklich auf den fälligen Betrag hin und nennt zugleich einen letzten Zahlungstermin.

Mit dem Zugang der Mahnung gerät der Käufer in Zahlungsverzug (§ 286 Abs. 1 BGB), wenn der Zahlungstermin kalendermäßig nicht genau festgelegt war bzw. die Mahnung innerhalb der ersten 30 Tage nach Fälligkeit und Rechnungszugang erfolgte.

Die Mahnung ist **formfrei**, also auch mündlich möglich. Aus Gründen der Beweissicherung sollte der Großhändler aber stets schriftlich mahnen und, zumindest in wichtigen Angelegenheiten, das Schreiben durch Einschreiben mit Rückschein zustellen lassen, da der Gläubiger für den Zugang der Mahnung beweispflichtig ist.

Trotz aller Vorsichtsmaßnahmen wird ein Kaufmann jedoch nicht sein erstes Schreiben an den säumigen Käufer als Mahnung abfassen oder gar gleich mit gerichtlichen Schritten drohen. Schließlich könnte es sich lediglich um ein Versehen handeln und mit dem im Mahnschreiben angeschlagenen Ton würde man den Käufer – zumal einen langjährigen – verletzen oder sogar für immer verlieren.

In der kaufmännischen Praxis ist es deshalb allgemein üblich, dem Käufer vor der 1. Mahnung ein **Erinnerungsschreiben** zuzusenden, z. B. in Form einer Rechnungskopie mit Zahlschein oder in Form eines Kontoauszugs. Das höflich formulierte Erinnerungsschreiben ist rechtlich gesehen keine Mahnung und **setzt den Käufer auch nicht in Verzug**.

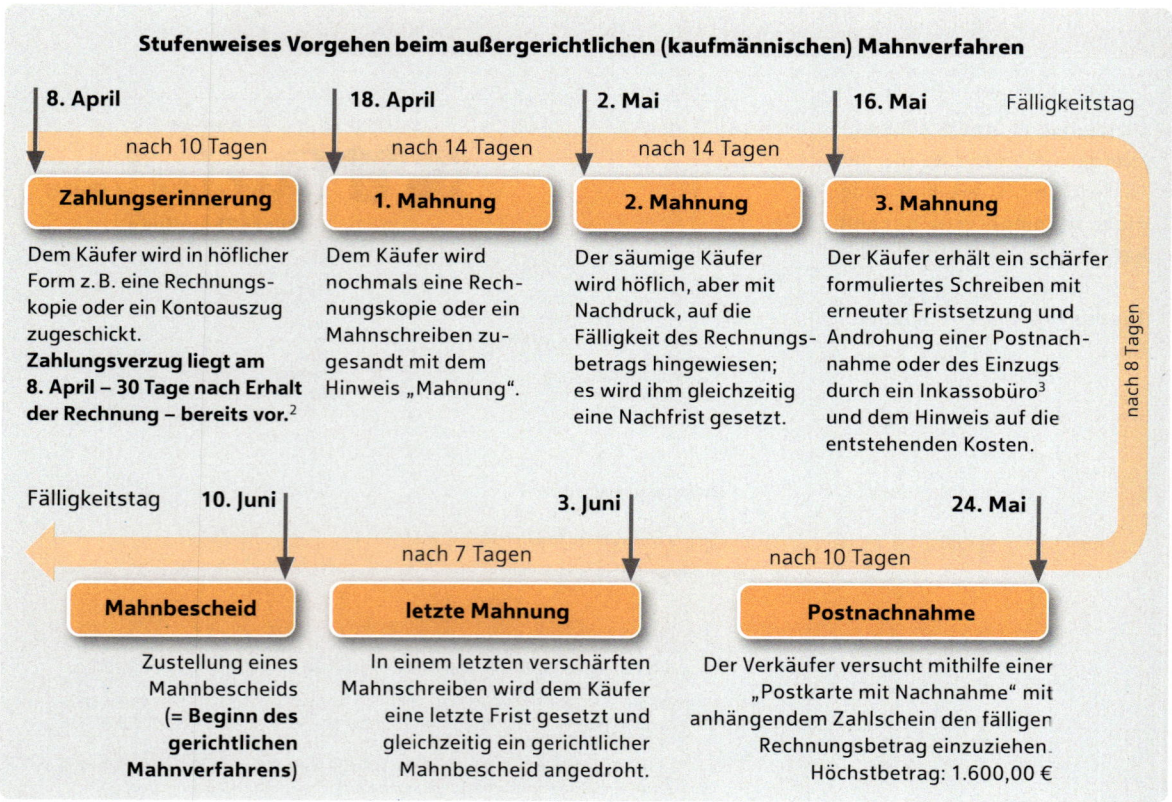

---

1 siehe Kap. 5.12.

2 Der Schuldner gerät automatisch, d. h. auch ohne Mahnung, spätestens 30 Tage nach Fälligkeit und Rechnungszugang in Verzug. Eine Mahnung, um den Schuldner (Netzel GmbH) in Zahlungsverzug zu setzen, wäre daher in diesem Beispiel nicht notwendig.

3 Ein **Inkassobüro** ist ein Dienstleistungsunternehmen, das Gläubigern dazu verhilft, das ihnen geschuldete Geld wiederzuerlangen. Das ist juristisch ausgedrückt „gewerbsmäßige Einziehung von Forderungen". Die Tätigkeit der Inkassobüros steht in Deutschland unter Erlaubniszwang: Wer nicht über die behördliche Erlaubnis verfügt, darf nicht als Inkassounternehmer arbeiten. Der Gläubiger hat den Vorteil, dass er die Kosten für die Überwachung der Zahlungseingänge sparen kann, beispielsweise für die Mahnabteilung oder für die Kreditkontrolle. Er muss allerdings eine Inkassogebühr entrichten, die jedoch als Verzugszinsen gegenüber dem säumigen Schuldner geltend gemacht werden kann.

Sollte der Käufer daraufhin nicht reagieren, ist das **außergerichtliche Mahnverfahren** möglich (also nicht zwingend vorgeschrieben), bevor der gerichtliche Mahnweg beschritten wird.

Außergerichtliches Mahnverfahren: Es wird versucht, Forderungen **ohne** Einschaltung der Gerichte einzutreiben.

Das außergerichtliche Mahnverfahren wird von den Unternehmen unterschiedlich gehandhabt. Es ist u. a. abhängig von den Gründen des Zahlungsverzugs, der Art der Geschäftsbeziehung und der wirtschaftlichen Situation des Verkäufers.

Fairtext GmbH · Walsroder Str. 6 a · 30625 Hannover

Fachgeschäft für Herrenwäsche
Netzel GmbH
Halberstädter Straße 18
31141 Hildesheim

Ihr Zeichen:
Ihre Nachricht vom:
Unser Zeichen: te-l
Unsere Nachricht vom: 22.02.20.., 08.04.20..

Name: Frau Tegtmeyer
Telefon: 0511 4155-59
Internet: www.fairtext-wvd.de
E-Mail: tegtmeyer@fairtext-wvd.de

Datum: 18.04.20..

1. Mahnung

Sehr geehrte Damen und Herren,

zur Abstimmung erhalten Sie nachstehend eine Aufstellung der offenen Posten. Sollten darin bereits fällige Beträge enthalten sein, betrachten Sie diesen Auszug bitte als Erinnerung.

Wir bitten um baldigen Ausgleich.

Beleg-Nr.	Belegdatum	Fälligkeitsdatum	Buchungstext	offene Posten	fälliger Posten	Mahnstufe
1012/HH	22. Februar 20..	24. März 20..	Rechnung	1.300,00 €	1.300,00 €	1

Zahlungseingang berücksichtigt
bis 15. April 20..

Fairtext GmbH · Walsroder Str. 6 a · 30625 Hannover

Fachgeschäft für Herrenwäsche
Netzel GmbH
Halberstädter Straße 18
31141 Hildesheim

Ihr Zeichen:
Ihre Nachricht vom:
Unser Zeichen: te-l
Unsere Nachricht vom: 18.04.20..

Name: Frau Tegtmeyer
Telefon: 0511 4155-59
Internet: www.fairtext-wvd.de
E-Mail: tegtmeyer@fairtext-wvd.de

Datum: 28.05.20..

Letzte Mahnung

Sehr geehrte Damen und Herren,

Sie haben trotz mehrfacher Aufforderung unsere Rechnung 1012/HH vom 22. Februar 20.., fällig am 24. März 20.., noch nicht beglichen.

Ihr Verhalten ist uns unverständlich. Da unsere Preise sehr knapp kalkuliert sind, können wir Ihnen ein Zahlungsziel, wie es jetzt von Ihnen in Anspruch genommen wird, nicht länger einräumen. Kein Kaufmann kann heutzutage tatenlos zusehen, wie die Zinsverluste bei seinen Außenständen seine Gewinne aufzehren.

Sie zwingen uns leider dazu, unsere Forderung gerichtlich durchzusetzen.

Wir werden deshalb am 10. Juni 20.. gegen Sie den Erlass eines Mahnbescheids über 1.300,00 € zuzüglich Verzugszinsen und Mahnkosten erwirken.

In Anbetracht unserer langjährigen Geschäftsbeziehung setzen wir Ihnen eine letzte Zahlungsfrist bis zum 7. Juni 20.. .

Mit freundlichen Grüßen

Fairtext GmbH
Textilgroßhandlung

Tegtmeyer

Tegtmeyer

LERNFELD 5

Forderungseinzug durch Postnachnahme

Mithilfe der **Postnachnahme National** können durch die Post vom säumigen Käufer Forderungen bis zu einer Höhe von 1.600,00 € eingezogen werden. Der Nachnahme ist ein Zahlschein angeheftet. Auf dem Zahlschein erscheint der um die Zahlscheingebühr verminderte Nachnahmebetrag.

Kreditversicherung

Großhandelsunternehmen können sich gegen ausbleibende Zahlungen versichern. Bleiben dann Außenstände offen, weil der Kunde zahlungsunfähig ist, zahlt die Versicherung.

BEISPIELE FÜR KREDITVERSICHERER
- allgemeine Kreditversicherung
- Hermes Versicherung
- Gothaer Versicherung

AUFGABEN

1. Wovon wird es abhängen, in welcher Form und wie oft ein Verkäufer einen Käufer mahnt?
2. Welchen Zweck hat das außergerichtliche Mahnverfahren?
3. Sie sind unterschriftsbevollmächtigter Mitarbeiter der Textilgroßhandlung Fairtext GmbH, Walsroder Str. 6 a, in 30625 Hannover.
   Konten:
   Hannoversche Volksbank eG
   Konto-Nr. 12 345
   BLZ 251 900 01
   BIC: VOHADE2H
   IBAN: DE73 2519 0001 0000 0123 45
   Sparkasse Hannover
   Konto-Nr. 88 230
   BLZ 250 501 80
   BIC: SPKHDE2H
   IBAN: DE24 2505 0180 0000 0882 30
   a) Die Textilgroßhandlung Fairtext GmbH hat an das Textilfachgeschäft Bernd Krellwitz e. K., Goethestr. 124, 31135 Hildesheim, Waren im Wert von 1.100,00 € geliefert, Ziel 20 Tage. Bernd Krellwitz hat die Rechnung vom 7. Sept., eingegangen am 10. Sept., nicht fristgemäß bezahlt. Eine Erinnerung vom 30. Sept. und eine Mahnung vom 11. Okt. 20.. mit beigefügtem ausgefülltem Zahlschein blieben ohne Erfolg. Schreiben Sie mit Datum 18. Okt. eine Mahnung an Bernd Krellwitz. Berücksichtigen Sie die obige Sachlage. Drohen Sie bei Nichtzahlung den Geldeinzug durch Postnachnahme an. Weisen Sie auf die dadurch entstehenden Kosten hin.
   b) Bernd Krellwitz hat auch die ihm inzwischen zugestellte Postnachnahme nicht eingelöst. Schreiben Sie mit Datum vom 3. Nov. eine letzte Mahnung mit einer angemessenen Nachfrist. Drohen Sie bei Nichtbeachtung gerichtliche Schritte an.
4. Welche Vorgehensweise schlagen Sie vor, wenn ein guter Kunde eine fällige Rechnung nicht unverzüglich begleicht?
5. Aus welchen Gründen ist eine Mahnung erforderlich?

AKTIONEN

1. Schreiben Sie einen Fachbericht mit dem Thema „Das außergerichtliche Mahnverfahren".
   Dem Fachbericht soll mindestens entnommen werden können, welchen Zweck und welche Bedeutung das Verfahren hat und welche Vorgehensweise möglich ist.
2. Erkundigen Sie sich in Ihrem Ausbildungsunternehmen, wie im Falle nicht rechtzeitiger Zahlung verfahren wird.
   a) Bereiten Sie Ihre Informationen mithilfe der Netzwerktechnik auf.

b) Fertigen Sie eine Farbfolie Ihrer Arbeit mithilfe des Computers und geeigneter Software an. Beachten Sie dabei die Tipps zur Gestaltung von Folien und Plakaten.

c) Bereiten Sie sich darauf vor, Ihr Arbeitsergebnis mittels Overheadprojektor vorzutragen:
- Prüfen Sie zuvor, ob der Inhalt der Folie auf der Projektionsfläche zu lesen ist.
- Achten Sie auf die Anwendung der Präsentationsregeln.

3. a) Vergleichen Sie das Verhalten Ihres Ausbildungsunternehmens im Fall des Zahlungsverzugs mit der Praxis in den Unternehmen Ihrer Klassenkameraden.

b) Sammeln Sie die verschiedenen Reaktionen an der Tafel, stellen Sie die Unterschiede bzw. Gemeinsamkeiten fest und erörtern Sie im Klassenverband die möglichen Gründe für Abweichungen.

c) Stellen Sie das Ergebnis Ihrer Gemeinschaftsarbeit in Form eines Kreis- oder Säulendiagramms dar. Benutzen Sie hierfür das Tabellenkalkulationsprogramm Excel.

4. a) Informieren Sie sich z. B. unter den Internetadressen *www.inkasso.de* und *www.creditreform.de* über die Aufgaben eines Inkasso-Unternehmens bzw. dessen Kreditrisikomanagement.

b) Stellen Sie der Klasse die Ergebnisse Ihrer Recherchen mithilfe von geeigneten Präsentationsverfahren vor.

ZUSAMMENFASSUNG

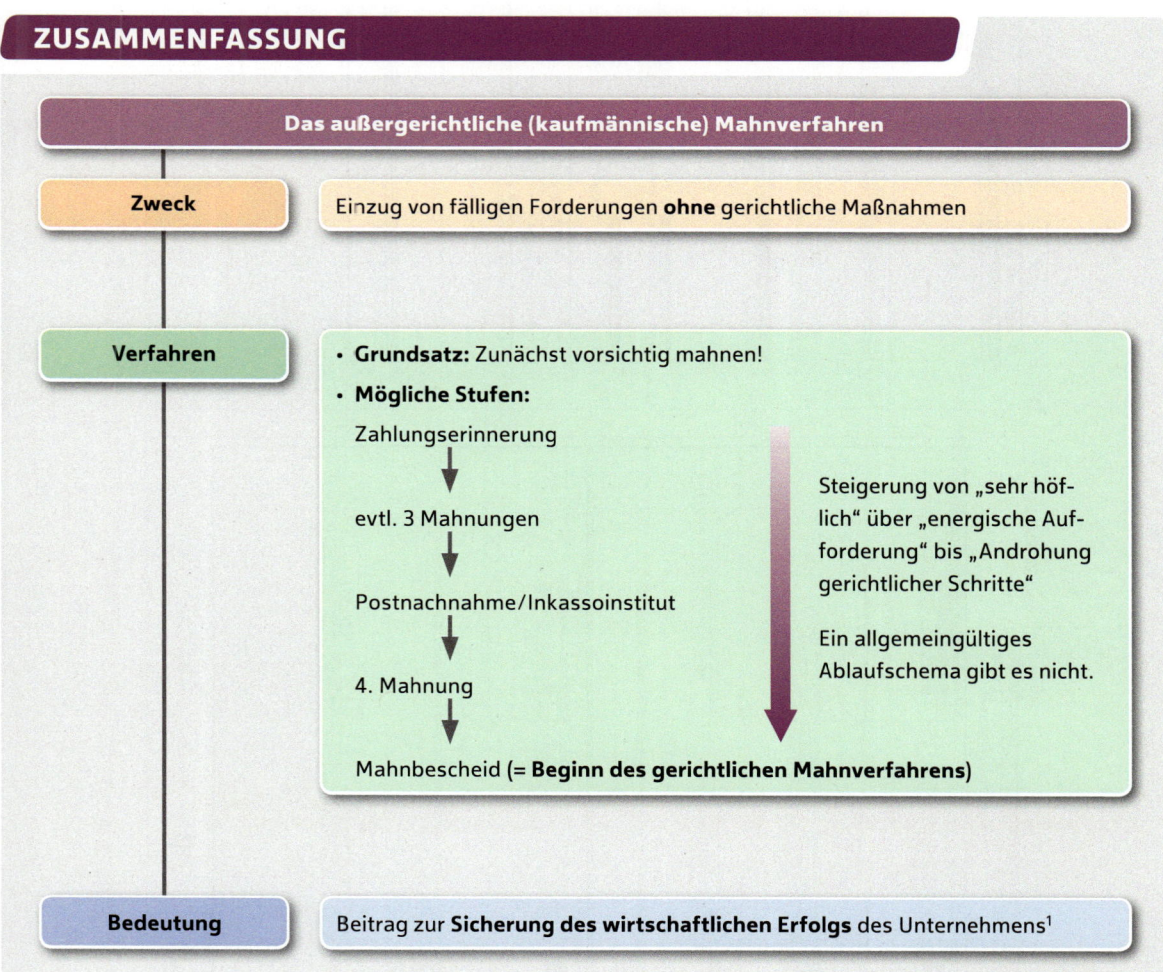

---

[1] Siehe auch unter „Forderungsmanagement" in Kap. 5.12.

LERNFELD 5

KAPITEL 15
Gerichtliches Mahnverfahren

Auch der letzte Mahnbrief der Textilgroßhandlung Fairtext GmbH vom 3. Juni 20.. an die Netzel GmbH in Hildesheim bleibt unbeantwortet. Der längst fällige Rechnungsbetrag wird nicht überwiesen.

Die Textilgroßhandlung Fairtext GmbH kann den Einzelhändler für Herrenwäsche nun auf Zahlung verklagen oder beim Gericht den Erlass eines Mahnbescheids beantragen.

Da man in der Fairtext GmbH glaubt, durch das gerichtliche Mahnverfahren schneller und kostensparender zu der noch ausstehenden Geldsumme zu kommen, wird am 10. Juni der Mahnbescheid beantragt (siehe unten).

1. Stellen Sie fest, zu welchen Punkten der Gläubiger im Mahnantrag Angaben machen muss.
2. Beschreiben Sie, welche Folgen der Mahnbescheid für die Netzel GmbH haben kann.

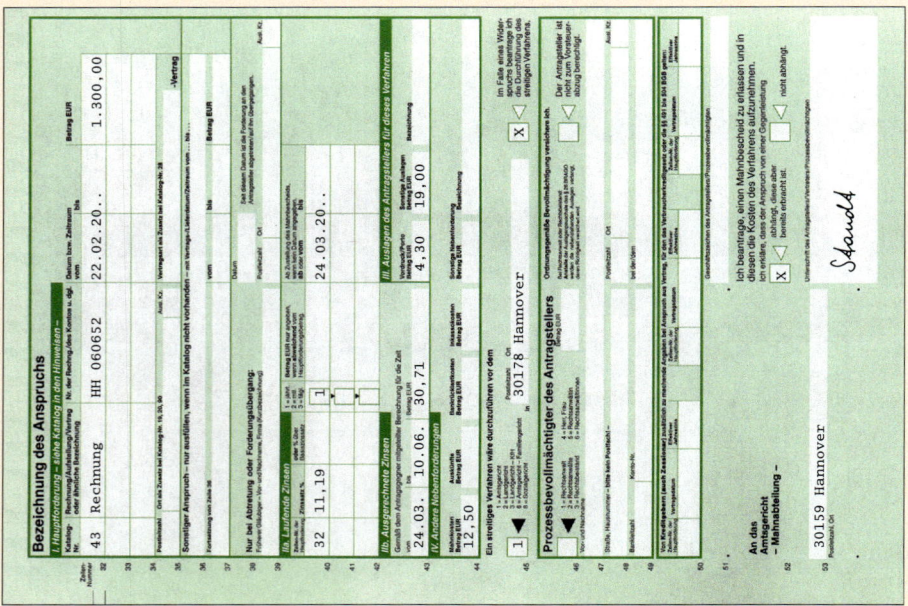

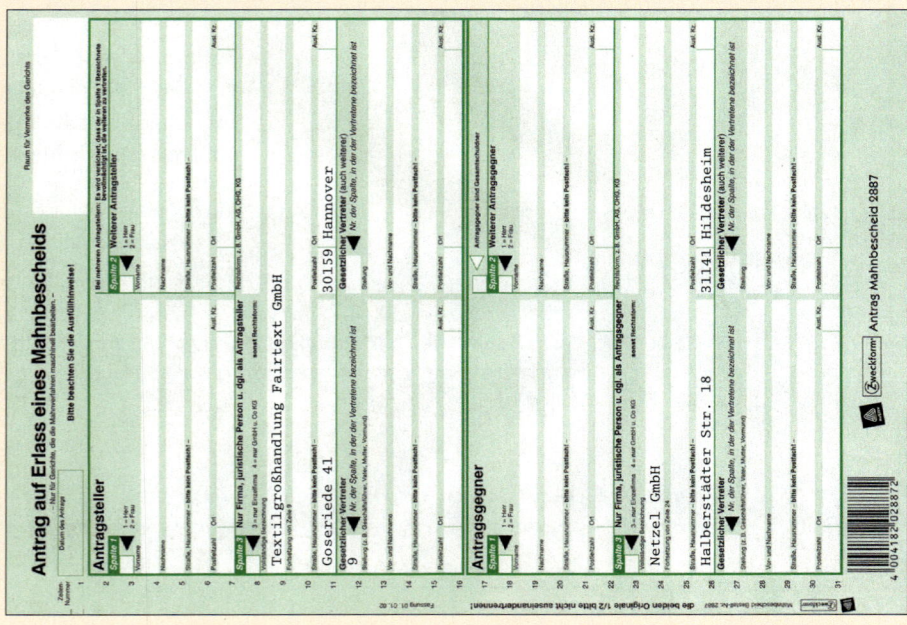

LERNFELD 5

INFORMATIONEN

Führt die außergerichtliche Mahnung nicht zur Begleichung des fälligen Rechnungsbetrags, wird der Gläubiger (Antragsteller) das **gerichtliche Mahnverfahren** einleiten, die schärfste und nachdrücklichste Form der Mahnung.

Mahnbescheid

1. Beantragung des Mahnbescheids

Für das gerichtliche Mahnverfahren gilt **Formularzwang**. Der Formularsatz kann in Schreibwarengeschäften gekauft oder unter *www.online-mahnantrag.de* als Ausdruck generiert werden. Hier wird auch genau beschrieben, wie beim Antrag auf Erlass des Mahnbescheids vorzugehen ist.

Das zuständige Gericht ist grundsätzlich das Amtsgericht, bei dem der Antragsteller (Gläubiger) seinen Geschäfts- oder Wohnsitz hat. Allerdings haben viele Bundesländer eine zentrale Annahmestelle für gerichtliche Mahnbescheide geschaffen.

Ist ein Mahnbescheid lückenhaft ausgefüllt, kann er erst nach zeitraubenden Rückfragen erlassen werden. Hierdurch verzögert sich das Verfahren. Das wiederum kann auch dazu führen, dass die Verjährung nicht gehemmt wird.

2. Erlass und Zustellung des Mahnbescheids

Das Gericht stellt dem Schuldner (Antragsgegner) nach Bezahlung der Gerichtskosten den Mahnbescheid von Amts wegen zu (§ 693 Abs. 1 ZPO). Eine **Prüfung**, ob die Forderung zu Recht besteht, **findet nicht statt**.

> **DEFINITION**
>
> Der **Mahnbescheid** ist eine Aufforderung an den Schuldner,
> - entweder innerhalb einer gegebenen Frist den geschuldeten Betrag zuzüglich Zinsen und entstandenen Kosten zu zahlen oder
> - sich zu verteidigen.

Das Mahngericht informiert den Gläubiger über die erfolgte Zustellung und über das Zustelldatum, da es für den ggf. nachfolgenden Antrag auf Erlass des Vollstreckungsbescheids maßgeblich ist.

3. Wirkung des Mahnbescheids

- Die im Mahnbescheid enthaltene Zahlungsaufforderung ersetzt eine erforderliche **Nachfristsetzung**.
- Der Schuldner gerät durch die Zustellung des Mahnbescheids in **Zahlungsverzug** (§ 286 Abs. 1 Satz 2 BGB), sodass spätestens ab diesem Zeitpunkt die gesetzlichen Verzugszinsen verlangt werden können.
- Durch die **Zustellung** des Mahnbescheids wird eine laufende **Verjährungsfrist gehemmt** (§ 204 Abs. 1 Satz 3 BGB).[1]

Verfahren bis zum Vollstreckungsbescheid

Nach der Zustellung des Mahnbescheids hat der Antragsgegner folgende Möglichkeiten:
- Er bezahlt. Das gerichtliche Mahnverfahren ist damit beendet.
- Er schweigt.
- Er legt Widerspruch ein.

1. Der Schuldner (Antragsgegner) legt Widerspruch ein

Mit dem Mahnbescheid muss sich der Schuldner nicht abfinden. Wenn er die Forderung nicht anerkennt, muss **er innerhalb von 14 Tagen** gegen den Mahnbescheid schriftlich Widerspruch einlegen.

Beim Amtsgericht beginnt das gerichtliche Mahnverfahren.

Sachlich ist bei einem Streitwert bis 5.000,00 € immer das Amtsgericht zuständig.
Bei einem höheren Streitwert wird vor dem Landgericht verhandelt.

---

[1] Siehe Kap. 5.16.

Sind mehrere Gerichte **örtlich** zuständig (neben dem Wohnsitzgericht des Schuldners z. B. auch das Gericht am Erfüllungsort aufgrund einer wirksamen Gerichtsstandvereinbarung), muss sich der Gläubiger bereits beim Ausfüllen des Mahnantrags entscheiden, bei welchem örtlich zuständigen Gericht ein späteres streitiges Verfahren durchgeführt werden soll. Maßgebend für diese Entscheidung können sein:
- Entfernung zum Gerichtsort und damit verbundene Reisekosten
- „besondere" Rechtsprechung eines Gerichts zu bestimmten Rechtsfragen
- Kanzleisitz der ggf. zu beauftragenden Rechtsanwälte u. a.

Die Frist für die Widerspruchserhebung, für die weder Formular- noch Anwaltszwang besteht, beginnt mit der ordnungsgemäßen Zustellung des Mahnbescheids.

Der **rechtzeitige Widerspruch** verhindert den Erlass eines Vollstreckungsbescheids und sollte vom Schuldner vor allem bei inzwischen erfolgter Bezahlung eingelegt werden. Der Schuldner hat auch die Möglichkeit, seinen Widerspruch auf einen Teil des geltend gemachten Anspruchs oder auf die Nebenforderungen (Zinsen und Kosten) zu beschränken. Der Widerspruch braucht vom Schuldner nicht begründet zu werden.

Bei rechtzeitigem Widerspruch muss der Gläubiger oder der Schuldner die **Durchführung des streitigen Verfahrens** beantragen. Hierbei sind keine besonderen Fristen zu beachten.

Auf den Streitantrag einer der Parteien gibt das Mahngericht den Rechtsstreit an das „Streitgericht" ab. Das ist das Gericht, das der Gläubiger bereits im Mahnbescheid als örtlich und sachlich zuständiges Gericht angeben musste. Das Gericht benachrichtigt die Parteien, sobald es die Sache abgegeben hat. Nach Eingang der Akten beim Streitgericht fordert dieses den Gläubiger auf, seinen Anspruch innerhalb einer 2-Wochen-Frist zu begründen.

Im weiteren Verlauf kommt es zu einem **ordentlichen Gerichtsverfahren**, in dem geklärt wird, ob die Forderung begründet ist. Der Gläubiger – jetzt Kläger – muss seinen Anspruch vor Gericht begründen, der Schuldner muss dem Gericht vortragen, warum er den Anspruch für unbegründet hält.

Im Rahmen einer Beweisaufnahme klärt der Richter den Sachverhalt und beendet das Verfahren mit einem Urteil. Ist das Urteil rechtskräftig, kann der Gläubiger seine Forderung durch den Gerichtsvollzieher pfänden lassen.

2. Der Schuldner (Antragsgegner) schweigt

Falls der Schuldner auf den Mahnbescheid nicht reagiert, kann der Gläubiger
- frühestens nach dem Ende der Widerspruchsfrist von 2 Wochen,[1]
- spätestens nach einer Frist von 6 Monaten

bei demselben Amtsgericht den **Erlass eines Vollstreckungsbescheids** beantragen. Der Vollstreckungsbescheid wird dem Schuldner dann von Amts wegen durch das Mahngericht mit zweiwöchiger Zahlungsfrist zugestellt. In diesem Fall besteht Formularzwang.

Wird der Antrag nicht innerhalb der sechsmonatigen Frist, beginnend mit der Zustellung des Mahnbescheids, erhoben, wird der Mahnbescheid wirkungslos und das gesamte Verfahren muss mit komplett neu entstehenden Gebühren von Anfang an wiederholt werden. Wird diese 6-Monate-Frist versäumt, entfällt auch die durch Zustellung des Mahnbescheids bewirkte Verjährungshemmung (§ 204 Abs. 2 Satz 2 BGB).

Vollstreckungsbescheid

Der Vollstreckungsbescheid ist die letzte Zahlungsaufforderung des Gerichts. **Schweigt der Schuldner** daraufhin, wird der Vollstreckungsbescheid rechtskräftig. Er hat die Wirkung eines gerichtlichen Urteils und stellt einen **vorläufig vollstreckbaren Titel** dar.

Dadurch hat der Gläubiger die Möglichkeit, die Zwangsvollstreckung zu betreiben. Er kann z. B. den Gerichtsvollzieher mit der Pfändung und Versteigerung von Sachen des Schuldners beauftragen oder eine Lohn- und Gehaltspfändung vornehmen lassen.

> **DEFINITION**
>
> **Vollstreckungsbescheid** = „Vollstreckbarer Titel" mit dem Recht, gegen den Schuldner die Zwangsvollstreckung einzuleiten.

Zunächst hat der Schuldner aber wieder zwei Wochen Zeit, gegen den Vollstreckungsbescheid – ab Zustellung

---

[1] Geht der Antrag auf Erlass des Vollstreckungsbescheids vor Ablauf dieser Frist beim Mahngericht ein, besteht für den Gläubiger die Gefahr, dass dieser Antrag zurückgewiesen und – mit entsprechendem Zeitverlust – wiederholt werden muss. Denn nach den gesetzlichen Vorschriften hat der Gläubiger im Antrag außerdem anzugeben und damit zu versichern, ob und welche Zahlungen des Schuldners inzwischen geleistet wurden. Wahrheitsgemäß kann der Gläubiger diese Angabe nur nach Ablauf der 2-Wochen-Widerspruchsfrist machen.

– **Einspruch einzulegen**. Der Einspruch muss an das Amtsgericht – mündlich oder schriftlich – gerichtet werden, das den Vollstreckungsbescheid erlassen hat. Der Rechtsstreit wird dann ohne besonderen Antrag von Amts wegen an das zuständige Gericht zur Prüfung gegeben (gleiches Verfahren wie beim Widerspruch gegen den Mahnbescheid).

Der Einspruch gegen den Vollstreckungsbescheid verhindert die Zwangsvollstreckung nicht, d. h., der Gläubiger hat das Recht, bis zur Klärung gegen den Schuldner die Zwangsvollstreckung zu betreiben. Das Gericht kann allerdings auf Antrag des Schuldners die Vollstreckung vorerst einstellen.

Kosten des Mahnverfahrens

Die Kosten des gerichtlichen Mahn- und Vollstreckungsverfahrens muss der unterliegende Vertragspartner zahlen.

Einer der Vorteile des Mahnverfahrens besteht darin, dass es dem Gläubiger eine gegenüber dem normalen Klageverfahren weitaus kostengünstigere Möglichkeit zur Verfügung stellt, sich einen Vollstreckungstitel zu beschaffen.

Wehrt sich der Schuldner gegen den Mahn- bzw. Vollstreckungsbescheid nicht, entstehen dem Gläubiger relativ geringe Gerichtskosten. Beauftragt er mit der Durchführung des Mahnverfahrens einen Rechtsanwalt, erhöhen sich die Kosten um die Rechtsanwaltsgebühren.

Gerichts- und Anwaltskosten bemessen sich nach dem Streitwert. Das ist die geltend gemachte Hauptforderung, wobei die Nebenforderungen (Zinsen u. a.) den Streitwert nicht erhöhen.

AUFGABEN

1. Die Firma Berger & Co. KG in Hannover hat an die Simpex GmbH in Lüneburg eine fällige Warenforderung von 3.170,00 €. Der Rechnungsbetrag hätte schon längst bezahlt werden müssen. Die Verantwortlichen bei Berger wollen nach vergeblichem außergerichtlichem Mahnverfahren einen Antrag auf Erlass eines Mahnbescheids stellen.
   a) Welches Gericht ist zuständig?
   b) Was bewirken Widerspruch und Einspruch des Schuldners während des Verfahrens?
   c) Wie kann die Simpex GmbH nach Zustellung des Vollstreckungsbescheids die Zwangsvollstreckung noch verhindern?

2. Warum überprüft das zuständige Gericht beim Erlass eines Mahnbescheids nicht, ob der Anspruch des Gläubigers zu Recht besteht?

3. In welcher Reihenfolge laufen die Phasen des gerichtlichen Mahnverfahrens ab? Ordnen Sie folgerichtig.

4. Wie kann sich der Schuldner nach Zustellung des Mahnbescheids verhalten?

5. Wie kann sich der Schuldner nach Zustellung des Vollstreckungsbescheids verhalten?

6. Was ist ein Vollstreckungsbescheid?

7. Wie ist ein Mahnbescheid zu beantragen?

8. Der Antrag auf Erlass eines Mahnbescheids kann ohne vorherige Ankündigung gestellt werden. Zu welchem Zeitpunkt ist das frühestens möglich?

9. Ein Schuldner, wohnhaft in Hannover, legt gegen einen vom Gläubiger, wohnhaft in München, beantragten Mahnbescheid Widerspruch ein – Streitwert 1.250,00 €.
   Welches Gericht ist hierfür zunächst zuständig?

10. Dem Mitarbeiter des Rechnungswesens der Firma *Frank Reuter e. K., Softwareentwicklung, IT-Lösungen und Programmierung* liegen am 30.09.2021 die folgenden Daten vor, die er als Grundlage zur Erstellung des „Antrages auf Erlass eines Mahnbescheides" noch am gleichen Tag benutzt.

    Kunde (Antragsgegner): Wächter GmbH, Reinigungsservice
    I. Hauptforderung: Ausstehender Rechnungsbetrag (brutto) 875,00 €, fällig am 24.08.2021
    II. Zinsen (vom Mitarbeiter berechnet): 3,81 € für die Zeit des Zahlungsverzugs
    III. Auslagen (Porto, Sonstige Auslagen) für dieses Verfahren: insgesamt 19,90 €
    IV. Andere Nebenforderungen (Mahnkosten): 12,50 €

LERNFELD 5

a) Prüfen Sie, ob der Zinsbetrag vom Sachbearbeiter zu diesem Zeitpunkt richtig ermittelt wurde. Legen Sie hierfür die nachstehend abgebildete Mitteilung sowie den § 288 BGB zugrunde.

> **Mitteilung: Basiszinssatz nach § 247 BGB weiterhin konstant**
> Der Basiszinssatz der Deutschen Bundesbank – Bezugsgröße für die Berechnung von Verzugszinsen – bleibt ab 1. Juli 2020 weiterhin unverändert.
> Der Basiszinssatz des Bürgerlichen Gesetzbuches dient vor allem als Grundlage für die Berechnung von Verzugszinsen, § 288 Absatz 1 Satz 2 BGB. Der Basiszinssatz des Bürgerlichen Gesetzbuches verändert sich zum 1. Januar und 1. Juli eines jeden Jahres. Gem. § 247 Abs. 2 BGB ist die Deutsche Bundesbank verpflichtet, den **aktuellen Stand** des Basiszinssatzes im Bundesanzeiger zu veröffentlichen (siehe auch *www.bundesbank.de, Stichwort Basiszinssatz*).

b) Ermitteln Sie den Gesamtbetrag, den das Unternehmen Frank Reuter e. K. gegenüber der Wächter GmbH zum 30.09.2021 hat.

AKTIONEN

1. Sie sollen ein Referat über das gerichtliche Mahnverfahren bei nicht rechtzeitiger Zahlung halten.
   a) Zur Information nutzen Sie bitte die Informationen dieses Kapitels und die des Internets.
   b) Erstellen Sie eine Gliederung und formulieren Sie das Referat.
   c) Organisieren und strukturieren Sie die Informationen, die Sie vermitteln möchten, so, dass Ihre Zuhörer möglichst gut folgen können. Benutzen Sie dazu die Strukturen und Organisationsprinzipien, die Sie in den zugrunde liegenden Texten vorfinden, orientieren Sie sich z. B. an Kapitelüberschriften.
   d) Präsentieren Sie Ihre Arbeit mithilfe ausgewählter Medien. Benutzen Sie dabei bildliche Darstellungen wie z. B. Diagramme, Tabellen, Symbole, Cartoons, Strukturdarstellungen, um Ihre mündlichen Informationen zu unterstützen. Denken Sie daran, dass Ihre Zuhörer ungefähr 70 % ihrer Informationen über die Augen und nur 30 % mittels der Ohren aufnehmen.

2. Erstellen Sie mithilfe des Programms MindManager eine Mindmap zum Ablauf des gerichtlichen Mahnverfahrens.

3. Besorgen Sie sich einen Formularsatz eines Antrags auf Erlass eines Mahnbescheids.
   - Lassen Sie sich beim örtlichen Amtsgericht über die einzelnen Eintragungen bzw. das weitere Vorgehen aufklären.
   - Informieren Sie Ihre Klasse über die neu hinzugewonnenen Informationen. Setzen Sie zur Veranschaulichung Folie und Overheadprojektor ein.

LERNFELD 5

ZUSAMMENFASSUNG

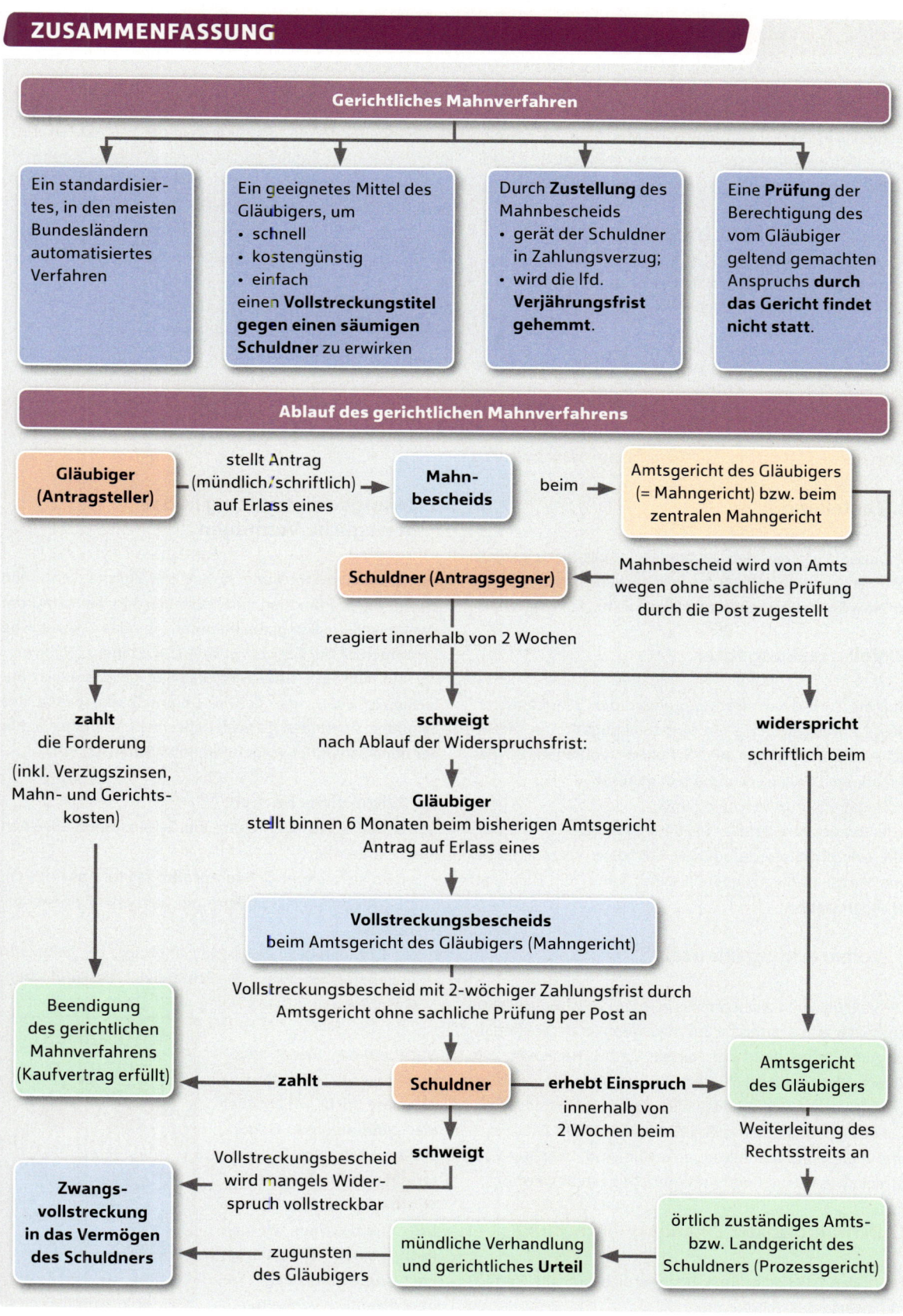

LERNFELD 5

KAPITEL 16
Zwangsvollstreckung

Die Textilgroßhandlung Fairtext GmbH hat, da das Textilfachgeschäft Netzel GmbH nicht reagierte, am 28. Juni einen Vollstreckungsbescheid beantragt. Dieser Bescheid ist dem Einzelhändler vom Gericht zugestellt worden.

> **VOLLSTRECKUNGSBESCHEID**
> vom 28. Juni aufgrund des am 10. Juni erlassenen und am 11. Juni zugestellten Mahnbescheids.
> Der Antragsteller macht folgenden Anspruch geltend: [...]

Als am 11. Juli der ausstehende Geldbetrag immer noch nicht eingegangen ist, glaubt man in der Fairtext GmbH an die endgültige Zahlungsunwilligkeit der Netzel GmbH.

Daraufhin will die Fairtext GmbH die Zwangsvollstreckung durch den Gerichtsvollzieher veranlassen. Doch der beauftragte Gerichtsvollzieher winkt ab.

Stellen Sie fest, aus welchem Grund der Gerichtsvollzieher in diesem Fall noch nicht tätig werden kann.

INFORMATIONEN

Voraussetzungen der Zwangsvollstreckung

1. Zustellung

Voraussetzung für den Beginn von Vollstreckungsmaßnahmen ist die Zustellung des Vollstreckungsbescheids. Der Vollstreckungsbescheid stellt einen Vollstreckungstitel dar.

2. Vollstreckungstitel

Soll die Zwangsvollstreckung gegen den Schuldner veranlasst werden, muss ein Vollstreckungstitel (= öffentliche Urkunde) gegen den Schuldner vorliegen. Zu den wichtigsten Vollstreckungstiteln gehören
- Vollstreckungsbescheide und
- vollstreckbare Urteile (§§ 704, 794 ZPO).

Mit einem Vollstreckungstitel, der dem Antragsgegner von Amts wegen zugestellt wird, kann der Gläubiger pfänden lassen.

3. Vollstreckungsklausel

Die Vollstreckungsklausel muss in jedem Vollstreckungstitel enthalten sein (= amtliche Bescheinigung), z. B. „Vorstehende Ausfertigung wird der Fairtext GmbH, Hannover, zum Zweck der Zwangsvollstreckung erteilt." Die Vollstreckungsklausel wird grundsätzlich von dem Urkundsbeamten des Gerichts erteilt (z. B. § 724 f., 750, 796 ff. ZPO). Wenn diese Voraussetzungen erfüllt sind, kann der Vollstreckungsantrag beim Amtsgericht gestellt werden.

Durchführung der Zwangsvollstreckung

Die Zwangsvollstreckung bezieht sich auf alle Vermögenswerte des Schuldners:

1. Zwangsvollstreckung in das bewegliche Vermögen

Die Zwangsvollstreckung in das bewegliche Vermögen erfolgt durch Pfändung und Versteigerung. Für sämtliche Zwangsvollstreckungsmaßnahmen in das bewegliche Vermögen ist der Gerichtsvollzieher zuständig. Wenn er – nur auf Antrag – tätig wird, kann er grundsätzlich nur Sachen pfänden, die sich im unmittelbaren Besitz des Schuldners befinden. Er prüft dabei nicht, wer Eigentümer der beim Schuldner vorgefundenen Sachen ist.

1.1 Körperliche Sachen
Der Gerichtsvollzieher nimmt die Gegenstände in seinen Besitz, indem er
- sie an sich nimmt (= **Faustpfand**) (§ 808 Abs. 1 ZPO), z. B. Bargeld, Wertpapiere und wertvolle Gegenstände, oder
- ein **Pfandsiegel** („Kuckuck") anbringt, bei schweren Gegenständen wie z. B. Schränken, Tiefkühltruhen, Maschinen.

Nachdem das Siegel angebracht wurde, darf der Gepfändete nicht mehr über die gepfändeten Gegenstände verfügen. Die Entfernung des Siegels ist strafbar (§ 808 Abs. 2 ZPO). Die Pfandsachen werden nach einer bestimmten Frist (frühestens nach 7 Tagen) öffentlich versteigert.

Zwangsversteigerungen

Versteigerung

Am Mittwoch, dem 19. Oktober .., 12 Uhr versteigere ich meistbietend gegen bar: 1 Pkw Renault Laguna, Baujahr 2015, 158 000 km. Der Pkw ist untergestellt und wird versteigert auf dem Gelände der Fa. Renault-Ahrens, Bremer Straße 53, 30827 Garbsen

Plinke, Gerichtsvollzieher in Neustadt

Der Erlös wird – nach Abzug der Vollstreckungskosten – an den Gläubiger abgeführt (§ 814 ZPO). Wertpapiere mit einem Börsen- oder Marktpreis (z. B. Aktien) verkauft der Gerichtsvollzieher freihändig zum Tageskurs (§ 821 ZPO).

- **Pfändungsgrenzen**

Der Schuldner erhält eine Abrechnung sowie einen evtl. erzielten Überschuss. Aus sozialen Gründen und zum Schutz des Schuldners sind zahlreiche bewegliche Sachen nicht pfändbar (§§ 811, 850 ZPO). Hierzu gehören insbesondere Sachen, die für eine bescheidene Lebens- und Haushaltsführung, nachweisbar für die Berufsausübung oder aus gesundheitlichen Gründen notwendig sind.

BEISPIELE

- Gegenstände des täglichen, gewöhnlichen Gebrauchs, wie Betten, Wäsche, Haushalts- und Küchengeräte (z. B. Kühlschrank oder Staubsauger); aber auch Rundfunk- und Fernsehgeräte einfacher Ausführung oder Gartengeräte, solange sie der bescheidenen Lebensführung unterfallen;
- Gegenstände zur Ausübung des Berufs, wie Cello des Berufsmusikers, PC eines Programmierers, Schreibtisch eines Lehrers, Berufsbekleidung, Lkw eines Bierverlegers, Auto eines Architekten oder PC;
- Arbeitseinkommen, soweit gesetzliche Grenzen nicht überschritten werden (siehe Ausführungen rechte Spalte);
- Besondere Einkünfte, wie Studienbeihilfen.

Eine klare und einheitliche Regelung lässt sich aber nicht finden, da es keinen „Einheits-Schuldner" gibt.

BEISPIELE

Kühlschrank: Er wird weitgehend als unpfändbar angesehen, aber nicht einhellig. Zum Teil wird darauf abgestellt, ob dem Schuldner zugemutet werden kann, täglich einzukaufen. Auch bei einem Haushalt mit kleinen Kindern ist daher der Kühlschrank pfändbar.

Waschmaschine: Entscheidend ist die Größe der Familie. Bei einem Zweipersonenhaushalt ist sie entbehrlich, nicht jedoch bei einem älteren Ehepaar.

- **Austauschpfändung**

Eine Möglichkeit, doch verhältnismäßig wertvolle, aber unpfändbare Sachen zu pfänden, bietet die sogenannte **Austauschpfändung** (§§ 811 a und 811 b ZPO).

BEISPIEL

Gehört dem Schuldner ein wertvolles Farbfernsehgerät, so kann es dennoch gepfändet werden, wenn der Gläubiger dem Schuldner zugleich ein betriebsfähiges Gerät von geringerem Wert zur Verfügung stellt.

1.2 Geldforderungen und andere Rechte

Hierzu zählen z. B. das Arbeitseinkommen, Bankguthaben, Kreditforderungen, Leistungen aus Lebensversicherungen, Mietforderungen.

Die Pfändung einer Geldforderung erfolgt – auf Antrag des Gläubigers – durch einen Pfändungsbeschluss des Gerichts.[1]

Liegt z. B. ein Lohnpfändungsbeschluss vor, so wird der Arbeitgeber des Schuldners verpflichtet, vom Lohn/Gehalt des Schuldners den pfändbaren Teil einzubehalten. Der gepfändete Betrag ist stattdessen an den Gläubiger zu überweisen.

Damit der Lebensunterhalt des Gepfändeten gesichert bleibt, ist ein Teil des Einkommens unpfändbar (§ 850 c ZPO).

Für die Berechnung des pfändbaren Teils des Arbeitseinkommens ist das Nettoeinkommen maßgebend (§ 850 e ZPO). Die Höhe des unpfändbaren Betrags wird durch Gesetz bestimmt und in gewissen Zeitabständen den gestiegenen Lebenshaltungskosten angepasst.

Bei der Ermittlung der Pfändungsgrenze sind ferner die Unterhaltszahlungen des Schuldners an seinen Ehegatten, seinen früheren Ehegatten, einen Verwandten oder an die Mutter eines nichtehelichen Kindes zu berücksichtigen (§§ 1615 l, 1615 n BGB).

---

[1] Eine Tabelle für Pfändungsfreibeträge ist zu finden unter www.justiz.nrw.de. Dann die Funktion „Suche" aufrufen.

2. Zwangsvollstreckung in das unbewegliche Vermögen

Zum unbeweglichen Vermögen zählen Grundstücke und Gebäude. Es soll auf zwei Arten der Zwangsvollstreckung in das unbewegliche Vermögen eingegangen werden:

2.1 Zwangsversteigerung
Der Schuldner verliert durch die Versteigerung sein Eigentum. Den Erlös erhält der Gläubiger zum Ausgleich seiner – meist sehr hohen – Forderung (z. B. §§ 15, 35 ZVG).

2.2 Zwangsverwaltung
Durch die vom Gericht auf Antrag des Gläubigers angeordnete Zwangsverwaltung werden das Grundstück und die Erträge aus dem Grundstück, z. B. Miet- und Pachteinnahmen, beschlagnahmt. Der Schuldner bleibt zwar Eigentümer des Grundstücks, doch erhält der Gläubiger die Einnahmen (z. B. § 148 ff. ZVG).

3. Pfandverwertung

Der Gerichtsvollzieher bestimmt zur Versteigerung der gepfändeten Gegenstände einen Versteigerungstermin und führt die Versteigerung durch, sofern der Schuldner nicht vorher zahlt oder der Gläubiger die Aufhebung des Versteigerungstermins beantragt. Nach Abzug der Versteigerungskosten überweist der Gerichtsvollzieher den verbleibenden Erlös an den Gläubiger.

Erfolglose Durchführung der Zwangsvollstreckung

Führen die Zwangsvollstreckungsmaßnahmen nicht zum Erfolg, kann der Schuldner – auf Antrag des Gläubigers beim zuständigen Amtsgericht – zur Abgabe einer **eidesstattlichen Versicherung** (früher: „Offenbarungseid") über seine Vermögensverhältnisse gezwungen werden. Er bestätigt damit die Richtigkeit und Vollständigkeit seiner Aufstellung. Falsche Angaben gelten als Meineid und werden mit Freiheitsstrafe geahndet.

Anschließend wird er in das für jedermann zugängliche **Schuldnerverzeichnis** des Vollstreckungsgerichts (sogenannte schwarze Liste) eingetragen. Sinn und Zweck des Verzeichnisses ist der Schutz Dritter; die Auskunft ist kostenlos.

Verweigert der Schuldner die eidesstattliche Versicherung, kann er auf Antrag des Gläubigers bis zu sechs Monate in Erzwingungshaft genommen werden (Beugehaft). Die Haftkosten sind vom Gläubiger zu tragen und monatlich im Voraus zu entrichten.

Ist der Schuldner völlig ohne Mittel und das gerichtliche Mahn- und Vollstreckungsverfahren erfolglos geblieben, bleiben die Ansprüche des Gläubigers noch **30 Jahre lang** bestehen (§ 197 BGB).

AUFGABEN

1. Wie wird sich der Gerichtsvollzieher beim Vorfinden folgender Sachen verhalten?
   - Farbenvorrat eines Malermeisters
   - Aktien
   - Pelzmantel im Wert von 6.000,00 €
   - Schreibtisch eines Rechtsanwalts
   - wertvolles Gemälde
   - größere Geldsumme
   - Pkw eines Handelsvertreters
   - Wochenendhaus eines leitenden Angestellten am Bodensee
   - Stereoanlage im Wert von 3.000,00 €
   - Radiogerät
   - Waschmaschine einer vierköpfigen Familie
   - antiker Bauernschrank

2. Beschreiben Sie die Pfändung von Forderungen.

3. Nennen Sie die Voraussetzungen der Zwangsvollstreckung.

4. Welche Arten der Zwangsvollstreckung gibt es?

5. Beschreiben Sie die Zwangsvollstreckung in
   a) das bewegliche Vermögen,
   b) das unbewegliche Vermögen des Schuldners.

6. Was ist eine eidesstattliche Versicherung?

LERNFELD 5

7. Warum sollte der Gläubiger mit der Zwangsvollstreckung warten, bis die Einspruchsfrist abgelaufen ist?

8. Beachtet der Schuldner den Vollstreckungsbescheid nicht, kann der Gläubiger die Zwangsvollstreckung erwirken.
    a) Wer führt die Zwangsvollstreckung durch?
    b) Wie wird die Zwangsvollstreckung durchgeführt?

9. Wie werden gepfändete Sachen verwertet?

10. Was verstehen Sie unter einer Austauschpfändung?

11. Erklären Sie die Aussage: „Der Gerichtsvollzieher pfändet aufgrund eines Titels."

12. Dem Rentner Wolff droht eine Pfändung. Da er aber mit seiner Rente unter der Pfändungsgrenze bleibt, glaubt er sich vor dem Zugriff des Gerichtsvollziehers sicher. Wolff hat eine Lebensversicherung über 50.000,00 €, die in zwei Jahren ausbezahlt wird.

    Können die Gläubiger die Zwangsvollstreckung in die Lebensversicherung beantragen? Begründen Sie Ihre Antwort.

13. Was verstehen Sie unter „Faustpfand"?

14. Wo ist zu erfahren, ob ein Schuldner eine eidesstattliche Versicherung geleistet hat und ob ein Haftbefehl vorliegt?

15. Was kann der Gläubiger bei erfolgloser Pfändung unternehmen?

AKTIONEN

1. Lesen Sie den Text zum Kapitel „Wir informieren uns über Voraussetzungen und Durchführung der Zwangsvollstreckung". Arbeiten Sie zu den **Voraussetzungen** und zur **Durchführung** der Zwangsvollstreckung ein maximal zehnminütiges Kurzreferat aus und tragen Sie es vor der Klasse überwiegend in freier Rede vor.

    Orientieren Sie sich an den Hinweisen des Kapitels 1.2.

2. a) Recherchieren Sie in Zeitungen nach Bekanntmachungen über Zwangsvollstreckungen/-versteigerungen.
    b) Erstellen Sie in Gruppenarbeit ein Anschreiben, um kostenloses Informationsmaterial von Institutionen und Behörden zur Zwangsvollstreckung zu erhalten.
    c) Erarbeiten Sie mithilfe Ihrer Zeitungsveröffentlichungen und den weiteren Informationsmaterialien folgende Aspekte:
       - Allgemeines zur Zwangsvollstreckung
       - Organe der Zwangsvollstreckung
       - Rechtsstellung des Gerichtsvollziehers
       - Vollstreckungsauftrag und Vollstreckungsvoraussetzungen
       - Pfändung von Arbeitseinkommen und Pfändungsschutz
       - Eidesstattliche Versicherung und Haft

    d) Tragen Sie die Ergebnisse Ihrer Arbeit zu diesem Arbeitsauftrag dem Plenum vor. Beachten Sie dabei die Grundregeln zur Präsentationsdarstellung.

Zwangsversteigerung
wegen Zoll- und Steuerschulden

Am Mittwoch, dem 11. Juli 20.., ab 11:00 Uhr versteigere ich im fr. Auftrag geg. bar in 30177 **Hannover, Rubensstr. 27 (Hanke-Gelände)**, 2 Pkws (Mercedes CLS 400d 4MATIC; CLK 200 Coupe), Alu-Säge und -Fräse, Ständerbohrmaschine, Kompressor, Elektroschweißgerät, Heylo-Hallenheizung, Schutzgasschweißgerät, Doppelschleifbock, Elu-Fräsmaschine, div. Schweißdraht u. v. a. aus diesem Bereich.

Außerdem eine altdeutsche Esszimmergruppe mit Sideboard, Vitrinen-Wandschrank und Polsterstühle, Sessel, Deckenleuchte, 1 Sekretär, 1 Couchtisch, 1 engl. Liege, Schlafzimmerschränke u. v. a. m.

Besichtigung ab 09:00 Uhr

Marion **Wasserkampf** Schätzerin und vereidigte öffentl. bestellte Auktionatorin

30159 Hannover, Goethestraße 19, Telefon 0511 4910031

LERNFELD 5

ZUSAMMENFASSUNG

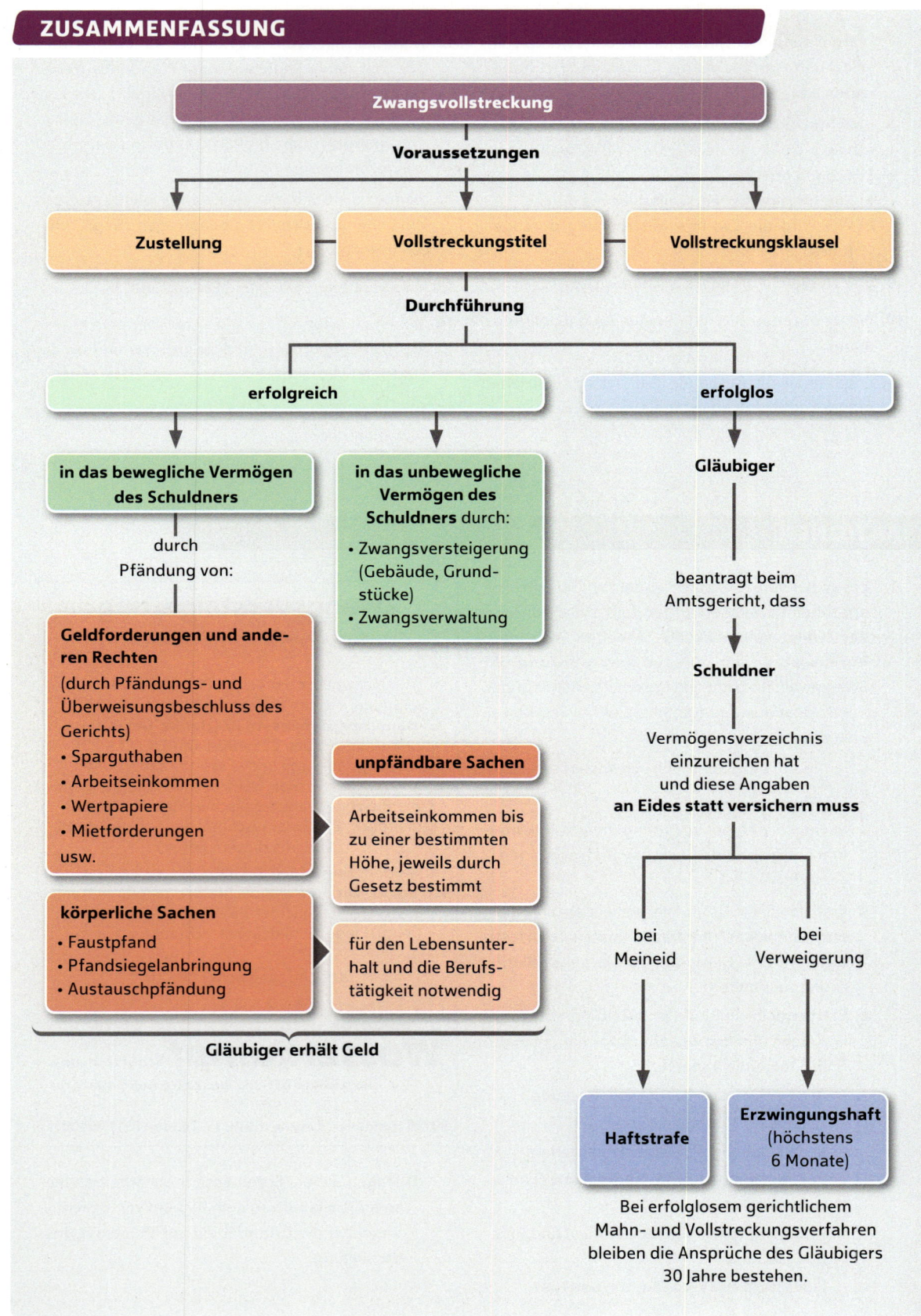

KAPITEL 17
Verjährungsrecht

LERNFELD 5

Herr Netzel, Inhaber des gleichnamigen Fachgeschäfts für Herrenwäsche, erhielt von der Textilgroßhandlung Fairtext GmbH in Hannover am 22. Febr. 20.. verschiedene Herrenschlafanzüge auf Probe. Die Zahlungsbedingung lautet:

> „Zahlbar innerhalb von 7 Tagen mit 2 % Skonto oder innerhalb von 4 Wochen netto."

Am 8. April des gleichen Jahres erinnert die Fairtext GmbH ihren Kunden (und Geldschuldner) an den noch ausstehenden Rechnungsbetrag von 1.300,00 €. Da diese Erinnerung unbeantwortet bleibt, versendet die Großhandlung am 18. April des gleichen Jahres eine erste Mahnung.

Versehentlich unterbleiben weitere Zahlungsaufforderungen im laufenden Jahr. Dieses Versehen stellt die Abteilungsleiterin des Rechnungswesens, Frau Beere, erst im April des neuen Jahres fest.

Prüfen Sie, ob die Forderung von 1.300,00 € gegen das Herrenwäschefachgeschäft Netzel noch berechtigt ist.

INFORMATIONEN

Wesen der Verjährung

Wenn nach Abschluss eines Vertrags eine bestimmte Zeitspanne verstrichen ist, ohne dass der Gläubiger seine Forderung geltend gemacht hat, besteht die Gefahr, dass er seinen Anspruch durch Verjährung verliert (§ 194 BGB).

> **DEFINITION**
>
> **Verjährung** bedeutet, dass der Gläubiger einer Leistung nach Ablauf einer gesetzlich festgelegten Frist seinen Anspruch nicht mehr gerichtlich durchsetzen kann.[1]

Vor Jahresfrist sollten Forderungen auf mögliche Verjährung geprüft werden.

Ziel der Verjährung ist die **Rechtssicherheit**. Der Gläubiger soll seine Ansprüche möglichst schnell in einer überschaubaren Zeit geltend machen, damit die Beweislage noch einigermaßen eindeutig feststellbar ist. Der Schuldner hingegen soll vor unzumutbaren Beweisforderungen nach längerer Zeit geschützt werden.

Nach Ablauf der Verjährungsfrist hat der Schuldner das Recht, die Leistung zu verweigern (§ 214 BGB). Der Gläubiger verliert die Möglichkeit, seine Forderung gerichtlich einzufordern.

Bezahlt der Schuldner jedoch eine bereits verjährte Forderung, kann er das Geld nicht zurückverlangen, egal ob er von der Verjährung wusste oder nicht (§ 214 Abs. 2 BGB).

Verjähren können
- **Geldforderungen**, wie z. B. Forderungen als
    - Verkäufer,
    - Vermieter oder als
    - Geldgläubiger von Zinsen,

und

---

[1] Die Bestimmungen der Verjährung im BGB beziehen sich nicht auf die Bestimmungen im Bereich der öffentlich-rechtlichen Forderungen, wie z. B. Gebühren oder Geldstrafen.

LERNFELD 5

- **Leistungsforderungen**, wie z. B.
  - Forderungen als Gläubiger auf Eigentumsherausgabe aufgrund eines rechtskräftigen Urteils oder eines Vollstreckungsbescheids,
  - Ansprüche aufgrund einer Mängelrüge,
  - Ansprüche auf Lieferung.

Eine einheitliche Verjährungsfrist gibt es nicht. Es bestehen vielmehr unterschiedliche, abhängig von der **Art des jeweiligen Anspruchs** festgelegte Verjährungsfristen.

Verjährungsfristen

1. Regelmäßige Verjährung

> **DEFINITION**
>
> Die **Verjährungsfrist** ist der Zeitraum, innerhalb dessen der Gläubiger seinen Anspruch
> - geltend machen kann und
> - ggf. gerichtlich durchzusetzen versucht.

Die **regelmäßige Verjährungsfrist beträgt drei Jahre** (§ 195 BGB) und gilt grundsätzlich für alle vertraglichen und fälligen Ansprüche mit Kenntnis. Ausnahme: Mängelansprüche aus Werk- und Kaufverträgen.[1]

Beginn der Verjährung

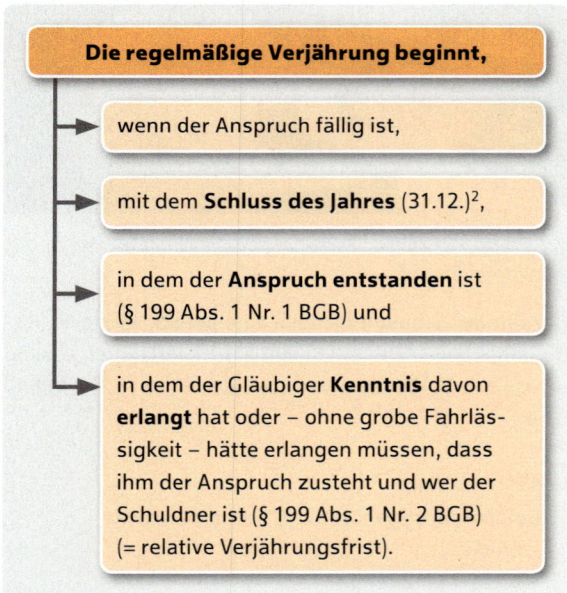

BEISPIEL

Durch eine 2012 erfolgte falsche steuerliche Beratung bei Abfassung eines Testaments entsteht 2019 ein Spätschaden. Der Anspruch wird noch im gleichen Jahr geltend gemacht.

Ergebnis: Die regelmäßig Verjährungsfrist von drei Jahren ist noch nicht abgelaufen. Ihr Lauf hat erst Ende 2019 begonnen, da der Schadenersatzanspruch erst mit Entstehung eines Schadens fällig wird.

Der Gläubiger muss auch **Kenntnis von der Person** des Schuldners haben. Hierzu gehören Name und ladungsfähige Anschrift.

Dem Gläubiger darf nicht grob fahrlässige Unkenntnis vorgeworfen werden.

Grob fahrlässig handelt er, wenn er
- die im Verkehr erforderliche Sorgfalt in ungewöhnlich großem Maße verletzt hat,
- ganz naheliegende Überlegungen nicht angestellt oder beiseitegeschoben hat und
- dasjenige unbeachtet gelassen hat, was im gegebenen Fall jedem hätte einleuchten müssen.

Dabei sind an Verbraucher andere Anforderungen zu stellen als an Unternehmen.

Ist der Gläubiger beschränkt geschäftsfähig oder geschäftsunfähig, so ist die Kenntnis seines gesetzlichen Vertreters maßgeblich.

Die Frist beginnt demnach noch nicht, solange die Unkenntnis des Gläubigers lediglich auf **leichter Fahrlässigkeit** beruht. Diese im Interesse des Gläubigers vorhandene Voraussetzung soll sicherstellen, dass der Anspruch nicht bereits verjährt sein soll, bevor der Gläubiger von den maßgeblichen Umständen Kenntnis hat.

---

1 Siehe Kap. 5.4.

2 Gemäß § 199 Abs. 1 BGB beginnt die Verjährung der Ansprüche, die der regelmäßigen Verjährungsfrist unterliegen, nicht mit dem „normalen" Verjährungsbeginn, sondern erst mit dem Schluss des jeweiligen Jahres. Sinn dieser Regelung ist es, den Betroffenen eine dauernde Kontrolle des Fristablaufs zu ersparen.
Bei den „anderen" Verjährungsfristen (also bei allen außer der regelmäßigen Verjährungsfrist) beginnt die Verjährung mit der **Entstehung** des Anspruchs (soweit nicht ein anderer Verjährungsbeginn bestimmt ist; § 200 BGB).

LERNFELD 5

BEISPIEL BEI REGELMÄSSIGER VERJÄHRUNGSFRIST VON DREI JAHREN

Dem 18-jährigen Uwe werden am 6. Juni 2010 von seinem Klassenkameraden Tim ein Paar Sportschuhe gestohlen. Uwe, der eine ganze Kollektion von Sportschuhen besitzt, bemerkt den Verlust nicht. Nach über 40 Jahren, am 27. Juli 2051, kommt die Tat heraus. Der nunmehr 58-jährige Uwe verlangt von Tim Schadenersatz für die Schuhe. Tim erhebt die Einrede der Verjährung.

Diebstahl		Verjährungsfrist	
6. Juni 2010: Anspruchsentstehung	27. Juli 2050: Kenntnis	31. Dez. 2050: Beginn der regelmäßigen Verjährungsfrist	31. Dez. 2053: Ende der regelmäßigen Verjährungsfrist

Nach der gesetzlichen Regelung könnte Uwe, der nach 40 Jahren plötzlich von einem Anspruch erfährt, diesen noch drei Jahre lang geltend machen. 43 Jahre nach Entstehen des Anspruchs würde es zum Prozess kommen.

2. Höchstfristen (absolute Verjährungsfristen)

Da der Beginn der regelmäßigen Verjährung **von der Kenntnis des Gläubigers** abhängt, würde es für den Schuldner nie Rechtssicherheit geben, da auch noch Jahrzehnte später ein Anspruch auf ihn zukommen könnte. Irgendwann muss aber einmal Schluss sein. Der Schuldner muss sich darauf berufen können, dass der Gläubiger mit seinem Anspruchsbegehren zu spät kommt.

Aus diesem Grund gibt es bei der regelmäßigen Verjährung **Höchstfristen**, die **ohne Rücksicht auf die Kenntnis oder grob fahrlässige Unkenntnis** des Gläubigers beginnen (= absolute Verjährungsfristen).

30-Jahres-Frist

danach verjähren:

Schadenersatzansprüche

die auf der Verletzung des Lebens, des Körpers, der Gesundheit oder Freiheit (z. B. Ansprüche aus Arzthaftung, Arzneimittelhaftung, Vergewaltigung) beruhen. Maßgebend für den Verjährungsbeginn ist dabei nicht der Eintritt des Schadens, sondern die Vornahme der pflichtwidrigen Handlung (= **taggenaue** Berrechnung der Frist; § 199 II BGB).

BEISPIEL

Herr Brehme wurde von Anton Vollmer von hinten auf den Kopf geschlagen. Er hatte eine große Platzwunde und musste einige Tage im Krankenhaus zubringen. Vollmer konnte unerkannt fliehen. Nach 22 Jahren wird die Tat aufgeklärt. Brehme verlangt Schadenersatz.

Brehme hätte gemäß § 199 Abs. 1 BGB nun drei Jahre Zeit, um seinen Anspruch geltend zu machen. Diese Zeit ist verstrichen. Allerdings greift die Ausnahme in § 199 Abs. 2 BGB: Da Brehme an der Gesundheit verletzt wurde, beträgt die Verjährungsfrist 30 Jahre, **unabhängig von der Kenntnis der anspruchsbegründenden Umstände**. Indem Brehme seinen Anspruch nach 22 Jahren geltend macht, bleibt er unter der Grenze von 30 Jahren und kann daher von Vollmer Schadenersatz verlangen.

10-Jahres-Frist (§ 199 IV BGB)

Sonstige Schadenersatzansprüche

z. B. wegen eines Vermögensschadens, einer Eigentumsverletzung, Verletzung des Rechts am eingerichteten oder ausgeübten Gewerbebetrieb.

Verjährungsbeginn: Fälligkeit des Anspruchs (Eintritt des Schadens), unabhängig von Kenntnis oder grob fahrlässiger Unkenntnis. Die Verjährungsfrist wird taggenau berechnet und nicht erst zum Jahresschluss, in dem der Anspruch entstanden ist.

BEISPIEL

- (Fortsetzung des obigen Beispiels)
  Uwe kann keinen Schadenersatz mehr für die von Tim entwendeten Sportschuhe verlangen, da er innerhalb von zehn Jahren nicht von den anspruchsbegründenden Umständen erfahren hat, sondern erst viel später.
- Dem Gläubiger Schuckert wird erst im Jahre 2021 bekannt, wer im Jahre 2010 den schweren Schaden an seinem Gartenhaus zu verantworten hat. Daraufhin erhebt er unverzüglich Klage.
  ABER: Sein Anspruch ist verjährt. Zwar sind die Fristen der §§ 195 und 199 BGB noch nicht abgelaufen. Verjährung ist aber wegen des Ablaufs der 10-Jahres-Frist (§ 199 Abs. 2 BGB) eingetreten.

LERNFELD 5

3. Besondere Verjährungsfristen
(auszugsweise)

- **Zehnjährige Verjährungsfrist** (§ 196 BGB) Sie gilt für Ansprüche bei Rechten aus einem Grundstück (Zahlung bei Grundstückserwerb, Übertragung des Eigentums an einem Grundstück) und beginnt mit der Entstehung (Fälligkeit) des Anspruchs (§ 200 BGB).
- **Dreißigjährige Verjährungsfrist** (§ 197 BGB) Sie gilt u. a. für:

Herausgabeansprüche aus Eigentum (dinglichen Rechten)	beginnt mit der Entstehung des Anspruchs
Familien- und erbrechtliche Ansprüche (Urteil)	
Rechtskräftig festgestellte Ansprüche und Ansprüche aus Urteilen	beginnt mit der Rechtskraft der Entscheidung (ab Urteil)
Ansprüche aus vollstreckbaren Vergleichen oder vollstreckbaren Urkunden (Vollstreckungsbescheid)	beginnt mit der Errichtung des vollstreckbaren Titels
Rechtskräftig festgestellte Ansprüche im Rahmen eines Insolvenzverfahrens	beginnt mit der Feststellung im Insolvenzverfahren

Der Lauf der dargestellten Verjährungsfristen kann unter bestimmten Umständen **gehemmt** werden oder die Verjährung kann von **Neuem zu laufen** beginnen. Das ist dann der Fall, wenn
- der Gläubiger Handlungen vornimmt, die auf eine Durchsetzung seines Anspruchs zielen, oder
- wenn der Schuldner das Bestehen des Anspruchs anerkennt.

Wie war das nochmal mit den Verjährungsfristen?

Hemmung der Verjährung

Bei der **Hemmung** der Verjährung wird der Lauf der Verjährungsfrist angehalten. **Während der Zeit der Hemmung ruht die Verjährungsfrist** (§ 209 BGB). Sie beginnt erst wieder zu laufen, wenn der Hemmungsgrund beseitigt ist. Ab diesem Zeitpunkt läuft die bereits begonnene Verjährungsfrist weiter. Die vor und nach der Hemmung abgelaufenen Verjährungsfristen werden zusammengerechnet. Die Verjährung tritt ein, wenn die Summe der Abschnitte der Verjährungsfrist der gesetzlichen Verjährungsfrist entspricht.

> **DEFINITION**
>
> Unter der **Hemmung der Verjährung** versteht man einen Zeitraum, der nicht in die Verjährungsfrist eingerechnet wird. Fällt der hemmende Umstand weg, läuft die Verjährung dort weiter, wo sie gehemmt worden war.

Das Gesetz regelt eine Vielzahl von Hemmungsgründen (§§ 203–208 BGB). Beginn und Ende der Hemmung sind in diesen Paragrafen sehr fallbezogen geregelt.

Als Hemmungsgründe kommen in Betracht (die wichtigsten Tatbestände):	
Verhandlungen über den Anspruch (§ 203 BGB)	Solange der Schuldner und der Gläubiger miteinander über den Anspruch oder die den Anspruch begründenden Umstände (nicht gerichtlich) verhandeln, ist die Verjährung gehemmt, bis der eine oder der andere Teil die Verhandlung abbricht. Die Hemmung endet frühestens **drei Monate** nach Ende der Verhandlungen.
Hemmung durch Rechtsverfolgung (§ 204 BGB) Der Gläubiger versucht auf gerichtlichem Weg zu seinem Recht zu kommen.	Beispiele: • Klageerhebung • Zustellung eines gerichtlichen Mahnbescheids im Mahnverfahren. Außergerichtliche Mahnungen hemmen die laufende Verjährung nicht. • Geltendmachung der Aufrechnung im Prozess • Zustellung eines Antrags auf einstweilige Verfügung • Anmeldung eines Anspruchs im Insolvenzverfahren • Beginn eines schiedsrichterlichen Verfahrens Die Hemmung endet **sechs Monate** nach der rechtskräftigen Entscheidung oder der anderweitigen Beendigung des eingeleiteten Verfahrens. Sie beginnt erneut, wenn eine Partei das Verfahren weiter betreibt.
Leistungsverweigerungsrecht des Schuldners (§ 205 BGB)	Unter dem Leistungsverweigerungsrecht ist hier eine Vereinbarung zwischen Gläubiger und Schuldner zu verstehen, die den Schuldner vorübergehend zur Verweigerung der Leistung berechtigt, also eine **Stundung** (Zahlungsaufschub).
Höhere Gewalt (§ 206 BGB)	Die Verjährung ist gehemmt, solange der Gläubiger innerhalb der letzten sechs Monate der Verjährungsfrist durch höhere Gewalt an der Rechtsverfolgung gehindert ist, z. B. aufgrund von Naturkatastrophen oder Krieg.

BEISPIEL

Die Textilgroßhandlung Fairtext GmbH in Hannover erfährt, dass ihr Kunde, die Krage OHG, Insolvenzantrag gestellt hat. Daraufhin meldet die Fairtext GmbH am 30. April 2021 ihre Ansprüche dem Insolvenzverwalter. Das Insolvenzverfahren endet zwei Monate später am 30. Juni.

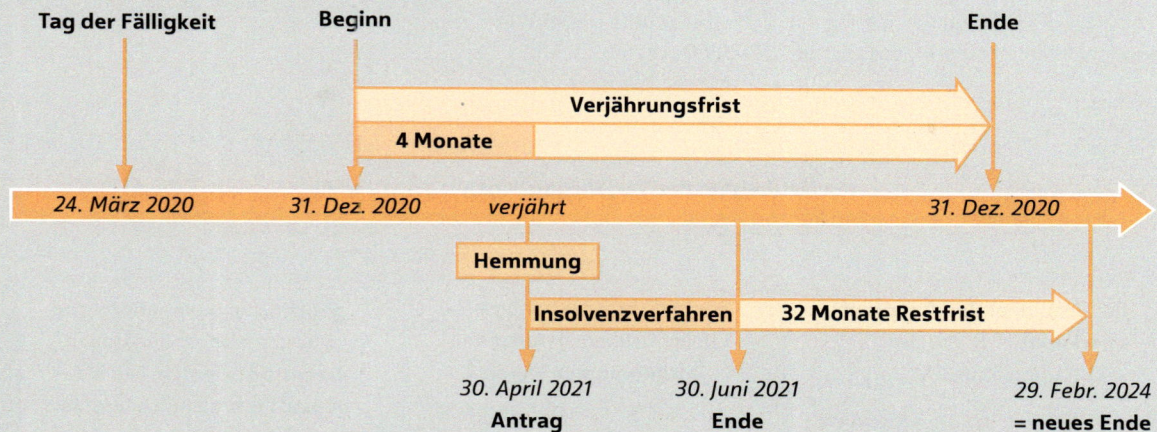

- Die Zeit vor der Hemmung wird berücksichtigt (31. Dez. 2020 bis 30. April 2021 = vier Monate).
- Vom Tage der Hemmung (30. April 2021) ruht die Verjährungsfrist für die Zeit der Hemmung (= zwei Monate, d. h. bis zum 30. Juni 2021).
- Die Verjährungsfrist läuft, nachdem der Hemmungsgrund (hier: Insolvenzverfahren) weggefallen ist, weiter (ab 30. Juni 2021).
- Die Hemmungszeit wird nach Ende der Hemmung der Verjährungsfrist hinzugezählt (31. Dezember 2023 + zwei Monate Insolvenzverfahren = 29. Februar 2024, 2024 ist ein Schaltjahr).

Neubeginn der Verjährung (§ 212 BGB)

Auch die Möglichkeit des Neubeginns der Verjährung dient dem Schutz des Gläubigers. Will der Gläubiger den Eintritt der Verjährung verhindern, muss er rechtzeitig geeignete Maßnahmen für einen Neubeginn einleiten. Anders als bei der Hemmung hat das zur Folge, dass die bis dahin verstrichene Zeit unberücksichtigt bleibt und die Verjährungsfrist in voller Länge neu zu laufen beginnt. Die neue Frist beginnt immer vom Ende der Unterbrechung an zu laufen, d. h. unmittelbar nach dem Tag des Ereignisses, das zum Neubeginn der Verjährung geführt hat (z. B. Zeitpunkt der Anerkenntnis des Anspruchs) und nicht erst mit dem 1. Januar des Folgejahres.

DEFINITION

Beim **Neubeginn der Verjährung** endet der Lauf der bisherigen Verjährungsfrist; die bislang verstrichene Zeit wird ignoriert. **Die Verjährungsfrist beginnt sofort in voller Länge neu zu laufen.**

Im Geschäftsleben wird hin und wieder der Trick angewendet, den Schuldner mit einer höheren als der tatsächlich bestehenden Forderung anzumahnen; beispielsweise statt 1.570,00 € den Forderungsbetrag von 2.570,00 €. Wenn der Schuldner sich hierauf schriftlich meldet und bemerkt, dass er nur 1.570,00 € schulde und nicht 2.570,00 €, so liegt ein Schuldanerkenntnis vor.

Hiergegen ist zwar rechtlich nichts einzuwenden, moralisch ist diese Methode allerdings nicht unbedingt vertretbar.

BEISPIEL

Die Textilgroßhandlung Fairtext GmbH in Hannover hat am 30. April 2021 einen Kunden gemahnt. Daraufhin geht am 6. Mai 2021 auf dem Bankkonto der Großhandlung eine Teilzahlung des Kunden ein.

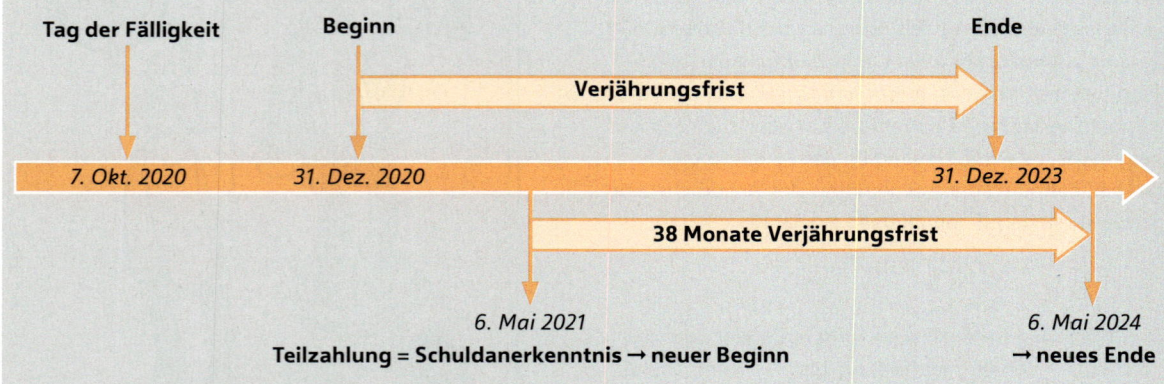

- Die Zeit vor der Schuldanerkenntnis (31. Dez. 2019 bis 6. Mai 2021) wird nicht mitgezählt.
- Die Verjährungsfrist von drei Jahren **beginnt vom 6. Mai 2021** an von Neuem zu laufen und endet 36 Monate später mit Ablauf des 6. Mai 2024.

Der Regelfall ist die Hemmung der Verjährung, während der Neubeginn die Ausnahme ist.

Das kaufmännische Mahnverfahren (z. B. die postalische Zustellung eines Mahnschreibens) hat **keinen** Einfluss auf die Verjährungsfrist. Es bewirkt daher auch keine Hemmung oder einen Neubeginn.

Beweislast

Der **Schuldner** trägt die Beweislast für die Verjährungsfrist und den Verjährungsbeginn. Er muss auch beweisen, dass der Gläubiger von Tatbestand und Schuldner Kenntnis hatte bzw. seine Unkenntnis auf grobe Fahrlässigkeit zurückzuführen ist. Der **Gläubiger** trägt die Beweislast für die Hemmung der Verjährung und den Neubeginn.

Rechtsfolgen der Verjährung

Ein Anspruch ist verjährt.
In diesem Fall gilt (§§ 214 bis 218 BGB):

- Der Schuldner kann die Leistung verweigern. Er hat demnach die **Einrede gegenüber dem verjährten Anspruch** (dauerndes Leistungsverweigerungsrecht gem. § 214 BGB).
  Macht er von dieser Einrede Gebrauch, bleibt zwar der gegen ihn gerichtete Anspruch des Gläubigers bestehen, aber er wird kraftlos.
  Der Gläubiger kann seine Forderung nicht mehr einklagen.

- Bezahlt der Schuldner eine bereits verjährte Forderung (oder hat er Sicherheiten geleistet), so kann er das einmal **Geleistete nicht** mehr **zurückverlangen**.
  Dies geht auch dann nicht, wenn er in Unkenntnis der Verjährung geleistet hat.

- Die **Aufrechnung** mit einem verjährten Anspruch ist zulässig, wenn der Anspruch in dem Zeitpunkt noch nicht verjährt war, in dem erstmals aufgerechnet oder die Zahlung verweigert werden konnte (§ 215 BGB).

AUFGABEN

1. Wie lange ist die regelmäßige Verjährungsfrist und wann beginnt die Verjährungsfrist grundsätzlich zu laufen?
2. Welche Wirkung hat der Eintritt der Verjährung auf eine Forderung?
3. Herr Siewert hat am 17. Aug. eine längst fällige Schuld bezahlt. Danach erfährt er, dass die Forderung verjährt war.
   Was kann er tun?
4. Welche Folgen haben Hemmung und Neubeginn auf die Verjährungsfrist?
5. Ein Großhändler schickte am 4. Nov. 2020 eine Rechnung an die Einzelhandels OHG. Am 12. Jan. 2021 wurde eine Zahlungserinnerung geschickt. Erst am 24. Nov. 2021 stellt ein Mitarbeiter in der Buchhaltung fest, dass die Rechnung immer noch nicht bezahlt ist.
   Ist die Forderung inzwischen verjährt? Begründen Sie Ihre Antwort.
6. Stellen Sie fest, ob es sich in den folgenden Beispielen um Hemmung oder Neubeginn handelt, und bestimmen Sie den Tag der Verjährung.
   Mitte April hatte der Gas- und Wasserinstallateurmeister Huber das Rohrleitungssystem bei Herrn Schmidt repariert. Die Rechnung über 256,00 € war am 1. Juni 2020 fällig.
   a) Nach drei schriftlichen Mahnungen leistet Herr Schmidt am 15. Jan. 2021 eine Anzahlung von 50,00 €.

b) Herr Huber stundete ihm die Restschuld von 206,00 € am 1. März 2021 für ein halbes Jahr.
c) Da Herr Schmidt nach Ablauf der Stundung immer noch nicht gezahlt hat, beantragte Herr Huber am 15. Febr. 2022 beim Amtsgericht den Antrag auf Erlass eines Mahnbescheids.

7. Die Fairtext GmbH in Hannover lieferte dem Textileinzelhändler Robert Mayer e. Kfm. in Rostock Sport- und Freizeitgarderobe mit Rechnung vom 20. April 2021, Rechnungsbetrag 6.200,00 €.
   a) Wann verjährt diese Forderung?
   b) Welche Folgen hat die Verjährung für die Fairtext GmbH als Gläubiger?
   c) Welche Maßnahmen muss die Fairtext GmbH ergreifen, um die Verjährung der Forderung von Anfang an neu laufen zu lassen?

8. Wann verjähren grundsätzlich Ansprüche mit Ausnahme von Schadenersatzansprüchen, unabhängig von der Kenntnis oder dem Kennenmüssen des Gläubigers?

9. Nennen Sie die Ansprüche, die ohne Rücksicht auf die Kenntnis oder das Kennenmüssen nach zehn Jahren nicht verjährt sind.

10. Wann verjähren kaufrechtliche Gewährleistungsansprüche?

11. Was ist der Grundsatz: Hemmung oder Neubeginn der Verjährung?

12. In welchen Fällen beginnt die Verjährung neu zu laufen?

13. Ein Großhändler hat gegenüber einem Einzelhändler noch eine ausstehende Forderung von 4.546,00 €, fällig am 23. März 2020. Als auch am 27. Sept. 2021 die Zahlung immer noch nicht eingegangen ist, erhebt der Großhändler am 2. Okt. 2021 Klage. Da keine weiteren Reaktionen vom Einzelhändler zu vernehmen waren, wird er am 14. Jan. 2022 rechtskräftig verurteilt. Wann ist der Anspruch des Großhändlers auf den noch ausstehenden Betrag verjährt?

AKTIONEN

1. Schaffen Sie sich eine Übersicht zu dem Thema: „Warum sollten Forderungen nach einer bestimmten Zeit verjähren?"
   a) Bilden Sie zu diesem Thema Arbeitsgruppen.
   b) Wenden Sie die Methode der Kartenabfrage an. Schreiben Sie in gut lesbarer Blockschrift eine Idee bzw. einen Gedanken pro Karte und hängen Sie anschließend Ihre Karten an die Pinnwand.
   c) Wählen Sie aus Ihrer Mitte zwei Schüler, die mit Unterstützung der Arbeitsgruppen die Karten nach Oberbegriffen (Sinneinheiten) ordnen (clustern).
   d) Überprüfen Sie die Zuordnungen und geben Sie jedem Cluster eine passende Überschrift.
   e) Kontrollieren Sie, ob in der so gewonnenen Systematisierung noch wichtige Gedankengänge fehlen. Kommentieren Sie Ihre Vorschläge.

2. a) Bearbeiten Sie umfassend das Thema: „Über welche gesetzlichen Vorschriften zum Verjährungsrecht muss ein Großhändler informiert sein?" Benutzen Sie dafür verschiedene Informationsquellen:
   - Lesen Sie die Informationen dieses Kapitels mithilfe der Methode des aktiven Lesens.
   - Suchen Sie darüber hinaus im Internet nach Ausführungen zum Verjährungsrecht.
   - Nutzen Sie für die weitere Informationsbeschaffung Bibliotheken, Nachschlagewerke und Behördenauskünfte.
   b) Fassen Sie die Informationen in diesem Kapitel des Lehrbuchs und Ihrer Recherchen mithilfe des Computers in einer entsprechenden visuellen Darstellung zusammen.

3. Erkundigen Sie sich in Ihrem Ausbildungsunternehmen (= Gläubiger), wie dort im Falle des bevorstehenden Ablaufs der Verjährungsfrist verfahren wird.
   a) Bereiten Sie Ihre Informationen mithilfe der Netzwerktechnik auf.
   b) Fertigen Sie eine Farbfolie Ihrer Arbeit mithilfe des Computers und geeigneter Software an. Beachten Sie dabei die Tipps zur Gestaltung von Folien und Plakaten.
   c) Bereiten Sie sich darauf vor, Ihr Arbeitsergebnis mittels Overheadprojektor vorzutragen:

- Prüfen Sie zuvor, ob der Inhalt der Folie auf der Projektionsfläche zu lesen ist.
- Achten Sie auf die Anwendung der Präsentationsregeln.

4. a) Vergleichen Sie das Verhalten Ihres Ausbildungsunternehmen im Fall des bevorstehenden Ablaufs der Verjährungsfrist mit der Praxis in den Unternehmen Ihrer Klassenkameraden.
   - Sammeln Sie die verschiedenen Reaktionen an der Tafel.
   - Stellen Sie die Unterschiede bzw. Gemeinsamkeiten fest.
   - Erörtern Sie im Klassenverband die möglichen Gründe für Abweichungen.

   b) Stellen Sie das Ergebnis Ihrer Gemeinschaftsarbeit in Form eines Kreis- oder Säulendiagramms dar. Benutzen Sie hierfür das Tabellenkalkulationsprogramm Excel.

ZUSAMMENFASSUNG

Die Verjährung von Ansprüchen

dient dem Rechtsfrieden

tritt ein nach:

3 Jahren (= regelmäßige Verjährungsfrist)

Beginn: Mit dem **Schluss des Jahres**, in dem
- der Anspruch **entstanden** ist, **und**
- der Gläubiger
  - die Umstände, die seinen Anspruch begründen, **und**
  - die Person des Schuldners **kannte** oder (ohne grobe Fahrlässigkeit) hätte kennen können, aber
    ... allerhöchstens 30 Jahre ab Begehung (bei Schadenersatz wegen Tötung, Körperverletzung, Freiheitsberaubung)
    ... allerhöchstens 10 Jahre ab Entstehung des Anspruchs (bei allen sonstigen Ansprüchen)

10 Jahren

- Rechte an einem Grundstück
- beginnt mit der Entstehung des Anspruchs

30 Jahren

- Herausgabeansprüche des Eigentümers
- Rechtskräftige Ansprüche – Familien- und erbrechtliche Ansprüche (aber nur 3 Jahre bei wiederkehrenden Zahlungen wie monatlichem Unterhalt)
- Beginn ist fallbezogen, d.h. abhängig von den jeweils geltend zu machenden Ansprüchen

LERNFELD 5

bedeutet:
- Der Schuldner kann die Zahlung verweigern (Einrede der Verjährung = Leistungsverweigerungsrecht).
- Keine Rückforderung geleisteter verjährter Ansprüche möglich.
- Der Gläubiger kann die Forderung nicht mehr einklagen.

wird beeinflusst durch:

Hemmung
- Bei der Hemmung läuft die Verjährungsfrist **nicht** weiter.
- Ein bestimmter Zeitraum wird in die Verjährungsfrist eingerechnet.
- Entfällt der Hemmungsgrund, verlängert sich die Verjährungsfrist um die Zeit der Hemmung.

Neubeginn
Mit Erreichen des Neubeginns beginnt die Verjährungsfrist **neu** zu laufen.

Neubeginn der Verjährung

Fristbeginn:
Bei regelmäßiger Verjährungsfrist:
- Fälligkeit **und**
- Kenntnis/grob fahrlässiger Unkenntnis des Gläubigers von anspruchsbegründenden Umständen und Person des Schuldners.

Hemmung der Verjährung

Dauer:
Regelmäßige Verjährungsfrist = **3 Jahre**; Ausnahmen u. a. § 197 BGB (30 Jahre) und im Gewährleistungsrecht (§§ 438, 634 a BGB)

EIN MARKETINGKONZEPT ENTWICKELN 6

LERNFELD 6

Ein Marketingkonzept entwickeln

Lernsituation

Die Verantwortlichen der Textilgroßhandlung Fairtext GmbH sind mit der Absatzentwicklung von einigen Produkten ihrer Warengruppen „Sportartikel" und „Sport- und Freizeitbekleidung" unzufrieden. Bei näherer Betrachtung stellt sich die Situation dieser „Sorgenkinder", wie sie Herr Hahnenkamp auch zu nennen pflegt, wie folgt dar:

Warengruppe	Umsatzanteil aktuell	Entwicklung des Umsatzes in den Vorjahren			
		(1)	(2)	(3)	(4)
Heimtrainer-Systeme	8,7 %	+ 3,2 %	+ 1,7 %	+ 0,5 %	– 3,9 %
Mountain- und Trekkingfahrräder	12,8 %	+ 7,6 %	+ 5,6 %	+ 1,8 %	+ 0,4 %
Sport- und Freizeitschuhe	23,4 %	+ 12,3 %	+ 3,7 %	+ 5,3 %	– 1,6 %

Herr Hahnenkamp ist hierüber verstimmt, hat doch bei aller sonst zu beklagenden Absatzentwicklung im Großhandel gerade der Sportartikelbereich in der jüngsten Vergangenheit in der Fairtext GmbH einigermaßen für stabile bzw. sogar moderat steigende Absatzzahlen gesorgt.

Da neben der Feststellung der aktuellen (Ist-) Situation und der Entwicklungstendenzen immer die Frage nach den **Ursachen der Abweichungen** bei den Umsatzanteilen bzw. Entwicklungen gestellt werden muss, beruft Herr Hahnenkamp in Abstimmung mit Frau Schröter eine außerordentliche Abteilungsleiterkonferenz ein.

In dieser ersten Krisensitzung führt der Geschäftsführer der Fairtext GmbH aus:

„... ist der **Umsatz** der einzige Wert, über den das **Nachfrageverhalten unserer Kunden** abgelesen werden kann. Er besagt, ob unsere Waren bei den Einzelhändlern und damit auch beim Endverbraucher ankommen oder nicht. Insofern sind auch die folgenden Fragen und deren Beantwortung für uns äußerst wichtig:

- Was ist der eigentliche Grund für den auffälligen Umsatzrückgang bei den Warengruppen ‚Heimtrainer-Systeme' und ‚Sport- und Freizeitschuhe'?
- Warum konnten wir unsere Kunden in diesen Bereichen nicht halten; warum konnten wir sie offensichtlich nicht von unseren Produkten überzeugen?

- Warum waren die Warengruppen ‚Mountain- und Trekkingfahrräder' sowie ‚Sport- und Freizeitschuhe' in der Vergangenheit überaus erfolgreich und warum sind sie es jetzt nicht mehr in diesem Maße?
- Warum sind insbesondere bei den Sport- und Freizeitschuhen und unseren Heimtrainern die Umsätze so zurückgegangen?
- Wie können wir die Entwicklung wieder umkehren?

Diese Fragen und weitere mehr gilt es zu untersuchen und zu beantworten – und die Geschäftsführung will Antworten, und zwar recht schnell. Bitte denken Sie intensiv darüber nach, wie wir mit einer durchdringenden und überzeugenden **marketingpolitischen Strategie** unsere Kunden in diesem Sportsegment wieder erreichen können. Setzen Sie das **gesamte absatzpolitische Instrumentarium** ein, um die flaue Nachfrage nach diesen für uns wichtigen Umsatzträgern in kurzer Zeit vergessen zu machen.

Ein etabliertes Unternehmen wie das unserige, meine Damen und Herren, hat an **die Bindung von bestehenden Kunden** zu denken. Das Kundenverhalten ist ein wichtiges Zeichen dafür, ob ein Unternehmen ‚rund' läuft oder aber womöglich Probleme hat."

Herr Hahnenkamp greift zu seinem noch halb gefüllten Glas Wasser, leert es in einem Zug und fährt dann mit seinen Ausführungen fort:

LERNFELD 6

„Wir erwirtschaften in den Warengruppen ‚Heimtrainer-Systeme', ‚Sportfahrräder' sowie ‚Sport- und Freizeitschuhe' mittlerweile 45 % unseres Umsatzes mit 27 % unserer Kunden. Diese **Kernkunden** müssen wir ermitteln; sie müssen bei allen unseren Absatzbemühungen jetzt im Vordergrund stehen.

Insofern möchte ich, dass unverzüglich und zunächst auf einen Zeithorizont von drei Monaten bezogen verstärkt Aktionen anlaufen, die

- bisherige Kunden weiterhin im Unternehmen halten, aber auch
- aus unseren Kunden, die lediglich sporadisch bei uns kaufen, gebundene Kunden machen und
- ehemalige Kunden zu unserem Unternehmen zurückbringen.

Und eines, meine Damen und Herren, möchte ich an dieser Stelle mit Nachdruck nochmals unterstreichen: Die Schlüsselgröße ist und bleibt ein **zufriedener Kunde**.

In diesem Zusammenhang gestatten Sie mir einige Bemerkungen zu unseren E-Commerce Aktivitäten. Nach den persönlichen Kontakten zu unseren Kunden und unseren stationären Geschäftsstellen gewinnt unser eigener Online-Shop für unseren Warenvertrieb mehr und mehr an Bedeutung. Erst danach folgen Print-Katalog, Online-Katalog, unser stationärer Showroom, unser Außendienst, Handelsvertreter und Messen. Wir müssen daher aktiv Maßnahmen ergreifen, um im Zeitalter der Digitalisierung wettbewerbsfähig zu bleiben.

Schon seit Jahren stark wachsende Umsätze im Onlinehandel und weiter zunehmende Bedeutung des E-Commerce im B2B-Bereich machen ein attraktives Internetangebot für uns absolut wichtig. Wir wollen nicht gegen die Macht des E-Commerce vorgehen, sondern diese nutzen.

Heute erwarten unsere Kunden einen ausgereiften Internetauftritt, der ausführliche und aktuelle Informationen über unser Unternehmen und unsere Produkte und/oder Dienstleistungen bereithält. Ebenso ist es selbstverständlich, dass unser Warenangebot gleich online bestellt und je nach Produkt bestenfalls gleich genutzt werden kann. Unsere Crosschannel-Strategie, also die technische Integration aller Verkaufskanäle (stationär, online und mobil) muss daher gleichzeitig hinsichtlich ihrer Benutzerfreundlichkeit genau auf die neuen Bedienkonzepte ausgerichtet werden. Nur wenn wir unsere Kunden über alle verfügbaren Kanäle ansprechen, werden wir dauerhaft erfolgreich sein.

Es ist abzusehen, dass der Verkauf über das Internet auch in Zukunft weiter an Fahrt gewinnt und uns interessante Chancen zur Gewinnung neuer Zielgruppen bzw. zur Bindung von Bestandskunden eröffnet. Ich erwarte daher, dass unsere bereits bestehenden Absatzkanäle weiter optimiert, d. h. miteinander verzahnt und ergänzt werden. Meine genauen zeitlichen Vorstellungen für diesen Nachholbedarf werde ich Ihnen in den nächsten zwei Tagen vorlegen."

Nach einer kurzen Diskussion über die **Bedeutung der Kundenzufriedenheit** für die Textilgroßhandlung Fairtext GmbH beendet Herr Hahnenkamp diesen Tagesordnungspunkt mit zwei abschließenden Sätzen:

„Wenn ein Kunde zur Konkurrenz abgewandert ist, weil er mit unseren Produkten, dem Service und/oder unserer Onlinepräsenz nicht mehr zufrieden war, ist es schon zu spät. Daher müssen wir als ein am Markt erfolgreich handelndes Großhandelsunternehmen regelmäßig prüfen, wie zufrieden unsere Kunden sind und wo die Gründe für die mögliche Unzufriedenheit liegen.

Kommen wir nun zu weiteren Ergebnissen der aktuellen Marktbeobachtung im Sportsektor, zu der Frau Bode einige spezielle Ausführungen machen wird."

Frau Eisenberg:

- „Wir haben – auch im Zusammenhang mit der in der letzten Woche stattgefundenen Sportartikelmesse Ispo – nochmals die Bestätigung erhalten, dass mittlerweile der Fußballschuh auch ein Modeschuh geworden ist. Vor allem in der sportlichen Damenwelt sind solche Modelle gefragt. Trendige Schuhe mit Multinockensohle, die man optisch primär mit einem Fußballplatz in Verbindung bringt, werden derzeit zu 90 % in der Freizeit getragen. Derartige Lifestyle-Impulse sind wichtig, denn der Fußball als Vereinssport hat in Deutschland schon bessere Zeiten gesehen. Was für diesen speziellen Fall gilt, ist auch – wie wir alle wissen – auf fast den gesamten Sportschuhbereich übertragbar.

- Des Weiteren ‚in' ist in Deutschland das sportliche **Wandern mit Stöcken** in Form von Nordic Walking und diversen Varianten. Dieser derzeit bedeutendste Trend, dem mit steigender Tendenz schon zwei Millionen Bundesbürger frönen, hat dem Handel neue Absatzhorizonte erschlossen. Die Fairtext GmbH hat in diesem Segment zu wenig getan, ja, vielleicht sogar die Zeichen der Zeit aus welchen Gründen auch immer verschlafen (ein strenger Blick geht hinüber zum Verantwortlichen für die Warengruppen ‚Sportartikel' sowie ‚Sport- und Freizeitbekleidung', Herrn Kühne).

- Auch hier spielt selbstverständlich eine entsprechende **Outdoor-Mode** eine wichtige Rolle. Kunden wollen sich von anderen Menschen absetzen, auch wenn sie mit atmungsaktiven Schuhen und einer wasserfesten Jacke nur zum Briefkasten gehen, so meine feste Überzeugung.
  Wir müssen deshalb in Zukunft verstärkt auf die Stabilisierung dieser Marktsegmente setzen und sie den neuen Wünschen einer Generation anpassen, die ein **starkes Fitnessbedürfnis** hat. Gleichzeitig müssen wir eigene Angebotssegmente für Frauen und Senioren weiter auf- und ausbauen. Sie wollen durch ein persönliches Fitnessprogramm, das regelmäßiges Laufen und alle Formen von Nordic Walking einschließt, aktiv und jung bleiben.

- Drittens: Auch ist es in allen Schichten wieder sehr beliebt, in die Berge zu gehen. Freizeitforscher sprechen hier von einem ‚Marlboro-Feeling'. Jeder zehnte Deutsche zwischen 14 und 19 Jahren hat zuletzt seinen **Urlaub draußen in der Natur** verbracht und auf Komfort weitgehend verzichtet. Im Alter zwischen 50 und 65 Jahren ist es sogar jeder Dritte gewesen.

Obwohl viele Sportartikel aus Rohöl gefertigt werden – übrigens liegt der Anteil der Grundstoffe, die auf Öl basieren, z. B. bei einem Paar Ski, bei 80 % – und obwohl das Öl immer teurer wird, können wir uns Preiserhöhungen in dieser schwierigen Zeit nicht leisten, worüber zwischen allen Anwesenden, glaube ich, Einigkeit besteht. Lassen Sie uns daher aus der Not eine Tugend machen und im Rahmen der zu entwickelnden Marketingkonzeption **unser Preisbewusstsein** in der Kommunikation mit den Einzelhändlern gebührend herausstellen.

Uns ist darüber hinaus ja allen bekannt, dass die Konkurrenz bereits ähnliche Angebote wie die gerade genannten bereithält. Ob sich unsere Kunden nun zukünftig für unser Angebot oder ein anderes entscheiden, hängt vom sogenannten USP („unique selling proposition" = einzigartiger Vorteil) ab. Er kann z. B. im besonderen Produktnutzen, in der räumlichen Nähe unseres Unternehmens zum Kunden, einem besonderen Service oder wie gesagt im Preis liegen. An dieser Stelle wird Herr König aus Sicht des Außendienstes mit den Ausführungen fortfahren."

Herr Fleck:

„Traditionell setzen wir nach wie vor auf unsere **persönliche Beratung.** Nur dadurch schaffen wir beim Umsatz für uns den nötigen Mehrwert. Wir werden daher in Zukunft wesentlich energischer gegen den immer stärker werdenden ‚Beratungsdiebstahl' in unserer Branche vorgehen müssen. Nach meiner persönlichen Einschätzung hat er enorm zugenommen.

Viele Einzelhändler kommen in unsere Niederlassungen oder bitten um den Besuch eines Außendienstmitarbeiters, lassen sich ausführlich von unserem Fachpersonal beraten und nutzen dann diese Kenntnisse, um Rabatte herauszuholen oder im Internet oder in Großbetriebsformen unserer Branche einzukaufen. Unser Unternehmen wird also von immer mehr Kunden ausgenutzt und indirekt vom Einzelhändler dafür bestraft, dass es eine große Zahl von gut ausgebildeten Mitarbeitern beschäftigt.

Als gut positioniertes Textilgroßhandelsunternehmen müssen wir uns daher fragen, ob Einzelhändler denn bereit wären, für diese Beratung, die bisher immer im Preis inbegriffen war, auch im Sinne eines fairen Angebots extra zu bezahlen. Die Antwort wissen wir noch nicht. Was wir aber wissen, ist, dass hier in Zukunft von beiden Seiten umgedacht werden muss, beim Großhandel und beim Einzelhandel. An dieser Stelle greifen dann auch weitere Überlegungen hinsichtlich des verstärkten **Ausbaus unseres Angebots über das Internet**, das insgesamt und gemessen an den Aktivitäten der Konkurrenz – wie bereits ausgeführt – noch starkes Ausbaupotenzial hat.

Was erwarten wir nun als Fairtext GmbH insgesamt von der weiteren Entwicklung? In erster Linie neue Marken, neue Produkte, neue Ideen. Dabei ist die **Nachfrage nach Qualitätsprodukten** nicht nur in

LERNFELD 6

unseren einzelnen Niederlassungen gestiegen. Wir hoffen, so wie bei Inlineskating oder Nordic Walking wieder **echte neue Trendprodukte** zu finden, vor allem für jugendliche Endverbraucher – Trends, die dann zu Dauerbrennern werden. Wie beispielsweise der neue Volkssport Nordic Walking.

Beim Nachdenken über eine Neupositionierung in den Warengruppen ‚Sportartikel' sowie ‚Sport- und Freizeitbekleidung' werden wir sicher mit großer Aufmerksamkeit das komplette **Outdoor-Angebot für Frauen** unter die Lupe nehmen müssen. Selbstverständlich sollten wir auch alles das einbeziehen, was mit Running – mittlerweile eine Ganzjahresaktivität –, Fitness, Outdoor und wie gesagt mit Nordic Walking zu tun hat. Das schließt auch die neuen Entwicklungen im Langlauf ein, die von der Nordic-Walking-Begeisterung angestoßen worden sind.

Ganz wichtig für uns ist auch das Suchen und Finden von sinnvollen **Marketing- und Promotion-Kooperationen** zwischen unseren Industriepartnern und uns."

Nach weiteren interessanten und kontroversen Redebeiträgen geht die Sitzung erst zu später Stunde zu Ende.

Das Ergebnis unter den Beteiligten ist einstimmig: Es soll umgehend ein offensives, aggressives Marketingkonzept erarbeitet werden, um verloren gegangene Marktanteile in den Warengruppen „Sportartikel" und „Sport- und Freizeitbekleidung" zurückzugewinnen. **„Marketing bedeutet Aufbruch statt Zurückhaltung!"**, lautet die ausgegebene Devise von Herrn Hahnenkamp, womit er auch gleichzeitig die Abteilungsleiter in die Pflicht nimmt, im Rahmen der Sortimentspolitik über entsprechende Veränderungen nachzudenken. Nichts soll mehr tabuisiert werden.

Darüber hinaus soll die Fairtext GmbH in Zukunft verstärkt insbesondere in den Markt „Wandern/Urlaub in der Natur" eingreifen und ihn aktiv beeinflussen und mitgestalten.

Außerdem hatte Herr Hahnenkamp betont, dass die aktuelle Absatzproblematik auch zum Anlass genommen werden sollte, die **Crosschannel-Strategie** für das Unternehmen weiter auszubauen und dabei natürlich überzeugend zu verbessern.

Sie sind in dieser Situation aufgefordert, bei der Entwicklung einer entsprechenden **Marketingkonzeption** mitzuhelfen und die folgenden in der Abteilungsleitersitzung festgelegten Beschlüsse umzusetzen.

1. Die **Gründe für unterschiedliche Entwicklungen,** verbunden mit Veränderungen bei Warengruppenanteilen, die von den Erwartungen abweichen, können vielschichtig sein. Ermitteln Sie mithilfe der Methode des Brainstormings, welche Gründe dies sein könnten.
2. Da es bei der Entwicklung der Marketingkonzeption keinerlei zu beachtende Vorgaben seitens der Geschäftsleitung gibt, bedeutet das konkret für Ihre Arbeit, dass Sie im Rahmen der Sortimentspolitik, der Preis- und Konditionenpolitik, der Distributionspolitik, der Kundendienstpolitik und der Kommunikationspolitik frei sind in der Festlegung Ihrer absatzpolitischen Entscheidungen.
    a) – Informieren Sie sich mithilfe des Lehrbuches über das Wesen des Marketings (Bearbeitung mithilfe der „SQ3R-Methode").
    – Erstellen Sie eine Mindmap, die alle wichtigen Informationen zum Marketing enthält.

b) Diskutieren Sie anschließend im Plenum die entscheidenden Fragen einer möglichen Sortimentsveränderung.
c) Formulieren Sie gemeinsam ein oder mehrere realistische Marketingziele (Was will die Fairtext GmbH in diesem Jahr erreichen?).
d)
- Führen Sie mit den Ihnen zur Verfügung stehenden Mitteln eine Marktforschung bzw. eine Markterkundung durch. Erstellen Sie für diese Zwecke u. a. einen Fragebogen und führen Sie die Befragung durch.
- Setzen Sie auch informationstechnische Systeme zur Sammlung und Auswertung von Marktinformationen und Kundendaten ein.
- Denken Sie daran: „Kunden gewinnen" ist planbar. Grundlage jeder Planung ist dabei die möglichst detaillierte und aktuelle Kenntnis des Marktes (Markt-Unternehmensanalyse).
- Werten Sie die Ergebnisse Ihrer Forschungen gemeinsam aus und leiten Sie daraus eine Marktprognose ab.

3. a) Jede Warengruppe sollte ihren eigenen Marketingmix haben. Bilden Sie daher arbeitsteilige Teams, in deren Verantwortungsbereich je eine ausgewählte Warengruppe liegt, auf die Sie sich zuvor im Plenum im Rahmen der Festlegung des Gesamtkonzepts festgelegt haben. Je nach Bedarf können Untergruppen gebildet werden, die für einzelne absatzpolitische Instrumente zuständig sind.
b) Jedes Team erstellt anschließend ein schlüssiges Konzept mithilfe der absatzpolitischen Instrumente des Marketingmix.
- Analysieren Sie hierzu zunächst die absatzpolitischen Instrumente mithilfe der Lehrbücher und der weiteren Ihnen zur Verfügung stehenden Hilfsmittel.
- Stellen Sie anschließend deren Besonderheiten in einer Matrix übersichtlich zusammen.
- Machen Sie Vorschläge, wie die verschiedenen absatzpolitischen Instrumente die Umsatzsituation der einzelnen Warengruppen verbessern können.
c) Entwickeln Sie für Ihr Marketingkonzept in einem nächsten Arbeitsschritt einen Zeit- und Arbeitsplan und legen Sie innerhalb des Teams die Verantwortlichkeiten fest.
d) Berücksichtigen Sie bei der konzeptionellen Umsetzung Ihrer Ideen auch die neuesten Veröffentlichungen über den Umsatz im Internet und seine Verbreitung.

4. Warengruppenübergreifend soll sich ein weiteres Team von IT-Spezialisten mit der Umsetzung bzw. dem weiteren Ausbau der Crosschannel-Strategie beschäftigen und hierzu unter Einbeziehung der aktuellen Entwicklung des mobilen Onlineshoppings entsprechende Vorschläge machen.

5. Sammeln Sie in der Phase der Ideenfindung mögliche Vorschläge für das Gesamtkonzept. Tragen Sie die Ideen in einen Sammelbogen ein. Verwenden Sie dafür die Kreativitätstechnik des „Brainwritings" („6-3-5-Methode") unter Berücksichtigung der Regeln für das Brainwriting.

6. Stimmen Sie die Auswahl der absatzpolitischen Maßnahmen im Sinne des Marketingmix auf das Gesamtkonzept ab. Beachten Sie, dass das Marketingkonzept Ehrlichkeit, Glaubwürdigkeit, Verständnis, Einfühlungsvermögen und Zuverlässigkeit vermitteln soll.

7. Stellen Sie abschließend Ihr Marketingkonzept für die von Ihnen übernommene Warengruppe unter Zugrundelegung von geeigneten Präsentationsmethoden und unter Berücksichtigung der Präsentationsregeln vor. Bereiten Sie Ihre Präsentation gut vor, sodass Sie die Geschäftsführer der Fairtext GmbH überzeugen. Begründen Sie die getroffenen Einzelentscheidungen.

LERNFELD 6

KAPITEL 1
Marketing als zentrale Aufgabe zur Sicherung und Steigerung des Absatzerfolgs

Die beiden Abteilungsleiter der Textilgroßhandlung Fairtext GmbH, Herr Harriefeld (Einkauf) und Herr Raub (Verkauf), stellen es als Erste mit einiger Besorgnis fest: den schleppenden Absatz in den letzten drei Monaten.

Erfasst hat es so gut wie sämtliche Warengruppen der Textilgroßhandlung, ganz besonders aber die Warengruppen Damenober- und Herrenbekleidung.

Beide denken gemeinsam mit der **Geschäftsleitung über geeignete Maßnahmen** zur Verbesserung der Erfolgssituation nach.

In dieser durchaus angespannten Situation liest Frau Schröter in einer Fachzeitschrift das folgende äußerst interessante Untersuchungsergebnis:

Ergebnisse einer Untersuchung bei 300 Besuchern von Fachgeschäften – je zur Hälfte Männer und Frauen

Anteil der Frauen bzw. Männer, die mit „trifft zu/trifft voll und ganz zu" geantwortet haben.

Aussage	Frauen (%)	Männer (%)
Qualität ist nicht nur Strapazierfähigkeit, hier spielt auch das edle Aussehen (eines Kleidungsstücks) eine große Rolle.	77	76
Ich wäre enttäuscht, wenn man, nur um den Preis zu halten, die Stoffqualität und Verarbeitungsqualität senkt.	86	83
Lieber etwas mehr Geld ausgeben und dafür ein gutes Kleidungsstück bekommen.	83	80
In unserer schnelllebigen Zeit ist die Qualität eines Kleidungsstücks nicht mehr so wichtig, wie das früher der Fall war.	25	24
Für mich ist wichtig, dass das Kleidungsstück in Passform und Farbe gefällt, das Material spielt nur eine untergeordnete Rolle.	35	32
In Kleidung aus reiner Schurwolle ist man immer gut angezogen.	62	69
Das Material (eines Kleidungsstücks) hat für mich keine große Bedeutung, wichtiger ist, dass man es in der Waschmaschine waschen kann.	24	21
Das Material, aus dem ein Kleidungsstück hergestellt ist, ist für mich wichtiger als die Marke des Herstellers.	86	81

1. Erläutern Sie die Bedeutung der Untersuchungsergebnisse für die Textilgroßhandlung Faitext GmbH.

2. Denken Sie über mögliche absatzpolitische Fehler des Fairtext-Managements nach und machen Sie der Geschäftsführung Vorschläge zu ihrer Beseitigung.

LERNFELD 6

INFORMATIONEN

Ohne die Ausrichtung seiner unternehmerischen Aktivitäten **an den Bedürfnissen des Kunden** kann heutzutage kein Großhandelsunternehmen mehr erfolgreich am Markt bestehen.

Darüber hinaus ist es wichtig
- zu beobachten, was die Konkurrenz macht,
- die eigenen Stärken und Schwächen richtig einschätzen zu können,
- die richtigen Kundengruppen anzusprechen,
- neue Entwicklungen zu erkennen und
- Marktnischen zu nutzen.

Großhandelsunternehmen müssen sich in ihren Entscheidungen daher **am Markt orientieren**. Eine derartige Marktorientierung umzusetzen in entsprechende unternehmerische Maßnahmen ist die Aufgabe des Marketings.

> **DEFINITION**
>
> **Marketing** (engl. = auf den Markt bringen)
> = Sämtliche unternehmerischen Maßnahmen, die darauf abzielen, einen **Absatzmarkt** für die eigenen Produkte zu erobern und zu sichern.
> Alle Entscheidungen sind daher konsequent auf die Kunden, d. h. auf die Märkte ausgerichtet.

Warum Marketing? – Ursachen und Bedeutung des Marketings

Drei wichtige Aspekte machen heutzutage das Marketing so bedeutsam:

1. Käufermärkte

Seit Beginn der 1970er-Jahre ist der Warenabsatz durch den Wandel von Verkäufermärkten zu Käufermärkten zunehmend schwieriger geworden.

In Situationen, in denen die Nachfrage wesentlich größer ist als das Angebot, spricht man von einem **Verkäufermarkt**. Auf einem Verkäufermarkt herrscht Mangel an bestimmten Gütern und Dienstleistungen.

> **BEISPIEL**
>
> In einem asiatischen Bergdorf gab es nur eine Übernachtungsherberge. Als in dieser Region zufällig bedeutsame archäologische Funde gemacht wurden, setzte ein Touristenstrom aus aller Welt ein. Die Inhaber der Herberge konnten nicht mehr so viele Übernachtungsbetten bereitstellen, wie nachgefragt wurden. Aufgrund dieser enorm gestiegenen Nachfrage konnten sie die Übernachtungspreise wesentlich höher festsetzen als zuvor.

Käufermärkte hingegen, bei denen das Güterangebot größer ist als die Güternachfrage, konnten entstehen durch
- ein größeres Güterangebot aufgrund des schnellen technologischen Fortschritts,
- gesättigte Märkte,
- kritischeres, wählerischeres und preisbewussteres Konsumentenverhalten und
- stärkeren Wettbewerb.

> **BEISPIEL**
>
> Nach den archäologischen Ausgrabungen und den Presseberichten in aller Welt entstanden in dem einst ruhigen Bergdorf aufgrund des einsetzenden Besucherstromes weitere Herbergen und sogar komfortable Hotels. Im weiteren Verlauf wurden Bettenkapazitäten geschaffen, die über die Nachfrage nach Betten weit hinausgingen. Der Tourist als Nachfrager nach Übernachtungsmöglichkeiten war nun in einer äußerst vorteilhaften Situation:
> - Aufgrund des Wettbewerbs unter den Herbergsinhabern im Ort waren die Übernachtungspreise auf ein akzeptables Niveau zurückgegangen.
> - Herbergen, die sich nicht auf die speziellen Bedürfnisse ihrer Besucher eingestellt hatten, konnten keine Zimmer mehr vermieten.
>
> Es handelt sich nun um einen Käufermarkt, auf dem nur jene Anbieter von Übernachtungsmöglichkeiten eine Chance zum wirtschaftlichen Überleben haben, die mit ihrem Angebot die Bedürfnisse der Kunden befriedigen.

LERNFELD 6

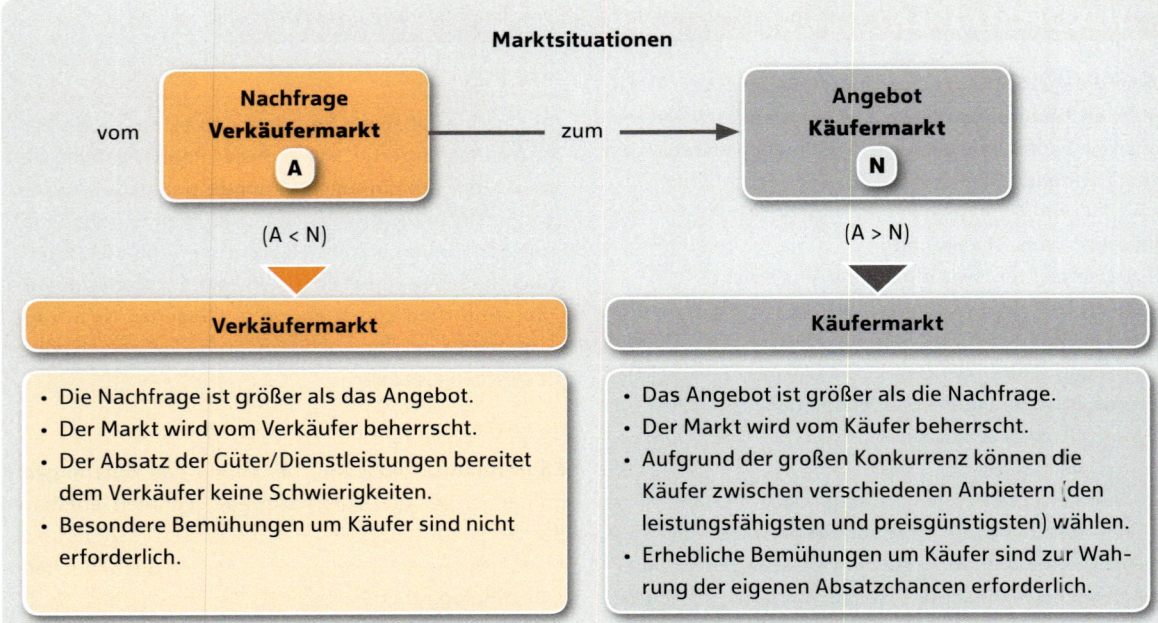

In der Situation eines Käufermarktes (die Märkte der Gegenwart sind in der Regel Käufermärkte), in der es nicht mehr ausreicht, (passiv) darauf zu warten, ob die Käufer die eigenen Güter nachfragen, kommt dem Unternehmensbereich Absatz eine besondere Bedeutung zu.

2. Veränderungen im Verhalten und der Struktur der Konsumenten

2.1 Komplexer Konsument

Die **Bildung von Zielgruppen** ist heutzutage ungleich schwerer, da Verhaltensweisen und Einstellungen der Kunden weniger als früher von demografischen Merkmalen (Alter, Geschlecht, Familienstand, Beruf, Einkommen, Haushaltsgröße usw.) abhängen.

Der Repräsentant einer Käufergruppe, der sich früher eindeutig durch Prestigebewusstsein auszeichnete, zeigt heute ein sehr gegensätzliches Verhalten. Auf der einen Seite kauft er z. B. Konserven und Waschmittel bei einem Billiganbieter und andererseits steht er bereits eine Stunde später beim exklusiven Herrenausstatter, um dort eine Markenjacke für 400,00 € zu erwerben.

Dieser Konsument vereinigt den Sparkauf mit dem prestigeorientierten Markenkauf.

Die Verhaltensweisen des neuen Konsumenten lassen sich insofern nicht exakt definieren. Der gleiche Kunde kann sich gleichzeitig situationsbedingt prestigeorientiert, erlebnisorientiert und umweltbewusst zeigen, je nach Einstellungen und Lebensstil.

Die Lebensstilforschung der GfK nennt in diesem Zusammenhang verschiedene Lebensstilgruppen[1].

2.2 Wertewandel[2]

Kunden richten ihr Augenmerk nicht mehr nur auf die Ware selbst oder die Sortimentsqualitäten, sondern zunehmend auch auf Aspekte wie Umwelt- und Tierschutz oder Kinderarbeit in den Entwicklungsländern.

So ist beispielsweise das **Umweltmarketing** zum Schutz von Umwelt und Verbraucher nicht nur eine Aufgabe für die Marketingabteilung. Vielmehr ist Umweltmarketing eine Aufgabe, der sich das gesamte Unternehmen in

---

1 siehe Kap. 6.2
2 Änderungen im Verhalten heutiger und künftiger Konsumenten werden, vereinfacht formuliert, als „Wertewandel" bezeichnet.

allen Funktionsbereichen zu stellen hat. Beim Einzelhandel spielen diese Zusammenhänge größtenteils bei der Sortimentsgestaltung, der Verpackung und der Entsorgung eine wichtige Rolle.

Eine negative Berichterstattung in einem dieser Bereiche kann das Image des Einzelhändlers empfindlich schädigen und einen (fast) irreparablen Schaden zur Folge haben.

2.3 Trends

Trends werden immer kurzlebiger und widersprüchlicher; die Zeit der klaren Trends ist für immer vorbei. Produkte, die heute noch „in" sind, können nach kurzer Zeit bereits „out" sein.

Verwundbarer Riese

Handy-Marktführer Nokia unterliefen in der Vergangenheit schwere Fehler – die Konkurrenten witterten Morgenluft:

„[…] Nokia hat einen entscheidenden Trend verschlafen. Klapphandys sind inzwischen auch in Europa beliebt – und so verlieren die Finnen an Boden, was zu werten ist als Folge schwerer Fehlentscheidungen:

1. Nokia achtete bei neuen Geräten zuletzt stärker auf die Kosten als auf das Design.
2. Der Handy-Gigant hat die Konkurrenten unterschätzt. […]"

Der Markt verlangt vom Großhändler eine ständige Veränderung und Verbesserung seines Angebots, damit Kunden nicht zur Konkurrenz abwandern. Insofern kommen Produktveränderungen in immer geringeren Zeitabständen auf den Markt. Diese Dynamik erfordert vom Großhändler Flexibilität und ein hohes Maß an Sensibilität für neue Kundenwünsche.

2.4 Bevölkerungsstruktur

Der Anteil der über 60-Jährigen wächst ständig. Schon bald wird ein Drittel der Gesamtbevölkerung älter als 60 Jahre sein. Damit bekommt der Seniorenmarkt eine neue Dimension – nicht nur wegen der Anzahl der Senioren, sondern auch aufgrund eines veränderten Altersbewusstseins. Schon heute spricht man von den „jugendlichen Sechzigern" und auch den „aktiven Siebzigern". Dies alles sind Herausforderungen, die im Rahmen von neuen Marketingkonzepten auch vom Großhandel zu lösen sind.

3. Veränderte Marktbedingungen auf der Angebotsseite

3.1 Im Handel wird die Trennung in die unterschiedlichen Betriebs- und Vertriebsformen mehr und mehr verwischt. Alle Anbieter versuchen sich in neuen Vertriebswegen, um ihre potenziellen Kunden bestmöglich zu erreichen.

3.2 Neue Wettbewerber, die bisher noch nicht an den Einzelhandel und den Endverbraucher verkauft haben, treten als Konkurrenten des Großhändlers auf.

Der Produzent produziert, der Großhandel mischt das Sortiment, der Einzelhandel verkauft – diese klassische Teilung existiert nicht mehr. Jetzt verkaufen Produzenten plötzlich selbst und stecken die Handelsspanne in die eigene Tasche. Händler greifen ihrerseits den Trend zur Vertikalisierung auf und bringen eigene Marken ins Spiel. Hinzu kommen der aufstrebende Online- und der Versandhandel. Sogar Tankstellen machen plötzlich dem Bäcker Konkurrenz. Jeder will Umsatz machen, egal wie. Und diese Tendenz wird sich in Zukunft noch verstärken.

Viele fahren nur zum Essen zu Ikea

Für viele ist das Essen im Restaurant das Highlight eines Ikea-Besuchs. Offenbar sind die Möbelhaus-Gerichte so beliebt, dass Ikea etwas ganz Neues plant.

Stehlen die berühmten Hackfleischbällchen „Köttbullar" dem Kult-Regal Billy die Show? Was die Umsätze von Ikea betrifft, ist das so: Ein Drittel der Kunden besuchen laut einem Bericht von Fast Company die schwedischen Möbelhäuser nur wegen des Essens, 15 Millionen Hauptgerichte werden pro Jahr in den Ikea-Restaurants verspeist. Der Erlös durch die Restaurants steigt und steigt – so sehr, dass Ikea mittlerweile auf Platz acht der führenden Gastronomieketten in Deutschland (nach Umsatz) liegt. Ikea landet damit noch vor der Pizza-und-Pasta-Kette „Vapiano" und kurz hinter der Sandwich-Kette „Subway".

LERNFELD 6

> Ikea denkt darüber nach, seinen Erfolg im Bereich Essen noch mehr zu pushen und in Innenstädten eigene Restaurants – ganz ohne Möbelausstellung – zu eröffnen. Das sagte Gerd Diewald, zuständig für „Ikea Food" in den USA, zu Fast Company. Erste Tests gab es schon: Ikea eröffnete bereits Pop-Up-Restaurants in London, Paris und Oslo. Und in Deutschland machte ein Ikea-Food-Truck an verschiedenen Orten Station.
>
> **Für Köttbullar nicht mehr raus an den Stadtrand**
>
> Offenbar mit Erfolg: Nicht mehr weit hinaus ins Gewerbegebiet fahren zu müssen, um die heißgeliebten „Köttbullar" und Co. zu essen, kam gut an. „Der Fakt, dass wir für ein Café oder Restaurant nur wenige Quadratmeter brauchen, macht die Sache schon an sich interessant", so Michael La Cour, Manager von „Ikea Food". „Ich hoffe, dass die Kunden in ein paar Jahren sagen werden: ‚Ikea ist ein toller Ort, um Essen zu gehen, und nebenher verkaufen sie auch noch Möbel.'"
>
> Aldi hat es bereits vorgemacht: Der Discounter eröffnete vor Kurzem ein Pop-up-Restaurant in der Münchner Innenstadt, wie der Münchner Merkur* berichtet.

Quelle: Munk, Stephanie: Viele fahren nur zum Essen zu Ikea – jetzt will das Möbelhaus reagieren. In: merkur.de. 27.10.2017. https://www.merkur.de/wirtschaft/viele-fahren-nur-zum-essen-zu-ikea-jetzt-will-moebelhaus-reagieren-zr-8809912.html [09.09.2020].

Tankstellen-Bistro – Konkurrenz für den Einzelhandel

Wesen des Marketings

Will insbesondere das mittelständische Großhandelsunternehmen seine Selbstständigkeit nicht aufgeben, dann hilft nur die Suche nach einer Erfolg versprechenden Angebotsstruktur in seinem Kundenumfeld (= **planmäßige Absatzvorbereitungen**).

Nur so kann es gelingen,
- einen Markt zu finden, auf dem es seine Güter absetzen kann, bzw.
- bereits bestehende Märkte auszubauen und zu sichern.

Marketing, das den Markt in den Mittelpunkt aller Überlegungen stellt, bezieht sich daher auf **alle Maßnahmen zur Marktbildung und Marktbeeinflussung**.

Der Begriff „Markt" kann sich dabei sowohl auf den Beschaffungs- als auch auf den Absatzmarkt beziehen. Im Folgenden soll unter Marketing die Ausrichtung der unternehmerischen Aktivitäten am Absatzmarkt verstanden werden.

Insofern orientiert sich ein marketingbewusster Großhändler mit all seinen Aktivitäten zielbewusst, planmäßig und organisatorisch an den Problemen, Wünschen und Bedürfnissen ausgewählter Kundengruppen.

Nicht die Ware steht im Mittelpunkt. Vielmehr wird das Unternehmen vom Absatzmarkt her geführt, sodass sämtliche unternehmerischen Maßnahmen durch das „Denken vom Markt her" geprägt sind. Dabei werden sowohl Kundenwünsche dauerhaft erfüllt als auch der eigene Unternehmenszweck, d. h. die Gewinnerzielung, erreicht.

Um sämtliche **marktorientierte Maßnahmen** an den potenziellen Einzelhändlern ausrichten zu können, müssen die Entscheidungsträger im Unternehmen
- ihren Markt kennen (Käuferwünsche; Konkurrenzverhalten) und
- die richtigen Maßnahmen (= absatzpolitische Instrumente) auswählen und gezielt einsetzen.

Zum Marketing im Großhandel gehören deshalb u. a.
- **Markterkundung** und **Marktforschung** (= Marktuntersuchung) mit ihren Teilbereichen Marktanalyse und Marktbeobachtung,
- die **Marktprognose,**
- die **absatzpolitischen Instrumente**
  - Produktpolitik,
  - Sortiments- und Kundendienstpolitik,
  - Preis- und Konditionenpolitik (= Kontrahierungspolitik),
  - Distributionspolitik,
  - Kommunikationspolitik.

LERNFELD 6

BEISPIEL

Bei der Planung zur Aufnahme neuer Schokoriegel in das Warensortiment eines Lebensmittelgroßhändlers mit Cash and carry werden Marktdaten erhoben, Einzelhändler befragt, aktuelle Trends und Entwicklungen verfolgt. Auf dieser Grundlage werder die Schokoriegel ausgewählt, die in das Sortiment aufgenommen werden sollen, der Preis ausgerichtet und die Kommunikationsmaßnahmen geplant.

Letztlich beeinflusst Marketing sämtliche Unternehmensbereiche, angefangen vom Einkauf über die Beschaffungsorganisation und Lagerhaltung bis hin zur Personalabteilung.[1]

Marketingkreislauf

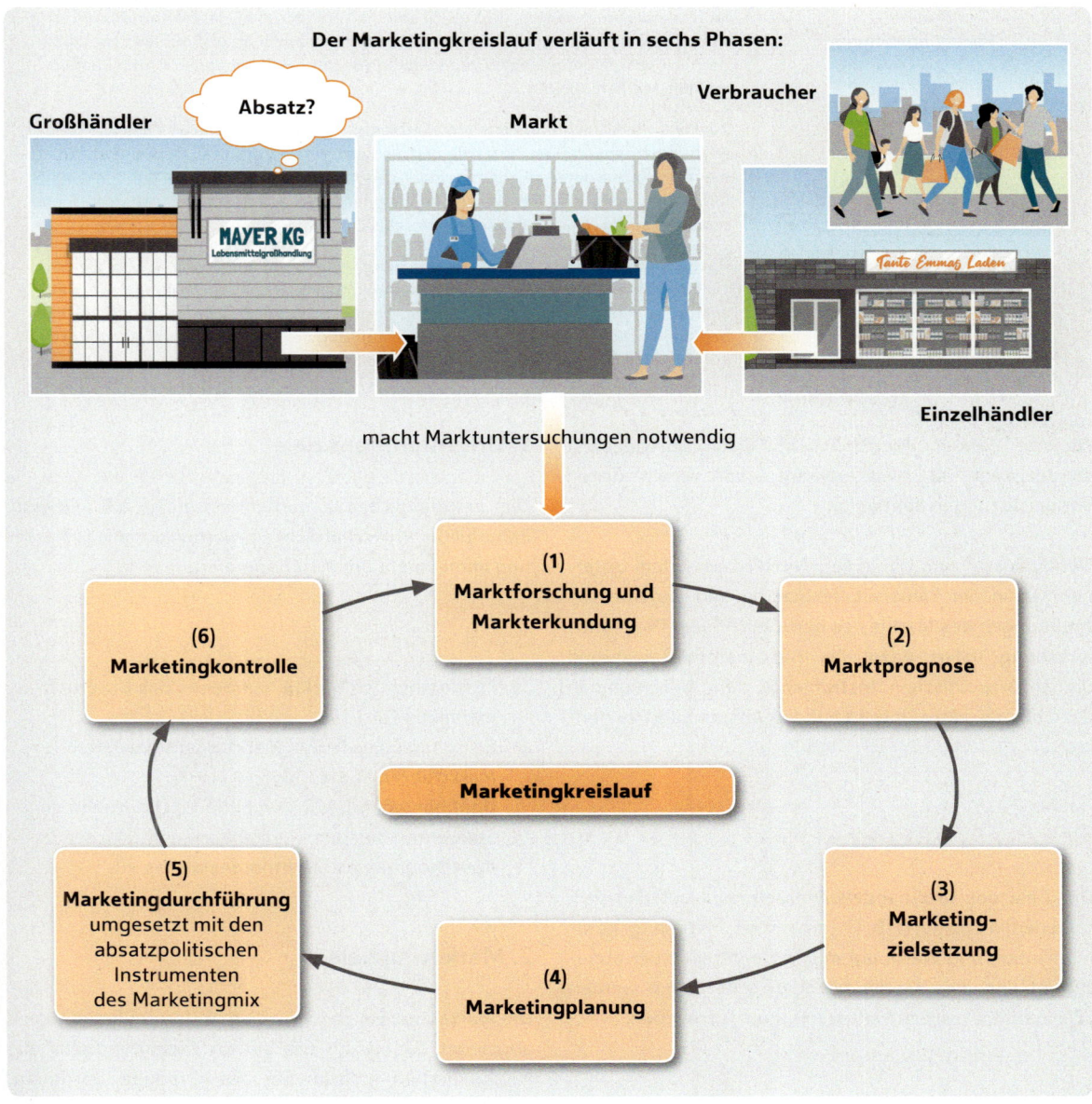

---

[1] Siehe auch Schaubild in Kap. 6.15

LERNFELD 6

Phase (1) Marktforschung und Markterkundung	**Marktforschung** (Marketingresearch) bedeutet das systematische Sammeln von Informationen zur Einschätzung und Beeinflussung des Absatzmarktes. Marktforschung soll den Markt transparent machen. Von **Markterkundung** spricht man, wenn Informationen als Ergebnis einer unsystematischen, gelegentlichen Informationsbeschaffung eingeholt werden.
Phase (2) Marktprognose	Die Ergebnisse der Marktforschung werden zur **Voraussage der Marktentwicklung** verarbeitet. Die Marktprognose ist die Grundlage für die absatzpolitischen Entscheidungen des Großhändlers.
Phase (3) Marketingzielsetzung	Die Ergebnisse der Marktforschung und -prognose bilden die Grundlage für die Zielsetzungen des Marketings. Zur Erreichung der Marketingziele werden die absatzpolitischen Instrumente eingesetzt.
Phase (4) Marketingplanung	Die Detailplanung beschäftigt sich mit der Aufgabe, welche Marketinginstrumente in welcher Kombination eingesetzt werden sollen (Marketingmix[1]). Die Planungen müssen laufend überprüft werden, da die sich ständig verändernden Märkte Korrekturen erfordern. Die Kombination der unterschiedlichen, aufeinander abgestimmten absatzpolitischen Marketinginstrumente ist abhängig von der entsprechenden Marktsituation und den Marketingzielen.
Phase (5) Marketingdurchführung	Zur konkreten Durchführung der Marketingstrategien steht im Marketing ein umfangreiches Instrumentarium zur Verfügung. Es werden sechs große absatzpolitische Instrumentenbereiche unterschieden: Produkt-, Sortiments-, Distributions-, Kundendienst-, Kommunikations- sowie Preis- und Konditionenpolitik (= Kontrahierungspolitik). Eingebunden ist dabei in allen Bereichen stets das Onlinemarketing.
Phase (6) Marketingkontrolle	Nach der Durchführung der Marketingmaßnahmen erfolgt die Kontrolle über die erzielten Wirkungen, z. B. durch Kundenbefragungen oder die Überprüfung der Absatzzahlen. Je langfristiger Marketingstrategien geplant werden, desto rechtzeitiger sind begleitende Kontrollen während der Durchführung des Marketingmix notwendig, damit aufgetretene Fehlentwicklungen frühzeitig behoben werden können.

Ob eine Marketingkonzeption mit Erfolg durchgesetzt werden kann, ist – wie erwähnt – von verschiedenen Voraussetzungen abhängig.

Der Schlüssel zum Erfolg liegt letztlich bei jedem Unternehmen in der Fähigkeit, rechtzeitig und angemessen Änderungen des Marktes zu berücksichtigen. Die Marktforschung liefert dazu das Basismaterial,[2] während die absatzpolitischen Instrumente dem Unternehmen dazu dienen, aktiv Einfluss auf den Absatzmarkt zu nehmen.

Ziele des Absatzmarketings

Die Ziele des Großhandelsunternehmens auf den verschiedenen Ebenen (z. B. Unternehmen, Marketing, Kommunikation und Werbung) müssen untereinander abgestimmt und aufeinander bezogen sein. Damit werden „Zielkonflikte", die zu Verlusten führen, vermieden.

1. Unternehmensziele

Die ursprünglichen Unternehmensziele, z. B. Gewinn, Rentabilität, Wirtschaftlichkeit, werden durch das Marketing immer mehr am Markt orientiert.

BEISPIELE
FÜR MARKTBEZOGENE UNTERNEHMENSZIELE

- Festlegung der Märkte, auf denen das Unternehmen aktiv wird
- Erreichen eines hohen Marktanteils bzw. der Marktführerschaft
- Unabhängigkeit, z. B. von anderen Unternehmen
- Steigerung des Jahresumsatzes auf 4,5 Mrd. €
- Ausschöpfen des Marktpotenzials bis 20..

2. Marketingziele

Die Marketingziele werden aus den Unternehmenszielen abgeleitet. Sie wirken sich auf die Gestaltung aller absatzpolitischen Instrumente aus (Produkt, Sortiment,

---

1 Ausführungen zum Marketingmix siehe Kap. 6.14
2 Siehe Kap. 6.2

Kundendienst, Preise und Konditionen, Kommunikation und Distribution).

> **BEISPIELE**
> - Erhöhung des Marktanteils eines Produkts der Unterhaltungselektronik um 10 % innerhalb der nächsten drei Jahre
> - Steigerung des Reingewinns auf 2,1 Mio. € in der Warenwelt „Damen"
> - Gewinnung eines neuen Marktes, z. B. im Ausland
> - Erreichen eines bestimmten Deckungsbeitrags zur Deckung der fixen Kosten

3. Absatzpolitische Unterziele – Instrumentalziele

Zur Erreichung der Marketingziele müssen aus ihnen instrumentelle Ziele abgeleitet werden, d. h., es ist zu überlegen, welche Zielsetzung in den einzelnen absatzpolitischen Bereichen geeignet ist, um das Gesamtziel zu erreichen.

> **BEISPIELE**
> **Ziel im Rahmen der Produktpolitik:**
> - Umgestaltung der Packung der Hausmarke (Design und Farbe) mit dem Ziel einer höheren Werbewirksamkeit
> - Veränderung des Namens, abgestimmt auf die Kundengruppe der 14- bis 20-Jährigen
>
> **Ziel im Rahmen der Sortimentspolitik:**
> - Reduzierung der Fehlverkäufe bei Damenjeans der Größe XS bis Juni des übernächsten Jahres auf maximal 10 %
>
> **Ziel im Rahmen der Kundendienstpolitik:**
> - Bereitstellung eines Ersatzgeräts im Fall der Reparatur oder Wartung von Büromaschinen ab einem Gerätewert (Neuwert) von 700,00 € – soll ausnahmslos allen Kunden gewährt werden
>
> **Ziel im Rahmen der Preispolitik:**
> - Erhöhung der Handelsspanne von derzeitig 49,09 % auf 53,1 % in der Warenwelt „Spielparadies"
>
> **Ziele im Rahmen der Kommunikationspolitik:**
> - Erhöhung des Bekanntheitsgrades eines Produkts oder des Sortiments um 15 %

> - Verbesserung des Unternehmensimages innerhalb der nächsten zwölf Monate
> - fünfmaliger Kontakt mit einem Werbespot innerhalb der nächsten sechs Monate in Deutschland bei den 24- bis 49-jährigen Hausfrauen
> - Bekanntmachung einer Sonderaktion
>
> **Ziele im Rahmen der Distributionspolitik:**
> - Einrichtung von 15 weiteren Niederlassungen im Freistaat Bayern innerhalb der nächsten 2,5 Jahre
> - Senkung der firmenfremden Zustellkosten um 12 % bis spätestens in 1,5 Jahren

4. Werbeziele

Die Werbeziele werden aus den Kommunikationszielen abgeleitet und beziehen sich auf alle möglichen Werbemaßnahmen.

> **BEISPIELE**
> - Vorstellung eines neuen Produkts und seines Nutzens bei der infrage kommenden Zielgruppe
> - Beeinflussung von Kundinnen und Kunden als vorbereitende Einstimmung für das Verkaufsgespräch
> - Stärkung des Vertrauens in ein Produkt zur Erhaltung von Markentreue

Werden diese Zielsetzungen des Unternehmens nach ökonomischen und psychografischen[1] Gesichtspunkten eingeteilt, sind zu nennen:

Marketingziele	
ökonomische (wirtschaftliche)	**psychografische** (sollen das Kaufverhalten beeinflussen bzw. ändern)
• Umsatz • Wachstum • Gewinn • Marktanteil • Marktführerschaft • Deckungsbeitrag	• Image • Bekanntheitsgrad • Arbeitsplatzsicherung • Einschätzung der Qualität • Corporate Identity[2] • Vertrauen • Käufertreue

---

[1] Psychografie (aus dem Griechischen) = Seelenkunde
[2] Allgemeine unternehmerische Vorstellung über das innere und äußere Gesamtbild eines Unternehmens. Corporate Identity versucht, ein einheitliches und unverwechselbares Unternehmensbild anzustreben (siehe Kap. 6.6).

LERNFELD 6

Marktsegmentierung[1]

Die Idealvorstellung, jedem einzelnen Kunden genau auf seine individuellen Bedürfnisse abgestimmte Angebote zu machen, ist nicht möglich und auch wirtschaftlich nicht sinnvoll. Daher versuchen Unternehmen, mit dem Mittel der Marktsegmentierung eine Gruppe von Kunden herauszufiltern, die gleichartige Bedürfnisse hat. Diese Zielgruppe sollte sich dann aber von anderen Kundengruppen, die nicht angesprochen werden sollen, klar unterscheiden.

> **DEFINITION**
>
> **Marktsegmentierung** = Aufteilung eines Gesamtmarktes auf bestimmte, möglichst gleichartige Zielgruppen (= Teilmärkte; Marktsegment) mit dem Ziel, die eigene Marketingpolitik (Marktforschung und absatzpolitische Maßnahmen) auf deren Bedarf auszurichten.

In den Wohlstandsgesellschaften, in denen sich der Kauf von Ge- und Verbrauchsgütern zum Ausdruck von Mode und Persönlichkeit entwickelt, und in einer weltweit wachsenden Wirtschaft mit ständig enger werdenden Handelsverflechtungen ist es für die Führung eines Unternehmens wichtig, die Entwicklung des Absatzmarktes ausreichend zu berücksichtigen.

Das kann dann gelingen, wenn sich das Unternehmen
- den Veränderungen des Marktes mit flexiblen Konzepten anpasst und
- den potenziellen Gesamtmarkt in möglichst gleichartige Abnehmergruppen aufteilt.

Damit der Einsatz besonderer absatzpolitischer Aktivitäten auch lohnenswert ist, sollten die Marktsegmente (Zielgruppen) folgende Merkmale aufweisen[2]:

BEISPIEL

Die Fairtex GmbH hat sich mit ihrem Sortiment spezialisiert auf Herren-, Damen- und Haushaltswäsche, Fashion, Damenober-, Sport- und Freizeitbekleidung. Damit ist aus dem gesamten Textilmarkt ein Teilmarkt ausgewählt (selektiert) worden.

Sieht das Unternehmen den zukünftigen Wachstumsmarkt beispielsweise bei den in den letzten Jahren ständig modebewusster gewordenen Männern, und hierbei wiederum bei den Kunden mit gehobenen Ansprüchen an die Qualität der Ware, die Umweltverträglichkeit und den äußeren Schick (siehe Einstiegsbeispiel), wird es sein Sortiment im Bereich Herrenwäsche dem Bedarf dieser Schicht anpassen.

Indem die Fairtex GmbH den Markt für Herrenwäsche aufteilt und Teilmärkte bildet, die in sich möglichst homogen und untereinander möglichst trennscharf sind, kann sie diese Teilmärkte mit differenzierten Marketingstrategien bearbeiten.

Das Unternehmen kann sein Angebot an Herrenwäsche ganz speziell gestalten und über eine eng gezielte Streuung den potenziellen Kunden (seien es nun Prestigetypen, Neuheitentypen, Sicherheitstypen, Traditionstypen usw.) der jeweiligen Zielgruppe nahebringen.

Bestünde eine derartige Marktsegmentierung nicht, müsste das Management der Fairtex GmbH undifferenziert, d.h. in Bezug auf alle potenziellen Nachfrager einheitlich, vorgehen und könnte dabei die besonderen Bedarfsstrukturen der verschiedenen Käufersegmente (Zielgruppen) nicht berücksichtigen.

---

1 Segment (lat) = Ausschnitt; Teil eines Ganzen
2 Die Zielgruppe (Kundenkreis) ist in sich gleichartig, aber gegenüber anderen Käufersegmenten unterschiedlich. Eine derartige Marktsegmentierung erlaubt es dem Handelsmanagement, jede Zielgruppe mit dem jeweils optimalen Marketingmix zu bearbeiten (siehe Kap. 6.14).

Bei der Bildung von Marktsegmenten können u. a. folgende Merkmale eine Rolle spielen:

demografische		Kaufverhalten (Verhaltensmerkmale)	psychografische
sozioökonomische	geografische		
Alter, Geschlecht, Nominaleinkommen, Kaufkraft, Ausbildung, Ausbildungsabschluss, Berufstätigkeit, Berufsgruppe, Konfession, Religion, Nationalität, Rolle im Haushalt, Familiengröße, **Familienlebenszyklus**	Staat, Region, Land, PLZ-Gebiet, Stadt, Stadtviertel, Gemeinde	Kaufanlass, Kaufhäufigkeit, Markentreue, Händlertreue, Verwendungsmotiv, Verwendungshäufigkeit, Einstellung zum Produkt, Einstellung zum Hersteller/Händler, Reaktion auf Marketingmaßnahmen	Soziale Schichtzugehörigkeit, Lebensstil, Persönlichkeitsmerkmale

„Familienlebenszyklus und Kaufverhalten"

Abgrenzbare Konsummuster lassen sich – wie erwähnt – u. a. nach dem Alter der Konsumenten unterscheiden. Bedeutsam ist hier jedoch, dass nicht das Alter in Lebensjahren die entscheidende Größe ist, sondern das **Lebensstadium**.

Das **Lebensstadiumkonzept** geht dabei davon aus, dass jeder Mensch im Lauf seines Lebens bestimmte Abschnitte durchmacht, die zwar nicht immer mit dem gleichen Alter, aber stets in der gleichen Reihenfolge auftreten. Dabei können bestimmte Phasen auch ausgelassen werden, was insbesondere für die Deutschen gilt, die aufgrund der sozialen und wirtschaftlichen Lage immer weniger Kinder bekommen, sodass die Lebensstadien oft fehlen.

Lebensstadium:	Kauf- und Verhaltensmuster:
1. Junggesellenstadium Junge, alleinstehende Menschen, die nicht mehr bei ihren Eltern wohnen	Wenige finanzielle Verpflichtungen; Meinungsführer in Bezug auf Modetrends; freizeitorientiert. Gekauft werden: Küchengrundausstattungen, Grundmobiliar, Autos, Kleidung, Urlaubsreisen, Hi-Fi-Anlagen.
2. Frisch verheiratet Jung und noch ohne Kinder	Finanziell relativ gut gestellt; hohe Erwerbsrate bei Gebrauchsgütern, die dem Einrichten der Wohnung dienen; relativ hohe Mietausgaben.
3. „Volles Nest I" Das jüngste Kind ist unter sechs.	Flüssige Mittel knapp; Unzufriedenheit mit Lebensstandard im Vergleich zu Familien ohne Kinder; Tendenz zu demonstrativem Konsum; stark umworbene Produkte werden bevorzugt gekauft: Kindermöbel, Tiefkühltruhen, Geschirrspüler, Kinderspielzeug, Grillgeräte.
4. „Volles Nest II" Das jüngste Kind ist sechs oder älter.	Finanziell wieder bessergestellt; ein Teil der Ehefrauen ist berufstätig; Beeinflussung durch die Werbung ist weniger stark. Gekauft werden: Lebensmittel, Fahrräder, Musikinstrumente.
5. „Volles Nest III" Ältere Ehepaare mit abhängigen Kindern	Finanziell noch besser gestellt; noch mehr Ehefrauen berufstätig; Kinder beginnen z. T. zu arbeiten; schwer beeinflussbar durch Werbung. Gekauft werden: Ersatzbeschaffungen und Erweiterung der Wohnungseinrichtung; persönlicher Bedarf der Eltern wieder im Vordergrund.
6. „Leeres Nest I" Ältere Ehepaare, Kinder aus dem Haus, Familienoberhaupt noch berufstätig	Hohes Einkommen, hochwertiger Konsum; kein Interesse an neuen Produkten. Gekauft werden: organisierte Urlaubsreisen, Bücher, Gesundheitsprodukte. Viel geringere Außensteuerung als in früheren Stadien und damit schlechtere Beeinflussbarkeit durch Marktkommunikation.
7. „Leeres Nest II" Ältere Ehepaare, Kinder aus dem Haus, Familienoberhaupt im Ruhestand	Spürbarer Einkommensrückgang; Sicherung des Eigenheimes, Rückzug ins Private. Gekauft werden: medizinische Vorrichtungen und gesundheits-, verdauungs- und schlaffördernde Mittel.
8. Alleinstehend, im Ruhestand	Gleicher oder höherer Bedarf an medizinischer Versorgung und gleiche Produktansprüche wie die anderen Gruppen im Ruhestand; starker Einkommensrückgang; besonderes Aufmerksamkeits-, Zuneigungs- und Sicherheitsbedürfnis.

Quelle: Wells, William D.; Gubar, George: Life-Cycle Concepts in Marketing Research. In: Journal of Marketing Research, November 1966, Seite 362. SAGE Publications Ltd., Übersetzer unbekannt.

LERNFELD 6

Die differenzierte Nachfragestruktur und das unterschiedliche Verhalten der möglichen Kunden eines Großhandelsunternehmens erfordern eine differenzierte Marketingstrategie. Dabei ist es hilfreich, den Markt in sämtliche in Betracht kommenden Segmente aufzuteilen und entsprechend zu bearbeiten.

Die Konzentration auf eine bestimmte Zielgruppe darf aber nicht als gezielte Ausgrenzung anderer Kundengruppen interpretiert werden. Dies würde dann in der Konsequenz bedeuten, dass Kunden, die nicht zur Zielgruppe gehören, nicht beachtet werden. Das wäre nicht im Sinne der Schaffung von Teilmärkten. Häufig werden durch die aktive Ansprache von bestimmten Kundengruppen Mitnahmeeffekte bei anderen erzielt.

Durch die **Bildung von Marktsegmenten** verspricht sich der Großhändler u. a.

- die Steigerung der Kundenzufriedenheit,
- die bessere Beurteilung der eigenen Marktposition im Wettbewerb mit der Konkurrenz,
- das Erreichen von Wettbewerbsvorteilen,
- den gezielteren und wirtschaftlicheren Einsatz seiner absatzpolitischen Marketinginstrumente,
- gesicherte Vorhersagen über die segmentspezifische Marktentwicklung,
- flexibler auf Marktveränderungen reagieren zu können.

Zielgruppenorientierte Marketingstrategien erfordern den Einsatz EDV-gesteuerter Kundendateien bzw. Zielgruppendateien. Mögliche Zielgruppen für die Textilgroßhandlung Fairtext GmbH könnten im Einzelhandelsbereich sein: Fach- und Spezialgeschäfte, Kaufhäuser und evtl. Kleinpreisgeschäfte.

AUFGABEN

1. Will ein Großhandelsunternehmen neue Märkte erschließen, Märkte vergrößern und sichern, so muss es ein durchdachtes Marketingkonzept haben.
   a) Was verstehen Sie unter Marketing?
   b) Worin liegt der Unterschied zwischen Werbung und Marketing?

2. Aufgrund welcher wirtschaftlichen Entwicklung kommt dem Unternehmensbereich Absatz und damit dem Marketing eine besondere Bedeutung zu? Nehmen Sie ausführlich Stellung.

3. Warum ist es auf einem Verkäufermarkt nicht notwendig, Absatzmarketing zu betreiben?

4. Welcher Zusammenhang besteht zwischen Unternehmenszielen und Marketingzielen?

5. Wie unterscheiden sich ökonomische und psychografische Marketingziele?

6. Was versteht man unter Marktsegmentierung?

7. Warum ist es für ein Großhandelsunternehmen sinnvoll, Marktsegmente zu bilden?

8. Bestimmen Sie möglichst ausführlich unter Zugrundelegung der Merkmale der Marktsegmentierung die Zielgruppe (= Marktsegment) für die folgenden Güter:
   a) Backmischungen   b) Füllhalter
   c) Seife
   d) höherpreisige, sportliche Freizeithemden
   e) Schmuck   f) Seidenbettwäsche
   Die Güter können Ihren Vorstellungen entsprechend noch spezifiziert werden.

9. Der Marketingkreislauf vollzieht sich in sechs Phasen. Beschreiben Sie diese Phasen im Einzelnen unter Berücksichtigung der chronologischen Abfolge.

10. Welche Aussage(n) zum Bereich Marketing ist/sind richtig?
    a) Marketing stellt sämtliche Maßnahmen zur Förderung des Absatzes in den Mittelpunkt.
    b) Auf einem Käufermarkt herrscht Mangel an bestimmten Gütern und Dienstleistungen.
    c) Auch durch Änderungen im Verhalten heutiger und künftiger Konsumenten kommt dem Unternehmensbereich Absatz eine besondere Bedeutung zu.
    d) Die Bewältigung der Marketingaufgaben verläuft in idealtypischen sechs Abschnitten.
    e) Werbeziele werden aus den Unternehmenszielen abgeleitet.
    f) Veränderte Marktbedingungen auf der Angebotsseite erleichtern dem Großhandel seinen Warenabsatz.
    g) Zum Marketing im Großhandel gehört die Absatzfinanzierung.
    h) Marktsegmentierung ist die Aufteilung eines Gesamtmarkts auf ungleiche Zielgruppen.

11. Künftig werden an das Marketing neue Aufgaben gestellt. Beschreiben Sie, wie das in Ihrem eigenen Unternehmen im Hinblick auf den Umweltschutz, den gegebenen Wertewandel und die Bevölkerungsentwicklung aussieht.

LERNFELD 6

12. a) Vergleichen Sie anhand der unten stehenden Grafik die Umsatzentwicklung der Elektrogroßhandlung Thomas Drautz OHG mit der Umsatzentwicklung der Branche.

b) Nennen Sie vier mögliche Gründe für die abweichende Umsatzentwicklung in dem Großhandelsunternehmen gegenüber der Branche in den Jahren 2 und 3.

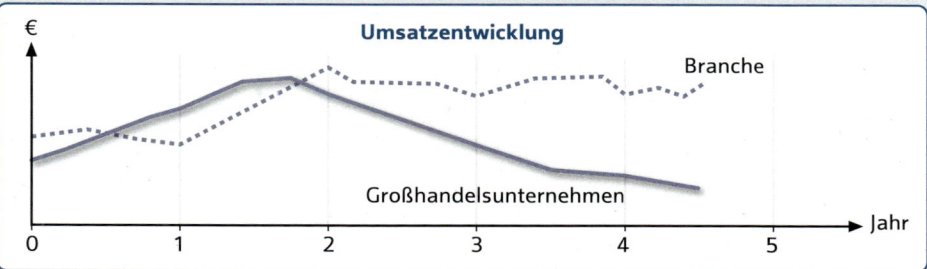

AKTIONEN

1. Schaffen Sie sich eine Übersicht zu dem Thema „Notwendigkeit, Ziele und Aufgaben des Marketings".
   a) Bilden Sie hierzu arbeitsgleiche Teams.
   b) Nutzen Sie für Ihre Recherchen verschiedene Informationsquellen:
      - Lesen Sie die Abschnitte dieses Kapitels mithilfe der Methode des „aktiven Lesens".
      - Nutzen Sie darüber hinaus beispielsweise das Internet, Bibliotheken, Nachschlagewerke, Befragungen im eigenen Ausbildungsunternehmen oder Fachzeitschriften.
   c) Fassen Sie die Informationen in diesem Kapitel des Lehrbuches und Ihrer Recherchen mithilfe des Computers in einer entsprechenden visuellen Darstellung zusammen.

2. Erstellen Sie mithilfe des Programms MindManager eine Mindmap zu Notwendigkeit, Zielen und Aufgaben des Marketings.

3. a) Formulieren Sie in Gruppenarbeit für die Fairtext GmbH ein oder mehrere Marketingziele für ein selbst von der jeweiligen Gruppe zu bestimmendes Sortiment aus der Warengruppe „Herrenbekleidung".
   b) Bereiten Sie anschließend Ihre Ergebnisse für die Präsentation übersichtlich und leicht verständlich auf, z. B. mithilfe eines Diagramms.
   c) Stellen Sie die so strukturierten Ergebnisse den anderen Gruppenmitgliedern vor. Eine zusammenfassende Würdigung Ihrer Arbeit sollte am Schluss nicht vergessen werden.

ZUSAMMENFASSUNG

Marktsegmentierung				
Wesen	**Ziel**	**Voraussetzungen**	**Merkmalsklassen**	**Vorteile**
Aufteilung eines Gesamtmarktes in gleichartige Teilmärkte (Marktsegmente)	Ausrichtung der Marketingpolitik auf den Bedarf der Marktsegmente (Zielgruppe)	• nachfragerelevante Unterschiede zwischen den einzelnen Marktsegmenten • ausreichender Umfang • Wachstumschancen	• sozioökonomisch • geografisch • Kaufverhalten • psychografisch	• zielgerichtete Ansprache der ausgewählten Zielgruppe (Sortimentsanpassung and Kundenpreis) • schnelleres Erkennen von Marktveränderungen • flexibleres Reagieren auf Marktveränderung • gezielter und wirtschaftlicher Einsatz der Marketinginstrumente

LERNFELD 6

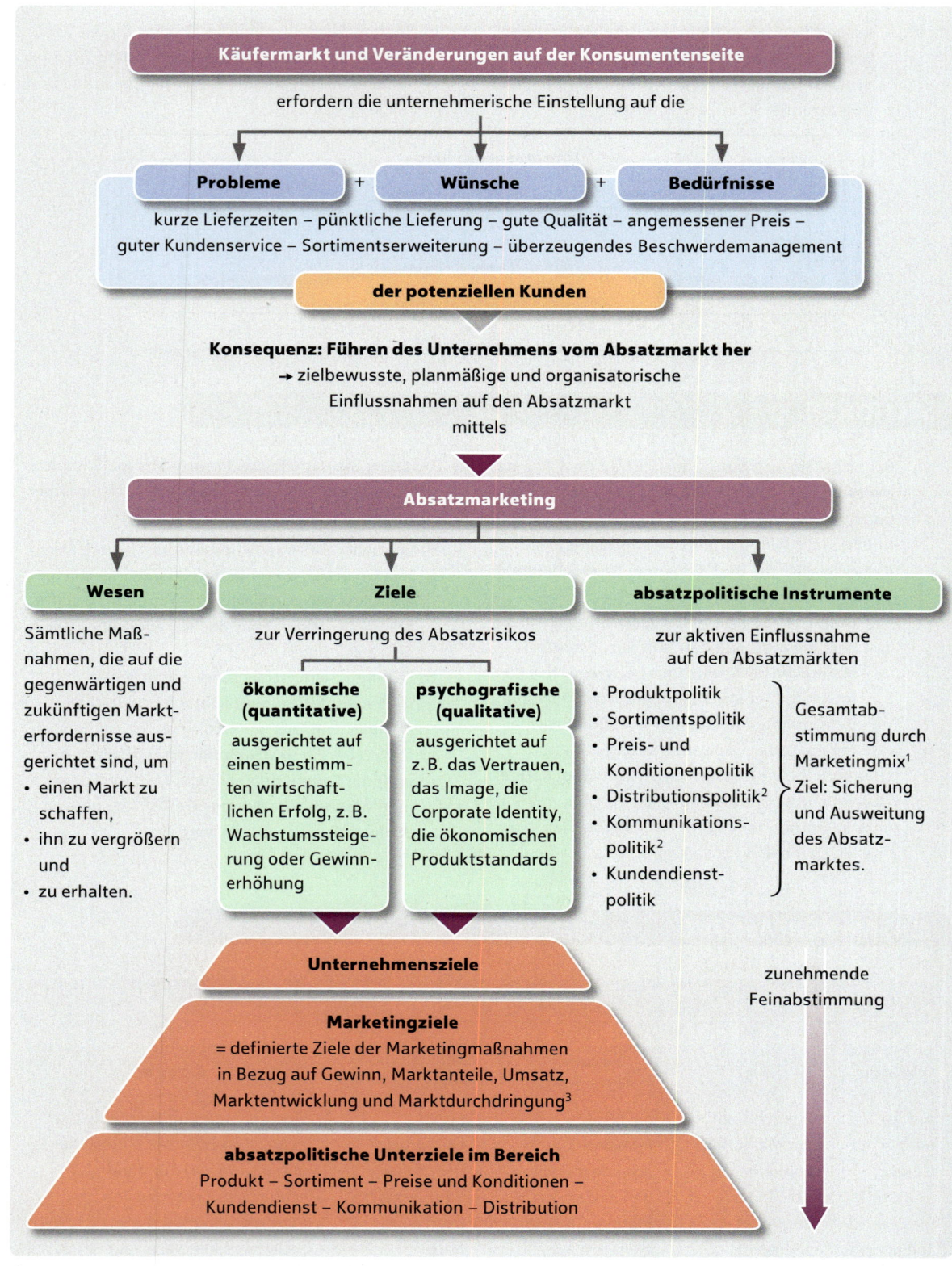

1 Siehe Kap. 6.14
2 Einschließlich Multi- bzw. Crosschannel-Management bzw. Onlinekommunikation
3 Grad der Verbreitung eines Produkts innerhalb eines Marktes

KAPITEL 2
Marktuntersuchung und Marktforschung

LERNFELD 6

Die Verantwortlichen in der Fairtext GmbH stellen aufgrund von Anfragen aus dem Einzelhandel ein zunehmendes Interesse der Verbraucher an Bettwäsche aus Seide fest. Um die Wettbewerbsfähigkeit nicht zu verlieren, soll das Sortiment entsprechend erweitert werden.

Ausschnitt aus dem Sortiment der Fairtext GmbH

Eine **Marktanalyse** soll letztlich darüber Auskunft geben, ob durch diese Sortimentsvertiefung langfristig neue Kunden gewonnen werden können. Sie soll darüber hinaus über die Gründe und die Nachhaltigkeit (künftiges Verhalten) des Verbraucherinteresses informieren.

Weiterhin erwartet man in der Textilgroßhandlung von den Analyseergebnissen Hinweise zu bekommen über:
- Einstellungen,
- Erwartungen,
- die farblichen und sonstigen Prioritäten,
- Aktionen, mit denen für diese Ware geworben werden muss.

Gleichzeitig sollen **Informationen über die Konkurrenz** und deren Verhalten gewonnen werden:
- Zahl und Marktanteile,
- Sortimentsschwerpunkte,
- Absatzgebiete,
- Marketingaktivitäten und
- Angebotspreise.

Denn je besser die Informationen über den Markt insgesamt sind, so die Meinung von Geschäftsführerin Schröter, desto besser werden die Entscheidungen über Einsatz und Wirkung der marketingpolitischen Instrumente sein.

Die Marktanalyse soll für die Fairtext GmbH letztlich die Grundlage sein,
- den zukünftigen Nachfrageumfang nach Seidenbettwäsche vorherzusagen und
- die notwendigen werblichen Maßnahmen zu ermitteln.

1. Machen Sie Vorschläge, wie sich Herr Raub, Leiter der Verkaufsabteilung, und sein Team die notwendigen Informationen über das Verbraucherverhalten und die Konkurrenz beschaffen können.
2. Erläutern Sie, worin Sie die Notwendigkeit der regelmäßigen Informationsbeschaffung sehen.

INFORMATIONEN

Marktuntersuchung als Instrument des Marketings

Ein Großhandelsunternehmen, das erfolgreich sein will, muss seinen Markt genau kennen. Dazu gehört nicht nur, dass es **ein attraktives Sortiment** anbietet und weiß, wo man es möglichst günstig einkaufen kann. Es muss auch **die Wünsche seiner Kunden kennen** und außerdem wissen, ob sie mit seinem Geschäft und den angebotenen Leistungen zufrieden sind.

Genauso wichtig ist es, möglichst umfassend über die absatzfördernden **Maßnahmen der Konkurrenten** Bescheid zu wissen. Das Ziel eines Großhandelsunternehmens sollte es sein, sich von seinen Konkurrenten möglichst abzuheben und auf ihre Stärke Rücksicht zu nehmen oder ihre Schwäche auszunutzen.

Damit die verschiedenen Marktinformationen beschafft und verarbeitet werden können, muss das Unternehmen den Markt zuvor untersuchen.

LERNFELD 6

DEFINITION

Marktuntersuchung ist die Beschaffung notwendiger Informationen über die abhängigen Märkte des Unternehmens. Hierunter fallen alle Aktivitäten zur Sammlung und Analyse von Informationen für Marketingentscheidungen. Bezogen auf den Absatzmarkt sind dies insbesondere Informationen über:
- Verhaltensweisen und Einstellungen der Nachfrager und
- Produkte und Marktstrukturen (Marktteilnehmer).

BEISPIEL „TREND-SCOUT"

Markenfirmen bezahlen Trend-Scouts in allen großen Städten. Diese teilen ihre Beobachtungen aus der Szene der Zentrale mit. Auf dieser Grundlage werden z. B. neue Schuhtypen erzeugt und in einigen firmeneigenen Schuhgeschäften probeweise zum Kauf angeboten. Die Registrierkassen in den Filialen sind vernetzt. Im Zentralcomputer wird daher rasch erkennbar, wie die Szene auf das Bild reagiert, das sich die Firma von ihr gemacht hat. Steigen die Verkaufszahlen eines Typs, geht er groß in Produktion. Selbst wenn die Firma sich geirrt hat, entsteht damit eine neue Wahrheit.

In Sekundenschnelle findet die Bauanleitung ihren Weg durchs Internet nach Asien, wenige Wochen später ist der Schuh in Europa lieferbar. Konkurrenten wittern einen Trend und beginnen mit dem Kopieren. Ist die erste Kopie auf dem Markt, ist das Original schon ein Stück originaler geworden.

Der Ursprung einer neuen Form ist kreisförmig.

Eine Kettenreaktion von Nachahmungen beginnt, in die sich Abweichungen einschleichen. Überlagerungen, Kombinationen, Zufälle und Missverständnisse spielen die gleiche Rolle wie die mitspielenden Akteure. So wie ein Raver den anderen nachahmt, kopiert eine Schuhfirma die andere und alle gemeinsam kopieren sie die Szene, die nichts anderes ist als die Gesamtheit dieser Kopiervorgänge.

Wird die Marktuntersuchung gelegentlich, d. h. unsystematisch, durchgeführt, so spricht man von **Markterkundung**.

Insbesondere der mittelständische Großhändler ist aus Kostengründen auf die eigene, **unsystematische Markterkundung** angewiesen. Sie sollte aber durchaus ausreichend sein, da sein Absatzmarkt in der Regel nicht so umfangreich und deshalb überschaubar ist.

Mögliche Informationsquellen sind:
- sporadische Gespräche mit Kunden
- Berichte des Verkaufspersonals, besonders von Außendienstmitarbeitern
- Marktberichte in Fachzeitschriften
- Messebericht
- Konjunkturdaten und -prognosen
- wirtschaftspolitische Maßnahmen der Regierung und der Europäischen Zentralbank

Geschieht das Sammeln von Informationen dagegen systematisch, so liegt **Marktforschung** vor.

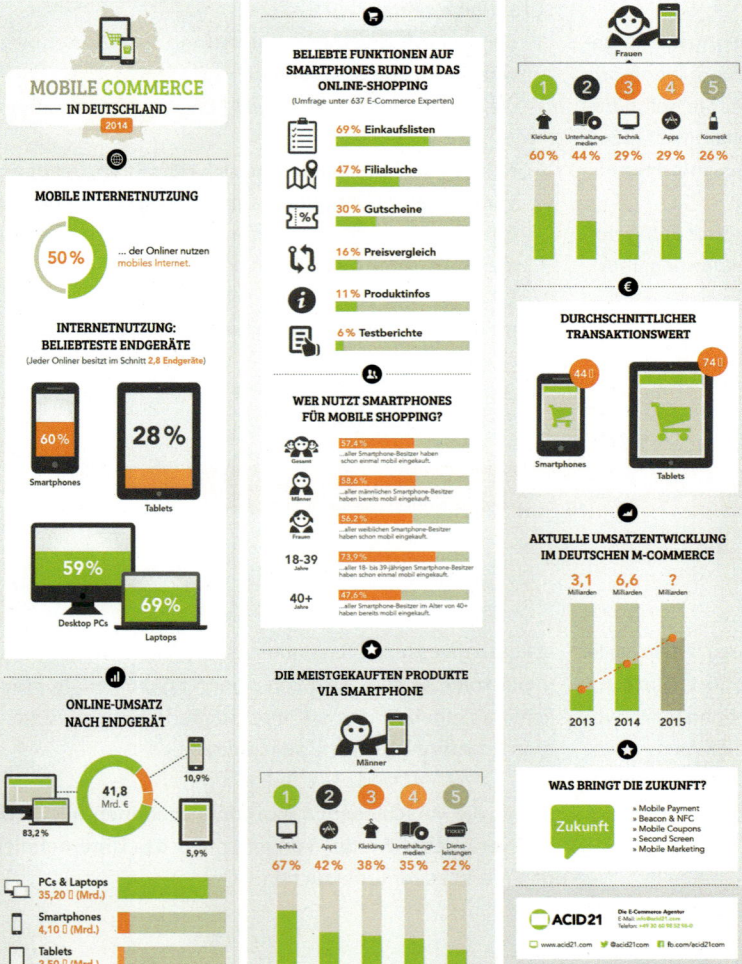

LERNFELD 6

Die **systematische Absatzmarktforschung** stellt im Einzelnen Informationen bereit über:

Forschungsgebiete		
	die eigene Stellung am Markt • **Absatzforschung**	Erforschung der eigenen Marktstellung und der Wirkung der absatzpolitischen Maßnahmen: – Planung und Kontrolle des Einsatzes der marketingpolitischen Instrumente wie z. B. Werbung, Preispolitik oder Sortimentspolitik – Analyse von Kundenbewertungen u. a. in Preisvergleichsportalen, elektronischen Handelsplattformen und im Onlineshop

	die Konkurrenz und die Entwicklung der Branche
	• **Konkurrenz- bzw. Wettbewerbsforschung**
		• Beobachtung und Analyse der auf einem bestimmten Markt anwesenden Mitbewerber
		• Ziel:
		– Wettbewerbsverhalten der Konkurrenten soll transparent gemacht werden.
		– Voraussichtliche Reaktionen der Konkurrenz auf die eigenen geplanten Entscheidungen sollen im Voraus erkannt werden → Erfolg der eigenen Marketingstrategie soll gewährleistet werden.
		• liefert Informationen über die Konkurrenten, insbesondere über:
		– grundsätzliche Aspekte, wie Zahl, Rechtsform, Betriebsform, Standort, Betriebsgröße, Erscheinungsbild
		– die Produkte der Mitbewerber (Sortimentsstruktur)
		– Preisniveau
		– die Marktanteile
		– deren Marketingkonzeptionen
		– die eingesetzten absatzpolitischen Instrumente, insbesondere über die Preis-, Werbe- und Sortimentspolitik
		– Entwicklungstendenzen:
		  – Muss mit neuen Konkurrenten gerechnet werden?
		  – Sind Veränderungen der Marktanteile zu erwarten?
		  – Wie könnte das Verhalten von neuen Mitbewerbern aussehen?
		  – Welche Absatzstrategien könnten sie verfolgen?
		• Durchführung: Befragungen von Einzelhändlern im Rahmen eines direkten Interviews
		• Auswertung:
		– u. U. durch betriebliche Stabsstelle
		– mit EDV-Unterstützung

	die Stärke des eigenen Standortes • **Standortforschung** **DEFINITION** Der **betriebliche Standort** ist der Ort, an dem sich Großhändler mit ihren Betrieben niederlassen. Der **optimale Standort** ist der Ort, an dem der größtmögliche Gewinn erzielt wird.	Analyse eines Standortes bezüglich seiner Brauchbarkeit im Sinne der handelsbetrieblichen Ziele. Ein günstiger Standort kann nach Prüfung der folgenden **Standortfaktoren** gefunden werden: **Harte Faktoren** • Marktpotenzial: – Konkurrenzsituation – Kundendichte – Nähe zu anderen Unternehmen als potenzielle Kunden – unternehmensrelevante Dienstleistungen • Regionale Faktoren: – Mieten- und Grundstückspreise – Verkehrsanbindung – Parkplatzsituation – Elektrizitäts-, Abwasser- und Energiepreise – behördliche Auflagen und Beschränkungen – Kaufkraft/Löhne und Gehälter – Zulieferer/Materialversorgung • Gründungsklima: – Anzahl der Gewerbeanmeldungen – Anzahl der Gewerbeabmeldungen – Beschäftigungstrend – Insolvenzen **Weiche Faktoren** • Image der Kommune • Lebens- und Freizeitwert • Wohn- und Lebenshaltungskosten • Umweltsituation • Kultur- und Sportangebot

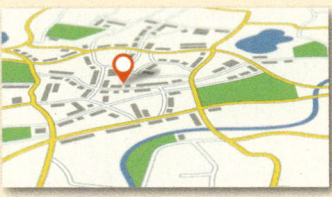

LERNFELD 6

Forschungsgebiete	das Image
	• **Imageforschung**
		• Das Image eines Handelsunternehmens
		  – ist das Gesamtbild, das sich Menschen über das Unternehmen machen;
		  – gibt dem Unternehmen sein Gesicht und macht es unterscheidbar;
		  – hat zentrale Bedeutung für die Kaufentscheidung.
		• imagebildende Faktoren:
		  – Erwartungen und Vorstellungen der Kunden
		  – das absatzpolitische Instrumentarium, insbesondere die Preis-, Kunden- und Sortimentspolitik sowie die Werbung
		  – Verkaufspersonal und Außendienstmitarbeiter
		  – Außenfront- und innere Gestaltung der Geschäftsräume

Forschungsgebiete	• **Profilanalyse**	Profildiagramm mit Skala 1–7: modern – altmodisch fortschrittlich – rückständig freundlich – unfreundlich übersichtlich – durcheinander preisgünstig – teuer große Auswahl – geringe Auswahl ausgesuchte Qualität – Massen- bzw. Stapelware groß – klein — Unternehmen A ····· Unternehmen B Um der Neigung vieler Befragter entgegenzuwirken, zur Mitte der 7er-Skala zu tendieren, sollten die 7 Punkte der Skala verbal umschrieben werden: z. B. 1 = sehr zutreffend, 2 = zutreffend, 3 = weniger zutreffend, 4 = weder noch, 5 = weniger zutreffend, 6 = zutreffend, 7 = sehr zutreffend.
	• **allgemeinwirtschaftliche Verhältnisse**	Informationen über die volkswirtschaftliche Entwicklung (Kaufkraft, Preise, Lohnniveau usw.) und den Einfluss der allgemeinen Wirtschaftspolitik und der Konjunkturbewegungen • Wie wird sich die Bevölkerung und ihr Einkommen entwickeln? • Wie kann sich das Konsumverhalten in Abhängigkeit vom Einkommen entwickeln? • Welches Kaufverhalten herrscht in der Branche vor?

die tatsächlichen und möglichen Nachfrager (Kundenstrukturanalyse)

• **Bedarfsforschung**

kann eingeteilt werden in

Tatsachenforschung
(Was tut der Kunde?)

liefert objektive Daten über den Markt:
• Kaufkraft und Kaufkraftveränderungen
• Zusammensetzung der Nachfrager
• Käufergewohnheiten: Mode, Markentreue
• Marktgröße und Aufnahmefähigkeit des Marktes

Meinungs- und Motivforschung
(Was meint der Kunde? Aus welchen Motiven tut oder meint der Kunde etwas?)

gibt Auskunft über:
• Gründe für die Kaufentscheidung (Nutzerwartungen)
• Käuferreaktionen auf Änderung der Qualität, Preise, Produktgestaltung, Verpackung sowie des Kundendienstes
• Meinung des Kunden über Produkte und Konkurrenzprodukte

BEISPIEL

Um die nötigen Informationen über Käufer und Mitbewerber zu erhalten (vgl. Einführungsbeispiel), müssen von der Fairtext GmbH schwerpunktmäßig die folgenden Fragenkomplexe berücksichtigt werden:

- Welche Einstellungen haben die Kunden zu Seidenbettwäsche?
- Welche Personen bzw. welche Haushalte kaufen Seidenbettwäsche?
- Welche Ware (Marken, Hersteller) wird in welchem Umfang, zu welchen Zeitpunkten, in welchen Einzelhandelsgeschäften nachgefragt?
- Welche Motive sind für den Kauf entscheidend?
- Welche Kaufanregungen gehen von der qualitativen, farblichen und designmäßigen Aufmachung und anderen Marketingaktivitäten aus?
- Erkennt der Einzelhandel in zunehmendem Maße Kaufinteresse?
- Lassen sich bei der Konkurrenz Absichten zu einer Ausweitung bei diesem Artikel erkennen?

DEFINITION

Marktforschung ist die **systematische** Beschaffung, Auswertung und Interpretation von Informationen über

- jetzige und zukünftige Marktsituationen und -entscheidungen eines Unternehmens (z. B. über Konkurrenten, allgemeine Marktdaten [Kaufkraft, Preise, Lohnniveau]) oder darüber,
- wie die Waren beim Kunden ankommen und
- wie der zukünftige Bedarf aussehen wird.

Bereiche der Marktforschung

Die Marktforschung lässt sich unterteilen in die Bereiche:
- Marktanalyse
- Marktbeobachtung
- Marktprognose

LERNFELD 6

1. Marktanalyse

Die Marktanalyse ist die **einmalige Untersuchung** des Marktes zu einem **bestimmten Zeitpunkt,** beispielsweise die Feststellung des tatsächlichen Absatzes einer neu auf den Markt gebrachten Kollektion von Herrenunterwäsche für den Mann zwischen 18 und 38 (= **Zeitpunktuntersuchung**).

Werden die Größen des Marktes mengen- und wertmäßig erfasst und seine Entwicklung in der Zukunft prognostiziert, spricht man von der **quantitativen Marktanalyse.** Hierbei sind drei Marktgrößen zu unterscheiden:
- das Marktpotenzial,
- das Marktvolumen und
- der Marktanteil.

Ergebnis einer quantitativen Marktanalyse:

- Als **Marktpotenzial** wird die maximale Aufnahmefähigkeit eines Marktes für eine Sachleistung oder eine Dienstleistung bezeichnet.
- Unter **Marktvolumen** versteht man die von allen Anbietern tatsächlich abgesetzte Menge an bestimmten Gütern oder Dienstleistungen auf dem gesamten Markt.
- **Marktanteil** ist der tatsächliche Absatz bzw. realisierte Umsatz eines Anbieters, ausgedrückt als Prozentsatz des Marktvolumens.

$$\text{Marktanteil in \%} = \frac{\text{tatsächlicher Absatz (Umsatz)} \cdot 100}{\text{Marktvolumen}}$$

2. Marktbeobachtung

Die Marktbeobachtung ist eine laufende Beobachtung des Marktes **über einen längeren Zeitraum hinweg** (= Kette von Marktanalysen), z. B. die Beobachtung der Absatzentwicklung von neu gestalteten Freizeitsportschuhen im Zeitablauf (= **Zeitraumuntersuchung**).

LERNFELD 6

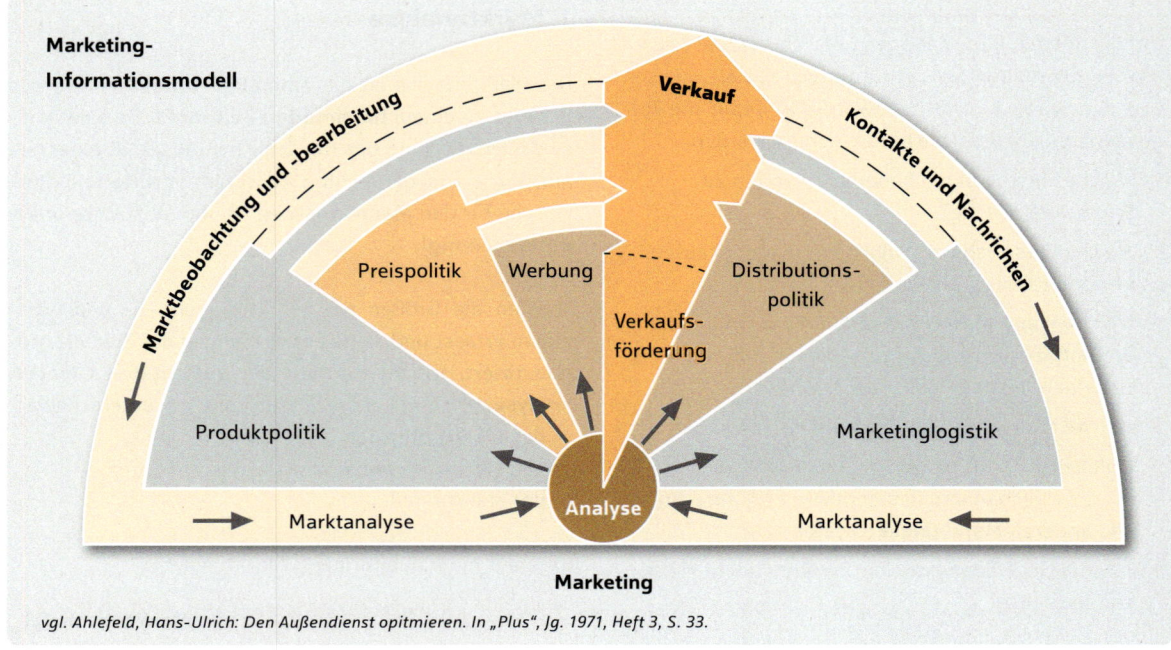

vgl. Ahlefeld, Hans-Ulrich: Den Außendienst optimieren. In „Plus", Jg. 1971, Heft 3, S. 33.

3. Marktprognose

Die Ergebnisse der Marktbeobachtung bzw. der Marktanalyse werden zur **Marktprognose** (= Voraussage der Marktentwicklung) verarbeitet. Mit ihr wird versucht, die zukünftige Marktentwicklung abzuschätzen und vorauszuberechnen. Die Marktprognose ist die Grundlage für die absatzpolitischen Entscheidungen der Unternehmer.

Erhebungsarten und -methoden der Marktforschung

Nach **der Art** (dem Verfahren) der Datenerhebung unterscheidet man zwischen Sekundär- und Primärerhebungen (-forschungen).

1. Sekundärerhebungen

> **DEFINITION**
>
> Um **Sekundärerhebungen** (Sekundärforschungen/ Deskresearch) handelt es sich, wenn bereits vorhandenes Zahlenmaterial ausgewertet wird (= mittelbare Erhebung der Daten).

Die Sekundärforschung[1] ist

- sehr kostengünstig, da die Daten bereits erhoben wurden,
- weniger zeitaufwendig als die Primärforschung,
- nicht exklusiv, da die Daten auch anderen Marktforschern zur Verfügung stehen,
- unzureichend, da die vorhandenen Daten nicht ausreichen.

Für Sekundärerhebungen kann das Datenmaterial sowohl **innerbetrieblichen** als auch **außerbetrieblichen** Quellen entnommen werden:

Betriebsinterne Datenquellen	**Betriebsexterne** Datenquellen

• Statistiken über Anfragen und Angebote
• Auftragseingänge
• Absatzstatistiken
• Daten der Kosten- und Leistungsrechnung (KLR), z. B. der Deckungsbeitragsrechnung[2]
	• Veröffentlichungen
	  – staatlicher Stellen, wie z. B. Deutsche Bundesbank, Pressestellen der Ministerien, statistische Ämter
	  – von den Industrie- und Handelskammern (IHK)

---

1 secundus (lat.) = zweiter; Sekundärerhebungen verwenden Material „aus zweiter Hand"
2 Der Deckungsbeitrag (DB) dient den Sekundärerhebungen, indem er Informationen liefert über Absatzsegmente (z. B. einzelne Artikel, Artikelgruppen, Aufträge, Absatzgebiete) und deren Beitrag zur Deckung der fixen Kosten des gesamten Unternehmens und zum Gewinn. Die DB-Rechnung dient daher der Vergleichbarkeit und gibt damit aufschlussreiche Anhaltspunkte für einen möglichst effektiven Einsatz der absatzpolitischen Marketinginstrumente.

LERNFELD 6

Betriebsinterne Datenquellen	**Betriebsexterne** Datenquellen
• Reklamationslisten und -berichte • Berichte und Umsätze der Außendienstmitarbeiter • Lagerbestandslisten • Kundenkarteien und -dateien • Warenpreislisten • Daten aus früheren Primärerhebungen • Messeberichte • Statistiken über Marketingkosten	– supranationaler Behörden, wie z. B. EU, UNO, OECD, WHO, Weltbank – wirtschaftswissenschaftlicher Institute, z. B. IFO-Institut, Institut für Handelsforschung an der Universität Köln – von Wirtschaftsverbänden, z. B. Jahresberichte der Bundesarbeitsgemeinschaft der Mittel- und Großbetriebe des Einzelhandels, des Bundesverbands des Deutschen Groß- und Außenhandels • Jahrbücher • elektronische Datenbanken und Datenvermittlungsorganisationen • Firmenhandbücher und Adressbücher • Auskunfteien • Fachbücher und Zeitschriften • Berichte in Zeitungen und Magazinen • Publikationen von Unternehmen: Kataloge, Prospekte, Geschäftsberichte, Preislisten

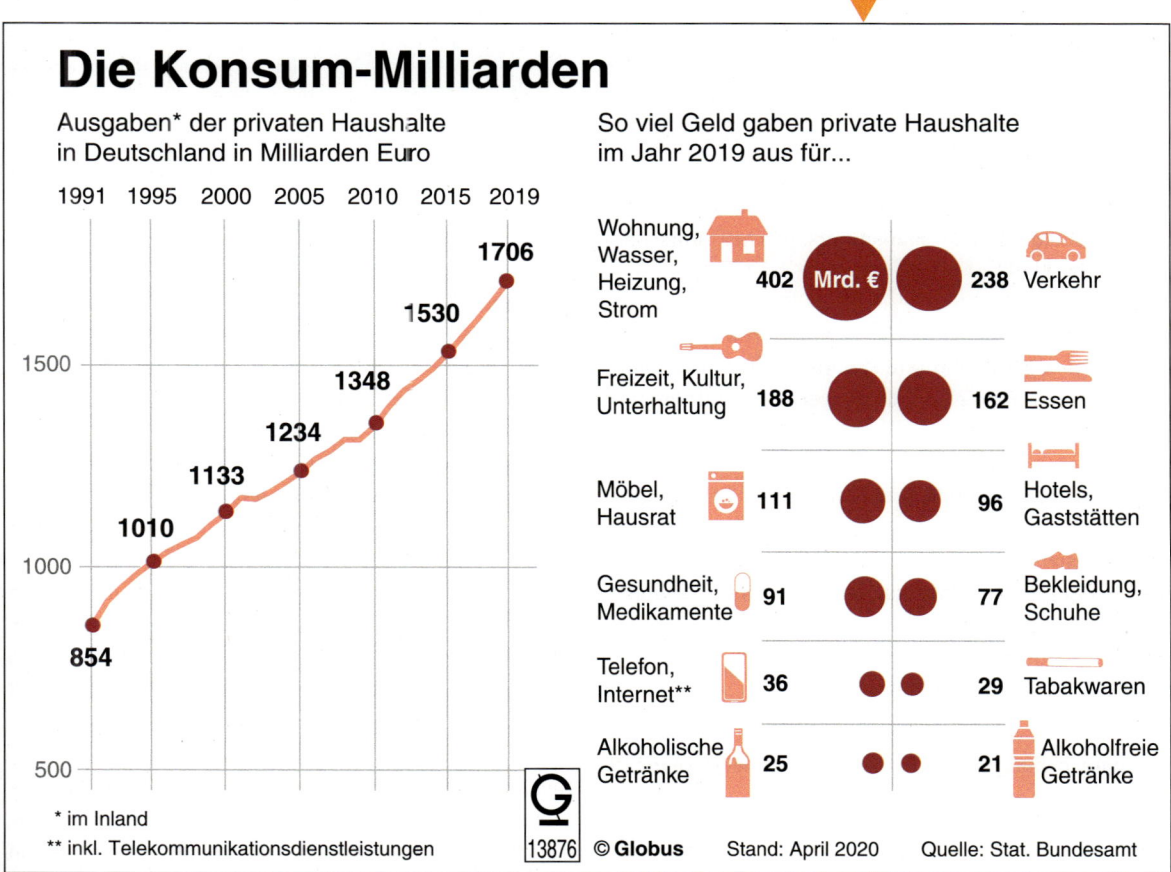

2. Sekundärstatistische Daten aus dem Warenwirtschaftssystem

EDV-gestützte Warenwirtschaftssysteme stellen eine der bedeutendsten Quellen für die Datenbeschaffung innerhalb der sekundärstatistischen Marketingforschung dar. Aufgrund der gespeicherten Artikelbewegungen liefern sie eine Vielzahl von Informationen über:

LERNFELD 6

Ausgewählte Informationsbereiche		
Angebots- verarbeitung Fakturierung Scanner/ Abbuchung Kassenabwicklung Lagerabgang bei • Verkauf • Bestellung Abfragen nach • Artikelbestand • Lagermenge • Bestellbestand • bestellte Menge • Preis • Bestandswert Substitutions- artikel Kreditlimit- prüfungen Vergleich der Umsätze	Preisfestlegung nach • Aufträgen • Kunden Rabattvergabe nach • Auftragsmenge • Kunden • Artikel Lieferschein • Standard • individuell Transport • Verwaltung • Auswertungen • Optimierung Gewinn- entwicklung Kosten- entwicklung	Außendienst • Provisionen • Bewertung • mobile Daten- erfassung Außenhandel • Zollpapiere • Umsatzsteuer • Fremd- währungen Optimierung • Regalplanung • Sortimente Stücklisten • Vertrieb (Sets) • Ersatzteile Auswertung von Umsätzen • des Tages • des Monats • des Jahres

Derartige Daten, die von EDV-gestützten Warenwirtschaftssystemen zur Verfügung gestellt werden, stellen die Grundlage vieler marketingpolitischer Entscheidungen dar.

Darüber hinaus sollte aber nicht vergessen werden, dass **Gespräche mit Kunden und Konkurrenten** sowie **Kontakte mit Lieferern** ebenfalls zu wertvollen Informationen führen können.

Bei jedem Problem der Marktforschung sollten zu Beginn grundsätzlich vorhandene sekundäre Quellen gesichtet und analysiert werden, denn sie können dazu beitragen, Entscheidungen des Handelsmanagements bis zu einem gewissen Grad abzusichern.

3. Primärerhebungen[1]

DEFINITION

Primärerhebungen (Primärforschungen/Fieldresearch) liegen vor, wenn
- neue, bisher noch nicht erhobene Marktdaten ermittelt und
- hierzu eigene Erhebungen durchgeführt werden (oder z. B. durch beauftragte Marktforschungsinstitute),
- die in erster Linie (primär) für eine bestimmte Marktuntersuchung benötigt werden.

Primärerhebungen sind immer dann notwendig, wenn die Informationen, die aus den Sekundärerhebungen gewonnen wurden, zur Lösung des speziellen absatzpolitischen Problems nicht ausreichen.

BEISPIEL

Auskunft über das Preisbewusstsein und bestimmte Bevorzugungen der Kunden beim Kauf von Seidenbettwäsche kann nicht von der Sekundärforschung erwartet werden. In diesem Fall müssen eigens für diesen Zweck z. B. Umfragen gemacht werden.

Vorteile	Nachteile
• Erhebung noch nicht existierender Informationen • Datenerfassung kann zielgerichtet erfolgen und ist relativ lückenlos	• kosten- und zeitintensive Datenerfassung und Informationsbeschaffung • spezielles Know-how erforderlich • Mitarbeiter sind u. U. nicht objektiv (Verfälschungen möglich)

Das Informationsmaterial bei einer Primärerhebung kann grundsätzlich mithilfe der folgenden vier **Methoden** gewonnen werden:
- Befragung
- Beobachtung
- Experiment
- Markttest

3.1 Befragung

Die **Befragungsmethode** ist die wichtigste und daher auch die am häufigsten angewandte Erhebungsmethode zur Beschaffung von Informationen.

Wird der gesamte infrage kommende Personenkreis in die Befragung einbezogen, liegt eine **Vollerhebung** vor. Beschränkt man sich hingegen auf einen Teil (z. B. einen bestimmten Prozentsatz) der Auskunftspersonen, spricht man von **Teilerhebung.**

Aus Zeit- und Kostengründen wird es einem Großhandelsunternehmen im Allgemeinen nicht möglich sein, sämtliche infrage kommenden Kunden zu berücksichtigen. In diesem Falle hilft das Modell des repräsentativen Querschnitts:
- Die ausgewählte Teilmasse soll möglichst genau den gesamten Abnehmerkreis widerspiegeln. Weist sie die gleichen Wesensmerkmale wie die Gesamtheit in Bezug auf ihre Zusammensetzung auf, ist die Befragung als repräsentativ anzusehen.

---

[1] primus (lat.) = Erster; Primärerhebungen verwenden Material „aus erster Hand" (= unmittelbare Erhebung der Daten).

BEISPIEL

Die Zielgruppe bei der Nachfrage von Seidenbettwäsche setzt sich aus Personen verschiedenen Geschlechts, Alters, Berufs, Kinderzahl, Religionszugehörigkeit, Schulbildung, Einkommens usw. zusammen (Einzelhändler wurden gesondert befragt). Würde sich die Befragung der Spindler KG nun lediglich auf ledige Männer und Frauen im Alter zwischen 25 und 35 Jahre beschränken, so ergäbe das wegen der geringen Repräsentativität verfälschte Ergebnisse.

Bei anderen Artikeln muss auch die Zusammensetzung der repräsentativen Gruppe eine andere sein. Es wäre z.B. bei der Befragung nach qualitativ hochwertigen Damenblusen, durchgeführt von einem Großhändler, sicherlich verfehlt, lediglich Fachgeschäfte mit einem qualitativ und preislich gehobenen Sortiment einzubeziehen.

- Damit hat die geringere Größe der Stichprobe keinen entscheidenden Einfluss auf die Güte des Ergebnisses.

Die Befragung kann **schriftlich, mündlich** (durch persönliches Interview) oder **telefonisch** durchgeführt werden. Befragt werden können generell Hersteller, Handelsunternehmen und Endverbraucher.

Schriftliche Befragungen können durchgeführt werden mittels Fragebogen, die entweder repräsentativ ausgewählten Personen direkt per Post zugesandt, Zeitungen beigelegt oder an Geschäftspartner im eigenen Unternehmen verteilt werden.

Bei telefonischen und bei mündlichen Befragungen (= direkten Interviews) stellt der Interviewer gezielte Fragen und trägt die Antworten in einen Fragebogen ein. Die folgende Tabelle zeigt **Vor- und Nachteile der einzelnen Befragungsarten** auf.

Kriterien	Befragungsart		
	schriftlich	mündlich	telefonisch
Rücklaufquote	unterschiedlich	hoch	hoch
Beeinflussung durch Dritte	möglich	kaum möglich	nicht möglich
Umfang der Befragung	mittelgroß	groß	klein
Interviewereinfluss	nicht möglich	groß	relativ groß
Genauigkeit	gering	hoch	unterschiedlich
Zuverlässigkeit	unterschiedlich	hoch	relativ hoch
Geschwindigkeit der Durchführung	relativ gering	niedrig	hoch
Kosten	niedrig	hoch	relativ niedrig
Repräsentativität	relativ niedrig	relativ hoch	gering
Erklärung der Fragen	nicht möglich	möglich	möglich

Eine weitere, besondere Form der Befragung ist das **Panel**.

DEFINITION

Von einem **Panel** spricht man, wenn ein in einer repräsentativen Stichprobe erfasster **gleichbleibender Personenkreis** über einen längeren Zeitraum hinweg entweder
- immer zum selben Thema oder
- über jeweils verschiedene Themen oder
- in einem gemischten Themenkatalog über gleichbleibende und wechselnde Themen befragt wird.

Panelerhebungen sind dynamische Erhebungen. Indem die Ergebnisse der abgelaufenen Periode (z.B. Monat, Halbjahr, Jahr) mit vorangegangenen Perioden verglichen werden, ermöglichen sie Aussagen über die neuen Marktströmungen und -entwicklungen.

Panels findet man bei allen größeren Marktforschungsinstituten. Sie können dort angefordert oder auch in Auftrag gegeben werden. Grundsätzlich ist zu unterscheiden zwischen Haushalts- und Unternehmerpanels.

LERNFELD 6

BEISPIELE AUS DER PRAXIS

- **Haushaltspanels:**
Bestimmte Haushalte führen über die durchgeführten Einkäufe (Zahl der gekauften Waren, Markennamen, Hersteller usw.) Buch und übermitteln die Daten in regelmäßigen Abständen einem Institut.
  - ZFD-Pkw-Besitzerpanel
  - BBF-Haushaltsreport
  - ZFD-Allensbach-Hausfrauenpanel

- **Handelspanels:**
Bestimmte Einzelhandelsunternehmen geben Informationen über die Verkäufe.
  - GfK[1]-Cash-und-carry-Panel
  - AC Nielsen[1]-Gebrauchsgüterindex
  - GfK-Sport-Panel
  - GfK-Foto-Panel

Problem des Panels:
- Die befragten Personen ändern ihr Verhalten (= Paneleffekt).
- Durch das Ausscheiden und Altern von Panelteilnehmern ist der ausgesuchte und befragte Personenkreis nicht mehr repräsentativ (= Panelsterblichkeit).

3.2 Beobachtung

Die Vorteile der **Beobachtung** liegen darin, dass
- sie im Gegensatz zur Befragung ohne das Wissen der Zielgruppe durchgeführt und
- das tatsächliche Verhalten frei von verhaltenswirksamen Einflüssen zwischen Erhebungsperson und Informationsgeber beobachtet und analysiert werden kann.

Die häufigsten Anwendungsgebiete dieser Methode sind im Handel
- Verkaufsgespräche,
- Kaufverhalten,
- Zählen und Beobachten von Personen,
- Blickregistrierung zur Analyse von Aufmerksamkeitswirkungen.

Für die Beobachtung können Beobachter und/oder technische Geräte (z.B. Spiegel, Lichtschranken, Blickregistrierungsgeräte, Kameras) eingesetzt werden.

BEISPIEL

Impuls TV ermöglicht erstmals die maßgeschneiderte Steuerung von TV-Werbeimpulsen am Verkaufsort:

Bei Impuls TV erhält der Kunde auf seinem Weg durch das Cash-and-carry-Großhandelsunternehmen gezielt Werbebotschaften. Der Impuls für die Präsentation geht von einem patentierten Sensor im Griff des Einkaufswagens aus, der den Start des Spots auf einem Plasmabildschirm auslöst. Dabei sind Streuverluste minimal und der werbetreibende Auftraggeber zahlt nur für die tatsächlichen Kontakte. Da alle Vorgänge gespeichert werden, lässt sich später mühelos feststellen, welcher Kunde mit welchem Wagen wo und wann die Werbung gesehen hat. Durch Verknüpfung mit den Bon-Daten lässt sich zudem direkt ableiten, welche Wirkung die Werbung auf den Warenverkauf hatte. Der Kunde bleibt dabei anonym.

3.3 Experiment

DEFINITION

Unter einem **Experiment** kann die Erprobung einer neuen Maßnahme vor ihrer Einführung verstanden werden.

Damit hat das Experiment die Aufgabe, die Wirkungen erst zu schaffender Tatbestände zu erforschen.

---

[1] Die GfK (Gesellschaft für Konsumforschung) und AC Nielsen sind die weltweit größten Marktforschungsunternehmen und liefern Daten aus mehr als 100 Ländern.

LERNFELD 6

Experimente lassen sich unterscheiden nach

den Bedingungen, unter denen das Experiment durchgeführt wird

- **Feldexperimente** finden unter normalen Alltagsbedingungen auf einem Testmarkt statt, wie z. B. der Stadt Hildesheim.
- **Laborexperimente** werden unter speziellen für den Test geschaffenen (künstlichen) Bedingungen außerhalb des Marktes durchgeführt. Sie können deshalb nicht als repräsentativ angesehen werden.

der Art der Ermittlung der Ergebnisse

- **Befragungsexperimente**
- **Beobachtungsexperimente**

3.4 Markttest

Um über eine flächendeckende Neueinführung eines Produkts oder auch einer Marketingmaßnahme zu entscheiden, kann der Großhändler einen Markttest durchführen. Die Ware wird auf einem regional begrenzten Teilmarkt (Testmarkt) angeboten und der Verkauf getestet.

Ziel ist es hierbei, die Kundenreaktionen auf einem räumlich begrenzten Markt zu beobachten, um aufgrund der gewonnenen Daten Rückschlüsse auf die Gesamtkundschaft ziehen zu können.

Der Testmarkt muss repräsentativ sein, d. h. die gleiche sozioökonomische Struktur aufweisen wie der Gesamtmarkt. Bekannte Testmärkte sind z. B. das Saarland und Berlin.

BEISPIELE

Produkttest: Der Hersteller von Seidenbettwäsche will sein Angebot um fünf neuartige Farbkompositionen erweitern. Um zu ermitteln, wie diese Ausführungen vom Markt aufgenommen werden, wird die Bettwäsche zunächst auf dem Testmarkt der Stadt Köln getestet (= Minimarkttest).

Preistest: Die Textilgroßhandlung Spindler KG will auf dem relativ kleinen Testmarkt „Region Hannover" feststellen, wie sich die geplante Preiserhöhung für Trainingsanzüge aus Goretex um durchschnittlich 8,2 % auf den zukünftigen Absatz auswirkt.

AUFGABEN

1. Worin besteht der Unterschied zwischen Marketing und Marktforschung?
2. Nennen Sie das Ziel der Marktforschung.
3. Die Fairtext GmbH will ihr Angebot an spezieller Ausrüstung für Hochgebirgswanderer ausweiten. Um ganz sicherzugehen, dass die Ware auch ihre Abnehmer finden wird, wollen die Verantwortlichen den Markt untersuchen lassen.

   Auf welche Informationen werden sie dabei besonderen Wert legen?
4. Wie kann die Primärforschung durchgeführt werden und welchem Zweck soll sie dienen?
5. Unterscheiden Sie zwischen Marktanalyse, Marktbeobachtung und Marktprognose.
6. Welche wirtschaftlichen Vorteile kann ein Unternehmer gegenüber seinen Konkurrenten aufgrund einer richtig erstellten Marktprognose haben?
7. Welche drei Aussagen können den folgenden Begriffen zugeordnet werden?
   - Marktanalyse 1
   - Marktbeobachtung 2
   - Marktprognose 3

   a) Sie versucht durch den Vergleich von betrieblichen Kennziffern den Absatz zu beeinflussen.
   b) Sie untersucht die Struktur von Angebot und Nachfrage zu einem bestimmten Zeitpunkt.

LERNFELD 6

c) Sie ist die in Abständen von einigen Jahren immer regelmäßig wiederkehrende Wellenbewegung der Wirtschaft.

d) Sie ist bemüht, die zukünftige Marktentwicklung richtig abzuschätzen und vorauszubestimmen.

e) Sie verfolgt laufend die Marktentwicklung.

f) Sie ist eine langfristige Veränderung der Wirtschaftsentwicklung.

8. a) Erklären Sie die Erhebungstechniken Primär- und Sekundärerhebung.

b) Welche Nachteile sehen Sie bei einer Sekundärerhebung im Vergleich zur Primärerhebung?

9. Warum kann Marktforschung dazu beitragen, das Marktrisiko zu reduzieren?

10. Sie sind in einer Textilgroßhandlung tätig. Ihr Abteilungsleiter beauftragt Sie, die wichtigsten Daten über die Sortimente der Konkurrenz zusammenzustellen.
Auf welche sekundärstatistischen Quellen würden Sie zur Erledigung dieses Auftrags zurückgreifen?

11. Worin liegen die Vorteile des Panels gegenüber den sonstigen Befragungsarten?

12. Das Unternehmen Bruns & Co. KG möchte seine neue Rasierermarke „AC 2000" mit revolutionierender Technologie auf den Markt bringen. Um herauszufinden, wie die Verbraucher auf das neue Angebot reagieren, wird der Markt systematisch untersucht.

a) Wie kann das Unternehmen Bruns & Co. KG im Rahmen der Primärerhebung zu den gewünschten Informationen kommen?

b) Warum spielt in diesem Fall die Sekundärerhebung eine untergeordnete Rolle?

c) Warum muss der Schwerpunkt zur Gewinnung der Marktinformationen im Bereich der Marktanalyse liegen? Grenzen Sie bei Ihrer Begründung Marktanalyse von Marktbeobachtung ab.

d) Bestimmen Sie ein Marktsegment für den Rasierer „AC 2000" und beschreiben Sie vor diesem Hintergrund notwendige Produkteigenschaften des neuen Geräts.

13. Erklären Sie folgende Methoden der Marktforschung:
a) Befragung/Interview   b) Panel
c) Beobachtung   d) Testmarktverfahren

14. Eine Handelskette hat ein Marktforschungsinstitut mit einer Kundenbefragung zu einem bestimmten Artikel beauftragt. Das Ergebnis ist nachstehend auszugsweise wiedergegeben.

Polaritätsprofil Artikel ...								
positiv	3	2	1	0	1	2	3	**negativ**
lange Haltbarkeit								geringe Haltbarkeit
hervorragende Verarbeitung								mangelhafte Verarbeitung
Liefertermineinhaltung								Lieferterminüberschreitung

a) Nennen Sie zwei Gründe, die für die Beauftragung eines auf Marktforschung spezialisierten Unternehmens sprechen.

b) Welche Erkenntnisse kann die Handelskette aus diesem Profil gewinnen?

15. Ein Hersteller von Kameras beabsichtigt, eine batterieunabhängig zu betreibende Kamera, die zudem die Kombination von Spiegelreflex- und Digitalkamera in sich vereint, zu entwickeln. Nachteile, die z. B. durch das nicht immer zeitgerechte Filmwechseln-Müssen entstehen, entfallen damit. Die Kamera ist umweltfreundlich (keine Batterien) und soll in ihrer Form und Handhabung den besonderen Ansprüchen von Ästheten und Hobbyfotografen gerecht werden. Der Marktpreis soll knapp unter 650,00 € liegen.

a) Die Geschäftsleitung möchte zur Absicherung ihrer endgültigen Entscheidung eine Marktanalyse durchführen lassen. Um zu absatzpolitisch relevanten Ergebnissen zu gelangen, werden Sie gebeten, Argumente zu suchen, die gegen die Entwicklung einer derartigen Kamera sprechen.

b) Die Befragung im Rahmen einer durchzuführenden Primärerhebung sieht vor, eine bestimmte Zielgruppe auszuwählen.
Welche Merkmale sollte dieser Personenkreis aufweisen?

c) Begründen Sie, warum die Befragung schriftlich, mündlich oder telefonisch durchgeführt werden sollte.

16. Welche Informationen liefert die Marktforschung im Rahmen der
a) Kunden-,   b) Konkurrenz-,
c) Imageforschung?

17. In der Marktforschung unterscheidet man nach der Art der Datenerhebung zwischen Sekundär- und Primärerhebungen. Welche der folgenden Erhebungen ist der Sekundärerhebung zuzuordnen?
    a) Panel-Befragungen zu Verbrauchsgewohnheiten
    b) Auswertung der Branchenkennzahlen des Großhandelsverbands
    c) schriftliche Kundenbefragung mittels Fragebogen
    d) Durchführung von Konsumenteninterviews
    e) gezielte Befragung bezüglich der Beurteilung unserer letzten Werbekampagne, durchgeführt durch ein von uns beauftragtes Marktforschungsinstitut

18. Eine Gruppe von 4500 Haushalten soll auf einem von einem Marktforschungsinstitut entworfenen Fragebogen ihre täglichen Einkäufe festhalten. Daten, die eingetragen werden müssen, sind: Warenart, Marke, Größenordnung und Preis. Zur Auswertung senden die Haushalte ihre Daten im Rhythmus von 14 Tagen an das Marktforschungsinstitut.
    a) Um welche Art der Datenerhebung handelt es sich im vorliegenden Fall?
    b) Nach welchem Verfahren wurden die Haushalte ausgewählt?
    c) Welcher Bereich der Marktforschung liegt hier vor?
    d) Welche Informationen sollen Ihrer Meinung nach mit der durchgeführten Untersuchung gewonnen werden?

19. Im letzten Jahr ist der Umsatz der Warengruppe „Sportartikel" der Fairtext GmbH im Vergleich zum Großhandel rückläufig. Daraufhin wird von der Geschäftsleitung beschlossen, entsprechende umsatzsteigernde Maßnahmen durchzuführen. Hierzu sollen durch die Marktforschung Informationen zur Konkurrenz- und Nachfragesituation bereitgestellt werden.

    Nennen Sie verschiedene Informationen,, die
    a) die Konkurrenzbeobachtung über die Wettbewerber und
    b) die Nachfrageanalyse über die aktuelle Nachfragesituation
    liefern können.

20. Begründen Sie, warum Kundenbewertungen in Preisvergleichsportalen, elektronischen Handelsplattformen und Onlineshops für den Großhändler wichtig sind.

AKTIONEN

1. „Immer mehr Ausgaben für klassische Einzelhandelsgüter", liest Geschäftsführerin Schröter in einer Ergebnisstudie eines bedeutenden Bundesverbands. Nach Aussagen der Autoren der Studie findet nur noch knapp jeder dritte Euro, den die privaten Haushalte für den Konsum ausgeben, den Weg in die Kassen des Handels.
   Die Untersuchungsergebnisse, die die Geschäftsführer der Fairtext GmbH ausführlich analysierten und dabei viele Parallelen zum eigenen Unternehmen feststellen mussten, werden durch die Zahlen des Statistischen Bundesamtes nicht widerlegt (siehe Tabelle mit ausgewählten Konsumausgaben der privaten Haushalte auf der nächsten Seite).
   a) Vergleichen Sie die Entwicklung der Konsumausgaben der privaten Haushalte sowohl im Zeitablauf von 2005 bis 2019 als auch vor dem Hintergrund einer Verschiebung der Ausgabenstruktur innerhalb der Verwendungszwecke.
   - Welche Entwicklungen lassen sich hinsichtlich der Ausgabenverwendung feststellen?
   - Welche Gründe könnten hierfür ausschlaggebend sein?
   b) Aktualisieren und ergänzen Sie das vorliegende Datenmaterial mithilfe des Internets.
   c) Bereiten Sie das gesamte Zahlenmaterial neu auf. Stellen Sie die Entwicklungen mithilfe eines Stabdiagramms dar. Verwenden Sie dazu das Programm Excel.
   d) Welche **Schlussfolgerungen** ziehen Sie aus den vorliegenden und ggf. neu hinzugewonnenen statistischen Daten?

2. In einer Abteilungsleiterkonferenz der Fairtext GmbH unter Vorsitz von Frau Schröter wurden Anfang Februar die folgenden Beschlüsse gefasst:
   - Herr Sternecker soll das Marktforschungsinstitut Franke & Co. KG beauftragen, das Verhalten der Kunden hinsichtlich ihres aktiven Urlaubs- und Freizeitverhaltens systematisch zu untersuchen.

LERNFELD 6

Tabelle zur Aktion 1:

Jahr	Insgesamt	Nahrungsmittel, Getränke, Tabakwaren	Wohnung, Wasser, Strom, Gas u. a. Brennstoffe	Verkehr, Nachrichtenübermittlung	Freizeit, Unterhaltung, Kultur
2005	1.233,957	178,915	305,371	200,487	124,971
2006	1.268,456	180,197	315,633	207,494	126,794
2007	1.288,114	183,548	317,578	203,235	131,574
2008	1.315,900	185,668	332,759	210,552	138,244
2009	1.316,052	184,073	332,981	214,917	137,136
2010	1.348,202	184,484	340,652	208,880	140,569
2011	1.397,122	186,834	346,291	227,765	146,086
2012	1.436,252	191,709	356,983	230,790	150,657
2013	1.462,148	196,078	368,968	230,477	153,551
2014	1.492,110	204,057	368,822	237,416	155,005
2015	1.529,745	213,638	373,752	237,186	163,325
2016	1.573,896	218,790	378,660	248,082	169,918
2017	1.615,288	224,192	385,073	257,643	177,910
2018	1.658,678	231,909	391,886	268,166	184,104
2019	1.707,508	237,222	401,468	279,552	188,439

Zahlen übernommen aus: Statistisches Bundesamt: Volkswirtschaftliche Gesamtrechnungen 2019. Fachserie 18, Reihe 1.4. 3. Juni 2020, S. 93.

- Frau Eisenberg soll anhand der Daten aus den Warenwelten Sport und Hobby, zusammengestellt aus sämtlichen Fairtext GmbH-Niederlassungen, eine Vorlage für die nächste Abteilungsleiterkonferenz in drei Monaten erstellen. Die Vorlage soll Auskunft geben über Verkaufsschwerpunkte und mögliche Trends.

a) Warum hat die Geschäftsführerin im vorliegenden Fall nicht eine Markterkundung von Herrn Kalweit gefordert?
b) Worin liegt der Unterschied in der Datenbeschaffung zwischen Herrn Sternecker und Frau Eisenberg?
c) Auf welche betriebsinternen Datenquellen wird Frau Eisenberg zur Erarbeitung der Tischvorlage für die nächste Abteilungsleiterkonferenz zurückgreifen können?
d) Suchen Sie im Internet nach entsprechenden Quellen zum Ausgabenverhalten der privaten Haushalte. Stellen Sie dabei mögliche Entwicklungen und Trends heraus.
e) Welche weiteren Informationen – neben der Bedarfsforschung – benötigt die Fairtext GmbH im Rahmen einer systematisch durchzuführenden Absatzmarktforschung?
f) Sichern Sie Ihre Ergebnisse für ein Kurzreferat vor dem Plenum.

3. a) Erarbeiten Sie arbeitsteilig einen für eine Kundenbefragung zu verwendenden Fragebogen rund um das Thema „Urlaub und sportliche Feizeitgestaltung".
   - Beachten Sie die Regeln für den Grundaufbau eines Fragebogens.
   - Überlegen Sie sich bei der Aufstellung der Fragen, welche Informationen Sie mit diesen Fragen erhalten wollen.
b) Präsentieren Sie die Ergebnisse Ihrer Gruppenarbeit.
c) Fassen Sie die einzelnen Gruppenergebnisse für die Erstellung der endgültigen Fassung des Fragebogens zusammen.
d) Bringen Sie den Fragebogen mithilfe des Computers in eine ansprechende Form.

4. Führen Sie die Befragung zum Thema „Urlaubsverhalten und sportliche Aktivitäten in der Freizeit" in Ihrer Stadt durch. Die Befragung, durchgeführt mit dem Quotenverfahren, sollte möglichst repräsentativ[1] sein.
a) Werten Sie die Antworten Ihrer Befragungsaktion arbeitsteilig mithilfe der **Clusteranalyse** aus. Prüfen Sie dabei, ob sich aufgrund Ihrer Resultate bestimmte Verbrauchergruppen unterscheiden lassen.

---
1 typisch, stellvertretend für die Gesamtheit

b) Stellen Sie Ihre Ergebnisse in Form von Diagrammen grafisch dar. Verwenden Sie hierfür das Tabellenkalkulationsprogramm Excel.
c) Formulieren Sie die aus der aufbereiteten Befragung gewonnenen **Schlussfolgerungen.** Sie sollten einem Großhandelsunternehmen wie der Spindler KG Hinweise darüber geben, was es bei seinen weiteren marketingpolitischen Maßnahmen bezüglich des Urlaubs- und Freizeitverhaltens seiner Kunden berücksichtigen sollte.
d) Präsentieren Sie die von Ihnen formulierten Schlussfolgerungen in geeigneter Form.

ZUSAMMENFASSUNG

Absatzmarktforschung

Wesen
- liefert sämtliche Daten, die über die Möglichkeiten und Probleme des Marktes, über Absatzchancen, über Notwendigkeit von Marketingaktivitäten und deren mögliche Wirkung informieren
- verhilft zu Markttransparenz
- ist die notwendige Voraussetzung des Marketingmix
- konzentriert sich auf den Absatzmarkt

Bereiche
- Marktanalyse: Zeitpunktbetrachtung
- Marktbeobachtung: Zeitraumbetrachtung

Einsatzgebiete
beschafft Informationen über:
- den Standort
- die Kundenstruktur
- die Konkurrenz
- das Image des Handelsunternehmens

Marktforschung

Erhebungsarten

Primärerhebungen (Fieldresearch)
Ermittlung neuer, bisher noch nicht erhobener Marktdaten
durch

Sekundärerhebungen (Deskresearch)
Auswertung **bereits vorhandener** Daten aufgrund von bestimmten **Datenquellen**

- **betriebsinterne**
  - Marketingstatistiken
  - Kundenkarteien
  - Lagerbestandslisten
  - Warenpreislisten
  - Daten der Kosten und Leistungsrechnung

- **betriebsexterne**
  = Daten, die außerhalb des Unternehmens erstellt werden, aber zugänglich sind

Erhebungsmethoden

Befragung
- schriftlich ⎫
- mündlich ⎬ einmalig
- telefonisch ⎭
- Panel = über einen längeren Zeitraum

Beobachtung

Experiment

Markttest

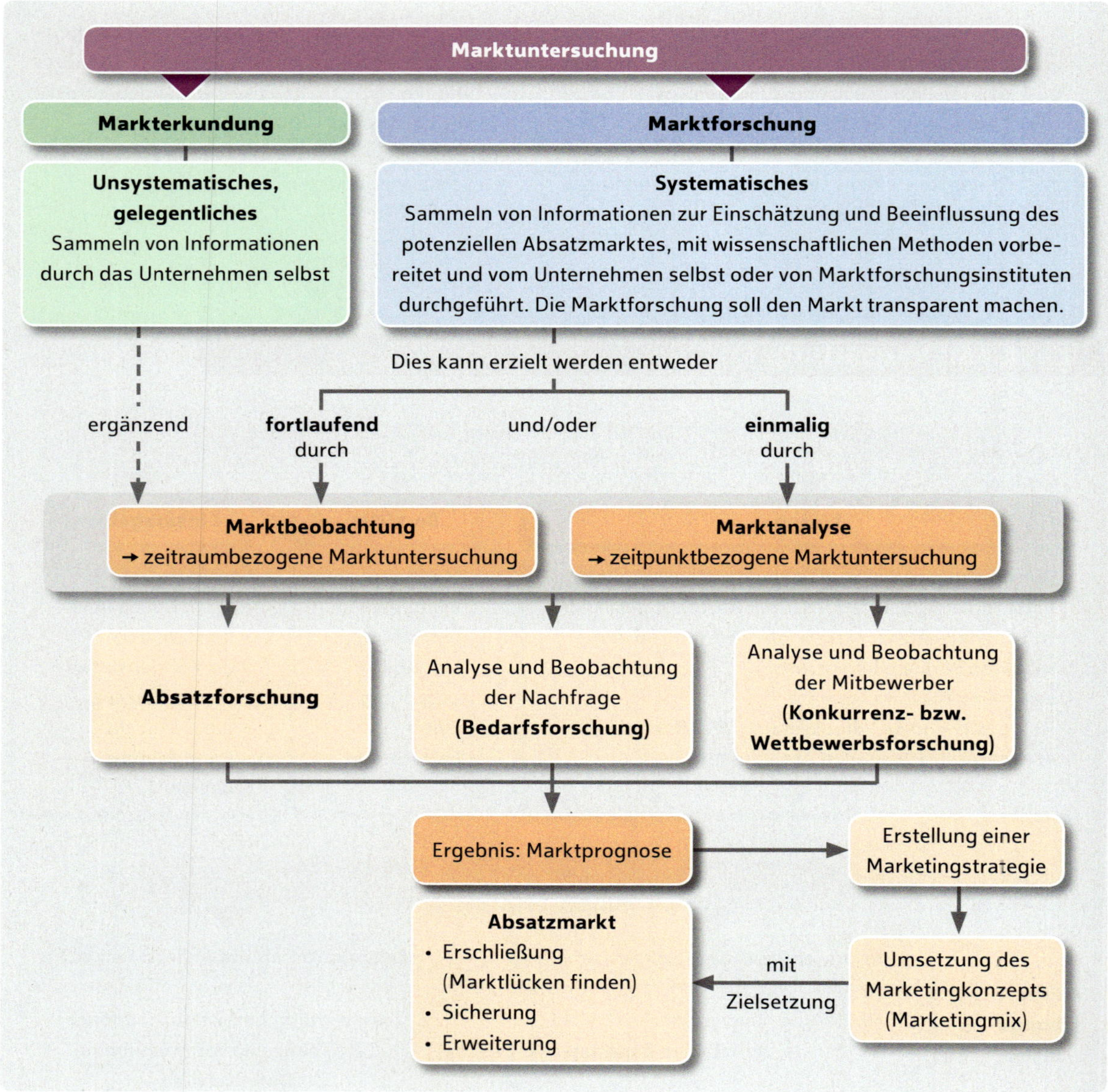

LERNFELD 6

Marktuntersuchung

Markterkundung
Unsystematisches, gelegentliches Sammeln von Informationen durch das Unternehmen selbst

Marktforschung
Systematisches Sammeln von Informationen zur Einschätzung und Beeinflussung des potenziellen Absatzmarktes, mit wissenschaftlichen Methoden vorbereitet und vom Unternehmen selbst oder von Marktforschungsinstituten durchgeführt. Die Marktforschung soll den Markt transparent machen.

Dies kann erzielt werden entweder

ergänzend — **fortlaufend** durch — und/oder — **einmalig** durch

Marktbeobachtung
→ zeitraumbezogene Marktuntersuchung

Marktanalyse
→ zeitpunktbezogene Marktuntersuchung

Absatzforschung

Analyse und Beobachtung der Nachfrage **(Bedarfsforschung)**

Analyse und Beobachtung der Mitbewerber **(Konkurrenz- bzw. Wettbewerbsforschung)**

Ergebnis: Marktprognose → Erstellung einer Marketingstrategie

Absatzmarkt
- Erschließung (Marktlücken finden)
- Sicherung
- Erweiterung

mit Zielsetzung

Umsetzung des Marketingkonzepts (Marketingmix)

KAPITEL 3
Produktpolitik

HALT! DER HANDEL KÜMMERT SICH AUCH UM DIE PRODUKTPOLITIK!

Der Freund von Caroline König, Björn Lente, ist Auszubildender zum Industriekaufmann bei der Grünpunkt AG. Er ist momentan in der Marketingabteilung eingesetzt.

Björn Lente: „... und dann kümmern wir uns gerade ganz stark im Rahmen des Marketings um die Produktpolitik, ein Marketingbereich, den ihr im Großhandel ja nicht habt!"
Caroline König: „Halt, halt! Natürlich kümmert sich auch der Handel um die Produktpolitik!"
Björn Lente: „So?"
Caroline König: „Schau dir mal diesen Zeitungsartikel an!"

LERNFELD 6

Björn Lente: „Da ist aber produktpolitisch vom Einzelhandel die Rede!"

Caroline König: „Wenn sowohl in der Industrie als auch im Einzelhandel die Produktpolitik wichtig ist, dann kann sie im Großhandel als zwischengelagerter Wirtschaftsstufe nicht unbedeutend sein ..."

Stellen Sie fest, welche generellen Überlegungen ein Großhändler bei der Einführung von Produkten anstellen muss.

GF PARIS: „Eine Ware ist nicht besser, weil sie schön verpackt ist und einen schönen Namen hat – wählen Sie unbeeinflusst von der Verpackung – das ist Freiheit – kaufen Sie Waren ohne Namen – sie sind ebenso gut, aber billiger – die freien Produkte finden Sie bei Carrefour." Die französische Supermarktkette dieses Namens hat 5 Mio. € in einen Werbefeldzug gesteckt, der vierzig Produkte – Speiseöl, Kaffee, Konfitüren, Waschmittel usw. – ohne Namen, d. h. ohne Marke, als „freie Produkte" lanciert und sich – wie man bei Carrefour versichert – bereits nach wenigen Wochen reichlich bezahlt machte. Die Namenlosen („No Names") hatten in der Folgezeit rasch Nachahmer gefunden – in den USA, Kanada und Europa. Die Idee, „gute, preiswerte Ware ohne Marketingballast", wird von breiten Verbraucherschichten (man spricht von 65 %) gutgeheißen. Mittlerweile bieten Einkaufsgenossenschaften und freiwillige Ketten etwa 1 100 sogenannte „Weiße" an.

INFORMATIONEN

Produktpolitik

DEFINITION

Im Rahmen der **Produktpolitik** eines Unternehmens wird über Qualität, Technik, Form, Farbe und sonstige Ausstattung eines Produkts entschieden.

Die Produktpolitik umfasst im weiteren Sinn:
- die Produktgestaltung
- die Planung des Produktlebenszyklus
- die Markenpolitik
- die Packungspolitik

Die Produktpolitik ist überwiegend eine Aufgabe von Industrieunternehmen. Sehr oft versuchen jedoch auch Handelsunternehmen, aktiv auf die produktpolitischen Entscheidungen der Erzeugerunternehmen Einfluss zu gewinnen. Das geschieht häufig durch Großhandlungen oder durch solche Einzelhandelsunternehmen, die aufgrund ihrer Größe und Marktmacht eine unmittelbare Wirkung auf die Industrieunternehmen erzielen können. Gegenstand der Einflussnahme kann die Qualität der Produkte, ihre logistische Handhabbarkeit (z. B. Transport- oder Stapelfähigkeit) oder die äußere Produktgestaltung sein. In einigen Bereichen können Großhandlungen jedoch auch direkt Maßnahmen der Produktpolitik anwenden.

Hauptziel der Produktpolitik ist es, dass die Käufer Produkte möglichst positiv beurteilen. Dafür gibt es verschiedene Möglichkeiten:

Produktgestaltung: Festlegung u. a. der Eigenschaften, der Qualität, des Geschmacks, der Formen und Farben von Produkten

Planung des Produktlebenszyklus: Es muss der richtige Zeitpunkt getroffen werden, veraltete Produkte aus dem Markt zu nehmen bzw. neue Produkte einzuführen.

Markenpolitik: Durch Verwendung von Markenzeichen wird eine eindeutige Abhebung von der Konkurrenz versucht.

Packungspolitik: Auch die äußere Gestaltung des Produkts spielt eine wichtige Rolle.

Retro-Riegel:
Große Veränderung bei beliebtem Schoko-Riegel: Woran Leckermäuler sich nun gewöhnen müssen

Seit vielen Jahren lassen sich Kunden den Schokoriegel aus Keks, Karamellschicht und Milchschokolade schmecken. Nun gibt es jedoch eine gewaltige Änderung bei Twix.

LERNFELD 6

Die Änderung betrifft allerdings nicht die Zutaten, sondern den Namen des bekannten Twix-Riegels: Ab sofort heißt die Süßigkeit des Herstellers Mars nämlich wieder Raider.

Retro-Riegel: Twix bekommt alten Namen zurück

Zur Erinnerung: Bis zum Jahr 1991 trug der Riegel bereits diesen Namen – allerdings nur in Deutschland und anderen europäischen Ländern. International war Raider jedoch als Twix bekannt. Deshalb entschied sich Mars aus Marketinggründen dafür, den Namen in Deutschland, Österreich, Schweiz, Belgien, Frankreich, Italien, Griechenland, Norwegen, Portugal, Luxemburg, in den Niederlanden, Schweden, Spanien und in der Türkei ebenfalls in Twix umzubenennen.

Zum 40-jährigen Jubiläum des Standorts Viersen will der Süßwarenhersteller Mars wohl nun in alten Zeiten schwelgen. „Retro-Produkte erleben zurzeit ein Comeback und sind so gefragt wie noch nie", erklärt auch Sophie Lebecque von Mars die Änderung gegenüber dem Online-Portal Der Westen.

Von Twix zu Raider: Was steckt hinter der Namensänderung?

Das Portal Chip hegt allerdings noch eine andere Vermutung, was dahinter stecken könnte. Schließlich gab es bereits in den Jahren 2009 und 2013 eine Namensänderung von Twix zurück zu Raider. Mars Inc. hält nämlich die Namensrechte an Raider. Diese verfallen laut Gesetz jedoch, wenn die Marke fünf Jahre lang nicht mehr genutzt wird. Um die Rechte zu behalten, komme also alle paar Jahre der Retro-Riegel Raider zurück in die Supermarktregale.

Quelle: Kaindl, Franziska: Große Veränderung bei beliebtem Schoko-Riegel: Woran Leckermäuler sich nun gewöhnen müssen. In: merkur.de 02.07.2019. https://www.merkur.de/leben/genuss/grosse-veraenderung-twix-schoko-riegel-traegt-jetzt-einen-anderen-namen-12753524.html [09.09.2020].

Produktgestaltung

Die optimale Gestaltung eines Produkts trägt ganz entscheidend zu einem möglichen späteren Markterfolg eines Unternehmens bei. Die Festlegung der Erscheinungsform eines Produkts hat daher so zu erfolgen, dass seine Eigenschaften den Anforderungen und Wünschen der Marktteilnehmer gerecht werden. Art und Charakter des Produkts werden bestimmt durch:
- Aussehen des Produkts
- Qualität des Produkts
- Farbe und Konsistenz des Produkts
- Konstruktionsform oder Produktansatz
- Produkteigenschaften und Produktnutzen
- Zusatznutzen

Die Produktgestaltung ist überwiegend eine Aufgabe der Industrie. Der Handel kann dabei jedoch einen gewissen Einfluss nehmen:
- Er kann die Hersteller über Entwicklungen auf dem Markt informieren, Einführungschancen prüfen und die Einführung neuer Produkte unterstützen.
- Er wirkt bei der Industrie auf die Lieferung handelsgerechter Versandeinheiten und Verpackungen hin.

Lebenszyklus eines Produkts

Eine Aufgabe der Produktpolitik ist es, durch rechtzeitige Einführung verfeinerter, abgeänderter oder neuer Produkte den zukünftigen Absatz zu sichern bzw. zu erweitern. Jedes Unternehmen, dem es gelingt, neue Produkte zu entwickeln und vor der Konkurrenz auf den Markt zu bringen, erzielt einen beträchtlichen Wettbewerbsvorteil.

Produkte durchlaufen – vergleichbar dem Menschen – verschiedene Lebensalter. Die Kenntnis, in welcher Phase des Lebensweges sich ein bestimmter Artikel gerade befindet, ermöglicht einen effizienten Einsatz der absatzpolitischen Instrumente.

Insbesondere bei Konsumgütern lässt sich der Lebenszyklus eines Produkts in folgende Phasen einteilen:
- In der Einführungsphase sind die Umsätze gering, da das Produkt noch wenig bekannt ist. Auch hohe Werbeaufwendungen führen noch nicht dazu, dass das Produkt sich in der Gewinnzone befindet. Da der Anbieter gewissermaßen eine Monopolstellung hat, kann er einen hohen Produktpreis verlangen.
- In der Wachstumsphase steigen die Umsätze sehr stark an: Das Produkt kommt in die Gewinnphase. Die nach wie vor starke Werbung erfasst breite Käuferschichten. Konkurrenten treten als Nachahmer auf, sodass die Preise sinken.
- In der Reifephase können die Umsätze zwar noch wachsen, aber die Wachstumsraten verringern sich. Der Preiswettbewerb verschärft sich.
- In der Sättigungsphase erreichen die Umsätze ihren höchsten Punkt. Der Gesamtgewinn ist am größten. Doch spätestens jetzt müssen entweder Pläne für ein neues Produkt fertig sein oder Verjüngungsmaßnahmen für das existierende Produkt ergriffen werden, die seinen Lebenszyklus verlängern.
- In der Degenerationsphase sind die Umsätze und Gewinne rückläufig.

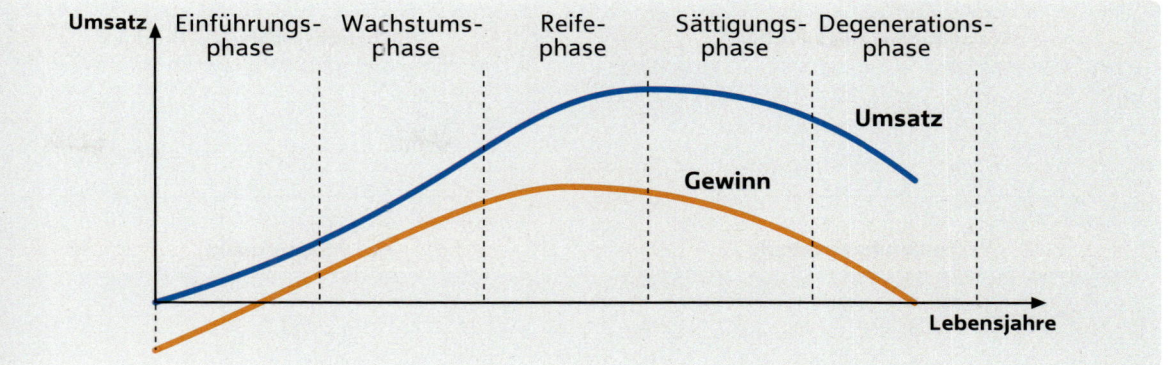

Phasen des Produktlebenszyklus

	Einführung	Wachstum	Reife	Sättigung	Degeneration
Umsatz	gering; langsam steigend	stark ansteigend	weitere, aber weniger starke Marktausdehnung (Zahl der Neukunden wird kleiner)	Umsatzvolumen stagniert auf hohem Niveau bzw. fällt leicht	rückläufig (stark fallend)
Begründung	• Marktwiderstände • organisatorische Probleme	• Marktdurchdringung • erste Konkurrenzprodukte	• Konkurrenzdruck • Preisdruck	• Konkurrenzprodukte ziehen Kunden ab • Preisdruck	überlegene, neuartige Konkurrenzprodukte tauchen auf; Kunden wandern in starkem Umfang ab
Kosten	hohe Kosten pro Stück	sinkende Stückkosten			steigende Stückkosten
Begründung	hohe Fixkosten für Werbung und Organisation; geringe Stückzahlen	Fixkostendegression, da Bekanntheitsgrad steigt	weiter fallende Stückkosten		hohe Fixkosten
Erfolg	Verlust (die Kosten für Werbung und Absatzförderung sind hoch; die verkaufte Menge noch niedrig)	steigende Gewinne	langsam sinkender Gewinn	leichter Gewinnrückgang	fallende Gewinne/ Verlust
Konkurrenten	keine oder wenige	Zahl der Konkurrenten und Intensität der Konkurrenz nimmt zu	Kampf um Marktanteile	Kampf um Marktanteile verstärkt sich	Zahl der Konkurrenten nimmt ab
Operative Marketingziele	Produkt bekannt machen, Erstkäufe herbeiführen	größtmöglicher Marktanteil	größtmöglicher Gewinn bei gleichzeitiger Sicherung des Marktanteils		Kostensenkung und „Absahnen"

Ein Unternehmen sollte möglichst über eine Mischung aus Produkten in unterschiedlichen Lebensphasen verfügen. Nur so lassen sich Umsatz- und Gewinnschwankungen im Rahmen des unternehmerischen Handelns im Zeitablauf ausgleichen.

Das vorgestellte idealtypische (= theoretische) Lebenszyklusmodell kommt in der Praxis recht häufig vor und gibt wertvolle Denkanstöße und Anregungen für die Strategiefindung von Unternehmen. Es ist jedoch nicht allgemeingültig. Funktionen eines Produkts, Marketingstrategien, Zeitgeist und sonstige Faktoren können den Verlauf des Lebenszyklus entscheidend verändern. Solche realtypischen (= wirklichen) Verläufe können sein:

LERNFELD 6

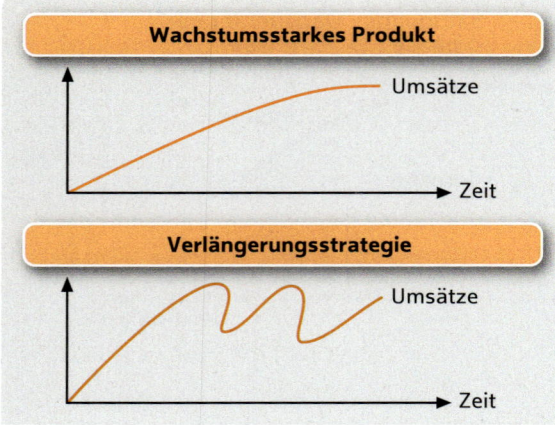

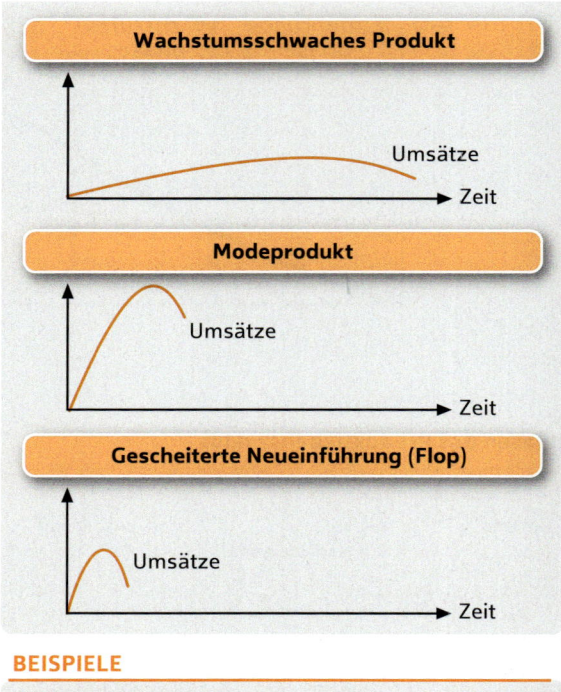

Markenpolitik

Im Rahmen der Markenpolitik eines Unternehmens soll der Käufer durch die Wahl eines Produktnamens oder Warenzeichens an das Produkt gebunden werden. Markenartikel der Hersteller (= Herstellermarken) sind Waren,
- die durch Warenzeichen gekennzeichnet sind, die in stets gleicher Art, Aufmachung und Mengenabpackung überall erhältlich sind,
- deren Lieferung in gleichbleibender oder verbesserter Qualität gewährleistet ist.

BEISPIELE

Gustin, Odol, Persil, Rama

Die **Marke** enthält
- einen Markennamen, der den ansprechbaren Teil der Marke darstellt,

---

Stärkere Markentreue durch emotionale Verbindung zwischen Kunde und Marke

Vor Kurzem habe ich bei einem führenden Hersteller von Bartschneidern angerufen – was dann geschah, hat mich verblüfft. Nach zwei Klingeltönen hat sich am anderen Ende ein menschliches Wesen gemeldet. Richtig gelesen: eine reale Person. Es gab keine automatisierte Begrüßung, keine Aufforderung, eine Taste zu drücken, um mit jemandem zu sprechen. Ein Mensch hat meinen Anruf entgegengenommen. Mir stand der Mund offen.

Als ich mich von dem Schock erholt hatte, erklärte ich der Servicemitarbeiterin, dass ich eine Ersatzklinge für meinen Bartschneider bräuchte. Zwei Minuten später hatte die Servicemitarbeiterin das Ersatzteil bestellt, mir die voraussichtliche Lieferzeit genannt und mich gefragt, ob sie noch etwas für mich tun könne. Und wissen Sie was? Ich werde nie wieder einen Bartschneider einer anderen Marke kaufen. Dieses kurze Telefonat hat meine Einstellung zu dieser Firma geändert. Ich bin jetzt kein Kunde mehr, sondern ein Markenbotschafter.

Emotionen in Aktion

Es gibt mehrere Gründe, warum wir eine emotionale Beziehung zu einer Marke aufbauen.

Als Kind dachte ich, dass Persil das absolut beste Waschmittel sei, weil die Werbung in Dauerschleife lief, wenn ich Kindersendungen im Fernsehen ansah.

Manche von Ihnen verwenden heute Produkte oder Dienstleistungen, weil sie sie aus Ihrer Familie kennen. Ihr Großvater ist vielleicht mit einer bestimmten Automarke gefahren, Ihre Mutter hat mit Ihnen ein Sparbuch eröffnet, als Sie 12 waren – und heute sind Sie noch immer bei dieser Bank –, oder vielleicht kaufte Ihre Tante eine bestimmte Sorte Frühstücksflocken, als Sie einmal bei Ihrem Cousin übernachteten.

Man kann sich aber auch einer Marke verbunden fühlen, weil man ein großartiges Erlebnis mit dieser Marke hatte.

Da wäre der Autohändler, der jedem Kunden, dessen Auto er zur Reparatur bekommt, einen tollen Mietwagen überlässt. Das Restaurant, in dem Sie kostenlose Appetithäppchen und eine Entschuldigung vom Koch bekommen, wenn die Zubereitung Ihrer Bestellung länger als erwartet dauert.

Jedes Unternehmen hat das Potenzial, eine positive Wirkung auf das Leben anderer auszuüben. [...]

Quelle: Stewart, Brandon: Stärkere Markentreue durch emotionale Verbindung zwischen Kunde und Marke. In: emarsys.com. 1. November 2019. https://emarsys.com/de/learn/blog/emotionale-verbindung-mit-kunden-aufbauen/ [09.09.2020].

und ein Markenzeichen, das die Ware optisch im Bewusstsein des Verbrauchers festhält.

> **BEISPIELE**
>
> Verwendung finden als Markenzeichen:
>
> **Symbole:** der Bär von Bärenmarke, die Kuh von Milka, der Mercedes-Stern
>
> **bestimmte Schreibweisen:** Coca-Cola-Schriftzug, 4711-Marke

Mit der Anmeldung des Warenzeichens beim Patentamt erwirbt das Unternehmen das ausschließliche Recht, mit diesem Zeichen die Waren oder deren Packungen bzw. Verpackungen zu versehen.

Gründe für die Schaffung eines Markenartikels:
- Nur durch die Markierung lässt sich die Ware aus der Masse der anderen Waren herausheben und sich so von Konkurrenzwaren deutlich abheben.
- Die mit der Markierung erreichte Kennzeichnung und Herausstellung der Ware ermöglicht eine warenspezifische Werbung, die gezielt auf die besonderen Eigenschaften und Vorzüge gerichtet ist.
- Nur die Markenbildung bietet die Möglichkeit, für eine Ware ein besonderes Image aufzubauen.
- Markenartikel ermöglichen es, bei den Kunden eine gewisse Markenbindung und Markentreue zu der entsprechenden Ware aufzubauen.

Bei **Herstellermarken** üben die Handelsbetriebe lediglich eine Verteilerfunktion für die vom Produzenten hergerichteten Markenartikel aus. Es können aber durch größere Einzelhandels- oder Großhandelsunternehmen Informationen über geäußerte Verbraucherwünsche und Unzufriedenheitsreaktionen hinsichtlich bestimmter Produkte an die Hersteller weitergegeben werden. Ob Änderungsvorschläge durchgesetzt werden können, hängt von der Marktmacht ab.

Handelsmarken (Haus- oder Gemeinschaftsmarken) sind Warenzeichen der Großbetriebe im Einzelhandel (Versandhäuser, Warenhäuser) oder mit dem Einzelhandel kooperierender Großhandlungen. Die **Handelsunternehmen sind Eigentümer der Marke.**

> **BEISPIELE**
>
> „Hanseatic" bei Otto, „jinglers" bei C & A

Die ausführenden Markierungsaufgaben einschließlich der damit verbundenen produktbezogenen Aktivitäten werden vielfach an weisungsgebundene Hersteller übertragen. Der Absatz von Handelsmarkenerzeugnissen erfolgt normalerweise nur in Betrieben des Markeneigentümers.

Packungspolitik

Der Groß- und Außenhandel sieht sich zunehmend mit umweltpolitischen Anforderungen, vor allem in Bezug auf die angebotene Ware sowie deren Verpackung und Herstellung, konfrontiert. Er muss die Bewältigung dieser Aufgaben zu einem zentralen unternehmenspolitischen Element machen.

1. Packung und Verpackung

Daher ist neben dem Leistungskern und der Markierung (Markenpolitik) auch die **Verpackung** bzw. **Packung** ein wesentliches Produktelement.

Die ursprüngliche Aufgabe der Verpackung war der Schutz der Ware vor äußeren Einflüssen, Feuchtigkeit und schädlichen Temperaturen, Druck und Stoß.

> **DEFINITION**
>
> Als **Verpackung**[1] bezeichnet man die Umhüllung der Ware aus Gründen der Zweckmäßigkeit.

Für Verpackungen gelten die folgenden Kriterien:
- Die Materialart ist nicht entscheidend.
- Die Verpackung dient dem Schutz, der Handhabung, Lieferung oder Darbietung der Ware.
- Verpackungen beinhalten Waren.
- Verpackungen werden an Vertreiber oder Endverbraucher weitergegeben.

Neue Entwicklungstendenzen im Bereich des Warenabsatzes und die Wandlung der Verbrauchergewohnheiten haben die ursprüngliche Aufgabe der Verpackung erweitert und sie zum Werbemittel, zur Packung gemacht.

> **DEFINITION**
>
> Die Verpackung wird zur **Packung**, wenn eine Verpackung über das Zweckmäßige hinaus einen verkaufsfördernden, werblichen Zusatznutzen aufweist, der als Verkaufsanreiz und Umsatzsteigerung genutzt wird.

---
[1] Zur Begriffsbestimmung von Verpackungen siehe VerpackG §3 (1).

LERNFELD 6

Die Packung bietet die Ware in einprägsamer Form, wirksam durch Text, Bild und Farbe, oft auch sichtbar durch Glas und glasähnliche Stoffe, zum Kauf an – sie wirbt also für ihren Inhalt.

2. Aufgaben der Packung

Die Packung muss bestimmten Ansprüchen gerecht werden. Sie sollte
- über die Ware informieren (Informationsfunktion) und
- eine bestmögliche Handhabung und Bequemlichkeit gewährleisten (Gebrauchs- und Servicefunktion).

2.1 Informationsaufgabe der Packung

Mit dem Aufkommen der Selbstbedienung fällt der Warenpackung in verstärktem Maße eine Verkaufsfunktion zu, d. h., die Packung muss verkaufen helfen. Sie ersetzt gewissermaßen das Verkaufsgespräch und wird dadurch zu einem wichtigen **Informationsträger**.

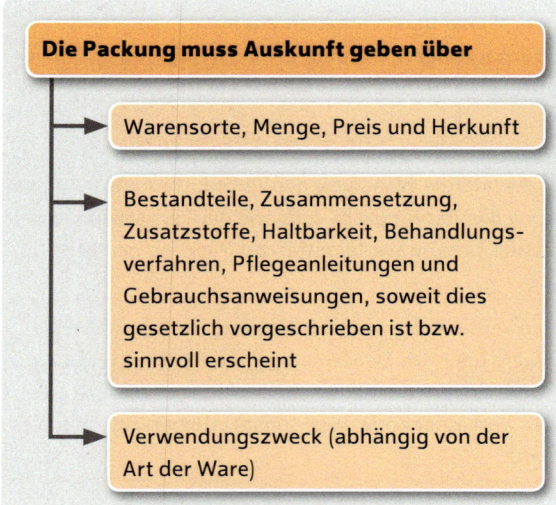

2.2 Gebrauchs- und Serviceaufgabe der Packung

Die Packung kann den Umgang mit der Ware erleichtern, wenn sie bestimmte Gesichtspunkte berücksichtigt:

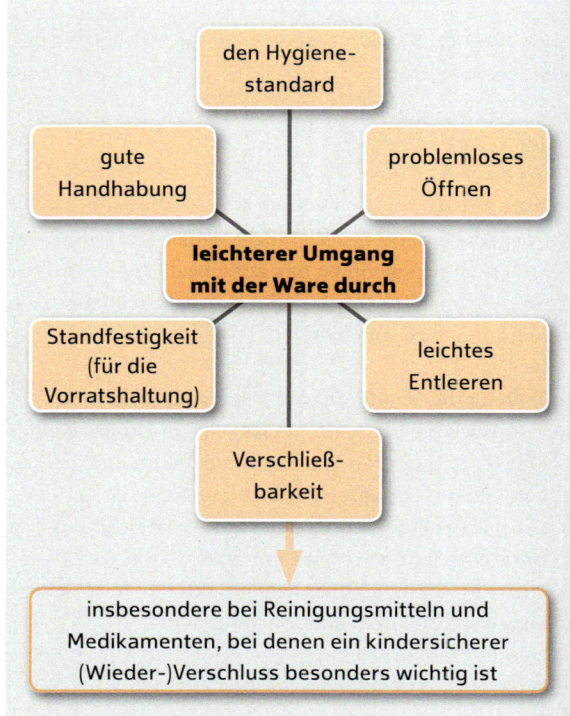

2.3 Absatzaufgabe der Packung

Die Fülle der miteinander konkurrierenden Waren zwingt die Hersteller, ihre Waren aus der Menge der Konkurrenzerzeugnisse herauszuheben, um dadurch die Verkaufsfähigkeit zu steigern. Hersteller und Händler haben erkannt, dass dabei Formgebung und äußere Gestaltung entscheidend für den Absatz sind.

Die Packung regt zum Wiederholungskauf an.

Die Packung soll die Kunden auf die Ware aufmerksam machen und zum Kauf anregen. Dabei soll sie nicht nur zum einmaligen Kauf anreizen, sondern auch den wiederholten Kauf fördern und schließlich zur Markentreue erziehen. Form und Ausstattung müssen so viele Merkwerte und Erinnerungsstützen enthalten und so unverwechselbar sein, dass sie sich bewusst oder unbewusst einprägen. Eine Ware muss daher aus der anonymen Masse herausgehoben werden und ein bestimmtes unverwechselbares Aussehen erhalten. Man kann sagen, dass die „Persönlichkeit" einer Ware durch die Packung geprägt wird.

Jede Farbe, jede farbige und gestalterische Kombination einschließlich Dekor (Druckbild) soll beim Kunden optische und psychische Reaktionen hervorrufen, soll in ihm Kaufwünsche wecken und ihn schließlich zum Kauf bewegen. Insbesondere bei Gütern, die völlig gleichartig sind, wie Wasch- und Putzmittel, Grundnahrungsmittel und vieles mehr, ist die Packungsgestaltung von herausragender Bedeutung.

> „Sie müssen eine Verpackung haben, von der die Frau wie von einer vor ihren Augen auf und nieder tanzenden Taschenlampe gefesselt und fasziniert wird."
>
> Quelle: Stahl, Gerald, geschäftsführender Vizepräsident, Package Council. Aus: Packard, Vance, Die geheimen Verführer, Verlag Ullstein GmbH, Frankfurt – Berlin – Wien o. J., Seite 79.

Selbst Zucker, Salz oder Geschirrspülmittel werden heute vom Hersteller mit Firmenaufdruck oder Markenzeichnungen in Packungen geliefert, die sich durch Form, Farbe, Größe, grafische Gestaltung und Material bzw. Charakter (Glasflaschen, Kunststoffflaschen, Aluminiumdosen, Tuben, Faltschachteln, Tüten, Beutel, Zylinder mit kreisrunder oder ovaler Grundfläche usw.) von Packungen der Konkurrenz unterscheiden.

Gerade die Farbe ist weniger ein Appell an die Vernunft als vielmehr ein **Anruf an das Gefühl,** an das Unbewusste. Sie soll bei den Käufern bestimmte Vorstellungen hervorrufen.

Seit Langem verbinden wir bestimmte Farben mit dem Geschmack z. B. bestimmter Getränke: Braun mit Cola, Grün mit Pfefferminz, Gelb mit Zitrone usw. Ein Kunde verlangt „Kaugummi in einer gelben Packung" und erwartet, dass es nach Zitrone schmeckt, oder er verlangt eine grüne Packung und erwartet Minzgeschmack, doch er verlangt Kaffee in grünen oder roten Paketen. Blau fördert den Verkauf von Eisenwaren. Rosa ordnen wir kosmetischen Artikeln zu. Bestimmte Farbtöne hindern oder fördern den Verkauf: Blau für Teepackungen gibt uns den Eindruck einer schwachen, Rot aber einer zu starken Sorte.

BEISPIEL

Farbgebung	emotionale Wirkung
Gelb und Grün	belebend und erfrischend
Grün und Orange	natürlich und frisch
Blau und Weiß	kühl und sauber
Rosa bzw. Hellblau	Zärtlichkeit und Liebe
Schwarz und Dunkelrot	edles Aussehen
starkes Grün, Blau und Rot	Freude und Spaß
dunkles Rot	Leidenschaft

Bei einheitlicher Verpackungsart, wie bei Arzneimitteln in Tuben oder Döschen, Wein und Likören in Flaschen oder Marmeladen in Gläsern, ist das **Etikett** das wesentliche Merkmal der Unterscheidung. Ihm kommt deshalb gerade in manchen Wirtschaftszweigen die Bedeutung zu, die man der Packung allgemein zumisst.

Neben der Selbstbedienung hat der Trend hin zur verpackten Ware und die Gedankenverbindung Warenqualität – Packung den Markengedanken gefördert (Markenartikeleinsatz). Der Käufer sieht in der Packung eine

Assoziationen: Farbe – Geschmack (Auswahl): süß, sauer, salzig, bitter

Assoziationen: Verpackungsfarbe – Inhalt
Die Tuben a, b, c, d enthalten eine Salbe oder Creme, deren Bestimmung durch die Farbgebung wie folgt suggeriert wird:

a) Zahnputzmittel, mechanische Reinigung; frisch, aber nicht parfümiert

b) aktive Vitamincreme, stimulierende und aktivierende Salbe im pharmazeutischen, weniger im kosmetischen Bereich

c) lindernde, zarte Wirkung, auch hautpflegend, schmerzlindernd

d) „Schönheitscreme", parfümiert, kosmetisches Produkt, hygienisch

LERNFELD 6

Garantie; vor allem die Marke, die Markierung, das gleichbleibende Bild der Umhüllung sind ihm Kennzeichen für die Beständigkeit der Warengüte.

2.4 Schutzaufgabe der Packung
Einen weiteren Anspruch, den Handel und Verbraucher gemeinsam an die Packung stellen, ist der **Schutz der Ware**.

Damit ist zweierlei gemeint:
- Die Packung soll die Ware bis zum Ge- oder Verbrauch vor Transport- und Lagerschäden (Erschütterungen, Druck) schützen sowie vor sämtlichen Fremdeinflüssen, wie Schmutz, Staub, Feuchtigkeit und Austrocknung. Darüber hinaus hat sie die Aufgabe, Gärungsprozesse, z. B. bei Sekt (Flaschengärung), zu ermöglichen.
- Die Packung muss einen Beitrag zum **Umweltschutz** leisten.

Viele Waren sind aber aufwendig oder sogar mehrfach verpackt. Sie verursachen dadurch zusätzliche Abfallbelastungen und tragen deshalb nicht unbedingt zum Schutz unserer Umwelt bei.

Die Verpackung schützt die Ware vor Fremdeinflüssen, sollte aber vom Verbraucher auch auf den Umweltschutzaspekt geprüft werden.

Die Nachteile für unsere Umwelt sind nicht zu übersehen. Glas verrottet nicht. Bei der Verbrennung von Kunststoff entstehen giftige Abgase. Jede überflüssige Packung muss als Umweltbelastung, aber auch als Verschwendung der nur begrenzt zur Verfügung stehenden Rohstoffe verurteilt werden.

> **BEISPIELE**
> - Aus Sand und Kalk entsteht Glas.
> - Aus Holz entsteht Papier.
> - Aus Erdöl entstehen Kunststoffe.
> - Aus Zinn und Bauxit entstehen Weißblech und Aluminium.

2.5 Kosten der Verpackung
Durch das Verpacken von Waren entstehen **Kosten**, die letztlich der Endverbraucher bezahlen muss.

Diese Kosten müssen in einem vertretbaren Verhältnis zueinander stehen. Dabei muss allerdings berücksichtigt werden, dass die Leistungsausstattung (Gestaltung, Grafik, Farbe, Form, Zusatznutzen) von Packungen verschieden ist, dass sich die Packgüter in ihrer Empfindlichkeit unterscheiden und auch sehr verschiedene Warenwerte aufweisen. So wird man bei Elektrogeräten mit 3 % bis 8 % der Selbstkosten für die Packung auskommen, während man bei Lebensmitteln, die in der Regel nicht ohne Verpackung verkauft werden können (Reis, Konserven, Butter, Schokolade usw.), oft mit 30 % rechnen muss. Daher sind stets Maßnahmen zu begrüßen, die zum Ziel haben, die Verpackung und damit auch die Verpackungskosten zu minimieren.

Darüber hinaus belastet Typenwirrwarr das Produktionsprogramm, erschwert die Lagerhaltung und führt bei minimalen Umsatzanteilen der verschiedenen Sorten zu

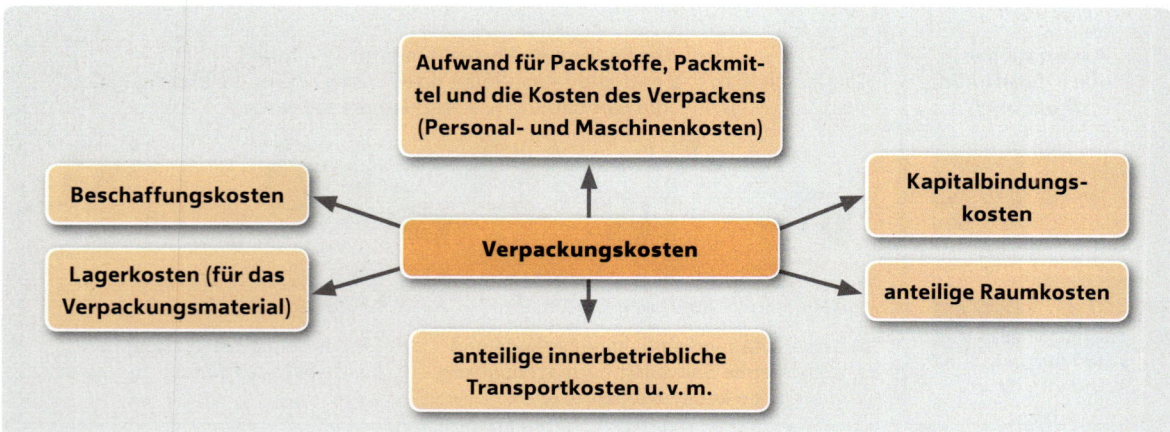

LERNFELD 6

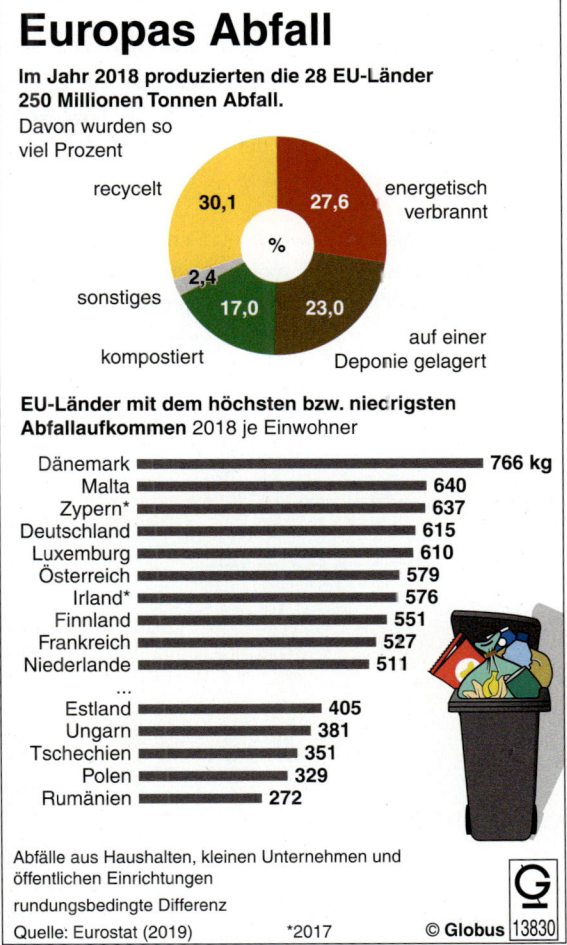

hohen Kosten, Unwirtschaftlichkeit und letzten Endes zur Verteuerung der Waren.

Die Entstehung dieser sinnlosen Vielfalt ist häufig darin zu sehen, dass manche Hersteller durch die Wahl von ständig neuen Zwischengrößen die Preisoptik ihrer Waren verbessern wollen. Weitere Ursachen sind im Wettbewerb zu sehen, der viele Unternehmen dazu verleitet, mit immer neuen Variationen, mit immer neuen Riesen- und Kleinstmengen ihrer verpackten Waren eine Erweiterung oder ein Halten des Marktanteils anzustreben.

Sowohl eine **Bereinigung des Sortiments** als auch eine **Begrenzung der Packungsgrößen** dürften wesentlich dazu beitragen, den Wettbewerb auf seine wichtigsten Größen, nämlich Preis und Qualität, zu konzentrieren. Den Käufern würde eine bessere Marktübersicht geboten und die Bedarfsbefriedigung erleichtert. Darüber hinaus kann eine wesentliche Kostensenkung erreicht werden, die auch eine Senkung der Verbraucherpreise zur Folge haben müsste.

Des Weiteren werden durch nicht praktiziertes Recycling die Rohstoffe knapper, mit der Folge, dass sich die Waren bzw. Packungen verteuern.

Nicht zu übersehen ist allerdings, dass erst durch den Effekt der Absatzförderung durch marktgerechte Packungen Massenfertigung möglich ist. Vorverpackung und Packung fördern die Nachfrage, Nachfrage schafft höhere Produktion, höhere Produktion führt zu niedrigeren Preisen. Denn je mehr hergestellt wird, desto rationeller und billiger kann produziert werden. Die Rationalisierungsersparnisse bei der Verpackung können dann an die Abnehmer weitergegeben werden.

Verordnung über die Vermeidung und Verwertung von Verpackungsabfällen (Verpackungsgesetz[1])

1. Beitrag der Packung zum Umweltschutz

Da unsere Umwelt ständigen Gefahren ausgesetzt ist, auch
- aufgrund der Verpackungsflut und
- dem immer häufiger festzustellenden sorglosen Umgang mit Verpackungsabfällen,

ergeben sich Forderungen nach einer **umweltfreundlichen Packungsgestaltung**.

Insofern hat der Gesetzgeber Regeln für den Umgang mit Verpackungen aufgestellt und im Verpackungs-Gesetz festgeschrieben.

Das Verpackungs-Gesetz (VerpackG) ist eine gesetzliche Regelung, deren Ziel es ist,
- mehr Abfälle aus privaten Haushalten zu recyceln,
- ökologisch vorteilhafte und recyclingfähige Verpackungen zu verwenden,
- durch die Zentrale Stelle Verpackungsregister (ZSVR) die Kontrolle zu erhöhen,
- Schlupflöcher für Hersteller und Vertreiber zu beseitigen,
- gesetzeskonformes Verhalten aller Marktteilnehmer sicherzustellen und
- die Menge an Verpackungsmüll zu reduzieren und die Umwelt zu entlasten.

---

1 Verpackungsgesetz (VerpackG) vom 5. Juli 2017, in Kraft getreten am 1. Januar 2019.

LERNFELD 6

Grundsätzlich sieht der Gesetzgeber vor, dass Verpackungsmüll nach Möglichkeit vermieden werden soll. Ist er unvermeidbar, so soll eine möglichst hohe Quote der Wiederverwertung zugeführt werden.

Beim Verpackungsgesetz gilt das Prinzip der erweiterten Produktverantworung für Verpackungen; Unternehmen (Erstinverkehrbringer), die Verpackungen in Verkehr bringen, sei es, um ein Produkt zu schützen, besser zu vermarkten oder dieses auf dem Postweg zu versenden (Versandverpackung), müssen sich bereits vorher darum kümmern, dass diese Verpackungen ordnungsgemäß entsorgt werden.

> **DEFINITION**
>
> Als **Erstinverkehrbringer** gilt, wer erstmals in Deutschland eine mit Ware befüllte Verpackung gewerbsmäßig an einen Dritten mit dem Ziel des Vertriebs, des Verbrauchs oder der Verwendung abgibt.

Das Verpackungsgesetz zwingt letztlich die Verursacher, d. h. Industrie und Handel, möglichst auf Verpackungen zu verzichten und in den Bereichen, in denen man nicht auf sie verzichten kann, konkrete Verwertungsmöglichkeiten aufzubauen.

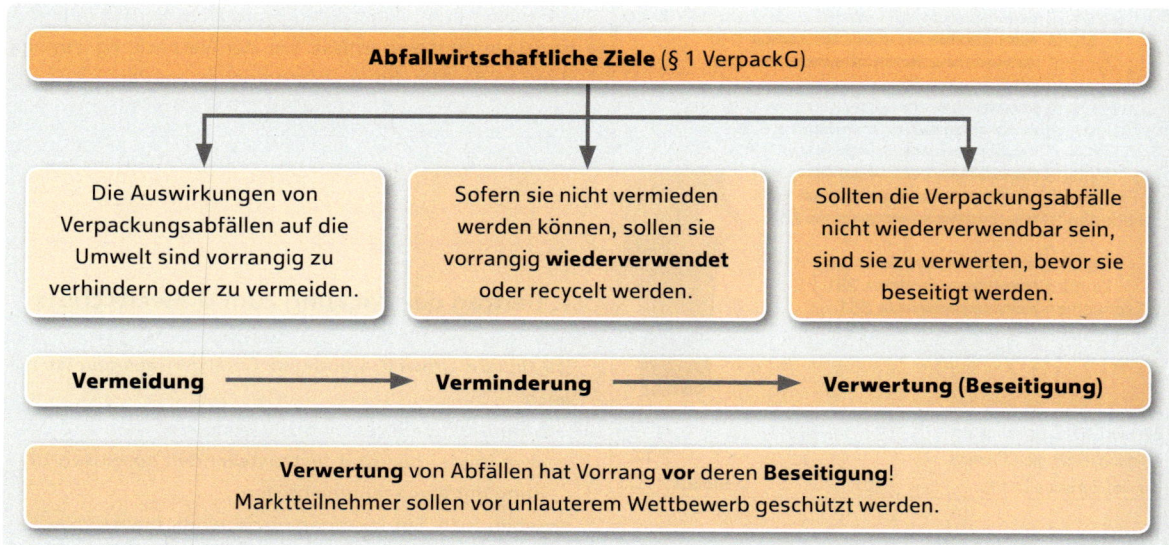

2. Registrierungspflichten

Hersteller systembeteiligungspflichtiger Verpackungen sind dazu verpflichtet – bevor sie Verpackungen in den Verkehr bringen –, sich bei der Zentralen Stelle Verpackungsregister (ZSVR) zu registrieren. Ohne eine solche Registrierung dürfen Produkte in **systembeteiligungspflichtigen** (lizenzierungspflichten) **Verpackungen** nicht zum Verkauf angeboten werden (§§ 7 u.9 VerpackG)[1].

Händler, die sich nicht ordnungsgemäß registrieren oder lizenzieren, dürfen die Verpackung im Sinne des VerpackG nicht in den Verkehr bringen.

> **DEFINITION**
>
> **Systembeteiligungspflichtige Verpackungen** sind **mit Ware befüllte** Verkaufspackungen einschließlich Service- und Versandverpackungen sowie Umverpackungen, die nach Gebrauch typischerweise zu privaten Endverbrauchern[2] gelangen und dort als Abfall anfallen (**B2C-Verpackungen**).

Diese Verpackungen sind dann zu 100 Prozent bei einem dualen System zu lizenzieren.

---

1   Die hier genannten Hersteller sind nicht die Produzenten von leeren Verpackungen, sondern die Erstinverkehrbringer verpackter Ware, was sich aus der Begriffsdefinition der „systembeteiligungspflichten Verpackungen" ergibt. Diese werden als „mit Ware befüllt" definiert.
2   Private Endverbraucher sind gem. VerpackG private Haushalte und sog. Gleichgestellte Anfallstellen, wie z. B. Gastronomie oder Verwaltungen.

LERNFELD 6

AUFGABEN

1. Welche Bereiche umfasst die Produktpolitik?
2. Wovon hängt eine optimale Produktgestaltung ab?
3. Welche Lebensphasen durchläuft ein Produkt normalerweise?
4. Bringen Sie Beispiele für Produkte, die
   a) einen idealtypischen Verlauf,
   b) einen realtypischen Verlauf haben.
5. Aus welchen Bestandteilen setzen sich Marken zusammen?
6. Unterscheiden Sie Handelsmarken von Markenartikeln.
7. Welche wirtschaftlichen Gründe sprechen für das Vorhandensein von Markenartikeln im Handel?
8. Nennen Sie
   a) Markenartikel,
   b) Handelsmarken aus Ihrem Erfahrungsbereich.
9. Welche Aufgaben hat die Packung
   a) für den Verbraucher und
   b) für den Handel bzw. Hersteller?
10. Welche wirtschaftliche Bedeutung hat das Verpacken der Ware für den Großhandel?
11. Was verstehen Sie unter „verkaufsaktiver Packung"?
12. Warum ist es von besonderer Bedeutung, dass die Packung eine Umweltschutzfunktion erfüllt?
13. Nennen Sie Maßnahmen von Verbrauchern und Händlern bzw. Herstellern, die geeignet sind, Fehlentwicklungen im Verpackungswesen zu vermeiden.
14. Welche Bedeutung bzw. Auswirkungen haben die Packungskosten auf die Verbraucherpreise?
15. Erklären Sie, wie es möglich ist, dass durch fortschrittliche Packungen die Verkaufspreise gesenkt werden können.
16. Was verstehen Sie unter der Aussage „Verwertung hat Vorrang vor Beseitigung"?
17. Welche Produkteigenschaften sollten Ihrer Meinung nach „umweltfreundliche Verpackungen" im Rahmen eines neues Unternehmenskonzepts aufweisen? Unterscheiden Sie dabei auch nach den Produktlebenszyklen.
18. In welchen Bereichen/bei welchen Waren Ihres Ausbildungsunternehmens sehen Sie die Möglichkeit, den Verpackungsaufwand zu verringern bzw. ganz auf ihn zu verzichten?
19. In der Fairtext GmbH fallen jeden Tag enorme Mengen an Verpackungsmaterial an. Nennen Sie Maßnahmen, die im Textilgroßhandelsunternehmen durchgeführt werden sollten, um die Verpackungsmengen umweltgerecht zu vermindern.
20. Welche Fragestellungen zu den Einflussgrößen bei der Entwicklung eines nachhaltigen Verpackungskonzepts sollten – neben Kriterien zur Einschätzung der Umweltauswirkungen – von einem Großhandelsunternehmen berücksichtigt werden?
21. Was verstehen Sie unter einer B2C-Verpackung?
22. Das Umweltkonzept der Fairtext GmbH lautet: „Stoffe und Materialien sollen umweltschonend entsorgt und Abfälle vermieden werden."

    Entscheiden Sie, welche der folgenden Maßnahmen diesem Unternehmenskonzept widerspricht.
    a) Minimierung des Papierverbrauchs durch Verzicht auf den Ausdruck von E-Mails
    b) Reduzierung von Umverpackungen
    c) Einsatz von Refill-Patronen für sämtliche Drucker im Unternehmen
    d) Stärkung von Mehrwegverpackungen
    e) Einführung von Einweg-Plastiktellern in der Kantine
    f) Förderung eines umweltfreundlichen, ressourceneffizienten Produktdesigns
23. Wer ist Erstinverkehrbringer von B2C-Verpackungen?

AKTIONEN

1. a) Lesen Sie das Kapitel.
   b) Sammeln Sie in Partnerarbeit zu jedem Buchstaben Begriffe zum Thema „Produktpolitik". Zu jedem Feld soll ein Begriff mit dem Anfangsbuchstaben gefunden werden. Notfalls kann der betreffende Buchstabe auch im Begriff erscheinen.

LERNFELD 6

A	N
B	O
C	Produktgestaltung
D	Q
E	R
F	S
G	T
H	U
I	V
J	W
K	X
L	Y
M	Z

c) Überprüfen Sie, ob Sie alle Begriffe definieren können. Einigen Sie sich dann mit Ihrem Partner auf die zehn wichtigsten Begriffe.

d) Vergleichen Sie die Ergebnisse Ihrer Nachbarn:
- Haben Ihre Nachbarn Begriffe zu Buchstaben gefunden, zu denen Sie nichts gefunden haben?
- Halten Ihre Nachbarn andere Begriffe aus der Produktpolitik für wichtig als Sie? Können Sie diese auch definieren?
- Erstellen Sie zwei Wandzeitungen, die zwei Begriffe anschaulich erläutern.

e) Bereiten Sie sich darauf vor, die zwei Begriffe Ihrer Wandzeitung im Plenum vorzustellen.

2. a) Erstellen Sie eine Mindmap, die alle wesentlichen Inhalte der Produktpolitik zusammenfasst.

b) Bereiten Sie sich darauf vor, einen fünfminütigen Vortrag zur Produktpolitik zu halten.

3. Björn Lente:
„Ja, jetzt bin ich überzeugt, dass die Produktpolitik auch im Großhandel eine wichtige Rolle spielt."

Caroline König:
„Na, sage ich doch! Was macht ihr denn gerade so im Bereich der Produktpolitik?"

Björn Lente:
„Wir suchen gerade nach neuen Produktideen mithilfe des morphologischen Kastens."

Caroline König:
„Was ist das denn?"

Björn Lente:
„Der morphologische Kasten ist eine Kreativitätstechnik, die man in der Produktpolitik, aber nicht nur da, anwenden kann. Beim morphologischen Kasten werden für ein neu zu entwickelndes Produkt Eigenschaften oder Bestandteile aufgelistet (z. B. Form, Material, Farbe, Beschriftung, Zusatzfunktionen usw.). Für jeden Aspekt werden dann möglichst viele verschiedene Ausprägungen (z. B. bei Material Holz, Aluminium, Stein, Kunststoff usw.) gesammelt.
Anschließend können aus den vorhandenen Möglichkeiten verschiedene Varianten zusammengestellt werden, die näher untersucht werden sollen."

Entwicklung einer Zimmerlampe (vereinfacht):

Produktmerkmal	Teillösung 1	Teillösung 2	Teillösung 3	Teillösung 4
Farbe	blau	rot	schwarz	gelb
Material	Metall	Holz	Stein	–
Form	rund	eckig	oval	teils eckig
Strom sparen	verspiegeln	Stromsparlampe	Zeituhr	Dynamo

Vorgehen:
1. Umschreiben Sie das Problem. Diese Aussage bildet die Überschrift über dem morphologischen Kasten.
2. Entwickeln Sie die Parameter (= Teilprobleme; im Beispiel oben die Produktmerkmale) des Problems durch Analyse und eventuelles Brainstorming.
3. Erarbeiten Sie Lösungsalternativen zu den Teilproblemen.
4. Kombinieren Sie die Lösungsvarianten der Teilprobleme zu Lösungsvarianten des Gesamtproblems.
5. Bewerten Sie die Lösungsvarianten und wählen Sie die sinnvollste aus. Füllen Sie Ihren morphologischen Kasten aus.

Eine der Ideen des morphologischen Kastens ist es, systematisch Kombinationen nach Lösungen von Problemen abzusuchen. Dass dabei auch von vornherein unsinnige Kombinationen durchprobiert werden, die noch niemand vorher gemacht hat, stellt eines der Grundelemente der Kreativität dar.

Gehen Sie davon aus, dass Sie zur Designabteilung eines Unternehmens gehören.
a) Bilden Sie zwei Arbeitsgruppen.
b) Entwickelt werden sollen ein neues Design
- für einen (neuen) Schreibtisch,
- für ein (neues) Telefon.
c) Stellen Sie ohne Vorurteile einen morphologischen Kasten auf.
d) Drucken Sie Ihren morphologischen Kasten als Word-Tabelle aus.
e) Bereiten Sie sich darauf vor, Ihren morphologischen Kasten zu präsentieren.

4. a) Stellen Sie in Gruppenarbeit mithilfe der Netzwerktechnik (Strukturlegetechnik) die Konsequenzen dar, die sich aus der Forderung nach einer Reduzierung der Verpackung ergeben:
   - Suchen Sie die Konsequenzen aus dieser Forderung.
   - Verbinden Sie die Beziehung zweier Wirkungen mit einem Pfeil in die entsprechende Richtung.
   - Kennzeichnen Sie im weiteren Verlauf die Pfeile
     - nach ihrer Wirkung:
       mit „+" bei einer Beeinflussung in derselben Richtung bzw. mit „–" bei einer Beeinflussung in entgegengesetzter Richtung
     - nach ihrem Zeithorizont:
       mit unterschiedlichen Pfeilfarben für kurz-, mittel- und langfristig
     - nach ihrer Intensität:
       mit unterschiedlichen Strichstärken:
       0 = keine oder äußerst geringe, 1 = geringe, 2 = starke, 3 = sehr starke Intensität.
   b) Fertigen Sie (z. B. durch die Benutzung eines Flussdiagramms) mithilfe des Computers und geeigneter Software eine Folie Ihrer Arbeit an. Beachten Sie dabei die Tipps zur Gestaltung von Folien und Plakaten.
   c) Bereiten Sie sich darauf vor, Ihr Arbeitsergebnis mittels Overheadprojektor vorzutragen:
     - Prüfen Sie zuvor, ob der Inhalt der Folie auf der Projektionsfläche zu lesen ist.
     - Achten Sie auf die Anwendung der Präsentationsregeln.

ZUSAMMENFASSUNG

Packung

Aufgaben:
- Informationsfunktion
- Gebrauchsfunktion
- Rationalisierungsfunktion
- Absatzförderungsfunktion
- Transport- und Lagerungsfunktion
- Umweltschutzfunktion

- ermöglicht die Einführung von Portionierung, von Markenartikeln, von Selbstbedienung
- erhöht – verbrauchergerecht genutzt – die Lebensqualität

Gestaltungselemente:
- Form
- Farbe
- Schrift
- Grafik
- Material
- Größe
- Konstruktion

macht die Ware verkaufsaktiv und fördert den Impulskauf

Gefahren für die Umwelt durch:
- nutzlose und zu aufwendige Packungshüllen
- Verschwendung von Rohstoffen
- Einsatz nicht wiederverwertbarer Materialien

Maßnahmen:
- Recycling
- Mehrwegsystem
- Flaschenpfand
- umweltbewusstes Verhalten des Verbrauchers, des Herstellers und des Handels

Auswirkungen auf die Kosten:
- unnötige Erhöhung der Verkaufspreise durch aufwendige Packungsmittel und -gestaltung
- Kostensenkung durch Massenproduktion und Rationalisierung (z. B. durch Mehrfachpackungen, weniger Verkaufs- und Lagerfacharbeiter)

- ist getreuer Spiegel des Konsumverhaltens
- schafft Voraussetzungen für neue Ware, neue Käufer und neue Lebensgewohnheiten
- ist die Voraussetzung u. a. für die Rationalisierung im Großhandel
- ist Werbeträger und zugleich Werbemittel für Hersteller und Händler

LERNFELD 6

Produktpolitik = Entscheidung über die Ausstattung eines Produkts

- **Produktgestaltung**
  - Produktqualität und -eigenschaften
- **Packungspolitik**
- **Planung des Produktlebenszyklus**
  - wirkungsvolle Planung des Lebensweges von Produkten
- **Markenpolitik**
  - Herausstellung eines Produkts gegenüber anderen

KAPITEL 4
Sortimentspolitik

Der Artikelbericht der Warengruppe „Damenoberbekleidung" dient dem Verkaufsabteilungsleiter der Fairtext GmbH, Herrn Raub, als Unterlage für die Kontrolle seines Sortiments.

Stellen Sie fest, welche Sortimentsentscheidungen Herr Raub auf der Grundlage dieses Berichts treffen sollte.

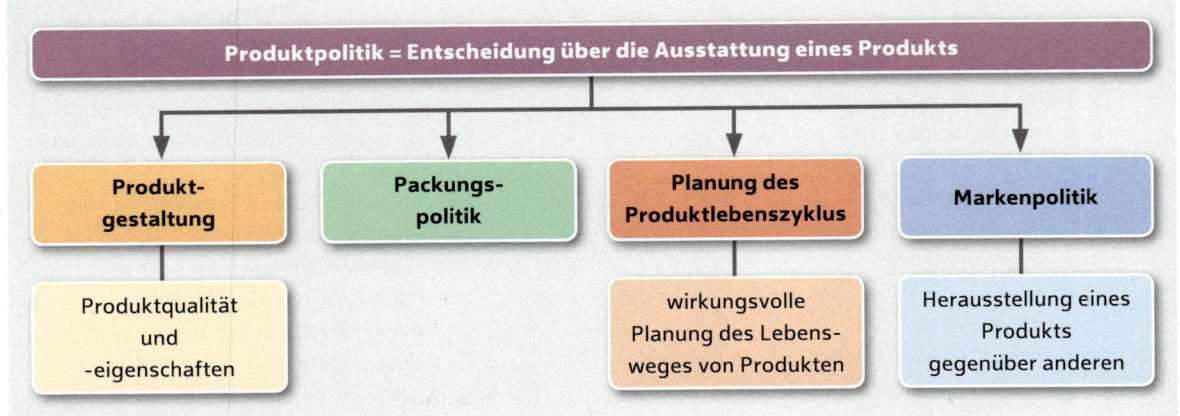

INFORMATIONEN

DEFINITION

Sortimentspolitik ist die bewusste, planmäßige Gestaltung des Sortiments. Ziel der Sortimentspolitik ist es, Inhalt und Umfang des Sortiments so zu gestalten, dass die geplanten Umsätze und Gewinne erreicht werden.

Sortimentsgliederung

DEFINITION

Das **Sortiment** ist die **Gesamtheit aller Waren und Dienstleistungen,** die ein Handelsbetrieb anbietet. Es besteht aus verschiedenen Sorten, die zu Artikeln, Warenarten und Warengruppen zusammengefasst werden können.

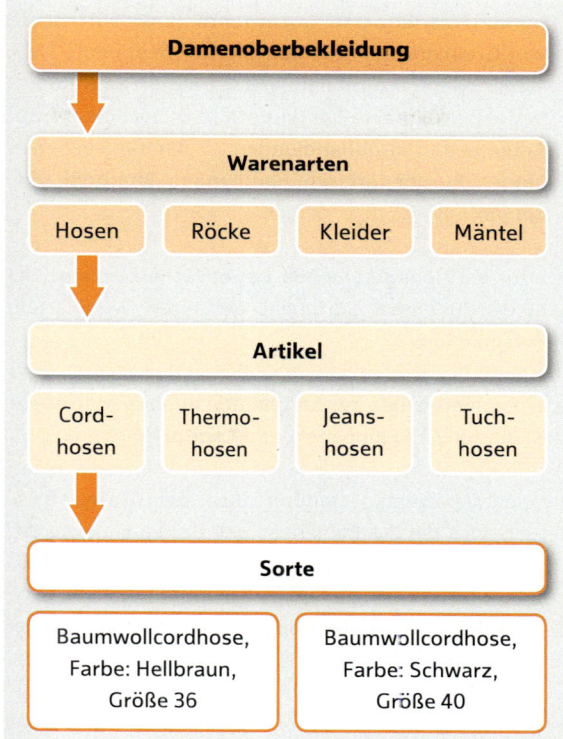

Die **Sorte** ist die kleinste Einheit des Sortiments. Gleichartige Sorten, die sich nur nach der Menge, Größe, Farbe und Musterung unterscheiden, bilden einen **Artikel**. Verschiedene, aber ähnliche Artikel werden zu **Warenarten** und **Warengruppen** zusammengefasst.

BEISPIEL

Sortiment	Warengruppen
Lederwaren	Koffer, Geldbörsen, Damentaschen, Herrentaschen
Schuhe	Damenschuhe, Herrenschuhe, Kinderschuhe
Bekleidung	Damenoberbekleidung, Herrenoberbekleidung, Damenwäsche, Herrenwäsche usw.
Lebensmittel	Fleisch, Fisch, Molkereiprodukte usw.

Sortimentsumfang

Der Sortimentsumfang eines Handelsbetriebs wird mit den Begriffen „Sortimentsbreite" und „Sortimentstiefe" beschrieben.

- Die **Sortimentsbreite** wird durch die Zahl der Warenarten und Warengruppen bestimmt. Je mehr Warenarten und Warengruppen in einem Handelsbetrieb angeboten werden, umso breiter ist sein Sortiment. Ein breites Sortiment enthält viele Warenarten und Warengruppen. Ein schmales Sortiment besteht nur aus einer oder wenigen Warenarten.
- Die **Sortimentstiefe** wird durch die Artikel- und Sortenzahl bestimmt. Je mehr **Artikel** und Sorten innerhalb einer Warenart angeboten werden, umso **tiefer** ist ein Sortiment. Ein Handelsbetrieb führt ein tiefes Sortiment, wenn er innerhalb der einzelnen Warenarten viele Artikel und Sorten anbietet. Werden innerhalb der einzelnen Warenarten nur wenige Artikel und Sorten angeboten, spricht man von einem **flachen** Sortiment.

Kern- und Randsortiment

Nach der Bedeutung für den Gesamtumsatz kann man das Sortiment eines Handelsbetriebes unterteilen in Kern- und Randsortiment:

- Das **Kernsortiment** ist der Sortimentsteil, auf den sich die Haupttätigkeit des jeweiligen Handelsbetriebs erstreckt. Es erbringt in der Regel den überwiegenden Umsatzanteil.
- Das **Randsortiment** wird zur Abrundung des Kernsortiments geführt. Es erbringt in der Regel den geringeren Umsatzanteil.

BEISPIEL

Zum Kernsortiment einer Lebensmittelgroßhandlung gehören u. a. Molkereiprodukte, Nährmittel, Brot- und Backwaren, Obst und Gemüse, Fleisch- und Wurstwaren. Im Randsortiment führt dieses Geschäft Zeitschriften, Strümpfe und Kunststoffgeschirr.

Kundendienstleistungen

Kundendienstleistungen sind Nebenleistungen eines Großhandelsbetriebs, die er zusätzlich zu seiner Hauptleistung, dem Verkauf von Waren, erbringt. Dazu gehören Leistungen, die in unmittelbarem Zusammenhang mit der Ware stehen, und warenunabhängige Leistungen, die der Bequemlichkeit des Kunden beim Einkauf dienen.

Warenbezogene Dienstleistungen von Großhandelsbetrieben sind z. B.:
- Produktberatung und Produktinformationen
- Gebrauchsanleitungen

- Aufstellen und Inbetriebnahme von technischen Geräten (Maschinen, EDV-Systeme usw.)
- Garantiegewährung
- Reparaturservice
- Inspektions- und Wartungsservice (z. B. bei Büromaschinen und Kraftfahrzeugen)
- Ersatzteildienst
- Ersatzbereitstellung im Fall einer Reparatur oder Wartung
- Warenmanipulation, z. B.:
  - Anarbeitung im Stahlhandel (Biegen, Bohren, Sägen u. Ä., Bearbeitungsvorgänge am Rohmaterial)
  - Übernahme von Reifungsprozessen (bei Bananen, Tee usw.)
  - Dauerlagerung von Waren unter produktadäquaten Bedingungen (z. B. bei Teppichen)

Nicht warenbezogene Dienstleistungen, die von Großhandelsbetrieben angeboten werden können, sind z. B.:
- Übernahme von betrieblichen Funktionen der Kunden (Rechnungswesen, Werbung usw.)
- Überlassung von EDV-Kapazitäten
- Unternehmensberatung
- Personalschulung
- Finanzierungshilfen

Die zunehmende **Bedeutung des Kundendienstes** hat seine Ursachen in:
- dem steigenden Wettbewerb auf immer mehr gesättigten Märkten
- der Schaffung von Wettbewerbsvorteilen
- den ständig komplizierter werdenden Produkten
- dem wachsenden Wunsch der Kunden nach Problemlösungen, die sehr häufig Produkt und Dienstleistung einschließen
- dem steigenden Wettbewerb zwischen gleichartigen Massengütern und dem sich daraus ergebenden Wunsch der Großhändler, sich von der Konkurrenz abzuheben

Bestimmungsgrößen der Sortimentspolitik

Die Sortimentspolitik eines Großhandelsbetriebs wird durch verschiedene Einflussgrößen bestimmt.

Die Entscheidung eines Großhandelsbetriebs über seine **Sortimentsorientierung** bestimmt den Rahmen des Sortimentsinhalts. Großhandelssortimente lassen sich danach unterscheiden in:
- **stofforientierte Sortimente** (z. B. Sortimente von Stahlgroßhandlungen)
- **herkunftsorientierte Sortimente** (z. B. Sortimente von Großhandelsbetrieben, die auf bestimmte Hersteller oder Herkunftsländer spezialisiert sind)
- **bedarfsorientierte Sortimente** (z. B. Sortimente von Arzneibedarfsgroßhandlungen, Sanitärgroßhandlungen, Bürobedarfsgroßhandlungen, Baugroßhandlungen)

Die zur Verfügung stehende **Lagerfläche** begrenzt die Zahl der in einem Sortiment geführten Warenarten, Artikel und Sorten.

Zu einer Begrenzung des Sortimentsumfangs kann ebenfalls das zur Verfügung stehende **Kapital** führen.

Bei der Sortimentsgestaltung muss der Großhandelsbetrieb auch die Zusammensetzung der **Sortimente der Konkurrenz** beachten.

Der **Bedarf des angesprochenen Kundenkreises** ist eine wesentliche Einflussgröße für die Sortimentsgestaltung. Wenn Großhandelsbetriebe keine Umsatz- und Gewinneinbußen erleiden wollen, müssen sie ihr Sortiment an Änderungen des Kundenbedarfs anpassen.

In der Bevölkerung hat das **Umweltbewusstsein** in den letzten Jahren stark zugenommen. Das hat Auswirkungen auf ihr Einkaufsverhalten. Handelsbetriebe können diesem Bewusstseinswandel durch die Aufnahme umweltverträglicher Waren in ihr Sortiment Rechnung tragen. Sie können z. B. Waren, deren Herstellung, Verwendung oder Beseitigung die Gesundheit und Umwelt belasten, aus ihrem Sortiment herausnehmen und durch umweltverträgliche Waren ersetzen.

Sortimentskontrolle

Durch eine ständige Kontrolle des Sortiments sollen Informationen über Sortimentslücken und nicht oder nur schwer verkäufliche Warenarten, Artikel und Sorten gewonnen werden. Dazu können insbesondere folgende Methoden angewendet werden:

Fehl- und Nichtverkaufskontrolle

Von **Fehlverkäufen** wird gesprochen, wenn eine Ware, die grundsätzlich im Sortiment geführt wird, zum Zeitpunkt der Nachfrage durch den Kunden nicht auf Lager war.
Von **Nichtverkäufen** spricht man, wenn Kunden eine Ware nachfragen, die im bestehenden Sortiment nicht geführt wird.

LERNFELD 6

Sortimentskontrolle durch die kurzfristige Erfolgsrechnung

Die kurzfristige Erfolgsrechnung (KER) ist ein Teilgebiet des handelsbetrieblichen Rechnungswesens. Sie kann manuell oder mithilfe der elektronischen Datenverarbeitung (EDV) durchgeführt werden. Die mithilfe der EDV durchgeführte kurzfristige Erfolgsrechnung liefert u. a. warengruppen- und artikelgenaue Informationen über Umsatz, Abverkauf, Lagerbestand, Lagerumschlagshäufigkeit und Roherträge.

Die Auswertung der kurzfristigen Erfolgsrechnung hilft, wirtschaftliche und unwirtschaftliche Artikel im Sortiment aufzuspüren.

BEISPIEL

Aus dem Artikelbericht der Warengruppe „Damenoberbekleidung" der Fairtext GmbH kann Herr Raub für jeden Artikel den Verkaufspreis (VK-Preis) und Einkaufspreis (EK-Preis) pro Stück, die in der Zeit vom 6. Febr. bis 12. Febr. verkauften Stück (VK-Stück), den Lagerbestand in Stück (Bestand), den Lagerbestand bewertet zu Verkaufspreisen (Bestand VK) und zu Einkaufspreisen (Bestand EK), den Umsatz in der Zeit vom 6. Febr. bis 12. Febr., den Rohertrag in Euro (Gewinn) und in Prozent (ERZ %) sowie den Abverkauf in Prozent (ABV %) entnehmen.

Aus dem Artikelbericht kann Herr Raub eine „Renner-" und eine „Pennerliste" erstellen. Die Rennerliste enthält alle Artikel aus dem Artikelbericht, die gut verkauft wurden. Die Pennerliste führt die Artikel auf, die wenig verkauft wurden.

```
RENNER-PENNER-BERICHT                                           WARENGRUPPE: DOB

WARENART 1 ***** MÄNTEL ***** ABVERKAUF BESSER   60 %

ARTIKEL-NR.  BEZEICHNUNG  VK-PREIS   VK-ST.   BESTAND VK   UMSATZ    KALK. %   ABV. %
INTERNE NR.               EK-PREIS   BESTAND  BESTAND EK   GEWINN    ERZ. %

   70200     BETTY JORDAN   369,00      5        369,00    1.845,00    54,6     83,3
   10001                    187,40      1        187,40    1.008,00    54,6

   70000     STEIGER        179,00      4        358,00      716,00    55,6     66,6
   10002                     78,50      2        157,00      402,00    55,6

BERICHTSENDE
```

```
RENNER-PENNER-BERICHT                                           FILIALE: 001

WARENART 1 ***** MÄNTEL ***** ABVERKAUF SCHLECHTER  60 %

ARTIKEL-NR.  BEZEICHNUNG  VK-PREIS   VK-ST.   BESTAND VK   UMSATZ    KALK. %   ABV. %
INTERNE NR.               EK-PREIS   BESTAND  BESTAND EK   GEWINN    ERZ. %

   70400     DECO INTERN   359,00      2        718,00      718,00    52,8     50,0
   10004                   169,50      2        339,00      379,00    52,8

   70410     KTM           256,60      5      2.042,80    1.283,00    52,4     38,4
   20001                   126,10      8      1.008,80      652,50    52,4

BERICHTSENDE
```

Für die Sortimentskontrolle eignet sich als Instrument der kurzfristigen Erfolgskontrolle besonders gut die **Deckungsbeitragsrechnung**.

Sortimentspolitische Entscheidungen auf der Grundlage der Deckungsbeitragsrechnung

Jeder Artikel, dessen Umsatzerlöse über den durch ihn verursachten variablen Kosten liegen, erbringt einen positiven Beitrag zur Deckung der fixen Kosten eines Betriebs und leistet damit einen positiven Beitrag zum Betriebserfolg.

Wenn ein Unternehmen über genügend freie Kapazitäten verfügt, ist es daher immer sinnvoll, alle Artikel mit positiven Deckungsbeiträgen im Sortiment zu lassen.

Ein Artikel, dessen Umsatzerlöse niedriger sind als die durch ihn verursachten variablen Kosten, erbringt einen negativen Beitrag zur Deckung der fixen Kosten und schmälert damit den Betriebserfolg. Durch die Herausnahme dieses Artikels aus dem Sortiment kann das Unternehmen seinen Betriebserfolg verbessern.

LERNFELD 6

BEISPIEL

Die Fairtext GmbH führt in der Artikelgruppe „Badetücher" die Artikel MEWA, GOSSA, FRIWA und JOFA. Das Warenwirtschaftssystem der Fairtext GmbH liefert für diese Artikel folgende Daten:

	Umsatzerlöse	Wareneinsatz	variable Handlungskosten
MEWA	50.000,00 €	36.500,00 €	15.150,00 €
GOSSA	80.000,00 €	44.200,00 €	18.200,00 €
FRIWA	120.000,00 €	72.000,00 €	22.160,00 €
JOFA	74.000,00 €	41.500,00 €	17.300,00 €

Für die einzelnen Artikel ergeben sich folgende Deckungsbeiträge:

Artikel	MEWA	GOSSA	FRIWA	JOFA
Umsatzerlöse	50.000,00 €	80.000,00 €	120.000,00 €	74.000,00 €
./. Wareneinsatz	36.500,00 €	44.200,00 €	72.000,00 €	41.500,00 €
= Rohgewinn	13.500,00 €	35.800,00 €	48.000,00 €	32.500,00 €
./. variable Handlungskosten	15.150,00 €	18.200,00 €	22.160,00 €	17.300,00 €
= Deckungsbeitrag	– 1.650,00 €	17.600,00 €	25.840,00 €	15.200,00 €
Summe der Deckungsbeiträge	56.990,00 €			

Der Artikel MEWA weist einen negativen Deckungsbeitrag auf. Wenn dieser Artikel aus dem Sortiment herausgenommen wird, fallen die durch ihn verursachten variablen Kosten nicht mehr an. Durch die Herausnahme dieses Artikels aus dem Sortiment verbessert sich die Summe der Deckungsbeiträge um 1.650,00 € auf 58.640,00 €.

Ist das Ergebnis (wie bei GOSSA, FRIWA und JOFA) über 0, liegt ein **positiver Deckungsbeitrag** vor. Ist der Wert wie bei MEWA unter 0, liegt ein **negativer Deckungsbeitrag** vor: Das Unternehmen verliert mit jedem zusätzlich verkauften Stück des Artikels Geld.

Möglichkeiten der Sortimentsveränderung

Wenn durch Sortimentskontrollen Sortimentslücken oder nicht bzw. schwer verkäufliche Artikel festgestellt werden, sind Veränderungen im Sortiment des Großhandelsbetriebs erforderlich. Durch Bereinigung und Erweiterung versuchen Großhandelsbetriebe, ihr Sortiment an das veränderte Nachfrageverhalten der Kunden anzupassen. Dadurch soll die Leistungsfähigkeit des Großhandelsbetriebs erhöht werden.

Bei einer **Sortimentsbereinigung** werden bestimmte Artikel und Sorten aus dem Sortiment gestrichen. Dadurch wird der Sortimentsumfang verringert.

Bei einer **Sortimentserweiterung** werden zusätzliche Artikel und Sorten in das Sortiment aufgenommen. Die Aufnahme zusätzlicher Artikel und Sorten in schon bestehende Warenarten und Warengruppen führt zu einer Vertiefung des Sortiments. Die Aufnahme zusätzlicher Warengruppen führt zu einer Sortimentsverbreiterung. Eine besondere Form der Sortimentserweiterung ist die **Diversifikation.**

DEFINITION

Diversifikation bedeutet die Aufnahme bedarfsverwandter oder sonstiger Waren und Leistungen, die in keinem direkten Zusammenhang mit dem bisherigen Betätigungsfeld des Unternehmens stehen.

Dabei kann zwischen horizontaler, vertikaler und lateraler Diversifikation unterschieden werden.

- Bei der **horizontalen Diversifikation** dehnt das Unternehmen seine Aktivitäten auf Bereiche aus, die auf derselben Wirtschaftsstufe liegen. Mit den neu aufgenommenen Waren und Leistungen wendet sich das Unternehmen in der Regel an bereits vorhandene Kunden oder an Abnehmer, die sich auf derselben Wirtschaftsstufe wie diese befinden.

  BEISPIEL
  Eine Lebensmittelgroßhandlung nimmt Blumen in ihr Sortiment auf.

- Bei der **vertikalen Diversifikation** werden Produkte der vor- oder nachgelagerten Wirtschaftsstufen in das Sortiment aufgenommen.

  BEISPIEL
  Eine Textilgroßhandlung kauft eine Wäschefabrik.

- Bei der **lateralen Diversifikation** werden Produkte in das Sortiment aufgenommen, die in überhaupt keinem Zusammenhang zum bisherigen Sortiment stehen.

  BEISPIEL
  Die Textilgroßhandlung Spindler KG kauft ein Softwareunternehmen.

AUFGABEN

1. Was versteht man unter einem Sortiment?
2. Fassen Sie folgende Artikel in zwei Warengruppen zusammen:
   Frischmilch, Früchtejoghurt, Weintrauben, Goudakäse, Pfirsiche, Apfelsinen.
3. Wodurch können sich die Sorten folgender Artikel unterscheiden?
   a) Jeanshosen (mit knopf, Größe, Schnitt)
   b) Kondensmilch
   c) Mineralwasser
4. Beschreiben Sie die Tiefe und Breite des folgenden Sortiments:
   - Damenschuhe in 30 verschiedenen Formen und Farben, Größe 36 bis 42;
   - Herrenschuhe in 20 verschiedenen Formen und Farben, Größe 39 bis 48.
5. Welche der folgenden Artikel gehören zum Kernsortiment einer Schuhgroßhandlung?
   Damenschuhe, Stiefel, Ledergürtel, Einlegesohlen, Hausschuhe, Schnürsenkel, Geldbörsen.
6. Stellen Sie Kundendienstleistungen zusammen, die die Fairtext GmbH ihren Kunden anbieten sollte.
7. Welche Kundendienstleistungen erwarten Kunden beim Kauf von
   a) Büroeinrichtungen,
   b) Maschinen,
   c) Kraftfahrzeugen,
   d) Baustoffen?
8. Durch welche Größen wird die Gestaltung eines Sortiments beeinflusst?
9. Unterscheiden Sie Fehlverkäufe und Nichtverkäufe.
10. Welche Hilfe bietet die kurzfristige Erfolgsrechnung bei der Sortimentskontrolle?
11. Ein Großhandelsunternehmen führt folgende Artikel:

Artikel	1	2	3	4
Absatz (Stück)	4000	2000	8000	5000
Nettoverkaufspreis (€)	100,00	120,00	70,00	80,00
variable Handlungskosten je Stück (€)	40,00	100,00	30,00	50,00

    Das Großhandelsunternehmen gewährt seinen Kunden auf alle Erzeugnisse 3 % Skonto und 5 % Rabatt.
    a) Ermitteln Sie die Deckungsbeiträge je Artikel und die Summe der Deckungsbeiträge.
    b) Zur Verbesserung des Betriebsergebnisses will der Großhändler das Sortiment verändern. Welche Sortimentsveränderung empfehlen Sie?

12. Die Sanitärgroßhandlung Becker OHG führt in ihrem Sortiment drei verschiedene Waschtischarmaturen:

	Waschtischarmatur		
	WA 123	WA 264	WA 186
Umsatzerlöse (€)	70.000,00	80.000,00	90.000,00
Variable Kosten (€)	63.000,00	59.000,00	92.000,00

Welche Sortimentsveränderung sollte die Sanitärhandlung Becker OHG durchführen, um das Betriebsergebnis zu verbessern?

13. Welches Ziel verfolgt ein Großhändler durch eine Sortimentsbereinigung?

14. Welche Sortimentserweiterung wird als Diversifikation bezeichnet?

AKTIONEN

1. Stellen Sie das Sortiment Ihres Ausbildungsbetriebs in Ihrer Klasse vor.
   a) Geben Sie einen Überblick über die Warengruppen, die Ihr Ausbildungsbetrieb führt.
   b) Erläutern Sie die Einflussgrößen, die die Sortimentsgestaltung Ihres Ausbildungsbetriebs bestimmen.

2. a) Erstellen Sie eine Übersicht der Kundendienstleistungen Ihres Ausbildungsbetriebs.
   b) Präsentieren Sie die Übersicht in Ihrer Klasse und begründen Sie, warum Ihr Ausbildungsbetrieb diese Dienstleistungen anbietet.

ZUSAMMENFASSUNG

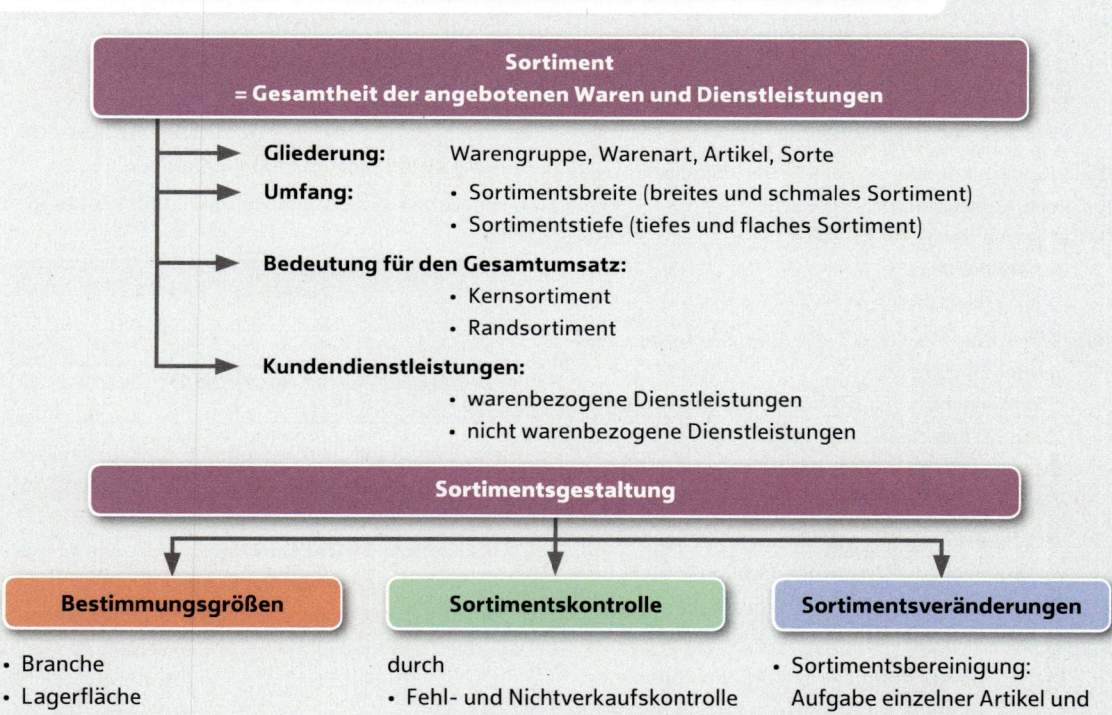

LERNFELD 6

KAPITEL 5
Distribution

Die Geschäftsleitung der Fairtext GmbH überlegt sich gemeinsam mit dem Abteilungsleiter für den Verkauf, Herrn Raub, ob sie ihre Artikel „Seidenbettwäsche" sowie „Sport- und Freizeitkleidung" weiterhin lediglich über den **Absatzweg** des Fachhandels (Fach- und Spezialgeschäfte) verkaufen soll oder ob es vorteilhafter wäre, ebenfalls Warenhäuser, Kaufhäuser und Verbrauchermärkte zu beliefern.

Der Geschäftsleitung ist darüber hinaus sehr bewusst, dass besonders Beratungsleistungen im Angebot eines Großhändlers an Bedeutung gewinnen werden. Aufgrund der vom Großhandelsverband durchgeführten Umfragen konnte belegt werden, dass Einzelhändler, die die Geschäftsbeziehung als qualitativ gut empfinden, eher bzw. stärker an das Großhandelsunternehmen gebunden sind. Das spricht, so die Fairtext-Geschäftsführung, für die aktivere Pflege von Kunden, die – finanziell – von größerer Bedeutung sind. Eine Möglichkeit zur Verbesserung der Qualität von Geschäftsbeziehungen liegt nach Frau Schröters Meinung deshalb in der gezielten Interaktion mit dem Kunden, z. B. durch verstärkte Besuche des Außendienstes.

Insofern soll im Zusammenhang mit der Suche nach der **optimalen Absatzform** entschieden werden, ob die infrage kommenden Einzelhändler neben den bisher eingesetzten beiden Außendienstmitarbeitern, Herr Storch und Herr Fleck, von einem weiteren, neu einzustellenden **Reisenden** betreut werden sollen oder ob alternativ zu diesem Reisenden ein **Handelsvertreter** eingesetzt werden soll.

Herr Raub wird beauftragt, Lösungsvorschläge für beide Fragestellungen zu erarbeiten und sie der Geschäftsleitung innerhalb der nächsten vier Wochen vorzulegen.

Welche Entscheidungen hinsichtlich der optimalen Absatzmethode würden Sie anstelle von Abteilungsleiter Trumpf treffen? Benutzen Sie zu Ihrer Entscheidungsfindung u. a. die Marktforschungsergebnisse aus dem Einstiegsfall von Kap. 6.15.

INFORMATIONEN

Wesen der Distributionspolitik

DEFINITION

Im Rahmen der **Distributionspolitik** werden sämtliche Entscheidungen im Zusammenhang mit den Fragen der Warenverteilung getroffen, d. h.
- auf welchen Wegen und
- mit welchen Absatzmittlern

die Waren vom Großhändler zum Einzelhändler bzw. Endverbraucher gebracht werden sollen.

Zwei wesentliche Gebiete sind zu unterscheiden:

Absatzwege und -formen
(= akquisitorische[1] Distribution)

Es muss sichergestellt werden, dass aufgrund der Kundennachfrage
- die richtige Ware oder Dienstleistung
- zur richtigen Zeit
- am richtigen Ort
- in der erforderlichen Menge und
- im richtigen Zustand dem Abnehmer zur Verfügung gestellt wird.

Marketinglogistik
(= physische Distribution)

Im Rahmen der Marketinglogistik wird entschieden über
- zentrale oder dezentrale Lage,
- Eigen- oder Fremdlager,
- Eigen- oder Fremdtransport[2].

DEFINITION

Marketinglogistik = Sämtliche Transport- und Lagertätigkeiten im Zusammenhang mit der Auslieferung der Waren an die Kunden.

---
[1] acquirere (lat.) = erwerben, anschaffen; akquisitorisch = die Kundenwerbung betreffend – Als Akquisition bzw. Akquise werden alle Maßnahmen der Kundengewinnung durch persönliche Verkaufsgespräche im Rahmen des Direktverkaufs bezeichnet.
[2] Siehe auch Streckengeschäft im Kapitel 5.2

LERNFELD 6

Absatzwege und Absatzformen

Grundsätzlich gibt es für einen Großhändler im Zusammenhang mit seinem Waren**absatz**[1] die folgenden **Absatzwege**[2] und **Absatzformen**:

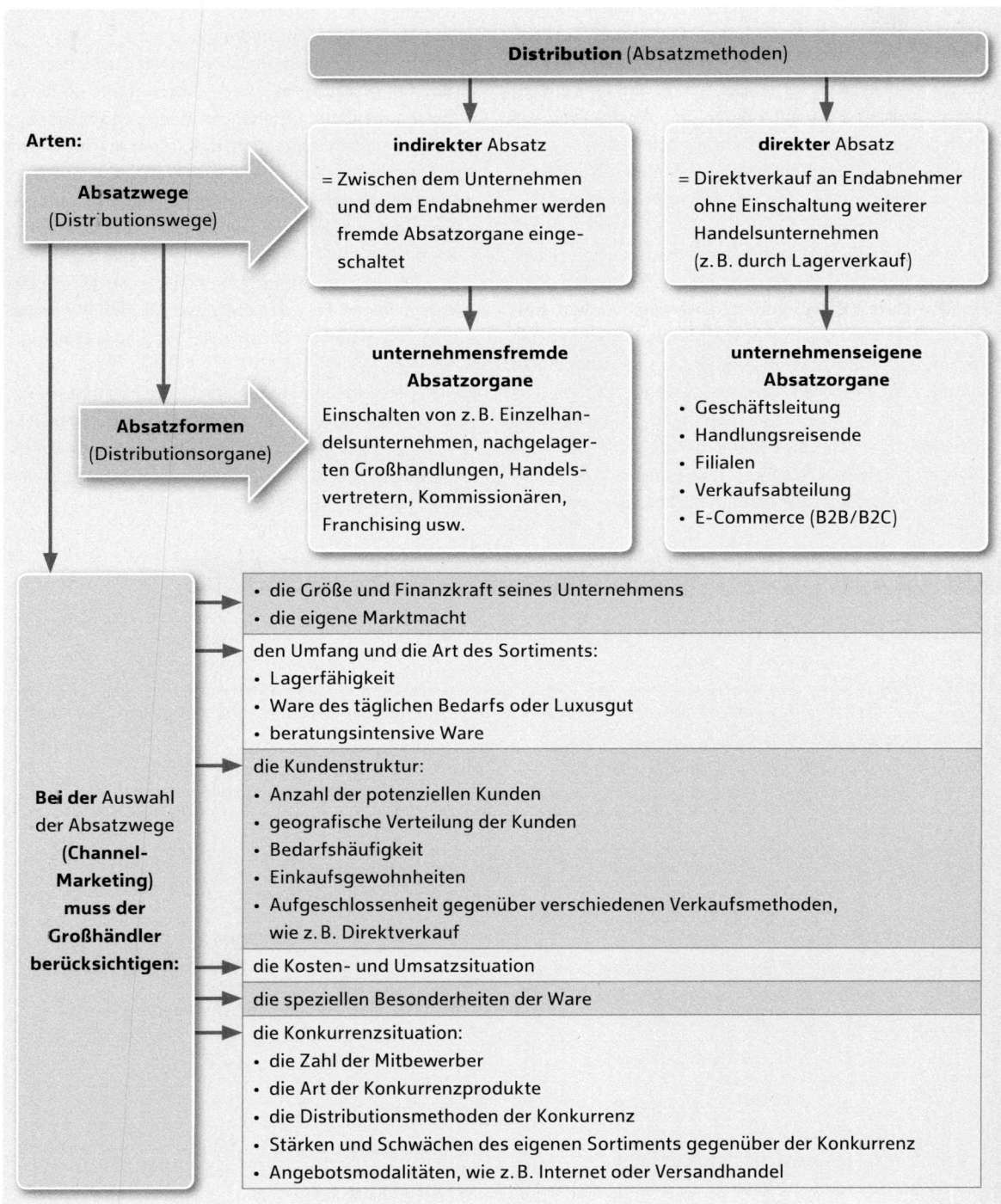

---

[1] Der Absatz kann gegliedert werden in die Vorbereitung, die Anbahnung (durch Absatzmittler; Absatzformen) und die Durchführung (u. a. Absatzwege).
[2] Die Absatz- bzw. Distributionswege wurden bereits in „Groß im Handel – 1. Ausbildungsjahr", ausführlich behandelt, sodass an dieser Stelle auf die Distributionsorgane bzw. Absatzformen schwerpunktmäßig eingegangen wird.

LERNFELD 6

Absatzformen (Distributionsorgane)

1. Unternehmenseigene Absatzorgane

Unternehmenseigene Absatzorgane sind sämtliche unternehmenseigene Personen oder Unternehmensbereiche, die schwerpunktmäßig mit der Erschließung von Absatzmärkten, der Anbahnung des Warenabsatzes und der Kontaktpflege mit den Kunden beschäftigt sind.

Wichtige Absatzformen mit **eigenen** Organen sind daher:
- Mitglieder der Geschäftsleitung
- Verkaufsabteilungen
- Verkaufsniederlassungen
- Handlungsreisende (Mitarbeiter im Außendienst)

Diese Möglichkeiten können alternativ oder kombiniert im Unternehmen angewandt werden.

1.1 Mitglieder der Geschäftsleitung/ Verkaufsabteilungen

Insbesondere in kleineren bis mittleren Großhandelsunternehmen sowie im Investitionsgüter- und Bekleidungssektor sind es die **Mitglieder der Geschäftsleitung,** die den Verkauf übernehmen.

Die Unternehmen, die in verschiedenen Marktsegmenten und Warengruppen sowie in einem räumlich größeren Verkaufsgebiet tätig sind, haben eigene **Verkaufsabteilungen** eingerichtet. Die Tätigkeiten in einer Verkaufsabteilung umfassen sowohl die Herstellung von Kundenkontakten, das Schreiben von Angeboten, das Abschließen von Kaufverträgen, die Kundenberatung als auch die Bearbeitung von Reklamationen.

1.2 Verkaufsniederlassungen

Die Einrichtung von Verkaufsniederlassungen ist dann zweckmäßig, wenn das Unternehmen eine bestimmte Größe erreicht hat bzw. ein großes Absatzgebiet bearbeitet werden muss. Die Mitarbeiter können so die Handelswaren ohne die Einschaltung Dritter an die Kunden eines bestimmten Gebiets verkaufen, können ihnen verkürzte Lieferzeiten anbieten und sie direkt betreuen.

1.3 Handlungsreisender

Der **Handlungsreisende** ist kein Mitarbeiter außerhalb des Unternehmens, sondern im Unternehmen **angestellt** und an Weisungen gebunden (= Handlungsgehilfe). Auf ihn treffen alle Merkmale eines kaufmännischen Angestellten zu:

- Bezug eines festen Gehalts (Fixum)
- oft zusätzliche Umsatzprovisionen
- Anspruch auf Auslagenersatz, wie für Übernachtungen, Verpflegung usw.

> **DEFINITION**
>
> Der **Handlungsreisende** vermittelt oder schließt als Angestellter in **fremdem Namen** und **für fremde Rechnung** Geschäfte ab.

Normalerweise besitzt der Reisende Abschlussvollmacht, d. h., er kann
- Geschäfte für sein Unternehmen selbstständig abschließen (= Abschlussreisender),
- Mängelrügen entgegennehmen oder auch, mit besonderer Vollmacht,
- Zahlungen empfangen (= Inkassoreisender).

Zu den weiteren wesentlichen Aufgaben gehören:
- Kunden und potenzielle Käufer aufsuchen
- Kundengespräche führen
- Waren oder Dienstleistungen anbieten
- Bestellungen entgegennehmen
- Kontakte mit Kunden pflegen
- neue Kunden werben
- seinem Arbeitgeber Informationen über Abnehmer, die Konkurrenz und den Markt beschaffen

Besitzt der Reisende keine Abschlussvollmacht, so beschränkt sich seine Tätigkeit auf die Vermittlung von Geschäften und die Entgegennahme von Bestellungen (= Vermittlungsreisender). Der Kaufvertrag kommt in diesem Fall mit der Bestellungsannahme bzw. der Lieferung der Ware zustande.

LERNFELD 6

Der Einsatz eines Handlungsreisenden hat für das Großhandelsunternehmen folgende

Vorteile	Nachteile
• Als fest angestellter Mitarbeiter steht er seinem Arbeitgeber ständig und mit seiner ganzen Arbeitskraft zur Verfügung. • flexible Einsatzmöglichkeiten	Aufgrund der Gehaltszahlungen entstehen für den Arbeitgeber fixe Kosten, die insbesondere in konjunkturschwachen Phasen, in denen der Absatz rückläufig ist, zu einer wirtschaftlichen Belastung führen. Aus diesem Grund ist der Aufbau einer eigenen Absatzorganisation mit Reisenden nur dann zweckmäßig, wenn das Absatzgebiet voll erschlossen ist.

Aufgaben, Kompetenz und Verantwortung eines Mitarbeiters im Außendienst veranschaulicht die folgende Stellenbeschreibung:

Stellenbeschreibung:

1. **Stellenbezeichnung:**
   Mitarbeiter im Außendienst
2. **Unterstellung:**
   Abteilungsleiter Verkauf, Bundesrepublik Süd
3. **Überstellung:**
4. **Dienstrang des Stelleninhabers:**
   Sachbearbeiter
5. **Stellvertretung:**
   Wird vertreten von:
   Mitarbeiter im Außendienst für Verkaufsbezirk A
   Platzhalter:
   Vertritt selbst:
   Mitarbeiter im Außendienst für Verkaufsbezirk A
6. **Ziel der Stelle:**
   Hat in seinem Verkaufsbezirk die vorhandenen Kunden optimal und im Sinne der festgelegten Verkaufspolitik mit dem Ergebnis steigender Verkaufserfolge zu betreuen, neue solvente Abnehmer zu gewinnen und das Unternehmen möglichst umfassend und präzise über die betreuten Abnehmer, über das Verhalten der Konkurrenz und über Tendenzen im Markt zu informieren.
7. **Aufgaben, Kompetenz, Verantwortung**
   7.1 Führt Kundenbesuche entsprechend den Richtlinien der erforderlichen Besuchshäufigkeit und Besuchsdauer je nach Kunde sowie auf spezielle Anforderung durch die Verkaufsleitung durch, mit den Zielen,
   - Verkaufsaufträge bei solventen Kunden einzuholen,
   - alle zur lückenlosen Führung des Kundenbogens erforderlichen Informationen über den Kunden einzuholen,
   - Möglichkeiten für die Entwicklung neuer Produkte festzustellen,
   - die Richtigkeit des gegenwärtigen Angebots zu überprüfen und ggf. Neuerungen einzuführen,
   - den Servicegedanken gegenüber den Kunden zu vertiefen,
   - Informationen des Unternehmens zu überbringen,
   - die besonderen Vorzüge des eigenen Unternehmens und des eigenen Produktangebots für den Kunden in überzeugender Weise darzustellen und
   - Probleme zu klären, die aufgrund ihrer hervorragenden Bedeutung die persönliche Anwesenheit eines Repräsentanten des Unternehmens erforderlich machen.

   7.2 Sucht beständig nach neuen potenziellen Abnehmern im Verkaufsbezirk, um sie dann als Kunden für das Unternehmen zu gewinnen.

   7.3 Setzt sich nachhaltig und mit Überzeugungskraft für die Durchsetzung der von der Unternehmensführung beschlossenen Verkaufspolitik beim Kunden ein.

   7.4 Erfüllt seine Verpflichtungen zur Information entsprechend der „Übersicht Informationssystem" in möglichst umfassender und präziser Weise.

   7.5 Erstellt halbjährlich zu den festgelegten Zeitpunkten eine nach Produkten gegliederte Absatzprognose für seine Kunden und legt sie dem Abteilungsleiter Verkauf vor.

   7.6 Fertigt zu jedem Besuch einen Besuchsbericht auf dem dafür vorgesehenen Formblatt an und übersendet ihn innerhalb von 2 Tagen nach dem Besuch an das Unternehmen.

   7.7 Führt den Kundenbogen lückenlos und aktualisiert ihn kontinuierlich.

   7.8 Setzt sich ein für die Einhaltung des für ihn festgesetzten Jahreskostenetats und begründet Abweichungen von mehr als 5 %.

   7.9 Plant seine Kundenbesuche und sonstigen Reisen und übersendet dem Unternehmen bis zum Freitag jeder Woche dort eingehend einen detaillierten Besuchsplan für die Folgewoche.

   7.10 Führt Reisekostenabrechnungen sachlich und termingemäß entsprechend der geltenden Spesenregelung durch und übersendet sie an das Unternehmen.

   7.11 Organisiert Besuche von Vorgesetzten und Technikern sowie Produktvorführungen bei Kunden und ist verantwortlich für den reibungslosen Ablauf von Vorführungen.

   7.12 Nimmt nach Abstimmung mit der Verkaufsleitung Bundesrepublik Süd teil an Messen, Tagungen und Veranstaltungen in seinem Verkaufsbezirk, soweit dies der Förderung des Absatzes in seinem Verkaufsbezirk dienlich ist.

   7.13 Arbeitet an der eigenen Weiterbildung und beantragt Unterstützung entsprechend seinen individuellen Trainingsbedürfnissen bei dem Verkaufsleiter Bundesrepublik Süd. Nimmt teil an entsprechenden Tagungen und Seminaren.

Quelle: Weis, Hans Christian: Marketing. 16. Auflage. Ludwigshafen, Kiehl 2012, Seite 484f.

2. Franchising

> **DEFINITION**
>
> Beim **Vertriebsfranchising** überträgt der Franchisegeber (z. B. Großhändler) dem Franchisenehmer gegen Bezahlung das Recht, bestimmte Waren und Dienstleistungen unter genau festgelegten Bedingungen zu vertreiben.

Die Rechte und Pflichten der selbstständig bleibenden Kooperationspartner werden im Franchisingvertrag festgehalten.

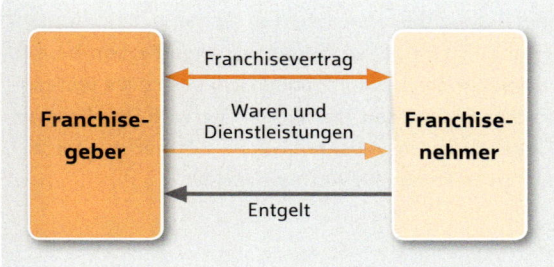

Der Franchisenehmer ist stärker in das Vertriebssystem des Franchisegebers eingebunden als der bloße Vertragshändler.

Er verkauft seine Erzeugnisse oder seine Dienstleistung zwar rechtlich selbstständig, zahlt jedoch ein Entgelt für die Verwendung einer einheitlichen Ausstattung, eines einheitlichen Namens und Auftretens nach außen, eines Symbols oder zur Nutzung einer Marke und eines einheitlichen Vertriebssystems sowie oftmals für die gemeinsame Buchhaltung.

Im Rahmen der Distributionspolitik (des Absatzmarketings) sind als **Vorteile** für den **Franchisegeber** insbesondere zu nennen:
- niedrige Distributionskosten: Der Franchisegeber kann den erheblichen Aufwand eines Filialsystems vermeiden und ein für sein Unternehmen zugeschnittenes Vertriebsnetz aufbauen.
- hoher Distributionsgrad (Markt-, Kunden- und Partnernähe)
- gute Realisierbarkeit der eigenen Marketingkonzeption.

Der **Franchisenehmer** hat den **Nachteil,** dass er
- seine Dispositionsfreiheit weitgehend aufgibt,
- das volle Absatzrisiko übernimmt und
- zur Standardisierung seines Sortiments gezwungen ist.

Durchschnittlich muss ein Franchisenehmer mit einer Eintrittsgebühr von etwa 10.000,00 € rechnen. Die laufenden Franchisegebühren belaufen sich auf ca. 5 % vom Umsatz.

Franchise-Systeme nach Branchen

Fast jedes dritte System ist dem Handel zuzuordnen. Zu den größten Systemen gehören hier Fressnapf oder Reno. Während bei manchen Systemen eine spezielle Ausbildung erforderlich ist (Apollo-Optik richtet sich beispielsweise an Augenoptikermeister), richten sich andere an bereits bestehende Unternehmen. Dies gilt vor allem für den Modehandel.

Etwa jedes fünfte Franchise-System in Deutschland ist den Gastronomie-, Touristik- und Freizeitanbietern zuzuordnen. Größtes und bekanntestes Beispiel ist Franchise-Vorreiter McDonald's. Neben Restaurants im Fast-Food-Segment reichen die Konzepte vom Lieferservice über Kaffee-Bars bis hin zu Snack-Konzepten für Tankstellen.

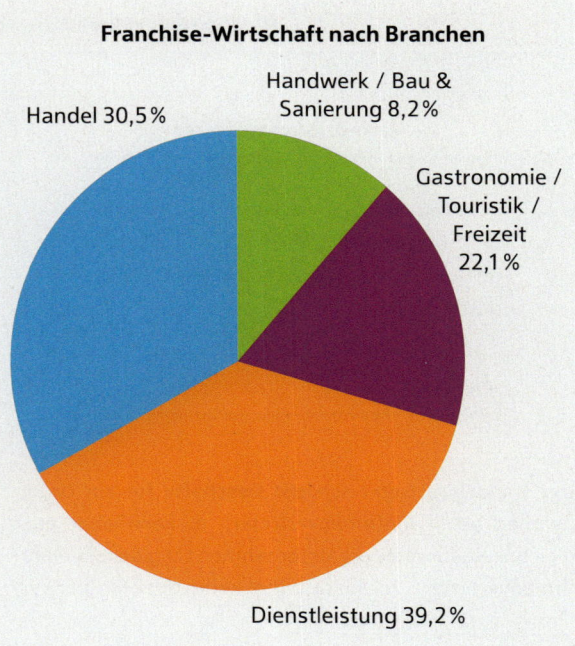

Franchise-Wirtschaft nach Branchen: Handel 30,5 %; Handwerk / Bau & Sanierung 8,2 %; Gastronomie / Touristik / Freizeit 22,1 %; Dienstleistung 39,2 %

LERNFELD 6

3. Unternehmensfremde Absatzorgane

3.1 Handelsvertreter

Im Gegensatz zum Reisenden ist der Handelsvertreter **selbstständiger Gewerbetreibender** (§ 84 HGB). Handelsvertreter gibt es in allen Branchen und Unternehmensbereichen unabhängig von der Art der Rechtsform, z. B. auch als OHG, KG oder GmbH.

Die Merkmale eines Handelsvertreters sind:
- Ständige Vertragsbeziehung zum vertretenen Unternehmen: Vermittlung und/oder Abschluss von Geschäften und Kundenbetreuung im Namen und für Rechnung des vertretenen Unternehmens
- Selbstständigkeit: eigenes Gewerbe, eigenes Unternehmer- bzw. Kostenrisiko, Gewerbesteuer
- Weisungsfreiheit: freie Gestaltung der Tätigkeit und freie Bestimmung der Arbeitszeit
- Auszahlung des Entgelts ohne Abzug von Steuern und Sozialabgaben

BEISPIEL

Das Unternehmen Franz Rudolph e. Kfm., Elektrotechnik, hat ein neues Produkt zur Energieeinsparung in sein Sortiment aufgenommen. Es handelt sich um platzsparende Sonnenkollektoren. Man kann sie im Garten oder auf einem Flachdach, z. B. einer Garage, anbringen. Die Kollektoren sollen neben der normalen Heizungsanlage eingesetzt werden.

Um die Absatzchancen zu erhöhen, sind die Geräte den potenziellen Kunden bisher im direkten Kontakt durch den Reisenden Herrn Büttner angeboten worden. Doch die Anfangserfolge von Herrn Büttner halten nicht an. Das ist offensichtlich auf die mangelnde Vertriebserfahrung und die scharfe Konkurrenz zurückzuführen.

Nun hatte Herr Rudolph vor längerer Zeit schon einmal die Handelsvertreterin Frau Reich mit der Einführung eines von ihm neu entwickelten Produkts beauftragt. Er weiß, dass Frau Reich auch heute noch im Auftrag anderer Unternehmen weiter altbewährte Heizungsanlagen verkauft. Herr Rudolph beschließt daher, Frau Reich, die in Berlin ansässig ist, mit dem Absatz im Gebiet Brandenburg und Sachsen-Anhalt zu beauftragen. Frau Reich ist als vertrauenswürdige Person bereits vielen Kunden bekannt, außerdem besitzt sie umfangreiches Fachwissen. Darüber hinaus wird Frau Reich im Gegensatz zum Reisenden Herr Büttner nur für zustande gekommene Verträge bezahlt.

DEFINITION

Die ständige[1] Aufgabe des **Handelsvertreters** ist es, **im Namen und für die Rechnung eines anderen Unternehmens** Geschäfte zu vermitteln (= Vermittlungsvertreter) oder abzuschließen (= Abschlussvertreter).

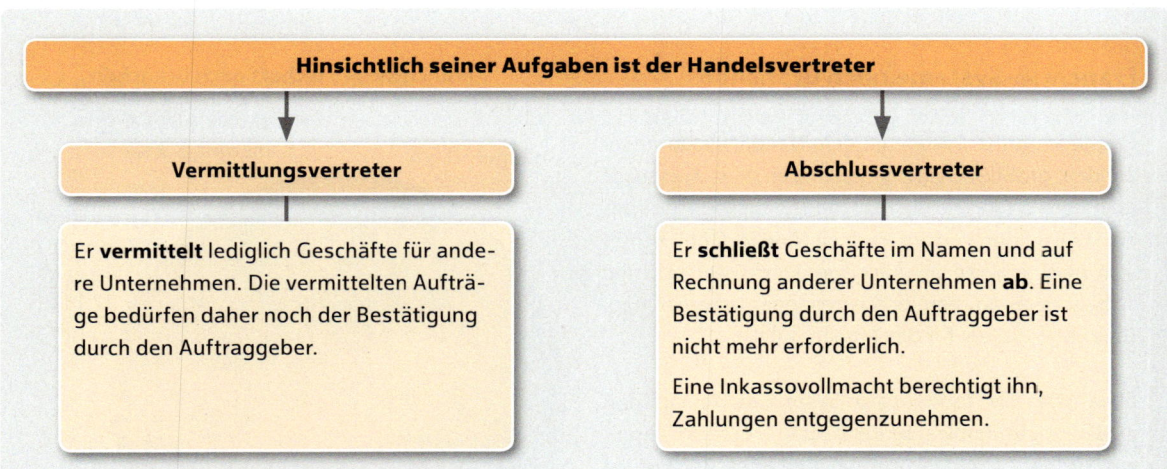

Der Handelsvertreter schließt Geschäfte für ein Unternehmen ab (= Einfirmenvertreter); er kann aber auch gleichzeitig für mehrere Unternehmen tätig sein (= Mehrfirmenvertreter). Voraussetzung: keine direkten Konkurrenzprodukte. Diese Inhalte und weitere Regelungen werden im Vertrag zwischen Auftraggeber und Handelsvertreter geregelt, dem sogenannten **Agenturvertrag**.

---

1 Der Handelsvertreter darf nicht nur von Fall zu Fall für den Unternehmer tätig sein.

LERNFELD 6

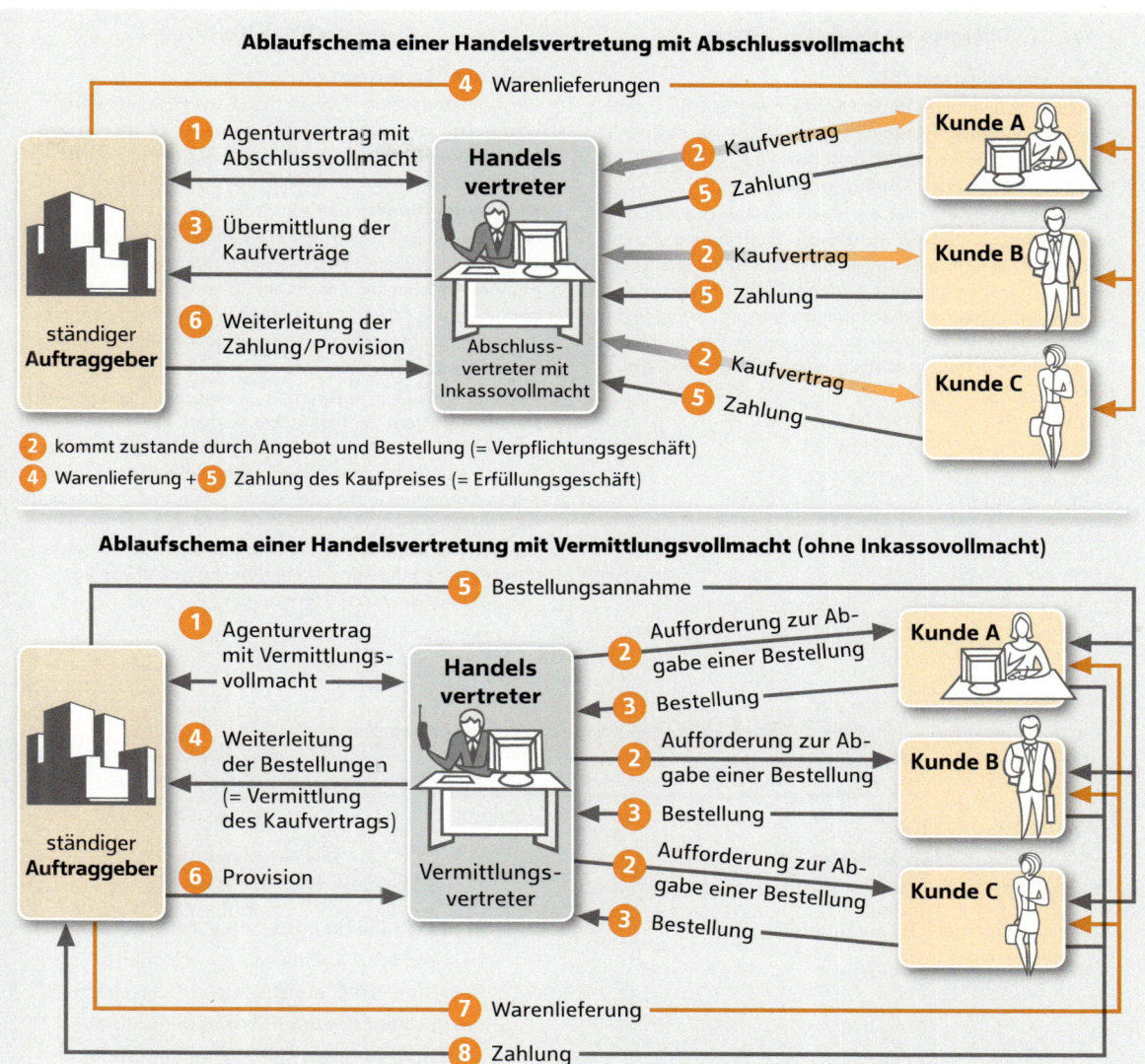

Pflichten des Handelsvertreters

- **Berichtspflicht**

  Über die vermittelten oder abgeschlossenen Geschäfte muss das auftraggebende Unternehmen unverzüglich unterrichtet werden. Umfang und Häufigkeit der Berichtspflicht hängt von den individuellen Bedürfnissen des Unternehmens ab und kann vertraglich konkretisiert werden.

- **Vermittlungs- und Abschlusspflicht**

  Der Handelsvertreter muss sich ständig um die Vermittlung oder den Abschluss von Geschäften bemühen. Dazu gehören die Werbung neuer Kunden sowie die Umsatzerhaltung bzw. -steigerung mit vorhandenen Kunden.

- **Interessenwahrnehmungspflicht**

  Der Handelsvertreter hat bei seinen Tätigkeiten die Interessen des Unternehmens wahrzunehmen. Dazu gehört insbesondere die Betreuung von Kunden nach Vertragsabschluss. Es kann aber auch die Überprüfung der Zahlungsfähigkeit und Kreditwürdigkeit von Kunden dazugehören.

Rechte des Handelsvertreters

- **Recht auf Provision**

  Der Handelsvertreter erhält für jedes durch seine Dienste zustande gekommene Geschäft eine Provision. Die Höhe wird vertraglich vereinbart. Der Unternehmer soll die Provisionsansprüche i. d. R. monatlich, spätestens bis zum Ende des nächsten Monats abrechnen.

  Provisionsarten

  - **Abschlussprovision** bekommt der Handelsvertreter für sämtliche Geschäfte, die durch ihn vermittelt oder abgeschlossen wurden. Das gilt auch für Nachbestellungen von Kunden, die er durch seine Aktivitäten gewonnen hat.
  - Anspruch auf **Delkredereprovision** hat er, wenn von ihm die Haftung für den Zahlungseingang übernommen wird.
  - **Inkassoprovision** kann er beanspruchen für ordnungsgemäß eingezogene Rechnungsbeträge.

LERNFELD 6

Pflichten des Handelsvertreters	Rechte des Handelsvertreters
• **Verschwiegenheitspflicht** Geschäftsgeheimnisse dürfen nicht verwertet oder anderen Personen mitgeteilt werden Das gilt auch für die Zeit nach Beendigung des Vertragsverhältnisses (§ 490 HGB). • **Wettbewerbsverbot / Konkurrenzverbot** Der Handelsvertreter darf, auch wenn dies vertraglich nicht ausdrücklich geregelt ist, nicht im Geschäftszweig des von ihm vertretenen Unternehmens für eine Konkurrenzfirma tätig werden. Dies gilt auch für den Mehrfirmenvertreter. Diese Regelung kann ausgedehnt werden, sodass es ihm untersagt ist, auch nach Beendigung seiner Tätigkeit für den Auftraggeber in Wettbewerb zu diesem Unternehmen zu treten.	• **Recht auf Überlassung von Unterlagen** Zur Ausübung seiner Tätigkeit kann der Handelsvertreter vom Auftraggeber die nötigen Unterlagen verlangen, wie Preislisten, Allgemeine Geschäftsbedingungen, Warenmuster, Werbematerial, Computerprogramme usw. • **Recht auf Informationen** Der Unternehmer muss über alle Entwicklungen informieren, damit der Handelsvertreter seiner Interessenwahrnehmungspflicht nachkommen kann. Dazu gehören z. B. Lieferbedingungen, Preise, Änderungen im Sortiment oder einzelne Sortimentsänderungen und Betriebsstilllegungen. • **Recht auf Ausgleich** Auch wenn das Vertragsverhältnis zwischen Handelsvertreter und Auftraggeber bereits beendet ist, kann er eine angemessene Ausgleichsentschädigung für Geschäfte mit neuen Kunden verlangen. Voraussetzung ist jedoch, dass diese Kunden noch von ihm zuvor geworben wurden und dass der Unternehmer auch weiterhin erhebliche Vorteile aus dieser Geschäftsbeziehung hat. Der Ausgleichsanspruch beträgt maximal eine Jahresprovision (Berechnungsgrundlage: Durchschnitt der letzten fünf Jahre).

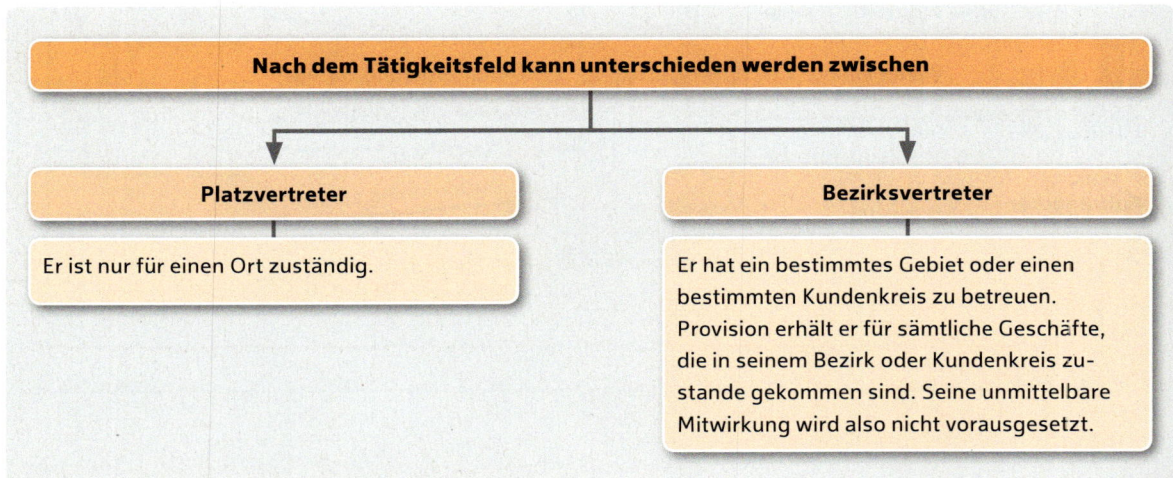

Vertragsbeendigung

Der Handelsvertretervertrag kann **zum Monatsende** (§ 89 HGB) gekündigt werden:
- im 1. Jahr mit einer Frist von 1 Monat
- im 2. Jahr mit einer Frist von 2 Monaten
- im 3.–5. Jahr mit einer Frist von 3 Monaten
- danach mit einer Frist von 6 Monaten

Längere Fristen können im Vertrag vereinbart werden. Bei gerechtfertigter Kündigung aus wichtigem Grund nach § 89 a HGB müssen die Fristen nicht eingehalten werden.

Vielfach wird ein Handelsvertreterverhältnis jahrelang erfolgreich und zur Zufriedenheit beider Vertragsparteien praktiziert, bis es dann eines Tages zur Trennung kommt. Bei Vertragsende häufen sich häufig die Streitigkeiten. Im Mittelpunkt steht regelmäßig der **Ausgleichsanspruch** des Handelsvertreters.

Eine fristgerechte Kündigung des Unternehmers lässt den Ausgleichsanspruch entstehen. Der Handelsvertreter kann von dem Unternehmer nach Beendigung des Vertragsverhältnisses einen angemessenen Ausgleich verlangen, wenn der Unternehmer u. a. aus der Geschäftsverbindung mit neuen Kunden, die der Handelsvertreter geworben hat, auch nach Beendigung des Vertragsverhältnisses erhebliche Vorteile hat.

Der Handelsvertreter muss den Anspruch innerhalb eines Jahres nach Vertragsende beim Unternehmer anmelden.

Allerdings führt nicht jede Beendigung des Handelsvertreterverhältnisses zu einem Ausgleichsanspruch.[1]

Bedeutung
Handelsvertreter werden von den Unternehmen zur Vermittlung von Kaufverträgen eingesetzt,
- weil sie Spezialkenntnisse besitzen und
- weil sie ein Absatzgebiet kostengünstig erschließen können, da sie auf Erfolgsbasis tätig sind.

Die Provisionskosten sind für den Auftraggeber proportional, denn sie fallen und steigen proportional mit dem vom Handelsvertreter erbrachten Umsatz.

Handelsvertreter können innerhalb einer Branche oder in einem regionalen Gebiet mehrere Unternehmen, die sich gegenseitig ergänzen, gleichzeitig vertreten.

Handelsvertreter kontra Handlungsreisender
Zur Lösung der Problemstellung, ob es vorteilhafter für die Fairtext GmbH ist, zukünftig einen Reisenden oder einen Vertreter zu beschäftigen, hat Herr Herr Raub, Abteilungsleiter Verkauf, die folgende Kriterienliste erstellt:

Kriterium	Reisender	Einfirmenvertreter	Mehrfirmenvertreter
vertragliche Bindung	§ 59 ff. HGB, unselbstständig, stark weisungsgebunden	§ 84 ff. HGB, selbstständig, grundsätzlich nicht weisungsgebunden	in der Regel wie Einfirmenvertreter
Arbeitszeit und Tätigkeit	Vorgabe durch das Unternehmen, Umsatz-Soll	freie Gestaltung im Rahmen des Vertrags	in der Regel wie Einfirmenvertreter
Entgelt	Gehalt, evtl. Provision und Prämie	Provision vom erzielten Umsatz (Deckungsbeitrag)	in der Regel wie Einfirmenvertreter
zusätzliche Kosten	Kfz-Kosten, Bürokosten, Sozialleistungen, Telefonkosten, Tagegelder, Übernachtungsgelder	eventuell aus Vertrag, z. B. garantiertes Einkommen	in der Regel keine
Kostencharakter	größtenteils fix	fast nur variabel	in der Regel variabel
Kundenbearbeitung	weitgehend nach Vorgabe durch die Verkaufsleitung	nach eigener Entscheidung in Abstimmung mit der Verkaufskonzeption des Unternehmens	wie Einfirmenvertreter, Überschneidungen können auftreten
Kontakte zu Kunden	auf der Basis des Verkaufsprogramms und persönlicher Beziehungen	auf der Basis des Verkaufsprogramms und persönlicher Beziehungen	sehr vielseitige Kontakte durch das breite Verkaufsprogramm von verschiedenen Unternehmen
Interessenlage	vertritt vorwiegend Interessen des Unternehmens	vertritt Interessen des Unternehmens und „eigene" Interessen	vertritt vorwiegend sein Interesse und das seiner Kunden
Änderung der Verkaufsbezirke	grundsätzlich leicht möglich	schwieriger, nur mit Einverständnis des Vertreters, sonst Änderungskündigung	wie Einfirmenvertreter
Berichterstattung	kann von Verkaufsleitung genau vorgeschrieben werden	muss vertraglich vereinbart werden	wie Einfirmenvertreter
Einsatzmöglichkeiten	grundsätzlich im gesamten Unternehmen	nur im Rahmen des Vertrags	Rücksichtnahme auf die anderen vertretenen Unternehmen
Arbeitskapazität	steht dem Unternehmen voll zur Verfügung	steht dem Unternehmen voll zur Verfügung	verteilt sich auf mehrere Unternehmen
Arbeitsweise	weitgehend unternehmensorientiert	unternehmens- und einkommensorientiert	vorwiegend einkommensorientiert
Verkaufstraining	integrierter Bestandteil der Aus- und Weiterbildung	entsprechend des Vertrags	schwieriger möglich, nur im Rahmen des Vertrags

---

[1] Das Gesetz sieht in § 89b Abs. 3 HGB mehrere Ausschlussgründe vor.

LERNFELD 6

Kriterium	Reisender	Einfirmenvertreter	Mehrfirmenvertreter
Nebenfunktion	Verkaufsförderung, Markterkundung, Kundendienst	entsprechend der vertraglichen Vereinbarungen	schwieriger möglich, nur im Rahmen des Vertrags
Kündigung	wie bei jedem Angestellten	Sonderregelung, eventuell Ausgleichsanspruch nach § 89 HGB	wie Einfirmenvertreter

Generell sind bei einer derartigen Entscheidung zu berücksichtigen:
- die Kostensituation des Unternehmens
- die Unternehmensgröße
- die jeweiligen Aufgabenbereiche der beiden Absatzmittler

BEISPIEL

Die folgende rechnerische Überlegung (Kostenvergleichsrechnung) von Herrn Raub soll ihn bei seiner Entscheidungsfindung einen Schritt weiterbringen:

Handlungsreisender	Handelsvertreter
Fixum p.a.: 30.000,00 € Umsatzprovision: 3 %	Provision vom Umsatz: 9 %

Herr Raub will nun ermitteln, ab welcher Umsatzhöhe sich der Einsatz eines fest angestellten Reisenden lohnt (= kritischer Umsatz):

a) mathematische Lösung

$$\frac{\text{Gesamtkosten}}{\text{des Reisenden}} = \frac{\text{Gesamtkosten des}}{\text{Handelsvertreters}}$$

$$30.000,00 + \frac{3}{100} = \frac{9}{100} x$$

$$\frac{6}{100} x = 30.000,00$$

$$x = 500.000,00 \text{ €}$$

Probe: $500.000,00 \cdot 0,09 = 45.000,00$ €
$30.000,00 + (500.000,00 \cdot 0,03) = 45.000,00$ €

b) grafische Lösung

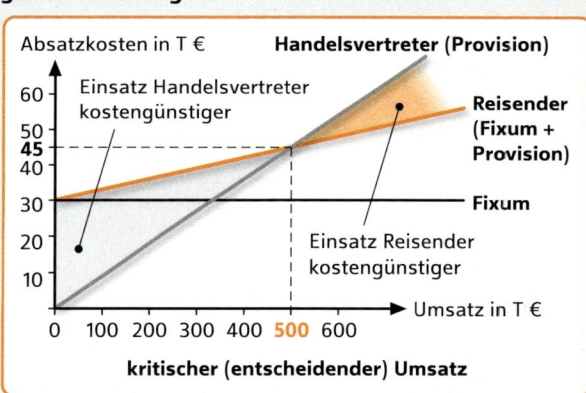

Die beiden Kurven schneiden sich bei einer Umsatzhöhe von 500.000,00 € (= kritischer Umsatz). Bei einer Umsatzhöhe bis 500.000,00 € ist es für die Spindler KG lohnenswerter, einen Handelsvertreter einzusetzen. Über 500.000,00 € Umsatz ist der Einsatz eines Reisenden kostengünstiger.

Da Herr Raub im kommenden Geschäftsjahr für das neu zu betreuende Absatzgebiet einen Umsatz von etwas mehr als 550.000,00 € erwartet, wäre es vom kostenrechnerischen Standpunkt aus betrachtet naheliegend, der Geschäftsleitung den Einsatz eines Reisenden zu empfehlen:

Kosten des Handlungsreisenden
550.000,00 € · 0,03 + 30.000,00 € = 46.500,00 €

Kosten des Handelsvertreters
550.000,00 € · 0,09 = 49.500,00 €

3.2 Kommissionär

BEISPIEL

Der Verkauf der Sonnenkollektoren ist auch für die Handelsvertreterin Frau Reich nicht einfach. Viele Kunden stehen dem neuen Produkt doch noch sehr skeptisch gegenüber. Bemerkbar macht sich auch, dass das Unternehmen Franz Rudolph e. Kfm., Elektrotechnik, den meisten Kunden unbekannt ist (Handelsvertreterin Reich arbeitet ja im Namen von Franz Rudolph). Herr Rudolph benötigt deshalb jemanden, der den Kunden bekannt und daher vertrauenswürdig ist. Weiterhin soll sein Unternehmen nach außen hin gar nicht mehr in Erscheinung treten. Die für ihn handelnde Person muss andererseits jedoch ein großes Interesse am Verkauf seiner Sonnenkollektoren haben.

Bei seiner Suche stößt er auf den Kommissionär Herrn Henke, der diese Bedingungen erfüllt.

Ablaufschema einer Verkaufskommission

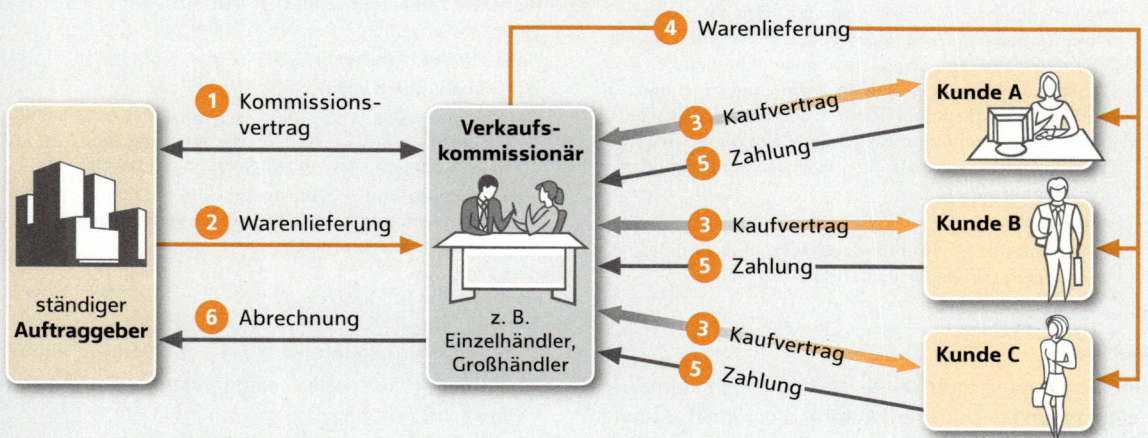

Erklärung zum Ablaufschema

❸ Warenlieferung: Kommittent bleibt Eigentümer der Kommissionsware, Kommissionär wird Besitzer.
❹ Warenlieferung: Kommissionär verkauft die Kommissionsware im eigenen Namen. Mit der Eigentumsübertragung an einen Dritten verliert der Kommittent sein Eigentum an der Kommissionsware.
❺ Zahlung: Der Rechnungsbetrag für die verkaufte Ware wird an den Verkaufskommissionär überwiesen, weil er die Ware in eigenem Namen verkauft hat. Er ist aber zur Weiterleitung des Betrags an den Kommittenten verpflichtet.
❻ Der Kommissionär rechnet die verkaufte Kommissionsware ab: Verkaufspreis ./. Provision, u. U. ./. Provision für die Haftung des Zahlungseingangs (Delkredereprovision), ./. Verkaufskosten = Überweisungsbetrag an den Kommittenten. Nicht verkaufte Ware kann an den Kommittenten zurückgeschickt werden.

DEFINITION

Kommissionär ist, wer es **gewerbsmäßig** übernimmt, Waren oder Wertpapiere **für Rechnung seines Auftraggebers** (Kommittenten) **in eigenem Namen zu kaufen** (Einkaufskommissionär) oder zu verkaufen (Verkaufskommissionär; § 383 HGB).

Da der Kommissionär die Waren im eigenen Namen verkauft, erfahren die Kunden nicht, dass er **nicht Eigentümer der Ware** ist und sie nur im Auftrag verkauft.

Der Verkauf auf Rechnung seines Auftraggebers besagt, dass der Verkaufspreis (abzüglich Provision) dem Auftraggeber zusteht.

Sowohl Einkaufs- als auch Verkaufskommissionäre können **ständig** oder **von Fall zu Fall** für den Auftraggeber tätig sein. Grundlage ist ein **Kommissionsvertrag**.

LERNFELD 6

Pflichten des Kommissionärs	Rechte des Kommissionärs
• **Sorgfaltspflicht** (§ 384 HGB) Sämtliche Geschäfte müssen mit der Sorgfalt eines ordentlichen Kaufmannes ausgeführt werden, z. B. ordnungsgemäße Warenpflege und -lagerung. • **Befolgungspflicht** (Weisungsgebundenheit) Die Vorschriften und Weisungen des Auftraggebers (Kommittenten) sind genauestens zu befolgen. Das gilt insbesondere hinsichtlich der vorgeschriebenen Preisgrenze, die z. B. beim Verkauf nicht unterschritten werden darf. • **Anzeigepflicht** (Benachrichtigungspflicht) Ein ausgeführtes Kommissionsgeschäft (Kauf bzw. Verkauf) muss dem Auftraggeber unverzüglich mitgeteilt werden (§ 384 HGB). • **Abrechnungspflicht** Jedes ausgeführte Kommissionsgeschäft muss mit dem Kommittenten abgerechnet werden. Der Verkaufskommissionär beispielsweise überweist den eingenommenen Rechnungsbetrag abzüglich seiner Provision und sonstigen Aufwendungen an den Kommittenten. Sind bei dem Geschäft günstigere Bedingungen ausgehandelt worden (z. B. günstigere Rabatte oder Preise), kommen sie unmittelbar dem Auftraggeber zugute. • **Haftungspflicht** Der Kommissionär haftet für Beschädigungen und den Verlust der in seinem Besitz befindlichen Waren.	• **Recht auf Provision** (§§ 394, 396, 403 HGB) Nach Erfüllung des Kaufvertrags steht dem Kommissionär für seine Tätigkeit eine Provision zu. • **Recht auf Ersatz besonderer Aufwendungen** (§ 396 HGB) Sind dem Kommissionär bei der Ausführung des Kommissionsgeschäfts besondere Aufwendungen entstanden, z. B. Fracht, Hausfracht, Wiegegebühren, Zoll, Maklergebühr, Telefonkosten, Versicherung usw., kann er Erstattung verlangen. • **Selbsteintrittsrecht** (§§ 400, 403 HGB) Der Kommissionär kann Waren, die er für Kommissionsgeschäfte erworben hat, selbst erwerben. Der Verkaufskommissionär z. B. hat so den Vorteil, dass er den Differenzbetrag zwischen der (niedrigeren) Preisgrenze und dem (höheren) Verkaufspreis für sich erwirtschaftet. Der Selbsteintritt muss gemeldet werden (§ 405 HGB). • **Gesetzliches Pfandrecht** (§ 397 HGB) (Zurückbehaltungsrecht) Der Kommissionär hat ein Pfandrecht an der vom Kommittenten gelieferten Ware. Bedeutung: Wenn der Kommittent mit seinen Zahlungen im Verzug ist (z. B. mit Provisionen oder der Erstattung von Auslagen), kann der Kommissionär die bei ihm lagernde Ware als Pfand zurückbehalten, bis seine Ansprüche erfüllt sind.

Bedeutung

Von besonderer Bedeutung ist der Kommissionär als Kaufmann mit Fachwissen. Aufgrund der ihm bekannten Märkte ist er hilfreich bei der **Einführung neuer Produkte**. Neben den Kenntnissen über das Absatzgebiet kennt er die Erwartungen, Ansprüche und wirtschaftlichen Verhältnisse der Kunden. Für den Auftraggeber übernimmt er die Lagerhaltung und die Rechnungsabwicklung.

Sehr häufig ist der Kommissionär im Außenhandel als Spezialist und Bearbeiter ihm bekannter Auslandsmärkte anzutreffen.

Die **Vorteile** des Kommissionsgeschäfts **für den Kommissionär** sind darin zu sehen, dass er
- erst nach Erfüllung des Vertrags bezahlen muss,
- stets ein tiefes und breites Sortiment anbieten und
- nicht verkaufte Ware nach Ablauf einer bestimmten Frist zurückgeben kann.

Der Kommittent
- trägt daher allein das Absatzrisiko,
- spart aber andererseits Lagerkosten.

Die Handelsvorschriften, die auf den Handelsvertreter und den Kommissionär anzuwenden sind, gelten unabhängig davon, ob

- deren Unternehmen nach Art oder Umfang einen in kaufmännischer Weise eingerichteten Geschäftsbetrieb erfordern oder
- im Handelsregister eingetragen sind.

Sie werden daher in der Regel nicht als Kaufleute bezeichnet, sondern im Allgemeinen als Gewerbetreibende.

Marktveranstaltungen

Marktveranstaltungen sollen den Warenabsatz des Großhandelsunternehmens fördern. Zu nennen sind:

1. Märkte

- **Sondermärkte**
  Handel mit landwirtschaftlichen Produkten, wie z. B. Obst, Wolle oder Vieh; Anbieter sind die Erzeuger, Nachfrager der Groß- und Einzelhandel.
- **Großmärkte**
  Handel mit Lebensmitteln, wie z. B. Fisch, Fleisch und Gemüse; Anbieter sind die Erzeuger und der Aufkaufgroßhandel, Nachfrager der Groß- und Einzelhandel.
- **Auktionen**
  Versteigerung von nicht vertretbaren Waren, wie z. B. Blumen, Holz, Tabak oder Obst.

2. Messen

Eine **Messe** ist eine zeitlich begrenzte, wiederkehrende Veranstaltung, auf der eine Vielzahl von Ausstellern ausstellt und überwiegend nach Muster an gewerbliche Wiederverkäufer, gewerbliche Verbraucher oder Großabnehmer vertreibt.

Messe als Kontaktbörse

Ziel des ausstellenden Großhändlers ist es,
- das eigene Sortiment zur Schau zu stellen, zu erläutern und zu verkaufen,
- Informationen auszutauschen,
- Kundenkontakte aufzunehmen und aufzufrischen sowie
- den Bekanntheitsgrad zu steigern.

Kunden haben auf einer Messe die Möglichkeit, die Angebote verschiedener Anbieter zu vergleichen und sich ein Bild von der Marktsituation zu machen.

Gesamtwirtschaftlich tragen Messen zur Schaffung von Markttransparenz bei und können regional positive Beschäftigungseffekte auslösen.

BEISPIELE bekannter Messen
- Internationale Modemesse (IGEDO) Düsseldorf
- Frankfurter Buchmesse
- Leipziger Frühjahrs- und Herbstmesse
- CeBIT in Hannover
- Deutsche Industriemesse in Hannover
- Internationale Grüne Woche Berlin
- CMT (Caravan, Motor, Touristik) Stuttgart
- Kölner Antiquitäten- und Kunstmesse
- Internationale Funkausstellung Berlin
- Nürnberger Spielwarenmesse
- Süßwarenmesse Düsseldorf
- Internationale Möbelmesse Köln
- „IHM" – Internationale Handwerksmesse München
- Internationale Lederwarenmesse in Offenbach

Messen gewinnen zunehmend an Bedeutung wegen der
- Umsatzanbahnung,
- Gewinnung neuer Kunden,
- Imagepflege,
- neuesten Marktinformationen.

Wendet sich die Veranstaltung vornehmlich an das allgemeine Publikum, handelt es sich um eine **Ausstellung**[1].

3. Ausstellungen

Eine Ausstellung ist eine zeitlich begrenzte Veranstaltung, auf der eine Vielzahl von Ausstellern ein repräsentatives Angebot einer oder mehrerer Wirtschaftszweige oder Wirtschaftsgebiete ausstellt und vertreibt oder über dieses Angebot zum Zweck der Absatzförderung informiert (§ 65 GewO). Ausstellungen dienen vornehmlich Informations- und Repräsentationszwecken, weniger dem Verkauf.

Ausstellungen können auch von Privatpersonen besucht werden.

BEISPIELE
- Internationale Funkausstellung in Berlin
- Automobilausstellung in Frankfurt
- Deutsche Bootsausstellung in Hamburg
- Deutsche Industrieausstellung in Berlin

4. Warenbörsen

Börsen sind ständige Einrichtungen an festen Börsenplätzen und unterscheiden sich durch die an ihnen gehandelten Handelsobjekte.

---

[1] Viele Messen werden auch als Ausstellungen bezeichnet. So dienen manche Veranstaltungen dieser Art beiden Zwecken zugleich: dem der Messe und dem der Ausstellung. Sie sind daher nicht nur eine für Fachleute bestimmte Informations-, Verkaufs- und Einkaufsgelegenheit, sondern dienen auch der allgemeinen Aufklärung und Belehrung.

LERNFELD 6

An Warenbörsen werden bewegliche Sachgüter wie Rohstoffe, Landwirtschaftsprodukte oder Nahrungsmittel gehandelt, wie z. B.

- Rohstoffe: Kupfer, Blei, Silber, Gold, Kautschuk, Kokosöl, Erdöl u. a.;
- Nahrungs- und Genussmittel sowie landwirtschaftliche Erzeugnisse: Getreide, Baumwolle, Rohkaffee, Rohkakao, Tee, Zucker, Wolle, Seide, Sojabohnen, Erdnüsse u. a.

Nicht bedeutsam sind Warenbörsen für industrielle Güter.

Notwendige zukunftsgerichtete Vertriebsstrategien des Großhandels:

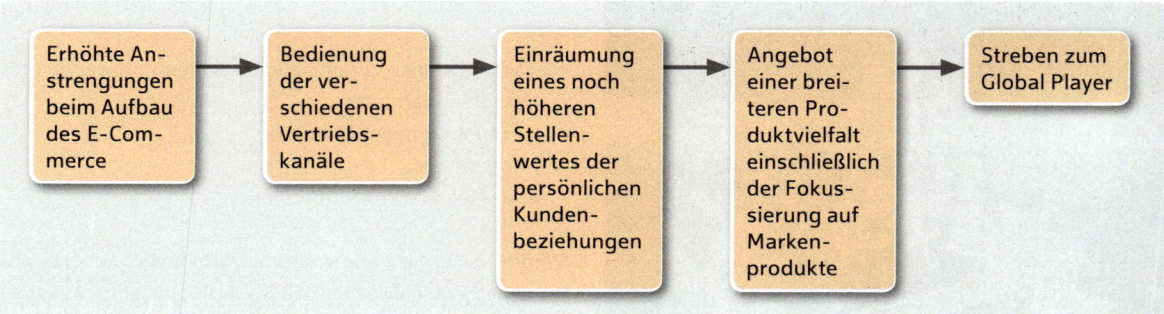

AUFGABEN

1. a) Welches Merkmal haben Kommissionär und Handelsvertreter gemeinsam und
   b) worin unterscheiden sich Kommissionär und Handelsvertreter?

2. Das Unternehmen Erich Naumann, Elektrotechnische Anlagen GmbH, handelt mit Geräten für die Elektro- und Nachrichtentechnik. Es ist in Stuttgart ansässig und will seine Produkte nun auch in Norddeutschland und im benachbarten Frankreich und Österreich einführen. Welcher Absatzhelfer ist geeignet, die Neueinführung der Geräte zu übernehmen?

3. Worin besteht der Unterschied zwischen einem Vermittlungs- und einem Abschlussvertreter?

4. Erläutern Sie folgende Rechte und Pflichten des Handelsvertreters
   - Sorgfaltspflicht
   - Benachrichtigungspflicht
   - Bemühungspflicht
   - Treuepflicht
   - Wettbewerbsverbot

5. Ein Großhändler steht vor der schwierigen Aufgabe, den Absatz seiner Produkte in einem neuen Absatzgebiet durch einen unternehmensfremden Absatzmittler übernehmen zu lassen. Vergleichen Sie zu diesem Zweck in einer Gegenüberstellung die Vor- und Nachteile beim Einsatz eines Kommissionärs bzw. eines Handelsvertreters.

6. Welchen Vorteil bietet das Kommissionsgeschäft dem Kommissionär?

7. Was verstehen Sie unter Delkredereprovision?

8. Worin bestehen die Unterschiede zwischen Kommissionär und Handelsvertreter hinsichtlich ihrer Pflichten?

9. Warum hat ein Handelsvertreter nach Beendigung des Vertragsverhältnisses ein Recht auf Ausgleich?

10. Berechnen Sie den maximalen Ausgleichsanspruch, wenn der Handelsvertreter in den letzten sieben Jahren folgende Umsätze erzielte:
    1. 870.000,00 €
    2. 1.003.200,00 €
    3. 930.000,00 €
    4. 1.580.200,00 €
    5. 1.170.000,00 €
    6. 1.380.400,00 €
    7. 985.000,00 € (letztes Jahr)

    Der Provisionssatz war mit 4,3 % festgelegt.

11. Warum erwirbt der Verkaufskommissionär kein Eigentum am Kommissionsgut?

12. Was verstehen Sie unter dem gesetzlichen Pfandrecht des Kommissionärs?

13. a) Vergleichen Sie den Handlungsreisenden und den Handelsvertreter bezüglich ihrer
    - Rechtsstellung,
    - Dauer der Tätigkeit und
    - Vergütung.

    b) Entscheiden Sie, ob im nachstehend aufgeführten Fall ein Vertreter oder ein Reisender eingesetzt werden soll. Ermitteln Sie hierzu den „kritischen Umsatz".

    Reisender:
    – Fixum: 48.000,00 € p. a.
    – Umsatzprovision: 4 %

    Handelsvertreter:
    – erwarteter Jahresumsatz: 450.000,00 €
    – Umsatzprovision: 12 %
    - Das Ergebnis ist mathematisch und grafisch zu ermitteln.
    - Bitte begründen Sie, warum Sie so entschieden haben.

    c) Eine Alternative zum Einsatz eines Handelsvertreters besteht für das Großhandelsunternehmen in der Einrichtung eigener Verkaufsniederlassungen.
    Nennen Sie jeweils zwei betriebswirtschaftliche Argumente, die für das eine bzw. andere Distributionsorgan sprechen.

14. Im Großhandelsunternehmen Matthei GmbH plant man für den Vertrieb eines neuen Artikels, Handlungsreisende oder Handelsvertreter als Absatzmittler einzusetzen. Die Entscheidung soll einzig und allein unter Kostenaspekten erfolgen.

    Kosten für den Handelsvertretereinsatz
    – Umsatzprovision: 7,5 %
    – Auslagenersatz je Monat: 500,00 € pauschal

    Kosten beim Einsatz eines Reisenden
    – Fixum pro Monat: 4.000,00 €
    – Umsatzprovision: 2,5 %
    – sonstige Kosten je Monat: 1.200,00 €

    Der erwartete Jahresumsatz liegt bei 1,5 Mio. €.

    a) Bei welcher Umsatzhöhe entsprechen sich die Kosten der beiden Absatzmittler (kritischer Umsatz)?
    b) Für welches Distributionsorgan würden Sie sich bei dem erwarteten Umsatz entscheiden? Ermitteln Sie hierzu rechnerisch die Kosten, die für den Vertreter und den Reisenden pro Jahr anfallen.

15. Nennen Sie den Unterschied zwischen Ausstellungen und Messen.

16. Erkunden Sie, an welchen Messen und Ausstellungen Ihr Ausbildungsunternehmen als Aussteller teilnimmt und welche Gründe für diese Präsenz angegeben werden.

17. Welche Vorteile hat ein Großhändler als Franchisegeber?

AKTIONEN

1. a) Bilden Sie Arbeitsgruppen und informieren Sie sich über das vorliegende Kapitel „Distributionspolitik". Bearbeiten Sie dazu das Kapitel unter Anwendung der „SQ3R-Methode".
   b) Fassen Sie Ihre Informationen schriftlich zusammen.
   c) Zur Vertiefung und Gesamtwiederholung sollen Sie Ihr Ergebnis mit den anderen Gruppen austauschen. Gehen Sie dabei nach der „Fishbowl-Methode" vor:
   - Bilden Sie einen Innenkreis und einen oder mehrere Außenkreise.
   - Im Innenkreis befinden sich jeweils ein Gruppensprecher sowie der Moderator; ein oder zwei Stühle bleiben frei.
   - Im Außenkreis sitzen die restlichen Teilnehmer.
   - Der Moderator erläutert das Thema, im Innenkreis diskutieren die Anwesenden das bearbeitete Themengebiet.
   - Möchte ein Teilnehmer des Außenkreises sich an dem Gedankenaustausch beteiligen, kann er auf einen der freien Stühle des Innenkreises wechseln. Er erhält dann als Nächster das Wort. Danach setzt er sich wieder in den Außenkreis zurück.

LERNFELD 6

2. Zur Vertiefung und Lernkontrolle dieses Kapitels soll abschließend eine „Fragerunde" durchgeführt werden:
   a) Bilden Sie zunächst Kleingruppen zu etwa vier bis sechs Personen.
   b) Erstellen Sie in der Gruppe mithilfe von diversen Arbeitsunterlagen mehrere Fragen zum Thema „Unternehmensfremde Absatzorgane" auf Karten und formulieren Sie auf der Rückseite der Karten eine Musterlösung.
   c) Im Plenum zieht jeweils ein Team eine Karte und versucht, sie zu beantworten.
   d) Die Klasse baut abschließend mit den so entstandenen Karten (Fragen mit dazugehörigen Antworten) eine Lerndatenbank auf.
3. Führen Sie nach der Fragerunde innerhalb Ihres Teams eine Nachbereitung durch in Form eines Feedbacks mittels „Blitzlicht".

Das Blitzlicht dient dazu, sich gegenseitig darüber Auskunft zu geben, was die einzelnen Teammitglieder gerade fühlen und denken. Beachten Sie die Blitzlicht-Regeln.

Blitzlicht-Regeln
- Jeder kann, niemand muss sich darüber äußern,
  - wie er sich momentan fühlt,
  - wie zufrieden er mit dem Ergebnis ist,
  - wie er die Zusammenarbeit im Team erlebt hat usw.
- Jeder macht kurze (Blitzlicht!) persönliche Aussagen („ich", nicht „man"!).
- Das Blitzlicht soll nur eine kurze Bestandsaufnahme sein. Deshalb werden die Beiträge weder kommentiert noch diskutiert.
- Es spricht jeweils nur eine Person.

ZUSAMMENFASSUNG

Mögliche Absatzorgane des Großhandelsunternehmens

unternehmenseigene	unternehmensfremde	
Reisender	**Handelsvertreter**	**Kommissionär**
Begriff und Tätigkeit		
Der Reisende schließt **im fremden Namen** und **für fremde Rechnung** Geschäfte ab.	Der Handelsvertreter ist mit der Vermittlung oder dem Abschluss von Verträgen **im fremden Namen für fremde Rechnung** beauftragt (Vermittlungs- und Abschlussvollmacht).	Der Kommissionär schließt Verträge im **eigenen Namen für fremde Rechnung** ab (Abschlussvollmacht). → Die Ware wird nicht sein Eigentum!
Rechtsgrundlage		
Arbeitsvertrag	Agenturvertrag	Kommissionsvertrag
Rechtsstellung		
kaufmännischer Angestellter	selbstständiger Gewerbetreibender	
Dauer der Tätigkeit, Vergütung		
ständig; Fixum (festes Gehalt), oft Umsatzprovision	ständig; Provision • Umsatzprovision • evtl. Delkredereprovision (bei Haftung für Eingang der Forderung) • evtl. Inkassoprovision	ständig und von Fall zu Fall; Provision (Kommission) • Umsatzprovision • evtl. Delkredereprovision • evtl. Inkassoprovision
Vorteile		
• arbeitet lediglich für ein Unternehmen • ist flexibel einsetzbar	im Absatzgebiet ansässig mit engem Kontakt zu den Kunden; Provisionen sind nur nach erfolgreichen Vermittlungen fällig.	für den Kommissionär: • Wareneingang nicht sofort zu bezahlen • breites, tiefes (aktuelles) Sortiment • kein Absatzrisiko, da Rückgaberecht für den Auftraggeber (Lieferer): • geringe Lagerkosten • Ware in Kundennähe

LERNFELD 6

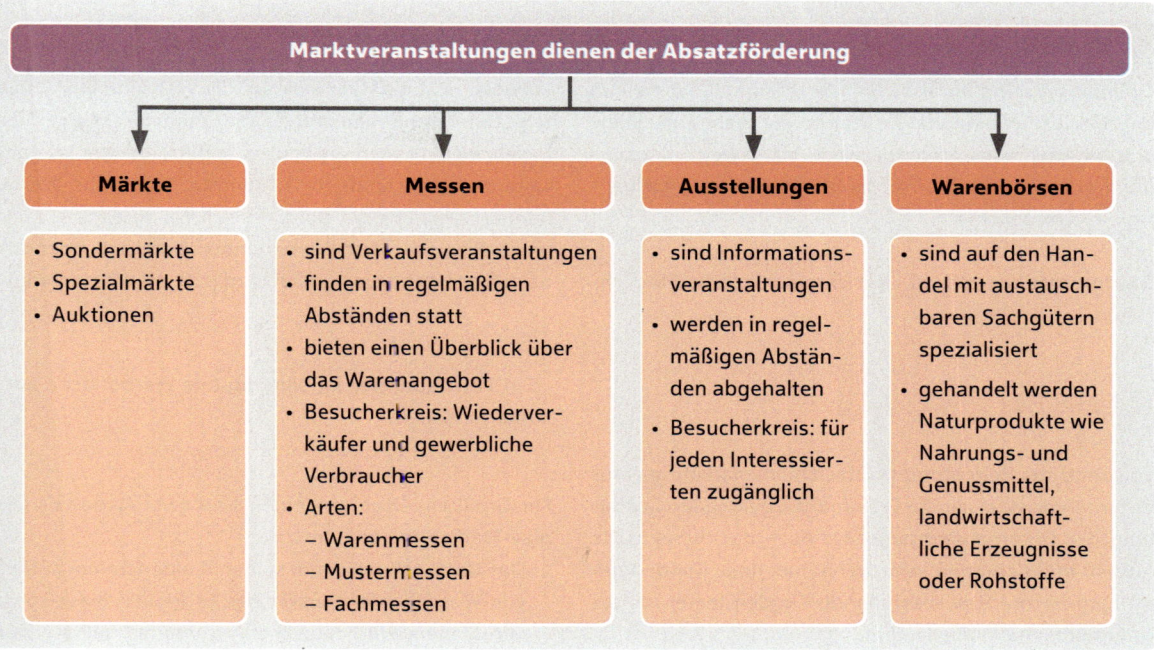

KAPITEL 6
Marketing in den Online-Vertriebskanälen

Anne Schulte und Sebastian Holpert treffen sich in der Mittagspause.

Anne Schulte:
„Hast du schon gehört? Wir haben eine neue geschäftliche Partnerschaft!"

Sebastian Holpert:
„Nein, erzähl mal!"

Anne Schulte:
„Die Heide AG verkauft uns Werbeflächen auf ihrer Internetseite. Wir stellen ihr Werbematerial, also Bilder und Texte unserer Artikel, zur Verfügung. Besucher der Heide AG werden über einen eingebauten Link zu unserem Webshop weitergeleitet."

Sebastian Holpert:
„Das ist mir noch ein bisschen abstrakt ..."

Anne Schulte:
„Hier, ich zeichne dir das Verfahren des Affiliate Marketing mal auf. Im Endeffekt ist die Heide AG nichts anderes als ein Vertriebspartner unseres Unternehmens ..."

Anne Schulte nimmt einen Stift und Papier und schreibt und zeichnet, während sie erklärt:

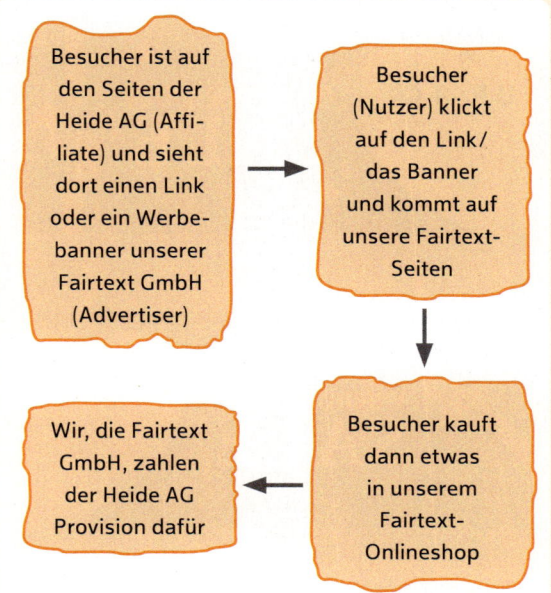

Erläutern Sie die Begriffe „Affiliate", „Advertiser" und „Nutzer".

(handschriftlich: Vertriebspartner)

LERNFELD 6

INFORMATIONEN

Onlinemarketing umfasst alle Marketingmaßnahmen im Internet. Onlinemarketing ist für immer mehr Einzelhandelsunternehmen ein mittlerweile nicht wegzudenkendes Werkzeug, um den Vertrieb der Produkte zu steigern bzw. zu ermöglichen.

Das Internet bietet dazu viele unterschiedliche Möglichkeiten.

Website des Unternehmens

Von zentraler Bedeutung für das Onlinemarketing eines Unternehmens ist zunächst einmal die gelungene Gestaltung der Unternehmenswebsite. Auch der thematische Aufbau muss stimmig sein, wenn man neue Kunden gewinnen möchte bzw. bestehende Kunden fester an das Unternehmen binden möchte.

Display-Marketing (Bannerwerbung)

Anfänge der Bannerwerbung: So sahen die ersten Banner aus in den 90er-Jahren des vorigen Jahrhunderts aus.

Beispiele, wie Werbebanner aussehen können

Ein **Werbebanner** ist eine Grafik- oder Animationsdatei mit Werbetext, die in eine Website eingebunden ist. Sie verweist dort als Hyperlink auf die Webseite des Anbieters. Diese kann man mittels Klick dann direkt erreichen. In sehr vielen Fällen verdienen die Betreiber der Internetseite einen bestimmten Geldbetrag, wenn das Werbebanner eingeblendet wird. Manchmal fließt erst Geld, wenn Besucher den Werbebanner anklicken oder eine bestimmte Aktion ausgelöst wird (z. B. eine Bestellung).

> **DEFINITION**
>
> Ein **Werbebanner** ist eine digitale Werbefläche auf Internetseiten.

Für Großhandelsunternehmen sind zwei Arten des Display-Marketing bedeutend:

- Das Unternehmen kann seinen Kundenstamm mithilfe von Werbebannern erweitern. Es erstellt diese spezielle Art von Werbeanzeigen im Internet selbst. Dann können diese auf der eigenen Internetseite geschaltet werden. Oder der eigene Werbebanner wird gegen Gebühr auf einer anderen Internetseite untergebracht, die ebenfalls die Zielgruppen des Unternehmens anspricht. Dadurch kann eine viel größere Reichweite dieser Marketingmaßnahme erreicht werden.

> **BEISPIEL**
>
> Die Fairtext GmbH verbreitet mithilfe selbst erstellter Banner Werbeinhalte auf der eigenen sowie auf anderen Webseiten. Durch Verlinkungen werden Kunden auf die eigene Seite geführt.

- Mit Display-Marketing kann das Einzelhandelsunternehmen auch zusätzliche Einnahmen erzeugen: Auf der eigenen Internetseite werden Banner von anderen Unternehmen gezeigt.

> **BEISPIEL**
>
> Großhandelsunternehmen können so mithilfe des Google AdSense-Programms Geld verdienen: Nach einer Registrierung ordnet Google der Fairtext GmbH Werbebanner externer Unternehmen zu, die zu deren Zielgruppe passen. Kunden der Fairtext GmbH sehen diese Banner auf der Website der Fairtext GmbH.

Setzt eine Großhandlung auf Displaywerbung, muss sie die sogenannte **Banner-Blindness** beachten: Der positive Effekt, der bei den Betrachtern durch die aufmerksamkeitsstarke Wirkung der Banner erreicht wird, relativiert sich durch das Überangebot an Bannern im Internet. Bei vielen Nutzern kommt es zu einer Reizüberflutung, sie werden bei der Informationssuche im Internet von den Bannern abgelenkt. Viele Nutzer des Internets sind von ihnen genervt und empfinden die Display Ads als lästig.

Der Erfolg einer Bannerwerbung kann mithilfe der **Click-Through-Rate** (CTR) gemessen werden. Diese wird im Deutschen auch als Klickrate bezeichnet. Man versteht darunter den Anteil der Klicks an der Zahl der Einblendungen (Impressions).

> Formel zur Berechnung der Klickrate:
>
> $$CTR = \frac{Klicks}{Impressions} \cdot 100$$
>
> Beispiel:
> Ein Banner ist für 1 000 Nutzer sichtbar. 440 davon klicken darauf. Dies entspricht einer Click-Through-Rate von 44 %.

Customer Journey
Display-Advertising ist das Instrument im Onlinemarketing-Mix, mit dem die Customer Journey häufig beginnt. Dieser Begriff bezeichnet die „Reise" (engl. „journey") eines möglichen Kunden über verschiedene Kontaktpunkte (engl. „touchpoints") mit einem Artikel, einer Marke oder einem Unternehmen. Die Customer Journey meint also die Schritte des Kunden bis zum letztendlichen Kauf eines Produkts.

> **Die 5 Phasen der Customer Journey**
>
> - **Awareness** – Interesse wird geweckt
> - **Favoribility** – Produkt wird favorisiert
> - **Consideration** – Der Kauf wird überlegt
> - **Intent to Purchase** – Der Kauf wird provoziert
> - **Conversion** – Der Kauf
>
> Quelle: Prohaska, Sebastian: Customer Journey – wie Marketing 2019 funktioniert. In: www.ithelps-digital.at. 18. Oktober 2017. https://www.ithelps-digital.com/de/blog/online-marketing/customer-journey [09.09.2020].

Das Display-Advertising steht am Anfang der Customer Journey. Der Banner ist oft der erste **Touchpoint** (Kontaktpunkt), an dem der Besucher der Webseite auf das Angebot aufmerksam wird, bevor er sich auch anderswo informiert. In der Regel sind mehrere Touchpoints notwendig, bis aus einem Interessenten ein zahlender Kunde wird.

Zu den Zielen der Customer Journey gehören:
- mindestens die Steigerung der Leads. Ein **Lead** ist eine Information über den Kunden in Form eines Datensatzes.

  > **BEISPIEL**
  >
  > Ein Lead sind die Daten eines Kunden der Fairtext GmbH, der sich für einen Newsletter anmeldet.

- idealerweise die Bestellung eines Kunden im Webshop.

  > **DEFINITION**
  >
  > Unter einem **Lead** wird die erfolgreiche Kontaktanbahnung bzw. der neue Kontakt eines Unternehmens verstanden, der durch eine Onlinemarketing-Maßnahme hergestellt wurde.

Online-Video-Advertising

Häufige Anwendung findet auch das Online-Video-Advertising: Dies ist eine Sonderform des Display-Marketings: Ähnlich wie bei klassischen Werbebannern werden werbliche Videoclips auf Internetseiten platziert.

> **BEISPIEL**
>
> Videos erregen deutlich mehr Aufmerksamkeit bei Kunden und werden nicht so schnell wieder vergessen. Deshalb setzt die Fairtext GmbH auch Online-Video-Werbesports ein. Damit sie die größtmögliche Aufmerksamkeit erhalten, dauern sie nicht länger als 15 Sekunden.

Affiliate-Marketing

Eine Sonderform des Display-Marketings ist das Affiliate-Marketing: Betreiber von Websites empfehlen die Website eines anderen Anbieters.

Inhaber von Websites platzieren Produktempfehlungen auf ihren Websites, verlinken diese zu dem entsprechenden Anbieter und erhalten für ihre Empfehlung Geld, wenn der Klick auf einen Link zu einem Erfolg (Kauf, Newsletter-Bestellung, ...) führt. Der Vorteil für den Anbieter liegt darin, dass er eben nur im Erfolgsfall zahlt.

LERNFELD 6

Häufig finden sich die Anbieter von Produkten und Dienstleistungen und die Webseitenbetreiber in Affiliate-Netzwerken zusammen. Der Anbieter hat dort eine Vielzahl von Partnern (engl. Affiliates), um seine Dienstleistung oder sein Produkt zu vermarkten.

> **BEISPIEL**
>
> Die Kevin Lutter OHG arbeitet als Vertriebspartner (Affiliate) für die Fairtext GmbH. Auf der Webseite der Kevin Lutter OHG wird für die Artikel der Fairtext GmbH geworben, indem dort z.B. Keyword-Verlinkungen zur Fairtext GmbH gesetzt werden.
> Sobald ein Kunde sich auf der Seite der Kevin Lutter OHG für das beworbene Produkt der Fairtext GmbH interessiert, wird er über den Link auf die Seite der Fairtext GmbH weitergeleitet. Nur dort kann er das Produkt kaufen.
> Die Kevin Lutter OHG verdient an diesem Prozess. Sie wird auf Provisionsbasis am Gewinn beteiligt.
> Die Verbindung zwischen der Fairtext GmbH (in der Fachsprache „Merchant" oder „Advertiser" genannt) und dem Affiliate Kevin Lutter OHG kam durch ein Affiliate-Netzwerk zustande. Diese bilden als Dienstleister eine Schnittstelle zwischen Merchants und Affiliates.

Es gibt Unterschiede zur normalen Bannerwerbung: Affiliate-Links sind nicht nur Banner, sondern auch Textlinks, die manchmal nur aus dem Unternehmenslogo oder der Firmenbezeichnung bestehen, die den Nutzer zum entsprechenden Angebot führt.

Es wird noch mehr darauf geachtet, dass der Werbeinhalt zum Inhalt der Webseite passt (Links korrespondieren mit dem Inhalt, bieten das passende Produkt zum Artikel etc.). Affiliate-Links werden häufiger auf privaten Webseiten geschaltet, z.B. Blogs, aber auch auf Bewertungsportalen.

Der Website-Betreiber (Publisher, Affiliate) nimmt Einfluss auf den Inhalt und nimmt nur Affiliate-Links auf, die zum Inhalt seiner Seite passen, ihn ergänzen, während Seiten, auf denen Bannerwerbung erscheint, lediglich darauf achten, dass die Banner nicht rechtswidrig oder imageschädigend sind.

Ein weiterer wesentlicher Unterschied zur klassischen Bannerwerbung besteht in der erfolgsorientierten Vergütung der Affiliate-Partner statt der sonst üblichen Abrechnung über den Tausenderkontaktpreis.

Mobiles Marketing

Mobiles Marketing gilt als einer der Trends im Onlinemarketing, da die mobile Nutzung des Internets steigt: Handys, Smartphones oder andere tragbare Geräte werden als Überbringer von Werbung eingesetzt.

> **DEFINITION**
>
> Zum **mobilen Marketing** gehören alle kommunikativen Maßnahmen, mit denen ein Einzelhandelsunternehmen gezielt über mobile Endgeräte das Verhalten von Kunden beeinflussen möchte.

Maßnahmen des mobilen Marketings werden unterstützt durch:

- **Apps:** Mit ihnen können Inhalte oft besser dargestellt werden als über normale Internetseiten. Zudem unterstützen die Apps verstärkt auch eine Bindung des Kunden an das Unternehmen.

LERNFELD 6

Ausprägungen des Mobile Marketing

BEISPIEL

Leser einer Anzeige der Fairtext GmbH in einer Tageszeitung können mithilfe ihres Smartphones und einer entsprechenden App sofort die Internetseite der Fairtext GmbH erreichen.

- **QR-Codes:** Die meisten mobilen Endgeräte verfügen über Software, mit denen QR-Codes gelesen werden können. Ein QR-Code (= Quick Response Code) hat die Form einer quadratischen Matrix. Aus dieser kann das mobile Gerät dann die enthaltenen Informationen lesen. Sie ermöglichen eine einfache Weiterleitung zu mobilen Inhalten für den Kunden.

Einlesen eines QR-Codes mit dem QR-Code-Scanner des Smartphones

Zu den Bereichen des Mobile Marketing gehören die mobile Übermittlung von Informationen, der mobile Verkauf inklusive der Auslieferung von mobilen sowie realen Produkten und Dienstleistungen und die mobile Gewinnung von Daten.

Tracking

Eine weitere wichtige Maßnahme des Onlinemarketing ist das Tracking: Dies ist die Verfolgung der Bewegung der Nutzer im Internet. Mit dem Tracking werden also die Bewegungsdaten eines Besuchers der Internetseite erfasst. Anschließend wird daraus ein Kundenprofil erstellt, aus dem sich die Interessen und Vorlieben der Person ableiten lässt.

BEISPIEL

Für die Fairtext GmbH ist das Tracking von enormer Bedeutung. Die Fairtext GmbH gewinnt damit die unterschiedlichsten Informationen:
- Die Fairtext GmbH kann herausfinden, über welche Webseiten ein Besucher auf die eigene Internetseite gekommen ist.
- Sie kann das Käuferverhalten untersuchen.
- Sie kann nachvollziehen, welche unterschiedlichen Käufergruppen ihren Webshop besuchen.
- Sie kann auch herausfinden, wie lange sich ein Kunde im Webshop (und wo dort) aufgehalten hat. Denn alle Aktionen, die der Kunde ausführt, werden aufgezeichnet.

Der Betreiber des Webshops muss seine Kunden jedoch über den Umfang, den Zweck und die Art der Datensammlung informieren. Er muss die Besucher der Internetseite eindeutig darauf hinweisen, dass sie der Sammlung von Daten widersprechen können (Widerspruchsrecht des Besuchers).

LERNFELD 6

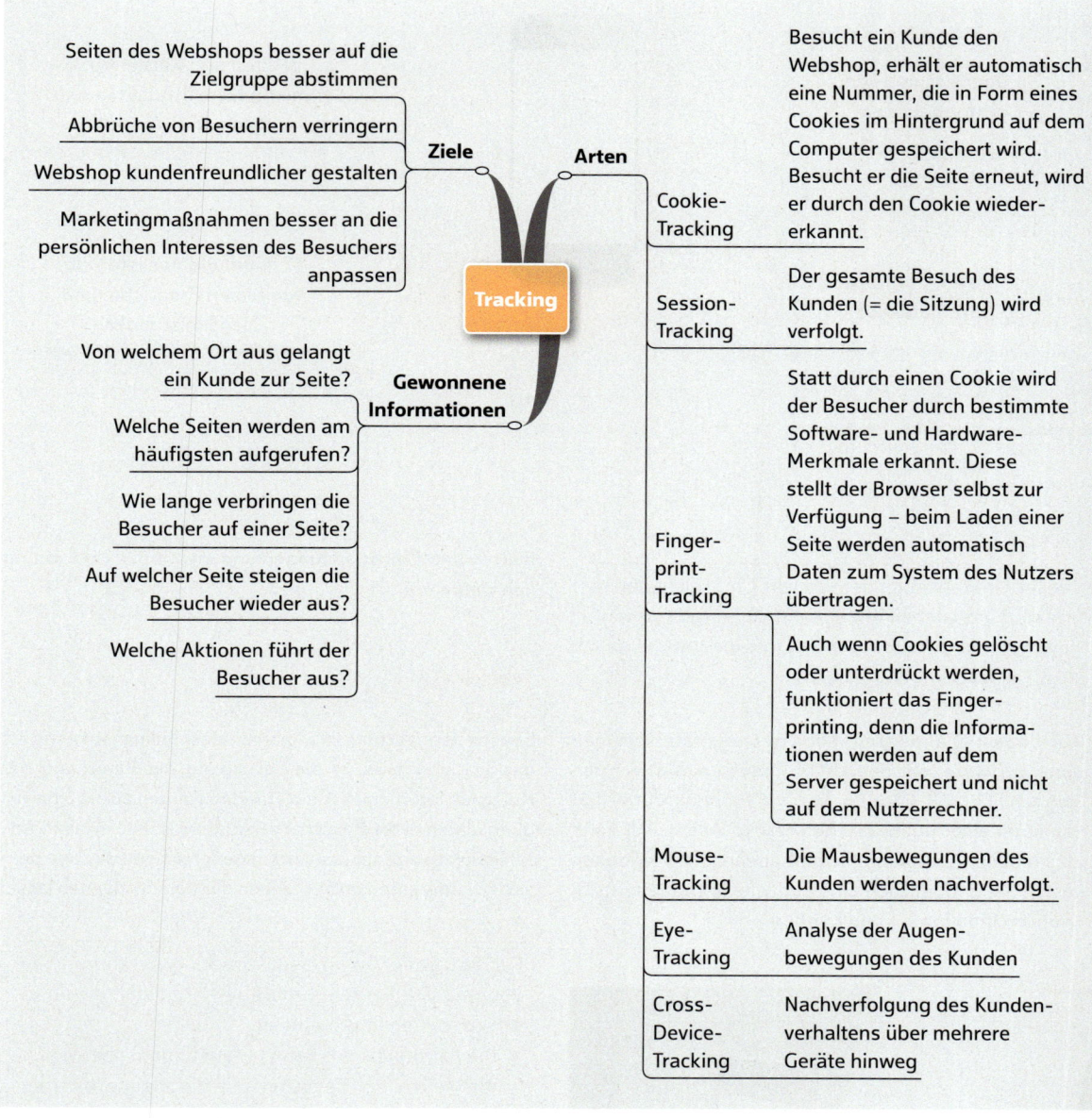

Die Mindmap zeigt weitere Tracking-Möglichkeiten.

Tracking mit Cookies

Es gibt verschiedene Möglichkeiten, die Wege eines Nutzers nachzuverfolgen und dessen typische Merkmale auszulesen. Sehr oft angewendet wird das Tracking mit Cookies.

DEFINITION

Cookies sind kleine Textdateien, die durch den Browser eines Kunden gespeichert werden, wenn er die Webseite eines Einzelhandelsunternehmens besucht. Abgespeichert wird beispielsweise, von welcher anderen Internetseite der Kunde gekommen ist. Mit ihnen kann ein Kunde beim späteren Besuch wiedererkannt werden: Sein Surfverhalten wird analysiert.

LERNFELD 6

Nutzer können entscheiden, ob sie die gesetzten Cookies wieder löschen möchten.

BEISPIEL

Nele Kießling besucht die Internetseite der Fairtext GmbH. Mithilfe der über Cookies erhobenen Daten wird sie persönlich begrüßt. Ihr wird auch personalisierte Werbung angeboten.

Tracking mit Software

Das Tracking kann durch den Einsatz von entsprechender Software unterstützt werden.

BEISPIEL

Die Fairtext GmbH verwendet Analysetools wie Google Analytics oder Piwik.

Targeting

Beim Targeting wird versucht, Onlinewerbung so genau wie möglich auf die Zielgruppe auszurichten. Frei übersetzt kann Targeting auch als „Zielgruppenansprache" bezeichnet werden. Ziel des Targetings ist es, so weit wie möglich Streuverluste bei den Werbemaßnahmen zu vermeiden.

Angewandt werden die unterschiedlichsten Techniken zur Eingrenzung der Zielgruppe.

Einige wichtige Targeting-Methoden	
Technisches Targeting	Dieses basiert auf technischen Informationen (etwa das genutzte Device, der Browser, das Betriebssystem).
Soziodemografisches Targeting	Es werden Kriterien wie etwa Alter, Geschlecht, Beruf, Haushaltsnettoeinkommen oder berufliche Stellung herangezogen.
Retargeting	Besucher eines Webshops werden – meistens durch Cookies – gekennzeichnet. Beim Besuch anderer Webseiten werden diese Cookies dort identifiziert. Daraufhin werden ihnen dann die entsprechenden Artikel des früher besuchten Webshops erneut angezeigt.
Behavioral Targeting	Die Zielgruppenansprache erfolgt aufgrund der Analyse des Surfverhaltens des Besuchers (engl. behaviour = Verhalten).
Keyword Targeting	Gibt ein potenzieller Kunde im Internet in Suchmaschinen Suchbegriffe (= Keywords) ein, wird ihm die dazu passende Werbung angezeigt.
Contextual Targeting	Im Vorfeld einer Werbekampagne werden bestimmte Wörter ausgewählt, die zum Inhalt der Anzeigen passen. Liest der Nutzer im Internet einen Artikel zu einem bestimmten Thema, wird ihm dann die dazu passende Werbung eingeblendet.

Suchmaschinenoptimierung: Ranking von Ergebnissen in Suchmaschinen

Suchmaschinen sind ein sehr wichtiger Vertriebskanal für Händler. Sucht ein Kunde dort einen Shop oder einen Artikel, müssen diese unter den ersten Suchergebnissen erscheinen, um wahrgenommen zu werden. Ein gutes Ranking (= eine Platzierung ganz oben in den Suchergebnissen) in Suchmaschinen erzeugt hohe Umsätze.

LERNFELD 6

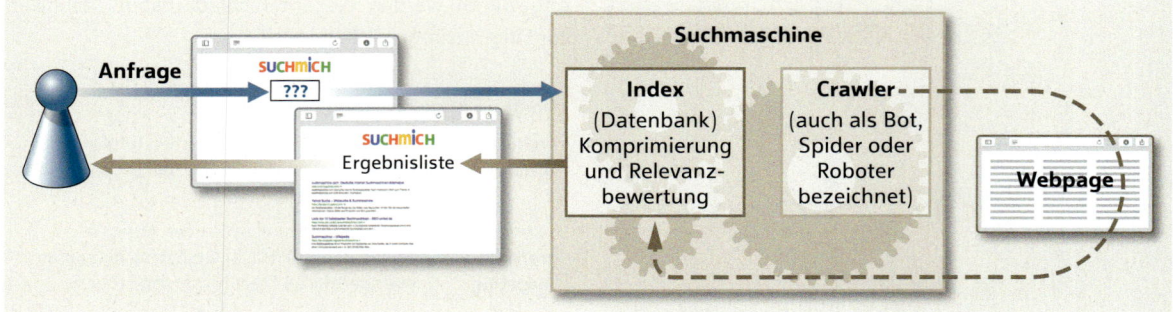

Suchmaschinen funktionieren ähnlich wie Bibliotheken. Denn auch dort findet man alle Informationen ordentlich sortiert nach vielen unterschiedlichen Themenbereichen. Während in Bibliotheken z. B. die Bibliothekarin bei der Bereitstellung der Informationen zuständig ist, helfen bei Suchmaschinen sogenannte **„Webcrawler"** (auch Bots, Spider genannt). Webcrawler sind Soft- und Hardware-Systeme, die kontinuierlich das World Wide Web nach neuen Inhalten durchsuchen und diese Informationen auf Servern ablegen.

Die Server befinden sich weltweit in verschiedenen Datenbankzentren. Anschließend werden alle gesammelten Informationen durch Datenbanksysteme in einem Katalog (Index) aufbereitet.

Der **Index** ist der wichtigste Teil einer Suchmaschine. Bei der Eingabe von Suchbegriffen (auch Keywords genannt) in die Suchmaschine wird hierbei nicht mehr das ganze Internet, sondern nur der Index der Suchmaschine durchsucht. Diese bereitet anhand der Keywords relevante Suchergebnisseiten (**SERPs – Search Engine Result Pages**) auf.

Der **Algorithmus der Suchmaschine** legt dann das Ranking, also die Aufstellung der Suchergebnisse, anhand von vielen teilweise unbekannten Kriterien fest. Hierbei ist die erste Position einer SERP das relevanteste Suchergebnis zum Keyword und daher besonders für Unternehmen interessant.

Für eine optimale Nutzung dieses Vertriebsweges muss ein Unternehmen mittlerweile eine professionelle **Suchmaschinenoptimierung** (SEO = Search Engine Optimization) betreiben. Darunter werden alle Maßnahmen verstanden, die darauf abzielen, dass Webseiten in den **organischen Suchergebnisseiten** von Suchmaschinen auf höheren Plätzen gelistet werden. Ist dies der Fall, werden sie öfter von Kunden besucht.

> **DEFINITION**
>
> Die **organische Suche** in Suchmaschinen zeigt Ergebnisse an, die nicht als Anzeigen geschaltet wurden, deren Ranking also nicht gekauft wurde. Im Gegensatz dazu steht die Suchmaschinenwerbung (siehe unten).

Der Webshop wird im Rahmen der SEO so gestaltet, dass eine Suchmaschine die Seiten optimal lesen und auswerten kann. Angestrebt wird, dass der Webshop bzw. der auf ihm angebotene Artikel unter den ersten zehn angezeigten Suchergebnissen aufgeführt wird.

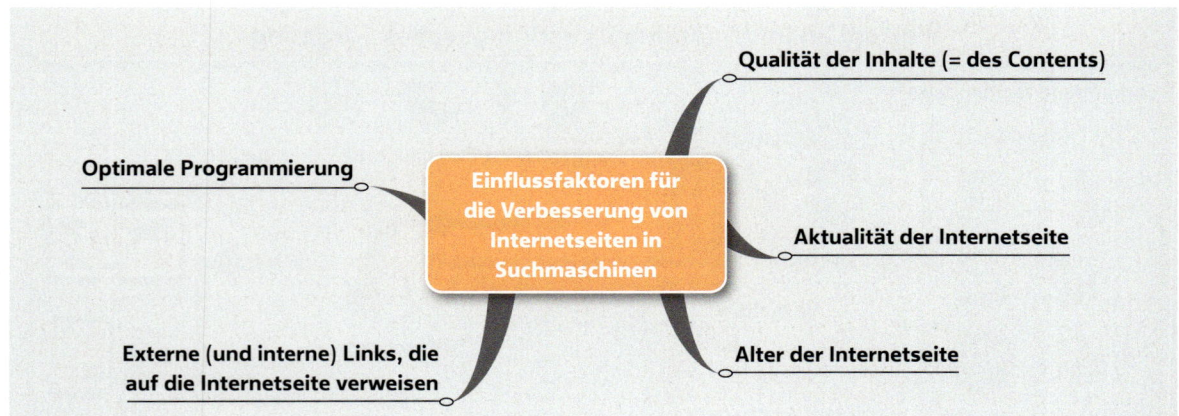

LERNFELD 6

Suchmaschinenwerbung

Die Suchmaschinenwerbung ist eine Werbemöglichkeit in Suchmaschinen wie Google oder Bing. Der englische Fachausdruck dafür ist **Search Engine Advertising** (SEA).

> **DEFINITION**
>
> Unter **Suchmaschinenwerbung** versteht man das Schalten von bezahlten Suchanzeigen, die in der Regel über oder neben den organischen, also nicht bezahlten Suchergebnissen stehen.

Gibt ein Kunde in die Suchmaske der Suchmaschine bestimmte Schlüsselbegriffe (= Keywords) ein, die für den Webshop ausgewählt worden sind, erscheint auf der Suchmaschinenseite eine Anzeige. Klickt der Kunde auf diese Anzeige, zahlt der Händler einen bestimmten Betrag an den Betreiber der Suchmaschine.

> **BEISPIEL**
>
> Google Ads (früher: Google AdWords)

Social-Media-Marketing[1]

Soziale Medien haben immer stärkere Bedeutung bekommen und können von Händlern ebenfalls zu Marketingzwecken genutzt werden. Unter Social-Media-Marketing versteht man in diesem Zusammenhang den Einsatz von sozialen Netzwerken und Netzgemeinschaften im Internet zu Umsatz- und Absatzsteigerungen.

> **Social-Media-Marketing im Web 2.0**
>
> Im traditionellen World Wide Web konnten Internetnutzer in der Regel nur lesen und Informationen aufnehmen. Das Einstellen von Inhalten in das Netz war nur mit (relativ) großen Fachkenntnissen möglich.
>
> Seit einiger Zeit gibt es durch die Weiterentwicklung von technischen Möglichkeiten eine neue Internetentwicklungsstufe: Man spricht von **Web 2.0**.
>
> Nun benötigen Internetnutzer durch Anwendung einfachster Werkzeuge keine (großen) Kenntnisse mehr, um multimediale Inhalte im Internet veröffentlichen zu können. Die Nutzer im Web 2.0 lesen Inhalte also nicht nur, sie können diese auch ohne großen Aufwand produzieren und selbst im Netz verbreiten. Zudem haben die Nutzer durch interaktive Anwendungen die Möglichkeit, sich untereinander zu vernetzen. Damit kann die gebündelte Intelligenz der Internetgemeinschaft genutzt werden.

Beim Social-Media-Marketing stehen also Internetplattformen im Vordergrund, die dem gegenseitigen Austausch von Meinungen, Erfahrungen und Eindrücken dienen. Aus Marketingsicht interessant sind u. a. folgende Möglichkeiten:

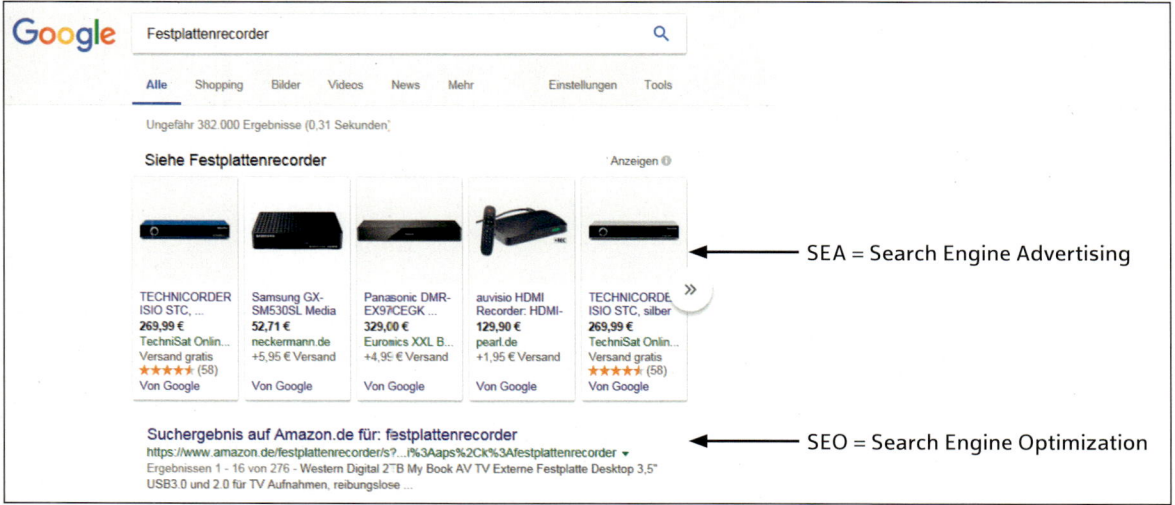

SEO ist die Optimierung einer Webseite, damit diese zu bestimmten relevanten Suchbegriffen eine bessere Positionierung in Suchmaschinen erhält. SEA ist ein Marketing über bezahlte Anzeigen.

---

1 Vgl. dazu Kapitel 9.8

LERNFELD 6

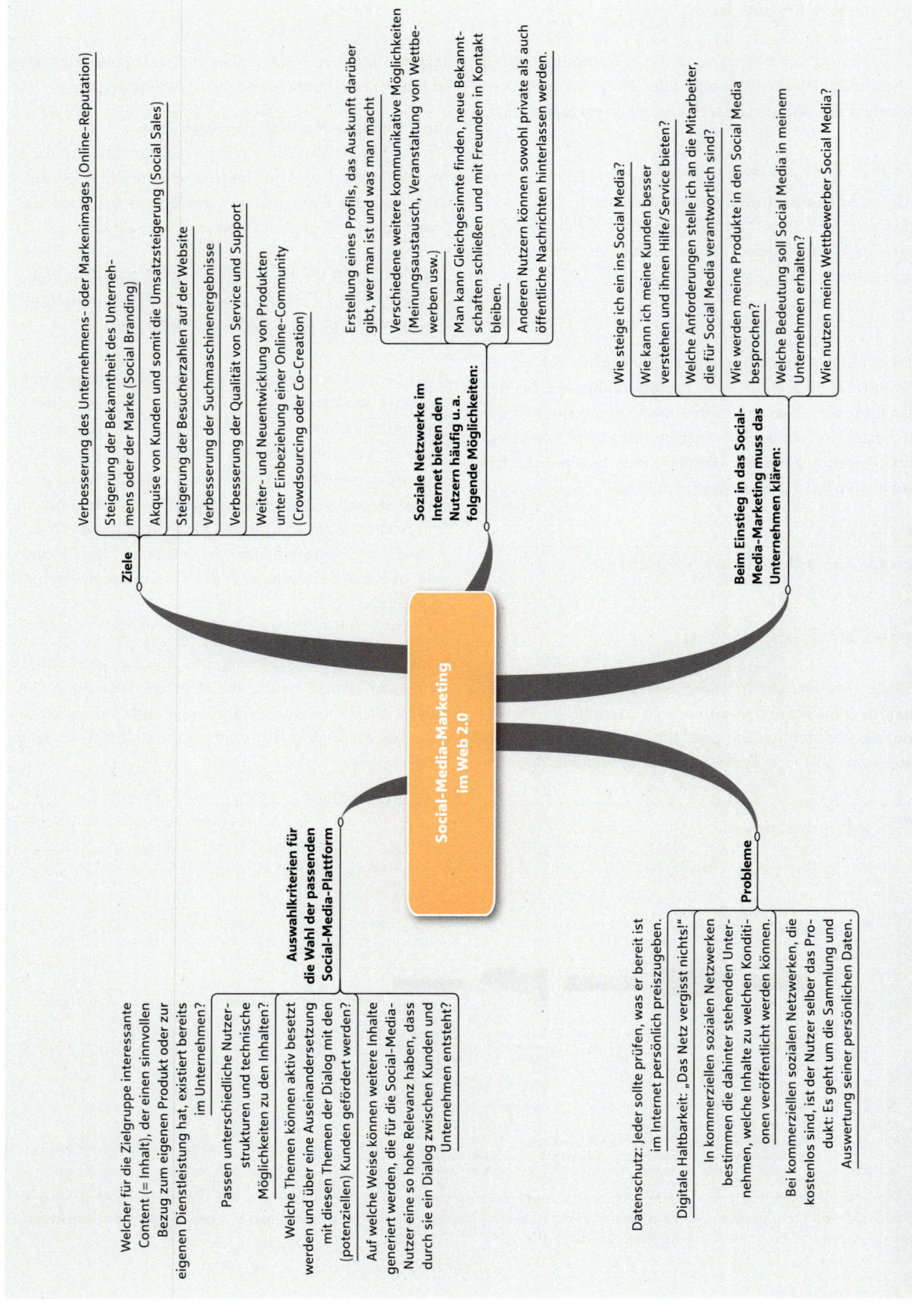

LERNFELD 6

- Durch kompetentes Auftreten in sozialen Netzen können die Bekanntheit der Produkte bzw. Dienstleistungen und das Image eines Unternehmens gestärkt werden.
- Bestandskunden können durch soziale Medien sehr gut angesprochen werden. In diesem Zusammenhang werden die sozialen Medien als Instrument zur Kundenbindung erfolgreich genutzt.
- Da die in sozialen Netzwerken ausgewiesenen Nutzer-Profile oft sehr detailliert sind, können Unternehmen dort sehr viel über ihre Zielgruppen erfahren.

Der neueste Trend im Social-Media-Marketing ist das **virale Marketing**. Darunter versteht man das gezielte Auslösen und Kontrollieren von Mundpropaganda im Internet, um dadurch zur Vermarktung von Leistungen und Produkten des eigenen Unternehmens beizutragen.

BEISPIEL 1 FÜR VIRALES MARKETING

Diese Werbung möchte mit diesem Slogan deutlich machen, dass unmögliche Dinge dennoch machbar sind.

BEISPIEL 2 FÜR VIRALES MARKETING

Pepsi nutzte eine viel besuchte Bushaltestelle, um den Passanten „Unglaubliches" zu präsentieren. Dafür wurde die Bushaltestelle mit einem großen Display und einer Kamera ausgestattet, sodass es für die Passanten auf den ersten Blick so aussieht, als sei tatsächlich ein Tiger in Londons Straßen unterwegs etc. Dies erschien selbstverständlich schnell auf YouTube und wurde auch in diversen Artikel aufgegriffen.

Durch verschiedene Maßnahmen sollen potenzielle Kunden dazu gebracht werden, Informationen und positive Meinungen über Produkte und Dienstleistungen freiwillig weiterzuverbreiten. Wie ein „Virus" sollen Informationen über ein Produkt oder eine Dienstleistung innerhalb kürzester Zeit in den sozialen Netzwerken des Internets von Mensch zu Mensch weitergegeben werden.

E-Mail-Marketing

Um Neukunden zu gewinnen oder Bestandskunden für neue Entwicklungen zu interessieren, werden durch direkte E-Mails gezielt Kunden angeschrieben. Beispielsweise können Kunden über **Newsletter** (elektronische Rundschreiben, die oft die Funktion von Kundenzeitschriften haben) über neue Angebote informiert werden.

Wegen der geringen Versandkosten, der hohen Versandgeschwindigkeit und den unterschiedlichsten Gestaltungsmöglichkeiten nimmt E-Mail-Marketing eine wichtige Rolle innerhalb des Onlinemarketings ein. Allerdings besteht die Gefahr, dass die E-Mails von den Spamfiltern der Adressaten ausgesondert und eventuell gelöscht werden.

LERNFELD 6

Unerwünschte E-Mails landen leider nicht immer in den Spam-Filtern.

Zudem unterliegt die Versendung von E-Mails zu Werbe- und Informationszwecken besonderen gesetzlichen Beschränkungen: Unerwünschte Werbe-E-Mails sind nach dem Gesetz gegen den unlauteren Wettbewerb (UWG-Gesetz) als „unzumutbare Belästigung" grundsätzlich wettbewerbswidrig.

Eine unzumutbare Belästigung ist immer dann gegeben, wenn
- die Einwilligung des Adressaten für das Versenden der E-Mail fehlt,
- der Absender seine Identität verschleiert oder verheimlicht und
- die E-Mail keine gültige Adresse enthält, unter der der Empfänger das künftige Zusenden von E-Mails untersagen beziehungsweise unter der er sich abmelden kann („unsubscribe").

Influencer und Onlinemarketing

Eine immer größere Bedeutung im Onlinemarketing nimmt das Influencer-Marketing ein. Immer mehr Unternehmen, die im Internet auftreten, – also z. B. auch Webshops – setzen auf Influencer, um in der digitalen Welt sichtbar zu werden.

DEFINITION

Ein **Influencer** ist eine Persönlichkeit der realen Welt, die in den sozialen Medien ein hohes Ansehen genießt und dort stark präsent ist. Dadurch bekommen diese Personen für das Onlinemarketing eine große Bedeutung.

Ein Influencer (wortwörtlich übersetzt: Beeinflusser) ist ein Meinungsmacher, dessen Äußerungen in den sozialen Medien stark beachtet werden. Da sie als fachlich kompetent und sehr vertrauenswürdig gelten, können diese von Unternehmen zur Erreichung von Unternehmenszielen in ihre Marketingstrategie einbezogen werden.

BEISPIELE

- Ein berühmter Bergsteiger empfiehlt einen bestimmten Rucksack.
- Ein bekannter Koch aus dem Fernsehen empfiehlt in seinem Blog die Messer einer bestimmten Firma.

Hinter dem Influencer-Marketing steht das folgende **Kommunikationsmodell**:
- Das Unternehmen (Sender) verbreitet seine Marketingbotschaft.
- Die Influencer stellen eine Beziehung zu den eigentlichen Empfängern (Kunden) der Botschaft her. Als von vielen Teilnehmern der jeweiligen Social-Media-Plattform mit einer hohen Reputation akzeptierten Meinungsführer stellen sie eine Art Filter dar.
- Die Kunden (Empfänger) akzeptieren die Botschaft umso mehr, je angesehener der Influencer ist.
- Das Influencer-Marketing versucht für das Unternehmen Experten für bestimmte Themengebiete zu gewinnen. Diese sollen sich dann positiv zu einer Marke bzw. zu einem bestimmten Produkt äußern.

Eine Influencerin empfiehlt Kosmetikartikel.

Als Influencer können für Unternehmen eine Vielzahl von Personen infrage kommen:

BEISPIELE

- Nutzer sozialer Medien mit einer hohen Anzahl an Followern
- zufriedene Bestandskunden mit einem besonderen Fachwissen

LERNFELD 6

- Journalisten
- Blogger
- Youtuber
- Prominente
- Experten
- Foren-Betreiber
- Sportler

Influencer sollen somit Einfluss auf die Bewertung und Beurteilung von Produkten und Marken nehmen. Hauptziel des Influencer-Marketings ist zunächst einmal also die Steigerung der Bekanntheit der Unternehmen bzw. der von ihnen vertriebenen Produkte und Marken. Durch entsprechende Verlinkung wird zudem das Ranking in Suchmaschinen verbessert. Nicht zuletzt färbt das positive Image der Influencer in ihren Communitys auf das Unternehmen ab.

> **DEFINITION**
>
> Ein **Follower** (dt.: Anhänger) folgt einer Unternehmensseite oder wie hier einer Person bzw. hat diese abonniert, um in der Folge sofort benachrichtigt zu werden, wenn neuer Content des Unternehmens/der Person verfügbar ist.

AUFGABEN

1. Was bedeutet Onlinemarketing?
2. Erläutern Sie den Begriff „Display Advertising".
3. Was ist ein Werbebanner?
4. Erläutern Sie die Ziele von Bannerwerbung.
5. Was ist die Customer Journey?

6. Erläutern Sie den Begriff „Lead".
7. Was versteht man unter dem Begriff „Banner Blindness"?
8. Wofür steht die Abkürzung „CTR"? Wie wird diese Zahl berechnet?
9. Bedeutet eine niedrige CTR, dass die Bannerwerbung sich nicht gelohnt hat? Erläutern Sie Ihre Antwort.
10. Von 3000 Nutzern, für die ein Banner sichtbar war, klickten 1 200 darauf. Wie hoch ist die CTR?
11. Beschreiben Sie den Begriff „Affiliate Marketing".
12. Was sind Online-Vertriebspartner?
13. Was sind Affiliates?
14. Nennen Sie drei Affiliate-Modelle.
15. Welche Ziele verfolgen Merchants und Affiliates?
16. Was ist Tracking?
17. Beschreiben Sie das Cookie-Tracking.
18. Erläutern Sie, was Targeting ist.
19. Geben Sie eine eigene Definition von Suchmaschinenoptimierung.
20. Welche Rankingfaktoren gibt es?
21. Welches Ziel verfolgt die Suchmaschinenoptimierung?
22. Erläutern Sie den Begriff „SEA".
23. Erklären Sie in Ihren eigenen Worten, was sich hinter dem Begriff „Social-Media-Marketing" verbirgt.
24. Nennen Sie mindestens vier Arten von Personen, die Influencer sein können.

LERNFELD 6

AKTIONEN

1. Erkunden Sie, welche Onlinemarketing-Maßnahmen Ihr Ausbildungsunternehmen anwendet.
2. Man versteht erst dann etwas richtig, wenn man versucht, es einem anderen zu erklären. Dies führt zu einer eigenen gründlichen Auseinandersetzung mit dem gerade behandelten Thema.
    a) Suchen Sie sich einen Partner.
    b) Lesen Sie noch einmal das gesamte Kapitel. Bei Verständnisproblemen fragen Sie ggf. Ihre Lehrerin/Ihren Lehrer.
    c) Fassen Sie die Inhalte des Kapitels mit Ihrem Partner in einer gemeinsamen Mindmap zusammen.

ZUSAMMENFASSUNG

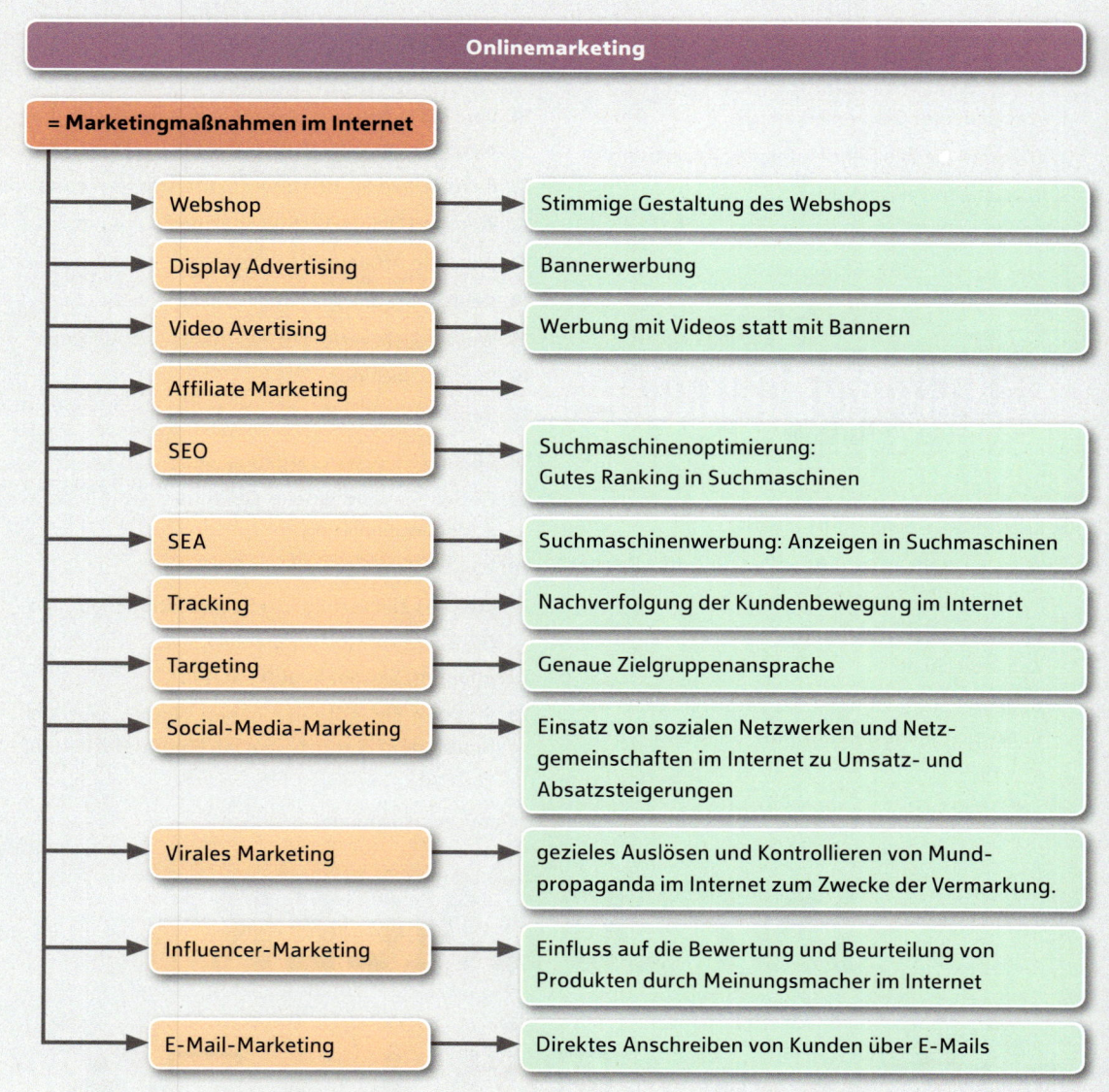

LERNFELD 6

KAPITEL 7
Kommunikationspolitik

Der Leiter der Abteilung Verkauf der Fairtext GmbH, Herr Raub, und Geschäftsführer Hahnenkamp haben sich vor dem Heimspiel „ihres" Teams mit dem Trainer der lokalen Fußballmannschaft unterhalten. Der Trainer gibt daraufhin folgende Anweisungen an seine Mannschaft:

1. Begründen Sie, warum die Textilgroßhandlung Fairtext GmbH im heimischen Waldstadion Bandenwerbung betreibt.
2. Schlagen Sie weitere Maßnahmen vor, die die beiden Gesellschafter, Herr Hahnenkamp und Frau Schröter, ergreifen sollten, um
   - ihren neu ins Sortiment aufgenommenen Artikel „Seidenbettwäsche" bei potenziellen Abnehmern bekannt zu machen,
   - seinen Verkauf zu fördern und

INFORMATIONEN

Voraussetzung für jede Kommunikation ist das Vorhandensein eines **Senders**, einer **Botschaft**, eines **Trägers** der Botschaft und eines **Empfängers**. Kommunikation kommt dann zustande, wenn vom Empfänger die Botschaft aufgenommen wird und er sich mit ihr auseinandersetzt. Die Rückmeldung (Feedback) an den Sender erfolgt in Form der anschließenden Reaktion des Empfängers, z. B. durch Käufe.

Die folgende Darstellung gibt den **Marketingkommunikationsprozess** vereinfacht wieder:

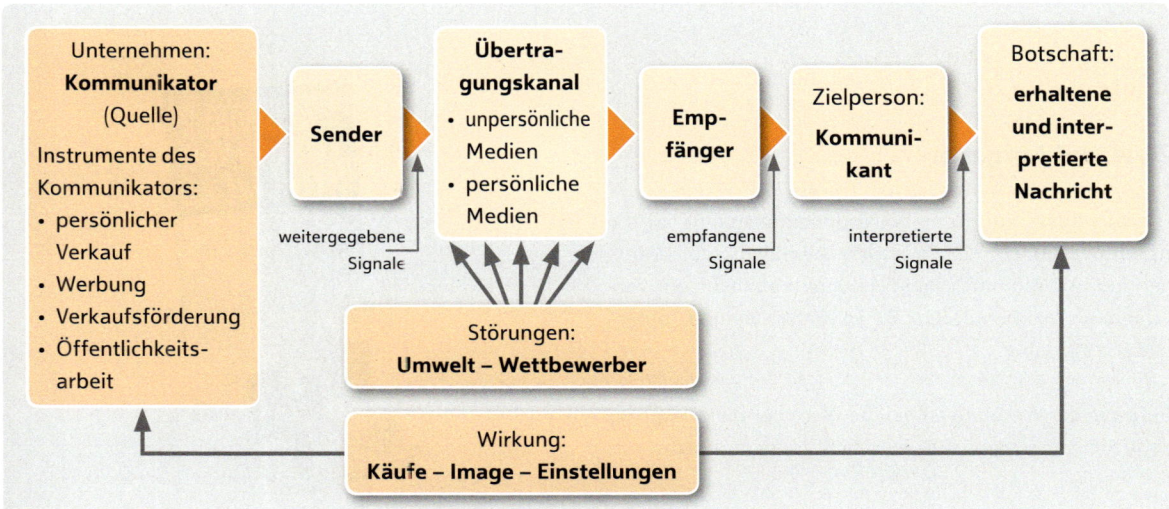

LERNFELD 6

Bei diesem **Prozess der Verständigung** untereinander sollte die folgende Kommunikationsformel berücksichtigt werden:
- **Wer** (z. B. Großhandelsunternehmen)
- **sagt was** (Botschaft)
- **über welchen Kanal** (Werbeträger, Außendienst)
- **zu wem** (Zielperson oder Zielgruppe)
- **mit welcher Wirkung** (Kommunikationserfolg, Käufer, Änderungen von Einstellungen, Auswirkungen auf das Unternehmensimage)?

Zur Kommunikationspolitik gehören sämtliche auf den Absatzmarkt gerichteten Informationsprozesse. Ziel dieser **Informationsprozesse** ist die Beeinflussung von Einstellungen und Erwartungshaltungen gegenüber der Ware und dem Unternehmen im Sinne der Unternehmensziele (z. B. Steigerung des Absatzes).

Dabei müssen Inhalt, Ausmaß, Zeitbezug und Zielgruppenbezug eindeutig festgelegt werden (= **Operationalisierung der Kommunikationsziele**).

DEFINITION

Marketingkommunikation ist die Verständigung des Unternehmens
- mit möglichen Kunden,
- mit der Öffentlichkeit und
- mit Unternehmensangehörigen.

BEISPIELE

- Verbesserung des Unternehmensimages durch Steigerung der Markenbekanntheit
- Steigerung des Umsatzes um 8 % innerhalb der nächsten 12 Monate im Marktsegment Seidenbettwäsche

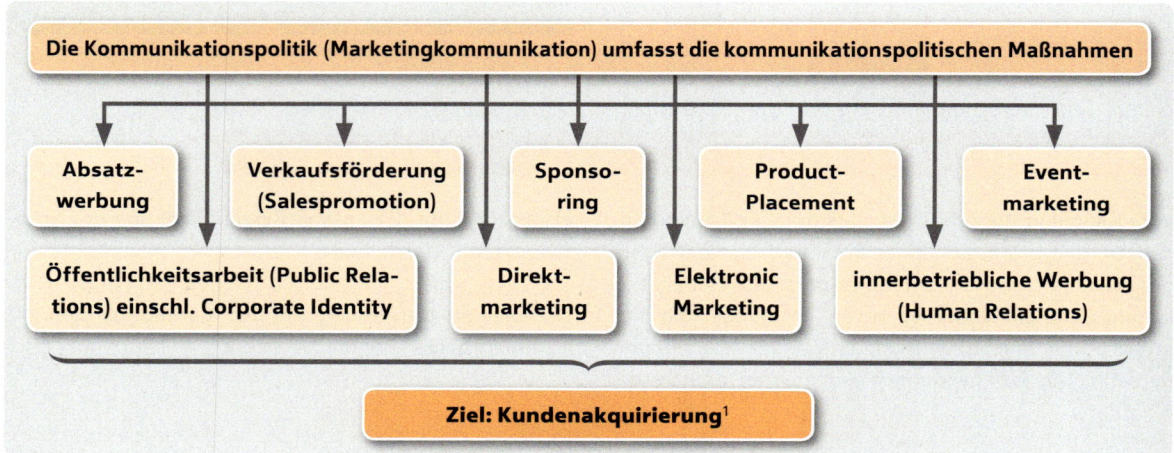

Absatzwerbung

Ziele und Aufgaben

Die wichtigste Form der Kommunikationspolitik ist die **Absatzwerbung**[2]. Mit ihrer Hilfe bemühen sich Unternehmen, Waren und Dienstleistungen abzusetzen. Verschiedene Werbemittel, z. B. Zeitungsanzeigen, unterstützen sie dabei.

Aufgabe der Werbung ist es, die Ware der Zielgruppe so nahezubringen, dass sie sie schließlich auch kauft.

---

[1] Akquisition (lat.) = Kundenwerbung

[2] In den weiteren Kapiteln 6.8, 6.10 und 6.11 wird die Absatzwerbung im Detail weiterbehandelt werden. Insofern sind diese Kapitel ebenfalls Bestandteil der Kommunikationspolitik.

LERNFELD 6

Die Werbung stellt die Verbindung zwischen Hersteller bzw. Händler und Zielgruppe (Käufersegment) her.

Ohne Werbung, die die Verwender über das breite Warenangebot unterrichtet, gäbe es keinen Massenabsatz und damit keine Massenproduktion.

Im Wirtschaftsleben hängt von den Kunden viel ab. Fragen sie längere Zeit nur wenig Waren und Dienstleistungen nach, dann gerät wegen des Nachfrageausfalls die gesamte Wirtschaft in Gefahr. Sind die Kunden hingegen ausgabefreudig, dann geht es dem Handel, der Konsumgüterindustrie und den Wirtschaftsbetrieben in anderen Branchen gut.

Aus diesem Grund setzen die Unternehmen alles daran, das Kundenverhalten zu erforschen und zu beeinflussen. Dabei spielt die **Werbung als absatzpolitisches Instrument** eine wichtige Rolle.

Sie ist für Hersteller wie Händler notwendig, um in einer auf Wettbewerb ausgerichteten Wirtschaft überleben zu können. Nicht umsonst gilt daher bei den Unternehmen das Motto: „Wer nicht wirbt, der stirbt!"

Sämtliche Ziele dienen letztlich dem Hauptziel der Absatzwerbung: der Anbahnung, Erhaltung und Förderung des Absatzes zur Maximierung des Gewinns.

Die Werbung hat ihr Ziel erreicht, wenn der Kunde die Ware gekauft hat. „Mit Absatzwerbung läuft nicht alles wie von selbst – doch ohne Absatzwerbung läuft gar

nichts!" ist eine weitverbreitete Erkenntnis in den Handelsunternehmen.

> **DEFINITION**
>
> **Absatzwerbung** ist die planmäßige Beeinflussung einer bestimmten Zielgruppe, um den Absatz bzw. die Nachfrage nach einer Ware oder Dienstleistung zu fördern, anzuregen oder hervorzurufen.

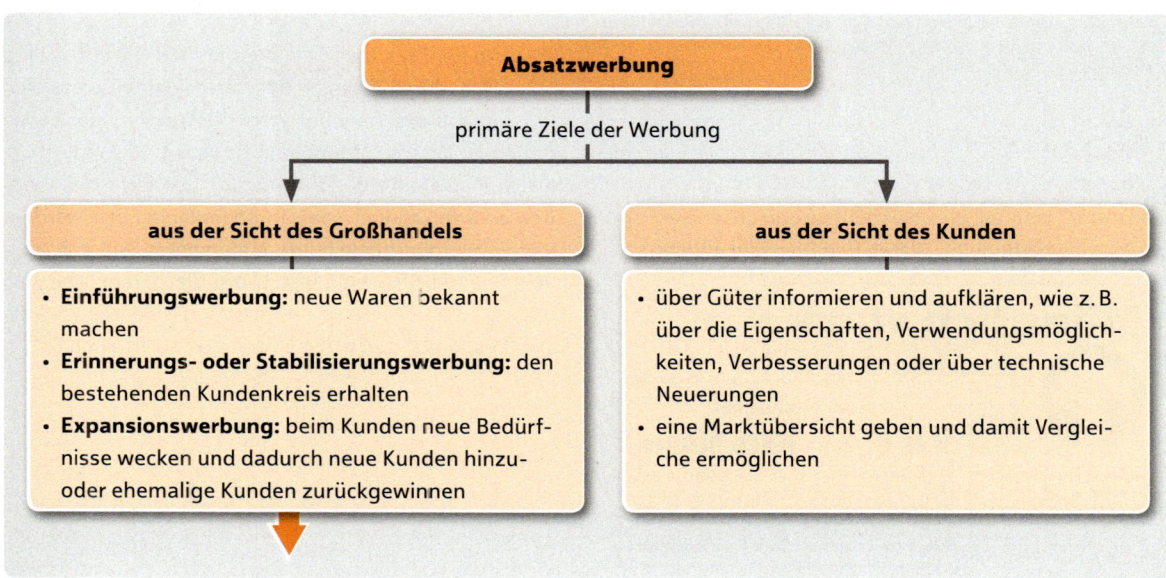

LERNFELD 6

- In erster Linie besteht das Interesse der **Einführungswerbung** darin, die neue Ware bekannt zu machen. Dabei soll gleichzeitig im Bewusstsein bzw. Unterbewusstsein der Konsumenten das Verlangen entstehen, dieses bestimmte Produkt zu kaufen. Sekundär ist es dabei, ob der Verbraucher den Artikel im weitesten Sinne benötigt oder nicht.
- Bei der **Expansionswerbung** soll mit Werbemaßnahmen der Umsatz erhöht bzw. der Marktanteil gesteigert werden. Dabei können Kunden, die das Produkt bereits kennen und kaufen, dazu angeregt werden, mehr zu bestellen. Auch neue Kunden können geworben werden. Dabei sind in der Regel neue Verwendungszwecke aufzuzeigen.
- Die **Erhaltungswerbung (Erinnerungswerbung)** ist vor allem bei rückläufiger Konjunktur von Bedeutung. Im Vordergrund stehen die Erhaltung des bisherigen Bekanntheitsgrades und die Tatsache, dass der Marktanteil nicht absinkt, sondern ebenfalls erhalten bleiben soll.

Wer gibt am meisten aus?
Top 10 Branchen

Platz	Branche	Werbeausgaben	Veränderung
1.	Lebensmitteleinzelhandel	1,77 Milliarden Euro	8,6 Prozent
2.	Online-Dienstleistungen	1,67	2,6
3.	Pkw	1,62	–4,8
4.	Arzneimittel	1,48	4,7
5.	Unternehmens-Werbung**	1,19	11,5
6.	Süßwaren	0,88	–7,1
7.	Möbel/Einrichtung	0,77	–6,6
8.	Versicherungen	0,64	32,2
9.	Lotterien/Lotto + Toto	0,52	–15,7
10.	Mobilnetz	0,46	3,3

**produktunspezifisch

Quelle: Thieme, Thomas: Werbung: Diese Marken und Branchen geben am meisten aus. In: absatzwirtschaft.de. 24.01.2020. https://www.absatzwirtschaft.de/die-konzerne-und-branchen-mit-den-hoechsten-werbeausgaben-169751/ [15.09.2020].

Reklame

Reklame ist zum Teil die übertriebene und unseriöse Form der Massenwerbung für Waren und Dienstleistungen.

Direktmarketing

1. Wesen

DEFINITION

Als **Direktmarketing** (auch Dialogmarketing oder Direct-Response-Werbung) wird jede Werbemaßnahme bezeichnet, die eine **persönliche Ansprache des möglichen Kunden** mit der Aufforderung zur Antwort enthält und sich durch eine deutlich hervorgehobene Responsemöglichkeit von der einfachen Direktwerbung unterscheidet.

Im Unterschied zur Direktwerbung wird im Direktmarketing die Möglichkeit, sich mit dem Unternehmen in Verbindung zu setzen, aktiv verstärkt.

In der Praxis wird ein Werbemittel wie ein Mailing z. B. durch Beilagen oder aufgeklebte Giveaways, durch das Angebot von Verlosungen oder Einladungen zu Veranstaltungen aufgewertet. Besonders exklusive Papiersorten, Kartonagen, Sonderfarben oder Theaterkarten können vom Großhändler genutzt werden. Oder es werden begleitende Maßnahmen wie z. B. eine nachfolgende SMS eingesetzt, um die persönliche Ansprache zu intensivieren und die Möglichkeit einer Antwort (Response) durch den Empfänger zu erhöhen.

LERNFELD 6

Die persönliche Ansprache ist ein wirkungsvolles Element in Vertrieb und Service. Im Gespräch kann besser auf Kundenfragen eingegangen, argumentiert und überzeugt werden als z. B. im Dialog eines Mailings mit Responseabschnitt zur Rücksendung. Dies zeigt sich an deutlich höheren Bestellquoten im Vergleich zum klassischen Mailing (Werbebrief). Darüber hinaus können Streuverluste minimiert werden.

Andererseits liegen die Kosten pro Kontakt mehrfach über denen eines Werbebriefes mit einfacher Ausstattung. Hochwertige Mailings kosten mitunter jedoch mehr als ein Anruf.

Einsatzmöglichkeiten des Direktmarketings sind häufig:
- Kundeninformation zu Produktneuheiten
- Aktivierung von Altkunden
- Kundenrückgewinnung
- Telefonverkauf
- Terminvereinbarung für den Außendienst

3. Stärken des Direktmarketings

Durch die Möglichkeit der Unterscheidung der Kunden (von einem „Starkunden" bis zu einem „Verzichtskunden") kann der Großhändler eine Werbemaßnahme für jeden Kunden individuell gestalten. So rechtfertigt ein „Starkunde", der ein hohes Umsatz- und Gewinnpotenzial sowie beste Wachstumsaussichten aufweist, einen hohen Marketingaufwand.

Dies kann z. B. geschehen durch:
- intensive Kundenbetreuung, und zwar vor, beim und nach dem Kauf
- bevorzugte Lieferung
- Berücksichtigung von Sonderwünschen

Einen sogenannten „Verzichtskunden", der durch ein geringes Umsatzpotenzial und geringe Wachstumsaussichten gekennzeichnet ist, sollte man besser aufgeben, da er meist schon einen negativen Deckungsbeitrag aufweist.

Weiterhin werden Kundenbeziehungen aufgebaut, die zur Kundentreue und letztlich zu einer engen Kundenbindung führen sollen. Stammkunden erwirtschaften nach wie vor die meisten Umsätze. So ist es bis zu siebenmal leichter, einen Stammkunden zum Kauf zu bewegen, als

Ein besonders häufig genutztes Instrument im Direktmarketing ist das **Callcenter**[1]. Im persönlichen Telefongespräch erhält das Großhandelsunternehmen zusätzlich Informationen über den Kunden und seine Präferenzen.

> **DEFINITION**
>
> Als **Telefonverkauf**[2] (auch Telefonmarketing bzw. Telemarketing) wird eine Form des Verkaufs bezeichnet, bei der die Akquisition, die Beratung und der Vertragsabschluss in Teilschritten oder komplett per Telefon vorgenommen werden.

2. Nutzen

Der Nutzen des Telefonverkaufs besteht in den geringen Kosten gegenüber dem persönlichen Besuch bei den Kunden. Aus Kostengesichtspunkten ist der Telefonverkauf zwischen dem aufwendigen Außendienstverkauf einerseits und dem Versenden von Printwerbung zur Erzielung eines Vertragsabschlusses andererseits einzuordnen.

---

[1] Als Callcenter wird ein Unternehmen oder eine Organisationseinheit bezeichnet, in dem Marktkontakte telefonisch hergestellt werden.
[2] Die rechtliche Beurteilung der Telefonwerbung wird im Kap. 6.9 ausführlich behandelt.

einen neuen Kunden für sich zu gewinnen. Daher hat das Direktmarketing nicht nur für die Gewinnung von Neukunden Vorteile, sondern dient vor allem dem Ziel, Stammkunden eng an das Unternehmen zu binden.

Diese Kundennähe und die Kundenzufriedenheit haben weiterhin positive Abstrahlungseffekte auf dem Markt. Vor allem mit der **Direct-Response-Werbung** ist es möglich, neue Zielgruppen zu erschließen, da der Empfänger einer Werbebotschaft sein Interesse damit bekundet, dass er auf die Werbebotschaft reagiert. Die dadurch gewonnenen Daten können wiederum in weiteren Aktionen verwendet werden, um Werbemaßnahmen individueller zu gestalten.

Die **individuelle Kontaktansprache** vermindert insbesondere die Streuverluste der eingesetzten Werbemittel und führt somit zu einer **Gewinnverbesserung** aufgrund der Kostensenkungspotenziale. Das Direktmarketing erlaubt dem Großhändler insofern einen effizienteren Einsatz seiner finanziellen Mittel.

Öffentlichkeitsarbeit (Public Relations)

> **Was ist PR?**
>
> „Wenn ein junger Mann ein junges Mädchen kennenlernt und ihr sagt, was für ein großartiger Kerl er ist, so ist das **Reklame.** Wenn er ihr sagt, wie reizend sie aussieht, so ist das **Werbung.** Aber wenn das Mädchen sich für ihn entscheidet, weil sie von anderen gehört hat, was für ein feiner Mensch er sei, dann ist das **Public Relations.**"
>
> Alwin Münchmeyer, Privatbankier

Beziehen sich die kommunikationspolitischen Maßnahmen nicht auf eine bestimmte Ware, sondern auf das Unternehmen als Ganzes, auf die Pflege der Beziehungen zur Öffentlichkeit, so spricht man von **Öffentlichkeitsarbeit**. Dabei will man Vertrauen gewinnen, Sympathien erzeugen und allgemein ein positives Image aufbauen. Geworben wird um die positive Meinung der Öffentlichkeit.

> **DEFINITION**
>
> Unter **Öffentlichkeitsarbeit** sind sämtliche Maßnahmen zu verstehen, die ein Unternehmen ergreift, um **sein Ansehen in der Öffentlichkeit zu pflegen oder zu verbessern.** Man nennt diese entsprechenden Maßnahmen auch **Imagepflege**.

Angesprochen werden sollen mithilfe der Öffentlichkeitsarbeit nicht nur die Kunden, sondern alle, die in irgendeiner Verbindung zum Unternehmen stehen, wie z. B. Geschäftspartner, Kapitalgeber, Behörden, Parteien, Regierungen, Gewerkschaften, Massenmedien usw.

Öffentlichkeitsarbeit wird nicht nur von einzelnen Unternehmen, sondern ebenso für einzelne Wirtschaftszweige insgesamt betrieben, z. B. von den Großhandelsverbänden oder der chemischen Industrie.

Mittel der Public-Relations-Politik sind u. a.

- allgemeine und spezielle Informationen an Journalisten von Presse, Rundfunk und Fernsehen,
- Interviews,
- Pressekonferenzen,
- PR-Anzeigen,
- Broschüren und Zeitschriften,
- Geschäftsberichte,
- Wettbewerbe,
- Modenschauen,
- Informationsabende,
- Betriebsbesichtigungen („Tag der offenen Tür"),

- Mitwirkung des Unternehmers in Vereinen und Verbänden,
- Förderung des Gemeinwohls, z. B. durch Spenden und Stiftungen,
- Internetforen,
- Twitter-/Facebookauftritt.

Eng verwandt mit Public Relations ist das Sponsoring.

Sponsoring

Sponsoring bietet die Gelegenheit, durch Förderung geeigneter Personen, von Vereinen oder Organisationen den Bekanntheitsgrad des Unternehmens zu steigern sowie die Produkt- und/oder Imageziele des Unternehmens zu gestalten (Marketing by Sponsoring).

Herr Hahnenkamp, Geschäftsführer der Fairtext GmbH, gemeinsam mit einer Politikerin bei der Einweihung eines neuen Kindergartens in Hannover, an dessen Finanzierung die Fairtext GmbH maßgeblich beteiligt war.

Ein entsprechender Bericht erschien in der lokalen Presse sowie in der Verbandszeitschrift des Groß- und Außenhandels.

BEISPIELE FÜR SPONSORINGBEREICHE

Kultursponsoring:
Musikveranstaltungen, Kunstausstellungen, Tourneen von Musikgruppen

Sportsponsoring:
Sportvereine, Sportler, Mannschaften

Sozialsponsoring:
Bildung, Wissenschaft, karitative Einrichtungen

Umweltsponsoring:
ökologische Aktionen, Stiftungen und Vereine

Beim Sponsoring herrscht das Prinzip von Leistung und Gegenleistung. Als Gegenleistung wird von der gesponserten Partei das Firmenlogo oder die Werbung des Sponsors in der Öffentlichkeit gezeigt (z. B. über Trikotwerbung). Bezweckt wird damit eine psychologische Übertragung des positiven Bildes, das die Öffentlichkeit vom Gesponserten hat, auf den Sponsor selbst.

Weitere mögliche Gegenleistungen für Kunden oder Mitarbeiter des Sponsors: verbilligte oder Gratiseintritte, Zugang zu Schlüsselpersonen, VIP-Boxen u. Ä., Spezialanlässe usw. Letztlich ist Sponsoring in allen Bereichen der Kommunikationspolitik einsetzbar.

Ziele der Sponsoringmaßnahmen:
- Erhöhung des Bekanntheitsgrades
- Gestaltung und/oder Verbesserung des Unternehmensimages
- Kontakte zu bestimmten Zielgruppen

Corporate Identity (CI)

Voraussetzung für erfolgreiche PR-Maßnahmen ist eine klare **Corporate-Identity-Politik,** die als Weiterentwicklung des Public-Relations-Gedankens gesehen werden kann.

DEFINITION

Die **Corporate-Identity-Politik** soll ein unverwechselbares Bild vom Unternehmen vermitteln und damit das Unternehmensimage verbessern.

Ziel der Corporate Identity nach außen ist die Profilierung des Unternehmens, um den steigenden Anforderungen des Marktes zu begegnen.

Gestaltungsmöglichkeiten sind:
- Corporate Design (Firmenlogo, Farbe, Schrift),
- Corporate Communications (z. B. Image-Slogans) und
- Corporate Behaviour (Führung, Konferenzstil, Umgangston) (Anm.: Die Gestaltungsmöglichkeiten sind ausführlich auf der nächsten Seite in einer Übersicht zusammengestellt).

Aus dem Unternehmen selbst wird ein unverwechselbarer Markenartikel. CI wendet sich sowohl an Mitarbeiter und Gesellschafter als auch an Kunden, Absatzmittler, Banken, politische Gruppen, Vereine, Gewerkschaften usw.

BEISPIEL

Eine die absatzpolitischen Überlegungen übergreifende Maßnahme kann der getrennte Einsatz der beiden folgenden werblichen Entwürfe sein, die eine Werbeagentur für die Spindler KG erstellt hat. Sie sollen – wann immer es angebracht erscheint – eine konkrete produkt-

LERNFELD 6

bezogene Maßnahme begleiten oder aber auch für sich allein ohne Produktbegleitung im Rahmen der Kommunikationspolitik/Corporate-Identity-Politik eingesetzt werden.

Diese Entwürfe machen bewusst keine produktbezogenen Aussagen und sind daher für sämtliche Warengruppen der Textilgroßhandlung verwendbar.

Der Einsatz der Entwürfe soll nach der Vorstellung der Werbeagentur bei den potenziellen Spindler-KG-Kunden den Eindruck vermitteln, dass die Spindler KG ein Synonym ist für **Verständnis, Einfühlungsvermögen** und **Zuverlässigkeit**. Dies soll letztlich ein **unverwechselbares Bild** von der Textilgroßhandlung vermitteln und damit das Unternehmensimage erhöhen.

Entwurf 1

Kombinieren Sie niedrige Preise mit hoher Qualität!
Fairtext GmbH!

Entwurf 2

Wir haben die **einfachste Lösung** Ihres Problems!

Fairtext GmbH!
vergleichen – kaufen – sparen

Der zweite Entwurf überzeugte die Verantwortlichen der Fairtext GmbH deshalb, weil „Das Ei des Kolumbus" sprichwörtlich für die **einfache Lösung eines Problems** steht: Man muss nur die richtige Idee haben.

Corporate Communications (Kommunikation)	Im Rahmen der Kommunikationsstrategie werden die einzelnen Instrumente der Kommunikationspolitik aufeinander abgestimmt (= Kommunikationsmix). Sie soll nach außen hin wirken, indem sie ein **einheitliches** Erscheinungsbild darstellt und gleichzeitig eine höhere Kundenakzeptanz erzielt.
Corporate Design (Erscheinungsbild)	= Optische Umsetzung durch **einheitliche** visuelle Gestaltungselemente. Im Rahmen eines CI-Konzepts liefert die visuelle Erscheinung erste Impulse zur Wahrnehmung einer Unternehmensidentität. Das Corporate Design wird geprägt von gleichbleibenden Gestaltungselementen wie dem **Logo**, den **Hausfarben**, der **Hausschrift**, der **typografisch gestalteten Form des Slogans** sowie den **stilistischen Soll-Vorgaben** für Abbildungen, Fotos und andere Illustrationselemente. Diese Konstanten bestimmen das Design aller visuellen Äußerungen des Unternehmens: der Produkte und ihrer Verpackung, der Kommunikationsmittel, der Architektur und weiterer Sonderbereiche wie des Fotodesigns, der Beschilderung, der Gebäudebeschriftung und mitunter sogar der Arbeitskleidung.  *CI eines Unternehmens*
Corporate Behaviour (Verhalten)	= **Einheitliches** Verhalten der Mitarbeiter Firmenverhalten zeigt sich unter anderem darin, • wie Mitarbeiter miteinander und mit Kunden und Lieferanten umgehen (Personenverhalten), • wie Konflikte gelöst werden, • wie auf Probleme reagiert wird, • wie viel Offenheit und Vertrauen im Umgang mit der Öffentlichkeit vorherrscht (Medienverhalten). Zu beurteilen ist auch das Verhalten des Unternehmens gegenüber seinen Mitarbeitern, also der **Führungsstil**, nach welchen Kriterien das Personal eingestellt und befördert wird, die Ausbildung und Mitarbeiterförderung, die Lohnpolitik und die Sozialleistungen (instrumentales Unternehmensverhalten).

Verkaufsförderung (Salespromotion)

Salespromotion ist allgemein ein Oberbegriff für verschiedene, den Absatz fördernde Instrumente.

Als Verkaufsförderung werden alle Maßnahmen angesehen, die die Erlebnisqualität steigern, also am Ort des Verkaufs bzw. Kaufs (**Point of Sale**) eingesetzt werden

Maßnahmen der Verkaufsförderung gehen über die eigentliche Absatzwerbung hinaus, da sie z. B. auch Elemente wie Preispolitik und Service enthalten. Insofern unterstützt Verkaufsförderung die Werbung in den Massenmedien sowie die Arbeit des Verkaufspersonals (der Außendienstmitarbeiter und der Verkäufer im Handel).

Verkaufsfördernde Maßnahmen

mit Zielrichtung

Einzelhandel
- Kooperation bei der Werbung (Überlassung von Displaymaterial, Zuschüsse zu den Werbekosten)
- besondere Nachlässe
- Prämien
- Schulungen
- Werbegeschenke
- Messen, Musterschauen, Demonstrationen
- Kundendienst, Informationsdienste
- Händlerzeitschriften
- Schaufensterwettbewerbe
- Kalkulationshilfen

Verbraucher
(relevant insbesondere für den Konsumgütergroßhandel)
- Preisausschreiben
- Centaktion
- Aktion mit Prominenten
- Gutscheinaktionen
- Ballonwettflug
- erlaubte Zugaben
- Sonderangebote
- Zweitplatzierungen
- Lautsprecherdurchsagen
- Hinweisschilder / Plakate
- günstige Warenplatzierung
- ansprechende Gestaltung der Verkaufsräume/Schaufenster
- Suchaktionen
- Kostprobenverteilung (Sampling-Aktionen)
- Selfliquidating Offers (z. B. Verkauf von Büchern zum Selbstkostenpreis bei Kaffeegeschäften; durch das Angebot eines Zweitartikels wird die Nachfrage nach Röstkaffee erhöht)
- Contests: Teilnahmescheine am Produkt, in dessen Nähe oder in Anzeigen. Konsumenten müssen sich durch eine bestimmte Leistung für die Teilnahme an der Verlosung qualifizieren.
- Verbundpromotion: Mehrere, teilweise verschiedenartige Produkte werden unter einem „verbindenden" Thema zusammengefasst.
- Gütesiegel
- Produktempfehlungen
- Kundenbewertungen

Verkaufspersonal
- Verkaufswettbewerbe
- Prämien für besondere Leistungen
- Besichtigungsfahrten zum Hersteller
- eigene Verkäuferschulungen, z.B. Schulung der Verkaufstechnik und Vermittlung von Fachwissen bei beratungsintensiven Waren, z.B. Computern
- zusätzliches schriftliches Informationsmaterial: Prospekte und Kataloge, Handbücher, Bedienungsanleitungen, Proben und Muster

LERNFELD 6

Im Gegensatz zur klassischen Absatzwerbung ist die Verkaufsförderung **kurzfristig,** d.h. taktisch, und auf eine **spezifische Situation ausgerichtet.**

> **DEFINITION**
>
> Unter **Verkaufsförderung** sind alle Maßnahmen des Großhändlers zu verstehen, die seine Absatzbemühungen unterstützen.

Durch verkaufsfördernde Maßnahmen lässt sich der Warenverkauf allgemein nachhaltig beeinflussen. Stets soll zum **Impulskauf** angeregt werden. Er kann dazu beitragen, den Umsatz zu steigern und die Marktposition des Herstellers bzw. Großhändlers zu verbessern.

> **BEISPIELE**
>
> Für die Einführung einer neuen Kosmetikserie werden von einem Großhandelsunternehmen folgende Maßnahmen am Point of Sale vorgesehen: attraktive Ständer mit großen Postern zur Präsentation der Ware, eine kostenlose Beratung, die Ausgabe von Proben und Autogrammstunden mit dem weiblichen Star einer Fernsehserie.
>
> Contest: Konsumenten müssen sich durch eine bestimmte Leistung für die Teilnahme an der Verlosung qualifizieren.
>
> Das Ziel der Aktion ist die Erhöhung des Produktinteresses durch produktbezogene Aufgabenstellung.

Persönlicher Verkauf

Großhandelsunternehmen stehen in den letzten Jahren vor immer größeren wirtschaftlichen Herausforderungen: zunehmender Wettbewerbsdruck, Ausschaltungs- oder Umgehungsgefahren und steigende Mobilität weiter Kundenkreise. Hinzu kommt, dass bei sehr vielen Waren aufgrund der Marktsättigung mit sehr geringen Spannen kalkuliert wird (Preisdruck). Das hat zur Folge, dass oftmals Preisgleichheit besteht.

Aus diesen Veränderungen ergibt sich für den Großhändler zwangsläufig, sich auf das Beziehungsmanagement auszurichten und auf die Bindung ausgewählter Kunden zu fokussieren, um das eigene Überleben am Markt langfristig sicherstellen zu können.

Es sind dann häufig die persönlichen **Kontakte,** die darüber entscheiden, welcher Anbieter den Auftrag erhält.

> **DEFINITION**
>
> Beim **persönlichen Verkauf** versucht das Großhandelsunternehmen, potenzielle Kunden durch direkte Kommunikation von der Leistungsfähigkeit seines Angebots so zu überzeugen, dass sie bereit sind, die angebotene Ware zu kaufen. Zu diesem Zweck werden mit möglichen Kunden Verkaufsgespräche geführt.

Das **Verkaufsgespräch** in den Geschäftsräumen bringt für das Handelsunternehmen den effektivsten Werbeerfolg. Mithilfe der Sprache informiert und berät die Verkaufskraft den Kunden. Dabei kann der Gesprächspartner überzeugt und zum Kaufabschluss geführt werden.

Mit dem erfolgreich geführten Verkaufsgespräch können die verschiedenen Elemente einer Werbebotschaft besser als mit jedem Werbebrief oder Katalog an den potenziellen Kunden herangetragen werden.

Das Verkaufsgespräch gliedert sich in:
- Vorbereitungsphase
- Kontaktphase
- Gesprächseröffnungsphase
- Argumentationsphase
- Abschlussphase
- Nachabschlussphase

Eventmarketing

> **DEFINITION**
>
> Unter **Events** versteht man Veranstaltungen oder Ereignisse, die von Unternehmen gezielt zur Kommunikation eingesetzt werden.

Imagegewinn heißt das Ziel, das Unternehmen mit diesen Veranstaltungen verknüpfen.

Im Mittelpunkt steht beim Eventmarketing die **direkte** Kommunikation mit der Zielgruppe.

Emotionen werden bei dieser **zielgruppengerechten Veranstaltung** über alle Sinne angesprochen. Inhalte werden emotional erlebbar gemacht und auf diese Weise viel nachhaltiger und wirksamer vermittelt, als andere absatzpolitische Maßnahmen das können.

BEISPIEL

Über Publikumsaktionen, Ausstellungen, Konzerte, Shows, Modenschauen, Messen, Außendienstkonferenzen, Pressekonferenzen, Verkaufspräsentationen, Sport- und Kulturveranstaltungen oder Volksfeste sollen die eigenen Produkte oder Dienstleistungen sowie der Firmenname bei den Gästen nachhaltig in Erinnerung bleiben (= **erlebnisorientierte Kommunikation**).

Eine interessant gestaltete Modenschau mit After-Show-Verköstigung und exzellent geschultem Personal kann den Kunden ein echtes Erlebnis bieten.

Rund 40 Prozent der Bevölkerung lassen sich von Events (Großereignissen) begeistern. 19 Prozent der Menschen interessieren sich für Modeschauen, unter der weiblichen Bevölkerung sogar 31 Prozent. Die Männer zieht es eher zu Sportereignissen. Insgesamt führen herausragende Sportveranstaltungen die Liste der Events an, gefolgt von großen Volksfesten wie z. B. das Oktoberfest, Rock- und Popfestivals und Theaterpremieren.

Die klassischen Kommunikationsaufgaben des Eventmarketings lauten: **Information – Emotion – Aktion – Motivation.**

Erst diese Mischung macht das Eventmarketing wirksam und bedeutsam. Dabei stehen die folgenden Ziele im Vordergrund:
- Imagebildung und -förderung
- Schaffung und Steigerung des Bekanntheitsgrades des Unternehmens und seiner Leistungen
- aktive Ansprache der Zielgruppe und dadurch Verbesserung des Dialogs
- Schaffung einer einmaligen Erlebnissituation
- Gewinnung neuer Kunden

Events ersetzen nicht klassische Werbung und Public Relations. Die Abstimmung im Rahmen des Kommunikationsmix sowie mit dem Gesamtmarketing-Konzept des Unternehmens ist unbedingt erforderlich.

Product-Placement

DEFINITION

Product-Placement bedeutet die Integration des Namens, des Produkts, der Verpackung, der Dienstleistung oder des Logos eines **Markenartikels** oder eines Unternehmens in den Massenmedien.

Die Platzierung ist so geschickt in den Handlungsablauf eingebaut, dass der Zuschauer die werbende Absicht nicht mehr erkennt oder als störend empfindet.

Die Möglichkeiten reichen von Film und Fernsehen (Videoclips, Spielfilme usw.) über Veranstaltungen (u.a. Theateraufführungen, Kinofilme) bis zum redaktionellen Teil von Zeitungen.

Product-Placement umgeht somit die Positionierung des Produkts im bezahlten Anzeigenraum. Als Entgelt wird in den meisten Fällen ein Produktionskostenzuschuss von der Privatwirtschaft gezahlt. Damit kann ein Teil der horrenden Produktionskosten schon abgedeckt werden, bevor z. B. ein Film in den Kinos oder im Fernsehen anläuft.

Innerbetriebliche Werbung (Human Relations)

Die beste PR-Arbeit wird erfolglos bleiben, wenn das Betriebsklima schlecht ist.

Die innerbetriebliche Werbung wendet sich daher an die Belegschaft des Unternehmens. Im Mittelpunkt stehen Maßnahmen zur Verbesserung der internen Kommunikation, um den Informationsaustausch und die Kommunikation mit den Mitarbeitern zu fördern.

DEFINITION

Human Relations[1] bezeichnen die Pflege und Gestaltung zwischenmenschlicher, interner Beziehungen in einem Unternehmen.

Das Ziel ist es, gute zwischenmenschliche Beziehungen im Unternehmen zu schaffen und zu pflegen, sodass das Betriebsklima und damit die Arbeitsfreude und die Arbeitsleistung positiv gefördert werden. Denn schon

LERNFELD 6

längst haben die Unternehmen die Bedeutung funktionierender Sozialbeziehungen erkannt: Identifikation, Motivation und Kooperationsbereitschaft der Mitarbeiter lassen sie zu glaubwürdigen Multiplikatoren außerhalb des Unternehmens werden.

> **BEISPIEL**
>
> Die Geschäftsführung der Fairtext GmbH möchte ihre Mitarbeiterinnen und Mitarbeiter an sich binden und zu besonderer Leistung motivieren. Sie gibt eine interne Zeitschrift heraus, in der Werksangehörige im Mittelpunkt stehen: Berichte über Einzelne und ihre Arbeit, Erfolge der Betriebsfußballmannschaft, interessante Hobbys und private Nachrichten.

Da eine positive Einstellung der Mitarbeiter zu ihrem Unternehmen in den Familien- und Bekanntenkreis hineingetragen wird, kann eine erfolgreiche Human-Relations-Politik zu einem weiteren Imagegewinn des Unternehmens führen.

Mittel und Maßnahmen sind u. a.:
- soziale Fürsorge für Betriebsangehörige, wie z. B. Werkskindergarten, Sporteinrichtungen, werkseigene Erholungsheime
- Werkszeitungen mit Berichten und Informationen über Probleme des Unternehmens und der Belegschaft, Maßnahmen der Unternehmensleitung, Jubiläen, Familienereignisse
- Vorschlagssysteme für Verbesserungsvorschläge, wie z. B. Gestaltung des Arbeitsablaufs, des Arbeitsplatzes
- Werksfilme
- Betriebsfeste
- Betriebsausflüge
- Sportveranstaltungen

Beim Versuch, die einzelnen Kommunikationsmaßnahmen optimal zu kombinieren (= Kommunikationsmix), kommt es immer darauf an, die jeweilige Marktsituation zu berücksichtigen.

Kommunikationsmix

> **DEFINITION**
>
> **Kommunikationsmix** ist der **abgestimmte Einsatz** aller kommunikationspolitischen Maßnahmen.

> **BEISPIEL**
>
> Ein Großhandelsunternehmen für Reitsportartikel möchte sich als Experte für die Beziehung „Mensch – Pferd" darstellen. Alle Werbemaßnahmen laufen unter dem Slogan „Sie – Ihr Pferd – und WIR". In ausgewählten Sportfachgeschäften werden Infotheken für Reitsportfreunde eingerichtet, eine Spende für die Olympia-Reitmannschaft wird groß herausgestellt und die Mitarbeiterinnen und Mitarbeiter erhalten einen kostenfreien Reitkurs. Darüber hinaus präsentiert sich das Unternehmen auf der Ausstellung „Pferd & Jagd".

Zug für Zug zu besseren Umsatzzahlen! Kluge Großhändler überlegen sich eine langfristige Kommunikationsstrategie, die sie dann diszipliniert mithilfe des Kommunikationsmix umsetzen.

Merkmale des traditionellen Marketingkommunikations-Mix

Merkmal Kommunikationsinstrument	Ziel (primär) (1)	Zielgruppe (2)	Kommunikationsträger (3)	Wirkungs-dauer (4)
Werbung	Posititve Beeinflussung des Kaufverhaltens der Zielpersonen	Genau definierte Zielgruppen, Zielpersonen, Marktsegmente usw.	Zeitungen, Zeitschriften, Fernsehen, Hörfunk, Anschlagflächen, Adressbücher	kurzfristig – mittelfristig

LERNFELD 6

Merkmal Kommuni- kationsinstrument	Ziel (primär) (1)	Zielgruppe (2)	Kommunikationsträger (3)	Wirkungs- dauer (4)
Verkaufsförderung	Förderung der Verkaufs-aktivitäten der eigenen Verkaufsorganisation und des Handels	Eigene Verkaufsorgani-sation, Handel, Konsu-menten	Messen, Ausstellungen, Verkäuferschulungen, Preisausschreiben, Verkaufswettbewerbe, Produktproben, Zeitschriften, Informationsmaterial	kurzfristig
Persönlicher Verkauf	Erzielung von Verkaufs-abschlüssen, Information	Potenzielle Abnehmer, Kunden, Interessenten	Eigene Außendienstorgani-sation, Handelsvertreter	kurzfristig
Öffentlichkeitsarbeit	Aufbau und Pflege eines in der Öffentlichkeit positiv wirkenden Images	Gesamte Öffentlichkeit oder Teilöffentlichkeiten	Zeitungen, Zeitschriften, Fernsehen, Hörfunk, Veranstaltungen, Pressekonferenzen, Personen	langfristig

Quelle: Weil, Hans-Christian: Marketing. 11. Auflage. Herne: Kiehl 1999, Seite 501.

AUFGABEN

1. Was verstehen Sie unter Absatzwerbung?
2. Welche Aufgabe hat die Werbung
    a) aus der Sicht des Verbrauchers,
    b) aus der Sicht des Großhändlers?
3. Ordnen Sie jeweils nur ein Beispiel den absatz-politischen Zielen zu:
    a) Erinnerungswerbung,
    b) Einführungswerbung und
    c) Expansionswerbung.
    Beispiele:
    I. Umfangreiche Werbemaßnahmen, um neue Waren und/oder Dienstleistungen bekannt zu machen.
    II. Verstärkte Werbemaßnahmen, um zusätzliche Käufer (von der Konkurrenz) zu gewinnen.
    III. Gelegentlich durchgeführte Werbeaktionen, um Leistungen eines Unternehmens bei bestehendem Kundenkreis und früheren Kunden im Bewusstsein zu erhalten.
4. Wann hat die Werbung ihr Ziel erreicht?
5. Welches vorrangige Ziel verfolgt die Absatz-werbung?
    a) Werbung soll ein Unternehmen in der Öffentlichkeit bekannt machen.
    b) Werbung soll das Ansehen des Unternehmens verbessern.
    c) Durch Werbung sollen Waren und Dienstleistungen eines Unternehmens bekannt und begehrenswert gemacht werden.
    d) Ziel der Werbung ist es, den Kunden zu beraten und zu informieren.
6. Ein Absatzgroßhändler führt Verkäuferschulungen für seine Einzelhandelskunden durch. Um welches Instrument handelt es sich?
7. Nennen Sie Zielgruppen für Public Relations.
8. Erklären Sie den Unterschied zwischen Produkt-werbung und Öffentlichkeitsarbeit.
9. Entscheiden Sie, welche Art Werbung (Absatz-werbung, Public Relations, Verkaufsförderung) vorliegt.
    a) Im Supermarkt werden Käsehäppchen als Proben an Kunden verteilt.
    b) Im Central-Kino werden Werbedias ortsansäs-siger Geschäfte vorgeführt.
    c) Ein Großhändler lässt an Einzelhändler in der Innenstadt Handzettel verteilen.
    d) Eine Textilgroßhandlung lädt zu einer Moden-schau ein.
    e) Ein Bräunungsstudio verschickt Werbebriefe an Stammkunden.
10. Nennen Sie geeignete Public-Relations-Maßnah-men für folgende Zielgruppen:
    a) Kinder
    b) Lieferanten
    c) Kunden
    d) Publikum allgemein
    e) Sportinteressierte
    f) Kindergärten

LERNFELD 6

11. Die nebenstehende Grafik zeigt die Entwicklung der Werbeeinnahmen 2019.
    a) Nennen Sie Gründe für den Anstieg der Einnahmen gegenüber 2018.
    b) Berechnen Sie, die Werbeinvestitionen in Mrd. Euro für die einzelnen Medien im Jahr 2018.
    c) Wie hoch waren die Werbeeinnahmen der Medien im Jahr 2018 insgesamt?

Handschriftliche Notizen:
$$2019: 4{,}9 \text{ mrd} \triangleq 95{,}9\%$$
$$2018: x \text{ Mrd} = 100\%$$
$$x = \frac{4{,}9 \text{ mrd} \cdot 100}{95{,}9}$$
$$x = 4.904.904.905 \text{ €}$$

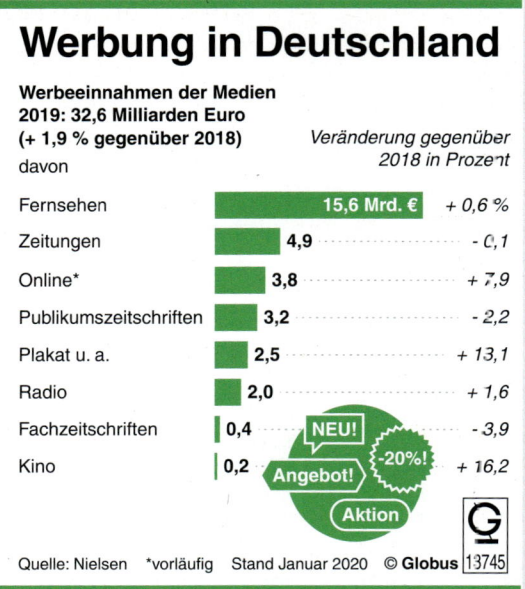

AKTIONEN

1. a) Sammeln Sie mithilfe der Kartenabfrage Informationen zum Thema: „Wie kann der Großhändler für seine Waren werben?"
   b) Heften Sie alle Vorschläge an die Pinnwand, ordnen Sie sie nach Sinneinheiten und bilden Sie anschließend Oberbegriffe.
   c) Halten Sie mithilfe des Clusters verbleibende Ideen sowie weitere gedankliche Verknüpfungen und Einfälle fest.
   d) Stellen Sie eine Rangfolge bezüglich der Bedeutung der einzelnen Maßnahmen für den Großhandel auf.

2. a) Suchen Sie aus Zeitungen und Zeitschriften jeweils zwei Beispiele für Öffentlichkeitsarbeit/Sponsoring, Absatzwerbung und Reklame.
   b) Welche werbliche Aktion halten Sie inhaltlich für besonders gut gelungen? Begründen Sie Ihre Aussagen.

3. Führen Sie in Gruppen eine Erkundung durch: Stellen Sie fest, welche Formen der Verkaufsförderung (Salespromotion) in Großhandelsunternehmen durchgeführt werden. Beachten Sie die Hinweise zur Durchführung von Erkundungen.

   a) Entwerfen Sie zuvor einen Beobachtungsbogen.
   b) Werten Sie alle Beobachtungen aus.
   c) Stellen Sie die Ergebnisse der Erkundung auf übersichtliche Weise dar.

4. a) Schauen Sie sich verschiedene Fernsehsendungen Ihrer Wahl an. Versuchen Sie dabei festzustellen, inwieweit Unternehmen dort ihre Markenartikel im Rahmen des Product-Placements einbringen.
   b) Fertigen Sie über Ihre Beobachtungen einen Ereignisbericht an (Ereignisberichte können mithilfe von W-Fragen gegliedert werden: Wann – Wo – Was – Wer – Wie – Warum).
   c) Tragen Sie Ihre Ausarbeitung vor:
      - Fassen Sie sich kurz.
      - Reden Sie laut und deutlich und in kurzen und verständlichen Sätzen.
      - Machen Sie kurze Pausen, wenn ein Gedanke abgeschlossen ist.
      - Schauen Sie die Zuhörerinnen und Zuhörer an.
      - Veranschaulichen Sie Ihre Ausführungen.
   d) Bereiten Sie sich auf Fragen der Klasse vor.

LERNFELD 6

ZUSAMMENFASSUNG

Kommunikationspolitik

soll neue Waren bekannt machen und ihren Absatz sichern und steigern.

umfasst die folgenden (ausgewählten) Maßnahmen:

	Absatz-werbung	Öffentlichkeitsarbeit (Public Relations)	Verkaufsförderung (Salespromotion)	Persönlicher Verkauf	Product-Placement
Ziel	Waren bekannt und begehrenswert machen	das Ansehen in der Öffentlichkeit pflegen und verbessern	zum Impulskauf anregen; Verkaufsaktivitäten fördern	Erzielung von Verkaufsabschlüssen, Information	Beeinflussung des Umworbenen, ohne dass die Werbung bewusst wahrgenommen wird
Gegenstand	Nutzen von Waren und Dienstleistungen	das ganze Unternehmen	(zusätzliche) Maßnahmen, die die Absatzwerbung einzelner Waren unterstützen	Bezug auf die Vorteile, die mit dem Erwerb einer Ware verbunden sind	Waren (in der Regel Markenartikel), Dienstleistungen, Regionen, Länder
Kommunikationsträger	Zeitungsannoncen; Handzettel; Anschlagflächen	Personen (persönliche Ansprache im Geschäft), Zeitungen; Betriebsbesichtigungen; Förderung des Gemeinwohls auf Veranstaltungen	Kalkulationshilfen; Gutscheinaktionen; Displaymaterial; Messen; Kostprobenverteilung; Verkäuferschulungen	eigene Außendienstorganisation, Handelsvertreter, eigenes Verkaufspersonal	Kinofilme, Romane, Fernsehen (Videoclips; Spielfilme), Veranstaltungen (z. B. Theater), Zeitungen, Pressemitteilungen
Streuverluste	mittelgroß	meistens groß	überwiegend gering	überwiegend sehr gering	schwer zu bestimmen

Die verschiedenen Kommunikationsmaßnahmen sind im Rahmen des **Kommunikationsmix**
- optimal zu kombinieren,
- der jeweiligen Marktsituation entsprechend einzusetzen.

LERNFELD 6

KAPITEL 8
Werbearten

Beispiel 1

Beispiel 2

1. Stellen Sie fest, wodurch sich die Werbeanzeige 1 der Fairtext GmbH von der Werbeanzeige 2 unterscheidet.
2. Ordnen Sie die beiden Werbeanzeigen der jeweiligen Werbeart zu.

INFORMATIONEN

Die Werbearten können nach verschiedenen Gesichtspunkten eingeteilt werden:

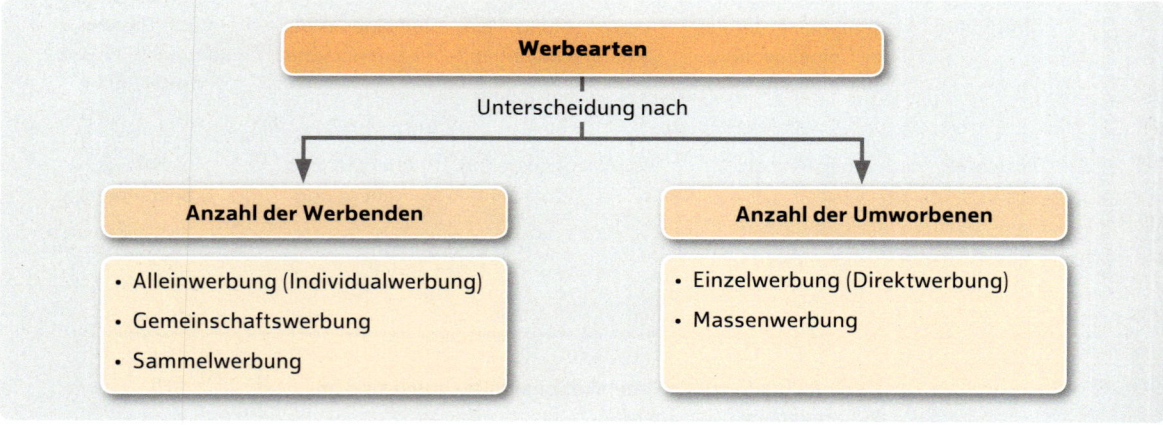

Alleinwerbung (Individualwerbung)

DEFINITION

Von **Alleinwerbung** spricht man, wenn die Werbung von einem Unternehmen allein durchgeführt wird. Firmenname und Ware sind aus der Werbung ersichtlich (siehe Beispiel 1).

Gemeinschaftswerbung

DEFINITION

Gemeinschaftswerbung bedeutet: Ein Fachverband oder mehrere Unternehmen einer Branche werben gemeinsam ohne Namensnennung für ihre Branche (siehe Beispiel 2 und das folgende Foto).

Damit sich die Gemeinschaftswerbung für den einzelnen Großhändler absatzfördernd auswirkt, muss er versuchen, die Werbeaussage mit seinem Unternehmen zu verbinden.

Eine Gemeinschaftsswerbung europäischer Milchbauern für ein Glas Milch zum Frühstück

Sammelwerbung (Verbundwerbung)

DEFINITION

Sammelwerbung (Verbundwerbung) liegt vor, wenn sich mehrere Unternehmen verschiedener Branchen, z. B. aus derselben Einkaufsstraße oder eines Stadtteils, zusammenschließen und unter Namensnennung gemeinsam für ihre Leistungen werben.

Der Großhändler wird sich für die Sammelwerbung entschließen, weil er dadurch preisgünstig und noch dazu zusätzlich werben kann.

Allerdings kann und sollte die Sammelwerbung die Alleinwerbung nicht ersetzen.

Wirtschaftliche Bedeutung

Jede Art von Werbekooperationen ermöglicht es den Großhändlern, durch die Zusammenfassung mehrerer einzelner – zumeist kleiner – Werbeetats zu einem großen Vorteile zu erzielen. So sind mit der Sammelwerbung beispielsweise folgende Vorteile verbunden:
- Ein gemeinsamer, einprägsamer Slogan und ein einheitliches Symbol können entwickelt und benutzt werden.
- Es wird eine anhaltend gleichbleibende Werbung mit hohem Wiedererkennungswert erreicht. Zudem sind umfangreiche, für den einzelnen Händler preiswerte Serien von Kleinanzeigen möglich.
- Ein Werbe-Profi kann eingesetzt werden, z. B. Betriebswirtschaftliche Beratungsstelle für den Großhandel.
- Es werden größere Aktionen mit hoher Durchschlagskraft möglich.
- Den massiven Kampagnen der Großbetriebe kann besser begegnet werden.
- Bei der Werbung durch Fachverbände kann eine gewisse Exklusivität für einen kleinen Kreis erreicht werden.

Einzelwerbung (Direktwerbung)

Bei der Einzelwerbung werden bestimmte Personen oder Unternehmen durch Gespräche, Werbebriefe[1], Warenproben oder Zusendung von Preislisten **direkt angesprochen.** Zwar entstehen dadurch höhere Werbungskosten, meist ist aber der wirtschaftliche Erfolg auch größer.

---

1 Ausführungen zum Themengebiet „Werbebriefe" siehe Kapitel 6.11.

LERNFELD 6

Massenwerbung

Die Werbung richtet sich an eine Vielzahl möglicher Kunden. Die Werbung ist unpersönlich gehalten.

Soll die Wirtschaftswerbung sehr breite, nicht abgrenzbare Schichten der Bevölkerung erreichen, so spricht man von **gestreuter Massenwerbung (= Allgemeinwerbung)**.

BEISPIELE
- Fernsehwerbespot
- Postwurfsendungen

Wendet sich die Wirtschaftswerbung hingegen an einen bestimmten Kundenkreis, z. B. an Fachhändler, liegt **gezielte Massenwerbung (= Gruppenwerbung) vor**.

BEISPIELE
- Schulbuchwerbung, gerichtet an Lehrer
- Die Bewohner eines Stadtteils erhalten von dem neuen Pächter der Tankstelle „Sopex" einen an sie gerichteten Werbebrief.
- Anzeigen von Kosmetik- und Bekleidungsfirmen in der Zeitschrift „Mädchen"

AUFGABEN

1. Um welche Art der Werbung handelt es sich bei dem Werbeslogan „Esst mehr Obst – und ihr bleibt gesund"?
2. Welche Werbeart liegt bei folgendem Text auf einem Handzettel vor: „Hannover, Oktoberfest auf dem Schützenplatz. Freitag: Riesenfeuerwerk, Mittwoch: Familientag. 23. September bis 2. Oktober 20.."?
3. Was ist unter Einzelwerbung zu verstehen?
4. Was versteht man unter Gemeinschaftswerbung?
5. Worin besteht der Unterschied zwischen Alleinwerbung und Einzelwerbung?
6. Welcher Unterschied besteht zwischen den Beispielen 1 und 2?
   Beispiel 1: Werbespot im ZDF kurz vor den heute-Nachrichten
   Beispiel 2: In der Südstadt einer Großstadt erhalten die Bewohner einen an sie gerichteten Werbebrief des Inhabers einer neuen Vollkornbäckerei.

AKTIONEN

1. Bearbeiten Sie dieses Kapitel mithilfe des „aktiven Lesens".
2. Klären Sie mithilfe der „Kopfstandmethode", warum die verschiedenen Werbearten für Großhandelsunternehmen wichtig sind.
3. Erstellen Sie eine Mindmap, die alle wichtigen Informationen dieses Kapitels zu Werbearten und die Ergebnisse der Aktion 2 enthält. Verwenden Sie zur Anfertigung der Mindmap das Programm MindManager.
4. Stellen Sie Ihrer Klasse verschiedene Werbearten Ihres Unternehmens vor. Erklären Sie die Zielsetzung der Aktionen (Fragen zur Zielgruppe, zum gewählten Zeitpunkt und zu den Gestaltungselementen sollten in erster Linie beantwortet werden können).
5. a) Prüfen Sie, welche Werbeart(en) für die in Kap. 6.11, Aktion 1 beschriebene Werbekampagne hinsichtlich ihrer Wirkung auf die Kunden sinnvoll wäre.
   b) Seien Sie darauf vorbereitet, Ihren Klassenkameraden/-innen Ihre Entscheidungen zu erläutern und Fragen zu beantworten.

LERNFELD 6

ZUSAMMENFASSUNG

Werbearten sind zu unterscheiden nach

der Zahl der Werbenden:

- **Alleinwerbung (Individualwerbung)**: Die Werbung wird von einem Unternehmen allein geführt.
- **Gemeinschaftswerbung**: Mehrere Unternehmen der gleichen Branche werben gemeinsam ohne Namensnennung.
- **Sammelwerbung (Verbundwerbung)**: Mehrere Unternehmen verschiedener Branchen werben gemeinsam mit ihrem jeweiligen Namen.

der Zahl der Umworbenen:

- **Einzelwerbung (Direktwerbung)**: Bestimmte Personen oder Unternehmen werden durch Gespräche oder Werbebriefe direkt angesprochen.
- **Massenwerbung**: Durch unpersönliche Werbung sollen möglichst viele Kunden erreicht werden.
  - **gestreute Massenwerbung** (= Allgemeinwerbung)
  - **gezielte Massenwerbung** (= Gruppenwerbung)

KAPITEL 9
Gesetzliche Regelungen des Wettbewerbs

Die aufstrebende und am Markt aggressiv agierende Textilgroßhandlung Hogen & Co. OHG lässt in der Nähe der Geschäftsräume der Fairtext GmbH Handzettel an Einzelhändler verteilen, die gerade im Begriff sind, die Fairtext GmbH aufzusuchen (siehe Abbildung).

Den beiden Geschäftsführern der Fairtext GmbH ist aufgrund von Kontrollkäufen der Konkurrenzware bekannt, dass es sich bei dem vollmundigen Angebot um eine geschickte Mischung aus Seide und Kunstfasern aus Fernost handelt.

Darüber hinaus stört sie, dass die Konkurrenzgroßhandlung

- Werbung in unmittelbarer Nähe ihrer Geschäftsräume betreibt sowie
- verdeckt auf mangelnde Warenqualität und Professionalität des Personals der Fairtext GmbH hinweist.

LERNFELD 6

Zwar importiert die Fairtext GmbH als Direktimporteur viele Seidenartikel ebenfalls aus China und lässt von einem deutschen Kleinunternehmer eine spezielle und fast noch unbekannte Nachbearbeitung zur Gebrauchsverbesserung vornehmen. Das hat die Geschäftsführer aber bis heute nicht veranlassen können, die Ware als „aus deutscher Produktion" zu deklarieren, so wie es Recherchen zufolge die Hogen & Co. OHG aufgrund des nachträglichen Annähens von Knöpfen in einer deutschen Näherei getan hat.
Frau Schröter und Herr Hahnenkamp wollen daraufhin gegen diese unsaubere Art des Konkurrenzkampfes vorgehen.

Prüfen Sie, ob dem Großhändler Hogen & Co. OHG diese Werbung gestattet ist. Berücksichtigen Sie die Regelungen des UWG (Gesetz gegen den unlauteren Wettbewerb).

 PREISSTURZ BEI TOP QUALITÄTSWARE

Dieses einmalige Angebot erhalten Sie nur bei Textil-Hogen!

Wir sind ein junges, dynamisch wachsendes Textilunternehmen. Unser geschäftlicher Erfolg insbesondere der letzten Monate ist zurückzuführen auf

✔ die absolut zuverlässige Qualität ausgesuchter Textilwaren, die ihresgleichen sucht,
✔ unsere faire Preiskalkulation, die sich in sämtlichen Warengruppen unseres Hauses niederschlägt,
✔ das breite und tiefe Sortiment, das Ihnen keine weitere Großhandlung bieten kann – vergleichen Sie genau! –, sowie
✔ die fachmännische Beratung durch hervorragend geschultes Personal, was man ja sonst heutzutage in der Textilbranche gar nicht mehr finden kann.

Erneut möchten wir unseren Kunden ein Top-Angebot präsentieren:
➤ Seidenbettwäsche in sechs verschiedenen Farbtönen
➤ aus deutscher Produktion
➤ zum sensationellen Einführungspreis von nur **95,70 €** für 2 Bett- und Kissenbezüge

Natürlich können wir nicht sämtliche Artikel, die wir in unseren modern ausgestatteten Geschäftsräumen für Sie zur Verfügung halten, aufführen.

Wir laden Sie daher herzlich ein, sich selbst vor Ort von unserem Warenangebot, unserem Service und unseren Qualitätsansprüchen zu überzeugen.

Als besonderes Angebot erhalten Sie bei Ihrem ersten Besuch in unseren Geschäftsräumen einen Sonderrabatt auf den Gesamtbetrag Ihrer Erstorder in Höhe von

12 % !!!

Ihre
Textilgroßhandlung Hogen & Co. OHG
Podbielskistraße 36, 30163 Hannover
Tel: 02517 4451 · Fax: 02517 4872 · E-Mail: info@hogen.wvd.de

---

INFORMATIONEN

Ein wichtiger Grundpfeiler der sozialen Marktwirtschaft ist das Konkurrenz- und Wettbewerbsprinzip:
- offene und freie Märkte
- Chancengleichheit auf allen Märkten
- Sicherung der Konkurrenz zwischen den Anbietern: Viele Kaufentscheidungen, die über Erfolg oder Misserfolg von Unternehmen entscheiden, werden durch den Preis bestimmt. Deshalb liefern sich die Unternehmen hier einen harten Wettbewerb. Sie gewähren ihren Kunden Rabatte, Skonti, nehmen Altgeräte in Zahlung, geben günstige Kredite u. v. m., damit bei ihnen und nicht woanders gekauft wird.

Ein Wettbewerb ohne Kontrolle wirkt sich jedoch für alle Beteiligten nachteilig aus. Unternehmen wollen ihre Position ausbauen und sich vor neuer Konkurrenz schützen. Insofern hat der Staat die Aufgabe, eine funktionsfähige Wettbewerbsordnung zu schaffen. Ein funktionierender Wettbewerb stellt sicher, dass der Kunde die besten Qualitäten zu den günstigsten Preisen kaufen kann. Damit der Wettbewerb aber auf Dauer fair bleibt, muss der Staat klare „Spielregeln" aufstellen und deren Einhaltung überwachen.

Das Gesetz gegen den unlauteren[1] Wettbewerb (UWG)

Das UWG will einen fairen Wettstreit zwischen allen Unternehmen am Markt sicherstellen und gleichzeitig die Konsumenten vor irreführenden Angaben schützen.

> **§ 1 UWG** (Zweck des Gesetzes) besagt, dass Mitbewerber, Verbraucherinnen und Verbraucher sowie sonstige Marktteilnehmer vor unlauteren geschäftlichen Handlungen geschützt werden sollen.

Mit **„geschäftlicher Handlung"** ist jedes Verhalten bei oder nach einem Geschäftsabschluss gemeint, das mit der Absatzförderung, dem Verkauf oder der Lieferung einer Ware oder Dienstleistung zusammenhängt, insbesondere auch die Allgemeinen Geschäftsbedingungen, die sich auch noch nach Vertragsschluss auswirken können.

---

1 Unlauter: Nicht den gesetzlichen Bestimmungen entsprechend, nicht ehrlich.

LERNFELD 6

Das UWG stellt ferner klar, dass **Verbraucher und Mitbewerber** gleichermaßen und gleichrangig geschützt werden sollen. Es schützt das Interesse der Allgemeinheit an der Erhaltung eines unverfälschten, funktionsfähigen Wettbewerbs.

1. Verbot unlauterer geschäftlicher Handlungen (§ 3 UWG)

Die Generalklausel enthält ein allgemeines Verbot unlauterer geschäftlicher Handlungen. Gegenüber Verbrauchern ist eine geschäftliche Handlung dann unlauter, wenn die fachliche Sorgfalt außer Acht gelassen und dadurch das wirtschaftliche Verhalten des normalen Verbrauchers spürbar beeinflusst wird.

Wettbewerbswidrig und damit **unzulässig** sind z. B. die folgenden geschäftlichen Handlungen (§ 4 UWG)[1]:

- Druckausübung oder Angsterzeugung
- Das Ausnutzen der geschäftlichen Unerfahrenheit insbesondere von Kindern oder Jugendlichen, der Leichtgläubigkeit oder der Zwangslage von Verbrauchern
- Keine genauen Angaben der Bedingungen für die Inanspruchnahme bei verkaufsfördernden Maßnahmen wie Preisnachlässen, Zugaben oder Geschenken

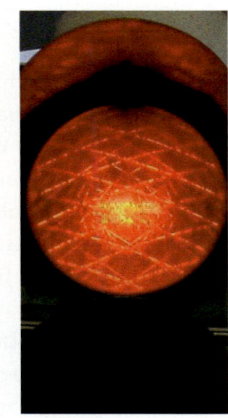

ROT für wettbewerbswidriges Verhalten!

BEISPIELE

- **Koppelungsangebote** sind grundsätzlich zulässig: Rasierapparat-Zugabe Rasierschaum; zwei T-Shirts zum Preis von einem. Nimmt der Werbende solche Koppelungen vor, muss er aber klar jeden Einzelpreis benennen, damit der Verbraucher seinen Preisvorteil erkennt. Ist das gekoppelte Angebot nicht ausreichend transparent, liegt Irreführung vor.
- Ankündigung einer Geschäftsschließung oder Geschäftsverlegung, während das Geschäft aber nicht schließt oder in andere Geschäftsräume verlegt wird.

- Verschleierung des Werbecharakters von Wettbewerbshandlungen

- **Koppelung der Teilnahme an einem Gewinnspiel an den Warenabsatz.** Die Koppelung von Gewinnspiel und Warenabsatz ist nicht mehr per se verboten, sondern in jedem Einzelfall konkret daraufhin zu prüfen, ob hierdurch das Verhalten der Verbraucher in unlauterer Weise beeinflusst wird.[2]

BEISPIEL FÜR ZULÄSSIGE KOPPELUNG

Ein Handelsunternehmen fordert im Rahmen seiner Bonusaktion „Ihre Millionenchance" die Kunden zum Einkauf auf, um Punkte zu sammeln. Die Ansammlung von 20 Punkten ermöglicht es, kostenlos an bestimmten Ziehungen des Deutschen Lottoblocks teilzunehmen.

- **Herabsetzung/Verunglimpfung des Mitbewerbers.** Durch üble Nachrede oder Verleumdung soll der Konkurrent geschädigt werden.

BEISPIEL

Ein Textilgroßhändler behauptet wider besseres Wissen, dass der Inhaber des Modehauses Fischer sehr hoch verschuldet sei.

- Gezielte Behinderung des Mitbewerbers

---

1 Der Katalog unlauterer Geschäftspraktiken (sogenannte **schwarze Liste**), die stets unzulässig sind, ist im Einzelnen nachzulesen im Anhang des UWG.
3 Der Europäische Gerichtshof (EuGH) hat am 15. Jan. 2010 entschieden, dass das deutsche Verbot, wonach Gewinnspiele mit dem Warenabsatz grundsätzlich nicht gekoppelt werden dürfen, nicht mit der Richtlinie über unlautere Geschäftspraktiken vereinbar ist (EuGH, Urteil vom 15. Jan. 2010 – Rs C-304/08).

2. Verbot irreführender geschäftlicher Handlungen (§ 5 UWG)

Das Gesetz verbietet alle irreführenden[1] geschäftlichen Handlungen.

Dieser Grundsatz verlangt nicht nur klare, sondern auch wahre geschäftliche Handlungen. Ruft eine geschäftliche Handlung einen unrichtigen Eindruck hervor, z. B. über Beschaffenheit, Menge, Herkunft, Ergebnisse von Warentests, Kundendienst oder Garantiezusagen, so liegt **Irreführung** vor.

BEISPIEL

Die Werbung eines Schlankheitsinstituts „Garantiert in 14 Tagen 14 Pfund abnehmen" ist irreführend und damit unzulässig, da hiermit ein sicherer Erfolg auch bei krankhaft Übergewichtigen vorgetäuscht wird, eine Garantie für einen Gewichtsverlust aber tatsächlich nicht gewährt werden kann (werbliche Aussagen zur Gesundheit müssen darüber hinaus wissenschaftlich nachweisbar sein).

Irreführend sind beispielsweise unrichtige Angaben auch über
- sich selbst oder die eigenen geschäftlichen Verhältnisse, wie z. B. über Größe und Bedeutung des eigenen Unternehmens: Größe der Verkaufsfläche, Höhe des Umsatzes, Zahl der Mitarbeiter;
- die Ware oder Dienstleistung, wie z. B. Beschaffenheit, Zustand, Echtheit, Verfügbarkeit, Menge, Wirkung, Ursprung, Ergebnisse von Warentests, Garantiezusagen oder Herstellungsart;

BEISPIELE

- Unzulässig wäre es, z. B. Kunstseide als Seide zu verkaufen oder Schlafzimmer und Betten im Prospekt abzubilden, die komplett einschließlich Bettzeug ausgestattet sind, während der dazu angegebene Preis nur für den leeren Bettrahmen gilt.
- Der Zusatz „echt" oder „Original" ist nur zulässig, wenn es auch unechte oder nachgeahmte Waren dieser Art gibt: Die Bezeichnung „echte Zuchtperlen" oder „echte Kunstseide" ist daher nicht erlaubt.

- den Preis.

BEISPIELE

- **36,50 € + 19 % USt.** ist eine unzulässige Preisauszeichnung, da die Waren mit ihren Gesamtpreisen einschließlich aller Preisbestandteile ausgezeichnet werden müssen. Einer dieser Preisbestandteile ist die Umsatzsteuer (siehe auch § 1 PangV).
- **15 % Preisnachlass auf alle Schuhbesohlungen** ist eine irreführende Preisaussage, da sich nicht von vornherein ein fester Preis, hier die tatsächlichen Besohlungskosten, bestimmen lässt.

2.1 Mondpreiswerbung

Es ist irreführend und verstößt damit gegen das UWG, mit reduzierten Preisen zu werben, wenn der frühere (höhere) Preis nur für einen unangemessen kurzen Zeitraum[2] gefordert wurde (Werbung mit überhöhten Ursprungspreisen – Mondpreise).

BEISPIELE

So lange muss der alte Preis gegolten haben:
- Eine sogenannte Mondpreisbildung wird im Teppichhandel für eine Werbung mit 50-%igen Preisnachlässen auf Orientteppiche angenommen, wenn nicht zuvor mindestens sechs Monate lang für die gleiche Ware Verkaufspreise verlangt wurden, die den herabgesetzten Preis um 100 % überstiegen haben.
- Möbel: Mehr als einen Monat
- Waren des täglichen Bedarfs: Unter einem Monat

Ist streitig, ob es sich tatsächlich um eine unzulässige Mondpreiswerbung handelt, greift die Beweislastumkehr. Es muss nun der Werbende nachweisen, ob und wie lange er einen bestimmten Preis gefordert hat. Der Nachweis könnte z. B. mithilfe des Warenwirtschaftssystems oder detaillierter Preislisten mit entsprechenden Veränderungsvermerken geführt werden.

2.2 Lockvogelwerbung

Die Lockvogelwerbung ist eine Variante der irreführenden Werbung und damit verboten. Man unterscheidet zwei Arten von Lockvogelangeboten:

---

[1] Maßstab ist das Leitbild eines durchschnittlich informierten und verständigen Verbrauchers. Für das Verständnis einer Werbeaussage ist daher der Eindruck maßgebend, den sie auf die angesprochenen Gruppen macht. Auf die subjektive Absicht des Werbenden kommt es nicht an.

[2] Was unter einer „unangemessen kurzen Zeit" zu verstehen ist, muss nach Produkt und Branche unterschiedlich beurteilt werden. Für langlebige und teure Güter wird dies ein längerer Zeitraum sein als bei Waren des täglichen Bedarfs. Für Letztere wird ein Geltungszeitraum des alten Preises von ungefähr einem Monat als ausreichend angesehen.

- Die beworbene Ware ist entweder gar nicht oder in nicht ausreichender Menge vorhanden. Die Kunden werden in die Geschäftsräume gelockt, um sie zum Kauf anderer, weniger preisgünstiger Waren zu verleiten.
- Ein besonders günstiges Angebot wird als exemplarisch für die Preiskalkulation des gesamten Sortiments herausgestellt, z. B. durch Ausstellen im Schaufenster oder ein werbendes Schild im Ladenlokal, während in Wirklichkeit die übrigen Artikel normal kalkuliert und nicht preisgünstiger als anderswo sind.

Grundsätzlich gilt: Was angeboten wird, muss auch vorrätig sein. Der Kunde erwartet, dass die angebotenen Waren zu dem angekündigten oder dem nach den Umständen zu erwartenden Zeitpunkt verfügbar sind, sodass die Nachfrage befriedigt werden kann.

Will der Händler nicht gegen das UWG verstoßen, so muss er dafür sorgen, dass die beworbene, preisgünstige Ware in angemessener Menge vorrätig ist (§ 5 Abs. 5 UWG). Im Regelfall gilt ein Warenvorrat für zwei Tage als ausreichend, es sei denn, dass der Händler Gründe nachweist, die eine geringere Bevorratung rechtfertigen.

Welcher Vorrat als angemessen anzusehen ist, hängt in erster Linie von der Art der Ware (schnell verderbliche Lebensmittel, Restposten, langlebige Wirtschaftsgüter)

und der Gestaltung und Verbreitung der Werbung ab:
- Bei einer unauffällig gestalteten Werbung für Waren im Niedrigpreissegment erwartet der Verbraucher in aller Regel nicht, dass die beworbenen Artikel vollständig und sofort lieferbar sind, und wird daher Lieferengpässe eher hinnehmen.
- Anders verhält es sich bei einer blickfangmäßig hervorgehobenen Werbung für ein höherwertiges Produkt. Hier erwartet der Verbraucher, dass das Produkt zum Zeitpunkt des Erscheinens der Werbung und noch eine angemessene Zeit danach vorrätig ist. Eine Werbung für Computer ist grundsätzlich irreführend, wenn das beworbene Gerät (PC, Notebook) in der angegebenen technischen Ausstattung zum Zeitpunkt des Erscheinens der Werbung nicht im Ladengeschäft vorrätig ist.[1]

Mit der Regelung der sogenannten Lockvogelangebote soll verhindert werden, dass Kunden verleitet werden, andere Waren zu kaufen, wenn die angekündigte Ware nicht mehr vorhanden ist.

Ausnahmen bei der Mindestgrenze

Die Mindestgrenze von zwei Tagen kann jedoch unterschritten werden, wenn der Unternehmer Gründe nachweist, die eine kürzere Warenbevorratung rechtfertigen, z. B. wenn
- das Unternehmen durch eine ungewöhnlich hohe Nachfrage quasi „überrollt" wird,
- nicht zu vertretende, unvorhergesehene Lieferengpässe bestehen.

Die Zwei-Tage-Frist kann **nicht** durch einen Hinweis „Solange Vorrat reicht" verkürzt werden. Gleiches gilt für den Werbezusatz „Aufgrund der Vielzahl der Waren ist nicht immer alles verfügbar".

Bei Werbung für Restposten kann es sinnvoll sein, die Angabe auf eine bestimmte Anzahl zu beschränken (z. B. „100 Sakkos"), wenn die Ware nicht mehr nachbestellt werden kann.

Eine Irreführung liegt auch dann nicht vor, wenn nach drei Tagen aus einem umfangreichen Angebot ein Einzelstück einer bestimmten Größe nicht mehr vorrätig sein sollte, sofern der Kaufmann den voraussichtlichen Bedarf sorgfältig geschätzt und gleichzeitig Vorsorge getroffen hat, dass das Sortiment umgehend wieder aufgefüllt wird.

Geltungszeiträume

Im Fall von Zeitungsbeilagen und Postwurfsendungen sollten die beworbenen Artikel mindestens einen Tag bis eine Woche nach dem Erscheinungstermin vorrätig sein, branchenfremde Aktionsware in einem Lebensmittelmarkt drei Tage, ein Computer, der keine individuelle Konfiguration erfordert, eine Woche.

---

[1] Der Bundesgerichtshof hat in einem Fall klargestellt (Az. I ZR 1/9), dass beworbene Flachbildschirme mindestens bis 14:00 Uhr am ersten Angebotstag erhältlich sein müssen. Daran ändert auch der Hinweis in der Anzeige, die Geräte könnten am ersten Tag ausverkauft sein, nichts

LERNFELD 6

BEISPIELE

- Prospekt „gültig von ... bis ..." – Ware muss über angegebenen Zeitraum vorrätig sein.
- Gemeinschaftsprospekt mehrerer Filialen – Ware muss in allen Filialen vorrätig sein, es sei denn, dass ausdrücklich darauf hingewiesen wird, dass bestimmte Artikel in bestimmten Filialen nicht erhältlich sind.
- Monatsprospekt – Vorrat für mindestens eine Woche
- Versandhandelskatalog „Herbst/Winter" – Warenvorrat sollte für einen nicht unerheblichen Anteil der Gültigkeitsdauer des Katalogs vorhanden sein.

3. Vergleichende Werbung (§ 6 UWG)

DEFINITION

Vergleichende Werbung ist jede Werbung, die einen Mitbewerber oder die Erzeugnisse oder Dienstleistungen, die von einem Mitbewerber angeboten werden, erkennbar macht.

Kritisierend-vergleichende Werbung ist grundsätzlich zulässig, wenn der Werbeinhalt wahr und klar ist. Vergleichende Werbung darf u. a.

- nicht irreführend, herabsetzend oder verunglimpfend sein;
- nur Waren und Dienstleistungen **gleichen Bedarfs oder gleicher Zweckbestimmung** vergleichen (kein Vergleich von „Äpfeln" mit „Birnen");
- nur wesentliche, wichtige, **nachprüfbare** (für den Verbraucher) und typische Eigenschaften – dazu kann auch der Preis gehören – in objektiver Weise vergleichen.

Bei einem werblichen Vergleich sollten daher die Vor- und Nachteile der vergleichenden Waren oder Leistungen in sachlicher Weise gegenübergestellt werden. Es sollten auf keinen Fall einseitig nur die Vorteile der eigenen Ware und die Nachteile des Konkurrenzartikels herausgestellt werden. Das Verschweigen von Mängeln des eigenen Angebots ist unzulässig, wenn hierdurch ein falscher oder irreführender Gesamteindruck entsteht. Die Grenze des Erlaubten ist auch dann überschritten, wenn das Konkurrenzangebot gegenüber dem eigenen als minderwertig herausgestellt wird.

BEISPIEL UNZULÄSSIGER VERGLEICHENDER WERBUNG

„Billige Composite Rackets (Graphite-Fiberglas) muten wir Ihnen nicht zu."
Mit dieser vergleichenden Werbeaussage eines Händlers für Tenniszubehör bezieht er sich unmittelbar auf die (minderwertige) Qualität seiner Mitbewerber. Daraus folgt: Die Anpreisung der eigenen Leistung ist durchaus statthaft, nicht jedoch die Hervorhebung des eigenen Angebots durch Herabsetzung oder Verunglimpfung anderer.

Die Werbung mit Warentest-Ergebnissen ist zulässig. Es muss erkennbar sein, wann und von welchem Institut der Test durchgeführt wurde und wo das Testergebnis nachgelesen werden kann.

3.1 Preisvergleiche

Die Werbung mit Preisgegenüberstellungen ist grundsätzlich erlaubt. Aber auch hier gilt, dass die Bezugnahme auf einen anderen Preis stets klar und bestimmt sein muss.

Zulässige Werbung mit Preisgegenüberstellungen:

BEISPIELE

- „Seidenblusen zum halben Preis, statt 59,00 € nur noch 29,50 €"
- „79,99 € statt UVP[1] 92,00 €"
- „Bei Lebensmittel Homann kostet die 100-g-Schoko-Nuss 0,69 € – bei uns aber nur 0,59 €" (erlaubt, weil nachprüfbar).

Neues Geschäft: Darf man direkt mit durchgestrichenen Preisen arbeiten?
Nein, das wäre ein unzulässiger Mondpreis, denn der durchgestrichene bzw. der Preis, von dem die Prozente abgehen, ist bei einer Neueröffnung vorher nie gefordert worden. Insofern galt der vorherige Preis nicht eine angemessene Zeit lang, wie das Gesetz es verlangt.

---

[1] Auch der Vergleich des eigenen Preises mit einer ehemaligen unverbindlichen Preisempfehlung (UVP) des Herstellers ist zulässig, wenn deutlich wird, dass es sich um eine frühere Preisempfehlung des Herstellers handelt. Die Preisempfehlung muss sich darüber hinaus auf das angebotene Produkt beziehen, darf nicht allzu lange Zeit zurückliegen und es muss sich um die zuletzt gültige Preisempfehlung handeln.

LERNFELD 6

Werbung mit Preisgegenüberstellungen

Ein Qualitätsvergleich wird häufig herabsetzend sein, ein Preisvergleich dann, wenn er den Eindruck vermittelt, dass das Angebot der Konkurrenz überteuert sei.

4. Unzumutbare Belästigung (§ 7 UWG)

Durch das Verbot unzumutbarer Belästigungen[1] werden Verbraucher und Gewerbetreibende besser vor unerwünschter Werbung geschützt. Belästigende Werbung kommt vor allem in den folgenden Fällen vor: Telefonwerbung, Telefax-Werbung, E-Mail-Werbung und SMS-Werbung.

Grundsätzlich gilt, dass Werbung in diesen Fällen immer dann verboten ist, wenn der Adressat nicht **vorher** ausdrücklich seine Einwilligung erklärt hat. Fehlt eine entsprechende Einwilligung, ist die Werbung unzulässig. Eine Ausnahme gilt im Rahmen der **Telefonwerbung**[2]: Hier reicht es gegenüber Gewerbetreibenden aus, wenn eine Einwilligung z. B. aufgrund einer bestehenden Geschäftsbeziehung vermutet werden kann (mutmaßliche Einwilligung).

Ein **Einführungsangebot**, das mit durchgestrichenen höheren Preisen wirbt, ist nur zulässig, wenn sich aus der Werbung ergibt, wie lange die Einführungspreise gelten und ab wann die durchgestrichenen höheren Preise verlangt werden.

Wird über einen sehr langen Zeitraum mit einer Preisreduzierung geworben, so wird der reduzierte Preis zum Normalpreis, sodass die Werbung als irreführend anzusehen ist.

Irreführende Preisgegenüberstellungen sind grundsätzlich verboten (§ 6 UWG).

BEISPIEL

Ein Möbelgroßhändler wirbt:
„Wohnzimmerschränke bis zu 30 % reduziert"
Bei den Schränken handelt es sich jedoch nicht um Neuware, sondern um Ausstellungsstücke.
Wenn der Werbende nicht mit einem deutlichen Zusatz darauf hingewiesen hat, dass es sich um Ausstellungsstücke handelt, ist die Werbung irreführend.

BEISPIELE

- Für eine wirksame Einwilligung bedarf es eines sogenannten „Opt-in":
  Der Empfänger muss sich bewusst für die Werbung entscheiden. Dies ist z. B. dadurch möglich, dass der Kunde ein vorbereitetes Kästchen mit dem Hinweis ankreuzt, dass seine Angaben zu Werbezwecken genutzt werden dürfen. Dabei muss darauf geachtet werden, dass sich die Einwilligung später beweisen lässt.
  Vor allem bei Erklärungen über das Internet sollte durch eine Rückbestätigung des Empfängers sichergestellt werden, dass der Empfänger tatsächlich die Einwilligung erteilt hat. Nicht ausreichend ist es, wenn neben dem Text der Einwilligungserklärung das Antwortkästchen bereits angekreuzt ist.
- Eine vorformulierte Einwilligungserklärung in den Allgemeinen Geschäftsbedingungen ist nicht zulässig. Auch die Reichweite der Einwilligung muss erkennbar sein. Das ist beispielsweise nicht der Fall in einer Formulierung, in der sich der Kunde nicht nur mit einer Telefonwerbung eines bestimmten Unternehmens einverstanden erklärt, sondern auch mit solcher von dessen Partnerunternehmen.

---

[1] Maßgebend für eine unzumutbare Belästigung ist das Empfinden des informierten, angemessen aufmerksamen und verständigen Durchschnittsverbrauchers.
[2] Siehe auch das „Gesetz zur Bekämpfung unlauterer Telefonwerbung" vom 4. August 2009.

LERNFELD 6

> **Vorsicht geboten**
> Zuweilen wird die strenge Regelung des UWG umgangen, indem Unternehmen Meinungs- und/oder Marktforschungsumfragen vortäuschen. Während des Telefonats wird dann ein Verkäufertermin unter dem Vorwand der Übergabe eines „Dankeschön-Präsents" vereinbart.
> Eine weitere, oft genutzte Methode zur Überwindung von Kundenvorbehalten sind Einladungen zu kostenlosen Produktpräsentationen oder Hausmessen des Anbieters.

Verträge über Gewinnspieldienste können telefonisch nicht wirksam geschlossen werden, sondern bedürfen der Textform. Auch Werbeanrufe, die mittels einer automatischen Anrufmaschine gegenüber Verbrauchern ohne vorherige ausdrückliche Einwilligung erfolgen, sind rechtswidrig.

4.1 Keine Rufnummernunterdrückung

Bei Werbeanrufen darf der Anrufer seine Rufnummer nicht unterdrücken, um seine Identität zu verschleiern. Dieses Verbot gilt nicht nur bei Werbeanrufen gegenüber Verbrauchern, sondern generell für alle Werbeanrufe, also auch gegenüber Unternehmen.

Die Bundesnetzagentur hat den gesetzlichen Auftrag, Rufnummernmissbrauch zu verfolgen. Dies geschieht u. a. durch die Abschaltung von Rufnummern, die Untersagung von Rechnungslegung und auch durch Verhängung von Bußgeldern.

4.2 Bußgeld

Die Bußgeldobergrenze für unzulässige Werbeanrufe gegenüber Verbrauchern beträgt 300.000,00 €.

Bei **E-Mail-Werbung** muss ausdrücklich eine Einwilligung des Adressaten für diese Art der Werbung vorliegen. Darüber hinaus muss der Absender mit gültiger Adresse identifizierbar sein, damit der Verbraucher die Einstellung derartiger Werbesendungen untersagen kann.

Ausnahme: Hat der Unternehmer die E-Mail-Adresse durch eine Bestellung erhalten, so kann er dem Kunden eine Werbe-E-Mail für ähnliche Produkte zuschicken.

> **BEISPIELE**
> Hat ein Kunde z. B. Bücher bestellt, so darf der Unternehmer ihm eine Werbe-E-Mail für Bücher zusenden.

Weitere Voraussetzung ist, dass er bei jeder Werbe-E-Mail darauf hinweist, dass der E-Mail-Empfänger dieser Werbeart widersprechen kann.

Als unzumutbare Belästigung gilt aber auch Werbung, die der Empfänger erkennbar nicht wünscht, z. B. Werbeeinwurf in den Briefkasten trotz Aufklebers: Keine Werbung!

4.3 Widerrufsrecht

Bei allen Verbraucherverträgen, die am Telefon, online oder per E-Mail geschlossen werden, hat der Verbraucher das Recht, innerhalb von zwei Wochen den zugrunde liegenden Vertrag zu widerrufen. Die Frist beginnt nach Erhalt der Ware bzw. bei Dienstleistungen ab Vertragsschluss.

Der Widerruf kann in Textform oder telefonisch erfolgen und braucht nicht begründet zu werden. Um die Frist zu wahren, genügt das rechtzeitige Absenden des Widerrufs.

5. Verrat von Geschäfts- und Betriebsgeheimnissen und Bestechung
(§ 17 UWG)

> **BEISPIEL**
> Ein Angestellter gibt betriebsinterne Daten der Preisberechnung an den Geschäftsführer eines Konkurrenzunternehmens weiter. Der Verrat wird mit Freiheitsstrafe bis zu 3 Jahren oder mit Geldstrafe bestraft.

Der Verrat wird mit Freiheitsstrafe bis zu drei Jahren oder mit Geldstrafe bestraft.

6. Mögliche Rechtsfolgen bei Wettbewerbsverstößen

6.1 Beseitigungs- und Unterlassungsanspruch

Bei Verstoß eines Konkurrenten gegen die wettbewerbsrechtlichen Bestimmungen kann der Einzelhändler die Beseitigung verlangen und bei Wiederholungsgefahr auf Unterlassung klagen (§ 8 UWG).

6.2 Anspruch auf Schadenersatz

Bei fahrlässigen oder vorsätzlichen Verstößen gegen die Vorschriften des UWG kann der klagende Händler Schadenersatz fordern (§ 9 UWG; siehe Musterschreiben auf Seite 109). Der Schadenersatzanspruch setzt Verschulden voraus.

LERNFELD 6

Musterschreiben einer wettbewerbsrechtlichen Abmahnung

toys4u GmbH

toys4u GmbH · Rechtsabteilung · Postfach 3445 · 30177 Hannover

Onlineshop spielkid e.Kfm.
Inh. Jens Münch
Invalidenstraße 34
85567 Grafing bei München

Rechtsabteilung
Postfach 3445
30177 Hannover
01.06.20..

Informationspflichtverletzungen

Sehr geehrter Herr Münch,

1. Sie handeln unter dem Namen *spielkid.de* im Internet und sind seit dem 15. März 2009 in Deutschland als gewerblicher Verkäufer von Kinderspielzeug und -textilien angemeldet. Wir betreiben einen Onlineshop unter *toys4u* und bieten dort ebenfalls u.a. Artikel aus den Bereichen Kinderspielzeug und -textilien an und sind damit konkreter Mitbewerber i. S. d. § 2 Abs. 3 UWG.

2. Wir mussten feststellen, dass Sie im Internet auf den Internethandelsplattformen eBay und Amazon Kinderspielzeug im Wege des Fernabsatzes anbieten, ohne dabei auf das Verbrauchern zustehende gesetzliche Widerrufsrecht hinzuweisen – so bei der von Ihnen angebotenen Spielesammlung mit der Artikelnummer BK 05663K geschehen.

   Damit verstoßen Sie gegen § 312 g Abs. 1 BGB sowie gegen §§ 1-3 des Art. 246 EGBGB. Dies ist eine unlautere Wettbewerbshandlung gem. § 3, § 4 Abs. 1 S. 11 UWG.

3. Aufgrund vorgenannter Ausführungen steht uns damit ein Unterlassungsanspruch gemäß § 8 Abs.1, Abs. 3 S. 1 UWG gegen Sie zu.
   Wir fordern Sie daher auf, Ihr beanstandetes wettbewerbswidriges Verhalten sofort zu unterlassen und keine Kaufverträge mit Verbrauchern in Ihrem Onlineshop mehr über das Internet anzubieten oder anbieten zu lassen, ohne auf das bestehende Widerrufsrecht nach § 312 g Abs.1 BGB und § 1 Abs. 1 Nr. 10 Art. 240 EGBGB in rechtlich zutreffender Weise hinzuweisen.

   Vor der Einleitung gerichtlicher Schritte geben wir Ihnen Gelegenheit zur außergerichtlichen Bereinigung und fordern Sie auf, eine geeignete strafbewährte **Unterlassungserklärung** bei uns – eingehend bis spätestens zum 10. Juni 20.., 18:00 Uhr – abzugeben.
   Sollte die Erklärung nicht innerhalb dieser Frist oder nicht im geforderten Umfang bei uns eingehen, werden wir [...]
   hen, die sie durch Abg[...]
   Die Übersendung per [...]
   toys4u.com ist ausreic[...]

Musterschreiben einer strafbewährten Unterlassungserklärung

Ich, Jens Münch (Unterlassungsschuldner), Inhaber des Onlineshops spielkid in Grafing bei München, verpflichte mich

– ohne Anerkennung einer Rechtspflicht, aber rechtsverbindlich –

gegenüber der toys4u GmbH (Unterlassungsgläubigerin),

bei Meidung einer für jeden Fall der Zuwiderhandlung unter Ausschluss der Einrede des Fortsetzungszusammenhangs fällig werdenden Vertragsstrafe in Höhe von 15.000,00 EUR

1. es zu unterlassen, den Abschluss von Kaufverträgen mit Verbrauchern in meinem Onlineshop über das Internet anzubieten oder anbieten zu lassen, ohne dass auf das bestehende Widerrufsrecht nach § 312 g Abs. 1 BGB und §§ 1-3 des Art. 246 EGBGB in rechtlich zutreffender Weise hingewiesen wird.

2. Der Unterlassungsschuldner verpflichtet sich, die durch die Einschaltung der Rechtsabteilung der Firma toys4u entstandenen und in Rechnung gestellten Abmahnkosten zu erstatten.

3. Die Unterlassungserklärung wird unter der auflösenden Bedingung einer allgemein verbindlichen, d.h. auf Gesetz oder höchstrichterlichen Rechtsprechung beruhenden Klärung des zu unterlassenden Verhaltens abgegeben.]

Grafing, den ....

....
(Unterschrift des Geschäftsinhabers Jens Münch)

6.3 Strafrechtliche Verfolgung

Übertretungen der Gesetze und Verordnungen werden von Amts wegen, d. h. von der Staatsanwaltschaft, verfolgt, entweder automatisch oder auf besonderen Antrag. Sachlich zuständig sind immer die Landgerichte. Örtlich ist das Gericht zuständig, in dessen Bezirk der Beklagte seine gewerbliche Niederlassung bzw. seinen Wohnsitz hat. Besonders gefährliche Formen der Werbung[1] können mit Geld- und Freiheitsstrafen bis zu zwei Jahren geahndet werden (§ 16 UWG).

Zuständig für Streitigkeiten sind zunächst die **Einigungsstellen** der Industrie- und Handelskammern (§ 15 UWG). Sie sollen Wettbewerbsstreitigkeiten durch gütliche Vergleiche regeln. So sollen hohe Prozesskosten für gerichtliche Auseinandersetzungen vermieden werden.

6.4 Gewinnabschöpfungsanspruch (§ 10 UWG)

Zusätzlich zu den Sanktionen Unterlassung und Beseitigung sowie Schadensersatz gibt es den Gewinnabschöpfungsanspruch. Der Gewinnabschöpfungsanspruch regelt die Abführung des Gewinns, der durch wettbewerbswidrige Maßnahmen auf Kosten einer Vielzahl von Abnehmern erzielt wurde. Wer zahlreiche Verbraucher vorsätzlich um kleine Beträge prellt, soll diese nicht behalten können. „Unrecht soll sich nicht lohnen", lautet die Devise.

AUFGABEN

1. Beurteilen Sie die folgenden Aussagen vor dem Hintergrund des UWG.
    a) Der Inhaber einer Textilgroßhandlung kündigt einen größeren Warenposten an: „Greifen Sie zu, nur noch wenige Exemplare."
    b) In einem Werbebrief steht: „… ist mein Sortiment umfangreicher und preisgünstiger als das der Großhandlung Liebermann. Vergleichen Sie genau!"
    c) Der Einzelhändler Schulz erzählt dem Großhändler Schneider, Feinkosthändler Adler sei pleite. Heute wäre der Insolvenzantrag gestellt worden.
    d) Der Großhändler Paul lässt seine Briefbögen mit einem Foto bedrucken, das einen Herstellerbetrieb mit demselben Namen zeigt.
    e) Bei seiner Geschäftseröffnung schenkt ein Textilgroßhändler den ersten zehn Kunden ein Kleidungsstück im Wert von 50,00 €.
    f) Anzeige: „Bei Barzahlung gewähren wir 3 % Rabatt!"
    g) Ein Großhändler importiert aus Fernost Kleidungsstücke, die er ausschließlich mit „Made in Germany" deklariert.
    h) Die Großhandlung Drautz GmbH inseriert in der Textilfachzeitschrift: „Unser Sortiment braucht bezüglich Preis und Qualität keinen Vergleich zu scheuen, insbesondere den nicht mit der Konkurrenz Spindler KG."
    i) Großhändler Völker bietet aus seinem Sortiment den Scanner IOS73/8 im Rahmen einer zeitlich befristeten Sonderaktion zum Preis von 215,00 € anstatt 315,00 € an.

2. Ein Lebensmittelgroßhändler erfährt, dass ein Mitbewerber mit Sonderrabatten für Berufsanfänger wirbt. Wie sollte sich der Großhändler verhalten?

3. Großhändler Bodenstein gewährt neuerdings seinen Kunden bei Barzahlung 3 % Rabatt. Der aufmerksame Konkurrent Dettmer hat jedoch feststellen müssen, dass bei Bode kurz zuvor die Preise um durchschnittlich 8 % erhöht wurden. Was kann Herr Dettmer unternehmen?

4. Was verstehen Sie unter Lockvogelwerbung?

5. Erklären Sie, was Sie unter irreführender geschäftlicher Handlung verstehen.

6. Nennen Sie vier Beispiele für irreführende Handlungen.

7. Der Großhändler Hischer gewährt seinem Personal 20 % Rabatt. Üblich sind in der Branche jedoch nur 15 %. Prüfen Sie, ob diese Regelung zulässig ist.

8. Welche Ziele hat das Gesetz gegen den unlauteren Wettbewerb?

9. Was verstehen Sie unter einer Einigungsstelle?

10. Welche Folgen können Verstöße gegen das UWG haben?

11. Was wird im UWG unter Gewinnabschöpfungsanspruch verstanden?

---

1 Die Gefährlichkeit ergibt sich insbesondere daraus, dass eine Vielzahl von Abnehmern betroffen ist.

LERNFELD 6

AKTIONEN

1. a) Schaffen Sie sich eine Übersicht zum Thema: „Welche gesetzlichen Regelungen muss ein Einzelhandelsunternehmen bei seinen werblichen Aktivitäten beachten?", indem Sie:
   - die Informationen dieses Kapitels mithilfe der Methode des „aktiven Lesens" aufnehmen,
   - darüber hinaus im Internet nach Ausführungen zum UWG suchen und
   - für die weitere Informationsbeschaffung Bibliotheken, Nachschlagewerke und Behördenauskünfte nutzen.

   b) Fassen Sie die Informationen aus a) in einer Mindmap zusammen. Verwenden Sie, falls möglich, das Programm MindManager.

2. a) Erarbeiten Sie in Gruppen von vier bis sechs Teilnehmern die Bedeutung von gesetzlichen Regelungen für einen ungestörten Wettbewerb.

   b) Nutzen Sie dabei die „Kopfstand-Technik" (auch „Umkehrmethode") Verkehren Sie die Problemstellung in ihr Gegenteil und erarbeiten Sie dafür Lösungen mit der „Kartenabfrage".

   c) Sammeln Sie sämtliche Vorschläge und systematisieren Sie sie an der Pinnwand.

   d) Halten Sie das Gesamtergebnis für Ihre eigenen Unterlagen mithilfe des Computers in einer entsprechenden Darstellung fest.

3. In Aktion 2 des Kap. 6.7 haben Sie Werbemittel aus Zeitungen und Zeitschriften gesammelt. Prüfen Sie, ob diese gegen das UWG verstoßen. Begründen Sie Ihr Ergebnis.

4. a) Informieren Sie sich bei Ihrem Ausbildungsunternehmen, welche rechtlichen, ethischen und moralischen Kriterien bei der Gestaltung der Werbung berücksichtigt werden.

   b) Bereiten Sie die erhaltenen Informationen in Form eines Referat für Ihre Klasse vor. Visualisierungsmittel können Ihre Präsentation wirkungsvoll unterstützen.

ZUSAMMENFASSUNG

Gesetz gegen den unlauteren Wettbewerb (UWG)
zum Schutz der Verbraucher und Verbraucherinnen sowie Mitbewerber untereinander und der Allgemeinheit

Grundsätzlich verboten:
- Ausnutzen der Unerfahrenheit von Kindern oder Jugendlichen und der Leichtgläubigkeit oder einer Zwangslage von Verbrauchern
- Ausüben von Druck und Angst auf Käufer
- Unzumutbare Belästigung durch Telefon-, Telefax- und E-Mail-Werbung
- Lockvogelwerbung
- Mondpreiswerbung
- Irreführende geschäftliche Handlungen
- Bestechung von Angestellten anderer Unternehmen
- Verrat von Geschäfts- und Betriebsgeheimnissen
- geschäftsschädigende Behauptungen

Ausnahmen (erlaubte Maßnahmen):

- **Preisgegenüberstellungen**
- **vergleichende geschäftliche Handlungen** (nachprüfbar und nicht irreführend)

Rechtsfolgen bei Wettbewerbsverstößen

privatrechtliche Ansprüche auf:
- Beseitigung und Unterlassung
- Schadenersatz

strafrechtliche Verfolgung durch Behörden:
- Geldstrafen
- Freiheitsstrafen

Einigungsstellen bei der IHK sollen Wettbewerbsstreitigkeiten durch gütliche Vergleiche regeln.

LERNFELD 6

KAPITEL 10
Werbeplan und Werbeerfolgskontrolle

Die Textilgroßhandlung Fairtext GmbH will ihre Werbung durchschlagskräftiger gestalten. Der Abteilungsleiter für den Verkauf, Herr Raub, verspricht sich von der Anzeigenwerbung im Verbandsmagazin sowie in der Fachzeitschrift für den Textileinzelhandel eine nennenswerte Umsatzsteigerung.

Die Anzeigen werden regelmäßig und ganzseitig auf der letzten Seite abgedruckt. Insgesamt werden hierfür drei Viertel der für Werbezwecke zur Verfügung stehenden Geldsumme ausgegeben. Für andere Werbemaßnahmen – auch für die am Standort – bleiben daher nur noch geringe finanzielle Mittel übrig.

1. Zeigen Sie, welchen möglichen Fehler Verkaufsleiter Raub begangen hat.
2. Führen Sie auf, welche zentralen Fragestellungen die Verantwortlichen der Textilgroßhandlung Fairtext GmbH im Rahmen einer Werbeplanung beantworten müssen.

INFORMATIONEN

Werbeplanung

Grundsätzlich soll Werbung die Vorzüge der Ware bekannt machen und herausstellen, dann wird der Verbraucher ihren Nutzen für sich erkennen. **Ziel der Werbung ist es, Ware verkaufen zu helfen.** Damit dieses Ziel erreicht wird, muss Werbung **planmäßig** betrieben werden.

Ein **Werbeplan** ist die systematische Vorbereitung einer Werbekampagne.

Er muss die Einzelheiten für die Durchführung der Werbung festlegen. Dabei sind sieben Bereiche vom Großhändler selbst oder von einer von ihm beauftragten Werbeagentur festzulegen.

Bereich	Zentrale Fragestellung	BEISPIELE
Werbeziel(e)	**WAS** soll mit den Werbemaßnahmen erreicht werden? **WELCHE** Wirkung soll erzielt werden?	• **Erweiterung** des Absatzmarktes aller oder bestimmter Waren • **Erhaltung** des bereits gewonnenen Kundenstamms, Einführung neuer Waren • **Erhalt** des bisherigen Bekanntheitsgrades • **Einführung** eines neuen Produkts
Werbeetat	**WIE VIEL** Geld steht für die Werbung zur Verfügung?	• Vorjahresbetrag (evtl. plus Zuschlag) • gleicher Prozentsatz vom Planumsatz wie im Branchendurchschnitt • geschätzte Ausgabesumme eines direkten Konkurrenten (plus Zuschlag) (Je mehr angesprochene Personen, desto höhere Werbekosten.) Der Werbeetat sollte sich in erster Linie an den Werbezielen orientieren. Sinnvoll ist in der Regel ein antizyklisches Vorgehen.
Streukreis (Zielgruppe) *bestimmen die Reichweite der Werbemaßnahmen*	**WER** soll mit der Werbung angesprochen werden?	Personenkreise, wie z. B. Lebensmitteleinzelhändler, Spezial- und Fachgeschäfte, Discounter Die Zielgruppe muss genau bestimmt werden, um Streuverluste beim Einsatz von Werbemitteln und Werbeträgern zu minimieren. Denn Werbung bleibt ohne Wirkung, wenn die Personen wenig oder keinen Bezug zu der beworbenen Ware haben.
Streugebiet (Werbezielgebiet)	**WO** soll die Zielgruppe angesprochen werden?	Das werbende Unternehmen muss entscheiden, ob auf dem Gesamtmarkt oder auf bestimmten Teilmärkten geworben werden soll. Das Werbegebiet muss möglichst genau bestimmt werden, um unnötige Kosten zu vermeiden und um die Zielgruppe auch tatsächlich zu erreichen.
Streuweg (Mediaplanung)	**WOMIT** soll geworben werden? (In welcher Form soll geworben und welche Medien sollen genutzt werden?)	**Werbemittel**[1]: Anzeigen, Prospekte, Beilagen, Werbegeschenke, Schaufenster, Fernsehspot, Kinospot, Werbefilm, Beschriftung von Straßenbahnen u. a. **Werbeträger (Medien):** Zeitung, Zeitschrift, Fernsehen, Kino, Fahrzeuge, Menschen u. a.

---
1 Weitere Ausführungen zu Werbemitteln siehe Kap. 6.11.

LERNFELD 6

Bereich	Zentrale Fragestellung	BEISPIELE
Werbemittel-gestaltung[1]	WIE können die Werbeziele umgesetzt werden, sodass sie von der Zielgruppe verstanden und angenommen werden?	Klarheit der Aussagen, Informationen, Argumente; Farben; Formen u.a. Die Werbebotschaft sollte den Vorteil, den Nutzen der Ware für den Kunden herausstellen und ihn so motivieren, die Ware zu kaufen.
Streuzeit und Streudichte (Werbetiming)	WANN soll mit der Werbekampagne begonnen werden und wie lange soll sie laufen?	• in jeder zweiten Ausgabe der Fachzeitschrift • in bestimmten Abständen (beispielsweise immer freitags) • zu bestimmten Anlässen wie Muttertag, Theatersaison, Frühjahrshausputz, Badesaison u.a. (Berücksichtigung des Werbetermins) Das Werbetiming ist vor allen Dingen bei der **Markteinführung** von Produkten wichtig.

Wie ein Werbeetat eines Baustoffgroßhandels – in Verbindung mit der Festlegung von Werbeobjekten, Zielgruppe, Werbezielen, Gestaltung, Strategie, Medienauswahl, Werbegebiet und -zeitraum – aufgestellt werden kann, zeigt das folgende Beispiel:

BEISPIEL

Werbekonzeption (Bauindustrie, Baugewerbe, Bauhandwerk) (Angaben in €)

	Jan.	Febr.	März	April	Mai	Juni	Juli	Aug.	Sept.	Okt.	Nov.	Dez.
Veranstaltung mit Fliesenlegern		1.000									1.000	
Veranstaltung mit Stuckateuren	1.000											
Veranstaltung mit Isolierern									1.000			
Veranstaltung mit Dachdeckern												1.000
Kundenzeitschrift				2.500						2.500		
Werbebriefe, eigene Prospekte	750	750	750	750	750	750			750	750	750	750
Persönliche Besuche	500	500	500	500	500	500	500		500	500	500	500
Sonderveranstaltung zum Tag der offenen Tür				5.000								
Werbegeschenke										3.000		
Gesamtsumme: 31.000,00 €	2.250	2.250	6.250	3.750	1.250	1.250	500		3.750	5.250	2.250	2.250

---

[1] Siehe Kapitel 6.13.

LERNFELD 6

Werbedurchführung

Im Anschluss an die Werbeplanung folgt die **Durchführung.** Da der Einsatz von Werbeträgern bzw. Werbemitteln bei den potenziellen Kunden eine möglichst große Werbewirkung erzielen soll, müssen folgende **Werbegrundsätze** beachtet werden:

1. Wahrheit und Klarheit

- Werbung muss frei sein von unzutreffenden Behauptungen, Übertreibungen und Entstellungen von Tatsachen. Durch unwahre Aussagen über Beschaffenheit, Verwendbarkeit und Preise der angebotenen Waren wird
  - der Kunde irregeführt und verärgert.
  - gegen das Gesetz gegen den unlauteren Wettbewerb (UWG) verstoßen.

  Deshalb sollten auch Steigerungsformen wie „unerreicht", „einmalig", „unübertrefflich", „das Allerbeste" möglichst vermieden werden. Ein Zuviel an Lob stellt die Glaubwürdigkeit der Werbung infrage.
- Die Werbebotschaft sollte schnell erfassbar, leicht verständlich und übersichtlich sein.

2. Wirksamkeit

Um Aufmerksamkeit zu erreichen, muss die Werbung ideenreich sein. Die Werbemaßnahmen sollen sich von denen der Konkurrenz deutlich abheben (Originalität der Werbung). Hinzu kommen die Wahl geeigneter Werbemittel und die Einprägsamkeit.

Je wirksamer eine Werbemaßnahme ist, desto sicherer kann das Hauptziel „Absatzförderung" erreicht werden. Wie die Werbung auf den Kunden wirkt, bevor er seine Kaufentscheidung trifft, lässt sich vereinfacht in einem stufenartigen Zusammenhang darstellen (siehe hierzu auch die AIDA-Formel unten auf der Seite).

Werbeanzeige mit hoher Originalität

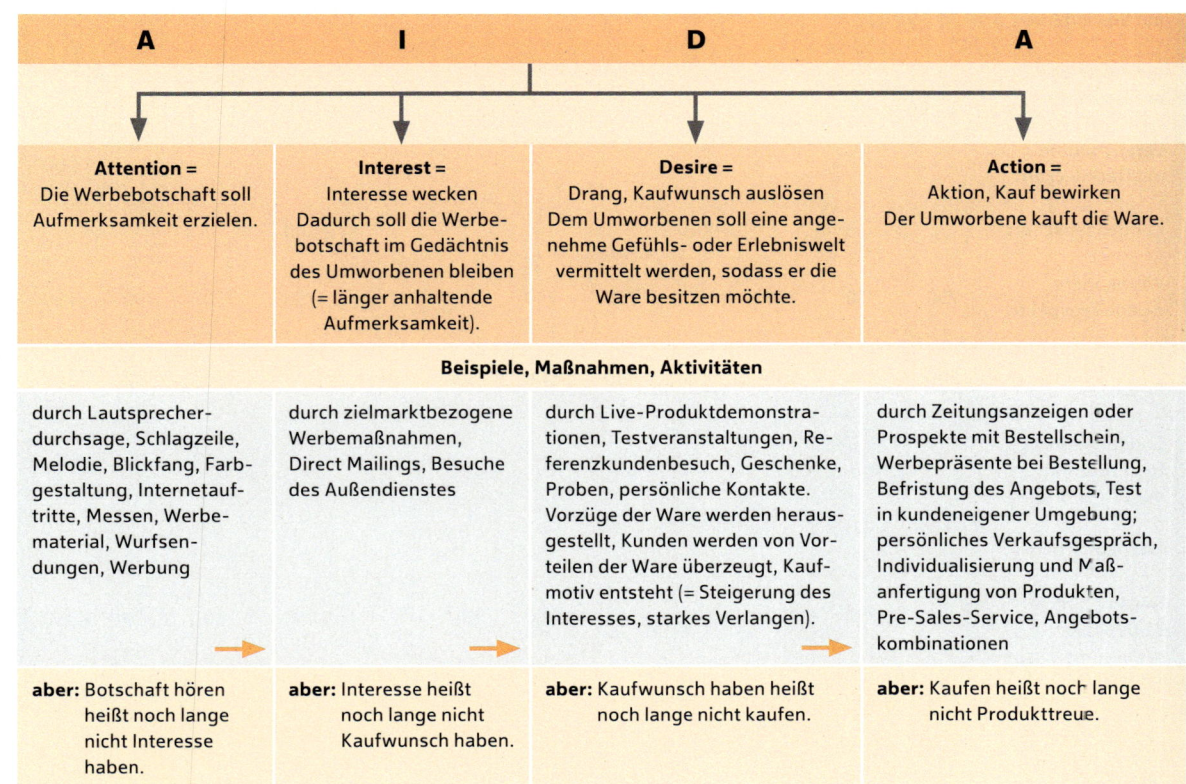

A	I	D	A
Attention = Die Werbebotschaft soll Aufmerksamkeit erzielen.	**Interest =** Interesse wecken Dadurch soll die Werbebotschaft im Gedächtnis des Umworbenen bleiben (= länger anhaltende Aufmerksamkeit).	**Desire =** Drang, Kaufwunsch auslösen Dem Umworbenen soll eine angenehme Gefühls- oder Erlebniswelt vermittelt werden, sodass er die Ware besitzen möchte.	**Action =** Aktion, Kauf bewirken Der Umworbene kauft die Ware.
Beispiele, Maßnahmen, Aktivitäten			
durch Lautsprecherdurchsage, Schlagzeile, Melodie, Blickfang, Farbgestaltung, Internetauftritte, Messen, Werbematerial, Wurfsendungen, Werbung	durch zielmarktbezogene Werbemaßnahmen, Direct Mailings, Besuche des Außendienstes	durch Live-Produktdemonstrationen, Testveranstaltungen, Referenzkundenbesuch, Geschenke, Proben, persönliche Kontakte. Vorzüge der Ware werden herausgestellt, Kunden werden von Vorteilen der Ware überzeugt, Kaufmotiv entsteht (= Steigerung des Interesses, starkes Verlangen).	durch Zeitungsanzeigen oder Prospekte mit Bestellschein, Werbepräsente bei Bestellung, Befristung des Angebots, Test in kundeneigener Umgebung; persönliches Verkaufsgespräch, Individualisierung und Maßanfertigung von Produkten, Pre-Sales-Service, Angebotskombinationen
aber: Botschaft hören heißt noch lange nicht Interesse haben.	**aber:** Interesse heißt noch lange nicht Kaufwunsch haben.	**aber:** Kaufwunsch haben heißt noch lange nicht kaufen.	**aber:** Kaufen heißt noch lange nicht Produkttreue.

Um Wirksamkeit zu erzielen, muss der Großhändler daher auch auf **Stetigkeit** achten. Denn einmalige Werbemaßnahmen haben erfahrungsgemäß nur bescheidenen Erfolg; sie müssen über einen längeren Zeitraum erfolgen.

Werden dabei die Ausgaben für die Werbung parallel zum Konjunkturverlauf eingesetzt, so spricht man von **prozyklischer Werbung.**

Dabei werden die Werbeaktionen parallel zur Entwicklung des Bedarfs geplant und umgesetzt. Dieses werbliche Verhalten ist in der Praxis vorwiegend festzustellen. Ziel der Unternehmen ist es, in Zeiten bereits hoher allgemeiner Nachfrage die Kunden durch Werbemaßnahmen zum Kauf der eigenen Waren zu bewegen.

Wird hingegen eine Ausgabenpolitik für werbliche Zwecke betrieben, die dem Konjunkturverlauf entgegengerichtet ist, so liegt **antizyklisches Werbeverhalten** vor. Die werblichen Aktionen werden in diesem Fall zum Ausgleich von Umsatzschwankungen und Nachfragerückgängen durchgeführt.

Unwirksam wird antizyklisches bzw. antisaisonales Verhalten bei starker Saisongebundenheit der Produkte, beispielsweise Werbung für Schokoladenweihnachtsmänner im Juni.

Wenn der Wind stärker weht, dann bauen die einen Mauern, wir bauen Segelschiffe.

Antizyklisches Werbeverhalten gehört zur Philosophie der Fairtext GmbH, die auch in dieser Werbeanzeige zum Ausdruck kommt nach dem Motto: „Jetzt erst recht!"

3. Wirtschaftlichkeit

Das Ziel des Großhändlers muss es sein, mit möglichst geringen Kosten seinen Umsatz zu steigern. Er muss daher sehr genau prüfen, ob die durch die Werbung erzielte Wirkung in einem angemessenen Verhältnis zu den Werbekosten steht (= Werbeerfolgskontrolle).

LERNFELD 6

Werbeerfolgskontrolle[1] (Marketing-Controlling)

1. Ermittlung des ökonomischen Werbeerfolgs

Die Beurteilung des Werbeerfolgs hängt von der Zielsetzung ab, die der Großhändler mit einer Werbemaßnahme erreichen will.

So können zur wirtschaftlichen Beurteilung einer Aktion verschiedene Maßnahmen zur Kontrolle des Werbeerfolgs herangezogen werden:
- Umsatz-Rennerlisten,
- Bestandslisten (Bestand vor und nach der Aktion),
- Umsatzstatistiken oder
- das Verhältnis von Werbeaufwand zum Umsatzzuwachs.

Steht die Umsatzsteigerung im Vordergrund, so muss er überprüfen, ob durch die Werbemaßnahme eine Steigerung seines Umsatzes erreicht wurde.

$$\text{Werbeerfolg} = \frac{\text{Umsatzsteigerung}}{\text{Werbekosten für die Werbeaktion}}$$

Der Werbeeinsatz war immer dann wirtschaftlich, wenn das Ergebnis größer als 1 ausfällt.

> **BEISPIEL**
>
> Ein Lebensmittelgroßhändler hat nach Abschluss einer Werbemaßnahme einen Umsatzzuwachs (= Werbeertrag) von 255.000,00 €. Für die Werbemittel (Zeitungsanzeige, Direktkommunikation und Salespromotion) musste er insgesamt 102.000,00 € bezahlen. Sein Werbeerfolg war positiv, er betrug 2,5.

> In der Fachliteratur wird häufig der Ausspruch eines erfolgreichen Geschäftsmannes zitiert: „Ich weiß, dass ich die Hälfte meiner Werbegelder zum Fenster hinauswerfe. Leider weiß ich nur nicht, welche Hälfte."

Dieser Ausspruch weist auf die Probleme hin, die mit der Kontrolle des Werbeerfolgs verbunden sind.

Nur theoretisch lässt sich also der Werbeerfolg – wie soeben dargestellt – ermitteln. Praktisch treten Schwierigkeiten auf:
- Häufig lassen sich die Werbekosten nicht genau von den anderen Kosten im Unternehmen abgrenzen.
- Andere Absatzmaßnahmen und Faktoren (neben der eingesetzten Werbemaßnahme) können sich ebenfalls und gleichzeitig auf den Umsatz auswirken.

> **BEISPIEL**
>
> Die Produktgestaltung; Bedarfsverschiebungen (Mode); Preisänderungen bei der Konkurrenz; Konjunktureinflüsse und anderes mehr

- Eine zeitliche Abgrenzung der Werbeerträge ist häufig unmöglich. Eine Werbemaßnahme kann z. B. schon längst abgeschlossen sein, ihre absatzfördernde Wirkung kann aber unvermutet und unerkannt noch über einen längeren Zeitraum wirken.
  Der durch die Werbemaßnahme in die Zukunft ausgestrahlte Bekanntheitsgrad verfälscht insofern die Ergebnisse folgender Werbemaßnahmen (Carry-over-Effekt).
- Der durch eine Werbemaßnahme erzielte Werbeeffekt kann den Bekanntheitsgrad anderer, u. U. sogar konkurrierender Produkte ebenfalls steigern, wenn die Produkte oder die für sie durchgeführten Werbemaßnahmen einander ähnlich sind („Halo-Effekt").

Außerdem liegt der wirtschaftliche Werbeerfolg nicht nur im Verkauf der verlangten Ware, sondern auch im Verkauf zusätzlicher Ware. Für den Großhändler ist es daher sehr schwer, diesen Erfolg festzustellen.

Ist das Ziel die Erhaltung des bisherigen Umsatzes, so sind die Schwierigkeiten einer Erfolgskontrolle darin zu sehen, dass der Händler nicht sagen kann, um wie viel sein Umsatz zurückgegangen wäre, wenn er die Werbemaßnahme nicht durchgeführt hätte.

2. Ermittlung des außerökonomischen Werbeerfolgs

Von außerökonomischen Werbeerfolgen spricht man dann, wenn es dem Großhändler gelingt,
- die Kundenkontakte zu erhöhen (Kundenfrequenzmessungen),
- den Bekanntheitsgrad seines Unternehmens zu steigern,

---

[1] Neben der Werbeerfolgskontrolle als Bestandteil der Operativen Informationssysteme sind zu nennen Verkaufs- und Marktstatistiken, das Außendienst-Berichtswesen und die Vertriebserfolgsrechnung.

- die Erinnerungsfähigkeit der Kunden an sein Unternehmen zu erhöhen,
- das Image des Unternehmens zu verbessern.

Um in diesem Zusammenhang die Wirksamkeit der Werbemaßnahmen überprüfen zu können, hat man Kennziffern entwickelt, die sich an der AIDA-Formel orientieren:

		BEISPIELE (Grundlage: Zielgruppenstärke von 350 Einzelhändlern)
Attention =	$\dfrac{\text{Zahl der Adressaten}}{\text{Gesamtzahl der Zielgruppe}}$	Anteil derjenigen, die durch die Werbung des Großhändlers aufmerksam geworden sind: $= \dfrac{133}{350} = 38\%$
Interest =	$\dfrac{\text{Zahl der Interessenten}}{\text{Gesamtzahl der Zielgruppe}}$	Anteil derjenigen, die sich für die umworbene Ware interessieren: $= \dfrac{42}{350} = 12\%$
Desire =	$\dfrac{\text{Zahl der Überzeugten}}{\text{Gesamtzahl der Zielgruppe}}$	Anteil derjenigen, die die beworbene Ware gerne kaufen würden: $= \dfrac{14}{350} = 4\%$
Action =	$\dfrac{\text{Zahl der zusätzlichen Käufer}}{\text{Gesamtzahl der Zielgruppe}}$	Anteil derjenigen, die die umworbene Ware gekauft haben: $= \dfrac{5}{350} = 1,4\%$

Die Erfolgskontrolle muss sich dabei über einen längeren Zeitraum erstrecken. Methoden zur außerökonomischen Werbeerfolgskontrolle sind:
- das Erinnerungsverfahren (Recall-Verfahren)
- das Wiedererkennungsverfahren
- Image-Analysen

Fehler lassen sich allerdings bei derartigen Methoden nicht ausschließen.

Online-Marketing-Controlling

Keine gute Marketingstrategie kommt ohne Erfolgskontrolle aus. Nachdem das Online-Marketingkonzept erstellt und ausgewählte Instrumente in das Unternehmensmarketing integriert wurden, sollte regelmäßig kontrolliert werden, wie effektiv die Umsetzung ist.

Gemessen werden können z. B. Besucher, Seitenabrufe und die Herkunft der Besucher. Auch die Stichworte, die bei den Suchmaschinen eingegeben wurden, sind erfasst. Will man die Abbildung der Unternehmensziele auf den Teilbereich der Internet-Aktivitäten erzielen, müssen aber auch Bezahl- und Bonitätssysteme, externe Datenbanken und Warenwirtschaftssysteme in die Erfolgskontrolle eingebunden werden.

Um den Erfolg zu messen, gibt es unterschiedliche Kennzahlen, die auch als „Key Performance Indikatoren" bezeichnet werden. Einige ausgewählte sind in der folgenden Übersicht dargestellt:

Anzahl der Produktkäufe	Die Anzahl der Produktkäufe wird von den einzelnen Werbemaßnahmen beeinflusst und kann mithilfe der eingehenden Produktbestellungen überprüft werden.
Neukontakte	Neukontakte werden auch mit dem Fachbegriff „Leads" bezeichnet und stellen die Summe von neu gewonnenen Kundenkontakten durch eine bestimmte Werbemaßnahme dar. Die Gewinnung von Neukontakten kann beispielsweise in den verwendeten sozialen Netzwerken leicht nachverfolgt werden, denn dort ist auf einen Blick ersichtlich, ob die Anzahl der Fans und Follower zugenommen hat.
Klickrate	Die Klickrate (Click Through Rate; CTR) stellt den prozentualen Anteil der Klicks auf ein Werbemittel – beispielsweise ein Banner – im Verhältnis zu der Anzahl der Werbemitteleinblendungen dar. Wird beispielsweise ein Banner 300-mal angezeigt und dabei sechsmal angeklickt, beträgt die Klickrate 2 %.

LERNFELD 6

Hits, Visits, Page Impressions, View-Time	Als „Hits" werden die Zugriffe durch Nutzer (User) auf eine Internetseite bezeichnet. Diese Kennzahl besagt zwar, dass ein Zugriff auf diese Seite stattgefunden hat, jedoch nicht, über welchen Zeitraum hinweg. Sogenannte „Visits" liegen vor, wenn ein Benutzer die Internetseite aufruft. Jeder weitere Klick auf eine Unterseite innerhalb des Internetauftritts gilt dann als Page Impression. Page Impressions (PIs) bezeichnen also die Aufrufe einer einzelnen Webseite innerhalb eines Internetauftritts. In welchem Zeitraum ein bestimmtes dynamisches Werbemittel sichtbar ist, bezeichnet die Kennzahl „View-Time". Aufgrund dieser Dauer kann abgeleitet werden, wie lange ein Benutzer das entsprechende Werbemittel maximal gesehen hat. Die genaue Verweildauer durch den Besucher ist jedoch nicht exakt bestimmbar.
Web-Monitoring	Um den Erfolg des Social-Media-Marketings zu messen, eignet sich insbesondere das Web-Monitoring. Durch Beobachtung und Analyse in Weblogs, Foren, Communities, sozialen Netzwerken und Portalen kann herausgefunden werden, welche Meinungen Nutzer über das Unternehmen haben, ob diese über das Unternehmen berichten oder eventuell sogar Beiträge in Form von Blogs oder Twitter-Nachrichten verbreiten.
Conversions und Conversion Rate	Als Conversions wird die Menge der Besucher eines Internetauftritts bezeichnet, die eine erwünschte, vorher definierte, Aktion durchgeführt haben, wie z. B. den Kauf eines Produktes oder das Abonnement eines E-Mail-Newsletters. Die Conversion Rate veranschaulicht das Verhältnis von Konversion (hier: Statusänderung) zu Besuchern. Diese Online-Marketingkennzahl gibt an, ob der Webseitenbesucher die gewünschte Aktion durchgeführt hat. Solche Aktionen können beispielsweise das Ausfüllen eines Formulars, das Abonnieren eines Newsletters oder der Kauf eines Produktes sein. In Onlineshops liegt die Conversion Rate häufig bei ca. 3 %.
Bounce Rate	Die Bounce Rate oder Absprungrate informiert über das Besucherverhalten auf der Webseite. Mithilfe dieser Onlinekennzahl wird der Anteil der Websitebesucher mit nur einem einzelnen Seitenaufruf erfasst. Sie gibt daher Aufschluss über die Attraktivität der Webpräsenz. Ist die Bounce Rate recht hoch, sollte schnellstmöglich etwas unternommen werden, um die Attraktivität der Website zu steigern.
Rate der wiederkehrenden Besucher	Die Attraktivität einer Internetpräsenz spiegelt sich nicht nur in der absoluten Anzahl der Besucher wider. Wichtig sind, neben den neuen Besuchern, die wiederkehrenden. Ist ihre Zahl hoch, spricht das für interessante und informative Inhalte. Messen lassen sich die Zahlen mit Cookies (Datensatz, der von einem Server auf der Festplatte des Nutzers hinterlegt wird). Anhand dieser Werte lassen sich Marketingstrategien erarbeiten, um die Zielgruppe direkt anzusprechen.
Unique Visits	Der Unique Visit (engl. „einzelner Besuch") ist eine Kennzahl für die Zugriffshäufigkeit auf die Homepage. Hierbei werden die einzelnen IPs in einem festgelegten Zeitraum nur einmal gezählt – egal wie häufig von einem bestimmten Rechner auf die Seite zugegriffen wird. Durch dieses Verfahren erhält man die Nettomenge der gesamten Besucher in einem definierten Zeitabschnitt auf der eigenen Homepage.
Aufenthaltszeit	Die Verweildauer eines Besuchers auf der Website ist eine weitere wichtige Kennzahl. Eine hohe Verweildauer spricht für eine hohe Qualität der Internetseite. Die User finden den Seiteninhalt ansprechend und werden zu entsprechenden Aktionen verleitet – wie beispielsweise weiterführende Links anklicken oder Newsletter abonnieren.
Anzahl der Feed- und Newsletter-Abonnenten	Sie zeigt an, wie viele Personen regelmäßig mithilfe des E-Mail-Marketing erreicht werden. Hier ist die Delivery Rate (Zustellrate) wichtig. Sie gibt die Gesamtmenge der versendeten Mails an. Auf deren Basis lässt sich die Öffnungsrate ermitteln. Die Öffnungsrate ist der Anteil der geöffneten Mails im Verhältnis zu den versendeten. Nach dem Öffnen der Mail entscheidet die Click Through Rate (Klickrate) über Erfolg oder Misserfolg der Werbekampagne. Diese Rate gibt die Anzahl von Klicks auf Banner oder Links im Verhältnis zu versendeten Mails an. Gründe für eine niedrige Klickrate können evtl. ein unpassender Zeitpunkt für den Versand oder ein nicht zielgruppenorientiertes Design sein. Werden die Nutzer nicht angesprochen, führt dies zu einer hohen Abmelderate. Mit immer neuen Inhalten und überarbeiteten Strategien kann dieser Entwicklung entgegengewirkt werden.

Kontrolle und Optimierung durch „Marketing-Audits"

> **DEFINITION**
>
> Beim **Marketing-Audit** handelt es sich um eine zukunftsorientierte Überwachung, damit die marktbezogenen Strategien und Führungsmaßnahmen rechtzeitig und umfassend an die Marktveränderungen angepasst werden.

Marketing-Controlling soll helfen, Fragen zu beantworten wie:

- Sind wir so gut, wie wir sein können?
- Sind die gewählten Märkte unserem Unternehmensziel angemessen?
- Konzentrieren wir uns auf unsere Stärken?

LERNFELD 6

- Haben wir die richtigen Strukturen in der Marketing-Organisation?
- Sind die Instrumente unseres Marketing-Mix aufeinander abgestimmt?

Daraus leiten sich die einzelnen Aufgaben eines Marketing-Audits ab.

AUFGABEN

1. Warum muss Werbung planmäßig betrieben werden?
2. Wie bezeichnet man die Gruppe, die durch die Werbung angesprochen werden soll?
3. Was versteht man in der Werbung unter Streuzeit?
4. Erläutern Sie den Begriff „Streugebiet".
5. Ordnen Sie zwei von den fünf Beispielen den Werbefachbegriffen a) Streuzeit und b) Streugebiet zu.

   Beispiele:
   a) Die Getränkegroßhandlung einer Kreisstadt eröffnet eine Filiale in Marienhagen.
   b) Die neue Einkaufsmöglichkeit soll 14 Tage vor bis 14 Tage nach der Eröffnung bekannt und populär gemacht werden.
   c) Es sollen die männlichen und weiblichen Jugendlichen im Alter von 12 bis 25 Jahren angesprochen werden.
   d) Es soll Marienhagen und die unmittelbare Umgebung abgedeckt werden.
   e) Es sollen Kosten für verschiedene Werbemittel/Werbeträger miteinander verglichen werden.

6. Prüfen Sie die folgenden Beispiele und entscheiden Sie, ob für die genannte Zielgruppe ein geeigneter Werbeträger ausgewählt wurde. Begründen Sie Ihre Antworten.
   a) In einer Jugendzeitschrift wird für Ferienreisen in die Karibik geworben.
   b) In einem Managermagazin wird zum Kauf von ausländischen Wertpapieren mit einer besonders hohen Rendite geraten.
   c) Kurz vor einer Schulfunksendung im Radio wird für Autos geworben.
   d) Im Kino wird vor Beginn des Hauptfilms ein Spot für Erfrischungsgetränke gezeigt.

7. Nennen Sie die zentralen Fragestellungen der Werbeplanung.

8. Welche Zielgruppen sollen mit den folgenden Werbeaktionen angesprochen werden?
   a) Bergsportzentrale Münzer setzt auf Zeltkomfort.
   b) Alles für den Hobbybastler
   c) Exklusive Mode für die selbstbewusste Frau von heute
   d) Ihr Verbrauchermarkt – Ihre günstige Einkaufsstätte
   e) Die neue Skimode für alle, denen Qualität und Design etwas bedeuten

9. Welcher Streuweg wäre bei folgenden Werbemaßnahmen für den Großhändler der beste?
   a) Ein großer Getränkehersteller wirbt für sein neues „light"-Produkt.
   b) Eine Baustoffgroßhandlung bringt sich bei ihrem bekannten Kunden in Erinnerung.
   c) Die Großhändler des Stadtteils Lahe werben alle 14 Tage gemeinsam.
   d) Ein Discountgeschäft startet zweimal im Monat eine größere Werbeaktion mit vielen verschiedenen preisgünstigen Waren aus dem Gesamtsortiment.

10. Ordnen Sie die Grundsätze der Werbung (Wirtschaftlichkeit, Wahrheit, Klarheit, Originalität, Wirksamkeit) den folgenden Beispielen zu:
    a) Eine Erhöhung der Aufmerksamkeit durch eine originelle Werbung führt zu einer klaren Abgrenzung von der Konkurrenz.
    b) Die Werbewirkung bei einzelnen oder gezielt ausgewählten Kundengruppen sollte, trotz aller damit verbundenen Schwierigkeiten, fortlaufend überprüft werden.
    c) Übertreibungen in der Werbung wie auch bewusst falsche Aussagen führen zu einem Vertrauensschwund und zum Verlust an Glaubwürdigkeit und Umsatzeinbußen für den Großhändler.
    d) Besonders eingängige, klare und leicht verständliche Aussagen bewirken die erwünschte

Aufmerksamkeit und Aufnahme der Werbebotschaft.
e) Das Verhältnis zwischen dem Aufwand der Kosten für die Werbung und dem Ertrag muss wirtschaftlich zu rechtfertigen sein.

11. Erklären Sie die AIDA-Formel.
12. Was verstehen Sie unter einem Werbeetat?
13. Wie nennt man die Gesamtheit der Maßnahmen zur Überwachung der Wirtschaftlichkeit der gesamten oder einzelner Werbemaßnahmen?
14. Wie wird der Werbeerfolg festgestellt?
15. Erklären Sie die Problematik der Werbeerfolgskontrolle.
16. Wann spricht man von außerökonomischem Werbeerfolg?
17. Betrachten Sie die Abbildungen 1 und 2, die Entwicklungen von Werbeaufwand und Umsatz darstellen.
    a) Erläutern Sie die beiden Abbildungen.
    b) Nennen Sie jeweils ein Beispiel, wann ein Großhandelsunternehmen seine Werbeausgaben so einsetzen sollte, wie es in Abb. 1 bzw. in Abb. 2 dargestellt ist.

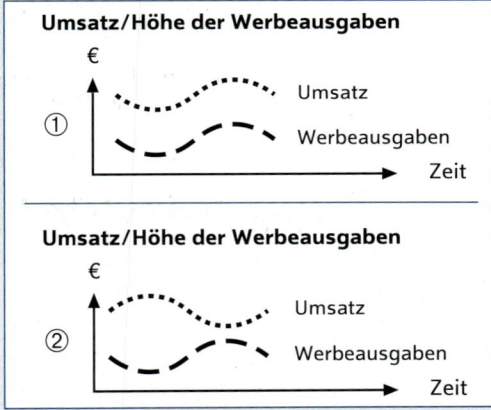

18. Von einer Lebensmittelgroßhandlung werden turnusmäßig Flyer an die 8500 Einzelhändler verschickt. In der letzten April-Ausgabe veranstaltete die Großhandlung ein Preisausschreiben, das die folgenden Ergebnisse lieferte:
    – Teilnehmer: 6375
    – konkrete Anfragen: 680
    – Einzelhändler mit positiver Stellungnahme nach dem Besuch des Außendienstmitarbeiters: 170
    – Käufer der neuen Produktlinie „Gourmet light": 94

    Ermitteln Sie die Kennziffern des außerökonomischen Werbeerfolgs.

19. Ein Großhändler hat gemeinsam mit einer Werbeagentur für seine Hausmarke eine Werbekampagne entwickelt, die sich auf drei Strategien stützt:
    a) Einrichtung eines Showrooms beim Einzelhandel mit dem Ziel, 15 % der Kunden zum Anhalten und Betrachten des Ausstellungsraumes zu bewegen
    b) Sendung eines im regionalen Fernsehen laufenden TV-Spots. Dadurch soll erreicht werden, dass sich mindestens 25 % der Zuschauer später an den Produktnamen erinnern.
    c) Anzeigenschaltung in der Fachzeitschrift des Verbands. Man möchte dadurch erreichen, dass 2,5 % der Zeitschriftenleser an dem gleichzeitig angebotenen Preisausschreiben teilnehmen.

    Stellen Sie fest, wie sich der Werbeerfolg bei den drei Strategien ermitteln lässt.

AKTIONEN

1. Die Textilgroßhandlung Fairtext GmbH führt jährlich in Ihrer Abteilung eine Sonderaktion durch. Sie als Auszubildende(r) haben die Aufgabe, diese Aktion zu planen. Die begleitende Werbekampagne soll innerhalb der nächsten 4 Wochen stattfinden. Die gesamte Aktion soll von Ihnen nach der „Leittestmethode" (Informieren – Planen – Entscheiden – Ausführen – Kontrollieren – Auswerten) durchgeführt werden.

LERNFELD 6

> **Regeln für Teamarbeit**
> - Alle sind für das Teamergebnis mitverantwortlich.
> - Jeder arbeitet mit.
> - Jeder kann seine Meinung frei äußern, alle Meinungen und Ideen werden akzeptiert.
> - Jeder fasst sich kurz.
> - Es redet immer nur eine Person.
> - Niemand wird beim Sprechen unterbrochen.
> - Die Beiträge der Teammitglieder werden im Team diskutiert, um letztlich den „richtigen" Weg zu finden.
> - In der Diskussion werden andere nicht verletzt.
> - Bei einer umfangreicheren Aufgabe übernimmt jedes Teammitglied einen Teilbereich.
> - Jeder ist gegenüber dem Team für die übernommenen Aufgaben verantwortlich.
> - Fühlt sich jemand unwohl, sagt er es sofort.

a) Bilden Sie sortenspezifische Teams (maximal sechs Personen).

b) Sammeln Sie erste Ideen in einem Brainstorming für diese Aktion (Welche Waren? Welches Motto? Wann? Wer?). Halten Sie Ihre Überlegungen in einem Fadenkreuz schriftlich fest.

c) Erstellen Sie einen schlüssigen Werbeplan gemäß der Informationen, die Sie in den Kapiteln Ihres vorliegenden Lehrbuches dazu finden. Benutzen Sie die in diesem Kapitel abgebildete Übersicht zu einem Werbeplan (Spalten 1 und 2) und ergänzen Sie eine dritte Spalte mit den von Ihnen getroffenen Entscheidungen.

Bereich	zentrale Fragestellung	Entscheidungen
Werbeziel(e)	WAS, WELCHE	
...	...	

d) Präsentieren Sie Ihre Planungsergebnisse – unterstützt durch PowerPoint – der Abteilungsleitung. Beachten Sie dabei die Grundregeln zur Präsentationsdarstellung:
- **„Weniger ist mehr."** Ihre Zuhörer müssen die Präsentation schnell lesen und verstehen können. Deshalb: **K**eep **i**t **s**hort and **s**imple! – **KISS!**
- Präsentationen sind kein reines Lesemedium. Sie sollen den Vortrag nur visuell ergänzen, **nicht verdoppeln!**
- Als Faustregel kann gelten: zwei bis drei Minuten pro Folie.

Tragen Sie Ihr Ergebnis möglichst in freier Rede vor. Helfen werden Ihnen dabei die Regeln für einen guten Vortrag.

2. a) Der Abteilungsleiter hat die von Ihrem Team vorgeführte Präsentation für gut befunden und stellt einen Werbeetat von 50.000,00 € für die werblichen und verkaufsfördernden Maßnahmen zur Verfügung. Ermitteln Sie den ökonomischen Werbeerfolg bei einer erwarteten Umsatzsteigerung von 85.000,00 €.

b) Unterbreiten Sie Vorschläge, mit welchen betriebswirtschaftlichen Maßnahmen die Verantwortlichen der Textilgroßhandlung Fairtext GmbH diesen Werbeerfolg verbessern könnten.

c) Warum könnte es Schwierigkeiten bereiten, die von Ihnen gemachten Vorschläge in eine aussagekräftige ökonomische Werbeerfolgskontrolle einzubinden?

3. a) Welche konkreten Maßnahmen der Verkaufsförderung würden Sie wählen, um die werblichen Maßnahmen zur geplanten Sonderaktion zu unterstützen?

b) Notieren Sie Ihre Ergebnisse auf Karten und präsentieren Sie sie.

c) Diskutieren Sie Vor- und Nachteile der einzelnen verkaufsfördernden Maßnahmen unter Einbeziehung des vorgegebenen Werbeetats (Höhe: 50.000,00 € für die gesamte Werbekampagne). Entscheiden Sie sich für zwei, die Ihnen am geeignetsten erscheinen.

d) Stellen Sie das kostenmäßige Verhältnis der (geschätzten) verkaufsfördernden Maßnahmen im Vergleich zu den anderen werblichen Maßnahmen (Kosten der übrigen Werbemittel) in Form eines Kreisdiagramms prozentual dar. Verwenden Sie hierfür das Tabellenkalkulationsprogramm Excel.

4. Prüfen Sie, inwieweit Product-Placement, Public-Relations-Maßnahmen und Sponsoring für die Werbekampagne zur geplanten Sonderaktion sinnvoll wären.

5. Führen Sie nach der Präsentation innerhalb Ihres Teams eine Nachbereitung durch in Form eines Feedbacks mittels „Blitzlicht". Das Blitzlicht dient dazu, sich gegenseitig darüber Auskunft zu geben, was die einzelnen Teammitglieder gerade fühlen und denken. (Blitzlichtregeln siehe im Aktionsteil von Kap. 6.5)

6. In der Aktion 2 von Kap. 6.7 haben Sie Werbemittel aus Zeitungen und Zeitschriften gesammelt.
   a) Welches Werbeziel, welche Zielgruppe und welche Werbebotschaft werden in den jeweiligen Beispielen angesprochen?
   b) Ordnen Sie den jeweiligen Werbemitteln die entsprechenden Werbeträger zu (siehe auch Kap. 6.12).
   c) Was fällt Ihnen zuallererst bei der Werbemittelgestaltung auf?
   d) Was könnte der Grund dafür sein, dass die Werbung gerade zum jetzigen Zeitpunkt erscheint?

7. a) Fragen Sie in Ihrem Ausbildungsunternehmen nach, welcher Werbeetat dort für eine bestimmte Werbekampagne bereitgestellt wird.
   b) Erkundigen Sie sich nach der „Durchführung der Werbeerfolgskontrolle" für diese Kampagne.
   c) Bereiten Sie sich darauf vor, die Ergebnisse Ihrer betrieblichen Informationen vorzutragen.

ZUSAMMENFASSUNG

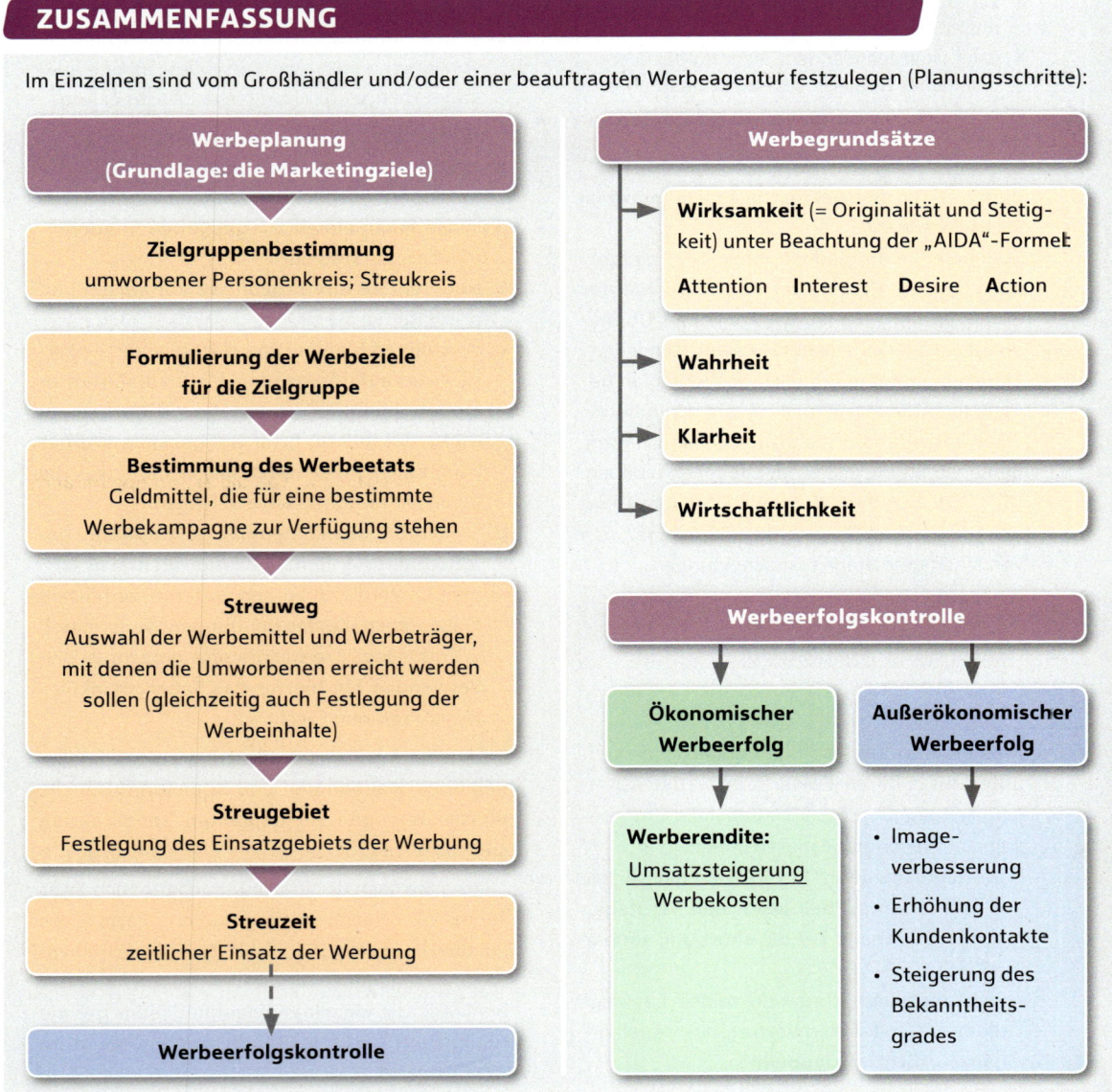

LERNFELD 6

KAPITEL 11
Werbemittel und Werbeträger

1. Erklären Sie, warum die Werbefläche für die Werbung der Textilgroßhandlung Fairtext GmbH so wichtig ist.
2. Nennen Sie weitere Möglichkeiten, wie durch Werbung neue Waren bekannt gemacht werden können.

INFORMATIONEN

Damit der Großhändler mit seiner Werbung die Umworbenen auch erreicht, muss er unter Berücksichtigung des rechtlichen Rahmens[1] **Werbemittel** erarbeiten und im nächsten Schritt für diese Werbemittel geeignete **Werbeträger** finden.

> **DEFINITION**
>
> Das **Werbemittel** beinhaltet bzw. stellt die **Werbebotschaft** dar.

Sämtliche Werbemittel dienen als Medium, mit dessen Hilfe die Werbebotschaft des Großhändlers zum Kunden gelangen soll.

BEISPIELE FÜR WERBEMITTEL

- Plakate
- Zeitungsanzeigen
- Aufschriften auf Straßenbahnen und Omnibussen
- Ausstellungsräume (Showrooms)
- Lichtwerbung
- Werbegeschenke
- Werbefunk- und Fernsehsendungen

Werbeträger hingegen sind das **Transportmittel** für das Werbemittel.

> **DEFINITION**
>
> **Werbeträger**[2] sind alle Personen oder Gegenstände, durch die die Werbemittel an die Zielgruppe herangetragen werden.

BEISPIELE FÜR WERBETRÄGER

- Litfaßsäulen
- Sportveranstaltungen
- Schaufenster
- Fernsehen
- Fachzeitschriften
- Adressbücher
- Hörfunk
- Anzeigenblätter
- Internetwerbung
- Gebäude
- Zeitungen
- Straßenbahnen und Omnibusse
- Kino

Zwischen Werbemittel und Werbeträger kann nicht immer trennscharf unterschieden werden. Sie können sogar identisch sein, wie beim Werbebrief oder Schaufenster.

---

[1] Siehe u. a. „Das Gesetz gegen den unlauteren Wettbewerb" im Kap. 6.9.
[2] Werbeträger werden auch als „Streumedien" bezeichnet, da durch sie die in den Werbemitteln enthaltene Werbebotschaft auf die Empfänger „gestreut" werden soll.

LERNFELD 6

Werbemittel und Werbeträger

Werbemittel

1. Ausstattung

Ein nicht zu unterschätzendes Werbemittel im Handel ist die Gestaltung der Waren in den Geschäfts-, Verkaufs- und Ausstellungsräumen sowie im Schaufenster.

Der Sortimentsaufbau, die Präsentation der Ware, die Gestaltung der Geschäftsräume insgesamt, auch die Ausstellung der Modelle spielen für den Umsatz eine wichtige Rolle.

Ausstellungsräume eines Sanitärgroßhändlers

Umstritten ist vielfach die Wirkung von Displays (= Verkaufshilfen aus Pappe, Plastik, Holz oder Metall). Untersuchungen zeigen, dass hiermit im Großhandel nur schwache Kaufanreize ausgelöst werden. Es kommt allerdings wesentlich auf die Gestaltung des Displays an, ob es vom Kunden angenommen wird oder nicht. In vielen Fällen fehlt eine adäquate Ansprache des potenziellen Kunden. Wird ein Display auch als Prospektständer genutzt und wird dem Kunden dort sogar z. B. eine Materialprobe angeboten, trägt dies bei entsprechender Aufmachung und Platzierung zu besserer Kundeninformation bei.

2. Warenpräsentation im Schaufenster

Eine weitere Verbindung zum Geschäft stellt das Schaufenster her (z. B. im Sanitärgroßhandel) und gibt ihm ein werbewirksames Aussehen.

Insofern sind die **Gestaltung und der Aufbau der Waren im Schaufenster** die wichtigste Voraussetzung für die Anziehungskraft bzw. Werbewirksamkeit des Schaufensters, auch wenn dessen Bedeutung für den Großhandel insgesamt nicht überbewertet werden sollte.

3. Verkaufsgespräch

Neben der Warenpräsentation im Schaufenster ist das **Verkaufsgespräch ein Werbemittel,** das je nach Branche unterschiedlich starke Bedeutung hat. Es ist daher ein nicht zu unterschätzendes und darüber hinaus preisgünstigstes Werbemittel des Großhändlers.

4. Warenpräsentation im Verkaufsraum

Der Kunde soll sich im Verkaufsraum wohlfühlen; er soll zum Kaufen angeregt werden. Zu einer angenehmen Kaufatmosphäre mit dem Ziel einer Umsatzsteigerung kann insbesondere die **Warenanordnung in den Regalen und auf den Verkaufstischen** beitragen, auch wenn deren Bedeutung mit der im Einzelhandel nicht zu vergleichen ist.

5. Packung der Ware

Schon lange hat die Packung für den Großhändler mehr als nur eine Schutzfunktion für Transport und Lagerung. Ihre wirtschaftliche Bedeutung liegt heutzutage vielmehr darin, den **Kunden** – durch unterschiedliche Aufmachung und Gestaltung – **zum Kauf anzuregen**.

6. Leuchtmittel

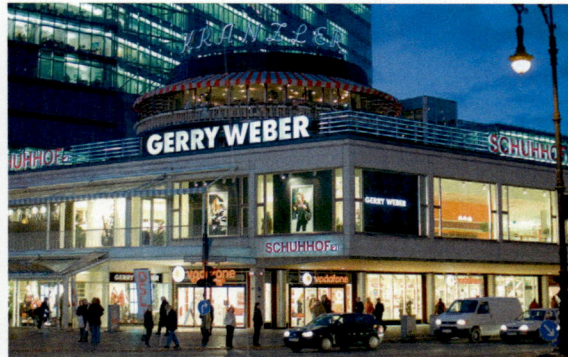

Leuchtmittel kennzeichnen die Metropolen.

Ihr Einsatz soll die Kunden auffordern, das Geschäft zu betreten.

7. Vitrinen

Vitrinen sind nicht an den Standort des Händlers gebunden. Sie sollten dort aufgestellt werden, wo der Kundenstrom besonders groß ist.

8. Anzeige

Die Zeitungsanzeige ist für den Großhändler sehr bedeutsam. Das kleine und mittlere Unternehmen wird aus Kostengründen

Vitrine in der Innenstadt

und um Streuverluste zu vermeiden regionale und örtliche Blätter bevorzugen, insbesondere aber Anzeigen in Fachzeitschriften schalten.

Neben der Zeitungsanzeige bedienen sich Großhändler mit größerem Geschäft zur Bekanntmachung ihrer Waren des **Prospekts**, den man farbig gestaltet und direkt an die Kunden verschickt.

Checkliste zur Anzeigenbeurteilung

- Erregt die Headline die Aufmerksamkeit des Betrachters?
- Wird der Betrachter zum Handeln aufgefordert?
- Ist der Inhalt überzeugend und nachvollziehbar?
- Ist der Text kurz, verständlich und aussagekräftig?
- Stimmt der inhaltliche Aufbau von Anzeige, Headline, Bild, Text, Anschrift und Coupon?
- Ist die grafische Aufmachung zeitgemäß und dem Stil der Zielgruppe bzw. der Interessenten angepasst?
- Ist das Unternehmensprofil erkennbar und hebt sich die Anzeige von den übrigen Anzeigen klar ab?
- Ist der Aufbau optisch reizvoll oder wirkt die Anzeige eher überladen?

Neben der Zeitungsanzeige bedienen sich Großhändler mit großem Warenangebot zur Bekanntmachung ihrer neuesten Angebote der **Prospektwerbung**. Prospekte werden meist farbig gestaltet und den Kunden direkt postalisch zugestellt.

LERNFELD 6

Fairtext GmbH
Textilgroßhandlung

17. Juni 20..

**Jetzt noch besser disponieren:
FAIRTEXT-Informationen
ab sofort im Doppelpack**

Sehr geehrte Geschäftspartner,

effiziente und vorausschauende Planung ist für Sie als Unternehmer sehr wichtig.

Aus diesem Grund hat sich die FAIRTEXT GMBH entschlossen, Ihnen Ihre FAIRTEXT- Informationen ab sofort im Doppelpack zu schicken.

Sie erhalten sie nun also nicht mehr wöchentlich, sondern alle 14 Tage.

Ihre Vorteile: So haben Sie bereits im Voraus für 2 Wochen den vollen Überblick über alle Angebote und können diese noch besser disponieren.

Das Farbsystem hilft Ihnen dabei:

Alle aktuellen Angebote für die erste Woche finden Sie zukünftig gebündelt im Einleger mit dem roten Hinweisbalken. Die Angebote der zweiten Woche haben wir für Sie im Einleger mit dem gelben Hinweisbalken zusammengestellt.

So profitieren Sie auch weiterhin von allen FAIRTEXT-Angeboten und sparen mit System!

Wir freuen uns auf Ihren Besuch in Ihrem Textil-Großmarkt.

Mit freundlichen Grüßen

Hahnenkamp *Prinzker*
P. Hahnenkamp   K. Prinzker
Geschäftsführer   Kundenmanagement

9. Handzettel bzw. Flyer

Für den Großhändler mit kleinerem Geschäft ist aus Kostengründen auch der **Handzettel** bzw. Flyer geeignet. Der Handzettel wird meist als einseitig bedrucktes oder häufig selbst vervielfältigtes Werbeblatt verteilt.

Das Gleiche gilt für den **Flyer**, eine gedrittelte und gefaltete DIN-A4-Seite, die senkrecht oder waagerecht beschriftet sein kann.

10. Werbebrief

Neben dem Verkaufsgespräch ist der Werbebrief das persönlichste Werbemittel im Handel. Mit seiner Hilfe kann der Händler einen bestimmten Kundenkreis ganz gezielt und persönlich ansprechen.

Der Werbebrief in Verbindung mit Prospektmaterial, Bestell- und Preislisten ist im Rahmen der Direktwerbung ein wesentliches Werbemittel von Großhandelsunternehmen. Gegenüber Anzeigen und sonstiger Werbung hat er kaum Streuverluste.

Anlässe für das Versenden von Werbebriefen können z. B. Sonderverkäufe, die Einrichtung neuer Abteilungen oder die Aufnahme neuer Artikel in das Sortiment sein.

11. Give Aways

Give Aways (Streuartikel) sind kleine Mitnahme-Geschenke für potenzielle Kunden. Ihr gezielter Einsatz ist ein wirksamer Weg, um Interessenten zu gewinnen (Kundengewinnung), aber auch, um Kundenkontakte zu pflegen (Kundenbindung).

Give Aways erleichtern den Weg für neue Kontakte, da auf den kleinen Werbegeschenken im Regelfall die Kontaktdaten oder zumindest die Firma und/oder das Logo oder ein Werbeslogan (Claim) stehen. Derartige Artikel erfreuen den Kunden und schaffen automatisch einen Sympathie-Bonus, der hilft, eine persönliche Bindung zwischen Händler und Kunden aufzubauen.

Es wird bei diesem Werbeträger unterschieden zwischen Streuartikeln, wie beispielsweise Feuerzeuge oder Schlüsselanhänger (häufig eingesetzt im Endkundengeschäft), und hochwertigen Werbeartikeln, wie Uhren oder gravierten Füllfederhaltern oder Brieftaschen, die eher im B2B-Bereich vorzufinden sind, wie beispielsweise bei der Vermarktung qualitativ besonders hochwertiger Produkte oder der Pflege etablierter Kundenbeziehungen. Je nach Zielgruppe, Preisklasse und Anlass gibt es eine große Auswahl an Give Aways (Werbeartikeln).

Give Aways werden vor allem auf Messen oder anderen Promotion-Aktionen als verkaufsfördernde Maßnahme eingesetzt. So werden sie z. B. am Point of Sale ausgelegt, um die Aufmerksamkeit der Kunden zu gewinnen, oder bei einer Mailing-Aktion als Anreiz zum Ausfüllen einer Umfrage mitgeschickt. Je besser und nützlicher Kunden einen Werbeartikel einstufen, umso positiver wird die Marke wahrgenommen.

Give Aways können in großen Mengen verteilt werden, da sie einen geringen Einkaufswert haben. Insofern können auch kleine Unternehmen sich Aktionen mit diesen individuell gestaltbaren Werbeartikeln leisten. Je nach Zielgruppe, Preisklasse und Anlass gibt es eine große Auswahl an Werbeartikeln.

Umfragen haben gezeigt, dass Give Aways stärker als die klassische Print-, Radio- und TV-Werbung wahrgenommen werden. Streuartikel wie Kugelschreiber, USB-Sticks oder Kalender konfrontieren die Beschenkten immer wieder mit einer Marke und haben Einfluss auf deren Unterbewusstsein. Über ein Drittel der Befragten gaben sogar an, dass der Werbeartikel positiven Einfluss auf ihre Kaufentscheidung genommen hat.

Aufgrund ihrer geringen Streuverluste, des Überdruses der Kunden gegenüber klassischer Werbung und der überschaubaren Kosten haben Give Aways in Zukunft große Bedeutung.

12. Weitere Werbemittel

- **Werbebotschaften auf Geschäftsfahrzeugen,** Straßenbahnen, Omnibussen, Plakat- und Häuserwänden, Telefonzellen, Litfaßsäulen, Tragetaschen, Außenaufstellern, Sandwichmen (Plakatträger), durch Hostessen usw.
- **Werbebotschaften im Zusammenhang mit Zugaben,** wie z. B. auf Kugelschreibern, Fähnchen, Taschenkalendern, Kostproben, Ansteckern, Türklebern usw.
- **Werbedias im Kino**
- **Fernsehspots**
  Sie sind auf bestimmten Gebieten ein Konkurrent der Anzeige. Wegen sehr hoher Kosten und großer Streuverluste – sehr viele der Angesprochenen kommen als Käufer gar nicht infrage – sind sie für den Großhandel uninteressant.
- **Werbedurchsagen im Rundfunk**
  Hier ist dagegen die Situation bereits anders. Die Regionalprogramme erlauben einen gezielteren Einsatz. Gerade in jüngster Zeit nutzen größere Großhändler (z. B. im Bereich Baustoffe) die Rundfunkwerbung als Werbemittel.
- **Telefonwerbung**
  Telefonwerbung ist nur zulässig, wenn der Angerufene zeitlich **vor** dem Werbeanruf ausdrücklich eingewilligt hat. Nicht ausreichend ist, wenn die erste Frage des Anrufers lautet:
  „Sind Sie mit dieser Telefonwerbung einverstanden?" und erst dann oder erst am Ende des Telefongesprächs die Einwilligung erfolgt.[1] Begründet wird dies damit, dass die Telefonwerbung eine besonders schwerwiegende Beeinträchtigung der durch das Grundgesetz geschützten Privatsphäre und einen groben Missbrauch des privaten Telefonanschlusses darstellt. Das Einverständnis zur Telefonwerbung kann sich daher ein Unternehmen nur durch individuelle Vereinbarung einholen.

- **Werbung im Internet**
  Im Internet können tagesaktuelle Informationen zur Verfügung gestellt werden, wie Preislisten, Sonderkonditionen, Exklusivangebote, Sortimentserweiterungen und -einschränkungen, Sortimentsgruppierungen, Lieferzeiten und Ähnliches mehr.
- **Ausstellungen**[2]
  Sie sind für bestimmte Großhandelsbereiche von besonderer Bedeutung.

> **BEISPIEL**
>
> Fliesen und Platten lassen sich nur schwer beschreiben. Auch eine noch so gute Abbildung vermittelt nicht denselben positiven Eindruck wie das Material selbst. Dazu kommt, dass der Käufer seine Auswahl im Rahmen eines reichhaltigen Sortiments treffen will und sich beraten lassen möchte.
> Ausstellungen für Elemente, z. B. Wohndachfenster, dienen dazu, dem Kunden die entsprechende Technik besser erläutern zu können. Einen Drehkippbeschlag beispielsweise muss man vorführen; das nutzt mehr als noch so viele Worte.

- **Messen**[2]
  Waren-, Muster- und Fachmessen (z. B. Internationale Textil- und Bekleidungsmesse in Köln)

Auswahl der Werbemittel

Bei der Überlegung, ob der Großhändler lieber relativ viel Geld für einige Werbemittel ausgeben sollte oder besser weniger Geld für viele einzelne, ist Folgendes zu bedenken:

Die Chance, jeweils neue Käufer zu erreichen, nimmt mit der Anzahl der Werbemittel ab, da es in einem solchen Fall immer häufiger vorkommt, dass mit den letzten Werbemitteln keine neuen Käufer erreicht werden, sondern genau dieselben Verbraucher wie mit den ersten. Es scheint grundsätzlich besser, eine bestimmte Geldsumme für wenige Werbemittel auszugeben, als sie über viele Werbemittel zu verteilen.

Beeinflusst wird die Auswahl vor allem von:
- dem Werbeziel,
- der anzusprechenden Zielgruppe,
- der Anzahl der Personen (Reichweite),

---

[1] Ausführungen zur Telefonwerbung als „unzumutbare Belästigung" und zu ihrer rechtlichen Beurteilung siehe Kap. 6.9.
[2] Siehe auch Kap. 6.5 unter „Marktveranstaltungen".

LERNFELD 6

- der Höhe der Geldsumme, die für die Werbung ausgegeben werden kann,
- dem Image des Geschäfts,
- der Werbung der Konkurrenten,
- der möglichen Aufmerksamkeitswirkung des einzelnen Werbemittels in der anzusprechenden Zielgruppe.

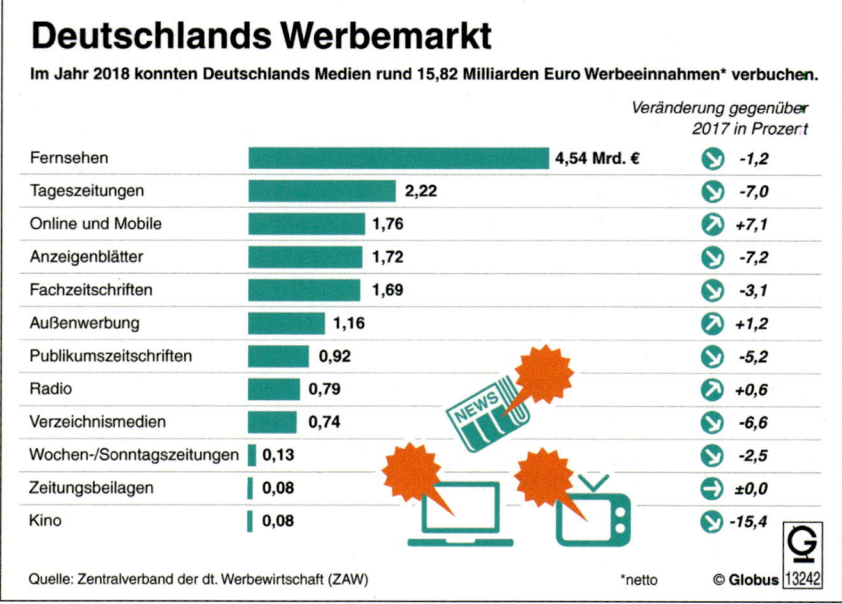

AUFGABEN

1. Welcher Unterschied besteht zwischen Werbemitteln und Werbeträgern?
2. Nennen Sie verschiedene Werbeträger.
3. Ein Großhändler möchte eine neue Warengruppe einführen. Welche Werbemöglichkeiten sind für diesen Zweck geeignet?
4. Ordnen Sie drei Werbemittel den Werbeträgern zu:
   a) Zeitung,
   b) Litfaßsäule und
   c) Kinoleinwand.
   Werbemittel: Plakat – Modenschau – Werbedia – Werbegeschenk – Inserat – Katalog
5. Welcher Werbeträger ist für Public-Relations-Maßnahmen des Großhändlers am besten geeignet?
6. Welche Bedeutung hat das Verkaufsgespräch für den Einzelhandel, insbesondere für Fachgeschäfte?
7. Nennen Sie Werbemittel außerhalb des Großhandelsunternehmens.
8. Ein Großhandelskaufmann in einer Kleinstadt möchte seine Stammkunden auf die Eröffnung seines Erweiterungsbaus aufmerksam machen. Welches Werbemittel ist hierfür besonders geeignet?
9. Welches Werbemittel hat für den Handel die größte wirtschaftliche Bedeutung?
10. Warum wird ein Unternehmer ohne Filialgeschäfte für seine Anzeigenwerbung regionale und örtliche Blätter bevorzugen?
11. Aus welchen Anlässen können Werbebriefe versandt werden?
12. Nennen Sie mindestens vier Give Aways, die den folgenden Gruppen zuzuordnen sind:
    – klassische Werbeartikel
    – Werbeartikel für Kinder
    – sommerliche Werbeartikel
    – weihnachtliche Werbeartikel
    – technische Werbeartikel
    – Werbeartikel als praktische Haushaltshilfen
13. Welches Werbemittel hat die größte, welches die zweitgrößte Werbewirkung? Stellen Sie eine Rangfolge auf.
    Werbemittel:
    Werbebrief – Zeitungsanzeige – Schaufenster – Plakat – Prospekt – Handzettel

LERNFELD 6

AKTIONEN

1. Der Abteilungsleiter beauftragt Ihr Team für die geplante Werbekampagne (siehe Kap. 6.11, Aktionen 1 und 2) mit der Gestaltung der entsprechenden Werbemittel und der Planung der verkaufsfördernden Maßnahmen. Denken Sie daran, dass der Werbeetat 50.00,00 € beträgt.

2. - Sammeln Sie alle Informationen, die für die Gestaltung der Werbemittel wichtig sind.
   - Beachten Sie bei dieser Arbeit die Methoden zur selbstständigen Informationsgewinnung.
   - Fassen Sie anschließend Ihre Ergebnisse in einer Mindmap zum Thema „Merkmale eines aussagekräftigen Plakats und einer Zeitungsanzeige" zusammen.

3. Wählen Sie aus aktuellen Anzeigen und Plakaten ein besonders gut gelungenes und ein weniger gut gelungenes Beispiel aus. Erklären Sie Ihren Klassenkameraden/-innen Ihre Entscheidung.

4. Erstellen Sie für die Werbekampagne
   - ein Plakat und/oder
   - eine Zeitungsanzeige (ganzseitig und in Farbe).
   a) Beachten Sie dabei die gesetzlichen Regelungen aus dem Kapitel 6.10 sowie die Werbegrundsätze aus dem Kapitel 6.11.
   b) Erstellen Sie Ihre Entwürfe mit einer Software, soweit ihr Einsatz für das jeweilige Werbemittel geeignet erscheint.

Grafik:
Veranschaulichung und Hervorhebungen durch:
- Bilder
- Symbole
- Diagramme

   c) Visualisieren Sie darüber hinaus Ihre Präsentation mithilfe von Abbildungen aus dem Internet. Verwenden Sie dazu die Bildersuche von *www.google.de*.
   d) Bereiten Sie sich darauf vor, Ihre Entwürfe bzw. Ihren Entwurf zu präsentieren.

5. Ermitteln Sie die Kosten der unter Aktion 3 aufgeführten Werbemittel sowie für lokale Kinowerbung und einen Rundfunkspot. Erkundigen Sie sich dafür
   - bei den fachbezogenen Printmedien nach den Anzeigenpreisen,
   - bei dem populärsten Radiosender in Ihrer Heimatregion,
   - bei mindestens zwei Druckereien nach den Druckkosten für Ihren Entwurf und
   - im nächstgelegenen Kino nach dessen Angebotspreisen.

   Stellen Sie Ihr Ergebnis mithilfe einer Folie dar. Beachten Sie die Hinweise zur Gestaltung von Folien und zur Arbeit mit dem Overheadprojektor.

6. Überlegen Sie genau, welche Werbeträger und Werbemittel Sie benutzen wollen, um Ihre Zielgruppe anzusprechen (Grundsatz der Werbewirksamkeit), ohne dabei aber den Blick für die Kosten zu verlieren (Werbeerfolg).
   Erstellen Sie tabellarisch einen Mediastreuplan für die Durchführung der Werbekampagne. Berücksichtigen Sie dabei neben den rechtlichen Rahmenbedingungen insbesondere die folgenden Fragen (soweit nicht schon im aufgestellten Werbeplan des Kap. 6.11 beantwortet):
   - Wann soll die gesamte Aktion beginnen?
   - Wann sollen einzelne Werbemittel in ihrem Verlauf eingesetzt werden?
   - Wann soll die Kampagne enden?
   - Gibt es darüber hinaus günstige Werbetermine, die zu berücksichtigen wären?

   Erstellen Sie eine entsprechende Tabelle am Computer mithilfe der Tabellenkalkulation Excel. Hilfreich könnte der Vorschlag auf der nächsten Seite sein.

Hinweise zur Gestaltung von Plakaten

Überschrift:
- markant
- soll zum Lesen anregen
- hervorheben durch:
  - Farbe
  - Größe
  - Schriftart
  - Rahmen

Text:
- nur Wesentliches
- saubere Schrift
- gliedern
- evtl. Hervorhebungen

Mediastreuplan für:			Terminübersicht											
Werbe- träger	Werbe- mittel	Werbe- botschaft	Jan.	Febr.	März	April	Mai	Juni	Juli	Aug.	Sept.	Okt.	Nov.	Dez.

7. Entscheiden Sie, welche Werbeart(en) für die in Kap. 6.11, Aktion 1 beschriebene Werbekampagne hinsichtlich ihrer Wirkung auf die Kunden sinnvoll wäre(n).

8. Prüfen Sie, ob sämtliche von Ihnen geplanten Maßnahmen der Wirtschaftswerbung (= Kommunikationspolitik) (siehe Kap. 6.7, 6.8 und 6.11) sinnvoll aufeinander abgestimmt sind.

9. a) Stellen Sie Ihre Ergebnisse unter Berücksichtigung von Aktion 6 dem Plenum vor. Wählen Sie hierfür geeignete Medien (Pinnwand, Flipchart, Overheadprojektor, Computer, Tafel, Papier/ Pappen/Karten).
   b) Seien Sie darauf vorbereitet, Ihren Klassenkameraden/-innen Ihre Entscheidungen zu erläutern und Fragen zu beantworten.

ZUSAMMENFASSUNG

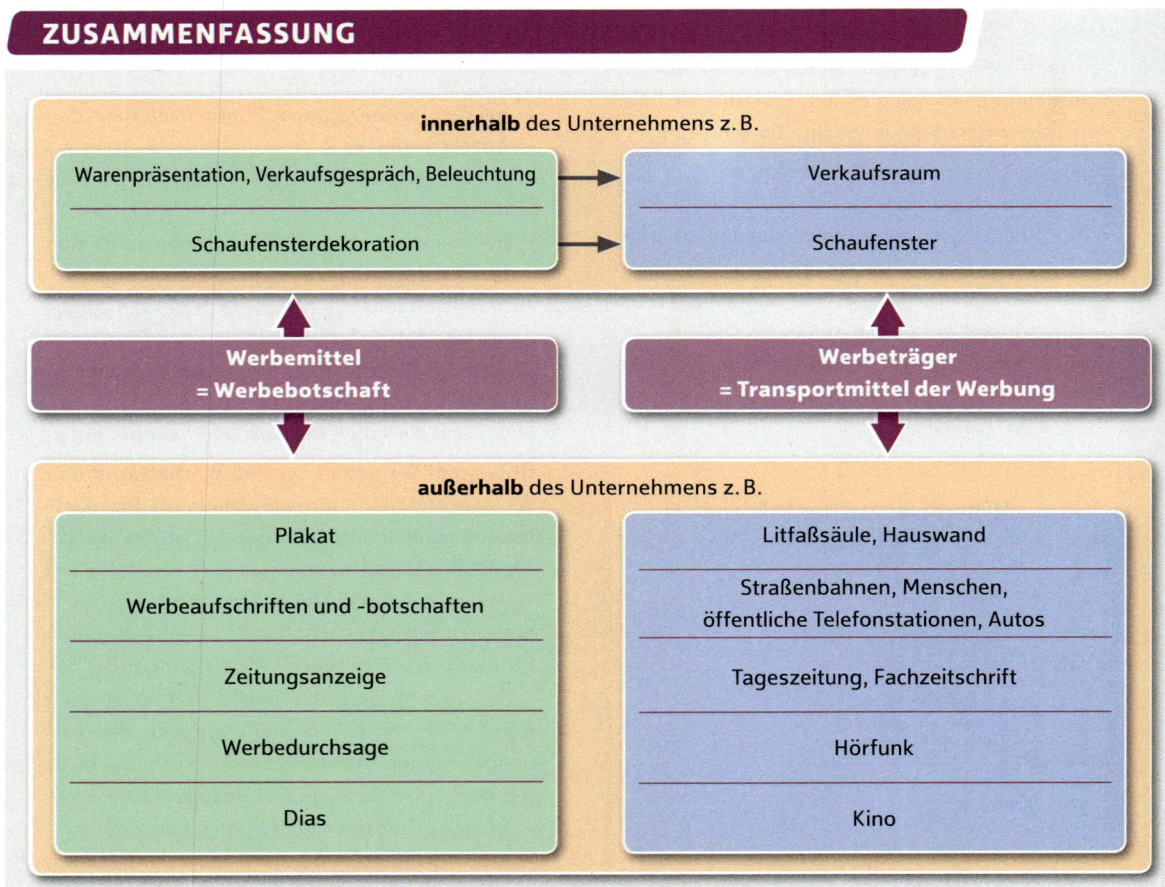

KAPITEL 12
Mechanismen der Preisbildung

LERNFELD 6

Dem Sachbearbeiter im Einkauf, Herrn Marxen, liegen für seine Einkaufsplanung von Speisekartoffeln für die unternehmenseigene Kantine in der Niederlassung Hannover die folgenden Informationen über die Preisentwicklung vor:

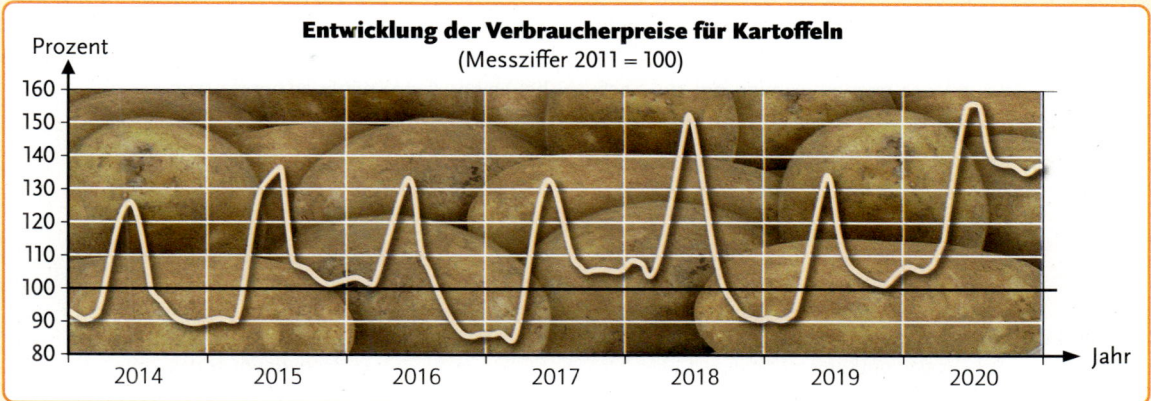

Entwicklung der Verbraucherpreise für Kartoffeln (Messziffer 2011 = 100)

Im Jahr 2019 lagen die Preise im Durchschnitt mit 125 unter dem Niveau des Jahres 2020. Anfang 2021 zeichnet sich dafür aber eine neue Preiserhöhungsrunde ab; derzeitiger Stand 142.

Erklären Sie das Auf und Ab der Kartoffelpreise.

INFORMATIONEN

Marktbegriff

DEFINITION

Unter einem **Markt** versteht man jedes Zusammentreffen von **Angebot** (Verkäufer von Gütern) und **Nachfrage** (Käufer von Gütern) für ein bestimmtes Wirtschaftsgut. Der Markt ist der Ort der Preisbildung.

Es existieren so viele Märkte, wie Waren bzw. Dienstleistungen vorhanden sind. Dazu gehören selbstverständlich auch Märkte, auf denen man etwas kaufen kann, das z.B. dem Endverbraucher nicht direkt dient, z.B. Blech für Autos, Fässer oder Maschinen. Um dieses Blech herstellen zu können, benötigt man Eisenerz, das wiederum auf einem bestimmten Markt, dem Rohstoffmarkt, gehandelt wird.

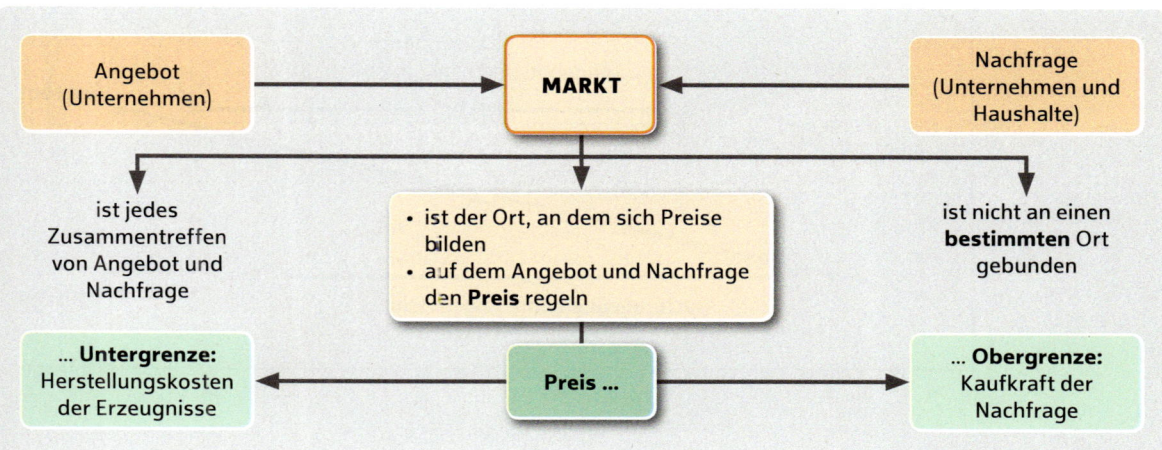

LERNFELD 6

Preisbildung beim Polypol

Betrachtet werden soll hier ein Markt mit vielen Anbietern und vielen Nachfragern (= **vollständige Konkurrenz; Marktform des Polypols**).

Zwischen Anbietern und Nachfragern besteht ein Spannungsverhältnis. Die Anbieter wollen ihr Produkt möglichst teuer verkaufen (= Gewinnmaximierung), die Nachfrager sind dagegen bestrebt, das Produkt möglichst billig zu erwerben (= Nutzenmaximierung).

Die Preisbildung auf den einzelnen Märkten hängt sowohl vom Umfang des Angebots als auch von der Nachfrage ab.

Zur Verdeutlichung ist es notwendig, das Angebot des Unternehmens und die Nachfrage am Beispiel eines beliebigen Gutes näher zu betrachten:

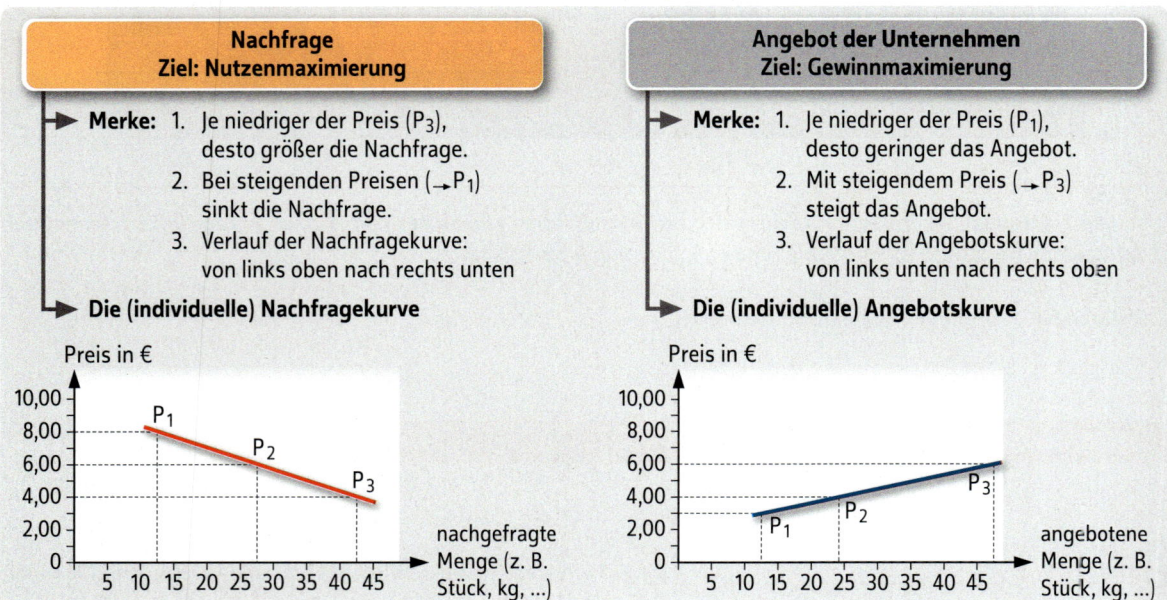

Überträgt man beide Kurven in ein Koordinatensystem, so ergibt sich die Entstehung des **Gleichgewichtspreises** und die der **Gleichgewichtsmenge** wie folgt:

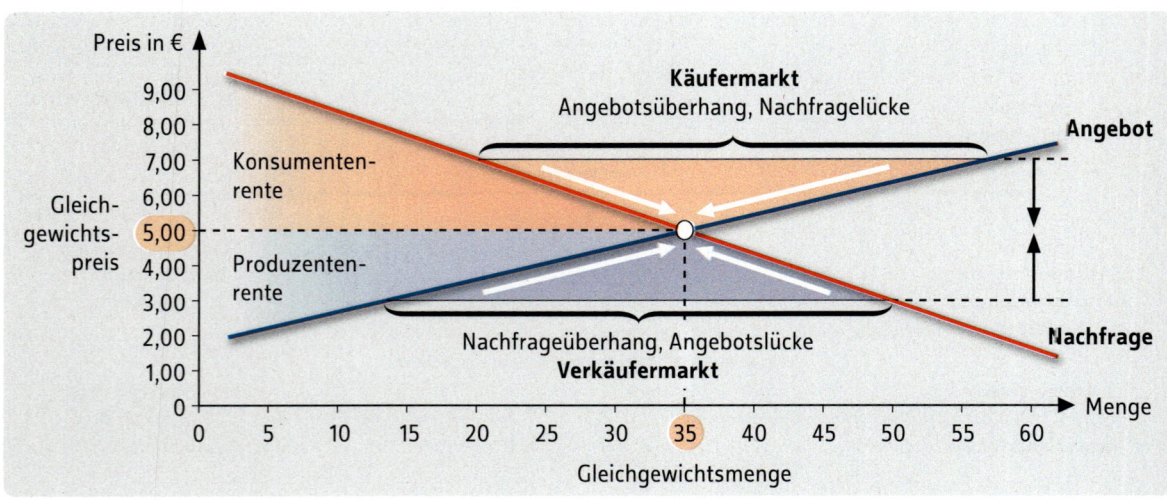

Erklärung

Bei einem Marktpreis von beispielsweise 7,00 € besteht ein Überangebot (Angebot 57 kg/Nachfrage 20 kg), die Anbieter können nicht sämtliche Mengen absetzen, sie müssen den Preis senken (= **Käufermarkt**).

Der Marktpreis von 3,00 € hingegen erscheint den Nachfragern so günstig, dass sie 50 kg erwerben möchten, die Anbieter aber nur 12 kg anbieten; der Preis wird steigen (= **Verkäufermarkt**).

In beiden Fällen herrscht **kein Gleichgewicht**.

Ungleichgewicht

Die Pfeile im Schaubild verdeutlichen, wie sich in einem ständigen Anpassungsprozess der Preis dem Gleichgewichtspreis von 5,00 € nähert.

Gleichgewichtspreis und Gleichgewichtsmenge

- Angebots- und Nachfragekurve schneiden sich bei einem Preis von 5,00 €/kg. Bei diesem Preis werden 35 kg des Gutes angeboten und 35 kg des Gutes nachgefragt.
- Im Schnittpunkt beider Kurven sind Angebot und Nachfrage im **Marktgleichgewicht**. Die angebotene Menge stimmt hier mit der nachgefragten Menge überein. Der Marktpreis, der sich im Rahmen der Preisbildung im Schnittpunkt der Angebots- und Nachfragekurve bildet, ist der **Gleichgewichtspreis**, die Menge nennt man **Gleichgewichtsmenge**.
- Beim Gleichgewichtspreis werden die Kaufwünsche der Nachfrager erfüllt, die bereit sind, mindestens diesen Preis zu zahlen. Die Verkaufsabsichten der Anbieter, die bereit sind, zu diesem Preis ihre Waren zu veräußern, werden beim Gleichgewichtspreis ebenfalls erfüllt. Das heißt, alle Anbieter, die bereit sind, zum Gleichgewichtspreis zu verkaufen, können ihr gesamtes Angebot absetzen. Alle Nachfrager, die bereit sind, zum Gleichgewichtspreis zu kaufen, können ihre gesamten Wünsche realisieren.

Vom Marktgeschehen ausgeschlossen sind daher all jene Anbieter, die einen höheren Marktpreis erzielen, und sämtliche Nachfrager, die ihren Nutzen mittels eines niedrigeren Marktpreises maximieren wollen.

> **DEFINITION**
>
> Der **Gleichgewichtspreis** ist der Preis, bei dem die angebotene Menge und die nachgefragte Menge eines Gutes auf einem Markt übereinstimmen.

Gleichgewicht

Der **Gleichgewichtspreis** (hier: 5,00 €) ist ein Kompromiss aus den Preisvorstellungen der Anbieter und der Nachfrager. Beim Gleichgewichtspreis wird auf dem Markt der größte Umsatz erzielt. Der Markt wird geräumt und es besteht kein Angebotsüberschuss oder Nachfrageüberhang mehr.

Preis in €	Nachfrage/Stück	Angebot/Stück	Differenz/Stück	möglicher Absatz/Stück	Marktlage
2,00	57	3	54	3	**Nachfrageüberhang** (= Verkäufermarkt)
3,00	50	12	38	12	
5,00	35	35	0	35	**Gleichgewichtspreis**
7,00	20	57	37	20	**Angebotsüberhang** (= Käufermarkt)
8,00	14	68	54	14	

> **DEFINITION**
>
> Die **Konsumentenrente** macht die Differenz aus, die sich zwischen dem höheren Betrag, den ein Nachfrager zu zahlen bereit ist, und dem tatsächlichen Marktpreis multipliziert mit der nachgefragten Menge ergibt.

LERNFELD 6

BEISPIEL

Die Fairtext GmbH ist bereit, für einen Jogginganzug der Marke TerraX 180,00 € zu zahlen. Das Unternehmen bestellt 90 Stück und kann letztlich einen Kaufvertrag zum Stückpreis von 155,00 € pro Anzug abschließen. Damit hat es eine Konsumentenrente in Höhe von 2.250,00 € erzielt (25,00 € · 90 Stück).

DEFINITION

Grenznachfrager ist der Marktteilnehmer, dessen Konsumentenrente null beträgt. Der Betrag, den dieser Nachfrager höchstens zu zahlen bereit ist, entspricht dem Marktpreis. Eine noch so geringfügige Erhöhung des Marktpreises hätte ein Ausscheiden des Grenznachfragers zur Folge.

Die **Produzentenrente** macht die Differenz aus, die sich zwischen dem niedrigsten Preis, zu dem dieser Anbieter ein bestimmtes Gut noch anbieten würde, und dem tatsächlichen Marktpreis multipliziert mit der angebotenen Menge ergibt.

BEISPIEL

Die Textilgroßhandlung Fairtext GmbH ist bereit, 30 Jogginganzüge der Marke TerraX an die Einzelhändlerin Stephanie Tankink e. Kffr. zum Stückpreis von 210,00 € abzugeben. Der Marktpreis, zu dem der Großhändler schließlich ausliefert, liegt bei 237,00 €. Seine Produzentenrente beträgt demzufolge 27,00 € · 30 Stück = 810,00 €.

DEFINITION

Grenzanbieter ist der Marktteilnehmer, der zu einem Marktpreis anbietet, der seine Gesamtkosten gerade noch deckt. Seine Produzentenrente ist gleich null. Bei einer noch so geringen Preissenkung würde er als Anbieter aus dem Markt ausscheiden.

Preismechanismus

Das Auf und Ab der Preise: Wie Ebbe und Flut

Das Modell zur Bildung des Gleichgewichts zeigt folgende Gesetzmäßigkeiten:

1. Ist das Angebot größer als die Nachfrage,

- dann bleiben Warenrückstände am Markt und
- der Preis sinkt.

BEISPIEL

Aufgrund des milden Klimas reifen große Mengen an Birnen. Das Angebot ist hoch, die Preise sinken.

2. Änderung der Angebotssituation

Erhöhen andererseits die Unternehmen ihr Angebot bei gleichbleibender Nachfrage, **verschiebt sich die Angebotskurve nach rechts.** Die Rechtsverschiebung der Angebotskurve bedeutet, dass das Angebot bei jedem möglichen Preis höher ist als vor der Verschiebung der Angebotskurve. **Das Marktgleichgewicht verschiebt sich nach rechts unten.**

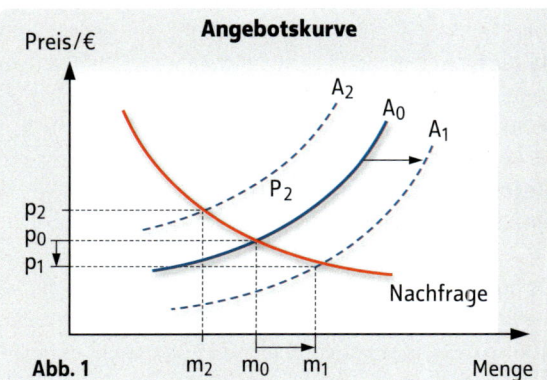

Abb. 1

Gründe können z. B. sein, dass die Gewinnerwartungen steigen, dass eine modernere Technik eingeführt wird oder dass die Preise der Produktionsfaktoren sinken. In dem neuen Gleichgewicht ist der Preis gesunken ($p_0 \rightarrow p_1$), die abgesetzte Menge hat zugenommen ($m_0 \rightarrow m_1$). Verringert sich das Angebot, verschiebt sich die Angebotskurve nach links: Der Preis steigt, die Menge geht zurück (p_2/m_2).

Die Linksverschiebung der Angebotskurve bedeutet, dass das Angebot bei jedem möglichen Preis geringer ist als vor der Verschiebung der Angebotskurve. **Das Marktgleichgewicht verschiebt sich nach links oben** (siehe Abb. 1).

3. Ist die Nachfrage größer als das Angebot,
- dann bleibt ungedeckte Nachfrage und
- der Preis steigt.

BEISPIEL
Wegen der kalten Witterung ist das Angebot an Spargel nur gering. Wollen nun vor Pfingsten, wie das erfahrungsgemäß der Fall ist, viele Menschen Spargel essen, dann steigt aufgrund des knapp gewordenen Angebots der Preis. Der Markt wird geräumt, bevor die Nachfrage gedeckt ist.

4. Änderung der Nachfragesituation

Gesetzt den Fall, die Nachfrage steigt bei gleichbleibendem Angebot, dann **verschiebt sich die Nachfragekurve nach rechts**, es entsteht ein neuer Gleichgewichtspreis p1.

Bei diesem höheren Preis wird mehr abgesetzt (m_1). Die Rechtsverschiebung der Nachfragekurve bedeutet, dass generell die Nachfrage bei jedem möglichen Preis höher ist als vor der Verschiebung der Nachfragekurve. **Das Marktgleichgewicht verschiebt sich nach rechts oben.**

Bei einem Nachfragerückgang **erfolgt die Verschiebung der Nachfragekurve nach links**: Der Preis sinkt, die Menge geht zurück (p_2/m_2). Die Linksverschiebung der Nachfragekurve bedeutet, dass generell die Nachfrage bei jedem möglichen Preis geringer ist als vor der Verschiebung der Nachfragekurve. **Das Marktgleichgewicht verschiebt sich nach links unten** (vgl. Abb. 2).

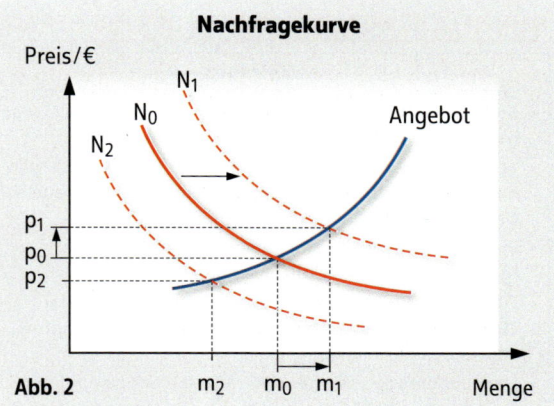

Abb. 2

Gründe für die Nachfragesteigerung können beispielsweise sein: höheres Einkommen, Änderung der Bedarfsstruktur oder die Preise anderer Güter.

5. Entsprechen sich Angebot und Nachfrage beim Gleichgewichtspreis, wird der Markt geräumt

Zu diesem Preis ist die Mehrzahl der Anbieter und Nachfrager zu einem Geschäftsabschluss bereit. Es wird die größtmögliche Gütermenge umgesetzt. Wichtig ist zu unterscheiden zwischen einer Bewegung

- **auf (entlang) der Kurve.** Dies geschieht auf die Fragestellung: „Wie ändert sich die nachgefragte Menge bei Änderung des Preises des Gutes?" (Stichwort: Gütermenge)
- **der gesamten Kurve (Verschiebung).** Diese Verschiebungen sind abhängig von bestimmten Einflussgrößen, denen die Marktteilnehmer bei ihren Entscheidungen unterliegen. Nachfrager bzw. Anbieter verändern ihr Verhalten, obwohl der Preis des entsprechenden Gutes sich nicht geändert haben muss.

Bestimmungsgründe für Verhaltensänderungen

Welche Größen bestimmen das Verhalten der	
Nachfrager?	**Anbieter?**
• Preis des angebotenen Gutes • Preise anderer Güter • verfügbares Einkommen (Kaufkraft) der Haushalte • Erwartungen über die zukünftige wirtschaftliche Entwicklung • Art der Bedürfnisse und ihrer Dringlichkeit (abhängig von Geschlecht, Alter, Beruf, gesellschaftlichem Umfeld, Ausstattung mit Gütern, Einkommen usw.) • Anzahl der Nachfrager	• Preis des angebotenen Gutes • Gewinnerwartung • Kosten der Produktionsfaktoren (z. B. Arbeitskosten, Kapitalkosten) • Preise anderer Güter • Unternehmensziele (z. B. Gewinnmaximierung, Existenzerhaltung, Vergrößerung des Marktanteils) • Stand der technischen Entwicklung • Wettbewerbssituation • Einschätzung der zukünftigen wirtschaftlichen Entwicklung

LERNFELD 6

BEISPIELE FÜR DAS VERHALTEN DER NACHFRAGER UND ANBIETER

Nachfrager	Anbieter
• Steigen die Preise für Rindfleisch, so nimmt die Nachfrage nach Schweinefleisch zu (die von Rindfleisch ab). • Steigt der Preis von Schuhen, so nimmt unter Umständen nicht nur die Nachfrage nach Schuhen ab, sondern auch die Nachfrage nach Schuhputzmitteln. • Bei niedrigem (hohem) Einkommen wird eine kleine (größere) Menge des Gutes nachgefragt. • Obwohl die Eintrittskarten für ein Popkonzert regulär 20,00 € kosten, ist Kathy bereit, den Schwarzmarktpreis von 45,00 € zu zahlen. • Der sehr durstige Tim bezahlt im Fußballstadion für eine Dose Limonade 1,50 €, obwohl er sie zu Hause für 0,45 € bekommen könnte.	• Technischer Fortschritt senkt die Kosten der Produktion; das kann zu sinkenden Preisen führen. • Steigende Preise der Produktionsfaktoren, z. B. für Zinsen, führen zu steigenden Kosten und eventuell zu einer Verringerung des Angebots. • Steigt der Preis für Benzin ständig an, wird verstärkt über die Herstellung Benzin sparender Autos nachgedacht. • Tritt ein neuer Anbieter auf dem Markt auf, werden sich die Altanbieter mittels Preissenkungen wehren.

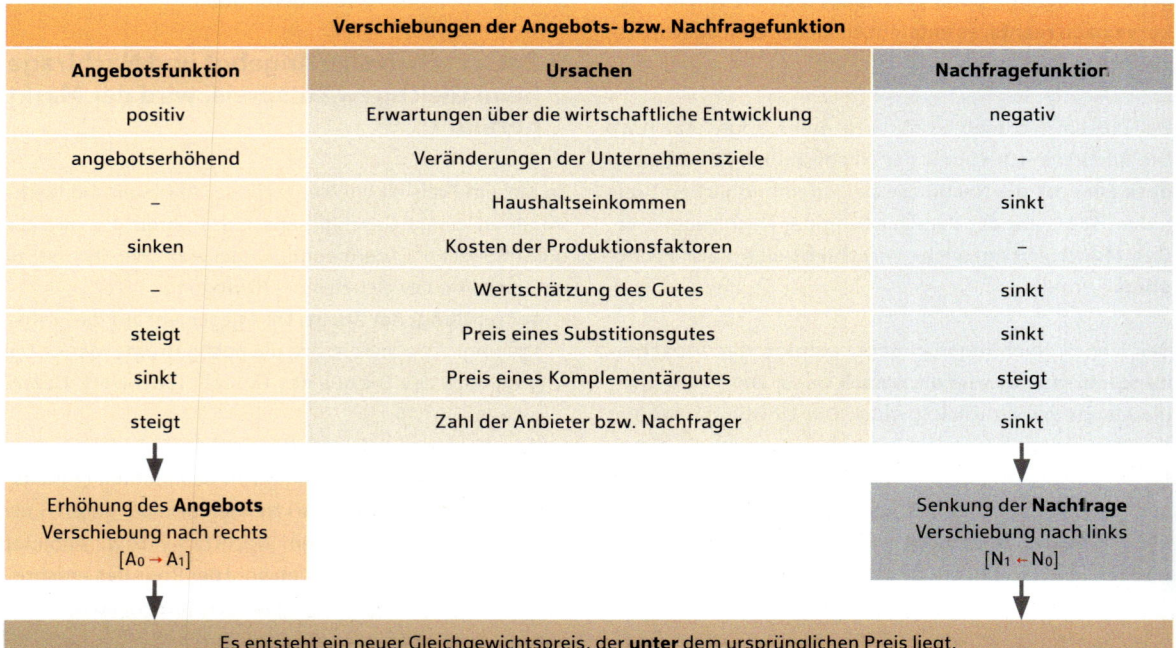

	Verschiebungen der Angebots- bzw. Nachfragefunktion	
Angebotsfunktion	**Ursachen**	**Nachfragefunktion**
positiv	Erwartungen über die wirtschaftliche Entwicklung	negativ
angebotserhöhend	Veränderungen der Unternehmensziele	–
–	Haushaltseinkommen	sinkt
sinken	Kosten der Produktionsfaktoren	–
–	Wertschätzung des Gutes	sinkt
steigt	Preis eines Substitionsgutes	sinkt
sinkt	Preis eines Komplementärgutes	steigt
steigt	Zahl der Anbieter bzw. Nachfrager	sinkt

Erhöhung des Angebots
Verschiebung nach rechts
[$A_0 \rightarrow A_1$]

Senkung der Nachfrage
Verschiebung nach links
[$N_1 \leftarrow N_0$]

Es entsteht ein neuer Gleichgewichtspreis, der **unter** dem ursprünglichen Preis liegt.

Nachfrageverhalten bei Veränderung der Preise anderer Güter

Der Preis eines nachgefragten Gutes wird sich entsprechend verändern, wenn der Preis eines anderen Gutes sich verändert, das zu dem betrachteten Gut in gewisser Abhängigkeit steht. Die Preisveränderung ist dabei abhängig von der Art des anderen Gutes. Betrachtet werden sollen in diesem Zusammenhang die dem untersuchten Gut zugehörigen Substitutions- und Komplementärgüter.

1. Substitutionsgüter

Substitutionsgüter können sich aufgrund des gleichen Nutzens bzw. Ertrags gegenseitig ersetzen. Da sie bei der Bedürfnisbefriedigung alternativ nachgefragt werden, stehen sie aus der Sicht der Nachfrager in Konkurrenz zueinander.

BEISPIELE FÜR SUBSTITUTIONSGÜTER

- Butter/Margarine
- Öl/Gas
- Blech/Kunststoff
- Zucker/Süßstoff
- Reis/Nudeln
- Kaffee/Tee
- Rindfleisch/Schweinefleisch

Preiserhöhungen bei Butter führen zu einer Erhöhung des Margarineabsatzes, wenn die Margarinepreise nicht gleichzeitig angehoben werden. Die Haushalte substituieren demnach Butter gegen Margarine. Man spricht in diesem Fall von Kreuzpreiselastizität.

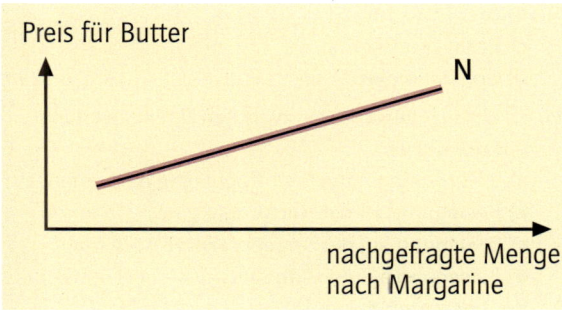

Bei ansteigenden Personalkosten wird der Produktionsfaktor Arbeit zunehmend durch den Produktionsfaktor Kapital (z.B. Maschinen) ersetzt (substituiert).

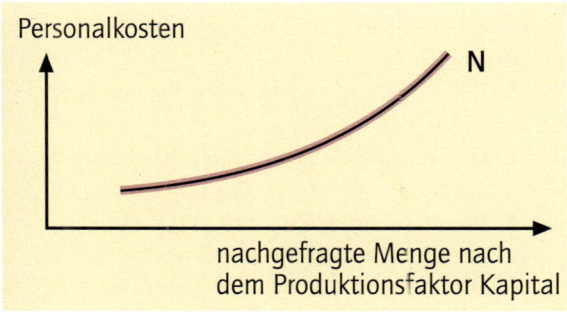

2. Komplementärgüter

Komplementärgüter ergänzen sich und werden nur zusammen nachgefragt bzw. nur gemeinsam mit anderen Gütern genutzt. Die Nachfrage nach einem Gut beeinflusst direkt die Nachfrage nach dem Komplementärgut.

BEISPIELE FÜR KOMPLEMENTÄRGÜTER

- Automobil/Benzin
- SSD/Computer
- Pfeife/Tabak
- Taschenlampe/Batterie
- Kaffeemaschine/Filterpapier oder Pads
- Kugelschreiber/Mine

Steigt der Preis für Computer, dann hat das eine Nachfragesenkung bei PCs zur Folge; gleichzeitig werden auch weniger SSDs nachgefragt.

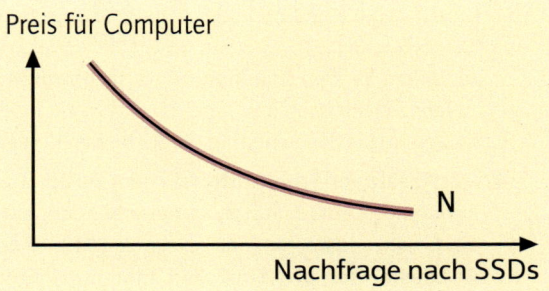

Steigt der Preis für Bildungsreisen, werden die Anbieter von Reiseführern mit einer sinkenden Nachfrage nach Bildungsreisen rechnen und ihr Angebot an Reiseführern ebenfalls reduzieren.

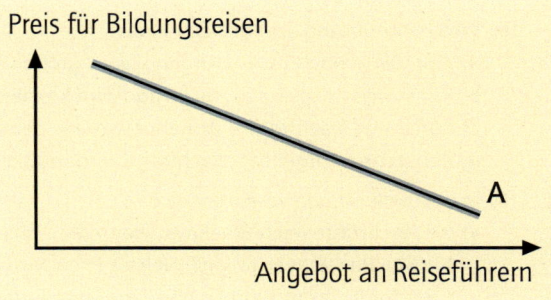

LERNFELD 6

AUFGABEN

1. Erklären Sie, was Sie unter einem Markt verstehen.
2. Erläutern Sie, welche gegensätzlichen Überlegungen Nachfrager und Anbieter anstellen.
3. Ein Anbieter bietet seine Ware mit nachstehender Preis-/Mengenvorstellung an:

Menge in kg	Preis in €
3	14,00
1	7,00
1,5	9,00
0,5	3,00

   Ein Nachfrager hat von der Ware folgende Preis-/Mengenvorstellung:

Menge in kg	Preis in €
4	2,00
3,25	4,00
2,5	6,00
1,5	9,00
0,75	11,00

   a) Stellen Sie den Angebots- und Nachfrageverlauf zeichnerisch dar.
   b) Deuten Sie den Schnittpunkt der beiden Kurven.

4. Der Absatz von Frischkartoffeln geht zurück. Das könne mit der Qualität zusammenhängen, sagt ein Ernährungsfachmann. Verzehrte 2012/13 der Bundesbürger pro Kopf und Jahr noch etwa 78,4 Kilogramm Kartoffeln, so waren es 2018/19 im Durchschnitt acht Kilogramm weniger.
   a) Stellen Sie fest, ob ein Käufer- oder Verkäufermarkt vorliegt. Begründen Sie Ihr Ergebnis.
   b) Warum könnte sich der Preis verändern, wenn die Anbieter von Kartoffeln wieder qualitativ höherwertige Ware anbieten würden?

5. Welche Änderung erfolgt **beim Preis**?
   a) Konstante Nachfrage → Angebot wird größer
   b) Konstantes Angebot → Nachfrage wird kleiner
   c) Konstante Nachfrage → Angebot wird kleiner
   d) Konstantes Angebot → Nachfrage wird größer

6. In welche Richtung verändert sich
   a) die Nachfrage nach Blu-Rays, wenn die Preise für Blu-Ray-Player fallen? Welche Preisänderung folgt daraufhin bei Blu-Rays, wenn das Angebot gleich bleibt?
   b) das Angebot für Computer-Wörterbücher, wenn aufgrund der technischen Entwicklung sehr große Stückzahlen hergestellt werden können? Welche Preisänderung ergibt sich, wenn die Nachfrage zunächst konstant bleibt?

   Stellen Sie die Situationen aus den Fällen a) und b) grafisch dar.

7. Welche Ursachen führen zu einer Linksverschiebung der Nachfrage- bzw. der Angebotskurve?
8. Nennen Sie jeweils vier Bestimmungsgrößen, die sich auf das Angebots- bzw. Nachfrageverhalten auswirken.
9. a) Erläutern Sie, welchen Einfluss steigende Kosten auf das Gesamtangebot haben.
   b) Skizzieren Sie den Sachverhalt in einem Koordinatensystem.
10. Was verstehen Sie unter
    a) Konsumentenrente,
    b) Grenznachfrager,
    c) Produzentenrente,
    d) Grenzanbieter?
11. Es gilt zu unterscheiden zwischen einer Bewegung
    auf der Kurve:
    a) Bewegung auf der Nachfragekurve nach oben
    b) Bewegung auf der Nachfragekurve nach unten
    c) Bewegung auf der Angebotskurve nach oben
    d) Bewegung auf der Angebotskurve nach unten
    der gesamten Kurve:
    e) Verschiebung der Nachfragekurve nach links
    f) Verschiebung der Nachfragekurve nach rechts
    g) Verschiebung der Angebotskurve nach links
    h) Verschiebung der Angebotskurve nach rechts

    Ordnen Sie die Auswirkungen a) bis h) den folgenden Ursachen 1. bis 13. zu.
    Ursachen:
    1. Der Preis des angebotenen Konsumgutes sinkt.
    2. Das verfügbare Einkommen der Haushalte steigt.
    3. Die Währung des Importlandes ist gegenüber dem Euro um 5,4 % abgewertet worden.
    4. Der Preis eines Substitutionsgutes steigt.
    5. Aufgrund der gestiegenen Mineralölsteuer geben die Haushalte weniger Geld für den Konsum aus.
    6. Die Preise für komplementäre Güter sinken.
    7. Aufgrund anziehender Preise wird das Angebot vergrößert.
    8. Wegen der drastisch gestiegenen Benzinpreise müssen die Anbieter erheblich höhere Bezugskosten zahlen.
    9. Die Bedarfsstruktur ändert sich zugunsten eines anderen angebotenen Gutes.

10. Die Erwartungen über die zukünftige Entwicklung der Wirtschaft sind negativ.
11. Aufgrund neuer Technologien konnte die Produktivität deutlich erhöht und die Angebotspreise konnten dementsprechend gesenkt werden.
12. Die Wertschätzung eines Gutes steigt bei den Verbrauchern.
13. Aufgrund der jüngsten Steuerreform geben die Haushalte merklich mehr Geld für den Konsum aus. d

12. Legen Sie bei der Beantwortung der nachfolgenden Fragen die unten stehende Abbildung zugrunde.

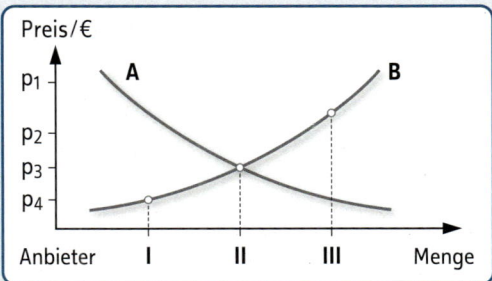

a) Durch welche Kurve (A oder B) wird das Verhalten der Anbieter wiedergegeben?
b) Welcher Anbieter (I/II/III) wird durch den Gleichgewichtspreis vom Markt verdrängt?
c) Welcher Anbieter wird beim vorhandenen Gleichgewichtspreis eine Produzentenrente erzielen?
d) Welcher der Anbieter I, II und III wird als Grenzanbieter bezeichnet?
e) Bei welchem Preis (p_1, p_2, p_3, p_4) kann die größtmögliche Warenmenge umgesetzt werden?
f) Bezeichnen Sie den Gleichgewichtspreis.
g) Zeichnen Sie in das Koordinatensystem die Nachfragelücke ein.
h) Bei welcher Preissituation bietet Anbieter I an?
i) Bei welcher Preissituation
- findet Umsatz statt und
- ist die angebotene Menge kleiner als die nachgefragte?

13. Welche Art von Nachfrageelastizität liegt bei den folgenden Beispielen vor?
a) Aufgrund einer Preissenkung um 0,50 € auf 3,00 € steigt die Nachfrage von 600 auf 730 Stück an.
b) Nachfrager sind gewillt, ein angebotenes Gut zu einem bestimmten Preis in jeder erhältlichen Menge zu kaufen.
c) Die Nachfrage nach einem Gut bleibt konstant, obwohl sich der Preis von 15,00 € auf 12,00 € reduziert hat.
d) Die Nachfrager nach Mietwohnungen bis zu 80 m^2 reagieren auf eine durchschnittliche Erhöhung des Quadratmeterpreises um 15 % nur sehr begrenzt.
e) Der Tagesumsatz eines Gutes beträgt 560 kg bei einem Preis von 12,00 €. Bei einem Preis von 14,04 € geht die verkaufte Menge auf 495 kg zurück.

14. Welche der folgenden Aussagen sind falsch?
a) Erhöhen die Unternehmen ihr Angebot bei gleichbleibender Nachfrage, verschiebt sich die Angebotskurve nach links.
b) Die Linksverschiebung der Nachfragekurve bedeutet, dass die Nachfrage bei jedem möglichen Preis geringer ist als vor der Verschiebung der Nachfragekurve.
c) Bei einem Käufermarkt besteht ein Angebotsüberhang bzw. eine Nachfragelücke.
d) Der Verlauf der Angebotskurve verläuft von links unten nach rechts oben.
e) Substitutionsgüter ergänzen sich und werden nur zusammen nachgefragt.
f) Ein Beispiel für Komplementärgüter ist Zucker und Süßstoff.
g) Grenznachfrager ist der Marktteilnehmer, dessen Konsumentenrente null beträgt.
h) Der Gleichgewichtspreis räumt den Markt.

LERNFELD 6

AKTIONEN

1. a) Erstellen Sie auf einem weißen A4-Blatt eine persönliche Mindmap zum Thema *„Gründe, die mein Nachfrageverhalten nach einem Gut beeinflussen"*. Dabei sollen Ihre Ziele, Wünsche und auch Befürchtungen mit eingebracht werden. Sie haben 15 Minuten Zeit.
    b) Setzen Sie sich danach in Gruppen zusammen und zeigen Sie sich gegenseitig Ihre Mindmaps. Dafür haben Sie 10 Minuten Zeit.
    c) Erstellen Sie in der Gruppe eine gemeinsame Mindmap, in der die Ergebnisse aller Gruppenmitglieder zum Ausdruck kommen.
    d) Übertragen Sie Ihre fertige gemeinsame Mindmap auf eine Folie.
    e) Präsentieren Sie Ihre gemeinsame Mindmap der Klasse.

> **Mindmapping-Regeln**
>
> 1. Verwenden Sie weißes, unliniertes Papier im Format A4.
> 2. Arbeiten Sie im Querformat.
> 3. Legen Sie sich mindestens drei Farbfaserstifte zurecht.
> 4. Beginnen Sie in der Mitte und arbeiten Sie dann von innen nach außen. Setzen Sie ein zentrales Bild, von dem Gedankenäste abzweigen. Die Hauptäste führen vom zentralen Bild weg. Auf ihnen stehen die Schlüsselwörter. Der erste Ast wird rechts oben angesetzt, die anderen folgen in jeweils einer anderen Farbe im Uhrzeigersinn.
> 5. Die dünneren Nebenäste führen von den Hauptästen weg und gehen in die Tiefe.
> 6. Verwenden Sie Bilder oder Symbole zur Verdeutlichung der Stichworte.
> 7. Heben Sie Äste und Verzweigungen dadurch hervor, dass Sie diese mit Textmarker einrahmen.

2. An der Kaffeebörse in Hamburg erhält ein Makler am 12. Mai 20.. von diversen Kaufinteressenten folgende Kaufaufträge für brasilianischen Kaffee der Sorte *Purissimi Arabica – klassisch*:
   - Emmerich will 1 000 kg kaufen, jedoch höchstens 6,00 € pro kg bezahlen.
   - Franke will 400 kg kaufen, aber höchstens 6,60 € pro kg ausgeben.
   - Günther will 600 kg kaufen und ist bereit, 7,20 €/kg zu zahlen.
   - Hausmann hingegen möchte 300 kg kaufen und würde für diese Menge sogar 7,80 €/kg zahlen.

   Von den Anbietern (Verkäufern) erhält der Makler am selben Tag für die gleiche Kaffeesorte *Purissimi Arabica klassisch* folgende Verkaufsaufträge:
   - Illner bietet 1 000 kg an, jedoch nur, wenn er mindestens 7,80 € je kg bekommt.
   - Jonas bietet 600 kg an und will hierfür mindestens 7,20 €/kg erzielen.
   - Klein bietet 900 kg an und gibt als Preisuntergrenze 6,60 € je kg an.
   - Ludwig bietet 400 kg des brasilianischen Kaffees an bei einem Limit von 6,00 € pro kg.

   a) Ermitteln Sie das Gesamtangebot und die Gesamtnachfrage. Tragen Sie Ihre Ergebnisse in die beiden Tabellen ein (Hinweis: Entsprechende Tabellen sind auf ein Arbeitsblatt zu übertragen bzw. mithilfe des PC zu entwickeln.).

   Kaufaufträge:

Preis in € je kg	Nachfrage in kg				insgesamt
	E	F	G	H	
6,00					
6,60					
7,20					
7,80					

   Verkaufsaufträge:

Preis in € je kg	Angebot in kg				insgesamt
	I	J	K	L	
6,00					
6,60					
7,20					
7,80					

   b) Zeichnen Sie anschließend die Gesamtangebots- und die Gesamtnachfragekurve. Entwerfen Sie dazu ein ähnliches Koordinatensystem wie auf der nächsten Seite abgebildet. Kennzeichnen Sie in Ihrer Zeichnung außerdem den Gleichgewichtspreis und die Gleichgewichtsmenge (x-Achse: 200 kg = 1 cm; y-Achse: 0,30 € = 1 cm).

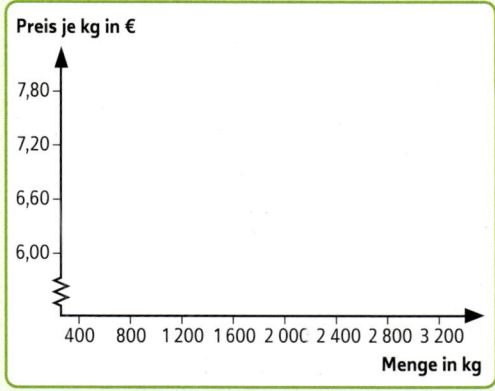

c) Ermitteln Sie den jeweiligen Marktumsatz in kg, der erzielt wird bei einem Preis von
- 6,00 € pro kg,
- 6,60 € pro kg,
- 7,20 € pro kg,
- 7,80 € pro kg.

Tragen Sie Ihre Ergebnisse in eine ähnliche Tabelle, wie sie nachfolgend vorgegeben ist, ein.

Übersicht aller Kauf- und Verkaufsaufträge:

Preis in € je kg	Gesamt-nachfrage in kg	Gesamt-angebot in kg	Markt-umsatz in kg	Wirkung auf den Preis	Marktlage
6,00					
6,60					
7,20					
7,80					

- Benennen Sie anschließend die jeweilige *Wirkung auf den Preis*, mit der – ausgehend vom Gleichgewichtspreis – zu rechnen ist.
- Ergänzen Sie zum Schluss die jeweilige Marktlage (Angebotsüberhang = Käufermarkt; Nachfrageüberhang = Verkäufermarkt) und erklären Sie, warum in drei Fällen kein Gleichgewichtspreis zustande kommt.

d) Leiten Sie aus den Ergebnissen der letzten Tabelle die Gesetze von Angebot und Nachfrage ab.

3. Besorgen Sie sich aus dem Internet oder vom Zeitungskiosk eine aktuelle Untersuchung der Stiftung Warentest über ein beliebiges Produkt aus dem Wellness-Bereich. Klären Sie anschließend,
   - wie es zu Preisunterschieden bei Produkten mit gleicher Ausstattung und Qualität kommen kann,
   - wie es zu erklären ist, dass für Produkte mit schlechten Testurteilen teilweise erheblich mehr bezahlt wurde als für Produkte mit besseren Ergebnissen,
   - welche Wirkungen die Veröffentlichung derartiger Untersuchungen der Stiftung Warentest haben kann.

4. a) Bilden Sie Arbeitsgruppen und informieren Sie sich über das vorliegende Unterkapitel „*Bedeutung des Gleichgewichtspreises und seine Veränderungsmöglichkeiten*". Prägen Sie sich die Inhalte mithilfe der SQ3R-Methode ein.

b) Erarbeiten Sie anschließend einen Vortrag über den Unterschied zwischen den Veränderungsmöglichkeiten des Gleichgewichtspreises. Benutzen Sie dabei das Mindmapping zum Aufschreiben Ihrer Gedanken.

c) Zur Vertiefung und Gesamtwiederholung sollen Sie Ihr Ergebnis mit den anderen Gruppen austauschen. Gehen Sie dabei nach der Fishbowle-Methode vor:
   - Bilden Sie einen Innenkreis und einen oder mehrere Außenkreise.
   - Im Innenkreis befinden sich jeweils ein Gruppensprecher sowie der Moderator, ein oder zwei Stühle bleiben frei.
   - Im Außenkreis sitzen die restlichen Teilnehmer.
   - Der Moderator erläutert das Thema, im Innenkreis diskutieren die Anwesenden das bearbeitete Themengebiet.
   - Möchte ein Teilnehmer des Außenkreises sich an dem Gedankenaustausch beteiligen, so kann er auf einen der freien Stühle des Innenkreises wechseln. Er erhält als Nächster das Wort. Danach setzt er sich wieder in den Außenkreis zurück.

Hinweise für den Moderator:
- Als Moderator sind Sie unbeteiligter Dritter.
- Sie erteilen das Wort.
- Sie lassen alle Meinungen zu.
- Sie verbünden sich nicht mit einem der Diskutierenden.
- Sie beruhigen die Runde, wenn sie zu laut wird.
- Sie bevorzugen und benachteiligen niemanden.
- Sie fassen die Diskussionsergebnisse zusammen.

LERNFELD 6

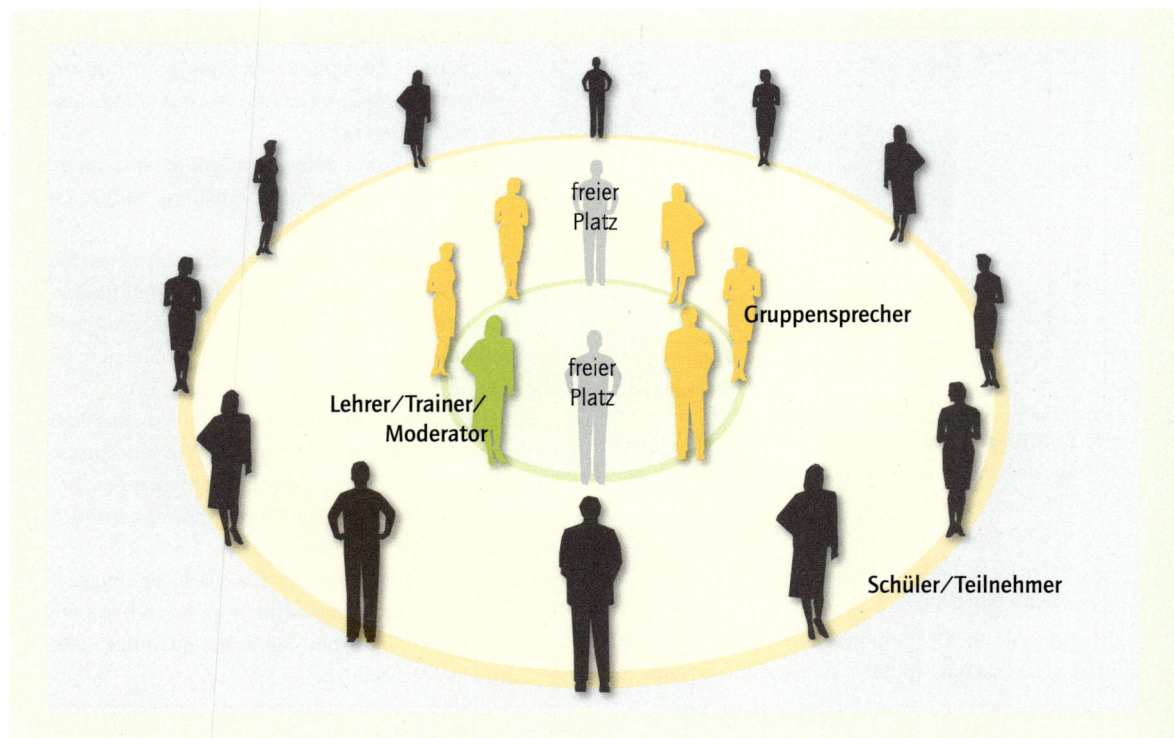

ZUSAMMENFASSUNG

Nachfrage → **Markt** ← **Angebot**

- ist jedes Zusammentreffen von Angebot und Nachfrage.
- ist der Ort, an dem sich Preise bilden.
- ist nicht an einen bestimmten Ort gebunden.

Bei vollständiger Konkurrenz gilt:

- Der Gleichgewichtspreis bildet sich im Schnittpunkt von Angebots- und Nachfragekurve.
- Der Gleichgewichtspreis räumt den Markt.
- Zum Gleichgewichtspreis wird die größtmögliche Warenmenge abgesetzt.
- Der Gleichgewichtspreis ist der Preis, bei dem sich Anbieter und Nachfrager in ihren Kaufhandlungen einig sind.
- Liegt der Marktpreis über dem Gleichgewichtspreis, so existiert ein Käufermarkt, denn das Angebot ist größer als die Nachfrage.
- Liegt der Marktpreis unter dem Gleichgewichtspreis, so existiert ein Verkäufermarkt, da die Nachfrage größer ist als das Angebot.

Marktgesetze

1. Ist die Nachfrage größer als das Angebot (**Nachfrageüberhang**), steigt der Marktpreis.
   Beispiel: Aufgrund seiner spektakulären Erfolge wird ein junger Tennisspieler zum Idol. Daraufhin steigt die Nachfrage nach der Marke seines Tennisschlägers → der Hersteller kommt mit der Produktion nicht nach → der Preis steigt (≙ **Verkäufermarkt**).

2. Ist das Angebot größer als die Nachfrage (**Angebotsüberhang**), sinkt der Marktpreis.
   Beispiel: Aufgrund des sehr milden Winters sind die Lager der Textilunternehmen mit Wintergarderobe voll. Das Angebot übersteigt die Nachfrage → die Preise sinken (≙ **Käufermarkt**).

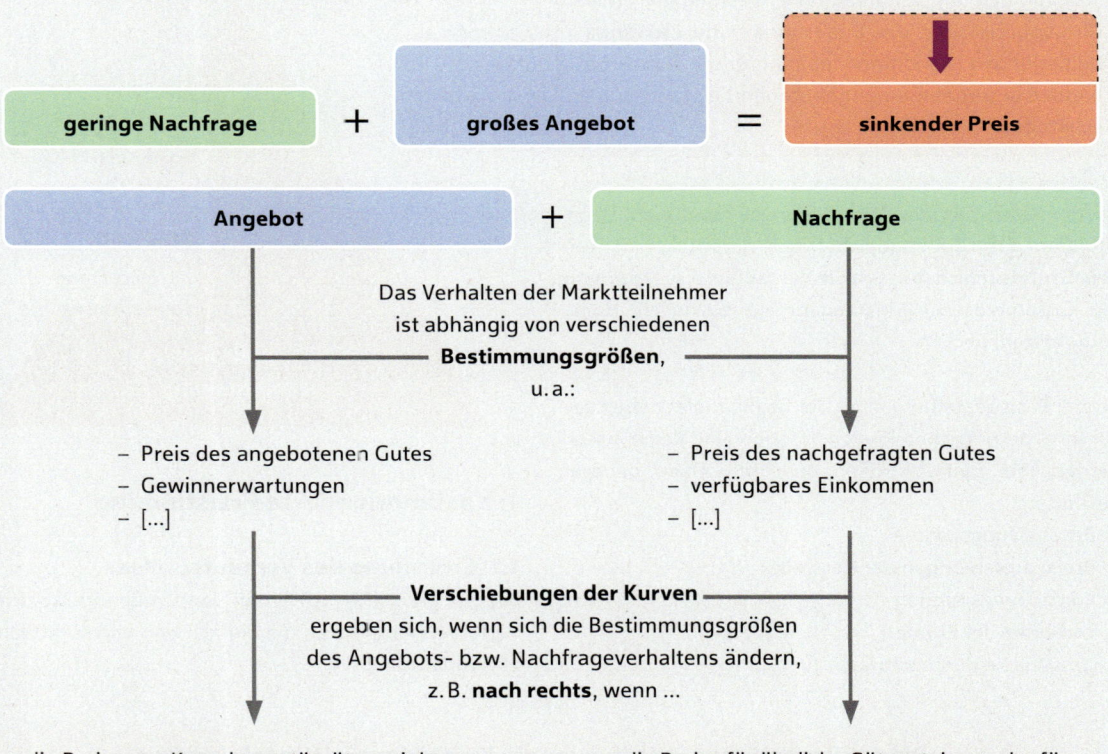

(Die Angebots- bzw. Nachfragekurve **verschiebt sich nach links**, wenn sich z. B. das Angebot verringert bzw. die Nachfrage zurückgeht.)

LERNFELD 6

KAPITEL 13
Preis- und Konditionenpolitik

Die Fairtext GmbH bezieht Badetücher von ihrem Lieferanten zu einem Bezugspreis von 10,00 € je Stück. Sie kalkuliert diese Ware mit 30 % Handlungskosten und bietet sie ihren Kunden zum Nettoverkaufspreis von 19,36 € an. Bei diesem Preis verkauft sie von dieser Ware monatlich durchschnittlich 100 Stück.

Der Leiter der Verkaufsabteilung der Fairtext GmbH, Herr Raub, überlegt, ob er den Nettoverkaufspreis auf 18,50 € senken soll. Bei diesem Preis erwartet er einen durchschnittlichen Absatz von 130 Stück monatlich.

Treffen Sie eine Entscheidung über den Verkaufspreis.

INFORMATIONEN

DEFINITION

Die **Preis- und Konditionenpolitik** umfasst alle Entscheidungen, die sich mit der Festsetzung der Preise (Preispolitik) und der Lieferungs- und Zahlungsbedingungen (Konditionenpolitik) für die vom Großhandelsunternehmen angebotenen Leistungen beschäftigen.

Bei der Festlegung der Verkaufspreise muss die Kostensituation des Großhandelsbetriebs berücksichtigt werden. Grundsätzlich müssen die Verkaufspreise langfristig die Gesamtkosten (Einstandspreise zuzüglich Handlungskosten) decken.

Bei der Preisgestaltung muss der Großhändler neben seiner innerbetrieblichen Kostensituation eine Reihe außerbetrieblicher Einflussgrößen beachten. Dazu gehören besonders:
- Beschaffungskosten
- Preisempfehlungen der Hersteller
- Konkurrenzsituation
- Verhalten der Kunden
- gesetzliche Bestimmungen

Preispolitik und ihre Einflussfaktoren

Einflussfaktoren der Preisfindung: Kosten, Konkurrenz, Nachfrage

1. Kostenorientierte Preisfindung

1.1 Ermittlung des Verkaufspreises
Bei der Preisbildung werden von Großhandelsbetrieben Verfahren eingesetzt, die einfach und wirtschaftlich anzuwenden sind.

Die drei wesentlichen Grundformen der Preisbildung im Handel sind die

Vorwärtskalkulation (= progressive Preisbildung)	Rückwärtskalkulation (= retrograde Preisbildung)	Differenzkalkulation (= Differenzpreisbildung)
Bei der **Vorwärtskalkulation** wird der Verkaufspreis, zu dem die Ware mindestens verkauft werden soll, ausgehend von einem vorgegebenen Bezugspreis (= Einstandspreis) berechnet.	Bei der **Rückwärtskalkulation** wird der Bezugspreis (= Einstandspreis), zu dem die Ware höchstens eingekauft werden darf, ausgehend von einem vorgegebenen Verkaufspreis berechnet.	Bei der **Differenzkalkulation** wird der Gewinn, der sich durch den Verkauf einer Ware erzielen lässt, bei vorgegebenem Bezugspreis (= Einstandspreis) und Verkaufspreis ermittelt.

1.2 Preisstellungssysteme

Im Großhandel können nettopreisbezogene und bruttopreisbezogene Preisstellungssysteme eingesetzt werden.

Um die Preistransparenz für die Abnehmer zu erhöhen, werden im Großhandel verstärkt **nettopreisbezogene Systeme** angewandt. Dabei wird der Großhandelsverkaufspreis für die Abnehmer nachvollziehbar gebildet, indem zum Bezugspreis des Großhandelsbetriebs ein Kosten- und Gewinnzuschlag addiert wird. Von diesem Preis werden dem Abnehmer keine Rabatte mehr gewährt.

Nettopreisbildungssystem
Bezugspreis des Großhandelsbetriebs
+ Kosten- und Gewinnzuschlag
= Einkaufspreis des Abnehmers

1.3 Preisempfehlungen des Herstellers

> **DEFINITION**
>
> **Preisempfehlungen des Herstellers** sind unverbindliche Empfehlungen an den Handel, zu diesen Preisen zu verkaufen. Der Händler ist an diese Empfehlung nicht gebunden.

Unverbindliche Preisempfehlungen sind gesetzlich zulässig. Eine verbindliche **Preisbindung** durch den Hersteller ist gesetzlich nur noch bei Verlags- und Pharmaerzeugnissen erlaubt.

2. Konkurrenzorientierte Preisfindung (Marktorientierte Preisbildung)

Es ist nicht unbedingt sicher, dass der Großhändler den ermittelten Preis auch tatsächlich am Markt erzielen kann. Dies hängt vielmehr von der Konkurrenzsituation auf dem Markt ab. Insofern orientiert sich die Preisfestsetzung des Großhändlers an den Preisen, die die Konkurrenz für vergleichbare Produkte am Markt verlangt.

Auf einem Markt können Waren von vielen, wenigen oder nur einem **Anbieter** angeboten und von vielen, wenigen oder nur einem **Nachfrager** nachgefragt werden.

Die Kombination der drei Möglichkeiten der Nachfrage- und Angebotsseite ergibt folgendes **Marktformenschema**:

Anbieter / Nachfrager	viele	wenige	einer
viele	vollständige Konkurrenz (Polypol)	Angebotsoligopol	Angebotsmonopol
wenige	Nachfrageoligopol	zweiseitiges Oligopol	beschränktes Angebotsmonopol
einer	Nachfragemonopol	beschränktes Nachfragemonopol	zweiseitiges Monopol

Typische Marktformen für den Handel sind die **vollständige Konkurrenz** und das **Angebotsoligopol**.

Großhandelsbetriebe machen ihre preispolitischen Maßnahmen oft von den erwarteten Preisreaktionen der Konkurrenten (Mitwettbewerber) abhängig. So verzichten sie teilweise auf Maßnahmen der Preispolitik, wenn damit zu rechnen ist, dass die Konkurrenten eine Preissenkung nachvollziehen, um ihren Marktanteil zu halten.

Bei der vollständigen Konkurrenz ist der Einfluss des einzelnen Anbieters auf das Zustandekommen des Marktpreises so gering, dass von ihm vorgenommene Preisänderungen keine Auswirkungen auf die Mitwettbewerber haben.

Beim Angebotsoligopol ist der Marktanteil eines Anbieters so groß, dass seine preispolitischen Maßnahmen den Absatz der Mitanbieter fühlbar beeinflussen. In diesem Fall muss der Großhändler damit rechnen, dass seine Mitanbieter seine preispolitischen Maßnahmen mit Gegenmaßnahmen (z. B. ebenfalls mit Preissenkungen) beantworten.

3. Nachfrageorientierte Preisfindung (Kundenorientierte Preisfindung)

Die Festsetzung des Preises kann sich auch an den Wertvorstellungen der Kunden orientieren. In diesem Fall wird der Verkaufspreis so festgesetzt, dass die Kunden auch bereit sind, ihn zu zahlen.

Zu beachten sind vom Großhändler dabei die folgenden Aspekte:
- Preisvorstellungen der Nachfrager:
  Entscheidend hierbei dürfte es sein, was für einen Nutzen der Nachfrager in dem Produkt sieht im Vergleich zu Produkten der gleichen Gattung.

- Einfluss von Qualität und Image:
  Ein höherer Preis wird meistens akzeptiert, wenn diese beiden Einflussgrößen überzeugen können.
- Struktur der Nachfrager:
  Substituierbarkeit des angebotenen Produkts, Art der Nachfrager, Reaktionen der Nachfrager auf Preisänderungen.

Insbesondere das **Verhalten der Nachfrager auf Preisänderungen** ist abhängig von der Art der Waren. Bei Waren des Grund- und Gewohnheitsbedarfs (z. B. Fleisch, Gemüse, Milch) und Produktionsgütern reagieren Kunden wesentlich stärker auf Preisänderungen als bei Prestigewaren (z. B. Schmuck, Pelzwaren) oder Waren des Hobbybedarfs. Damit eignen sich gängige Waren eher für Preisaktionen als Prestige- und Luxusprodukte.

4. Mischkalkulation (Kalkulation des kalkulatorischen Ausgleichs)

Die Marktsituation (Preise der Konkurrenz, Kundenverhalten) zwingt Großhändler häufig, Artikel ihres Sortiments mit unterschiedlichen Handelsspannen zu kalkulieren:

- einige Artikel mit einer Handelsspanne, die nicht zur Deckung der Handlungskosten und zur Erwirtschaftung eines angemessenen Gewinns ausreicht (**Ausgleichsnehmer**)
- andere Artikel mit einer überdurchschnittlichen Handelsspanne zum Ausgleich der Ausgleichsnehmer (**Ausgleichsträger**)

Dieses Verfahren nennt man **Misch-** oder **Ausgleichskalkulation**.

BEISPIEL

	Artikel 1 (Ausgleichsnehmer)	Artikel 2 (Ausgleichsträger)
Einstandspreis	100,00 €	140,00 €
+ Handlungskosten	40,00 €	60,00 €
= Selbstkostenpreis	140,00 €	200,00 €
Nettoverkaufspreis	130,00 €	210,00 €
Fehlbetrag/Überschuss	−10,00 €	+ 10,00 €

Ausgleichsnehmer sind häufig Artikel, bei denen sich die Käufer sehr preisbewusst verhalten. Das sind insbesondere Waren des lebensnotwendigen und täglichen Bedarfs und Artikel mit aufgedruckten Preisempfehlungen, durch deren Unterbietung der Handelsbetrieb seine Preiswürdigkeit verdeutlichen kann.

Als **Ausgleichsträger** eignen sich besonders Artikel, bei denen sich die Kunden weniger preisbewusst verhalten, weil sie bei diesen Artikeln nur einen geringen Marktüberblick haben. Dies ist häufig bei Waren des aperiodischen und gehobenen Bedarfs der Fall, z. B. bei Wohnzimmereinrichtungen, hochwertiger Kleidung.

Preisstrategien

Preisstrategien können sein
- Preislagenpolitik (Preispositionierung)
- dynamische Preisgestaltung
- Preisdifferenzierung
- Preissteuerung durch Konditionen

1. Preislagenpolitik (Preishöhen- oder Preispositionierungsstrategie)

Bei der Preislagenpolitik wird ein bestimmter Preisbereich angesteuert, was insbesondere bei der Markteinführung eines neuen Produkts bedeutsam ist:

1.1 Hochpreisstrategie (Prämienpreisstrategie)

Mithilfe der Hochpreisstrategie wird der Großhändler versuchen, z. B. durch hohe und gleichbleibende Produktqualität, ein überzeugendes Distributionssystem, ein hohes Image, zeitnahen Reparaturservice, langfristige Garantiezeiten usw. **langfristig** einen relativ hohen Preis für seine Produkte zu erzielen.

Voraussetzungen für diese Prämienpreisstrategie sind die Innovationsfähigkeit und damit die Alleinstellung des Produkts auf dem Markt sowie die geringe Preiselastizität der Nachfrage. Das heißt aufgrund einer nicht unwesentlichen Preissteigerung geht die Nachfrage nach diesem Produkt lediglich leicht zurück, da es (vermeintlich) nur schwer ersetzbar ist.

Je erfolgreicher es einem Unternehmen gelingt, seinem Produkt ein exklusives Image zu geben, umso höher wird der Zusatznutzen sein, den der Kunde mit dieser Exklusivität erwirbt. Deshalb wird er auch bereit sein, einen höheren Preis zu bezahlen. Zahlreiche dieser **Snob-Effekt-Produkte** gibt es bei Kosmetikartikeln, Spirituosen, Schmuck, Kleidung etc.

BEISPIELE

Ferrari, Uhren von Chopard, Designerlampen, Luxushotelübernachtung, Modeartikel von Leoni, Schmuck von Christ, Champagner, iPad/iTunes/iPhones von

Apple, Premium-Headset von Sennheiser, Motorsägen und Reinigungsgeräte von Stihl, Nespresso, Miele, Gardena oder Intel

Services, wie man sie vorfindet bei Ikea, Ryanair, Aldi, Dacia, Fonic (Mobilfunk Discounter) oder Motel One (Low Cost Hotelbranche).

1.2 Niedrigpreisstrategie (Promotionspreisstrategie)

Bei dieser Preisstrategie soll der niedrige Preis während des **gesamten Produktlebenszyklus'** (längerfristig) unter dem Preis vergleichbarer Produkte gehalten werden. Dies erübrigt Sonderangebote und Promotion-Aktivitäten und macht „Rabattschlachten" überflüssig.

Der Fokus der Produkte liegt auf den Kernfunktionen, die dann zur vollen Zufriedenheit der Kunden erfüllt werden. Das erklärte Ziel ist nicht die Vermarktung von Extras, sondern das Angebot von Produkten mit hohen Stückzahlen und entsprechendem Kapitelumschlag. Die Leistungsvereinfachung ist der Schlüssel zur Kostensenkung.

Mit dieser Strategie könnte der Händler je nach Zielsetzung u. a. beabsichtigen:
- die Konkurrenz zu verdrängen,
- seine Kapazitäten auszulasten,
- ein besonderes werbeträchtiges (Niedrig-)Preisimage zu schaffen oder aber auch
- den Eintritt neuer Anbieter auf dem Markt zu verhindern.

BEISPIELE

Verkaufsförderung (Promotion) von Massenwaren ohne weitere nennenswerte Dienstleistungen oder

1.3 Sonderangebote

Während bei der Mischkalkulation bestimmte Artikel langfristig mit geringen Spannen kalkuliert werden, werden bei Sonderangeboten einzelne normal kalkulierte Waren für kurze Zeit zu vergleichsweise niedrigen Preisen angeboten.

Sonderangebote dienen dazu,
- die Preiswürdigkeit des Sortiments des Anbieters zu verdeutlichen,
- den Verkauf von möglichen Ladenhütern zu beschleunigen und damit zusätzliche Kosten (Lagerkosten, Kapitalbindung, Verderb) zu vermeiden.

Gelegentlich werden Sonderangebote auch dazu benutzt, die Liquiditätslage des Anbieters kurzfristig zu verbessern.

2. Dynamische Preisgestaltung

Die Dynamische Preisgestaltung hat die **flexible Anpassung an die Marktsituation** zum Ziel.
Hierbei unterscheidet man zwischen
- Penetrationsstrategie (Markterschließungsstrategie) und
- Skimmingstrategie (Abschöpfungsstrategie).

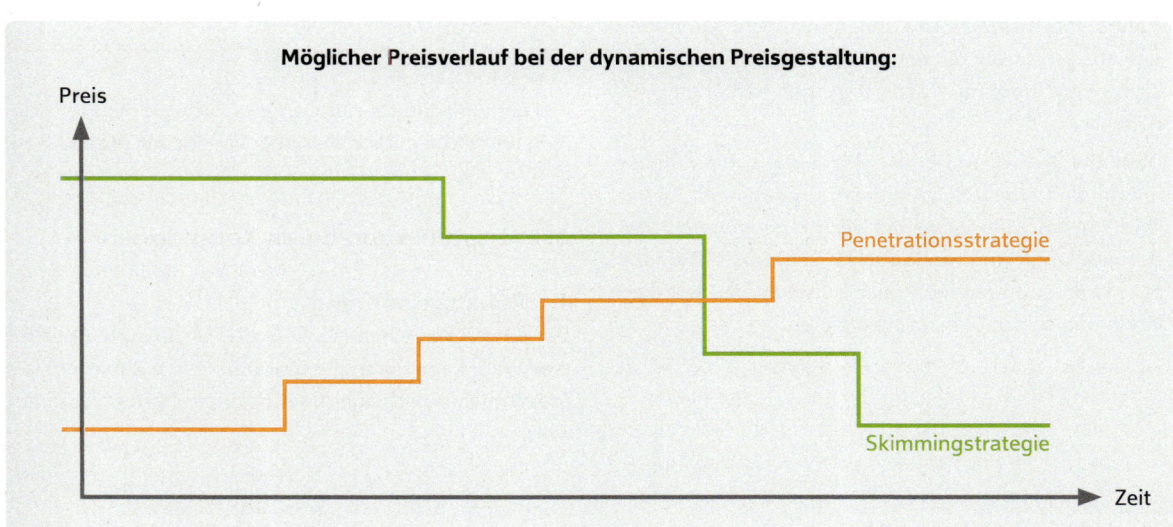

Möglicher Preisverlauf bei der dynamischen Preisgestaltung

LERNFELD 6

Penetrationsstrategie (Markterschließungsstrategie)		Skimmingstrategie (Abschöpfungsstrategie)
Für neue Produkte sollen bei hoher Stückzahl mit niedrigen Preisen schnell hohe Umsätze erzielt werden. **Ziel:** Schnelles Eindringen in den Markt und Erzielung eines hohen Marktanteils mit entsprechend höherer Kundenbindung Im weiteren Verlauf des Produktlebenszyklus' werden die Preise – aus einer starken Marktposition heraus – stufenweise zur langfristigen Gewinnmaximierung angehoben. Ähnlich der Niedrigpreisstrategie, aber vorzugsweise eingesetzt während der Produkteinführung.	Wesen	Preisstrategie bei technischen Neuheiten mit kleinen Stückzahlen mit relativ hohem Einführungspreis und großem Werbeaufwand. **Ziel:** Abschöpfen des Marktes Bei zunehmender Markterschließung, aufkommender Konkurrenz und sukzessivem Absatzrückgang wird der Preis schrittweise gesenkt, um weitere Kunden zu gewinnen. Ähnlich der Hochpreisstrategie, aber nicht auf Dauer angelegt.
• ausreichend großer Absatzmarkt • Verhinderung von Kundenabwanderungen bei Preiserhöhung • hohe Preiselastizität der Nachfrage • sinkende Kosten bei zunehmender Absatzmenge	Voraussetzungen	• Einsatz bei völlig neuen (innovativen) Produkten mit entsprechend guter Qualität • Anbieter kann als Alleinanbieter auftreten. • Kleine Absatzmenge bringt trotz höherer Stückkosten einen vertretbaren Gewinn.
• Aufbau einer langfristigen starken und überlegenen Marktposition mit höheren Preisen und/oder höheren Absatzmengen • Erreichen eines großen und von der Konkurrenz nur schwer einholbaren Kostenvorsprungs • Mitbewerber können vom Markteintritt abgehalten werden bzw. verzögert eintreten.	Vorteile	• Die Konkurrenz hat kurz- bis mittelfristig keine Möglichkeit, ein vergleichbares Produkt auf den Markt zu bringen. • Forschungs- und Entwicklungskosten können schnell über den hohen Preis erwirtschaftet werden. **Gefahr:** Mitbewerber können mit einem ähnlichen Produkt relativ schnell in Konkurrenz treten

BEISPIEL FÜR DIE PENETRATIONSSTRATEGIE

Abo-Dienst eines Softwareanbieters:
Der Dienst wird den Kunden im ersten Jahr zu einem (niedrigen) Penetrationspreis angeboten und anschließend, z. B. ab dem zweiten Jahr, vom Anbieter erhöht. Häufig entscheiden sich Kunden dennoch, das Abonnement für diesen Dienst zu behalten, da sie inzwischen eine Bindung an das Unternehmen entwickelt haben.

Dank der niedrigeren Preise wurden aus den Kunden mit der Zeit Stammkunden des Unternehmens. Damit wird konsequenterweise die Nachfrage konstant und deshalb langfristig weniger elastisch. Das Unternehmen kann später seine Preise anheben und letztlich langfristig seinen Gewinn maximieren.

3. Preisdifferenzierung

DEFINITION

Preisdifferenzierung liegt vor, wenn ein Unternehmen die gleiche Ware oder Dienstleistung zu unterschiedlichen Preisen anbietet.

Ziel der Preisdifferenzierung ist es, sich mit der Preisstellung unterschiedlichen Marktgegebenheiten anzupassen.

4. Preissteuerung durch Konditionen

4.1 Rabattgewährung

Der einmal von einem Großhändler festgelegte Preis für eine Ware kann durch die Gewährung von Rabatten[1] (als prozentuale Abschläge) oder Naturalrabatten verändert werden.

---

[1] Buchhalterische Behandlung von Rabatten und Preisnachlässen siehe „Groß im Handel – 1. Ausbildungsjahr", Lernfeld 4, Kapitel 12

LERNFELD 6

Formen der Preisdifferenzierung			
räumliche Preisdifferenzierung	**personelle Preisdifferenzierung**	**zeitliche Preisdifferenzierung**	**mengenmäßige Preisdifferenzierung**
Die gleiche Ware wird an verschiedenen Orten zu verschiedenen Preisen angeboten.	Die gleiche Ware wird unterschiedlichen Kundengruppen zu unterschiedlichen Preisen angeboten.	Die gleiche Ware oder Dienstleistung wird zu verschiedenen Zeiten zu unterschiedlichen Preisen angeboten.	Bei Abnahme größerer Mengen einer Ware wird ein günstigerer Preis gewährt.
BEISPIEL	**BEISPIEL**	**BEISPIEL**	**BEISPIEL**
Ein Filialunternehmen bietet seine Waren an Orten mit vielen Konkurrenzbetrieben günstiger an als an Orten ohne Konkurrenzbetriebe.	Ein Händler gibt Ware an Handwerker preiswerter ab als an andere Kunden.	Zur zeitlichen Preisdifferenzierung gehören verbilligte Angebote von Saisonwaren außerhalb der Saison (z. B. günstigere Preise für Kohle und Heizöl im Sommer).	Eine Weingroßhandlung gewährt ab dem Kauf von zehn Kisten Wein einen Preisnachlass von 10 %.

> **DEFINITION**
> **Rabatte** (als prozentuale Abschläge) sind Nachlässe von einheitlich festgelegten Bruttopreisen.

Sie können u. a. gewährt werden:
- für die Abnahme größerer Mengen (Mengenrabatt)
- an langjährige Kunden (Treuerabatt)
- an Händler und Produktionsbetriebe (Wiederverkäuferrabatt)
- an Betriebsangehörige (Personalrabatt)
- für vorzeitige Zahlung (Skonto)
- wenn der Kunde am Ende eines Jahres einen bestimmten Mindestumsatz erreicht oder überschritten hat (Bonus)

Naturalrabatte sind Rabatte, die in Form von Waren gewährt werden. Sie können als Draufgabe oder Dreingabe gewährt werden.

Bei der **Draufgabe** muss der Kunde die bestellte Ware bezahlen und erhält zusätzliche Ware gratis. Bei der **Dreingabe** muss der Kunde nur einen Teil der gewünschten Ware bezahlen, der Rest ist gratis.

> **BEISPIEL**
> Ein Kunde kauft 120 Flaschen Wein. Der Großhändler gewährt einen Naturalrabatt von 10 Flaschen.

Draufgabe	Kunde wünscht:	120 Flaschen,
	Kunde erhält:	130 Flaschen,
	Kunde bezahlt:	120 Flaschen.
Dreingabe	Kunde wünscht:	120 Flaschen,
	Kunde erhält:	120 Flaschen,
	Kunde bezahlt:	110 Flaschen.

4.2 Konditionenpolitik

> **DEFINITION**
> **Konditionen** sind die Lieferungs- und Zahlungsbedingungen, die zwischen Verkäufer und Käufer vereinbart werden.

Die Konditionenpolitik umfasst daher sämtliche Maßnahmen, die sich auf die Gestaltung der Lieferungs- und Zahlungsbedingungen beziehen.

Großhandelsbetriebe bieten **kundenfreundliche Konditionen** an, um
- neue Kunden zu gewinnen,
- Kunden dauerhaft als Stammkunden zu erhalten und
- den Absatz mit bestehenden Kunden zu erhöhen.

Absatzfördernde Lieferungs- und Zahlungsbedingungen sind:
- schnelle und kostenfreie Zustellung der gekauften Ware mit betriebseigenen und betriebsfremden Fahrzeugen, mit der Post oder mit der Bahn

LERNFELD 6

- Übernahme des Transportrisikos durch den Anbieter
- Vereinbarung, dass gebrauchte Anlagegüter (z. B. Büromaschinen) in Zahlung genommen werden
- Vereinbarung eines Kommissionsgeschäfts
- Einräumung von Zahlungsbedingungen, die dem Kunden eine nachträgliche Bezahlung der Ware erlauben, z. B.:
  – Teilzahlungsverkäufe
  – Zielverkäufe
  – Valutierung

Durch die Einräumung von Zahlungsbedingungen, die eine nachträgliche Bezahlung der Ware erlauben, gewährt der Großhandelsbetrieb seinen **Kunden** einen **Kredit**.

Bei der **Valutierung** wird die Rechnung **vordatiert**. Das bedeutet, dass auch die Zahlung erst zu einem späteren Zeitpunkt erfolgen muss und die Laufzeit für Skonto erst ab dem vordatierten Rechnungsdatum beginnt.

Da kleine Absatzmengen dem Anbieter nahezu die gleichen Absatzkosten verursachen wie größere Absatzmengen, vereinbaren Anbieter mit ihren Abnehmern häufig **Mindestabnahmemengen** oder **Mindestauftragswerte**. Für den Fall, dass ein Kunde eine geringere Menge bestellt, wird ihm von dem Anbieter ein Mindermengenzuschlag berechnet.

AUFGABEN

1. Von welchen Größen wird die Festsetzung der Verkaufspreise eines Großhandelsbetriebs beeinflusst?

2. Bei welchen der folgenden Waren verhalten sich Kunden beim Einkauf besonders preisbewusst? Begründen Sie Ihre Meinung.
   - a) Büroeinrichtungen
   - b) modische Kleidung
   - c) Brot
   - d) Waschmittel
   - e) Schmuck
   - f) Pkw
   - g) Schuhe
   - h) Unterwäsche
   - i) Gemüsekonserven
   - j) Werkzeugmaschinen
   - k) Digitalkamera
   - l) Batterien

3. a) Was versteht man unter Mischkalkulation?
   b) Warum wenden Handelsbetriebe bei der Preisgestaltung die Mischkalkulation an?

4. Nennen Sie Artikel im Sortiment Ihres Ausbildungsbetriebs, die sich als Ausgleichsträger eignen.

5. Welche Artikel Ihres Ausbildungsbetriebs sind häufig Ausgleichsnehmer?

6. Welche Ziele verfolgen Großhandelsbetriebe mit Sonderangeboten?

7. Um welche Formen der Preisdifferenzierung handelt es sich in den folgenden Fällen?
   a) Skier werden im Sommer zu günstigeren Preisen angeboten als zur Weihnachtszeit.
   b) Der Preis für eine Normalpackung beträgt 2,58 €. Der Preis für eine Doppelpackung beträgt nur 4,98 €.
   c) Die Obst- und Gemüsehandlung Frischkauf bietet in ihrer Münchener Zweigniederlassung Blumenkohl zu 2,00 € je Kopf an. In ihrer Görlitzer Zweigniederlassung verlangt sie nur 1,50 € je Kopf.

8. Beim Kauf von zehn Apfelsinen erhalten Kunden in einem Supermarkt eine Apfelsine gratis. Um welche Rabattart handelt es sich in diesem Fall?

9. Zwei konkurrierende Textilgroßhandlungen bieten eine Ware zu gleichen Nettoverkaufspreisen an. Ihre Lieferungsbedingungen weisen jedoch Unterschiede auf:

   Großhandlung 1: Lieferung innerhalb von 14 Tagen nach Auftragseingang, Lieferung frachtfrei.

   Großhandlung 2: Lieferung innerhalb von 10 Tagen nach Auftragseingang. Der Versand erfolgt auf Kosten und Gefahr des Käufers.

   a) Unter welcher Voraussetzung würde ein Kunde das Angebot der Großhandlung 1 vorziehen?
   b) Unter welcher Voraussetzung würde ein Kunde das Angebot der Großhandlung 2 vorziehen?
   c) Wie müsste die Großhandlung 2 ihre Konditionen ändern, damit die Kunden ihr Angebot auf jeden Fall dem ihres Konkurrenten vorziehen?

10. Ein Textilgroßhändler gewährt seinen Abnehmern bei allen Lieferungen ein Zahlungsziel von 30 Tagen. Beim Überschreiten des Zahlungsziels berechnet er Verzugszinsen von 5 %. Er beliefert in erster Linie größere Fachgeschäfte. Kleinere

Fachgeschäfte kaufen bei ihm nur Waren in kleinen Mengen, da sie nur wenig liquide sind.

Welche Veränderungen seiner Konditionen sollte er vornehmen?

11. Ein Unterhaltungselektronik-Großhändler hat 3-D-Fernsehgeräte in sein Sortiment aufgenommen. Seine Stammkunden (Fernsehfachgeschäfte) zögern, diesen Artikel zu kaufen, da sie nicht wissen, ob diese Fernsehgeräte bei ihren Kunden Anklang finden.

Welches Angebot sollte der Großhändler seinen Stammkunden machen?

12. Ein Computerhändler bietet einem Kunden ein neues leistungsfähiges Computersystem an. Der Kunde zeigt wenig Interesse, da er erst vor einem Jahr neue Computer für seine Verwaltung gekauft hat.

Welches Angebot könnte der Händler seinem Kunden machen?

13. Erläutern Sie den Unterschied zwischen der Skimming- oder Abschöpfungsstrategie und der Prämienpreisstrategie.

14. Die Baumann GmbH möchte eine Kaffeesorte unter neuer Marke auf den Markt bringen.
    a) Nach welchen Kriterien kann die Geschäftsführung den Preis für diese Einführung bestimmen?
    b) Erläutern Sie, welche Preisstrategie im vorliegenden Fall sinnvoll wäre.

15. Ein Hersteller von Drohnen möchte ein neuartiges Fluggerät auf den Markt bringen. Mithilfe der Drohne sollen Dächer vermessen werden, die mit Solaranlagen ausgestattet werden sollen. Das verkürzt nicht nur die Planungsphase und ist weniger kostenintensiv, die Vermessung ist sogar deutlich präziser. In schneller Folge fertigt die Drohne Bilder an, die in eine Software einfließen. Auf Grundlage der Bilder werden die Daten von Fachleuten ausgewertet und schnellstmöglich Angebote und Konstruktionspläne für die Solaranlagen entworfen.

Ein Mitglied der Geschäftsführung schlägt bezüglich der Preisstrategie für das neu auf den Markt zu bringende Gerät die Penetrationsstrategie vor.

Was halten Sie von diesem Vorgehen? Begründen Sie Ihre Antwort.

16. Erläutern Sie den Begriff „Preiselastizität der Nachfrage".

17. Nennen Sie die Zielsetzungen, die mit der Promotionspreisstrategie durch den Großhändler verfolgt werden können.

AKTIONEN

1. Die Textilgroßhandlung Fiedt OHG bietet ihren Kunden die folgenden Artikel preisgünstig an:
   - Damenblazer in Bouclé-Optik, Gr. 36–46, zum Preis von 49,95 €
   - Denim-Blazer, Gr. 36–46, zum Preis von 45,95 €
   - Jacke im aktuellen Trench-Stil, Gr. 36–46, zum Preis von 59,95 €
   - Baumwoll-Stretch-Hose, Gr. 48–52, zum Preis von 29,95 €
   - Krempel-Jeans, Gr. 48–52, zum Preis von 39,95 €

   Die Fairtext GmbH möchte mit einer Sonderaktion auf das Angebot ihres Mitbewerbers Fiedt reagieren. Der Leiter der Verkaufsabteilung, Herr Raub, bittet die Auszubildenden Anne Schulte und Sebastian Holpert, eine entsprechende Sonderaktion vorzubereiten.

   Versetzen Sie sich in die Rolle von Anne Schulte oder Sebastian Holpert.
   a) Entwickeln Sie ein schlüssiges Konzept für die Sonderaktion.
   b) Präsentieren Sie das Konzept Ihren Mitschülerinnen und Mitschülern.

2. a) Informieren Sie sich über aktuelle Sonderangebote Ihres Ausbildungsbetriebs.
   b) Informieren Sie sich über Gründe für diese Sonderangebote.
   c) Stellen Sie die Ergebnisse in Ihrer Klasse vor. Benutzen Sie dabei ein Präsentationsmittel Ihrer Wahl.

3. Lesen Sie die Informationen zum Thema „Preisstrategien" (Seiten 310 und 311). Arbeiten Sie

hierzu ein maximal zehnminütiges Kurzreferat aus und tragen Sie es vor der Klasse überwiegend frei vor.

Orientieren Sie sich an der folgenden Schrittfolge:

A. Text lesen und verstehen

Erstes Lesen: einen Überblick über den Text gewinnen

Fragen an den Text richten: grundlegende Informationen herausfiltern (Wer? Wann? Wie? Warum? Wo?)

Zweites Lesen: den gedanklichen Aufbau des Textes verstehen (auf Schlüsselwörter und Kernaussagen besonders achten)

Notizen machen: Das Verstandene mit eigenen Worten zusammenfassen. Notieren Sie auf einer Karteikarte die wichtigsten Stichwörter aus dem Sachtext des Lehrbuches. Die Karteikarte soll dann die Vorlage für den Vortrag sein.

Wiederholen: das Erarbeitete zusammenführen und behalten

B. Ergebnis präsentieren

Ihr Vortrag sollte lediglich mithilfe der Stichwörter auf der Karteikarte/den Karteikarten erfolgen. Beachten Sie:

- In vollständigen, einfachen und kurzen Sätzen sprechen und nicht zu viele Informationen präsentieren! Jeden Gedanken daraufhin überprüfen, ob er für das Kurzreferat notwendig ist.
- Klare Strukturierung des Gedankengangs. Beachten Sie die Regeln der Präsentation (Einleitung, Hauptteil, Schluss) und verlieren Sie nicht den „roten Faden" des Vortrags.
- Ergebnisse visualisieren (z. B. eine Präsentationsfolie gestalten oder eine Gliederungsansicht für die Zuhörenden vorbereiten).
- Blickkontakt zu den Zuhörern herstellen.

4. a) Entwickeln Sie in Gruppenarbeit mithilfe des Brainstormings einen Fragebogen zu der (möglichen) Fragestellung: *„Welche Bedeutung haben für Sie bestimmte Preisstrategien der Unternehmen?"*
   - Der Fragebogen sollte nicht mehr als vier bis fünf Fragen enthalten.
   - Berücksichtigen Sie sowohl offene als auch geschlossene Fragestellungen.
   - Seien Sie darauf vorbereitet, dass Sie u. U. den Befragten mit Beispielen zu einigen ansässigen Großhandelsunternehmen helfen müssen.

   b) Führen Sie anschließend in der Innenstadt Ihres gewählten Ortes die Befragung bei den Passanten durch. Bei der Auswahl der Befragten sollten alle Geschlechter ausreichend repräsentiert sein und unterschiedliche Altersgruppen berücksichtigt werden.

   c) Werten Sie die gesammelten Aussagen aus und ordnen Sie sie nach selbst gewählten Gesichtspunkten.

   d) Bereiten Sie anschließend das Material für die Präsentation übersichtlich und leicht verständlich auf, z. B. mithilfe eines Diagramms.

   e) Stellen Sie die so strukturierten Ergebnisse dem Plenum vor. Eine zusammenfassende Würdigung Ihrer Untersuchung sollte am Schluss nicht vergessen werden.

5. Erkundigen Sie sich umfassend – soweit möglich auch in Ihrem Ausbildungsunternehmen –, wie im Falle nicht rechtzeitiger Zahlung verfahren wird.

   a) Bereiten Sie Ihre Informationen mithilfe der Netzwerktechnik auf.

   b) Fertigen Sie eine Farbfolie Ihrer Arbeit mithilfe des Computers und geeigneter Software an. Beachten Sie dabei die Tipps zur Gestaltung von Folien und Plakaten.

   c) Bereiten Sie sich darauf vor, Ihr Arbeitsergebnis mittels Overheadprojektor vorzutragen:
   - Prüfen Sie zuvor, ob der Inhalt der Folie auf der Projektionsfläche zu lesen ist.
   - Achten Sie auf die Anwendung der Präsentationsregeln.

6. a) Vergleichen Sie Ihr Ergebnis aus Aktion 4 (Strategien des Unternehmens bei der Preisfestlegung) mit der Praxis in den Ausbildungsunternehmen Ihrer Klassenkameraden.

   b) Sammeln Sie die verschiedenen Reaktionen an der Tafel, stellen Sie die Unterschiede bzw. Gemeinsamkeiten fest und erörtern Sie im Klassenverband die möglichen Gründe für Abweichungen.

   c) Stellen Sie das Ergebnis Ihrer Gemeinschaftsarbeit in Form eines Kreis- oder Säulendiagramms dar. Benutzen Sie hierfür das Tabellenkalkulationsprogramm Excel.

7. Erstellen Sie mithilfe des Programms „MindManager" eine Mindmap zu den Preisstrategien.

LERNFELD 6

ZUSAMMENFASSUNG

Preisstrategien

Preislagenpolitik (Preispositionierung)
Insbes. bei der *Markteinführung* wird eine bestimmte Preishöhe angesteuert:
- **Hochpreisstrategie** (Prämienpreisstrategie) Voraussetzung: Innovations-Fähigkeit
- **Niedrigpreisstrategie** (Promotionsstrategie) Produktfokus liegt auf Kernfunktionen des Produkts
- Sonderangebote

Dynamische Preisgestaltung
Preisänderungen im *Verlauf des Produkt-Lebenszyklus*:
- Penetrationsstrategie (Markterschließungsstrategie): Niedriger Preis wird später stufenweise erhöht
- Skimmingstrategie (Abschöpfungsstrategie): Hoher Anfangspreis wird schrittweise gesenkt

Preisdifferenzierung
Das anbietende Unternehmen verlangt für das gleiche Produkt von verschiedenen Nachfragern unterschiedliche Preise
- Räumliche Preisdifferenzierung
- Personelle Preisdifferenzierung
- Zeitliche Preisdifferenzierung
- Mengenmäßige Preisdifferenzierung

Preis(fein)steuerung durch Konditionen
Veränderungen des ursprünglichen Preises durch Nachlässe und Lieferungs- und Zahlungsbedingungen
- Gewährung von Preisnachlässen
  – Rabatt
  – Skonto
  – Bonus
- Konditionengewährung

Mischkalkulation (Strategie des kalkulatorischen Ausgleichs)
Kombination der kostenorientierten mit der konkurrenzorientierten Preisbestimmung
Ausgleich der Kostenunterdeckung eines Produkts durch die Kostenüberdeckung bei anderen Produkten.

LERNFELD 6

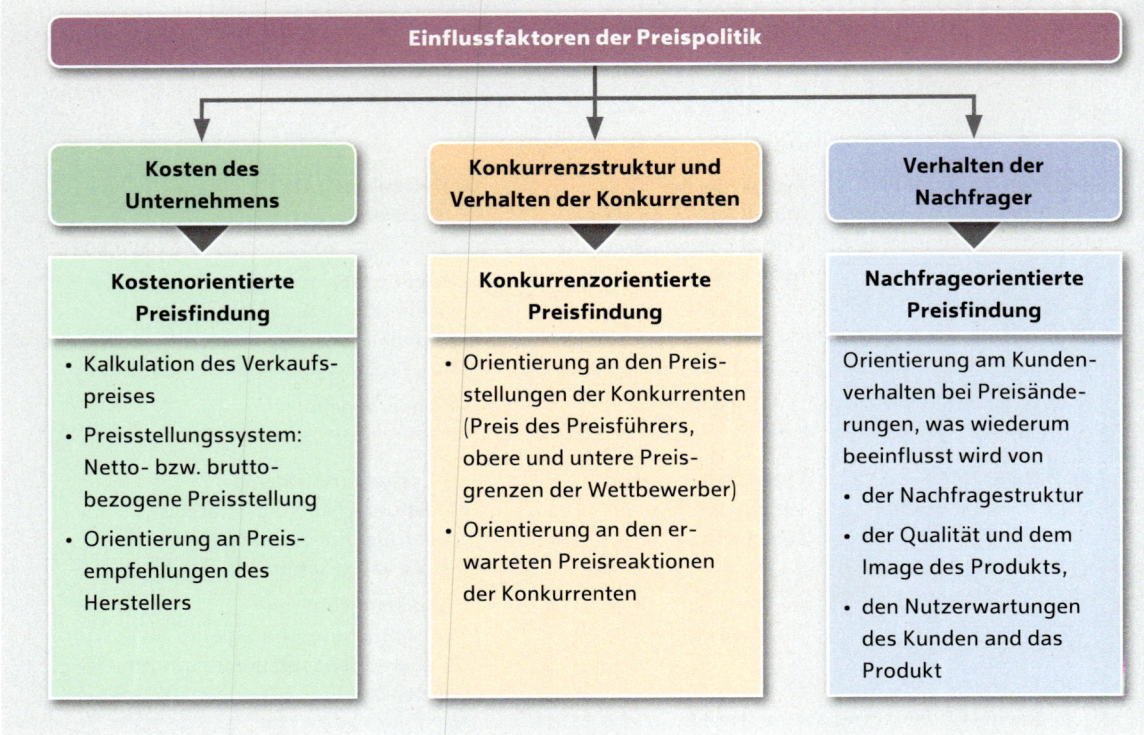

KAPITEL 14
Optimales Marketing

Die Ergebnisse der **Marktanalyse** und einer nachfolgenden **Marktprognose** über die Nachfrage nach Seidenbettwäsche sowie zeitgleich nach Sport- und Freizeitkleidung waren für Geschäftsführung und Abteilungsleiter eindeutig: Die Informationen über das veränderte Kauf- und Freizeitverhalten konnten bestätigt werden. Zunehmende Nachfrage insbesondere nach Seidenbettwäsche verzeichnet der Einzelhandel vor allen Dingen von anspruchsvollen Alleinlebenden in der Altersgruppe zwischen 21 und 35 Jahren mit einem mittleren bis höheren Einkommen. Interessanterweise ist es die gleiche Käuferschicht, die den Nachfrageschwerpunkt bei modischer und qualitativ hochwertiger Freizeit- und Sportgarderobe bildet.

Der Trend zum Einpersonenhaushalt wird auch in Zukunft anhalten, sodass die Gruppe der Singles für die Fairtext GmbH zu einer zusehends wichtigeren Zielgruppe wird. Hinzu kommt, dass die neue Single-Generation eine ausgeprägte Konsumneigung entwickelt. Die Kaufkraft dieser Personengruppe wird durch Erbschaften weiter erhöht werden.

Den Marktuntersuchungsergebnissen zufolge werden sich die Ausgaben zukünftig auf vier Bereiche konzentrieren: Kleidung, Sportgarderobe und Freizeitartikel, Einrichtungsgegenstände und Reisen.

Darüber hinaus erhält das Management der Fairtext GmbH aus der Verbandszeitschrift die Information, dass im Bereich Sportkleidung in Westdeutschland rund 4,01 Mrd. € ausgegeben werden, was 72,00 € je Einwohner entspricht.

Die Gruppe der jungen, gut verdienenden, qualitäts- und gesundheitsbewussten 21- bis 35-Jährigen ist also ein lohnendes Segment, und zwar in den Warenbereichen Freizeit- und Sportkleidung sowie Qualitätsseidenbettwäsche.

Die Marktanalyse ergab ferner, dass bereits zwei der vier lokalen Mitbewerber der Fairtext GmbH diese Zeittrends erkannt, Sortimentsschwerpunkte bezüglich dieser Zielgruppe gebildet hatten und dadurch bedeutende Marktanteile gewinnen konnten. Mit zu diesem Markterfolg hatte deren Strategie zur Förderung eines positiven Unternehmensimages beigetragen – ein Bereich der Absatzforschung, der bis zum gegenwärtigen Zeitpunkt von den Verantwortlichen der Fairtext GmbH sträflich vernachlässigt wurde.

Die Verantwortlichen der Fairtext GmbH wollen daher versuchen, durch den **aufeinander abgestimmten Einsatz von Marketinginstrumenten** die Absatzchancen für Seidenbettwäsche sowie für Freizeit- und Sportkleidung zu nutzen, Marktanteile zu gewinnen und dadurch die Umsatzsituation wesentlich zu verbessern.

Unterbreiten Sie der Geschäftsführung der Fairtext GmbH eine schlüssige, marktdurchgreifende Marketingkonzeption.

INFORMATIONEN

Konzeption des Absatzmarketings

Am Anfang der unternehmerischen Tätigkeit muss Marketing stehen, das sämtliche weiteren Entscheidungen des Großhändlers beeinflusst.

Bei der Entwicklung eines fortschrittlichen **Marketingkonzepts** wiederum muss an erster Stelle die **Erforschung der Kundenwünsche** stehen.

Die **Konzeption eines Absatzmarketings** bedeutet, dass
- sich das Großhandelsunternehmen **am Kunden orientieren** muss,
- um unter Zuhilfenahme des integrierten Marketings
- die **Kundenwünsche erfüllen** zu können.

Hierzu müssen die absatzpolitischen Instrumente berücksichtigt werden, die sich gegenseitig bedingen oder ergänzen.

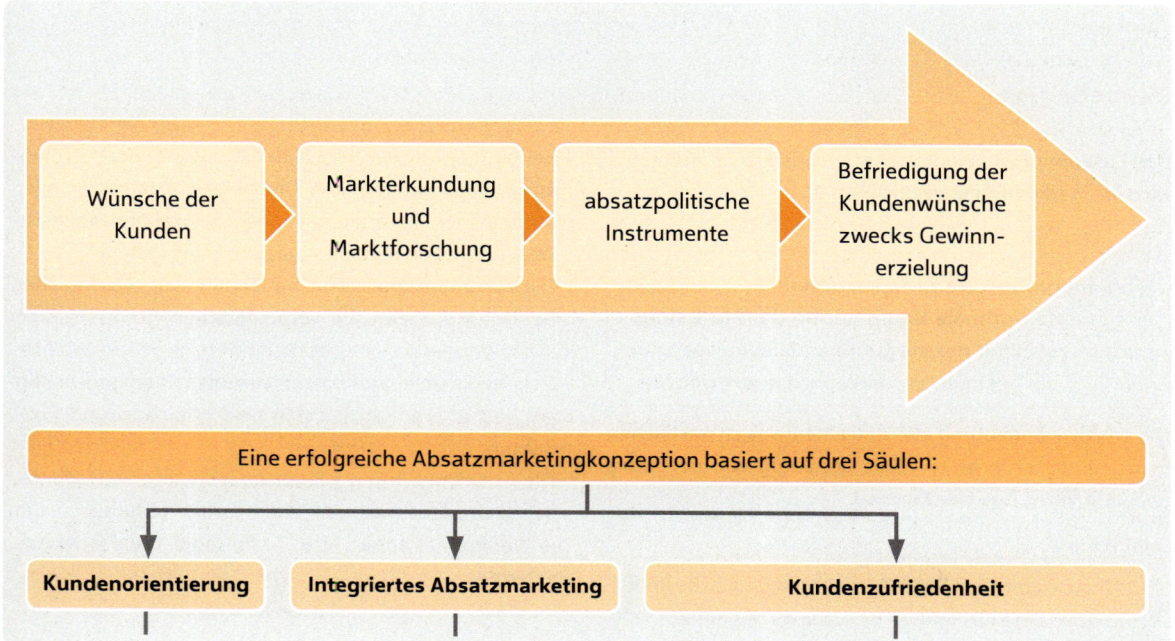

LERNFELD 6

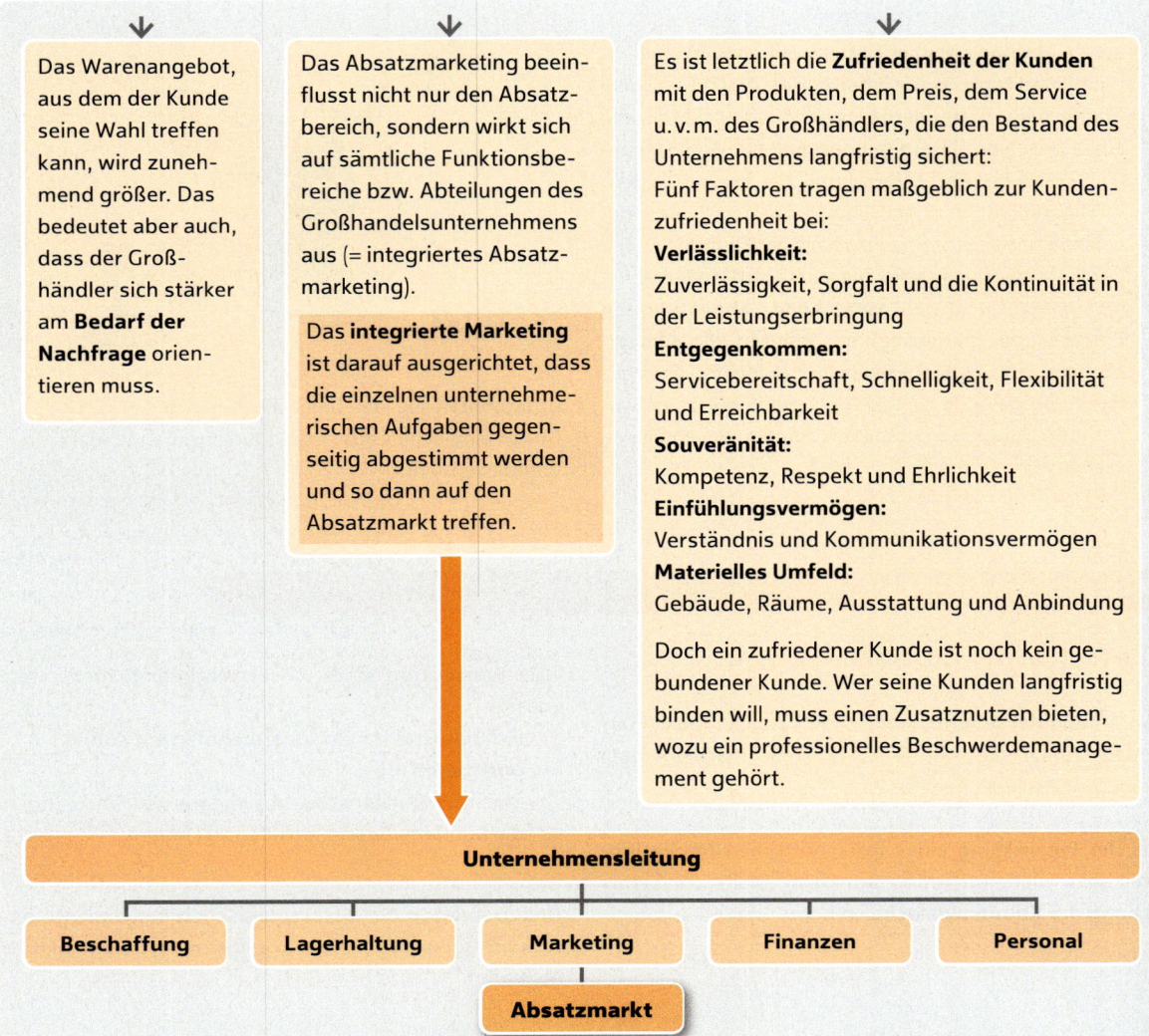

Marketingmix

Das Zusammenwirken der absatzpolitischen Instrumente wird als Marketingmix bezeichnet.

> **DEFINITION**
>
> **Marketingmix** ist die zu einem bestimmten Zeitpunkt eingesetzte **optimale Kombination der Marketinginstrumente,** mit der ein Großhandelsunternehmen versucht, ein bestimmtes Marketingziel zu erreichen.

Die relative Bedeutung der einzelnen absatzpolitischen Instrumente ist in erster Linie abhängig von der **Ware** und vom **Verhalten der Kunden**.

> **BEISPIELE**
>
> Bei Alltagsgütern spielt der **Preis** eine wesentliche Rolle, während er bei Luxusgütern weniger wichtiger ist.

Bei einigen Produkten ist der **Kundendienst** oftmals ausschlaggebend für den Kauf, wie bei Computern oder Automobilen. Bei anderen hingegen, wie bei Zahnpasta, Waschmittel oder Zucker, spielt er keine Rolle.
Die **Sortimentspolitik** ist immer dann von wesentlicher Bedeutung, wenn die verschiedenen Produkte sich stark voneinander unterscheiden, z. B. bei WLAN-Netzwerkspielern oder bei Speiseölen. Weniger wichtig ist sie bei standardisierten oder gleichartigen Produkten.
Die **Absatzwerbung** wiederum ist in ihrer wirtschaftlichen Bedeutung sehr viel stärker abhängig vom jeweiligen Produkt, z. B. Stahlnägel, TV-Flachbildschirme.

LERNFELD 6

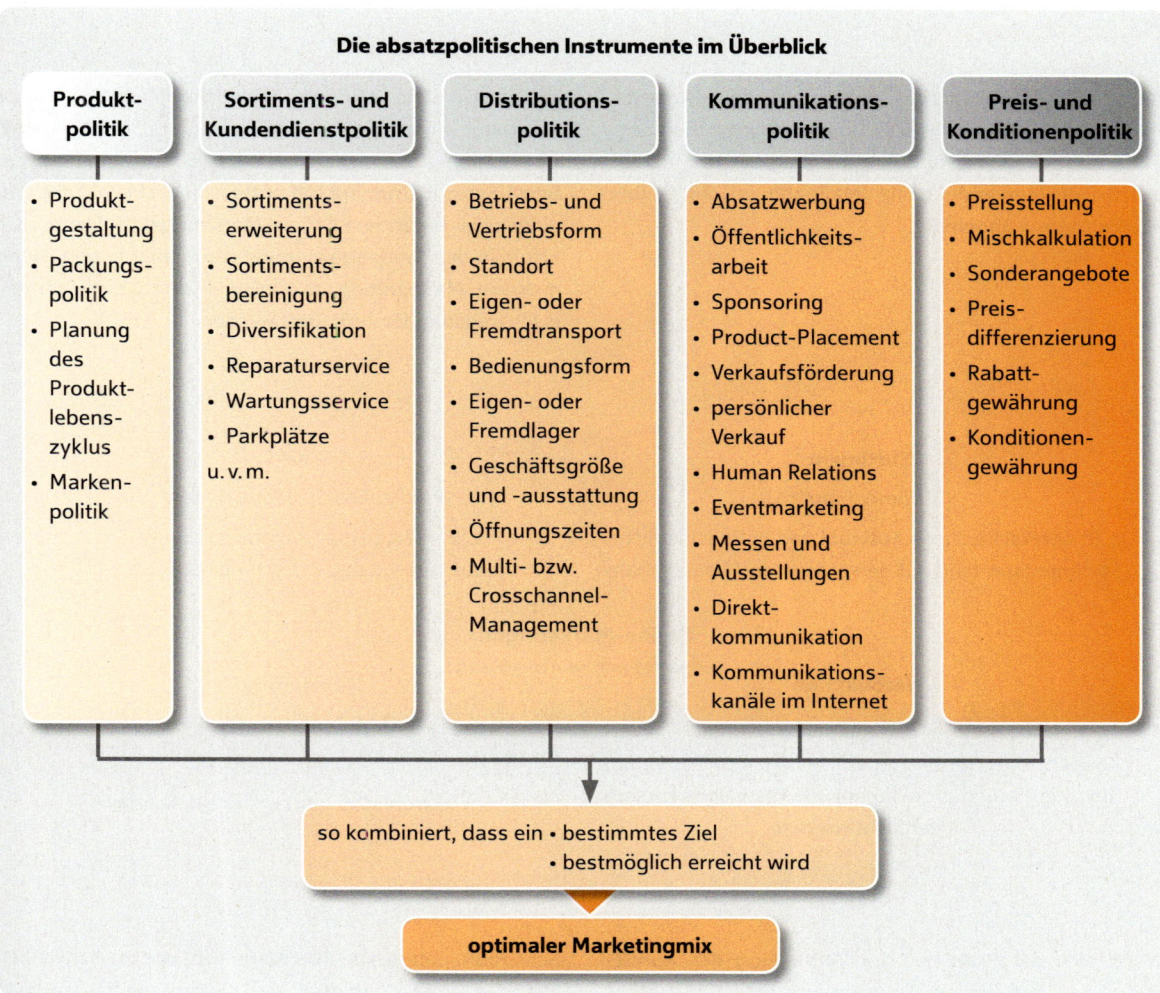

Die folgende Übersicht zeigt anhand ausgewählter absatzpolitischer Instrumente deren unterschiedliche Bedeutung für einzelne Produkte/Dienstleistungen (1 = geringe Bedeutung; 5 = hohe Bedeutung):

BEISPIEL

Der optimale Marketingmix, der dem Unternehmen den größmöglichen Gewinn ermöglicht, muss selbstverständlich immer auch vor dem Hintergrund der jeweiligen Ware gesehen werden. Da jede Ware ihr eigenes Bedeutungsprofil besitzt, gewinnen auch die einzelnen absatzpolitischen Instrumente unterschiedliche Bedeutung:

Dienstleistungen Waren / Instrumente	private Unfallversicherung	Tageszeitung	Reis	Shampoo	Abendkleid
Absatzwerbung	3	3	1	5	3
persönlicher Verkauf	5	1	2	1	4
Distributionspolitik	4	4	5	4	3
Kundendienst	3	2	–	–	2
Preispolitik	2	3	4	3	3

LERNFELD 6

Online-Marketingmix

Aus der Unternehmensstrategie und den Unternehmenszielen (mehr Umsatz, höhere Bekanntheit oder Verbesserung des Unternehmensimages) wird mithilfe der Online-Marketingkanäle (Maßnahmen) der **Online-Marketingmix** abgeleitet.

Onlinemarketing umfasst zahlreiche Maßnahmen zur Kundengewinnung. Ob Affiliate-Marketing, Google Adwords, Social-Media-Marketing oder E-Mail-Marketing – jedes Instrument hat unterschiedliche Vorteile und eignet sich für andere Online-Marketingziele. Der größte Erfolg in der Kundengewinnung wird daher erzielt, wenn mehrere Maßnahmen im Online-Marketingmix strategisch miteinander verknüpft werden.

Sortiment
(Sortimentspolitik)
z. B. unterschiedliche Auswahl und unterschiedlicher Sortimentsumfang auf den präsenten Absatzkanälen

Preis
(Preispolitische Maßnahmen)
z. B. Preisgestaltung und -aktionen auf verschiedenen Vertriebskanälen

Online-Marketingmix

Werbeaktion
(Kommunikationspolitik)
Kunden sollen mittels unterschiedlicher Maßnahmen im Internt auf das Sortiment/die Ware aufmerksam gemacht werden

Platzierung
(Distributionspolitik)
– Online-Shop
– Elektronische Marktplätze, z. B. ebay

Wenn sich der Preis mit der Vorstellung des Kunden deckt, der Vertriebskanal gut organisiert ist und genügend Informationen über den Umfang und die Art der Ware oder der Dienstleistung kommuniziert wurden, so bestehen berechtigte Chancen, dass der Kunde sich für diese Ware entscheidet.

Bei Großhändlern, die ihre Ware nicht nur ausschließlich über das Internet anbieten, wird heutzutage das traditionelle lokale Ladengeschäft (stationärer Handel; Offlinehandel) mit E-Commerce, sozialen Medien und Applikationen für Smartphones und Tablets verbunden sein (Onlinehandel; **Crosschannel-Handel**).

BEISPIELE für Crosschannel-Marketingkampagnen

- Die Kampagne beginnt mit einer **Anzeige in einem Fachjournal**, mit dem das Unternehmen eine hohe Reichweite erzielen möchte. Um den Dialog mit möglichst vielen Personen aus der Zielgruppe führen zu können, werden sie nicht direkt in den Verkaufsprozess geführt. Stattdessen wird in der Anzeige auf eine kostenlose Aktion auf der eigenen **Facebook-Seite** aufmerksam gemacht. Hier finden dann weitere Maßnahmen statt, um potenzielle Kunden gezielt in den Verkaufsprozess einzubinden.
- Bei einer anderen Kampagne werden potenzielle Kunden über **Suchmaschinenwerbung** auf die Website eines Unternehmens geleitet, um sie von einem bestimmten Angebot zu überzeugen. Sollten sie von hier aus nicht direkt den Onlineshop aufrufen, werden ihnen in den darauffolgenden Tagen mittels Re-Targeting[1] **Werbebanner** auf anderen Websites angezeigt. Diese sollen den potenziellen Kunden noch einmal die Vorzüge des eigenen Angebots aufzeigen und auf passende Waren im Onlineshop aufmerksam machen.

---

1 Targeting = Werbung mit gezielter Kundenansprache.

LERNFELD 6

Anforderungen an die Verzahnung der Vertriebskanäle

Fragetext: „Wie wichtig stufen Sie die folgenden Angebote und Services ein, mit denen Anbieter die verschiedenen Vertriebskanäle miteinander verzahnen? Und welche dieser Services haben Sie bereits in der Vergangenheit im Zuge der Beschaffung eines Produktes genutzt?"

n = 408 (Skala: 1 = „überhaupt nicht wichtig", 5 = „sehr wichtig"; Mehrfachnennungen möglich).

Anforderung	Wichtigkeit	Nutzung
Elektronischer Katalog, aus dem direkt im Online-Shop bestellt werden kann	3,86	77,9 %
Angebot individueller Preise und Rabatte bei allen Beschaffungen, unabhängig vom gewählten Vertriebskanal	3,78	56,4 %
Zurverfügungstellung der Rechnungen, Quittungen und Belege aller Beschaffungen in elektronischer Form im Kundenkonto	3,60	56,9 %
Abholung von Retouren im eigenen Unternehmen durch das verkaufende Unternehmen, unabhängig vom gewählten Vertriebskanal	3,54	47,3 %
Zentrales Kundenkonto, das alle Beschaffungen aus den verschiedenen Vertriebskanälen aufführt	3,44	52,7 %
Kundenkarte, die über mehrere Kanäle hinweg genutzt werden kann	2,98	51,7 %
Mobil optimierte Version des Online-Shops	2,45	27,0 %
Angebot eines Barcodescanners, mit dem Produkte durch scannen des Barcodes online nachbetellt werden können	2,38	18,4 %
Angebote einer App	2,35	20,8 %

ECC Köln 2016

Quelle: IFH Köln: Pressemitteilung: Elektronische Kataloge, kanalübergreifende Rabatte & Co. – Welche Cross-Channel-Services wirklich bei B2B-Kunden ankommen. In: ifh.koeln.de. 08.06.2016. https://www.ifhkoeln.de/elektronische-kataloge-kanaluebergreifende-rabatte-co-welche-cross-channel-services-wirklich-bei-b2b-kunden-ankommen/ [15.09.2020].

Eine allgemeine Formel, wie die einzelnen Instrumente sowohl im Onlinehandel als auch in der Kombination von Online- und Offlinehandel dosiert werden sollen, gibt es wie gesagt nicht. Dies hängt damit zusammen, dass das menschliche Verhalten bezüglich der Wirkung von Marketingkonzepten keinen bekannten und langfristig gültigen Gesetzmäßigkeiten folgt. Im Marketingbereich aber kommt dem menschlichen Verhalten eine zentrale Stellung zu.

Die Bedeutung verschiedener Marketinginstrumente aus der Sicht des Handels zeigt folgende Rangskala:
4 – Werbung
4 – Verkaufsförderung
3 – Sortimentspolitik
2 – Kundendienst
2 – Verpackung
2 – Preispolitik
1 – Produktgestaltung

(4 = außerordentlich bedeutend; 3 = sehr bedeutend; 2 = bedeutend, 1 = weniger bedeutend)

Neben den Kunden und Produkten sind es weitere Kräfte, die der Großhändler zu berücksichtigen hat, wenn er in einer bestimmten Marktsituation zu entscheiden hat, in welcher Kombination und wie lange marketingpolitische Instrumente eingesetzt werden sollen, um einen optimalen Marketingmix zu erreichen.

LERNFELD 6

Marktkräfte, die auf den Marketingmix einwirken

Kaufverhalten der Kunden
z. B. bestimmt durch:
- Kaufgepflogenheiten
- soziale Umwelt
- Lebensgewohnheiten
- Kaufkraft
- Image
- verändertes ökologisches Bewusstsein

Verhalten der Händler
z. B. bestimmt durch:
- ihre Motivierungen
- ihre Gepflogenheiten, Struktur und Einstellungen
- ihr Potenzial

Stellung und Verhalten der Konkurrenten
z. B. beeinflusst durch:
- Branchenstruktur
- Verhältnis von Angebot und Nachfrage
- technologische und soziale Trends
- Ausmaß des Preis- und Qualitätswettbewerbs

Verhalten des Staates
z. B.:
- Sicherheits- und Umweltschutzauflagen, Vorschriften über Preise, Werbung, Absatzweg (z. B. von Pharmazeutika)

→ **Marketingmix**

Fragestellungen zum Einsatz der absatzpolitischen Instrumente

1. Angebot

Wie kann ich mein Angebot (besser noch als bisher) an den Bedürfnissen meiner Kunden ausrichten?

- Wie werde ich mein Angebot entwickeln, damit meine Kunden einen bestimmten Nutzen davon haben (z. B. Erleichterung bestimmter Alltagsaufgaben)?
- Wie muss ich mein Angebot entwickeln, damit es sich von dem meiner Konkurrenten unterscheidet (z. B. nachweisbare Qualitätsmerkmale)?
- Welche Art von Verpackung sollte mein Produkt erhalten (z. B. besondere Imagewirkung, hohe Transportsicherheit)?
- Welche Art von Service muss ich anbieten, um meine Kunden zufriedenzustellen und mich von der Konkurrenz abzuheben (z. B. Lieferservice, Ersatzteilservice)?

2. Preise

Welchen Preis akzeptieren meine Kunden?

- Werden meine Kunden auf einen besonderen Einführungspreis reagieren (Preis sinkt oder steigt im Laufe der Zeit)?
- Sollte ich meinen Preis an dem der Konkurrenz orientieren (z. B. Niedrigpreise, Orientierung am Preisführer)?
- Welcher psychologische Preis ist für meine Kundengruppe geeignet (z. B. Preisschwellen: „0,99-Preise", Veblen[1]-Preise: hohe Preise für Kunden, die auffallen möchten, Snob-Preise: hohe Preise für Angebote, die sich nur einkommensstarke Kundengruppen leisten können)?
- Inwiefern sollte ich meine Preise differenzieren (z. B. je nach Nachfrage, Region, Kundengruppe)?
- Zu welchen Konditionen biete ich meine Produkte an (z. B. Skonto, Rabatte, Lieferung inklusive)?

3. Vertrieb

Auf welchem Weg erreicht mein Angebot die richtige Kundengruppe in ausreichender Menge und pünktlich zur vereinbarten Zeit?

- Wollen meine Kunden mein Produkt per Direktvertrieb kaufen (Hersteller verkauft direkt an Endkunden, z. B. ab Werk, per Telefon, per Online-Shop)?
- Wollen meine Kunden mein Produkt per Fremdvertrieb kaufen (Hersteller beauftragt Vertriebspartner, z. B. Groß- und Einzelhändler, Vertreter)?
- Wie erreiche ich meine ausländischen Kunden (Vertriebspartner, Filialen, Messen, Internet)?

4. Kommunikation

Wie kann ich mein Angebot (besser noch als bisher) an den Bedürfnissen meiner Kunden ausrichten?

- Stimmen Firmenlogo und Briefpapier mit dem Image meines Unternehmens überein?
- Welche Kunden möchte ich ansprechen (z. B. Kommunikation bei Neukunden: breit streuende Mittel; Kundenbindung: gezielte persönliche Ansprache, mobile Websites bzw. Apps)?
- Welche Werbemedien sprechen meine Kunden an (z. B. Anzeigen, Plakate, Kataloge, Spots)?
- Welche Öffentlichkeitsarbeit ist geeignet (z. B. Informationsveranstaltungen, Sponsoring, Presseeinladungen, Newsletter, E-Mail-Mailings)?

Quelle: BMWi: Marketing-Mix. In: GründerZeiten 20 – Marketing. Januar 2020. https://www.existenzgruender.de/SharedDocs/Downloads/DE/GruenderZeiten/GruenderZeiten-20.pdf?__blob=publicationFile, S. 11 [01.10.2020].

---

[1] Nach Thorstein Veblen (1857–1929).

LERNFELD 6

Letztlich kommt es darauf an, die einzelnen absatzpolitischen Instrumente der jeweiligen Marktsituation entsprechend **einzusetzen und zu kombinieren (= Marketingmix)**, um den Zielmarkt bzw. die Zielgruppe erreichen zu können.

Dabei kann insbesondere die Beantwortung gezielter Fragen (siehe vorherige Seite) sehr hilfreich sein.

Ein Marketingkonzept ist dann erfolgreich gewesen, wenn die Erwartungen der Kunden an die Ware bzw. Dienstleistung, die sie **vor dem Kauf** hatten, **nach ihrem Kauf** erfüllt worden sind.

Billiardspiel: Die Stoßrichtung muss beim Marketingmix stimmen.

	Phasen des Produktlebenszyklus				
	Einführung	Wachstum	Reife	Sättigung	Degeneration
	Strategien im Marketingmix				
Produktpolitik	ein Grundprodukt anbieten (Produktinnovation)	Produktvarianten (Differenzierung), Serviceleistungen und Garantien anbieten	Produktdifferenzierung (neue Produkte der gleichen Produktgruppe; den unterschiedlichen Ansprüchen der Kunden gerecht werden)	Produktvariation (Abnehmer mit veränderten Produkten neu ansprechen; Lebenszyklus soll verlängert werden)	Sonderangebote; nur Artikel mit positivem Deckungsbeitrag am Markt halten, alle anderen eliminieren
Preispolitik	auf maximalen Wert für den Nutzer orientiert; Einführungspreis oder -rabatte (aggressive Preistaktik)	je nach Strategie, viele Alternativen (Preisanpassung/-senkung)	Preisverfall (Preis wie Konkurrenz oder niedriger; Rabatte)		Preissenkungen
Distribution	Vertriebsstrukturen aufbauen	Distributionsnetz verdichten	Anpassung (neue Kundengruppen) Distributionsnetz weiter verdichten		Distributionsnetz selektiv nach Deckungsbeitrag ausrichten
Werbung	Produkt bei Frühnachahmern und im Handel bekannt machen (Einführungswerbung)	Produkt im Massenmarkt bekannt machen (Expansionswerbung)	vermehrte Werbung im Sinne einer Stabilisierungswerbung	Erhaltungswerbung (neue Verwender; Verwender neu ansprechen)	Erhaltungswerbung (Erinnerungswerbung) nur noch für die treuesten Kunden (Orientierung auf neues Produkt)

LERNFELD 6

Phasen des Produktlebenszyklus					
	Einführung	Wachstum	Reife	Sättigung	Degeneration
Strategien im Marketingmix					
Verkaufsförderung	mit intensiver Verkaufsförderung Erstkäufe anregen	Aufwand senken, hohe Nachfrage voll ausnutzen	Aufwand erhöhen; Anreize zum Markenwechsel geben		auf ein Minimum herunterfahren

AUFGABEN

1. Erklären Sie Ihren Mitschülern den Begriff „Marketingkonzeption".
2. Welche Marketingziele könnten bei der Durchführung der Marketingkonzeption mithilfe des Marketingmix und der Marktsegmentierung möglicherweise im Mittelpunkt stehen?
3. Nennen Sie Marktaspekte, die eine erfolgreiche Marketingkonzeption in jedem Fall berücksichtigen muss.
4. Was verstehen Sie unter
   a) Marketingmix?
   b) einem optimalen Marketingmix?
5. Welche Marktkräfte wirken auf den Marketingmix?
6. Welche Maßnahmen beinhaltet die Kommunikationspolitik?
7. Nennen Sie drei mögliche Werbeziele des Großhandelsunternehmens.
8. Ein Elektrogroßhandelsunternehmen hatte in den letzten 3 Jahren im Sortimentsbereich „Handwerkersägen" rückläufige Umsätze zu verzeichnen. Die Unternehmensleitung will diese Entwicklung bremsen. Ihr Ziel für die nächsten 12 Monate ist die kontinuierliche Umsatzsteigerung durch nachhaltige Belebung der Nachfrage. Sie plant daher für ihr Standardmodell, die Universalsäge SL 300, einen optimalen Einsatz der marketingpolitischen Instrumente.
   a) Formulieren Sie die festzulegenden Marketingziele.
   b) Zeigen Sie mögliche absatzpolitische Maßnahmen des Marketingmix auf.
   c) Begründen Sie die Marketingkonzeption einschließlich der ausgewählten marketingpolitischen Maßnahmen.
9. a) Welche absatzpolitischen Instrumente gehören zum Marketing?
   b) Welches dieser Instrumente halten Sie für ein Handelsunternehmen am wichtigsten? Begründen Sie Ihre Antwort.
10. Welche Aussage/-n trifft/treffen auf den Marketingmix nicht zu?
    a) Grundsätzlich sind Produktmanager für die Kombination absatzpolitischer Instrumente zuständig.
    b) Marktsegmentierung ist die Grundvoraussetzung für den optimalen Marketingmix.
    c) Der Bereich der Mitarbeiterschulungen gehört nicht zum Marketingmix.
    d) Unbedingter Teil des Marketingmix ist die Lagerhaltung.
    e) Unter Marketingmix versteht man das koordinierte Vorgehen im Absatzbereich.
11. Welche Aussage/-n ist/sind richtig?
    a) Die Präsentation über virtuelle Verkaufsstellen (= E-Commerce) ist Teil der Öffentlichkeitsarbeit.
    b) Am Anfang der unternehmerischen Tätigkeit muss Marketing stehen.
    c) Zum Marketing im Großhandel gehören u. a. die Kommunikations- und die Produktpolitik.
    d) Alle Maßnahmen, die am Point of Sale eingesetzt werden, fördern das Image des Unternehmens.
    e) Für den langfristigen Bestand eines Großhandelsunternehmens ist die Kundenzufriedenheit weniger entscheidend, das Image des Unternehmens dafür aber umso mehr.
    f) Kommunikationspolitik ist das kostenlose bzw. kostenpflichtige Angebot von Nebenleistungen.
    g) Eventmarketing hat u. a. die erlebnisorientierte Kommunikation zum Ziel.
    h) Unter Sponsoring versteht man die Unterstützung z. B. einer Organisation der Öffentlichkeit durch Geldmittel.
12. Nennen Sie vier Segmentierungsmerkmale Ihrer Wahl und beurteilen Sie sie in Bezug auf die absatzpolitischen Maßnahmen eines Unternehmens.

LERNFELD 6

AKTIONEN

1. Konsumausgaben in Deutschland lassen sich nicht nur danach betrachten, wozu die Verbraucher sie verwenden, sie werden zusätzlich danach aufgeschlüsselt, welche Branchen die nachgefragten Güter und Dienstleistungen liefern. Hier hat insgesamt der Handel (EH und GH) immer noch den größten Anteil.

Konsumausgaben der privaten Haushalte im Inland nach Lieferbereichen[1]						
Gegenstand der Nachweisung	2014	2015	2016	2017	2018	2019
preisbereinigt Kettenindex (2015 = 100)						
Land- und Forstwirtschaft, Fischerei	99,66	100,00	106,60	110,88	113,26	116,46
Bergbau, Verarbeitendes Gewerbe und Baugewerbe	102,32	100,00	101,75	102,81	102,95	104,26
Energieversorgung	96,70	100,00	101,87	100,54	100,21	98,68
Kraftfahrzeughandel, Instandhaltung und Reparatur von Kraftfahrzeugen	97,46	100,00	107,11	107,92	109,90	115,14
Großhandel (ohne Handel mit Kraftfahrzeugen)	92,56	100,00	102,35	98,82	98,76	102,95
Einzelhandel (ohne Handel mit Kraftfahrzeugen)	98,01	100,00	102,29	103,50	104,20	106,66
Verkehr und Lagerei	100,44	100,00	106,58	106,08	112,56	114,21
Gastgewerbe	98,60	100,00	103,16	105,98	109,75	111,96
Information und Kommunikation	100,22	100,00	101,28	103,57	105,06	103,80
Finanz- und Versicherungsdienstleister	95,64	100,00	98,19	97,89	100,12	100,39
Grundstücks- u. Wohnungswesen, Öffentliche Dienstleister, Erziehung, Gesundheit, sonstige Dienstleister.	98,02	100,00	102,04	104,29	106,13	107,15
Konsumausgaben der priv. Haushalte im Inland	1492,110	1529,745	1573,896	1615,288	1658,678	1705,570

Quelle: Statistisches Bundesamt: Volkswirtschaftliche Gesamtrechnungen; Private Konsumausgaben und Verfügbares Einkommen. In: destatis.de. 10.09.2020. https://www.destatis.de/DE/Themen/Wirtschaft/Volkswirtschaftliche-Gesamtrechnungen-Inlandsprodukt/Publikationen/Downloads-Inlandsprodukt/konsumausgaben-pdf-5811109.pdf?__blob=publicationFile, Seite 22.

Im Vergleich zum Großhandel expandierte der **Dienstleistungssektor.** Öffentliche und private Dienstleister (Bereich Gesundheit und Soziales, Bildung, Kultur, Sport, Unterhaltung sowie Friseure und Kosmetiksalons) bauten ihren Anteil ständig weiter aus. Die Bereiche Kultur- und Freizeitdienstleistungen, wie Sport- und Freizeitveranstaltungen oder Hobbykurse, werden sich auch in der Zukunft weiter ausweiten, so die weitverbreitete Prognose.

Die zunehmende **Lust am Urlaub** ist der veränderten Konsumstruktur ebenfalls anzusehen. Im Inland erscheint sie zunächst nahezu unverändert. Für Auslandsurlaub wird hingegen mehr ausgegeben.

Die **Verschiebungen zulasten des Handels** werden sich fortsetzen. Die Beobachtungen zeigen, dass der Einzel- und Großhandel es schwer haben werden, gegen andere Konsumkomponenten zu konkurrieren. Auch in Zukunft werden einige Bereiche, so z. B. die Gesundheit, einen immer höheren Anteil an den gesamten Konsumausgaben erfordern.

Andere, wie Urlaub oder Telekommunikation, scheinen bei den Verbrauchern an Attraktivität zu gewinnen. Bedingt durch Präferenzänderungen und Marktsättigung wird ihr Ausgabenanteil zulasten der typischen Handelsgüter ausgebaut.

a) Bilden Sie in Ihrer Klasse fünf Gruppen und führen Sie eine Pro-und-Kontra-Diskussion als Rollenspiel durch.
- Jeweils ein Mitglied von vier Gruppen wird die Rolle eines Vertreters eines Marktforschungsinstituts in der Abteilungsleiterkonferenz der Fairtext GmbH übernehmen.
- Ein Mitglied der fünften Gruppe wird die Rolle des Geschäftsführers Herrn Hahnenkamp (= Moderator) übernehmen.
- Auf der Agenda der Konferenz steht nur ein Tagesordnungspunkt, der lautet: „Soll die Textilgroßhandlung Fairtext GmbH mit eige-

---

[1] Die Gliederung der Konsumausgaben der privaten Haushalte im Inland nach Lieferbereichen beantwortet die Frage, in welchem Wirtschaftszweig die privaten Haushalte ihren Konsum tätigen. Dabei handelt es sich um Konsumausgaben im Inland, die sowohl von Inländern als auch von Gebietsfremden getätigt werden können. Rechnet man die Konsumausgaben der Inländer in der übrigen Welt hinzu und zieht die Konsumausgaben der Gebietsfremden im Inland ab, erhält man die Konsumausgaben der privaten Haushalte nach dem Inländerkonzept.

LERNFELD 6

nen Reiseangeboten auf In- und Auslandsmärkten in die Tourismusbranche einsteigen?"

b) Weisen Sie einzelnen Gruppenmitgliedern eine bestimmte Rolle in der Diskussion zu und bereiten Sie für die Rollenspieler die Rollenkarten vor.

c) Besorgen Sie sich wichtige Sachinformationen, um die Rollenspieler mit den entsprechenden Pro- und Kontra-Argumenten – einschließlich der Auswertung der o. a. statistischen Daten – auszustatten.
- Beachten Sie bei dieser Arbeit die „Methoden zur selbstständigen Informationsgewinnung".
- Denken Sie sich in Ihre Rolle ein.

d) Der Moderator führt in das Thema ein und steuert die Diskussion.

e) Die anderen Schüler verfolgen die Diskussion der Rollenspieler, bilden sich eine eigene Meinung und notieren Beobachtungen (ggf. auf einem Beobachtungsbogen).

f) Diskutieren Sie anschließend in der Klasse über die beobachteten Argumente der Rollenspieler.

g) Der Moderator fasst die Ergebnisse der Diskussion an der Tafel zusammen.

2. Aufgrund der Auswertung der Primär- und Sekundärforschungen (siehe Kap. 6.2) und der Diskussionsergebnisse im Rahmen der Abteilungsleiterkonferenz wird von den Verantwortlichen der Fairtext GmbH beschlossen, in den Markt für in- und ausländische **Reiseveranstaltungen** einzusteigen.

a) Unterbreiten Sie als ein von der Textilgroßhandlung Fairtext GmbH beauftragtes Marketingunternehmen ein schlüssiges Marketingkonzept.
- Ziel: Der erfolgreiche Soforteintritt der Fairtext GmbH in die Reisebranche und dessen Sicherung. Formulieren Sie hierzu das entsprechende Marketingziel.

b) Setzen Sie bei der Konzepterarbeitung sämtliche absatzpolitischen Instrumente des konventionellen und des Onlinemarketings ein und stimmen Sie sie im Sinne eines **optimalen Marketingmix** und auf der Grundlage der Crosschannel-Strategie aufeinander ab.
- Erarbeiten Sie die Konzeption in arbeitsteiligen Teams und unter Anwendung des Brainstormings.
- Vergessen Sie bei Ihren konzeptionellen Überlegungen nicht die zu berücksichtigende(n) Zielgruppe(n).

c) Stellen Sie Ihre Ergebnisse dem Plenum vor. Wählen Sie hierfür geeignete Medien (Pinnwand, Flipchart, Overheadprojektor, Computer, Tafel, Papier/Pappen/Karten).

LERNFELD 6

ZUSAMMENFASSUNG

Marketing
= sämtliche Maßnahmen, die den Absatz fördern
(der Markt steht im Mittelpunkt aller Überlegungen)

- Festlegung der **Unternehmensziele**

- **Absatzmarktforschung** in den Bereichen
  - Konkurrenz
  - Kunden
  - Image
  - Standort

- **Entwicklung** einer **Marketingkonzeption** mit Festlegung der Marketingziele

wird umgesetzt

mithilfe von Marketinginstrumenten:
- Produktpolitik
- Kundendienstpolitik
- Sortimentspolitik
- Distributionspolitik
- Kommunikationspolitik
- Preis- und Konditionenpolitik

durch die **Aufteilung des Marktes** auf bestimmte **Zielgruppen**

führt zur

- **Auswahl** entsprechender aufeinander abgestimmter **absatzpolitischer Maßnahmen** mit dem Ziel:

- **Durchführung** der **Marketingkonzeption** entsprechend den strategischen Zielen

Marketingmix
= optimale Kombination aller Marketinginstrumente

Marktsegmentierung

u. a.
- Eroberung neuer Märkte
- Halten der bisherigen Marktanteile
- Rückzug aus bestimmten Teilmärkten
- verstärktes Auftreten auf anderen Teilmärkten
- Prestigesteigerung
- Verbesserung der Kundenzufriedenheit

- **Kontrolle**

LERNFELD 6

KAPITEL 15
Strategisches Marketing

Die Geschäftsleitung der Fairtext GmbH ist schon seit geraumer Zeit mit den erzielten Betriebsergebnissen unzufrieden. Frau Schröter und Herr Hahnenkamp möchten daher neue Wege der Planung gehen. Mit dem frühzeitigeren Blick in die Zukunft will man sich den in immer kürzeren Abständen auftretenden Veränderungen schneller anpassen, um dadurch überlebensfähig zu bleiben.

„Zukunftssicherung – strategisches Management" soll nach Aussage von Herrn Hahnenkamp stärker denn je in den Arbeitsmittelpunkt des Managements treten. Um die **Geschäfte der Zukunft absichern** zu können, müssen ausreichend Produkte bzw. Warengruppen so positioniert sein, dass sie einen **hohen Marktanteil** und **eine hohe Wachstumsrate** aufweisen. Die Produkte der Textilgroßhandlung Fairtext GmbH sollen daher „optimal gemischt" werden. Denn nur ein **ausgewogener Produktmix** ist Garant für den **langfristigen Erfolg** des Unternehmens. Eine der neuen Aufgaben der Abteilungsleiter besteht zukünftig deshalb darin, zu entscheiden, wie die begrenzten betrieblichen Mittel den Warengruppen zugewiesen werden können, damit sich die Textilgroßhandlung **erfolgreich weiterentwickeln** kann.

Die Geschäftsführung benötigt Entscheidungshilfen dafür, welche Produktgruppe bzw. welche Produkte besonders zu fördern sind, welche aus dem Markt zu nehmen sind oder welche ohne besondere Förderung auskommen.

Ein erster Schritt in diese Richtung ist die möglichst genaue Beurteilung der einzelnen Warengruppen bezüglich ihrer gegenwärtigen Marktstellung (Ist-Situation) und ihrer Entwicklungsmöglichkeiten (Soll-Zustand). Die Situation der zehn Warengruppen lässt sich nach umfangreichen Analysen wie folgt beschreiben:

• Schmuck • Herrenwäsche • Accessoires	Sie sind wenig Erfolg versprechend positioniert mit einem geringen relativen Marktanteil und einer niedrigen Wachstumsrate. Daher bringen sie weder Cashflow noch Deckungsbeiträge.
• Damenoberbekleidung • Damenwäsche • Haushaltswäsche	Die Wachstumsrate bei diesen Warengruppen hat sich verringert. Dennoch sind sie die tragenden Säulen der Textilgroßhandlung und haben einen hohen Marktanteil in stabilen oder zumindest nur noch gering wachsenden Märkten erreicht. Durch relativ geringe Kosten für Beschaffung und Werbung und stabilen Umsatz werfen sie hohe Einnahmen ab und können so dem Wachstum anderer Warengruppen dienen, wie z. B. Fashion sowie Sport- und Freizeitkleidung.
• Sport- und Freizeitkleidung • Fashion	Bei diesen beiden Warengruppen mit (noch) geringem Marktanteil und hohem Finanzierungsbedarf (Cash-Verwendung) gibt es fast keine Deckungsbeiträge oder Gewinne. Ihr Erfolg, der noch nicht feststeht, kann nur durch den Einsatz finanzieller Mittel erreicht werden.
• Sportartikel • Herrenbekleidung	Die Warengruppen der Sportartikel und Herrenbekleidung stellen den Wachstumsbereich der Fairtext GmbH dar: relativ hoher Marktanteil und hohe Wachstumsraten. Sie erwirtschaften hohe Gewinne, die aber zur Erhaltung des Marktanteils in einem stark wachsenden Markt reinvestiert werden müssen.

1. Untersuchen Sie mithilfe der Portfolio-Technik die Ausgewogenheit der Zusammensetzung der zehn Warengruppen. Stellen Sie Ihr Ergebnis in einer Vier-Felder-Matrix dar.
2. Machen Sie dem Management der Fairtext GmbH Strategievorschläge, um das möglicherweise unausgeglichene Portfolio zukunftssicher zu gestalten.

INFORMATIONEN

In den bisherigen Ausführungen dieses Lernfeldes wurden die marketingpolitischen Instrumente eher isoliert betrachtet. Es ist jedoch für jedes Großhandelsunternehmen äußerst wichtig, schon heute darüber zu entscheiden, was in der Zukunft geschehen soll, d. h. zu planen.

Mit dem Siegeszug des Marketings als kundenorientierte Unternehmensführung hat sich das strategische Marketing zu einem Kernbereich der strategischen Unternehmensplanung entwickelt.

Strategische Planung

Die strategische Planung der Unternehmensentwicklung soll dazu beitragen, dass sich das Unternehmen den sich immer schneller wandelnden Markt- und Umweltveränderungen frühzeitig anpasst und dadurch überlebensfähig bleibt.

Strategische Planung konzentriert sich daher auf die Analyse der Erfolgsquellen und die Entwicklung langfristig angelegter Konzepte zur **Zukunftssicherung des Unternehmens**. Im Allgemeinen erstreckt sich ihr Planungshorizont auf fünf bis zehn Jahre.

Dabei ist es notwendig, die strategische Ausgangsposition zu analysieren, mögliche Entwicklungen abzuschätzen, Ziele zu formulieren und Strategien zur Zielerreichung zu formulieren, bevor irgendwelche Maßnahmen gestartet werden.

Insofern wird die strategische Planung heute auch als Teil des Marketings, nämlich als **strategisches Marketing** bezeichnet.

> **DEFINITION**
>
> **Strategisches Marketing** ist die langfristige Planung der Marketingaktivitäten mit den Kernelementen Marktsegmentierung[1] (segmentation), Auswahl eines Zielmarktes (targeting) und Positionierung (positioning) – STP – mit dem Ziel, die Bedürfnisse der Kunden im angestrebten Zielmarkt zu befriedigen.

Das strategische Marketing zielt darauf ab, dauerhaft Wettbewerbsvorteile für das Großhandelsunternehmen sicherzustellen. Strategische Wettbewerbsvorteile liegen dann vor, wenn es einem Großhandelsunternehmen gelingt, seinen Kunden einen höheren Nutzen anzubieten, als dies die Konkurrenz kann.

Für die Formulierung einer umfassenden Wettbewerbsstrategie ist die exakte Kenntnis und strategische Deutung der folgenden drei Eckpunkte unverzichtbar:

- eigenes Unternehmen (Stärken und Schwächen)
- Kunden (Kundenprobleme; Bedarf und Nachfrage)
- Wettbewerber (Stärken und Schwächen)

Die Formulierung der Marketingstrategien ist Gegenstand des strategischen Marketings, die Umsetzung dieser Strategien gehört in den Bereich des operativen Marketings.

> Aus der strategischen Planung sollen Antworten auf die folgenden Fragen ersichtlich werden:
> - Wofür stehen wir? Was ist unsere Aufgabe?
> - Wer ist unser Zielkunde?
> - Was ist für unsere Kunden von Wert?
> - Woran glauben wir?
> - Was wird künftig unser Geschäft sein?
> - Was sollte unser Geschäft sein?
> - Wo wollen wir in x Jahren stehen? (Ziele; differenziert nach Inhalt, Ausmaß, Zeitraum)
> - Von welchen Randbedingungen müssen wir ausgehen? (Marktentwicklung, Konkurrenzverhalten usw.)
> - Wie müssen wir uns weiterentwickeln?
> - Wie können wir Existenz/Wachstum sichern?
> - Mit welchen Maßnahmen wollen wir die angestrebten Ziele erreichen?
> - Welche Prämissen bzw. Risiken sind in der Planung enthalten?
> - Welche Ressourcen stehen zur Verfügung?

Das Ziel ist es letztlich, dem Kunden ein im Vergleich zur Konkurrenz überlegenes Preis-Leistungs-Angebot anzubieten (unique selling proposition).

Marketingplanung ist gleichzeitig die Grundlage für die anderen betrieblichen Teilpläne, wie Beschaffungs-, Sortiments- und Finanzplan.

Die Aufgabenstellungen der Marketingplanung sind z. T. außerordentlich komplex. Es wurden daher Instrumente und Entscheidungshilfen entwickelt, die zur Bewältigung der anstehenden Probleme beitragen sollen.

---

[1] Ausführungen zur Marktsegmentierung sind nachzulesen im Kap. 6.1.

LERNFELD 6

Grundstruktur des strategischen Marketings[1]

Marktwahlstrategien:

Festlegung der Produkte (Sortiment), Dienstleistungen und Märkte bzw. Marktsegmente, auf denen das Unternehmen in Zukunft bzw. weiterhin tätig sein will

Grundlage ist die **strategische Situationsanalyse:**

- Umweltanalyse (gesamtwirtschaftliche und technologische Entwicklung; Absatzmärkte; Beschaffungsmärkte) ⎫
- Marktanalyse (Kunden, Lieferanten) ⎭ Chancen-/Risikenanalyse
- Unternehmensanalyse (eigenes Unternehmen) ⎫
- Konkurrenzanalyse (Wettbewerb) ⎭ Stärken-/Schwächenanalyse

Bestimmung der zu verfolgenden qualitativen und quantitativen (strategischen) Marketingziele, wie:

- Gewinnspanne erhöhen
- Marketingkosten senken
- neue Märkte erschließen
- Marktanteil vergrößern
- Produktinnovationen
- Image verbessern usw.

Marketingmix-Strategien:

Festlegung einer „Generallinie" für die Gestaltung des Marketingmix[2]:

- Produktpositionierung
- Preispositionierung und geplante Abfolge von Preisniveaus im Zeitablauf
- Kommunikationsgrundsätze
- Rahmengestaltung für die Distribution (Beschreibung der Absatzwege, der Außendienststruktur, des Logistiksystems)

Strategische Geschäftseinheiten als Grundlage für das strategische Marketing

Dem Management von Mehrproduktunternehmen wie der Textilgroßhandlung Fairtext GmbH stellt sich häufig das Problem, dass die einzelnen Produkte bzw. Produktgruppen unterschiedlich erfolgreich sind und differenzierte Strategien erfordern, um ihrer jeweiligen Marktposition gerecht zu werden.

Die einzelnen Geschäftsfelder des Großhandelsunternehmens bedingen daher im Allgemeinen auch unterschiedliche Anforderungen an deren finanzielle, materielle und personelle Ressourcen. Eine der wesentlichen Aufgaben des Managements besteht deshalb darin, zu entscheiden, wie die begrenzten Ressourcen den verschiedenen Geschäftsfeldern so zugewiesen werden können, dass sich das Unternehmen erfolgreich weiterentwickeln kann.

Eine klare Definition und Abgrenzung der Geschäftsfelder eines Großhandelsunternehmens ist eine wesentliche Grundvoraussetzung für die strategische Planung. Erfolgreiche Großhändler lösen diese Probleme, indem sie Unternehmen im Unternehmen, sogenannte strategische Geschäftseinheiten, bilden.

---

1 Der Prozess der strategischen Marketingplanung und -umsetzung schließt mit dem strategischen Marketing-Controlling ab (siehe Kap. 6.17).
2 Die inhaltliche Umsetzung der gewählten Marketingstrategien in marktgerichtete Maßnahmen mithilfe des absatzpolitischen Instrumentariums ist Aufgabe des operativen Marketings.

LERNFELD 6

> **DEFINITION**
>
> Unter einer **strategischen Geschäftseinheit (SGE)**[1] wird die Zusammenfassung von markt- bzw. kundenbezogenen Tätigkeitsfeldern des Großhandelsunternehmens verstanden.

Diese SGE zeichnen sich dadurch aus, dass sie
- voneinander weitgehend unabhängig sind,
- in der Regel in sich homogen, untereinander aber heterogen sind,
- eine eigenständige Marktaufgabe verfolgen,
- einen bestimmten Kreis von Konkurrenten haben,
- durch ein eigenes Management geleitet werden.

Eine SGE kann sein:
- ein Großhandelsunternehmen
- eine Produktgruppe
- ein einzelnes Produkt

Die SGE haben eine zweifache Aufgabenstellung:
- Sie müssen ihre gegenwärtige Marktstellung und ihre zukünftige Entwicklungsmöglichkeiten analysieren.
- Sie müssen adäquate Marketingstrategien zur Erreichung des gesetzten Planungszieles entwickeln.

Um nun aber ein Gesamtbild der Wettbewerbssituation aller SGE eines Unternehmens zu einem bestimmten Zeitpunkt zu erhalten, hilft die Portfolio-Analyse weiter.

Portfolio-Analyse[2]

Im Rahmen der strategischen Marketing-Planung muss für jedes einzelne Geschäftsfeld die jeweilige Ist-Situation analysiert werden. Für diesen Zweck stehen verschiedene Instrumente zur Verfügung, wie u. a.
- Gap-Analyse
- Produktlebenszyklus-Analyse
- Stärken-/Schwächenanalyse
- Portfolio-Methode

Zweck der Portfolio-Analyse ist die möglichst präzise Beurteilung der SGE hinsichtlich ihrer **gegenwärtigen Marktstellung** und ihrer **Entwicklungsmöglichkeiten**. Auf dieser Grundlage kann das Management entscheiden, welche SGE ausgebaut, welche erhalten und welche abgebaut werden sollen. Das wiederum beeinflusst das Ausmaß der Förderung, die den einzelnen SGE zuteilwerden soll.

> Portfolio-Management kennzeichnet demnach Methoden strategischer Unternehmensplanung mit dem Ziel, eine optimale Kombination alternativer strategischer Geschäftsfelder (= Produkt-Markt-Kombination) im Zeitablauf zu verwirklichen.

Im Rahmen dieses Kapitels soll auf die Marktanteils-Marktwachstums-Portfolio-Methode näher eingegangen werden.

Marktanteils-Marktwachstums-Portfolio[3]

Beim Marktanteils-Marktwachstums-Portfolio werden die SGE in eine **Vier-Felder-Matrix** eingeordnet und anhand der Erfolgsfaktoren
- **Marktanteil** und
- **künftiges Marktwachstum**

beurteilt (siehe grafische Darstellung unten). Im Allgemeinen verwendet man dabei den Marktanteil nicht als absolute Größe, sondern bildet einen Quotienten aus dem Marktanteil des Unternehmens und jenem des stärksten Konkurrenten (= **relativer Marktanteil**):

$$\text{relativer Marktanteil} = \frac{\text{Marktanteil des Unternehmens}}{\text{Marktanteil des Marktführers}} \cdot 100$$

Je größer der relative Marktanteil ist, desto günstiger kann das Unternehmen seine Produkte anbieten, da mit steigendem Marktanteil die Stückkosten sinken. Ein hoher relativer Marktanteil ist ein Indiz für eine gute Wettbewerbsposition und steigende Ertragskraft. Ein Unternehmen, das Marktanteile dazugewinnt, erhöht dabei nicht nur seine Möglichkeiten zur Kostensenkung, sondern nimmt darüber hinaus seinen Mitanbietern Marktanteile, sodass sich deren Kosten- und Gewinnsituation verschlechtert.

Als Ergebnis erhält man eine Matrix, deren vier strategische Geschäftsfelder wie in der folgenden Abbildung bezeichnet werden:

---

[1] Man spricht auch von strategischen Geschäftsfeldern.
[2] Ein Portfolio ist ursprünglich der Wertpapierbestand einer Person bzw. eines Unternehmens. Es sollte so zusammengesetzt sein, dass ein optimaler Gesamtertrag erzielt wird.
[3] Das Marktanteils-Marktwachstums-Portfolio wurde von dem amerikanischen Beratungsunternehmen Boston Consulting Group entwickelt.

LERNFELD 6

- Hohes Marktwachstum/niedriger Marktanteil (Nachwuchs; Question marks)
- Hohes Marktwachstum/hoher Marktanteil (Sterne; Stars)
- Niedriges Marktwachstum/hoher Marktanteil (Milchkühe; Cash cows)
- Niedriges Marktwachstum/niedriger Marktanteil (arme Hunde; Poor dogs)

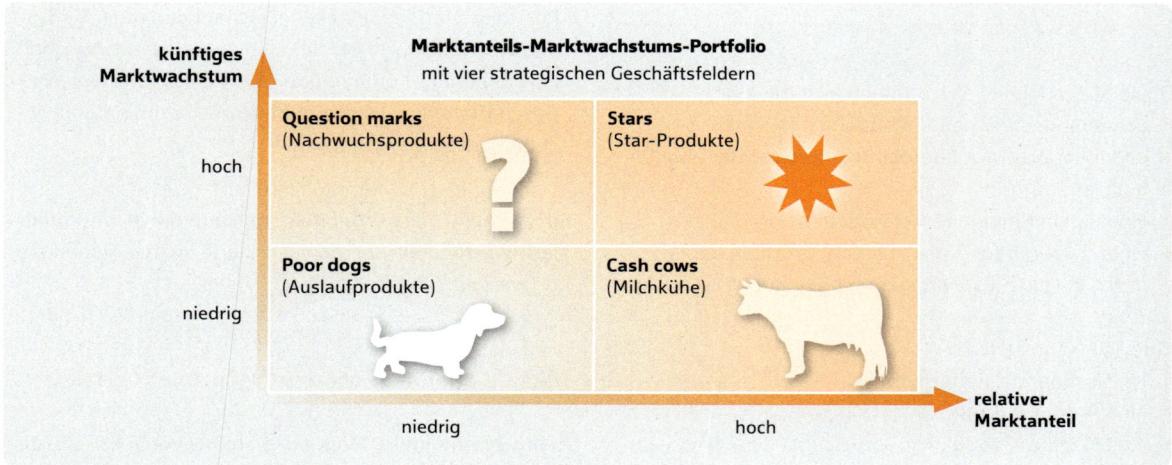

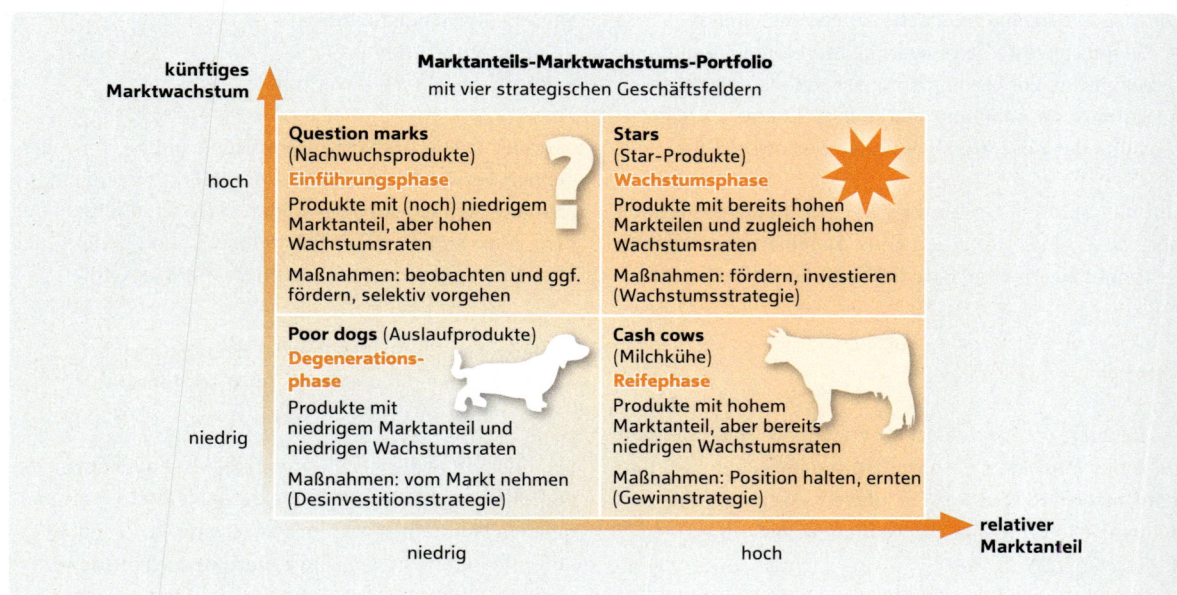

1. Aussagekraft der vier Felder

- **Question marks (Nachwuchs):** In dieser Kategorie sind Warengruppen (SGE) zu finden, die sich durch einen relativ niedrigen Marktanteil auszeichnen, aber hohe Wachstumsraten erzielen. Sie befinden sich in der **Einführungsphase** bzw. frühen Wachstumsphase des Marktlebenszyklus. Sie erfordern gegenwärtig hohe finanzielle Mittel, sodass der Cashflow deutlich negativ ist („Problemkinder").

  Maßnahmen: Nachwuchsprodukte sollten genau analysiert werden: Entweder wird versucht, den Marktanteil deutlich zu steigern (Offensivstrategie) – falls dies gegenüber Konkurrenten aussichtsreich erscheint –, oder die Warengruppen (SGE) werden vom Markt genommen – falls die Gefahr besteht, dass sie vom Markt nicht akzeptiert werden. Diese Entscheidung ist im Einzelfall genau zu untersuchen.[1]

- **Stars (Sterne):** Die Sterne haben einen relativ hohen Marktanteil und eine hohe Wachstumsrate. Diese Wa-

---

[1] Derartige Maßnahmen werden in der Fachliteratur als **Normstrategien** bezeichnet.

rengruppen (SGE) weisen ein überdurchschnittliches Wachstum auf, benötigen aber gegenwärtig hohe finanzielle Mittel, die sie allerdings selbst erwirtschaften. Der Cashflow ist daher meistens null (Haupterfolgsträger). Bei den Stars sind SGE zu finden, die das Potenzial für eine dominierende Marktposition haben, bis sie in ihrem Lebenszyklus zur Marktreife kommen. Die Stars sind demnach die **wichtigsten Produkte im Hinblick auf die Zukunft.**
Maßnahmen: Das Management sollte für diese Produktgruppen den Marktanteil leicht ausbauen bzw. halten (Wachstumsstrategie).

- **Cash cows (Milchkühe):** Die Cash-cows-Position zeigt Warengruppen, die einen relativ hohen Marktanteil errungen haben, aber nur noch eine niedrige Wachstumsrate aufweisen. Sie befinden sich im Übergang von der Wachstums- in die Reifephase mit starker Marktstellung. Produktgruppen der Cash cows befinden sich daher in kaum noch wachsenden, bereits stagnierenden oder schrumpfenden Märkten.
Maßnahmen: Da die Cash cows aber gegenwärtig noch einen hohen Cashflow erwirtschaften, empfiehlt es sich, den Marktanteil zu halten bzw. leicht zu senken (Gewinnstrategie). Mit den von ihnen erwirtschafteten Mittelüberschüssen kann das Wachstum anderer SGE finanziert werden.

- **Poor dogs (Arme Hunde):** Arme Hunde („Problemkinder") sind Warengruppen (SGE), die nur einen niedrigen relativen Marktanteil erreicht haben und auch nur eine niedrige Wachstumsrate aufweisen. Sie sind schon länger auf dem Markt und befinden sich daher in der Rückgangs- und/oder Degenerationsphase. Für das Unternehmen sind sie weniger interessant, da sie kein großes Marktpotenzial mehr haben und auch keinen besonderen strategischen Wettbewerbsvorteil besitzen. Diese Produktgruppen haben eine nachrangige Position am Markt, der stagniert oder bereits schrumpft.
Maßnahmen: Aufgrund der schlechten Zukunftsaussichten empfiehlt sich eine Rückzugsstrategie (Aufgabe).

Die Verteilung einzelner Geschäftseinheiten auf die vier strategischen Geschäftsfelder macht deutlich, ob das Sortiment des Großhandelsunternehmens ausgewogen ist oder nicht.

2. Zukunftsstrategie

Das Management muss dafür sorgen, dass laufend neue Produkte entwickelt werden, die als erfolgreicher Nachwuchs am Markt eingeführt werden können. Um das Zukunftsgeschäft abzusichern, müssen ausreichend Sterne am Markt positioniert werden. Auch sollten viele Cash cows am Markt vertreten sein, denn sie erwirtschaften den Cashflow, der für den Nachwuchs und die Sterne erforderlich ist. Die Produkte der Kategorie „arme Hunde" schließlich sind möglichst rasch vom Markt zu nehmen, denn sie belasten das Unternehmen nur und erbringen keinen positiven Cashflow mehr.

Wenn die strategischen Geschäftsfelder unausgewogen erscheinen, müssen besondere Anstrengungen unternommen werden, um wieder zu einem Gleichgewicht zu kommen. Dafür müssen neue Strategien entwickelt und durchgeführt werden.

Nach der Einführung eines neuen Produkts sollten alle strategischen Geschäftsfelder von diesem Produkt durchlaufen werden. Nach einem Start muss sich also das Nachwuchsprodukt zu einem Stern, dann zu einer Milchkuh entwickeln, bevor es schließlich als armer Hund aus dem Markt ausscheidet (die Größe der Kreisfläche entspricht dem Umsatzbeitrag der SGE).

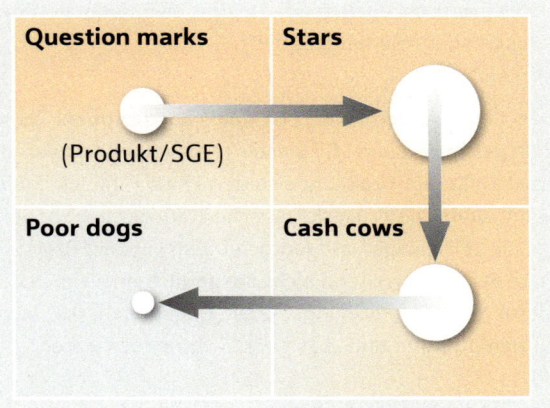

Es gibt auch Produkte, die nicht diesem idealen Weg folgen. Viele Flops erreichen erst gar nicht den Star-Bereich. Ein nachgeahmtes Produkt dagegen überspringt möglicherweise den Bereich der Question marks.

3. Darstellung der Planung in einem Portfolio

Wenn die Portfolio-Analyse durchgeführt wurde, sollten die Strategien für das weitere Vorgehen festgelegt werden.

Da grafische Darstellungen erfahrungsgemäß besser verstanden werden, ist es sinnvoll, neben dem **Ist-Portfolio** auch ein **Plan-Portfolio** zu erstellen.

Dabei kann sowohl der Ist- als auch der Soll-Zustand sichtbar gemacht werden. Es sollte insbesondere klar werden, welche Produktgruppen in Zukunft aus dem Programm genommen werden müssen und wie die strategische Stoßrichtung für alle anderen Produktgruppen auszusehen hat.

Wenn die Portfolio-Analyse in regelmäßigen Abständen durchgeführt wird, kann ermittelt werden, inwiefern sich positive oder negative Verschiebungen in den einzelnen Geschäftsfeldern ergeben. Zur Präsentation bietet sich dafür besonders die grafische Darstellung des Ist-Plan-Portfolios an. Dabei wird die unterschiedliche Bedeutung der SGE, gemessen beispielsweise am Umsatz, durch verschieden große Kreise symbolisiert. So wird die Zusammensetzung des Portfolios sichtbar, wodurch auftretende Unausgewogenheit sofort erkannt werden kann.

> **Aufgabe** des strategischen Marketings ist es, ein ausgewogenes Portfolio zu gestalten, das sowohl in der Gegenwart als auch in der Zukunft eine optimale Unternehmensstruktur garantiert.

Das Gesamtunternehmen ist dann **ausgewogen,** wenn es in jedem Stadium SGE platziert hat. Vereinfacht dargestellt sollte ein Großhandelsunternehmen immer genügend „Stars" und „aussichtsreiche Fragezeichen" haben, die die „Milchkühe" von morgen darstellen. Ein Portfolio wäre dementsprechend **nicht ausgeglichen**, wenn in der Matrix zu viele „Poor dogs" oder „Question marks" bzw. zu wenig „Stars" und „Cash cows" vorhanden wären.

Die Produkte sollten in den einzelnen Bereichen also gleichmäßig vertreten sein. Ein Unternehmen ohne Nachwuchsprodukte hat sicher kaum Chancen auf dem zukünftigen Markt.

Das „Vier-Felder-Portfolio" kann natürlich auch auf Produkte bzw. Produktlinien angewandt werden.

Das **Ist-Plan-Portfolio** veranschaulicht Stoßrichtungen. (Die Durchmesser der jeweiligen Kreise spiegeln die Umsatzvolumen der Segmente zueinander wider.)

Die **Portfolio-Analyse** ist eine Methode, um insbesondere die **strategische Unternehmensplanung** zu verbessern, da diese Technik eine Analyse des gesamten Unternehmens auf längere Sicht erlaubt. Aufgrund der Ergebnisse der Portfoliotechnik können Unternehmensleitung und Führungskräfte präzisere Entscheidungen über die **zukünftigen Aktivitäten** des Unternehmens treffen.

Das Management eines Großhandelsunternehmens kann auf der Basis der Vier-Felder-Matrix zu folgenden Erkenntnissen kommen:
- Es lässt sich die strategische Situation der Geschäftseinheiten erkennen und analysieren.
- Es können Schlussfolgerungen über den Finanzbedarf und Cashflow der SGE abgeleitet werden.
- Auf der Basis der Positionierung können Normstrategien für die Formulierung strategischer Maßnahmen herangezogen werden.

Auf der Grundlage dieser geschäftseinheitbezogenen Basisstrategien sind in einem nächsten Schritt die konkreten Marketingstrategien zur Sicherung, zum Ausbau oder zur Desinvestition in strategische Geschäftseinheiten zu entwickeln und umzusetzen.

LERNFELD 6

Strategie-elemente	Marketingstrategien dargestellt auf der Grundlage des Portfolio-Gedankens und erweitert um weitere absatzpolitische Instrumente			
	Portfolio-Kategorien			
	„Nachwuchs"	„Stars"	„Cash-Kühe"	„Problemkinder"
	relevante Marketingstrategien			
	Offensiv-strategien	Investitions-strategien	Abschöpfungs-strategien	Desinvestitions-strategien
1. Programm-politik	Produktspezialisierung	Sortiment ausbauen, diversifizieren	Imitation	Programmbegrenzung (keine neuen Produkte, aufgeben ganzer Linien)
2. Abnehmer-märkte und Marktanteile	gezielt vergrößern	gewinnen, Basis verbreitern: • neue Regionen • neue Anwendungen	Position verteidigen, Konkurrenzabwehr	aufgeben zugunsten von Erträgen: • Kundenselektion • regionaler Rückzug
3. Preispolitik	tendenzielle Niedrigpreise	Anstreben von Preisführerschaft	Preisstabilisierung	tendenzielle Hochpreispolitik
4. Vertriebspolitik (Werbung und Absatzkanäle)	stark forcieren	aktiver Einsatz von: • Werbemitteln • Zweitmarken	gezielte Produktwerbung, Verbesserung des Kundendienstes	zurückgehender Einsatz des vertriebspolitischen Instrumentariums
5. Risiko	akzeptieren	akzeptieren	begrenzen	vermeiden
6. Investitionen	hoch, Erweiterungs-investitionen	vertretbares Maximum, Reinvestitionen	beschränkte Ersatzinvestitionen	Minimum bzw. Stilllegen

Portfolio-Analyse

+
- anschauliche Darstellung
- gute Übersichtlichkeit
- einfach zu handhaben
- Verdichtung strategischer Daten
- lässt Chancen und Risiken offen erkennen
- verhilft der Unternehmensleitung, zukunfts- und strategieorientiert zu denken
- steigert die Planungsqualität
- verbessert die Kommunikation zwischen der Unternehmensleitung und den einzelnen strategischen Geschäftseinheiten (SGE)
- hilft, die schwachen SGE zu eliminieren und die vielversprechenden durch gezielte Investitionen zu fördern

−
- Erhebung der Daten teilweise aufwendig
- subjektiver Hintergrund der Bewertung wird verdeckt
- Es ist „nur" ein Hilfsmittel.
- Die Unternehmensleitung konzentriert sich zu stark auf die Wachstumsmärkte und vernachlässigt dabei andere Geschäftseinheiten.
- Die synergetischen[1] Verflechtungen zwischen den einzelnen SGE bleiben unberücksichtigt.

---
1 Synergie: Effekt, der dadurch entsteht, dass Faktoren sich gegenseitig fördern

LERNFELD 6

AUFGABEN

1. Die Portfolio-Matrix unterscheidet z. B. bei den Produkten/Produktgruppen zwischen Fragezeichen, Sternen, Milchkühen und armen Hunden.
   a) Begründen Sie, bei welchen dieser Produkte wahrscheinlich eine Notwendigkeit für Produktvariationen besteht.
   b) In welchen Phasen des Produktlebenszyklus befinden sich diese Produkte?
   c) Geben Sie am Beispiel eines Pkw an, worin eine Produktvariation bestehen könnte.

2. Entscheiden Sie, welches der beiden abgebildeten Portfolios ein gutes bzw. welches ein schlechtes darstellt.

Portfolio 1
Marktwachstum

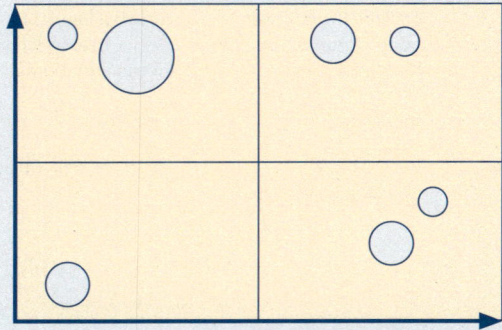

relativer Marktanteil

Portfolio 2
Marktwachstum

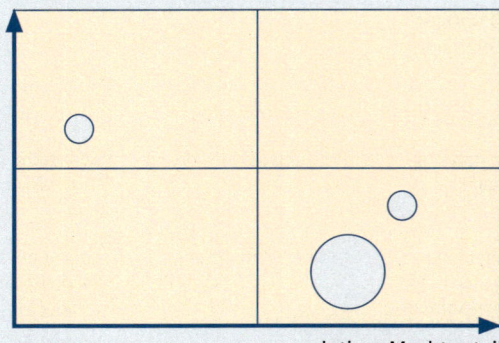

relativer Marktanteil

3. Was verstehen Sie unter Planung im Marketing?
4. Welcher Zusammenhang besteht zwischen Marketingzielen und Planung?
5. Was ist eine Situationsanalyse?
6. Erklären Sie den Grundgedanken der Vier-Felder-Portfolio-Matrix.
7. Was verstehen Sie unter „Sternen", „Milchkühen", „armen Hunden" und „Fragezeichen" im Zusammenhang mit der Portfolio-Analyse?
8. Welche Normstrategien gelten für die einzelnen Quadranten?
9. Was enthält ein strategischer Marketingplan?
10. Wann ist ein Portfolio ausgeglichen?
11. Beschreiben Sie den idealtypischen Lebensweg in einer Vier-Felder-Matrix.

AKTIONEN

1. Sie sollen ein zweiseitiges Referat über das Thema „Portfolio-Analyse" halten.
   a) Zur Informationsbeschaffung nutzen Sie bitte das vorliegende Lehrbuch, das Internet sowie Ihre Schulbibliothek.
   b) Erstellen Sie eine Gliederung und formulieren Sie das Referat.
   c) Überlegen Sie sich, welche Möglichkeiten der Visualisierung Sie nutzen werden.
   d) Seien Sie darauf vorbereitet, Ihr Referat vorzutragen.

2. Die Marktanalyse für die vier wichtigsten Produkte einer Großhandlung ergab folgende Daten (Angaben in €):

Produkte	Umsatz Jahr 1	Branchenumsatz Jahr 1
A	330.000,00	4.950.000,00
B	121.000,00	286.000,00
C	33.000,00	231.000,00
D	132.000,00	2.640.000,00

Produkte	Umsatz Jahr 2	Branchenumsatz Jahr 2
A	363.000,00	5.280.000,00
B	126.500,00	308.000,00
C	39.600,00	99.000,00
D	184.800,00	5.940.000,00

a) Wie hoch sind der relative Marktanteil und das Marktwachstum im Jahr 2 für alle Produkte?

b) Tragen Sie die berechneten Daten in eine Portfolio-Matrix ein. Benutzen Sie dafür das Tabellenkalkulationsprogramm Excel. Die Grenze zwischen Quadrant 1 (Poor dogs) und Quadrant 2 (Cash cows) auf der x-Achse liegt bei 20 %. Die Grenze zwischen Quadrant 1 (Poor dogs) und Quadrant 3 (Question marks) auf der y-Achse liegt bei 10 %.

c) Stellen Sie fest, ob sich das Portfolio der Großhandlung als optimal darstellt.

3. Produktlebenszyklus und Portfolio-Analyse sind Analyseinstrumente zur Einschätzung von Produkten. Bilden Sie zwei Arbeitsgruppen.
   a) Die erste Gruppe erarbeitet Gemeinsamkeiten der Analyseinstrumente.
   b) Die zweite Gruppe stellt die Unterschiede zwischen den Analyseinstrumenten heraus.
   c) Der Gruppensprecher sollte abschließend das Ergebnis adäquat präsentieren.

4. Die wirtschaftliche Situation der Textilgroßhandlung Fairtext GmbH ist seit einigen Monaten äußerst angespannt. Die Geschäftsführung vermutet, dass die Probleme vordergründig damit zu tun haben, dass der Umsatz in bestimmten Unternehmenssegmenten zurückgeht.

   Daraufhin lässt Frau Strobel vom Rechnungswesen die wirtschaftliche Situation der vermuteten SGE
   (3) Sport- und Freizeitbekleidung
   (4) Damenoberbekleidung
   (5) Herrenoberbekleidung
   (2) Fashion und
   (1) Accessoires
   übersichtlich in einer Marktanteils-Marktwachstums-Portfoliomatrix darstellen.

   Marktwachstum

   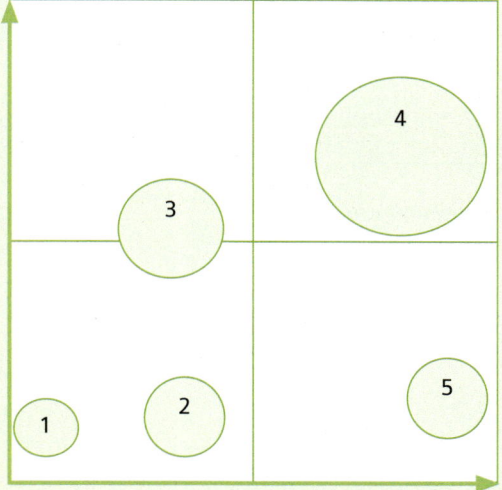

   relativer Marktanteil

   a) Beurteilen Sie die wirtschaftliche Situation hinsichtlich der einzelnen SGE bei der Spindler KG.
   b) Erarbeiten Sie mögliche Strategien, um die vorhandene wirtschaftliche Situation, die das Portfolio darstellt, zu verbessern.
   c) Stellen Sie ein neues Portfolio als mögliches Zukunftsszenario dar. Das Portfolio sollte Ihre angestrebten Ziele bezüglich der Verbesserung der wirtschaftlichen Situation bei der Fairtext GmbH widerspiegeln.
   d) Benutzen Sie für die Erarbeitung und Ergebnissicherung entweder Excel oder Word.
   e) Stellen Sie Ihr Ergebnis mithilfe einer Folie dem Plenum vor. Beachten Sie die „Hinweise zur Gestaltung von Folien und zur Arbeit mit dem Overheadprojektor."

LERNFELD 6

ZUSAMMENFASSUNG

Die Portfolio-Analyse

- ergänzt die Theorie der Lebenszyklen der Produkte;
- gibt der Unternehmensleitung Entscheidungshilfen dafür, welches Produkt bzw. welche Produkte
  - besonders zu fördern sind,
  - ohne besondere Förderung weiter „laufen" sollen,
  - aus dem Markt zu nehmen sind;
- macht produktprogrammpolitische Maßnahmen langfristig planbar;
- strebt einen Ausgleich zwischen Investierung und Finanzierung an: Alte, etablierte SGE müssen die neuen finanzieren, bis diese kräftig genug sind.

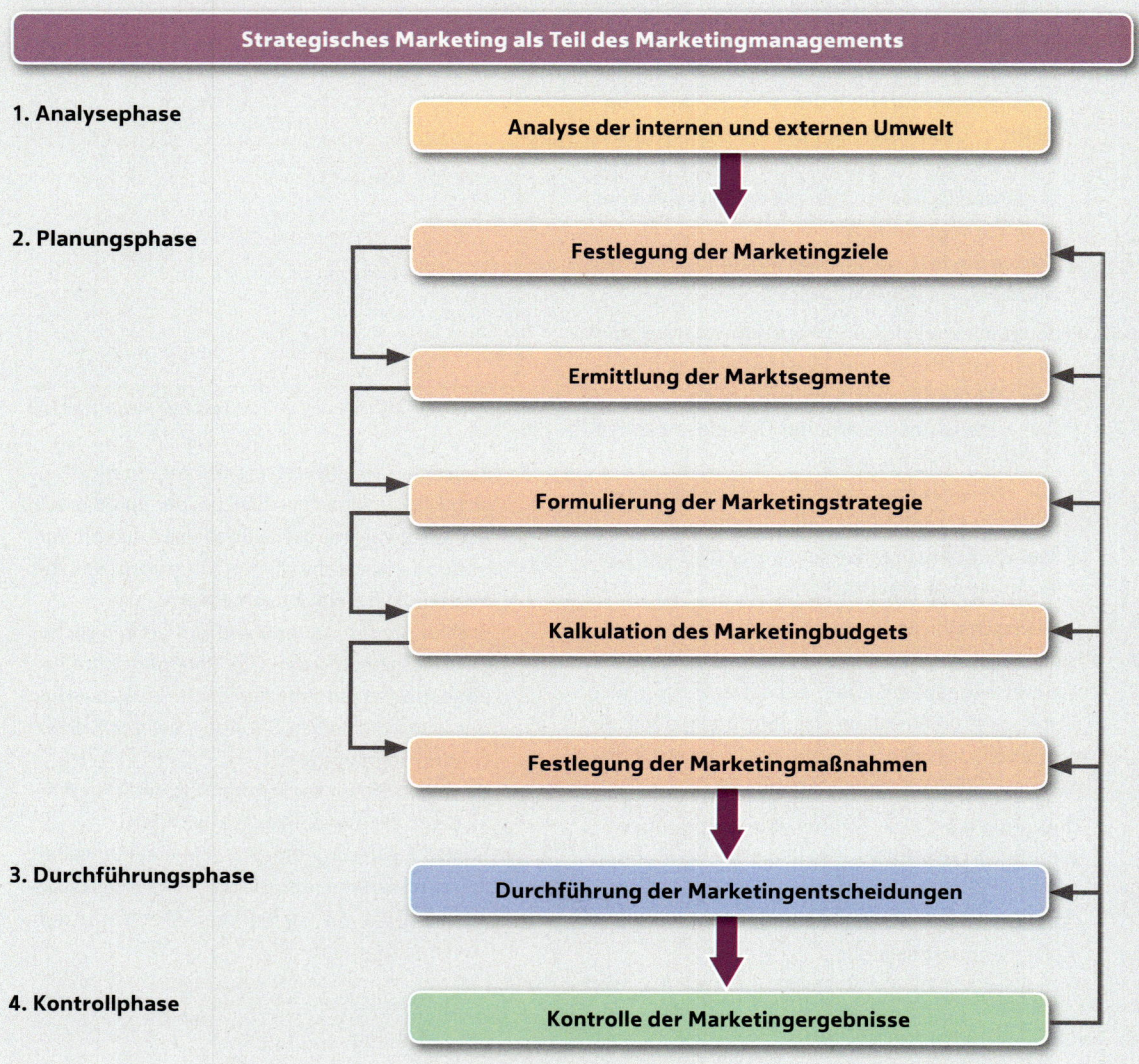

Strategien für Portfolio-Kategorien

- neue Produkte (Fragezeichen) für den Nachwuchs entwickeln
- für das Zukunftsgeschäft Sterne am Markt positionieren
- Milchkühe sollten ausreichend vertreten sein, um den Cashflow zu sichern.
- Arme Hunde rasch vom Markt nehmen

Portfolio-Kategorien und ihre strategischen Elemente

	Question marks	Stars	Cash cows	Poor dogs
Zielvorstellung (Normstrategie)	Marktanteil deutlich steigern (falls gegenüber Konkurrenten aussichtsreich) oder Marktanteil senken bzw. Verkauf, falls aussichtslose Marktsituation	halten bzw. leichter Ausbau des Marktanteils (Wachstumsstrategie)	halten bzw. leichter Abbau des Marktanteils (Gewinnstrategie)	Marktanteil stark senken bzw. Verkauf (Desinvestitionsstrategie)
Investitionsaufwand	Hoch: Erweiterungsinvestition oder Verkauf	Hoch: Reinvestition des Netto-Cashflows	Gering: ausschließlich Rationalisierungs- und Ersatzinvestitionen	Minimal: Verkauf von Anlagen bei Gelegenheit; möglicherweise Stilllegung
Verhalten gegenüber dem Risiko	akzeptieren	akzeptieren	einschränken	stark reduzieren

Position	Einschätzung und Maßnahmen
Marktwachstum hoch/Marktanteil hoch	Markt der Zukunft; Position halten
Marktwachstum hoch/Marktanteil niedrig	Unsicherheitsmarkt; Position ausweiten
Marktwachstum niedrig/Marktanteil hoch	gegenwärtige hohe Bedeutung; für die Zukunft planen und u. a. neue Produkte entwickeln
Marktwachstum niedrig/Marktanteil niedrig	Markt mit geringer Bedeutung; Überlegung anstellen, ob dieser Markt überhaupt bearbeitet werden soll

LERNFELD 6

KAPITEL 16
Einsatz von EDV-Programmen zum Marketing-Controlling

In einer benachbarten Großhandlung für Elektronikartikel lässt sich Herr Raub ein EDV-Programm zum Absatz-Controlling vorführen.

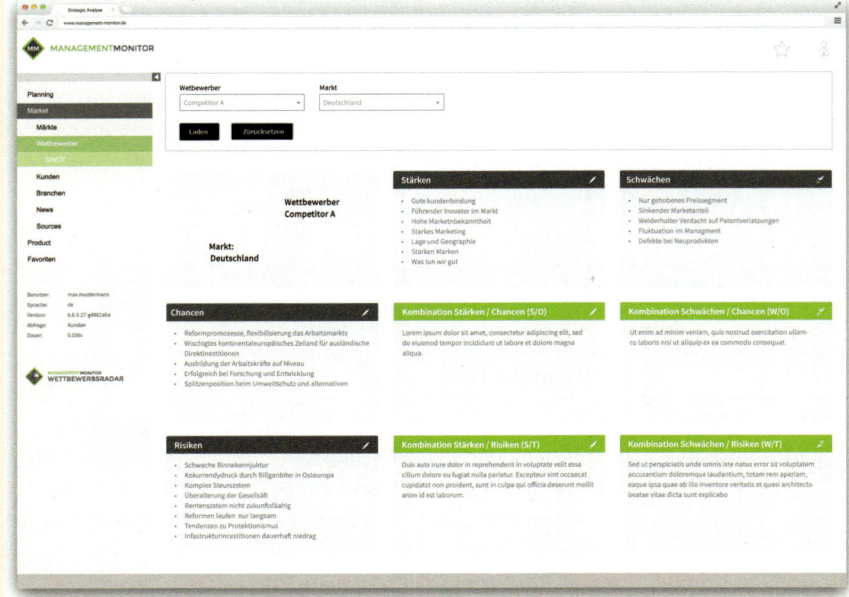

Führen Sie Vorteile auf, die der Einsatz der EDV bei der Kundenbetreuung hat.

INFORMATIONEN

Software für das Marketing-Controlling

Die am häufigsten im Marketing-Controlling verwendeten Softwareprogramme sind zunächst einmal Standard-Tabellenkalkulationsprogramme bzw. Standard-Datenbankanwendungen. Mittlerweile kommen mit Management-Informationssystemen verbundene Daten oder spezielle Marketing-Controlling-Software immer häufiger zum Einsatz. Solche Softwarepakete lassen sich auf die individuellen Anforderungen der Zielgruppen zuschneiden und relativ einfach implementieren und pflegen. Marketingrelevante Informationen aus verschiedenen Quellen können so zusammenfassend auf einer komfortablen Oberfläche abgebildet werden, um Geschäftsprozesse zu überwachen und zu interpretieren.

Viele Großhandlungen nutzen bewusst Softwarepakete für komplexe softwaregestützte Mess-, Analyse- und Reporting-Systeme im Marketing-Controlling. Mit solchen Programmen werden alle strategischen und operativen Planungsprozesse im Marketing begleitet:

- Solche Software stellt alle im Rahmen einer Planung und Kontrolle notwendigen Informationen in der erforderlichen Genauigkeit und Verdichtung am richtigen Ort und zum richtigen Zeitpunkt bereit.
- Die Software dient auch der Überwachung von Abläufen und Ergebnissen im Bereich des Marketings.

Leistungsumfang von Programmen für das Marketing-Controlling

Es gibt viele Programme für das Marketing-Controlling. Sie unterscheiden sich oft im Hinblick auf ihren Leistungsumfang. Bestimmte Module lassen sich jedoch in fast allen Softwarepaketen finden.

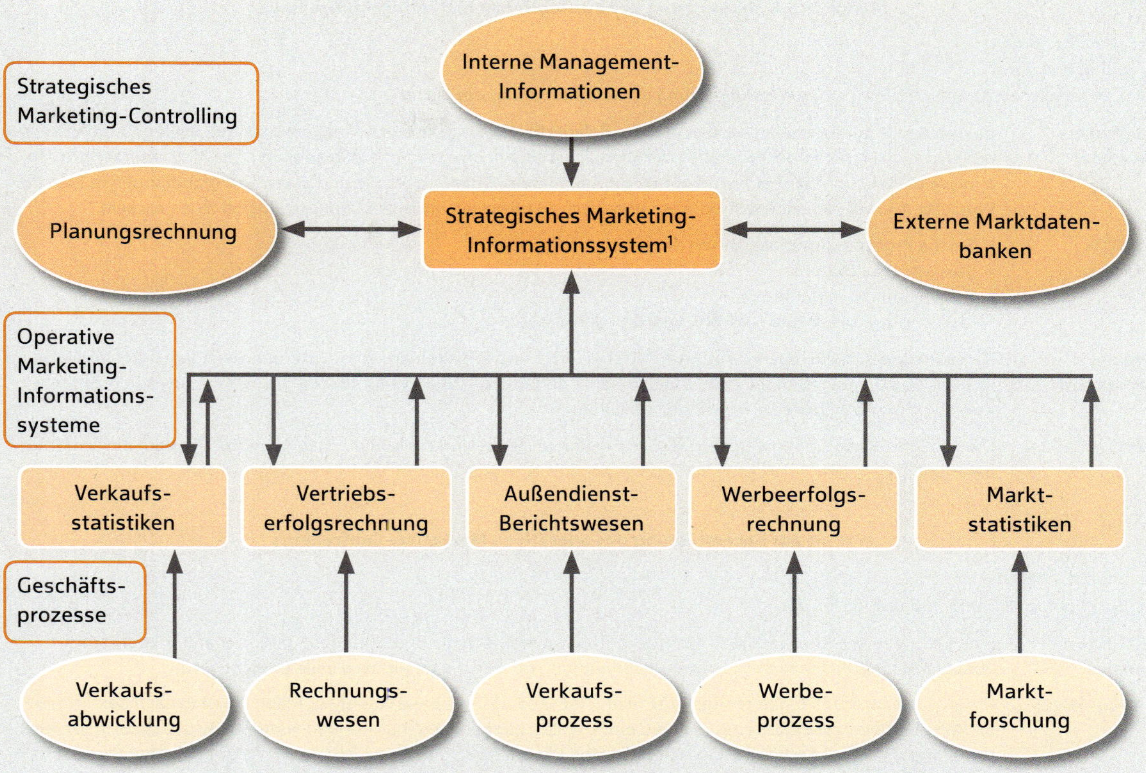

LERNFELD 6

Quelle: Witt, Frank-Jürgen: Controller: Controlling, Tl. 1, Ganzheitliches Controlling. 2. Auflage. München: C.H. Beck 2000, S. 166.

Quelle: Köhler, Richard: Marketingcontrolling: Konzepte und Methoden. S. 41. In: Reinecke, Sven, Tomczak, Thorsten: Handbuch Marketingcontrolling. Effektivität und Effizienz einer marktorientierten Unternehmensführung. Wiesbaden: Gabler 2006.

Programme für das Marketing-Controlling stellen unterschiedliche Arten von Informationen zur Verfügung.

---

1 Siehe Kap. 6.1.5.

LERNFELD 6

Module zur Unterstützung des strategischen Marketing-Controllings	
• „Weiche Fakten" • Langfristigkeit • z. B. Kundenzufriedenheit, Image oder Positionierung der Großhandlung am Markt	
Portfolio-Analyse	Bei solchen Programmteilen werden mithilfe definierter Planungskriterien Matrizen gebildet, die die Untersuchungsgegenstände (in der Regel Produkte oder Dienstleistungen) beurteilungsfähig abbilden. Die Matrix einer Portfolioanalyse besteht aus **vier Feldern: Poor Dogs, Cash Cows, Question Marks** und **Stars**. Großhandlungen nutzen die Portfolio-Analyse, um eigene Produkte strategisch zu bewerten und Investitionsstrategien zu entwickeln.
SWOT-Analyse	• Solche Programmmodule dienen dazu, • Stärken auszubauen, • Schwächen zu minimieren, • Chancen zu nutzen und Bedrohungen zu identifizieren.
Balanced Scorecard	Diese Programmteile machen die strategischen Ziele und Kennzahlen eines Unternehmens auf einfache Weise sichtbar: Gezeigt werden die Leistungen einer Großhandlung aus vier unterschiedlichen Perspektiven: Finanzen, Kunden, Prozesse sowie Lernen und Entwicklung.
Benchmarking	Die Großhandlung zieht einen Vergleich mit einem anderen Unternehmen – insbesondere mit dem besten Unternehmen.

Module zur Unterstützung des operativen Marketing-Controllings	
• „harte" Fakten • kurzfristige Planung und Durchführung	
Break-even-Analyse	Eine Software mit einem solchen Modul ermittelt rechnerisch die Bedingungen, unter denen für bestimmte absatzwirtschaftliche Aktivitäten der Großhandlung gerade die Gewinnschwelle erreicht wird.
ABC-Analyse	Programme im Bereich Marketing-Controlling, die eine ABC-Analyse vorsehen, teilen Objekte nach bestimmten Schwerpunkten in die Klassen A, B und C ein. Objekte können nicht nur Kunden, sondern auch Artikel im Bereich des Verkaufs sein. Anschließend werden die Objekte entsprechend ihres Beitrags zum Unternehmenserfolg behandelt: Ziel der ABC-Analyse ist es, z. B. für den Unternehmenserfolg wichtige Kunden von unwichtigen Kunden zu trennen.
Soll-Ist-Vergleiche	Standard in Marketing-Controlling-Programmen ist es, Plan- oder Sollwerte aus dem Absatzbereich mit den tatsächlich realisierten Istwerten zu vergleichen. Häufig findet beispielsweise ein Ist- und Sollkostenvergleich statt, um die Wirtschaftlichkeit eines Bereichs zu überprüfen.
Kontrolle durch KPIs (Key Performance Indicators)	Kern eines jeden Programms für das Marketing-Controlling ist die Gewinnung von Key Performance Indicators (KPIs). Dies sind Kennzahlen, die einen erfolgsrelevanten Zusammenhang zwischen Aktivitäten der Großhandlung und einem gewünschten Ergebnis abbilden. Mithilfe solcher KPIs können Ziele vorgegeben und Maßnahmen zur Zielerreichung geplant und gesteuert werden.

Kontrolle und Optimierung durch „Marketing-Audits"

Aufbauend auf dem Marketing-Controlling versucht man im **Marketing-Audit** ein **zukunftsorientiertes Controlling** des Marketings durchzuführen.

> **DEFINITION**
>
> Beim **Marketing-Audit** handelt es sich um eine zukunftsorientierte Überwachung, damit die marktbezogenen Strategien und Führungsmaßnahmen rechtzeitig und umfassend an die Marktveränderungen angepasst werden.

Marketing-Controlling soll helfen, Fragen zu beantworten, wie:
- Sind wir so gut, wie wir sein könnten?
- Sind die gewählten Märkte unserem Unternehmensziel angemessen?
- Konzentrieren wir uns auf unsere Stärken?
- Haben wir die richtigen Strukturen in der Marketing-Organisation?
- Sind die Instrumente unseres Marketingmix aufeinander abgestimmt?

Daraus leiten sich die einzelnen Aufgaben eines Marketing-Audits ab.

AUFGABEN

1. Was verstehen Sie unter „Absatz-Controlling"?
2. Unterscheiden Sie zwischen operativem und strategischem Controlling.
3. Auch SWOT-Analysen werden in Softwarepaketen für das Marketingcontrolling ermöglicht. Erläutern Sie kurz dieses Instrument des Absatzcontrollings.

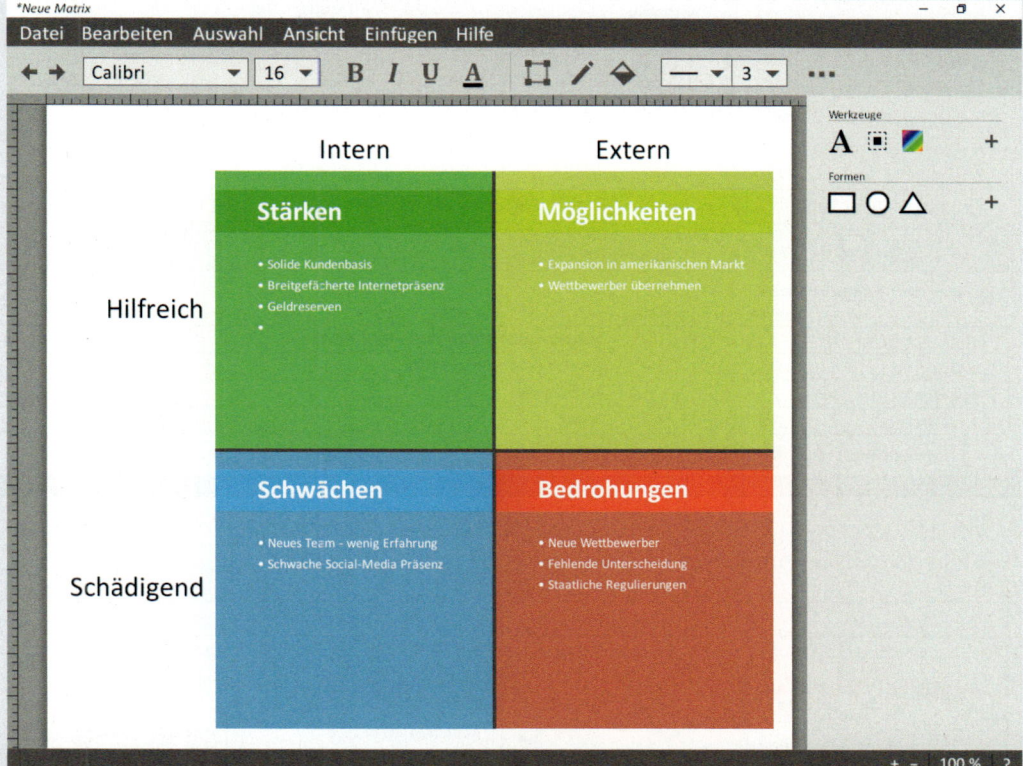

4. Anne Schulte arbeitet gerade mit einem Tabellenkalkulationsprogramm. Für welches Instrument des Marketingcontrollings hat sie eine Tabelle erstellt?

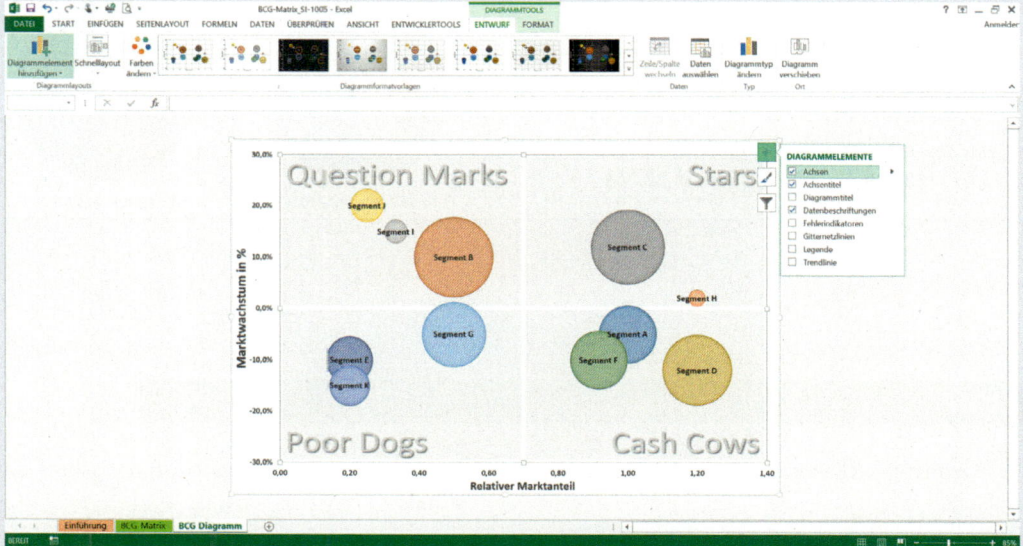

LERNFELD 6

5. Welches Marketinginstrument liegt vor?"

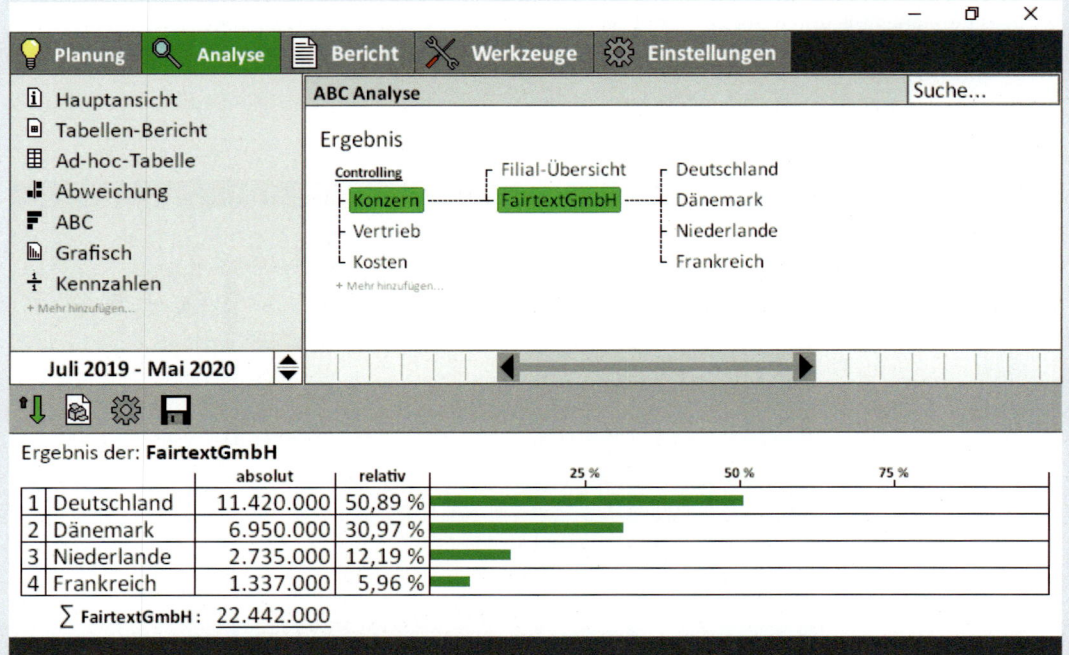

6. Sebastian Holpert analysiert die Wirkung des Webshops der Fairtext GmbH. Welches Instrument in Marketingcontrolling-Programmen wendet er an?

AKTION

Stellen Sie fest, welches Instrument des Marketingcontrollings
a) das Programmsystem in Ihrer Ausbildungsfirma,
b) das Warenwirtschaftssystem Ihrer Schule unterstützt.

ZUSAMMENFASSUNG

Marketing-Controlling

operative Aufgaben

- Marketing-Planung
- Marketing-Kontrolle (Soll-Ist-Vergleich)
- Verkaufswirksamkeit
- Kundenzufriedenheit
- Wirksamkeit von PR-Maßnahmen
- Effizienz der Distributionsorganisation
- Bindung von Kunden

Instrumente
- Deckungsbeitragsrechnung
- kurzfristige Budgetierung
- Daten aus Verkaufsberichten
- Daten aus der Marktforschung
- Daten aus dem Rechnungswesen

strategische Aufgaben

- Marketing-Planung
- Marketing-Kontrolle
- Marketing-Audit

Instrumente
- Portfolio-Analysen
- Stärken-Schwächen-Analyse
- Wirtschaftlichkeitsrechnungen
- Benchmarking
- Marketing-Audits

AUSSENHANDELSGESCHÄFTE ANBAHNEN 7

LERNFELD 7

Außenhandelsgeschäfte anbahnen

Lernsituation 1

Die Auszubildenden Anne Schulte, Caroline König, Sebastian Holpert und Mete Özcan sollen während ihrer Ausbildung bei der Fairtext GmbH in Hannover auch die Kompetenz erwerben, Geschäfte mit Geschäftspartnern aus EU- und Drittländern anzubahnen. Deshalb werden sie drei Monate in der Außenhandelsabteilung eingesetzt.

Nachdem ihnen der Leiter der Außenhandelsabteilung, Herr Sieg, einen Überblick über die Tätigkeiten im Außenhandelsbereich gegeben hat, gibt er Anne Schulte, Caroline König, Sebastian Holpert und Mete Özcan die folgende Anfrage von Hayden & Sons aus Boston (USA).

Hayden & Sons · 17 State Street · Boston, MA 02109

Textilgroßhandlung
Fairtext GmbH
Walsroder Str. 6 a
D 30625 Hannover

Boston, 10. März 20..

Anfrage

Sehr geehrte Damen und Herren,

wir interessieren uns für Damenkostüme aus 100 % Schurwolle (Artikel 6875) aus Ihrem aktuellen Sortiment.

Wir benötigen jeweils 50 Damenkostüme in den Größen M und L. Bitte senden Sie uns ein ausführliches Angebot bis zum 25. März 20...

Mit freundlichen Grüßen
Hayden & Sons

Herr Sieg beauftragt Anne Schulte, Caroline König, Sebastian Holpert und Mete Özcan, diese Anfrage zu bearbeiten.

Sie sollen zunächst die Risiken eines Kaufvertragsabschlusses mit Hayden & Sons beurteilen und Maßnahmen zur Absicherung dieser Risiken zusammenstellen.

Auf dieser Grundlage sollen sie einen Entwurf für ein Angebot erstellen. Dieses Angebot soll alle Inhalte enthalten, die in einem Kaufvertrag mit Hayden & Sons, Boston (USA), geregelt werden sollten.

Versetzen Sie sich in die Rolle von Anne Schulte, Caroline König, Sebastian Holpert und Mete Özcan.

1. Erstellen Sie eine Übersicht über mögliche Risiken des Ausfuhrgeschäfts.
2. Schlagen Sie Zahlungs- und Lieferungsbedingungen vor, die die ökonomischen Risiken begrenzen können.
3. Stellen Sie die Kaufvertragsinhalte zusammen, die der Kaufvertrag mit Hayden & Sons enthalten soll.
4. Erstellen Sie auf dieser Grundlage den Entwurf für das Angebot an Hayden & Sons.

LERNFELD 7

Lernsituation 2

Herr Sieg erhält die Nachricht, dass die für die Fairtext GmbH bestimmte Lieferung von Herrenhemden aus Hongkong in Hamburg eingetroffen ist. Diese Lieferung soll unmittelbar nach der Ankunft an der Außengrenze der Europäischen Union zum zollrechtlich freien Verkehr abgefertigt werden. Dazu muss die Fairtext GmbH eine Zollanmeldung bei der zuständigen Zollstelle abgeben.

Die Handelsrechnung der Textile-International Ltd., Hongkong, über die Lieferung der Herrenhemden liegt der Fairtext GmbH vor.

Textile-International Ltd.

25 Pat Tat St
Sanpokong, Kowloon
Hong Kong
phone +852 2632 1155

Fairtext GmbH
Walsroder Str. 6 a
D-30625 Hannover
Germany

Ihre Bestell-Nr. / your order no 3873
Bestelldatum / date of order: 06-03 20..
Datum / date: 07-20-20..

Handelsrechnung / Invoice No. 547

Pos. Nr. / item no.	Warenbezeichnung / description of goods	Einzelpreis / unit price	Gesamtpreis / amount
		HKD	HKD
1	100 Stück Herrenhemden, 100 % Baumwolle, naturfarben, Größe 39/40	80,00	8.000,00
2	100 Stück Herrenhemden, 100 % Baumwolle, naturfarben, Größe 41/42	80,00	8.000,00
3	100 Stück Herrenhemden, 100 % Baumwolle, naturfarben, Größe 42/43	80,00	8.000,00
4	100 Stück Herrenhemden, 100 % Baumwolle, blau, Größe 39/40	80,00	12.000,00
5	100 Stück Herrenhemden, 100 % Baumwolle, blau, Größe 41/42	80,00	12.000,00
6	100 Stück Herrenhemden, 100 % Baumwolle, blau, Größe 43/44		12.000,00
		Total	**60.000,00**
	FOB Hong Kong, Incoterms 2020		
	2 Holzkisten Abmessung (mm) 1020 x 600 x 400 Bruttogesamtgewicht: 60 kg Nettogesamtgewicht: 45 kg		
	Schiff: VIKING GUATEMALA Container-Schiff, IMO: 6813357, MMSI: 488827700		
	Zahlung: Dokumente gegen Kasse (d/p)		
	Textile-International Ltd.		
	Lou Bin tou Exportmanager		

Der Leiter der Außenhandelsabteilung beauftragt Caroline König und Sebastian Holpert, die Zollanmeldung für die Überführung der Ware in den zollrechtlich freien Verkehr vorzubereiten.

1. Versetzen Sie sich in die Rolle von Caroline König oder Sebastian Holpert.
2. Stellen Sie die notwendigen Informationen für die Zollanmeldung zusammen.
3. Ermitteln Sie die Einfuhrabgaben für die Warenlieferung.
4. Erstellen Sie die schriftliche Zollanmeldung unter Nutzung des Einheitspapiers der Europäischen Union.
5. Stellen Sie eine Liste der Dokumente auf, die für die Abfertigung zum freien Verkehr erforderlich sind.
6. Erläutern Sie die Funktion der einzelnen Dokumente.

LERNFELD 7

KAPITEL 1
Risiken im Außenhandel

Die Fairtext GmbH erhält am 19. März eine Anfrage der Impex, Basel.

Der Leiter der Außenhandelsabteilung, Herr Sieg, beauftragt die Auszubildenden Anne Schulte und Sebastian Holpert festzustellen, welche besonderen Risiken die Ausfuhr nach Basel birgt.

Versetzen Sie sich in die Rolle von Anne Schulte und Sebastian Holpert und erfüllen Sie den von Herrn Sieg gestellten Auftrag.

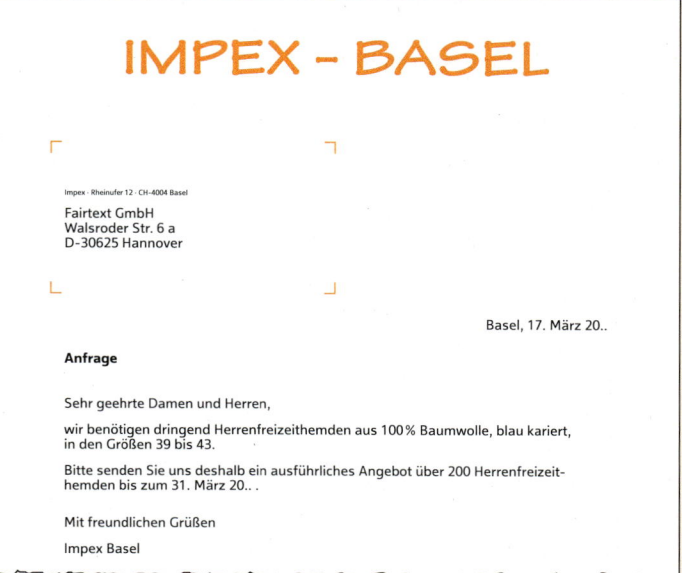

INFORMATIONEN

Im Außenhandelsgeschäft gibt es besondere Risiken, die im Binnenhandelsgeschäft nicht oder nicht in diesem Umfang auftreten. Sie lassen sich in ökonomische, politische Risiken und soziokulturelle Risiken unterscheiden.

Ökonomische Risiken sind z. B.:	Politische Risiken sind z. B.:
• Marktrisiko • Preisrisiko • Annahmerisiko • Kreditrisiko • Transportrisiko • Wechselkursrisiko (Währungsrisiko)	• Transferrisiko • Konvertierungsrisiko • Zahlungsverbotsrisiko • Moratoriumsrisiko • politisches Risiko im engeren Sinne

Ökonomische Risiken

Marktrisiko

Marktrisiken sind z. B. die Gefahren, dass das exportierende Unternehmen den günstigsten Exportmarkt oder die günstigsten Angebotszeitpunkte verfehlt.

Preisrisiko

Das Preisrisiko liegt in der Gefahr von Preisveränderungen. Die Gefahr von Preisänderungen spielt besonders bei Außenhandelsgeschäften eine Rolle, die sich über einen längeren Zeitraum erstrecken. Das Preisrisiko ergibt sich aus der Möglichkeit, dass es in der Zeit vom Vertragsabschluss bis zur Vertragserfüllung zu Preisveränderungen auf dem Beschaffungsmarkt, dem Absatzmarkt oder bei den für die Herstellung der Ware erforderlichen Rohstoffen, Löhnen usw. kommt.

Preisrisiken können z. B. durch Preisgleitklauseln und Sicherungsgeschäfte (Preissicherung) an Warenbörsen abgesichert werden.

Annahmerisiko

Das Annahmerisiko beinhaltet die Gefahr, dass der Auslandskunde
- die fristgerechte Annahme der Ware verweigert und/oder
- durch nicht berechtigte und schwer nachprüfbare Mangelrügen versucht, einen Preisnachlass durchzusetzen.

Lieferungsrisiko

Das Lieferungsrisiko beinhaltet die Gefahr, dass der Exporteur die Lieferfrist, die vereinbarte Qualität der Ware oder die Liefermenge nicht einhält.

Kreditrisiko

Unter Kreditrisiko ist zu verstehen, dass der Käufer seinen Zahlungsverpflichtungen nicht nachkommen will (Zahlungsunwilligkeit) oder nicht nachkommen kann (Zahlungsunfähigkeit).

Gegen dieses Risiko kann sich der Exporteur z. B. durch die Vereinbarung geeigneter Zahlungsbedingungen, Kreditsicherheiten wie Wechsel oder Garantien, Forderungsverkauf oder den Abschluss einer Exportkreditversicherung absichern. Die Exportkreditversicherung ersetzt den Forderungsausfall, wenn der ausländische Kunde nicht zahlt.

Transportrisiko

Das gegenüber dem Binnenhandel größere Transportrisiko ergibt sich aus den größeren räumlichen und zeitlichen Entfernungen zwischen Verkäufer und Käufer, die zu überbrücken sind.

Das Transportrisiko kann durch den Abschluss einer Transportversicherung oder die Vereinbarung geeigneter Lieferungsbedingungen abgesichert werden.

Wechselkursrisiko (Währungsrisiko)

Ein Wechselkursrisiko (Währungsrisiko) besteht für den Importeur oder den Exporteur, wenn er einen Vertrag in ausländischer Währung abgeschlossen hat.

Ändert sich der Wechselkurs zwischen der inländischen Währung und der im Kaufvertrag vereinbarten Währung im Zeitraum zwischen Vertragsabschluss und Zahlungseingang, kann das für den Exporteur zu Verlusten oder zu Kursgewinnen führen.

> **BEISPIEL**
>
> Der Exporteur hat seinen Verkaufspreis von 5.000,00 sfr auf der Grundlage eines Kurses von 1,00 € = 1,5262 sfr kalkuliert. Bei diesem Wechselkurs erhält er für 5.000,00 sfr 3.276,11 €. Zum Zeitpunkt der Zahlung beträgt der sfr-Kurs 1,00 € = 1,5432 sfr. Der Exporteur erhält nur noch 3.240,02 € für 5.000,00 sfr. Ihm entsteht ein Verlust von 36,09 €.

Für den Importeur können Wechselkursänderungen dazu führen, dass er zum Zeitpunkt der Bezahlung einen höheren Betrag in seiner Landeswährung zahlen muss, als das zum Zeitpunkt des Vertragsabschlusses der Fall gewesen wäre.

Gegen Kursverluste kann sich der Exporteur u. a. durch die Vereinbarung besonderer Zahlungsbedingungen oder den Abschluss von Devisentermingeschäften absichern.

Politische Risiken

Konvertierungsrisiko

Ein Konvertierungsrisiko ergibt sich aus der Möglichkeit, dass in dem Einfuhrland durch staatliche Verfügung ein Konvertierungsverbot ausgesprochen wird.

Ein Konvertierungsverbot liegt vor, wenn der ausländische Staat den Umtausch seiner Währung in eine andere Währung verbietet.

Transferrisiko

Ein Transferrisiko ergibt sich aus der Möglichkeit, dass in dem Einfuhrland durch staatliche Verfügung ein Transferverbot ausgesprochen wird:

Von einem Transferverbot spricht man, wenn die Überweisung des ausländischen Käufers an den Exporteur hinausgezögert oder für eine bestimmte Zeit nicht genehmigt wird.

Zahlungsverbotsrisiko

Das Zahlungsverbotsrisiko besteht in der Möglichkeit, dass dem Importeur durch staatliche Maßnahmen untersagt wird, Zahlungen gegenüber bestimmten Ländern vorzunehmen.

Moratoriumsrisiko

Das Moratoriumsrisiko besteht immer dann, wenn Zahlungen an die Exportländer zeitlich gestreckt werden, weil dem Einfuhrland (Schuldnerland) ein Zahlungsaufschub gewährt wird. Dieser staatlich veranlasste Zahlungsaufschub wird oft so durchgeführt, dass Zahlungen an das Exportland nur in der gleichen Höhe wie Zahlungen aus diesem Land an das Einfuhrland geleistet werden.

Politisches Risiko im engeren Sinne

Das politische Risiko im engeren Sinne umfasst die Gefahr von Verlusten durch Streiks, politische Unruhen, Boykottmaßnahmen und Kriege.

Politische Risiken können durch eine staatliche Exportkreditversicherung (z. B. Euler-Hermes-Kreditversicherung, s. Kap. 7.3), Zahlungsgarantien und bestätigte Akkreditive abgesichert werden.

Soziokulturelle Risiken

Soziokulturelle Risiken ergeben sich u. a. aus unterschiedlichen Werten, Traditionen und Gebräuchen, Bildungswesen, Verhaltensnormen und sozialen Konflikten in Export- und Importländern.

Sozialkulturelle Risiken können durch genaue Landeskenntnisse und eine gute Vorbereitung der Außenhandelsmitarbeiter begrenzt werden.

AUFGABEN

1. Unterscheiden Sie ökonomische und politische Risiken im Außenhandelsgeschäft.
2. Warum besteht im Außenhandel häufig ein größeres Transportrisiko als bei Binnenhandelsgeschäften?
3. Welche Gründe gibt es für ein höheres Kreditrisiko bei Außenhandelsgeschäften im Vergleich zu Binnenhandelsgeschäften?
4. Bei welchen innergemeinschaftlichen Handelsgeschäften besteht für die Vertragspartner ein Währungsrisiko?
5. Unterscheiden Sie
   a) Konvertierungsrisiko
   b) Transferrisiko
   c) Zahlungsverbotsrisiko
   d) Moratoriumsrisiko
6. Nennen Sie Beispiele für politische Risiken im engeren Sinne.
7. Warum können soziokulturelle Unterschiede ein Risiko im Außenhandel darstellen?
8. Nennen Sie Maßnahmen, durch die ein Exporteur
   a) das Kreditrisiko,
   b) das Währungsrisiko,
   c) das Annahmerisiko,
   d) das Transportrisiko
   verringern kann.

AKTION

Der Außenhandelsabteilung der Fairtext GmbH liegen mehrere Anfragen von Importeuren aus Marokko vor. Bisher hat die Fairtext GmbH noch keine Geschäftsbeziehungen zu Kunden aus Marokko. Deshalb möchte sich der Leiter der Außenhandelsabteilung, Herr Sieg, erst einen Überblick über mögliche Risiken einer Ausfuhr nach Marokko verschaffen, bevor er die Anfragen aus Marokko beantwortet. Deshalb bittet er Caroline König und Mete Özcan, die Risiken der Ausfuhr nach Marokko auf der Grundlage von Informationen aus dem Internet zu beurteilen.

Versetzen Sie sich in die Rolle von Caroline König und Mete Özcan und erfüllen Sie den von Herrn Sieg gestellten Auftrag.

Informationen über Marokko finden Sie z. B. unter *https://de.wikipedia.org/wiki/Marokko*. Aktuelle Länderinformationen können auch von der GTAI (Gemany Trade & Invest) bezogen werden. Die GTAI ist die Gesellschaft der Bundesrepublik Deutschland für Außenwirtschaft und Standortmarketing (Internetadresse: *www.gtai.de*).

LERNFELD 7

ZUSAMMENFASSUNG

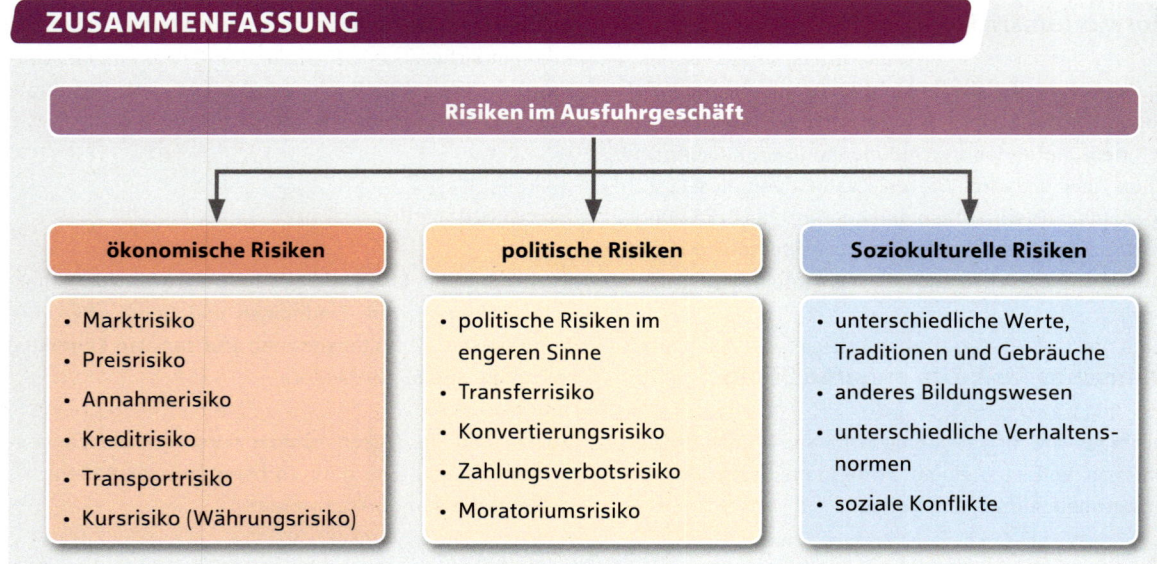

KAPITEL 2
Interkulturelle Rahmenbedingungen

Die Geschäftsführer der Fairtext GmbH, Viktoria Schröter und Pascal Hahnenkamp, möchten einen Bekleidungskonfektionär aus Seoul als neuen Lieferanten gewinnen. Deshalb haben sie mit der Geschäftsführung des Bekleidungskonfektionärs einen Termin am Rande der Internationalen Textilhandelsausstellung „Preview" in Seoul (Südkorea) verabredet. Zur Vorbereitung auf das Treffen liest Frau Schöter den folgenden Artikel aus dem manager magazin.

Verhandeln in Korea
Kim Chi und Karaoke

[...]
In Korea, einem der prosperierenden Tigerstaaten, sollten die Eigenheiten in der Kommunikation unbedingt beachtet werden. So besteht ein ausgeprägtes Gruppen- und Hierarchiedenken: Alle Partner der Gegenseite sind in die Gespräche mit einzubeziehen und mit Respekt, Höflichkeit und Verbindlichkeit zu behandeln. Dem Verhandlungsführer gebührt dabei zusätzliche Achtung.

Dem ersten Eindruck kommt in Korea eine große Bedeutung zu. Seien Sie höflich und zurückhaltend, ohne zu untertreiben. Legen Sie Wert darauf, nicht zu schnell und zu laut aufzutreten. Eine kontinuierliche und vertrauensvolle Beziehung aufzubauen, ist auch in Korea von großer Bedeutung. Präsentieren Sie Ihr Unternehmen mit seinen Produkten und Dienstleistungen, bleiben Sie dabei aber realistisch. Fangen Sie bei Ihrer Präsentation nicht mit einem Witz oder einer Anekdote an, und sprechen Sie einfach und klar.
[...]

Im Gegensatz zum westlichen Ansatz, der zugrunde liegende Vertragsentwürfe Punkt für Punkt diskutiert und dabei mithilfe beidseitiger Konzessionen zu Teileinigungen und schlussendlich zu einer Gesamteinigung kommt, wird in Korea anders verhandelt.
[...]

Quelle: Frank, Sergey: Verhandeln in Korea Kim Chi und Karaoke. In: manager magazin. 09.02.2006. https://www.manager-magazin.de/unternehmen/karriere/a-399693.html [20.12.2020].

LERNFELD 7

1. Erläutern Sie, warum es notwendig ist, dass sich Frau Schröter und Herr Hahnenkamp vor dem Gespräch in Seoul genau über die Verhaltensregeln und die Kommunikationsregeln südkoreanischer Verhandlungspartner informieren.

2. Erstellen Sie eine Liste der Verhaltensregeln und Kommunikationsregeln, die Frau Schröter und Herr Hahnenkamp bei ihren Gesprächen in Seoul beachten sollten.

INFORMATIONEN

Jeden Tag treffen Menschen in beruflichen Situationen auf andere Menschen. Bei Menschen, die durch gleiche oder ähnliche kulturelle Einflüsse, Stimmungen und Erwartungen geprägt sind, geschieht das in der Regel in einer verständnisvollen und konfliktarmen Atmosphäre. Schwierigkeiten entstehen jedoch oft, wenn Personen aus unterschiedlichen Kulturkreisen aufeinandertreffen: Je mehr die kulturellen Einflüsse der beteiligten Personen voneinander abweichen, umso mehr kann es zur Entstehung interkultureller Konfliktsituationen kommen. Gerade bei Verhandlungen mit ausländischen Geschäftspartnern ist im Vergleich zu Verhandlungen mit deutschen Geschäftspartnern vieles anders. Abgesehen von den kulturellen Unterschieden und der Sprache müssen auch die teilweise starken Unterschiede der Unternehmenskultur, des Kommunikationsstils und der Verhandlungstaktiken beachtet werden.

BEISPIEL

In Korea wird anders verhandelt: Den Vertrag sieht man als Ganzes, Zugeständnisse werden erst viel später gemacht.

Koreanische Manager verhandeln zäh und sind durchaus temperamentvoll. Das unterscheidet sie von anderen Asiaten. Geschäftsleute in Korea erwarten das Gleiche von ihrem Verhandlungspartner und schätzen eine professionelle Verhandlungsführung.

Wenn im Geschäftsleben kulturelle Besonderheiten nicht ausreichend beachtet werden, kann dies viele Nachteile haben:
- Missverständnisse können die betriebliche Arbeit stören.
- Der Gesprächspartner kann nachhaltig verärgert werden.
- Dies kann sogar zur Ablehnung des Gesprächspartners führen.
- Die Geschäftsbeziehungen werden gestört.
- Es kommt zu finanziellen Einbußen.
- Es droht ein Scheitern der geschäftlichen Verbindungen.

Der Kontakt zu Mitarbeitern und Kunden mit unterschiedlicher kultureller Prägung in oder außerhalb eines Unternehmens wird in Zukunft sehr stark zunehmen. Deshalb wird es für Unternehmen immer wichtiger, dass ihre Mitarbeiter mit interkulturellen Konfliktsituationen angemessen umgehen können. Dazu müssen sie das Erkennen, das Vermeiden und den Umgang mit solchen interkulturellen Konfliktsituationen lernen.

Grundregeln für den Umgang mit Personen anderer Kulturkreise

Zurücknahme der eigenen Person

In jedem Fall ist es hilfreich, die eigene Person etwas zurückzunehmen. Man sollte also nicht offensiv die Meinung vertreten, dass die eigenen Ansichten und die eigene Lebensweise die allein gültigen sind.

Respekt vor anderen Personen

Damit einher geht die Achtung von Personen aus fremden Kulturkreisen. Sie empfinden dies als Wertschätzung und werden dementsprechend positiv reagieren.

Bereitschaft zum interkulturellen Lernen

Vor diesem Hintergrund sollte jeder bereit sein, interkulturell zu lernen. Darunter versteht man, dass sich Menschen unterschiedlicher Kulturen im Umgang miteinander bemühen, das kulturelle Orientierungssystem des jeweils anderen zu verstehen. Dadurch wird immer das Verständnis sowohl für fremde Kulturen als auch der eigenen Kultur verstärkt.

Informationen einholen über die Besonderheiten der anderen Kultur

Vor Reisen ins Ausland sollte man sich über die kulturellen Besonderheiten und die dort üblichen Sitten informieren. Dies gilt auch für den Kontakt mit ausländischen

Kunden im Groß- und Außenhandel. Von der Beschaffung solcher Informationen kann der Erfolg oder Misserfolg der Reise bzw. eines Verkaufsgesprächs entscheidend abhängen. Es ist also wichtig

- zu verstehen, was die Eigenschaften der jeweiligen Kultur sind,
- zu wissen, welches in unserem Kulturkreis normale Verhalten in anderen Kulturkreisen negativ gesehen wird bzw. umgekehrt.

Kulturdimensionen

Zur Erfassung kultureller Unterschiede verwendet man das Modell der Kulturdimensionen. Unter Kulturdimensionen versteht man Vergleichskriterien, um Gemeinsamkeiten und Unterschiede von Landeskulturen darzustellen. Durch Verwendung von Kulturdimensionen können Landeskulturen klassifiziert und dadurch besser untersucht und verstanden werden.

Als Kulturdimensionen können unterschieden werden:
- direkte und indirekte Kommunikation
- Sach- oder Beziehungsorientierung
- Kollektivismus und Individualismus
- Femininität und Maskulinität
- Grad der Risikobereitschaft und Unsicherheitsvermeidung
- hohe oder geringe Ausprägung der Machtdistanz
- monochrone oder polychrone Kulturen

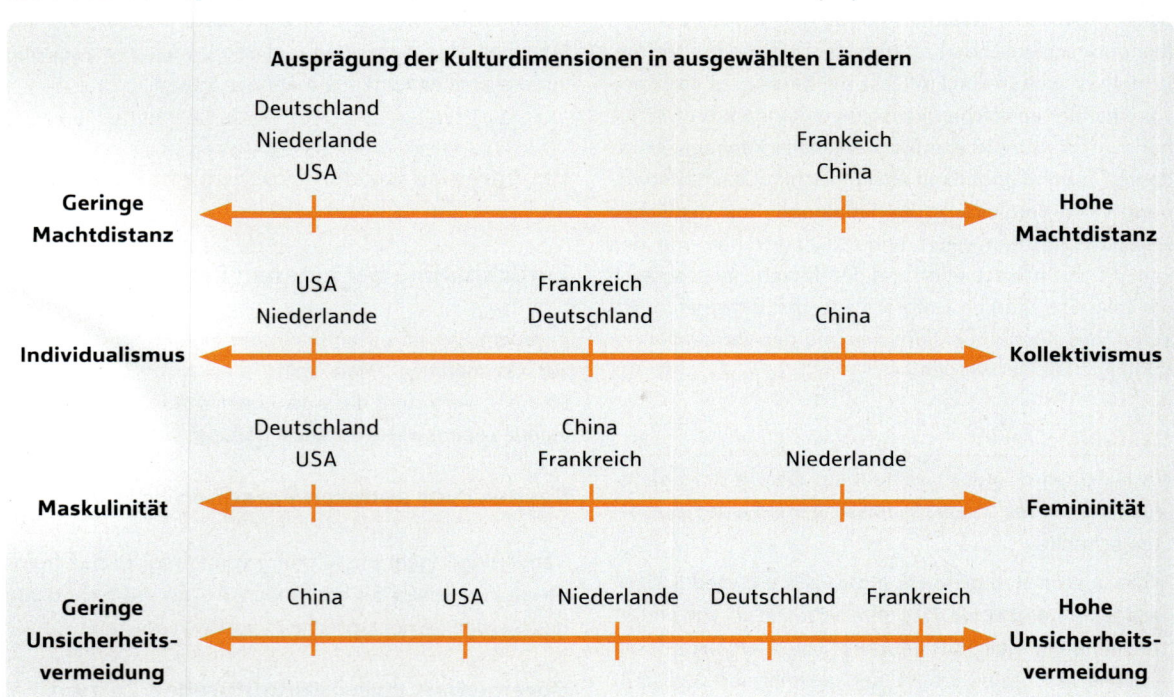

Vgl. Böhm, Ursina: Interkulturell kompetent? In: lift-report, Fachaufsätze 2/2004

Direkte und indirekte Kommunikation

Verschiedene Landeskulturen unterscheiden sich durch die Art der Kommunikation. In einigen Ländern wird mehr die **direkte** Kommunikation bevorzugt: Informationen oder Anweisungen werden deutlich geäußert. Es werden klare Positionen bezogen, Kritik wie auch Zustimmung werden offen ausgesprochen, auch wenn dadurch ein sozialer Konflikt riskiert wird. Dies wird in Kauf genommen, da die direkte Kommunikation zu mehr Wahrheit und Klarheit führen kann.

BEISPIEL

Im Rahmen der direkten Kommunikation wird ein Gespräch geführt, um ein vorher festgelegtes Ziel zu erreichen:

„Ich habe um dieses Gespräch gebeten, weil ich mit der Qualität Ihrer Ware nicht zufrieden bin."

Weil man keine Zeit verschwenden will, wird also ein sehr direkter Weg gewählt.

In Kulturen, deren Mitglieder **indirekt** kommunizieren, werden Botschaften und Mitteilungen verschlüsselt weitergegeben. Aus dem Bedürfnis, soziale Harmonie zu wahren, werden direkte Stellungnahmen vermieden. Andere Personen werden nicht angegriffen.

> **BEISPIEL**
>
> In Kulturen, die die indirekte Kommunikation bevorzugen, wird das Gesprächsziel viel eher beiläufig und über Umwegen angestrebt. Die Kommunikation dauert länger, ist unverbindlich und enthält wenig Fakten.

16 Möglichkeiten, auf Japanisch „Nein" zu sagen
1. Ein unbestimmtes „Nein"
2. Ein unbestimmtes und zweideutiges „Ja" oder „Nein"
3. Schweigen
4. Eine Gegenfrage
5. Abschweifende Antworten
6. Das Verlassen des Raumes
7. Lügen (doppelsinnige Antwort oder Vorschieben eines Vorwandes, z. B. Krankheitsfall, frühere Verpflichtung etc.)
8. Kritik an der Frage selbst üben
9. Die Frage ablehnen
10. Ein bedingtes „Nein"
11. „Ja, aber"
12. Die Antwort aufschieben („Wir schreiben Ihnen")
13. Im Innern denkt man „Ja", nach außen sagt man „Nein"
14. Im Innern denkt man „Nein", nach außen sagt man „Ja"
15. Sich entschuldigen
16. Verwendung eines Wortes, das dem englischen „Nein" entspricht – wird meist nur beim Ausfüllen amtlicher Fragebogen und nicht im Gespräch benutzt

Engelen, Andreas, Tholen, Eva: Interkulturelles Management, 1. Auflage, Stuttgart: Schäffer-Poeschel, 2014, S. 29

Kulturdimension	
Direkte Kommunikation	**Indirekte Kommunikation**
Europäer sind bei Konflikten bestrebt, den Sachverhalt möglichst deutlich darzulegen, um Klarheit zu schaffen. • Deutschland • Skandinavien	Asiaten z. B. versuchen die Konfliktursache undeutlich zu machen, weil in erster Linie die Harmonie zwischen den Beteiligten wiederhergestellt werden muss. • Asien, • Lateinamerika, • Afrika, arabische Länder, • romanische Länder, • osteuropäische Staaten

In Kulturen, die indirekte Kommunikation bevorzugen, werden viele Dinge nicht direkt zur Sprache gebracht.

Sachorientierung oder Beziehungsorientierung

Viele Kulturen unterscheiden sich durch unterschiedliche Auffassungen der Geschäftsbeziehungen: in Landeskulturen, bei denen die **Sachorientierung** im Vordergrund steht, legt man Wert darauf, sachlich zu diskutieren. Es herrscht eine klare Trennung zwischen Privat- und Berufsleben. Für den Aufbau von Geschäftsbeziehungen ist die Entwicklung einer persönlichen Bindung nicht wichtig. Bei der Zusammenarbeit spielen persönliche Sympathien und Abneigungen keine große Rolle.

> **BEISPIEL**
>
> In Deutschland herrscht wie in vielen westlichen Kulturen die Sachorientierung vor: In Verhandlungen wird der Abschluss eines Projekts, eines Vertrags oder eines Geschäfts angestrebt.

In anderen Kulturen steht die **Beziehungsorientierung** im Vordergrund: Erst wenn eine persönliche Beziehung aufgebaut wurde, arbeiten die Geschäftspartner zusammen.

> **BEISPIEL**
>
> Besprechungen oder Verhandlungen dienen zunächst einmal dem Kennenlernen und dem Aufbau einer persönlichen Beziehung. Erst wenn eine gemeinsame Basis geschaffen wurde, wird ein Abschluss angestrebt.

Kulturdimension	
Sachorientierung	**Beziehungsorientierung**
• Deutschland • USA	• Italien • Spanien • Mexiko • Brasilien

> **BEISPIEL**
>
> - Für Nordeuropäer oder Nordamerikaner gilt das Prinzip „Zeit ist Geld". Sie wollen schnell zur Sache kommen.
> - Asiaten, Afrikaner oder Araber möchten den Geschäftspartner zuerst einmal als Person kennenlernen und einschätzen können. Erst nach Aufbau einer Beziehung denken sie an geschäftliche Dinge.

LERNFELD 7

Individualismus oder Kollektivismus

Viele Landeskulturen unterscheiden sich auch darin, wie die Rolle des Einzelnen gegenüber der Gruppe gesehen wird. In Landeskulturen, in denen der **Individualismus** im Vordergrund steht, gilt die Selbstverwirklichung des Einzelnen als eines der höchsten Ziele. Die Unabhängigkeit, die Privatsphäre und die Persönlichkeit des Einzelnen genießen einen sehr hohen Stellenwert. Der Gruppe geht es gut, wenn es einer Einzelpersonen gutgeht.

Bei durch **Kollektivismus** geprägten Landeskulturen ist die Gemeinschaftsorientierung das entscheidende Merkmal. Dem Einzelnen geht es gut, wenn es der Gruppe gut geht. Das Wohl der einzelnen Person wird dem der Gruppe untergeordnet. Die Gemeinschaft bietet Schutz und Unterstützung, fordert aber auch große Loyalität.

BEISPIEL

- „The American Dream" – die Möglichkeit sich aus eigener Arbeitskraft vom Tellerwäscher zum Millionär hochzuarbeiten – ist ein Symbol für den Individualismus, wie er in den USA gelebt wird und in dem berühmten Song „My Way" von Frank Sinatra zum Ausdruck kommt.
- Für die kollektivistisch ausgeprägte Gesellschaft Chinas ist das Sprichwort „Der Nagel, der herausragt, wird in das Brett gehämmert" kennzeichnend. In einer solchen Gesellschaft steht die Gruppe als Gesamtheit im Vordergrund und ist wichtiger als die Selbstverwirklichung der Gruppenmitglieder.

Kulturdimension	
Individualismus	**Kollektivismus**
Beziehungen zwischen Menschen sind lockerer, da individuelle Freiheit, freie Persönlichkeitsentwicklung, Selbstbestimmung und Verantwortung in der gesellschaftlichen Ordnung einen hohen Stellenwert haben. • USA • Großbritannien • Australien • Frankreich • Schweiz • Niederlande • Belgien • Deutschland	In kollektivistischen Kulturen spielt die Integration in zahlreiche soziale Netzwerke eine besonders wichtige Rolle. Charakteristisch sind gegenseitige Abhängigkeit, hoher Stellenwert von Gruppeninteressen und Vermeidung von direkter Konfrontation (Harmoniestreben). • China • Japan • Argentinien • Singapur • Guatemala • Mexiko • Portugal

Hohe oder geringe Ausprägung der Machtdistanz

Verschiedene Landeskulturen unterscheiden sich dadurch, inwieweit die einzelnen Menschen Ungleichheiten zwischen Hierarchiestufen akzeptieren. Es geht um die Frage, wie viel Respekt eine Person vor einem Menschen in einer höheren Position hat. Je höher die Machtdistanz ist, umso weniger ist es erlaubt, offene Kritik zu üben.

In Landeskulturen mit einer hohen Ausprägung der Machtdistanz werden hierarchische Strukturen anerkannt. In Organisationen und Unternehmen wird häufiger ein eher autoritärer Führungsstil angewendet. Dagegen wird dort, wo die Machtdistanz niedriger ausgeprägt ist, eine weitgehende Gleichheit der Machtverteilung angestrebt. So sind Organisationsstrukturen eher flach gehalten, Entscheidungen werden eher delegiert.

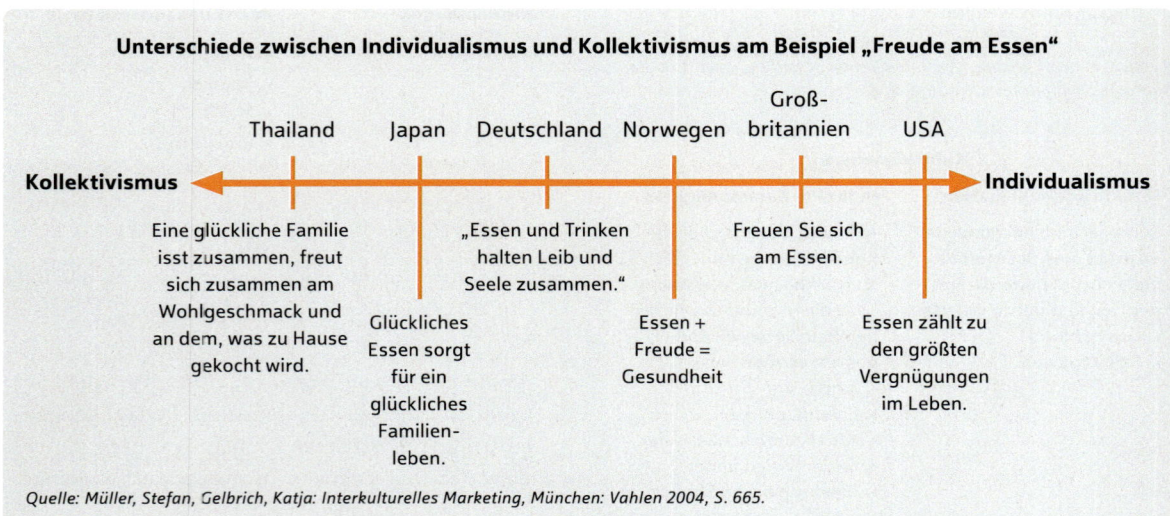

Quelle: Müller, Stefan, Gelbrich, Katja: Interkulturelles Marketing, München: Vahlen 2004, S. 665.

Ein Beispiel für Probleme unterschiedlicher Machtdistanz in einem internationalen Unternehmen

Herr Gomez arbeitet für ein südamerikanisches Unternehmen. Er ist als Führungskraft seinen Mitarbeitern hierarchisch deutlich übergeordnet und fällt die wichtigsten Entscheidungen selbstständig. Seine Mitarbeiter erwarten von ihm klare Anweisungen. Herr Gomez bezieht ein hohes Einkommen; Privilegien und Statussymbole (Auto, Club) unterstreichen die hervorgehobene Bedeutung seiner Position. Seit Kurzem hat Herr Gomez einen neuen Vorgesetzten, Herrn Palmblad aus Schweden, der sich in vielen Fragen mit ihm abstimmt und ihn verhältnismäßig wenig spüren lässt, dass er sein Vorgesetzter ist.

Herr Gomez ist darüber zwar etwas verunsichert, führt aber die Offenheit seines Vorgesetzten im Wesentlichen auf die eigenen Leistungen zurück und ist mit sich sehr zufrieden. Auch nach außen hin kann Herr Gomez seine starke Rolle im Unternehmen immer wieder dokumentieren, da sein neuer Vorgesetzter bei gemeinsamen Auftritten eher im Hintergrund bleibt und ihm den Vortritt lässt. Allerdings wundert sich Herr Gomez darüber, dass Herr Palmblad bei wichtigen Entscheidungen auch die Meinung von Herrn Fernandez, einem untergeordneten Mitarbeiter von Herrn Gomez, einholt. Herr Gomez überlegt, wie er damit umgehen soll. Nach seiner Erfahrung wird durch dieses Vorgehen seine eigene Position gegenüber den Mitarbeitern untergraben. Auch Herr Fernandez scheint nicht recht zu wissen, wie er sich angesichts dieser neuen Mitsprachemöglichkeit verhalten soll.

Einerseits genießt er seine neue Bedeutung, andererseits fragt er sich, inwieweit er das Verhalten von Herrn Palmblad als Schwäche sehen muss.

Beteiligter	Stellung in der Unternehmenshierarchie	Aussage
Herr Palmblad (Schweden)	1. Hierarchieebene im Unternehmen	„Schade, ich hätte von den beiden mehr Einsatz und Kooperationsbereitschaft erwartet, wo ich doch mit so gutem Beispiel vorangegangen bin!"
Herr Gomez (Venezuela)	2. Hierarchieebene im Unternehmen	„Endlich werden meine Fähigkeiten und Leistungen gesehen und anerkannt. Aber warum fragt er eigentlich immer meinen Untergebenen, Herrn Fernandez, nach seiner Meinung?"
Herr Fernandez (Venezuela)	3. Hierarchieebene im Unternehmen	„So einen merkwürdigen Chef hatte ich noch nie. Muss ganz schön unsicher sein, der Schwede. Hoffentlich nimmt mir das Herr Gomez nicht übel!"

Vgl. Axel Dreyer: Kulturtourismus. München: Oldenbourg 2000, S. 212 und Stefan Müller, Katja Gelbrich: Interkulturelles Marketing, München: Vahlen 2004.

Kulturdimension	
Hohe Ausprägung der Machtdistanz	**Niedrige Ausprägung der Machtdistanz**
• Japan • Singapur • Frankreich • Spanien • Guatemala	• Skandinavien • Großbritannien • Österreich • Niederlande

BEISPIEL

Wenn ein deutscher Chef ein russisches Team mit niedriger Machtdistanz leitet – was sich bei deutschen Teams als sehr erfolgreich erwiesen hat –, wird er viel delegieren und seine Mitarbeiter eigenverantwortlich arbeiten lassen. Er wird wenig kontrollieren. Da Russland jedoch ein Land mit hoher Machtdistanz ist, wird er bei einem russischen Team vermutlich scheitern. Russische Mitarbeiter sind eine hohe Machtdistanz gewohnt. Sie könnten das Führungsverhalten des Chefs als Schwäche auslegen.

Monochrone oder polychrone Kulturen

Mitglieder einer monochronen Kultur erledigen Aufgaben nacheinander. Die nächste Beschäftigung wird erst dann begonnen, wenn die erste abgeschlossen ist. Die Mitglieder dieser Kultur messen der Zeit und der Privatsphäre einen hohen Wert bei. Die Zeit dient ihnen dazu, den Alltag zu ordnen und in strukturierte Bahnen zu lenken. Pünktlichkeit ist von großer Bedeutung, die Zeitplanung in monochronen Kulturen ist sehr exakt.

In polychronen Kulturen führen die Mitglieder oft mehrere Aufgaben nebeneinander aus. In solchen Gesellschaften werden viele Dinge gleichzeitig erledigt; neue Aufgaben werden also angefangen, ohne die alten vorher abgeschlossen zu haben. Zeit hat für die Mitglieder einer solchen Kultur keine große Bedeutung. Planungen werden häufiger geändert. Diese Gesellschaften legen sehr viel Wert auf Kommunikation und Beziehungen.

Kulturdimension	
Monochron	Polychron
• Deutschland • USA • Kanada • Mitteleuropa • Nordeuropa • Japan • China	• Südeuropa • Osteuropa • Mittelamerika • Südamerika • Afrika • Naher Osten • Indien

BEISPIEL

- In monochronen Kulturen fällt man durch Unpünktlichkeit sehr leicht negativ auf.
- In polychronen Kulturen geht der Geschäftspartner im Groben davon aus, dass er selbst und die anderen doch alle genügend Zeit zur Verfügung haben.

Hohe oder niedrige Unsicherheitsvermeidung

In Gesellschaften mit hoher Unsicherheitsvermeidung wird Ungewissheit als Bedrohung empfunden. Dadurch entsteht ein allgemeines Bedürfnis nach informellen Regeln und formellen Vorgaben. Man möchte unvorhersehbare Situationen vermeiden. Um Ordnung und Struktur in solchen Gesellschaften aufrecht zu halten, wird andersartiges Verhalten bestraft.

In den Kulturen, in denen eine niedrige Unsicherheitsvermeidung vorherrscht, gibt es überwiegend die Einstellung, dass Ungewissheit eine normale Erscheinung im Leben ist. Diese Gesellschaften sind erheblich risikobereiter und innovationsfreudiger (offen gegenüber Neuerungen) als andere. Regeln werden nur dort aufgestellt, wo sie absolut notwendig erscheinen. Man ist sich einig, dass man viele Probleme auch ohne formelle Regeln lösen kann.

Kulturdimension	
Hohe Unsicherheitsvermeidung	Niedrige Unsicherheitsvermeidung
• Japan • Guatemala • China • Frankreich	• Nordeuropa • Großbritannien • Hongkong

BEISPIEL

In Kulturen mit hoher Unsicherheitsvermeidung gibt es am Arbeitsplatz sehr viele ungeschriebene, aber auch geschriebene Regeln, die den Arbeitsablauf bestimmen. Herrscht in einer Kultur dagegen eine niedrigere Unsicherheitsvermeidung vor, ruft dies einen großen Widerwillen hervor: dort werden eher flexible Regelungen und Strukturen angestrebt.

Maskulinität oder Femininität

Eine Kultur gilt als maskulin, wenn die Rollen der Geschlechter emotional klar gegeneinander abgegrenzt sind:

Männer haben bestimmt, hart und materiell orientiert zu sein. Frauen dagegen müssen bescheidener, sensibler sein und Wert auf Lebensqualität legen.

Maskuline Kulturen erwarten von Männern Leistung, Erfolg und Stärke. In einer femininen Kultur überschneiden sich Rollen der Geschlechter emotional: Sowohl Frauen als auch Männer sollen bescheiden und feinfühlig sein und Wert auf Lebensqualität legen. Merkmale femininer Kulturen sind Ausgewogenheit zwischen Arbeit und Privatleben, Kooperationsbereitschaft und Bescheidenheit.

Kulturdimension	
Maskulinität	Femininität
• Japan • Deutschland	• Niederlande • Skandinavien

BEISPIEL

Aggressives Auftreten ist eher in maskulinen Kulturen anzutreffen als in den eher auf Bescheidenheit und Mitgefühl ausgerichteten femininen Kulturen. Ein angriffslustiges Verkaufsverhalten auf Kosten anderer – wie z. B. vergleichende Werbung auf amerikanische Art – wird in femininen Gesellschaften überwiegend negativ aufgenommen.

Langfristige oder kurzfristige Orientierung

Verschiedene Kulturen unterscheiden sich dadurch, wie groß der zeitliche Planungszeitraum einer Kultur ist.

Kurzfristig orientierte Kulturen bevorzugen kurzfristig erreichbare Ziele. Sie weisen unter anderem folgende Merkmale auf:
- Ungeduld
- Erwartung schneller Gewinne
- Geringe Sparsamkeit

LERNFELD 7

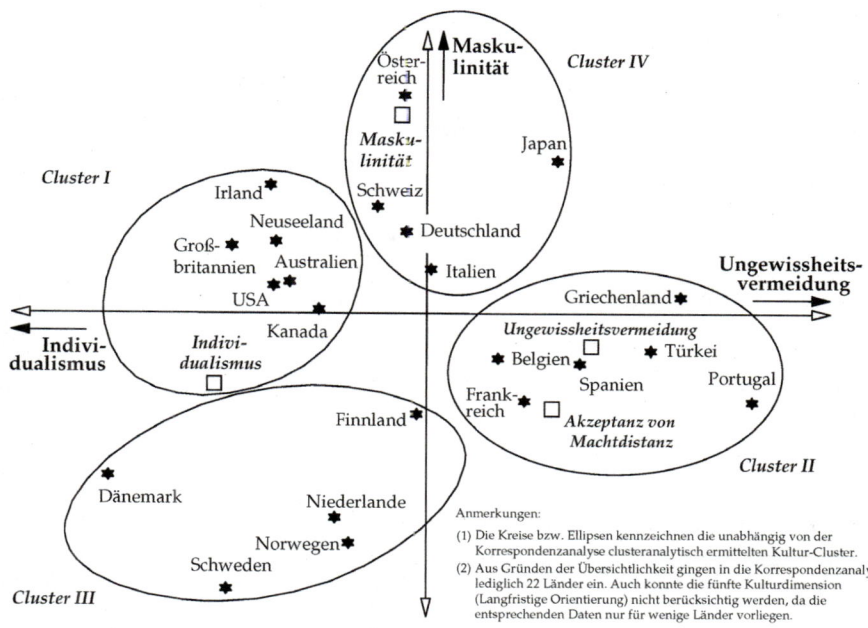

Zusammenhang zweier Kulturdimensionen

Solche Gesellschaften sind gegenwarts- oder vergangenheitsorientiert.

Für langfristig orientierte Kulturen sind Merkmale typisch wie z. B.
- Ausdauer,
- Fleiß,
- Sparsamkeit,
- Erfüllung sozialer Pflichten.

In langfristig orientierten Kulturen steht das Erreichen langfristiger Ziele im Vordergrund. Sie sind viel mehr zukunftsorientiert.

Kulturdimension	
Langfristige Orientierung	**Kurzfristige Orientierung**
• China	• Deutschland
• Brasilien	• USA
• Thailand	• Schweden

BEISPIEL

- „Wenn wir jetzt etwas ändern, dann wird sich das in 10 Jahren rentieren ...", steht für eine langfristige Orientierung, die auf die Zukunft ausgerichtet ist.
- „Das machen wir schon immer so!", ist eher kennzeichnend für eine Kultur einer kurzfristigen Orientierung: Hier hat die Vergangenheit in Form von Traditionen ein besonderes Gewicht.

Unterschiede in der Ausprägung der Körpersprache

Kulturelle Unterschiede drücken sich auch in der Körpersprache aus. In einigen Ländern werden Körperkontakt, Abstand und Orientierung bei Gesprächen, Mimik und Gestik anders gedeutet als in Deutschland.

BEISPIEL

In Lateinamerika, aber auch in vielen Mittelmeerländern, gehören körperliche Berührungen selbst bei Geschäftsgesprächen zum Gespräch. Dies gilt auch für arabische Länder: Dort ist dies jedoch nur von Mann zu Mann oder von Frau zu Frau erlaubt. Skandinavier, Japaner oder Chinesen empfinden dagegen die Einhaltung eines großen Abstands als normal.

Kulturdimension	
Starke Ausprägung der Körpersprache	**Niedrigere Ausprägung der Körpersprache**
• Mittelamerika	• Nordeuropa
• Südamerika	• Mitteleuropa
• Arabische Länder	• Nordamerika
• Afrikanische Kulturen	• China
• Südeuropa	• Japan
• Osteuropa	
• Indien	

LERNFELD 7

Ziele von Unternehmen in verschiedenen nationalen Kulturen
Quelle: Engelen, Andreas, Tholen, Eva: Interkulturelles Management, 1. Auflage, Stuttgart: Schäffer-Poeschel, 2014, S. 105.

Verhalten ausländischer Kunden und Geschäftspartner

Oft gilt im Ausland das, was in Deutschland als gutes Verhalten angesehen wird, als Verstoß gegen die gute Etikette. Deshalb sollte man bei Verkaufsgesprächen mit Kunden aus dem Ausland über die dort geltenden Verhaltensregeln und Bräuche informiert sein: Kann man das Verhalten des Kunden nachvollziehen, lassen sich Verkaufsgespräche leichter durchführen.

Die zwei Hauptregeln für allgemeines Verhalten gegenüber ausländischen Kunden oder Geschäftspartnern sind:
- Man sollte dem Kunden oder Geschäftspartner gegenüber seinen Respekt bezeugen. Dies hat mit Sicherheit Auswirkung auf einen positiven Verlauf des Gesprächs.
- Es empfiehlt sich, zu beobachten, wie sich der Geschäftspartner verhält, und es ihm anschließend gleichzutun.

Vor allem in den folgenden im Geschäftsleben häufig vorkommenden Situationen gibt es oft entscheidende Unterschiede zwischen den Kulturkreisen:

Begrüßung

In Deutschland gilt das Händeschütteln als ganz normaler Bestandteil einer Begrüßung. In vielen europäischen Ländern dagegen findet das Händeschütteln in weitaus geringerer Stärke statt. In vielen asiatischen Ländern entfällt das Händeschütteln komplett. Stattdessen wird es durch eine Verbeugung ersetzt: Je tiefer dabei die Verbeugung ausfällt, desto höher ist die Wertschätzung des Gegenübers.

Austausch von Visitenkarten

Weltweit gilt, dass Visitenkarten sich immer in einwandfreiem Zustand befinden müssen. Unterschiede gibt es im Hinblick auf eine korrekte Übergabe.

Das Wichtigste bei der ersten Begegnung zwischen Geschäftsleuten in Japan: Austausch von Visitenkarten

- Empfehlenswert ist eine zweisprachige Visitenkarte. Ist die Visitenkarte z. B. in englischer Sprache gehalten, wird dem Geschäftspartner so das Verständnis erleichtert.
- In islamischen Ländern sollte darauf geachtet werden, die Visitenkarten nur mit der rechten Hand zu übergeben. Dagegen werden in südostasiatischen Ländern die Visitenkarten immer mit beiden Händen entgegengenommen bzw. übergeben.

- In Ländern, die sehr starken Wert auf Hierarchien legen, möchten Geschäftspartner häufig nur mit Personen, die eine hohe Position innehaben, verhandeln. Die Visitenkarte sollte also eine für den Geschäftspartner akzeptable Position anzeigen.

Geschenke

Ein besonderes Augenmerk sollte man auf die Auswahl von Geschenken legen. Hier kann es zu einigen Missverständnissen zwischen den Kulturen kommen.

> **BEISPIEL**
>
> - Blumen als Geschenk sind in China nicht akzeptabel. Dort dienen sie dazu, Tote zu ehren.
> - In islamischen Ländern sind alkoholische Getränke, z. B. eine Flasche Wein als Mitbringsel, nicht erlaubt.
> - Das Geschenk darf keinen zu hohen Wert haben. Dies könnte als Bestechungsversuch aufgefasst werden.

Pünktlichkeit

In Deutschland ist Pünktlichkeit selbstverständlich. In einigen Ländern (z. B. in Südamerika) verschieben sich jedoch Termine oft etwas. Dies wird dort als völlig normal angesehen. Hier gilt auch die Regel, dass man niemals zu früh kommen sollte.

Gespräche

Häufig wird man mit seinen Gesprächspartnern nicht nur über geschäftliche Themen reden, es kommt auch zu einem privaten Austausch. Ohne Probleme können in der Regel Bereiche wie

- Familie,
- Reisen,
- Sport,
- Musik und Kunst

angesprochen werden. Dagegen sollten Reizthemen (Politik, Religion, Krankheiten, negative Erlebnisse im Gastland) vermieden werden.

Das Gesicht wahren lassen

Vor allem in China und anderen asiatischen Ländern ist es wichtig, den Gesprächspartner auch in unangenehmen Situationen nicht das Gesicht verlieren zu lassen: Eine der wichtigsten Verhaltensregeln im Ausland ist es, den Gesprächspartner nicht durch eigene Handlungen oder Worte in eine aus seiner Sicht schwierige und peinliche Situation zu bringen. Es sollte darauf geachtet werden, dass vieles, was Deutsche als normal empfinden, für Gesprächspartner aus einer anderen Kultur – die viel Wert auf eine harmonische Beziehung legen – beschämend wirken könnte.

> **BEISPIEL**
>
> In vielen asiatischen Ländern zählt es zu den absoluten Todsünden, einen Vorgesetzten auf Fehler hinzuweisen. Selbst kritische Fragen können zum Gesichtsverlust führen, wenn der Chef keine Antwort weiß.

AUFGABEN

1. Welche Nachteile kann das Nichtbeachten kultureller Unterschiede haben?
2. Was sind Kulturdimensionen?
3. Ordnen Sie die folgenden Aussagen einer Kulturdimension zu:
   a) „Ohne gemeinsame Basis keine gemeinsamen Geschäfte!"
   b) „Was anders ist, ist gefährlich."
   c) „Immer eins nach dem anderen."
   d) „Schnaps ist Schnaps und Dienst ist Dienst."
   e) „Ich bin gekommen, weil ich mit der Qualität Ihres Produkts nicht zufrieden bin."
   f) „Das haben wir immer schon so gemacht."
   g) „Leben um zu arbeiten!"
4. Welche Kulturdimension wird in den folgenden Aussagen beschrieben?
   a) „In Kulturen wie der amerikanischen, aber auch in Großbritannien, Schweden und Dänemark stellen Risiken eher eine Herausforderung als eine Bedrohung dar. Nicht zuletzt sind z. B. amerikanische Banken dafür bekannt, dass sie z. B. Kredite einfach vergeben und damit selbstverständlich ein erhöhtes Risiko eingehen.

LERNFELD 7

b) Je geringer die Ausprägung dieser Kulturdimension ist, umso stärker wird von gleich zu gleich gehandelt und auf Respektsäußerungen verzichtet. Dann darf auch gelacht werden: Der Franzose Jean Baptiste Bernadotte wurde 1818 schwedischer König und versuchte seine Antrittsrede auf Schwedisch zu halten. Die Schweden fanden das so erheiternd, dass sie lachten. Bernadotte hat nie wieder versucht, schwedisch zu sprechen.

c) „Arbeiten um zu leben", „Konflikte werden beigelegt, indem man miteinander verhandelt und nach einem Kompromiss sucht" und „Sympathie mit den Schwachen", sind drei Merkmale dieser Kulturdimension.

d) Erwarten Sie in Ländern mit dieser Kulturdimension nicht unbedingt, dass Sie eine Entscheidung in einer Besprechung bekommen. Anderswo nehmen dazu Entscheider an Besprechungen teil. Diese sind hier nicht immer vertreten.

e) Themen aus der direkten geschäftlichen Beziehung genießen Vorrang vor persönlichen Angelegenheiten und der Schilderung privater Lebensumstände.

5. Wie können interkulturelle Konflikte vermieden werden?

6. Was versteht man unter dem Begriff „Gesichtsverlust"?

7. Mit dem Selbsttest unter der Internetadresse

   https://www.testedich.de/quiz36/quiz/1429094098/Selbsttest-Bin-ich-interkulturell-kompetent

   lernt man seine eigenen interkulturellen Fähigkeiten ein wenig besser kennen.

8. Die Wochenzeitung „DIE ZEIT" stellt hier in einem sehr informativen Artikel dar, worauf es bei Geschäftsgesprächen in zwölf Ländern ankommt. Gehen Sie zu der Internetadresse

   https://www.zeit.de/2012/38/interkulturelle-kompetenzen-karriere

   Entscheiden Sie sich für ein Land: Stellen Sie die Besonderheiten des Landes auf einem Wandplakat dar. Präsentieren Sie Ihr Wandplakat.

9. Welche Kulturdimension liegt in den folgenden Fällen in welcher Ausprägung vor?

   a) In einer solchen Gesellschaft stehen die Interessen einer einzelnen Person über denen der Gruppe.

   b) In Ländern, in denen diese Kulturdimension vorherrscht, ist die Rollenverteilung zwischen Männern und Frauen eher gleichwertig aufgeteilt. Männer sind genauso für Haushalt und Familie zuständig und Frauen dürfen und sollen Karriere machen.

   c) Unbekannte (ungeregelte) Situationen erzeugen bei den Mitgliedern der Gesellschaft Unbehagen bis hin zu Angst.
   Es wird versucht, mithilfe von Analysen und Plänen Unbekanntes bzw. Unsicheres vorhersehbar und kontrollierbar zu machen. Es besteht eine hohe Regelorientierung.

   d) In verschiedenen Kulturen ist es üblich, dass Entscheidungsprozesse in Organisationen von „oben nach unten" verlaufen und diesen Entscheidungen nicht widersprochen wird.

10. In der letzten Zeit ist zu den bisherigen Kulturdimensionen eine neue hinzugekommen: Die Kulturdimension „Genuss/Zurückhaltung" beschreibt, wie innerhalb einer Gesellschaft mit der freien Auslebung der eigenen Bedürfnisse umgegangen wird.

    Welche Ausprägung dieser neuen Kulturdimension liegt in dem folgenden Fall vor?

    Gesellschaftsmitglieder dürfen ihre Bedürfnisse weitgehend nach ihrem eigenen Willen frei ausleben. Die Gesellschaft ist gekennzeichnet durch
    - eine genussorientierte Freizeitgestaltung,
    - bunte Kleidung,
    - einen optimistischen Blick auf die Welt,
    - offene Sexualität.

LERNFELD 7

AKTIONEN

1. Mit dem Selbsttest unter der Internetadresse *https://www.testedich.de/quiz36/quiz/1429094098/Selbsttest-Bin-ich-interkulturell-kompetent* lernt man seine eigenen interkulturellen Fähigkeiten ein wenig besser kennen.

2. Bearbeiten Sie interaktiv die Übungen 1 und 2 unter *http://www.mig-komm.eu/uebungen_interkulturelles*

3. Mehr zum Thema interkulturelles Verständnis können Sie den Filmbeiträgen unter *https://www.youtube.com/watch?v=WLr9HrCPXxg* und *https://www.youtube.com/watch?v=3pkW5xRvWHY* entnehmen.

ZUSAMMENFASSUNG

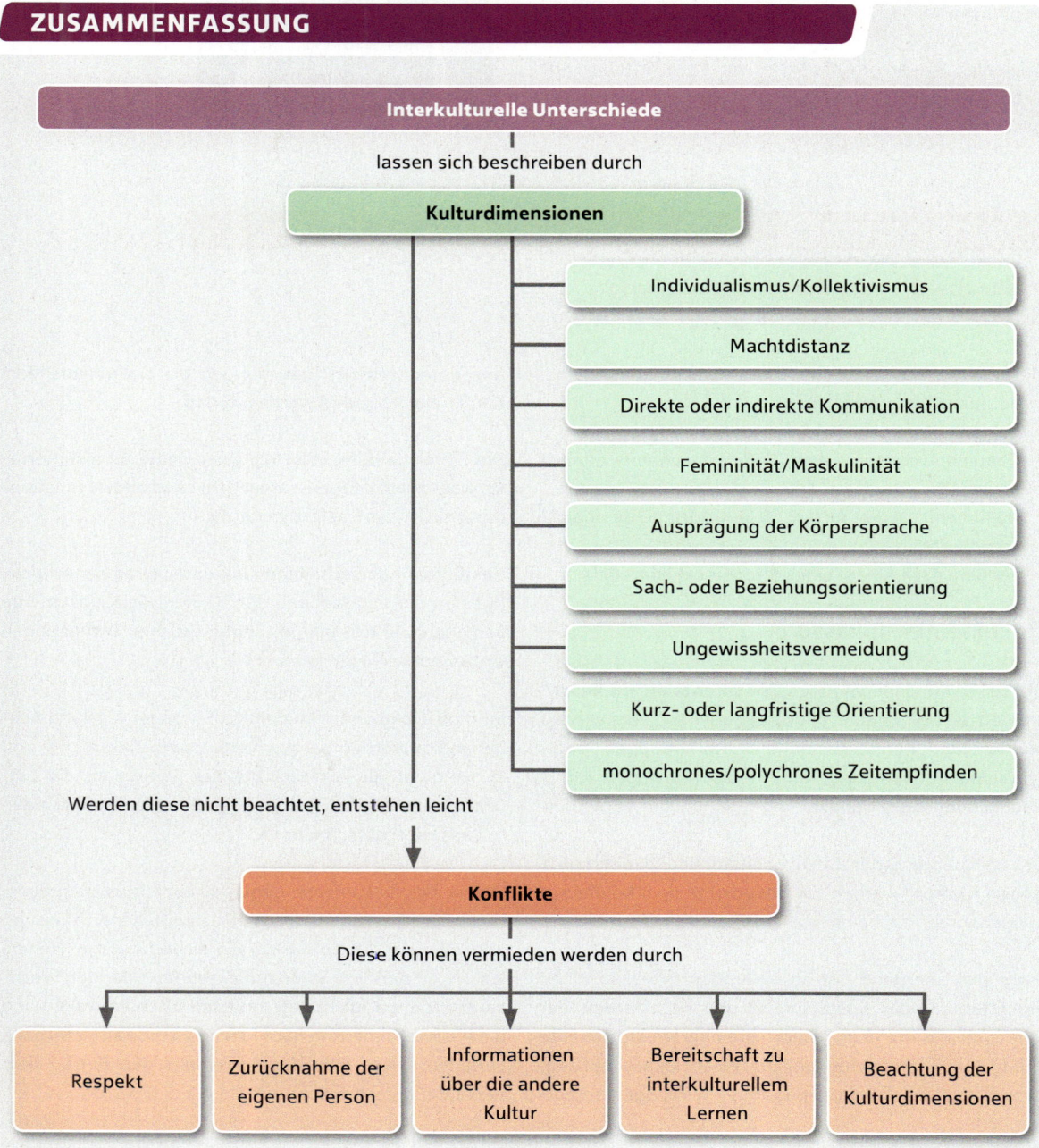

LERNFELD 7

KAPITEL 3
Absicherungsmöglichkeiten von Risiken im Außenhandel

Die Fairtext GmbH hatte im März eine Anfrage der Firma Impex aus Basel nach Herrenfreizeithemden erhalten (vgl. Kap. 7.1).

Anne Schulte und Sebastian Holpert konnten für Herrn Sieg, den Leiter der Außenhandelsabteilung, klären, welche Besonderheiten mit einer Ausfuhr nach Basel verbunden sind, und sollen nun feststellen, welche Zahlungsbedingungen die Risiken für die Fairtext GmbH begrenzen können.

Versetzen Sie sich in die Rolle von Anne Schulte und Sebastian Holpert und erfüllen Sie den von Herrn Sieg gestellten Auftrag.

INFORMATIONEN

Risikoabsicherung durch Vereinbarung geeigneter Zahlungsbedingungen

Die im Außenhandel üblichen Zahlungsbedingungen sind:
- Vorauszahlung/Anzahlung
- Zahlung aus einem Dokumenten-Akkreditiv
- Dokumente gegen Kasse (D/P = documents against payment)
- Dokumente gegen Akzept (D/A = documents against acceptance)
- Zahlung nach Ablauf eines offenen Zahlungsziels

Dokumenten-Inkasso

Bei der Zahlungsbedingung **„Dokumente gegen Kasse"** werden die Dokumente, mit denen über die Ware verfügt werden kann (Konnossement, Frachtbriefdoppel, Spediteurversanddokumente), dem Käufer nur gegen sofortige Zahlung ausgehändigt.

Bei Vereinbarung der Zahlungsbedingung **„Dokumente gegen Akzept"** werden die Dokumente dem Käufer nur ausgehändigt, nachdem er einen Wechsel akzeptiert hat.

Nach der Übergabe der zu liefernden Ware an einen Frachtführer oder Spediteur, ❶ und ❷, übergibt der Verkäufer die mit dem Käufer vereinbarten Dokumente seiner Bank (= Einreicherbank) mit einem Inkassoauftrag, ❸ und ❹. Der Inkassoauftrag muss Weisungen enthalten, unter welchen Bedingungen die Dokumente dem Käufer ausgehändigt werden dürfen.

Die Einreicherbank leitet die Dokumente an eine Korrespondenzbank (= Inkassobank) im Land und, wenn möglich, am Ort des Käufers weiter ❺.

Gestützt auf den erhaltenen Inkassoauftrag benachrichtigt nun die Inkassobank den Käufer, dass Dokumente vorliegen. Sie teilt ihm mit, unter welchen Bedingungen er darüber verfügen kann ❻.

Sind die Dokumente an den Käufer gegen Zahlung ausgehändigt worden („Dokumente gegen Kasse"), ❼ und ❽, vergütet die Inkassobank den Betrag an die Einreicherbank ⓫, die ihrerseits die Summe ihrem Kunden (= Verkäufer) gutschreibt ⓬.

Waren die Dokumente gegen Akzept auszuhändigen, wird die Inkassobank je nach der erhaltenen Weisung entweder das Akzept an die Einreicherbank zur Weiterleitung an den Verkäufer zurücksenden oder den Wechsel bis zum Fälligkeitstag treuhänderisch verwalten und die Wechselforderung nach Einzug an die Einreicherbank vergüten. Diese wird dann ihrerseits den Betrag dem Verkäufer gutschreiben.

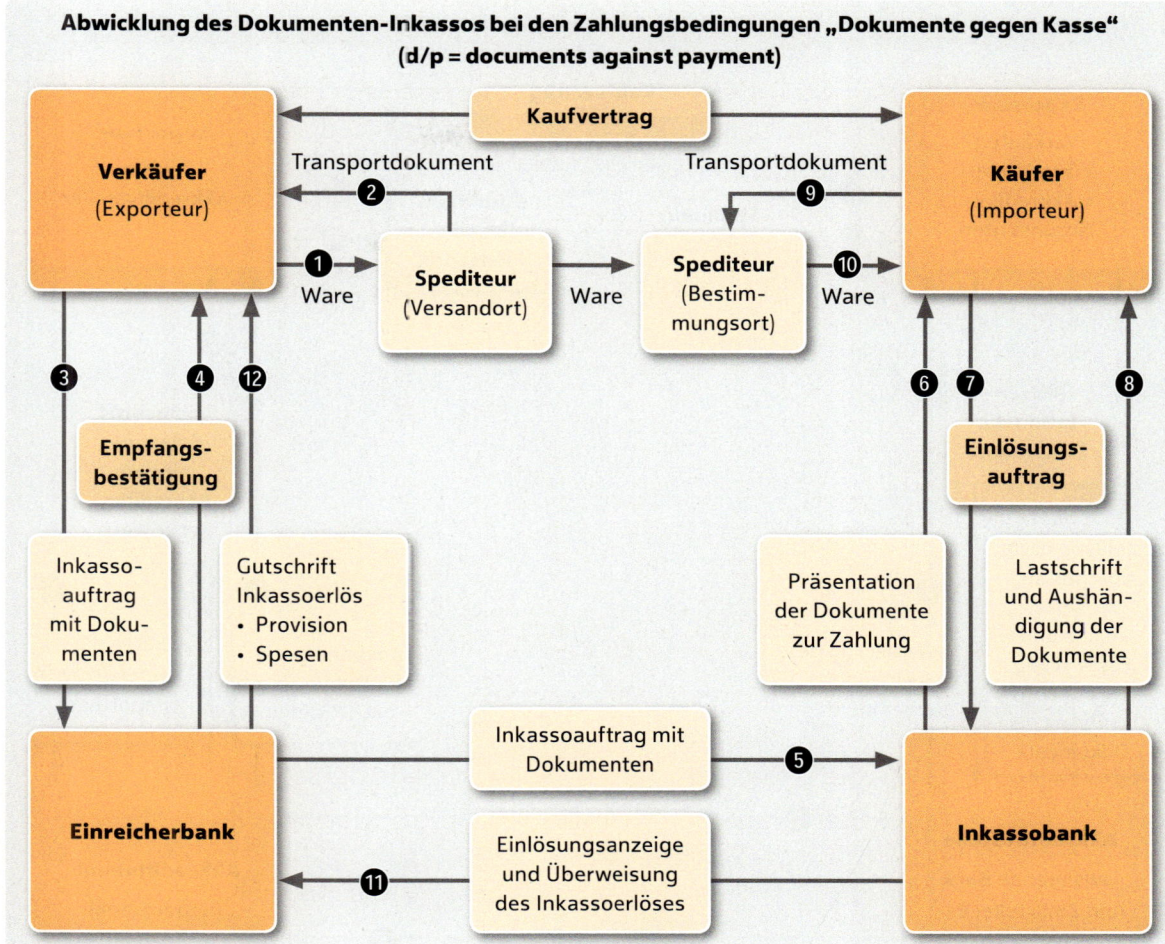

Zahlung aus einem Dokumenten-Akkreditiv

Beim **Dokumenten-Akkreditiv** (L/C = Letter of Credit) handelt es sich um eine **Zusage eines Bankinstituts** (Akkreditivbank; Bank des Importeurs), **dem Verkäufer** an Käufers statt im Rahmen genau umschriebener Bedingungen **eine vereinbarte Summe zu zahlen,** sofern er die Bedingungen des Akkreditivs erfüllt.

Akkreditivversprechen sind **abstrakt,** d. h. losgelöst von den ihnen zugrunde liegenden Kauf- und sonstigen Verträgen; die Banken haben mit diesen Verträgen nichts zu tun, sind durch sie nicht gebunden.

Die Bank zahlt aber nur, wenn der Exporteur (Verkäufer) ihr die im Akkreditiv genannten Dokumente fristgerecht übergibt.

Gestützt auf die Bestimmungen des mit dem Verkäufer abgeschlossenen Vertrags gibt der Importeur (Käufer) seiner Bank die Weisung, ein entsprechendes Akkreditiv zu eröffnen ❶.

Aufträge zur Eröffnung von Dokumenten-Akkreditiven müssen vollständig und genau sein. Unter anderem können vom Auftraggeber folgende Angaben verlangt werden:
- Art des Akkreditivs (unwiderruflich oder widerruflich, nicht übertragbar oder übertragbar, unbestätigt oder bestätigt)
- Übermittlung des Akkreditivs (brieflich, Telekommunikation)
- Verfall des Akkreditivs (Datum, Ort)
- Begünstigter (Name, Bankverbindung)
- Akkreditivbetrag (Betrag, Zirkabetrag, Währung)
- Benutzbarkeit (Zahlstelle, Art der Akkreditivleistung)
- Verladung (Verladungsort, Bestimmungsort, Angaben über Teilverladungen und Umladungen)
- Dokumente (Bezeichnung erforderlich, jeweilige Anzahl, Zusätze und Vermerke auf den Dokumenten)
- Ware (Warenart, Menge, Preise)
- Lieferungsbedingungen

LERNFELD 7

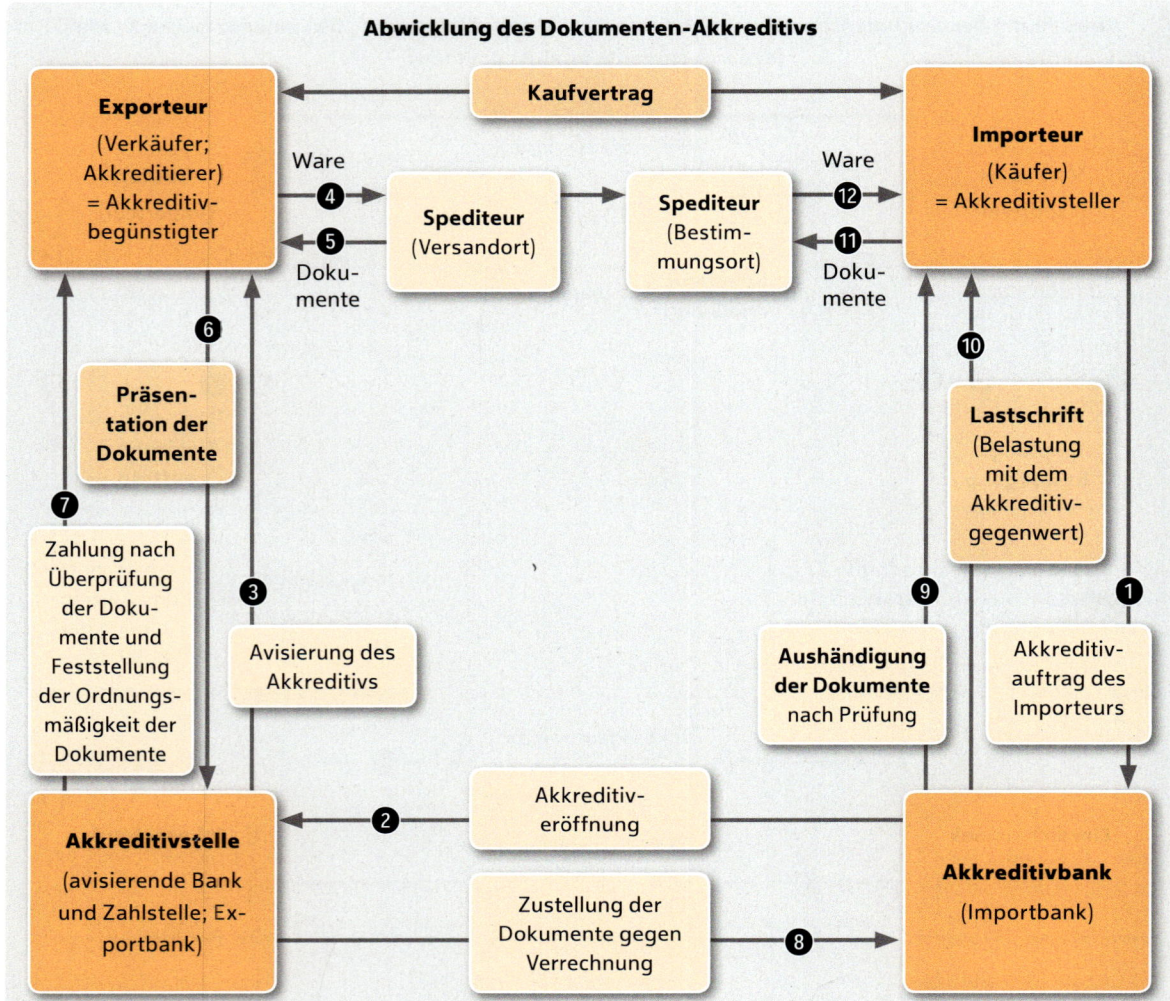

- Vorlage der Dokumente (Frist ab Ausstellung des Transportdokuments)
- Avisierung des Akkreditivs (brieflich, Telekommunikation)

Welche Angaben in dem Auftrag zur Akkreditiveröffnung gemacht werden müssen, ist entscheidend abhängig von den Vertragsbedingungen des Kaufvertrags zwischen Exporteur und Importeur, die die Eröffnung eines Akkreditivs vorsehen. Durch ausdrückliche Bezugnahme in grundsätzlich jedem Akkreditiv-Eröffnungsschreiben werden außerdem die „Einheitlichen Richtlinien und Gebräuche für Dokumenten-Akkreditive" (ERA) zum Bestandteil des jeweiligen Akkreditivs gemacht und damit von den Beteiligten als verbindlich anerkannt.

Bevor die Bank im Auftrag eines Kunden ein Akkreditiv eröffnet, prüft sie, ob die Guthaben des Kunden oder anderweitig getroffene Vereinbarungen (z. B. Kreditzusagen) die versprochene Auszahlung bei der Beanspruchung des Akkreditivs zulassen werden.

Wenn die Bank ein Akkreditiv zugunsten eines ausländischen Verkäufers zu eröffnen hat, wendet sie sich in der Regel nicht direkt an den Begünstigten (= Verkäufer).

Vielmehr wird sie eine Korrespondenzbank im Land und, wenn möglich, am Ort des Verkäufers einschalten (= avisierende Bank) ❶. Diese Bank wird die Mitteilung der eröffnenden Bank an den Verkäufer weiterleiten ❸.

Der Verkäufer weiß nun, dass die Zahlung durch die Bank sichergestellt ist, sofern er die Akkreditivbedingungen genau einhält.

Nachdem der Verkäufer die zu liefernde Ware an einen Spediteur oder Frachtführer übergeben hat, ❹ und ❺, wird er die im Akkreditiv verlangten Dokumente zusammenstellen, sie der avisierenden Bank übergeben und im Gegenzug Zahlung verlangen ❻.

Die Akkreditivstelle (avisierende Bank) unterzieht die Dokumente einer genauen Prüfung. Geprüft wird anhand der Weisungen des Importeurs sowie anhand der ERA.

Besonders wichtige Punkte der Prüfung sind:
- rechtzeitige Einreichung der Dokumente
- Konnossemente müssen „clean" und vollständig eingereicht werden.
- Übereinstimmung der Warenangaben laut Akkreditiv mit den Dokumenten
- Einreichung der erforderlichen Dokumentenzahl

Dann wird die Akkreditivstelle in der im Akkreditiv vorgeschriebenen Weise zahlen ❼. Sie sendet die Dokumente an die Akkreditivbank (eröffnende Bank; Importbank) und erhält dafür den Gegenwert der Zahlung vergütet ❽.

Im Interesse des Käufers prüft die eröffnende Bank ihrerseits noch einmal, ob die Akkreditivbedingungen tatsächlich erfüllt sind. Sie händigt dann dem Käufer die Dokumente aus ❾ und belastet ihn für die erfolgte Zahlung ❿.

Akkreditiv-Formen

Nach den „Einheitlichen Richtlinien und Gebräuchen für Dokumenten-Akkreditive" (ERA) gibt es verschiedene Akkreditiv-Formen:
- **Das widerrufliche Akkreditiv** bietet dem Exporteur nicht immer ausreichende Sicherheit, weil es jederzeit vom Auftraggeber oder dessen Bank widerrufen (annulliert) oder geändert werden kann.
- **Das unwiderrufliche Akkreditiv** hingegen kann nicht widerrufen werden. Der Exporteur geht kein Risiko ein.
- **Das befristete Akkreditiv** hat nur bis zu einem bestimmten Termin Gültigkeit, d.h., nach Ablauf des genannten Termins kann das Akkreditiv widerrufen werden. Das befristete Akkreditiv hat den Zweck, den Lieferer (Exporteur) zur Einhaltung der vereinbarten Lieferfrist zu bewegen.
- **Das unbefristete Akkreditiv** kann ohne **Einwilligung** des Akkreditierten nicht widerrufen werden, wird jedoch nach sechs Monaten ungültig.
- **Das bestätigte Akkreditiv** beinhaltet die Zahlungsverpflichtung der Akkreditivbank. Die bestätigende Bank verbindet mit ihrem Bestätigungsvermerk ein abstraktes, d.h. vom Geschäft losgelöstes Schuldversprechen gegenüber dem Begünstigten. Daraus folgt, dass das bestätigte Akkreditiv immer unwiderruflich sein muss. Darüber hinaus ist es in der Praxis immer

befristet. Es ist die am häufigsten vorkommende Form des Akkreditivs.
- **Beim unbestätigten Akkreditiv** fehlt der Bestätigungsvermerk. Der Begünstigte wird lediglich durch Einschaltung einer anderen Bank vom Akkreditiv in Kenntnis gesetzt, d.h. avisiert.

Bedeutung des Dokumenten-Akkreditivs

- Das Akkreditiv ermöglicht ein Zug-um-Zug-Geschäft. Die Dokumente, die die Ware repräsentieren und zum Teil verkörpern (als Traditionspapiere), ermöglichen praktisch ein Geschäft „Ware gegen Geld".
- Der Exporteur ist durch das abstrakte Schuldversprechen einer oder zweier Banken (durch Bestätigung) gesichert.
- Der Importeur kann durch genaue Bestimmung von Art und Inhalt der Dokumente weitgehend sicherstellen, dass geliefert wird und dass die Lieferung mangelfrei erfolgt.
- Das Dokumenten-Akkreditiv ermöglicht bei gleicher Sicherheit kurz- und langfristige Finanzierungen.

Exportkreditversicherung

Deutsche Exporteure können sich beim Staat und bei privaten Versicherungsgesellschaften gegen Forderungsausfälle beim Handel mit ausländischen Geschäftspartnern absichern.

Staatliche Exportkreditversicherung

Die Bundesrepublik Deutschland übernimmt Exportkreditgarantien für die Forderungen deutscher Exporteure gegen ausländische Besteller aus Warenlieferungen oder Dienstleistungen. Die staatliche Exportkreditversicherung wird von der vom Bund beauftragten **Euler-Hermes Kreditversicherungs-Aktiengesellschaft** treuhänderisch wahrgenommen.

Exportkreditgarantie

Exportkreditgarantien (Hermesdeckung) sichern Exporteure gegen wirtschaftlich oder politisch bedingte Forderungsausfälle ab. Sie decken das wirtschaftliche Risiko der Zahlungsunfähigkeit des Schuldners und politische Risiken wie Zahlungsverbote, Konvertierungs- und Transferverzögerungen sowie hoheitliche Maßnahmen, die bei der Abwicklung eines Exportvertrages Schäden verursachen.

Die „Hermesdeckung" schützt Exportgeschäfte insbesondere in schwierigen und risikoreichen Märkten. Sie

kommt vor allem dort zum Zuge, wo private Exportkreditversicherungen kein entsprechendes oder ausreichendes Absicherungsangebot zur Verfügung stellen. Folglich konzentriert sich die staatliche Exportkreditversicherung des Bundes auf Exportkreditgarantien für Ausfuhren in Entwicklungs- und Schwellenländer.

Antragstellung

Die Anträge auf Gewährung von Exportkreditgarantien müssen bei der Euler-Hermes Kreditversicherungs-Aktiengesellschaft eingereicht werden, die im Namen und im Auftrag des Bundes arbeitet.

Eine Exportkreditgarantie wird nur gewährt, wenn
- die Ware überwiegend deutschen Ursprungs ist,
- der Käufer kreditwürdig ist,
- die wirtschaftlichen und politischen Verhältnisse im Käuferland ausreichend stabil sind,
- zwischen Exporteur und Käufer handelsübliche Zahlungsbedingungen vereinbart worden sind.

Die Anträge müssen vor Abschluss des Kaufvertrages gestellt worden sein. Sie müssen spätestens vor Beginn des Risikos gestellt werden. Bei Großgeschäften sollen die Anträge bereits während der Vertragsverhandlungen gestellt werden.

Lieferantenkreditdeckung

Die Lieferantenkreditdeckung bietet dem Exporteur Schutz vor einem Zahlungsausfall aufgrund
- der Insolvenz eines Bestellers,
- der Nichtzahlung der Forderung innerhalb von 6 Monaten nach Fälligkeit,
- staatlicher Maßnahmen und kriegerischer Ereignisse,
- der Nichtkonvertierung/-transferierung von Landeswährungsbeträgen,
- der Beschlagnahme der Ware aufgrund politischer Umstände,
- der Unmöglichkeit der Vertragserfüllung aufgrund politischer Umstände.

Die Lieferantenkreditdeckung ist möglich als
- Einzelgarantie,
- revolvierende Garantie oder
- Ausfuhr-Pauschal-Gewährleistung.

Die **Einzelgarantie** gilt für eine bestimmte, einmalige Forderung aus einem Vertrag.

Die **revolvierende Garantie** gilt für aufeinander folgende Forderungen an einen bestimmten Importeur zu meist kurzfristigen Zahlungsbedingungen.

Die **Ausfuhr-Pauschal-Gewährleistung** gilt für viele Exportforderungen unterschiedlicher Größenordnungen an mehrere Importeure in verschiedenen Ländern.

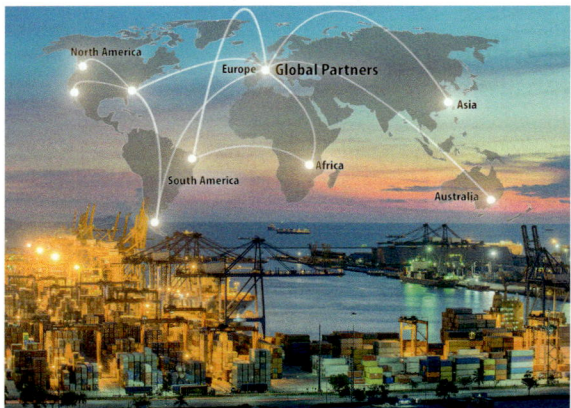

Fabrikationsrisikodeckung

Die Fabrikationsrisikodeckung bietet Schutz vor den finanziellen Folgen einer vorzeitigen Beendigung des Geschäfts, insbesondere aufgrund
- der Insolvenz des ausländischen Bestellers,
- der Lossagung vom Vertrag oder schwerwiegender Vertragsverletzungen,
- staatlicher Maßnahmen und kriegerischer Ereignisse,
- von Embargomaßnahmen, die in der Bundesrepublik Deutschland oder in am Exportgeschäft beteiligter Drittländer gelten,
- der Nichtzahlung von Stornierungskosten bzw. Teilvergütungsansprüchen nach einer berechtigten Kündigung durch den Besteller.

Selbstbeteiligung im Schadensfall

Wenn bei der Abwicklung des Exportgeschäfts ein Garantiefall eintritt, entschädigt der Bund nicht den gesamten Ausfall, sondern nur den Ausfall abzüglich einer

Selbstbeteiligung des Exporteurs. Die Selbstbeteiligung beträgt bei der Lieferantenkreditdeckung in der Regel für die politischen Risiken 5 % und für die wirtschaftlichen Risiken 15 % des Ausfalls. Bei Fabrikationsrisikodeckung beträgt die Selbstbeteiligung sowohl für die politischen als auch für die wirtschaftlichen Risiken 5 %.

Private Exportkreditversicherung

Außer bei der staatlichen Exportkreditversicherung des Bundes können sich Exporteure auch bei privaten Versicherungsgesellschaften gegen Forderungsausfälle bei Exportgeschäften versichern.

Private Exportkreditversicherungen bieten insbesondere folgende Versicherungsgesellschaften an:
- Coface Holding AG
- Euler Hermes Kreditversicherungs-AG
- R+V allgemeine Versicherung AG

Sie versichern Forderungsausfälle durch
- Insolvenzen,
- nachgewiesene uneinbringliche Forderungen,
- gerichtliche und außergerichtliche Vergleichsverfahren und
- fruchtlose Zwangsvollstreckungen.

Transportversicherung

Die Transportversicherung versichert die Transportmittel und die Transportgüter gegen die Gefahren, denen sie während des Transports zu Lande, zu Wasser und in der Luft ausgesetzt sind. Vor-, Zwischen- und Nachlagerungen von Waren werden mitversichert, soweit nicht ausdrücklich etwas anderes vereinbart ist.

> **BEISPIEL**
>
> Die Fairtext GmbH schließt eine Transportversicherung über Güter ab. Nach den Allgemeinen Deutschen Binnentransportversicherungsbedingungen hat der Versicherer folgende Leistungen im Falle einer Havarie[1] zu erbringen:
> - die Entschädigung der als Folge der versicherten Gefahren in Verlust geratenen oder beschädigten versicherten Güter,
> - den Beitrag, den der Versicherungsnehmer oder Versicherte zur großen Havarie zu leisten hat, sofern durch die Havarie-Maßregel ein dem Versicherer zur Last fallender Schaden abgewendet werden soll,
> - die Aufwendungen zur Abwendung oder Minderung des Schadens,
> - die Kosten der Schadensfeststellung durch Dritte.

Deckungsformen der Transportversicherung

Deckungsformen nach den DTV-Güterversicherungsbedingungen 2000/2011 (DTV-Güter 2000/2011)

Gemäß der DTV-Güterversicherungsbedingungen 2000/2011 sind die im Versicherungsvertrag genannten Güter und/oder sonstige Aufwendungen und Kosten versichert.

Nach den **DTV-Güterversicherungsbedingungen 2000/2011 (DTV-Güter 2000/2011)** kann der Versicherungsnehmer zwischen den Deckungsformen „volle Deckung" und „eingeschränkte Deckung" wählen.

Volle Deckung

Der Versicherer trägt alle Gefahren, denen die Güter während der Dauer der Versicherung ausgesetzt sind, sofern nichts anderes bestimmt ist. Der Versicherer leistet ohne Franchise[2] Ersatz für Verlust oder Beschädigung der versicherten Güter als Folge einer versicherten Gefahr.

Eingeschränkte Deckung

Bei eingeschränkter Deckung sind die im Vertrag genannten Güter und/oder sonstigen Aufwendungen und Kosten nur gegen die Folgen ausgewählter Ereignisse versichert.

Der Versicherer leistet ohne Franchise Ersatz für Verlust oder Beschädigung der versicherten Güter als Folge der nachstehenden Ereignisse:
- Unfall des die Güter befördernden Transportmittels. Ein Transportmittelunfall liegt auch vor bei Strandung, Auf-Grund-Stoßen, Kentern, Sinken, Scheitern oder Beschädigung des die Güter befördernden Schiffes durch Eis;
- Einsturz von Lagergebäuden;
- Brand, Blitzschlag, Explosion, Erdbeben, Seebeben, vulkanische Ausbrüche und sonstige Naturkatastro-

---

[1] Eine Havarie ist in der Schifffahrt ein Schaden, den ein Schiff oder seine Ladung während des Transports erleidet.
[2] Franchisen sind vertraglich vereinbarte Beträge oder Anteile, die der Versicherungsnehmer bei versicherten Schäden selbst trägt.

phen, Anprall oder Absturz eines Flugkörpers, seiner Teile oder seiner Ladung;
- Überbordwerfen, Überbordspülen oder Überbordgehen durch schweres Wetter;
- Aufopferung der Güter;
- Entladen, Zwischenlagern und Verladen von Gütern in einem Nothafen/Flughafen, der infolge des Eintritts einer versicherten Gefahr angelaufen oder infolge einer Notlandung eines Luftfahrzeugs angeflogen wurde;
- Totalverlust ganzer Kolli beim Be-, Um-, oder Entladen eines Transportmittels.

Ausgeschlossene Gefahren
Ausgeschlossen sind bei beiden Deckungsformen
- Risiken des Krieges, Bürgerkrieges oder kriegsähnlicher Ereignisse und solche, die sich unabhängig vom Kriegszustand aus der feindlichen Verwendung von Kriegswerkzeugen sowie aus dem Vorhandensein von Kriegswerkzeugen als Folge einer dieser Gefahren ergeben;
- Risiken durch Streik, Aussperrung, Arbeitsunruhen, terroristische oder politische Gewalthandlungen, Aufruhr und sonstige bürgerlichen Unruhen;
- Risiken der Beschlagnahme, Entziehung oder sonstiger Eingriffe durch staatliche Stellen;
- Risiken aus der Verwendung von chemischen, biologischen, biochemischen Substanzen oder elektromagnetischen Wellen als Waffen mit gemeingefährlicher Wirkung;
- Risiken der Kernenergie oder sonstiger ionisierender Strahlung;
- Risiken der Zahlungsunfähigkeit und des Zahlungsverzuges des Transporteurs.

Ausgeschlossener Schadenersatz
Bei beiden Deckungsformen muss der Versicherer keinen Ersatz für Schäden leisten, die durch
- eine Verzögerung der Reise,
- inneren Verderb oder die natürliche Beschaffenheit der Güter,
- handelsübliche Mengen-, Maß- und Gewichtsdifferenzen oder -verluste,
- normale Luftfeuchtigkeit oder gewöhnliche Temperaturschwankungen,
- nicht beanspruchungsgerechte Verpackung oder unsachgemäße Verladeweise

verursacht wurden.

Der Versicherer leistet keinen Ersatz für mittelbare Schäden aller Art, sofern nichts anderes vereinbart ist.

Bei den Waren-Versicherungsbedingungen des Gesamtverbandes der Deutschen Versicherungswirtschaft e. V. (GDV) handelt es sich um Musterbedingungen; eine vollständige Liste finden Sie im Internet unter: www.tis-gdv.de/tis/bedingungen/avb/ware/ware-html/ (DTV-Güterversicherungsbedingungen 2000/2011 (DTV-Güter 2000/2011).

Deckungsformen nach den Institute Cargo Clauses (ICC)
Internationale Versicherungsgesellschaften legen bei Transportversicherungen häufig die von der International Underwriting Association of London (IUA) herausgegebenen Klauseln für Transportversicherungsverträge (Institute Cargo Clauses) zugrunde. Diese Klauseln können auch für deutsche Transportversicherungen verwendet werden. In den Institute Cargo Clauses werden die drei Deckungsformen ICC A, ICC B Und ICC C unterschieden:

ICC (A)
Sie gewährt den umfangreichsten Versicherungsschutz nach dem All-Risk-Prinzip (Prinzip der Allgefahrendeckungen). Ihr Versicherungsschutz entspricht im Wesentlichen der vollen Deckung. Nicht versichert sind Sonderrisiken wie Krieg und Aufruhr. Diese können jedoch durch Zusatzklauseln wie „Institute War Clauses" oder „Institute Strike Clauses" versichert werden.

ICC (B)
Sie gewährt Versicherungsschutz für alle in der Police ausdrücklich genannten Risiken (Named-Peril-Prinzip):
- Feuer und Explosion,
- Stranden, Auf-Grund-Laufen oder Kentern des Schiffes,
- Überschlagen und Entgleisen von Landtransportmitteln,
- Kollision oder Berühren des Transportmittels mit anderen Gegenständen, ausgenommen Wasser,
- Entladen von Gütern in einem Nothafen,
- Aufopferung und Seewurf bei der Großen Havarie,

- Beiträge zur Großen Havarie und Bergungskosten,
- Überbordspülen,
- Erdbeben, Vulkanausbruch, Blitzschlag,
- Eindringen von See- und Flusswasser in das Transportmittel, den Container oder den Lagerplatz.

> **DEFINITION**
>
> Die **Große Havarie** betrifft Schäden, die durch die Rettung eines Schiffes und seiner Ladung entstehen. Sie umfasst auch die vom Kapitän bewusst verursachten Schäden, z. B. das Überbordwerfen von beförderten Gütern, um das Kentern des Schiffes zu verhindern.

Durch die beim Ausbruch des Eyjafjellajökull auf Island ausgetretene Vulkanasche wurde der Flugverkehr in weiten Teilen Europas eingestellt.

ICC (C)
Sie gewährt einen Mindestdeckungsschutz für genannte Schadenereignisse, wie z. B. Große Havarie, Feuer, Strandung, Transportmittelunfall, Seebeben usw.

Vertragsformen der Transportversicherung

Einzelversicherung
Sie ist ein Versicherungsvertrag über ein einmalig auftretendes Risiko.

> **BEISPIEL**
>
> Die Fairtext GmbH versichert den Transport der Lkw-Ladung mit Textilien, die am 13. Dezember zum Zentrallager einer Textileinzelhandelskette gefahren wird.

Laufende Versicherung
Sie erfasst sämtliche während der Laufzeit des Vertrags anfallenden Transporte. Es erübrigt sich dann, für jeden einzelnen Transport eine Versicherung abzuschließen, lediglich eine Anmeldung ist erforderlich. Die nachträglich zu zahlenden Prämien sind meistens ermäßigt.

> **BEISPIEL**
>
> Die Fairtext GmbH schließt mit einer General-Police eine laufende Versicherung für alle Auslieferungsfahrten des nächsten Jahres ab.

Abschreibungsversicherung
Für Transportfälle der Zukunft wird die Prämie vom vereinbarten Gesamtwert im Voraus erhoben und dann jede einzelne Beförderung einzeln abgeschrieben.

Versicherungspapiere

Versicherungspolice
Die vom Versicherer unterzeichnete Versicherungspolice beweist den Abschluss eines Versicherungsvertrages.

Die **Einzelpolice** dient als Beweisurkunde für die Versicherung einer einzelnen Warensendung.

Die **Generalpolice** ist der Nachweis für einen laufenden Versicherungsvertrag mit Versicherungsschutz für alle durchgeführten und beim Versicherer angemeldeten Warensendungen auf einen längeren Zeitraum.

Versicherungszertifikat
Das Versicherungszertifikat ist ein Auszug aus einem laufenden Versicherungsvertrag mit Versicherungsschutz für alle durchgeführten und beim Versicherer angemeldeten Warensendungen auf einen längeren Zeitraum. Es dient als Beweisurkunde für die Versicherung der einzelnen Warensendung.

Versicherungssumme und Versicherungswert

Wenn Sachwerte versichert werden sollen, muss vorher der von einem Schaden bedrohte Wert ermittelt werden.

Dieser sogenannte Versicherungswert wird nach den tatsächlichen Anschaffungs-, Wiederbeschaffungs- oder Wiederherstellungskosten berechnet.

Der Versicherungswert und die Versicherungssumme müssen stets genau übereinstimmen, da Abweichungen im Schadensfall Nachteile für den Versicherten zur Folge haben können.

LERNFELD 7

> **DEFINITION**
>
> Von einer **Unterversicherung** spricht man, wenn die Versicherungssumme unter dem Versicherungswert liegt.

Bei einer Unterversicherung wird im Schadensfall die Entschädigung im Verhältnis der Versicherungssumme zum Versicherungswert gekürzt.

Ist die Versicherungssumme höher als der Versicherungswert, so spricht man von einer Überversicherung. In diesem Fall bildet trotzdem der Betrag des Schadens die Höchstgrenze der Entschädigung: Der Groß- und Außenhändler gibt also Geld aus für die den wirklichen Wert übersteigende Versicherungssumme, ohne jemals dafür eine Gegenleistung zu erhalten.

AUFGABEN

1. Beurteilen Sie die Zahlungsbedingungen
   - Vorauszahlung,
   - Dokumenten-Akkreditiv,
   - Dokumente gegen Kasse,
   - Dokumente gegen Akzept und
   - offenes Zahlungsziel

   hinsichtlich

   a) der Risiken, die Importeur und Exporteur jeweils tragen müssen,

   b) der Finanzierungslast, die Importeur und Exporteur jeweils tragen müssen.

2. Schreiben Sie einen Angebotsbrief an die Impex, Basel.

3. Gegen welche Risiken kann sich ein Exporteur durch eine staatliche Exportgarantie absichern?

4. Wovor schützt die Lieferantenkreditdeckung den Exporteur?

5. Welchen Schutz gewährt die Fabrikationsrisikodeckung?

6. Wo müssen Anträge auf eine Exportgarantie eingereicht werden?

7. Gegen welche Risiken können sich Exporteure und Importeure mit einer Transportversicherung versichern?

8. Welche Gefahren trägt der Versicherer, wenn der Versicherungsnehmer die Deckungsform „volle Deckung" gewählt hat?

9. Gegen welche Schadensereignisse ist der Versicherungsnehmer versichert, wenn einen Versicherungsvertrag mit der Deckungsform „eingeschränkte Deckung" abschließt?

10. Welche Risiken sind sowohl bei der „vollen Deckung" als auch bei der „eingeschränkten Deckung" nicht versichert?

11. Unterscheiden Sie

    a) Einzelversicherung

    b) laufende Versicherung

    c) Abschreibungsversicherung

12. Unterscheiden Sie die Deckungsformen der Institute Cargo Clauses (ICC).

AKTIONEN

Die Fairtext GmbH erhält von der Impex, Basel, die nebenstehende Bestellung:

1. Stellen Sie die Abwicklung des in der Bestellung genannten Dokumenten-Akkreditivs auf einem Poster grafisch dar.

2. Erläutern Sie mithilfe des erstellten Posters die Abwicklung des Dokumenten-Akkreditivs in Ihrer Klasse.

3. Erläutern sie die Unterschiede zwischen Abwicklung des Dokumenten-Akkreditivs und des Dokumenteninkassos.

Impex · Rheinufer 12 · CH-4004 Basel

Fairtext GmbH
Walsroder Str. 6 a
D-30625 Hannover

Basel, 12. April 20..

Bestellung

Sehr geehrte Damen und Herren,

wir danken Ihnen für Ihr Angebot. Wir bestellen Herrenfreizeithemden Bestell-Nr. 4833

  je 50 Stück, Größe 39, 40, 41
  30 Stück, Größe 42
  20 Stück, Größe 43

zum Stückpreis von 24,00 € FCA Hannover, einschließlich Verpackung.

Lieferzeit: 14 Tage nach Auftragseingang

Zahlung: Eröffnung eines unwiderruflichen Dokumenten-Akkreditivs zu Ihren Gunsten bei der Internationalen Handels- und Kreditbank, 30175 Hannover

Mit freundlichen Grüßen

Impex – Basel

LERNFELD 7

ZUSAMMENFASSUNG

Risiken im Ausfuhrgeschäft

Risikoabsicherung durch **Vereinbarung geeigneter Zahlungsbedingungen**
- Vorauszahlung
- Dokumente gegen Kasse (D/P)
- offenes Zahlungsziel
- Zahlung aus einem Dokumenten-Akkreditiv
- Dokumente gegen Akzept (D/A)

Exportkreditversicherung

Exportkreditgarantie (Hermesdeckung)

Lieferantenkreditdeckung
Schutz vor Zahlungsausfall, möglich als
- Einzelgarantie
- revolvierende Garantie
- Ausfuhr-Pauschal-Gewährleistung

Fabrikationsrisikodeckung
Schutz vor den finanziellen Folgen einer vorzeitigen Beendigung des Geschäfts

Private Exportkreditversicherungen

versichern
- Forderungsausfälle durch Insolvenzen
- nachgewiesene uneinbringliche Forderungen
- gerichtliche und außergerichtliche Vergleichsverfahren
- fruchtlose Zwangsvollstreckungen

Transportversicherung

versichert die Transportmittel und die Transportgüter gegen die Gefahren, denen sie während des Transports zu Lande, zu Wasser und in der Luft ausgesetzt sind

Deckungsformen

nach den DTV-Güterversicherungsbedingungen 2000/2011 (DTV-Güter 2000/2011)
- volle Deckung: Versicherung gegen Gefahren, denen die Güter während der Dauer der Versicherung ausgesetzt sind
- eingeschränkte Deckung: Versicherung nur gegen die im Vertrag genannten Folgen ausgewählter Ereignisse

nach den Institute Cargo Clauses (ICC)
- ICC (A): umfangreichster Versicherungsschutz nach dem All-Risk-Prinzip (Allgefahrendeckung).
- ICC (B): Versicherungsschutz für alle in der Police ausdrücklich genannten Risiken (Named-Peril-Prinzip)
- ICC (C): Mindestdeckungsschutz für genannte Schadenereignisse

Vertragsformen

- Einzelversicherung
- Laufende Versicherung
- Abschreibungsversicherung

LERNFELD 7

KAPITEL 4
Warenhandel mit EU- und Drittländern

Anne Schulte und Mete Özcan arbeiten nun schon seit zwei Wochen in der Außenhandelsabteilung der Fairtext GmbH. Ihr Abteilungsleiter Herr Sieg gibt ihnen folgende Anfragen:

Aschauer Moden – Wien

Aschauer Moden · Hüttendorfer Str. 56 · A-1140 Wien

Textilgroßhandlung
Fairtext GmbH
Walsroder Str. 6 a
D-30625 Hannover

Wien, 30. Juli 20..

Anfrage

Sehr geehrte Damen und Herren,

wir haben uns im Internet über ihre aktuelle Sommerkleiderkollektion informiert. Der Artikel 5629 Sommerkleid aus 100 % Baumwolle hat uns sehr gefallen. Wir bitten Sie deshalb um ein Angebot für Ihr Sommerkleid aus 100 % Baumwolle, florales Muster, Artikel 5629, in den Größen 36, 38 und 40.

Mit freundlichen Grüßen

Aschauer Moden – Wien

Boutique Margot – Montreal

Boutique Margot · 1310 Sainte-Catherine Rue · H3G 1P6 Montreal

Textilgroßhandlung
Fairtext GmbH
Walsroder Str. 6 a
D-30625 Hannover

Montreal, 30. Juli 20..

Anfrage

Sehr geehrte Damen und Herren,

wir würden gerne Kleider aus Ihrer aktuellen Sommerkleiderkollektion in unser Sortiment aufnehmen. Wir interessieren uns besonders für Ihren Artikel 5629 Sommerkleid aus 100 % Baumwolle. Wir bitten Sie deshalb um ein Angebot für ihr Sommerkleid aus 100 % Baumwolle, florales Muster Artikel 5629 in den Größen 36, 38 und 40.

Mit freundlichen Grüßen

Boutique Margot – Montreal

Damit es beim Abschluss und der Erfüllung eines Kaufvertrags nicht zu Problemen kommt, muss die Fairtext GmbH vor dem Abschluss eines Kaufvertrags mit Aschauer Moden in Wien und mit der Boutique Margot in Montreal einige wichtige Aspekte klären.

Herr Sieg bittet Anne Schulte und Mete Özcan, die Fragen zusammenzustellen, die

- vor dem Abschluss eines Kaufvertrages mit Aschauer Moden
- vor dem Abschluss eines Kaufvertrages mit der Boutique Margot

geklärt werden müssen.

Versetzen Sie sich in die Rolle von Anne Schulte oder Mete Özcan und erfüllen Sie den Auftrag von Herrn Sieg.

INFORMATIONEN

Unter **Außenhandel** versteht man den Austausch von Gütern und Dienstleistungen zwischen verschiedenen Staaten. Die Planung und Durchführung eines Außenhandelsgeschäfts ist davon abhängig, ob die ausländischen Geschäftspartner ihren Sitz in einem Land des Zollgebiets der Europäischen Union oder in einem in einem Land haben, das nicht Mitglied der Europäischen Union ist.

Warenhandel mit Drittländern

> **DEFINITION**
>
> Immer wenn ein Unternehmen oder eine Person mit Sitz innerhalb des Zollgebiets der EU Handel mit einem Geschäftspartner mit Sitz außerhalb des Zollgebiets der EU treibt, handelt es sich um **Warenhandel mit Drittländern**.

Beim Warenhandel mit Drittländern muss jede Ware bei der Ein- und Ausfuhr von der Zollverwaltung erfasst und zollrechtlich behandelt werden können.

Für die zollamtliche Behandlung sind die EORI-Nummern der Wirtschaftsbeteiligten und die Waren- bzw. Zolltarifnummern der Waren, die aus- oder eingeführt werden sollen, erforderlich.

EORI-Nummer

> **DEFINITION**
>
> Die **EORI-Nummer** (**E**conomic **O**perator **R**egistration and **I**dentification Number) ist eine EU-weit eindeutige Nummer. Sie wird von einer Zollbehörde Personen zugewiesen, die im Rahmen ihrer Geschäftstätigkeit mit unter das Zollrecht fallenden Tätigkeiten befasst sind.

> **BEISPIEL**
>
> Die EORI-Nummer der Fairtext GmbH ist DE6115209

Personen, die in der Europäischen Union ansässig sind, müssen die EORI-Nummer in dem Mitgliedstaat der EU beantragen, in dem sie ansässig sind.

Die EORI-Nummer muss in schriftlichen und elektronischen Zollanmeldungen angegeben werden für

- den Anmelder und dessen Vertreter
- den Empfänger bei der Einfuhr
- den Versender/Ausführer und Subunternehmer bei der Versendung/Ausfuhr.

(Siehe dazu auch Lernfeld 7, Kapitel 6.)

Zolltarifnummer

> **DEFINITION**
>
> Die **Zolltarifnummer** ist die nummerische Codierung einer Ware. Sie ist das zentrale Ordnungsmerkmal im internationalen Handel.

Die Zolltarifnummer wird von der deutschen Zollbehörde auch **Nomenklaturnummer**, **Codenummer** oder **HS-Position** genannt. Das Statistische Bundesamt nennt sie Warennummer. International sind die Bezeichnungen HS-Code, Customs Tariff Code, Customs Tariff Number und Product Code für die Zolltarifnummer gebräuchlich.

Die Zolltarifnummer benötigt man für die

- Anmeldung der Ein- und Ausfuhren beim Zoll,
- Ermittlung der Einfuhrabgaben und ggf. Ausfuhrabgaben,
- Ermittlung eines eventuell bestehenden Einfuhr- oder Ausfuhrverbots oder Vorbehalts,
- Erstellung der Meldung für die Außenhandelsstatistik (Intrastat-Meldung),
- Bestimmung des Verbrauchsteuersatzes.

Auch im Rahmen des Warenursprungs- und Präferenzrechts wird die Zolltarifnummer benötigt.

Für die Ausfuhranmeldung und die Intrastat-Meldung wird die 8-stellige, für die Einfuhranmeldung die 11-stellige Warennummer bzw. Zolltarifnummer benötigt.

Die Ermittlung der Zolltarifnummer wird als **Tarifierung** oder Einreihung der Ware in den Zolltarif der Europäischen Union bezeichnet.

Die Zolltarifnummern (Codenummern) für Waren, die in die Europäische Union ein- oder ausgeführt werden sollen, können mithilfe der kostenlosen Auskunftssysteme

- TARIC (Integrierter Tarif der europäischen Gemeinschaft) und
- EZT-online (Elektronischer Zolltarif)

LERNFELD 7

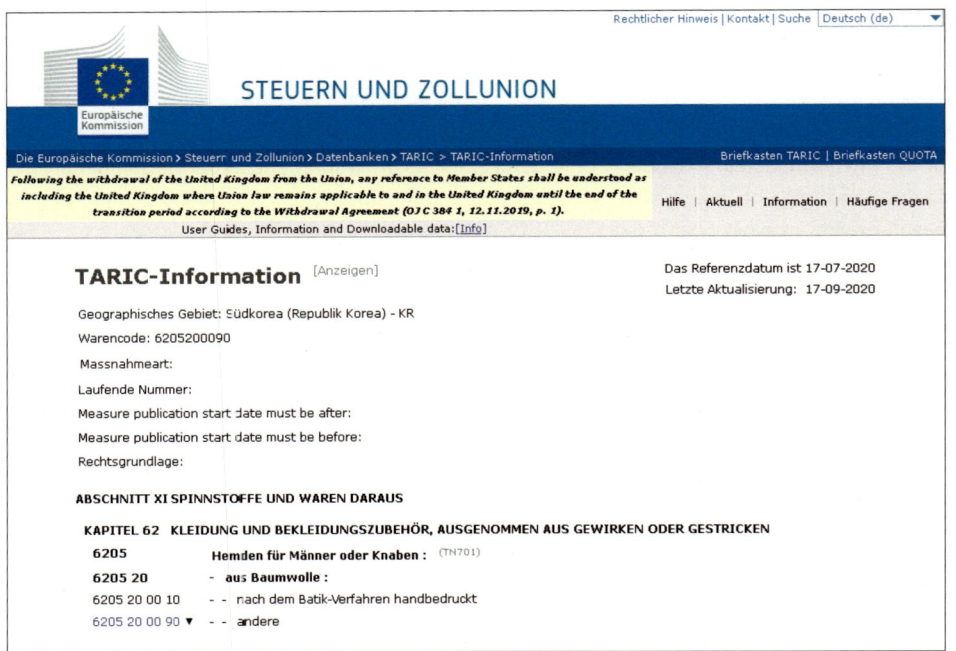

TARIC-Zollanwendung

und des Warenverzeichnisses für die Außenhandelsstatistik des Statischen Bundesamtes (Statis) ermittelt werden.

Mit den Auskunftssystemen TARIC und EZT-online können auch die Zollsätze und Handelsbeschränkungen für die Waren ermittelt werden.

Das Auskunftssystem EZT-online gibt zusätzlich noch Auskunft über nationale Daten, wie Einfuhrumsatzsteuersätze, Verbrauchsteuersätze und Verbote und Beschränkungen für den grenzüberschreitenden Warenverkehr.

Planung eines Ausfuhrgeschäfts

> **DEFINITION**
>
> Bei einem **Ausfuhrgeschäft** schließt ein im Inland ansässiges Unternehmen (Exporteur) einen Vertrag über die Lieferung von Gütern an ein Unternehmen (Importeur) ab, das seinen Geschäftssitz nicht im Zollgebiet der Europäischen Union hat (Drittland).

Vor dem Abschluss eines Kaufvertrags im Ausfuhrhandel sollte der Exporteur prüfen,
- ob ihm seine EORI-Nummer vorliegt,
- wie die Waren- bzw. Zolltarifnummer des Exportguts lautet (vgl. Lernfeld 7, Kapitel 6),
- ob die Ausfuhr des Exportguts genehmigungspflichtig ist (vgl. Lernfeld 2, Kapitel 17),
- wer mit dem Transport beauftragt werden soll (Spediteur, Verfrachter, Frachtführer) (vgl. Lernfeld 12 GH, Lernfeld 11 AH),
- wie die Ware transportiert werden kann bzw. muss (vgl. Lernfeld 12 GH, Lernfeld 11 AH),
- welche Lieferbedingungen gemäß Incoterms®2020 mit dem Importeur vereinbart werden sollen (vgl. Lernfeld 7, Kapitel 7),
- welche Dokumente für das Ausfuhrgeschäft erforderlich sind (vgl. Lernfeld 7, Kapitel 5),
- welche Einfuhrbestimmungen des Importlande beachtet werden müssen (vgl. Lernfeld 3, Kapitel 8),
- welche Abgaben bei der Ausfuhr und Einfuhr bezahlt werden müssen (vgl. Lernfeld 7, Kapitel 6),
- wo die Gestellung der Waren erfolgen soll (vgl. Lernfeld 7, Kapitel 6),
- wer für die Ausfuhrabwicklung zuständig ist (Mitarbeiter des eigenen Unternehmens, Spediteur, Zollagent),
- wie die Zollanmeldung/Ausfuhranmeldung erfolgen soll (vgl. Lernfeld 7, Kapitel 6).

Planung eines Einfuhrgeschäfts

> **DEFINITION**
>
> Bei einem **Einfuhrgeschäft** schließt ein im Inland ansässiges Unternehmen (Importeur) einen Vertrag über die Beschaffung von Gütern mit einem Unternehmen (Exporteur) ab, das seinen Geschäftssitz nicht im Zollgebiet der Europäischen Union hat.

Bevor der Importeur eine Ware bei einem ausländischen Lieferanten bestellt, sollte er klären,
- ob ihm seine EORI-Nummer vorliegt,
- wie die Waren- bzw. Zolltarifnummer für die zu beschaffende Importware lautet (vgl. Lernfeld 7, Kapitel 6),
- ob für die Einfuhr dieser Importware eine Einfuhrgenehmigung erforderlich ist (vgl. Lernfeld 3, Kapitel 8),
- ob es für die Einfuhr der Ware mengenmäßige Beschränkungen gibt (vgl. Lernfeld 3, Kapitel 8),
- wer mit dem Transport beauftragt werden soll (vgl. Lernfeld 12 GH, Lernfeld 11 AH),
- wie die Ware transportiert werden muss bzw. kann (vgl. Lernfeld 12 GH, Lernfeld 11 AH),
- welche Lieferbedingungen gemäß Incoterms®2020 mit dem Exporteur vereinbaren werden sollen (Lernfeld 7, Kapitel 7),
- welche Dokumente für die Einfuhr der Ware erforderlich sind (Lernfeld 7, Kapitel 5),
- ob für die Einfuhr ein Ursprungszeugnis oder eine Warenverkehrsbescheinigung erforderlich ist (Lernfeld 7, Kapitel 5),
- welche Einfuhrabgaben er für die Ware bezahlen muss (Lernfeld 7, Kapitel 6),
- wie die Zollanmeldung/Einfuhranmeldung erfolgen soll (Lernfeld 7, Kapitel 6),
- welche Angaben die Zollanmeldung enthalten muss (Lernfeld 7, Kapitel 6).

Warenhandel mit EU-Ländern

Gemeinschaftswaren (Unionswaren) können zwischen den EU-Mitgliedsstaaten ohne zollrechtliche Förmlichkeiten und Zollkontrollen gehandelt und befördert werden. EORI-Nummern und Zollanmeldungen sind damit beim Handel mit Gemeinschaftswaren im Zollgebiet der Europäischen Union nicht erforderlich.

Der Warenverkehr zwischen den EU-Mitgliedsstaaten ist für Gemeinschaftswaren zollfrei. Da es bisher noch nicht gelungen ist, die Umsatzsteuer zwischen den Mitgliedsländern zu harmonisieren, gibt es für die Umsatzsteuer zurzeit jedoch noch eine Übergangslösung: Die Lieferungen von Unternehmen an Unternehmen werden im Käuferland besteuert (**Erwerbsbesteuerung**).

> **DEFINITION**
>
> **Gemeinschaftswaren** sind Waren, die
> a) vollständig im Zollgebiet der Europäischen Union gewonnen oder hergestellt worden sind. Ihnen dürfen keine Waren aus Drittländern oder Gebieten, die nicht zum Zollgebiet der EU gehören, hinzugefügt worden sein.
> b) zwar aus einem Gebiet oder Land stammen, das nicht zum Zollgebiet der Europäischen Union gehört, die sich aber in einem Mitgliedstaat in „zollrechtlich freiem Verkehr" befinden;
> c) aus Waren gewonnen oder hergestellt wurden, die ausschließlich unter b) oder unter a) und b) genannt sind.[1]

Für die statistische Erfassung des Warenhandels zwischen den EU-Staaten muss eine **Intrastat-Meldung** abgegeben werden. Für die Intrastat-Meldung wird die 8-stellige Warennummer benötigt.

Innergemeinschaftliche Lieferung

> **DEFINITION**
>
> Wird eine Ware aus einem Land des Zollgebiets der EU in ein anderes Land des Zollgebiets der EU geliefert, liegt **eine innergemeinschaftliche Lieferung** vor.

Die innergemeinschaftliche Lieferung an ein Unternehmen ist umsatzsteuerfrei. Für die Umsatzsteuerbefreiung der innergemeinschaftlichen Lieferung müssen folgende Voraussetzungen erfüllt sein:
- Auf der Handelsrechnung müssen sowohl die Umsatzsteuer-Identifikationsnummer (USt-IdNr.) des Verkäufers als auch des Käufers angegeben sein. Damit wird nachgewiesen, dass es sich um eine Lieferung zwischen Unternehmen handelt. Deutsche Unternehmer können ihre USt-IdNr. beim Bundeszentralamt für Steuern beantragen. Das Antragsformular gibt es unter *www.bzst.de*.
- Die Ware wurde von dem Unternehmer in ein anderes Land der Europäischen Union geliefert.
- Der Lieferant muss nachweisen, dass die Ware tatsächlich in das andere EU-Land gelangt ist. Das kann

---

[1] vgl. Europa Zollportal: Definition Gemeinschaftswaren. In: zolltarifnummern.de. 10.05.2019 www.zolltarifnummern.de/info/abkuerzungen/576.

über die Transportunterlagen (z. B. Frachtbrief) oder die sogenannte „Gelangensbestätigung" erfolgen.
- Wenn der Transport einer Ware von einem EU-Land in ein anderes EU-Land über ein Drittland erfolgt, wie z. B. bei einem Transport von Deutschland über die Schweiz nach Italien, muss für die Ware ein T2L (Einheitspapier) erstellen werden. Mit diesem Papier wird dem dortigen Zoll bewiesen, dass die Ware sich im freien Verkehr der Gemeinschaft befindet (Gemeinschaftsware).

Innergemeinschaftlicher Erwerb

DEFINITION

Wird eine Ware in ein Land des Zollgebiets der EU aus einem anderen Land des Zollgebiets der EU eingeführt, liegt ein **innergemeinschaftlicher Erwerb** vor.

Beim innergemeinschaftlichen Erwerb muss der Leistungsempfänger eine **Erwerbssteuer** bezahlen. Für die Erwerbssteuer gilt der gleiche Steuersatz wie für die Umsatzsteuer im Land des Leistungsempfängers. Er beträgt in Deutschland also 19 % bzw. 7 %.

Bemessungsgrundlage der Erwerbssteuer ist das Entgelt. Zum Entgelt gehören alle Aufwendungen des Leistungsempfängers, um die Ware zu erhalten, abzüglich der Umsatzsteuer. Eventuell vom Leistungsempfänger zu zahlende Verbrauchsteuern müssen in die Bemessungsgrundlage einbezogen werden.

Die Erwerbssteuer entsteht mit Ausstellung der Rechnung, spätestens jedoch mit Ablauf des dem Erwerb folgenden Kalendermonats. Der Leistungsempfänger als Steuerschuldner muss die Erwerbssteuer in seiner Umsatzsteuer-Voranmeldung deklarieren.

Die Erwerbssteuer kann von dem Leistungsempfänger als Vorsteuer grundsätzlich in der Umsatzsteuer-Voranmeldung abgezogen werden, in der er Erwerbssteuer deklariert hat.

AUFGABEN

1. Für welche Außenhandelsgeschäfte benötigen Unternehmen, die ihren Geschäftssitz in der europäischen Union haben, eine EORI-Nummer?
2. Für welche Geschäfte benötigen Unternehmen mit Sitz in Deutschland eine Zolltarif- bzw. Warennummer?
3. Stellen Sie die Anforderungen im innergemeinschaftlichen Handel den Anforderungen im Handel mit Drittländern gegenüber.
4. Erläutern Sie die Besonderheiten des innergemeinschaftlichen Handels gegenüber dem innerdeutschen Handel.
5. Erläutern Sie die Voraussetzungen für eine Umsatzsteuerbefreiung einer innergemeinschaftlichen Lieferung.
6. Für wen besteht die Pflicht zu Erwerbssteuerzahlung?

AKTIONEN

1. Stellen Sie Informationen zusammen über:
   a) Informationsquellen über Auslandsmärkte,
   b) die Meldepflichten beim Handel innerhalb des EU-Binnenmarktes,
   c) den Aufbau des elektronischen Zolltarifs,
   d) wichtige Punkte, die bei der Vorbereitung internationaler Kaufverträge beachtet werden müssen.

   Nutzen Sie dazu die Broschüre „Export für Einsteiger" der Industrie- und Handelskammer Bonn/Rhein-Sieg als Informationsquelle. Diese Broschüre finden Sie im Internet unter
   https://www.ihk-bonn.de/fileadmin/dokumente/ Downloads/International/Export_Import/Bro schuere_Export_fuer_Einsteiger.pdf
   (Stand September 2020).

2. Präsentieren Sie die Informationen in Ihrer Klasse mit einem Präsentationsmittel Ihrer Wahl.

LERNFELD 7

ZUSAMMENFASSUNG

Warenhandel mit Drittländern

erfordert eine zollrechtliche Behandlung

Zu klärende Punkte beim

Ausfuhrgeschäft

- EORI-Nummer
- Waren- bzw. Zolltarifnummer des Exportguts
- Genehmigungspflicht der Ausfuhr
- Transportart und Transportbeauftragung
- Lieferbedingungen, die mit dem Importeur vereinbart werden sollen
- Zahlungsbedingungen, die gegenüber dem Importeur durchgesetzt werden sollen
- notwendige Dokumente
- Einfuhrbestimmungen des Importlands
- Einfuhrabgaben im Importland
- Ort der Gestellung des Exportguts
- Zuständigkeit für die Ausfuhrabwicklung
- Art Zollanmeldung

Einfuhrgeschäft

- EORI-Nummer
- Waren- bzw. Zolltarifnummer der Importware
- Genehmigungspflicht der Einfuhr
- Mengenmäßige Einfuhrbeschränkungen
- Transportart und Transportbeauftragung
- Lieferbedingungen, die mit dem Exporteur vereinbart werden sollen
- Zahlungsbedingungen, die gegenüber dem Exporteur durchgesetzt werden sollen
- notwendige Dokumente
- erforderliche Präferenznachweise
- Einfuhrabgaben
- Art der Zollanmeldung
- Angaben in der Zollanmeldung

Warenhandel mit EU-Ländern

keine zollrechtliche Behandlung

Intrastat-Meldung zur statistischen Erfassung des Warenhandels

Innergemeinschaftliche Lieferung

ist umsatzsteuerfrei, wenn
- Lieferung an Unternehmen erfolgt
- Handelsrechnung Umsatzsteuer-ID von Verkäufer und Käufer beinhaltet
- Nachweis erbracht wird, dass Ware in anderes EU-Land gelangt ist

Innergemeinschaftlicher Erwerb

unterliegt der Erwerbsbesteuerung

LERNFELD 7

KAPITEL 5
Dokumente im Außenhandel

Die Fairtext GmbH erhält die folgende Bestellung von der IMPEX – Basel.

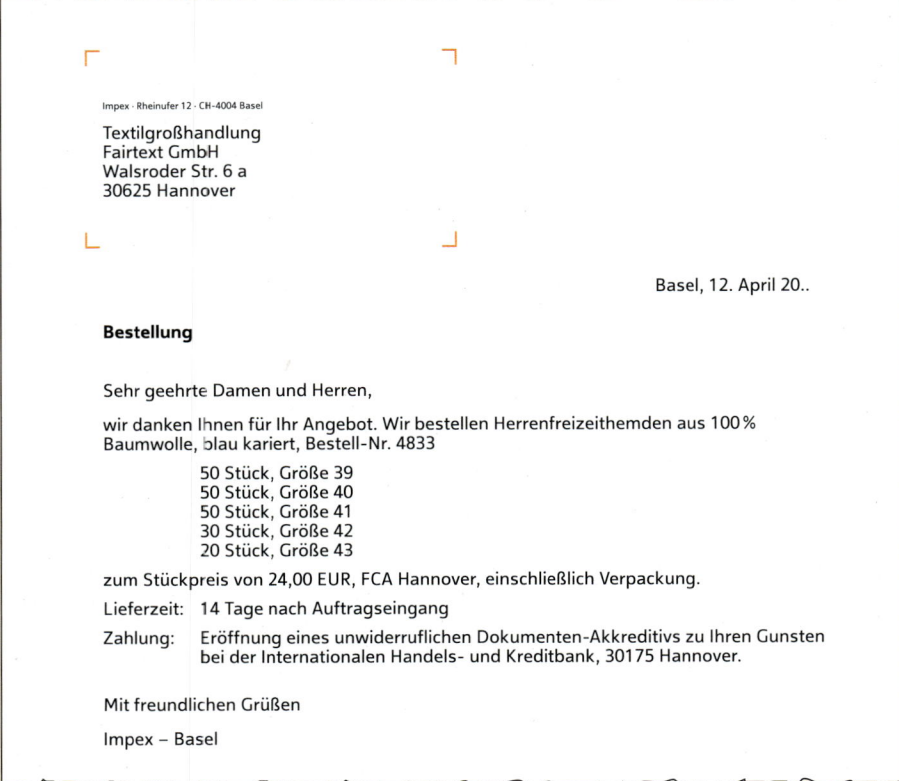

Herr Sieg bittet Anne Schulte und Sebastian Holpert, die folgenden Papiere zu erstellen oder zu beschaffen:
- die Papiere, die bei der Zollabfertigung im Inland vorgelegt werden müssen,
- die für die Einfuhr in die Schweiz erforderlichen Zollpapiere sowie
- die notwendigen Versand- und Versicherungspapiere.

Helfen Sie Anne Schulte und Sebastian Holpert und stellen Sie die oben genannten erforderlichen Papiere zusammen.

INFORMATIONEN

Bei der Erstellung und Beschaffung der notwendigen Dokumente müssen
- die Vertragsvereinbarungen zwischen Exporteur und Importeur,
- die Versandinstruktionen des Empfängers,
- die Ausfuhrbestimmungen des eigenen Landes und
- die Einfuhrbestimmungen des Empfängerlandes

berücksichtigt werden.

Einfuhrbestimmungen des Empfängerlandes

Die Einfuhrbestimmungen des Empfängerlandes enthalten – abgesehen von den Regelungen zu Importlizenzen, Einfuhrquoten, Devisengenehmigungen, Devisentransfergenehmigungen – Bestimmungen über die für die Verzollung erforderlichen Begleitpapiere, Verpackungs- und Markierungsvorschriften.

LERNFELD 7

BEISPIEL: EINFUHRBESTIMMUNGEN DER SCHWEIZ (AUSZUG)

Schweiz

Schweizerische Eidgenossenschaft
Confédération Suisse/Confederazione Svizzera
(mit Fürstentum Liechtenstein)
Switzerland

2 Dokumente

2.1 Eisenbahnverkehr/Straßenverkehr

2.1.1 Frachtbrief
a) für Güter: ein internationaler Frachtbrief für Frachtgut oder Eilgut;
b) für Expressgut: ein internationaler Expressgutschein.

Nachnahmen sind nur für Güter zugelassen, und zwar bis zum Wert des Gutes. Barvorschüsse sind nur für Güter zugelassen.

2.1.2 Handelsrechnungen
Handelsfaktura (zweifach), in der alle die Waren betreffenden Einzelheiten, wie z. B. Marke, Nummern, Anzahl und Art der Pakete, Produktbezeichnung (inkl. Menge, Brutto- bzw. Nettogewichten), Einzel-/Gesamtpreise, Währung, Absender und Empfänger mit Namen und Adressen, Ausstellungsdatum und -ort, Rechnungsnummer, Beförderungsart, Lieferbedingungen, Zahlungsbedingungen (auch Ursprungsland) aufzunehmen sind. Keine Bescheinigung. Unterschrift erwünscht, aber nicht vorgeschrieben. Dem Frachtführer (Bahn/Spediteur) ist zusätzlich eine Kopie der Handelsrechnung zu übergeben.

2.1.3 Ursprungszeugnisse
Ursprungszeugnis nur auf Anforderung.

2.1.4 Warenverkehrsbescheinigung
Warenverkehrsbescheinigung EUR.1 bzw. Präferenz-Ursprungsnachweis: Für alle Waren, die unter die zwischen der EU und der Schweiz vereinbarte Ursprungsregelung fallen, gilt: Ab einem Warensendungswert über € 6.000,– ist eine EUR.1 erforderlich (Ausstellung durch Zollstellen nach Ausfüllen durch Exporteur), für Sendungen bis zum o. g. Wert ist vom Ausführer folgende Erklärung in eines der Handelsdokumente aufzunehmen:
„The exporter of the products covered by this document (customs authorisation No …) declares that, except where otherwise clearly indicated, these products are of … preferential origin."
Ort, Datum, Unterschrift. Der Name des Unterzeichners ist in Druckbuchstaben zu wiederholen. Ursprungserzeugnisse aus Ceuta und Melilla sind mit „CM" zu kennzeichnen.
Fällt die Lieferung unter die Pan-Europa-Mittelmeer-Kumulierung, erfolgt der Präferenznachweis entweder durch eine Warenverkehrsbescheinigung EUR-MED oder es ist eine Erklärung auf der Rechnung EUR-MED erforderlich, die um den zutreffenden der beiden folgenden Vermerke zu ergänzen ist:
– bei Kumulierung: „cumulation applied with …" (Namen der Länder)
– ohne Kumulierung: „no cumulation applied"

2.1.5 Gesundheitszeugnisse
Veterinärbescheinigungen für gewerbliche Tierimporte werden von den Behörden mit TRACES ausgestellt. Diese signierte Urkunde muss den Transport begleiten. Ein Gesundheitszeugnis einer amtlichen Pflanzenschutzstelle für Pflanzen, pflanzliche Erzeugnisse, Gemüse und Obst aus Drittstaaten erforderlich. Für manche EU-Produkte ist ein Pflanzenpass notwendig.
Für Holz und Holzprodukte besteht Deklarationspflicht.

2.2 Seefrachten
Seehafen: Keiner

2.3 Luftfrachten
Zollflughäfen: Basel, Bern, Genf, Lugano, Zürich

2.3.1 Luftfrachtbrief
Eine Ausfertigung des Luftfrachtbriefes. Kopie der Handelsrechnung ist dem Luftfrachtbrief anzuheften.

2.3.2–2.3.5
Siehe unter Eisenbahnverkehr 2.1.2–2.1.5.

2.4 Postverkehr

2.4.1 Paketkarte
Paketkartenset mit einer Zollinhaltserklärung in Englisch, Französisch, Deutsch oder Italienisch. Höchstgewicht 31,5 kg. Kopie der Handelsrechnung ist den Papieren anzuheften (ggf. auch Ursprungszeugnis).

2.4.2–2.4.5
Siehe unter Eisenbahnverkehr 2.1.2–2.1.5.

Quelle: ecomed-Storck GmbH: Handbuch für Export und Versand 2020. 69. Auflage. Hamburg: Storck Verlag 2020, Seite 588f.

LERNFELD 7

Zollpapiere

Handelsrechnung (Commercial Invoice)

Die Handelsrechnung (Handelsfaktura) dient nicht nur der Rechnungsstellung, sondern auch als Unterlage für die zollamtliche Behandlung im Einfuhrland.

Die Handelsrechnung soll alle Einzelheiten der Warensendung enthalten.

Pflichtangaben auf der Rechnung sind
- vollständiger Name und Adresse des liefernden Unternehmens und des Kunden,
- Steuernummer oder Umsatzsteuer-Identifikationsnummer,
- Handelsregisternummer,
- Kennzeichnung „Handelsrechnung" oder „invoice",
- Rechnungsnummer,
- Ausstellungsdatum der Rechnung,
- Menge und handelsübliche Warenbezeichnung,
- Zeitpunkt der Lieferung oder Leistung,
- nach Steuersätzen und -befreiungen aufgeschlüsseltes Entgelt,
- Entgelt und hierauf entfallender Steuerbetrag sowie Hinweis auf Steuerbefreiung,
- evtl. Hinweis auf Steuerschuld des Leistungsempfängers,

Weitere Grundangaben sind
- Bankverbindung des Absenders,
- Einzel- und Gesamtpreis,
- Ggf. Transport- und Versicherungskosten,
- Lieferbedingungen (Incoterm®-Klausel),
- Zahlungsbedingungen,
- Versandart mit Angabe der Verschiffungsdaten, Flugnummer oder Luftfrachtbrief-Nr. etc.,
- Verpackungsdaten.

Zusätzliche Angaben sind
- Eides- und Schwurklauseln, Ursprungserklärungen sofern vom Bestimmungsland gefordert,
- Angaben, die durch den Vertrag und ggf. im Akkreditiv verlangt werden (z.B. Erklärungen zur Ordnungsmäßigkeit der Preise. Herstellererklärung),
- Zolltarifnummer.

Legalisierte Handelsrechnung

Einiger Länder schreiben für die Einfuhr eine legalisierte Handelsrechnung vor. In einer legalisierten Handelsrechnung beglaubigt die Industrie- und Handelskammer die Erklärungen des Exporteurs in der Handelsrechnung und legalisiert sie damit.

Pro-forma-Rechnung

Im Gegensatz zur Handelsrechnung wird durch die Pro-forma-Rechnung keine Zahlung veranlasst.

Pro-forma-Rechnungen werden hauptsächlich für Zollzwecke bei kostenlosen Lieferungen ausgestellt, z.B.
- bei kostenlosen Mustersendungen
- bei kostenlosen Ersatzteilsendungen
- für die vorübergehende Verwendung von Waren im Ausland.

Außerdem verlangen Käufer in verschiedenen Ländern Angebote in Form einer Pro-forma-Rechnung. Sie benötigen diese Pro-forma-Rechnung für die Zuteilung von Devisen, zur Eröffnung eines Akkreditivs oder für die Erteilung einer eine Importlizenz.

Konsulatsfaktura (Consular Invoice)

Die Konsulatsfaktura hat grundsätzlich den gleichen Inhalt wie die Handelsrechnung. Die Konsulatsfaktura muss auf einem vorgeschriebenen Formular, das vom Konsulat des Einfuhrlandes bezogen wird, in einer vorgeschriebenen Sprache ausgestellt werden. Die Konsulatsfaktura muss dem Konsulat des Ausfuhrlandes zur Beglaubigung vorgelegt werden.

Zollfaktura (Customs Invoice)

Die Zollfaktura enthält im Wesentlichen die gleichen Punkte wie die Konsulatsfaktura. Sie muss auf Formularen der Zollämter des Einfuhrlandes ausgestellt werden. Eine Beglaubigung durch ein Konsulat ist jedoch nicht erforderlich.

Ursprungszeugnis

Das Ursprungszeugnis bezeichnet die Herkunft der Ware.

Die Notwendigkeit eines Ursprungszeugnisses ergibt sich aus den Einfuhrbestimmungen des Einfuhrlandes: Ist im Einfuhrland die Wareneinfuhr aus bestimmten Ländern gesperrt oder kontingentiert (beschränkt), so wird zur Überwachung dieser Einfuhrsperre oder Einfuhrkontingente ein Ursprungszeugnis verlangt.

BEISPIEL HANDELSRECHNUNG

Textilgroßhandlung Fairtext GmbH Walsroder Str. 6 a 30625 Hannover	Hannover, 03.08.20.. Telefon: 0511 4155-15 Telefax: 0511 4155-11
Impex Rheinufer 12 CH-4027 Basel Schweiz	Your order no. 4833 30.07.20..

Handelsrechnung/Invoice no. 538

Pos. Nr./ item no.	Warenbezeichnung/ description of goods	Einzelpreis/ unit price	Gesamtpreis/ total price
		EURO	EURO
1	50 Stück Herrenhemden, 100 % Baumwolle, blau kariert, Größe 39	24,00	1.200,00
2	50 Stück Herrenhemden, 100 % Baumwolle, blau kariert, Größe 40	24,00	1.200,00
3	50 Stück Herrenhemden, 100 % Baumwolle, blau kariert, Größe 41	24,00	1.200,00
4	30 Stück Herrenhemden, 100 % Baumwolle, blau kariert, Größe 39	24,00	720,00
5	20 Stück Herrenhemden, 100 % Baumwolle, blau kariert, Größe 39	24,00	480,00
	FCA Hannover Flughafen, Incoterms 2020	total	4.800,00
	Verpackt in 4 Kartons 560 x 300 x 200 mm Bruttogesamtgewicht: 32 kg Nettogesamtgewicht: 30 kg		
	Flug: LH 345 am 28.07.20..		
	Zahlung: unwiderrufliches Dokumenten-Akkreditiv zu unseren Gunsten bei der Internationalen Handels- und Kreditbank, 30175 Hannover		
	Umsatzsteuerfreie Ausfuhr		
	Fairtext GmbH		
	Sieg, Exportmanager		

Commerzbank
BIC: COBADEFF
IBAN: DE09 2504 0066 0141 9191 00
Handelsregister Hannover Nummer HRB 200147
UST-ID: DE 183 034 912

LERNFELD 7

1 Absender - *Consignor - Expéditeur - Expedidor* Gerhard Beyer Am Leineufer 5-8 30419 Hannover	**L** **ORIGINAL** **EUROPÄISCHE UNION** EUROPEAN UNION - UNION EUROPEENNE - UNION EUROPEA **URSPRUNGSZEUGNIS** CERTIFICATE OF ORIGIN - CERTIFICAT D'ORIGINE CERTIFICADO DE ORIGEN
2 Empfänger - *Consignee - Destinataire - Destinatario* Sucrerie de Bir-Jdid Bir-Jdid/Maroc	**3** Ursprungsland - *Country of origin - Pays d'origine - Pais de origen* Républic Fedérale d'Allemagne/ Union Euroéene
4 Angaben über die Beförderung - *means of transport - expédition - expedición*	**5** Bemerkungen - *remarks - observations - observaciones*
6 Laufende Nummer; Zeichen, Nummern, Anzahl und Art der Packstücke; Warenbezeichnung *Item no., marks, nos., number and kind of packages, description of goods* *No. de pos., marquage, nos., nombre et nature des colis, description de marchandises* *No. de orden, marcas, nos., cantidad y naturaleza de los bultos, descripción de las mercancías* 1 Sucrerie de Bir-Jdid, Maroc 1 Caisse Rechanges pour reducteur	**7** Menge *Quantity* *Quantité* *Cantidad* 207 kg
8 DIE UNTERZEICHNENDE STELLE BESCHEINIGT, DASS DIE OBEN BEZEICHNETEN WAREN IHREN URSPRUNG IN DEM IN FELD 3 GENANNTEN LAND HABEN *The undersigned authority certifies that the goods described above originate in the country shown in box 3* *L'autorité soussignée certifie que les marchandises désignées ci-dessus sont originaires du pays figurant dans la case No. 3* *La autoridad infrascrita certifica que las mercancías arriba mencionadas son originarias del país que figura en la casilla no. 3* Hannover, 20..-03-19	
Ort und Datum der Ausstellung; Bezeichnung, Unterschrift und Stempel der zuständigen Stelle *Place and date of issue, name, signature and stamp of competent authority*	Lieu et date de délivrance; désignation, signature et cachet de l'autorité compétente Lugar y fecha de expedición; nombre, firma y sello de la autoridad competente

Genehmigung durch den Deutschen Industrie- und Handelskammertag e. V. (DIHK) am 27.04.2016

Ursprungszeugnisse werden auch zur Erfüllung privatrechtlicher Verpflichtungen benötigt, z. B.
- zur Inanspruchnahme von Zollermäßigungen,
- als Ursprungsnachweis im Rahmen von Exportkreditversicherungen,
- zur Durchführung von Preis- und Qualitätskontrollen,
- für Akkreditive.

Das Ursprungszeugnis ist ein Formblatt, das im Ursprungsland von einer befugten Stelle unterzeichnet werden muss.

In der Europäischen Union werden Ursprungszeugnisse von Industrie- und Handelskammern, Handwerks- oder Landwirtschaftskammern ausgestellt.

Ursprungserklärung

Wenn ein Exporteur präferenzbegünstig (zollfrei oder zollvergünstigt) in einen Drittstaat ausführen will, kann er hierzu auf der Handelsrechnung eine Ursprungserklärung (UE) abgegeben. Mit dieser Ursprungserklärung bestätigt er den präferenziellen Ursprung der Ware. Die Ursprungserklärung ersetzt in diesem Fall die Warenverkehrsbescheinigung EUR.1.

> **BEISPIEL**
>
> Für die präferenzbegünstige Ausfuhr von Sendungen in die Schweiz ist bis zum Wert von 6.000,00 EUR vom Ausführer folgende Erklärung in eines der Handelsdokumente aufzunehmen:
>
> „The exporter of the products covered by this document (customs authorisation No ...) declares that, except where otherwise clearly indicated, these products are of ... preferential origin."

Bis zu einem Warenwert von 6.000,00 Euro kann jeder Exporteur die Ursprungserklärung eigenverantwortlich auf die Handelsrechnung setzen. Ab einem Warenwert von 6.000,00 Euro dürfen dies nur sogenannte Ermächtigte Ausführer (EA). Ermächtigte Ausführer sind Unternehmen, die vorher vom Zoll eine entsprechende Bewilligung erhalten haben.

Warenverkehrsbescheinigung

Warenverkehrsbescheinigungen werden im Verkehr mit Ländern verwendet, die ein Präferenz-, Freihandels- oder besondere Handelsabkommen mit der EU geschlossen haben.

Die Warenverkehrsbescheinigung ist eine Erklärung, dass die Ware in einem EU-Land hergestellt wurde oder in der EU zollamtlich zum freien Verkehr freigegeben ist. Die Erklärung ist auf dem Formular EUR.1 abzugeben. Sie muss von der zuständigen Versandzollstelle bestätigt werden. Die Warenverkehrsbescheinigung EUR.1 gilt in den EU-Mitgliedsstaaten, den EFTA-Staaten und weiteren Ländern.

> **BEISPIEL**
>
> Für alle Waren, die unter die zwischen der EU und der Schweiz vereinbarte Ursprungsregelung fallen, gilt: Ab einem Warensendungswert über EUR 6.000,00 ist eine EUR.1 erforderlich (Ausstellung durch Zollstellen nach Ausfüllen durch Exporteur).

Beim Warenverkehr zwischen der Europäischen Union und den Staaten des Systems der Paneuropäischen Mittelmeerkumulierung ist die Warenverkehrsbescheinigung EUR-MED als förmlicher Präferenznachweis erforderlich.

Beim Warenverkehr mit der Türkei benötigt man die Warenverkehrsbescheinigung A.TR.

Für den Warenverkehr der Europäischen Union mit Entwicklungsländern gilt das Ursprungszeugnis Form A als Präferenznachweis.

Die Warenverkehrsbescheinigung benötigt der Importeur, um in den Genuss der Zollfreiheit oder eines Vorzugszolles zu kommen.

Inspektionszertifikat

Das Inspektionszertifikat weist nach, dass die verpackte Ware vor dem Versand geprüft wurde und mit der Bestellung bzw. den Einfuhrvorschriften des Importlandes übereinstimmt.

In der Regel werden die Inspektionszertifikate von befugten Prüfungsinstituten ausgestellt.

Inspektionszertifikate werden verlangt,
- weil der Importeur die Sicherheit haben möchte, dass die Ware im vertraglich vereinbarten Umfang und der vereinbarten Qualität geliefert wird;
- damit keine vorgetäuschten Geschäfte abgewickelt werden, um Devisen illegal ins Ausland zu transferieren;

LERNFELD 7

- damit keine Unterfakturierung erfolgt, um Zoll und Abgaben zu verringern.

Die Inspektionszertifikate werden in der Regel von dazu befugten Prüfungsinstituten erstellt.

Packliste

Packlisten listen die beförderten Waren pro Frachtstück (Kisten, Pakete, Paletten, Container, Collies usw.) nach Art, Gewichten und Stückzahl für Zoll- und Versicherungszwecke detailliert auf. Sie enthalten u. a. Angaben zur Art der Ware, zu Codenummern, Markierung, Anzahl, Größe, Brutto- und Nettogewicht.

Versandpapiere

Konnossement (Bill of Lading)

Grundlage für die Ausstellung eines Konnossements ist ein Seefrachtvertrag. Der Seefrachtvertrag wird zwischen dem **Befrachter** (shipper) und dem **Verfrachter** (carrier) zugunsten eines Empfängers abgeschlossen. Befrachter sind häufig Exporteure und Spediteure. Verfrachter sind Reeder als Schiffseigner oder Charterer.

Das im Seeverkehr benutzte Konnossement beweist den Versand der Ware. Es verschafft dem rechtmäßigen Inhaber das Eigentum an dem versandten Gut. Das Konnossement kann, sofern es an Order ausgestellt wurde, mittels eines Indossaments übertragen werden.

Das Konnossement ist ein **Dispositionspapier**. Es bietet die Möglichkeit, mittels des Dokuments über die Sache selbst zu verfügen. Durch die Weitergabe des Konnossements wird das Eigentum am Verladegut übertragen. Das Eigentum an der Ware, die durch das Konnossement repräsentiert wird, kann so schon auf einen Käufer übertragen werden, bevor die Ware den Käufer erreicht.

Das Konnossement wird in mehreren Originalen und Kopien vom Verfrachter (Reederei) ausgestellt. Die Anzahl kann der Ablader festgelegen. In der Regel werden drei Originale ausgestellt. Die einzelnen Ausfertigungen müssen in allen Punkten übereinstimmen und ihre Anzahl muss auf jeder Ausfertigung angegeben sein.

Inhalte des Konnossements

Das Konnossement soll (gemäß § 515 HGB) folgende Angaben enthalten:

1. Ort und Tag der Ausstellung
2. Name und Anschrift des Abladers
3. Name des Schiffes
4. Name und Anschrift des Verfrachters
5. Abladungshafen und Bestimmungsort
6. Name und Anschrift des Empfängers und eine etwaige Meldeadresse
7. Art des Gutes und dessen äußerlich erkennbare Verfassung und Beschaffenheit
8. Maß, Zahl oder Gewicht des Gutes und dauerhafte und lesbare Merkzeichen

---

Meyer & Co. Bremen — **Bill of Lading**

Shipper	Booking No.	Bill of Lading No.
Meyer & Co. Bremen		116

Consignee	Point and Country of Origin of Goods
to the order of National Bank of Oman LTD P.O. Box 918 Muscat Sultanate of Oman	

Notify Party	Also Notify Party-Routing & Instructions
Water LTD Post Box No. 1523 Muscat Sultanate of Oman	

Ocean Vessel	Port of Loading	Loading Pier/Terminal	Port of Discharge
„Devon"	Bremen		Muscat

Marks & Numbers Container	Number and kind of packages	Description of Packages and Goods	Gross Weight	Measurement
P/O No. 6-8.342 WATER MUSCAT; OMAN	1 Bundle	sheets S.T.C. 5 pieces „FREIGHT PAID" „DRAWN UNDER DOCUMENTARY CREDIT No. 801001345/C"	18.000 kg	

Received the described goods or packages or containers said to contain goods, in apparent good order and condition, unless otherwise indicated, to be transported and delivered as herein provided.

The receipt, custody, carriage and delivery of the goods are subject tom the terms appearing on the face and back hereof and to the Carrier's applicable tariff.

In witness whereof __3__ original bills of lading have been signed, one of which being accomplished, the other(s) to be void.

Freight & Charges payable at/by	Signed
Bremerhaven	*Henning Meyer*

9. die bei der Abfertigung geschuldete Fracht, bis zur Ablieferung angefallene Kosten sowie einen Vermerk über die Frachtzahlung
10. Zahl der Ausfertigungen

Die Angaben nach Nummer 7 und 8 müssen auf Verlangen des Abladers so in das Konnossement aufgenommen werden, wie er sie dem Verfrachter vor der Übernahme des Gutes in Textform mitgeteilt hat.

Arten des Konnossements

Inhaberkonnossement
Das Inhaberkonnossement enthält weder den Namen des berechtigten Empfängers noch eine Orderklausel. Berechtigter Empfänger ist derjenige, der das Konnossement vorlegt. Eine Legitimationsprüfung kann mit einem Inhaberkonnossement wegen des Fehlens des Namens des Empfängers nicht durchgeführt werden.

Orderkonnossement
Durch eine Orderklausel wird das Konnossement zum Orderpapier. Gemeint ist hier die Order des Empfängers. Wenn im Konnossement kein Empfänger benannt ist, gilt die Order des Abladers. Die Rechte aus dem Konnossement können durch Indossament übertragen werden. Ein Orderkonnossement wird durch ein Blankoindossament zum Inhaberkonnossement.

Namenskonnossement
Ein Namenskonnossement (auch Rektakonnossement) enthält den Namen des Empfängers ohne eine Orderklausel. Nur der namentlich genannte Empfänger ist zur Abnahme der Güter im Empfangshafen berechtigt. Eine Übertragung der Ansprüche aus einem Namenskonnossement auf einen Dritten ist aber durch eine Abtretungserklärung des Empfängers möglich.

Mate's Receipt
Die Mate's Receipt (Steuermannsquittung) ist eine vorläufige Bescheinigung über den Empfang der Ware an Bord des Schiffes.

Übernahmekonnossement (Empfangskonnossement, Received for Shipment B/L)
Das Übernahmekonnossement ist eine Bestätigung des Reeders, die Waren zur Verschiffung übernommen zu haben. Das Übernahmekonnossement kann nach der Verladung der Güter mit dem Vermerk „an Bord" (shipped on bord) in ein Bordkonnossement umgewandelt werden.

Bordkonnossement (Verladekonnossement, On Board B/L, Shipped on Board B/L)
Das Bordkonnossement bescheinigt, dass sich die Ware zur Verschiffung an Bord des genannten Schiffes befindet. Das Bordkonnossement wird besonders bei Akkreditivgeschäften von den Banken verlangt. Denn hieraus erkennt die Bank, ob der im Kaufvertrag vereinbarte Liefertermin eingehalten wird.

Durchfrachtkonnossement (Through Bills of Lading)
Ein Durchfrachtkonnossement wird ausgestellt, wenn mehrere Verfrachter an einem Schiffstransport beteiligt sind,

Konnossement-Teilscheine
Konnossement-Teilscheine werden eingesetzt, wenn die in einem Gesamtkonnossement verbrieften Warensendungen an mehrere Abnehmer verteilt werden sollen.

Formen des Konnossement-Teilscheins sind der
- Kai-Teilschein,
- Reederei-Lieferschein,
- Konnossement-Anteilsschein.

Die **Kai-Teilscheine** werden vom Besitzer des Originalkonnossements ausgestellt. Die Ware wird erst dann gegen Vorlage der Kai-Teilscheine am Kai ausgeliefert, wenn das durch die Reederei (Schiffsmakler) freigestempelte Originalkonnossement der Kaiverwaltung vorliegt.

Beim **Reederei-Lieferschein** gibt der Importeur der Reederei das Konnossement zurück und lässt sich dafür Lieferscheine ausstellen. Die Anzahl und der Inhalt der Reederei-Lieferscheine sind abhängig vom Abnehmerkreis und dessen Nachfrage. Die Ware wird am Kai gegen Rückgabe des Reederei-Lieferscheins herausgegeben.

Beim **Konnossement-Anteilschein** geht das Konnossement auf den Konnossementhalter (Bank, Spediteur, Lagerhalter usw.) über, der mit der Aufteilung beauftragt worden ist. Das Konnossement wird bei dieser Form des Konnossement-Teilscheins nicht wie bei den anderen Formen der Konnossement-Teilscheine aus dem Verkehr gezogen.

Seefrachtbrief (Sea Waybill)

Ein Seefrachtbrief (Sea Waybill, auch Express-B/L oder Express Cargo Bill genannt) kann anstelle eines Konnossements ausgestellt werden. Er ist Warenbegleitpapier und eine Abladebestätigung des Verfrachters, dass er die Transportgüter empfangen hat. Für den Verfrachter ist der Seefrachtbrief ein Anweisungspapier des Abladers, die Güter an den Empfänger auszuliefern. Er ist ein Sperrpapier, jedoch kein Wertpapier oder Traditionspapier. Er kann somit auch nicht „an Order" ausgestellt werden.

Ladeschein

Der Ladeschein ist das Konnossement des Binnenschifffahrtverkehrs. Er wird vom Frachtführer ausgestellt. Der Ladeschein verschafft wie das Konnossement bei Seeverkehr dem rechtmäßigen Eigentümer das Eigentum am Verladegut.

Internationaler Eisenbahnfrachtbrief (CIM)

Der internationale Eisenbahnfrachtbrief (CIM-Frachtbrief) muss vom Versender in fünffacher Ausfertigung ausgestellt werden:

1. **Ausfertigung = Frachtbrief**, begleitet das Frachtgut und wird dem Empfänger mit der Ware ausgehändigt.
2. **Ausfertigung = Frachtkarte**, dient als Abrechnungsblatt.
3. **Ausfertigung = Empfangsschein**, ist für den Empfangsbahnhof bestimmt.
4. **Ausfertigung = Frachtbriefdoppel**, wird dem Versender nach Übergabe des Frachtguts an den Bahnfrachtführer ausgehändigt.
5. **Ausfertigung = Versandschein**, verbleibt beim Versandbahnhof.

Der Eisenbahnfrachtbrief beweist die Übergabe des Guts an den Frachtführer zur Beförderung. Das Frachtbriefdoppel ist ein Verfügungspapier mit begrenzter Sperrwirkung, d. h. der Versender kann nachträglich Verfügungen über die Ware nur treffen, wenn er das Frachtbriefdoppel vorlegt. Dieses nachträgliche Verfügungsrecht erlischt, sobald der Empfänger die erste Ausfertigung des Frachtbriefs angenommen hat oder das Frachtgut bei ihm abgeliefert worden ist.

Internationaler Frachtbrief im Straßengüterverkehr (CMR)

Der internationale Frachtbrief im Straßengüterverkehr (CMR-Frachtbrief) muss vom Absender ausgefüllt werden. Wie beim Eisenbahnfrachtbrief hat auch hier der Absender ein nachträgliches Verfügungsrecht, wenn er sein Exemplar des Frachtbriefs vorlegt.

Luftfrachtbrief

Der Luftfrachtbrief wird teils vom Absender, teils vom Carrier (Luftfrachtführer) ausgefüllt. Auch hier hat der Absender ein nachträgliches Verfügungsrecht, wenn er sein Exemplar des Luftfrachtbriefs vorlegt.

Internationale Spediteur-Übernahmebescheinigung (FCR-Dokument)

Mit der Spediteur-Übernahmebescheinigung bescheinigt der Spediteur, dass er ein Gut zur Beförderung an den in der Spediteur-Übernahmebescheinigung genannten Empfänger übernommen hat. Die Weisung zur Beförderung an den genannten Empfänger kann nur gegen Rückgabe des Originals der Spediteur-Übernahmebescheinigung widerrufen werden.

Spediteurkonnossement (FCT-Dokument)

Das Spediteurkonnossement ist ein Wertpapier, das ein Spediteur über eine Einzelsendung ausstellt. Der Spediteur ist verpflichtet, die Sendung nur an den Besitzer eines ordnungsgemäß indossierten FCT-Originals auszuhändigen.

Intermodalkonnossement

Intermodalkonnossemente werden für Transporte im kombinierten Verkehr verwendet, bei denen die traditionellen Wirkungen eines Konnossements benötigt werden. Ein kombinierter Verkehr ist intermodaler Verkehr, bei dem der überwiegende Teil der zurückgelegten Strecke mit der Eisenbahn, mit der Binnen- oder Seeschifffahrt durchgeführt wird und bei der der Vor- und Nachlauf auf der Straße so kurz wie möglich gehalten wird.

Versicherungspapiere

Versicherungspolice

Die vom Versicherer unterzeichnete Versicherungspolice beweist den Abschluss eines Versicherungsvertrags.

Die **Einzelpolice** dient als Beweisurkunde für die Versicherung einer einzelnen Warensendung.

Die **Generalpolice** ist der Nachweis für einen laufenden Versicherungsvertrag mit Versicherungsschutz für alle durchgeführten und beim Versicherer angemeldeten Warensendungen über einen längeren Zeitraum.

Versicherungszertifikat

Das Versicherungszertifikat ist ein Auszug aus einem laufenden Versicherungsvertrag mit Versicherungsschutz für alle durchgeführten und beim Versicherer angemeldeten Warensendungen über einen längeren Zeitraum. Es dient als Beweisurkunde für die Versicherung der einzelnen Warensendung.

Rechtliche Funktion der Außenhandelsdokumente

Alle Außenhandelsdokumente besitzen eine **Beweisfunktion**, d.h., durch das Dokument soll ein bestimmter Tatbestand bewiesen werden, der für die Erfüllung oder Durchführung des Außenhandelsgeschäfts bedeutsam ist.

> **BEISPIELE**
> - Das Ursprungszeugnis beweist die Herkunft der Ware.
> - Das Versicherungszertifikat beweist, das für die Warensendung eine Transportversicherung abgeschlossen wurde.

Einige Dokumente haben darüber hinaus eine **Sperrwirkung**. Diese Sperrwirkung ermöglicht es dem Inhaber der Dokumente, bestimmte Verfügungen oder Maßnahmen anderer Personen in Bezug auf das Exportgut zu verhindern.

> **BEISPIEL**
> Der Inhaber des Frachtbriefdoppels kann unter Vorlage des Frachtbriefdoppels verfügen, dass die versandte Ware dem Empfänger nicht ausgeliefert wird.

Noch weitergehende Funktionen haben die Außenhandelsdokumente, die als **Wertpapiere** ausgestaltet sind.

> **DEFINITION**
> Ein **Wertpapier** ist eine Urkunde über ein privates Recht, das ohne diese Urkunde nicht ausgeübt werden kann. Es bestimmt den Inhaber des Dokuments als Inhaber des betreffenden Rechts (**Legitimationsfunktion**).

> **BEISPIEL**
> Versicherungspolicen sind Wertpapiere. Leistungen aus dem Versicherungsvertrag werden nur unter Vorlage der Versicherungspolice geleistet.

Eine besondere Gruppe unter den Wertpapieren bilden die **Dispositions- oder Traditionspapiere**. Sie bieten die Möglichkeit, mittels des Dokuments über die Sache selbst zu verfügen.

> **BEISPIEL**
> Konnossement und Ladeschein sind Dispositionspapiere. Durch die Weitergabe dieser Dokumente wird das Eigentum am Verladegut übertragen. Das Eigentum an der Ware, die durch das Papier repräsentiert wird, kann so schon auf einen Käufer übertragen werden, bevor die Ware den Käufer erreicht.

AUFGABEN

1. Welche Inhalte muss eine Exportrechnung (commercial invoice) enthalten?
2. Unterscheiden Sie
   a) Handelsrechnung
   b) Pro-forma-Rechnung
   c) Zollfaktura
   d) Konsulatsfaktura
3. Bei welchem Außenhandelsdokument handelt es sich sowohl um ein Transportpapier als auch um ein Wertpapier?
   a) Versicherungszertifikat
   b) Konsulatsfaktura
   c) Zollfaktura
   d) Luftfrachtbrief
   e) Ladeschein
   f) Spediteurübernahmebescheinigung
   g) Spediteur-Konnossement
   h) Seefrachtbrief
   i) Intermodalkonnossement
4. a) Wozu benötigt man im Außenhandelsgeschäft ein Ursprungszeugnis?
   b) Wer stellt dieses Ursprungszeugnis aus?
5. Wozu werden im Außenhandel Warenverkehrsbescheinigungen benötigt?
6. Welche Angaben soll ein Konnossement enthalten?
7. Wodurch unterscheiden sich Seefrachtbrief und Konnossement?

LERNFELD 7

8. Unterscheiden Sie Inhaber-, Order- und Namenskonnossement.
9. Was bescheinigt der Reeder durch ein
   a) Übernahmekonnossement?
   b) Bordkonnossement?
10. Wann werden bei der Durchführung von Außenhandelsgeschäften Konnossement-Teilscheine benötigt?

AKTIONEN

Die Fairtext GmbH muss 500 Damenkostüme zum Preis von 100.000,00 USD fob nach Boston (USA) liefern. Die Kostüme sollen auf dem Seeweg nach Boston geliefert werden.

1. Stellen Sie die notwendigen Dokumente für die Zollabfertigung im Inland zusammen.
2. Stellen Sie die Dokumente zusammen, die die Fairtext GmbH ihrem Kunden in Boston zusenden muss. (Beachten Sie die Einfuhrbestimmungen der USA auf den folgenden Seiten.)
3. Erläutern Sie die Aufgaben dieser Dokumente.

Einfuhrbestimmungen Vereinigte Staaten von Amerika
...

1.2 Einfuhr aus der Bundesrepublik

Je nach Produkt gelten bestimmte Vorschriften und Anforderungen. Eine Rücksprache mit dem Importeur wird empfohlen.

...

Für Textilprodukte und Produkte unter FDA-Überwachung muss ein selbst zu erstellender Identifikationscode vorliegen, der über ISO-Code des Herstellerlandes, Name und Adresse des Herstellers informiert (MID: Manufacturer Identification Code).

...

2 Dokumente

2.1 Seefrachten

Seehäfen: Ostküste: Baltimore, Boston, New York, Newport News, Norfolk; Golfhäfen: Beaumont, Brownsville/Texas, Corpus Christi, Galveston, Mobile, New Orleans, Tampa; Südatlantik: Charleston, Hamilton, Jacksonville, Miami, Port Everglades, Savannah; Westküste: Los Angeles, Oakland, Portland, San Diego, San Francisco, Seattle u. a.

...

2.1.1 Konnossemente
Voller Satz Konnossemente, Aufmachung an Order möglich. Notify Adresse nicht erforderlich, aber empfehlenswert. Bei Containerversand sind anzugeben: vollständige Markierung, Stückzahl und Inhalt der einzelnen Packstücke. Keine Beglaubigung.

2.1.2 Handelsrechnungen
Handelsfaktura (Englisch), unabhängig vom Wert, vierfach, für Zoll notwendig. Liegt beim Zoll nur eine Kopie vor, muss der Versender bzw. der Importeur schriftlich deren Originaltreue erklären. Namentliche Kennzeichnung des für die Einfuhr verantwortlichen Mitarbeiters beim Exporteur.
Die Handelsrechnung hat die üblichen Angaben zu enthalten: Angaben zu Verkäufer und Käufer (Name und Anschrift), Bestimmungshafen bzw. Bestimmungsflughafen, Zeitpunkt und Ort der Auftragsbestätigung, Verkaufs- und Zahlungsbedingungen, genaue Warenbezeichnung (sie muss in allen Dokumenten genau übereinstimmen), Zolltarifnummer nach HS-System, Menge, Gewichte, Abmessungen, Packstücke (Zahl, Art, Nummern). Wenn für die Zollwertbestimmung bzw. tarifliche Einreihung eine Angabe der Bestandteile der Ware nötig ist, so ist deren Zusammensetzung oder Herstellungsformel anzugeben; die Bestandteile sind in Prozenten nach Gewicht und Wert anzugeben, die sie zum Zeitpunkt ihrer Zusammenstellung zur Fertigware hatten – für viele Waren sind vorgeschriebene Angaben erforderlich, beim Importeur erfragen. Warenmenge ist entweder in den Maßen und Gewichten des Versandlandes oder in den Maßen und Gewichten der USA anzuge-

ben (ist im Zolltarif der USA in der Spalte „Units of Quantity" ein „X" oder „KG" eingetragen, ist das Nettogewicht immer in Kilogramm auszuweisen). Verkaufspreis einer jeden Einheit in der Verkaufswährung und Gesamtpreis der Warenmenge sowie Gesamt-Fakturenpreis (der Umrechnungskurs ist in US-$ anzugeben). Die einzelnen fob-Kosten brauchen nicht im Einzelnen mit der entsprechenden Summe genannt zu werden, wenn sie in den Fakturenpreis eingeschlossen sind. Es genügt ein Vermerk, dass sie enthalten sind. Dagegen sind die cif-Kosten im Einzelnen aufzuführen. Da die cif-Kosten in den USA nicht Teil des Zollwertes sind, ist es auf alle Fälle zweckmäßig, die cif-Kosten nicht in den Preis einzuschließen. Rabatte oder sonstige Vergünstigungen, die bei einem Export der Waren im Exportland gewährt werden, müssen angegeben werden. Hierunter fällt die Mehrwertsteuer. Da sie nicht in den Verkaufswert eingeschlossen zu sein braucht, ist es zweckmäßig, sie zu erwähnen „... % Value Added Tax is not included in the Purchase Price". Ursprungsland: (für Waren aus der Bundesrepublik Deutschland: Federal Republic of Germany oder Germany)

Es wird empfohlen, auf der Rechnung in allen Fällen, in denen es zutrifft, zu erklären: „Transaction between not related parties". Jede Rechnung darf nur eine einzelne Sendung auf einem Schiff bzw. Flugzeug von einem Absender an einen Empfänger enthalten. Der Name eines verantwortlichen Angestellten des Exporteurs sollte angegeben werden. Vereinfachte Zollabfertigung bei Waren, die weniger als 2.500 US-$ wert sind.

2.1.3 Ursprungszeugnisse

Ursprungszeugnisse sind nicht erforderlich (außer für Weine).

2.1.4 Packlisten

Eine Liste (vierfach) mit genauen Angaben über Art und Anzahl der Packstücke, des Inhalts sowie der Maße und Gewichte ist der Handelsrechnung beizufügen. Zu beachten ist die genaue Übereinstimmung mit der Rechnung.

2.1.5 Gesundheitszeugnisse

Gesundheitsattest ist erforderlich bei der Einfuhr von Tieren, tierischen Produkten usw., Pflanzen, Sämereien usw.

2.2 Luftfrachten

Zollflughäfen: New York, Atlanta, Baltimore, Boston, Los Angeles, Chicago, Denver, Miami, Houston, Las Vegas, New Orleans, Philadelphia, San Francisco, Washington u. a.

2.2.1 Luftfrachtbrief

Eine Ausfertigung des Luftfrachtbriefes.

2.2.2–2.2.5

Siehe unter Seefrachten 2.1.2–2.1.5.

2.3 Postverkehr

Bitte beachten: Jedem Paket ist eine Ausfertigung der Handelsrechnung beizulegen, bzw. das Paket, welches die Rechnung mit sich führt, mit „Invoice enclosed" und die anderen mit „Invoice enclosed in parcel no..." zu kennzeichnen. Päckchen und versiegelte Briefe müssen das Zolletikett CN22 auf der Anschriftenseite tragen oder eine Erklärung, mit der ausdrücklich auf das Briefgeheimnis verzichtet wird und eine Prüfung durch den Zoll ohne Hinzuziehung des Empfängers gestattet wird, z. B. „may be opened for customs purposes before delivery to the addressee." Postpakete mit Wert unter US-$ 2.500,–: Die US-Zollbehörde weist darauf hin, dass für Postsendungen, deren Wert unter US-$ 2.500,– liegt, Erleichterungen bei der Verzollung bestehen. Bei Waren dieses Wertes wird, wenn sie einem Zoll unterliegen, die Zollanmeldung von einem Zollbeamten vorgenommen und der Zoll dann von dem Postboten eingezogen, der die Pakete ausliefert. Keine alkoholischen Getränke per Post versenden!

2.3.1 Paketkarte

Paketkartenset mit einer Zollinhaltserklärung (Englisch) gehen mit der Ware. Höchstgewicht 31,5 kg. Die Zollinhaltserklärung muss genaue Angaben über Wert und Inhalt des Paketes enthalten. Angabe des Bundesstaates erforderlich. Anschrift gut lesbar, möglichst maschinengeschrieben und in Großbuchstaben angeben.

2.3.2–2.3.5

Siehe unter Seefrachten 2.1.2–2.1.5.

...

Quelle: ecomed-Storck GmbH: Handbuch für Export und Versand 2020. 69. Auflage. Hamburg: Storck Verlag 2020, Seite 700 ff.

LERNFELD 7

ZUSAMMENFASSUNG

Außenhandelsdokumente

Zollpapiere

Dokument	Rechtliche Funktion
Handelsrechnung:	nur Beweisfunktion
Legalisierte Handelsrechnung:	nur Beweisfunktion
Pro-forma-Rechnung:	nur Beweisfunktion
Ursprungserklärung:	nur Beweisfunktion
Konsulatsfaktura:	nur Beweisfunktion
Zollfaktura:	nur Beweisfunktion
Ursprungszeugnis:	nur Beweisfunktion
Warenverkehrsbescheinigung:	nur Beweisfunktion
Inspektionszertifikat:	nur Beweisfunktion
Packliste:	nur Beweisfunktion

Versandpapiere

Dokument	Rechtliche Funktion
Konnossement:	Wertpapier
Ladeschein:	Wertpapier
Internationaler Eisenbahnfrachtbrief:	Sperrwirkung
Internationaler Frachtbrief im Straßengüterverkehr:	Sperrwirkung
Luftfrachtbrief:	Sperrwirkung
Spediteur-Übernahmebescheinigung (FCR):	Sperrwirkung
Spediteurkonnossement (FCT):	Wertpapier
Multimodales Transportkonnossement (FCL):	Wertpapier

Versicherungspapiere

Dokument	Rechtliche Funktion
Versicherungspolice	Wertpapier
Versicherungszertifikat	Wertpapier

KAPITEL 6
Zollanmeldung und Einfuhrabgaben

LERNFELD 7

Die Fairtext GmbH erhält am 10.09.20.. die folgende Handelsrechnung der Textile-International Ltd. über die Lieferung von Herrenhemden.

Textile-International Ltd.
25 Pat Tat St
Sanpokong, Kowloon
Hong Kong

Hong Kong[1], 20.-09-08.

Phone: +852 2632 1155

Fairtext GmbH
Walsroder Str. 6 a
D-30625 Hannover
Germany

Your order no. 3873
Date of order: 20..-07-20

Invoice No. 547

item no.	description of goods	unit price	amount
		HKD	HKD
1	100 pcs men's shirts, 100 % cotton, natural, size 39/40	80,00	8.000,00
2	100 pcs men's shirts, 100 % cotton, natural, size 41/42	80,00	8.000,00
3	100 pcs men's shirts, 100 % cotton, natural, size 43/44	80,00	8.000,00
4	150 pcs men's shirts, 100 % cotton, blue, size 39/40	80,00	12.000,00
5	150 pcs men's shirts, 100 % cotton, blue, size 41/42	80,00	12.000,00
6	150 pcs men's shirts, 100 % cotton, blue, size 43/44		12.000,00
		Total Amount	60.000,00
	FOB Hong Kong, Incoterms[2] 2020		
	2 wooden cases Size (mm) 1020 x 600 x 400 Gross-weight: 60 kg Net-weight: 45 kg		
	Vessel: VIKING GUATEMALA Container Ship, IMO: 6813357, MMSI: 488827700		
	Terms of payment: documents against payment (d/p)		
	Textile-International Ltd. Lou Bin tou Exportmanager		

Die Lieferung soll unmittelbar nach der Ankunft an der Außengrenze der Europäischen Gemeinschaft zum zollrechtlich freien Verkehr abgefertigt werden. Dazu ist eine Zollanmeldung durch die Fairtext GmbH (EORI-Nummer: DE6115209) bei der zuständigen Zollstelle erforderlich.

Der Leiter der Außenhandelsabteilung, Herr Sieg, beauftragt Mete Özcan, die Zollanmeldung für die Warenlieferung vorzubereiten und die Einfuhrabgaben für die Warenlieferung zu ermitteln. Für den Transport der Ware vom Hafen Hamburg bis zum Zentrallager der Fairtext GmbH in Hannover muss die Fairtext GmbH 350,00 € Beförderungskosten zahlen.

Übernehmen Sie Mete Özcans Aufgaben.

---

[1] „Hong Kong" (= „Duftender Hafen") ist die englische Schreibweise, „Hongkong" die deutsche.
[2] Mehr zu Incoterms weiter unten in diesem Kapitel und in Kapitel 7.7.

LERNFELD 7

INFORMATIONEN

Durch die **Zollanmeldung** legt der Anmelder das Zollverfahren fest.

> **DEFINITION**
>
> **Zollanmeldung** ist die Handlung, durch die eine Person in der vorgeschriebenen Art und Weise die Absicht bekundet, Waren in ein bestimmtes Zollverfahren überzuführen, gegebenenfalls unter Angabe der dafür in Anspruch zu nehmenden besonderen Regelung.

Zollverfahren sind
- Überlassung zum freien Verkehr,
- besondere Verfahren und
- Ausfuhr.

Mitwirkung von Dienstleistern

Bei der zollamtlichen Abfertigung der Güter kann die Hilfe eines **Zolldeklaranten** in Anspruch genommen werden.

Im Auftrag des Importeurs erledigt dieser die erforderlichen Zollformalitäten.

> **BEISPIEL**
>
> Die Fairtext GmbH lässt die aus Hongkong bezogenen Hemden durch ihren Zolldeklaranten zum freien Verkehr abfertigen.

Häufig wird die Zollabfertigung von einem **Spediteur** (durch das Zollamt) im Auftrag des Importeurs durchgeführt.

Der **Spediteur** übernimmt für seinen Auftraggeber u. a.
- die ordnungsgemäße Ausstellung und Besorgung der erforderlichen Zollpapiere und
- die Durchführung der vom Zollbeteiligten zu verrichtenden Arbeiten (z.B. Einreichen der Zollpapiere, Ermöglichung einer ordnungsgemäßen Besichtigung des Zollgutes durch das Zollamt).

Eingangsmeldung vor Einfuhr der Waren

Vor der Einfuhr von Waren in die Europäische Union gibt der Spediteur bei der Eingangszollstelle eine Eingangsmeldung ab. Diese Vorausanmeldung ermöglicht der Zollbehörde vor der Einfuhr eine Sicherheitsprüfung. Ab dem Zeitpunkt, an dem die Ware die EU-Außengrenze des Zollgebiets überschritten hat, gilt sie als „verbracht" und wird bei der zuständigen Zollstelle gestellt.

> **DEFINITION**
>
> **Gestellung** ist die Mitteilung an die Zollbehörden, dass Waren bei der Zollstelle oder an einem andern von den Zollbehörden festgelegten oder zugelassenen Ort eingetroffen sind und für die Zollkontrolle zur Verfügung stehen.

Nach der Gestellung bleiben die Waren maximal 90 Tage in der sogenannten „vorübergehenden Verwahrung". Innerhalb dieser Frist muss der Importeur festlegen, zu welchem Zollverfahren er die Waren anmelden will, und die Zollanmeldung abgeben.

Überlassung zum freien Verkehr

Wenn der Importeur das Zollgut unmittelbar nach Eingang in das Zollgebiet oder im Anschluss an ein besonderes Zollverfahren für den freien Verkehr abfertigen lassen möchte, muss er ein endgültiges Zollverfahren (= Abfertigung zum freien Verkehr) beantragen.

Ablauf der Abfertigung zum freien Verkehr

Die Abfertigung zum freien Verkehr erfolgt im Wesentlichen in folgenden **Schritten**:
- Der Anmelder oder sein Vertreter gibt die Zollanmeldung ab.
- Die zuständige Zollstelle nimmt die Zollanmeldung an.
- Die Zollstelle überprüft die Papiere und die Ware (**Zollbeschau**). Durch Zollbeschau wird geprüft, ob die in der Zollanmeldung enthaltenen Angaben stimmen. Die Zollbeschau erstreckt sich auf die Menge des Zollgutes und auf die wertmäßige Beschaffenheit. Außerdem werden die zu zahlenden Einfuhrabgaben festgelegt.
- Im Anschluss wird der **Zollbefund** in der Zollanmeldung beurkundet. Ergibt der Zollbefund, dass keine Einfuhrabgaben zu zahlen sind, so wird das Zollgut dem Importeur zur freien Verfügung überlassen (**Zollfreistellung**).

- Ergibt der Zollbefund, dass Einfuhrabgaben zu zahlen sind, so werden diese festgestellt und dem Importeur mit der Aufforderung zur Zahlung mitgeteilt (**Zollbescheid**).
- Das Zollgut wird freigegeben, wenn der Zollbetrag gezahlt oder gestundet ist. Mit der Freigabe wird das Zollgut zum Freigut, über das im Inland nach Belieben verfügt werden kann.

Erforderliche Unterlagen

Für die Abfertigung zum freien Verkehr sind außer der Zollanmeldung/Einfuhranmeldung folgende Unterlagen erforderlich:

- **Handelsrechnung:** Sie ist die Grundlage der Zollwertermittlung.
- ggf. **Pro-forma-Rechnung:** Sie wird benötigt, wenn kein Kaufgeschäft vorliegt oder die Ware keinen Handelswert besitzt (z. B. Waren, die nicht für den Weiterverkauf geeignet sind). Aus der Pro-forma-Rechnung muss der tatsächliche Wert der Ware hervorgehen.
- **Zollwertanmeldung:** In der Zollwertanmeldung werden Angaben gemacht, die Auswirkungen auf den Zollwert der Ware haben oder haben könnten, z. B. Umrechnungskurse, Lieferbedingungen usw. Die Zollbehörde kann auf die Zollwertanmeldung verzichten, wenn der Zollwert der eingeführten Waren je Sendung geringer als 20.000,00 Euro ist, die Sendung ohne gewerblichen Charakter ist oder die Zollwertermittlung nicht nach der Transaktionswertmethode erfolgt.
- **Präferenzbescheinigungen**, z. B. Warenverkehrsbescheinigungen, präferenzrechtliche Erklärungen auf der Rechnung
- **Liste der Packstücke:** Die Zollstelle kann eine Liste der Packstücke verlangen (bzw. ein gleichwertiges Dokument über den Inhalt der Packstücke), wenn die Ware in mehreren Packstücken gestellt wird.
- **Beförderungspapiere**, z. B. Frachtbrief, Konnossement
- **Unterlagen über vorangegangenes Zollverfahren**
- **sonstige Unterlagen**, z. B. Einfuhrgenehmigungen, Einfuhrlizenzen

Die erforderlichen Unterlagen müssen zum Zeitpunkt der Abgabe der Zollanmeldung im Besitz des Anmelders sein und für die Zollbehörde bereitgehalten werden.

Zollanmeldung zum freien Verkehr

Die Zollanmeldung muss unter Angabe einer zugeteilten EORI-Nummer (**E**conomic **O**perator's **R**egistration **I**dentification Number – europäische Zollnummer) abgegeben werden (vgl. Kap. 7.4).

Die Zollanmeldung/Einfuhranmeldung soll möglichst elektronisch mithilfe des EDV-Systems ATLAS (automatisiertes Tarif- und lokales Zollabwicklungssystem) erfolgen.

Anstelle der elektronischen Übermittlung darf die Zollanmeldung auch noch in Papierform erfolgen. Dafür müssen die Exemplare 6, 7 und 8 des Einheitspapiers der EU ausgefüllt und beim Zoll abgegeben werden.

Inhalte der Zollanmeldung

Für die Zollanmeldung müssen u. a. folgende Angaben gemacht werden:

- Kurzbezeichnung des Warenverkehrs (Feld 1, 1. Unterfeld):
  - Angabe „EU" für die Einfuhr und Ausfuhr zwischen EU und den EFTA-Staaten (Island, Liechtenstein, Norwegen, Schweiz) sowie Nordmazedonien, Serbien und Türkei
  - Angabe „EX" für die Ausfuhr aus der EU in andere Drittländer als den oben genannten Ländern (Island, Liechtenstein, Norwegen, Schweiz, Nordmazedonien, Serbien und Türkei)
  - Angabe „IM" für die Einfuhr in die EU zum freien Verkehr oder einem anderen Zollverfahren aus anderen Drittländern
- Kurzbezeichnung für das angemeldete Zollverfahren (Feld 1, 2. Unterfeld), z. B.
  - Angabe „A" für die Zollanmeldung (Einfuhr, Ausfuhr, Versand) nach normalem Verfahren
  - Angabe „B" für die vereinfachte Zollanmeldung
- Versender der Waren (Feld 2)
- Empfänger (Feld 8)
- EORI-Nummer des Empfängers (Feld 8)
- Bundesland, in dem die Sendung verbleiben soll (Feld 17 b)
- Beförderungsmittel, auf dem die Ware bei ihrer Gestellung bei der Zollstelle verladen ist (Feld 18, Feld 26))
- Lieferbedingung als Incoterms 2020 (Feld 20)
- Lieferort (Feld 20)
- Beförderungsmittel, das beim Überschreiten der Außengrenze der EU benutzt wird (Feld 21, Feld 25))
- Währung, auf den der Kaufvertrag lautet und der in dieser Währung für die angemeldete Ware in Rechnung gestellte Betrag (Feld 22)
- gültiger Wechselkurs für die Umrechnung der Rechnungswährung in EUR (Feld 23)
- Warenbezeichnung und Packstücke. (Feld 31): Die Ware muss so genau beschrieben werden, dass sie sich zweifelsfrei in den Zolltarif einreihen lässt (d. h., dass ihr eine Zolltarifnummer zugeordnet werden kann).

LERNFELD 7

EUROPÄISCHE UNION

Exemplar für das Bestimmungsland

6

2 Versender/Ausführer Nr.
Textil-International LtD.
25 Pat Tat St, Sanpokong, Kowloon
Hongkong

8 Empfänger Nr. DE6115209
Fairtext GmbH
Walsroder Straße 6 a.
30625 Hannover

14 Anmelder/Vertreter Nr.
Empfänger 00500

18 Kennzeichen und Staatszugehörigkeit des Beförderungsmittels bei der Ankunft
Ship VIKING GUATEMALA

19 Ctr. 0

21 Kennzeichen und Staatszugehörigkeit des grenzüberschreitenden aktiven Beförderungsmittels
Lastkraftwagen | DE

25 Verkehrszweig an der Grenze 1
25 Inländischer Verkehrszweig 3
27 Entladeort

29 Eingangszollstelle 6
DE004851

30 Warenort

31 Packstücke und Warenbezeichnung | Zeichen und Nummern - Container Nr. - Anzahl und Art
2 CT
Herrenhemden, naturfarben und blau,
aus 100% Baumwolle

44 Besondere Vermerke/Vorgelegte Unterlagen/Bescheinigungen u. Genehmigungen
[X] Hinsichtlich aller angemeldeten Waren zum vollen Vorsteuerabzug berechtigt.
N295 - L25 478

1 ANMELDUNG
IM | A | xxxxx

A BESTIMMUNGSZOLLSTELLE

3 Vordrucke | **4 Ladelisten** xxxxx

5 Positionen | **6 Packst. insgesamt** xxxxxxx | **7 Bezugsnummer**

9 Verantwortlicher für den Zahlungsverkehr Nr.
xxxxxxxxxxxxxxxxxxxxxxxxxxxxxxxxxxx

10 Letztes Herkunftsland xxx | **11 Hand./Erz. Land** xxx | **12 Angaben zum Wert** xxxxxxxxxxxxx | **13 G. L. P.** xxxxx

15 Versendungs-/Ausfuhrland | **15 Vers./Ausf.L.Code** a HK b xx | **17 Bestimm.L.Code** a DE b 03

16 Ursprungsland | **17 Bestimmungsland** xxxxxxxxxxxxxxxxx

20 Lieferbedingung FOB | Hongkong

22 Währung u. in Rechn. gestellter Gesamtbetr. HKD | 60.000,00 | **23 Umrechnungskurs** 1,1979 | **24 Art des Geschäfts** 1 | 1

28 Finanz- und Bankangaben xxxxxxxxxxxxxxxxxxxxxxxxxxxxxxxxxxxxxxx

32 Positions Nr. 1 | **33 Warennummer** 62052000 | 90 | | 0

34 Urspr.land Code a HK b xx | **35 Rohmasse (kg)** 60 | **36 Präferenz** 100

37 VERFAHREN 4000 | **38 Eigenmasse (kg)** 45 | **39 Kontingent**

40 Summarische Anmeldung/Vorpapier

41 Besondere Maßeinheit 750 | **42 Artikelpreis** 60.000,00 | **43 B. M. Code** [x]

Code B.V. xxx | **45 Berichtigung** xxxxxxxxx

46 Statistischer Wert 51.587,0051

47 Abgabenberechnung

Art	Bemessungsgrundlage	Satz	Betrag	ZA
A00	51.587,00	12%	6.190,00	A
B00	58.002,00	19%	11.020,00	A

48 Zahlungsaufschub

49 Bezeichnung des Lagers

B ANGABEN FÜR VERBUCHUNGSZWECKE

Summe: 17.210,00

50 Inhaber Nr. | Unterschrift: | **C ABGANGSZOLLSTELLE**
xxxxxxxxxxxxxxxxxxxxxxxxxxxxxxxxxxxxx

51 Vorgesehene Durchgangszollstellen (und Land) | vertreten durch
Ort und Datum:
xxxxxxxxxx | xxxxxxxxxx | xxxxxxxxxx | xxxxxxxxxx | xxxxxxxxxx | xxxxxxxxxx

52 Sicherheit nicht gültig für xxxxxxxxxxxxxxxxxxxxxxxxxxxxxxxx | **Code** xx | **53 Bestimmungszollstelle (und Land)** xxxxxxxxxxxxxxxxxxxx

J PRÜFUNG DURCH DIE BESTIMMUNGSZOLLSTELLE | **54 Ort und Datum:**
Hannover, 10.07.20..
Unterschrift und Name des Anmelders/Vertreters:

0737 Einheitspapier (Bestimmung - Eingang/Einfuhr -) · III B 1 ·

Einheitspapier Bestimmung (Eingang/Einfuhr)

LERNFELD 7

- Warennummer (= 11-stellige Zolltarifnummer) (Feld 33)
- gewünschtes Zollverfahren (Feld 37)
- Abgabenberechnung (Feld 47): Hier müssen vom Anmelder die Art der Abgabe (z. B. Zoll, Einfuhrumsatzsteuer) und die Bemessungsgrundlage (z. B. Zollwert) eingetragen werden.
- statistischer Wert (Feld 46): Das ist der Preis der Ware, der die Kosten bis zum Ort des Verbringens der Waren in das Zollgebiet der Europäischen Union enthält.

Einige der erforderlichen Angaben in der Zollanmeldung müssen codiert eingetragen werden. Informationen dazu finden sich im „Merkblatt zu Zollanmeldungen, summarischen Anmeldungen und Wiederausfuhrmitteilungen".

Das Merkblatt kann im Internet unter *www.zoll.de* heruntergeladen werden.

Internetzollanmeldung

Die schriftliche Zollanmeldung kann auch als **Internetzollanmeldung** an die Zollbehörden übermittelt werden. Unter *https://www.einfuhr.internetzollanmeldung.de* werden dabei die Daten vom Anmelder direkt in das IT-System der Zollverwaltung eingegeben. Der Anmelder muss die fertige Anmeldung 2-fach ausdrucken, unterzeichnen und mit den anderen erforderlichen Dokumenten der Zollstelle vorlegen. Die Inhalte und die Nummerierung der Formulare der Internetzollanmeldung entsprechen den Positionen des Einheitspapiers der EU.

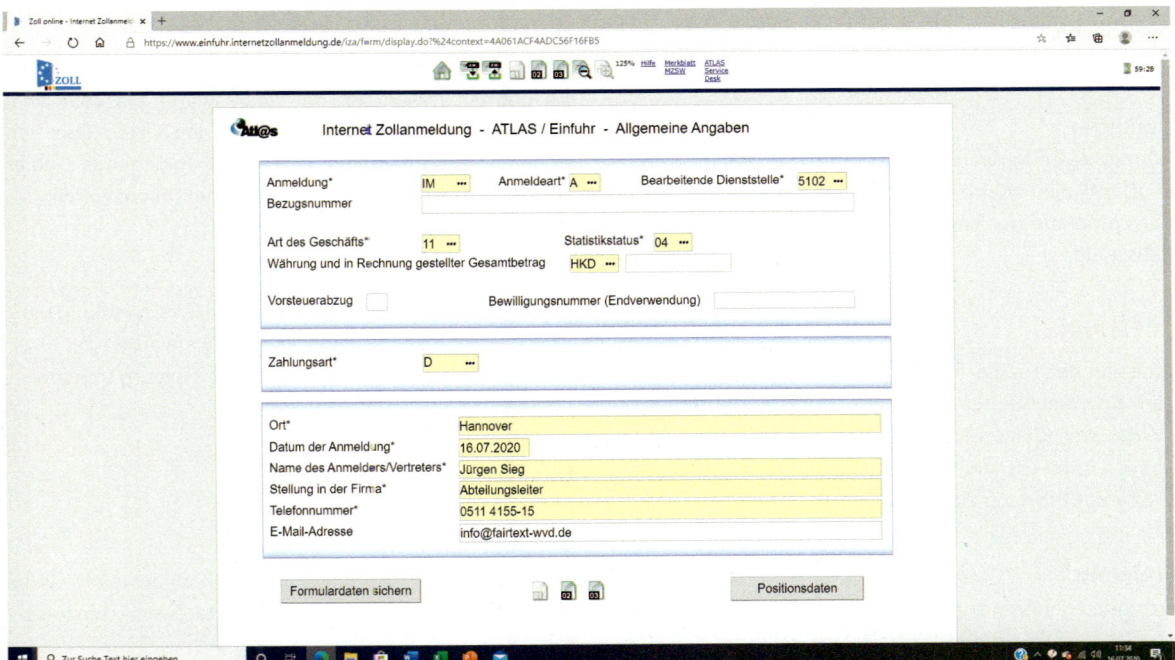

Vereinfachte Zollanmeldung

Anstelle einer Standardzollanmeldung kann eine vereinfachte Zollanmeldung abgegeben werden. Für die vereinfachte Zollanmeldung benötigt der Anmelder eine Bewilligung des zuständigen Hauptzollamts.

Eine Standardzollanmeldung muss alle vorgeschriebenen Angaben enthalten, die für das gewählte Zollverfahren erforderlich sind. Außerdem müssen sich alle erforderlichen Unterlagen zum Zeitpunkt der Abgabe der Zollanmeldung im Besitz des Anmelders befinden.

Bei der vereinfachten Zollanmeldung kann bei der Überführung von Waren in ein Zollverfahren auf Angaben verzichtet werden, die bei einer Standardzollanmeldung vorgeschrieben sind. Es müssen bei der Abgabe der vereinfachten Zollanmeldung auch noch nicht alle erforderlichen Unterlagen im Besitz des Anmelders sein.

Nach Ablauf eines festgelegten Abrechnungszeitraums werden die vereinfachten Zollanmeldungen in einer ergänzenden Zollanmeldung zusammengefasst und um die fehlenden Angaben ergänzt.

LERNFELD 7

Besondere Verfahren

Bei den besonderen Verfahren bleibt die Ware Zollgut.

Besondere Verfahren sind
- Lagerung: Zolllager und Freizone
- Versand: Externer und Interner Versand
- Verwendung: Vorübergehende Verwendung und Endverwendung
- Veredelung: Aktive Veredelung (einschließlich Umwandlungsverfahren) und Passive Veredelung

Lagerung

Bei dem Zollverfahren „Lagerung" können Nichtunionswaren im Zollgebiet der Europäischen Union gelagert werden, ohne dass Einfuhrabgaben erhoben werden oder ohne dass sie handelspolitischen Maßnahmen unterliegen.

Zolllager

Waren, deren Verwendung noch nicht feststeht, werden in öffentlichen oder privaten Zolllagern gelagert. Erst mit der Entnahme der Ware aus dem Zolllager entsteht die Zollschuld.

> **BEISPIEL**
>
> Die von der Textile-International, Hongkong, gelieferten Hemden werden nach der Ankunft in Deutschland in das Zolllager der Fairtext GmbH gebracht. Warenzugänge und -entnahmen aus dem Zollgutlager teilt die Fairtext GmbH der zuständigen Zollstelle mit.

Freizone

Freizonen gehören zum Zollgebiet der Europäischen Union. Sie erleichtern den Wirtschaftsbeteiligten den Handel, da in ihnen weitgehend auf Zollformalitäten verzichtet wird. Die Freizonen müssen eingezäunt sein. Die Ein- und Ausgänge der Freizonen werden zollamtlich überwacht.

Versand

Beim Versand unterscheidet man zwischen externem und internem Versand.

Externer Versand

Importiert ein Unternehmen Ware im Versandverfahren, so wird die Ware unter Zollverschluss mit einem Versandschein an das zuständige Binnenzollamt versandt, das die endgültige Zollbeschau vornimmt und den Zollbescheid erteilt. Die Grenzzollämter werden dadurch entlastet.

Auch im Transitverkehr (= Durchfuhrverkehr) spielt das Versandverfahren eine wesentliche Rolle, um die Zollabfertigung zu erleichtern.

> **BEISPIEL**
>
> Eine in München ansässige Früchtegroßhandlung bezieht Südfrüchte aus Südafrika. Die in Hamburg gelöschte Ware wird per Lkw im Versandverfahren nach München transportiert und dort beim zuständigen Zollamt zur Abfertigung zum freien Verkehr angemeldet.

Interner Versand

Im internen Versand werden Unionswaren zwischen zwei in den Zollgrenzen der EU gelegenen Orten über ein anderes, außerhalb der Zollgrenzen gelegenes Gebiet transportiert. Die Waren bleiben dabei Unionswaren.

> **BEISPIEL**
>
> Eine in Freiburg/Breisgau ansässige Großhandlung bezieht Schuhe aus Mailand. Die Schuhe werden per Lkw von Mailand durch die Schweiz nach Freiburg transportiert.

Verwendung

Vorübergehende Verwendung

Dieses Verfahren ermöglicht es, mit Zoll belastete Güter vorübergehend zollfrei für bestimmte Zwecke einzuführen.

Vorübergehende Verwendung wird im Allgemeinen beantragt bei
- vorübergehender Einfuhr von Messegut,
- vorübergehender Einfuhr von Warenmustern,
- Ungewissheit über die endgültige Einfuhr der Ware, wie z. B. beim Kauf auf Probe.

Endverwendung

Aus wirtschaftspolitischen Überlegungen (z. B. beim begünstigten Bezug von Rohstoffen für die Verarbeitungsindustrie) können Waren aus Nicht-EU-Ländern mit einem speziellen Verwendungszweck (Endverwendung) ermäßigte Zollsätze bis hin zum Zollsatz „frei" in Anspruch nehmen. Die Ware bleibt auch nach der Überlassung zum zollrechtlich freien Verkehr unter zollamtlicher Überwachung, um sicherzustellen, dass sie tatsächlich der bewilligten Endverwendung zugeführt wird.

Veredelung

Man unterscheidet den aktiven und den passiven Veredelungsverkehr. Veredelung ist Bearbeiten oder Ausbessern von Waren.

Aktive Veredelung
Beim **aktiven Veredelungsverkehr** wird die Ware aus einem Nicht-EU-Land eingeführt, in einem EU-Land veredelt und wieder ausgeführt.

> **BEISPIEL**
>
> Baumwollstoffe aus Indien werden nach der Ankunft im Bremer Hafen per Lkw zu einem Textilveredeler nach Bielefeld gebracht. Die Stoffe werden dort gefärbt und anschließend an einen Abnehmer in Russland geliefert.

Passive Veredelung
Passiver Veredelungsverkehr liegt vor, wenn eine Ware aus der EU in ein Drittland ausgeführt und nach erfolgter Veredelung wieder eingeführt wird.

Umwandlungsverfahren
Eingeführte Waren werden außerhalb der Zollstelle in Waren anderer Beschaffenheit umgewandelt und dann erst im umgewandelten Zustand eingeführt.

> **BEISPIEL**
>
> Gebrauchte Autos aus Kanada sollen bei einem Schrotthändler in Papenburg verschrottet werden. Nach dem Löschen in Emden werden die Autos nach Papenburg gebracht und dort verschrottet. Erst nach dieser Umwandlung wird der nun geringerwertige Schrott bei der zuständigen Zollstelle zur Abfertigung zum freien Verkehr angemeldet.

Ausfuhr

Auch bei der Ausfuhr von Waren aus dem Zollgebiet der EU muss eine Zollanmeldung (Ausfuhranmeldung) abgegeben werden.

Ausfuhrverfahren

Zweistufiges Ausfuhrverfahren
Das Ausfuhrverfahren erfolgt im Normalverfahren in zwei Stufen:
- Zunächst wird das Ausfuhrverfahrens bei der für den Ausführer zuständigen Ausfuhrzollstelle (Binnenzollamt) eröffnet. Dabei muss der Exporteur oder sein Beauftragter eine Zollanmeldung/Ausfuhranmeldung elektronisch mit dem IT-Verfahren „ATLAS-Ausfuhr" abgeben und die Exportware bei dem für den Ausführer zuständigen Binnenzollamt vorführen. Die Ausfuhrzollstelle (Binnenzollamt) prüft die Ausfuhranmeldung und die Ausfuhrwaren in Bezug auf die Zulässigkeit der Ausfuhr. Anschließend erstellt sie ein Ausfuhrbegleitdokument (ABD), das die Ware bis zur EU-Außengrenze begleiten muss.
- In der zweiten Stufe wird die Ausfuhrware der Ausgangszollstelle (Grenzzollstelle) gestellt. An der Ausgangszollstelle wird geprüft, ob die gestellte Ware mit der im Ausfuhrbegleitdokument aufgeführten Ware identisch ist. Wenn die Ausfuhrzollstelle keine Unregelmäßigkeiten feststellt, überlässt sie die Ware zum Ausgang und beendet das Ausfuhrverfahren.

Einstufiges Ausfuhrverfahren
Bei einem Warenwert unter 3.000,00 Euro kann die Vorführung bei Binnenzollamt entfallen. Die Abfertigung wird direkt an der EU-Außengrenze vorgenommen werden. Bei einem Wert unter 1.000,00 Euro kann auf die schriftliche Zollanmeldung verzichtet werden. Die Grenzzollstelle muss sich jedoch in Deutschland befinden. Bei Ausfuhren über andere Mitgliedsstaaten muss immer das zweistufige Ausfuhrverfahren angewandt werden.

Ausfuhranmeldung

Die Zollanmeldung/Ausfuhranmeldung muss elektronisch mit dem IT-Verfahren „ATLAS-Ausfuhr" abgegeben werden.

Die ATLAS-Ausfuhranmeldung kann erstellt werden:
- durch Mitarbeiter des Ausführers in einer vom Zoll zertifizierten, mit ATLAS verbundenen (meist kostenpflichtigen) Software.
- durch Mitarbeiter des Ausführers in dem vom Zoll (kostenfrei und online) angebotenen Programm „Internetausfuhranmeldung Plus" (IAA Plus).
- durch einen Dienstleister (z.B. einen Spediteur oder eine Zollagentur).

LERNFELD 7

Für die Ausfuhranmeldung werden benötigt:
- die Handelsrechnung mit Warentarifnummer (Zolltarifnummer 8-stellig) und Warenwert,
- die Packliste mit Nettogewicht, Bruttogewicht und Anzahl der Packstücke,
- die EORI-Nummer des Versenders/Ausführers.

Vereinfachte Ausfuhranmeldung

Wenn ein Dritter im Auftrag des Ausführers (Exporteurs) die Lieferung durchführt (z. B. bei einem Streckengeschäft), kann bei der Zollabfertigung als vorläufiges Ausfuhrpapier eine **unvollständige Anmeldung** verwendet werden. Die unvollständige Anmeldung ermöglicht die Wahrung von Geschäftsgeheimnissen zwischen Ausführer (Exporteur) und Versender, da sie nicht alle Angaben der Ausfuhranmeldung, z.B. den Wert der Warensendung, enthalten muss. Der Ausführer muss jedoch innerhalb von zehn Tagen nach dem Warenversand bei der zuständigen Versandzollstelle die fehlenden Daten oder eine vollständige Ausfuhranmeldung nachreichen. Mit Genehmigung der zuständigen Versandzollstelle darf der Ausführer aber auch alle während eines Monats anfallenden unvollständigen Anmeldungen in einer Ausfuhrerklärung zusammenfassen.

Ermittlung der Einfuhrabgaben bei der Überführung in den freien Verkehr

Bei der Überführung von Waren in den freien Verkehr werden von der Zollverwaltung Einfuhrzoll, die Einfuhrumsatzsteuer und gegebenenfalls Verbrauchssteuern erhoben.

Einfuhrzoll

Die Höhe des Einfuhrzolls ist im Gemeinsamen Zolltarif der Gemeinschaft festgelegt.

Bemessungsgrundlage für die Einfuhrabgaben ist der **Zollwert** der Ware.

Der **Zollwert** berechnet sich für fast alle Einfuhrgüter nach dem Transaktionswert (**Wertzoll**). Als Transaktionswert wird der Preis bezeichnet, der die Kosten bis zum Ort des Verbringens der Waren in das Zollgebiet der Europäischen Union enthält (Preis frei Ort Außengrenze der Europäischen Union). Der Transaktionswert muss zum Zeitpunkt der Annahme der Zollanmeldung bestimmt und angemeldet werden.

Für Agrarwaren und einige wenige andere Waren gibt es spezifische Zölle oder Mischzölle.
- **Spezifische Zölle** werden nach festen Zollsätzen in Euro für eine Gewichts-, Maß- oder Stückeinheit berechnet.
- **Mischzölle** setzen sich aus Wertzollsatz und spezifischem Zollsatz zusammen.
- Zur **Berechnung des Zollbetrags** wird der **Zollwert** mit dem jeweiligen warenspezifischen Zollsatz multipliziert.

$$\text{Zollbetrag} = \text{Zollwert} \cdot \text{Zollsatz (\%)}$$

Ermittlung des Zollwerts

Zum Zollwert (Transaktionswert) gehören neben dem Warenwert u.a. Lade-, Behandlungs-, Beförderungs- und Versicherungskosten, die der Käufer bis zur Außengrenze der Europäischen Union erbringen muss. Die Kosten, die innerhalb des Zollgebiets der Europäischen Union entstehen, gehören nicht zum Transaktionswert. Preisnachlässe (z.B. Rabatte, Skonti), die zum Zeitpunkt der Einfuhrabfertigung feststehen, vermindern den Transaktionswert.

Bei der Ermittlung des Zollwerts (Transaktionswerts) müssen dem für die eingeführten Waren tatsächlich gezahlten oder zu zahlenden Preis folgende Kosten hinzugerechnet werden, sofern sie anfallen und noch nicht im Rechnungspreis enthalten sind:
- Provisionen und Maklerlöhne, ausgenommen Einkaufsprovisionen,
- Kosten von Umschließungen, die für Zollzwecke als Einheit mit den betreffenden Waren angesehen werden,
- Verpackungskosten, und zwar sowohl Material- als auch Arbeitskosten,
- Preisermäßigungen für vom Käufer bereitgestellte Leistungen und Materialien,
- Lizenzgebühren für die zu bewertenden Waren,
- der Wert jeglicher Erlöse aus späteren Weiterverkäufen, sonstigen Überlassungen oder Verwendungen der eingeführten Waren, die unmittelbar oder mittelbar dem Verkäufer zugutekommen,
- Beförderungs- und Versicherungskosten für die eingeführten Waren bis zur Außengrenze der EU und
- Ladekosten sowie Kosten für die Behandlung der eingeführten Waren, die mit ihrer Beförderung zusammenhängen.

Bei der Ermittlung des Transaktionswerts müssen folgende Positionen abgezogen werden, sofern sie anfallen und im Rechnungspreis enthalten sind:

- Beförderungskosten für die eingeführten Waren nach Ankunft an der EU-Außengrenze;
- Zahlungen für den Bau, die Errichtung, die Montage, die Instandhaltung oder die technische Unterstützung, sofern diese Tätigkeiten an den eingeführten Waren nach dem Eingang in das Zollgebiet der Union vorgenommen werden;
- Zinsen, die im Rahmen einer vom Käufer abgeschlossenen Finanzierungsvereinbarung in Bezug auf den Kauf der eingeführten Waren zu zahlen sind, unabhängig davon, ob der Kredit vom Verkäufer, von einer Bank oder von einer anderen Person zur Verfügung gestellt worden ist;
- Kosten für das Recht auf Vervielfältigung der eingeführten Waren in der Union;
- Einkaufsprovisionen;
- Einfuhrabgaben und andere in der Union aufgrund der Einfuhr oder des Verkaufs der Waren zu zahlenden Abgaben;
- Zahlungen des Käufers für das Recht auf Vertrieb oder Wiederverkauf der eingeführten Waren, wenn diese Zahlungen nicht eine Bedingung für den Verkauf der eingeführten Waren zur Ausfuhr in die Union sind.

Für die Berechnung des Zollwerts sind die im Kaufvertrag bzw. in der Rechnung vereinbarten Incoterms® von erheblicher Bedeutung. Sie bestimmen, ob die Kosten in Verbindung mit der Lieferung tatsächlich im Rechnungspreis berücksichtigt sind. Denn die Incoterms® legen die Verteilung der Kosten auf Verkäufer und Käufer fest.

Incoterms

Gruppe E (EXW)

Bei dieser Lieferklausel sind die gesamten Lieferkosten nicht im Rechnungspreis enthalten. Deshalb müssen diese Kosten bis zum Ort des Verbringens in das Zollgebiet der Europäischen Union dem Rechnungspreis hinzugerechnet werden.

BEISPIEL ZOLLWERTBERICHTIGUNG BEI DER LIEFERUNGSBEDINGUNG EWX IZMIR

Die Fairtext GmbH importiert Damenmäntel aus der Türkei:
Rechnungspreis in Euro: 50.000,00 EUR
Lieferungsbedingung: EX Works Izmir
Zölle, Steuern, Gebühren und Kosten der Zollformalitäten, die aufgrund der Ausfuhr aus der Türkei zu zahlen sind: 365,00 €
Grenzübertrittsort in die Europäische Union: Alexandroupoli (Griechenland)
Beförderungskosten bis Alexandroupoli: 615,00 EUR
Versicherungskosten: 128,00 EUR

Rechnungspreis	50.000,00 EUR
+ angefallene Kosten, die nicht im Rechnungspreis enthalten sind	
• Beförderungskosten vom Lager des Verkäufers bis Alexandroupoli	615,00 EUR
• Zölle, Steuern, Gebühren und Kosten der Zollformalitäten, die aufgrund der Ausfuhr aus der Türkei zu zahlen sind	365,00 EUR
• Versicherungskosten	128,00 EUR
	51.108,00 EUR
− Kosten nach der Ankunft in Alexandroupoli, die Rechnungspreis enthalten sind:	
• Beförderungskosten nach Ankunft in Hamburg	−
• Zölle und Steuer, die aufgrund der Einfuhr in die EU zu zahlen sind	−
Zollwert	51.108,00 EUR

LERNFELD 7

Gruppe F (FCA, FAS und FOB)

Bei diesen Klauseln ist ein Teil der Lieferungskosten bis zum Ort des Verbringens in der EU nicht im Rechnungspreis enthalten. Deshalb müssen die Lieferungskosten des Haupttransports und gegebenenfalls weitere Kosten bis zum Ort des Verbringens hinzugerechnet werden. Bei einer FOB-Lieferung müssen z. B. die Kosten des Seetransports bis zum Bestimmungshafen in der Europäischen Union hinzugerechnet werden.

BEISPIEL ZOLLWERTBERECHNUNG BEI DER LIEFERUNGSBEDINGUNG FOB HAMBURG

Die Fairtext GmbH importiert Herrenjeanshosen aus den USA:
Rechnungspreis in Euro: 50.000,00 EUR
Lieferungsbedingung: FOB New York
Grenzübertrittsort in die Europäische Union: Hamburg
Beförderungskosten bis Hamburg: 465,00 EUR
Versicherungskosten: 128,00 EUR

Rechnungspreis	50.000,00 EUR
+ angefallene Kosten, die nicht im Rechnungspreis enthalten sind	
• Beförderungskosten bis Hamburg	465,00 EUR
• Versicherungskosten	128,00 EUR
	50.593,00 EUR
− Kosten nach der Ankunft in Hamburg, die Rechnungspreis enthalten sind:	
• Beförderungskosten nach Ankunft in Hamburg	−
• Zölle und Steuer, die aufgrund der Einfuhr in die EU zu zahlen sind	−
Zollwert	50.593,00 EUR

Gruppe C (CPT, CIP, CFR und CIF)

Bei den Klauseln CIP und CIF sind die Liefer- und Versicherungskosten bis zum Bestimmungsort oder -hafen im Rechnungspreis enthalten. Der Bestimmungsort oder -hafen ist in der Regel auch der Ort des Verbringens in die EU. Deshalb müssen bei der Zollwertermittlung keine Zurechnungen zum Rechnungspreis erfolgen.

Bei den Klauseln CPT und CFR sind im Rechnungspreis die Beförderungskosten bis zum Bestimmungsort oder -hafen enthalten, nicht aber die Versicherungskosten. Sie müssen, wenn sie für den Käufer anfallen, bei der Zollwertermittlung dem Rechnungspreis zugerechnet werden.

Liegt der Bestimmungsort über den Verbringungsort hinaus im Landesinneren, müssen die inländischen Lieferkosten bei der der Ermittlung des Zollwerts vom Rechnungspreis abgezogen werden.

BEISPIEL ZOLLWERTBERECHNUNG BEI DER LIEFERUNGSBEDINGUNG CFR HAMBURG

Die Fairtext GmbH importiert Herrenjeanshosen aus den USA:
Rechnungspreis in Euro: 50.000,00 EUR
Lieferungsbedingung: CFR Hamburg
Grenzübertrittsort in die Europäische Union: Hamburg
Beförderungskosten bis Hamburg: 465,00 EUR
Versicherungskosten: 128,00 EUR

Rechnungspreis	50.000,00 EUR
+ angefallene Kosten, die nicht im Rechnungspreis enthalten sind	
• Beförderungskosten bis Hamburg	−
• Versicherungskosten	128,00 EUR
	50.128,00 EUR
− Kosten nach der Ankunft in Hamburg, die Rechnungspreis enthalten sind:	
• Beförderungskosten nach Ankunft in Hamburg	−
• Zölle und Steuer, die aufgrund der Einfuhr in die EU zu zahlen sind	−
Zollwert	50.128,00 EUR

LERNFELD 7

BEISPIEL ZOLLWERTBERECHNUNG BEI DER LIEFERUNGSBEDINGUNG CIF HAMBURG

Die Fairtext GmbH importiert Herrenjeanshosen aus den USA:
Rechnungspreis in Euro: 50.000,00 EUR
Lieferungsbedingung: CIF Hamburg
Grenzübertrittsort in die Europäische Union: Hamburg
Beförderungskosten bis Hamburg: 465,00 EUR
Versicherungskosten: 128,00 EUR

Rechnungspreis	50.000,00 EUR
+ angefallene Kosten, die nicht im Rechnungspreis enthalten sind	
• Beförderungskosten bis Hamburg	–
• Versicherungskosten	–
	50.000,00 EUR
– Kosten nach der Ankunft in Hamburg, die Rechnungspreis enthalten sind:	
• Beförderungskosten nach Ankunft in Hamburg	–
• Zölle und Steuer, die aufgrund der Einfuhr in die EU zu zahlen sind	–
Zollwert	50.000,00 EUR

Gruppe D (DAP, DPU und DDP)

Bei den Klauseln der Gruppe D sind die Lieferkosten grundsätzlich bis zum Bestimmungsort im Rechnungspreis enthalten. Deshalb können die Lieferkosten von der Außengrenze der EU bis zum Bestimmungsort bei der Zollwertermittlung vom Rechnungspreis abgezogen werden.

BEISPIEL ZOLLWERTERMITTLUNG BEI DER LIEFERUNGSBEDINGUNG DDP HANNOVER

Die Fairtext GmbH importiert Herrenjeanshosen aus den USA:
Rechnungspreis in Euro: 50.000,00 EUR
Lieferungsbedingung: DDP Hannover
Grenzübertrittsort in die Europäische Union: Hamburg
Beförderungskosten bis Hamburg: 465,00 EUR
Versicherungskosten: 128,00 EUR
Beförderungskosten nach Ankunft in Hamburg: 234,00 EUR
Zölle und Steuern, die aufgrund der Einfuhr in die EU zu zahlen sind: 643,00 EUR

Rechnungspreis	50.000,00 EUR
+ angefallene Kosten, die nicht im Rechnungspreis enthalten sind	
• Beförderungskosten bis Hamburg	–
• Versicherungskosten	–
	50.000,00 EUR
– Kosten nach der Ankunft in Hamburg, die Rechnungspreis enthalten sind:	
• Beförderungskosten nach Ankunft in Hamburg	234,00 EUR
• Zölle und Steuer, die aufgrund der Einfuhr in die EU zu zahlen sind	643,00 EUR
Zollwert	49.123,00 EUR

Wenn Teile des Zollwerts (Transaktionswerts) in einer ausländischen Währung angegeben sind, müssen sie bei der Zollwertermittlung in die Währung des EU-Landes umgerechnet werden, das die Zollabfertigung durchführt.

BEISPIEL

Die Fairtext GmbH importiert Seidenblusen aus China:
Rechnungspreis in Renminbi Yuan (CNY): 400.000,00 CNY
Lieferungsbedingung: FOB Schanghai (China)
Grenzübertrittsort in die Europäische EU: Rotterdam (Niederlande)
Beförderungskosten von Schanghai bis Rotterdam: 700,00 USD
Versicherungskosten: 128,00 EUR
Beförderungskosten nach Ankunft in Rotterdam: 234,00 EUR
Zölle und Steuern, die aufgrund der Einfuhr in die EU zu zahlen sind: 643,00 EUR

LERNFELD 7

Kurs Renminbi Yuan (CNY): 1 EUR = 7,9798 CNY
Kurs US-Dollar (USD): 1 EUR = 1,1429 USD

1) Umrechnung der Teile des Zollwerts in einer ausländischen Währung in EUR:

   a) $\dfrac{400.000,00 \text{ CNY} \cdot 1 \text{ EUR}}{7,9798 \text{ CNY}} = 50.126,60 \text{ EUR}$

   b) $\dfrac{700,00 \text{ USD} \cdot 1 \text{ EUR}}{1,1429 \text{ USD}} = 612,48 \text{ EUR}$

Rechnungspreis	50.126,60 EUR
+ angefallene Kosten, die nicht im Rechnungspreis enthalten sind	
• Beförderungskosten bis Rotterdam	612,48 EUR
• Versicherungskosten	128,00 EUR
	50.867,08 EUR
− Kosten nach der Ankunft in Rotterdam, die Rechnungspreis enthalten sind:	
• Beförderungskosten nach Ankunft in Hamburg	–
• Zölle und Steuer, die aufgrund der Einfuhr in die EU zu zahlen sind	–
Zollwert	**50.867,08 EUR**

Ermittlung des Zollsatzes

Die Zollsätze sind für alle EU-Mitgliedstaaten gleich. Die tagesaktuellen Zollsätze können über die zentrale EU-Datenbank TARIC (Integrierter Tarif der Europäischen Gemeinschaft) oder den deutschen Elektronischen Zolltarif (EZT) ermittelt werden.

BEISPIEL: TARIC-INFORMATION ÜBER HEMDEN FÜR MÄNNER ODER KNABEN AUS BAUMWOLLE

TARIC-Information [Ausblenden]

Das Referenzdatum ist 06-07-2020
Letzte Aktualisierung: 18-09-2020

Geographisches Gebiet: Hongkong – HK
Warencode: 6205200090
Massnahmeart:
Laufende Nummer:
Measure publication start date must be after:
Measure publication start date must be before:
Rechtsgrundlage:

ABSCHNITT XI SPINNSTOFFE UND WAREN DARAUS

KAPITEL 62 KLEIDUNG UND BEKLEIDUNGSZUBEHÖR, AUSGENOMMEN AUS GEWIRKEN ODER GESTRICKEN
  6205   Hemden für Männer oder Knaben: (TN701)
  6205 20   – aus Baumwolle:
  6205 20 00 10   -- nach dem Batik-Verfahren handbedruckt
  6205 20 00 90 ▼   -- andere

ERGA OMNES (ERGA OMNES 1011)

→| Drittlandszollsatz (01-01-2005 –): **12.00 %**   R1734/96

→| Aussetzung – Waren für bestimmte Arten von Wasserfahrzeugen und für Bohr- oder Förderplattformen (01-07-2016 –): **0%**   R2658/87
(EU003)
(TM510)
[Bedingungen unterdrücken]

B1	Vorlage einer Bescheinigung/Lizenz/Dokument **C990**	Anwendung des angegebenen Zollsatzes
B2	Vorlage einer Bescheinigung/Lizenz/Dokument	Maßnahme nicht anwendbar

Besondere Vermerke/vorgelegte Unterlagen/Bescheinigungen und Bewilligungen
C990 Bewilligung für die Endverwendung von Wasserfahrzeugen und Plattformen (Anhang A Spalte 8c der Delegierten Verordnung (EU) 2015/2446)   [Spezifische Hilfe]

⇄| Besondere Maßeinheit (01-01-2008 –): **p/st**   R2658/87

Quelle: Europäische Kommission: Taric-Auskunftsanwendung. Abschnitt XI Spinnstoffe und Waren daraus. Kapitel 62 Kleidung und Bekleidungszubehör, ausgenommen aus Gewirken oder Getricken. In: https://ec.europa.eu/taxation_customs/dds2/taric/measures.jsp?op=&MeasText=&Lang=de&StartPub=&Offset=0&Area=HK&GoodsText=&Taric=6205200090&LangDescr=&textSearch=&OrderNum=&MeasType=&callbackuri=CBU-1&SimDate=20200706&measEndDat=&EndPub=&measStartDat=&Regulation=&ShowMatchingGoods=&Domain=TARIC&ExpandAll=true&search_text=goods [07.10.2020].

LERNFELD 7

BEISPIEL EZT-ONLINE EINFUHR INFORMATIONEN ÜBER HEMDEN FÜR MÄNNER ODER KNABEN AUS BAUMWOLLE

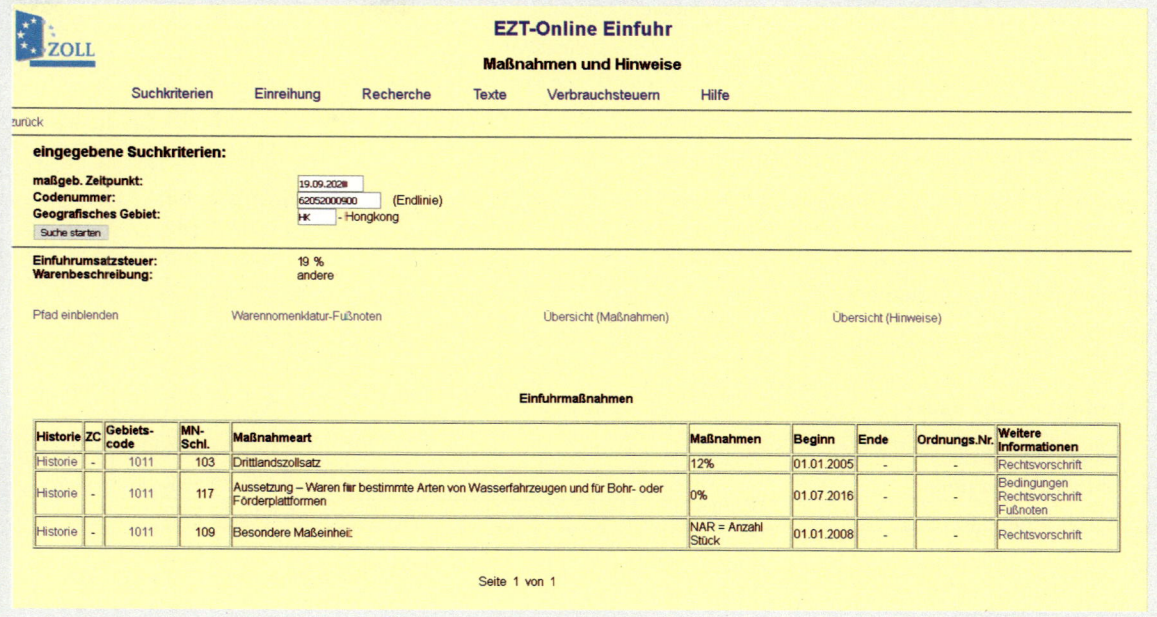

Einfuhrumsatzsteuer

Die **Einfuhrumsatzsteuer (EUSt)** wird nach dem Umsatzsteuergesetz für die Einfuhr von Gegenständen aus Nicht-EU-Ländern in das deutsche Zollgebiet erhoben. Zweck der EUSt ist es, die eingeführte Ware der Umsatzsteuerbelastung der inländischen Waren anzupassen.

Bemessungsgrundlage der EUSt ist der Einfuhrumsatzsteuerwert. Der Einfuhrumsatzsteuerwert ist der Zollwert zuzüglich des Zolls, der Verbrauchsteuern und der Beförderungskosten, die der inländische Käufer bzw. Empfänger vom Verbringungsort (EU-Außengrenze) bis zum ersten inländischen Bestimmungsort aufzuwenden hat.

> Zollwert
> + Zoll
> + ggf. Verbrauchsteuern
> + Beförderungs- und Umschlagskosten vom Verbringungsort bis zum ersten inländischen Bestimmungsort
> = **Einfuhrumsatzsteuerwert**

Die Höhe des Einfuhrumsatzsteuersatzes entspricht der Höhe des Umsatzsteuersatzes im Inland (19 % bzw. 7 %).

> Einfuhrumsatzsteuerwert · Einfuhrumsatzsteuersatz = Einfuhrumsatzsteuer

BEISPIEL

Die Fairtext GmbH importiert Herrenhemden aus Hongkong:
- Rechnungspreis in Euro: 15.000,00 EUR
- Lieferungsbedingung: FOB Hongkong
- Grenzübertrittsort in die Europäische Union: Antwerpen
- Frachtkosten vom Verschiffungshafen Hongkong bis zum Bestimmungshafen Antwerpen: 1.200,00 EUR
- Kosten für die Seetransportversicherung: 197,00 EUR
- Frachtkosten vom Hafen Antwerpen bis zum Zentrallager der Fairtext GmbH in Hannover: 350,00 €
- Zollsatz 12 %
- EUSt-Satz 19 %

LERNFELD 7

Rechnungsbetrag der Importware	15.000,00 EUR
+ evtl. Lizenzgebühren, Verpackungskosten, Versandversicherung	197,00 EUR
+ Frachtkosten die bis zur EU-Außengrenze anfallen)	1.200,00 EUR
= **Zollwert**	16.397,00 EUR
Zollwert	16.397,00 EUR
• Zollsatz (%)	12,00 %
= **Zollbetrag**	1.967,64 EUR
Zollwert	16.397,00 EUR
+ Zollbetrag	1.967,64 EUR
+ inländische Frachtkosten	350,00 EUR
= **Einfuhrumsatzsteuerbetrag**	18.714,64 EUR
Einfuhrumsatzsteuerbetrag	18.714,64 EUR
• Prozentsatz	19,00 %
= **Einfuhrumsatzsteuer**	3.555,78 EUR
Zollbetrag	1.987,64 EUR
Einfuhrumsatzsteuer	3.555,78 EUR
= Einfuhrabgaben	5.543,42 EUR

Verbrauchsteuer

Eine Verbrauchsteuer wird nach den Vorschriften der entsprechenden Verbrauchsteuergesetze auf bestimmte eingeführte Waren, z. B. Branntwein, Kaffee, Tabak, Tee, Mineralöl, erhoben.

AUFGABEN

1. Welche Einfuhrpapiere sind für die genehmigungsfreie Einfuhr erforderlich?
2. Die Großhandlung Damann hat in den USA Elektromotoren eingekauft. Sie möchte über diese Motoren unmittelbar nach dem Eintreffen in Deutschland frei verfügen. Beschreiben Sie den Ablauf der dafür erforderlichen Art der Zollbehandlung.
3. Der Teppichgroßhändler Maurer lagert seine aus Indien importierten Teppiche in einem Zolllager. Welchen Vorteil hat das für ihn?
4. Die Fairtext GmbH möchte in Deutschland gewebte Wolldecken in einem türkischen Textilveredelungsbetrieb mottenecht ausrüsten lassen und sie anschließend an Kunden in Deutschland verkaufen. Welche Art der Zollbehandlung sollte die Fairtext GmbH in diesem Fall beantragen?
5. Ein Schrotthändler aus Papenburg lässt die aus Kanada eingeführten gebrauchten Autos erst verschrotten, bevor er sie bei der zuständigen Zollstelle zur Abfertigung zum freien Verkehr anmeldet. Welchen Vorteil hat das für ihn?
6. Die Fairtext GmbH bezieht eine Musterkollektion eines japanischen Konfektionärs auf Probe. Welche Art der Zollbehandlung wird sie für diese Ware bei der zuständigen Zollstelle beantragen?
7. Aus welchem Grund erhebt der deutsche Zoll auf Wareneinfuhren eine Einfuhrumsatzsteuer?
8. Erläutern Sie den Ablauf der Abfertigung der Importware zur Überführung in den zollrechtlich freien Verkehr.
9. Beschreiben Sie das zweistufigen Ausfuhrverfahren.
10. Bei welchen Ausfuhren kann die erste Stufe des Ausfuhrverfahrens entfallen?
11. Wann ist es sinnvoll, bei der Ausfuhranmeldung eine unvollständige Anmeldung abzugeben?
12. Welche Unterlagen sind für die Erstellung einer Ausfuhranmeldung erforderlich?

LERNFELD 7

13. Die Fairtext GmbH importiert Damenlederjacken aus Marokko:
    Rechnungspreis in Euro: 20.000,00 EUR
    Lieferungsbedingung: DDP Hannover
    Grenzübertrittsort in die Europäische Union: Ceuta (Spanien)
    Beförderungskosten bis Ceuta: 126,00 EUR
    Versicherungskosten: 214,00 EUR
    Beförderungskosten von Ceuta bis Hannover: 354,00 EUR
    Zölle und Steuern, die aufgrund der Einfuhr in die EU zu zahlen sind: 6.323,20 EUR
    a) Ermitteln Sie den Zollwert.
    b) Ermitteln Sie den Einfuhrumsatzsteuerbetrag.
    c) Ermitteln Sie die Summe der Einfuhrangaben, die bei der Einfuhr in Deutschland anfallen.

14. Die Fairtext GmbH importiert Damenanoraks aus Kanada:
    Rechnungspreis in Euro: 84.000,00 EUR
    Lieferungsbedingung: CIF Hamburg
    Grenzübertrittsort in die Europäische Union: Hamburg
    Beförderungskosten bis Hamburg: 883,00 EUR
    Versicherungskosten: 714,00 EUR
    Beförderungskosten von Hamburg bis Hannover: 369,00 EUR, Zollsatz 6 %
    a) Ermitteln Sie den Zollwert.
    b) Ermitteln Sie den Einfuhrumsatzsteuerbetrag.
    c) Ermitteln Sie die Summe der Einfuhrangaben, die bei der Einfuhr in Deutschland anfallen.

15. Die Brauer KG Bremen importiert Rohkaffee aus Costa Rica:
    Rechnungspreis in Euro: 50.600,00 EUR
    Lieferungsbedingung: CFR Bremerhaven
    Grenzübertrittsort in die Europäische Union: Bremerhaven
    Beförderungskosten bis Bremerhaven: 1.0246,00 EUR
    Versicherungskosten: 314,00 EUR
    Beförderungskosten von Bremerhaven bis Bremen: 113,00 EUR, Zollsatz 12 %.
    a) Ermitteln Sie den Zollwert.
    b) Ermitteln Sie den Einfuhrumsatzsteuerbetrag.
    c) Ermitteln Sie die Summe der Einfuhrangaben, die bei der Einfuhr in Deutschland anfallen.

16. Die Fairtext GmbH importiert Schurwoolpullover für Damen und Herren aus Wellington (Neuseeland):
    Rechnungspreis: 194.930,00 Neuseeland-Dollar (NZD)
    Lieferungsbedingung: FOB Wellington
    Grenzübertrittsort in die Europäische Union: Hamburg
    Beförderungskosten bis Hamburg: 2.410 NZD
    Versicherungskosten: 249,00 EUR
    Beförderungskosten von Hamburg bis Hannover: 854,00 EUR
    Kurs Neuseeland-Dollar: 1 EUR = 1,7075 NZD, Zollsatz: 12 %
    a) Ermitteln Sie den Zollwert.
    b) Ermitteln Sie den Einfuhrumsatzsteuerbetrag.
    c) Ermitteln Sie die Summe der Einfuhrangaben, die bei der Einfuhr in Deutschland anfallen.

17. Das Weinkontor München importiert Rotwein aus Tiflis (Georgien):
    Rechnungspreis in Euro: 12.000,00 EUR
    Lieferungsbedingung: EXW Tiflis
    Grenzübertrittsort in die Europäische Union: Burgas (Bulgarien)
    Beförderungskosten bis Burgas: 627,00 EUR
    Versicherungskosten: 292,00 EUR
    Beförderungskosten von Burgas bis München: 416,00 EUR
    Zölle und Steuern, die aufgrund der Einfuhr in die EU zu zahlen sind: 3.765,00 EUR
    a) Ermitteln Sie den Zollwert.
    b) Ermitteln Sie den Einfuhrumsatzsteuerbetrag.
    c) Ermitteln Sie die Summe der Einfuhrangaben, die bei der Einfuhr in Deutschland anfallen.

AKTIONEN

1. Für die Anmeldung der Einfuhr der Herrenhemden aus Hongkong will die Fairtext GmbH die Internetzollanmeldung des Zolls nutzen.
   a) Rufen Sie das Formular „Internetzollanmeldung Einfuhr" im Internet auf:
      www.einfuhr.internetzollanmeldung.de/iza/form/display.do?%24context=308F8431214257278D5A
   b) Erfassen Sie die allgemeinen Anmeldedaten (Kopfdaten) der IZA für die Zollanmeldung/Einfuhranmeldung der Herrenhemden aus Hongkong.

LERNFELD 7

2. Ermitteln Sie die Zolltarifnummern und die Zollsätze für folgende Waren-Einfuhren mithilfe von EZT-Online oder mithilfe der EU-Datenbank TARIC:
   a) Damenblusen aus 100% Polyamid aus Indien
   b) Alpakapullover für Herren aus Peru
   c) Rohkaffee aus Äthiopien
   d) Baumwolle aus Ägypten
   e) Damenpullover aus Island
   f) Ahornsirup aus Kanada

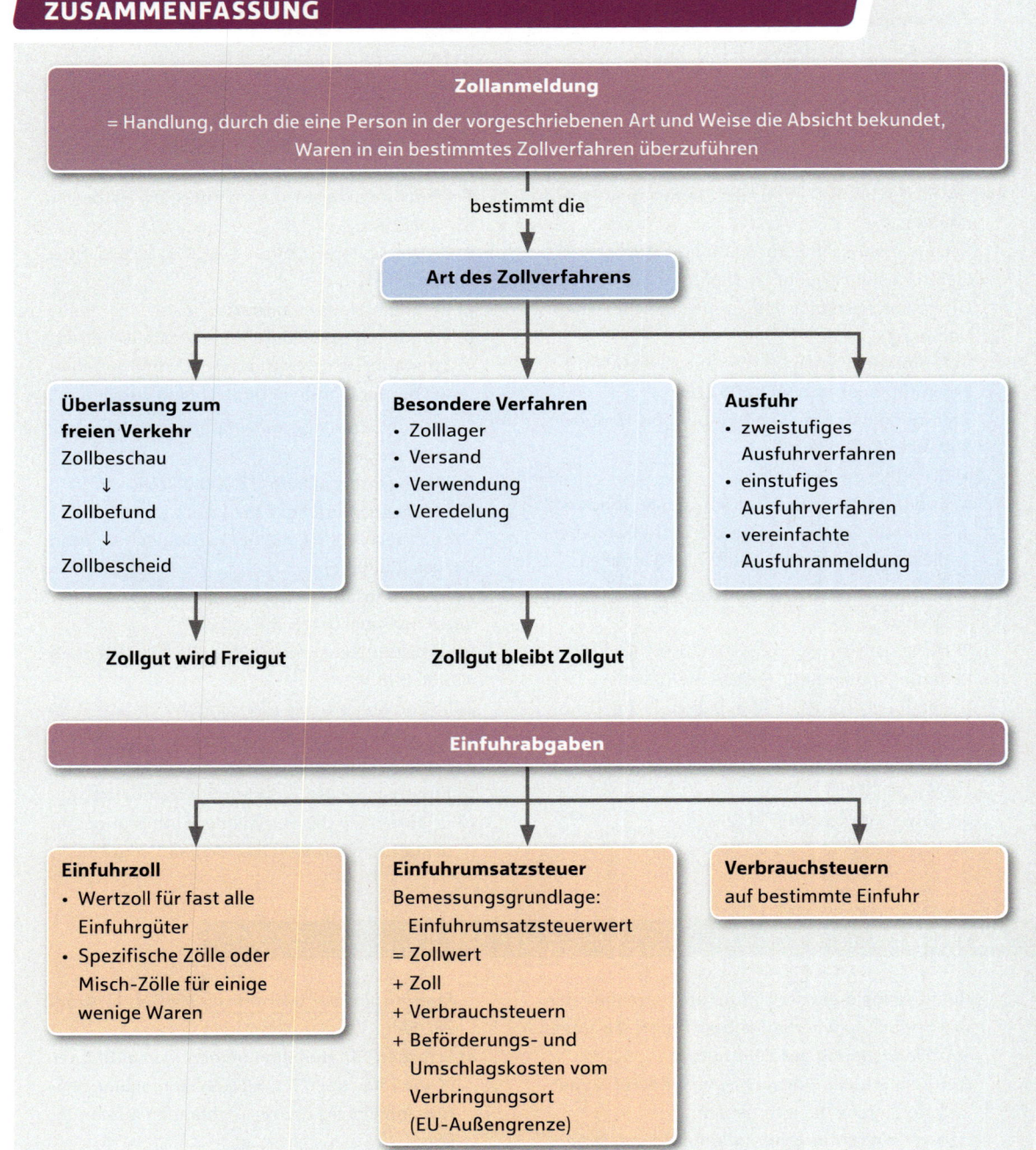

LERNFELD 7

Berechnung der Einfuhrabgaben

Zollwert
  Rechnungspreis
+ angefallene Kosten, die nicht im Rechnungspreis enthalten sind
− Kosten nach der Ankunft am Zielort, die Rechnungspreis enthalten sind
= Zollwert

Zollbetrag
Zollwert · Zollsatz = Zollbetrag

Einfuhrumsatzsteuerwert
  Zollwert
+ Zoll
+ ggf. Verbrauchsteuern
+ Beförderungs- und Umschlagskosten vom Verbringungsort bis zum ersten inländischen Bestimmungsort
= Einfuhrumsatzsteuerwert

Einfuhrumsatzsteuer
Einfuhrumsatzsteuerwert · Einfuhrumsatzsteuersatz = Einfuhrumsatzsteuer

Einfuhrabgaben
Zoll + ggf. Verbrauchsteuer + Einfuhrumsatzsteuer = Einfuhrabgaben

LERNFELD 7

KAPITEL 7
Vertragsgestaltung unter Berücksichtigung internationaler Rechtsnormen und Lieferbedingungen

Aufgrund einer Anfrage erhält die Fairtext GmbH von der SEWONTEXTILE CO., LTD, Seoul, Republik Korea (Südkorea) folgendes Angebot.

SEWONTEXTILE CO., LTD
1860, Hangang-daero, Jung-gu
Seoul 04637
Republic of Korea
phone: +49 (211) 123 – 100
mail: chung@sewon-wvd.com

SE/chi

Fairtext GmbH
Walsroder Str. 6 a
30625 Hannover
Germany

16 September 20..

Dear Mr Sieg

Offer

Further to your enquiry of Sept. 16 20.., we have pleasure in submitting an offer on the following terms.

Description of goods	*quantity*	*price per unit*	*price per position*
T-shirts, 100 % cotton, color white, size S	10 000	1,20 USD	12.000,00 USD
T-shirts, 100 % cotton, color white, size M	15 000	1,25 USD	18.750,00 USD
T-shirts, 100 % cotton, color white, size L	15 000	1,30 USD	19.500,00 USD
T-shirts, 100 % cotton, color white, size XL	5 000	1,40 USD	7.000,00 USD
All round price			**57.250,00 USD**

Our prizes are quotes CIF Hamburg.
On an order of this size, we grant 20 % quantity discount.
The terms of payment are documents against payment (D/P).
The goods will be dispatched immediately on receipt of order by sea.
Should you require any further information please get in touch with me.

Yours sincerely

Chung **Jong Hi**
Export Sales

Der Leiter der Außenhandelsabteilung der Fairtext GmbH, Herr Sieg, beauftragt Anne Schulte und Mete Özcan, das Angebot genau zu prüfen. Versetzen Sie sich in die Rolle von Anne Schulte oder Mete Özcan.

1. Stellen Sie fest, welches Recht für den Kaufvertrag über T-Shirts zwischen der SEWONTEXTILE CO., LTD und der Fairtext GmbH gelten würde, wenn die Fairtext GmbH das Angebot zu den Angebotsbedingungen ohne Änderungen und Ergänzungen annehmen würde. Beachten Sie dabei, dass sowohl Südkorea als auch Deutschland Vertragsstaaten des UN-Kaufrechts (CISG) sind.
2. Stellen Sie fest, wie lange die SEWONTEXTILE CO. an das Angebot gebunden ist.
3. Beurteilen Sie die Lieferungs- und Zahlungsbedingungen aus der Sicht der Fairtext GmbH.
4. Machen Sie ggf. Vorschläge für abweichende Lieferungs- und Zahlungsbedingungen, die die Fairtext GmbH in Vertragsverhandlungen mit der SEWONTEXTILE CO. durchsetzen sollte.

INFORMATIONEN

Abschluss von Außenhandelsgeschäften

Kaufverträge im Außenhandel werden
- durch die Abgabe eines Angebots durch den Exporteur und eine Bestellung des Importeurs,
- durch eine Bestellung des Importeurs und Bestellungsannahme (Auftragsbestätigung) des Exporteurs oder
- durch einen gemeinsam ausgehandelten und unterzeichneten Kaufvertrag

abgeschlossen.

Inhalte eines internationalen Kaufvertrags

Da bei internationalen Kaufverträgen nicht ohne Weiteres das deutsche Inlandsrecht angewandt werden kann, sollten vor Abschluss von Außenhandelsgeschäften von größerem wirtschaftlichem Gewicht alle in Betracht kommenden Rechtsfragen und Konditionen genau geregelt werden. Um Probleme bei der Erfüllung des Kaufvertrags zu vermeiden, sollten folgende Punkte zwischen Importeur und Exporteur eindeutig geklärt werden:

Klauseln	Inhalt	FORMULIERUNGSBEISPIELE
1 Eigenschaften der Ware	• Art der Ware • Qualität der Ware • Liefermenge • Eigenschaften • Verwendungsmöglichkeiten • Verpackung • Markierung der Ware	T-Shirts, 100 % Baumwolle, Farbe Weiß, Größe M, 15000 Stück
2 Kaufpreis	• Einzel- oder Gesamtpreis • Währung • Preisgleitklausel • Währungsklausel oder Währungsoption	Der Preis je Stück beträgt 254,00 EUR. Er beinhaltet keine indirekten Steuern (Umsatzsteuer, Verbrauchssteuern, Zölle). Er unterliegt keiner Preisanpassung.
3 Lieferbedingungen	• Konditionen (Incoterms-Klausel) • Im Preis inbegriffene Nebenleistungen • Leistungen, die vom Kunden erbracht werden müssen	Die Lieferung erfolgt DDP Hannover (Incoterms 2020).
4 Lieferzeit	• Lieferzeitpunkt • Versanddatum • Versanddauer • Möglichkeit von Teillieferungen	Der Verkäufer hat die Ware innerhalb einer Frist von vier Wochen nach Vertragsabschluss zu liefern.
5 Erfüllungsort	• Erfüllungsort für die Lieferung • Erfüllungsort für die Zahlung	Erfüllungsort für die Warenlieferung ist der Ort der Übergabe an die erste Transportperson (Versendungsort).
6 Eigentumsvorbehalt		Das Vertragsprodukt verbleibt bis zur vollständigen Bezahlung des Kaufpreises für die Lieferung im Eigentum des Verkäufers.
7 Zahlungsbedingungen	• Angabe der Zahlungsbedingung (Vorauszahlung, Anzahlung, Zahlung gegen Akkreditiv, Kasse gegen Dokumente, Dokumente gegen Akzept, offenes Zahlungsziel) • Zeitpunkt der Zahlung • Ort der Zahlung • Zahlungssicherungen	Der Käufer hat zugunsten des Verkäufers durch seine Bank ein unwiderrufliches Akkreditiv eröffnen zu lassen, das den Kaufpreis bis zum Empfang der vertragsmäßigen Ware absichern soll.
8 Dokumente	• Dokumente, die der Verkäufer beizubringen hat	Der Verkäufer hat die folgenden Dokumente beizubringen: – Handelsrechnung, 3 Originale – Packliste, 2 Originale – Usprungszeugnis in englischer Sprache, 3 Originale/3 Kopien – Transportdokument: voller Satz An-Bord-Konnossement, 3 Originale/3 Kopien

LERNFELD 7

Klauseln	Inhalt	FORMULIERUNGSBEISPIELE

9 Gültigkeit des Vertrags	• Angebotsvorbehalte
	  – befristetes Angebot
	  – freibleibendes Angebot
	• Kündigungstermin
		Unser Angebot ist hinsichtlich Preis und Lieferzeit unverbindlich.

10 Untersuchungs- und Rügepflicht	Ordnungsgemäße Untersuchung der Ware und Rügefristen für den Käufer	Im Fall von Mängeln des Vertragsproduktes sind die Rechte des Käufers abhängig von einer ordnungsgemäßen Untersuchung der eingegangenen Waren bei Lieferung durch den Käufer sowie durch eine schriftliche Benachrichtigung an den Verkäufer durch den Käufer ohne unangemessene Verzögerung nach Lieferung anzuzeigen.
11 Gewährleistungs- ansprüche	Rechtsbehelfe des Käufers bei Vertragsverletzungen durch den Verkäufer	Der Verkäufer gewährleistet, dass das Vertragsprodukt sich für die nach dem Vertrag vorgesehene Verwendung eignet und zum Zeitpunkt der Lieferung der in der in diesem Vertrag vereinbarten Beschaffenheit entspricht. Der Verkäufer hat bei Vorliegen eines Mangels ein Wahlrecht zwischen Nachbesserung und Nachlieferung.
12 Haftung	• Haftungsumfang • Haftungsbeschränkungen	Der Verkäufer haftet gemäß der gesetzlichen Vorschriften für Vorsatz, grobe Fahrlässigkeit, Personenschäden und Tod sowie auf Grundlage weiterer, unabdingbarer gesetzlicher Haftungstatbestände.
13 Höhere Gewalt	Leistungsbefreiung bei • unvorhersehbaren Vorkommnissen • für die keine Vertragspartei verantwortlich ist	Unvorhersehbare Vorkommnisse wie beispielsweise Naturereignisse, Streiks, Krieg, Unruhen, Naturkatastrophen, Embargos und andere Vorkommnisse die außerhalb der Kontrolle der Vertragsparteien liegen und unausweichlich sind und für die keiner der Vertragsparteien verantwortlich ist, befreit die Vertragspartei für die Dauer der Störung und im Rahmen ihrer Folgen von ihrer Leistungspflicht.
14 Anwendbares Recht	• Recht des Ausfuhrlands • Recht des Einfuhrlands • Recht eines Drittlandes • UN-Kaufrecht	Für diesen Vertrag gilt das Recht der Bundesrepublik Deutschland einschließlich des Übereinkommens der Vereinten Nationen über Verträge über den internationalen Warenkauf (CISG).
15 Streitentscheidung	• Gerichtsstand • Schiedsgerichtsvereinbarung	Alle Streitigkeiten, die sich aus oder im Zusammenhang mit dem vorliegenden Vertrag ergeben, werden nach der Schiedsgerichtsordnung der Internationalen Handelskammer (ICC) von einem oder mehreren gemäß dieser Ordnung ernannten Schiedsrichtern endgültig entschieden. Ort des Schiedsgerichts ist Hamburg (Beispiel).
15 Maßgebliche Vertragssprache	• Sprache des Ausfuhrlandes • Sprache des Einfuhrlandes • Internationale Handelssprache	Maßgeblicher Text ist der englische Text des Vertrages.

Das UN-Kaufrecht (CISG) als Rechtsgrundlage des internationalen Kaufvertrags

Das UN-Kaufrecht (United Convention on Contracts for the International Sale of Goods (CISG)) wurde speziell für den Internationalen Warenverkehr geschaffen. Es kann nicht beim internationalen Handel von Immobilien, typischen Dienstleistungen und Rechten angewandt werden.

Es wird auf internationale Kaufverträge über Waren zwischen Kaufvertragsparteien angewendet, die ihre Niederlassungen in verschiedenen Staaten haben. Voraussetzung für die Anwendung des UN-Kaufrechts ist, dass diese Staaten Vertragsstaaten sind. Das gilt häufig auch ohne besondere Vereinbarung.

BEISPIEL

Südkorea und die Bundesrepublik Deutschland sind Vertragsstaaten des UN-Kaufrechts. Darum ist das UN-Kaufrecht Rechtsgrundlage für einen Kaufvertrag zwischen der Fairtext GmbH und der SEWONTEXTILE CO., LTD, wenn die Vertragsparteien die Anwendung des UN-Kaufrechts im Kaufvertrag nicht ausdrücklich ausschließen.

Das UN-Kaufrecht ist auch anwendbar, wenn für den internationalen Kaufvertrag das nationale Recht eines Vertragsstaats vereinbart wird. Wenn Vertragsparteien z. B. das deutsche Rechte als Rechtsgrundlage für den Kaufvertrag vereinbaren, gilt für diesen Kaufvertrag auch das UN-Kaufrecht. Denn das UN-Kaufrecht ist Bestandteil des deutschen Rechts.

BEISPIEL

Aus deutscher Sicht wird somit das UN-Kaufrecht angewendet bei
- allen Ausfuhren,
- allen Einfuhren aus einem der anderen Vertragsstaaten und
- allen Kaufverträgen, bei denen die Vertragsparteien in verschieden Staaten ansässig sind und das Recht eines Vertragsstaats des UN-Kaufrechts vereinbaren.

Soll das UN-Kaufrecht bei der Vereinbarung des deutschen Rechts als Vertragsgrundlage ausgeschlossen werden, muss dies durch eine Vertragsklausel ausdrücklich ausgeschlossen werden.

BEISPIEL

„Für diesen Vertrag gilt das Recht der Bundesrepublik Deutschland unter Ausschluss des Übereinkommens der Vereinten Nationen über Verträge über den internationalen Warenkauf."

Das UN-Kaufrecht regelt
- den Abschluss des Kaufvertrags,
- die Aufnahme von Allgemeine Geschäftsbedingungen in den Kaufvertrag,
- die Pflichten von Käufer und Verkäufer,
- Ort und Zeit der Lieferung, Übergabe und Gefahrenübergang,
- die Vertragsmäßigkeit der Ware und Rechte bzw. Ansprüche Dritter,
- die Mängelanzeige durch den Kunden,
- die Zahlung des Kaufpreises,
- Rechtsbehelfe bei Verletzung der Rechte und Pflichten der Vertragsparteien,
- Schadenersatz und Schadenberechnung.

Es regelt nicht
- die Verjährung von Ansprüchen,
- die Produzentenhaftung,
- die Lieferbedingungen,
- die Zahlungsbedingungen,
- Vertragsstrafen und Schadenspauschalen,
- die Gültigkeit des Vertrages und einzelner Vertragsklauseln.

Regelungen des UN-Kaufrechts zum Abschluss des Kaufvertrags

Ein Kaufvertrag nach dem UN-Kaufrecht kommt – genauso wie im deutschen Recht – durch zwei übereinstimmende Willenserklärungen (Antrag und Annahme) zustande.

Für den Abschluss des Kaufvertrags ist keine besondere Form vorgeschrieben. Der Kaufvertrag kann also auch mündlich abgeschlossen werden.

Inhaltlich muss das Angebot bestimmt genug sein. Außerdem muss es den Willen des Anbieters zum Ausdruck bringen, im Falle der Annahme des Angebots durch den Käufer an das Angebot gebunden zu sein. Das Angebot ist bestimmt genug, wenn es genaue Angaben zur Ware und eine ausdrückliche oder stillschweigende Festsetzung der Menge und des Preises beinhaltet. Es ist auch bestimmt genug, wenn diese Inhalte aufgrund des Angebots zumindest bestimmbar sind.

Das Angebot kann nur durch eine ausdrückliche Erklärung oder ein sonstiges schlüssiges Verhalten angenommen werden. Schweigen oder Untätigkeit gelten im UN-Kaufrecht grundsätzlich nicht als Annahme des Angebots.

Im Unterschied zum deutschen Recht kann das Angebot bis zum Abschluss eines Kaufvertrags widerrufen werden. Der Widerruf muss dem Empfänger also zugegangen sein, bevor er eine Annahmeerklärung abgeschickt hat.

Nach dem UN-Kaufrecht kommt ein Kaufvertrag auch dann zustande, wenn die Willenserklärung, mit der das Angebot angenommen wird, inhaltlich vom Angebot abweicht. Das gilt allerdings nur dann, wenn die Abweichungen unwesentlich sind. Abweichungen, die sich auf Qualität und Menge der Ware, Preis, Zahlung, Ort und Zeit der Lieferung, den Haftungsumfang der Vertragsparteien oder auf die Beilegung von Streitigkeiten beziehen, sind wesentliche Änderungen. Eine solche Willenserklärung führt nicht zum Abschluss des Kaufvertrags. Sie stellt einen neuen Antrag auf Abschluss eines Kaufvertrages dar.

LERNFELD 7

Allgemeine Geschäftsbedingungen (AGB) als Vertragsbestandteil

Die AGB werden nach UN-Kaufrecht nur Vertragsbestandteil, wenn sich die Vertragsparteien ausdrücklich über die Einbeziehung der AGB in den Vertrag einigen. Die AGB müssen also bereits Bestandteil des Angebots sein. Zur wirksamen Einbeziehung von AGB in den internationalen Kaufvertrag muss der AGB-Text dem Vertragspartner zugesandt werden. Ein bloßer Hinweis auf die Geltung der AGB reicht grundsätzlich nicht aus.

Pflichten der Kaufvertragsparteien

Mit dem Abschluss des Kaufvertrags übernehmen die Vertragspartner folgende Pflichten:

Der **Verkäufer ist verpflichtet**,
- die Ware zu liefern,
- die die Ware betreffenden Dokumente zu übergeben und
- dem Käufer das Eigentum an der Ware zu verschaffen.

Der Verkäufer muss die Ware in der vertraglich vereinbarten Menge, Qualität, Art und Verpackung liefern. Außerdem muss die Ware zum Zeitpunkt der Übergabe frei von Rechten und Ansprüchen Dritter sein.

Der **Erfüllungsort für die Warenlieferung** ist im UN-Kaufrecht der Geschäftssitz des Verkäufers. Beim Versendungskauf hat der Verkäufer seine Lieferpflicht erfüllt, wenn er die Ware dem ersten Beförderer zum Transport an den Käufer übergeben hat. Damit geht die Gefahr des Untergangs oder der Beschädigung der Ware bereits zu diesem Zeitpunkt auf den Käufer über.

Wenn ein **Lieferzeitpunkt** oder **Lieferzeitraum** im Vertrag festgelegt worden ist oder aufgrund des Vertrags bestimmt werden kann, muss der Verkäufer die Ware zu diesem Zeitpunkt oder innerhalb dieses Zeitraums liefern. In allen anderen Fällen muss er innerhalb einer angemessenen Frist nach Vertragsabschluss liefern.

Der Verkäufer muss die die Ware betreffenden **Dokumente** (Handelsrechnung, Frachtbrief, Konnossemente, Ursprungsnachweise usw.) zu dem Zeitpunkt an dem Ort und in der Form übergeben, die im Vertrag vorgesehen sind.

Der **Käufer ist verpflichtet**,
- die ordnungsgemäß gelieferte Ware anzunehmen,
- die ordnungsgemäß gelieferte Ware fristgerecht zu bezahlen.

Sofern vertraglich nichts anderes vereinbart wurde, muss der Käufer am Sitz des Verkäufers oder, wenn die Zahlung gegen Übergabe der Ware oder von Dokumenten zu leisten ist, am Ort der Übergabe zahlen. Wenn der Zahlungsbetrag überwiesen wird, ist die Zahlung erst dann erfolgt, wenn die Zahlung auf dem Konto des Verkäufers gutgeschrieben wurde.

Rechte des Käufers bei einer Vertragsverletzung durch den Verkäufer

Der Käufer kann Ansprüche bei Vertragsverletzungen durch den Verkäufer nur geltend machen, wenn er die Vertragsverletzung in einer angemessenen Frist rügt. Er muss die Ware unverzüglich selbst untersuchen oder untersuchen lassen und dem Verkäufer oder Spediteur die festgestellten Mängel sofort melden. In den meisten Fällen reichen dafür ein bis zwei Wochen. Bei verderblichen Waren oder offenen Mängeln kann die Frist aber auch deutlich kürzer ausfallen. Die Rügefrist beginnt mit dem Eintreffen der Ware beim Käufer.

Der Käufer verliert seine Ansprüche bei Vertragsverletzungen, wenn er die Vertragsverletzung nicht innerhalb von zwei Jahren nach der Übergabe an den Käufer gerügt hat.

Im Falle einer Vertragsverletzung durch den Verkäufer kann der Käufer die folgenden Ansprüche geltend machen:
- Erfüllung des Vertrags,
- Nachbesserung,
- Minderung bei vertragswidriger Beschaffenheit,
- Ersatzlieferung bei nicht vertragsgemäßer Ware,
- Rücktritt vom Vertrag,
- Schadensersatz.

Erfüllung des Vertrags: Der Käufer kann vom Verkäufer die Erfüllung seiner Pflichten verlangen. Er kann dem Verkäufer eine angemessene Nachfrist zur Erfüllung seiner Pflichten setzen. Der Käufer kann vor Ablauf dieser Nachfrist kein Recht wegen Vertragsverletzung ausüben, außer wenn ihm der Verkäufer mitgeteilt hat, dass er seine Pflichten nicht innerhalb der Nachfrist erfüllen wird.

Nachbesserung: Der Käufer kann vom Verkäufer die Beseitigung des Mangels in einer angemessenen Nachfrist verlangen, sofern das für den Verkäufer wirtschaftlich unzumutbar ist. Die Nachbesserung erfolgt auf Kosten des Verkäufers.

Minderung: Anstelle einer Nachbesserung kann der Preis der Ware herabgesetzt werden.

Ersatzlieferung: Bei einer wesentlichen Vertragsverletzung kann der Käufer eine Ersatzlieferung innerhalb einer angemessenen Frist verlangen. Eine wesentliche Vertragsverletzung liegt vor, wenn die gelieferte Ware unbrauchbar ist, weil die zugesicherten Eigenschaften der Ware nicht erfüllt wurden.

Rücktritt vom Vertrag: Der Rücktritt vom Vertrag ist nur bei einer wesentlichen Vertragsverletzung möglich. Außerdem muss der Käufer dem Verkäufer zuvor eine Nachfrist für die Erfüllung des Vertrages gesetzt haben.

Schadenersatz: Der Anspruch auf Schadenersatz ist unabhängig von der Art der Vertragsverletzung. Er kann von dem Käufer parallel zu den anderen Ansprüchen geltend gemacht werden. Bei einer Vertragsverletzung durch den Verkäufer hat der Käufer einen Anspruch auf Ersatz des durch die Vertragsverletzung entstandenen Verlusts einschließlich des entgangenen Gewinns. Der Käufer kann dabei den Unterschiedsbetrag zwischen dem vertraglich vereinbarten Preis und dem Preis für die notwendige Ersatzbeschaffung als Schadenersatz geltend machen. Der Anspruch auf Schadenersatz setzt kein Verschulden des Verkäufers voraus. Bei Schäden, die auf höhere Gewalt zurückgeführt werden können (z. B. Schäden durch Naturkatastrophen, Kriege und Embargomaßnahmen) hat der Käufer jedoch keinen Anspruch auf Schadenersatz.

Rechte des Verkäufers bei einer Vertragsverletzung durch den Käufer

Kommt der Käufer seinen vertraglichen Pflichten nicht nach, kann der Verkäufer die folgenden Ansprüche geltend machen:
- Erfüllung des Vertrags,
- Nachfristsetzung mit Rücktrittsandrohung,
- Rücktritt vom Vertrag (wenn die Verletzung der Zahlungspflicht eine wesentliche Vertragsverletzung darstellt),
- Zurückbehaltung der Ware,
- Schadenersatz,
- Zinsen.

Erfüllung des Vertrages: Der Verkäufer kann vom Käufer verlangen, dass er den Kaufpreis zahlt, die Ware annimmt sowie seine sonstigen Pflichten erfüllt.

Nachfristsetzung: Der Verkäufer kann dem Käufer eine angemessene Nachfrist zur Erfüllung seiner Pflichten setzen. Der Verkäufer kann vor Ablauf dieser Nachfrist kein Recht wegen Vertragsverletzung ausüben, außer wenn ihm der Käufer mitgeteilt hat, dass er seine Pflichten nicht innerhalb der Nachfrist erfüllen wird.

Rücktritt vom Vertrag: Der Verkäufer kann nach einer Nachfristsetzung vom Kaufvertrag zurücktreten, wenn die Verletzung der Zahlungspflicht eine wesentliche Vertragsverletzung darstellt. Er kann auch vom Vertrag zurücktreten, wenn schon vor dem Fälligkeitstermin klar ist, dass der Käufer seine Zahlungsverpflichtungen nicht erfüllen kann.

Zurückbehalten der Ware: der Verkäufer kann die Lieferung der Ware stoppen, wenn er nachträglich berechtigte Zweifel an der Zahlungsfähigkeit des Käufers bekommt.

Schadenersatz: Bei einer Vertragsverletzung durch den Käufer hat der Verkäufer einen Anspruch auf Ersatz des durch die Vertragsverletzung entstandenen Verlusts einschließlich des entgangenen Gewinns. Der Anspruch auf Schadenersatz setzt kein Verschulden des Käufers voraus.

Zinszahlung: Versäumt es der Käufer, den Kaufpreis oder einen anderen fälligen Betrag zu zahlen, so hat der Verkäufer für diese Beträge Anspruch auf Zinsen, unbeschadet eines Schadenersatzanspruchs.

Die Vorteile des UN-Kaufrechts gegenüber den Bestimmungen des BGB und HGB

	UN-Kaufrecht	Kaufrecht BGB/HGB	Vorteil des UN-Kaufrechts für
Vertragsabschluss	Der Anbieter kann sein Angebot zum Abschluss eines Vertrags auch noch widerrufen, wenn das Angebot dem Empfänger schon vorliegt, der Empfänger sich zu dem Angebot aber noch nicht geäußert hat.	Der Anbieter kann das Angebot nach dem Zugang des Angebots bei der anderen Vertragspartei nicht mehr widerrufen.	Vorteil für den Verkäufer

LERNFELD 7

	UN-Kaufrecht	Kaufrecht BGB/HGB	Vorteil des UN-Kaufrechts für
Lieferung vertragswidriger Ware	Wenn die Vertragsparteien keine besonderen Absprachen über die Eigenschaften der zu liefernden Ware getroffen haben, ist die Ware nur vertragswidrig, wenn sie sich nicht für die Zwecke eignet, für die die Ware der gleichen Art gewöhnlich gebraucht wird. Für die Beurteilung der Eignung sind die Standards des Landes des Verkäufers maßgebend.	Bei der Beurteilung der Vertragswidrigkeit der gelieferten Ware werden die Standards des Landes des Käufers (Sicherheitsbestimmungen, Kennzeichnungsvorschriften und weitere Vorschriften, die beim Verbringen der Ware in den Verkehr des Käuferlandes) zugrunde gelegt.	Vorteil für den Verkäufer
Wareneingangskontrolle und Mängelrüge	Die Wareneingangskontrolle und Mängelrüge erfolgen rechtzeitig, wenn die Mängel innerhalb eines Monats gerügt werden.	Der Käufer muss die Ware unverzüglich (innerhalb weniger Tage) nach Ablieferung kontrollieren und dem Verkäufer erkennbare Mängel unverzüglich anzeigen.	Vorteil für den Käufer
Haftung bei Leistungsstörung	Der Verkäufer haftet verschuldensunabhängig.	Der Verkäufer haftet grundsätzlich nur, wenn er schuldhaft seine Pflichten verletzt.	Vorteil für den Käufer
Schadenersatz	Die Schadensersatzpflicht des Verkäufers ist auf die Schäden begrenzt ist, die er bereits bei Vertragsschluss als mögliche Folge der Vertragsverletzung vorausgesehen hat oder hätte voraussehen können.	Der Verkäufer haftet unbegrenzt, sofern ein ursächlicher Zusammenhang zwischen seiner Pflichtverletzung und dem Schaden besteht.	Vorteil für den Verkäufer
Lieferantenregress	Im UN-Kaufrecht gibt es keinen Lieferantenregress.	Der Verkäufer muss die Ware zurücknehmen, wenn diese zuletzt an einen Verbraucher verkauft wurde und der Letztverkäufer die Ware wegen eines Mangels zurücknehmen musste (Lieferantenregress).	Vorteil für den Verkäufer
Vertragsaufhebung	Der Vertrag kann nur aufgehoben werden, wenn der Verkäufer eine wesentliche Vertragsverletzung begeht.	Der Vertrag kann unter bestimmten Voraussetzungen (z. B. Pflichtverletzung und Fristsetzung) grundsätzlich aufgehoben werden.	Vorteil für den Verkäufer

Incoterms® 2020[1]

Bei einem Handelsgeschäft mit Drittländern fallen Kosten und Risiken im Bereich der Zoll- und Transportabwicklung an, deren Aufteilung zwischen Exporteur und Importeur vorab vertraglich geregelt werden sollte. Dazu verwenden Exporteure und Importeure überwiegend eine der Klauseln der Incoterms® 2020. Die Incoterms® 2020 sind keine gesetzlichen Bestimmungen, sondern lediglich eine Empfehlung an die Kaufleute, sich nach ihnen zu richten. Sie werden erst rechtsverbindlich, wenn sie im Kaufvertrag zwischen Verkäufer und Käufer ausdrücklich vereinbart wurden.

Die Incoterms 2020 regeln im Wesentlichen
- den Gefahrübergang
- die Kostenverteilung
- die Lieferung und Übernahme der Ware
- die Beschaffung von Lizenzen und Genehmigungen
- die Erledigung der Formalitäten
- die Verantwortung für den Abschluss von Beförderungs- und Versicherungsverträgen
- die Beschaffung von Liefernachweisen und Transportdokumenten und
- die Prüfung und Verpackung der Ware

---

[1] „Incoterms®" ist eine eingetragene Marke der Internationalen Handelskammer (ICC). Incoterms®2020 ist einschließlich aller seiner Teile urheberrechtlich geschützt. Die ICC ist Inhaberin der Urheberrechte an den Incoterms®2020. Bei den vorliegenden Ausführungen handelt es sich um inhaltliche Interpretationen zu den von der ICC herausgegebenen Lieferbedingungen durch die Autoren. Diese sind für den Inhalt, Formulierungen und Grafiken in dieser Veröffentlichung verantwortlich. Für die Nutzung der Incoterms® in einem Vertrag empfiehlt sich die Bezugnahme auf den Originaltext „Incoterms® 2020, der in der deutschen Fassung von der Internationalen Handelskammer (ICC Germany) herausgegeben wird.

Die Klauseln der Incoterms® 2020

Die Klauseln der Incoterms® 2020 können in vier Gruppen eingeteilt werden.

Gruppe	Klauseln der Gruppe	Gemeinsamkeiten
E-Gruppe	• EXW – Ex Works/Ab Werk ... benannter Ort	Bei der einzigen Klausel der E-Gruppe trägt der Käufer die Kosten und Risiken ab der Bereitstellung der Ware am benannten Ort.
F-Gruppe	• FCA – Free Carrier/Frei Frachtführer ... benannter Übergabeort • FAS – Free Alongside Ship/Frei Längsseite Schiff ... benannter Verschiffungshafen • FOB – Free On Board/Frei an Bord ... benannter Verschiffungshafen	Innerhalb der F-Gruppe trägt der Käufer die Kosten des Haupttransports. Die Gefahr geht mit der Übergabe der Ware an den Frachtführer des Haupttransports auf ihn über.
C-Gruppe	• CFR – Cost and Freight/Kosten und Fracht ... benannter Bestimmungshafen • CIF – Cost, Insurance and Freight/Kosten, Versicherung und Fracht ... benannter Bestimmungshafen • CPT – Carriage Paid To/Frachtfrei ... benannter Bestimmungsort • CIP – Carriage, Insurance Paid To/Frachtfrei versichert ... benannter Bestimmungsort	Innerhalb der C-Gruppe trägt der Verkäufer zwar die Kosten des Haupttransport. Die Gefahr geht jedoch bereits mit der Übergabe der Ware an den Frachtführer des Haupttransports auf den Käufer über.
D-Gruppe	• DAP – Delivered At Point/Geliefert ... benannter Ort • DPU – Delivered At Place Unloaded/Geliefert ... benannter Ort entladen • DDP – Delivered Duty Paid/Geliefert verzollt ... benannter Bestimmungsort	Bei den D-Klauseln trägt der Verkäufer alle Kosten und Risiken bis zum Eintreffen der Ware an dem benannten Bestimmungsort.

- **EXW – Ex Works/Ab Werk ... benannter Ort**
  Die EXW-Klausel ist eine reine Abholklausel. Der Verkäufer ist nur verpflichtet, die Ware am benannten Ort zur Abholung bereitzustellen. Dem Verkäufer entstehen also keine Transportkosten. Der Verkäufer muss die Ware auch nicht verladen und zur Ausfuhr freimachen. Die Ware muss nur verpackt und gekennzeichnet sein.

- **FCA – Free Carrier/Frei Frachtführer ... benannter Übergabeort**
  Der Verkäufer muss die Ware zu dem vom Käufer bestimmten Lieferort transportieren. Er sorgt auf seine Kosten für Verpackung, Warenprüfung und Freimachung der Ware zur Ausfuhr. Der Verkäufer muss abhängig vom ausgewählten Ort der Lieferung außerdem beladen. Für den Haupttransport, die Durchfuhr und die Einfuhr ist der Käufer verantwortlich.

- **FAS – Free Alongside Ship/Frei Längsseite Schiff ... benannter Verschiffungshafen**
  Der Verkäufer muss die Ware auf seine Kosten verpacken, zu dem vom Käufer benannten Verschiffungshafen verbringen und zur Ausfuhr freimachen. Die Lieferung ist erfolgt, wenn die Ware längsseits des Schiffs im benannten Verschiffungshafen gebracht worden ist.

- **FOB – Free On Board/Frei an Bord ... benannter Verschiffungshafen**
  Der Verkäufer muss die Ware an Bord des Schiffes im benannten Verschiffungshafen liefern. Er muss die Ware auf seine Kosten verpacken und die Ware zur Ausfuhr freimachen.

- **CFR – Cost and Freight/Kosten und Fracht ... benannter Bestimmungshafen**
  Der Verkäufer hat seine Lieferpflicht erfüllt, wenn die Ware an Bord des Schiffes gebracht worden ist. Er trägt die Kosten und die Fracht, die erforderlich sind, um die Ware zum benannten Bestimmungshafen zu befördern. Der Verkäufer muss die Ware auf eigene Kosten verpacken und zur Ausfuhr freimachen.

- **CIF – Cost, Insurance and Freight/Kosten, Versicherung und Fracht ... benannter Bestimmungshafen**
  Der Verkäufer hat seine Lieferpflicht erfüllt, wenn die Ware an Bord des Schiffes gebracht worden ist. Er trägt die Kosten und die Fracht für die Beförderung der Ware zum benannten Bestimmungshafen. Zusätzlich muss der Verkäufer den Transportversicherungsvertrag (nur mit Mindestdeckung) auf eigene Kosten abschließen. Außerdem muss er die Ware auf eigene Kosten verpacken und zur Ausfuhr freimachen.

LERNFELD 7

- **CPT – Carriage Paid To/Frachtfrei ... benannter Bestimmungsort**
  Der Verkäufer muss die Ware an den von ihm benannten Frachtführer übergeben. Zusätzlich muss er die Frachtkosten übernehmen, die erforderlich sind, um die Ware zum benannten Bestimmungsort zu befördern. Außerdem muss er die Ware verpacken und zur Ausfuhr freimachen.

- **CIP – Carriage, Insurance Paid To/Frachtfrei versichert ... benannter Bestimmungsort**
  Der Verkäufer muss die Ware an den von ihm benannten Frachtführer übergeben. Zusätzlich muss er die Frachtkosten übernehmen, die erforderlich sind, um die Ware zum benannten Bestimmungsort zu befördern. Außerdem muss er den Transportversicherungsvertrag (nur mit Mindestdeckung) auf seine Kosten abschließen. Der Verkäufer muss die Ware verpacken und zur Ausfuhr freimachen.

- **DAP – Delivered At Point/Geliefert ... benannter Ort**
  Der Verkäufer muss dem Käufer die Ware am Bestimmungsort auf dem ankommenden Beförderungsmittel entladebereit zur Verfügung stellen. Er muss die Ware zur Ausfuhr freizumachen. Er ist jedoch nicht verpflichtet, die Ware zur Einfuhr freizumachen.

- **DPU – Delivered At Place Unloaded/Geliefert ... benannter Ort entladen**
  Der Verkäufer hat seine Lieferpflicht erfüllt, sobald die Ware von dem ankommenden Beförderungsmittel entladen wurde und dem Käufer am benannten Bestimmungsort im Bestimmungshafen oder am Bestimmungsort zur Verfügung gestellt wird. Der Verkäufer muss die Ware zur Ausfuhr freimachen. Er ist jedoch nicht verpflichtet, die Ware zur Einfuhr freizumachen. Der Verkäufer muss alle Kosten und Gefahren der Beförderung der Ware bis zum benannten Bestimmungsort im Bestimmungshafen oder am Bestimmungsort einschließlich der Entladekosten tragen. Sollte es sich um einen anderen Ort als ein „Terminal" handeln, muss vom Verkäufer sichergestellt werden, dass die Waren am Lieferort entladen werden können.

- **DDP – Delivered Duty Paid/Geliefert verzollt ... benannter Bestimmungsort**
  Der Verkäufer muss die Ware zur Ausfuhr und auch zur Einfuhr freimachen und am benannten Bestimmungsort auf dem ankommenden Beförderungsmittel unentladen liefern. Der Verkäufer trägt alle Kosten und auch die Gefahr bis zum Eintreffen der Ware an dem benannten Bestimmungsort.

Incoterms® 2020 – Übersicht der Pflichten von Käufer und Verkäufer

Klausel	Einfuhrfreimachung	Ausfuhrfreimachung	Transportvertrag	Lieferort	Gefahrübergang	Kostenübergang	Transportversicherung	Transportmittel
EXW	Käufer	Käufer	Käufer	Werk des Verkäufers	Lieferort	Lieferort		Alle
FCA	Verkäufer	Käufer	Käufer	Ort der Übergabe an Frachtführer	Lieferort	Lieferort		Alle
CPT	Verkäufer	Käufer	Verkäufer	Ort der Übergabe an ersten Frachtführer	Lieferort	Bestimmungsort		Alle
CIP	Verkäufer	Käufer	Verkäufer	Ort der Übergabe an ersten Frachtführer	Lieferort	Bestimmungsort	Verkäufer	Alle
DAP	Verkäufer	Käufer	Verkäufer	Bestimmungsort	Bestimmungsort	Bestimmungsort		Alle
DPU	Verkäufer	Käufer	Verkäufer	Bestimmungsort	Bestimmungsort	Bestimmungsort		Alle
DDP	Verkäufer	Verkäufer	Verkäufer	Bestimmungsort	Bestimmungsort	Bestimmungsort		Alle
FAS	Verkäufer	Käufer	Käufer	Längsseite Schiff im Verschiffungshafen	Lieferort	Lieferort		Schiff
FOB	Verkäufer	Käufer	Käufer	Schiff im Verschiffungshafen	An Bord des Schiffes	An Bord des Schiffes		Schiff
CFR	Verkäufer	Käufer	Verkäufer	Schiff im Verschiffungshafen	An Bord des Schiffes	Bestimmungshafen		Schiff
CIF	Verkäufer	Käufer	Verkäufer	Schiff im Verschiffungshafen	An Bord des Schiffes	Bestimmungshafen	Verkäufer	Schiff

Die zu verwendende Vertragssprache

Die Vertragsparteien sollten die Sprache vereinbaren, in welcher der schriftliche Vertrag verfasst wird. Nicht immer wird es dem deutschen Importeur oder Exporteur gelingen, Deutsch als Vertragssprache zu vereinbaren. Durch die Vereinbarung einer anderen Vertragssprache können sich Risiken in Bezug auf Terminologie und Interpretation ergeben. In den meisten Fällen einigen sich die Vertragsparteien im Außenhandel auf Englisch als Vertragssprache.

Angebotsbrief an einen ausländischen Kunden in englischer Sprache

BEISPIEL

Fairtext GmbH
Walsroder Straße 6 a
D-30625 Hannover
phone: +49 511 4155 – 15
fax: +49 511 4155 – 11
info@fairtext-wvd.de
http://www.fairtext-wvd.de

Fairtext GmbH · Walsroder Straße 6 a · D-30625 Hannover

Fashion Import Inc.
124 Spring Garden Road
Halifax, NS, B3J 3A5 Canada

Our ref: P/sb
Your ref: S
25 August 20..

Dear Mr Samuelsen

Quotation

Many thanks for your enquiry of **18 July 20..** We would now like to make the following quotation:

    Item 3421 Women's sweater, 100 % merino wool, different colors, size S, M, L
    at a unit price of EUR 32.50 including packing.

All prices are net and quoted CIF Halifax.

We can offer a 15 % quantity discount on orders for at least 500 units.
Our terms of payment are cash against documents.
Delivery can be effected two weeks after receipt of order.

This quotation is valid until 30 September 20..

We hope this quotation will come up to your expectations.

Yours sincerely

S. Pabst

Simone Pabst
Export Sales

LERNFELD 7

Bestellung an einen ausländischen Lieferanten in englischer Sprache

BEISPIEL

Textilgroßhandlung

Fairtext GmbH · Walsroder Straße 6 a · D-30625 Hannover

Young Fashion Ltd..
124 Tottenham Courd Road
London UK

Fairtext GmbH
Walsroder Straße 6 a
D-30625 Hannover
phone: +49 511 4155 – 15
fax: +49 511 4155 – 11
info@fairtext-wvd.de
http://www.fairtext-wvd.de

Our ref.: FT/sp
Your ref: H
25 August 20..

Dear Ms Hudson

Order

Many thanks for your offer of 21 **March 20..**. We would now like to place the following order:

Description of goods	size	quantity	price per unit	price per position
Men's coat Burlington, 100 % cotton, color black	M	200	125,00	25.000,00 GPB
Men's coat Burlington, 100 % cotton, color black	L	300	140,00	42.000,00 GPB
Men's coat Burlington, 100 % cotton, color black	XL	100	155,00	15.500,00 GPB

| **All round price** | | | | **82.500,00 USD** |

Your above-mentioned prices are quoted DDU Hannover (Incoterms 2020).

Please note that the goods must reach us by 1 October at the latest.

As agreed, we will effect payment by bank transfer 30 days from date of invoice.

Please acknowledge this order promptly.

Yours sincerely

S. Pabst

Simone Pabst
Export Sales

AUFGABEN

1. Welche Inhalte sollte ein internationaler Kaufvertrag mindestens enthalten?

2. Unter welchen Voraussetzungen bildet das UN-Kaufrecht die Rechtsgrundlage für einen Kaufvertrag?

3. Zwischen der Fairtext GmbH und der Norge Textil Ltd, Bergen (Norwegen) wurde ein Kaufvertrag über Norwegerpullover abgeschlossen. Als Rechtsgrundlage wurde das deutsche Kaufrecht vereinbart.
   a) Welche Pflichten muss die Fairtext GmbH als Käufer erfüllen, wenn im Vertrag keine von der Rechtsgrundlage abweichenden Vereinbarungen getroffen worden sind.
   b) Welche Pflichten muss die Norge Textil erfüllen, wenn im Vertrag keine von der Rechtsgrundlage abweichenden Vereinbarungen getroffen worden sind.
   c) Welche Rechte kann die Norge Textil Ltd. wahrnehmen, wenn die Fairtext GmbH ihre Pflichten verletzt?
   d) Welche Rechte kann die Fairtext GmbH wahrnehmen, wenn die Norge Textil Ltd. ihre Pflichten verletzt.
   e) Welche Bestimmungen des UN-Kaufrechts sind für die Fairtext GmbH im Vergleich zu den Bestimmungen des BGB/HGB vorteilhafter?
   f) Welche Bestimmungen des BGB/HGB sind für die Fairtext GmbH im Vergleich zu den Bestimmungen des UN-Kaufrechts vorteilhafter?

4. Wann hat der Verkäufer bei den folgenden Incoterms jeweils seine Lieferpflicht erfüllt?
   a) bei EXW
   b) bei FCA
   c) bei FOB
   d) bei CIF
   e) bei DDP

5. Welcher Vertragspartner ist bei den folgenden Incoterms jeweils zuständig für die Ausfuhrfreimachung?
   a) bei EXW
   b) bei FCA
   c) bei FOB
   d) bei CIF
   e) bei DDP

6. Welcher Vertragspartner ist bei den folgenden Incoterms jeweils zuständig für die Einfuhrfreimachung?
   a) bei EXW
   b) bei FCA
   c) bei FOB
   d) bei CIF
   e) bei DDP

7. Bei welchen Incoterms trägt der Exporteur die Hauptkosten des Transports?

8. Bei welchen Incoterms trägt der Importeur die Hauptkosten des Transports?

9. Bei welchen Incoterms handelt es sich um
   a) Einpunktklauseln?
   b) Zweipunktklauseln?

10. Welche Incoterms können nur bei Schiffstransport gewählt werden?

11. Bei welchen Incoterms trägt der Exporteur die Versicherungskosten?

12. Beurteilen Sie die folgenden Incoterms aus der Sicht des Importeurs unter Kosten- und Sicherheitsaspekten.
    a) EXW
    b) FCA
    c) FOB
    d) CIF
    e) DDP

13. Beurteilen Sie die folgenden Incoterms aus der Sicht des Exporteurs unter Kosten- und Sicherheitsaspekten.
    a) EXW
    b) FCA
    c) FOB
    d) CIF
    e) DDP

LERNFELD 7

AKTIONEN

1. Herr Sieg findet das Angebot der SEWONTEXTILE CO., LTD günstig (s. Einstiegssituation). Allerdings möchte er als Rechtsgrundlage für den Kaufvertrag deutsches Recht unter Ausschluss des UN-Kaufrechts und als Gerichtsstand für beide Vertragspartner Hannover vereinbaren.

   Erläutern Sie, welche Gründe Herr Sieg für diese Vertragsvereinbarungen mit der SEWONTEXTiLE CO. haben könnte.

2. Herr Sieg bittet Caroline König, eine Bestellung an die SEWONTEXTILE CO. über
   - 200 Stück Herrenmäntel Burlington, 100 % Baumwolle, Farbe Schwarz, Größe M
   - 300 Stück Herrenmäntel Burlington, 100 % Baumwolle, Farbe Schwarz, Größe L
   - 100 Stück Herrenmäntel Burlington, 100 % Baumwolle, Farbe Schwarz, Größe XL

   zu den Angebotsbedingen der SEWONTEXTILE CO. in deutscher Sprache zu erstellen. Außerdem sollen in die Bestellung die von Herrn Sieg gewünschten Vereinbarungen zur Rechtsgrundlage und zum Gerichtsstand aufgenommen werden.

   a) Versetzten Sie sich in die Rolle von Caroline König und erfüllen Sie den Auftrag.
   b) Formulieren Sie anschließend die Bestellung in englischer Sprache.

3. Die McDouglas LtD., 234 Princes Street, Edinburg EH 4 AD hat die Fairtext GmbH um ein Angebot über dunkelblaue Herrensakkos aus 100 % Schurwolle gebeten. Sie benötigt jeweils 50 Sakkos in den Größen M. L und XL. Herr Sieg bittet Mete Özcan, ein ausführliches Angebot für MCDouglas Ltd zu erstellen.

   a) Versetzen Sie sich in die Rolle von Mete Özcan und formulieren Sie zunächst einen Angebotsentwurf in deutscher Sprache.
   b) Erstellen Sie anschließend das Angebot an die McDouglas Ltd. in englischer Sprache.

4. Ein Angebot der Industriebedarfsexporteurs G. Böger an die Sucrerie de Bir-Jid/Marokko über Lieferung eines Rohrzucker-Elevators enthält die folgenden Inhalte:

Material und Preis:	Rohrzucker-Elevator PX 1091	EUR 67.450,00
Preisstellung:	netto, fob Bremerhaven, einschließlich Seeverpackung, unversichert, unverzollt	
Lieferzeit:	ca. 3 Monate nach Eintreffen Ihres Auftrages	
Zahlung:	Eröffnung eines unwiderruflichen Dokumenten-Akkreditivs zu unseren Gunsten Der Industriebank, 30169 Hannover	

   a) Überprüfen Sie das Angebot auf Vollständigkeit.
   b) Beurteilen Sie die Angebotsinhalte aus der Sicht der Sucrerie de Bir-Jdid .
   c) Beurteilen Sie die Angebotsinhalte aus der Sicht des Industriebedarfsexporteurs G. Böger.

LERNFELD 7

ZUSAMMENFASSUNG

Inhalte eines internationalen Kaufvertrags

- Eigenschaften der Ware (Art der Ware, Qualität, Liefermenge, Eigenschaften, Verpackung, Markierung)
- Kaufpreis (Einzel- oder Gesamtpreis, Währung, Preisgleitklausel, Währungsklausel oder -option)
- Lieferbedingungen (Incoterms)
- Lieferzeit
- Erfüllungsort
- Eigentumsvorbehalt
- Zahlungsbedingungen
- Dokumente
- Gültigkeit des Angebots
- Untersuchungs- und Rügepflicht
- Gewährleistungsansprüche
- Haftung
- Höhere Gewalt
- Anwendbares Recht (nationales Recht, UN-Kaufrecht)
- Streitentscheidung (Gerichtsstand, Schiedsgerichtsvereinbarung)
- Ggf. Vereinbarung der Vertragssprache

UN-Kaufrecht

regelt

- den Abschluss des Kaufvertrages
- die Aufnahme von Allgemeine Geschäftsbedingungen in den Kaufvertrag
- die Pflichten von Käufer und Verkäufer Ort und Zeit der Lieferung, Übergabe und Gefahrenübergang
- die Vertragsmäßigkeit der Ware und Rechte bzw. Ansprüche Dritter
- die Zahlung des Kaufpreises
- Rechtsbehelfe bei Verletzung der Rechte und Pflichten der Vertragsparteien
- Schadenersatz und Schadenberechnung

Pflichten des Verkäufers
- Lieferung der Ware,
- Übergabe der die Ware betreffenden Dokumente
- Verschaffung des Eigentums an der Ware

Pflichten des Käufers
- Annahme der ordnungsgemäß gelieferten Ware
- Bezahlung der ordnungsgemäß gelieferten Ware fristgerecht zu bezahlen.

Ansprüche des Verkäufers bei Pflichtverletzungen des Käufers
- Erfüllung des Vertrags
- Nachfristsetzung mit Rücktrittsandrohung
- Rücktritt vom Vertrag (wenn die Verletzung der Zahlungspflicht eine wesentliche Vertragsverletzung darstellt)
- Zurückbehaltung der Ware
- Schadensersatz
- Zinsen

Ansprüche des Käufers bei Pflichtverletzungen des Verkäufers
- Erfüllung des Vertrags
- Nachbesserung
- Minderung bei vertragswidriger Beschaffenheit
- Ersatzlieferung bei nicht vertragsgemäßer Ware
- Rücktritt vom Vertrag
- Schadensersatz

LERNFELD 7

Incoterms 2020

regeln

- den Gefahrübergang
- die Kostenverteilung
- die Lieferung und Übernahme der Ware
- die Beschaffung von Lizenzen und Genehmigungen
- die Prüfung und Verpackung der Ware
- die Erledigung der Formalitäten
- die Verantwortung für den Abschluss von Beförderungs- und Versicherungsverträgen
- die Beschaffung von Liefernachweisen und Transportdokumenten

Gruppe	Klauseln der Gruppe
E-Gruppe	• EXW – Ex Works/Ab Werk … benannter Ort
F-Gruppe	• FCA – Free Carrier/Frei Frachtführer … benannter Übergabeort • FAS – Free Alongside Ship/Frei Längsseite Schiff … benannter Verschiffungshafen • FAS – Free Alongside Ship/Frei Längsseite Schiff … benannter Verschiffungshafen • FOB – Free On Board/Frei an Bord … benannter Verschiffungshafen
C-Gruppe	• CFR – Cost and Freight/Kosten und Fracht … benannter Bestimmungshafen • CIF – Cost, Insurance and Freight/Kosten, Versicherung und Fracht … benannter Bestimmungshafen • CPT – Carriage Paid To/Frachtfrei … benannter Bestimmungsort • CIP – Carriage, Insurance Paid To/Frachtfrei versichert … benannter Bestimmungsort
D-Gruppe	• DAP – Delivered At Point/Geliefert … benannter Ort • DPU – Delivered At Place Unloaded/Geliefert … benannter Ort entladen • DDP – Delivered Duty Paid/Geliefert verzollt … benannter Bestimmungsort

LERNFELD 7

KAPITEL 8
Einfluss von internationalen Handelsabkommen auf den Warenhandel mit EU- und Drittländern

An einem Mittwoch wird Anne Schulte – mittlerweile Auszubildende im letzten Viertel des 2. Ausbildungsjahres – zum Chef gerufen.

Anne Schulte: „Guten Morgen, Herr Hahnenkamp!"

Herr Hahnenkamp: „Guten Morgen, Frau Schulte, Sie werden sich sicher gefragt haben, warum ich Sie gebeten habe, einmal bei mir vorbeizukommen. Wie Sie ja sicher schon gehört haben, wird Frau Hildegard im Frühjahr nächsten Jahres heiraten und zu ihrem Mann nach München ziehen. Dadurch wird ihre Stelle in der Einkaufsabteilung frei. Sie ist dort tätig als – so heißt das in unserer Stellenbeschreibung – Sachbearbeiterin (Ausland).

Ja, also diese Stelle müssen wir wieder besetzen. Ihre Ausbildungsleiterin, Frau Schlemmer, hat mir mitgeteilt, dass Ihre Noten in der Berufsschule doch sehr überzeugend sind und dass Sie in allen Abteilungen, die Sie bei uns durchlaufen haben, positiv beurteilt worden sind.

Langer Rede kurzer Sinn: Wir würden Sie gerne übernehmen und bieten Ihnen die Stelle von Frau Hildegard an."

Anne Schulte: „Das ist toll, die Tätigkeit im Einkauf würde mir Spaß machen!"

Herr Hahnenkamp: „Wir gehen davon aus, dass Sie nicht viel Zeit zur Einarbeitung haben werden. Für unser Unternehmen – das brauche ich Ihnen gegenüber eigentlich nicht extra zu betonen – wird das Auslandsgeschäft vor dem Hintergrund der Globalisierung immer wichtiger. Deshalb werden Sie ab jetzt Herrn Tepe zugeordnet – Ihrem zukünftigen Kollegen im Einkauf, der auch für das Ausland zuständig ist. Mit ihm ist abgesprochen, dass er Ihnen jede Unterstützung gibt. Zwei Stunden pro Tag sind Sie freigestellt, um sich auch theoretisch für den Außenhandel fit zu machen. Sie bekommen von Frau Schlemmer einen Reader zum Außenhandel mit entsprechenden Aufgaben. Da Frau Schlemmer heute

aus persönlichen Gründen verhindert ist, hat Sie mich gebeten, Ihnen die erste Aufgabe gleich zu übergeben. Wie ich hier sehe, sollen Sie sich eine Abbildung zu den internationalen Wirtschaftsorganisationen anschauen."

Geben Sie die Mitglieder und deren Ziele der folgenden internationalen Wirtschaftsorganisationen an:
a) OECD
b) WTO
c) EFTA
d) NAFTA
e) ASEAN

Stellen Sie fest, welchen Einfluss internationale Handelsabkommen auf den Außenhandel der Bundesrepublik Deutschland haben.

LERNFELD 7

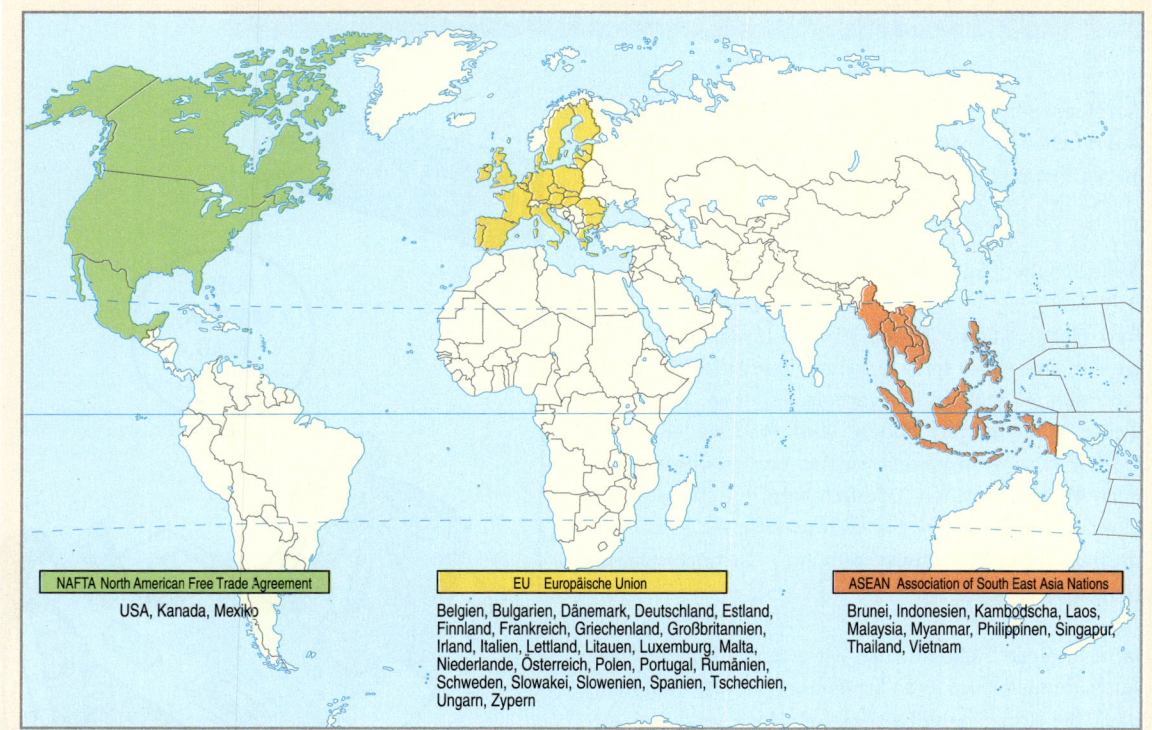

Wichtige Wirtschaftsblöcke

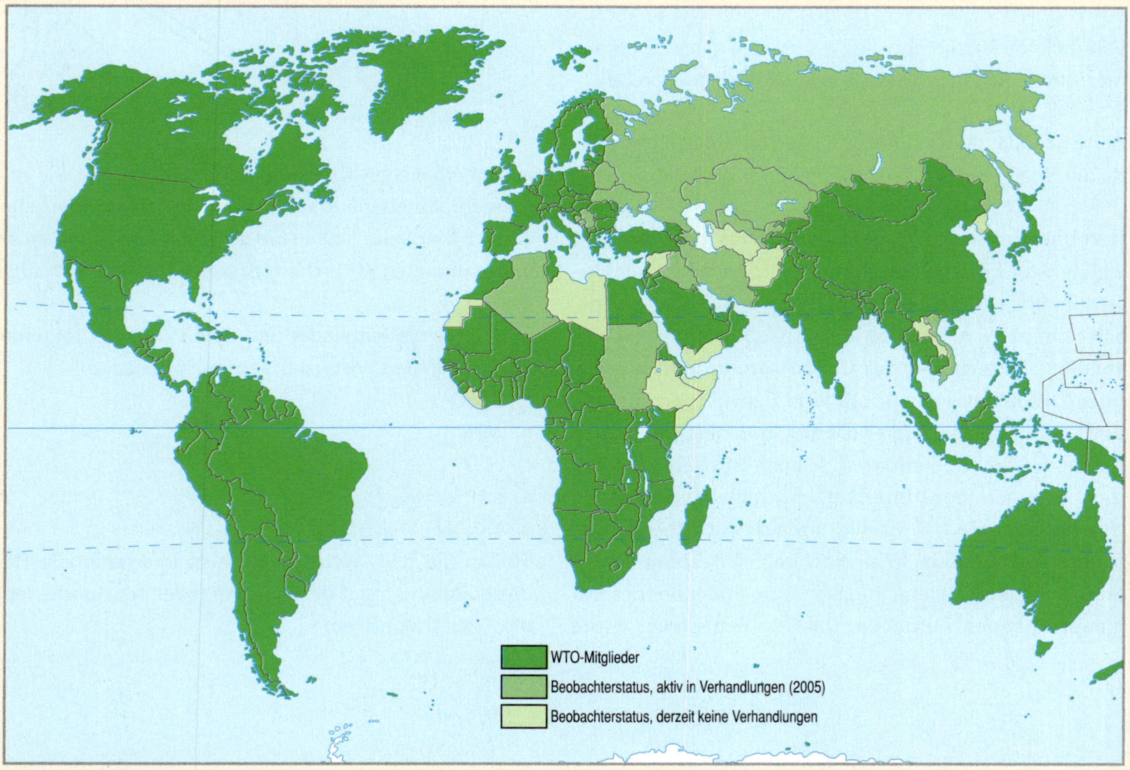

NAFTA North American Free Trade Agreement
USA, Kanada, Mexiko

EU Europäische Union
Belgien, Bulgarien, Dänemark, Deutschland, Estland, Finnland, Frankreich, Griechenland, Großbritannien, Irland, Italien, Lettland, Litauen, Luxemburg, Malta, Niederlande, Österreich, Polen, Portugal, Rumänien, Schweden, Slowakei, Slowenien, Spanien, Tschechien, Ungarn, Zypern

ASEAN Association of South East Asia Nations
Brunei, Indonesien, Kambodscha, Laos, Malaysia, Myanmar, Philippinen, Singapur, Thailand, Vietnam

Mitglieder der WTO

- WTO-Mitglieder
- Beobachterstatus, aktiv in Verhandlungen (2005)
- Beobachterstatus, derzeit keine Verhandlungen

LERNFELD 7

INFORMATIONEN

Der Außenhandel ist für die Bundesrepublik Deutschland von zentraler Bedeutung. Die Bundesrepublik ist stark exportabhängig. Etwa ein Drittel unseres Bruttoinlandsprodukts wird im Export verdient. Auf der anderen Seite ist unsere Volkswirtschaft auch in hohem Maße von Importen abhängig. Die Einfuhren machen einen bedeutenden Teil des Bruttoinlandsprodukts aus. Der Außenbeitrag – die Differenz zwischen Export und Import von Waren und Dienstleistungen – lag in den vergangenen Jahren immer zwischen 2 % und 6 %. Fast kein anderes Land exportierte so viel wie die Bundesrepublik; sie nahm im Welthandel immer einen der ersten drei Ränge ein. Um dies abzusichern, tritt die Bundesrepublik internationalen Handelsabkommen bei und ist Mitglied in internationalen Wirtschaftsorganisationen.

Ursachen internationalen Handels

Ursachen für die Aufnahme außenwirtschaftlicher Beziehungen sind vor allem die ungleichmäßige Ausstattung der einzelnen Wirtschaftsräume mit natürlichen Ressourcen und unterschiedlichen klimatischen Gegebenheiten. Auch Unterschiede in der Bevölkerungszahl, dem Lebensstandard, der technologischen Entwicklung sowie den organisatorischen Fähigkeiten begünstigen internationale Wirtschaftsbeziehungen.

Die Bundesrepublik ist ein hoch entwickelter Industriestaat. Sie verfügt über keine ausreichenden Rohstoffe und auch die im eigenen Wirtschaftsgebiet erzeugten Nahrungsmittel reichen für eine Versorgung der Bevölkerung nicht aus. Die deutsche Industrie ist daher auf vielen Gebieten auf die Einfuhr ausländischer Waren angewiesen. Ohne diese käme die industrielle Produktion in der Bundesrepublik zum Erliegen. Ausländische Erzeugnisse können aber nur importiert werden, wenn die nationale Volkswirtschaft durch eigene Leistungen die zur Bezahlung der Einfuhr notwendigen Devisen verdient hat. Für die Bundesrepublik ist daher der Export – insbesondere von qualitativ hochwertigen Gütern – von lebenswichtiger Bedeutung.

BEISPIEL

Länder mit großen heimischen Märkten (z. B. USA) und entsprechend hoher Nachfrage haben Vorteile bei der Produktion bestimmter Güter.

Vorteile des Außenhandels

Der Außenhandel ermöglicht es, die Vorteile einer weltweiten Arbeitsteilung zu realisieren. Durch eine gezielte Förderung und Ausnutzung der wirtschaftlichen Unterschiede und Ungleichgewichte wird eine Spezialisierung in den verschiedensten Bereichen angestrebt. Diese ermöglicht eine Massenproduktion mit sinkenden Stückkosten.

Der durch den internationalen Handel bewirkte Ausgleich von Überschuss und Mangel an bestimmten Gütern in den verschiedenen Volkswirtschaften führt in der Regel zu einem höheren Lebensstandard. Den Käufern wird ein größeres Produktsortiment zur Auswahl angeboten. Sie können am billigsten Punkt der Welt einkaufen. Für die Produzenten ergibt sich die Möglichkeit, auch am teuersten Ort ihre Waren zu verkaufen. Darüber hinaus erhöht der internationale Handel den Wettbewerb zwischen den Produzenten und verstärkt die Neigung zu Produkt- und Prozessinnovation.

BEISPIEL

Wird ein gewinnversprechendes Produkt auf den Markt gebracht, versuchen die internationalen Mitbewerber durch Mehrung der Produktvorteile oder durch günstigere Preise, am Erfolg teilzuhaben.

Ein weiterer positiver Aspekt des Außenhandels liegt in der zunehmenden wirtschaftlichen, aber auch politischen Zusammenarbeit und Verflechtung. Dadurch kann der internationale Handel zum Teil politische Spannungen abbauen.

LERNFELD 7

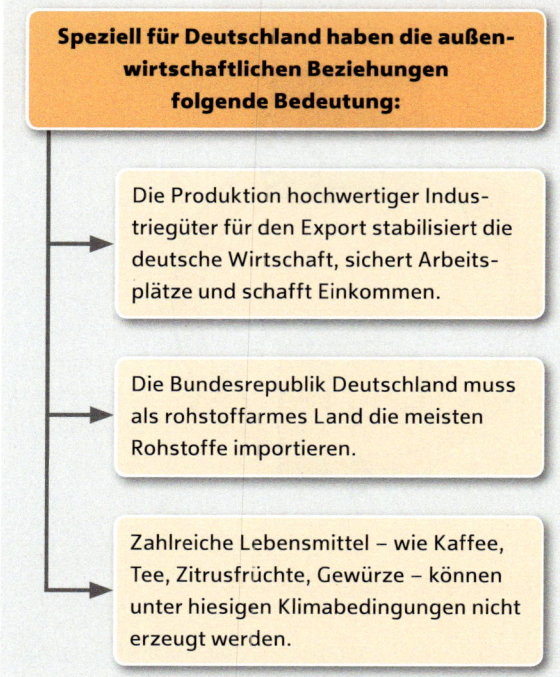

Freihandel oder Protektionismus

Die internationale Handelspolitik kennt zwei einander entgegengesetzte Prinzipien. Im **System des Freihandels** gibt es einen völlig unbehinderten internationalen Güteraustausch. Die Ländergrenzen haben eine rein politische Bedeutung und stellen für die zwischenstaatlichen Handelsbeziehungen keine Schranke dar. Jeder kann in der ganzen Welt kaufen oder verkaufen. Dies kann sehr häufig zu besseren Konditionen geschehen als im Inland. Somit wird der größte Nutzen nicht nur für sich selbst, sondern auch für alle Übrigen erzielt. In- und Ausländer werden also gleich behandelt.

Es ist unter Volkswirten unbestritten, dass der Freihandel vorteilhaft ist: Die Gesamtproduktion der Welt wird bei gegebener Ausstattung mit Produktionsfaktoren maximiert. Es gibt jedoch einige Argumente, die das Prinzip des Freihandels kritisch beleuchten:

- Der Freihandel garantiert nicht die optimale Entwicklung der Produktionsstruktur der Länder. Aus dem Außenhandel resultierende Überschüsse werden nicht „gerecht" verteilt.

BEISPIEL
Land A hat sich auf die Produktion von Rindfleisch, Land B auf die Produktion von Stahl spezialisiert. Da durch die fortschreitende Industrialisierung der Bedarf an Stahl laufend wächst, die Nachfrage nach Rindfleisch hingegen eine natürliche Grenze erreicht, hätte diese internationale Arbeitsteilung für Land A langfristig die Folge, dass die Nachfrage nach seinem Exportgut stagniert, seine Importwünsche hingegen laufend steigen werden.

- Wie die bisherige Entwicklung des Welthandels zeigt, verlieren die Anbieter von landwirtschaftlichen Produkten gegenüber den Anbietern von Industrieprodukten. Die Nachfrage nach Industrieprodukten und deren Preise steigen weitaus schneller als die Nachfrage nach landwirtschaftlichen Gütern und Rohstoffen und deren Preise.

Weil auf die Dauer nur eine Steigerung der Arbeitsproduktivität durch Mechanisierung und Industrialisierung eine Zunahme des materiellen Wohlstandes bewirken kann, müssen alle Länder die Entwicklung einer heimischen Industrie anstreben. Dies geht aber nur, wenn gegen das Prinzip des Freihandels verstoßen wird. Solche Schutzmaßnahmen sollen vor der erdrückenden Konkurrenz der entwickelten ausländischen Industrienationen schützen.

BEISPIEL
Der Industrialisierungsprozess in Deutschland während des 19. Jahrhunderts ist entscheidend durch Schutzzölle auf Waren erleichtert worden, die den Konkurrenzkampf mit der damals führenden englischen Industrie zu bestehen halfen.

- Extreme Spezialisierung der Wirtschaftsstruktur eines Landes ist im Interesse langfristiger Stabilität zu vermeiden.

BEISPIEL
Ein Land, das nur Kakao exportiert, ist vollständig von der Entwicklung der Kakaopreise auf dem Weltmarkt abhängig.

- Bestimmte Wirtschaftszweige sollen vor Abhängigkeit geschützt werden.

BEISPIEL
Kann ein Produkt im Ausland ständig und auf lange Sicht günstiger als im Inland hergestellt werden, so besteht die Möglichkeit, dass die inländische Pro-

duktion eingestellt, die betroffenen Betriebe aufgelöst werden. Dadurch ist das Land auf den Bezug dieser Güter aus dem Ausland zunehmend angewiesen. Unter diesem Aspekt (neben Nachteilen wie Arbeitslosigkeit usw.) ist ohne staatliche Einflussnahme die wirtschaftliche Unabhängigkeit und Selbstversorgung (Autarkie) gefährdet.

Im **System des Protektionismus** wird der internationale Handel durch verschiedene Eingriffe erschwert oder begünstigt.

Der Staat gewährt inländischen Produzenten eine Vorzugsstellung. Dies kann durch Erschwerung der Einfuhr geschehen, die eine Konkurrenzbeschränkung für die inländischen Unternehmen bewirkt. Dadurch kann es jedoch zur Entstehung von Monopolen oder Kartellen kommen, was zulasten der Konsumenten geht.

Aber auch Erleichterungen der Ausfuhr können die Verbraucher z. B. durch eine Verschlechterung der Inlandsversorgung oder inflationistische Tendenzen schädigen.

Ob bzw. unter welchen Voraussetzungen eine Behinderung des freien internationalen Warenaustauschs gerechtfertigt sein kann, ist eine jahrhundertealte Streitfrage.

Protektionismus	
Tarifäre Handelshemmnisse	**Nichttarifäre Handelshemmnisse**
direkte protektionistische Maßnahmen der Außenhandelsbeschränkung	indirekte protektionistische Maßnahmen zur Beschränkung des Außenhandels
• Zölle • mengenmäßige Beschränkungen der Einfuhren (= Kontingente) • Verbote von Im- oder Exporten • Verbrauchsteuern • Exportsubventionen • Einfuhrabgaben • Selbstbeschränkungsabkommen zwischen Staaten • Subventionen	• Normen und Standards (z. B. DIN-Norm), Kennzeichnungspflicht (Made in …) • Diskriminierung bei der Zollabwicklung • Androhung von handelspolitischen Maßnahmen (z. B. Zölle) • Verwaltungsverfahren • psychologische Beeinflussung der Konsumenten zum Kauf von einheimischen Produkten • Anforderung an Qualifikation von Dienstleistungsanbietern

Grundsätzliche Strategien in der Außenwirtschaftspolitik

Freihandel
Verbesserung der wirtschaftlichen Situation von Konsumenten und Produzenten durch Förderung der internationalen Arbeitsteilung.
- Jedes Land beschränkt sich auf die Produktion der Güter, die es am besten und billigsten herstellen kann.
- Abbau sämtlicher Handelshemmnisse
- Die Produktionsfaktoren Arbeit und Kapital können dorthin gelangen, wo ihre Produktivität am höchsten ist.
- Die Güter können ohne Einschränkung an die Orte gelangen, wo sie für den größten Nutzen sorgen.

Protektionismus
Verbesserung der wirtschaftlichen Situation von Konsumenten und Produzenten durch Schutz der einheimischen Produktion und des eigenen Marktes.
- Schutz der inländischen Produzenten vor der ausländischen Konkurrenz
- Bekämpfung der Arbeitslosigkeit durch Bevorzugung nationaler Erzeugnisse
- umfangreiche Zölle als Mittel der staatlichen Einnahmequellen

LERNFELD 7

Instrumente der Außenhandelspolitik

Viele Länder versuchen, ihren Außenhandel mehr oder weniger stark zu beeinflussen. Trotz der offenkundig positiven Wirkungen internationalen Freihandels gibt es praktisch kein Land, in dem nicht irgendwelche Formen der Handelsbeschränkung (Protektion) aus bestimmten Gründen praktiziert werden.

BEISPIEL

Aus stabilitätspolitischen Gründen gewährt die Bundesregierung staatliche Beihilfen für die Werft- und die Stahlindustrie. Dadurch soll eine größere regionale Arbeitslosigkeit in den Küstenregionen oder im Ruhrgebiet verhindert werden.

Überblick über die Mittel der Außenwirtschaftspolitik

Mittel der Außenwirtschaftspolitik	expansive Wirkung (= Förderung der inländischen Wirtschaft)	restriktive Wirkung (= Belastung der inländischen Wirtschaft)
Preismaßnahmen	• Preisentlastung des Exports, z. B. Subventionen (Exportprämien), Steuerrückvergütungen, Krediterleichterungen • Preisbelastung des Imports (durch Importzölle)	• Preisbelastung des Exports (z. B. Ausfuhrzölle) • Preisentlastung des Imports
Mengenmaßnahmen	• Einfuhrverbote • Einfuhrkontingente (= Begrenzung der Einfuhrmengen bestimmter Güter) • Aufhebung von Exportverboten und Exportkontingenten	• Ausfuhrverbote • Ausfuhrkontingente (= Begrenzung der Ausfuhrmengen bestimmter Güter) • Aufhebung von Importverboten und Importkontingenten
Wechselkurspolitik	• Abwertung	• Aufwertung

Als Instrumente der Außenwirtschaftspolitik sind u. a. denkbar:

Zölle

DEFINITION
Zölle sind Abgaben, die beim grenzüberschreitenden Warenverkehr vom Staat erhoben werden.

Sie sind das älteste und wahrscheinlich heute noch am häufigsten angewandte Mittel der Außenwirtschaftspolitik. Sie werden überwiegend als Importzölle erhoben. Dabei haben sie entweder das Ziel, dem Staat Einnahmen zu verschaffen (Finanzzoll) oder einen einheimischen Wirtschaftszweig vor ausländischer Konkurrenz zu schützen (Schutzzoll). Häufig lassen sich diese beiden Motive kaum trennen.

Einfuhrkontingente

Einfuhrkontingente sind die schärfsten der protektionistischen Methoden. Bei ihnen ist ein allgemeines Einfuhrverbot Voraussetzung, das Kontingent ist in Form einer Lizenz oder Einfuhrbewilligung eine Ausnahmegenehmigung. Es findet also eine mengenmäßige Beschränkung des grenzüberschreitenden Warenverkehrs statt.

Embargomaßnahmen

Bei einem Embargo ist es aus politischen Gründen verboten, mit bestimmten anderen Staaten Handel zu treiben.

Devisenbewirtschaftung

Die Devisenbewirtschaftung ist ein überaus wirksames Mittel zur Erschwerung der Einfuhr. Der Staat beschränkt die Freiheit, beliebig viele ausländische Zahlungsmittel zu kaufen, die für Importe notwendig sind.

Exportquoten

Durch internationale Vereinbarungen werden Exportquoten für verschiedene Länder festgelegt, um die Preise nicht fallen zu lassen.

BEISPIEL
Die OPEC (Organisation der Erdöl exportierenden Länder) legte für ihre Mitgliedsländer Förderquoten fest, um dadurch die Erlöse zu stabilisieren.

Dumping

> **DEFINITION**
>
> **Dumping** liegt vor, wenn ein Produkt im Ausland zu Preisen verkauft wird, die nicht die Produktionskosten decken.

Ziel des Dumpings ist die rücksichtslose Eroberung eines Absatzmarktes.

Vereinbarungen auf staatlicher Ebene zur Förderung des Außenhandels

Umfangreiche Vereinbarungen auf Staatenebene bilden heute die Grundlage für den deutschen Außenhandel. Die Bundesrepublik hat durch den Beitritt zu multilateralen Abkommen (z.B. GATT, EU, OECD, siehe unten) eine starke weltwirtschaftliche Verflechtung der einzelnen Volkswirtschaften gefördert. Für die jeweiligen Mitgliedsländer hat sich der Außenhandel dadurch sehr erleichtert, da diese Abkommen eine Verwirklichung des Freihandelsprinzips anstreben. Diese Pflege der außenwirtschaftlichen Beziehungen kommt somit dem deutschen Export zugute.

Handelsverträge

> **DEFINITION**
>
> **Handelsverträge** sind langfristige Vereinbarungen zwischen einzelnen Ländern, um den zwischenstaatlichen Handel zu regeln.

In einem Handelsvertrag werden die grundlegenden Handelsbeziehungen zwischen Vertragsländern umfassend geregelt, und zwar insbesondere im Hinblick auf die gegenseitige Gewährung von zollmäßigen, handelspolitischen und rechtlichen Vergünstigungen. Unter anderem können vereinbart werden:

- Art und Menge der Austauschgüter (Warenliste)
- Art der Verrechnung
- Konvertibilität der Währung
- Angleichung von Rechtsvorschriften
- Errichtung von Zweigniederlassungen
- Gewerblicher Rechtsschutz (Patente, Muster- und Markenzeichenschutz)
- Zollvergünstigungen (**Meistbegünstigung**):
  Ein Land verpflichtet sich vertraglich, dem Partnerland alle Einfuhrerleichterungen zu gewähren, die es auch Drittländern einräumt. Das Partnerland wird demnach dem meistbegünstigten Drittland gleichgestellt. Die Meistbegünstigungsklausel (Most Favoured Nation) bedeutet die Weitergabe von Zollsenkungen an ein Partnerland, auch dann, wenn die Begünstigten keine Gegenkonzessionen machen. Zweiseitige Handelsvorteile müssen daher automatisch für alle anderen Länder gelten. Die Meistbegünstigung fördert den internationalen Wettbewerb und kommt dem Freihandelsgrundsatz sehr nahe.

Handelsverträge bedürfen wegen ihrer grundlegenden Vereinbarungen der Ratifizierung durch das Parlament.

Man unterscheidet:

- **Zweiseitige (bilaterale) Verträge**
  Darunter sind Verträge zu verstehen, die zwischen zwei Staaten abgeschlossen werden (Vertrag zwischen der Bundesrepublik und einem Entwicklungsland).
- **Mehrseitige (multilaterale) Verträge**
  Sie bezwecken die vertragliche Regelung der wirtschaftlichen Beziehungen mehrerer Länder.

Handelsabkommen

> **DEFINITION**
>
> **Handelsabkommen** sind kurzfristige Vereinbarungen konkreter Maßnahmen zwischen einzelnen Ländern.

Handelsabkommen werden entweder im Vorfeld eines späteren Handelsvertrags abgeschlossen oder dienen der konkreten Ausfüllung eines Handelsvertrags. Sie beinhalten beispielsweise Vereinbarungen über einen zeitlich und mengenmäßig begrenzten Austausch bestimmter Waren

LERNFELD 7

zwischen den Partnerländern, über die Einfuhrmodalitäten (z.B. erforderliche Dokumente), über Auslandsinvestitionen sowie über Kapital- und Geldverkehr.

Vom GATT zur WTO

Das Allgemeine Zoll- und Handelsabkommen GATT (General Agreements on Tariffs and Trades) war zunächst als provisorisches Handelsabkommen gedacht, ist jedoch heute eine Dauereinrichtung der UNO zur Liberalisierung des internationalen Warenaustauschs. Das 1947 gegründete GATT ging in die WTO über und hat heute 164 Mitgliedstaaten (Vertragsparteien genannt), darunter die Bundesrepublik Deutschland. Sitz der WTO ist Genf in der Schweiz.

Ziele des GATT

Die Handels- und Wirtschaftsbeziehungen zwischen den Mitgliedstaaten des GATT sollen auf folgende Aufgaben gerichtet sein:
- Erhöhung des Lebensstandards
- Verwirklichung der Vollbeschäftigung
- ein hohes und ständig steigendes Niveau des Realeinkommens und der Nachfrage
- die volle Erschließung der Hilfsquellen der Welt
- die Steigerung der Produktion und des Austauschs von Waren

Um diese Ziele zu erreichen, fordert das GATT, das sich als Wächter des Welthandels versteht, den Abbau von Zöllen und Handelsschranken und die Beseitigung von Diskriminierung im internationalen Warenaustausch.

Grundsätze des GATT

Die Ziele des GATT sollen durch die folgenden Grundsätze erreicht werden:
- **Allgemeine Meistbegünstigung**
  Zoll- und Handelsvorteile, die ein Mitgliedsland einem anderen Land einräumt, sollen auch anderen Mitgliedern zugutekommen. Kein Lieferer darf also wegen seiner Nationalität gegenüber anderen Mitbewerbern bevorzugt oder benachteiligt werden.
- **Abbau von Zöllen**
  Die GATT-Mitglieder verpflichten sich, am Abbau von Zöllen mitzuwirken.
- **Grundsatz der Nichtdiskriminierung**
  Handelsbeschränkungen – sofern sie überhaupt vom GATT zugelassen sind – müssen in gleicher Weise gegenüber allen Staaten angewendet werden.
- **Beseitigung von mengenmäßigen Beschränkungen**
  Eine Vertragspartei darf bei der Ein- und Ausfuhr von Waren Verbote oder Beschränkungen (z.B. Kontingente, Ein- und Ausfuhrbewilligungen) weder einführen noch beibehalten.

WTO

Nach den GATT-Vereinbarungen von 1995 ist die GATT-Zuständigkeit deutlich ausgeweitet worden. Zum ersten Mal wird auch der Handel mit Dienstleistungen und geistigen Produkten internationalen Regeln unterworfen. Subventionierte Agrarexporte müssen eingeschränkt werden.

Das GATT, das ursprünglich lediglich als Handelssekretariat geführt wurde, wurde 1995 in eine „World Trade Organization" (WTO) umgewandelt. Die WTO als Sonderorganisation der UNO übernimmt die Ziele und Grundsätze des GATT.

Die WTO soll im Gegensatz zum GATT Mitglieder zur Einhaltung jener Regeln bewegen können, denen sie zugestimmt haben. Eine Art Gericht entscheidet über Dumpingklagen.

Aufgaben der WTO
Überwachung der verschiedenen WTO-Abkommen und der Grundregeln für die Handelsbeziehungen:
- Allgemeines Zoll- und Handelsabkommen (GATT)
- Übereinkommen über den Handel mit Dienstleistungen
- Übereinkommen über handelsbezogene Aspekte des geistigen Eigentums
- Übereinkommen über die Landwirtschaft
- Übereinkommen über die Anwendung gesundheitspolizeilicher und pflanzenschutzrechtlicher Maßnahmen
- Übereinkommen über technische Handelshemmnisse
- Übereinkommen über Textilwaren und Bekleidung
- Übereinkommen über handelsbezogene Investitionsmaßnahmen
- Übereinkommen über Antidumping
- Übereinkommen über Zollwerte
- Übereinkommen über Vorversandkontrollen
- Übereinkommen über Ursprungsregeln
- Übereinkommen über Einfuhrlizenzen
- Übereinkommen über Subventionen und Ausgleichsmaßnahmen
- Übereinkommen über Schutzmaßnahmen

Neben diesen für alle WTO-Mitglieder verbindlichen Übereinkommen gibt es im Rahmen der WTO verschiedene plurilaterale Abkommen mit begrenzter Mitgliedschaft. Dazu gehören:
- Übereinkommen über den Handel mit IT (Informationstechnologie)-Waren (ITA)
- Übereinkommen über Regierungskäufe
- Übereinkommen über den Handel mit Zivilluftfahrzeugen

Weitere Aufgaben der WTO:
- Forum für multilaterale Handelsverhandlungen
- Beilegung von Handelsstreitigkeiten
- Überwachung nationaler Handelspolitiken TPRM (Trade Policy Review Mechanism)
- Unterstützung der Entwicklungsländer durch technische Hilfe
- Zusammenarbeit mit anderen internationalen Organisationen (z. B. Weltbank, IWF)

OECD

Der Organisation für wirtschaftliche Zusammenarbeit und Entwicklung OECD (Organization for Economic Cooperation and Development) gehören 37 westliche Industriestaaten, darunter die Bundesrepublik Deutschland, an. Sitz der 1963 gegründeten Organisation ist Paris.

Ziele und Aufgaben

Die OECD hat sich zum Ziel gesetzt,
- an einer optimalen Wirtschaftsentwicklung und Beschäftigung sowie zu einem steigenden Lebensstandard in ihren Mitgliedstaaten unter Wahrung der finanziellen Stabilität beizutragen,
- in den Mitgliedländern und den Entwicklungsländern das wirtschaftliche Wachstum zu fördern,
- eine Ausweitung des Welthandels zu begünstigen.

Ihre Aufgaben reichen von der Zusammenarbeit in der allgemeinen Wirtschafts- und Währungspolitik über die Koordinierung der Hilfe für die Entwicklungsländer sowie hilfsbedürftige OECD-Länder bis zur Erörterung handelspolitischer Fragen und zur Behandlung politischer und technischer Probleme, etwa im Energie-, Verkehrs-, Agrar- und Arbeitskräftebereich.

Europäische Union (EU)

Die Europäische Union ist ein Staatenbündnis, dem mittlerweile 27 westeuropäische Länder angehören: Belgien, Bulgarien, Dänemark, Deutschland, Estland, Finnland, Frankreich, Griechenland, Irland, Italien, Kroatien, Lettland, Litauen, Luxemburg, Malta, Niederlande, Österreich, Polen, Portugal, Rumänien, Schweden, Slowakei, Slowenien, Spanien, Tschechien, Ungarn und Zypern[1].

Das Ziel der Mitgliedsländer ist enge Zusammenarbeit auf politischem, sozialem und wirtschaftlichem Gebiet. Erreicht wurde bis heute (Stand Ende 2020) Folgendes:
- Von den 27 Mitgliedsländern bilden 19 eine **Wirtschafts- und Währungsunion**.
- 2012 wurde für diese 19 Länder eine **gemeinsame Währung**, der Euro, eingeführt.
- Die EU-Mitgliedsländer arbeiten eng in der **Justiz** und **Innenpolitik** zusammen.
- Das **Europäische Parlament** (mit Sitz in Straßburg) wird von allen europäischen Bürgern gewählt. Es ist gemeinsam mit dem Rat der Europäischen Union (oft „Ministerrat" genannt) gesetzgebende Komponente der EU.
- Die Exekutive (also die „Regierung") der EU ist die **Europäische Kommission** (EK) mit Sitz in Brüssel. Sie besteht aus 27 „Kommissaren", je einem aus jedem EU-Mitgliedsland. Die EK überwacht die Einhaltung des Europarechts und der gemeinsamen Verträge und kann, wenn nötig, Klage beim **Europäischen Gerichtshof** (das oberste rechtsprechende Gewalt der EU) einreichen. Außerdem setzt sie den EU-Haushalt um, ist für den EU-Außenhandel zuständig und kümmert sich um Fördermittel für europäische Mitgliedstaaten. Derzeitige Präsidentin der Europäischen Kommission ist Ursula von der Leyen (Stand 2020).

EU-Binnenmarkt

Weitreichende Konsequenzen hat der gemeinsame EU-Binnenmarkt, der am 1. Januar 1993 in Kraft trat. Sein Ziel ist es, in allen Mitgliedstaaten der EU die folgenden „Vier Freiheiten" zu verwirklichen:
- **Freier Verkehr von Personen**
  Jeder Arbeitnehmer und Selbstständige hat das Recht, sich in anderen EU-Staaten niederzulassen und dort tätig zu werden.

---

[1] Großbritannien ist am 31. Januar 2020 aus der EU ausgetreten.

LERNFELD 7

Auch nationale Bildungsabschlüsse sollen überall in der EU anerkannt werden. An den Binnengrenzen soll es für Personen nur noch stichprobenartige Kontrollen geben.

- **Freier Verkehr von Waren**

  Innerhalb der EU erfolgen keine Zollkontrollen mehr. (Ausnahmen gelten selbstverständlich für Sprengstoffe, militärisch und zivil nutzbare Güter usw. Außerdem sind pflanzenschutzrechtliche Regelungen zu beachten.)

  Jeder EU-Bürger kann in jedem Mitgliedsland ohne jede Beschränkung Waren aller Art für private Zwecke einkaufen. Unterschiedliche technische Normen, die bisher als technische Hemmnisse auftreten konnten, werden anerkannt bzw. vereinheitlicht.

- **Freier Verkehr von Dienstleistungen**

  Dienstleistungsunternehmen wird freie Betätigung in der EU zuerkannt. Banken, Versicherungen, Börsenmakler und Angehörige freier Berufe (Ärzte, Rechts-

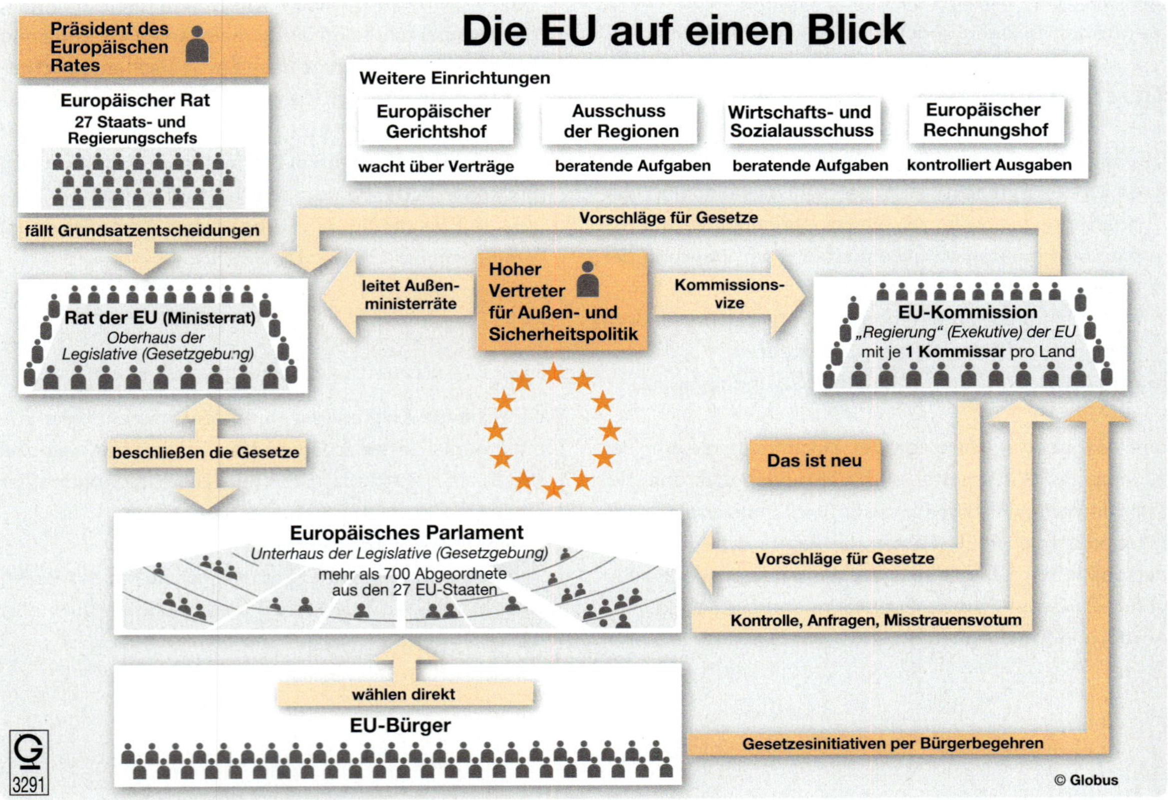

anwälte usw.) können sich frei in der EU niederlassen. Öffentliche Aufträge müssen EU-weit ausgeschrieben werden.
- **Freier Verkehr von Kapital**
  Zahlungen, Geld- und Kapitalanlagen zwischen EU-Staaten unterliegen keinen Beschränkungen.

Europäische Wirtschaftsblöcke

EFTA

Die Europäische Freihandelsassoziation EFTA (European Free Trade Association) mit Sitz in Genf ist das zweitgrößte Wirtschaftsbündnis in Westeuropa nach der EU. Im Gegensatz zur EU ging es der EFTA immer nur um wirtschaftliche Zusammenarbeit, nie um eine supranationale Einrichtung oder gar um eine politische Union. Die EU-Staaten ordneten sich über die Abschaffung der Binnenzölle hinaus einer gemeinsamen Außenzollpolitik unter. Die EFTA-Staaten begnügten sich dagegen damit, ihre Wirtschaft durch die Abschaffung der untereinander bestehenden Zölle zu fördern und jedem Mitglied die Zollsouveränität gegenüber Drittländern zu belassen.

Die dynamische Entwicklung der EU in den letzten Jahren mit den Zielen Binnenmarkt und gemeinsame Währung hat der EU einen deutlichen Vorsprung verschafft und in ganz Europa eine große Sogwirkung hervorgerufen. Die immer mehr fortschreitende Integration der EU-Staaten stellt sich für die übrigen Staaten als Gefahr dar, wirtschaftlich und politisch außen vor zu bleiben. Die EFTA-Länder müssen jedoch daran interessiert sein, einen ungehinderten Zugang zum künftigen Binnenmarkt zu erhalten, da ihre Industrie sonst kaum leistungsfähig bleiben kann. Daher stellten einerseits alle EFTA-Mitglieder außer Island und Liechtenstein Aufnahmeanträge in die EU. Andererseits kam es mit der EU zum Abkommen über den Europäischen Wirtschaftsraum EWR. Aus diesen Gründen ist ein langfristiger Fortbestand der EFTA unsicher.

Europäischer Wirtschaftsraum (EWR)

Mit dem im Mai 1992 in Porto abgeschlossenen EWR-Abkommen zwischen der EU und den EFTA-Ländern wurde der Europäische Wirtschaftsraum EWR geschaffen.

Das Abkommen soll es ermöglichen, innerhalb des EWR die Freizügigkeit und den freien Waren-, Dienstleistungs- und Kapitalverkehr nach dem bestehenden Recht der EU zu gewährleisten. Damit treten im Prinzip die EFTA-Staaten dem EU-Binnenmarkt bei. Anders als EU-Vollmitglieder erhalten die EFTA-Staaten keine Entscheidungsgewalt, sondern nur gewisse Mitsprache- und Anhörungsrechte. Der EWR ist mit 31 Ländern der größte integrierte Wirtschaftsraum der Welt.

Weltweite Wirtschaftsblöcke

Die steigende Zahl von Beitritts- und Assoziierungsgesuchen zur Europäischen Union bestätigt die wachsende Attraktivität der EU und ihren Vorbildcharakter. Außerhalb der Mitgliedsländer werden diese integrationspolitischen Erfolge nicht ohne Vorbehalte beobachtet. Die Hauptsorge dabei ist, dass die EU sich handelspolitisch von den übrigen Regionen abkapseln und die weltweite Arbeitsteilung empfindlich schädigen könnte.

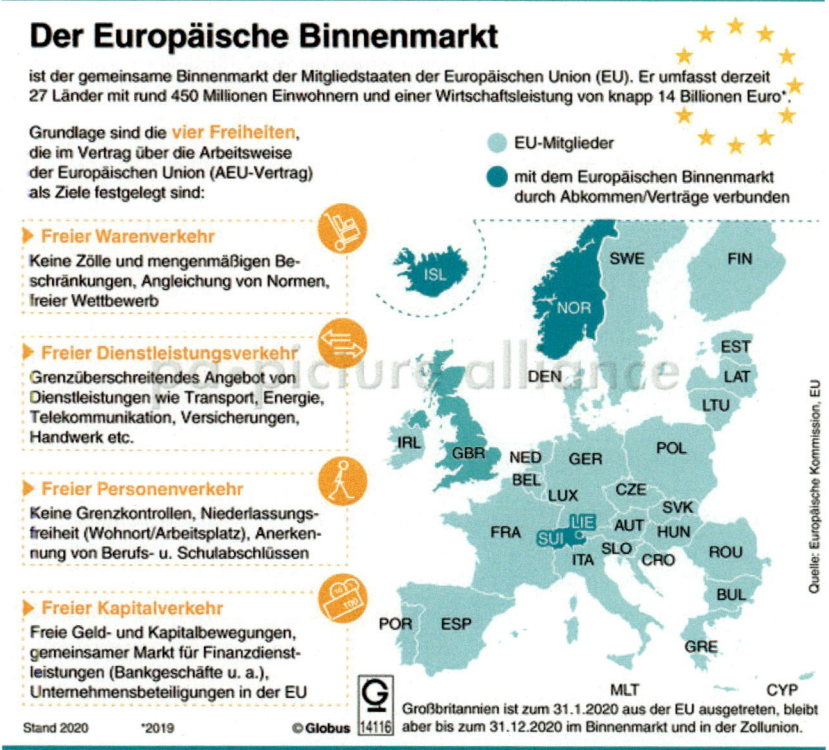

Zugleich wird anderen Ländern und Regionen jedoch deutlich vor Augen geführt, dass der Integrationsprozess den EU-Mitgliedsländern erhebliche Vorteile gebracht und den Wohlstand gemehrt hat. Vor diesem Hintergrund ist verständlich, dass auch in der übrigen Welt zunehmend Versuche gestartet werden oder wurden, regionale Freihandelszonen oder Wirtschaftsgemeinschaften zu gründen. Dafür gibt es drei Antriebskräfte:

- **Regionale Inseln des Freihandels**
  In einer Welt von Protektionismus soll der Freihandel zumindest in einzelnen Regionen herrschen.
- **Regionale Intensivierung der internationalen Arbeitsteilung**
  Dadurch wird ein stetes Wirtschaftswachstum erhofft.
- **Stärkung der eigenen Verhandlungsposition**
  Die neu entstehenden Wirtschaftsgemeinschaften könnten den Zugang zu ihren Absatzmärkten nach EU-Vorbild regulieren. Damit kann ein verhandlungsstrategisches Gegengewicht zu anderen großen Wirtschaftsgemeinschaften gebildet werden.

Neben EU und EFTA gibt es weitere wichtige Freihandelszonen.

Von der NAFTA zur USMCA

Das Nordamerikanische Freihandelsabkommen NAFTA (North American Free Trade Area) wurde zwischen Mexiko, Kanada und den USA abgeschlossen. Ziel ist lediglich ein gemeinsamer Markt als Freihandelszone. Zölle und andere Handelsbeschränkungen sollen abgebaut, die zwischenstaatlichen Exporte verdoppelt werden. Dagegen wird ein freier Personenverkehr wie in der EU nicht angestrebt. Für Kanada und Mexiko bedeutet dies den schrankenlosen Zugang zur weltweit größten Wirtschaftsmacht USA und einen erheblichen Wachstumsschub. Für die USA zählen vor allem die Gebietserweiterung ihres Patentschutzes, der Abbau von Investitionshürden und die Marktöffnung für elektronische und Printmedien-Erzeugnisse. Die drei bisherigen NAFTA-Staaten erneuerten ihre Zusammenarbeit im Juli 2020 in einem neuen Abkommen. Dieses ist auch unter dem Namen USMCA (United States-Mexico-Canada Agreement) bekannt.

Vom Andenpakt zur Andengemeinschaft

Der Andenpakt ACM (Anden Common Market) war ein Zusammenschluss der lateinamerikanischen Länder Bolivien, Kolumbien, Ecuador, Peru und Venezuela. Angestrebt wurde die Förderung von Handel, Industrialisierung und Entwicklung der Region. Erreicht werden sollte dies durch einen gemeinsamen Markt (bei dem die Zölle zwischen den Mitgliedstaaten aufgehoben sind) mit einheitlichen Außenzöllen. Mittlerweile wurde aus unterschiedlichen politischen Gründen aus dem Andenpakt die Andengemeinschaft (CAN, Comunidad Andina de Naciones). Diese besteht momentan aus Peru, Ecuador, Kolumbien und Bolivien.

MERCOSUR

Dem „gemeinsamen Markt der Südspitze Südamerikas" MERCOSUR (Mercado Comun del Cono Sur) liegt ein Abkommen zwischen Argentinien, Brasilien, Paraguay und Uruguay zugrunde[1]. Mit dem Abbau aller Zölle und Handelshemmnisse soll eine Freihandelszone geschaffen werden. Fernziel ist die Errichtung eines Binnenmarktes nach Vorbild der EU mit gemeinsamem Parlament.

AFTA

Sechs Mitglieder (Indonesien, Malaysia, Singapur, Thailand, die Philippinen und Brunei) der südostasiatischen Staatengemeinschaft ASEAN (Association of South East Asian Nations) beschlossen im Oktober 1991, ab 1993 die Freihandelszone AFTA (ASEAN Free Trade Area) einzurichten. Damit reagierten die aufstrebenden südostasiatischen Schwellenländer auf die zunehmende Konkurrenz durch andere regionale Bündnisse. Wichtigstes Ziel war ein Liberalisierungsprogramm für den Handel, das bis 2008 eine allmähliche Senkung der Zollschranken vorsah. Die AFTA wird immer mehr in die ASEAN integriert.

ASEAN

Die Association of Southeast Asian Nations (übersetzt etwa: Verband südostasiatischer Staaten) wurde am 8. August 1967 in Bangkok (Thailand) gegründet mit dem Ziel der Festigung des Friedens in Südostasien durch wirtschaftliche, soziale und kulturelle Zusammenarbeit. 1995 wurde die ASEAN als atomwaffenfreie Zone festgelegt.

Das Abkommen „Asean Vision 2020" vom Dezember 1997 strebt offenere Gesellschaften in der Region an. Mitglieder der ASEAN sind: Brunei, Indonesien, Kambodscha, Laos, Malaysia, Myanmar, Philippinen, Singapur, Thailand und Vietnam.

---

1 Neben einigen assoziierten Staaten war zwischenzeitlich auch Venezuela Mitglied.

Wichtigste Organe sind der ordentliche Asean-Gipfel, zu dem sich die Staats- und Regierungschefs alle drei Jahre treffen, die jährliche Ministertagung der Außenminister als wichtigstes Entscheidungsorgan sowie Treffen der Fachminister.

APEC

Die APEC (Asia-Pacific Economic Cooperation) wurde als Organisation für asiatisch-pazifische Zusammenarbeit 1989 nach OECD-Vorbild gegründet. Der APEC gehören 21 Mitgliedsländer an. Zusätzlich zu den ASEAN-Staaten sind u. a. noch Australien, Japan, Kanada, USA, Südkorea, Neuseeland, China, Taiwan und Hongkong Mitglieder. Neben der Koordinierung der wirtschaftlichen Zusammenarbeit ist der Abbau von Handelsbarrieren das Ziel dieses Diskussionsforums. Nach langfristigen Plänen wollen die Mitgliedsländer, die zum Teil keine einheitlichen Interessen haben, einen asiatisch-pazifischen Handelsblock entstehen lassen. Heranwachsen würde dann eine handelspolitische Supermacht, denn mit seinem hohen Wirtschaftswachstum gilt der asiatisch-pazifische Bereich als Zukunftsmarkt des 21. Jahrhunderts.

Das RCEP-Abkommen

Mit dem RCEP-Abkommen (Regional Comprehensive Economic Partnership) wurde Anfang November 2020 die größte Freihandelszone der Welt eingerichtet. In dieser neuen Wirtschaftszone leben 2,2 Milliarden Menschen und erwirtschaften rund ein Drittel des weltweiten Bruttosozialprodukts. Beteiligt sind neben China zehn Staaten aus dem Staatenverbund ASEAN: Vietnam, Singapur, Indonesien, Malaysia, Thailand, die Philippinen, Myanmar (Burma), Brunei und Laos. Hinzu kommen die Staaten Neuseeland, Südkorea Australien und Japan.

Das RCEP-Abkommen soll Zölle verringern und die Zusammenarbeit in grenzüberschreitenden Lieferketten erleichtern. Es umfasst Handel, Dienstleistungen und Telekommunikation.

Die AKP-Staaten

Ergänzend zur einzelstaatlichen Entwicklungspolitik ihrer Mitglieder betreibt die EU eine gemeinschaftliche Entwicklungszusammenarbeit mit Ländern der Dritten Welt. Besonders enge Beziehungen unterhält sie dabei zu den ehemaligen Kolonialgebieten ihrer Mitgliedstaaten.

Das AKP-Abkommen (Länder aus Afrika, der Karibik und dem Pazifik-Raum) umfasst momentan (Stand 2020) 79 Staaten mit einer Gesamtbevölkerung von mehr als 750 Mio. Menschen. Dieses Partnerschaftsabkommen setzt sich vor allem die Bekämpfung der Armut und die allmähliche Eingliederung der AKP-Länder in die Weltwirtschaft zum Ziel. Es sieht vor, dass die Handelsbeziehungen zwischen EU und AKP-Ländern schrittweise liberalisiert und damit den WTO-Regeln angepasst werden.

AUFGABEN

1. Erläutern Sie die Bedeutung des Außenhandels für die Bundesrepublik Deutschland.
2. Welche Ursachen führen dazu, dass Außenhandel betrieben wird?
3. Welche Vorteile bringt der Außenhandel den Teilnehmern einer Volkswirtschaft?
4. Was versteht man im Außenwirtschaftsverkehr unter
   a) Freihandel,
   b) Protektionismus?
5. Welche Gründe sprechen
   a) für den Freihandel,
   b) für den Protektionismus?
6. Was sind die Grundsätze des GATT?
7. Wodurch unterscheidet sich die OECD von anderen internationalen Organisationen?
8. Nennen Sie die Mitgliedstaaten der EU.
9. Erläutern Sie
   a) Vorteile,
   b) Nachteile großer Wirtschaftsblöcke.
10. Wodurch unterscheidet sich die EFTA von der EU?
11. Was versteht man unter dem EWR?
12. Führen Sie weitere größere Wirtschaftsblöcke auf.

LERNFELD 7

AKTION

Erstellen Sie in Gruppenarbeit eine Wandzeitung, die jeweils eine internationale Wirtschaftsorganisation darstellt. Sie soll informieren über Mitgliedsländer und Ziele. Als Informationsquelle können Sie auch die folgenden Internetadressen nutzen:

- **WTO:**
  www.wto.org
- **ASEAN:**
  www.asean.org
- **USMCA:**
  https://usmca.com/
- **MERCOSUR:**
  https://www.mercosur.int/en/about-mercosur/mercosur-in-brief/
  https://ec.europa.eu/germany/news/20190701-eu-und-mercosur-staaten-umfassendes-freihandelsabkommen_de
- **EFTA:**
  www.efta.int/

ZUSAMMENFASSUNG

Ungleichmäßige Ausstattung der verschiedenen Volkswirtschaften führen zu einer weltweiten Arbeitsteilung:

↓

Internationaler Handel

↓

- grenzüberschreitender Austausch von Waren und Dienstleistungen zwischen verschiedenen Ländern
- Vorteile:
  – Massenproduktion
  – zusätzliche Gewinne
  – höherer Lebensstandard
  – größere Produktauswahl
  – Schaffen von Arbeitsplätzen
  – politische Zusammenarbeit

Möglichkeiten der Ausgestaltung des Außenhandels

↓   ↓

Freihandel   **Protektionismus**

= völlig unbehinderter Warenaustausch   = Eingriffe des Staates in den Außenhandel
                                         Zweck: Schutz vor ausländischer Konkurrenz

LERNFELD 7

Internationale Handelsabkommen und -organisationen

WTO (World Trade Organization)
- Allgemeines Zoll- und Handelsabkommen (ging hervor aus dem GATT: General Agreements on Tariffs and Trades)
- Ziel: Abbau von Handelsschranken und Zöllen

OECD (Organization for Economic Cooperation and Development)
- Organisation für wirtschaftliche Zusammenarbeit und Entwicklung
- Ziel: wirtschaftliche Zusammenarbeit und Koordination der westlichen Industrienationen

EU
- Europäische Union
- Ziele: – EU-Binnenmarkt
  – Einigung auf wirtschaftlichem, sozialem und politischem Gebiet

EFTA (European Free Trade Association)
- Europäische Freihandelsassoziation
- Ziel: nur wirtschaftliche Zusammenarbeit

EWR
- Europäischer Wirtschaftsraum
- Ziel: Anschluss der EFTA-Staaten an den EU-Binnenmarkt

Wirtschaftsblöcke außerhalb Europas
- USMCA (United States-Mexico-Canada Agreement)
- Andengemeinschaft (CAN, Comunidad Andina de Naciones)
- MERCOSUR (Mercado Comun del Cono Sur, „gemeinsamer Markt der Südspitze Südamerikas")
- AFTA (ASEAN Free Trade Area, Freihandelszone der südostasiatischen Staatengemeinschaft ASEAN)
- ASEAN (Association of Southeast Asian Nations, „Verband südostasiatischer Staaten")
- APEC (Asia-Pacific Economic Cooperation, Organisation für asiatisch-pazifische Zusammenarbeit)

WERTESTRÖME AUSWERTEN 8

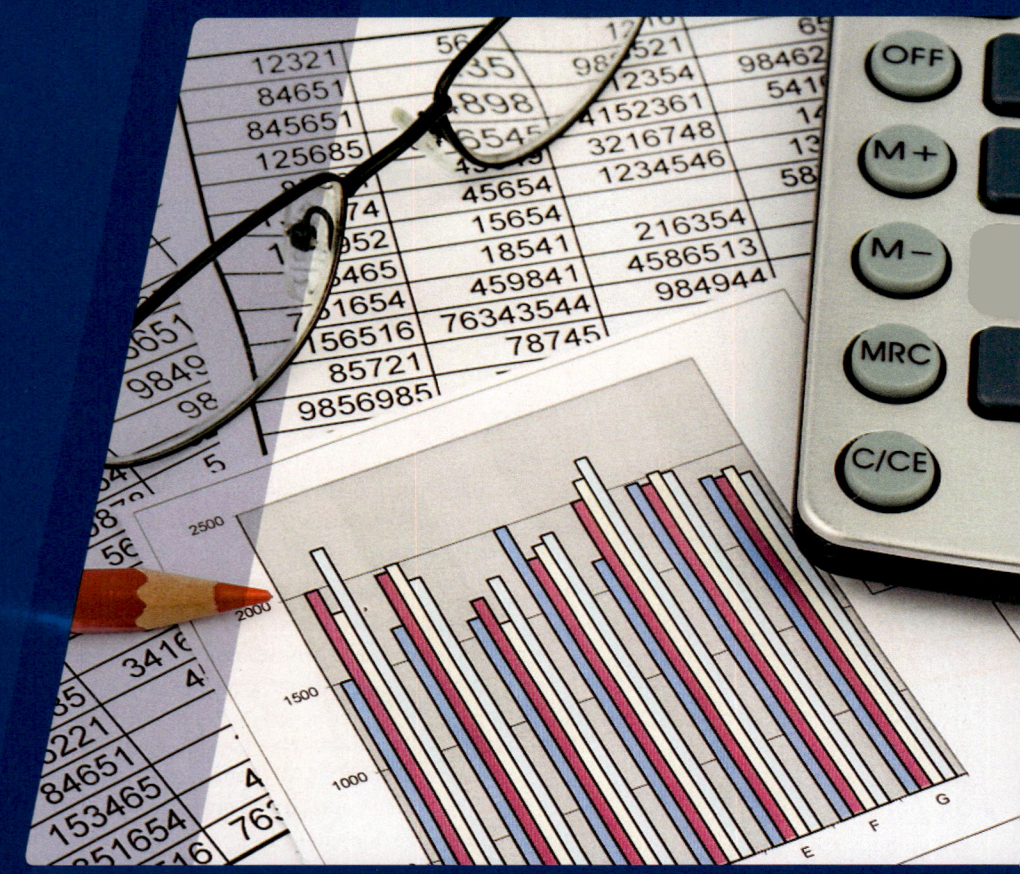

LERNFELD 8

Werteströme auswerten

Lernsituation

In der Fairtext GmbH stehen die Vorbereitungen für den Jahresabschluss an. Es wurde in der Vergangenheit stets ein Umsatz von etwas über 100 Mio. € erzielt. Die Mitarbeiterzahl betrug im Schnitt immer zwischen 250 und 300 Mitarbeitern.

Bei der Erstellung der vorbereitenden Jahresabschlussbuchungen sind folgende Sachverhalte bisher noch nicht berücksichtigt worden.

- **Anschaffung Pkw:**
  Mit Rechnung vom 12. Dezember des abzuschließenden Vorjahres wurde am selben Tag ein neuer betrieblicher Pkw (Nutzungsdauer sechs Jahre) geliefert. Er wird von Außendienstmitarbeitern genutzt. Die Anschaffungskosten betragen laut Rechnung 35.000,00 € zzgl. 19 % USt. Außerdem wurden die Kosten für die Erstzulassung in Höhe von 240,00 € in Rechnung gestellt. Beide Rechnungen wurden am 29. Dezember vom Bankkonto gezahlt. Der gesamte Vorgang ist noch nicht erfasst.
- **Wertverlust Verlademaschine:**
  Aufgrund eines Preisverfalls ergab sich bei einer Verlademaschine, die zum 31. Dezember noch einen Buchwert nach Abschreibungen in Höhe von 32.000,00 € hatte, ein nachgewiesener Wertverlust. Die Maschine ist nun nur noch 20.000,00 € wert.
- **Abschreibung Lkw:**
  Ein im September des Vorjahres für 60.000,00 € zzgl. 19 % USt angeschaffter Lkw wurde im Anlagevermögen aktiviert. Allerdings wurde der Lkw noch nicht planmäßig abgeschrieben, da die Entscheidung diesbezüglich erst im Rahmen der Jahresabschlussarbeiten getroffen werden sollte. Es wird ein möglichst niedriger Gewinn gewünscht. Die betriebsgewöhnliche Nutzungsdauer des Lkw beträgt neun Jahre. Er wird voraussichtlich 500 000 km fahren können. In der Zeit von September bis Dezember des abzuschließenden Jahres wurden bereits 40 000 km betrieblich mit dem Lkw zurückgelegt.
- **Sommerkleider:**
  Im Lager der Fairtext GmbH befinden sich noch 1 000 Sommerkleider. Die Sommerkleider wurden für 20,00 € pro Stück eingekauft und in der Buchhaltung erfasst. Aufgrund der alljährlichen Änderung des modischen Geschmacks sind die Kleider – die sich schon im Vorjahr nur schlecht verkaufen ließen – im Wert gesunken. Die Kleider könnten jetzt für 12,00 € pro Stück eingekauft werden.
- **Forderung Selke OHG**
  Aus dem Verkauf von 200 Ledergürteln hat die Fairtext GmbH am 31. Dezember noch eine Forderung gegenüber der Selke OHG in Höhe von 6.000,00 € zzgl. 1.140,00 € USt. Im Dezember wird das Insolvenzverfahren über das Vermögen der Selke OHG mangels Masse abgelehnt. Die Fairtext GmbH erfährt von diesem Umstand am 13. März und somit vor Erstellung des Jahresabschlusses.
- **Verbindlichkeit Stütli AG**
  Zum 31. Dezember hat die Fairtext GmbH eine Verbindlichkeit in Höhe von 4.000,00 CHF gegenüber der schweizerischen Stütli AG aus der Lieferung von Herrenschuhen. Der Umrechnungskurs beträgt 1 CHF = 0,93 €. Die Rechnung wurde noch nicht gebucht. Da es sich um eine steuerfreie Ausfuhr handelt, ist keine Umsatzsteuer ausgewiesen.
- **Forderungsausfallversicherung**
  Der Beitrag für die Forderungsausfallversicherung für den Zeitraum vom 1. Oktober des abzuschließenden Jahres bis zum 30. September diesen Jahres in Höhe von 26.400,00 € wurde am 1. Oktober vom Bankkonto abgebucht und bisher wie folgt gebucht:
  4260 Versicherungen 26.400,00
      an 1310 Bank   26.400,00
- **Jahresabschlusskosten 20..**
  Es ist damit zu rechnen, dass für die Prüfung des Jahresabschlusses durch die Wirtschaftsprüfer 15.000,00 € zzgl. 2.850,00 € USt anfallen werden. Bisher wurde dieser Aufwand noch nicht berücksichtigt.

1. Geben Sie unter Angabe der gesetzlichen Vorschriften an, welche Verpflichtungen sich aus den Größenmerkmalen der Fairtext GmbH ergeben.
2. Erläutern Sie kurz die Gliederung von Bilanz und Gewinn- und Verlustrechnung mit Hinweis auf die jeweilige Vorschrift.
3. Nehmen Sie die erforderlichen Buchungen im Rahmen der Vorbereitungen für den Jahresabschluss vor, die sich aus den obigen Sachverhalten ergeben.

LERNFELD 8

KAPITEL 1
Jahresabschlusserstellung

Anne Schulte unterstützt Herrn Strahler bei der Erstellung des Jahresabschlusses der Fairtext GmbH in der Abteilung Rechnungswesen. Herr Strahler hat Anne zunächst einmal den Auftrag gegeben, sich in die Grundlagen einzuarbeiten.

Anne sieht sich deshalb die Eckdaten des Unternehmens an:

Die Fairtext GmbH umfasst Niederlassungen in zehn deutschen Städten. Diese haben insgesamt eine Lagerfläche von 1,5 Mio. m². 280 bis 300 Mitarbeiter arbeiten im Schnitt in den letzten Jahren bei der Fairtext GmbH. Der Umsatz betrug im letzten Jahr 110 Mio. € und im vorletzten Jahr 102 Mio. €. Die Filialen befinden sich überwiegend in Gewerbegebieten des jeweiligen Standorts.

Die Fairtext GmbH möchte sich dort als Textilgroßhandlung der Zukunft positionieren.

Die Zentrale befindet sich am Stammsitz in Hannover. Hier werden alle wichtigen Unternehmensentscheidungen getroffen. Die Beschaffung der Ware erfolgt bislang ausschließlich durch die Zentrale, um Kostenvorteile bei der Beschaffung größerer Mengen auszunutzen. Aus diesem Grund bieten alle Filialen der Fairtext GmbH in den meisten Bereichen ein einheitliches Sortiment an, das durch regionale Besonderheiten ergänzt wird.

In Hannover befindet sich aber nicht nur die Zentrale. Der Stammsitz dient gleichzeitig ebenfalls als Filiale.

Sitz der Firma:
Walsroder Str. 6 a, 30625 Hannover
Postfach 21 31 41, 30604 Hannover
Telefon: 0511 4155-15, **Fax:** 0511 4155-11
Internet: www.fairtext-wvd.de
E-Mail: info@fairtext-wvd.de
Handelsregisternummer: HRB 200147, Amtsgericht Hannover
USt-ID: DE 183 034 912
Steuernummer: 2320 041 014
EORI-Nr. (Zoll-Nr.): DE6115209 HRA 200147
Erfüllungsort und Gerichtsstand: Hannover
Geschäftsjahr: 1. Januar bis 31. Dezember

1. Geben Sie an, um was für eine Gesellschaft es sich bei der Fairtext handelt.
2. Prüfen Sie, in welche Größenklasse die Fairtext GmbH einzuordnen ist.
3. Geben Sie an, auf welchen Stichtag der Jahresabschluss der Fairtext GmbH zu erstellen ist.
4. Erläutern Sie, welche Bestandteile der Jahresabschluss der Fairtext GmbH haben muss.
5. Nehmen Sie dazu Stellung, ob die Fairtext GmbH einen Lagebericht erstellen muss.
6. Erläutern Sie kurz die Offenlegungspflichten, die sich für die Fairtext GmbH ergeben.

INFORMATIONEN

Einteilung der Kapitalgesellschaften

Je nach Größe einer Kapitalgesellschaft ergeben sich aus dem Handelsgesetzbuch unterschiedliche Anforderungen, die an den zu erstellenden Jahresabschluss gestellt werden. Kapitalgesellschaften werden in Kleinstgesellschaften, kleine, mittelgroße und große Kapitalgesellschaften unterteilt.

Die Einteilung der Kapitalgesellschaften erfolgt gem. § 267 HGB und § 267a HGB nach den Merkmalen
- Bilanzsumme,
- Umsatzerlöse in den letzten 12 Monaten vor dem Bilanzstichtag und
- durchschnittliche Anzahl von Arbeitnehmern.

Es erfolgt eine Eingruppierung dann, wenn eine Gesellschaft **zwei der drei Größenmerkmale über- bzw. unterschreitet**.

Ein Wechsel der Größenklasse erfolgt nur dann, wenn die Größenmerkmale **an zwei aufeinanderfolgenden Abschlussstichtagen über- bzw. unterschritten** werden.

Bei der erstmaligen Aufstellung eines Jahresabschlusses aufgrund der Neugründung des Unternehmens sind die Zahlen dieses Abschlusses für die Eingruppierung maßgeblich.

LERNFELD 8

Die Größenmerkmale stellen sich wie folgt dar:

	Kleinstgesellschaft	Kleine Kapitalgesellschaft	Mittelgroße Kapitalgesellschaft	Große Kapitalgesellschaft
Bilanzsumme	bis 350.000,00 €	bis 6.000.000,00 €	bis 20.000.000,00 €	> 20.000.000,00 €
Umsatzerlöse	bis 700.000,00 €	bis 12.000.000,00 €	bis 40.000.000,00 €	> 40.000.000,00 €
Durchschnitt Arbeitnehmer	bis 10	bis 50	bis 250	> 250

Pflicht zur Erstellung eines Jahresabschlusses

Für Unternehmen ergibt sich die Pflicht, Bücher zu führen und somit einen Jahresabschluss zu erstellen, aus dem **Handelsgesetzbuch (HGB)**.

Das Handelsgesetzbuch (HGB) regelt die Buchführungspflicht für Kaufleute.

Da für eine GmbH gem. § 6 HGB ebenfalls die Vorschriften des HGB anzuwenden sind, hat die GmbH gem. § 238 HGB die Pflicht, Bücher zu führen:

> **§ 238 HGB Buchführungspflicht**
>
> (1) Jeder Kaufmann ist verpflichtet, Bücher zu führen und in diesen seine Handelsgeschäfte und die Lage seines Vermögens nach den Grundsätzen ordnungsmäßiger Buchführung ersichtlich zu machen. ...

Die Pflicht zur Aufstellung eines Jahresabschlusses ergibt sich aus § 242 HGB:

> **§ 242 HGB Pflicht zur Aufstellung**
>
> (1) Der Kaufmann hat zu Beginn seines Handelsgewerbes und für den Schluss eines jeden Geschäftsjahrs einen das Verhältnis seines Vermögens und seiner Schulden darstellenden Abschluss (Eröffnungsbilanz, Bilanz) aufzustellen. Auf die Eröffnungsbilanz sind die für den Jahresabschluss geltenden Vorschriften entsprechend anzuwenden, soweit sie sich auf die Bilanz beziehen.
> (2) Er hat für den Schluss eines jeden Geschäftsjahrs eine Gegenüberstellung der Aufwendungen und Erträge des Geschäftsjahrs (Gewinn- und Verlustrechnung) aufzustellen.
> (3) Die Bilanz und die Gewinn- und Verlustrechnung bilden den Jahresabschluss.
> ...

> Für Einzelkaufleute gibt es in § 241a HGB Ausnahmen von der Verpflichtung zur Aufstellung eines Jahresabschlusses. Diese gelten allerdings nur für Einzelkaufleute.
> Einzelkaufleute sind von der Buchführungspflicht und der Verpflichtung zur Aufstellung eines Jahresabschlusses befreit, wenn sie **an zwei aufeinanderfolgenden Abschlussstichtagen 600.000,00 € Umsatz und 60.000,00 € Jahresüberschuss** nicht überschreiten.
> Einzelkaufleute, die diese Anforderungen erfüllen, dürfen ihren Gewinn im Rahmen einer Einnahmen-Überschuss-Rechnung gem. § 4 (3) EStG ermitteln.

Die Befreiungen gelten jedoch nicht für eine GmbH. Dementsprechend hat jede GmbH einen Jahresabschluss nach den entsprechenden Vorschriften aufzustellen.

Ergänzend sieht § 264 HGB für Kapitalgesellschaften die Erstellung eines Anhangs und eines Lageberichts vor:

> **§ 264 Pflicht zur Aufstellung; Befreiung**
>
> (1) Die gesetzlichen Vertreter einer Kapitalgesellschaft haben den Jahresabschluss (§ 242) um einen Anhang zu erweitern, der mit der Bilanz und der Gewinn- und Verlustrechnung eine Einheit bildet, sowie einen Lagebericht aufzustellen. ... Der Jahresabschluss und der Lagebericht sind von den gesetzlichen Vertretern in den ersten drei Monaten des Geschäftsjahrs für das vergangene Geschäftsjahr aufzustellen. Kleine Kapitalgesellschaften (§ 267 Abs. 1) brauchen den Lagebericht nicht aufzustellen; sie dürfen den Jahresabschluss auch später aufstellen, wenn dies einem ordnungsgemäßen Geschäftsgang entspricht, jedoch innerhalb der ersten sechs Monate des Geschäftsjahres. Kleinstkapitalgesellschaften (§ 267a) brauchen den Jahresabschluss nicht um einen Anhang zu erweitern, ...

LERNFELD 8

In einem Überblick lassen sich die Aufstellungspflichten für die Bestandteile des Jahresabschlusses und den Lagebericht wie folgt darstellen:

Gesellschaftsform / Bestandteil	Einzelkaufleute	Kleinstkapitalgesellschaft	Kleine Kapitalgesellschaft	Mittelgroße Kapitalgesellschaft	Große Kapitalgesellschaft
Bilanz	X	X	X	X	X
Gewinn- und Verlustrechnung	X	X	X	X	X
Anhang			X	X	X
Lagebericht				X	X

Für Kapitalgesellschaften ergibt sich im Steuerrecht die Buchführungs- und Aufstellungspflicht aus § 140 Abgabenordnung. Dementsprechend müssen Kapitalgesellschaften die handelsrechtlichen Pflichten auch für steuerliche Zwecke erfüllen. Da sich die Buchführungspflicht aus dem Handelsrecht ergibt, wird sie auch als abgeleitete oder derivative Buchführungspflicht bezeichnet. Für Einzelkaufleute gilt die Regelung gleichermaßen, wenngleich diese in Ermangelung einer handelsrechtlichen Buchführungspflicht auch gem. § 141 Abgabenordnung buchführungspflichtig werden können.[1] Man spricht hier von einer originären Buchführungspflicht, da sie sich direkt aus der Abgabenordnung ergibt.

Bilanz

Das Handelsgesetzbuch stellt an die Aufstellung und Gliederung einer Bilanz gesetzliche Anforderungen. Diese Anforderungen ergeben sich aus § 266 HGB. Die Bilanz ist – wie bereits bekannt –

- in Kontenform aufzustellen.
- Die Gliederung der Aktivseite erfolgt nach zunehmender Flüssigkeit,
- die Gliederung der Passivseite erfolgt nach zunehmender Fälligkeit.

Aus § 266 HGB ergibt sich folgende grundlegende Gliederung:

Aktiva	Passiva

A. Anlagevermögen:
  I. Immaterielle Vermögensgegenstände:
    1. selbst geschaffene gewerbliche Schutzrechte und ähnliche Rechte und Werte
    2. entgeltlich erworbene Konzessionen, gewerbliche Schutzrechte und ähnliche Rechte und Werte sowie Lizenzen an solchen Rechten und Werten
    3. Geschäfts- oder Firmenwert
    4. geleistete Anzahlungen
  II. Sachanlagen:
    1. Grundstücke, grundstücksgleiche Rechte und Bauten einschließlich der Bauten auf fremden Grundstücken
    2. technische Anlagen und Maschinen
    3. andere Anlagen, Betriebs- und Geschäftsausstattung
    4. geleistete Anzahlungen und Anlagen im Bau
  III. Finanzanlagen:
    1. Anteile an verbundenen Unternehmen
    2. Ausleihungen an verbundene Unternehmen
    3. Beteiligungen
    4. Ausleihungen an Unternehmen, mit denen ein Beteiligungsverhältnis besteht
    5. Wertpapiere des Anlagevermögens
    6. sonstige Ausleihungen
	A. Eigenkapital:
	  I. Gezeichnetes Kapital
	  II. Kapitalrücklage
	  III. Gewinnrücklagen
	    1. gesetzliche Rücklage
	    2. Rücklage für Anteile an einem herrschenden oder mehrheitlich beteiligten Unternehmen
	    3. satzungsmäßige Rücklagen
	    4. andere Gewinnrücklagen
	  IV. Gewinnvortrag/Verlustvortrag
	  V. Jahresüberschuss/Jahresfehlbetrag
	B. Rückstellungen:
	  1. Rückstellungen für Pensionen und ähnliche Verpflichtungen
	  2. Steuerrückstellungen
	  3. sonstige Rückstellungen
	C. Verbindlichkeiten:
	  1. Anleihen davon konvertibel
	  2. Verbindlichkeiten gegenüber Kreditinstituten
	  3. erhaltene Anzahlungen auf Bestellungen
	  4. Verbindlichkeiten aus Lieferungen und Leistungen

---

[1] Auf Details hierzu wird aufgrund der mangelnden Relevanz für Kapitalgesellschaften nicht eingegangen.

B. Umlaufvermögen:
  I. Vorräte:
     1. Roh-, Hilfs- und Betriebsstoffe
     2. unfertige Erzeugnisse, unfertige Leistungen
     3. fertige Erzeugnisse und Waren
     4. geleistete Anzahlungen
  II. Forderungen und sonstige Vermögensgegenstände:
     1. Forderungen aus Lieferungen und Leistungen
     2. Forderungen gegen verbundene Unternehmen
     3. Forderungen gegen Unternehmen, mit denen ein Beteiligungsverhältnis besteht
     4. sonstige Vermögensgegenstände
  III. Wertpapiere:
     1. Anteile an verbundenen Unternehmen
     2. sonstige Wertpapiere
  IV. Kassenbestand, Bundesbankguthaben, Guthaben bei Kreditinstituten und Schecks
C. Rechnungsabgrenzungsposten
D. Aktive latente Steuern
E. Aktiver Unterschiedsbetrag aus der Vermögensverrechnung

5. Verbindlichkeiten aus der Annahme gezogener Wechsel und der Ausstellung eigener Wechsel
6. Verbindlichkeiten gegenüber verbundenen Unternehmen
7. Verbindlichkeiten gegenüber Unternehmen, mit denen ein Beteiligungsverhältnis besteht
8. sonstige Verbindlichkeiten
   davon aus Steuern
   davon im Rahmen der sozialen Sicherheit

D. Rechnungsabgrenzungsposten
E. passive latente Steuern

Mittelgroße und große Kapitalgesellschaften haben alle Bilanzposten gesondert und in der vorgeschriebenen Reihenfolge auszuweisen. **Kleine Kapitalgesellschaften** können eine verkürzte Bilanz aufstellen, in die nur die Positionen mit **Buchstaben** und **römischen Zahlen** gesondert und in der vorgeschriebenen Reihenfolge aufgenommen werden. **Kleinstkapitalgesellschaften** können eine verkürzte Bilanz aufstellen, in die **nur mit Buchstaben** bezeichneten Positionen gesondert und in der vorgeschriebenen Reihenfolge aufgenommen werden.

Gewinn- und Verlustrechnung

Für die formale Gestaltung der Gewinn- und Verlustrechnung beinhaltet § 275 HGB die gesetzlichen Regelungen. Demnach ist die Gewinn- und Verlustrechnung in Staffelform, also untereinander, aufzustellen. Auch hier gilt, dass die einzelnen Positionen des Gesetzestextes grundsätzlich in der genannten Reihenfolge aufgeführt werden.

Für die Gewinn- und Verlustrechnung einer großen Kapitalgesellschaft ist folgende Gliederung vorgesehen:

Gliederung GuV-Rechnung für große Kapitalgesellschaften	
Gesamtkostenverfahren § 275 (2) HGB	Umsatzkostenverfahren § 275 (3) HGB

1. Umsatzerlöse
2. Erhöhung oder Verminderung des Bestands an fertigen und unfertigen Erzeugnissen
3. andere aktivierte Eigenleistungen
4. sonstige betriebliche Erträge
5. Materialaufwand:
   a) Aufwendungen für Roh-, Hilfs- und Betriebsstoffe und für bezogene Waren
   b) Aufwendungen für bezogene Leistungen
= **Rohergebnis**
6. Personalaufwand:
   a) Löhne und Gehälter
   b) soziale Abgaben und Aufwendungen für Altersversorgung und für Unterstützung davon für Altersversorgung
7. Abschreibungen:
   a) auf immaterielle Vermögensgegenstände des Anlagevermögens und Sachanlagen
   b) auf Vermögensgegenstände des Umlaufvermögens, soweit diese die in der Kapitalgesellschaft üblichen Abschreibungen überschreiten
	1. Umsatzerlöse
	2. Herstellungskosten der zur Erzielung der Umsatzerlöse erbrachten Leistungen
	3. **Bruttoergebnis vom Umsatz**
	4. Vertriebskosten
	5. allgemeine Verwaltungskosten
	6. sonstige betriebliche Erträge
	7. sonstige betriebliche Aufwendungen
	= **Betriebsergebnis**
	8. Erträge aus Beteiligungen davon aus verbundenen Unternehmen
	9. Erträge aus anderen Wertpapieren und Ausleihungen des Finanzanlagevermögens davon aus verbundenen Unternehmen
	10. sonstige Zinsen und ähnliche Erträge davon aus verbundenen Unternehmen
	11. Abschreibungen auf Finanzanlagen und auf Wertpapiere des Umlaufvermögens
	12. Zinsen und ähnliche Aufwendungen davon an verbundene Unternehmen

8. sonstige betriebliche Aufwendungen
= **Betriebsergebnis**
9. Erträge aus Beteiligungen, davon aus verbundenen Unternehmen
10. Erträge aus anderen Wertpapieren und Ausleihungen des Finanzanlagevermögens davon aus verbundenen Unternehmen
11. sonstige Zinsen und ähnliche Erträge davon aus verbundenen Unternehmen
12. Abschreibungen auf Finanzanlagen und auf Wertpapiere des Umlaufvermögens
13. Zinsen und ähnliche Aufwendungen davon an verbundene Unternehmen
= **Finanzergebnis**
= **Betriebs- + Finanzergebnis = Ergebnis der gewöhnlichen Geschäftstätigkeit**
14. Steuern vom Einkommen und vom Ertrag
15. **Ergebnis nach Steuern**
16. sonstige Steuern
17. **Jahresüberschuss/Jahresfehlbetrag**

= **Finanzergebnis**
= **Betriebs- + Finanzergebnis = Ergebnis der gewöhnlichen Geschäftstätigkeit**
13. Steuern vom Einkommen und vom Ertrag
14. Ergebnis nach Steuern
15. sonstige Steuern
16. **Jahresüberschuss/Jahresfehlbetrag**

Der § 276 HGB beinhaltet Erleichterungen für kleine und mittelgroße Kapitalgesellschaften. Es ist diesen Gesellschaften erlaubt, eine verkürzte Gewinn- und Verlustrechnung im Jahresabschluss aufzunehmen.

Im Detail muss eine **Gewinn- und Verlustrechnung für kleine und mittelgroße Kapitalgesellschaften** folgende Gliederungspunkte nach dem Gesamtkostenverfahren beinhalten:
1. **Rohergebnis**
2. Personalaufwand
3. Abschreibungen
4. sonstige betriebliche Aufwendungen
5. Erträge aus Beteiligungen
6. Erträge aus anderen Wertpapieren und Ausleihungen des Finanzanlagevermögens
7. sonstige Zinsen und ähnliche Erträge
8. Abschreibungen auf Finanzanlagen und auf Wertpapiere des Umlaufvermögens
9. Zinsen und ähnliche Aufwendungen
10. Steuern vom Einkommen und vom Ertrag
11. **Ergebnis nach Steuern**
12. sonstige Steuern
13. **Jahresüberschuss/Jahresfehlbetrag**

Für **Kleinstkapitalgesellschaften** beinhaltet § 275 (5) HGB eine vereinfachte Gliederung der Gewinn- und Verlustrechnung:
1. Umsatzerlöse
2. sonstige Erträge
3. Materialaufwand
4. Personalaufwand
5. Abschreibungen
6. sonstige Aufwendungen
7. Steuern
8. **Jahresüberschuss/Jahresfehlbetrag**

Anhang

Kleine, große und mittelgroße Kapitalgesellschaften sind dazu verpflichtet, einen Anhang zu ihrem Jahresabschluss anzufertigen. Der Anhang stellt die dritte Komponente des Abschlusses dar. Die gesetzlichen Regelungen zum Aufbau und Inhalt des Anhangs befinden sich in § 284 ff HGB.

Detaillierte Informationen zu den erforderlichen Angaben im Anhang beinhalten § 284 HGB und § 285 HGB.

Der Anhang hat den Zweck, die **Bilanz und** die **Gewinn- und Verlustrechnung** zu erläutern. Er beinhaltet Informationen zu einzelnen Bilanzpositionen, Ausübung von Wahlrechten, angewendeten Bewertungsgrundsätzen oder ähnlichen Sachverhalten. Durch den Anhang werden die Bilanz und die Gewinn- und Verlustrechnung somit auch entlastet, da er Informationen beinhaltet, die im Jahresabschluss angeführt werden müssen.

Der Anhang ist in der Reihenfolge der einzelnen Posten der Bilanz und der Gewinn- und Verlustrechnung zu gliedern.

Lagebericht

Der Lagebericht ist von **großen und mittelgroßen Kapitalgesellschaften** (und Personengesellschaften) als zusätzliche Komponente zum Jahresabschluss anzufertigen.

Der Lagebericht ist **kein Bestandteil des Jahresabschlusses**.

Die Pflicht zur Aufstellung sowie die Inhalte ergeben sich aus § 289 ff. HGB. Kleine und Kleinstkapitalgesellschaften sind von der Aufstellungspflicht befreit.

Der Lagebericht hat in erster Linie den Zweck, den **Geschäftsverlauf und** die **Lage der Gesellschaft realitätsnah darzustellen**. Er soll ein den tatsächlichen Verhältnissen entsprechendes Bild vermitteln (§ 289 HGB). Hierzu gehört es auch, dass neben dem Geschäftsverlauf und der Lage des Unternehmens auch Chancen und Risiken dargestellt werden. Der Lagebericht ist somit in erster Linie ein ergänzendes **Informationsinstrument**, in dem Umstände dargestellt werden, die dem Jahresabschluss sonst so nicht entnommen werden können.

Aufgrund des Vorsichtsprinzips können insbesondere Chancen, wie Marktstellung, Forschungsergebnisse und stille Reserven, im Jahresabschluss nur bedingt Berücksichtigung finden, da z. B. nicht realisierte Gewinne nicht ausgewiesen werden dürfen. Diese Darstellungen sind dem Lagebericht zu entnehmen.

Während der Jahresabschluss im Rahmen der periodengerechten Gewinnermittlung rückwärtsgerichtet das abgelaufene Geschäftsjahr betrachtet, können im Lagebericht die Erwartungen und Potenziale, die sich in der Zukunft ergeben können, dargestellt werden.

Offenlegungspflichten

Um eine **Transparenz** für Anteilseigner, Geschäftspartner, Banken und Kunden zu schaffen, besteht für Kapitalgesellschaften eine Offenlegungspflicht. Die Offenlegungspflicht ist in § 325 ff. HGB geregelt.

> **DEFINITION**
>
> **Offenlegungspflicht** bedeutet, dass bestimmte Unterlagen (u. a. der Jahresabschluss sowie dessen Bestandteile) zur Veröffentlichung elektronisch einzureichen und somit zu publizieren sind.

Die **Offenlegung** erfolgt **beim Bundesanzeiger**. Die offengelegten Unterlagen können unter *www.bundesanzeiger.de* eingesehen werden.

Folgende Unterlagen sind offenlegungspflichtig:

	Kleinstkapital-gesellschaft	Kleine Kapitalgesellschaft	Mittelgroße Kapitalgesellschaft	Große Kapitalgesellschaft
Bilanz	X (nur Hinterlegung)	X	X (verkürzt)	X
Gewinn- und Verlustrechnung			X (verkürzt)	X
Anhang		X	X (Erleichterungen)	X
Lagebericht			X	X
Bericht des Aufsichtsrats (wenn vorhanden)			X	X
Bestätigungsvermerk des Abschlussprüfers			X	X
Entsprechenserklärung zum Deutschen Corporate Governance Kodex (börsennotierte Unternehmen)				X

Die Frist für die Meldung der offenzulegenden Unterlagen beträgt gemäß § 325 (1a) HGB **ein Jahr nach dem Abschlussstichtag des Geschäftsjahres**.

Die Offenlegungspflichten beziehen sich nur auf die handelsrechtlichen Unterlagen. Eine für steuerliche Zwecke erstellte **Steuerbilanz** muss **nicht** offengelegt werden, da sie durch das Steuergeheimnis geschützt ist.

LERNFELD 8

AUFGABEN

1. Erläutern Sie kurz die Anforderungen für die Eingruppierung einer Kapitalgesellschaft in die Größenklassen.

2. Nennen Sie die Bestandteile des Jahresabschlusses.

3. Erläutern Sie mit eigenen Worten kurz die Gliederung der Bilanz.

4. Die Leuko GmbH weist folgende Schlussbestände zum 31.12.20.. in ihrer Buchführung aus.

Grundstücke	200.000,00 €
Gebäude	400.000,00 €
Fuhrpark	80.000,00 €
BGA	23.000,00 €
Maschinen	75.000,00 €
Darlehen	100.000,00 €
Forderungen a LL	80.000,00 €
Warenbestand	140.000,00 €
Bank	13.000,00 €
Kasse	2.000,00 €
Verbindlichkeiten a LL	43.000,00 €

   Erstellen Sie die Bilanz gemäß der Gliederung des § 266 HGB.

5. Erläutern Sie mit eigenen Worten kurz die Gliederung der Gewinn- und Verlustrechnung gemäß dem Gesamtkostenverfahren.

6. Die Grünzeug GmbH weist zum 31.12.20.. folgende Salden auf den Erfolgskonten aus.

Wareneingang	340.000,00
Löhne	120.000,00
Gehälter	80.000,00
Warenverkauf	820.000,00
Grundsteuer	2.000,00
Provisionserträge	15.000,00
Mieterträge	7.000,00
Bürobedarf	23.000,00
Rechts- und Beratungskosten	27.000,00
Portokosten	2.000,00
Telekommunikationskosten	5.000,00
Zinserträge	1.000,00
Körperschaftsteuer	20.000,00
Zinsaufwendungen	3.000,00
Versicherungen	8.000,00
Instandhaltung	12.000,00
Abschreibungen	84.000,00
Gewerbesteuer	9.000,00

   Erstellen Sie die Gewinn- und Verlustrechnung gemäß der Gliederung des § 275 HGB nach dem Gesamtkostenverfahren.

7. Erläutern Sie kurz Inhalt, Sinn und Zweck des Anhangs.

8. Erläutern Sie kurz Inhalt, Sinn und Zweck des Lageberichts.

9. Geben Sie die Offenlegungspflichten für eine mittelgroße Kapitalgesellschaft an und erläutern Sie das Verfahren der Offenlegung.

10. Aus den letzten beiden Jahresabschlüssen der börsennotierten TsuKo AG ergeben sich folgende Informationen:

    Die TsuKo AG ist im internationalen Handel mit elektronischen Kleinmaschinen tätig. Sie ist als Großhändler in diesem Segment einer der Marktführer. Das abweichende Geschäftsjahr läuft vom 01.04. bis zum 31.03. eines Jahres. Die TsuKo AG beschäftigte im letzten Geschäftsjahr 280 Mitarbeiter aufgrund einer Expansion in den nordamerikanischen Markt. Zuvor waren es lediglich 230 Mitarbeiter im Geschäftsjahr. Hinzu kommen noch durchschnittlich 100 Handelsvertreter, die allerdings auf eigenständige Rechnung weltweit Aufträge für die TsuKo AG vermitteln. Die Bilanzsumme ist insbesondere aufgrund des hohen Lagerbestandes mit 25 Mio. € im vorletzten Geschäftsjahr und – aufgrund der Expansion – mit 30 Mio. € im letzten Geschäftsjahr angegeben. Die Umsatzerlöse der TsuKo AG betragen regelmäßig 60 bis 70 Mio. € pro Geschäftsjahr.

    a) Geben Sie an, um was für eine Gesellschaft es sich bei der TsuKo handelt.
    b) Prüfen Sie, in welche Größenklasse die TsuKo AG einzuordnen ist.
    c) Geben Sie an, auf welchen Stichtag der Jahresabschluss der TsuKo AG zu erstellen ist.
    d) Erläutern Sie, welche Bestandteile der Jahresabschluss der TsuKo AG haben muss.
    e) Nehmen Sie dazu Stellung, ob die TsuKo AG einen Lagebericht erstellen muss.
    f) Erläutern Sie kurz die Offenlegungspflichten, die sich für die TsuKo AG ergeben.

11. Die Stahltech GmbH ist ein Großhändler für Stahlrohre. Das Geschäftsjahr entspricht dem Kalenderjahr. Sie ist deutschlandweit für zahlreiche Industriebetriebe als Zulieferer tätig. Die Stahltech GmbH beschäftigte in den letzten Geschäftsjahren im Durchschnitt 30 Mitarbeiter. Die Auslieferung erfolgt oftmals durch Speditionen. Die Bilanzsumme betrug im vorletzten

Geschäftsjahr 1.200.000,00 € und im letzten Geschäftsjahr 1.700.000,00 €. Die Umsatzerlöse der Stahltech GmbH betrugen im letzten Geschäftsjahr 2.050.000,00 € und im vorletzten Geschäftsjahr 1.360.000,00 €.

a) Geben Sie an, um was für eine Gesellschaft es sich bei der Stahltech GmbH handelt.
b) Prüfen Sie, in welche Größenklasse die Stahltech GmbH einzuordnen ist.
c) Geben Sie an, auf welchen Stichtag der Jahresabschluss der Stahltech GmbH zu erstellen ist.
d) Erläutern Sie, welche Bestandteile der Jahresabschluss der Stahltech GmbH haben muss.
e) Nehmen Sie dazu Stellung, ob die Stahltech GmbH einen Lagebericht erstellen muss.
f) Erläutern Sie kurz die Offenlegungspflichten, die sich für die Stahltech GmbH ergeben.

12. Die beiden letzten Jahresabschlüsse der Elmora GmbH beinhalten folgende Informationen:

Die Elmora GmbH erbringt Dienstleistungen im Sanitärbereich. Das Geschäftsjahr entspricht dem Kalenderjahr. Sie erfüllt in der Regel kleinere Aufträge und ist nur lokal tätig. Die Elmora GmbH beschäftigte in den letzten Geschäftsjahren eine feste Belegschaft von 15 Mitarbeitern. Die Bilanzsumme betrug im vorletzten Geschäftsjahr 220.000,00 € und im letzten Geschäftsjahr 270.000,00 €. In den Vorjahren war die Bilanzsumme ähnlich hoch. Die Umsatzerlöse der Elmora GmbH betrugen im letzten Geschäftsjahr 650.000,00 € und im vorletzten Geschäftsjahr 720.000,00 €. Zuvor waren die Umsätze stets auf dem Niveau zwischen 500.000,00 € und 650.000,00 €.

a) Prüfen Sie, in welche Größenklasse die Elmora GmbH einzuordnen ist.
b) Geben Sie an, auf welchen Stichtag der Jahresabschluss der Elmora GmbH zu erstellen ist.
c) Erläutern Sie, welche Bestandteile der Jahresabschluss der Elmora GmbH haben muss.
d) Nehmen Sie dazu Stellung, ob die Elmora GmbH einen Lagebericht erstellen muss.
e) Erläutern Sie kurz die Offenlegungspflichten, die sich für die Elmora GmbH ergeben.

AKTIONEN

Im Bundesanzeiger *www.bundesanzeiger.de* werden die Jahresabschlüsse von Kapitalgesellschaften veröffentlicht. Der Umfang der veröffentlichten Unterlagen ist abhängig von der Größenklasse des Unternehmens.

a) Gehen Sie auf die Homepage *www.bundesanzeiger.de* und verschaffen Sie sich einen ersten Überblick über die Inhalte der Seite.
b) Beschreiben Sie die Möglichkeiten, die die Seite für
  – Unternehmen
  – Interessenten (jedermann) bietet.
c) Informieren Sie sich über die offengelegten Dokumente Ihres Ausbildungsbetriebes.
  – Geben Sie an, welche Informationen im Bundesanzeiger zu finden sind.
  – Sichern Sie die Druckversion als PDF-Datei oder drucken Sie die Version aus.
  – Nehmen Sie auf der Grundlage der veröffentlichten Dokumente eine Einordnung in die Größenklassen vor.
  – Bringen Sie die Datei/den Ausdruck mit in den Unterricht.
c) Bilden Sie gleichgroße Gruppen zu maximal fünf Personen möglichst aus verschiedenen Ausbildungsbetrieben.
  – Stellen Sie sich gegenseitig Ihre Ergebnisse aus Aufgabe b) vor. Erläutern Sie dabei den anderen Gruppenmitgliedern auch die mitgebrachten Dokumente/Dateien.
  – Erstellen Sie gemeinsam eine Übersicht über die vier in der Gruppe vorgestellten Ausbildungsbetriebe, aus welcher die Einordnung in die Größenklassen deutlich wird. Führen Sie auch die veröffentlichten Dokumente auf.
  – Veröffentlichen Sie Ihr Ergebnis im Klassenraum (Plakat, Monitor ...)
d) Bilden Sie nun neue Gruppen. Jede neue Gruppe (Expertengruppe) beinhaltet dabei ein Mitglied aus jeder bisherigen Gruppe (Stammgruppe).
  – Sie sind in Ihrer neuen Gruppe nun der Experte für das Arbeitsergebnis aus Aufgabe c).
  – Alle Gruppen gehen im Rahmen eines Museumsrundgangs durch den Klassenraum und betrachten dabei die ausgestellten Arbeitsergebnisse.
  – Der jeweilige Experte stellt das Arbeitsergebnis den anderen Mitgliedern vor und beantwortet deren Fragen.

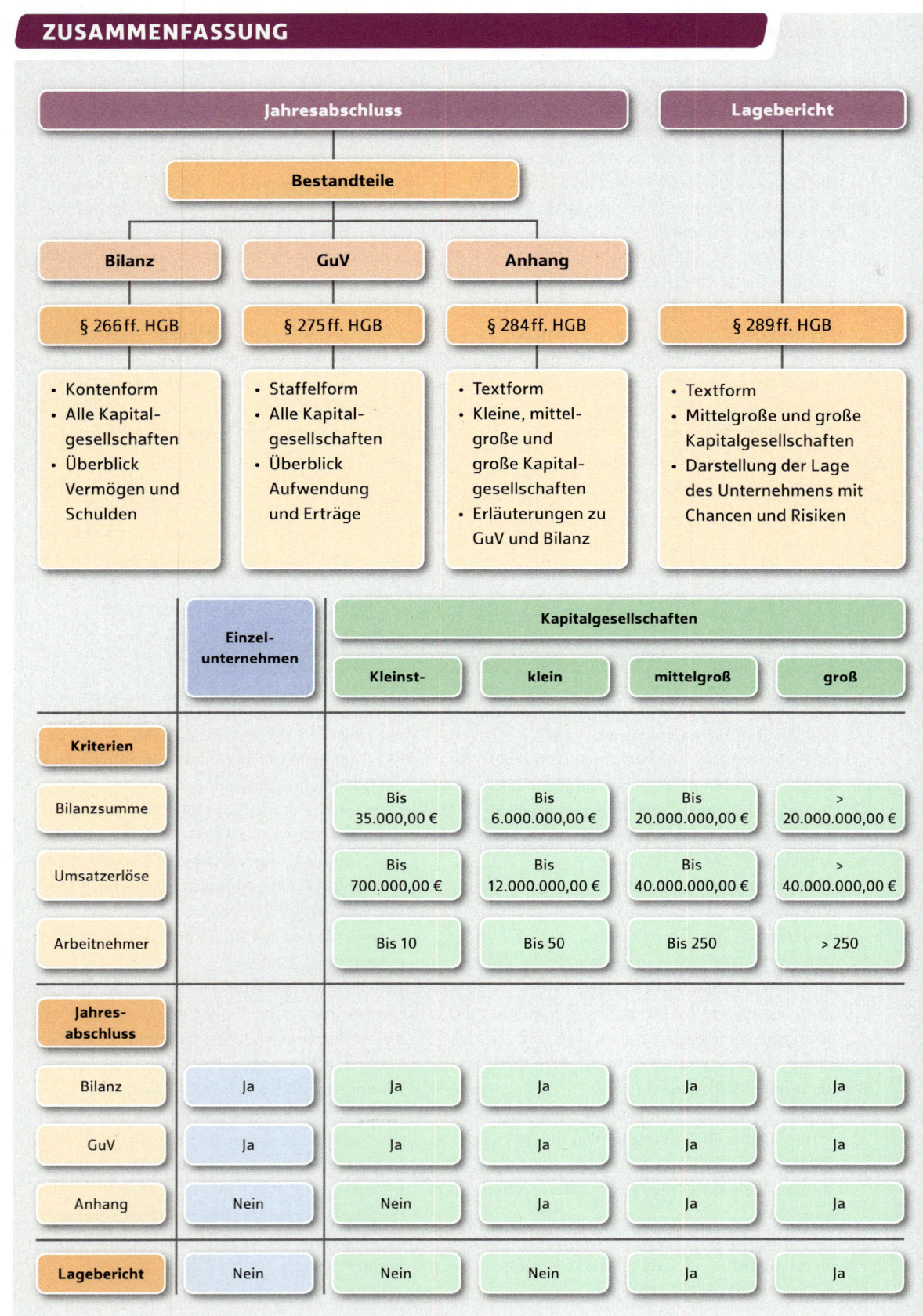

LERNFELD 8

KAPITEL 2
Bewertungsvorschriften für Vermögens- und Schuldenwerte des Unternehmens (Bewertungsprinzipien)

Auch Sebastian Holpert arbeitet gerade im Rechnungswesen. Er soll die Anschaffung von zwei neuen Großkopierern in der Buchhaltung erfassen. Er erhält von Herrn Franke den Tipp, dass er auf die Zugangsbewertung achten soll. Hierfür gibt Herr Franke ihm folgende Belege:

Kayoni AG

Kayoni AG · Industriestraße 2 · 46456 Gablingen

Fairtext GmbH
Walsroder Str. 6 a
30625 Hannover

Kunden-Nr.:	18545
Lieferdatum:	15.01.20..
Bestelldatum:	20.11.20..
Sachbearbeiter/-in:	Herr Große
Telefon:	08230 8833-13
Telefax:	08230 8833-10
E-Mail:	e.grosse@kayoni_ag-wvd.de
Rechnungs Nr.:	490443
Rechnungsdatum:	16.01.20..

Rechnung

Pos.	Artikel-Nr.	Artikelbezeichnung	Menge und Einheit	Einzelpreis	Gesamtpreis
1	34590	Document Center MP 6030	2 Stück	5.200,00 €	10.200,00 €

Gesamtpreis		10.200,00 €
– Großkundenrabatt	10 %	–1.020,00 €
Nettopreis		9.180,00 €
+ Umsatzsteuer	19 %	1.744,20 €
Rechnungsbetrag		**10.924,20 €**

Rechnungsbetrag zahlbar innerhalb von 60 Tagen netto. Bei Zahlung innerhalb von 10 Tagen nach Rechnungsdatum gewähren wir Ihnen 2 % Skonto.

Bäte Spedition

Bäte Spedition · Bavenstedter Str. 22 · 30627 Hannover

Fairtext GmbH
Walsroder Str. 6 a
30625 Hannover

Kunden-Nr.:	18002
Lieferdatum:	16.01.20..
Bestelldatum:	21.11.20..
Sachbearbeiter/-in:	Frau Tietjen
Telefon:	0511 32071-09
Telefax:	0511 32071-11
E-Mail:	d.tietjen@baete-wvd.de
Rechnungs Nr.:	3408-20
Rechnungsdatum:	21.01.20..

Rechnung Nr. 3408-20

Sehr geehrte Damen und Herrren,

für die Beförderung von zwei Endgeräten von der Kayoni AG aus der Industriestraße 2, 86456 Gablingen zu Ihnen in die Walsroder Str. 6 a, 30625 Hannover erlauben wir uns folgenden Betrag in Rechnung zu stellen:

Gesamtpreis	500,00 €
+ Umsatzsteuer 19 %	95,00 €
Rechnungsbetrag	**595,00 €**

Rechnungsbetrag zahlbar innerhalb von 30 Tagen netto.

1. Geben Sie an, welche Vermögensgegenstände und Schulden zu erfassen sind.
2. Ermitteln Sie die Werte für die Zugangsbewertung.
3. Geben Sie die Buchungssätze für die Erfassung der Belege an.

LERNFELD 8

INFORMATIONEN

Allgemeine Bewertungsgrundsätze

Bei jeder Anschaffung oder Herstellung eines Vermögensgegenstandes hat der Unternehmer den Wertansatz dieses Gegenstandes zu prüfen. Bisher wurde der Kauf von Anlagevermögen stets mit den Anschaffungskosten bewertet. Diese bestehen in erster Linie aus dem Kaufpreis. Sie erhöhen sich durch eventuelle Anschaffungsnebenkosten und mindern sich um eventuelle Rabatte (Anschaffungskostenminderungen). Die Bewertung der Anschaffung oder Herstellung von Gegenständen ist die **Zugangsbewertung**.

Bei der Erstellung von Jahresabschlüssen muss der Unternehmer die Wertansätze sämtlicher Vermögensgegenstände überprüfen und eventuell korrigieren. Details hierzu werden in den folgenden Kapiteln erläutert. Die Anpassung der Wertansätze von Vermögensgegenständen nennt man **Folgebewertung**.

Die allgemeinen Grundsätze für die Bewertung von Vermögensgegenständen und Schulden in einem Unternehmen ergeben sich aus § 252 HGB.

§ 252 HGB Allgemeine Bewertungsgrundsätze

(1) Bei der Bewertung der im Jahresabschluss ausgewiesenen Vermögensgegenstände und Schulden gilt insbesondere Folgendes:

1. Die Wertansätze in der Eröffnungsbilanz des Geschäftsjahrs müssen mit denen der Schlussbilanz des vorhergehenden Geschäftsjahrs übereinstimmen.
2. Bei der Bewertung ist von der Fortführung der Unternehmenstätigkeit auszugehen, sofern dem nicht tatsächliche oder rechtliche Gegebenheiten entgegenstehen.
3. Die Vermögensgegenstände und Schulden sind zum Abschlussstichtag einzeln zu bewerten.
4. Es ist vorsichtig zu bewerten, namentlich sind alle vorhersehbaren Risiken und Verluste, die bis zum Abschlussstichtag entstanden sind, zu berücksichtigen, selbst wenn diese erst zwischen dem Abschlussstichtag und dem Tag der Aufstellung des Jahresabschlusses bekanntgeworden sind; Gewinne sind nur zu berücksichtigen, wenn sie am Abschlussstichtag realisiert sind.
5. Aufwendungen und Erträge des Geschäftsjahrs sind unabhängig von den Zeitpunkten der entsprechenden Zahlungen im Jahresabschluss zu berücksichtigen.
6. Die auf den vorhergehenden Jahresabschluss angewandten Bewertungsmethoden sind beizubehalten.

(2) Von den Grundsätzen des Absatzes 1 darf nur in begründeten Ausnahmefällen abgewichen werden.

Aus dem Gesetzestext leiten sich folgende Bewertungsgrundsätze ab:

Vorschrift HGB	Bewertungsgrundsatz	Erläuterung
§ 252 (1) Nr. 1	Grundsatz der **Bilanzidentität**	Die Wertansätze in der Eröffnungsbilanz müssen den Wertansätzen in der Schlussbilanz des vorherigen Geschäftsjahres entsprechen.
§ 252 (1) Nr. 2	Grundsatz der **Unternehmensfortführung** (Going-Concern-Prinzip)	Die Bewertung erfolgt stets so, als würde das Unternehmen im Regelbetrieb fortgeführt werden.
§ 252 (1) Nr. 3	Grundsatz der **Einzelbewertung**	Alle Vermögensgegenstände und Schulden sind grundsätzlich jeweils einzeln zu bewerten. Es werden keine Zusammenfassungen/Saldierungen vorgenommen.
	Stichtagsprinzip	Es sind im Jahresabschluss immer die Wertverhältnisse am Bilanzstichtag zugrunde zu legen.
§ 252 (1) Nr. 4 1. Hs.	**Vorsichtsprinzip**	Sämtliche wertbeeinflussende Faktoren – insbesondere die Risiken – sind bei der Bewertung zu beachten.
§ 252 (1) Nr. 4 1. Hs.	**Imparitätsprinzip**	Verluste, die am Bilanzstichtag erkennbar sind, müssen berücksichtigt werden (Verlustantizipation).
§ 252 (1) Nr. 4 2. Hs.	**Realisationsprinzip**	Gewinne sind erst dann auszuweisen, wenn sie auch tatsächlich realisiert werden. Das Realisationsprinzip für Gewinne stellt das Gegenteil vom Imparitätsprinzip für Verluste dar.
§ 252 (1) Nr. 5	**Periodengerechte Gewinnermittlung**	Aufwendungen und Erträge sind in dem Geschäftsjahr zu erfassen, in dem sie wirtschaftlich entstanden sind (unabhängig vom Zeitpunkt der tatsächlichen Zahlung).
§ 252 (1) Nr. 6	Grundsatz der **Bewertungsstetigkeit**	Die Bewertungsmethoden, die auf Vermögensgegenstände und Schulden angewendet wurden, sollen auch im folgenden Jahresabschluss beibehalten werden.

Da die erläuterten Bewertungsprinzipien zu den Grundsätzen ordnungsgemäßer Buchführung gezählt werden, welche gem. § 243 HGB stets zu beachten sind, müssen sie von jedem Kaufmann in jeder Buchführung berücksichtigt werden.

Bewertungsmaßstäbe der Zugangsbewertung

Der Begriff „Bewertung" ist im Rahmen der Zugangs- und Folgebewertung so zu verstehen, dass jeder Position im Betriebsvermögen – also sämtlichen Vermögengegenständen und Verbindlichkeiten – ein zutreffender Wert in Euro zuzuordnen ist. Hierbei sind die bereits erläuterten Bewertungsprinzipien stets zu berücksichtigen. Die Vorgaben für die Zugangs- und Folgebewertung werden in § 253 HGB konkretisiert. Demnach ergeben sich folgende Maßstäbe für die Zugangsbewertung:

Bilanzposition	Bewertungsmaßstab Zugangsbewertung
Vermögensgegenstände	Anschaffungskosten oder Herstellungskosten
Verbindlichkeiten	Erfüllungsbetrag
Rückstellungen	Nach vernünftiger kaufmännischer Beurteilung anzusetzender Erfüllungsbetrag

Zugangsbewertung von Vermögensgegenständen

> **DEFINITION**
>
> Unter **Zugangsbewertung** versteht man die erstmalige Bewertung eines Vermögensgegenstandes in der Buchführung.

Vermögensgegenstände des Anlagevermögens werden in der Buchhaltung mit den Anschaffungskosten oder Herstellungskosten erfasst. Hierunter fallen auch Forderungen, die ebenfalls mit den Anschaffungskosten zu aktivieren sind. Dies ist bei Forderungen in der Regel der Wert, der von dem Schuldner gezahlt werden wird.

Anschaffungskosten

Der Begriff „Anschaffungskosten" ist in § 255 Abs. 1 HGB geregelt. Es sind die „Aufwendungen, die geleistet werden, um einen Vermögensgegenstand zu erwerben und ihn in einen betriebsbereiten Zustand zu versetzen".

Die Anschaffungskosten bestehen aus dem Kaufpreis und weiteren Bestandteilen. Die folgende Aufstellung verdeutlicht dies:

LERNFELD 8

	Kaufpreis
−	Kaufpreisminderungen
+	Anschaffungsnebenkosten
+	nachträgliche Anschaffungskosten
=	Anschaffungskosten

Kaufpreisminderungen sind z. B. Rabatte und Skonti sowie ähnliche Preisnachlässe. Diese mindern die Anschaffungskosten. Zu den Anschaffungskosten gehören auch Anschaffungsnebenkosten.

Anschaffungsnebenkosten sind Kosten, die anfallen, um den Gegenstand in die Betriebsbereitschaft zu versetzen. Dies können z. B. Transport-, Anschluss- oder Montagekosten sein. Bei einem Fahrzeug sind dies häufig die Gebühren für die Erstzulassung. Beim Kauf von Grundstücken fallen hohe Nebenkosten an, die ebenfalls zu aktivieren sind, z. B. Grunderwerbsteuer, Notarkosten, Maklerkosten, Amtsgerichtsgebühren für die Eigentumsübertragung.

Notarkosten und Amtsgerichtsgebühren im Zusammenhang mit der Finanzierung eines gekauften Grundstücks gehören nicht zu den Anschaffungskosten.

Nachträgliche Anschaffungskosten sind ebenfalls in die Anschaffungskosten einzubeziehen. Hierunter fallen aber nicht Wartungs- und Instandhaltungsaufwendungen. Diese sind direkt als Betriebsausgaben abziehbar.

Geldbeschaffungskosten wie z. B. Zinsen, Bankgebühren, Damnum (= eine Art Zinsvorauszahlung, die von der Bank direkt bei Auszahlung einbehalten wird, indem sie einen niedrigeren Darlehensbetrag auszahlt) gehören nicht zu den Anschaffungskosten. Sie sind direkt als Betriebsausgaben abziehbar und mindern den Gewinn.

BEISPIEL

Die Fairtext GmbH kauft ein neues unbebautes Betriebsgrundstück. Hierfür fallen folgende Kosten an:

- Kaufpreis — 410.000,00 €
- Nachlass auf den Kaufpreis — 10.000,00 €
- Notarkosten für Eintragung im Grundbuch — 4.000,00 € + 760,00 € USt = 4.760,00 €
- Grunderwerbsteuer — 20.000,00 €
- Amtsgerichtsgebühren für Eintragung im Grundbuch — 2.000,00 €
- Notarkosten für Eintragung Grundschuld — 1.000,00 € + 190,00 € USt = 1.190,00 €
- Amtsgerichtsgebühr für Eintragung Grundschuld — 500,00 €

Die Anschaffungskosten setzen sich in diesem Fall aus dem Kaufpreis abzüglich des Preisnachlasses = 400.000,00 € und den Anschaffungsnebenkosten zusammen. Hierzu gehören die Kosten für den Notar (4.000,00 €) und das Amtsgericht (2.000,00 €), die für die Eigentumsübertragung anfallen. Außerdem zählt die Grunderwerbsteuer zu den Anschaffungsnebenkosten in Höhe von 20.000,00 €. Die Kosten für die Grundschuld, die beim Notar und beim Amtsgericht anfallen, sind keine Anschaffungskosten und somit nicht zu aktivieren. Die Umsatzsteuer des Notars gehört bei der Fairtext GmbH ebenfalls nicht zu den Anschaffungsnebenkosten, da sie vorsteuerabzugsberechtigt ist. Die Anschaffungskosten des Grundstücks betragen dementsprechend: 426.000,00 €.

Buchungssatz	Soll	Haben
0210 Grundstücke	426.000,00	
1410 Vorsteuer	950,00	
4860 Kosten des Geldverkehrs	1.500,00	
an 1710 Verbindlichkeiten aus Lieferungen und Leistungen		428.450,00

Beim Erwerb eines bebauten Grundstücks sind die Anschaffungsnebenkosten aufzuteilen. Dies erfolgt anhand des Anteils des Kaufpreises, der auf das Gebäude entfällt.

LERNFELD 8

BEISPIEL

Im oben genannten Beispiel hätte die Fairtext GmbH ein bebautes Grundstück erworben. Von den 410.000,00 € entfielen 20 % auf Grund und Boden. Die übrigen Angaben bleiben unverändert.

Die Anschaffungskosten in Höhe von 426.000,00 € sind somit aufzuteilen in

Grund und Boden	20 % von 426.000,00 €	85.200,00 €
Gebäude	80 % von 426.000,00 €	340.800,00 €

Buchungssatz	Soll	Haben
0210 Grundstücke	85.200,00	
0230 Gebäude	340.800,00	
1410 Vorsteuer	950,00	
4860 Kosten des Geldverkehrs	1.500,00	
an 1710 Verbindlichkeiten aus Lieferungen und Leistungen		428.450,00

Herstellungskosten[1]

Der Begriff „Herstellungskosten" ist u. a. in § 255 Abs. 3 HGB geregelt. Es sind die Aufwendungen, die durch den Einsatz von Gütern und Dienstleistungen für die Herstellung eine Vermögensgegenstands entstehen. Die Herstellungskosten werden also ermittelt, wenn ein Unternehmen einen Gegenstand selber herstellt.

In die Herstellungskosten sind alle Bestandteile einzubeziehen, die für die Herstellung eines Gegenstandes aufgewendet werden.

Aufwendungen für Forschung und Vertrieb dürfen nicht aktiviert werden. Sie sind sofort gewinnmindernd zu erfassen. Ein Geschäfts- oder Firmenwert darf nur angesetzt werden, wenn er entgeltlich erworben wurde.

Zugangsbewertung von Verbindlichkeiten[2]

Verbindlichkeiten sind zu ihrem Erfüllungsbetrag zu passivieren. Dies ist in der Regel der Geldbetrag in Euro, der vom Gläubiger der Verbindlichkeit gefordert wird. Aufgrund des Imparitätsprinzips sind Minderungen, wie z. B. eingeräumte Skontobeträge, in der Zugangsbewertung nicht zu berücksichtigen.

Bestandteil	Berücksichtigung in den Herstellungskosten
Materialeinzelkosten	Pflicht
+ Materialgemeinkosten	Pflicht
+ Fertigungseinzelkosten	Pflicht
+ Fertigungsgemeinkosten	Pflicht
+ Sondereinzelkosten der Fertigung	Pflicht
= Wertuntergrenze der Herstellungskosten	
+ angemessene Teile der Kosten für die allgemeine Verwaltung	Wahlrecht
+ soziale Einrichtungen/ Leistungen des Betriebs	Wahlrecht
+ Zinsen für Fremdkapital, das zur Herstellung des Gegenstandes verwendet wird	Wahlrecht
= Wertobergrenze der Herstellungskosten	

---

[1] Da in einem Groß- und Außenhandelsbetrieb die Herstellung von Vermögensgegenständen die Ausnahme darstellt, werden die Details zu den Herstellungskosten nicht näher betrachtet.
[2] Nähere Erläuterungen zu der Bewertung von Verbindlichkeiten und Rückstellungen werden in den folgenden Kapiteln dargestellt.

LERNFELD 8

AUFGABEN

1. Erläutern Sie kurz die Begriffe „Zugangsbewertung" und „Folgebewertung" mit eigenen Worten.

2. Belegen Sie die Richtigkeit der folgenden Aussagen jeweils mit einem Bewertungsprinzip. Sofern die Aussage falsch ist, begründen Sie dies bitte:
   a) Beim Kauf von 200 modellgleichen Computern und 10 teuren Schreibtischen von einem Hersteller für ein Bürogebäude genügt es, wenn man eine Position im Anlagenverzeichnis aufnimmt.
   b) Bei einem Versicherungsbeitrag in Höhe von 1.200,00 €, der am 01.07. für ein Jahr im Voraus gezahlt wird, erfasst der Unternehmer im Jahr der Zahlung nur 600,00 € als Aufwand. Die verbliebenen 600,00 € erfasst er im folgenden Geschäftsjahr als Aufwand.
   c) Der Verkauf von Waren über 300.000,00 € zzgl. 19 % USt erfolgt am 03.01. des neuen Geschäftsjahres per Kaufvertrag. Bereits im vorangegangenen Geschäftsjahr war jedoch die Einigung über den Verkauf erzielt worden. Daher hat der Unternehmer den Verkauf bereits erfasst.
   d) Ein Auto im Anlagevermögen steht mit 15.000,00 € in der Schlussbilanz. Da es tatsächlich noch einen Wert von 20.000,00 € laut Schwacke-Liste hat, wird bei der Eröffnung der Buchführung am 01.01. der Wert von 20.000,00 € angesetzt, da dies realistischer ist.
   e) Ein selbst hergestellter Tisch wurd im Dezember 2020 fertiggestellt. Die Herstellungskosten betrugen 600,00 €. Der Tisch wurde im Januar 2021 für 1.000,00 € zzgl. USt, also mit 400,00 € Gewinn, verkauft. Da dies bei Bilanzaufstellung schon klar war, bilanzierte der Unternehmer den Tisch zum 31.12.2020 mit 1.000,00 €.
   f) Ein selbst hergestellter Schrank verursachte bis zur Fertigstellung im März 2020 Herstellungskosten von 1.000,00 €. Der Unternehmer konnte den Schrank schließlich erst im Mai 2021 für nur 800,00 € zzgl. USt verkaufen. Da er seinen Jahresabschluss erst im Juli 2021 erstellt, bilanziert er den Schrank zum 31.12.2020 bereits mit 800,00 €.
   g) Der Unternehmer wertet eine in den Produktionsprozess integrierte Maschine im Jahresabschluss um 20.000,00 € erfolgswirksam ab, da sie für sich allein nur einen geringen Verkaufswert erzielen würde. Dies liegt daran, dass die Maschine ohne die Produktionsstätten nicht nutzbar wäre.
   h) Ein Unternehmer verrechnet eine Forderung gegenüber einem Kunden in Höhe von 20.000,00 € zzgl. 3.800,00 € aus einer Warenlieferung mit einer Verbindlichkeit, die er gegenüber demselben Kunden in gleicher Höhe hat. So „verschlankt" er den Jahresabschluss.

3. Die Fairtext GmbH kauft ein neues Hochregal für einen Listenpreis von 10.000,00 € zzgl. 19 % USt. Die Rechnung kommt mit der Lieferung am 13.08.20.. und enthält einen Rabatt von 5 % und die Möglichkeit des Skontoabzugs in Höhe von 1 % auf den Nettopreis. Die Fairtext GmbH bezahlt zeitnah unter Abzug von Skonto.
   a) Ermitteln Sie den Wert für die Zugangsbewertung des Hochregals.
   b) Nehmen Sie die Buchungen vor.

4. Die Fairtext GmbH kauft ein bebautes Betriebsgrundstück. Hierfür fallen folgende Kosten an:

Kaufpreis	410.000,00 €
Nachlass auf den Kaufpreis	10.000,00 €
Notarkosten für Eintragung im Grundbuch 4.000,00 € + 760,00 € USt =	4.760,00 €
Grunderwerbsteuer	20.000,00 €
Amtsgerichtsgebühren für Eintragung im Grundbuch	2.000,00 €
Notarkosten für Eintragung Grundschuld 1.000,00 € + 190,00 € USt =	1.190,00 €
Amtsgerichtsgebühr für Eintragung Grundschuld	500,00 €

   a) Ermitteln Sie den Wert für die Zugangsbewertung des Grundstücks und des Gebäudes.
   b) Nehmen Sie die Buchungen vor.

5. Die Fairtext GmbH bestellt am 18.10.20.. einen neuen Gabelstapler für das Hochregallager. Die Rechnung des Herstellers vom 12.12.20.. lautet über 40.000,00 € netto zzgl. 19 % USt. Hinzu kommen noch Überführungskosten in Höhe von 700,00 € zzgl. 19 % USt, die bei Lieferung am 12.12.20.. direkt bar gezahlt werden. Außerdem muss zur Inbetriebnahme am 14.12.20.. noch eine TÜV-Prüfung erfolgen. Die Kosten hierfür betragen 150,00 € und werden im Folgejahr gezahlt. Für die erste Betankung entstehen am 13.12.20.. Kosten in Höhe von 50,00 € zzgl. 19 % USt, die per Überweisung gezahlt werden. Die

LERNFELD 8

Fairtext GmbH zahlt den Rechnungsbetrag am 17.12.20.. unter Abzug von 2 % Skonto auf den Gabelstapler.
a) Ermitteln Sie die Anschaffungskosten für den Gabelstapler.
b) Nehmen Sie die Buchungen in chronologischer Reihenfolge vor.

6. In einem Fertigungsbetrieb wird eine Maschine für die eigene Produktion hergestellt. Es fallen hierfür Materialkosten in Höhe von 80.000,00 € an. Die aufgewendeten Fertigungslöhne belaufen sich auf 12.000,00 €. Die Zuschlagssätze betragen für die Materialgemeinkosten 40 % und für die Fertigungsgemeinkosten 50 %. Die anteiligen Kosten für die allgemeine Verwaltung (Löhne) betragen 1.000,00 €.
a) Ermitteln Sie die Wertuntergrenze und Wertobergrenze für die Zugangsbewertung der hergestellten Maschine.
b) Geben Sie an, welchen Wertansatz man wählen sollte, wenn man einen möglichst niedrigen Gewinn wünscht.

AKTIONEN

Finden Sie sich in Gruppen von maximal fünf Personen zusammen, um die folgenden beiden Aufgaben zu bearbeiten.

1. Erstellen Sie gemeinsam anhand eines typischen Gegenstands aus Ihren Ausbildungsbetrieben Aufgaben zur Zugangsbewertung für Ihre Klassenkameraden. Erstellen Sie auch einen Erwartungshorizont (Lösungsvorschlag).

2. Überlegen Sie sich mögliche Verstöße gegen die einzelnen Bewertungsprinzipien. Formulieren Sie die Beispiele als Sachverhalte (z. B. wie in Aufgabe 2).
Lassen Sie Ihre Aufgaben von der Klasse lösen. Wählen Sie zwei Personen aus der Gruppe, die die Lösung mit der Klasse besprechen und offene Fragen klären.

ZUSAMMENFASSUNG

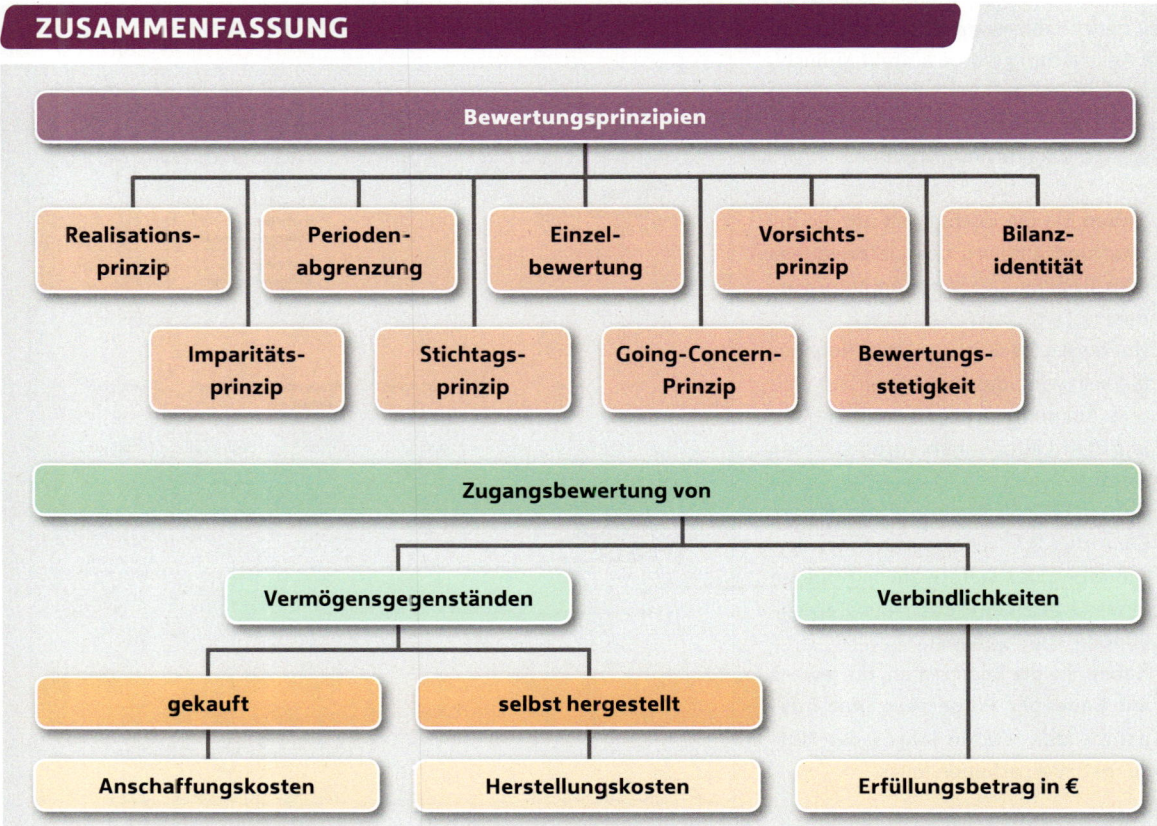

LERNFELD 8

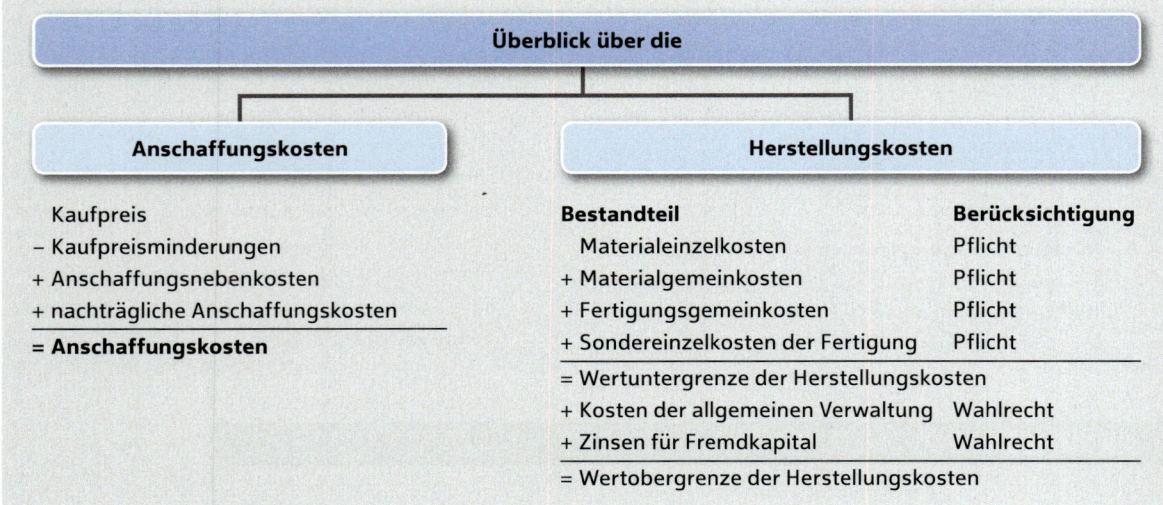

Überblick über die

Anschaffungskosten

Kaufpreis
− Kaufpreisminderungen
+ Anschaffungsnebenkosten
+ nachträgliche Anschaffungskosten
= **Anschaffungskosten**

Herstellungskosten

Bestandteil	Berücksichtigung
Materialeinzelkosten	Pflicht
+ Materialgemeinkosten	Pflicht
+ Fertigungsgemeinkosten	Pflicht
+ Sondereinzelkosten der Fertigung	Pflicht
= Wertuntergrenze der Herstellungskosten	
+ Kosten der allgemeinen Verwaltung	Wahlrecht
+ Zinsen für Fremdkapital	Wahlrecht
= Wertobergrenze der Herstellungskosten	

KAPITEL 3
Bewertungsmethoden des Anlagevermögens

Die Fairtext GmbH hat am 15.05.20.. einen neuen Lieferwagen auf Ziel gekauft. Die Anschaffung wurde korrekt gebucht. Sebastian Holpert soll prüfen, welche Buchungen im weiteren Verlauf der Nutzung des Wagens nötig werden.

1. Geben Sie die Buchungen an, die bei Kauf und Zahlung des Lieferwagens vom Bankkonto vorgenommen wurden.
2. Überlegen Sie sich, warum es notwendig sein wird, dass im Zeitverlauf weitere Buchungen im Zusammenhang mit dem Lieferwagen vorgenommen werden.
3. Geben Sie die Buchung an, die am Ende des Wirtschaftsjahres der Anschaffung des Lieferwagens erfolgen muss. Halten Sie auch die Berechnungen schriftlich fest.
4. Geben Sie die Buchung an, die jeweils am Ende der Folgejahre (mit Ausnahme des letzten Jahres der Nutzungsdauer) erfolgen muss.

460

INFORMATIONEN

Zugangsbewertung (Anschaffung)

Die Zugangsbewertung von Vermögensgegenständen des Anlagevermögens erfolgt mit den Anschaffungs- oder Herstellungskosten. Die beiden Begriffe wurden im vorherigen Kapitel bereits behandelt. Die Anschaffungs- oder Herstellungskosten bilden bei dem Zugang eines Vermögensgegenstandes stets den maximalen Wert, mit dem ein Vermögensgegenstand bewertet werden darf. Dies ist darauf zurückzuführen, dass ein Kaufmann sich nicht reicher darstellen darf, als er ist. Er muss vorsichtig bilanzieren (Vorsichtsprinzip) und darf Gewinne erst ausweisen, wenn sie realisiert sind (Realisationsprinzip).

BEISPIELE

Um den Sachverhalt mit allen Einzelheiten durchzuspielen, gehen wir im ersten Schritt davon aus, dass die Fairtext GmbH den Lieferwagen (siehe Einstieg) für 36.000,00 € zuzüglich 6.840,00 € Umsatzsteuer zum 01.01.20.. auf Ziel angeschafft hat. Es handelt sich um die Anschaffung eines neuen Vermögensgegenstandes. Somit sind die Anschaffungskosten (Kaufpreis) zu aktivieren.

Buchungssatz	Soll	Haben	GA
0340 Fuhrpark	36.000,00		+/– 0,00
1410 VSt	6.840,00		
an 1710 Verb. a. LL.		42.840,00	

Bewertung von abnutzbarem Anlagevermögen

In den Büchern stehen Vermögensgegenstände bisher stets mit dem Wert, den sie beim Kauf haben (Anschaffungskosten). Dieser Wert ist jedoch nur für den Anschaffungszeitpunkt zutreffend. Im Zeitverlauf nimmt der Wert von Gegenständen des abnutzbaren Anlagevermögens dadurch ab, dass sie betrieblich genutzt werden und dass sie älter werden.

BEISPIELE

Bei einem Verkauf des Lieferwagens nach einem Jahr könnte der Unternehmer nicht mehr 36.000,00 € netto als Erlös erzielen. Ein Käufer würde für diesen Gebrauchtwagen bedeutend weniger zahlen.

Der Wertverlust des Anlagevermögens muss auch in der Buchführung berücksichtigt werden. Er wird als Abschreibung bezeichnet. Diese Wertminderung wird auf dem Aufwandskonto „4910 Abschreibungen auf Sachanlagen" erfasst.

DEFINITION

Die buchhalterische Erfassung von Wertminderungen des Anlagevermögens wird als **Abschreibung** bezeichnet.

Als allgemeingültige Bezeichnung gilt auch der aus dem Steuerrecht stammende Begriff *Absetzung für Abnutzung*, welcher mit *AfA* abgekürzt werden kann. Im HGB wird der Begriff „planmäßige Abschreibungen" verwendet.[1]

Durch die Erfassung auf einem Aufwandskonto wird der Wertverlust gewinnwirksam erfasst. Er mindert den Gewinn (wird vom Gewinn „abgesetzt"). Daraus ergibt sich die Bezeichnung *Absetzung für Abnutzung*.

Arten von Abschreibungen

Es gibt verschiedene Arten von Abschreibungen, z. B.:
- lineare Abschreibung
- degressive Abschreibung
- Leistungsabschreibung
- außerplanmäßige Abschreibungen

Lineare Abschreibung

Bei der linearen Abschreibung wird von einem gleichmäßigen Wertverlust über die betriebsgewöhnliche Nutzungsdauer des Vermögensgegenstandes ausgegangen.[2] Die lineare Abschreibung ist somit ein über die Nutzungsdauer gleichbleibender Betrag bzw. Prozentsatz der Anschaffungskosten.

---

[1] Aus Vereinfachungsgründen wird in diesem Werk auch der Begriff „AfA" verwendet. Die Unterscheidung in Handelsrecht und Steuerrecht wird an einigen Stellen herausgestellt. Sofern keine Unterscheidungen zwischen Handelsrecht und Steuerrecht vorgenommen werden, gelten die Regelungen des Handelsrechts bzw. sind die Regelungen in Handels- und Steuerrecht identisch.

[2] Im Steuerrecht wird anstelle des Begriffes „Vermögensgegenstand" der Begriff „Wirtschaftsgut" verwendet. Aus Vereinfachungsgründen wird hier einheitlich der Begriff „Vermögensgegenstand" verwendet.

LERNFELD 8

> **FORMEL**
>
> **Berechnung der linearen Abschreibung:**
>
> $$\text{jährl. AfA in Euro} = \frac{\text{Anschaffungskosten}}{\text{betriebsgewöhnliche Nutzungsdauer}}$$
>
> $$\text{jährl. AfA in Prozent} = \frac{1}{\text{betriebsgewöhnliche Nutzungsdauer}} \cdot 100$$

Der berechnete Betrag wird auf volle Euro aufgerundet. Ein Abschreibungsprozentsatz wird auf zwei Nachkommastellen kaufmännisch gerundet.

Betriebsgewöhnliche Nutzungsdauer

Für die Berechnung der Abschreibung wird die betriebsgewöhnliche Nutzungsdauer eines Gegenstands benötigt.

> **DEFINITION**
>
> Die **betriebsgewöhnliche Nutzungsdauer** ist der Zeitraum, über den ein Gegenstand im Betrieb unter normalen Umständen genutzt werden kann. Bei gebraucht gekauften Gegenständen ist dies die voraussichtliche Restnutzungsdauer.

Zur Vereinheitlichung und Vereinfachung werden von der Finanzverwaltung umfangreiche AfA-Tabellen herausgegeben und regelmäßig aktualisiert. In diesen Tabellen ist die betriebsgewöhnliche Nutzungsdauer für sehr viele Vermögensgegenstände angegeben. Bei der Berechnung der Abschreibung ist diese Nutzungsdauer anzunehmen. Eine Abweichung ist (für steuerliche Zwecke) nur in Ausnahmefällen möglich. Das Handelsrecht orientiert sich in der Regel ebenfalls an den AfA-Tabellen. Sie muss begründet und nach Möglichkeit mit der Finanzverwaltung abgestimmt werden.

In der folgenden Tabelle ist die betriebsgewöhnliche Nutzungsdauer von einigen häufig vorkommenden Vermögensgegenständen angegeben:

Vermögensgegenstand	Nutzungsdauer
Adressier-/Kuvertier-/Frankiermaschinen	8 Jahre
Anhänger	11 Jahre
Büromöbel	13 Jahre
Computer/Notebooks und Peripheriegeräte (Drucker, Scanner, Bildschirme)	3 Jahre
EC-/Kreditkartenleser	8 Jahre
Faxgerät	6 Jahre
Geschirr- und Gläserspülmaschinen	7 Jahre
Kommunikationsendgerät (Telefon)	8 Jahre
Kühlschränke	10 Jahre
Lichtreklame	9 Jahre
Lastkraftwagen	9 Jahre
Mobilfunkendgeräte	5 Jahre
Overhead-Projektor	8 Jahre
Personenkraftwagen	6 Jahre
Reißwölfe (Aktenvernichter)	8 Jahre
Vervielfältigungsgeräte	7 Jahre
Vitrinen	9 Jahre
Zeiterfassungsgeräte	8 Jahre

> **BEISPIEL**
>
> Die jährliche lineare Abschreibung für den Lieferwagen berechnet sich wie folgt:
> Anschaffungskosten: 36.000,00 €
> betriebsgewöhnliche Nutzungsdauer: 9 Jahre
> jährliche Abschreibung in Euro:
> 36.000,00 € : 9 Jahre = 4.000,00 € pro Jahr
> auf volle Euro aufgerundet: 4.000,00 € pro Jahr
> jährliche Abschreibung in Prozent:
> $\frac{1}{9} \cdot 100 = 11{,}11\,\%$ pro Jahr

Abschreibung im Jahr der Anschaffung

Ein Vermögensgegenstand muss ab dem Zeitpunkt der Anschaffung oder Herstellung abgeschrieben werden. Die Abschreibung muss monatsweise berechnet werden. Der Monat der Anschaffung ist in die Abschreibung einzubeziehen. Auch im Jahr der Anschaffung ist die berechnete Abschreibung aus Vereinfachungsgründen auf volle Euro aufzurunden.

> **BEISPIEL**
>
> Der Lieferwagen wird erst am 15.05.20.. angeschafft. Die Abschreibung im Jahr der Anschaffung erfolgt ab dem 15.05.20.. Der Mai muss bei der Berechnung der Abschreibung als voller Monat einbezogen werden. Daher sind für das Anschaffungsjahr die Monate Mai bis Dezember für die Abschreibung zu berücksichtigen. In Summe sind dies acht Monate. Im Jahr der Anschaffung beträgt die Abschreibung somit:
> 4.000,00 € · 8 Monate : 12 Monate = 2.666,67 €
> aufgerundet also 2.667,00 €.
> In den Folgejahren wird jeweils der volle Jahresbetrag in Höhe von 4.000,00 € abgeschrieben (siehe oben).

Ob der Vermögensgegenstand tatsächlich ab dem Zeitpunkt der Anschaffung betrieblich genutzt wird, ist nicht relevant.

BEISPIEL

Der Lieferwagen wird am 15.05.20.. angeschafft. Aufgrund der schlechten Auftragslage wird er erstmalig im Juni 20.. betrieblich genutzt. Für den Mai kann die Abschreibung in voller Höhe geltend gemacht werden, da auf den Zeitpunkt der Anschaffung abgestellt wird (und nicht auf den Zeitpunkt der erstmaligen betrieblichen Verwendung).

Buchung der Abschreibung

Die Buchung der Abschreibung erfolgt auf dem Konto „Abschreibungen auf Sachanlagen". In der Buchhaltungssoftware werden die Abschreibungen in der Regel laufend gebucht, das heißt monatlich. Aus Vereinfachungsgründen erfolgt die Buchung der Abschreibungen für das abgelaufene Wirtschaftsjahr einmalig am Jahresende.

Der Buchungssatz lautet allgemein dargestellt:

Buchungssatz	Soll	Haben	GA
4910 Abschreibungen auf Sachanlagen (AfA) an Vermögenskonto			– AfA

BEISPIEL: Buchung der AfA

Die lineare Abschreibung für das Jahr der Anschaffung für den Lieferwagen aus der Ausgangssituation wird am 31.12.20.. gebucht:

Buchungssatz	Soll	Haben	GA
4910 Abschreibungen auf Sachanlagen (AfA) an 0340 Fuhrpark	2.667,00	2.667,00	–2.667,00

Die Buchung in den Folgejahren erfolgt entsprechend mit dem jährlichen Abschreibungsbetrag.

Ende der Abschreibungen

Der Abschreibungszeitraum kann auf verschiedene Arten enden. Entweder ist die betriebsgewöhnliche Nutzungsdauer vorüber (bei linearer Abschreibung) oder die erwartete Gesamtleistung erreicht (Leistungsabschreibung). Oder der Gegenstand wird vor Ablauf der betriebsgewöhnlichen Nutzungsdauer/vor Erreichen der erwarteten Gesamtleistung verkauft.

Ende der Nutzungsdauer

Die Abschreibungen sollen bezwecken, dass der Wertverlust, der für den Unternehmer durch die betriebliche Nutzung von Vermögensgegenständen entsteht, gewinnmindernd erfasst wird. Der Wertverlust eines Gegenstands kann nur höchstens so groß wie der Betrag sein, mit dem er aktiviert wurde (Anschaffungs- oder Herstellungskosten). Somit darf die Summe der Abschreibungsbeträge für einen Gegenstand nur höchstens so groß sein, wie die tatsächlichen Nettoanschaffungs- bzw. Nettoherstellungskosten.

Aufgrund der Systematik der Abschreibungen (Verteilung der Anschaffungskosten auf die betriebsgewöhnliche Nutzungsdauer/erwartete Gesamtleistung) ergibt sich im letzten Jahr der (betriebsgewöhnlichen) Nutzungsdauer in der Regel ein Teilbetrag der jährlichen Abschreibung. Dieser entspricht dem Restbuchwert, der zum 01.01. des letzten Jahres der Nutzungsdauer noch in den Büchern steht.

BEISPIEL

Der Lieferwagen wurde am 15.05.20.. angeschafft und im Erstjahr mit 2.667,00 € und in den Jahren 01 bis 08 mit jeweils 4.000,00 € abgeschrieben.
Die betriebsgewöhnliche Nutzungsdauer endet am 14.05. des Nutzungsjahres 09. Am 01.01. des Jahres 09 ist der Restbuchwert des Lieferwagens mit 36.000,00 € – 2.667,00 € – 8 Jahre · 4.000,00 € = 1.333,00 € im Anlagenverzeichnis des Unternehmens.
Die Abschreibung 09 kann also höchstens 1.333,00 € sein.

Wird ein Vermögensgegenstand auch über die betriebsgewöhnliche Nutzungsdauer im Unternehmen genutzt, darf er nicht vollständig aus dem Anlagenverzeichnis verschwinden, da er sich tatsächlich noch im Betriebsvermögen befindet und betrieblich genutzt wird.

Aus diesem Grund wird der Gegenstand im letzten Jahr der Nutzungsdauer bei weiterem Verbleib im Betriebsvermögen auf 1,00 € abgeschrieben. Man nennt diesen 1-Euro-Betrag **Erinnerungswert**. Ein Dritter, der die Bücher sieht oder prüft (z. B. ein Wirtschaftsprüfer, die Bank oder ein Finanzbeamter), sieht also, dass zum Betriebsvermögen ein Gegenstand gehört, der bereits auf 1,00 € abgeschrieben ist.

LERNFELD 8

BEISPIEL

Die Abschreibung des Lieferwagens im Jahr 09 beträgt nur 1.332,00 € (Zeitraum vom 01.01. bis 30.04. des Nutzungsjahres 09). Es verbleibt im Anlagenverzeichnis sichtbar ein Erinnerungswert von 1,00 € für den Lieferwagen.

Merke:

Der Erinnerungswert bleibt so lange im Anlagenverzeichnis, bis der Gegenstand aus dem Betriebsvermögen verschwindet, z. B. durch Verkauf oder Verschrottung.

Verkauf vor Ablauf der betriebsgewöhnlichen Nutzungsdauer

Wird ein Gegenstand vor Ablauf der betriebsgewöhnlichen Nutzungsdauer verkauft, so darf die Abschreibung nicht weiterhin geltend gemacht werden. Im Zeitpunkt der Veräußerung verschwindet der Vermögensgegenstand aus dem Betriebsvermögen und somit aus dem Anlagenverzeichnis.

Merke:

Der Monat der Veräußerung gehört nicht mehr zum Abschreibungszeitraum. Für ihn wird daher keine Abschreibung mehr geltend gemacht.

Verkauf zum Restbuchwert

Wird ein Vermögensgegenstand während der betriebsgewöhnlichen Nutzungsdauer verkauft, so endet mit dem Ausscheiden aus dem Betriebsvermögen die Abschreibung. Der Abgang des Vermögensgegenstandes muss im Anlagenverzeichnis und der Buchführung dokumentiert werden. Durch die sich daraus ergebende Buchung entsteht keine Gewinnauswirkung, wenn der Verkaufspreis netto genau dem aktuellen Restbuchwert im Zeitpunkt der Veräußerung entspricht.

BEISPIEL: Verkauf zum Restbuchwert

Der Lieferwagen wird am 31.12. des Jahres 01 für 33.333,00 € zuzüglich 6.333,27 € Umsatzsteuer auf Ziel verkauft.
Der Nettoverkaufspreis entspricht genau dem Restbuchwert des Lieferwagens am 31.12. des Jahres 01.

Die Buchung des Verkaufs sieht wie folgt aus:

Buchungssatz	Soll	Haben	GA
1010 Ford. a. LL.	39.666,27		–
an 0340 Fuhrpark		33.333,00	
an 1810 USt		6.333,27	

Verkauf über dem Restbuchwert

Liegt der Verkaufspreis eines Vermögensgegenstands über dem Restbuchwert, so wird ein Gewinn erzielt. Dies liegt darin begründet, dass die zuvor vorgenommenen Abschreibungen offensichtlich größer waren als die tatsächliche Wertminderung des Gegenstands während der betrieblichen Nutzung. In einem solchen Fall wird in Höhe des Betrags, um den der Verkaufserlös den Restbuchwert übersteigt, ein Gewinn erzielt, der auf dem Ertragskonto „2719 Erträge aus dem Abgang von AV" erfasst wird.

BEISPIEL: Verkauf über Restbuchwert

Der Lieferwagen wird am 31.12. des Jahres 01 für 35.000,00 € zzgl. 6.650,00 € Umsatzsteuer auf Ziel verkauft.
Der Nettoverkaufspreis liegt 1.667,00 € über dem Restbuchwert des Lieferwagens am 31.12. des Jahres 01.
Die Buchung des Verkaufs sieht wie folgt aus:

Buchungssatz	Soll	Haben	GA
1010 Ford. a. LL.	41.650,00		
an 0340 Fuhrpark		33.333,00	
an 2710 Ertr. a. Abg. AV		1.667,00	+1.667,00
an 1810 USt		6.650,00	

Verkauf unter dem Restbuchwert

Liegt der Verkaufspreis eines Vermögensgegenstands unter dem Restbuchwert, so wird ein Verlust erzielt. Dies liegt darin begründet, dass die zuvor vorgenommenen Abschreibungen offensichtlich niedriger waren, als die tatsächliche Wertminderung des Gegenstands während der betrieblichen Nutzung. In einem solchen Fall wird in Höhe des Betrags, um den der Restbuchwert den Verkaufserlös übersteigt, ein Verlust erzielt, der auf dem Aufwandskonto „2040 Verluste aus dem Abgang von AV" erfasst wird.

BEISPIEL

Der Lieferwagen wird am 31.12. des Jahres 01 für 30.000,00 € zuzüglich 5.700,00 € Umsatzsteuer auf Ziel verkauft.

Der Nettoverkaufspreis liegt 3.333,00 € unter dem Restbuchwert des Lieferwagens am 31.12. des Jahres 01. Die Buchung des Verkaufs sieht wie folgt aus:

Buchungssatz	Soll	Haben	GA
1010 Ford. a. LL.	35.700,00		
2040 Verluste a. Abg. v. VG[1]	3.333,00		−3.333,00
an 0340 Fuhrpark		33.333,00	
an 1810 USt		5.700,00	

Verkauf nach Ablauf der betriebsgewöhnlichen Nutzungsdauer

Wird ein Gegenstand nach Ablauf der betriebsgewöhnlichen Nutzungsdauer verkauft, so muss der Abgang des Vermögensgegenstandes dokumentiert werden. Dies erfolgt durch Ausbuchung des Erinnerungswertes von 1,00 € und Erfassung des übersteigenden Erlöses als Ertrag zuzüglich der Umsatzsteuer. Da die Abschreibung bereits ausgelaufen ist, gibt es bezüglich der Abschreibung keine Besonderheiten.

BEISPIEL

Der Lieferwagen wird am 31.12. des Jahres 10 für 1.000,00 € zuzüglich 190,00 € Umsatzsteuer auf Ziel verkauft.
Der Lieferwagen ist bereits auf den Erinnerungswert von 1,00 € abgeschrieben. Die buchhalterische Erfassung des Vorgangs sieht wie folgt aus:

Buchungssatz	Soll	Haben	GA
1010 Ford. a. LL.	1.190,00		
4910 Abschr. auf Sachanlagen	1,00		−1,00
an 0340 Fuhrpark		1,00	
an 2710 Ertr. a. Abg. AV		1.000,00	+1.000,00
an 1810 USt		190,00	

Leistungsabschreibung

Bei der Leistungsabschreibung erfolgt die Abschreibung nicht regelmäßig im Zeitverlauf, sondern anteilig nach dem Umfang der betrieblichen Nutzung. Bei Anschaffung des Vermögensgegenstands legt man fest, wie lange (z. B. Betriebsstunden, Kilometer) der Gegenstand voraussichtlich betrieblich genutzt werden kann. Die Abschreibung erfolgt dann entsprechend der anteiligen Nutzung in den einzelnen Wirtschaftsjahren.

BEISPIEL

Es wird am 01.01.20.. eine neue Maschine für 100.000,00 € netto angeschafft. Die erwartete betriebliche Nutzung beträgt 20000 Betriebsstunden. Nach Ablauf der 20000 Stunden wird die Maschine verschrottet.

Die Maschine wird wie folgt im Unternehmen genutzt:
1. Jahr: 5000 Stunden
2. Jahr: 4000 Stunden
3. Jahr: 4000 Stunden
4. Jahr: 6000 Stunden
5. Jahr: 1000 Stunden

Die Abschreibung für die einzelnen Wirtschaftsjahre errechnet sich wie folgt:
Abschreibung 1. Jahr:
    5000 Stunden : 20000 Stunden · 100 = 25 %
    100.000,00 € · 25 % = 25.000,00 €
Abschreibung 2. Jahr:
    4000 Stunden : 20000 Stunden · 100 = 20 %
    100.000,00 € · 20 % = 20.000,00 €
Abschreibung 3. Jahr:
    4000 Stunden : 20000 Stunden · 100 = 20 %
    100.000,00 € · 20 % = 20.000,00 €
Abschreibung 4. Jahr:
    6000 Stunden : 20000 Stunden · 100 = 30 %
    100.000,00 € · 30 % = 30.000,00 €
Abschreibung 5. Jahr:
    1000 Stunden : 20000 Stunden · 100 = 5 %
    100.000,00 € · 5 % = 5.000,00 €

Die Abschreibungsbeträge ergeben insgesamt die Anschaffungskosten von 100.000,00 €. Auch hier würde man bei einer zeitlich weiteren Nutzung den Erinnerungswert von 1,00 € in der Buchführung beibehalten.

Die Leistungsabschreibung ist nur für bewegliche Wirtschaftsgüter des Anlagevermögens zulässig. Ferner muss die Anwendung der Leistungsabschreibung wirtschaftlich begründet sein.

Ein weiterer möglicher Maßstab für die Ermittlung der anteiligen Leistung sind die gefahrenen Kilometer eines Fahrzeugs.

Der Wechsel zwischen der linearen Abschreibung und der Leistungsabschreibung ist in beide Richtungen stets möglich. Wichtig ist, dass nur bis zur Höhe der Anschaffungskosten abgeschrieben wird.

---

[1] Verluste aus dem Abgang von Vermögensgegenständen

Degressive Abschreibung

Die degressive Abschreibung ist eine weitere Form der Abschreibung. Bei der degressiven Abschreibung wird oft von einer Abschreibung in fallenden Jahresbeträgen gesprochen. Die Abschreibung erfolgt in der Regel nach einem Prozentsatz des Restbuchwerts. Das Vorgehen wird damit begründet, dass der Wertverlust zu Beginn der Lebensdauer eines Vermögensgegenstands höher ist, während gleichzeitig zunächst weniger oder gar keine Reparatur- oder Instandhaltungsaufwendungen anfallen.

Im Laufe der Zeit steigen diese Aufwendungen, während die planmäßigen degressiven Abschreibungen sinken. Im Ergebnis sind somit die Gesamtaufwendungen (Abschreibung, Reparaturen, Instandhaltung) in etwa gleichmäßig auf die Nutzungsdauer des Vermögensgegenstands verteilt.

Die degressive Abschreibung sieht wie folgt aus:

Kaufpreis 01.01.	36.000,00
Abschreibung 01: 25 % von 36.000,00 €	−9.000,00
Restbuchwert 31.12.01	27.000,00
Abschreibung 02: 25 % von 27.000,00 €	−6.750,00
Restbuchwert 31.12.02	20.250,00
Abschreibung 03: 25 % von 20.250,00 €	−5.062,50
Restbuchwert 31.12.03	15.187,50
Abschreibung 04: 25 % von 15.187,50 €	−3.796,88
Restbuchwert 31.12.04	11.390,62
Abschreibung 05: 25 % von 11.390,62 €	−2.847,66
Restbuchwert 31.12.05	8.542,97
Abschreibung 06: 25 % von 8.542,97 €	−2.135,74
Restbuchwert 31.12.06	6.407,23
Abschreibung 07: 25 % von 6.407,23 €	−1.601,81
...	

Die degressive Abschreibung ist aktuell im Handels- und Steuerrecht zulässig. Sie wird zeitweise eingeführt, um den Unternehmen in den ersten Jahren nach einer Anschaffung eine möglichst hohe Abschreibung und somit eine Steuerersparnis zu ermöglichen. Dies ist darin begründet, dass die Abschreibung sich gewinnmindernd auswirkt. Sie wird steuerlich daher als eine Förderung der Unternehmen betrachtet.

Die aktuelle Gesetzeslage sieht vor, dass Vermögensgegenstände, die nach dem 31.12.2019 und vor dem 01.01.2022 angeschafft oder hergestellt worden sind, degressiv abgeschrieben werden dürfen. Der Prozentsatz der degressiven Abschreibung ist auf 25 % festgelegt. Die Obergrenze stellt aber das Zweieinhalbfache der linearen Abschreibung dar.

Die degressive Abschreibung würde unendlich weiterlaufen. Da Vermögensgegenstände aber nur während ihrer Nutzungsdauer abgeschrieben werden dürfen, sind sie im letzten Jahr der Nutzung auf den Erinnerungswert von 1,00 € abzuschreiben. Bei einem Verkauf oder einer Verschrottung werden sie dann aus dem Anlagenverzeichnis ausgebucht.

Wechsel der Abschreibungsmethode

Der Wechsel von der degressiven zur linearen Abschreibung ist zulässig. In der Praxis wird zumeist ein Wechsel der Abschreibungsmethode von der degressiven zur linearen Abschreibung vorgenommen, sobald die lineare Abschreibung höher ist.

Die lineare Abschreibung berechnet sich in diesen Fällen immer wie folgt:

$$\frac{\text{Restbuchwert}}{\text{Restnutzungsdauer}}$$

> **BEISPIEL**
>
> Der Lieferwagen aus der Einstiegssituation wird am 01.01. angeschafft und degressiv mit 25 % abgeschrieben.

> **BEISPIEL**
>
> Die lineare Abschreibung würde bei dem Lieferwagen aus dem vorherigen Beispiel wie folgt berechnet:
>
> Jahr 01: $\dfrac{36.000,00\ €}{9\ \text{Jahre}} = 4.000,00\ €$ < degressive Abschreibung 9.000,00 €
>
> Da die degressive Abschreibung weniger als das Zweieinhalbfache der linearen Abschreibung (4.000,00 € · 2,5 = 10.000,00 €) beträgt, ist sie im Jahr 01 zulässig.

Wenn der Lieferwagen durchgängig linear abgeschrieben wird, beträgt die Abschreibung durchgängig 4.000,00 € pro Jahr.

Die Wahl der degressiven Methode führt zunächst zu einer höheren zulässigen Abschreibung. Es ist der optimale Zeitpunkt für den Wechsel zur linearen Abschreibung zu prüfen, indem die lineare Abschreibung mit der degressiven Abschreibung verglichen wird.

Jahr 02: $\dfrac{27.000,00\ €}{8\ \text{Jahre}} = 3.375,00\ € <$ degressive Abschreibung 6.750,00 €

Jahr 03: $\dfrac{20.250,00\ €}{7\ \text{Jahre}} = 2.892,86\ € <$ degressive Abschreibung 5.062,50 €

Jahr 04: $\dfrac{15.187,50\ €}{6\ \text{Jahre}} = 2.531,25\ € <$ degressive Abschreibung 3.796,88 €

Jahr 05: $\dfrac{11.390,62\ €}{5\ \text{Jahre}} = 2.278,12\ € <$ degressive Abschreibung 2.847,66

Jahr 06: $\dfrac{8.542,97\ €}{4\ \text{Jahre}} = 2.135,74\ € =$ degressive Abschreibung 2.135,74 €

Da im Jahr 06 die lineare und die degressive Abschreibung exakt gleich hoch sind, führen beide Abschreibungsmethoden zu demselben Ergebnis.

Jahr 07: $\dfrac{6.407,23\ €}{3\ \text{Jahre}} = 2.135,74\ € >$ degressive Abschreibung 1.601,81 €

Ab dem Jahr 07 würde der Lieferwagen linear abgeschrieben werden, wenn ein möglichst niedriger Gewinn ausgewiesen werden soll.

Außerplanmäßige Abschreibungen

Eine außerplanmäßige Abschreibung (aAfA) wird vorgenommen, wenn ein Vermögensgegenstand während der betriebsgewöhnlichen Nutzungsdauer außergewöhnlich an Wert verliert und die normale Abschreibung den Wertverlust nicht abbilden kann. Gründe für eine außergewöhnliche Abschreibung können technischer oder wirtschaftlicher Art sein. Die aAfA wird auf dem Aufwandskonto „4920 Außerplanmäßige Abschreibungen" erfasst. Die außerplanmäßige Abschreibung entfaltet somit die Gewinnauswirkung voller Höhe.

BEISPIEL

Eine vollständig betrieblich genutzte Maschine (betriebsgewöhnliche Nutzungsdauer zehn Jahre) wird am 01.01. im Jahr 00 für 100.000,00 € zuzüglich 19 % USt angeschafft. Die Abschreibung erfolgt im ersten Jahr linear mit 10.000,00 €.
Im Jahr 01 verliert die Maschine aufgrund einer neuen Technologie am Markt an Wert. Der Wert zum 31.12.01 beträgt voraussichtlich dauerhaft nur noch 50.000,00 €. Die lineare Abschreibung ergibt in diesem Fall keinen Sinn, da die Maschine eine Wertminderung erleidet. Die lineare Abschreibung für das Jahr 01 in Höhe von 10.000,00 € wurde gebucht. Der Restbuchwert beträgt daher 80.000,00 €. Die Maschine ist handelsrechtlich gem. § 255 (3) S. 5 HGB auf den niedrigeren Wert in Höhe von 50.000,00 € abzuschreiben (Abschreibungsgebot).

Buchungssatz	Soll	Haben	GA
4920 Außerplanmäßige Abschreibung an 0310 Maschinen	30.000,00	30.000,00	–30.000,00

Steuerrechtlich besteht gem. § 6 (1) Nr. 1 S. 2 EStG ein Abschreibungswahlrecht. Die Maschine kann aufgrund der voraussichtlich dauernden Wertminderung auf den niedrigeren Teilwert abgeschrieben werden. Der Wert darf aber auch beibehalten werden und der Ansatz von Zwischenwerten ist zulässig.
Die lineare Abschreibung nach erfolgter außerplanmäßiger Abschreibung berechnet sich, indem der Restbuchwert durch die voraussichtliche betriebliche Restnutzungsdauer dividiert wird.

In den Folgejahren ist außerdem jeweils zum Bilanzstichtag zu prüfen, ob der niedrigere Wert beibehalten wer-

LERNFELD 8

den darf. Soweit die Voraussetzungen für die außerplanmäßige Abschreibung in späteren Jahren entfallen, ist der Wert anzusetzen, der sich unter Zugrundelegung der planmäßigen Abschreibungen ergeben würde. Dies ergibt sich sowohl handelsrechtlich aus § 253 (5) HGB als auch steuerrechtlich aus § 6 (1) Nr. 1 S. 4 EStG. Das Vorgehen wird als **Wertaufholungsgebot** bezeichnet. Die Obergrenze bilden bei der Wertaufholung stets die planmäßig abgeschriebenen Anschaffungskosten.

Wertaufholungen stellen Erträge dar. Sie erhöhen also den Gewinn. Wertaufholungen sind auf dem Konto „2730 Erträge aus Zuschreibungen" zu erfassen. Sie sind sowohl bei abnutzbaren als auch bei nicht abnutzbaren Vermögensgegenständen des Anlagevermögens vorzunehmen.

BEISPIEL

Die Maschine wurde zum 31.12.01 auf 50.000,00 € abgeschrieben. Die lineare Abschreibung für das Jahr 02 berechnet sich wie folgt:

$$\frac{50.000,00\ €}{8\ \text{Jahre Restnutzungsdauer}} = 6.250,00\ €$$

Wertentwicklung:

Anschaffungskosten	100.000,00
lineare Abschreibung 00	–10.000,00
Restbuchwert 31.12.00	90.000,00
lineare Abschreibung 01	–10.000,00
außerpl. Abschreibung	–30.000,00
Restbuchwert 31.12.01	50.000,00
lineare Abschreibung 02	–6.250,00
Restbuchwert 31.12.02	43.750,00
lineare Abschreibung 03	–6.250,00
Restbuchwert 31.12.03	37.500,00

Aufgrund einer veränderten Marktlage beträgt der Wert der Maschine zum 31.12.03 dauerhaft 50.000,00 €. Da dieser Wert um 12.500,00 € höher ist als der Restbuchwert, hat eine Wertaufholung zu erfolgen. Die Wertaufholung darf aber maximal bis zur Höhe der planmäßig fortgeschriebenen Anschaffungskosten erfolgen.

Fortgeführte Anschaffungskosten 31.12.03:
100.000,00 € – 40.000,00 € (Jahr 00 bis 03) = 60.000,00 €

Diese Wertaufholung erfolgt also bis zur Höhe von 50.000,00 €.

Buchungssatz	Soll	Haben	GA
0310 Maschinen an 2730 Erträge aus Zuschreibungen	12.500,00	12.500,00	+12.500,00

Geringwertige Wirtschaftsgüter

In § 6 (2) EStG ist die Abschreibung von sogenannten geringwertigen Wirtschaftsgütern (GWG) geregelt.

> **DEFINITION**
>
> Als geringwertige Wirtschaftsgüter werden Wirtschaftsgüter bezeichnet, deren Anschaffungs- oder Herstellungskosten weniger als 1.000,00 € netto betragen.

Der § 6 (2) EStG stellt an geringwertige Wirtschaftsgüter zusätzlich zu den Anschaffungskosten folgende Anforderungen:
- abnutzbar
- beweglich
- im Anlagevermögen
- zur selbstständigen Nutzung fähig

Die Fähigkeit zur selbstständigen Nutzung eines Wirtschaftsgutes ist dann gegeben, wenn es unabhängig von anderen Wirtschaftsgütern genutzt werden kann (§ 6 (2) S. 2 und 3 EStG).

Geringwertige Wirtschaftsgüter können in der Buchführung in Abhängigkeit von ihren Anschaffungs- oder Herstellungskosten[1] auf verschiedene Arten erfasst werden. Sie sind daher in verschiedene Gruppen einzuteilen (siehe Grafik auf S. 469)

Die einzelnen Gruppen werden im weiteren Text genau erläutert. Grundsätzlich können auch die geringwertigen Wirtschaftsgüter über ihre Nutzungsdauer linear abgeschrieben werden. Häufig wird in der Praxis jedoch Gebrauch von folgenden Vereinfachungsregeln gemacht:

Anschaffungskosten bis einschließlich 250,00 €

Wirtschaftsgüter mit Anschaffungskosen unter 250,00 € dürfen aus Vereinfachungsgründen direkt als Aufwand erfasst werden. Sie müssen auch nicht gesondert in einem Anlagenverzeichnis aufgeführt werden (§ 6 (2) S. 4 EStG).

BEISPIEL

Die Fairtext GmbH kauft am 16.07. des Jahres einen Aktenvernichter für 100,00 € + 19 % USt per Banküberweisung.

---

[1] Im Folgenden wird aus Vereinfachungsgründen nur der Begriff „Anschaffungskosten" verwendet.

LERNFELD 8

Buchungssatz	Soll	Haben	GA
4810 Bürobedarf	100,00		– 100,00
1410 Vorsteuer	19,00		
an 1310 Bank		119,00	

Anschaffungskosten über 250,00 € und bis einschließlich 800,00 € (Sofortabschreibung)

Anstelle der linearen Abschreibung über die Nutzungsdauer dürfen diese geringwertigen Wirtschaftsgüter ebenfalls direkt im Jahr der Anschaffung oder Herstellung in voller Höhe abgeschrieben werden. Allerdings sind diese geringwertigen Wirtschaftsgüter in einem Verzeichnis aufzuführen (vgl. § 6 (2) S. 4 EStG). Dieses Verzeichnis muss gemäß § 6 (2) S. 5 EStG nicht gesondert geführt werden, wenn das Anschaffungsdatum und die Anschaffungskosten sich aus der Buchführung ergeben.

Aus diesem Grund werden geringwertige Wirtschaftsgüter, deren Anschaffungskosten mehr als 250,00 € netto betragen, zunächst auf einem gesonderten aktiven Bestandskonto erfasst. Es handelt sich um das Konto „0370 Geringwertige Wirtschaftsgüter".

Am Jahresende erfolgt die sogenannte Sofortabschreibung auf dem Aufwandskonto „4920 Abschreibungen auf GWG".

BEISPIEL

Die Fairtext GmbH kauft am 20.07. .. eine Frankiermaschine für 300,00 € zzgl. 57,00 € Umsatzsteuer auf Ziel. Die Nettoanschaffungskosten betragen 300,00 € und sind somit kleiner als 800,00 €. Es handelt sich daher bei der Frankiermaschine um ein GWG. Sie darf (und soll) im Jahr der Anschaffung sofort abgeschrieben werden.

Buchung bei Anschaffung am 20.07.:

Konto	Konto	Soll	Haben	GA
0370 GWG		300,00		–
1410 Vorsteuer		57,00		
	an 1710 Verb. aus LL		357,00	

Buchung am Ende des Wirtschaftsjahres:

Konto	Konto	Soll	Haben	GA
4920 Abschr. auf GWG		300,00		300,00
	an 0370 GWG		300,00	

Anschaffungskosten über 250,00 € und bis einschließlich 1.000,00 € (Sammelposten)

Für geringwertige Wirtschaftsgüter, deren Anschaffungskosten zwischen 250,00 € und 1.000,00 € betragen, erlaubt § 6 (2a) EStG die Anwendung der sogenannten **Sammelpostenmethode**. Die Sammelpostenmethode ist eine Form der Poolabschreibung.

Alle Wirtschaftsgüter, die die Voraussetzungen zur Anwendung der Vorschrift erfüllen, werden hierbei in einen Sammelposten (Pool) gebucht. Dieser Sammelposten wird dann über fünf Jahre linear und einheitlich abgeschrieben. Abschreibungen erfolgen nicht zeitanteilig und unabhängig von Nutzungsdauer der Gegenstände.

LERNFELD 8

BEISPIEL

Die Fairtext GmbH kauft am 13.03. .. zehn Schreibtische für je 900,00 € zzgl. 171,00 € Umsatzsteuer auf Ziel. Diese Anschaffungen sind in dem Wirtschaftsjahr die einzigen Anschaffungen von geringwertigen Wirtschaftsgütern. Die betriebsgewöhnliche Nutzungsdauer beträgt 13 Jahre.

Die Nettoanschaffungskosten betragen 900,00 € und sind somit größer als 800,00 €. Die Anwendung der Sammelpostenmethode ist möglich. Die Abschreibung erfolgt hier einheitlich über fünf Jahre. Dies ist günstiger als eine Abschreibung über die betriebsgewöhnliche Nutzungsdauer von 13 Jahren. Eine zeitanteilige Berechnung wird nicht vorgenommen.

Buchung bei Anschaffung am 13.03.:

Konto		Konto	Soll	Haben	GA
0371 GWG-Sammelposten			9.000,00		
1410 Vorsteuer			1.171,00		
	an	1710 Verb. aus LL		10.171,00	–

Buchung am Ende des Wirtschaftsjahres:

Konto		Konto	Soll	Haben	GA
4930 Abschreibungen auf GWG-Sammelposten			1.800,00		–1.800,00
	an	0371 GWG-Sammelposten		1.800,00	

Aufgrund der Erhöhung der Anschaffungskostengrenze von 410,00 € auf 800,00 € netto im Jahr 2018 hat die Sammelpostenmethode noch mehr an praktischer Bedeutung verloren, da die Sofortabschreibung zumeist einen niedrigeren Gewinn erzeugt. Schlussendlich kann die endgültige Entscheidung in der Praxis eigentlich immer erst am Ende des Wirtschaftsjahres erfolgen, wenn alle Anschaffungen getätigt wurden.

Es ist zu beachten, dass das Wahlrecht für die Sammelpostenmethode oder die Sofortabschreibung immer nur einheitlich für ein Wirtschaftsjahr getroffen werden darf.

Dies bedeutet, dass alle geringwertigen Wirtschaftsgüter, deren Anschaffungskosten über 250,00 € und bis 1.000,00 € betragen, per Sammelposten über fünf Jahre linear abgeschrieben werden.

Die Alternative ist, dass alle Wirtschaftsgüter, deren Anschaffungskosten über 250,00 € und bis 800,00 € betragen, per Sofortabschreibung verbucht werden. In diesem Fall werden alle Wirtschaftsgüter mit Anschaffungskosten über 800,00 € und bis 1.000,00 € der regulären (linearen) Abschreibung unterworfen.

BEISPIEL

Die Fairtext GmbH kauft im Januar des Jahres einen Kopierer (Document-Center) für 900,00 € zzgl. 171,00 € Umsatzsteuer und einen Aktenvernichter für 300,00 € zzgl. 57,00 € Umsatzsteuer auf Ziel. Die betriebsgewöhnliche Nutzungsdauer laut Abschreibungstabelle beträgt sieben Jahre für den Kopierer und acht Jahre für den Aktenvernichter. Außerdem wird ein Multifunktionsdrucker für 200,00 € zzgl. 38,00 € Umsatzsteuer angeschafft (Nutzungsdauer: drei Jahre). Weitere geringwertige Wirtschaftsgüter werden nicht angeschafft.

Folgende Optionen ergeben sich:
Alle angeschafften Wirtschaftsgüter sind bewegliche Wirtschaftsgüter des Anlagevermögens, die zu einer selbstständigen Nutzung fähig sind. Der Multifunktionsdrucker kann auch scannen und kopieren und ist somit selbstständig nutzbar. Die Abhängigkeit der Wirtschaftsgüter von elektrischem Strom steht dieser Beurteilung nicht entgegen.

Kopierer: Die Anschaffungskosten betragen über 800,00 €. Es besteht das Wahlrecht zwischen
a) einer linearen Abschreibung in Höhe von 900,00 € : 7 Jahre = 128,57 € oder
b) der Sammelpostenabschreibung 900,00 € : 5 Jahre = 180,00 €.

Aktenvernichter: Es besteht das Wahlrecht zwischen
a) der Sofortabschreibung in Höhe von 300,00 € oder
b) der Sammelpostenabschreibung 300,00 € : 5 Jahre = 60,00 €.

Multifunktionsdrucker: Da die Anschaffungskosten des Druckers unter 250,00 € netto betragen, sollte er direkt als Sofortaufwand erfasst werden.

LERNFELD 8

Für die wirtschaftlich sinnvolle Wahl der Abschreibungsmethode müssen der Kopierer und der Aktenvernichter zusammen betrachtet werden. Die Sammelpostenabschreibung beträgt in Summe 240,00 € und die Sofortabschreibung beträgt alleine schon 300,00 €. Somit wird bei dieser Variante ein niedrigerer Gewinn erzielt.

Buchungssatz Kauf:

Buchungssatz	Soll	Haben	GA
4810 Bürobedarf	100,00		– 100,00
0370 GWG	300,00		
0330 BGA	800,00		
1410 Vorsteuer	228,00		
an 1710 Verb. a. LL		1.428,00	

Buchung 31.12.20..:

Buchungssatz	Soll	Haben	GA
4910 Abschr. auf Sachanlagen	129,00		– 129,00
4920 Abschr. GWG	300,00		– 300,00
an 0330 BGA		129,00	
an 0370 GWG		300,00	

Abwandlung des Beispiels

Die Fairtext GmbH schafft im Wirtschaftsjahr nur den Kopierer für 900,00 € zzgl. 171,00 € Umsatzsteuer an.

Buchungssatz Kauf:

Buchungssatz	Soll	Haben	GA
0371 GWG.-Sammelposten	900,00		+/– 0.00
1410 Vorsteuer	171,00		
an 1710 Verb. a.LL		171,00	

Buchung 31.12.20..:

Buchungssatz	Soll	Haben	GA
4930 Abschr. auf GWG-Sammelposten	180,00		– 180,00
an 0371 GWG-Sammelposten		180,00	

Die Nettoanschaffungskosten betragen 900,00 € und sind somit größer als 800,00 €. Die Fairtext GmbH kann also grundsätzlich die Sammelpostenmethode anwenden.

AUFGABEN

1. Benennen Sie die einzelnen Abschreibungsarten und erklären Sie sie anhand eines von Ihnen gewählten Beispiels mit eigenen Worten.

2. Berechnen Sie für die folgenden Anschaffungen
   a) die laufende jährliche lineare Abschreibung.
   b) die lineare Abschreibung im Jahr der Anschaffung.
   c) Geben Sie die Buchungssätze für Aufgabenteil a) und b) an.
   1 Anschaffung eines Handys für 600,00 € zuzüglich 19 % USt am 17.03. des Jahres
   2 Kauf einer Frankiermaschine am 03.09. des Jahres für 4.760,00 € brutto
   3 Erwerb eines Zeiterfassungsgerätes für 600,00 € zuzüglich 114,00 € USt am 31.12. des Jahres
   4 Kauf einer neuen Büroeinrichtung am 02.11. des Jahres für 13.149,50 € brutto
   5 Kauf eines neuen betrieblichen Pkw für 31.800,00 € netto am 23.02. des Jahres

3. Am 12.04. des Jahres 00 wird ein Computer für 900,00 € netto auf Ziel angeschafft.
   a) Berechnen Sie die lineare Abschreibung und die Restbuchwerte für die Jahre 00 bis 03.
   b) Geben Sie die Buchungssätze im Grundbuch für die Abschreibungen an.
   c) Führen Sie das Hauptbuch zu dem Konto „Betriebs- und Geschäftsausstattung" für die Jahre 00 bis 03 im Hauptbuch.
   d) Der Computer wird im Jahr 04 für 100,00 € zzgl. USt gegen Barzahlung verkauft. Geben Sie den Buchungssatz im Grundbuch an.
   e) Stellen Sie den Sachverhalt aus d) im Hauptbuch dar.

4. Es wird erwartet, dass mit einem neu gekauften Lieferwagen 200.000 km gefahren werden können. Die Anschaffungskosten betrugen 36.000,00 € netto. Voraussichtlich wird der Lieferwagen wie folgt genutzt:
   Jahr 1: 50000 km
   Jahr 2: 80000 km
   Jahr 3: 70000 km
   a) Geben Sie begründet an, welche Abschreibungsmethode Sie wählen.
   b) Berechnen Sie Abschreibung für die Jahre 1 bis 3.
   c) Buchen Sie die Abschreibung für die Jahre 1 bis 3 im Grundbuch.

5. Die Fairtext GmbH verkauft einen Hubwagen mit einem Restbuchwert von 4.500,00 €
   a) für 7.000,00 € zuzüglich USt.
   b) für 3.000,00 € zuzüglich USt.
   c) für 4.500,00 € zuzüglich USt.
   Geben Sie die Buchungssätze zu den Sachverhalten im Grundbuch an.

6. Der Jahresabschluss der Fairtext GmbH muss erstellt werden. Die folgenden Sachverhalte wur-

LERNFELD 8

den bisher in der Buchführung noch nicht berücksichtigt.
Bilden Sie zu den unten aufgeführten Sachverhalten alle notwendigen Buchungssätze (also auch die Abschreibungen, wenn nötig).

1. Die Fairtext GmbH verkauft an einen Großabnehmer Waren zur Neueröffnung einer Zweigniederlassung auf Ziel. Die Rechnung beläuft sich auf 24.990,00 € brutto. Umsatzsteuer ist auf alle Waren mit dem Regelsteuersatz angefallen.
2. Die Fairtext GmbH kauft Blusen für 1.300,00 € zuzüglich 19 % USt auf Ziel ein.
3. 80 Anzüge werden an einen Großabnehmer für jeweils 400,00 € netto auf Ziel verkauft. Die Anzüge haben in der Produktion 230,00 € netto gekostet.
4. Der Kaufpreis für die Blusen aus Sachverhalt 2 wird unter Abzug von 3 % Skonto auf das Bankkonto gezahlt.
5. Die Bezahlung der Anzüge aus Sachverhalt 3 erfolgt zeitnah – und daher mit einem Skontoabzug von 2 % – auf das Bankkonto.
6. Für eine Werbekampagne werden der Fairtext GmbH 2.737,00 € brutto inklusive 19 % USt von der Werbeagentur in Rechnung gestellt.
7. Die Miete für eine Lagerhalle über 500,00 € wird vom Bankkonto gezahlt.
8. Ein neuer Lieferwagen (Nutzungsdauer neun Jahre) wird am 17.10.20.. für einen Rechnungsbetrag von 42.840,00 € auf Ziel gekauft.
9. Die Versicherung für die Lagerbestände wird in Höhe von 5.600,00 € vom Bankkonto abgebucht.
10. Ein Kunde ist mit einem Anzug, den er für 700,00 € zuzüglich 19 % USt gekauft hatte, nicht zufrieden. Er sendet ihn noch vor der Zahlung zurück.
11. Die Bank bucht am Jahresende vom Konto ab:
    - Darlehenstilgung von 2.000,00 €
    - Darlehenszinsen von 220,00 €
    - Kontoführungsgebühren von 25,00 €
12. Am Jahresende müssen folgende im letzten Jahr angeschaffte Wirtschaftsgüter noch abgeschrieben werden:
    - Computer (Nutzungsdauer drei Jahre), angeschafft am 30.04... für 900,00 € netto
    - Schreibtisch (Nutzungsdauer 13 Jahre), angeschafft am 17.06... für 1.092,00 € netto
    - Faxgerät (Nutzungsdauer sechs Jahre), angeschafft am 02.11... für 864,00 € netto
    - Gabelstapler (Nutzungsdauer 10 Jahre), angeschafft am 23.09... für 16.800,00 € netto

    Die Anschaffungsvorgänge wurden bereits korrekt erfasst. Alle anderen Abschreibungen auf ältere Wirtschaftsgüter wurden bereits korrekt vorgenommen.

AKTION

Suchen Sie auf der Homepage des Bundesfinanzministeriums nach den AfA-Tabellen.

a) Wählen Sie die AfA-Tabelle für den Wirtschaftszweig Ihres Ausbildungsbetriebs oder einen interessanten Wirtschaftszweig aus und suchen Sie sich drei Wirtschaftsgüter aus, deren Nutzungsdauer Sie der Klasse vorstellen.

b) Geben Sie die betriebsgewöhnliche Nutzungsdauer für folgende Wirtschaftsgüter mithilfe der AfA-Tabellen an. Suchen Sie zunächst die richtige AfA-Tabelle:

- Tabakschneidemaschinen
- Schokoladenpulver-Füllmaschinen
- Lederpresse
- Gemüsewaschmaschinen
- Milchkuh
- Jauchepumpe
- Motoren- und Aggregateprüfstände
- Röntgengeräte
- Räucherschränke

LERNFELD 8

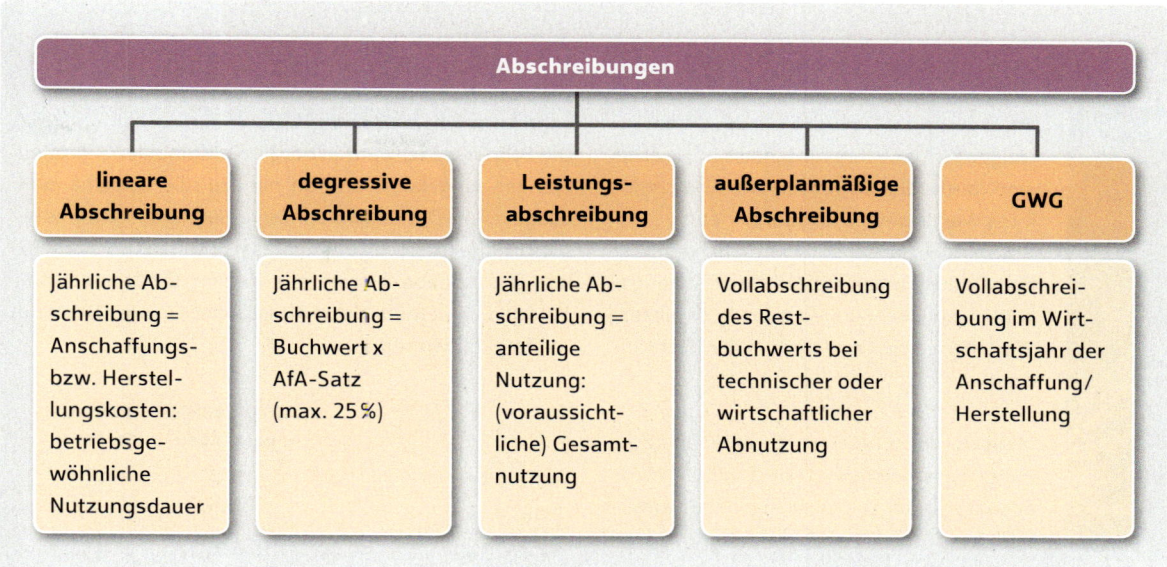

ZUSAMMENFASSUNG

Abschreibung im Zeitverlauf

Anschaffung
15.05.20..   31.12.20..   31.12.20.1   31.12.20.8   31.12.20.9

Abschreibung im Jahr der Anschaffung
AK: 50.000,00 €
ND: 9 Jahre
Abschreibung:
50.000,00 € : 9 Jahre = 5.556,00 €/Jahr
zeitanteilig:
5.556,00 € · 8 : 12 = 3.704,00 €
AK: 50.000,00 €
– AfA ..: 3.704,00 €
Rest-BW 46.296,00 €

Abschreibung im Folgejahr
Abschreibung:
50.000,00 € : 9 Jahre = 5.556,00 €/Jahr

RBW Vj.: 46.296,00 €
– AfA .1: 5.556,00 €
= RBW 31.12. 40.740,00 €

Abschreibung in Folgejahren
Abschreibung:
50.000,00 € : 9 Jahre = 5.556,00 €/Jahr

RBW Vj.: 40.740,00 €
– 7 · AfA .2 bis .8: 38.892,00 €
= RBW 31.12. 1.848,–

Abschreibung im letzten Jahr der Nutzungsdauer
Abschreibung:
RBW: 1.848,00 €
Erinnerungswert 1,00 €
= AfA: 1.847,00 €

RBW Vj.: 1.848,00 €
– AfA .9: 1.847,00 €
= RBW 31.12. 1,00 €

Folgejahre
Erinnerungswert von 1,00 € bleibt bis zur Veräußerung/ Verschrottung in den Büchern enthalten

LERNFELD 8

KAPITEL 4
Bewertung des Umlaufvermögens

Bei der Fairtext GmbH stehen die Vorbereitungen für den Jahresabschluss an. Hierbei sind auch die Warenvorräte hinsichtlich ihres Wertansatzes zu überprüfen. Normalerweise werden Waren bei der Fairtext GmbH immer mit den Anschaffungskosten laut Rechnungen erfasst. Zu diesem Wert stehen sie dann auch in der Buchführung.

Mete Özcan ist bei Herrn Strahler im Rechnungswesen eingesetzt und soll die Wertansätze für folgende drei Positionen ermitteln:

Herren Oberhemd „David":
Der Einkaufspreis für die vorrätigen 500 Hemden betrug jeweils 28,00 € zzgl. 5,32 € USt. Aus den aktuellen Angebotslisten des Herstellers geht hervor, dass die Hemden nunmehr 30,00 € zzgl. 5,70 € USt im Einkauf kosten würden.

Jeanshose „Relax!":
Die neuartigen und hochpreisigen Jeanshosen wurden für 100,00 € zzgl. 19 % USt eingekauft. Es sind von den eingekauften 1 000 Hosen noch 950 Hosen auf Lager. Die Hose verkauft sich leider nicht gut. Der aktuelle Wiederbeschaffungspreis beträgt pro Hose dauerhaft nur noch 80,00 € zzgl. 15,20 € USt.

Schnürsenkel „schwarz" 100 cm:
Die Schnürsenkel werden bei einem Hersteller in großen Mengen eingekauft und an nahezu alle Einzelhändler ausgeliefert. Der Einkaufspreis variiert immer ein wenig. Die Großhandelspackung umfasst 100 Paar Schnürsenkel. Die Abgabe erfolgt nur in den Großhandelspackungen. Im letzten Geschäftsjahr hat sich der Bestand wie folgt entwickelt:

	Großhandels-packungen	Preis je Packung
Anfangsbestand lt. Bilanz	400	90,00 €
Verkauf	300	
Einkauf 11.03.	500	95,00 €
Verkauf	400	
Einkauf 17.06.	500	92,00 €
Verkauf	600	
Einkauf 18.09.	700	88,00 €

1. Ermitteln Sie die Wertansätze für die Oberhemden und die Jeanshosen nach Handelsrecht und Steuerrecht.
2. Ermitteln Sie mithilfe der Vereinfachungsverfahren die möglichen Wertansätze für die Schnürsenkel.
3. Wählen Sie den Wertansatz aus, den die Fairtext GmbH ansetzt, wenn sie einen möglichst niedrigen Gewinn in einer einheitlichen Handels- und Steuerbilanz erzielen möchte.

INFORMATIONEN

Zugangsbewertung des Umlaufvermögens

Zum Umlaufvermögen gehören Wirtschaftsgüter, die nicht dazu bestimmt sind, länger im Unternehmen zu verbleiben. Hierzu gehören insbesondere Waren, Erzeugnisse und Roh-/Hilfs-/Betriebsstoffe. Auch Forderungen, Kassenbestände und Bankguthaben zählen zum Umlaufvermögen.[1] Für Umlaufvermögen gilt bezüglich der Zugangsbewertung in Handels- und Steuerbilanz grundsätzlich gem. § 253 (3) HGB das bereits bekannte Prinzip, dass Vermögensgegenstände mit den Anschaffungs- oder Herstellungskosten anzusetzen sind.

Folgebewertung des Umlaufvermögens

Für die Folgebewertung von Vermögensgegenständen des Umlaufvermögens sieht § 253 (4) HGB vor, dass außerplanmäßige Abschreibungen vorzunehmen sind, um die Vermögensgegenstände mit einem niedrigeren Wert anzusetzen, der sich aus einem Börsen- oder Marktpreis am Abschlussstichtag ergibt. Handelsrechtlich ist somit auf einen niedrigeren Marktpreis abzuschreiben.

Im **Handelsrecht** besteht daher ein **Abschreibungsgebot**.

---

[1] Die Bewertung von Forderungen wird im folgenden Kapitel genauer erläutert.

> **BEISPIEL**
>
> Die Fairtext GmbH kauft die Jeanshose „David" für 100,00 € netto je Stück ein. Am Abschlussstichtag betragen die Wiederbeschaffungskosten nur 80,00 €. Der Wertansatz der Jeanshosen muss in der Handelsbilanz mit 80,00 € je Stück erfolgen, da ein niedrigerer Marktpreis vorliegt. Es wird eine außerplanmäßige Abschreibung vorgenommen.

Das Steuerrecht sieht für Wirtschaftsgüter des Umlaufvermögens eine Abschreibung nur dann vor, wenn eine voraussichtlich dauernde Wertminderung gegeben ist (vgl. § 6 (1) Nr. 2 EStG). In diesen Fällen sieht das Steuerrecht ein Wahlrecht zur Abschreibung auf den niedrigeren Teilwert vor (Teilwertabschreibung). Da es sich um ein Wahlrecht handelt, kann steuerrechtlich auch jeder Zwischenwert zwischen den Anschaffungs-/Herstellungskosten und dem dauerhaft niedrigeren Teilwert angesetzt werden.

Im **Steuerrecht** besteht daher ein **Abschreibungswahlrecht**.

> **BEISPIEL**
>
> Die Fairtext GmbH kauft die Jeanshose „David" für 100,00 € netto je Stück ein. Am Abschlussstichtag betragen die Wiederbeschaffungskosten dauerhaft nur 80,00 €, da sich die Jeansmode verändert hat.
> Der Wertansatz der Jeanshosen darf in der Steuerbilanz mit 80,00 € je Stück erfolgen, da eine dauerhafte Wertminderung vorliegt. Auch jeder Zwischenwert zwischen 80,00 € und 100,00 € ist zulässig.

Da in der Praxis oft Einheitsbilanzen für Handels- und Steuerrecht aufgestellt werden, erfolgt die Ausübung des steuerlichen Wahlrechts häufig in Übereinstimmung mit dem Handelsrecht. Dieses Vorgehen hat bei einer Abschreibung außerdem zur Folge, dass der niedrigste mögliche Gewinn erzielt wird, da die Abschreibung erfolgswirksam vorgenommen wird.

Wertaufholungsgebot

Nach einer erfolgten Abschreibung auf den niedrigeren Wert muss sowohl im Handels- als auch im Steuerrecht in folgenden Jahresabschlüssen eine mögliche Wertaufholung geprüft werden.

Das Handelsrecht hat das Wertaufholungsgebot in § 253 (5) S. 1 HGB geregelt. Demnach darf ein niedrigerer Wert nicht beibehalten werden, wenn die Gründe dafür nicht mehr bestehen.

Im Steuerrecht ist eine vergleichbare Regelung in § 6 (1) Nr. 1 S. 4 i. V. m. Nr. 2 S. 3 EStG zu finden. Demnach ist zu prüfen, ob die Teilwertabschreibung im vorangegangenen Jahresabschluss noch zutreffend ist und die Gründer hierfür noch vorliegen. Andernfalls gilt auch hier das Wertaufholungsgebot.

Die Grenze der Wertaufholung liegt im Handels- und im Steuerrecht bei den ursprünglichen Anschaffungs- oder Herstellungskosten des Vermögensgegenstandes, da diese stets den maximalen Wertansatz darstellen.

> **BEISPIEL**
>
> Nach den anfänglichen Absatzproblemen mit der Jeanshose „David" haben einige Prominente und Influencer Hosen dieses Modells getragen. Dadurch ist die Nachfrage stark gestiegen und der Marktpreis beträgt am 31.12. des Folgejahres 110,00 € netto.
> Im Handelsrecht hat eine erfolgswirksame Wertaufholung gem. § 253 (5) S. 1 HGB auf die Anschaffungskosten in Höhe von 100,00 € zu erfolgen (Wertaufholungsgebot).
> Im Steuerrecht hat eine erfolgswirksame Wertaufholung gem. § 6 (1) Nr. 2 S. 3 i. V. m. Nr. 1 S. 4 EStG auf die Anschaffungskosten in Höhe von 100,00 € zu erfolgen (Wertaufholungsgebot).
> Die Anschaffungskosten dürfen in beiden Fällen nicht überschritten werden.

Bewertungsvereinfachungsverfahren

Die Besonderheit bei der Bewertung von Gegenständen des Umlaufvermögens liegt darin, dass Handels- und Steuerrecht verschiedene Vereinfachungsmethoden vorsehen, um die Bewertung zu erleichtern.

Last in first out (Lifo-Verfahren)

Im **Steuerrecht** darf gemäß § 6 (1) Nr. 2a EStG für gleichartige Wirtschaftsgüter des Vorratsvermögens unterstellt werden, dass die zuletzt angeschafften oder hergestellten Wirtschaftsgüter zuerst verbraucht oder veräußert worden sind. Dieses Vereinfachungsverfahren nennt man Lifo-Methode. Der Begriff „Lifo" ergibt sich aus der Annahme, dass die zuletzt angeschafften Gegenstände zuerst wieder veräußert werden. Er kommt aus der englischen Sprache und ist abgeleitet aus „Last in first out".

Im **Handelsrecht** erlaubt § 256 HGB diese Bewertungsvereinfachung ebenfalls.

BEISPIEL

Die Fairtext GmbH kauft schwarze Schnürsenkel von 100 cm Länge von einem Hersteller immer in sehr großen Mengen. Im abgelaufenen Geschäftsjahr ergeben sich folgende Werte:

	Großhandelspackungen	Preis je Packung
Anfangsbestand lt. Bilanz	400	90,00 €
Verkauf	300	
Einkauf 11.03.	500	95,00 €
Verkauf	400	
Einkauf 17.06.	500	92,00 €
Verkauf	600	
Einkauf 18.09.	700	88,00 €

Der Schlussbestand der am 31.12. im Lager befindlichen Schnürsenkel beträgt 800 Packungen.
Gemäß der Lifo-Methode geht man davon aus, dass die Packungen, die zuletzt eingekauft wurden (last in), zuerst wieder verkauft worden sind (first out). Dementsprechend ergibt sich die Bewertung aus dem Preis der 800 Packungen, die am längsten im Unternehmen sind.

400 Packg. · 90,00 € = 36.000,00 € Anfangsbestand
400 Packg. · 95,00 € = 38.000,00 € aus Einkauf 11.03.
74.000,00 € Gesamtwert

→ 74.000,00 € : 800 Packg. = **92,50 €/Packung**

Anstatt also für jede Packung den tatsächlichen Kaufpreis zu nehmen, darf die Unterstellung „Last in first out" angenommen werden.

First in first out (Fifo-Verfahren)

Handelsrechtlich ist es außerdem erlaubt, dass man für derartige Gegenstände annimmt, dass die zuerst gekauften Gegenstände auch zuerst wieder verkauft werden. Dieses Verfahren folgt dem Prinzip „**First in first out**". Das Verfahren wird daher auch als Fifo-Methode bezeichnet. Hier ergibt sich der Wert der Bilanzposition aus den jüngsten Einkäufen, da unterstellt wird, dass die ältesten Einkäufe zuerst abverkauft werden.

BEISPIEL

Bei gleichem Sachverhalt wie im vorhergehenden Beispiel ergibt sich nun folgender Wert:

	Großhandelspackungen	Preis je Packung
Anfangsbestand lt. Bilanz	400	90,00 €
Verkauf	300	
Einkauf 11.03.	500	95,00 €
Verkauf	400	
Einkauf 17.06.	500	92,00 €
Verkauf	600	
Einkauf 18.09.	700	88,00 €

Der Endbestand beträgt wieder 800 Packungen.

700 Packg. · 88,00 € = 61.600,00 € Anfangsbestand
410 Packg. · 92,00 € = 9.200,00 € aus Einkauf 18.09.
70.800,00 € Gesamtwert

→ 70.800,00 € : 800 Packg. = **88,50 €/Packung**

Da die Anwendung des Fifo-Verfahrens steuerlich nicht zulässig ist, würde sich durch die handelsrechtliche Anwendung automatisch eine Abweichung zwischen Handels- und Steuerbilanz ergeben.

Gewogener Durchschnitt

Handelsrechtlich ist es gemäß § 240 (4) i. V. m. § 256 S. 2 HGB zulässig, die Bewertung nach dem gewogenen Durchschnitt vorzunehmen.

> § 240 (4) HGB:
>
> Gleichartige Vermögensgegenstände des Vorratsvermögens sowie andere gleichartige oder annähernd gleichwertige bewegliche Vermögensgegenstände und Schulden können jeweils zu einer Gruppe zusammengefasst und mit dem gewogenen Durchschnittswert angesetzt werden.

Diese Wertermittlung wird auch als **Gruppenbewertung** bezeichnet.

Hierbei werden die Bestände, Zugänge und Abgänge mit den jeweiligen Anschaffungskosten bewertet. Der Schlussbestand wird dann auf der Grundlage einer durchschnittlichen Bewertung ermittelt.

Im **Steuerrecht** ist die Bewertung nach der Methode des gewogenen Durchschnitts gem. R 6.8 (3) und (4) EStR ebenfalls zulässig.

LERNFELD 8

BEISPIEL

Die Fairtext GmbH möchte für die Schnürsenkel (letztes Beispiel) den Vergleichswert nach der Methode des gewogenen Durchschnitts ermitteln.

	Großhandels-packungen	Preis je Packung	Gesamt in €
Anfangsbestand lt. Bilanz	400	90,00 €	36.000,00
Verkauf	300		
Einkauf 11.03.	500	95,00 €	47.500,00
Verkauf	400		
Einkauf 17.06.	500	92,00 €	46.000,00
Verkauf	600		
Einkauf 18.09.	700	88,00 €	61.600,00
Bestand 31.12.	800		191.100,00

Die Fairtext GmbH hat insgesamt 400 + 500 + 500 + 700 = 2100 Packungen eingekauft (inklusive des Anfangsbestands).

Hierfür wurden insgesamt 191.100,00 € bezahlt.

Somit beträgt der durchschnittliche Preis je Packung: 191.100,00 € : 2100 Packungen = **91,00 €/Packung**

Der Gesamtwert für den Schlussbestand beträgt dann: 91,00 €/Packung · 800 Packungen = **72.800,00 €**

Aus den letzten Beispielen wird deutlich, dass aufgrund der Bewertungsvereinfachungsverfahren mehrere Wertansätze möglich sind. Sofern der Kaufmann seine Vermögenslage möglichst positiv darstellen will, ist der höchste Wert anzunehmen. Dies ist der Wert in Höhe von 74.000,00 € aus dem Lifo-Verfahren. Wenn das Ziel eine möglichst geringe Steuerlast und damit ein möglichst niedrigerer Gewinn ist, sollte der niedrigste Wert angesetzt werden. Dies ist der Wert in Höhe von 72.800,00 € aus der Methode des gewogenen Durchschnitts, da das Fifo-Verfahren steuerlich nicht zulässig ist.

Festwert

Im Handels- und Steuerrecht ist darüber hinaus für Roh-, Hilfs- und Betriebsstoffe der Ansatz eines Festwerts zulässig, um die sehr aufwendige Einzelerfassung dieser Gegenstände zu vermeiden.

> § 240 (3) HGB:
>
> Vermögensgegenstände des Sachanlagevermögens sowie Roh-, Hilfs- und Betriebsstoffe können, wenn sie regelmäßig ersetzt werden und ihr Gesamtwert für das Unternehmen von nachrangiger Bedeutung ist, mit einer gleichbleibenden Menge und einem gleichbleibenden Wert angesetzt werden, sofern ihr Bestand in seiner Größe, seinem Wert und seiner Zusammensetzung nur geringen Veränderungen unterliegt. Jedoch ist in der Regel alle drei Jahre eine körperliche Bestandsaufnahme durchzuführen.

Voraussetzung ist, dass der Gesamtwert des zu bewertenden Gegenstandes von untergeordneter Bedeutung ist und dass sich der Wert und die Menge der so bewerteten Gegenstände nur geringfügig verändern. Verbrauchte Gegenstände müssen also regelmäßig durch neue Gegenstände ersetzt werden.

Der angesetzte Festwert ist alle drei Jahre zu überprüfen und gegebenenfalls erfolgswirksam anzupassen.

AUFGABEN

1. Erläutern Sie die Zugangs- und Folgebewertung des Umlaufvermögens im handelsrechtlichen Jahresabschluss anhand eines von Ihnen gewählten Beispiels.

2. Erläutern Sie die Zugangs- und Folgebewertung des Umlaufvermögens im steuerrechtlichen Jahresabschluss anhand eines von Ihnen gewählten Beispiels.

3. Die Fairtext GmbH kauft im März des Jahres 01 1000 gleichartige Herrenanzüge für einen Einkaufspreis von 150,00 € netto zzgl. 19 % USt pro Stück. Leider verkaufen sich die Anzüge nicht gut. Somit sind zum 31.12.01 noch 900 Anzüge auf Lager. Der dauerhafte Einkaufspreis beträgt zu diesem Zeitpunkt 120,00 € netto pro Stück. Aufgrund einer groß angelegten und sehr erfolgreichen Werbekampagne des Herstellers am Ende des Jahres 02 steigen die Wiederbeschaffungskosten zum 31.12.02 dauerhaft auf 140,00 € netto pro Stück. Es sind zu diesem Zeitpunkt noch 200 Anzüge auf Lager.
   a) Nehmen Sie die handels- und steuerrechtliche Zugangsbewertung vor.

b) Nehmen Sie die handels- und steuerrechtlichen Folgebewertung zum 31.12.01 begründet vor, wenn ein möglichst niedriger Gewinn erzielt werden soll.

c) Nehmen Sie die handels- und steuerrechtliche Folgebewertung zu, 31.12.02 begründet vor, wenn ein möglichst niedriger Gewinn erzielt werden soll.

d) Erläutern Sie die Änderungen in Ihren Lösungen, wenn die Wertveränderungen nur vorübergehend wären.

4. Im Mai 01 werden von der Fairtext GmbH 5000 gleichartige weiße Damenblusen für einen Einkaufspreis von 12,00 € netto zzgl. 19% USt pro Stück gekauft. Zum 31.12.01 sind noch 4800 Blusen auf Lager. Der dauerhafte Einkaufspreis beträgt zu diesem Zeitpunkt 10,00 € netto pro Stück. Zum Ende des Jahres 02 sind die die Wiederbeschaffungskosten überraschenderweise dauerhaft zum 31.12.02 auf 14,00 € netto pro Stück angestiegen. Es sind zu diesem Zeitpunkt noch 3000 Blusen auf Lager.

a) Nehmen Sie die handels- und steuerrechtliche Zugangsbewertung vor.

b) Nehmen Sie die handels- und steuerrechtlichen Folgebewertung zum 31.12.01 begründet vor, wenn ein möglichst hoher Gewinn erzielt werden soll.

c) Nehmen Sie die handels- und steuerrechtliche Folgebewertung zum 31.12.02 begründet vor, wenn ein möglichst hoher Gewinn erzielt werden soll.

d) Erläutern Sie die Änderungen in Ihren Lösungen, wenn die Wertveränderungen nur vorübergehend wären.

5. Lesen Sie sich die Informationen zum Lifo-Verfahren durch und geben Sie es mit eigenen Worten wieder.

6. Lesen Sie sich die Informationen zur Bewertung nach dem gewogenen Durchschnitt durch und geben Sie es mit eigenen Worten wieder.

7. Die Fairtext GmbH kauft einen gleichartigen Vermögengegenstand des Vorratsvermögens im Jahr 01 wie folgt ein:

	Anzahl in Stück	Preis in €
Anfangsbestand 01.01.	5000	4,00
Einkauf 12.03.	3000	3,70
Einkauf 09.05.	8000	4,50
Einkauf 23.09.	4000	3,90
Einkauf 17.12.	6000	4,20

Am Ende des Geschäftsjahres befinden sich noch 9000 Stück im Lager. Die Wiederbeschaffungskosten am 31.12. betragen vorübergehend 4,10 je Stück.

a) Ermitteln Sie den möglichen Wertansatz nach dem Lifo-Verfahren.

b) Ermitteln Sie den möglichen Wertansatz nach dem Verfahren des gewogenen Durchschnitts.

c) Geben Sie an, welcher Wertansatz gewählt wird, wenn ein möglichst niedriger Gewinn erzielt werden soll.

d) Ermitteln Sie den möglichen handelsrechtlichen Wertansatz nach der Fifo-Methode.

8. Lesen Sie sich die Informationen zum Festwert-Verfahren durch und geben Sie es mit eigenen Worten wieder.

AKTION

Finden Sie anhand des letzten Jahresabschlusses Ihres Ausbildungsbetriebes heraus, wie die Bewertung des Vorratsvermögens erfolgt. Klären Sie dabei folgende Fragen:

a) Wie hoch ist das bilanzierte Vorratsvermögen?
b) Wie ist das Vorratsvermögen unterteilt?
c) Wo finden Sie Informationen zu der Bewertung des Vorratsvermögens?
d) Welche Methode wurde für die Bewertung der Vorräte zugrunde gelegt?
e) Wurden eher niedrige oder eher hohe Wertansätze gewählt?

Sofern Sie keinen Einblick in den Jahresabschluss Ihres Ausbildungsbetriebes bekommen, führen Sie die Aktion anhand des letzten veröffentlichten Jahresabschlusses eines DAX-Konzerns durch. Die aktuelle Liste der DAX-Konzerne finden Sie auf Wikipedia (*https://de.wikipedia.org/wiki/DAX*).

LERNFELD 8

ZUSAMMENFASSUNG

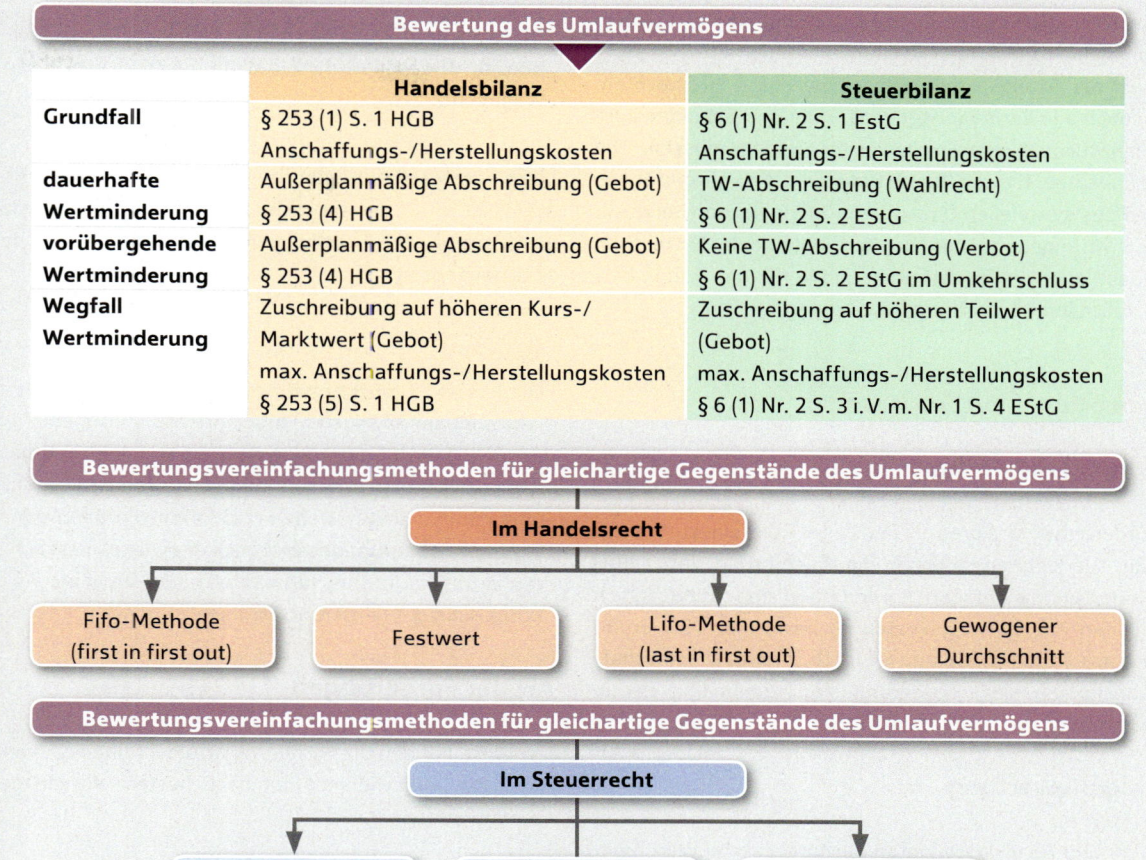

KAPITEL 5
Bewertung von Forderungen und Verbindlichkeiten

Mete Özcan ist bei Jahresabschlusserstellung eingebunden. Er unterstützt derzeit Herrn Strahler bei der Bewertung der Forderungen in dem zu erstellenden Jahresabschluss für das letzte Geschäftsjahr.

Die OPOS-Liste zeigt folgende zwei Positionen, deren Wertansatz für den Jahresabschluss Mete ermitteln soll:

Kunde

Rechnung	Datum	Kunde		Offen	MA1	MA2	Anmerkung
20_27374	13.09.2020	12347	Hosenboutique GmbH	5.950,00	Ja	Ja	Insolvenz ohne Quote
20_29431	09.10.2020	12342	Ulrike Steinhauser e. Kffr.	3.570,00	ja	Ja	Widerspruch
...	...	...	...	...	...	...	...

1. Erläutern Sie, welche Probleme sich aus dem Sachverhalt hinsichtlich der Bewertung der Forderungen ergeben.

2. Geben Sie die notwendigen Buchungen an, die Mete im Zusammenhang mit den beiden offenen Positionen vornehmen muss.

LERNFELD 8

INFORMATIONEN

Im Jahresabschluss müssen gemäß dem Vorsichtsprinzip sämtliche Risiken berücksichtigt werden. Hierbei ist stets auch der Grundsatz der Einzelbewertung zu beachten, wonach alle Vermögensgegenstände und Schulden zum Bilanzstichtag einzeln bewertet werden müssen. Die Grundsätze für die Bewertung des Anlagevermögens und des materiellen Umlaufvermögens wurden bereits in den vorangegangenen Kapiteln behandelt. Es müssen jedoch auch die Forderungen und Verbindlichkeiten hinsichtlich ihrer Bewertung geprüft werden.

Bewertung von Forderungen

Zugangsbewertung

Forderungen gehören in der Regel zum Umlaufvermögen. Sie entstehen durch die Ausführung von Lieferungen und Leistungen. Forderungen sind grundsätzlich mit den Anschaffungskosten zu bewerten. Dies ergibt sich aus § 253 (1) HGB und § 6 (1) Nr. 2 EStG. Die Anschaffungskosten einer Forderung sind regelmäßig der in Rechnung gestellte Bruttobetrag.

Folgebewertung

Wenn am Abschlussstichtag der tatsächliche Wert einer Forderung niedriger ist als die Anschaffungskosten, gilt **handelsrechtlich** das strenge Niederstwertprinzip, wonach die Forderung abzuschreiben ist.

Steuerlich gilt ein Wahlrecht, sofern die Forderung dauerhaft im Wert gemindert ist. Maßgeblich hierbei sind die Verhältnisse am Abschlussstichtag. Erfährt ein Unternehmer von einer Wertminderung erst nach dem Abschlussstichtag, aber vor der Erstellung der Bilanz, und haben die wertmindernden Umstände am Abschlussstichtag bereits vorgelegen (Wertaufhellung), so ist dies im Abschluss zu berücksichtigen.

> **BEISPIEL**
>
> Die Fairtext GmbH erstellt die Bilanz zum 31.12. des Jahres 01 am 23.04. des Folgejahres 02. In diesem Zusammenhang wird bekannt, dass ein Kunde Ende des Jahres 01 zahlungsunfähig geworden ist. Gegenüber dem Kunden bestehen noch offene Forderungen.
> Da die Zahlungsunfähigkeit bereits in 01 vorgelegen hat, ist die Wertbegründung in 01 gegeben. Die Wertaufhellung erfolgt erst im Jahr 02. In der Handelsbilanz ist die Forderung auf den niedrigeren Wert abzuschreiben. In der Steuerbilanz hat die Fairtext GmbH ein Wahlrecht.

Liegt die wertbegründende Tatsache nach dem Abschlussstichtag, ist sie nicht zu berücksichtigen, auch wenn sie bei der Erstellung des Jahresabschlusses bereits bekannt ist.

> **BEISPIEL**
>
> Die Fairtext GmbH erstellt die Bilanz zum 31.12. des Jahres 01 am 23.04. des Folgejahres 02. In diesem Zusammenhang wird bekannt, dass ein Kunde im Februar des Jahres 02 zahlungsunfähig geworden ist. Gegenüber dem Kunden bestehen noch offene Forderungen. Da die Wertbegründung erst nach dem Abschlussstichtag erfolgt, kann im Jahresabschluss 01 keine Abschreibung der Forderung erfolgen.

Art der Forderungen

Der Wert, auf den die Forderung abzuschreiben ist, kann durch den Unternehmer nur nach bestem Wissen geschätzt werden.

Die Forderungen sind in drei Gruppen einzuteilen:
- uneinbringliche Forderungen,
- zweifelhafte Forderungen und
- einwandfreie Forderungen.

Uneinbringliche Forderungen

Bei einer uneinbringlichen Forderung steht am Bilanzstichtag fest, dass sie nicht mehr beglichen wird. Gründe hierfür können z. B. sein:
- Insolvenzverfahren bei dem Schuldner wurde mangels Masse gar nicht erst eröffnet,
- Insolvenzverfahren bei dem Schuldner ist eröffnet, aber mit einer Insolvenzquote ist nicht zu rechnen,
- erfolglose Zwangsvollstreckung beim Schuldner,
- Forderungsverzicht durch den Gläubiger,
- Forderung ist bereits verjährt.

Eine uneinbringliche Forderung ist in ihrem Wert auf null Euro gesunken. Somit ist sie in voller Höhe abzuschreiben.

Uneinbringliche Forderungen werden in Höhe des Nettobetrages direkt abgeschrieben. Die Umsatzsteuer wird ebenfalls korrigiert, da der Umsatz – und damit die Bemessungsgrundlage der Umsatzsteuer – endgültig ausfällt.

BEISPIEL

Die Fairtext GmbH hat eine Forderung gegenüber der Hosenboutique GmbH in Höhe von 5.950,00 € inkl. 19% Umsatzsteuer. Seitens des Insolvenzverwalters wurde am 24.11. des Jahres 01 verkündet, dass aus dem Vermögen der Hosenboutique GmbH nicht mit einer Insolvenzquote zu rechnen ist.
Da die Forderung ausfällt, ist sie auszubuchen.

Buchungssatz	Soll	Haben	GA
2310 Übliche Abschreibungen auf Ford.	5.000,00		– 5.000,00
1810 Umsatzsteuer	950,00		
an 1010 Ford. a. LL		5.950,00	

Sofern der Eingang einer Forderung bereits länger fraglich war und zuvor eine Umbuchung auf das Konto „1020 Zweifelhafte Forderungen" erfolgte, ist im Haben auf diesem Konto zu buchen.

Wenn das Geld aus einer bereits abgeschriebenen uneinbringlichen Forderung nachträglich dennoch (teilweise) eingeht, ist es entsprechend erfolgswirksam zu erfassen. Die Umsatzsteuer entsteht in diesen Fällen ebenfalls.

BEISPIEL

Aus dem Insolvenzverfahren über das Vermögen der Hosenboutique GmbH ergibt sich überraschenderweise eine Insolvenzquote von 5%. Die Hosenboutique GmbH überweist am 08.05. des Jahres 02 297,50 € auf das Bankkonto der Fairtext GmbH.

Buchungssatz	Soll	Haben	GA
1310 Bank	297,50		
an 2740 Erträge aus abgeschriebenen Forderungen		250,00	+ 250,00
an 1810 Umsatzsteuer		47,50	

Zweifelhafte Forderungen

Eine zweifelhafte Forderung liegt vor, wenn mit dem (vollständigen) Eingang der Forderung nicht mehr zu rechnen ist. Mögliche Beispiele sind, dass
- das kaufmännische Mahnverfahren erfolglos verlaufen ist,
- der Schuldner signalisiert hat, dass er die Forderung nicht anerkennt, z. B. durch Widerspruch gegen einen Mahnbescheid/ein Mahnschreiben,

Der Zweifel an einer Forderung ist in der Buchführung zu berücksichtigen, da das Risiko eines möglichen Forderungsausfalls berücksichtigt werden muss. Dies erfolgt zunächst durch eine Umbuchung der gesamten Forderung (Bruttobetrag) auf das Konto „1020 Zweifelhafte Forderungen".

BEISPIEL

Ulrike Steinhauer ist in Zahlungsschwierigkeiten geraten. Sie hat die Forderung der Fairtext GmbH trotz Durchführung des kaufmännischen Mahnverfahrens nicht beglichen. Die Forderung der Fairtext GmbH beträgt 3.570,00 € inkl. Umsatzsteuer.
Im Jahresabschluss ist die Forderung wie folgt umzubuchen:

Buchungssatz	Soll	Haben	GA
1020 Zweifelhafte Ford.	3.570,00		–
an 1010 Ford. a. LL		3.570,00	

Eine Korrektur der Umsatzsteuer ist bei einer zweifelhaften Forderung erst vorzunehmen, wenn die Höhe des tatsächlichen Forderungsausfalls bekannt ist.

BEISPIEL

Die zweifelhafte Forderung von Frau Steinhauer wird nach längerem Schriftverkehr noch in Höhe von 60% über das Bankkonto beglichen. Dies sind 1.800,00 € zzgl. 342,00 € Umsatzsteuer. Die übrigen 40% sind uneinbringlich und somit endgültig ausgefallen.

Erfassung des anteiligen Zahlungseingangs:

Buchungssatz	Soll	Haben	GA
1310 Bank	2.142,00		–
an 1020 Zweifelhafte Ford.		2.142,00	

Erfassung des anteiligen Forderungsausfalls

Buchungssatz	Soll	Haben	GA
2310 Übliche Abschreibungen auf Ford.	1.200,00		– 1.200,00
1810 Umsatzsteuer	228,00		
an 1020 Zweifelhafte Ford.		1.428,00	

Einwandfreie Forderungen

Einwandfreie Forderungen liegen vor, wenn die Ansprüche weder uneinbringlich noch zweifelhaft sind. Sie sind nicht mit besonderen Risiken behaftet und werden grundsätzlich in voller Höhe in der Buchführung geführt.

Auch einwandfreie Forderungen gehen jedoch zum Teil nicht ein, weil
- es auch hier ein allgemeines Ausfallrisiko gibt,
- Kunden eventuell Skontoabzüge vornehmen,

LERNFELD 8

- Kosten für Mahnverfahren und/oder für Zwangsvollstreckungen anfallen können.

Aufgrund dieses Risikos wird auf einwandfreie Forderungen eine pauschale Wertberichtigung vorgenommen, z. B. mit 2 % des Wertes der Forderungen. Die Höhe ist meistens ein Prozentsatz, der sich aus den Erfahrungswerten der Vorjahre ergibt.[1]

Bewertung von Verbindlichkeiten

Zugangs- und Folgebewertung

Verbindlichkeiten sind ebenfalls nach dem Prinzip der Einzelbewertung zu behandeln. Sie sind in der **Zugangsbewertung** grundsätzlich mit dem Rückzahlungsbetrag inklusive der Umsatzsteuer anzusetzen.

Bei der **Folgebewertung** ist das Vorsichtsprinzip anzuwenden. Dies bedeutet – bezogen auf Verbindlichkeiten – eine Anwendung des Höchstwertprinzips. Denn durch einen hohen Ansatz von Verbindlichkeiten werden mögliche Risiken in der Buchführung berücksichtigt und der Unternehmer rechnet sich nicht reicher, als er tatsächlich ist.

Die dargestellten Grundsätze für die Bewertung von Verbindlichkeiten gelten in Handels- und Steuerbilanz gleichermaßen.

Fremdwährungsverbindlichkeiten

Im Groß- und Außenhandel kommt es häufig vor, dass der Unternehmer Geschäftspartner aus dem Ausland hat. In den Heimatländern der Geschäftspartner gilt die jeweilige Landeswährung. Somit erhält der Unternehmer Rechnungen in fremder Währung. Da die Buchführung nach HGB nur Werte in Euro vorsieht, müssen die Fremdwährungsverbindlichkeiten zunächst in Euro umgerechnet werden, bevor sie gebucht werden.

Die Zugangsbewertung erfolgt zu dem Kurs, der in dem Zeitpunkt gültig war, in dem die Verbindlichkeit begründet wird.

> **BEISPIEL**
>
> Die Fairtext GmbH kauft von einem chinesischen Lieferanten 2000 Jogginghosen für je 100 chinesische Yuan[2] auf Ziel. Der Umrechnungskurs beträgt 1 CNY = 0,12 €. Die Rechnung enthält keine Umsatzsteuer, da es sich in China um eine steuerfreie Ausfuhrlieferung handelt. Der Kaufpreis ist demnach von chinesischen Yuan in Euro umzurechnen, damit die Verbindlichkeit buchhalterisch erfasst werden kann.
>
> Umrechnung:
> 2000 Hosen x 100 CNY = 200.000,00 CNY
> 200.000,00 CNY x 0,12 € = 24.000,00 €
>
> | Buchungssatz | Soll | Haben | GA |
> |---|---|---|---|
> | 3010 Wareneingang an 1710 Verb. a. LL | 24.000,00 | 24.000,00 | – |

AUFGABEN

1. Die Fairtext GmbH hat am 31.12. des Jahres 01 eine Forderung in Höhe von 60.000,00 € zzgl. 19 % USt gegenüber der Guttex GmbH. Bei Aufstellung des Jahresabschlusses für das Jahr 01, am 08.05. des Folgejahres 02, liegt die Information vor, dass über das Vermögen der Guttex GmbH das Insolvenzverfahren am 13.12. im Jahr 01 mangels Masse abgelehnt wurde.
Nehmen Sie die erforderlichen Buchungen für den Jahresabschluss 01 bei der Fairtext GmbH vor.

2. Gegenüber der Schneider KG hat die Fairtext GmbH am 31.12. des Jahres 01 eine Forderung in Höhe von 11.900,00 € inklusive 19 % Umsatzsteuer. Die Schneider KG hat erfolgreich die Einrede der Verjährung vorgetragen.
Nehmen Sie die erforderlichen Buchungen für den Jahresabschluss 01 bei der Fairtext GmbH vor.

3. Die Verjährung für die Forderung aus Aufgabe 2 war zwar eingetreten. Da die Geschäftsbeziehungen aufrechterhalten werden sollen, einigt sich die Fairtext GmbH mit der Schneider KG jedoch darauf, dass die Forderung zur Hälfte beglichen wird. Die Schneider KG zahlt am 09.07. des Jahres 02 50 % der Forderung auf das Bankkonto der Fairtext GmbH.

---

1 Eine detaillierte Betrachtung der buchhalterischen Erfassung unterbleibt an dieser Stelle aus Gründen der didaktischen Reduktion.
2 Die offizielle Währung der Volksrepublik China ist Renminbi. Die Einheit der Währung ist Yuan. Man bezahlt also in China mit Yuan, nicht mit Renminbi.

LERNFELD 8

Nehmen Sie die erforderlichen Buchungen bei der Fairtext GmbH vor.

4. Wegen der Lieferung von Frühjahrskleidern hat die Fairtext GmbH zum 31.12. des Jahres 01 eine Forderung in Höhe von 4.760,00 € inklusive 19 % Umsatzsteuer gegenüber Beckermann Moden. Aufgrund einer Viruspandemie ist das Unternehmen Beckermann Moden in Zahlungsschwierigkeiten geraten und hat dies gegenüber der Fairtext GmbH auch schriftlich geäußert. Das kaufmännische Mahnverfahren blieb daher bisher erfolglos.
Nehmen Sie die erforderlichen Buchungen für den Jahresabschluss 01 bei der Fairtext GmbH vor.

5. Im Folgejahr 02 zahlt Beckermann Moden doch 30 % der Forderung aus Aufgabe 4 auf das Bankkonto der Fairtext GmbH.

Nehmen Sie die erforderlichen Buchungen bei der Fairtext GmbH vor.

6. Die Fairtext GmbH hat am 31.12. des Jahres 01 eine Forderung in Höhe von 3.000,00 € zzgl. 570,00 € Umsatzsteuer gegenüber der Stolco eG. Der Jahresabschluss wird am 28.03. des Folgejahres 02 erstellt. Am 12.01. des Jahres 02 wird überraschend das Insolvenzverfahren gegenüber der Stolco eG mangels Masse abgelehnt.
Nehmen Sie die erforderlichen Buchungen bei der Fairtext GmbH vor.

7. Von einem amerikanischen Lieferanten hat die Fairtext GmbH Jeanshosen im Wert von 20.000,00 $ gekauft. Im Zeitpunkt des Umsatzes entspricht 1,00 € = 1,18 $.
Buchen Sie die Verbindlichkeit bei der Fairtext GmbH.

AKTION

Auf Seite 494 finden Sie im Anschluss an die Lerninhalte des Kapitels 6 die gemeinsame Aktion zu Kapitel 5 und 6.

ZUSAMMENFASSUNG

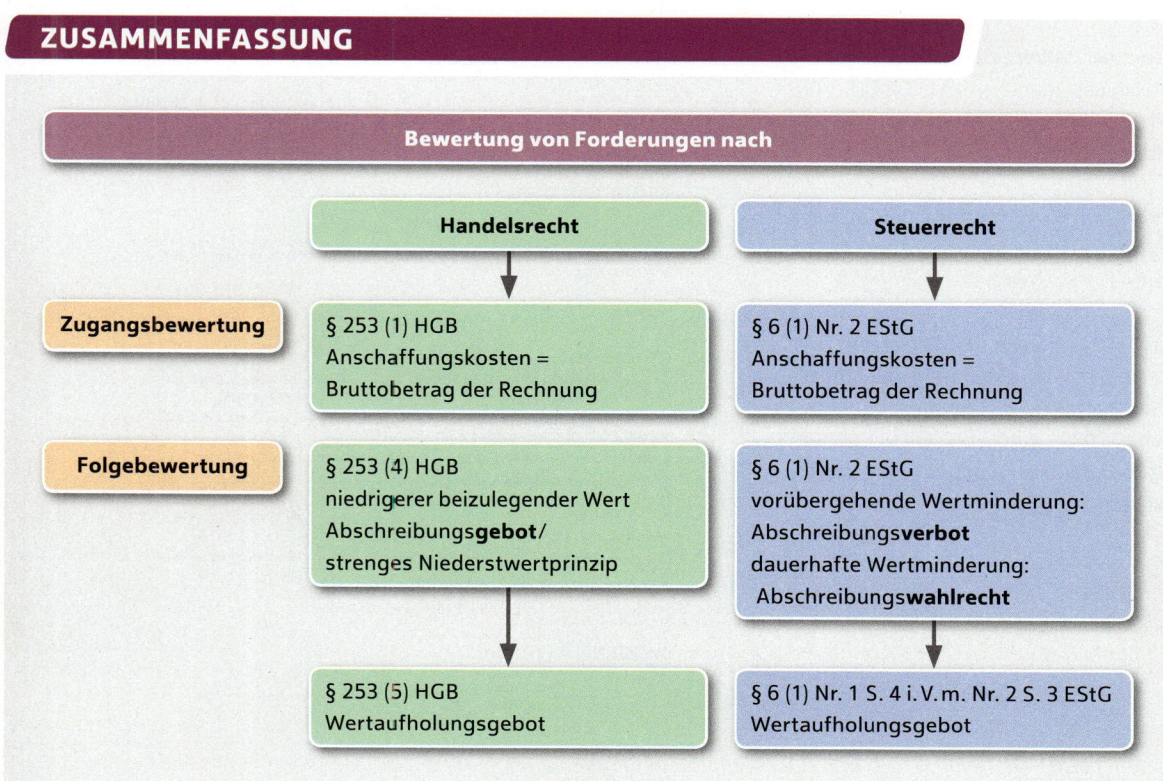

LERNFELD 8

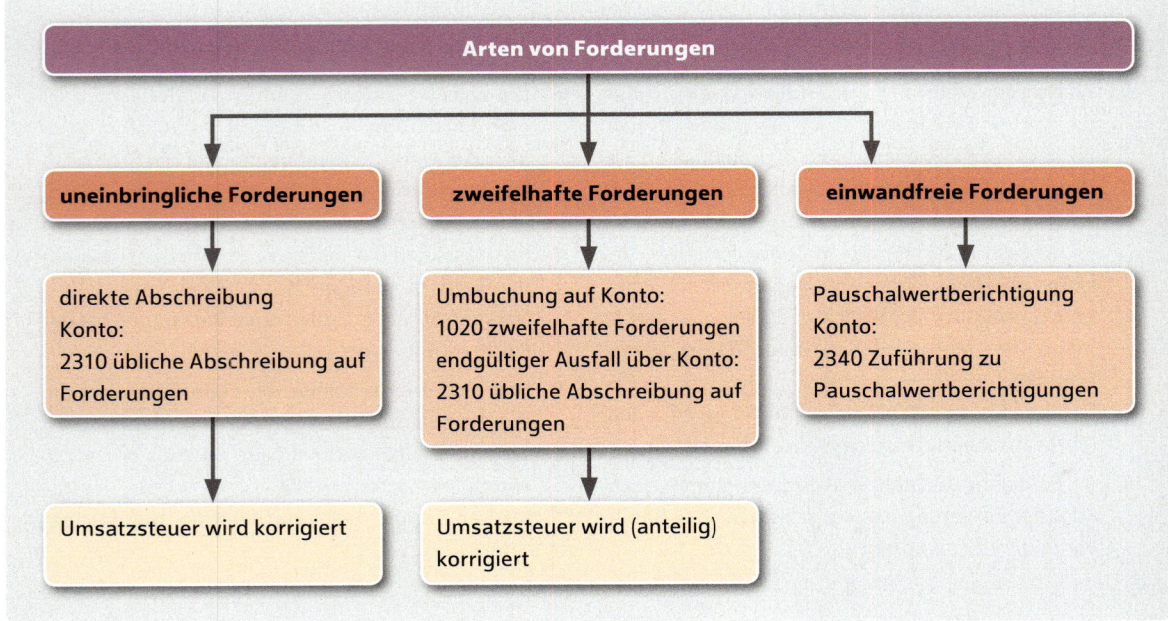

KAPITEL 6
Zeitliche Abgrenzung – Rückstellungen und Rechnungsabgrenzungsposten

Bei den Vorbereitungen zum Jahresabschluss der Fairtext GmbH zum 31.12.2020[1] unterstützt Anne Schulte Herrn Strahler.

Herr Strahler bittet Anne darum, dass sie sich um die zeitliche Abgrenzung von zwei Sachverhalten kümmert.

Er gibt ihr den folgenden Beleg, der zwar erst 2021 eingegangen ist. Allerdings erfolgte die Beauftragung bereits 2020 aufgrund eines großen Sturmschadens am Dach der Lagerhalle.

Deckert Bedachungen GmbH | Opelstraße 2 | 30655 Hannover

Fairtext GmbH
Walsroder Str. 6 a
30625 Hannover

Kunden-Nr.:	37115
Leistungsdatum:	2021-03-19
Bestelldatum:	2020-12-20
Sachbearbeiter/-in:	Herr Stickdorn
Telefon:	0511 2773-11
Telefax:	0511 2773-10
E-Mail:	c.stickdorn@deckert-wvd.de
Rechnung Nr.:	2090054
Rechnungsdatum:	2021-03-26

Rechnung

Sehr geehrte Damen und Herren,

Sie haben uns am 20.12.2020 den Auftrag für die umfangreiche Ausbesserung eines im Dezember 2020 entstandenen Schadens am Dach Ihrer Lagerhalle erteilt.

Die großflächige Ausbesserung und teilweise Neueindeckung des Daches in der Walsroder Str. 6 a, 30625 Hannover durch uns erfolgte im März 2021.

Hierfür erlauben wir uns vereinbarungsgemäß folgende Kosten zu berechnen:

Gesamtpreis laut Kostenvoranschlag:	20.000,00 €
19 % Umsatzsteuer	3.800,00 €
Rechnungsbetrag	23.800,00 €

Rechnungsbetrag zahlbar innerhalb von 14 Tagen netto.

Eine genaue Auflistung der Einzelpositionen ergibt sich aus dem Kostenvoranschlag.

Für Fragen stehen wir Ihnen gern zur Verfügung.

Mit freundlichen Grüßen

Deckert

Deckert

---

[1] Zur realitätsnäheren Darstellung wird in dem Einstiegsbeispiel eine konkrete Jahreszahl verwendet.

LERNFELD 8

Außerdem schildert Herr Strahler Anne, dass der Versicherungsbeitrag für einen im Fuhrpark der Fairtext GmbH befindlichen Lkw in Höhe von 900,00 € am 01.08.2020 fällig war und gezahlt wurde. Die Zahlung erfolgte für den Zeitraum vom 01.08.2020 bis zum 31.07.2021.

1. Erläutern Sie mit eigenen Worten, welche Probleme sich hinsichtlich der periodengerechten Gewinnermittlung aus den Belegen ergeben.
2. Geben Sie an, welche Buchungen aufgrund des Sturmschadens in den Jahren 2020 und 2021 notwendig werden.
3. Geben Sie an, welche Buchungen aufgrund der Zahlung der Versicherungsprämie in den Jahren 2020 und 2021 notwendig werden.

INFORMATIONEN

Wie in den vorangehenden Kapiteln bereits erwähnt, folgt die Buchführung unter anderem dem Prinzip der periodengerechten Gewinnermittlung. Dementsprechend sind Aufwendungen und Erträge in dem Geschäftsjahr zu erfassen, in dem sie wirtschaftlich entstanden sind (unabhängig vom Zeitpunkt der tatsächlichen Zahlung).

Dieses Grundprinzip der Buchführung macht in vielen Geschäftsfällen eine Periodenabgrenzung erforderlich.

In diesem Zusammenhang werden in diesem Kapitel folgende drei Gruppen der Periodenabgrenzung betrachtet:
- Aktive und passive Rechnungsabgrenzungsposten (RAP) (= transitorische Rechnungsabgrenzungsposten)
- Sonstige Forderungen und sonstige Verbindlichkeiten (= antizipative Rechnungsabgrenzungsposten)
- Rückstellungen

Aktive Rechnungsabgrenzungsposten

Es kommt oft vor, dass ein Unternehmer eine Rechnung für einen längeren Zeitraum erhält, die er sofort und in einer Summe tilgt. In diesen Fällen entsteht für den Unternehmer ein Aufwand für einen längeren Zeitraum. Sobald sich dieser Zeitraum über mehrere Geschäftsjahre erstreckt, ist er auf die Geschäftsjahre gemäß dem Prinzip der Periodenabgrenzung zeitanteilig aufzuteilen. Hierfür wird das Konto „0910 Aktive Rechnungsabgrenzungsposten"(ARAP) verwendet. Es handelt sich um ein aktives Bestandskonto, das in der Bilanz ausgewiesen wird.

Für die Bildung eines aktiven Rechnungsabgrenzungspostens müssen folgende Voraussetzungen vorliegen:
- **Ausgabe vor** dem **Bilanzstichtag**
- Aus der Ausgabe resultiert ein **Aufwand für eine bestimmte Zeit nach** dem **Bilanzstichtag**

BEISPIEL

Die Fairtext GmbH zahlte die Kfz-Versicherung für einen Lkw im Fuhrpark in Höhe von 900,00 € am 01.08.01 für den Zeitraum vom 01.08.01[1] bis zum 31.07.02 vom Bankkonto.

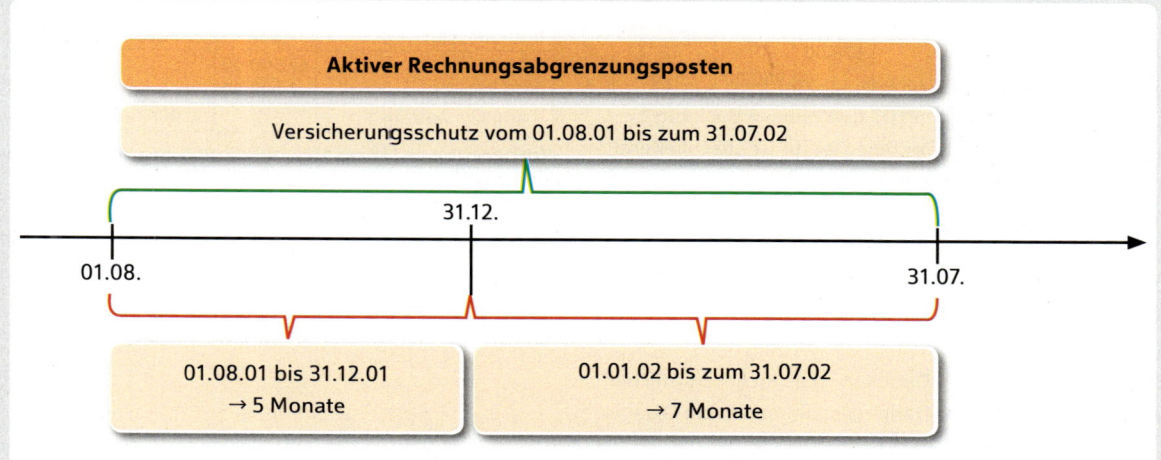

---
[1] Zur Vereinfachung geben wir hier und auf den folgenden Seiten immer die Buchungsjahre mit 01 und 02 an.

LERNFELD 8

Die laufende Buchung lautet:

Buchungssatz	Soll	Haben	GA
4260 Versicherungen	900,00		– 900,00
an 1310 Bank		900,00	

Bei der Erstellung des Jahresabschlusses wird nunmehr folgende vorbereitende Abschlussbuchung nötig:

Buchungssatz	Soll	Haben	GA
0910 ARAP	525,00		
an 4260 Versicherungen		525,00	+ 525,00

Durch die zweite Buchung wird der Aufwand, der auf das Geschäftsjahr 02 entfällt:
900,00 € · 7/12 = 525,00 €
rückgängig gemacht.

Der Rechnungsabgrenzungsposten wird in der Bilanz auf der Aktivseite ausgewiesen. Er stellt im Prinzip den Anspruch auf Versicherungsschutz im Folgejahr dar.

Die Auflösung erfolgt dann in der Buchführung 02 durch die Buchung

Buchungssatz	Soll	Haben	GA
4260 Versicherungen	525,00		– 525,00
an 0910 ARAP		525,00	

Durch diese Buchung wird der Gewinn im Jahr 02 um 525,00 € gemindert.

Die Bildung eines aktiven Rechnungsabgrenzungspostens kann z. B. nötig sein, bei der Zahlung von:
- Versicherungen,
- Löhnen,
- Zinsen,
- Mieten,
- Leasingzahlungen.

Da bei der Buchung des Aufwands bereits oftmals bekannt ist, dass eine Rechnungsabgrenzung im Rahmen der vorbereitenden Jahresabschlussbuchungen nötig sein wird, gibt es auch die Möglichkeit, dass der Sachbearbeiter die Rechnungsabgrenzung direkt bei der Erfassung des Belegs vornimmt.

Diese Variante ist einfacher und führt auch im Rahmen der unterjährig oftmals erforderlichen betriebswirtschaftlichen Auswertungen zu exakteren Ergebnissen, da der Aufwand sofort periodengerecht abgegrenzt wird.

BEISPIEL

Das obige Beispiel wäre bei direkter Erfassung am 01.08.01 wie folgt zu buchen:

Buchungssatz	Soll	Haben	GA
4260 Versicherungen	375,00		– 375,00
0910 ARAP	525,00		
an 1310 Bank		900,00	

Die Gewinnauswirkung in 01 durch diese Buchung beträgt sofort 375,00 €. Der Beleg ist für 01 abschließend in der Buchführung erfasst.

Disagio als Sonderform der aktiven Rechnungsabgrenzungsposten

Bei der Gewährung von Darlehen ist es im geschäftlichen Umfeld üblich, dass die Darlehenssumme um ein Disagio gemindert wird. Es wird nur der geminderte Betrag ausgezahlt. Das Disagio selbst stellt eine Art Zinsvorauszahlung für die Darlehenslaufzeit dar. Somit handelt es sich bei einem Disagio um Aufwand, der durch Nichtauszahlung des vollen Darlehensbetrags entsteht und eine (Zins-)Vorauszahlung für einen längeren Zeitraum (Darlehenslaufzeit) darstellt.

Aus diesem Grund ist das Disagio im Rahmen eines aktiven Rechnungsabgrenzungspostens darzustellen. Es gibt hierfür in der Regel ein gesondertes Konto. In dem Kontenplan für den Groß- und Außenhandel ist es das Konto „0920 Disagio". Der Unternehmer muss dem Kreditinstitut natürlich den vollen Darlehensbetrag (inklusive Disagio) zurückzahlen.

BEISPIEL

Die Hausbank zahlt der Fairtext GmbH am 01.10.01 ein endfälliges Darlehen in Höhe von 50.000,00 € unter Einbehalt eines Disagios in Höhe von 5 % aus. Die Laufzeit des Darlehens beträgt fünf Jahre.

Buchung der Auszahlung am 01.10.01:

Buchungssatz	Soll	Haben	GA
1310 Bank	47.500,00		
0920 Disagio	2.500,00		
an 0820 Verb. gg. KI		50.000,00	

Vorbereitende Jahresabschlussbuchung zum 31.12.01:

Das Disagio ist aufzuteilen auf fünf Jahre und zeitanteilig für das Jahr 01 aufzulösen.
Berechnung:
2.500,00 € : 5 Jahre · 3/12 = 125,00 €[1]

---

[1] Aus Vereinfachungsgründen wird die Berechnung nur mit einem endfälligen Darlehen dargestellt. Die Zinsstaffelmethode für Tilgungsdarlehen wird nicht betrachtet.

Buchungssatz	Soll	Haben	GA
2110 Zinsaufwendungen	125,00		– 125,00
an 0920 Disagio		125,00	

Die Gewinnauswirkung für Jahr 02 ergibt sich hier mit 125,00 € zeitanteiligem Zins für die Zeit vom 01.10. bis zum 31.12.01.

Auch hier besteht die Möglichkeit, dass die Rechnungsabgrenzung des Disagios bereits bei Darlehensauszahlung erfolgt.

BEISPIEL

Bezogen auf das vorherige Beispiel lautet die direkte Buchung:

Buchungssatz	Soll	Haben	GA
1310 Bank	47.500,00		
0920 Disagio	2.375,00		
2110 Zinsaufwendungen	125,00		– 125,00
an 0820 Verb. gg. KI		50.000,00	

Passive Rechnungsabgrenzungsposten

Erhält ein Unternehmer Zahlungen, die einen Ertrag für mehrere Geschäftsjahre darstellen, so ist – umgekehrt zur aktiven Rechnungsabgrenzung – ein passiver Rechnungsabgrenzungsposten zu bilden.

Der Ertrag ist dann wiederum auf die Geschäftsjahre aufzuteilen. In diesem Fällen wird das Konto „0930 Passive Rechnungsabgrenzungsposten" (= PRAP) verwendet, das in der Bilanz als passives Bestandskonto ausgewiesen wird.

Für die Bildung eines passiven Rechnungsabgrenzungspostens müssen folgende Voraussetzungen vorliegen:
- **Einnahme vor** dem **Bilanzstichtag**,
- aus der Einnahme resultiert ein **Ertrag für eine bestimmte Zeit nach dem Bilanzstichtag**.

Beispiele für die Bildung von passiven Rechnungsabgrenzungsposten sind:
- Miet- oder Pachtvorauszahlungen,
- Provisionserträge,
- Einnahmen aus Entschädigungen für mehrere Jahre.

Da bei der Buchung des Ertrags oft bereits bekannt ist, dass eine Rechnungsabgrenzung im Rahmen der vorbereitenden Jahresabschlussbuchungen nötig sein wird, gibt es auch die Möglichkeit, dass der Sachbearbeiter die

BEISPIEL

Die Fairtext GmbH erhielt die Miete für einen vermieteten Lagerraum in Höhe von 3.600,00 € am 01.04.01 für ein Jahr im Voraus auf das Bankkonto.

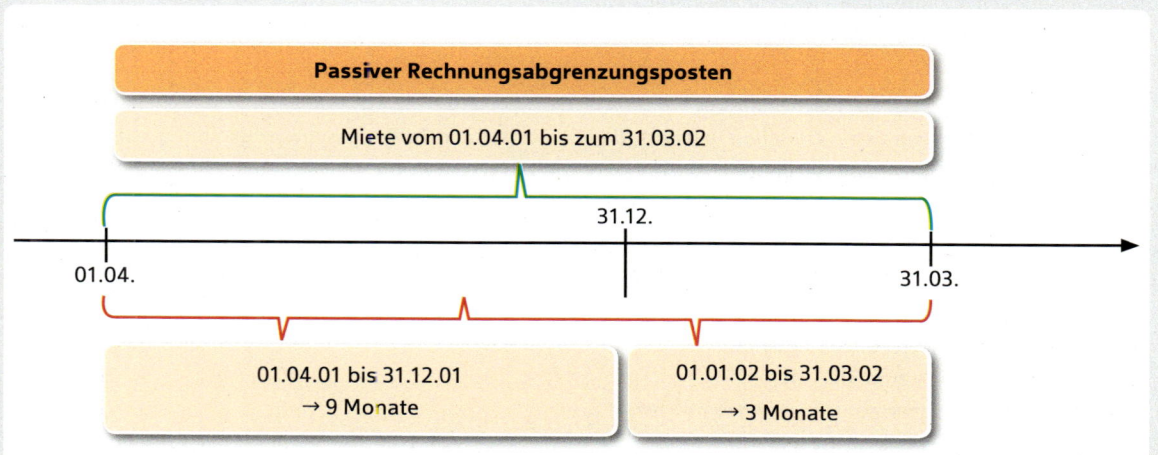

Die laufende Buchung lautet:

Buchungssatz	Soll	Haben	GA
1310 Bank	3.600,00		
an 8730 Mieterträge		3.600,00	+ 3.600,00

Bei der Erstellung des Jahresabschlusses wird nunmehr folgende vorbereitende Abschlussbuchung nötig:

Buchungssatz	Soll	Haben	GA
8730 Mieterträge	900,00		– 900,00
an 0930 PRAP		900,00	

Durch die zweite Buchung wird der Ertrag, der auf das Geschäftsjahr 02 entfällt,

LERNFELD 8

3.600,00 € · 3/12 = 900,00 €
rückgängig gemacht.

Der Rechnungsabgrenzungsposten wird in der Bilanz auf der Passivseite ausgewiesen. Er stellt im Prinzip die Verpflichtung zur Überlassung des Lagerraumes im Folgejahr dar.

Die Auflösung erfolgt dann in der Buchführung im Jahr

Buchungssatz	Soll	Haben	GA
0930 PRAP	900,00		
an 8730 Mieterträge		900,00	+ 900,00

Durch diese Buchung wird der Gewinn im Jahr 02 um 900,00 € erhöht.

Rechnungsabgrenzung direkt bei der Erfassung des Geldeingangs vornimmt. Diese Variante ist einfacher und führt auch im Rahmen der unterjährig oftmals erforderlichen betriebswirtschaftlichen Auswertungen zu exakteren Ergebnissen, da der Ertrag sofort periodengerecht abgegrenzt wird.

BEISPIEL

Das obige Beispiel wäre bei direkter Erfassung am 01.04.01 wie folgt zu buchen:

Buchungssatz	Soll	Haben	GA
1310 Bank	3.600,00		
an 8730 Mieterträge		2.700,00	+ 2.700,00
an 0930 PRAP		900,00	

Die Gewinnauswirkung im Jahr 01 durch diese Buchung beträgt sofort 2.700,00 €. Der Beleg ist für das Jahr 01 abschließend in der Buchführung erfasst.

Sonstige Forderungen

Durch die sogenannte antizipative Rechnungsabgrenzung werden in der Buchführung Aufwendungen und Erträge im Jahresabschluss vorweggenommen (antizipiert). Mit der Erfassung einer sonstigen Forderung wird ein Ertrag vorweggenommen. Die Erfassung erfolgt auf dem aktiven Bestandskonto „1130 Sonstige Forderungen". Durch die Erfassung der sonstigen Forderungen wird dem Grundsatz der periodengerechten Gewinnermittlung entsprochen.

Für die Erfassung einer sonstigen Forderung müssen folgende Voraussetzungen erfüllt sein:
- Ertrag für eine bestimmte Zeit vor dem Bilanzstichtag (wirtschaftliche Verursachung),
- Geldzufluss (Einnahme) erst im folgenden Geschäftsjahr.

Als sonstige Forderungen kommen beispielsweise in Betracht:
- zu erhaltende Mieten,
- zu erhaltende Zinsen,
- zu erhaltende Provisionen für das abgelaufene Geschäftsjahr.

BEISPIEL

Einem guten Kunden wurde ein Darlehen gewährt, da er kurzfristig in Zahlungsschwierigkeiten geraten war. Die Zinsen für den Monat Dezember 01 in Höhe von 100,00 € zahlt er erst am 21.01.02.

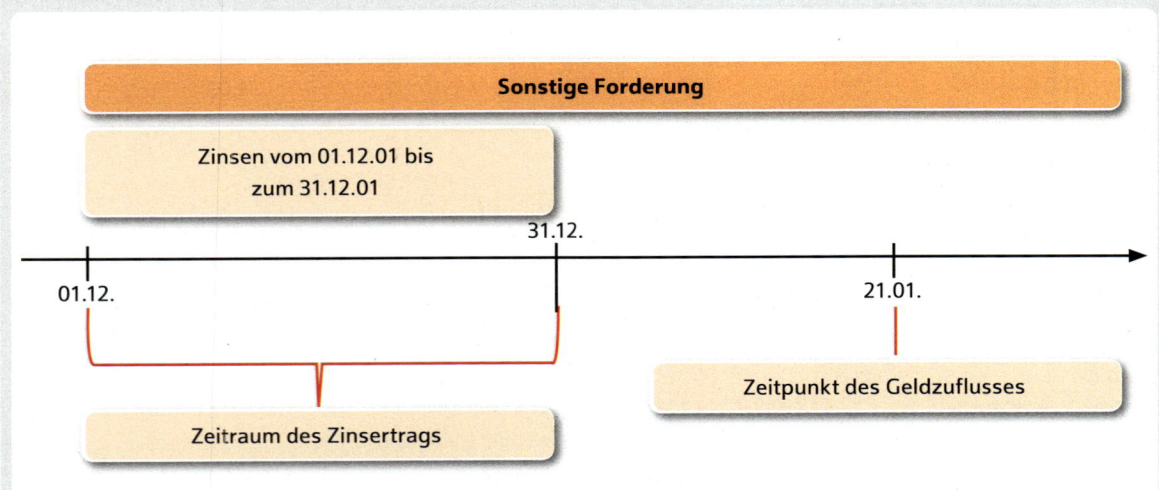

488

Im ablaufenden Geschäftsjahr 01 muss der Ertrag antizipiert, dass bedeutet vorweggenommen werden, da er wirtschaftlich diesem Geschäftsjahr zuzuordnen ist.

Buchung zum 31.12.01:

Buchungssatz	Soll	Haben	GA
1130 Sonstige Ford.	100,00		
an 2610 Zinserträge		100,00	+ 100,00

Der Gewinn im alten Geschäftsjahr wird durch die Erfassung des Zinsertrags um 100,00 € erhöht.

Buchung bei Zahlung im neuen Geschäftsjahr 02:

Buchungssatz	Soll	Haben	GA
1310 Bank	100,00		
an 1130 Sonstige Ford.		100,00	

Der Geldzufluss im neuen Geschäftsjahr wird erfolgsneutral erfasst.

Es kann auch notwendig sein, dass eine Aufteilung der Beträge vorgenommen wird, wenn der Ertrag anteilig im alten und im neuen Geschäftsjahr verursacht wurde (z. B. bei Mietzahlung, Zinszahlung für mehrere Monate).

Umsatzsteuer als sonstige Forderung

Sofern bei einer im auslaufenden Geschäftsjahr erbrachten Leistung Umsatzsteuer anfällt, entsteht diese bereits mit **Erbringung der Leistung**. Sie ist also im Jahresabschluss auszuweisen.

BEISPIEL

Für erbrachte Vermittlungsleistungen erhält die Fairtext GmbH für Dezember 01 1.000,00 € zzgl. 190,00 € Umsatzsteuer. Die Abrechnung erfolgt erst Ende Januar 02.

Buchung zum 31.12.01:

Buchungssatz	Soll	Haben	GA
1130 Sonstige Ford.	1.190,00		
an 8720 Provisionsertr.		1.000,00	+ 1.000,00
an 1810 Umsatzsteuer		190,00	

Die Umsatzsteuer ist bei Erbringung der Vermittlungsleistungen in 01 entstanden und somit auszuweisen.

Sonstige Verbindlichkeiten

Die sonstigen Verbindlichkeiten sind ebenfalls eine Form der antizipativen Periodenabgrenzung. Mit der Erfassung einer sonstigen Verbindlichkeit wird ein Aufwand vorweggenommen. Die Erfassung erfolgt auf dem passiven Bestandskonto „1940 Sonstige Verbindlichkeiten".

Durch die Erfassung der sonstigen Verbindlichkeiten wird dem Grundsatz der periodengerechten Gewinnermittlung entsprochen.

Für die Erfassung einer sonstigen Verbindlichkeit müssen folgende Voraussetzungen erfüllt sein:

- Aufwand für eine bestimmte Zeit vor dem Bilanzstichtag (wirtschaftliche Verursachung),
- Geldabfluss (Ausgabe) erst im folgenden Geschäftsjahr.

Als sonstige Verbindlichkeiten kommen beispielsweise in Betracht:

- noch zu zahlende Mieten,
- noch zu zahlende Zinsen,
- noch zu zahlende Beiträge,
- noch zu zahlende Provisionen,
- noch zu zahlende Löhne für das abgelaufene Geschäftsjahr.

BEISPIEL

Die Fairtext GmbH zahlt die Dezembermiete 01 für einen Geschäftsraum in Höhe von 2.000,00 € erst am 15.01.02.

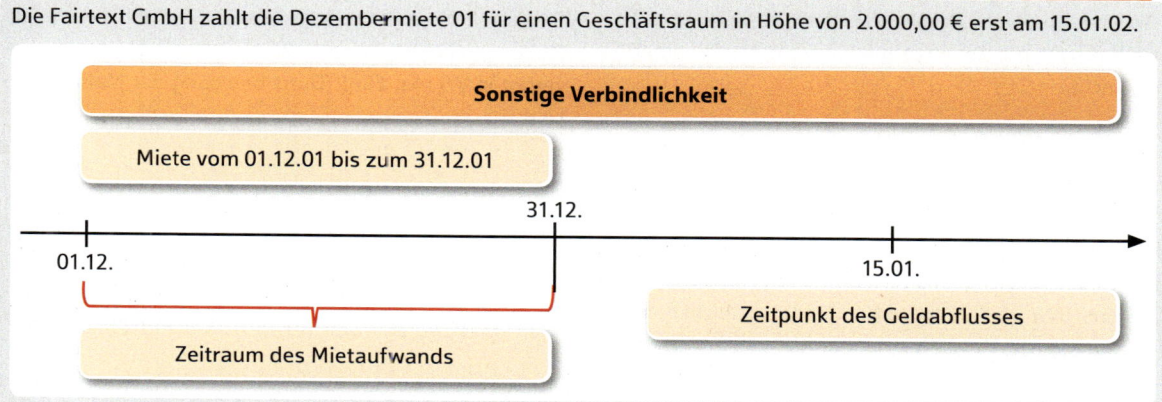

Im ablaufenden Geschäftsjahr 01 muss der Aufwand antizipiert, dass bedeutet vorweggenommen werden, da er wirtschaftlich diesem Geschäftsjahr zuzuordnen ist.

Buchung zum 31.12.01:

Buchungssatz	Soll	Haben	GA
4100 Mieten	2.000,00		– 2.000,00
an 1940 Sonstige Verb.		2.000,00	

Der Gewinn im alten Geschäftsjahr wird durch die Erfassung des Mietaufwands um 2.000,00 € gemindert.

Buchung bei Zahlung im neuen Geschäftsjahr 02:

Buchungssatz	Soll	Haben	GA
1940 Sonstige Verb.	2.000,00		
an 1310 Bank		2.000,00	

Der Geldabfluss im neuen Geschäftsjahr wird erfolgsneutral erfasst.

Vorsteuer als sonstige Verbindlichkeit

Für die Abziehbarkeit der Vorsteuerbeträge sieht § 15 (1) Nr. 1 UStG insbesondere das Vorliegen einer Rechnung vor. Somit kann die Vorsteuer nur dann erfasst werden, wenn zum Abschlussstichtag die Rechnung vorliegt.

In einigen Kontenplänen existiert für derartige Sachverhalte ein Konto „Vorsteuer im Folgejahr abzugsfähig". Der Kontenrahmen für den Groß- und Außenhandel sieht dieses Konto nicht vor.

BEISPIEL

In den Räumlichkeiten der Fairtext GmbH wird im Dezember des Jahres 01 ein Fenster repariert. Die Rechnung für die Reparatur über 500,00 € zzgl. 95,00 € geht erst am 15.01.02 bei der Fairtext GmbH ein.

Buchung zum 31.12.01:

Buchungssatz	Soll	Haben	GA
4710 Instandhaltung	500,00		– 500,00
an 1940 Sonstige Verb.		500,00	

Es wird zunächst nur der Nettobetrag erfasst, da die Vorsteuer noch nicht entstanden ist.

Buchung bei Zahlung im neuen Geschäftsjahr 02:

Buchungssatz	Soll	Haben	GA
1940 Sonstige Verb.	500,00		– 500,00
1410 Vorsteuer	95,00		
an 1310 Bank		595,00	

Im folgenden Geschäftsjahr liegt die Rechnung vor und die Vorsteuer wird somit erfasst und beim Finanzamt im Rahmen der Umsatzsteuervoranmeldung geltend gemacht.

Rückstellungen

In einem Unternehmen ergeben sich teilweise auch Risiken, die hinsichtlich ihrer Höhe und hinsichtlich ihres Grundes bzw. des Zeitpunktes der tatsächlichen Inanspruchnahme noch nicht endgültig feststehen. Derartige Risiken stellen mögliche Verbindlichkeiten dar und sind gemäß dem Vorsichtsprinzip im Jahresabschluss zu berücksichtigen (Imparitätsprinzip). Sie werden als Rückstellungen bezeichnet.

Für die Bildung von Rückstellungen müssen dementsprechend folgende Voraussetzungen erfüllt sein:
- Aufwand vor dem Bilanzstichtag
- Ausgabe nach dem Bilanzstichtag
- Ungewissheit hinsichtlich der Höhe und/oder dem Grund der Rückstellung

Gemäß § 249 HGB sind Rückstellungen handelsrechtlich in folgenden Fällen zu bilden:
- für ungewisse Verbindlichkeiten (auch Steuerrückstellungen),
- für drohende Verluste aus schwebenden Geschäften (Drohverlustrückstellungen),
- für unterlassene Aufwendungen für Instandhaltung, die innerhalb von drei Monaten im folgenden Geschäftsjahr nachgeholt werden (Instandhaltungsrückstellungen),
- für Abraumbeseitigung, die im folgenden Geschäftsjahr nachgeholt wird,
- für Gewährleistungen, die ohne rechtliche Verpflichtung erbracht werden.

Im Steuerrecht sind grundsätzlich Rückstellungen zu bilden, die auch handelsrechtlich zwingend anzusetzen sind (Maßgeblichkeit der Handelsbilanz). Für Drohverlustrückstellungen besteht steuerrechtlich allerdings ein Ansatzverbot in § 5 (4a) EStG (Durchbrechung der Maßgeblichkeit).

BEISPIEL

Aufgrund eines Sturmschadens war im Dezember des Jahres 01 die Reparatur einer Lagerhalle erforderlich geworden. In der Fairtext GmbH war beschlossen worden, dass die Reparatur, die voraussichtlich 20.000,00 €

zzgl. 3.800,00 € USt kosten würde, erst im März 02 nachgeholt werden soll.
Bei Bilanzaufstellung im Mai 02 geht aus den Belegen hervor, dass die Reparatur tatsächlich im März 02 zu den geplanten Kosten durchgeführt wurde.
In der Handels- und Steuerbilanz ist eine Rückstellung für unterlassene Aufwendungen für Instandhaltung zum 31.12.01 im Jahresabschluss zu erfassen, da die Instandhaltung im Jahr 01 durch den Sturm begründet ist und innerhalb von drei Monaten im Jahr 02 nachgeholt wurde.

Da Rückstellungen zum Fremdkapital eines Unternehmens gehören, werden sie als passive Bestandskonten in der Bilanz abgebildet.

Die Erfassung einer Rückstellung erfolgt über die Buchung
Aufwandskonto an Rückstellungskonto

Eine Rückstellung wird immer zu ihrem Nettobetrag erfasst. Eventuell abziehbare Vorsteuer wird erst bei Vorliegen der Voraussetzungen für den Vorsteuerabzug – insbesondere bei Vorliegen einer ordnungsgemäßen Rechnung – erfasst.

Insbesondere werden Rückstellungen auf folgenden Konten gebucht:[1]

- 0722 Steuerrückstellungen → für im ablaufenden Geschäftsjahr bedingte Steuerzahlungen, die in ihrer Höhe bei Bilanzaufstellung noch ungewiss sind

BEISPIEL

Für das ablaufende Geschäftsjahr 01 wird sich für die Fairtext GmbH voraussichtlich eine Körperschaftsteuernachzahlung in Höhe von 10.000,00 € (inkl. Solidaritätszuschlag) ergeben. Bei Erstellung des Jahresabschlusses liegt noch keine Steuerfestsetzung seitens des Finanzamts vor, da der Jahresabschluss ja die Grundlage der Steuerfestsetzung darstellt.
Die Steuernachzahlung ist hinsichtlich ihrer Höhe noch ungewiss, weil es noch keinen Körperschaftsteuerbescheid für den Veranlagungszeitraum 01 gibt. Die Berechnungen des Steuerberaters, die eine Nachzahlung in Höhe von 10.000,00 € ergeben, stellen die bestmögliche Schätzung dar. Es ist eine Körperschaftsteuerrückstellung zu bilden.

Buchung zum 31.12.01:

Buchungssatz	Soll	Haben	GA
2210 KSt	10.000,00		– 10.000,00
an 0722 Steuerrückst.		10.000,00	

Auf der Grundlage des Jahresabschlusses setzt das Finanzamt mit Bescheid vom 07.12.02 eine Körperschaftsteuernachzahlung in Höhe von 10.000,00 € fest.

Auflösung der Rückstellung im Dezember 02:

Buchungssatz	Soll	Haben	GA
0722 Steuerrückst.	10.000,00		
an 1910 Verb. aus Steuern		10.000,00	

Die Rückstellung ist durch Zugang des Bescheids aufzulösen, da die Ungewissheit hinsichtlich Grund und Höhe der Körperschaftsteuernachzahlung entfällt. Ab Zugang des Bescheids ist die Nachzahlung als Verbindlichkeit auszuweisen.
Aufgrund eines Lastschriftmandats belastet die Finanzkasse das Bankkonto am 09.01.03 das Bankkonto der Fairtext GmbH mit 10.000,00 € für die Körperschaftsteuernachzahlung des Jahres 01.

Buchung bei Zahlung im Jahr 03:

Buchungssatz	Soll	Haben	GA
1910 Verb. aus Steuern	10.000,00		
an 1310 Bank		10.000,00	

- 0724 Sonstige Rückstellungen → für die übrigen Rückstellungen.

BEISPIEL

Für den im Dezember 01 entstandenen Sturmschaden ist im Rahmen der vorbereitenden Abschlussbuchungen für den Jahresabschluss 01 zu buchen:

Buchung zum 31.12.01:

Buchungssatz	Soll	Haben	GA
4710 Instandhaltung	20.000,00		– 20.000,00
an 0724 Sonst. Rückstellungen		20.000,00	

---

[1] Aus Vereinfachungsgründen können die Rückstellungen auch immer über das Konto „0720 Rückstellungen" erfolgen.

LERNFELD 8

Auflösung der Rückstellung im März 02:

Buchungssatz	Soll	Haben	GA
0724 Sonst. Rückst.	20.000,00		
1410 Vorsteuer	3.800,00		
an 1310 Bank		23.800,00	

Auflösung von Rückstellung mit Ertrag/Aufwand

Rückstellungen sind zum Zeitpunkt ihrer Bildung betragsmäßig häufig ungewiss. Wenn sich nachträglich abweichende Beträge ergeben, muss die entstehende Differenz erfolgsmäßig noch in der Bilanz abgebildet werden.

Wenn die ursprünglich gebildete Rückstellung zu hoch war, erfolgt dies durch einen zusätzlichen Ertrag, der auf dem Konto „2760 Erträge aus der Auflösung von Rückstellungen" zu erfassen ist.

BEISPIEL

Der Sturmschaden aus den vorherigen Beispielen wird beseitigt. Die tatsächlichen Kosten betragen nur 18.000,00 € zzgl. 3.420,00 € Umsatzsteuer.

Auflösung der Rückstellung im März 02:

Buchungssatz	Soll	Haben	GA
0724 Sonst. Rückst.	20.000,00		
1410 Vorsteuer	3.420,00		
an 1310 Bank		21.420,00	
an 2760 Ertr. a. Aufl. v. Rückstellungen		2.000,00	+ 2.000,00

Es ergibt sich eine Gewinnerhöhung in Jahr 03 in Höhe von 2.000,00 €.

Wenn die ursprünglich gebildete Rückstellung zu niedrig war, erfolgt dies durch einen zusätzlichen Aufwand, der auf dem Konto „2030 Periodenfremde Aufwendungen" zu erfassen ist.

BEISPIEL

Der Sturmschaden aus den vorherigen Beispielen wird beseitigt. Die tatsächlichen Kosten betragen 23.000,00 € zzgl. 4.370,00 € Umsatzsteuer.

Auflösung der Rückstellung im März 02:

Buchungssatz	Soll	Haben	GA
0724 Sonst. Rückst.	20.000,00		
2020 Periodenfr. Aufw.	3.000,00		– 3.000,00
1410 Vorsteuer	4.370,00		
an 1310 Bank		27.370,00	

Es ergibt sich eine Gewinnminderung in Jahr 02 in Höhe von 3.000,00 €.

AUFGABEN

1. Beschreiben Sie anhand eines von Ihnen gewählten Beispiels die Voraussetzungen und das Vorgehen bei der Buchung
   a) eines aktiven Rechnungsabgrenzungspostens
   b) eines passiven Rechnungsabgrenzungspostens
   c) einer Sonstigen Forderung
   d) einer Sonstigen Verbindlichkeit.

2. Gehen Sie für die folgenden Sachverhalte davon aus, dass die Fairtext GmbH einen möglichst niedrigen Gewinn wünscht. Der Jahresabschluss wird im September 02 durch einen Steuerberater erstellt.
   a) Nehmen Sie für alle Sachverhalte die Buchungen vor, die im ablaufenden Geschäftsjahr 01 erforderlich sind.
   b) Nehmen Sie – falls notwendig – die erforderlichen Buchungen im Geschäftsjahr 02 vor.
      1 Die Fairtext GmbH zahlt am 01.10.01 eine Versicherungsprämie für eine betriebliche Brandschutzversicherung für den Zeitraum 01.10.01 bis zum 30.11.02 in Höhe von 2.160,00 € im Voraus vom Bankkonto.
      2 Auf dem Bankkonto der Fairtext GmbH geht die Miete für eine Lagerhalle für Dezember für 01 erst am 12.01.02 in Höhe von 2.000,00 € zzgl. 380,00 € USt ein.
      3 Die Fairtext GmbH hat einem Lieferanten einen endfälligen Kredit gewährt. Die Zinsen in Höhe von 450,00 € für die Zeit vom 01.12.01 bis zum 28.02.02 gehen zum 01.03.02 auf dem Bankkonto ein. Tilgungen erfolgten keine.

4 Für die Erstellung des Jahresabschlusses 01 fallen voraussichtlich Kosten in Höhe von 6.000,00 € zzgl. 19 % USt an.

5 Aufgrund eines Wasserschadens muss eine Lagerhalle repariert werden. Der Schaden ist im Zuge eines Unwetters im November 01 entstanden. Die Reparaturen werden im März 02 nachgeholt. Die Rechnung geht im März ein. Die Kosten belaufen sich auf 8.925,00 € inkl. 19 % USt.

6 Für das Jahr 01 ist mit einer Körperschaftsteuernachzahlung in Höhe von 12.000,00 € zu rechnen. Dies soll im Jahresabschluss 01 berücksichtigt werden.

7 Der Körperschaftsteuerbescheid 01 geht am 23.10.02 ein. Die Körperschaftsteuernachzahlung beträgt tatsächlich 14.000,00 €.

8 Eine Maschine wird von der Fairtext GmbH geleast. Die Leasingrate für die Zeit vom 01.06.01 bis zum 31.05.02 in Höhe von 9.600,00 € zzgl. 19 % USt wird zum 01.06.01 vom Bankkonto gezahlt.

9 Die Abrechnung für einen Handelsvertreter für den Zeitraum 01.08.01 bis 31.07.02 wird am 01.08.02 überwiesen. Die Provisionen betragen insgesamt 15 000,00 € zzgl. 19 % USt und sind gleichmäßig auf den Zeitraum verteilt.

10 Es wurde im Jahresabschluss des Jahres 00 eine Rückstellung für Prozesskosten in Höhe von 10.000,00 € gebildet, da die Fairtext GmbH die Klage eines Kunden zu befürchten hatte. Die Unstimmigkeiten wurden aber im Jahr 01 ausgeräumt und die Klage somit abgewendet.

3. Die SemTec GmbH ist ein Elektrohandel mit Sitz in Köln. Buchen Sie die folgenden Sachverhalte für die SemTec GmbH.

1 Die SemTec GmbH erhält am 07.08.01 von einem Lieferanten die Rechnung für die Lieferung von 10 Flatscreens zu je 600,00 €. Hinzu kommen 25,00 € für die Transportversicherung sowie 19 % USt. Der Lieferant räumt bei Zahlung innerhalb von 10 Tagen 2,5 % Skonto auf den Warenwert ein.

2 Die SemTec GmbH überweist den Preis für die Flatscreens am 11.08.01 unter Abzug des gewährten Skontos vom Bankkonto.

3 Die SemTec GmbH erhält eine Bestellung über einen Kühlschrank, der im Geschäft mit 3.570,00 € inkl. 19 % USt ausgezeichnet ist.

4 Die vereinbarte Anzahlung in Höhe von 10 % des Verkaufspreises für den Kühlschrank aus dem vorherigen Sachverhalt geht am 07.11.01 auf dem Bankkonto ein.

5 Am 12.11.01 erfolgt die Lieferung des Kühlschranks an den Kunden.

6 Am 20.11.01 geht der Restbetrag für den Kühlschrank auf dem Bankkonto ein.

7 Die SemTec GmbH kauft am 17.10.01 einen Büroschrank für 148,00 € inkl. USt mit Girokarte. Die Nutzungsdauer beträgt 13 Jahre.

8 Am 21.10.01 wird für den Büroraum ein Schreibtisch für netto 815,97 € zzgl. USt auf Ziel angeschafft. Nutzungsdauer 13 Jahre.

9 Am 04.11.01 wird der Kaufpreis für den Schreibtisch nach Abzug von Skonto 951,58 € vom Bankkonto überwiesen.

10 Buchen Sie die höchstmögliche Abschreibung für den Schreibtisch aus den vorherigen Sachverhalten zum 31.12.01.

11 Die SemTec GmbH kauft am 28.11.01 eine neue Registrierkasse (Nutzungsdauer sechs Jahre) für 8.000,00 € zzgl. 19 % USt gegen Rechnung auf Ziel.

12 Berechnen und buchen Sie die Abschreibung für die angeschaffte Registrierkasse zum 31.12.01.

13 Bei dem Kunden Ben Stüller wurde im Dezember 01 überraschend die Eröffnung eines Insolvenzverfahrens mangels Masse abgelehnt. Die SemTec GmbH hat ihm gegenüber eine Forderung in Höhe von 2.975,00 €.

14 Für die zweifelhafte Forderung an den Kunden S. Steiger, die mit 60 % wertberichtigt worden war, sind 1.500,00 € auf dem Bankkonto eingegangen. Der Rest ist endgültig verloren.

15 Die SemTec GmbH kauft am 07.09.01 ein Grundstück mit Gebäude (Baujahr: 2009) für 320.000 €. Der Anteil an Grund und Boden beträgt 25 %. Übergang von Nutzen und Lasten am 15.10.01.

16 Die SemTec GmbH überweist die Grunderwerbsteuer (5 %) per Banküberweisung am 03.11.01.

17 Die SemTec GmbH tätigt vom Bankkonto folgende Überweisungen am 17.11.01:
   – Notarkosten für den Kaufvertrag in Höhe von 3.000,00 € zzgl. USt
   – notwendige Kosten für die Grundbucheintragung in Höhe von 1.000,00 €

LERNFELD 8

18 Berechnen und buchen Sie die Abschreibung des Gebäudes zum 31.12.01 mit einem Satz von 3 %.

19 Bei einem Geschäftsgrundstück sinkt der Wert gemäß einem unabhängigen Gutachten dauerhaft auf 220.000,00 €. Der Buchwert des Grundstücks am 31.12.01 beträgt noch 250.000,00 €. (Betrachtung der Handelsbilanz)

20 Aufgrund eines Wasserschadens wurde am 14.12.01 der Fußboden in einem Büroraum repariert. Am 23.01.02 erhält die SemTec GmbH die Rechnung. Sie lautet über 1.200,00 € zzgl. 19 % USt. Der Vorgang ist noch nicht erfasst.

AKTION FÜR KAPITEL 5 UND 6

Die Jahresabschlüsse von DAX-Konzernen sind auf der jeweiligen Homepage des Konzerns veröffentlicht. Halten Sie die Lösungen zu den Teilaufgaben c) bis i) in einer digitalen Präsentation für die Klasse fest. Nutzen Sie zur Vereinfachung die Möglichkeiten des *Snipping Tools* (s. weiter unten).

a) Recherchieren Sie im Internet. Verschaffen Sie sich einen Überblick über die 30 DAX-Konzerne.
b) Suchen Sie sich einen DAX-Konzern heraus und stellen Sie kurz das Geschäftsfeld dieses Konzerns zusammen.
c) Finden Sie auf der Homepage den letzten veröffentlichten Jahresabschluss nach HGB. Stellen Sie die wesentlichen Geschäftszahlen aus dem Jahresabschluss vor. Hierunter fallen z. B.:
   – Wirtschaftsjahr
   – Bilanzsumme
   – Eigenkapital
   – Gewinn/Verlust
   – größte Positionen auf der Aktivseite
   – größte Positionen auf der Passivseite (ohne Eigenkapital)
   – größte Positionen bei den Aufwendungen
   – für Sie überraschende Erkenntnisse aus dem Jahresabschluss
d) Stellen Sie die Aussagen in dem Jahresabschluss zusammen, die sich mit der Bewertung von Forderungen befassen, und versuchen Sie diese zu erklären.
e) Stellen Sie die Aussagen in dem Jahresabschluss zusammen, die sich mit der Bewertung von Verbindlichkeiten befassen, und versuchen Sie diese zu erklären.
f) Verschaffen Sie sich einen Überblick über die Rückstellungen des DAX-Konzerns. Stellen Sie Rückstellungen und die Aussagen zu deren Bildung/Bewertung usw. zusammen.
g) Verschaffen Sie sich einen Überblick über die Aktiven Rechnungsabgrenzungsposten des DAX-Konzerns. Stellen Sie Rechnungsabgrenzung und die Aussagen zu deren Bildung/Bewertung usw. zusammen.
h) Verschaffen Sie sich einen Überblick über die Passiven Rechnungsabgrenzungsposten des DAX-Konzerns. Stellen Sie Rechnungsabgrenzung und die Aussagen zu deren Bildung/Bewertung usw. zusammen.
i) Halten Sie Probleme/Tipps/Tricks/Erkenntnisse zum Umgang mit dem *Snipping Tool* am Ende Ihrer Präsentation fest.
j) Stellen Sie Ihre Ergebnisse vor der Klasse in digitaler Form vor.
k) Stellen Sie die Ergebnisse für die Klasse online zur Verfügung.

Sie finden das Snipping Tool, indem Sie auf jedem Endgerät mit Windows als Betriebssystem unten links in der Suche:

einfach „Snipping Tool" eingeben und das Programm dann öffnen:

LERNFELD 8

Das Tool ist wie folgt aufgebaut:

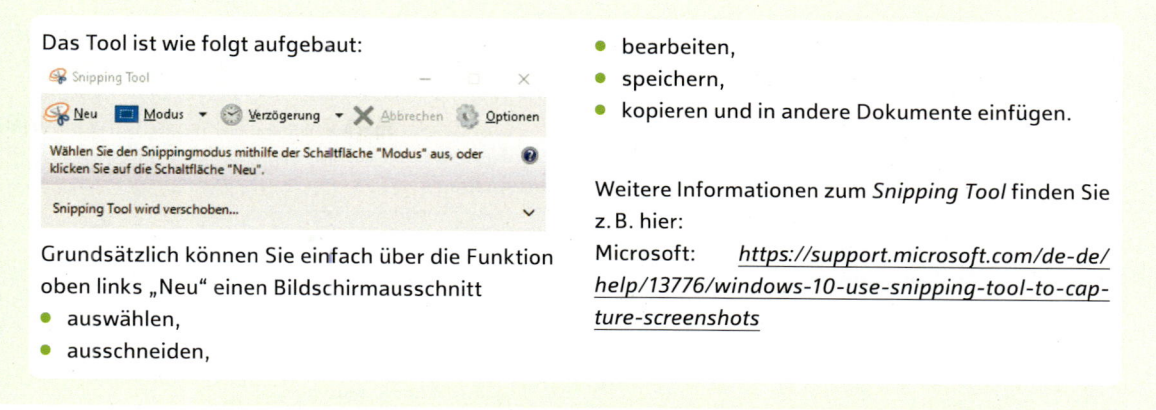

Grundsätzlich können Sie einfach über die Funktion oben links „Neu" einen Bildschirmausschnitt
- auswählen,
- ausschneiden,
- bearbeiten,
- speichern,
- kopieren und in andere Dokumente einfügen.

Weitere Informationen zum *Snipping Tool* finden Sie z. B. hier:

Microsoft: https://support.microsoft.com/de-de/help/13776/windows-10-use-snipping-tool-to-capture-screenshots

ZUSAMMENFASSUNG

Aktiver Rechnungsabgrenzungsposten = transitorischer RAP

Voraussetzungen:
- Ausgabe vor dem Bilanzstichtag
- Aufwand für eine bestimmte Zeit nach dem Bilanzstichtag

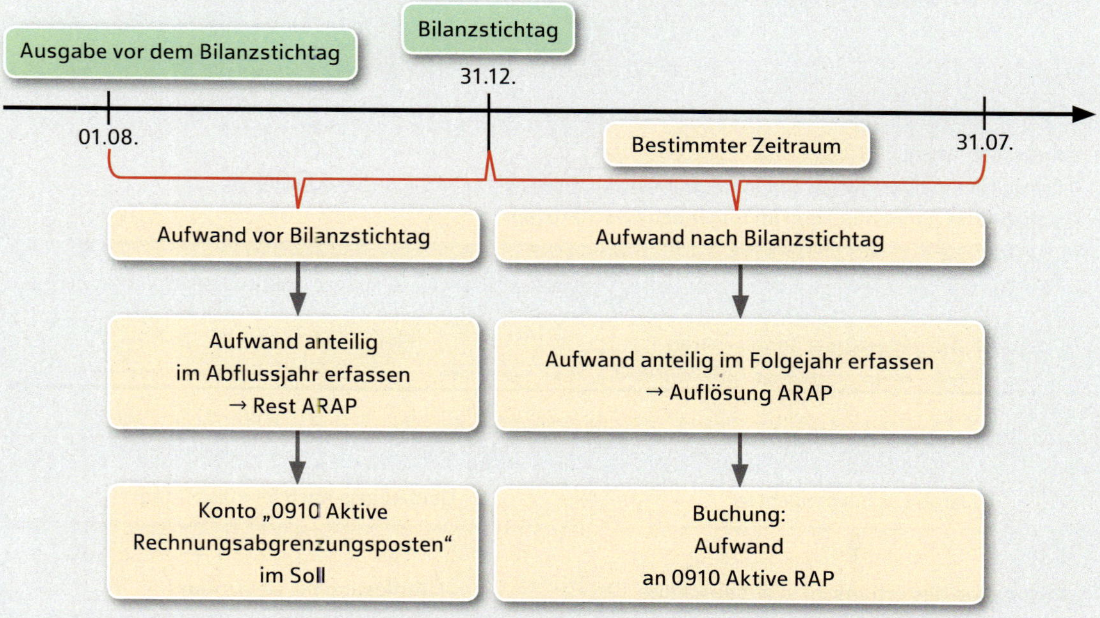

Ausgabe vor dem Bilanzstichtag — 01.08.
Bilanzstichtag — 31.12.
Bestimmter Zeitraum — 31.07.

Aufwand vor Bilanzstichtag
→ Aufwand anteilig im Abflussjahr erfassen
→ Rest ARAP
→ Konto „0910 Aktive Rechnungsabgrenzungsposten" im Soll

Aufwand nach Bilanzstichtag
→ Aufwand anteilig im Folgejahr erfassen
→ Auflösung ARAP
→ Buchung: Aufwand an 0910 Aktive RAP

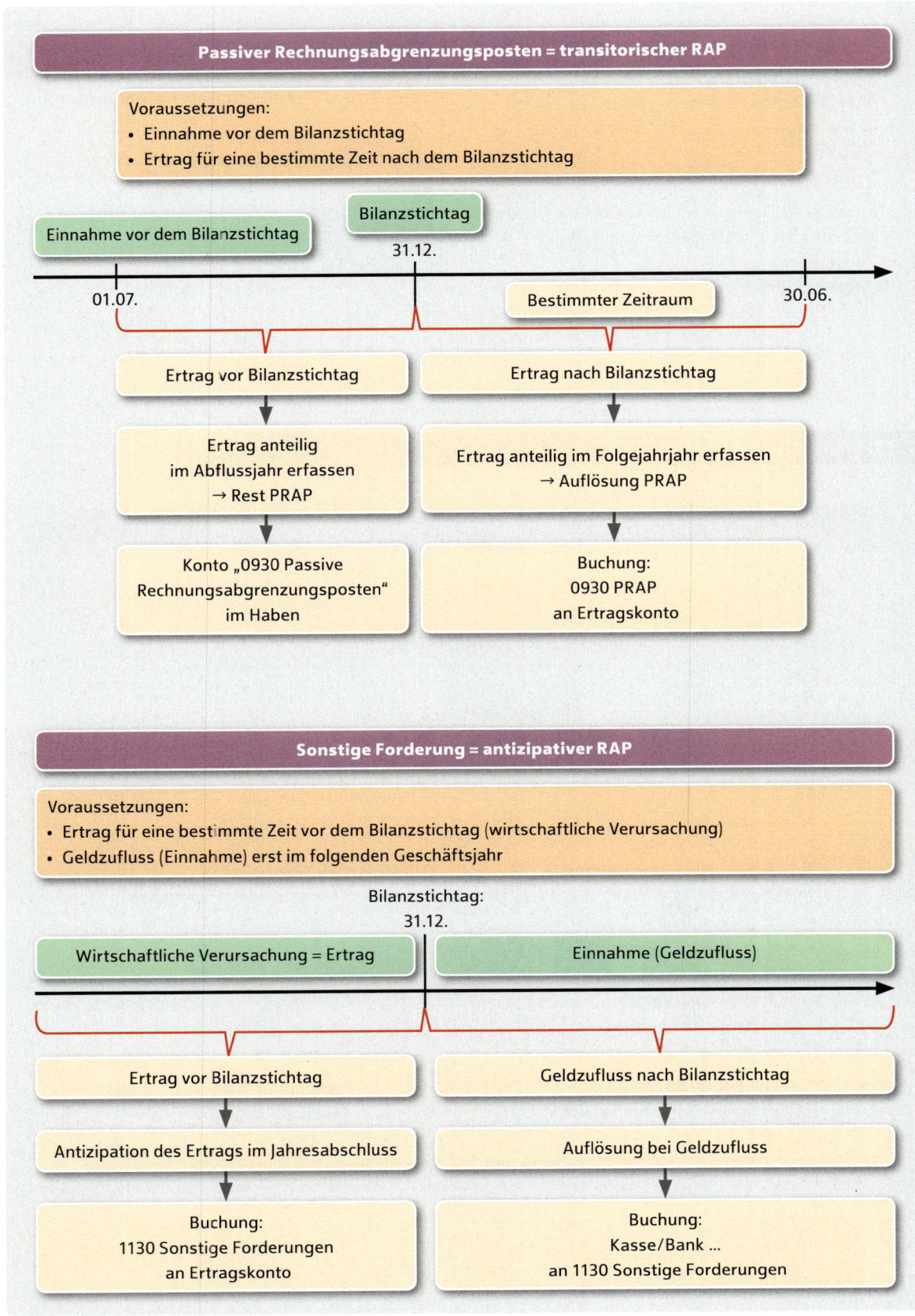

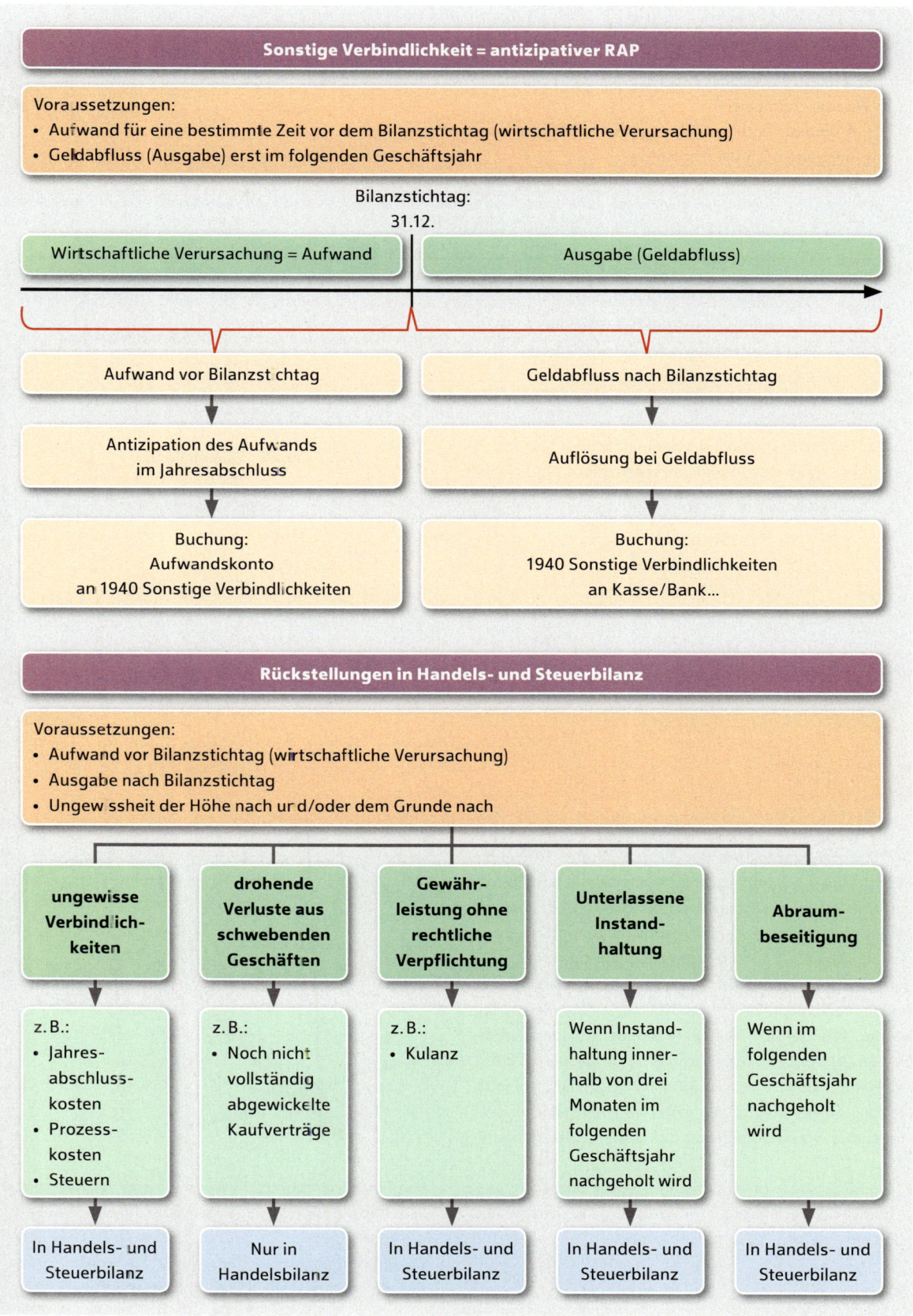

LERNFELD 8

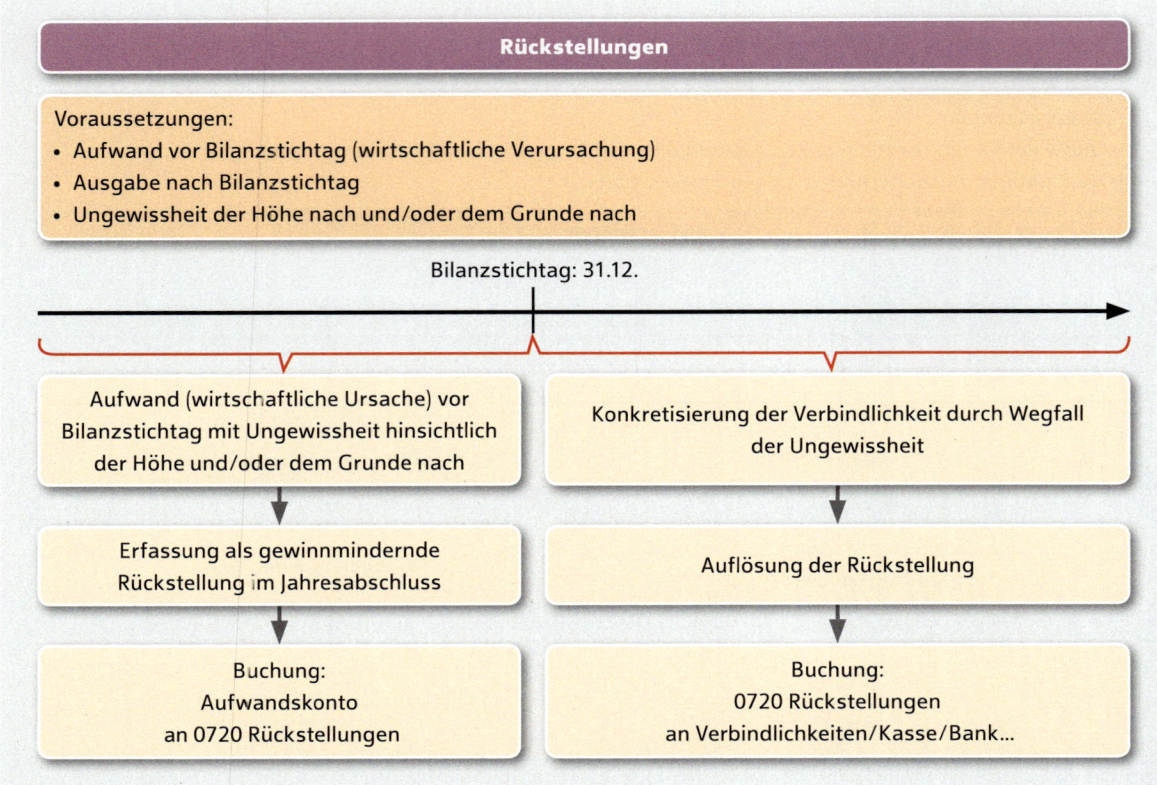

KAPITEL 7
Analyse des Jahresabschlusses

Die Controllingabteilung der Fairtext GmbH trifft sich nächste Woche zu einem Quartalsmeeting. Mete Özcan darf im Rahmen seines Ausbildungsabschnitts daran teilnehmen. In einer E-Mail wurde angekündigt, dass der Schwerpunkt auf die Vorstellung der aktuellen Finanzperspektive und der Analyse des Jahresabschlusses der verschiedenen Filialen der Fairtext GmbH gelegt werden soll. Da sich Mete bereits einen ersten theoretischen Überblick über Kennzahlen im Allgemeinen erarbeitet hat, möchte er sich nun im Speziellen auf das Meeting vorbereiten. Dazu testet er zunächst sein bestehendes Wissen, um dieses anknüpfend auszubauen.

1. Sie haben bereits verschiedene Kennzahlen kennengelernt. Überlegen Sie, in welchem die finanzielle Sichtweise eine Rolle spielen könnte.

2. Der Finanzperspektive werden die sog. betriebswirtschaftlichen Kennzahlen zugeordnet. Im ersten Ausbildungsjahr haben Sie bereits betriebswirtschaftliche Zahlen kennengelernt. Wiederholen Sie, welche Zahlen das waren und welche Erkenntnisse sie liefern können.

INFORMATIONEN

Betriebswirtschaftliche Kennzahlen

Nachdem der erste theoretische Überblick vorgenommen wurde, gilt es nun, inhaltlich mehr in die Tiefe zu gehen. Jedes Unternehmen – ob stationärer Einzelhandel oder moderner Groß- und Außenhandels-Akteur – kontrolliert den Erfolg seiner Maßnahmen u. a. auch anhand von betriebswirtschaftlichen Kennzahlen. Sie geben Auskunft darüber, wie erfolgreich das Unternehmen grundsätzlich gearbeitet hat. Somit bilden die betriebswirtschaftlichen Kennzahlen auch im Großhandel und im Außenhandel eine wichtige Grundlage, um ein Controllingsystem aufzubauen.

Die ermittelten Einzelkennzahlen können sodann in einem Kennzahlensystem – beispielsweise in einer Balanced Scorecard – dargestellt werden.

Möchte die Fairtext GmbH den Erfolg ihrer Filialen betriebswirtschaftlich bewerten, so lassen sich dafür eine ganze Reihe von betriebswirtschaftlichen Kennzahlen näher betrachten. Eine solche **betriebswirtschaftliche Betrachtung** ist eine Analyse, die von jedem wirtschaftlich orientierten Unternehmen permanent durchgeführt werden sollte, um den Erfolg stets im Blick zu haben. Permanent bedeutet dabei, dass bestimmte Kennzahlen i. d. R. monatlich, mindestens jedoch zu jedem Quartal präsentiert werden sollten. Größere Unternehmen können bzw. sollten auch auf Knopfdruck in der Lage sein – mittels der Unterstützung geeigneter Software (Dashboard) –, kontinuierlich entsprechende Zahlen einzusehen, um strategische Änderungen einzuleiten.

Betriebswirtschaftliche Kennzahlen lassen sich unterschiedlich gliedern, z. B. in Rentabilitäts-, Erfolgs-, Schulden- und Bilanzkennzahlen, usw. Somit ergibt sich eine Vielzahl untergeordneter Kennzahlen.[1]

Durch die Menge an unterschiedlichen betriebswirtschaftlichen Kennzahlen sollte jedes Unternehmen für sein Kennzahlensystem individuell entscheiden, welche Erkenntnisse geliefert werden sollten. Einige Kennzahlen werden jedoch benötigt, um relevante unternehmerische Fragen beantworten zu können.

Exemplarische betriebswirtschaftliche Fragen
- Rentiert sich der Geschäftsbetrieb der Fairtext GmbH überhaupt?
- Wie ist es um die Finanzlage der Fairtext GmbH bestellt?
- Wie ist es um die Vermögenslage der Fairtext GmbH bestellt?

Rentabilität

Mithilfe der Rentabilitätskennzahlen lässt sich auswerten, inwieweit das Unternehmen überhaupt rentabel – d. h. gewinnbringend – arbeitet bzw. gearbeitet hat. Grundsätzlich werden drei Rentabilitätskennzahlen unterschieden, die mit der Gewinn- und Verlustrechnung (Lernfeld 4) ermittelt werden können. Grundlegend sind dabei der **Gewinn bzw. der Erfolg** des Unternehmens, der jedoch isoliert betrachtet nicht immer die Erkenntnisse liefert, die ein Unternehmen haben möchte. Daher wird dieser mithilfe des **Kapitals** bzw. der **Umsatzerlöse** in eine Beziehung gesetzt.

Basis für die nachfolgenden Beispielrechnungen sind die folgende Schlussbilanz und die GuV der Fairtext GmbH für die **Filiale in Frankfurt**:

---

[1] Anmerkung: In diesem Lehrbuch werden nur einige betriebswirtschaftliche Kennzahlen exemplarisch aufgezeigt. Die Auflistung gilt somit nicht als abschließend.

LERNFELD 8

Aktiva	Schlussbilanz zum 31.12.20..		Passiva
Gebäude	425.000,00 €	Eigenkapital	369.700,00 €
Fuhrpark	233.000,00 €	Langfr. Verbindl.	470.000,00 €
BGA	145.000,00 €	Verbindl. a. L. u. L.	235.000,00 €
Waren	99.700,00 €		
Forderungen a. L. u. L.	120.000,00 €		
Bank	34.000,00 €		
Postbank	13.500,00 €		
Kasse	4.500,00 €		
	1.074.700,00 €		1.074.700,00 €

Das EK betrug am Jahresanfang 323.400,00 €.

S	GuV		H
Wareneingang	270.000,00 €	Warenverkauf	622.000,00 €
Ausgangsfrachten	45.000,00 €	Zinserträge	6.100,00 €
Löhne	145.000,00 €		
Abschreibungen	34.600,00 €		
Mieten	76.000,00 €		
Zinsaufwendungen	11.200,00 €		
EK	46.300,00 €		
	628.100,00 €		628.100,00 €

Rentabilitätskennzahl	Formel, Erklärung, Beispiel und Interpretation
Eigenkapitalrentabilität (engl. Return on Equity = ROE)	$EKR = \dfrac{\text{Gewinn bzw. Erfolg}}{\text{Eigenkapital}} \cdot 100\%$ • Die Eigenkapitalrentabilität gibt Aufschluss darüber, in welchem Verhältnis der Gewinn/Erfolg zum eingesetzten Eigenkapital steht. • Grundsatz: Je höher die Eigenkapitalrendite ist, desto besser ist es für das Unternehmen. Eine positive Tendenz lässt sich erkennen, wenn die EKR jährlich zunimmt. **BEISPIEL** • Die Fairtext GmbH hat für die Filiale in Frankfurt im abgelaufenen Geschäftsjahr ein durchschnittliches Eigenkapital von 346.550,00 € eingesetzt. • Für das abgelaufene Geschäftsjahr wurde ein Gewinn in Frankfurt von 46.300,00 € aus der Gewinn- und Verlustrechnung abgelesen. $EKR = \dfrac{46.300,00\ €}{346.550,00\ €} \cdot 100\% = 13,4\%$ **Interpretation** Die Fairtext GmbH hat im abgelaufenen Geschäftsjahr ein durchschnittliches Eigenkapital in Höhe von 346.550,00 € in Frankfurt eingesetzt und eine Eigenkapitalrendite in Höhe von 13,4 % ermittelt. Auf das eingesetzte Eigenkapital in Höhe von 346.550,00 € hat die Fairtext GmbH einen Gewinn von 46.300,00 € erzielt. Oder anders ausgedrückt: Auf jede 100,00 € eingesetztes Eigenkapital entfallen 13,40 € Gewinn.

LERNFELD 8

Rentabilitätskennzahl	Formel, Erklärung, Beispiel und Interpretation
Gesamtkapitalrentabilität (GKR)	$$GKR = \frac{\text{Gewinn bzw. Erfolg} + \text{Zinsaufwand}}{\text{Gesamtkapital}} \cdot 100\%$$ • Die Gesamtkapitalrentabilität gibt Aufschluss darüber, in welchem Verhältnis der Gewinn/Erfolg zum eingesetzten Gesamtkapital steht. Da im Gesamtkapital auch Fremdkapital enthalten ist, muss der entsprechende Zinsaufwand (= Fremdkapitalzinsen) für jenes Kapital berücksichtigt werden. Der Unterschied zur Eigenkapitalrentabilität ist also, dass das gesamte eingesetzte Kapital im Unternehmen berücksichtigt wird. • Grundsatz: Je höher die Gesamtkapitalrentabilität, desto besser ist es für das Unternehmen. • Die Gesamtkapitalrentabilität – ist neben weiteren Kennzahlen – eine wichtige Größe, um Investoren für ein mögliches Investment zu überzeugen. **BEISPIEL** • Die Fairtext GmbH hat in Frankfurt im abgelaufenen Geschäftsjahr ein Eigenkapital von 369.700,00 € und ein Fremdkapital von 705.000,00 € eingesetzt. Es ergibt sich ein Gesamtkapital in Höhe von 1.074.700,00 €. • Es ergaben sich dadurch Zinsaufwendungen in Höhe von 11.200,00 €. • Für das abgelaufene Geschäftsjahr wurde ein Gewinn in Frankfurt von 46.300,00 aus der Gewinn- und Verlustrechnung abgelesen. $$GKR = \frac{46.300,00\ € + 11.200,00\ €}{1.074.700,00\ €} \cdot 100\% = 5,4\%$$ **Interpretation** Die Fairtext GmbH hat im abgelaufenen Geschäftsjahr ein Gesamtkapital in Höhe von 1.074.700,00 € in Frankfurt eingesetzt und eine Gesamtkapitalrendite in Höhe von 5,4 % ermittelt. Oder anders ausgedrückt: Auf jede 100,00 € eingesetztes Gesamtkapital in Frankfurt entfallen 5,40 € Gewinn.
Umsatzrentabilität (engl. Return on Sales = ROS)	$$UR = \frac{\text{Gewinn bzw. Erfolg}}{\text{Umsatzerlöse}} \cdot 100\%$$ • Die Umsatzrentabilität gibt Aufschluss darüber, in welchem Verhältnis der Gewinn/Erfolg zu den erzielten Umsätzen steht. Sie zeigt demnach an, wie viel Prozent vom Umsatz letztlich als Gewinn verbleibt. • Grundsatz: Je höher die Umsatzrentabilität ist, desto besser ist es für das Unternehmen. **BEISPIEL** • Die Fairtext GmbH hat in Frankfurt im abgelaufenen Geschäftsjahr Umsatzerlöse für Waren in Höhe von 622.000,00 € erzielt. • Für das abgelaufene Geschäftsjahr wurde ein Gewinn in Frankfurt von 46.300,00 € aus der Gewinn- und Verlustrechnung abgelesen. $$UR = \frac{46.300,00\ €}{622.000,00\ €} \cdot 100\% = 7,4\%$$ **Interpretation** Die Fairtext GmbH hat im abgelaufenen Geschäftsjahr in Frankfurt Umsatzerlöse für Waren in Höhe von 622.000,00 € erwirtschaftet und eine Umsatzrentabilität von 7,4 % ermittelt. Oder anders ausgedrückt: Auf jede 100,00 € Umsatz in Frankfurt hat die Fairtext GmbH demnach 7,40 € Gewinn erzielt.

LERNFELD 8

Rentabilitätskennzahl	Formel, Erklärung, Beispiel und Interpretation
Eigenkapitalquote (Eigenkapitalintensität)	EK-Quote: $\dfrac{\text{Eigenkapital}}{\text{Gesamtkapital}} \cdot 100\,\%$ • Die Eigenkapitalquote stellt den Anteil des Eigenkapitals ins Verhältnis zum Gesamtkapital. • Viele Dax-Unternehmen haben Eigenkapitalquoten von 30 bis 40 %. **BEISPIEL** Die Fairtext GmbH hat im abgelaufenen Geschäftsjahr ein Eigenkapital von 369.700,00 € erzielt und ein Gesamtkapital in Höhe von 1.074.700,00 €. EK-Quote: $\dfrac{369.700,00}{1.074.700,00} \cdot 100\,\% = 34{,}4\,\%$ **Interpretation** Mit einer hohen Eigenkapitalquote steigt auch die finanzielle Stärke eines Unternehmens. Dadurch kann man beispielsweise besser an günstige Kredite gelangen. Die Fairtext GmbH liegt in Frankfurt in etwa in dem Bereich vieler Dax-Unternehmen. Sie kann daher als solide bezeichnet werden.
Anlagequote (Anlagenintensität)	Anlagequote: $\dfrac{\text{Anlagevermögen}}{\text{Gesamtkapital}} \cdot 100\,\%$ • Die Anlagequote stellt den Anteil des Anlagevermögens ins Verhältnis zum Gesamtkapital. • Die Höhe der Anlagequote ist je nach Branche unterschiedlich. Firmen aus der Chemie oder dem Stahlbau haben meist eine hohe Anlagequote. **BEISPIEL** Die Fairtext GmbH hat im abgelaufenen Geschäftsjahr ein Anlagevermögen von 803.000,00 € erzielt und ein Gesamtkapital in Höhe von 1.074.700 €. Anlagequote: $\dfrac{803.000,00}{1.074.700,00} \cdot 100\,\% = 74{,}4\,\%$ **Interpretation** Anlagevermögen bindet finanzielle Mittel länger als Umlaufvermögen. Die Flexibilität ist bei einer hohen Anlagequote für ein Unternehmen daher niedriger als bei einer niedrigen Anlagequote. Die Fairtext GmbH hat in Frankfurt eine relativ hohe Anlagequote.

LERNFELD 8

Rentabilitätskennzahl	Formel, Erklärung, Beispiel und Interpretation
Umlaufquote (Umlaufintensität)	$$\text{Umlaufquote:} \frac{\text{Umlaufvermögen}}{\text{Gesamtkapital}} \cdot 100\%$$ • Die Umlaufquote stellt den Anteil des Umlaufvermögens ins Verhältnis zum Gesamtkapital. • Je höher die Umlaufquote, desto niedriger die Anlagequote und umgekehrt. **BEISPIEL** Die Fairtext GmbH hat im abgelaufenen Geschäftsjahr ein Umlaufvermögen von 271.700,00 € erzielt und ein Gesamtkapital in Höhe von 1.074.700,00 €. $$\text{Umlaufquote:} \frac{271.700,00}{1.074.700,00} \cdot 100\% = 25{,}3\%$$ **Interpretation** Umlaufvermögen bindet finanzielle Mittel kürzer als Anlagevermögen. Die Flexibilität ist bei einer hohen Umlaufquote für ein Unternehmen daher höher als bei einer niedrigen Anlagequote. Die Fairtext GmbH hat in Frankfurt eine relativ niedrige Umlaufquote. Anlage- und Umlaufquote ergeben als Summe insgesamt 100%.
Anlagedeckung I und II (Deckungsgrad I und II)	$$\text{Anlagedeckung I:} \frac{\text{Eigenkapital}}{\text{Anlagevermögen}} \cdot 100\%$$ $$\text{Anlagedeckung II:} \frac{\text{Eigenkapital + langfr. Fremdkapital}}{\text{Anlagevermögen}} \cdot 100\%$$ • Die Anlagendeckung I stellt den Anteil des Eigenkapitals ins Verhältnis zum Anlagevermögen. • Die Anlagendeckung II stellt den Anteil des Eigenkapitals plus der langfristigen Verbindlichkeiten ins Verhältnis zum Anlagevermögen. • Die Anlagedeckung gibt an, wie das langfristig gebundene Vermögen auch langfristig durch Kapital finanziert ist. **BEISPIEL** Die Fairtext GmbH hat im abgelaufenen Geschäftsjahr ein Anlagevermögen von 803.000,00 € erzielt und ein Eigenkapital in Höhe von 369.700,00 €. Die langfristigen Verbindlichkeiten betragen 470.000,00 €. $$\text{Anlagedeckung I:} \frac{369.700,00}{803.000,00} \cdot 100\% = 46{,}0\%$$ $$\text{Anlagedeckung II:} \frac{369.700,00 + 470.000,00}{803.000,00} = 104{,}6\%$$ **Interpretation** Ziel ist es, grundsätzlich das langfristig gebundene Vermögen (also das Anlagevermögen) auch durch langfristiges Kapital (also Eigenkapital, ggf. auch langfristiges Fremdkapital) zu decken. Es gibt unterschiedliche Auffassungen, wie hoch die Anlagedeckung sein soll. Es gibt Auffassungen, dass die Anlagedeckung I bei etwa 70–100% liegen soll und die Anlagedeckung II bei 110–150%. Beide Ziele sind bei der Fairtext GmbH nicht erreicht.

LERNFELD 8

Rentabilitätskennzahl	Formel, Erklärung, Beispiel und Interpretation
Liquidität 1. und 2. Grades	$$\text{Liquidität 1. Grades:} \frac{\text{flüssige Mittel}}{\text{kurzfr. Verbindl.}} \cdot 100\,\%$$ $$\text{Liquidität 2. Grades:} \frac{\text{flüssige Mittel + Ford.}}{\text{kurzfr. Verbindl.}} \cdot 100\,\%$$ • Der Grad der Liquidität kann als Prozentzahl berechnet werden. • Grundsätzlich werden bei den Liquiditätskennzahlen die „flüssigen Mittel" und die kurzfristigen Verbindlichkeiten gegenübergestellt. • Flüssige Mittel: Bargeld, Bankguthaben oder auch handelbare Wertpapiere. • Bei der Liquidität 2. Grades werden auch die Forderungen berücksichtigt, weil auch diese in der Regel relativ kurzfristig als liquide Mittel zur Verfügung stehen können. **BEISPIEL** Die Fairtext GmbH hat im abgelaufenen Geschäftsjahr kurzfristige Verbindlichkeiten von 235.000,00 € erzielt und flüssige Mittel in Höhe von 52.000,00 €. Die Forderungen betragen 120.000,00 €. $$\text{Liquidität 1. Grades:} \frac{52.000}{235.000} \cdot 100\,\% = 22{,}10\,\%$$ $$\text{Liquidität 2. Grades:} \frac{52.000 + 120.000}{235.000} = 73{,}2\,\%$$ **Interpretation** Es gibt unterschiedliche Auffassungen, wie hoch die Liquidität sein soll. Bei der Firma Siemens AG lag im Jahr 2019 die Liquidität 1. Grades bei 25,5 % und die Liquidität 2. Grades bei 60,4 % (Quelle: Börse.ARD.de). Ausgehend von diesem DAX-Konzern liegt die Fairtext GmbH auch in diesem Bereich.

Cashflow

Neben den Rentabilitätskennzahlen lässt sich ferner mithilfe der Cashflow-Rate aufzeigen, welchen Anteil der Umsatzerlöse das Unternehmen aufwenden kann, um beispielhaft neue Investitionen zu tätigen. Eine andere Möglichkeit wäre es, eine Tilgung von Schulden vorzunehmen oder den eigenen Liquiditätsgrad zu erhöhen.

DEFINITION

Die **Cashflow**-Rate zeigt den %-Anteil des Umsatzes an, welcher im Unternehmen verbleiben kann, um entsprechend frei darüber zu verfügen.

Vereinfachte Berechnung der Cashflow-Rate
Schritt 1:
Cashflow = Jahresüberschuss (Gewinn) + Abschreibungen

Schritt 2:
$$\text{Cashflow-Rate} = \frac{\text{Cashflow}}{\text{Umsatzerlöse}} \cdot 100\,\%$$

BEISPIEL
- Die Fairtext GmbH hat in Frankfurt im abgelaufenen Geschäftsjahr einen Gewinn von 46.300,00 € erwirtschaftet und im selben Zeitraum Abschreibungen (z. B. auf die IT-Anlagen) in Höhe von 34.600,00 € vorgenommen.
- Zudem wurden in Frankfurt im abgelaufenen Geschäftsjahr Umsatzerlöse für Waren in Höhe von 622.000,00 € erzielt.

Schritt 1:
Cashflow = 46.300,00 € + 34.600,00 € = 80.900,00 €

Schritt 2:

$$\text{Cashflow-Rate} = \frac{80.900,00\ €}{622.000,00\ €} \cdot 100\% = 13,0\%$$

Interpretation

Die Fairtext GmbH hat im abgelaufenen Geschäftsjahr eine Cashflow-Rate in Höhe von 13,0 % ermittelt. Grundsätzlich bedeutet das, dass der Fairtext GmbH 13,0 % der Umsatzerlöse frei zur Verfügung stehen. Diese können beispielsweise für die Tilgung von Schulden verwendet werden.

Berechnung der Wirtschaftlichkeit:

$$\text{Wirtschaftlichkeit} = \frac{628.100,00\ €}{581.800,00\ €} = 1,08$$

Interpretation

Die Wirtschaftlichkeit in Frankfurt ist > 1
Die Filiale der Fairtext GmbH arbeitet somit „wirtschaftlich". Anders ausgedrückt: Für 1,00 € Kosten hat die Fairtext GmbH einen Leistungswert von 1,08 € generiert.

Wirtschaftlichkeit und Produktivität

Zu den relevanten betriebswirtschaftlichen Kennzahlen zählen ferner die Wirtschaftlichkeit und die Produktivität.

> **DEFINITION**
>
> Die **Wirtschaftlichkeit** misst das Verhältnis zwischen Ertrag und Aufwand. Das Ergebnis drückt die ökonomische Zugkraft des Unternehmens aus. Das Unternehmen arbeitet ökonomisch effizient, sofern die Kennzahl größer als 1 ist.

Berechnung der Wirtschaftlichkeit

$$\text{Wirtschaftlichkeit} = \frac{\text{Ertrag}}{\text{Aufwand}}$$

Bezogen auf das Beispiel liefert die Wirtschaftlichkeit dem Unternehmen demnach die Erkenntnis, ob in dem Geschäftsjahr wirtschaftlich gearbeitet wurde. Neben dieser isolierten Betrachtung ist es sinnvoll, die Wirtschaftlichkeit mit vergangenen und zukünftigen Geschäftsjahren zu vergleichen, um daraus Rückschlüsse für die Unternehmensprozesse gewinnen zu können. Die Interpretation dieser Kennzahl wird zudem umfassender, wenn daneben ein Vergleich mit konkurrierenden Unternehmen vorgenommen wird. So lässt sich auch die eigene Stellung in der Branche reflektieren.

Berechnung der Produktivität

$$\text{Produktivität} = \frac{\text{Ausbringungsmenge}}{\text{Einsatz}}$$

Produktivitätskennzahlen werden genutzt, um eine bestimmte Ausbringungsmenge und den Einsatz in ein Verhältnis zu setzen.

> **BEISPIEL**
>
> - Die Fairtext GmbH hat in Frankfurt im abgelaufenen Geschäftsjahr Erträge in Höhe von 628.100,00 € erzielt.
> - Für Frankfurt wurden anteilig Aufwendungen (z. B. Löhne) in Höhe von 581.800,00 € ermittelt.

> **DEFINITION**
>
> Die **Produktivität** misst das Verhältnis zwischen einer Ausbringungsmenge (z. B. Umsatz) mit dem dazugehörigen Einsatz (z. B. Personal oder Kapital).

LERNFELD 8

BEISPIEL

- Die Fairtext GmbH hat in der Filiale in Karlsruhe im Monat August Umsatzerlöse für Waren in Höhe von 20.000,00 € erzielt.
- Im Monat August waren 27 Mitarbeiter in Karlsruhe beschäftigt.
- Hier: Ermittlung der Umsatzproduktivität.

Berechnung der Umsatzproduktivität:

$$\text{Umsatzproduktivität} = \frac{20.000,00\ \text{€}}{27\ \text{Mitarbeiter}} = 740{,}74\ \text{€ Umsatz/je Mitarbeiter}$$

Interpretation
Für den Monat August beträgt die Umsatzproduktivität in Karlsruhe 740,74 € Umsatz/je Mitarbeiter.

Bezogen auf das Beispiel liefert die Produktivität dem Unternehmen demnach die Erkenntnis, wie produktiv in diesem Monat in Bezug auf den Umsatz gearbeitet wurde. Auch bei dieser Kennzahl lohnt ein Blick zu vorherigen Kennzahlen, um Prognosen abzuleiten bzw. strategische Änderungen einzuleiten. Ebenfalls ist auch hier der Blick zu der Konkurrenz gewinnbringend. Ist die Umsatzproduktivität beispielhaft bei einer ähnlich agierenden Filiale deutlich höher, müsste die Fairtext GmbH analysieren, an welchen Gründen dies liegen könnte.

Hinsichtlich der Wirtschaftlichkeit und der Produktivität wird abermals deutlich, dass eine isolierte Betrachtung dieser Kennzahlen zu einer fehlerhaften Strategieausrichtung führen kann. Denn: Selbst wenn die oben beschriebene Umsatzproduktivität (Umsatz/je Mitarbeiter) kontinuierlich in den nächsten Monaten steigt, so kann im Unternehmen dennoch eine abfallende Wirtschaftlichkeit ermittelt werden. Beispielsweise könnten die Kosten für die Mitarbeiter steigen. Im Ergebnis könnte dies zu einer abfallenden Wirtschaftlichkeit führen.

Die hier dargestellten betriebswirtschaftlichen Kennzahlen sollten als notwendige, aber keinesfalls abschließende Aufzählung aufgenommen werden. Einige Kennzahlen wurden wiederholend dargestellt (siehe Lernfeld 4 im Lehrbuch für das 1. Ausbildungsjahr), um sie in den Kontext der kennzahlengestützten Optimierung des Großhandels einzubetten. Dagegen wurde auf die erneute Betrachtung anderer Kennzahlen verzichtet.

AUFGABEN

1. Weshalb sollte ein Großhandels-Unternehmen grundsätzlich betriebswirtschaftliche Analysen durchführen?
2. Erklären Sie die folgenden Begrifflichkeiten:
   - Eigenkapitalrentabilität
   - Gesamtkapitalrentabilität
   - Umsatzrentabilität
   - Cashflow-Rate
   - Wirtschaftlichkeit
   - Produktivität
3. Welche Informationen können aus der Grafik zu den Rentabilitätskennzahlen von Apple abgeleitet werden? Hinweis: Die Dividendenrendite muss nicht berücksichtigt werden.

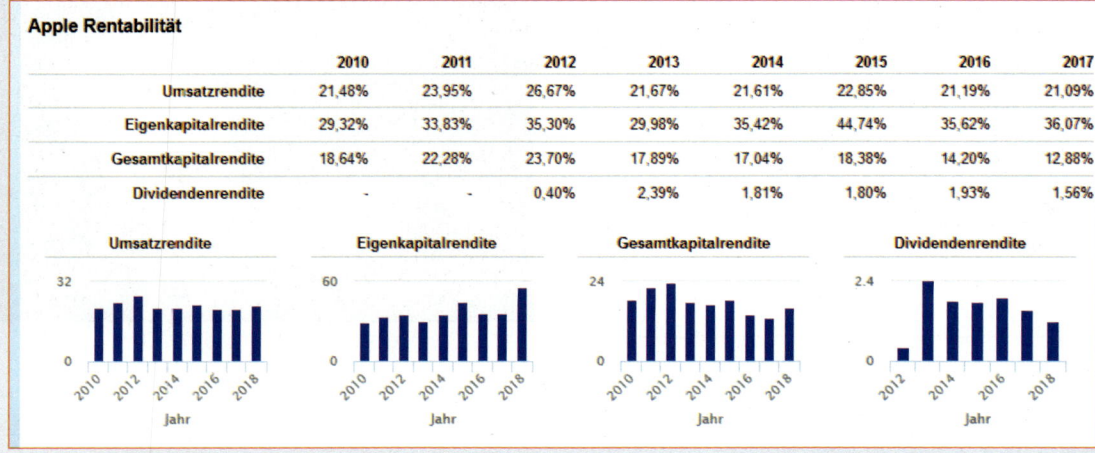

Apple Rentabilität	2010	2011	2012	2013	2014	2015	2016	2017
Umsatzrendite	21,48%	23,95%	26,67%	21,67%	21,61%	22,85%	21,19%	21,09%
Eigenkapitalrendite	29,32%	33,83%	35,30%	29,98%	35,42%	44,74%	35,62%	36,07%
Gesamtkapitalrendite	18,64%	22,28%	23,70%	17,89%	17,04%	18,38%	14,20%	12,88%
Dividendenrendite	-	-	0,40%	2,39%	1,81%	1,80%	1,93%	1,56%

Rentabilitätskennzahlen von Apple im Jahresvergleich

4. Der Fairtext GmbH liegen für die Filiale in München im aktuellen Monat folgende Zahlen vor:
   - Reingewinn: ?
   - Eigenkapital: 15.00.00,00 €
   - Fremdkapital: 500.000,00 €
   - Zinsaufwendungen: 15.000,00 €
   - Umsatzerlöse: 250.000,00 €
   - Sonstige Erträge: 0,00 €
   - Sonstige Aufwendungen: 100.000,00 €
   - Anteilige Abschreibung für die IT-Anlage: 10.000,00 €

   a) Ermitteln Sie aufgrund der vorliegenden Zahlen betriebswirtschaftliche Kennzahlen und erklären Sie, welche Informationen die Fairtext GmbH daraus (isoliert betrachtet) ableiten kann.

   b) Im vorangegangenen Monat betrug die Wirtschaftlichkeit in München 1,1. Vergleichen Sie den Wert mit dem Ergebnis aus a) und erklären Sie den Unterschied. Weshalb hat sich der Wert verändert?

5. Im Monat August haben fünf Mitarbeiter der Fairtext GmbH 300 Kundenanfragen über die Social-Media-Kanäle des Unternehmens bearbeitet. Der Konkurrenzanbieter Trendversand hat im selben Zeitraum ebenfalls 300 Kundenanfragen mit vier Mitarbeitern bearbeitet. Interpretieren Sie fachbegrifflich die Zahlen miteinander.

6. Der Fairtext GmbH liegen für die Filiale in Hamburg folgende Schlussbilanz sowie Gewinn- und Verlustrechnung vor.

Aktiva	Schlussbilanz zum 31.12.20..		Passiva
Gebäude	820.000,00 €	Eigenkapital	1.156.000,00 €
Fuhrpark	630.000,00 €	Langfr. Verbindl.	560.000,00 €
BGA	183.750,00 €	Verbindl. a. L. u. L.	91.600,00 €
Waren	99.000,00 €		
Forderungen a. L. u. L.	43.000,00 €		
Bank	16.000,00 €		
Postbank	12.000,00 €		
Kasse	3.850,00 €		
	1.807.600,00 €		1.807.600,00 €

Hinweis: Eigenkapital am Jahresbeginn 01.01.20..: 1.110.200,00 €

S	GuV		H
Wareneingang	530.000,00 €	Warenverkauf	965.000,00 €
Ausgangsfrachten	84.000,00 €	Zinserträge	15.400,00 €
Löhne	165.000,00 €		
Abschreibungen	54.000,00 €		
Mieten	82.400,00 €		
Zinsaufwendungen	19.200,00 €		
EK	45.800,00 €		
	980.400,00 €		980.400,00 €

Bestimmen Sie
a) die Eigenkapitalrentabilität
b) die Gesamtkapitalrentabilität
c) die Umsatzrentabilität
d) die Eigenkapitalquote
e) die Anlagequote
f) die Umlaufquote
g) die Anlagedeckung I
h) die Anlagedeckung II
i) die Liquidität 1. Grades
j) die Liquidität 2. Grades
k) den Cashflow
l) die Wirtschaftlichkeit

LERNFELD 8

7. Der Fairtext GmbH liegen für die Filiale in Essen folgende Schlussbilanz sowie Gewinn- und Verlustrechnung vor.

Aktiva	Schlussbilanz zum 31.12.20..		Passiva
Gebäude	216.690,00 €	Eigenkapital	356.642,00 €
Fuhrpark	83.250,00 €	Langfr. Verbindl.	87.500,00 €
BGA	45.000,00 €	Verbindl. a. L. u. L.	7.850,00 €
Waren	66.352,00 €		
Forderungen a. L. u. L.	10.500,00 €		
Bank	15.400,00 €		
Postbank	12.000,00 €		
Kasse	2.800,00 €		
	451.992,00 €		451.992,00 €

Hinweis: Eigenkapital am Jahresbeginn 01.01.20..: 338.957,00 €

S	GuV		H
Wareneingang	17.133,00 €	Warenverkauf	70.290,00 €
Abschreibungen	18.442,00 €		
Löhne	12.400,00 €		
Zinsaufwendungen	4.630,00 €		
EK	17.685,00 €		
	70.290,00 €		70.290,00 €

Bestimmen Sie
a) die Eigenkapitalrentabilität,
b) die Gesamtkapitalrentabilität,
c) die Umsatzrentabilität,
d) die Eigenkapitalquote,
e) die Anlagequote,
f) die Umlaufquote,
g) die Anlagedeckung I,
h) die Anlagedeckung II,
i) die Liquidität 1. Grades,
j) die Liquidität 2. Grades,
k) den Cashflow,
l) die Wirtschaftlichkeit.

8. Über den Tellerrand
a) Lesen Sie den folgenden Artikel zur Produktivität.
b) Welche Aspekte sollte die Fairtext GmbH bei der Bewertung der Produktivität (betrachten Sie hierzu nochmal Ihr Ergebnis aus Aufgabe 5) ebenfalls analysieren?

Verzicht auf Pausen steigert nicht die Produktivität

Hamburg (dpa/tmn) – Ist die To-do-Liste lang und die Arbeitsbelastung hoch, neigen einige Berufstätige dazu, die Pausen auszulassen. Denn dann schafft man schließlich mehr, oder? Nein, erklärt Psychologin Sabine Gregersen von der Berufsgenossenschaft Gesundheit und Wohlfahrtspflege (BGW). Die Dauerbelastung mache müde. Beschäftigte machen schneller Fehler, die Ergebnisse werden schlechter – und auch die Gefahr für Unfälle steigt.

Die Pause ist aber nur erholsam, wenn sie eine echte Auszeit darstellt, so die Expertin. Das heißt: Nicht am Arbeitsplatz bleiben oder auf die Schnelle den Wocheneinkauf erledigen. Besser: In Ruhe etwas essen oder Zeit mit Kollegen verbringen – ohne zu viel über die Arbeit zu sprechen.

Kurzpausen helfen ebenfalls, den Tag über produktiv zu bleiben. Wer viel am Schreibtisch sitzt, steht immer mal wieder auf und bewegt sich. Alle, die dagegen im Job viel auf den Beinen sind, sollten zwischendurch besser kurz die Füße hochlegen, so Gregersen.

Quelle: dpa: Verzicht auf Pausen steigert nicht die Produktivität, 7.6.2019, © dpa Deutsche Presse-Agentur GmbH.

LERNFELD 8

AKTION

Verdeutlichen Sie die wirtschaftliche Bedeutung der nachfolgenden Begriffe, indem Sie sich stichpunktartig Notizen machen. Erklären Sie anschließend Ihrem Banknachbarn die Begriffe.

a) die Eigenkapitalrentabilität
b) die Gesamtkapitalrentabilität
c) die Umsatzrentabilität
d) die Eigenkapitalquote
e) die Anlagequote
f) die Umlaufquote
g) die Anlagedeckung I
h) die Anlagedeckung II
i) die Liquidität 1. Grades
j) die Liquidität 2. Grades
k) den Cashflow
l) die Wirtschaftlichkeit

ZUSAMMENFASSUNG

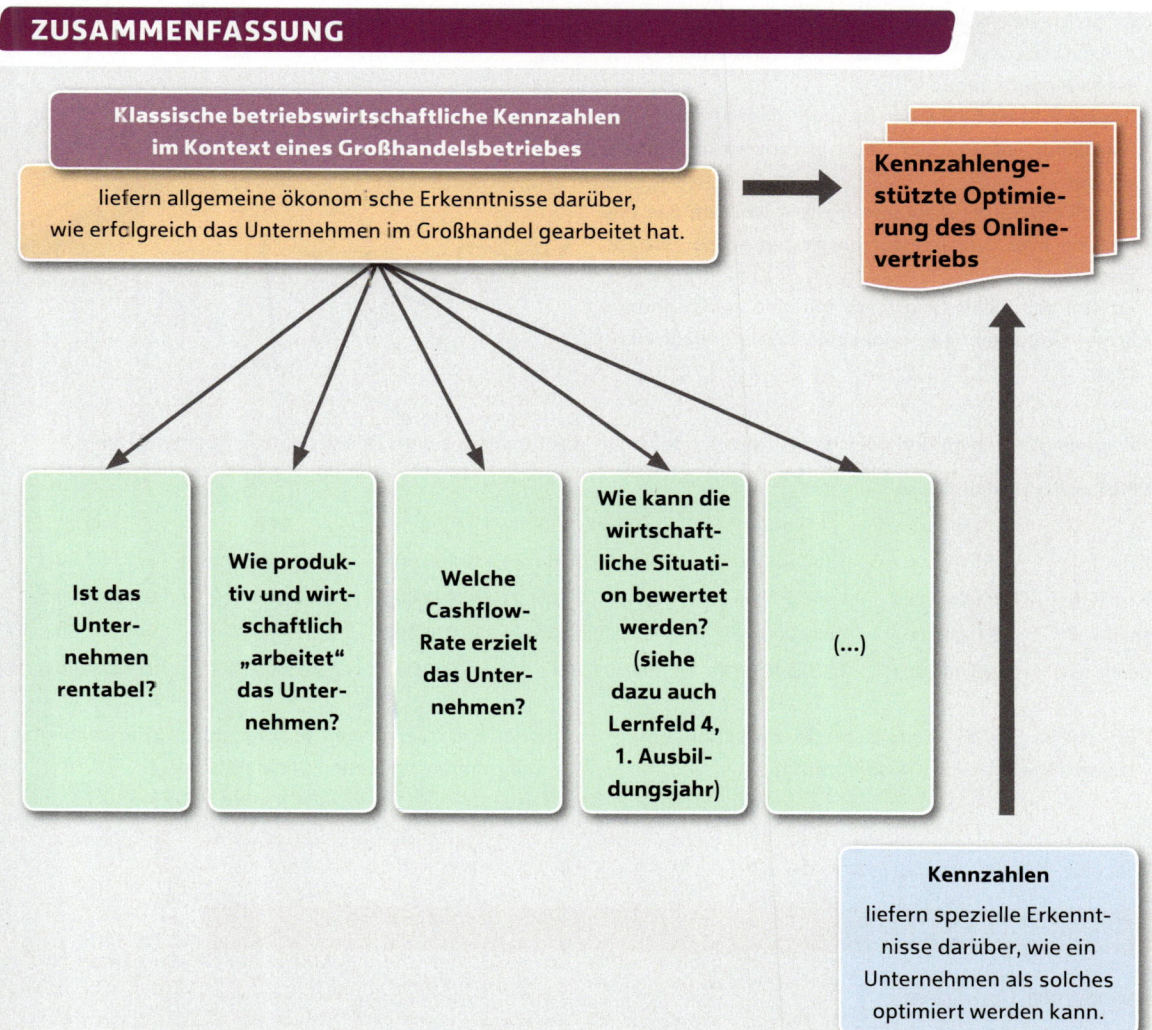

LERNFELD 8

KAPITEL 8
Statistische Auswertungen und grafische Darstellungen der Unternehmensergebnisse

Frau Jonas, Leiterin der Abteilung Rechnungswesen bei der Fairtext GmbH, hat Umsätze verschiedener Filialen für das erste Halbjahr vor sich liegen. Sie bittet die beiden Auszubildenden Anne Schulte und Mete Özcan, diese Daten übersichtlicher aufzubereiten.

Sie möchte gerne Diagramme haben. Dabei sollen folgende Vorgaben beachtet werden:
- Es soll jeweils ein Diagramm erstellt werden, das die Umsätze jeder Filiale und den monatlichen Gesamtumsatz wiedergibt.
- Es soll jeweils ein Liniendiagramm erstellt werden, das die Umsätze einer Filiale im Zeitverlauf der ersten sechs Monate darstellt.
- In einem Kreisdiagramm für jeden Monat sollen die jeweiligen Anteile einer Filiale in Prozent dargestellt werden.
- Es soll ein Säulendiagramm erstellt werden, das die Summe aller Umsätze für die ersten sechs Monate darstellt.
- Es soll ein Balkendiagramm mit den durchschnittlichen Umsätzen jeder einzelnen Filiale erstellt werden.

Frau Jonas gibt den beiden noch einen Tipp: „Erstellen Sie das doch mit einem Tabellenkalkulationsprogramm."

Umsätze der Filialen in Euro						
	Januar	Februar	März	April	Mai	Juni
Köln	1.090.000,00 €	1.180.000,00 €	1.305.000,00 €	1.530.000,00 €	1.660.000,00 €	1.170.000,00 €
Hamburg	1.245.000,00 €	1.560.000,00 €	1.620.000,00 €	1.430.000,00 €	1.690.000,00 €	1.210.000,00 €
Frankfurt	1.650.000,00 €	1.825.000,00 €	1.965.000,00 €	1.880.000,00 €	1.735.000,00 €	1.440.000,00 €
Berlin	2.035.000,00 €	2.220.000,00 €	2.190.000,00 €	2.415.000,00 €	2.360.000,00 €	2.185.000,00 €

1. Erläutern Sie die Unterschiede zwischen einem Linien-, Säulen- und Kreisdiagramm.
2. Überlegen Sie, für welche Fragestellung die jeweiligen Diagramme am besten geeignet sind.

INFORMATIONEN

Berechnen von Daten

Das EDV-gestützte Warenwirtschaftssystem enthält eine Reihe von Daten. Das sind beispielsweise
- Umsatzdaten
- Artikeldaten
- Kundendaten
- Lieferantendaten
- Stammdaten
- Lagerdaten
- usw.

Damit diese Daten gut analysiert werden können, müssen sie entsprechend aufbereitet werden. Dazu ist es notwendig, bestimmte Berechnungen durchzuführen. Diese sind abhängig von der Fragestellung.

BEISPIEL 1

Frau Jonas möchte den Gesamtumsatz der vier Filialen für die jeweiligen Monate darstellen. Deshalb muss sie beispielsweise die vier Umsätze der Filialen addieren. Beispiel für Januar:
1.090.000 € + 1.245.000 € + 1.650.000 €
+ 2.035.000 € = 4.930.000 €

BEISPIEL 2

Frau Jonas möchte den durchschnittlichen Umsatz im Monat Januar pro Filiale feststellen.

$$\frac{4.930.000}{4} = 1.505.000 €$$

Es kann noch viele andere Fragestellungen geben, die auch weitere Berechnungen erfordern. Hier soll nur ein Teilbereich abgebildet werden.

Die Berechnung solcher Daten kann mithilfe von Tabellenkalkulationsprogrammen (z. B. Excel) erfolgen. So gibt es beispielsweise für das Addieren von mehreren Zahlen die Funktion „Summe" oder für das Berechnen des Durchschnitts die Funktion „Mittelwert".

Mit Excel Daten visualisieren (bildlich darstellen)

Mit Excel können die Werte einer Tabelle auf vielfältige Weise übersichtlich als Grafik dargestellt werden. Excel bietet für die grafische Gestaltung verschiedene Diagrammtypen zur Auswahl an, die sich noch jeweils weiter variieren lassen. Solche Diagramme sind wichtig für Präsentationen, da sie Tabellendaten grafisch wirkungsvoller und übersichtlicher darstellen als reine Zahlenreihen.

BEISPIEL EINES ARBEITSABLAUFS

Anne Schulte möchte die Umsätze jeder Filiale und den monatlichen Gesamtumsatz als Balkendiagramm anzeigen. Sie geht von der Tabelle aus, die sie gerade angelegt hat.
- Zunächst gibt sie die Daten in Excel so ein, wie sie von Frau Jonas geliefert wurden (oder sie kopiert die Datei entsprechend).
- Sie markiert mit der Maus die erste Spalte mit den Städten und die Spalte mit allen Umsätzen von Januar.
- Sie ruft Einfügen – Diagramme – Balken auf.
- Sie wählt in der sich dann öffnenden Auswahlbox die gewünschte Art des Balkendiagramms aus.

- Anschließend kann das Diagramm noch auf vielfältige Weise gestaltet werden, indem man durch Rechtsklick auf das Diagramm das entsprechende Kontextmenü aufruft.

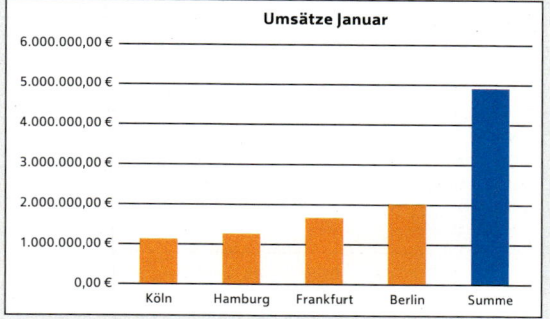

Diagrammarten

Ein Diagramm wird verwendet, um Werte wie
- Größenverhältnisse,
- Zahlenreihen
- oder Bestandsgrößen

leichter erfassen und vor allem optisch ansprechender präsentieren zu können. Der Vorteil von Diagrammen liegt darin, dass sie das Verständnis für die enthaltenen Informationen erhöhen: Leicht kann man daraus Vergleiche, Trends oder Muster ablesen.

Alle der im Folgenden aufgeführten Diagrammarten veranschaulichen die Zusammenhänge zwischen zwei Messgrößen.

Liniendiagramme

Möchte man Veränderungen über einen bestimmten Zeitraum zeigen, eignen sich besonders gut Liniendiagramme. Sie stellen also Trends oder Zeitreihen dar.

Die zwei abhängigen Werte (z. B. Monat, Kosten) ergeben Punkte. Diese werden miteinander durch Linien verbunden. Dies können Geraden – dann liegt das eigentliche Liniendiagramm vor – oder Kurven – dann spricht man auch von Kurvendiagrammen – sein.

LERNFELD 8

BEISPIEL

Es soll jeweils ein Liniendiagramm erstellt werden, das die Umsätze der Filiale Köln im Zeitverlauf der ersten 6 Monate darstellt.

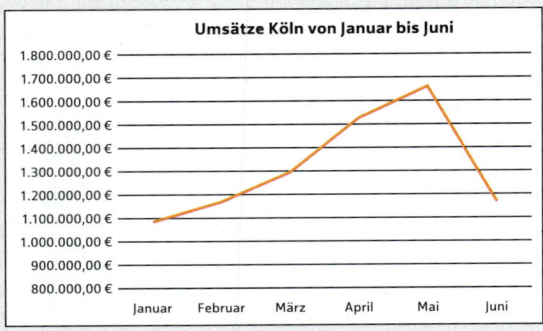

Kreisdiagramme

Das Kreisdiagramm wird oft auch **Tortendiagramm** genannt. Mit einem solchen Diagramm kann man sehr gut den Anteil eines Einzelwerts an einem Gesamtwert zeigen. Die Werte werden dabei in Tortenstücken ähnelnden Kreissegmenten dargestellt, um die Größenverhältnisse der Anteile deutlich aufzuzeigen. Der ganze Kreis entspricht 100 Prozent; die Tortenstücke zeigen, wie die einzelnen Positionen im Verhältnis zueinander und zum Gesamtwert stehen. Mit einem Tortendiagramm kann man also die Struktur eines Gesamtwerts deutlich machen.

BEISPIEL

In einem Kreisdiagramm für jeden Monat sollen die jeweiligen Anteile einer Filiale in Prozent dargestellt werden.

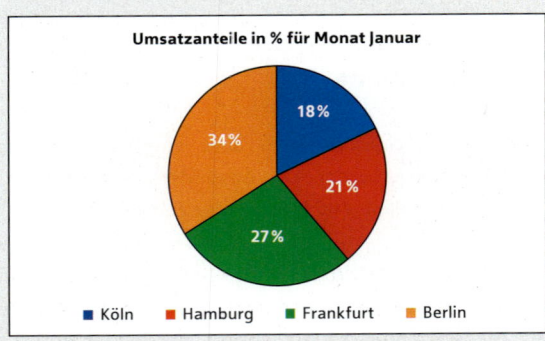

Säulendiagramme

Bei einem Säulendiagramm werden einzelne Werte durch Säulen dargestellt. Deren Höhe zeigt die Ausprägung der einzelnen Werte. Ein Säulendiagramm wird in der Regel verwendet, um Werte verschiedener Kategorien zu vergleichen.

BEISPIEL

Es soll ein Säulendiagramm erstellt werden, das die Summe aller Umsätze für die ersten 6 Monate darstellt.

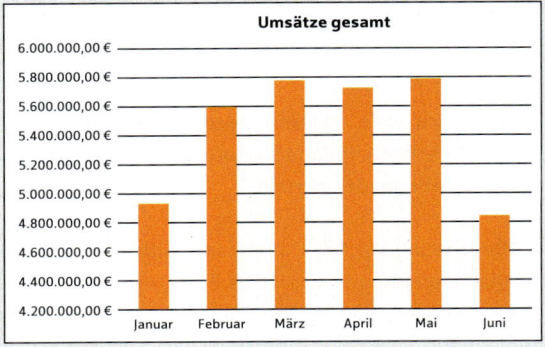

Ein Balkendiagramm ist eine Sonderform des Säulendiagramms, bei der die x- und y-Achse vertauscht werden.

BEISPIEL

Es soll ein Balkendiagramm mit den durchschnittlichen Umsätzen jeder einzelnen Filiale erstellt werden.

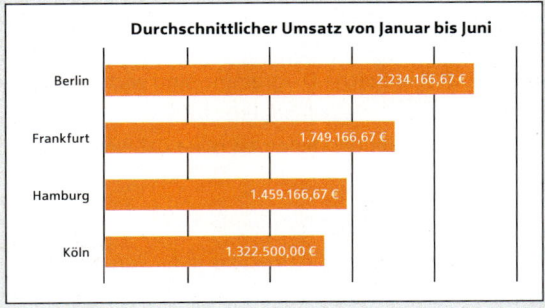

LERNFELD 8

AUFGABEN

1. Erklären Sie mit eigenen Worten folgende Begriffe:
   a) Liniendiagramm
   b) Kreisdiagramm
   c) Säulendiagramm
   d) Balkendiagramm

2. Erläutern Sie mit eigenen Worten, wann man die Diagramme aus Aufgabe 1 anwenden kann.

3. Es liegen die beiden GuV-Rechnungen der Abteilung Herrenmode und der Abteilung Damenmode vor.

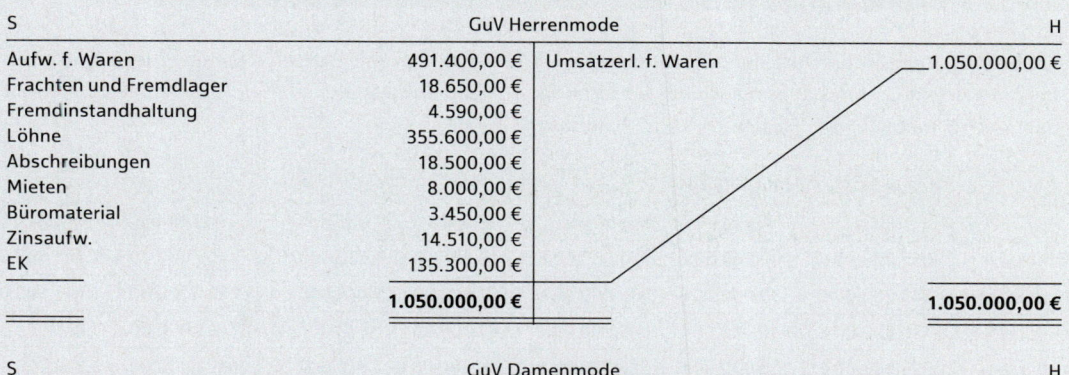

a) Erstellen Sie ein Säulendiagramm, in dem alle Aufwendungen der Abteilung Herrenmode sinnvoll abgebildet sind.

b) Erstellen Sie jeweils ein Säulendiagramm jeder Abteilung. Jedes Diagramm soll die Umsätze und den Gewinn (EK) gegenüberstellen.

c) Erstellen Sie ein Kreisdiagramm, das den Gewinn beider Abteilungen enthält. Beschriften Sie die „Torten" in Prozent.

4. Bei der Fairtext GmbH wurden in den vergangenen zwei Geschäftsjahren für das erste Halbjahr folgende Daten ermittelt:

	Kundenzählung		Umsatzentwicklung	
	Vorjahr	Aktuelles Jahr	Vorjahr	Aktuelles Jahr
Januar	1850	1910	3.500.000 €	3.200.000 €
Februar	1480	1470	2.700.000 €	2.600.000 €
März	2140	2340	4.050.000 €	4.100.000 €
April	2220	2120	4.200.000 €	3.900.000 €
Mai	2060	2400	4.150.000 €	4.400.000 €
Juni	2500	2570	5.000.000 €	5.050.000 €
Gesamt	12250	12810	23.600.000 €	23.250.000 €

a) Erstellen Sie ein Liniendiagramm zur Kundenzählung mit dem Vorjahr und dem aktuellen Jahr.
b) Interpretieren (Erläutern) Sie die Ergebnisse zur Kundenzählung.

LERNFELD 8

c) Erstellen Sie ein Liniendiagramm zur Umsatzentwicklung mit dem Vorjahr und dem aktuellen Jahr.
d) Interpretieren Sie die Ergebnisse zur Umsatzentwicklung.
e) Nehmen Sie weitere Interpretationen vor, die die Kundenzahl und die Umsatzentwicklung betreffen.

AKTION

Frau Jonas, Leiterin der Abteilung Rechnungswesen bei der Fairtext GmbH, hat nun auch die Umsätze für das zweite Halbjahr der Filialen in Köln, Hamburg, Frankfurt und Berlin vorliegen. Diese sind nachfolgend dargestellt.

	Umsätze der Filialen in Euro						
	Juli	August	September	Oktober	November	Dezember	
Köln	1.062.000,00 €	920.000,00 €	1.270.000,00 €	1.465.000,00 €	1.620.000,00 €	1.455.000,00 €	1.298.666,67 €
Hamburg	1.345.000,00 €	1.360.000,00 €	1.590.000,00 €	1.557.000,00 €	1.445.000,00 €	1.334.000,00 €	1.438.500,00 €
Frankfurt	1.730.000,00 €	2.040.000,00 €	2.045.000,00 €	1.967.000,00 €	1.843.000,00 €	2.014.000,00 €	1.939.833,33 €
Berlin	1.998.000,00 €	1.950.000,00 €	2.258.000,00 €	2.556.000,00 €	2.656.000,00 €	2.190.000,00 €	2.268.000,00 €
Summe	5.073.000,00 €	5.350.000,00 €	5.893.000,00 €	6.080.000,00 €	5.944.000,00 €	5.538.000,00 €	
	1.533.750,00 €						

Sie möchte, dass die beiden Auszubildenden Anne Schulte und Mete Özcan diese Daten übersichtlich aufbereiten. Dazu stellt Frau Jonas folgende untenstehenden Aufgaben.
Wählen Sie ein geeignetes Diagramm in einem Tabellenkalkulationsprogramm, um die Aufgaben zu lösen.
a) Stellen Sie die Umsatzanteile in Prozent der einzelnen Filialen für den Monat Juli dar.
b) Stellen Sie alle Umsätze der einzelnen Filialen und die Gesamtsumme in einer Grafik dar. Kennzeichnen Sie die Gesamtsumme andersfarbig.
c) Stellen Sie die Umsätze für Köln im Zeitverlauf von Juli bis Dezember dar.
d) Stellen Sie die Gesamtumsätze der einzelnen Monate in einem Diagramm für Juli bis Dezember dar. Wählen Sie dafür eine geeignete Skalierung.
e) Stellen Sie den durchschnittlichen Umsatz der einzelnen Filialen von Juli bis Dezember in einer Grafik dar.

ZUSAMMENFASSUNG

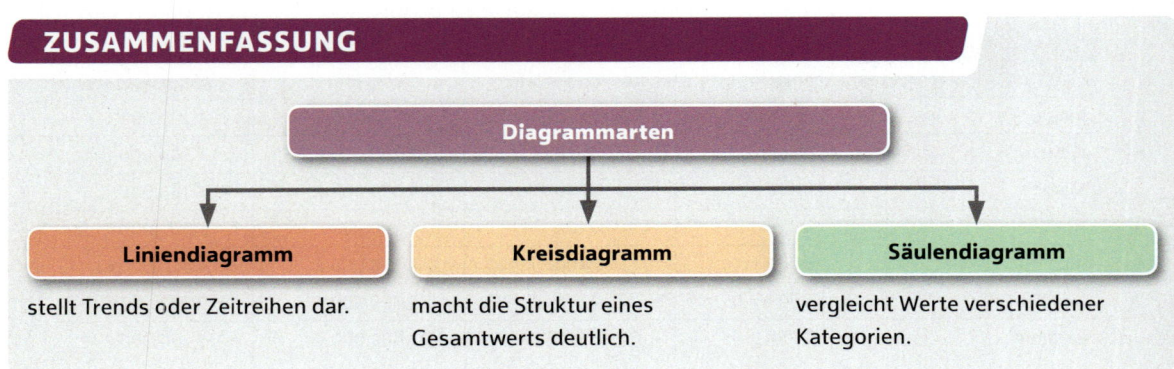

514

KAPITEL 9
Maßnahmen zur Optimierung der wirtschaftlichen Situation

LERNFELD 8

Die Textilgroßhandlung Fairtext GmbH hat inzwischen sowohl die Lagerräume als auch die nötigen zusätzlichen Fahrzeuge für den Kundendienst angeschafft – Gesamtkosten 785.000,00 €.

Die Geschäfte laufen durch diese Investitionen noch besser – so gut, dass unbedingt drei weitere Außendienstfahrzeuge für den Lieferungs- bzw. Aufstellservice insbesondere für die Sportgeräte benötigt werden. Darüber hinaus soll gleichzeitig die EDV-Anlage auf den allerneuesten Stand der Technik gebracht werden.

Da die Eigenkapitaldecke in den letzten Monaten aber noch geringer geworden ist, der Fairtext GmbH leider jetzt auch noch die banküblichen Sicherheiten fehlen und die nur noch geringen unternehmensbezogenen Kreditmöglichkeiten geschont werden sollen, stehen die Verantwortlichen vor einem richtig großen Finanzierungsproblem.

Sie möchten auf jeden Fall nach wie vor die GmbH in der jetzigen Form, d. h. ohne ein Mitspracherecht von weiteren Kapitalgebern, weiterführen. Die Aufnahme neuer Gesellschafter zur Finanzierung wird daher definitiv ausgeschlossen.

Diskussion in der Fairtext GmbH: Woher die notwendigen finanziellen Mittel nehmen?

Unterbreiten Sie Vorschläge, wie die Textilgroßhandlung Fairtext GmbH die Anschaffung der drei Fahrzeuge und die Erneuerung der EDV-Anlage im Gesamtwert von 309.000,00 € finanzieren kann.

INFORMATIONEN

Grundsätze des Leasings

Als eine weitere Möglichkeit zur mittel- und langfristigen **Fremdfinanzierung** von Anlagevermögen kann das **Leasing** gesehen werden.

> **DEFINITION**
>
> Leasing[1] ist
> - mittel- und langfristige Vermietung oder Verpachtung
> - von beweglichen oder unbeweglichen Investitions- sowie langlebigen Konsumgütern
> - durch die Hersteller dieser Güter oder durch besondere Leasinggesellschaften
> - an einen Leasingnehmer.

Der Leasingvertrag kann als eine besondere Art des Miet- wie auch des Pachtvertrags betrachtet werden. Der Leasinggeber bleibt während der Dauer des Leasingvertrags rechtlicher und wirtschaftlicher Eigentümer und bilanziert den Gegenstand. Folge davon ist, dass der Leasingnehmer die Leasingraten in voller Höhe als steuerlichen Aufwand behandelt.

Einer der Unterschiede zwischen traditioneller Miete und Leasing besteht darin, dass der Leasingnehmer (= Mieter oder Nutzer des Leasingobjekts) beim Leasing Rechte, Risiken und Pflichten übernimmt, die bei der „normalen" Miete in der Regel der Vermieter trägt. So haftet der Leasingnehmer für Beschädigungen und ggf. für den Ausfall des Produkts; er muss Reparaturen ausführen und das Objekt instand halten.

---
1 to lease (engl.) = mieten

LERNFELD 8

Inhalte des Leasingvertrags sind: Mietdauer und -rate, Leasingobjekt, Versicherungen und Kündigungsfrist.

Beim Leasing tritt an die Stelle der einmaligen Zahlung des Kaufpreises eine laufende, regelmäßig zu entrichtende Mietzahlung, in die der Leasinggeber einkalkuliert:
- den Abschreibungsbetrag für die Wertminderung des Leasingobjekts
- die Verzinsung des von ihm investierten Kapitals
- einen Risikozuschlag, z. B. für schnelles Veralten
- Wartungs- und Reparaturkosten, soweit von ihm übernommen
- sonstige Verwaltungs- und Vertriebskosten
- den Gewinnzuschlag

Die Höhe der Leasingraten richtet sich nach der Laufzeit des Vertrags sowie nach den vom Leasinggeber zu erbringenden Serviceleistungen.

Der Leasingvertrag wird erst wirksam, wenn der Leasingnehmer seine Bestellung nicht binnen zwei Wochen widerruft. Während der Widerrufsfrist ist der Vertrag schwebend unwirksam.

Erstes Resümee

Die Kosten beim Leasing sind in der Regel höher als beim Kauf. Leasing bietet aber als langfristige Fremdfinanzierung ergänzend zu den bekannten Finanzierungsarten für den Unternehmer die Möglichkeit, die eigenen Mittel zu schonen und sie für eine andere Verwendung freizustellen, ohne dabei auf die notwendige Investition verzichten zu müssen.

Seine Anwendung hängt letztlich von der jeweiligen betriebswirtschaftlichen Situation ab.

Leasing ist jedoch auf keinen Fall Rettungsanker für Unternehmen, die eine verfehlte Unternehmenspolitik betrieben haben. Voraussetzung für das Leasing ist eine ausreichende Bonität.

LEASING

- modern investieren
- Liquidität erhalten
- Steuern sparen

Leasingraten sind als Betriebsausgaben sofort steuerabzugsfähig.

Leasingrate
inkl. Elektronikversicherung

39,77 zuzügl. 19% MWST

Leasingrate pro Monat bei quartalsweisem Einzug. Keine Anzahlung, Kündbarer Vertrag, kalk. Laufzeit 36 Monate, bei Kündigung zum 30. Monat mit Abschlusszahlung

Angebot für ein elektronisches Lagergerät

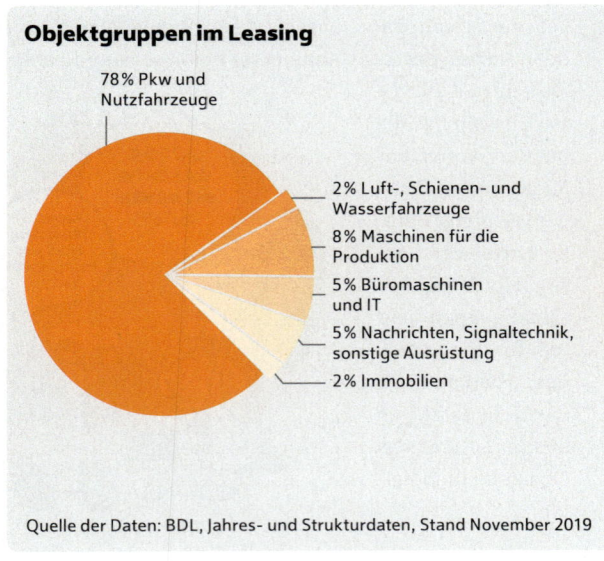

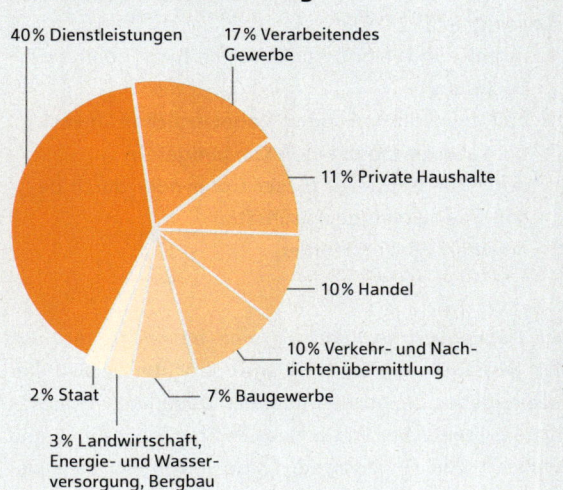

Quelle der Daten: BDL, Jahres- und Strukturdaten, Stand November 2019

Leasingformen

Betrachtet man die **Formen des Leasings,** so sind folgende Unterscheidungen gebräuchlich:

1. Unterscheidung nach der wirtschaftlichen Stellung des Leasinggebers

1.1 Direktes Leasing (Herstellerleasing)
Leasinggeber ist der Hersteller selbst oder eine speziell dafür eingerichtete Tochtergesellschaft.

1.2 Indirektes Leasing
Zwischen dem Hersteller und dem Leasingnehmer steht eine **herstellerunabhängige Leasinggesellschaft** als Leasinggeber.

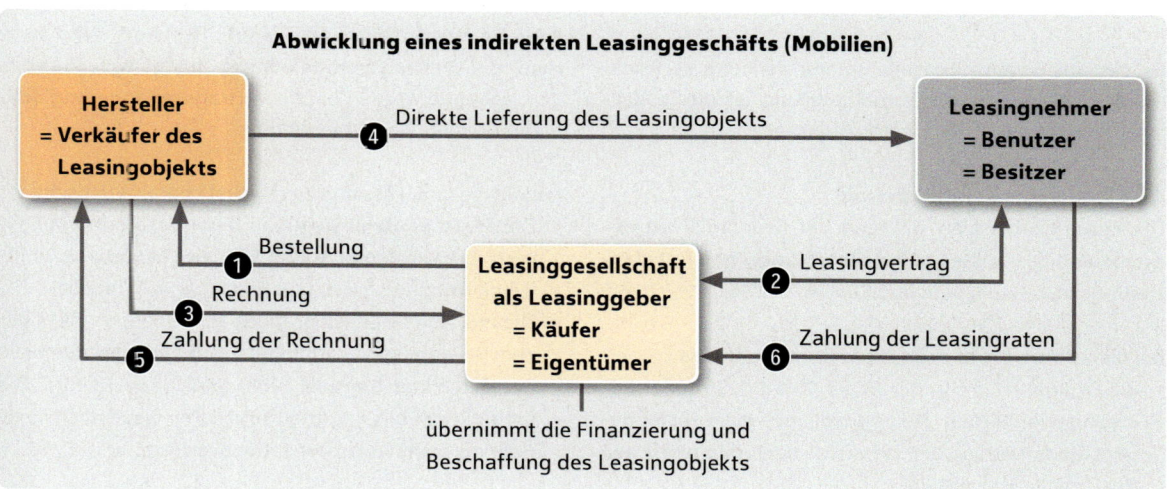

2. Unterscheidung nach der Art der Leasingobjekte

2.1 Investitionsgüter-Leasing in Form von
- **Mobilien-Leasing:** Vermietung von Ladeneinrichtungen, Telefonanlagen, Computern, EDV-Anlagen, Auszeichnungsgeräten, Kassensystemen, Regalanlagen, Nutzfahrzeugen u. a.
- **Immobilien-Leasing:** Vermietung von Verwaltungsgebäuden, Lagerhallen u. a.

2.2 Konsumgüter-Leasing
- Vermietung von Konsumgütern mit relativ langer Lebensdauer
- Nach Beendigung der Vertragszeit muss der Leasingnehmer den gemieteten Gegenstand zurückgeben. Vertragsverlängerung oder Kauf ist möglich.

3. Unterscheidung nach der Anzahl der Leasingobjekte

3.1 Equipment-Leasing
Geleast wird ein einzelnes bewegliches Wirtschaftsgut.

3.2 Plant-Leasing
Geleast wird eine ganze Betriebsanlage, die aus beweglichen und unbeweglichen Wirtschaftsgütern bestehen kann.

LERNFELD 8

4. Unterscheidung nach dem Verpflichtungscharakter des Leasingvertrags

4.1 Finance-Leasing

> Merkmale des Finance-Leasings:
> - Verträge mit einer **festen Grundmietzeit** (Langfristcharakter)
> - Der Vertrag kann während der Grundmietzeit von beiden Seiten **nicht gekündigt** werden.
> - Die Grundmietzeit ist kürzer als die betriebsgewöhnliche Nutzungsdauer.
> - Das **Investitionsrisiko** (Risiko des zufälligen Untergangs, der wirtschaftlichen Entwertung durch technischen Fortschritt während der Grundmietzeit) liegt beim **Leasingnehmer**.
> - Der Leasinggeber stellt das Kapital zur Verfügung und trägt das **Kreditrisiko**.

Es gibt im Finance-Leasing unterschiedliche Vertragsmodelle. Eine wichtige Grundeinteilung ist die in Vollamortisations- und Teilamortisationsverträge.

4.1.1 Vollamortisationsvertrag[1]

Die Leasingzahlungen während der Grundmietzeit decken sämtliche Kosten wie Anschaffungskosten, Finanzierungskosten und sonstige Kosten, voll ab.

Bei dieser Vertragsform ist charakteristisch, dass
- die Grundmietzeit in der Regel 40 % bis 90 % der betriebsgewöhnlichen Nutzungsdauer des Leasinggegenstands beträgt. Sie lässt sich nach den amtlichen AfA-Tabellen[2] ermitteln.

> **BEISPIEL**
>
> EDV-Anlage:
> - 5 Jahre (= 60 Monate) Abschreibungszeit
> - **40 % mindestens** = 24 Monate ⎫
> - **90 % höchstens** = 54 Monate ⎬ Laufzeit des Vertrags

- die gesamten Leasingzahlungen, die der Leasingnehmer während der unkündbaren Grundmietzeit zu entrichten hat, mindestens die Anschaffungs- oder Herstellungskosten für das Leasinggut sowie alle sonstigen Nebenkosten einschließlich der Finanzierungskosten des Leasinggebers und dessen Gewinnspanne beinhalten.
- der Leasinggeber das Kapital beschafft und das Kreditrisiko trägt.

Der Vollamortisierungsvertrag wird vor allem dann angeboten, wenn der Leasingnehmer nach Ablauf der Grundmietzeit entscheiden möchte, ob er das Leasingobjekt weitermieten, es kaufen oder es einfach zurückgeben und ein neues mieten möchte.

Vollamortisierungsverträge sind die Regel bei Leasingverträgen über Maschinen und maschinelle Anlagen sowie ganze Betriebs- und Geschäftsausstattungen.

4.1.2 Teilamortisationsvertrag

Nach der Grundmietzeit verbleibt ein Restbetrag, der sich am zu erwartenden Zeitwert des Objekts bei Vertragsende orientiert. Dieser „kalkulierte Restwert" wird während der Vertragsverhandlungen festgelegt. Für das Vertragsende werden häufig Vertragsverlängerung oder Mehrerlösbeteiligung vereinbart.

Für den Teilamortisationsvertrag ist charakteristisch:
- Die **feste Laufzeit** liegt wie beim Vollamortisationsvertrag zwischen 40 % und 90 % der betriebsgewöhnlichen Nutzungsdauer laut amtlicher AfA-Tabelle.
- Die monatliche Leasingrate ist so bemessen, dass der zum Vertragsende vorhandene Verkehrswert durch die gezahlten **Leasingraten nicht ganz gedeckt** wird. Die monatlichen Leasingraten sind daher wesentlich niedriger als beim Vollamortisationsvertrag.

Den noch nicht amortisierten Teil der Kosten kann sich der Leasinggeber durch unterschiedliche Vertragsgestaltungen absichern lassen. Damit wird dann ebenfalls die volle Amortisation erreicht.
- Auf den nicht getilgten Rest kommt bei Vertragsende zunächst der Veräußerungserlös aus der Verwertung des Investitionsgegenstands zur Anrechnung:
  - Wird ein höherer Erlös erzielt, so gewähren die meisten Leasinggesellschaften dem Leasingnehmer eine Gutschrift bis zu 75 % des Mehrerlöses (Teilamortisationsvertrag mit Mehrerlösbeteiligung).
  - Wäre der Erlös aus dem Verkauf niedriger als der geschätzte Restwert, so werden die Leasinggesell-

---

[1] Amortisation = a) allgemein Tilgung einer Schuld; b) Finanzwirtschaft: Deckung der für ein Investitionsgut aufgewendeten Anschaffungskosten aus dem mit diesem Gut erzielten Ertrag

[2] AfA = Kurzform für Absetzung für Abnutzung; ein Begriff aus dem Steuerrecht, der gleichzusetzen ist mit Abschreibungen, die die Wertminderungen der Anlagegüter erfassen (Konto „Abschreibungen auf Sachanlagen" [SA]). Abschreibungen mindern als Aufwand den Gewinn und somit auch die gewinnabhängigen Steuern.

schaften von dem vertraglich vereinbarten **Andienungsrecht** Gebrauch machen, wonach der Leasingnehmer verpflichtet ist, das Investitionsgut zum vertraglich vereinbarten Restwert zu kaufen. Jedoch hat der Leasingnehmer kein Recht, den Leasinggegenstand erwerben zu dürfen (Teilamortisationsvertrag mit Andienungsrecht).

Hieraus ergibt sich, dass das Risiko der Wertminderung ausschließlich der Leasingnehmer trägt.

Leasingvertrag Nr. _1000_ **Teilamortisation** – Mobile Investitionsgüter –

Leasinggeber: Maschinen- und Apparate-Vermietung GmbH & Co. KG, Postfach 12 34, 40595 Düsseldorf, Adam-Stegerwald-Str. 15
Leasingnehmer: Textilgroßhandlung Fairtext GmbH   Handelsregister: B   Nr.: 200147
Straße und Nr.: Walroder Str. 6 a   PLZ: 30625   Ort: Hannover   Gründung: 1949   ☎ 0511 4155-0
Objektwert: = (Kaufpreis ohne USt) 31.000,00 €   Vertragsdauer: 36 Monate   Vertragsbeginn: Okt. 20..
Leasingrate:
1. Monat bis 3. Monat (in % 2,8) 868,00 € zzgl. USt   4. Monat bis 36. Monat (in % 2,8) 868,00 € zzgl. USt
Die Vertragspartner sind sich einig, dass die vom Leasingnehmer in der Vertragszeit zu entrichtenden Leasingraten die Gesamtkosten des Leasinggebers nicht decken. Es verbleibt nach Ablauf der unkündbaren Vertragsdauer ein Restwert von 25 % vom Objektwert = 7.750,00 € zzgl. USt.

Zahlungsweise: monatlich zum x/15.
Der Leasingnehmer ermächtigt hiermit den Leasinggeber, die fällig werdenden Leasingraten vom Bankkonto des Leasingnehmers bei der
Bank/Sparkasse: Postbank Hannover
IBAN: DE95 2501 0030 0001 0153 05   BIC: PBNKDEFF   durch Lastschrift einzuziehen.

Standort des Leasingobjektes: Hannover
Nutzungsdauer: ___ Jahre, weil ___ Schichtbetrieb.

Leasingobjekt – fabrikneu –:
1 Mercedes-Benz-Pkw, Typ E 280, Farbe: schwarz, Fahrgestell-Nr. 7634, amtl. Kennzeichen: H-D 475 gem. Rechnung Nr. 100 des Autohauses Schulz & Co. vom 2. Oktober 20..
Lieferant: Schulz & Co. GmbH   Lieferzeit: erfolgt

Der Leasingnehmer beauftragt die Leasinggesellschaft – im Folgenden Leasinggeber genannt –, das Leasingobjekt vom Lieferanten zu dessen Lieferbedingungen zu kaufen und bietet dem Leasinggeber den Abschluss eines Leasingvertrages zu den oben und auf den folgenden Seiten aufgeführten Bedingungen an. Der Leasingnehmer hält sich an diesen Antrag für einen Monat nach Eingang beim Leasinggeber gebunden.

3. Oktober 20..   Düsseldorf/Hannover   3. Oktober 20..
Maschinen- und Apparate-Vermietung GmbH & Co. KG   Müller   P. Hahnenkamp

---

4.2 Operating-Leasing

> **DEFINITION**
>
> **Operating-Leasing** lässt sich beschreiben als die Vermietung von Objekten, die einem raschen technischen Fortschritt unterliegen.

> **BEISPIELE**
>
> Fotokopiergeräte, EDV-Anlagen und andere nicht speziell auf das Unternehmen des Leasingnehmers abgestellte Güter.

Die Objekte können bei technischen Neuerungen sofort gegen das aktuellste ausgetauscht werden. Dieser Vertrag ist daher sinnvoll, wenn das Leasingobjekt weniger als 40 % der „betriebsgewöhnlichen Nutzungsdauer" (meist der Abschreibungszeitraum) gebraucht werden soll.

Kennzeichnend für das Operating-Leasing ist ebenfalls, dass der Leasingnehmer meist nicht weiß, wie lange er die Sache braucht oder ob er sie anschließend erwerben will.

Operating-Leasing kommt folglich auch dann zur Anwendung, wenn das Großhandelsunternehmen seine Kapazität wirtschaftlichen Schwankungen anpassen möchte, ohne dabei das Risiko einer Fehlinvestition eingehen zu wollen.

> **BEISPIELE**
>
> - Vergrößerung des Fuhrparks
> - Ausbau einer Stabsstelle u. a. mit diverser Hightech-Bürotechnologie für eine gewisse Zeit

> Merkmale des Operating-Leasings:
>
> - Vertrag **ohne feste Grundmietzeit und mit kurzen Laufzeiten**.
> - Vertrag kann vom Leasingnehmer unter Beachtung vereinbarter Kündigungsfristen **jederzeit gekündigt** werden.
> - Ziel dieses Vertrags ist nicht die „Finanzierung" des Objekts, sondern allein die Gebrauchsüberlassung gegen ein Entgelt.
> - Der Leasinggeber verpflichtet sich, das Objekt zu überwachen, instand zu halten (Übernahme von Reparatur- und Wartungskosten sowie von Versicherungen) und bei Bedarf auszutauschen.
> - Das Vermarktungsrisiko am Ende der Leasing-Laufzeit trägt alleine der Leasinggeber.

LERNFELD 8

Besonderheit dieser Vertragsgestaltung ist weiterhin, dass der Leasinggeber keine Abschlusszahlung erhält. Er trägt selbst das **Investitionsrisiko** und die Kosten, wenn der Leasingvertrag beendet wird, bevor die Ausgaben durch die Leasingraten wieder eingenommen wurden.

Die universellen Güter des Operating-Leasings rentieren sich meist erst durch eine **mehrmalige „Vermietung"** an verschiedene Leasingnehmer, die diese hintereinander nutzen.

Da hier die Sache nur gegen Bezahlung zum Gebrauch überlassen wird und nicht zugleich eine Finanzierung gewollt ist, überwiegt der **mietrechtliche Charakter**. Das Operating-Leasing wird deshalb überwiegend nach Mietrecht beurteilt.

Für den Fall der Kündigung werden Abschlusszahlungen des Leasingnehmers fällig, die bereits bei Vertragsbeginn im Leasingvertrag, gestaffelt nach Kündigungsterminen, festgelegt sind. Da der Vertrag jederzeit verlassen werden kann, ist mit hohen Leasingraten bzw. einer hohen Abschlusszahlung zu rechnen.

Beurteilung

Leasing	
Vorteile	**Nachteile**

• Keine Bindung des Eigenkapitals, da eine 100 %ige Fremdfinanzierung möglich ist
• Eigenkapital kann rentabler eingesetzt werden
  – im ertragsstarken Umlaufvermögen und
  – durch Einräumung von Rabatt oder Sonderangeboten.
• Planungssicherheit:
  – Die Mieten (Leasingraten) werden aus dem laufenden wirtschaftlichen Ertrag des Mietobjekts bezahlt („Pay-as-you-earn-Prinzip"). D. h. der Finanzierungsaufwand aus der Investition verteilt sich auf die wirtschaftliche Nutzungsdauer und somit auf den Zeitraum, in dem Erträge daraus erwirtschaftet werden.
  – Dies schont die Liquidität bzw. erhöht sie, da weder eigene noch fremde Mittel benötigt werden.
  – Der Finanzierungsspielraum und die Kreditlinien bleiben für den kurz- und mittelfristigen Finanzbedarf erhalten.
  – Positive Kreditwürdigkeit, da keine Notwendigkeit zur Kreditaufnahme besteht.
  – Es erweitert den finanziellen Handlungsspielraum für zukünftige Entscheidungen.
  – Die breitere Finanzierungsbasis verringert die Abhängigkeit von Kreditinstituten.
• Leasingraten sind Fremdkapitalkosten, die steuerlich Betriebsausgaben darstellen und daher die Steuerbelastung mindern (wenn wirtschaftlich die Objekte nicht dem Leasingnehmer zugerechnet werden).
• Durch schnelle Anpassung an den technischen Fortschritt schützt Leasing vor Überalterung der Anlagen (Operate Leasing).
• Leasing bietet einen Servicevorteil durch Beratung, Wartung und Reparatur des Leasingobjekts durch den Leasinggeber.
• Leasing ist bilanzneutral, denn das Verhältnis zwischen Eigen- und Fremdkapital ändert sich nicht (gleichbleibende Bilanzrelationen).
• Der Leasingnehmer hat feste monatliche Raten, die eine genaue Kalkulation ermöglichen.
• Für die Dauer des Leasingvertrags sind die monatlichen Leasingraten fest. Sie bleiben von Preisveränderungen unberührt. Das Risiko trägt der Leasinggeber.
• Leasing erleichtert den Kosten-Nutzen-Vergleich einer Investition, da die anfallenden Kosten genau fixiert sind. Investitionsentscheidungen können so leichter abgeklopft werden, ob sie vorteilhaft sind.
	• Hohe finanzielle Belastung mit fixen Kosten
	• Das Leasing ist teurer als der Kreditkauf.
	• Die Leasingobjekte müssen ihre Miete erst verdienen (Leasingrate als Fixkostenblock), was besonders in Krisenzeiten nicht immer möglich ist.
	• Der Leasingnehmer ist während der Grundmietzeit (beim Finance-Leasing) vertraglich fest gebunden.
	• Investitionsobjekte sind nicht im Eigentum des Nutzers.
	• Sie können deshalb auch nicht – quasi kostenlos – nach der Abschreibungszeit weiterarbeiten.
	• Die eventuell gewinnbringende Verwertung des Investitionsobjekts nach Ende der betrieblichen Nutzung liegt beim Leasinggeber.
	• Sicherungsübereignung der Leasinggegenstände ist nicht möglich.
	• Kündigungsgefahr bei Zahlungsverzug.

LERNFELD 8

Ihr zuverlässiger Finanzierungspartner

Sehr verehrte Damen!
Sehr geehrte Herren!

Unser **Leasingsystem** hat Ihre Aufmerksamkeit gefunden und wir freuen uns über Ihr Interesse an dieser bewährten Finanzierungsart, die wir bereits seit fast 20 Jahren in der Bundesrepublik Deutschland mit großem Erfolg anbieten.

Daher möchten wir Ihnen die Vorzüge einer **Leasingfinanzierung** darlegen:

- **Sie selbst bestimmen**

  das gewünschte Leasingobjekt (Kraftfahrzeug/Maschine), das Ihren Vorstellungen entspricht, und legen den genauen Lieferungsumfang bei Ihrem Lieferanten fest. Ihre alten Geschäftsverbindungen bleiben somit bestehen.

- **Sie behalten**

  die Garantieansprüche gegenüber den Herstellern/Lieferanten, sodass der enge technische Kontakt bestehen bleibt.

- **Sie schließen**

  mit unserer Gesellschaft einen Teilamortisations-Leasingvertrag über eine angemessene Laufzeit ab.

  Die Gesellschaft tritt nach Abschluss des Leasingvertrags gegenüber dem Lieferanten in Ihre Bestellung ein und kauft das Leasinggut zu den festgelegten Bedingungen. Die Lieferantenrechnung wird auf unsere Gesellschaft ausgestellt und von uns sofort nach Erhalt in voller Höhe (einschl. Mehrwertsteuer) beglichen.

- **Keine Kilometerbegrenzung beim Fahrzeugleasing**

  Bei unserem System unterliegen Sie keinen Kilometerbegrenzungen. Sie setzen das Fahrzeug nach Ihren Erfordernissen ein.

- **Keine Anzahlung**

  Wir finanzieren den Leasinggegenstand zu 100 %, d. h. den reinen Anschaffungswert; Reparaturen, Versicherungen, Steuern gehen wie bisher zu Ihren Lasten. Die Kfz-Kosten für Zulassung und Überführung trägt der Leasingnehmer.

- **Schonung des Eigenkapitals – verbesserte Liquidität**

  Ihr Eigenkapital wird durch die neue Investition nicht belastet.

  Ihre liquiden Mittel bleiben für andere wichtige betriebliche Aufgaben frei.

  Ihre Kreditlinien bei Ihren Hausbanken stehen Ihnen für weitere geschäftliche Dispositionen zur Verfügung. Diese Gelder können Sie vorteilhafter für Lieferantenskonti und Nachlässe beim Wareneinkauf, die Entwicklung neuer Produkte, Werbung, Altersversorgung, Kapitalanlage usw. verwenden.

  Sie schaffen sich die Möglichkeit zur Rationalisierung und die Voraussetzung für höhere Umsätze, kürzere Lieferzeiten, schnelleren Produktionsausstoß.

  Sie sind immer auf dem neuesten Stand der Technik durch den Einsatz modernster Maschinen, Ausrüstungen, Kraftfahrzeuge usw.

  Sie können umgehend auf Konjunktur- und Marktveränderungen reagieren.

- **Steuerersparnis**

  Die monatlichen Leasingzahlungen stellen für Sie Betriebsaufwendungen dar und sind steuerlich absetzbar. Hinzu kommen positive Auswirkungen auf Gewerbesteuer, Vermögensteuer u. a.

  Die Laufzeit der Verträge ist kürzer als die betriebsgewöhnliche Nutzungsdauer.

- **Gleichbleibende Leasingbeträge**

  Die einmal vereinbarten Netto-Leasingraten können während der gesamten vereinbarten Vertragszeit nicht verändert werden, sodass Sie einen festen Kostenfaktor vorliegen haben. Die gesetzliche Mehrwertsteuer wird von uns gesondert ausgewiesen und berechnet. Sie ist in der Regel als Vorsteuer absetzbar.

- **Einfache Zahlungsweise**

  Wir buchen die monatlichen Leasingbeträge am 1. oder 15. eines Monats durch Lastschriftverfahren von Ihrem Bankkonto ab, um Ihnen und uns die Abwicklung zu erleichtern.

- **Kraftfahrzeugbrief und Versicherung**

  Das Kraftfahrzeug wird auf Ihren Namen zugelassen, den Kfz-Brief erhalten wir für unsere Akten. Gleichzeitig fordern wir bei Ihrer Versicherungsgesellschaft einen Kfz-Sicherungsschein als Nachweis für eine bestehende Vollkaskoversicherung mit 325,00 € Selbstbeteiligung je Schadensfall zugunsten unserer Gesellschaft an.

- **Maschinenversicherung**

  Bei Maschinen und Einrichtungen benötigen wir ebenfalls den Nachweis einer entsprechenden Versicherung.

Als eingeführte, mittelständische Leasinggesellschaft stehen wir seit fast 20 Jahren besonders der Industrie, dem Handel, dem Handwerk und den freien Berufen nahe.

Aufgrund unserer langjährigen Erfahrung und großen Beweglichkeit sind wir jederzeit in der Lage, uns individuell auf die Wünsche unserer Kunden einzustellen.

Wir finanzieren Mobilien aller Art und in jeder Größenordnung über unsere Leasingverträge,
z. B. Kraftfahrzeuge – Gabelstapler – Maschinen und Apparate – medizinische Einrichtungen und Geräte für Ärzte und Laborgemeinschaften.

Zur ausführlichen Beratung stehen Ihnen unsere Leasingfachleute gern zur Verfügung.

Ihre Leasinggesellschaft

LERNFELD 8

Factoring

Es ist von zentraler Bedeutung, das Zahlungsverhalten potenzieller Kunden gut zu kennen, um nicht allzu lange auf den Zahlungseingang warten zu müssen und um dadurch kritische Liquiditätsengpässe zu vermeiden. Hilfestellung gibt dabei das Factoring.

> **DEFINITION**
>
> Beim **Factoring** verkauft ein Unternehmen (**Factoringnehmer**) seine kurzfristigen Geldforderungen aus Warenlieferungen und Dienstleistungen gegenüber Kunden (Schuldner; Debitor[1]) an eine Factoringgesellschaft (**Factor**; Factoringinstitut; Factoringgeber).

Dabei werden Forderungen nicht einzeln, sondern bündelweise verkauft.

1. Abwicklung des Factorings

Grundlage des Factoringgeschäfts ist der **Factoringvertrag**, der zwischen Lieferant und dem Finanzierungsinstitut, dem Factor, geschlossen wird.

Das Factoring weist folgende Abwicklungsmerkmale auf:
- Verkauf oder Abtretung (**Zession**) aller Kundenforderungen (Buch- und Wechselforderungen) an den Factor, der auch die Debitorenkonten führt
- Unmittelbar nach Abschluss des Factoringvertrags informiert der Factoringnehmer seinen Kunden darüber, dass die Zahlungen künftig an seinen Factor zu leisten sind, und gibt direkt nach Rechnungsstellung jeweils eine Rechnungskopie an den Factor weiter.
- Der Factor sichert sich ab, indem er zuvor die Bonität des Schuldners, also des Kunden des Vertragspartners, überprüft. Zudem kann er sich gegen Ausfälle zu günstigeren Konditionen versichern als ein einzelnes Unternehmen.
- Bevorschussung der abgetretenen (zedierten) Forderungen **vor** deren **Fälligkeit** zu einem hohen Prozentsatz, meist 80 % bis 90 % des geforderten Betrags
- Einbehaltung der restlichen 10 % bis 20 % als Sicherheit für eventuelle Regressansprüche gegen den Lieferanten, z. B. wegen mangelhafter Lieferung oder nicht übertragbarer Forderungen (= Risikoeinbehalt).
- Bei Begleichung der Forderung durch den Debitor bzw. bei Fälligkeit der Forderung wird der Sicherheitseinbehalt entweder verrechnet oder an den Factoringnehmer ausbezahlt.

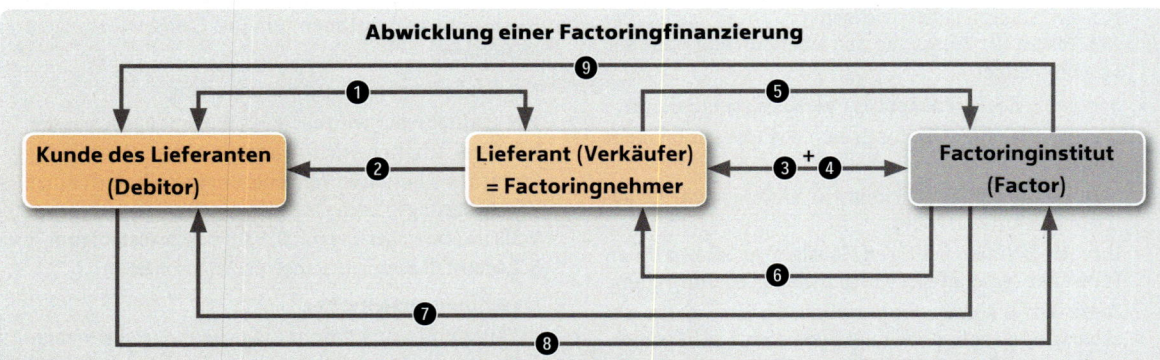

Abwicklung einer Factoringfinanzierung

❶ Kaufvertrag
❷ Warenlieferung auf Ziel und Rechnungsstellung (**Forderung**)
❸ Prüfung des Abnehmerlimits (Für jeden Kunden wird vertraglich ein Limit festgelegt, bis zu dem Forderungen angekauft werden können.)
❹ **Factoringvertrag**
❺ Ankauf der Forderung (Forderungsabtretung). Der Factor erhält die Rechnungskopie.
❻ Zahlung: Vorschuss auf die Forderung und Gutschrift abzüglich Factoringgebühr
❼ Zahlungsanspruch (Forderung). Der Kunde (Debitor) wird zum Kreditnehmer des Factors.
❽ Der Kunde zahlt bei Fälligkeit an den Factor
❾ Ausgleichszahlung des Risikoeinbehalts

---

[1] Debitor = Schuldner, der Waren von einem Lieferanten auf Kredit bezogen hat

LERNFELD 8

2. Funktionen und Kosten des Factorings

Der Factor erfüllt drei Funktionen:

Finanzierung

Absatzfinanzierung durch Vorschusszahlungen:
- Bevorschussung der Buch- oder Wechselforderung zu einem hohen Prozentsatz
- Überweisung der nicht bevorschussten Beträge bei Fälligkeit oder bei Eingang

Dienstleistungen

Übernahme sämtlicher Verwaltungsaufgaben des Inkassogeschäfts:
- Kundenbuchhaltung
- Terminüberwachung
- Mahnwesen
- Forderungseinzug (Inkasso)
- Bonitätsprüfung
- Überweisung der eingezogenen Forderungen an den Anschlusskunden

Delkredere

Übernahme des vollen Kreditrisikos. Das heißt, der Factor übernimmt das Risiko des Zahlungsverzugs bzw. des Forderungsausfalls (Kreditsicherungsfunktion).

Die **Kosten**, die dem Lieferanten aus dem Factoringvertrag entstehen, richten sich nach dem in Anspruch genommenen Leistungsumfang. Sie können sich wie folgt zusammensetzen:

Zinsen[1]: banküblische Kontokorrentzinsen für die Bevorschussung der Forderungen; abhängig von der Bonität des Factoringnehmers und der seiner Kunden

Dienstleistungsgebühr: (Factoringgebühr) für Kontenführung, Mahnwesen und Forderungseinzug: 0,4% bis 3% des angekauften Forderungsbestandes (Bruttoumsatz). Eine jährliche Limitprüfungsgebühr für die lfd. Überwachung der Bonität der Kunden des Factoringnehmers wird i. d. R. separat in Rechnung gestellt.

Delkrederegebühr: je nach Risiko zwischen 0,2% und 1,5% vom Umsatz

BEISPIEL

Die Niederlassung der Fairtext GmbH in Neustrelitz hat einen neuen Kunden in Russland gewinnen können. Ein Handelsgeschäft im Auftragsvolumen von 70.000,00 € steht kurz vor dem Abschluss. Da die Fairtext GmbH ihren russischen Partner noch nicht gut genug kennt, tritt sie die aus diesem Geschäft entstehenden Forderungen a. LL an eine in Neustrelitz ansässige Factoringgesellschaft ab. Wichtig für die Fairtext GmbH ist die 100%ige Absicherung gegen Forderungsausfälle und u. U. die Entlastung vom grenzüberschreitenden Debitorenmanagement; ohne kompetente Hilfe stellen Sprachbarrieren sowie v. a. nationale Unterschiede in den rechtlichen Rahmenbedingungen und Zahlungsgewohnheiten den Mittelstand oft vor große Probleme.

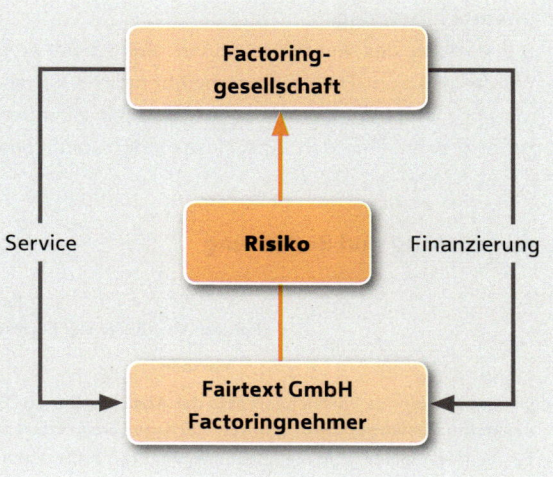

---

[1] Die Zinsen werden berechnet in Höhe der tatsächlichen Inanspruchnahme und vom Zeitpunkt des Forderungsverkaufs bis zum Zahlungseingang.

LERNFELD 8

Nach dem erfolgten Kauf können die Forderungen nicht mehr auf den ursprünglichen Eigentümer (den Factoringpartner) zurückübertragen werden.

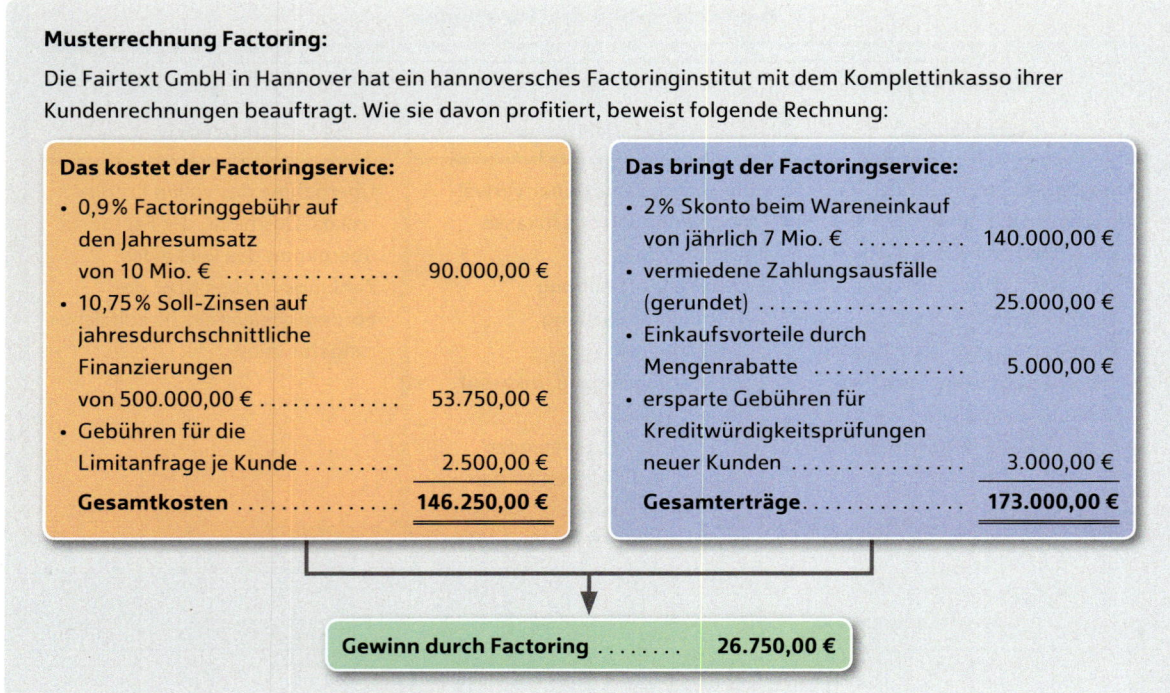

Musterrechnung Factoring:

Die Fairtext GmbH in Hannover hat ein hannoversches Factoringinstitut mit dem Komplettinkasso ihrer Kundenrechnungen beauftragt. Wie sie davon profitiert, beweist folgende Rechnung:

Das kostet der Factoringservice:
- 0,9 % Factoringgebühr auf den Jahresumsatz von 10 Mio. € .... 90.000,00 €
- 10,75 % Soll-Zinsen auf jahresdurchschnittliche Finanzierungen von 500.000,00 € .... 53.750,00 €
- Gebühren für die Limitanfrage je Kunde .... 2.500,00 €

Gesamtkosten .... **146.250,00 €**

Das bringt der Factoringservice:
- 2 % Skonto beim Wareneinkauf von jährlich 7 Mio. € .... 140.000,00 €
- vermiedene Zahlungsausfälle (gerundet) .... 25.000,00 €
- Einkaufsvorteile durch Mengenrabatte .... 5.000,00 €
- ersparte Gebühren für Kreditwürdigkeitsprüfungen neuer Kunden .... 3.000,00 €

Gesamterträge .... **173.000,00 €**

Gewinn durch Factoring .... **26.750,00 €**

3. Vertragsarten

3.1 Factoring nach dem Leistungsumfang

- **Echtes Factoring (Full-Service-Factoring)**
  Standardverfahren, bei dem sämtliche Vorteile des Factoring zur Geltung kommen: Der Factor übernimmt neben der lfd. Bonitätsbeurteilung das komplette Debitorenmanagement und Mahnwesen, ggf. inkl. Inkasso.

- **Unechtes Factoring**
  Die Haftung des Anschlusskunden bleibt bestehen. Wurde also vom Factor eine uneinbringliche Forderung bevorschusst, kann er auf den Anschlusskunden zurückgreifen. Für den Anschlusskunden kann das unechte Factoring dann von Vorteil sein, wenn er einen zahlungskräftigen und zahlungswilligen Kundenstamm besitzt (Ersparnis der Delkrederegebühr).

3.2 Factoring nach der Erkennbarkeit

- **Offenes Factoring**
  Die Kunden erhalten eine Mitteilung über die bestehende Forderungsabtretung und zahlen unmittelbar an den Factor.

- **Stilles Factoring**
  In Ausnahmefällen und bei sehr guten Bonitäten nimmt der Lieferant weiterhin die Zahlungen seiner Kunden entgegen und leitet sie an den Factor weiter.

4. Beurteilung und Bedeutung

Factoring	
Für den Verkäufer der Forderung (Factoringnehmer) bestehen	
Vorteile	**Nachteile**
• Der entscheidende Vorteil besteht in der **Absicherung vor Forderungsverlusten: Risikominderung durch 100 %igen Delkredereschutz**. • Ein weiterer Vorteil ist in die **Erhöhung der Liquidität** durch den sofortigen Zufluss von Geldern, die ohne Factoring erst später eingehen würden.	• Verhältnismäßig hohe Kosten • Der unmittelbare Kontakt zwischen Lieferant und Kunden geht verloren.

LERNFELD 8

Factoring
Für den Verkäufer der Forderung (Factoringnehmer) bestehen

Vorteile	Nachteile

• Der Factoringnehmer ist dadurch in der Lage,
  – seine Wareneinkäufe unter **Ausnutzung von Skonto** vorzunehmen sowie
  – den eigenen Kunden **längere Zahlungsziele einzuräumen**,
  – seine Wettbewerbsfähigkeit zu stärken.
• Der Factoringnehmer kann seine **Zinsbelastung reduzieren,** wenn er mit den finanziellen Mitteln seine Bankverbindlichkeiten begleicht.
• Werden die liquiden Mittel zur Tilgung bestehender Schulden eingesetzt, so führt das außerdem zu einer **verbesserten Eigenkapitalquote**, was eine **höhere Bonität** zur Folge hat.
• Dies wiederum hat positiven Einfluss auf das Ergebnis des Ratings, was ein wichtiges Argument gegnüber Banken in Zeiten von „Basel III" ist.
• Kostenmäßige und administrative Entlastung durch die Übertragung des Forderungsmanagements, des Mahnwesens und des Inkassos an den Factor.
• genaue Planung des Forderungsrückflusses
	• Kunden könnten die Abtretung an den Factor als Zeichen wirtschaftlicher Schwäche deuten.
	• Die Forderungen werden nur innerhalb der vom Factor festgesetzten Abnehmerlimits angekauft.
	• Anpassungsprobleme, wenn der Verkäufer nach einigen Jahren die Dienstleistungsfunktion wieder selbst übernehmen will

Ob sich die Ausgaben für den Factoringeinsatz für ein Unternehmen letzlich lohnen, muss im Rahmen einer Kosten-Nutzen-Analyse immer individuell entschieden werden.

Die Kunden der Factoringinstitute kommen aus unterschiedlichsten Wirtschaftszweigen, z. B. aus der Textil- und Bekleidungsbranche (Fairtext GmbH), der Zellstoff- und Papierbranche, dem Fahrzeug- und Maschinenbau, der Möbel-, der Kunststoff- und der Nahrungsmittelbranche u. v. m.

Factoring eignet sich für
- gesunde Unternehmen. Es kann nicht als Sanierungsmittel für wirtschaftlich angeschlagene Unternehmen dienen;
- mittelständische Unternehmen mit **gewerblichen** Kunden und einem Jahresumsatz von mindestens 1 bis 1,5 Mio. €, unabhängig davon, ob es sich um Hersteller, Großhändler oder Dienstleister handelt; dabei sollten
  – Rechnungen nicht unter einer Höhe von 250,00 € liegen;
  – Zahlungsziele nicht mehr als 90 Tage (Inland) bzw. 120 Tage (Ausland) betragen.

Besonders beliebt sind Branchen, deren Abnehmer über eine überdurchschnittliche Bonität verfügen, wie z. B. Automobilzulieferer oder Lieferanten des Großhandels.

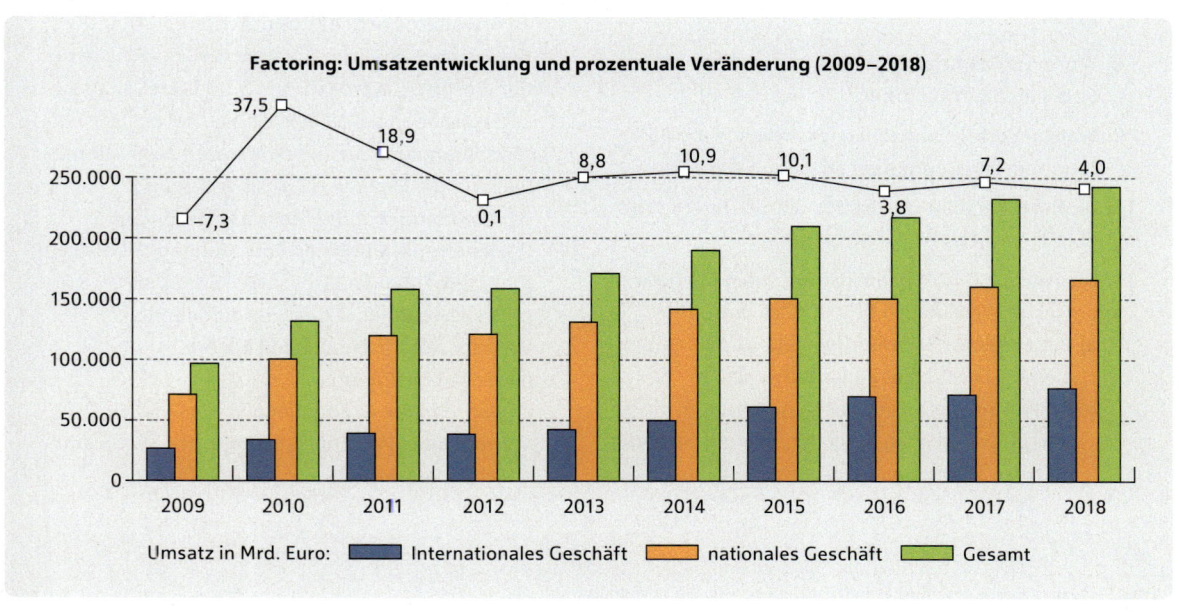

LERNFELD 8

Gründe für den Factoring-Boom

- Folge der **zurückhaltenden Kreditvergabe** vieler Banken im Firmenkundengeschäft
- Das Bewusstsein für **Outsourcing** steigt. Viele Factoring-Kunden, die früher nur ihrer Hausbank verbunden waren, fahren inzwischen lieber zweigleisig.
- Verkäufer können ihren Kunden Zahlungsziele gewähren, ohne die eigene Liquidität stärker zu belasten.
- Steigende **Unternehmensinsolvenzen** führten zu einem Anstieg der Forderungsausfälle.
- Verkäufer sind in der Lage, mit den durch den Forderungsverkauf gewonnenen liquiden Mitteln eigene Lieferanten-Verbindlichkeiten unter Ausnutzung der Skontofrist zu begleichen.
- Aufgrund der beglichenen Verbindlichkeiten aus Warenlieferungen verbessern sich die Bilanzrelationen; die Eigenkapitalquote steigt.

AUFGABEN

1. Was verstehen Sie unter „Leasing"?
2. Aus welchen Rechengrößen setzt sich die Leasingrate zusammen?
3. Nennen Sie die Vorteile des Leasingverfahrens für den Leasingnehmer.
4. Welche Nachteile ergeben sich aus dem Leasingverfahren?
5. Beschreiben Sie die Abwicklung eines indirekten Leasinggeschäfts.
6. Worin unterscheidet sich das Finance-Leasing vom Operating-Leasing?
7. Über welche Güter werden in den beiden Vertragstypen der Aufgabe 6 Verträge geschlossen?
8. Worin besteht der Unterschied zwischen echtem und unechtem Factoring?
9. Welche Vorteile hat ein Lieferant durch die Abtretung seiner Forderungen an einen Factor?
10. Wofür berechnet der Factor eine Delkrederegebühr?
11. Die Fairtext GmbH beabsichtigt, einen Kleintransporter im Wert von 45.000,00 € zu leasen.
    a) Beschreiben Sie die Abwicklung dieses Leasings in Form eines Ablaufschemas.
    b) Stellen Sie die wesentlichen Argumente, die für und gegen Leasing sprechen, aus der Sicht der Fairtext GmbH einander gegenüber.
12. Die Textilgroßhandlung Fairtext GmbH benötigt zweimal pro Jahr kurzfristig größere Finanzmittel zur Bezahlung der saisonbedingt einzukaufenden Modetextilien. Welche der folgenden Finanzierungsalternativen würden Sie dem Unternehmen empfehlen?
    a) Einsatz eigener Mittel
    b) Aufnahme eines Darlehens
    c) Beantragung eines Kontokorrentkredits
    d) Factoring

    Begründen Sie die Berücksichtigung/Nichtberücksichtigung Ihrer Alternativen.
13. Die Fairtext GmbH beabsichtigt, den Fuhrpark für ihre Außendienstmitarbeiter um eine Limousine zu erweitern: Anschaffungskosten 30.000,00 €. Betriebsgewöhnliche Nutzungsdauer sechs Jahre; der Wertverlust pro Jahr von 5.000,00 € ist als zusätzliche finanzielle Belastung zu sehen. Der Textilgroßhandlung stehen momentan zwei Alternativen für die Finanzierung zur Verfügung:
    (1) Kreditangebot der Sparkasse Hannover:
    Darlehen mit jährlicher Ratentilgung – Laufzeit fünf Jahre – Nominalzinssatz 8,5 % – Disagio 3 %[1].
    (2) Leasingangebot des Leasinggebers:
    Vertragszeit: Grundmietzeit 4 Jahre
    Jährliche Leasingrate:
    - während der Grundmietzeit: 8.437,50 €
    - mögliches Anschlussleasing mit einer jährlichen Leasingrate von je 3.750,00 €

---

[1] Das Disagio ist auf die gesamte Laufzeit der Darlehensschuld zu verteilen.

a) Zu welcher Finanzierungsart würden Sie der Fairtext GmbH raten? Begründen Sie Ihre Antwort.

b) Die Fairtext GmbH entschließt sich für die kostenintensivere Finanzierung des Fahrzeugs. Welche Gründe könnten hierfür ausschlaggebend gewesen sein?

14. Die Wiking GmbH hat im letzten Jahr einen Umsatz von 1.250.000,00 € erzielt. Sie räumt ihren Kunden ein Zahlungsziel von 30 Tagen ein.
Ein Factoring-Institut unterbreitet der Wiking GmbH das folgende Angebot:
- Dienstleistungsgebühr: 1,5% des Forderungsumsatzes
- Delkrederegebühr: 0,8% des Forderungsumsatzes
- Zinsen: 7,5% p.a.

Als Sicherheit (Sperrbetrag) behält der Factor 10% des Umsatzes.

a) Wie hoch sind die Factoring-Kosten für die Wiking GmbH?

b) Aufgrund der Übernahme der Kundenbuchhaltung, der Terminüberwachung, des Mahnwesens und des Inkassos kann die Wiking GmbH eine Halbtagskraft einsparen, sodass die Personalkosten um 18.000,00 € reduziert werden können. Die sonstigen Kosteneinsparungen betragen 10.000,00 € pro Jahr.
Was bedeutet das für die Wiking GmbH?

15. Die Fairtext GmbH hat ein Kopiergerät zu den folgenden Konditionen geleast:
- Monatliche Grundmiete: 415,00 €
- Monatliche Zusatzgebühr für Sorter: 58,00 €
- Monatliche Urheberrechtspauschale: 2,15 €
- Preis für Kopien:
  - Je Monat eine bis 6.000 Kopien in Grundmietzeit enthalten,
  - ab der 6001. Kopie je 4,5 Cent pro Kopie.

Ermitteln Sie, wie viel Euro (brutto) die Fairtext GmbH für die Monate Juni und Juli für das Leasing des Kopiergerätes bezahlen muss, wenn folgende Informationen zu berücksichtigen sind:

- Der Kopienzählerstand betrug Ende Juni 72.432 und am Monatsanfang 62.797,
- der Kopienzählerstand betrug Ende Juli 80.744.
- Ab Juli erhöht sich vereinbarungsgemäß der Kopierpreis je Kopie um 10% bei ansonsten gleichen Bedingungen. (Berechnung des Kopierpreise auf drei Stellen nach dem Komma genau).

Zu berücksichtigen sind 19% Umsatzsteuer sowie die Zahlungsvereinbarung der Zwei-Monats-Abrechnung für die Gerätenutzung.

16. Um den Kundenservice nachhaltig zu verbessern, haben die Verantwortlichen der Fairtext GmbH beschlossen, fünf weitere Fahrzeuge für den Außendienst im Gesamtwert von 162.000,00 € anzuschaffen. Für die nötige Kapitalbeschaffung dieser Investition stehen zwei Finanzierungsmöglichkeiten zur Verfügung:
- Darlehensangebot der Hausbank über
  - ein Ratentilgungsdarlehen mit 16% Ratentilgung pro Jahr
  - Darlehensnominalbetrag in Höhe von 162.000,00 €
  - Laufzeit 6 Jahre
  - Sollzins 3,5% p.a.
  - Zahlungs- und Tilgungstermine jährlich
- Abschluss eines Leasing-Vertrages:
  - Grundmietzeit: 72 Monate
  - Effektiver Zinssatz 11,92%
  - Einmalige Abschlussgebühr: 9,0% vom Gesamtwert, fällig mit der 1. Leasingrate
  - Jährliche Leasingrate 17,0% des Kaufwertes, zahlbar jeweils am Ende des Jahres

a) aa) Ermitteln Sie die gesamte Zinsbelastung in Euro.
   bb) Berechnen Sie, wie viel Prozent des Kaufpreises die Zinsbelastung beträgt.
   cc) Wie hoch ist die Gesamtbelastung für das Ratentilgungsdarlehen?
   Die Tilgung des Bankkredits soll mithilfe der unten stehenden Tabelle dargestellt werden.

b) Wie viel Euro beträgt die Gesamtbelastung für die Finanzierung mittels Leasing?

Jahr	Kreditbetrag am Jahresanfang	Zinsen 3,5%	Tilgung in €	Tilgung und Zins (jährl. Belastung)	Kreditsumme
1	162.000,00	5.670,00	27.000,00	32.670,00	135.000,00
2	135.000,00				
3					

LERNFELD 8

AKTION

1. In der Textilgroßhandlung Fairtext GmbH will man bezüglich der Warengruppen „Sportartikel" sowie „Sport- und Freizeitbekleidung" unbedingt etwas tun, um den Verkaufszahlen wieder eine nachhaltige positive Richtung zu geben, denn gerade in jüngster Vergangenheit sah es mit dem Absatz im Sportbereich nicht so rosig aus.

   In der letzten Konferenz, zu der die zuständigen Fachleute geladen wurden, weist Herr Raub, zuständig für die Abteilung Verkauf, im Gespräch über die zukünftigen Unternehmenspläne nochmals auf die geänderte Marktsituation und die verschlechterte Situation der Fairtext GmbH in den Warengruppen „Sportartikel" sowie „Sport- und Freizeitbekleidung" hin.

   Um die Konkurrenzfähigkeit zu verbessern, schlägt er vor, die Verkaufsbereitschaft und den Kundenservice des Unternehmens zu erhöhen. Insbesondere der Kundenservice scheint in der letzten Zeit für den Verkauf von Sportartikeln immer bedeutsamer geworden zu sein.

   Dazu sind
   - der Ausbau der Lagerkapazitäten in Neustrelitz und
   - – bezogen auf alle zehn Niederlassungen – die Anschaffung von sechs weiteren Lkw und sieben weiteren Pkws für den Auslieferungs- bzw. Kundendienst

   notwendig.

   Herr Raub und Frau Staudt, Sachbearbeiterin im Rechnungswesen, haben berechnet, dass diese Investitionen 785.000,00 € kosten würden.

   Diese Güter könnten jedoch auch geleast werden. Stellen Sie in Form einer Skizze den Ablauf dieses Leasinggeschäfts in seinen sechs Phasen dar.

2. Erstellen Sie eine kleine PowerPoint-Präsentation, die informiert über
   a) den Unterschied zwischen Finanzierungs-Leasing und Operating-Leasing,
   b) die unterschiedlichen Vertragsmodelle des Finance-Leasings.

3. Führen Sie eine Pro-und-Kontra-Diskussion zum Thema „Leasing: Eine alternative Finanzierungsform im Großhandel" durch. Bereiten Sie für die Rollenspieler die Rollenkarten vor:
   - Marc Kreibohm, Geschäftsführer einer Leasinggesellschaft: Pro
   - Jonny Mehrmann, Mitarbeiter der Spindler KG: Kontra
   - Janina Perez, Vertreterin eines Kreditinstituts: Kontra

   Formulieren Sie für die Rollenspieler die entsprechenden Pro- und Kontra-Argumente.

LERNFELD 8

ZUSAMMENFASSUNG

Leasing
= langfristige Finanzierung von Anlagevermögen

bedeutet, dass

- vom Leasingnehmer Investitionsgüter gemietet werden;
- der Leasingnehmer eine monatliche Leasingrate zu zahlen hat;
- der Leasinggeber Eigentümer des Leasingobjekts bleibt;
- der Leasinggeber eine Finanzierungsgesellschaft oder der Hersteller ist;
- nach Ablauf der Vertragszeit der gemietete Gegenstand weitergemietet, gekauft oder zurückgegeben werden kann.

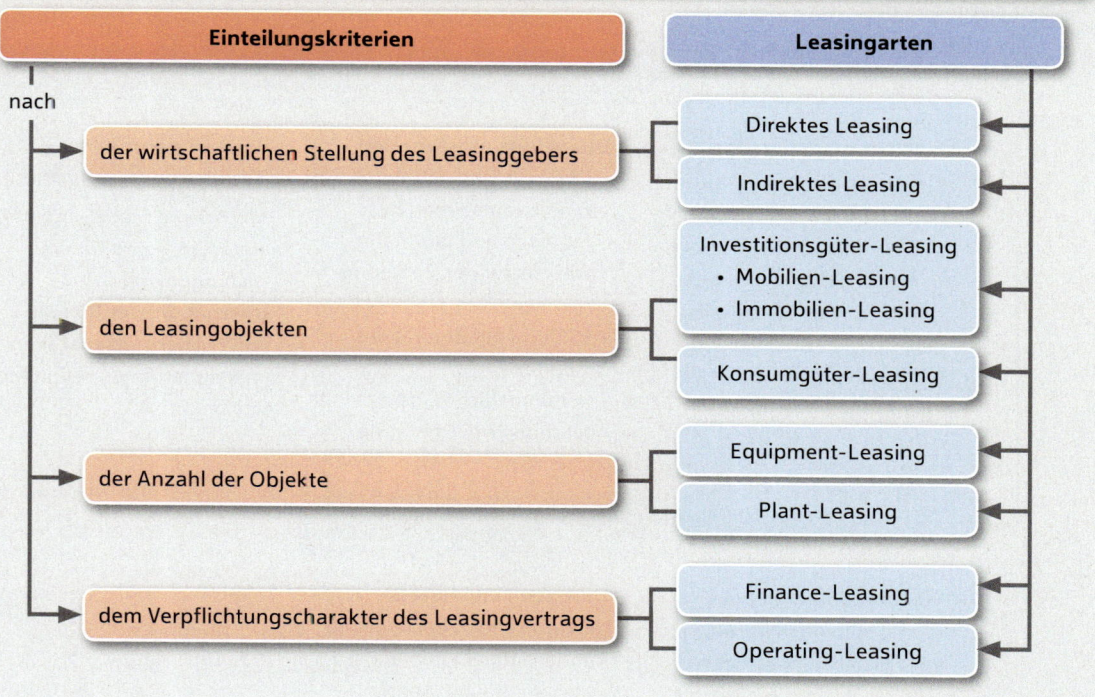

LERNFELD 8

Factoring

- bedeutet, dass Forderungen aus Warenlieferungen und Dienstleistungen durch den Factor (= Finanzierungsinstitut) angekauft werden
- Umfang der Finanzierung: bis zu 90 % der Forderungen
- Dauer des Vertragsverhältnisses: langfristig (mindestens zwei Jahre)
- Gebühr für den Ankauf von inländischen Forderungen inkl. Delkredere und Dienstleistungsfunktion bezogen auf den angekauften (Brutto-)Forderungsbestands
- **Leistungen des Factors beim:**

Echten Factoring (Full-Service-Factoring)

Finanzierungsfunktion

Sicherung der Liquidität eines Unternehmens: sofortige Bereitstellung des Gegenwertes einer Forderung (abzüglich des Sicherheitseinbehalts), sodass u. a. die Nutzung von Skonti für den Factoringnehmer möglich ist

Dienstleistungsfunktion

- Übernahme des Debitorenmanagements, des Inkassos und des Mahnwesens für den Factoringnehmer
- Prüfung der Bonität des Debitors
- kontinuierliche Überwachung der Debitoren

Delkrederefunktion

(Kreditsicherungsfunktion)

Ankauf von Forderungen aus Waren- und Dienstleistungen und damit **Übernahme des Risikos von Forderungsausfällen** im Rahmen eines vereinbarten Limits

Unechten Factoring

Von besonderer Bedeutung ist die **Absicherung vor Forderungsausfällen** durch das Factoringinstitut und die damit verbundene **sofort zur Verfügung stehende Liquidität**.

Durch den **Liquiditätsgewinn** können den eigenen Kunden längere Zahlungsziele eingeräumt werden, was die **Wettbewerbsfähigkeit verbessert**.

GESCHÄFTSPROZESSE MIT DIGITALEN WERKZEUGEN UNTERSTÜTZEN 9

LERNFELD 9

Geschäftsprozesse mit digitalen Werkzeugen unterstützen

Lernsituation

Anne Schulte begleitet heute zum ersten Mal Herrn Sternecker. Dieser ist zuständig für die EDV und die Organisation in der Fairtext GmbH.

Herr Sternecker erläutert seine Aufgaben:
„Letztlich bin ich für die Digitalisierung in unserem Unternehmen zuständig. Das ist eine sehr vielfältige Aufgabe: Ich bin maßgeblich beteiligt an der Einführung und Implementierung der ERP-Software. Mit dieser werden alle Geschäftsprozesse in unserem Unternehmen gesteuert. Zudem werden durch diese Programmpakete wichtige Informationen über die Geschäftsprozesse gewonnen. Um die Geschäftsprozesse im Unternehmen optimal durchführen zu können, müssen diese für alle Mitarbeiter verständlich und nachvollziehbar visualisiert werden. Bei der Arbeit mit den ERP-System bzw. Warenwirtschaftssystem muss darauf geachtet werden, dass die Daten in optimaler Form vorliegen. Es geht also in meinem Job immer auch um die Datenoptimierung.
Daten: Ein wichtiges Stichwort. Diese fallen in großen Mengen in den verschiedenen Abteilungen, vor allem aber auch in Zusammenarbeit mit externen Partnern, z. B. Lieferanten, Kunden, Logistikdienstleistern, staatlichen Organisationen, an. Unser Unternehmen tauscht also ständig Daten aus. Dies muss reibungslos geschehen. Beachtet werden müssen dabei Fragen auch der Datensicherung und des Datenschutzes."

Anne Schulte: „Oh, das ist ja eine Menge Holz!"

Herr Sternecker: „Ja, wir können uns genau wie unsere Gesellschaft nicht der Digitalisierung entziehen ...".

1. Eine sehr große Rolle spielen in Großhandlungen ERP-Systeme.
   a) Geben Sie an, was man unter einem ERP-System versteht.
   b) Erläutern Sie die Vorteile von ERP-Systemen.
   c) Erläutern Sie, welche Geschäftsprozesse von ERP-Systemen gesteuert werden.
2. Aus verschiedenen Gründen ist es vorteilhaft, Geschäftsprozesse in einer Großhandlung zu visualisieren. Führen Sie Instrumente zur Visualisierung von Geschäftsprozessen auf.
3. Führen Sie Maßnahmen einer Großhandlung zur Verbesserung und Optimierung der Datenqualität auf.
4. Eine grundlegende Voraussetzung für die Digitalisierung von Geschäftsprozessen ist es, den Datenaustausch zwischen verschiedenen EDV-Systemen zu ermöglichen.
   Zeigen Sie, welche Möglichkeiten es in Großhandlungen für einen effizienten Datenaustausch gibt.
5. Im Zuge der Digitalisierung von Geschäftsprozessen müssen immer auch Fragen der Datensicherung und des Datenschutzes beachtet werden.
   a) Unterscheiden Sie Datensicherung und Datenschutz.
   b) Erläutern Sie Maßnahmen der Datensicherung in einer Großhandlung.
   c) Führen Sie für eine Großhandlung wichtige Vorschriften der Datenschutzgrundverordnung und des Bundesdatenschutzgesetzes auf.
6. In Gesellschaft und Wirtschaft wird stark über die Digitalisierung diskutiert.
   Erläutern Sie Vorteile, aber auch eventuelle Nachteile der Digitalisierung.

LERNFELD 9

KAPITEL 1
Visualisierung von Geschäftsprozessen

Sebastian Holpert nähert sich dem Schreibtisch von Anne Schulte.

Sebastian Holpert: Hallo Anne, kommst du mit zur Mittagspause?
Anne Schulte: Ja, einen Moment noch.
Sebastian Holpert: Was zeichnest du denn da gerade?
Anne Schulte: Wir erstellen gerade in der Verkaufsabteilung eine ereignisgesteuerte Prozesskette. Ich bin gerade dabei, Folgendes zu visualisieren: Ist eine Anfrage eingegangen, bearbeitet die Verkaufsabteilung diese Anfrage. Dazu verwendet sie den Beleg Kundenanfrage und greift auf die Artikelstammdaten zu. Ist die Anfrage bearbeitet, geht es weiter mit der Tätigkeit „Auftrag bearbeiten".
Sebastian Holpert: Das klingt mir aber nach Beschäftigungstherapie ...

1. Begründen Sie die Notwendigkeit der Visualisierung von Geschäftsprozessen.
2. Erstellen Sie für den oben aufgeführten Vorgang eine erweiterte ereignisgesteuerte Prozesskette.

INFORMATIONEN

Geschäftsprozessmodellierung

Das Hauptziel des Denkens in Geschäftsprozessen ist die Beseitigung von Schwachstellen im Unternehmen.

Typische Schwachstellen sind: *(Nr. 1)*
- hohe Durchlaufzeiten,
- hohe Prozesskosten,
- geringe Produktivität,
- hohe Fehlerquoten.

Die Vorgehensweise bei der Geschäftsprozessoptimierung besteht aus drei Schritten:
- In einer Istanalyse werden die bestehenden Prozesse erfasst und dokumentiert *(Nr. 2)*
- In einer darauf folgenden Schwachstellenanalyse wird versucht, Rationalisierungspotenziale und Verzögerungsgründe aufzuspüren.
- Schließlich wird ein Sollkonzept erstellt, das den optimierten Geschäftsprozess beschreibt.

(Nr. 3) Geschäftsprozesse von Unternehmen können sehr komplex sein. Es ist daher besonders wichtig, diese strukturiert und übersichtlich darzustellen. Um Geschäftsprozesse erfolgreich optimieren zu können, müssen diese zunächst verstanden, analysiert, gestaltet und schließlich ständig überwacht werden. Dies geht nur, wenn die Geschäftsprozesse auch optisch dargestellt und veranschaulicht werden.

(Nr. 4) Um die Geschäftsprozesse also optimieren zu können, werden die Geschäftsabläufe im Unternehmen dokumentiert. Diesen Vorgang nennt man Geschäftsprozessmodellierung. Jeder Mitarbeiter bekommt durch die grafische Abbildung der Geschäftsprozesse die Möglichkeit, die ihm zugeordneten Aufgaben innerhalb der Geschäftsprozesse zu identifizieren. Die Geschäftsprozessbeschreibungen stellen somit Organisationsrichtlinien und Handlungsanweisungen dar.

Ein Geschäftsprozessmodell enthält
- die Identifikation der Tätigkeit des Unternehmens,
- die Bearbeitungsreihenfolge der Aktivitäten,
- die Beschreibung der Ereignisse, welche die Durchführung der Aktivitäten beeinflussen,
- die Beschreibung der Daten, die zur Abwicklung der Aktivitäten braucht werden,
- die Feststellung der Personen, die die Aktivitäten durchführen.

Geschäftsprozesse können von unterschiedlichen Gesichtspunkten aus betrachtet werden:

- Funktionssicht (Ablaufsicht) *(Nr. 5)*
Untersucht wird, welche Tätigkeiten im Rahmen der Geschäftsprozesse durchgeführt werden müssen und wie diese zusammenhängen. Die Funktionssicht

schaut auf die Methoden und zugehörigen Teilmethoden eines Geschäftsprozesse.

> **BEISPIEL**
> - Im Beschaffungsprozess der Fairtext GmbH werden Anfragen erstellt und später Angebote verglichen.
> - Der Geschäftsprozess „Wareneingang" setzt sich aus den Aktivitäten „Warenannahme", „Wareneingangsprüfung", „Einlagerung der Waren" und „Rechnungsprüfung" zusammen.

- Organisationssicht *Nn S*
Betrachtet wird, welche Stelle bzw. Abteilung für diesen Prozess verantwortlich ist. Es werden also die Bearbeiter der betrieblichen Prozesse und ihre zugehörigen Organisationseinheiten bestimmt.

> **BEISPIEL**
> - Herr Ritter ist für das Erstellen der Anfragen und das Auswerten der Angebote verantwortlich.
> - Für die Warenannahme in der Fairtext GmbH ist Herr Kache zuständig.

- Informationssicht *Nr. S*
Geklärt wird, welche Daten und welche IT-Ressourcen für die Abwicklung des Geschäftsprozesses erforderlich sind. Beschrieben werden auch die Zustände der am Geschäftsprozess beteiligten Informationsobjekte.

> **BEISPIEL**
> - Herr Ritter benötigt unter anderem die Lieferantendatei sowie die vorliegenden Angebote.
> - Herr Kache ändert in dem Warenwirtschaftssystem den Status der eingetroffenen Ware auf „Bestellung eingetroffen".

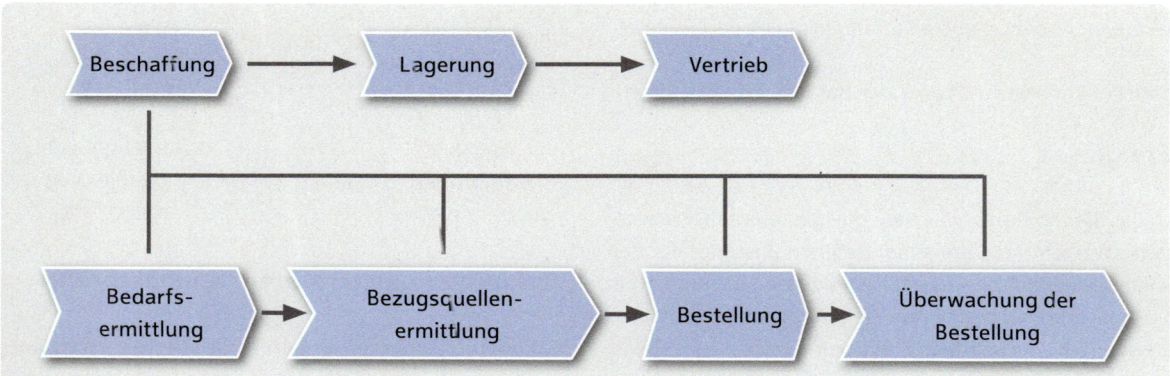

Auf der oberen Ebene des Wertschöpfungskettendiagramms lässt sich die Abfolge der Prozesse in der Fairtext GmbH erkennen. Eine Ebene tiefer sind die Prozesse zu sehen, die dem Prozess Beschaffung untergeordnet sind.

Wertschöpfungskettendiagramme

Eine Möglichkeit, Geschäftsprozesse eines Unternehmens einfach und intuitiv erfassbar darzustellen, sind Wertschöpfungskettendiagramme. Ein Wertschöpfungskettendiagramm dient der Veranschaulichung der Kern- und Unterstützungsprozesse eines Unternehmens. Die einzelnen Vorgänge des Geschäftsprozesses werden in der Reihenfolge ihres Ablaufs aneinandergereiht. Jeder Teilprozess kann wiederum in Unterprozesse zerlegt werden. Diese bestehen wiederum aus kleineren Teilprozessen.

Wertschöpfungskettendiagramme werden schnell zu unübersichtlich, wenn die Anzahl der dargestellten Teilprozesse zu groß wird. In solchen Fällen eignen sich eher ereignisgesteuerte Prozessketten.

Ereignisgesteuerte Prozessketten

Geben Wertschöpfungskettendiagramme einen groben Überblick, können mithilfe ereignisgesteuerter Prozessketten gezielt Details betrachtet werden.

Eine ereignisgesteuerte Prozesskette dient der grafischen Beschreibung komplexer Prozesse: Der logische Ablauf der Tätigkeiten wird durch eine Folge von Funk-

LERNFELD 9

tionen oder Ereignissen sowie logischen Operatoren beschrieben.

Ereignisgesteuerte Prozessketten bestehen aus den folgenden Elementen:

Funktionen

Funktionen sind Tätigkeiten, betriebswirtschaftliche Vorgänge bzw. fachliche Aufgaben im Unternehmen. Da die Ausführung einer Funktion Zeit und Ressourcen beansprucht, entstehen Kosten.

BEISPIEL
Herr Ritter führt einen Angebotsvergleich durch.

[Angebot vergleichen]

Funktionen werden bezeichnet durch ein Informationsobjekt (hier: Angebot) und eine Tätigkeit (hier: vergleichen).

Eine Funktion ist ein Prozess, der auf ein Ereignis folgt.

Ereignisse

Unter dem Ereignis einer ereignisgesteuerten Prozesskette versteht man den eingetretenen Zustand, der den weiteren Verlauf des Geschäftsprozesses bestimmt. Ein Ereignis markiert also einem Zeitpunkt in Geschäftsprozessen: Ein Startereignis stellt den Auslöser eines Prozesses dar. Zwischenergebnisse zeigen Zustandsänderungen an. Das Endergebnis bezeichnet das Ergebnis eines Prozesses. Ereignisse lösen Funktionen aus, die ihrerseits wiederum Ereignisse herbeiführen können.

Da Ereignisse weder Zeit noch Ressourcen benötigen, verursachen sie keine Kosten.

BEISPIEL
Ein Angebot ist eingetroffen.

[Angebot eingetroffen]

Die Bezeichnung eines Ereignisses besteht i. d. R. aus einem Informationsobjekt (hier: Angebot) und einem Partizip (hier: eingetroffen).

Pfeile

Pfeile stellen den Informationsfluss zwischen den einzelnen Symbolen einer ereignisgestützten Prozesskette dar. Sie verbinden also beispielsweise Funktionen und Ereignisse. Pfeile werden oft auch als Kanten bezeichnet.

BEISPIEL
Das Eintreffen von Angeboten löst einen Angebotsvergleich aus.

[Angebot eingetroffen] 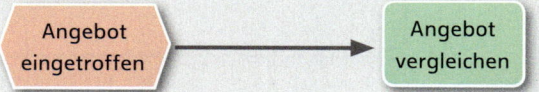 [Angebot vergleichen]

Verknüpfungsoperatoren (Konnektoren)

Verknüpfungsoperatoren ermöglichen es, Verzweigungen zwischen Ereignissen und Funktionen bzw. umgekehrt einzufügen.

		Bedeutung der Konnektoren	
Symbol	Name	Pfade werden getrennt	Pfade werden zusammengeführt
∧	UND	*Alle* ausgehenden Verläufe müssen ausgeführt werden.	*Alle* eingehenden Verläufe bewirken den nachfolgenden Prozessverlauf.
∨	ODER	Es muss *mindestens einem* der möglichen Verläufe gefolgt werden.	Von *mindestens einem* der möglichen Verläufe wird der nachfolgende Prozessverlauf ausgelöst.
XOR	Exklusives ODER	Es muss *genau einem* der möglichen Verläufe gefolgt werden.	Von *genau einem* der möglichen Verläufe wird der nachfolgende Prozessverlauf ausgelöst.

Konnektoren werden benutzt, um folgende Situationen abzubilden:

- Es können Funktionen parallel ausgeführt werden: Es wird der Konnektor UND genutzt.

BEISPIEL

Im Lager beginnt der Prozess „Ware verpacken" erst dann, wenn sowohl das Ereignis „Arbeitskräfte anwesend" als auch das Ereignis „Ware kommissioniert" eingetreten ist.

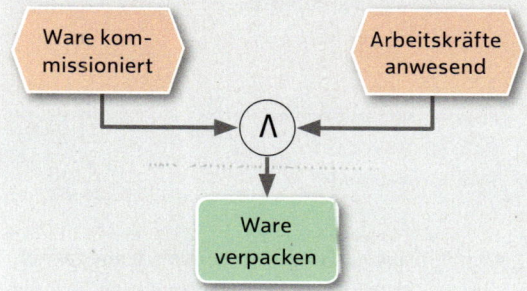

- Es sind mehrere Entscheidungen möglich. Wenn mehrere Optionen offenstehen, wird OR verwendet.

BEISPIEL

Soll Ware bei der Fairtext GmbH verpackt werden, können ein, zwei oder drei Ereignisse eintreten.

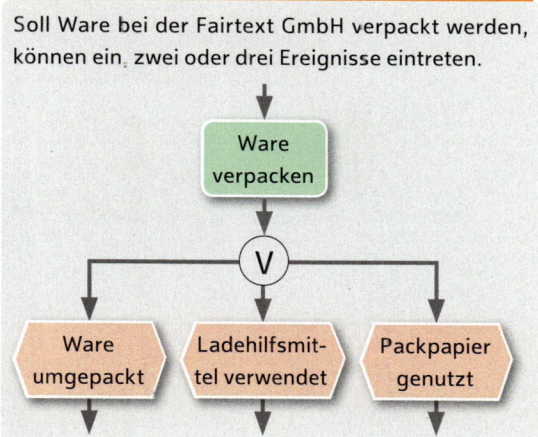

- Es ist nur eine der angegebenen Optionen möglich. In diesem Fall kommt der Konnektor XOR zur Anwendung.

BEISPIEL 1

Die Fairtext GmbH möchte eine Ware an die Larstadt Warenhaus AG versenden. Es kommen dazu verschiedene Frachtführer in Betracht, aber nur genau einer bekommt den Auftrag.

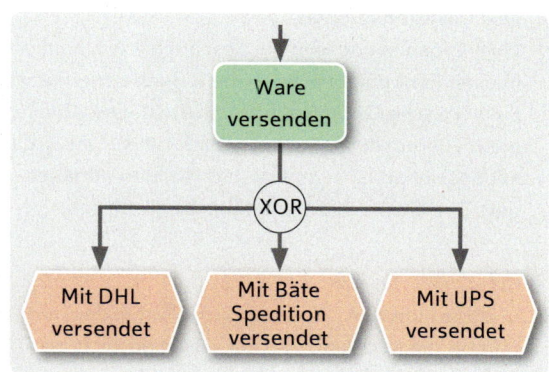

BEISPIEL 2

Diese ereignisgesteuerte Prozesskette aus der Personalabteilung der Fairtext GmbH zeigt einen Ausschnitt aus dem Teilprozess Bearbeitung von Urlaubsanträgen:

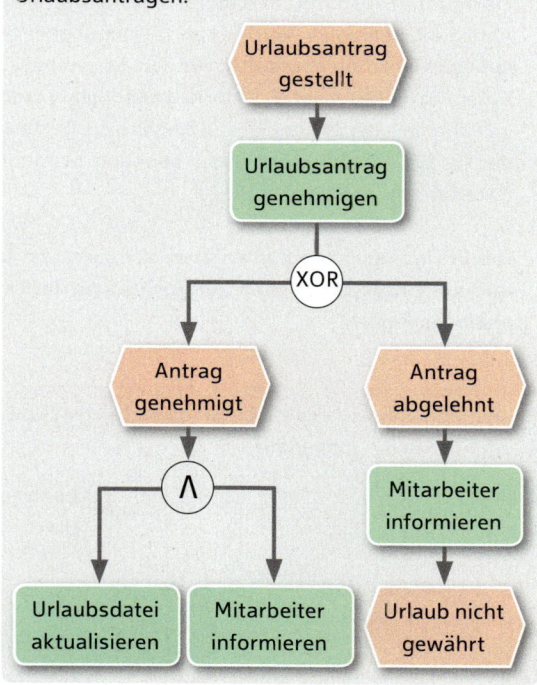

Erweiterte ereignisgesteuerte Prozessketten

Mit erweiterten ereignisgesteuerten Prozessketten kann die Aussagekraft über den Ablauf von Geschäftsprozessen in Unternehmen wesentlich erhöht werden. Der logische Ablauf eines Geschäftsprozesses wird jetzt um die Elemente Organisationseinheit und Informationsobjekt ergänzt:

LERNFELD 9

- **Organisationseinheit**

Eine Organisationseinheit beschreibt, wo genau die in einer Funktion beschriebene Aufgabe erledigt wird. Eine typische Organisationseinheit ist eine Abteilung, die wiederum durch Stellen gebildet wird. Eine Organisationseinheit ist verantwortlich für die Aufgaben, die dem Erreichen des Unternehmensziels dienen.

BEISPIEL

Für die Funktion „Ware verkaufen" ist in der Fairtext GmbH die Abteilung Verkauf verantwortlich

Verkauf — Ware versenden

- **Informationsobjekt**

Ein Informationsobjekt beschreibt die datentechnische Abbildung der realen Welt. Es kann als Input oder Output einer Funktion angesehen werden. Es symbolisiert Daten bzw. Datensätze. Informationsobjekte geben im Rahmen einer ereignisgestützten Prozesskette also die für die Durchführung einer Funktion benötigten Daten an.

Die Pfeilrichtung der Kanten zwischen Funktion und Informationsobjekt zeigt, in welche Richtung die Informationen fließen.

BEISPIEL

Werden Waren verkauft, benötigt die Fairtext GmbH Artikel- und Kundendaten.

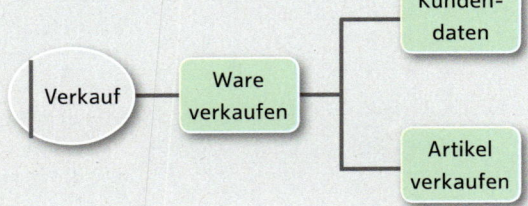

Im Rahmen der Funktion „Ware verkaufen" werden Artikelstammdaten gelesen. Deshalb zeigt der Pfeil vom Informationsobjekt zur Funktion. (Wäre die Funktion „Daten schreiben", wäre die Pfeilrichtung umgekehrt). Da Kundendaten von der „Funktion Artikel" verkaufen sowohl gelesen als auch geschrieben werden, sind Pfeilspitzen an beiden Enden der Kanten.

- **Beleg**

Ein Beleg ist ein schriftliches Dokument, das durch das Unternehmen geht bzw. in den Betrieb gelangt oder nach außen gesendet wird.

BEISPIEL

Für die Darstellung von Belegen wird das folgende Symbol verwendet.

Nachdem die Lieferantenrechnung eingegangen ist, führt die Abteilung Rechnungswesen die Rechnungsprüfung durch. Sie verwendet dazu die Belege Rechnung und Wareneingangsschein. Zum Abgleich zieht sie die Bestelldaten hinzu.

BEISPIEL

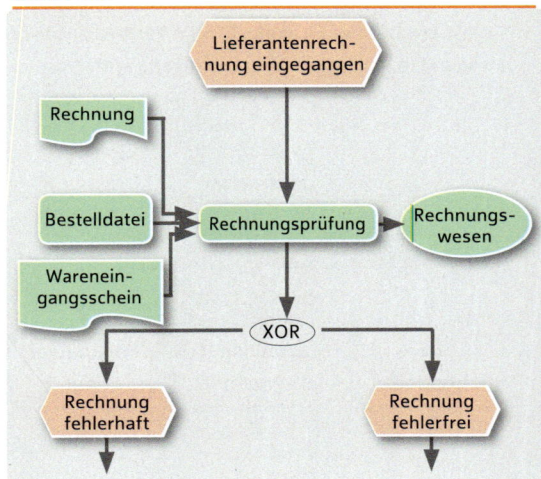

AUFGABEN

1. Führen Sie typische Schwachstellen in Unternehmen auf.
2. Aus welchen Prozessen besteht die Geschäftsprozessoptimierung?
3. Was versteht man unter der Geschäftsprozessmodellierung?
4. Warum sollten Geschäftsprozesse optisch dargestellt und veranschaulicht werden?
5. Von welchen Gesichtspunkten aus können Geschäftsprozesse betrachtet werden?
6. In welchen Fällen eigenen sich Wertschöpfungskettendiagramme zur Darstellung von Geschäftsprozessen?

7. Aus welchen Elementen bestehen ereignisgesteuerte Prozessketten?
8. Wodurch unterscheiden sich die beiden Konnektoren ODER (OR) und Exklusives ODER (XOR)?
9. Welche Elemente kommen bei erweiterten ereignisgesteuerten Prozessketten hinzu?
10. Anne schaut sich einen Ausschnitt aus einer ereignisgesteuerten Prozesskette an. Dargestellt ist ein Ausschnitt aus einem Geschäftsprozess im Bereich des Personalwesens.
    a) Welche Bedeutung hat der Konnektor?
    b) Erläutern Sie den Geschäftsprozess.

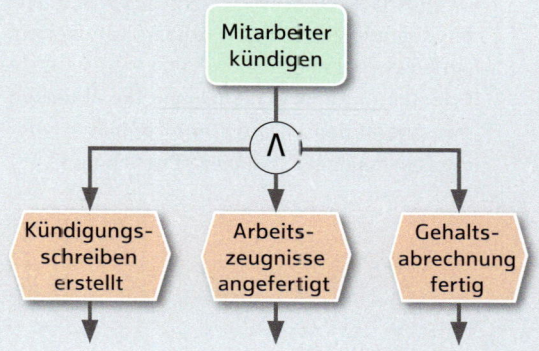

11. Sebastian Holpert betrachtet den folgenden Ausschnitt aus einer ereignisgesteuerten Prozesskette.
    a) Welche Bedeutung hat der Konnektor?
    b) Erläutern Sie den Geschäftsprozess.

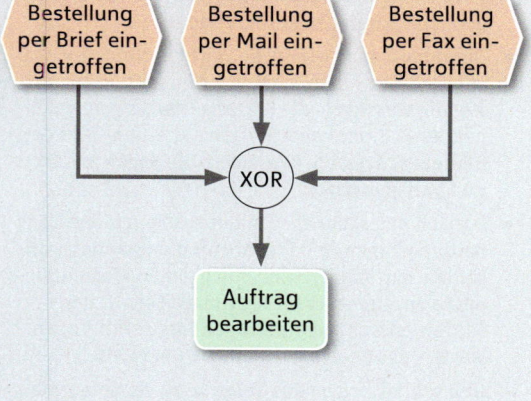

AKTIONEN

1. Bearbeiten Sie zur Vertiefung und Anwendung Ihres Wissens über Geschäftsprozesse das Lernprogramm unter der folgenden Internetadresse:
   http://www.leed.ch/history/eepk/

2. Zum besseren Verständnis der Anwendung von Konnektoren erstellen Sie für die folgenden Aufgabenstellungen die entsprechenden Ausschnitte aus ereignisgesteuerten Prozessketten:
   a) Das Ereignis tritt ein, wenn genau eine der zwei Funktionen durchgeführt wurde.
   b) Nach der Durchführung der Funktion tritt mindestens eines der zwei Ereignisse ein.
   c) Beide Ereignisse treten ein, sobald die Funktion ausgeführt ist.
   d) Genau eines der zwei Ereignisse muss gegeben sein, damit die Funktion ausgeführt werden kann.

3. Wertschöpfungskettendiagramme eignen sich nicht nur zur Darstellung von Geschäftsprozessen. Man kann mit ihnen auch private Vorgänge visualisieren.
   - Lesen Sie den folgenden Text.
   - Stellen Sie den optimalen Lernprozess als Wertschöpfungskettendiagramm dar.

> Viele meinen, wenn sie einen Text oder eine Aufgabe „angeschaut" (überflogen, kurz betrachtet) haben, sei dies schon Lernen. Natürlich gehört das schnelle Überfliegen auch schon zum Lernen; ein vollständiger Lernprozess ist dies aber noch lange nicht.
>
> Um optimal zu lernen muss man sich folgendes klar machen
>
> Ein bisschen Lernen genügt nicht! Angeschaut ist noch nicht gelesen. Gelesen ist noch nicht bearbeitet. Bearbeitet ist noch nicht fürs Einprägen vorbereitet. Fürs Einprägen vorbereitet ist noch nicht memoriert. Memoriert ist noch nicht abgerufen. Abgerufen ist noch nicht angewendet!
>
> Also empfiehlt sich folgendes Vorgehen:
> - Um einen Sachzusammenhang zu verstehen und zu kennen, muss man die Sache (Text, Buchkapitel usw.) zuerst erkunden. Zum Erkunden gehört das Überfliegen eines Textes, das Lesen der Titel und Zwischentitel, der Zusammenfassungen, des Buchumschlags usw.

LERNFELD 9

- Anschließend sollte der Text bearbeitet werden (die Inhaltsstruktur skizzieren, den Text lesen, markieren, unterstreichen, Aufgaben lösen, Bildtext lesen usw.).
- Darauf folgend muss man den Inhalt fürs gehirngerechte Einprägen aufbereiten.
- Dann muss man die Sache „lernen" (im Sinne von wiederholen, üben, memorieren, laut lesen, auswendig vortragen, die Skizze auswendig aufzeichnen, eine Skizze beschriften, zu einem Bild den Bildtext schreiben, jemandem die Sache erklären und darlegen usw.).
- Danach muss man den Inhalt rekonstruieren (das heißt abfragen und frei abrufen, auswendig aufzählen, laut wiederholen, mit eigenen Worten wiederholen, eine Aufgabe nochmals lösen, Daten und Fakten aufschreiben, Fragen auswendig beantworten, das Gelernte testen und überprüfen usw.).
- Und schließlich ist das Gelernte zu vertiefen. Man muss das neu Erworbene anwenden.

vgl.: Peter Gasser: Lerne lieber gehirngerecht! Bern: hep Verlag 2011, S. 37.

4. Sebastian Holpert soll für die Personalabteilung eine ereignisgesteuerte Prozesskette für den Geschäftsprozess „Bearbeitung eines Urlaubsantrags" erstellen. Er informiert sich über den Ablauf des Geschäftsprozesses:
Kommt der ausgefüllte Urlaubsantrag in die Abteilung, beginnt diese die Tätigkeit „Antrag genehmigen". Genau ein Ereignis kann dann eintreten:

- Entweder wird der Antrag genehmigt. Parallel muss dann der Mitarbeiter informiert werden und andererseits müssen die Daten in der Urlaubsdatei aktualisiert werden. Konsequenz mindestens einer dieser beiden Tätigkeiten: „Urlaub genehmigt".
- Oder der Antrag wird abgelehnt. Die Abteilung muss dann den Mitarbeiter informieren über die Konsequenz: „Urlaub nicht genehmigt".

ZUSAMMENFASSUNG

Beseitigung von Schwachstellen im Unternehmen

↓

Geschäftsprozessmodellierung

= strukturierte, übersichtliche und bildhafte Darstellung von Geschäftsprozessen

Wertschöpfungs-kettendiagramme	Ereignisgesteuerte Prozessketten	Erweiterte Ereignis-gesteuerte Prozessketten
Erster grober Überblick über den Geschäftsprozess	Detaillierte Information über den Geschäftsprozess	Noch informativer durch Hinzufügung der Elemente • Informationsobjekt • Beleg • Organisationseinheit

KAPITEL 2
Funktionen von ERP-Systemen

LERNFELD 9

Anne Schulte, Auszubildende der Fairtext GmbH, ist in diesem Monat in der Abteilung „Verkauf" eingesetzt, um die Abläufe dort kennenzulernen. Der Abteilungsleiter, Herr Raub, hat sie für die nächsten Wochen einer erfahrenen Sachbearbeiterin, Frau Molzahn, zugeteilt. Sie kommen schnell in ein erstes, spannendes Gespräch:

Anne Schulte: „Guten Morgen, Frau Molzahn. Vielen Dank, dass ich Ihnen über die Schulter schauen darf."

Frau Molzahn: „Hallo Anne, schön, dass Sie da sind. Ich bin ja auch nicht mehr die Jüngste, und wir bei der Fairtext GmbH freuen uns immer über engagierten Nachwuchs – vor allem über die sog. Digital Natives, also diejenigen die mit den ganzen digitalen Möglichkeiten aufgewachsen sind."

Anne Schulte: „Das stimmt, in vielen Programmen kann ich mich schnell zurechtfinden. Aber es gibt natürlich auch sehr viel Neuland für mich. Mit betrieblicher Software sind wir z. B. ja als Normalverbraucher im Privatleben eher weniger konfrontiert."

Frau Molzahn: „Und genau aus diesem Grund strebt die Geschäftsleitung der Fairtext GmbH eine hochqualifizierte Ausbildung ihrer Auszubildenden an. Dieser Aspekt umfasst auch die Weiterentwicklung der digitalen Kompetenzen. Zu den digitalen Kompetenzen zählt natürlich auch das theoretische Know-how. Wir implementieren zurzeit ein ERP-System, um unsere Geschäftsprozesse weiter optimieren zu können. *Effektiver und moderner arbeiten*, so hat es unser Abteilungsleiter einmal formuliert. Wir eignen uns die nötigen Kompetenzen über Fortbildungen an. Das Programm läuft aber bereits."

Anne Schulte: „Das klingt echt spannend. ERP-Systeme – da klingelt auch etwas in meinem Hinterkopf. Im 1. Ausbildungsjahr haben wir im Lernfeld 2 „Aufträge kundenorientiert bearbeiten" schon einmal oberflächlich über sogenannte ERP-Lösungen gesprochen. In die Tiefe sind wir da allerdings noch nicht gegangen."

Frau Molzahn: „Ihr Vorteil ist, dass viele Sachbearbeiter ebenfalls ganz am Anfang stehen und sich erst mal zurechtfinden müssen. Warten Sie mal, ich habe gerade eine E-Mail erhalten. Was meinen Sie, wie könnten wir mit dem Inhalt jetzt umgehen?"

Anne Schulte: „Die groben Schritte habe ich im Kopf. Ich vermute aber mal, dass wir das jetzt mit einer ERP-Anwendung bearbeiten werden."

Frau Molzahn: „Genau, dazu benötigen Sie natürlich erst mal ein gewisses Grundwissen über unser Programm. Wir arbeiten mit Microsoft Dynamics 365 Business Central in der Cloud-Variante. Steigen wir doch direkt ein!"

Sehr geehrte Frau Molzahn,

mein Name ist Tom Simak und ich habe in der Altstadt von Wunstorf bei Hannover ein neues Modegeschäft im Birkenweg 96 gegründet. Meine Unternehmensphilosophie lautet „nachhaltig und fair". Deshalb war ich erfreut, als ich im Internet auf die Fairtext GmbH und ihre interessanten Angebote in ihrem Onlineshop gestoßen bin.

Ich nehme auf diesem Weg Kontakt zu Ihnen auf und hoffe, dass Sie mir unabhängig von den gelisteten Produkten im Webshop interessante Angebote machen können. Als möglicher neuer Partner in der Region könnte eine dauerhafte Zusammenarbeit bestimmt auch für Sie von Interesse sein.

So würde ich z. B. gern Ihr Herren-T-Shirt „Mi&Mi" in der Größe M in mein Sortiment aufnehmen. Hinsichtlich der Menge tendiere ich zunächst zu 20 Exemplaren.

Ich freue mich auf Ihre Rückmeldung.

Nachhaltige Grüße aus Wunstorf
Tom Simak

Modeboutique Simak
Gründer und Geschäftsführer: Tom Simak

Nachhaltige und faire Mode
D-31515 Wunstorf; Birkenweg 96
Telefon +49 (0)031 18967
IBAN: DE72 5001 7712 8741 3639 10
www.modeboutique-simak.wvd.de / Mail: Tom.Simak@ModeboutiqueSimak-wvd.de

LERNFELD 9

1. Überlegen Sie, welche „groben Schritte" Anne Schulte im Kopf haben könnte. Fassen Sie dazu in Ihrer Klasse die E-Mail kurz zusammen und diskutieren Sie, welche Arbeitsschritte sich anschließen würden. **Hinweis:** Sie müssen noch nicht über eine ERP-Anwendung sprechen.

2. Tragen Sie zusammen, welche Kenntnisse über ERP-Anwendungen Sie bereits besitzen, z. B. welche Möglichkeiten eine ERP-Anwendung bietet. Sammeln Sie Ihre Ergebnisse in der Klasse. **Hinweis:** Ihre Antworten können auf (digitalen[1]) Moderationskarten gesammelt und im Verlaufe der Unterrichtseinheit fortlaufend ergänzt werden.

INFORMATIONEN

ERP allgemein

Das Akronym **ERP** hört sich bei erster Betrachtung sehr modern an. So ganz neu ist die Abkürzung jedoch nicht mehr. Bereits in den 1990er-Jahren nutzten erste Unternehmen Software-Lösungen, die verschiedene Funktionen miteinander vereinten. Der Begriff Enterprise Resource Planning[2] (kurz: ERP) war geboren.

Aufbauend auf den sog. Material Requirement Planning-Systemen (kurz: MRP) ist eine Software entstanden, die viele verschiedene Unternehmensbereiche miteinander verknüpft. Über Jahrzehnte wurde und wird stetig an einer Verbesserung dieser Programme gearbeitet, um auf die sich ändernden Geschäftsprozesse – auch die von Groß- und Außenhandelsunternehmen wie der Fairtext GmbH – reagieren zu können.

> **DEFINITION**
>
> **ERP** ist ein Akronym und steht für **Enterprise Resource Planning**. Es handelt sich um einen Oberbegriff für Softwarelösungen, die ganz verschiedene Funktionen innerhalb eines Unternehmens (z. B. Einkauf; Verkauf; Personal; Finanzen; usw.) miteinander verbinden.

Bestehende ERP-Anbieter
- SAP
- Oracle
- Microsoft Dynamics 365 Business Central on-premises (früher: Navision)
- Sage
- IBM
- DATEV
- weclapp
- (…)

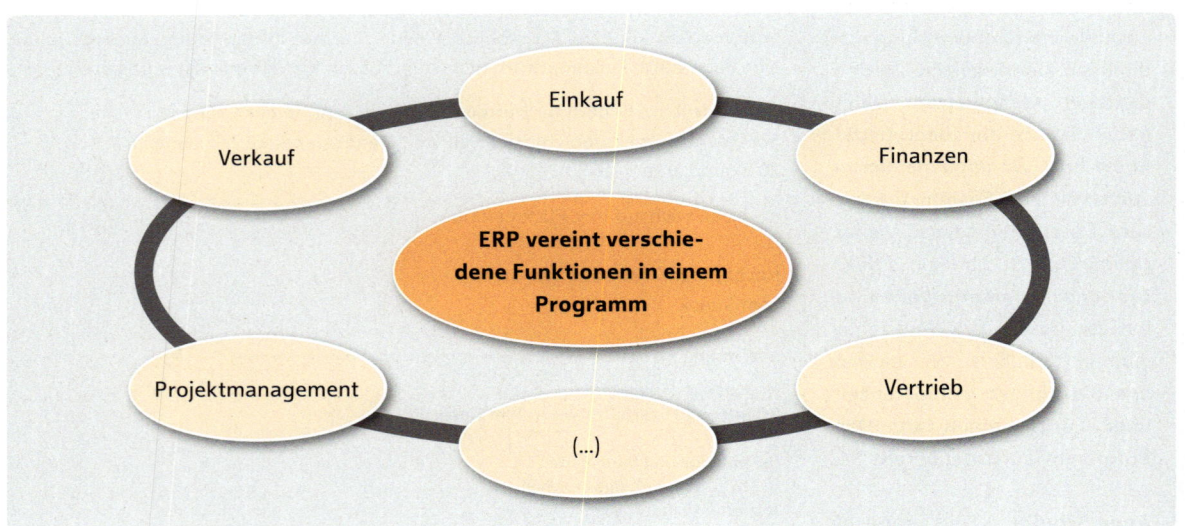

---
1 Eine digitale Kartenabfrage via Smartphone ist z. B. über die Online-Plattform Oncoo möglich (entwickelt von O. Müller und T. Rohde).
2 Für weitere allgemeine Informationen vgl. Band 1, Lernfeld 2, Kapitel 19.

Microsoft Dynamics 365 Business Central

Am Beispiel der Fairtext GmbH wird die ERP-Anwendung **Microsoft Dynamics 365 Business Central** (im weiteren Verlauf mit **D365BC** abgekürzt) in diesem Kapitel näher in den Blick genommen, um einzelne ausgewählte Funktionen und Möglichkeiten beispielhaft vorzustellen. D365BC ist dabei als alternative Nutzungsmöglichkeit von **Microsoft Dynamics 365 Business Central on-premises** (früher: Navision) anzusehen.

Der Unterschied liegt darin, dass D365BC cloudbasiert nutzbar ist. Die Fairtext GmbH benötigt somit keinen eigenen Server für das Programm, sondern kann von überall aus auf der Welt über das Internet auf D365BC zugreifen.

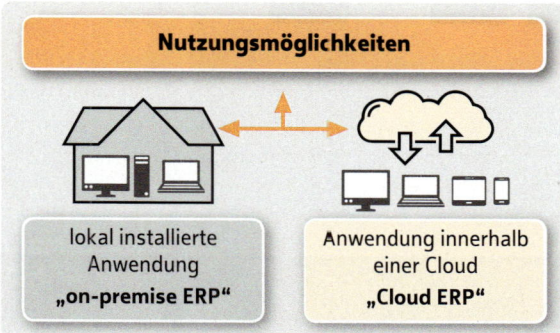

Vor dem Start

Eine ERP-Anwendung benötigt vor dem Start elementare Daten, um einen Arbeitsprozess in dem Programm einleiten zu können. Ohne hinterlegte Unternehmensdaten ist ein effektives Arbeiten nicht möglich. Solch eine Datenbank besteht aus verschiedenen Stammdaten. Das können z. B. aus Sicht der Fairtext GmbH

- Informationen zu einzelnen Artikeln (u. a. Verkaufszahlen oder Lagerbestände),
- Informationen rund um die Kunden und Lieferanten,
- Konten,
- Mitarbeiterinformationen
- und vieles mehr sein.

Das Unternehmen sollte demnach gewisse Stammdaten vor dem Start der Anwendung entsprechend hinterlegen. Im weiteren Verlauf dieses Kapitels werden einzelne Einrichtungs-Aspekte am Beispiel der Einstiegssituation aufgezeigt.

> **Gut zu wissen**
>
> Das **Einstellen des Arbeitsdatums** ist beim Simulieren von Geschäftsprozessen in einer ERP-Anwendung wie D365BC bedeutsam. Es muss immer darauf geachtet werden, welches Arbeitsdatum eingestellt ist. Dies ist z. B. wichtig, wenn an verschiedenen Übungstagen der Geschäftsprozess simuliert wird. Sonst kann es passieren, dass auf den Belegen falsche Daten visualisiert werden. Bei bestimmten Aktionen wird der Anwender automatisch an das Einstellen des Arbeitsdatums mit einer entsprechenden Einblendung erinnert.

Das Rollencenter und der Aufbau

Um mit einem Programm arbeiten zu können, ist es bedeutsam, zunächst den grundlegenden Aufbau aus der Vogelperspektive zu betrachten, bevor ein spezieller Prozess (wie die Bearbeitung der E-Mail aus der Einstiegssituation) bearbeitet werden kann.

Die Menüleiste zeigt die verschiedenen Bereiche, die für das Unternehmen wichtig sind. Mit einem einfachem Mausklick lässt sich ein Untermenu öffnen, sodass die jeweiligen untergeordneten Bereiche angezeigt werden. Im Bereich „Einkauf" würde u. a. der Unterbereich „Einkaufsrechnungen" sichtbar.

Diese digitale Ordnerstruktur ermöglicht es, effektiv auf die nötige Information zuzugreifen bzw. einen möglichen Prozess einzuleiten. Alternativ kann über die Lupe (oberhalb der Menüleiste auf der rechten Seite, siehe dazu auch Grafik auf S. 547) auch eine direkte Suche nach Schlagwörtern vorgenommen werden. Die Ergebnisse der Suche werden in einer Liste mit direkter Verlinkung angezeigt.

Unterhalb der Menüleiste werden über die Startseite in Form eines **Rollencenters** die **Informationen** und **Aktionen** angezeigt, die für das Unternehmen am relevantesten sind.

Menüleiste von Microsoft Dynamics 365 Business Central

LERNFELD 9

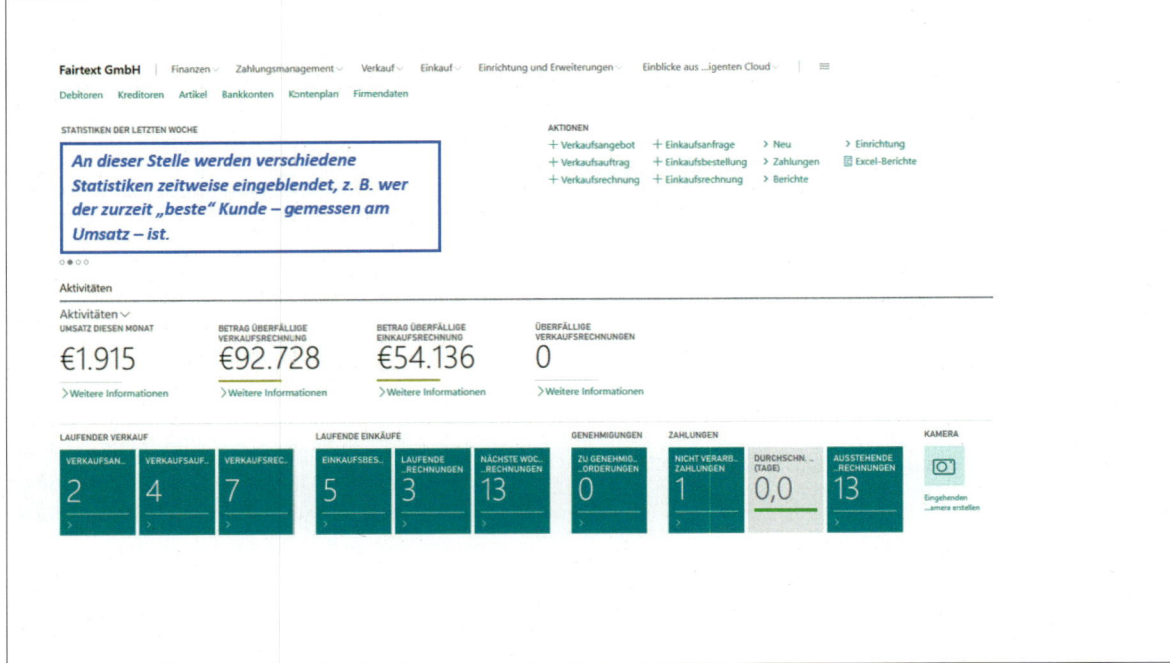

Rollencenter der Fairtext GmbH

> **DEFINITION**
>
> Das **Rollencenter** ist die Startseite des ERP-Programms. In dem Rollencenter sind Informationen und Aktions-Symbole für den Anwender in priorisierter Darstellung angeordnet.

Informationen, die direkt beim Öffnen des Programms innerhalb eines Dashboards des Rollencenters für den Betrachter sichtbar gemacht werden, könnten aus Sicht der Mitarbeiterinnen und Mitarbeiter der Fairtext GmbH z. B.

- der aktuelle Umsatz einer bestimmten internationalen Kundengruppe (z. B. Umsatz, der durch die Einzelhändler aus Italien über den Webshop generiert worden ist),
- offene Rechnungen allgemein,
- laufende und abgeschlossene Angebote von den Reisenden,
- Arbeitszeitnachweise des Personals im Showroom
- und vieles mehr sein.

Das umständliche und zeitintensive Nachschlagen in „dicken" Ordnern oder Rechnungsbüchern ist dadurch nur noch ein Relikt aus vergangenen Tagen von Frau Molzahn und ihren Kollegen aus der Verkaufsabteilung der Fairtext GmbH. Sie können ressourcenschonend direkt im ERP-Programm nachsehen, welche Information sie gerade benötigen.

Die wichtigsten Informationen werden über das Rollencenter abgerufen, auf welches der Anwender durch einen Klick auf den Unternehmensnamen (oben links) immer wieder „zurückkehren" kann.

Neben dem Abrufen von bestimmten Informationen ist ferner das Einleiten von bestimmten Aktionen über das Rollencenter möglich. Dies ist im Bild des Rollencenters rechtsseitig erkennbar. Eine zu initiierende Aktion wäre z. B. die Funktion „Verkaufsangebot".

Tastenkombinationen und Befehle

Das Arbeiten lässt sich mithilfe von bestimmten Tastenkombinationen bei Bedarf erleichtern. In der folgenden Abbildung sind exemplarisch einige Tastenkombinationen für D365BC dargestellt.

LERNFELD 9

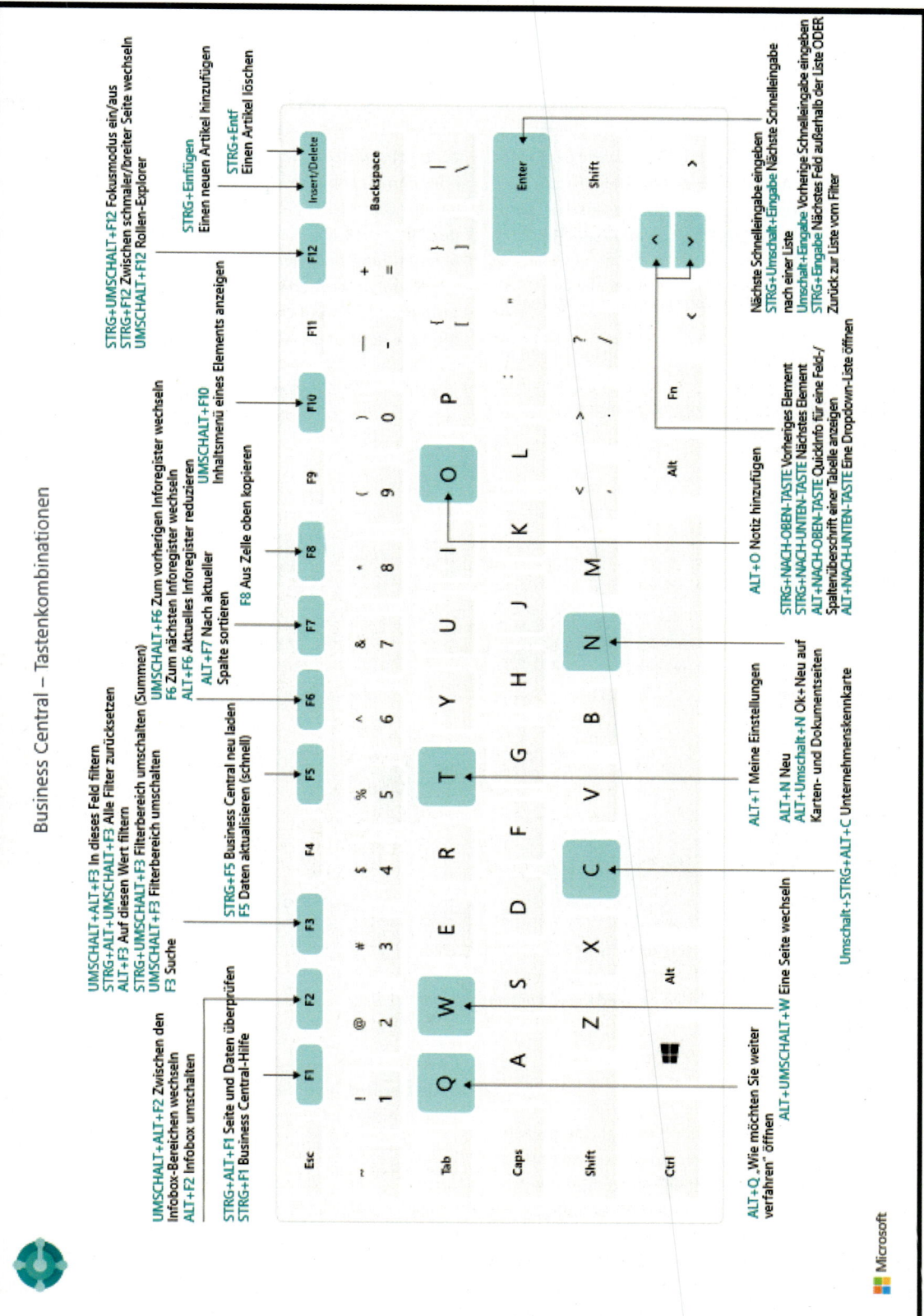

Business Central – Tastenkombinationen

LERNFELD 9

Die Bearbeitung einer Kundenanfrage mit D365BC

Arbeitsprozesse sind in der Regel durch eine klare Abfolge von Arbeitsschritten definiert. In der Einstiegssituation ist der Fairtext GmbH eine Kundenanfrage per E-Mail zugestellt worden. Anhand dieser Kundenanfrage wird im Folgenden der Arbeitsprozess bzw. die Geschäftsprozesskette mithilfe von D365BC beispielhaft simuliert.

Informationen aus der Einstiegssituation (allgemein)
- Name des neuen Kunden: Tom Simak
- Gewünschter Artikel: Herren T-Shirt Mi&MI, Größe M
- Menge: 20 Stück
- Kunde wünscht sich Angebot unabhängig vom Webshop

Der Geschäftsprozess (vgl. vorheriges Kapitel) lässt sich vereinfacht in einer Kette abbilden. Diese Geschäftsprozesskette wird in der Folge von der Sachbearbeiterin oder dem Sachbearbeiter mithilfe des Programms durchlaufen. Das heißt, die einzelnen Arbeitsschritte werden per Mausklick und entsprechender Eingabe in die Wege geleitet. Innerhalb der einzelnen Prozessschritte können wiederum untergeordnete Prozessschritte nötig sein. Die Abbildung verdeutlicht diesen Zusammenhang von der Anfrage des Kunden bis hin zur Zahlung.

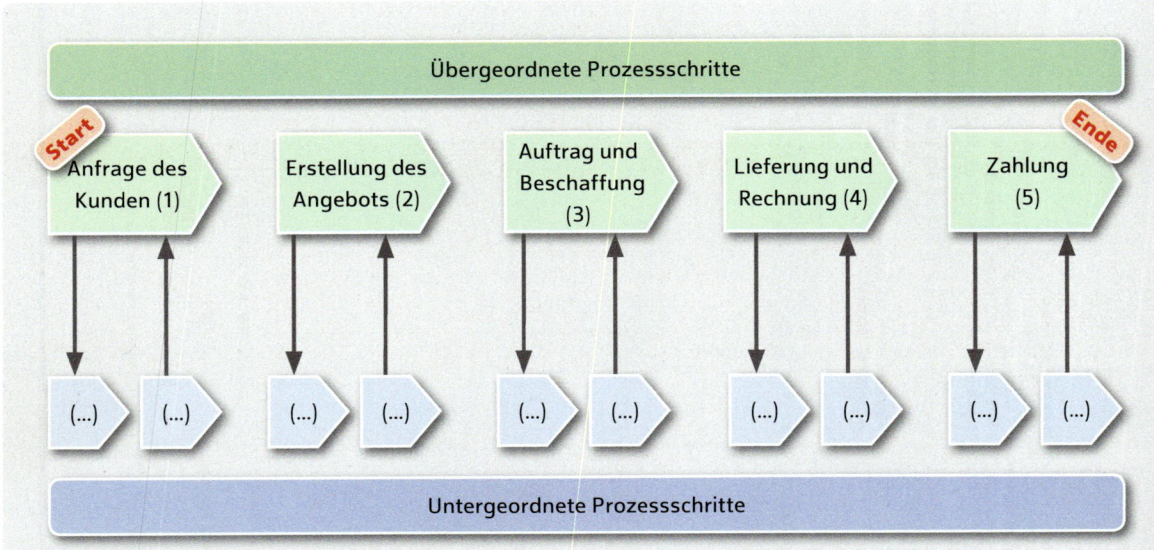

Beispielhafte Geschäftsprozesskette: Die Bearbeitung einer Kundenanfrage

Die Anfrage

Aus der E-Mail, die Frau Molzahn vorliegt, ist zunächst abzuleiten, dass es sich um einen möglichen zukünftigen Kunden handelt, der noch nicht im System hinterlegt ist. Bevor die Anfrage bearbeitet werden kann, müssen die Unternehmensdaten in die ERP-Anwendung übertragen werden. Der mögliche neue Kunde erhält als potenzieller **Debitor** eine eigene **Debitorenkarte**.

DEFINITION

Als **Debitor** wird der Schuldner bezeichnet, der z. B. als Kunde eine bestimmte Ware oder Dienstleistung auf Rechnung empfangen hat und diese folglich noch bezahlen muss.

DEFINITION

In der **Debitorenkarte** werden die notwendigen Informationen des Debitoren hinterlegt.

LERNFELD 9

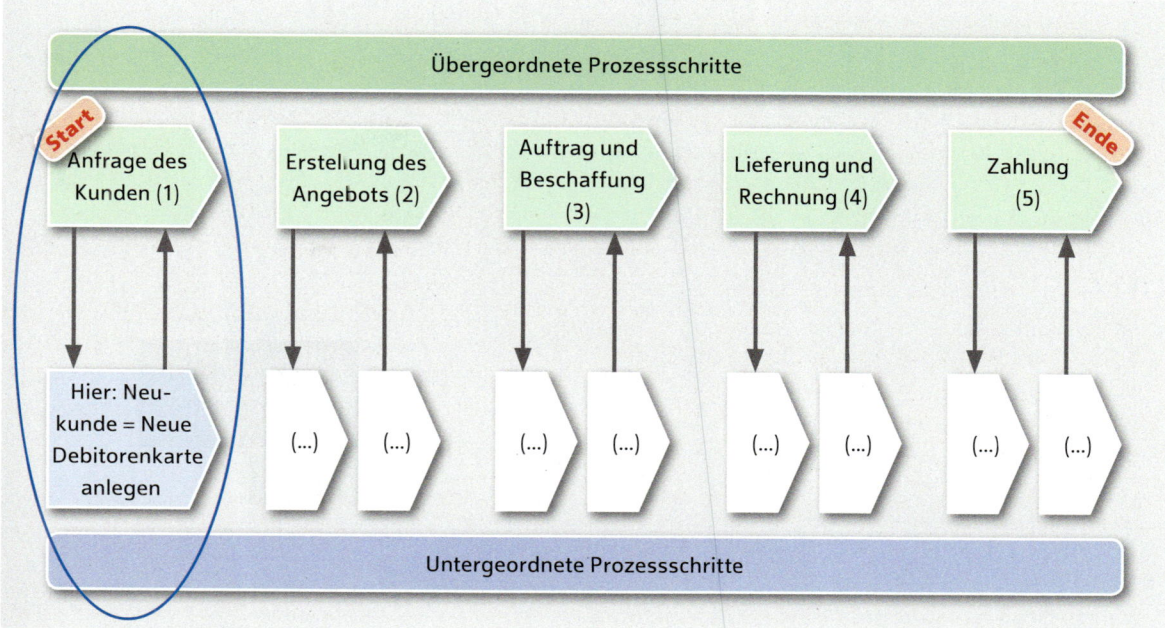

Übergeordneter Prozessschritt Nr. 1

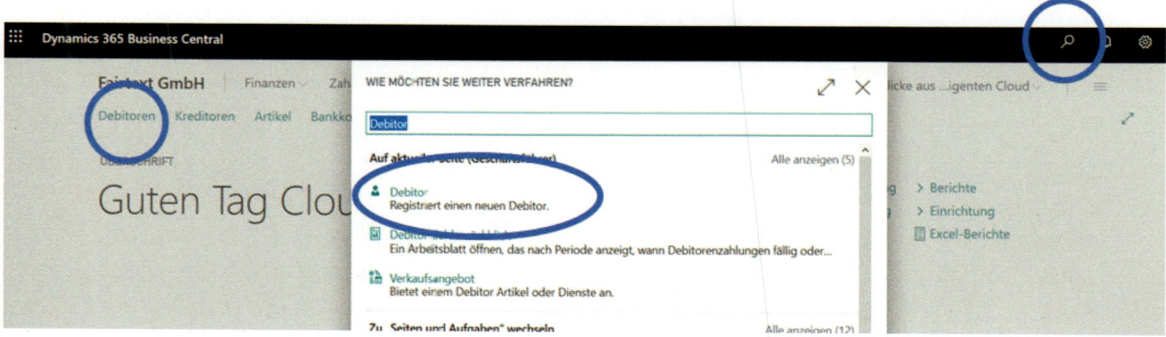

Neue Debitoren anlegen

Um eine neue Debitorenkarte anzulegen, sind viele Wege denkbar. Beispielsweise kann mithilfe der entsprechenden Tastenkombination (siehe Grafik auf S. 545) oder über die Lupe in der oberen Ansicht die Funktion „Wie möchten Sie weiter verfahren?" (siehe Grafik) aufgerufen werden. Über dieses Suchfeld lassen sich generell alle Funktionen per Schlagwortsuche auffinden.

In der Folge lassen sich die bisherigen Informationen in einer neuen Debitorenkarten anlegen. Die Daten werden in der Cloud-Version automatisch gespeichert.

In dem Ausschnitt der Debitorenkarte (siehe Grafik auf der nächsten Seite) für den neuen Kunden Tom Simak wird deutlich, dass später (bei erfolgreichen Transaktionen) bestimmte **Kennzahlen** des Debitoren angezeigt werden (z. B. „Laufende Rechnungen"; siehe dazu auch die Verkaufshistorie auf der rechten Bildseite).

Beim Erstellen oder Anpassen der Debitorenkarte lassen sich speziell auf den Debitoren bezogene Aspekte ergänzen, wie z. B. spezielle Rabattgewährungen, Sonderpreise oder Ähnliches.

In der Geschäftsprozesskette ist mit dem Anlegen der neuen Debitorenkarte der erste Prozessschritt erfolgt. Die Sachbearbeiterin hätte natürlich auch entscheiden können, dass aus bestimmten Gründen kein Angebot erstellt wird. Da in diesem Fall jedoch nichts dagegenspricht, erfolgt der nächste Prozessschritt.

LERNFELD 9

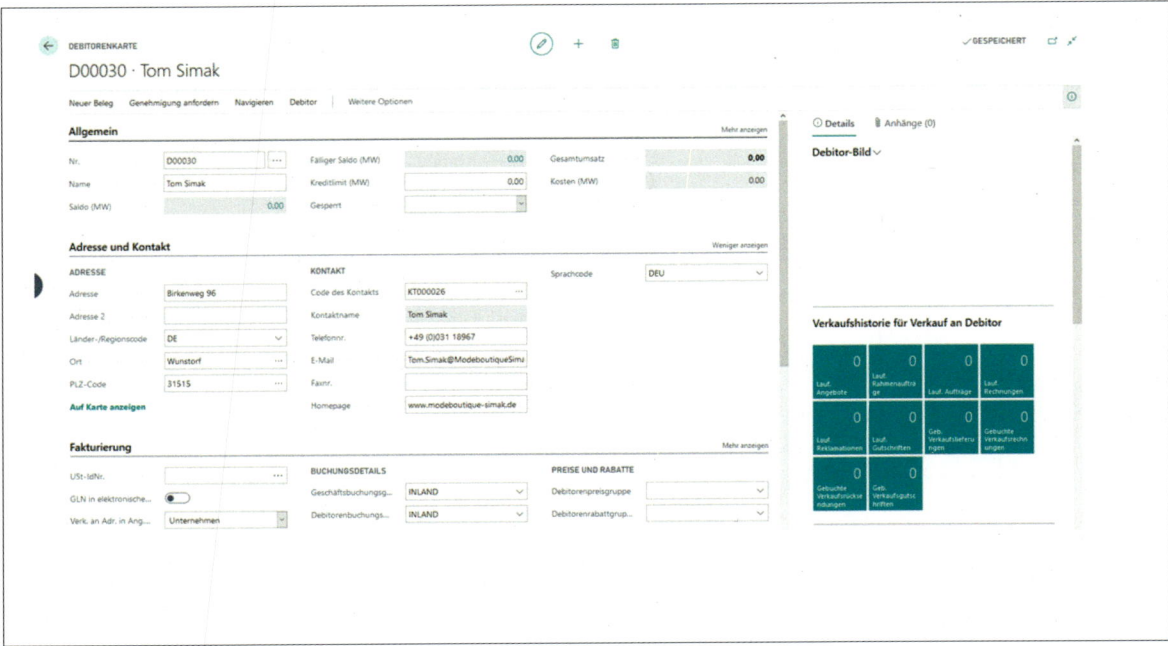

Ausschnitt Debitorenkarte

Das Angebot[1]

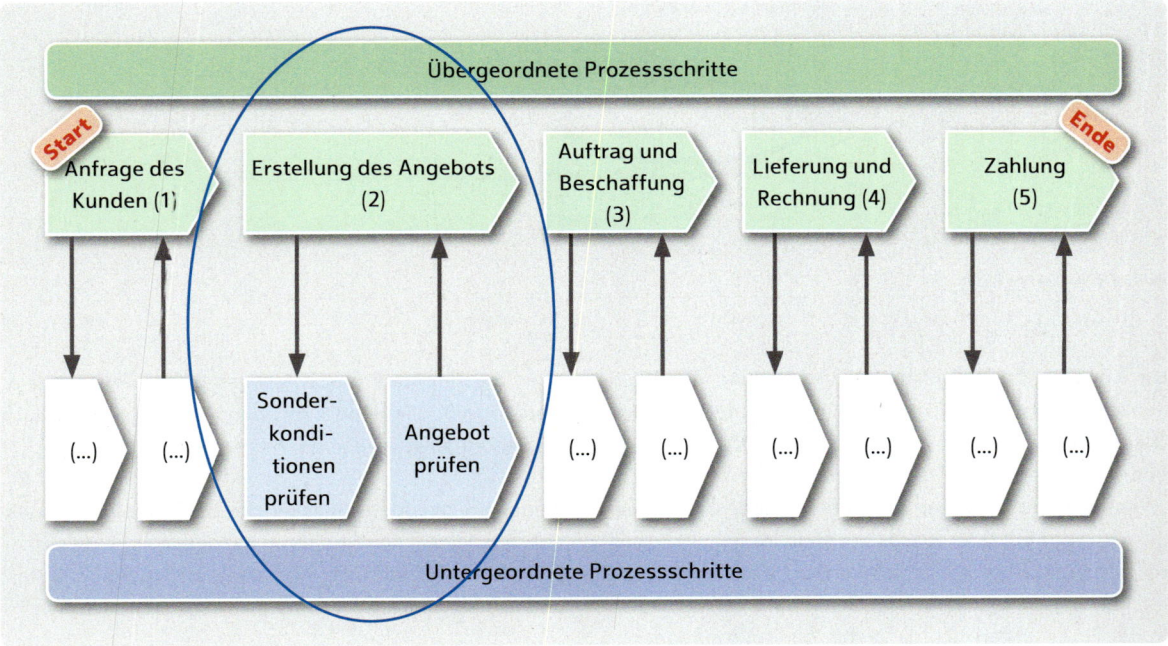

Übergeordneter Prozessschritt Nr. 2

---

1 vgl. hierzu Kapitel 2.10 in Band 1

548

Über den Befehl „Neuer Beleg" kann direkt aus der neu angelegten Debitorenkarte ein Verkaufsangebot erstellt werden.

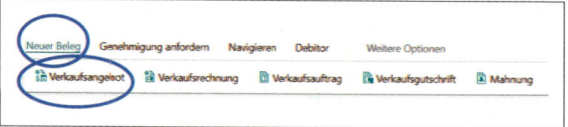

Angebot erstellen (1)

Anknüpfend wird die Maske zum Erstellen eines Angebots geöffnet. In diese Maske können die Informationen aus der E-Mail weiterverarbeitet werden. Die Unternehmensdaten sind mittlerweile automatisch hinterlegt, da der Debitor „Tom Simak" bereits gespeichert ist.

Über die Artikelnummer lässt sich der gewünschte Artikel (hier: Herren T-Shirt Mi&Mi in der Größe M) aufrufen. Automatisch werden der Verkaufspreis ohne Mehrwertsteuer sowie weitere Daten angezeigt. Die Sachbearbei-terin oder der Sachbearbeiter ergänzt die gewünschte Menge (hier: 20 Stück). Der Gesamt-Verkaufspreis wird mit (hier: 379,21 €) und ohne Mehrwertsteuer (hier: 318,66 €) automatisch ermittelt.

Im weiteren Verlauf dieser Maske (nach unten scrollen) lassen sich optionale Angebotsdaten ergänzen. Der Kunde hat in seiner E-Mail um ein entsprechendes Angebot gebeten, das unabhängig von den Preisen im Webshop gilt. Aus Sicht der Fairtext GmbH handelt es sich um einen Neukunden, der möglicherweise langfristig als Geschäftspartner dazugewonnen werden kann. Zudem ist die regionale Verbundenheit ein Aspekt, der zu der Unternehmensphilosophie der Fairtext GmbH passt. Das Angebot soll daher entsprechend attraktiv gestaltet werden. Es wird ein Zeilenrabatt in Höhe von 5% und Skonto in Höhe von 3% angeboten. Mithilfe der Funktion „Zlg-Bedingungscode" lassen sich individuelle Zahlungsbedingungen erstellen. Im Beispiel lauten die Zahlungsbedingungen: 1 Monat / 3% Skonto innerh. 8 Tage.

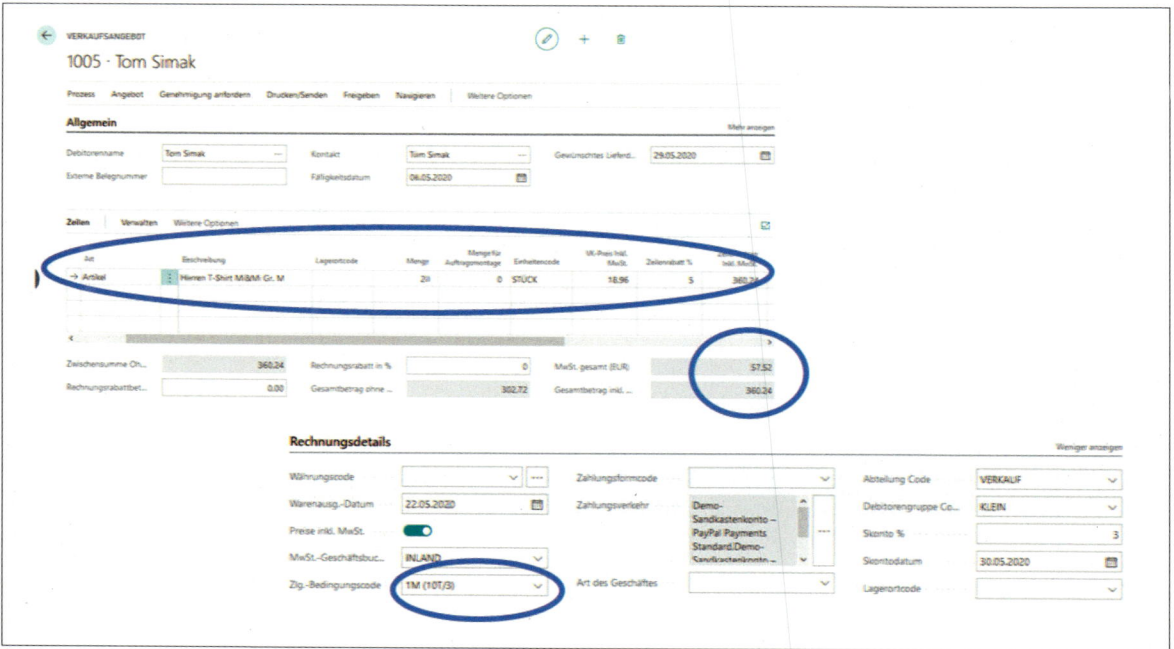

Angebot erstellen (2)

Ein großes Unternehmen – wie die Fairtext GmbH und im Speziellen die Verkaufsabteilung – beschäftigt sich tagtäglich mit einer Vielzahl an Anfragen. Es bietet sich daher an, hinter bestimmten zu erstellenden Angeboten Bemerkungen einzufügen – so kann auch ein anderer Sachbearbeiter mögliche Arbeitsschritte besser nachvollziehen. Bemerkungen lassen sich über die Funktion „Angebot" und über die anknüpfende Schaltfläche „Bemerkungen" einfügen.

LERNFELD 9

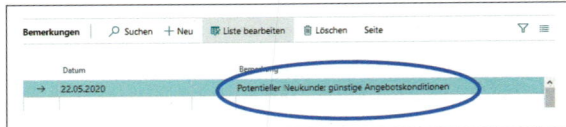

Bemerkungen einfügen

Alle Arbeitsschritte in D365BC werden automatisiert gespeichert. Für den Anwender bedeutet dies, dass auf Basis der eingegebenen Daten das Angebot in einem nächsten Arbeitsschritt direkt an den Kunden versendet werden kann. Dazu lässt sich entweder automatisch eine E-Mail erstellen (die z. B. um eine persönliche Nachricht ergänzt werden kann) oder das Verkaufsangebot wird zunächst als PDF-Dokument heruntergeladen. Durch einen Klick auf „Drucken/Senden" öffnet sich die entsprechende Schaltfläche mit den möglichen Optionen:

- Per E-Mail senden
- Als PDF anhängen
- Drucken

Angebot als PDF anzeigen

In diesem Fall wäre es mitunter bedeutsam, das Angebot noch einmal auf seine rechnerische Richtigkeit zu überprüfen. Das erstellte Angebot wird demnach per PDF-Anzeige digital visualisiert.

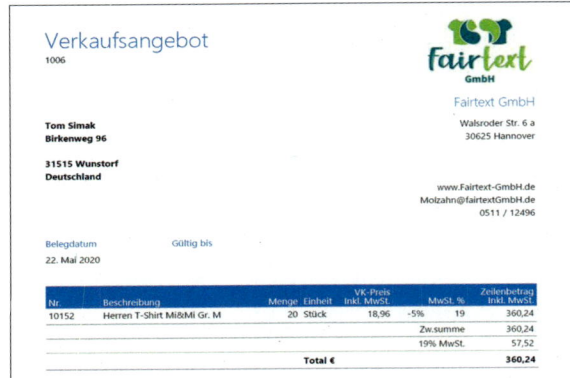

Ausschnitt des erstellen Angebots[1]

Alle hinterlegten Unternehmenseinstellungen der Fairtext GmbH und des Debitors (hier: Tom Simak) werden in dem Verkaufsangebot sichtbar, wie z. B.

- das Unternehmenslogo
- die Anschrift, Telefonnummer, etc.
- Internetdaten
- (...)

> **Gut zu wissen**
> - Die eigenen Unternehmensdaten lassen sich über das Rollencenter über die Aktion „Einrichtung" jederzeit anpassen.
> - Das erstellte Angebot kann über verschiedene Wege erneut eingesehen werden (z. B. über die entsprechende Debitorenkarte und sodann über die Kachel „Laufende Angebote" auf der rechten Seite).

Der Auftrag des Kunden und die eigene Beschaffung

Sehr geehrte Frau Molzahn,

vielen Dank für Ihre E-Mail und das damit verbundene Angebot.
Ich bestelle hiermit folgenden Artikel:

Artikelnummer	Beschreibung	Menge	VK-Preis inkl. MwSt.	Rabatt	Rechnungsbetrag
10152	Herren T-Shirt Mi&MI Gr. M	20	18,96 €	−5 %	360,24 €

Nachhaltige Grüße aus Wunstorf
Tom Simak

Modeboutique Simak
Gründer und Geschäftsführer: Tom Simak

Nachhaltige und faire Mode
D-31515 Wunstorf; Birkenweg 96
Telefon: +49 (0)031 18967
IBAN: DE72 5001 7712 8741 3639 10
www.modeboutique-simak.wvd.de / Mail: Tom.Simak@ModeboutiqueSimak-wvd.de

---

[1] Die von D365BC automatisch generierten Dokumente haben im Original mitunter eine andere Darstellung. Anpassungen wurden nicht vorgenommen, um eine verfälschte Darstellung zu vermeiden. Belege – die unabhängig von D365BC – in anderen Kapiteln dieser Lehrbuchreihe visualisiert werden, zeigen demnach eine andere Aufteilung und andere Firmendaten der Fairtext GmbH. Diese Belege sind insofern nur als Beispiele zu verstehen.

LERNFELD 9

Innerhalb der Geschäftsprozesskette folgt nun der dritte Prozessschritt: Die Bearbeitung des Auftrages des Kunden und die Beschaffung.

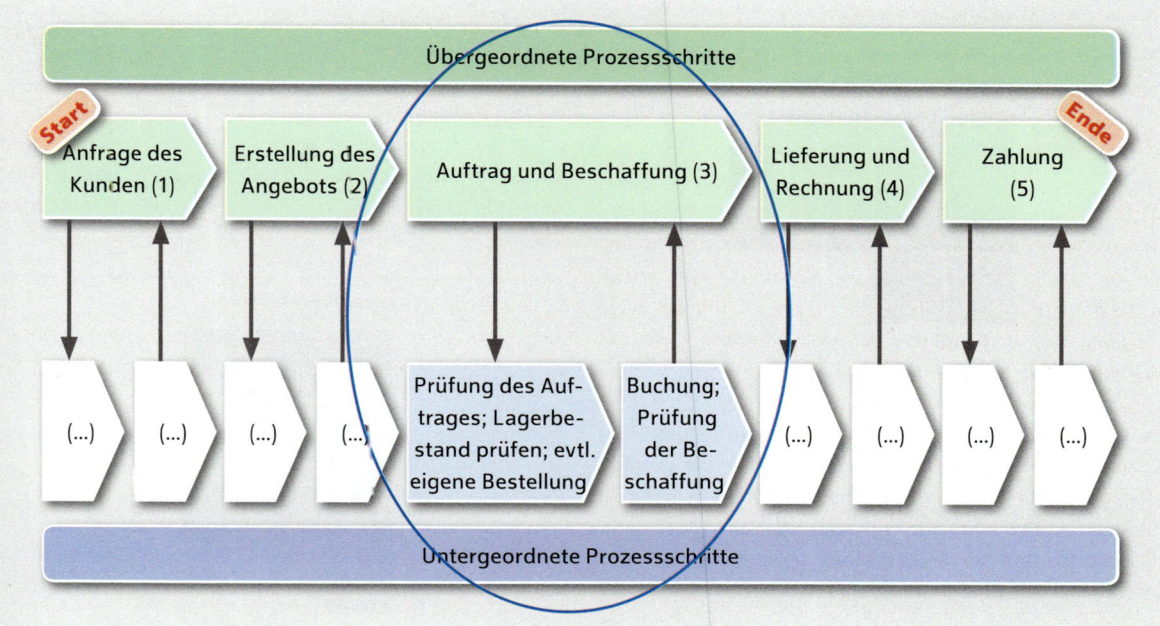

Übergeordneter Prozessschritt Nr. 3

Prüfung des Auftrages = Überprüfung der E-Mail
Vergleich des erstellten Angebotes mit den Daten des von Tom Simak formulierten Auftrags.

Erkenntnis
Tom Simak bestellt den gewünschten Artikel exakt zu den von der Fairtext GmbH formulierten Angebotsbedingungen.

Gut zu wissen
Durch die unveränderte Annahme des Angebots ist ein rechtswirksamer Kaufvertrag im Sinne des § 433 BGB entstanden (vgl. hierzu Kapitel 2.4 in Band 1).

Das bereits erstellte Verkaufsangebot wird nun in einen entsprechenden Auftrag umgewandelt. Dazu muss die entsprechende Bearbeitungsmaske aufgerufen werden. Dies kann z. B. über das Rollencenter (siehe Grafik auf Seite 544, rechtsseitig) erfolgen, indem über die Aktion „Verkaufsangebot" der entsprechende Debitor (hier: Tom Simak) aufgerufen wird. Zu bedenken ist, dass das richtige Angebot aufgerufen werden muss (insbesondere, wenn mehrere Angebote parallel laufen).

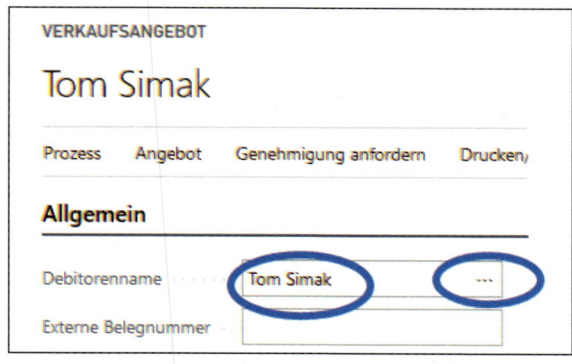

Debitoren aufrufen

Da jedoch kein neues Verkaufsangebot erstellt werden soll, muss lediglich das bereits erstellte Verkaufsangebot aufgerufen werden. Dies kann z. B. über die Verkaufshistorie im rechten Bildbereich durch einen Klick auf

"Laufende Angebote" ausgewählt werden. In diesem Beispiel steht bei den laufenden Angeboten eine „1", da bis zu diesem Zeitpunkt lediglich ein Verkaufsangebot an diesen Debitoren erstellt wurde.

Verkaufshistorie

Es erscheint eine Liste mit allen Verkaufsangeboten. Sollten mehrere bestehen, wäre an dieser Stelle noch eine genauere Prüfung notwendig. In diesem Beispiel handelt es sich um das Verkaufsangebot „1006" (vgl. hierzu auch den bereits erstellten Beleg auf S. 550; auf selbigem ist die Belegnummer oben links abgedruckt).

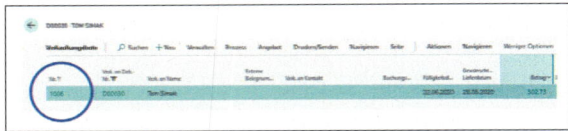

Verkaufsangebot auswählen

Durch die Anwahl des entsprechenden Verkaufsangebots befinden sich die Daten im **Bearbeitungsmodus**.
Aus dem **Verkaufsangebot** lässt sich nun der **Auftrag** erstellen. Über die **Menüleiste** lässt sich der entsprechende Befehl „Auftrag erstellen" über den Zwischenschritt „Prozess" anwählen.

Auftrag erstellen (1)

Es erscheint die Meldung, dass das Angebot umgewandelt wurde. Der Auftrag soll direkt geöffnet werden, weshalb die Meldung mit „ja" bestätigt wird.

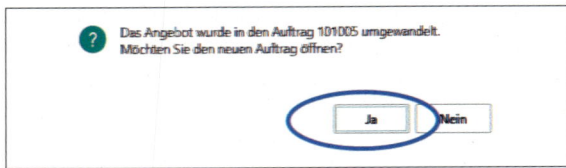

Auftrag erstellen (2)

Der Verkaufsauftrag wird über die Freigeben-Funktion für die nächste Stufe der Verarbeitung freigegeben.

Auftrag erstellen (3)

In der Verkaufshistorie wird nun angezeigt, dass es kein laufendes Angebot mehr gibt, sondern einen laufenden Auftrag.

Verkaufshistorie (2)

Die erstellte Auftragsbestätigung lässt sich in der Maske „Verkaufsaufträge" unter „Drucken/Senden" entsprechend anzeigen, sodass diese entweder direkt an den Debitoren versandt oder zunächst per PDF-Ansicht auf Richtigkeit überprüft werden könnte.

Ausschnitt der Auftragsbestätigung

Wichtig: Lagerbestand prüfen

Parallel muss der Anwender in der ERP-Anwendung überprüfen, ob der bestehende Lagerbestand für diesen Auftrag ausreicht.

LERNFELD 9

Gut zu wissen

In Unternehmen mit langen Lieferketten bzw. schlechten Erfahrungen sollte der Lagerbestand vor der Auftragsbestätigung geprüft werden. In diesem Beispiel werden die Schritte parallel durchgeführt, da die Fairtext GmbH gute Erfahrungen mit dem eigenen Lieferanten gemacht hat bzgl. einer schnellen Lieferung. Das eigene Lager soll mit dem gehandelten Artikel nicht lange „belastet" werden, um die Lagerkosten gering halten zu können.

In D365BC lässt sich über das Rollencenter die Funktion „Artikel" aufrufen.

Artikel aufrufen

In der Artikelliste lässt sich nun der entsprechende Artikel (hier: Herren T-Shirt Mi&MI Gr. M) auswählen.

Artikelkarte Herren-T-Shirt Mi&Mi Gr. M

Es lassen sich alle relevanten Informationen auf einen Blick einsehen:

- Bei „Menge in Auftrag" werden 20 Mengeneinheiten gelistet. Diese Anzahl resultiert aus dem zuvor erstellten Verkaufsauftrag an den Debitoren/Kunden Tom Simak.
- Der „Lagerbestand" weist 0 Mengeneinheiten auf.
- Es sind auch keine Mengeneinheiten in (eigener) Bestellung.

Mit dieser Erkenntnis wird der nächste untergeordnete Prozessschritt ausgelöst: **die eigene Beschaffung**.

Um den Auftrag weiterbearbeiten zu können, muss die Fairtext GmbH selbst einen Auftrag erstellen. Der Artikel muss in der entsprechenden Mindestmenge beschafft werden.[1]

Gut zu wissen

Über die drei Punkte hinter dem Lagerbestand lassen sich weitere Lagerbestände (sofern vorhanden) aus anderen Lagerorten anzeigen. Im Beispielfall sind auch in den anderen Lagerorten der Fairtext GmbH keine entsprechenden Artikel auf Vorrat.

Über das Rollencenter formuliert der Anwender mithilfe der Funktion „Einkaufsbestellung" einen entsprechenden Auftrag: Im Beispiel wird am selben Tag an unseren Lieferanten (hier: Wodsack KG) ein Auftrag erteilt.

Da der Artikel bisher nicht so gut „gelaufen" ist, möchte die Fairtext GmbH das Lager nicht unnötig belasten und bestellt daher exakt die benötigten 20 Mengeneinheiten am selben Tag.

> **DEFINITION**
>
> Als **Kreditor** wird der Gläubiger von Forderungen aus Lieferungen und Leistungen bezeichnet. Der Gläubiger versendet beispielsweise als Lieferant eine bestimmte Ware oder Dienstleistung auf Rechnung mit der Forderung des entsprechenden Geldbetrages.

> **DEFINITION**
>
> In der **Kreditorenkarte** werden die notwendigen Informationen der Kreditoren hinterlegt.

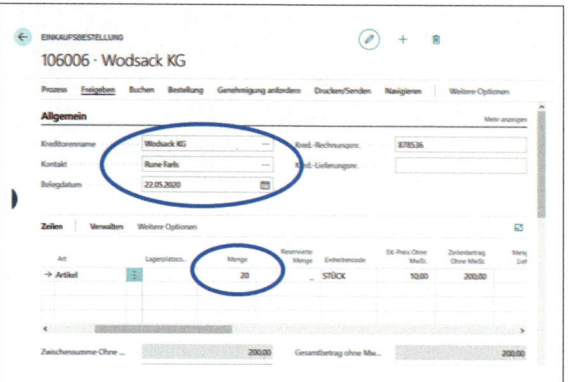

Auszug Einkaufsbestellung

Es wird automatisch die Einkaufsbestellung generiert, die in der Folge wieder direkt als E-Mail an einen bestimmten Personenkreis gemailt bzw. als PDF oder Druck entsprechend visualisiert werden kann. Die Einkaufsbestellung enthält die Daten, die der Anwender hinterlegt hat. Im Beispiel sind dies exemplarisch besondere Zahlungsbedingungen.

---

[1] Vgl. hierzu das Lernfeld 3 in Band 1.

LERNFELD 9

Ausschnitt der Einkaufsbestellung

Mithilfe der Funktion „Freigeben" wird der Beleg für die weitere Verarbeitung freigegeben.

In dem Beispiel wird davon ausgegangen, dass die Artikelmenge zum gewünschten Datum per Rechnung geliefert wird.

> Aus der zuvor erstellten Bestellung werden eine Lieferung und eine Rechnung erzeugt. Der Vorgang wird gebucht.

Buchen (1)

Buchen (2)

Durch die Auswahl „Liefern und fakturieren" wird die Bestellung entsprechend gebucht und in den Bereich „gebuchte Einkaufsrechnungen" verschoben. Die entsprechende Aufforderung wird mit „Ja" bestätigt.

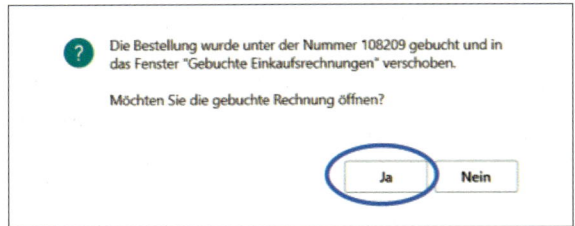

Buchen (3)

Der Anwender befindet sich in der Folge in der Maske „Gebuchte Einkaufsrechnungen" und findet die gebuchte Rechnung der Wodsack KG entsprechend vor. Es lassen sich bei Bedarf z. B. mögliche Korrekturen vornehmen. Die Rechnung lässt sich ebenfalls automatisiert visualisieren.

> **Gut zu wissen**
> Durch diesen Vorgang ist buchhalterisch[1] eine Verbindlichkeit für die Fairtext GmbH entstanden, die im späteren Verlauf bezahlt wird. In der Geschäftsprozesskette ist dadurch der Finanzbereich miteinbezogen worden. Dass ERP-Anwendungen verschiedene Funktionen in einem Programm miteinander vereinen, wird durch diesen Vorgang wiederholt deutlich gemacht (vgl. hierzu Grafik auf S. 542).

Zur Überprüfung sollte als Folgeschritt kontrolliert werden, ob das Lager mit dem entsprechenden Artikel tatsächlich aufgefüllt wurde. In der Simulation wird der Artikel umgehend geliefert. Über das Rollencenter lassen sich dazu entweder die gesamte Artikelliste oder die entsprechende Artikelkarte öffnen.

---

[1] Vgl. hierzu das Lernfeld 4 in Band 1.

LERNFELD 9

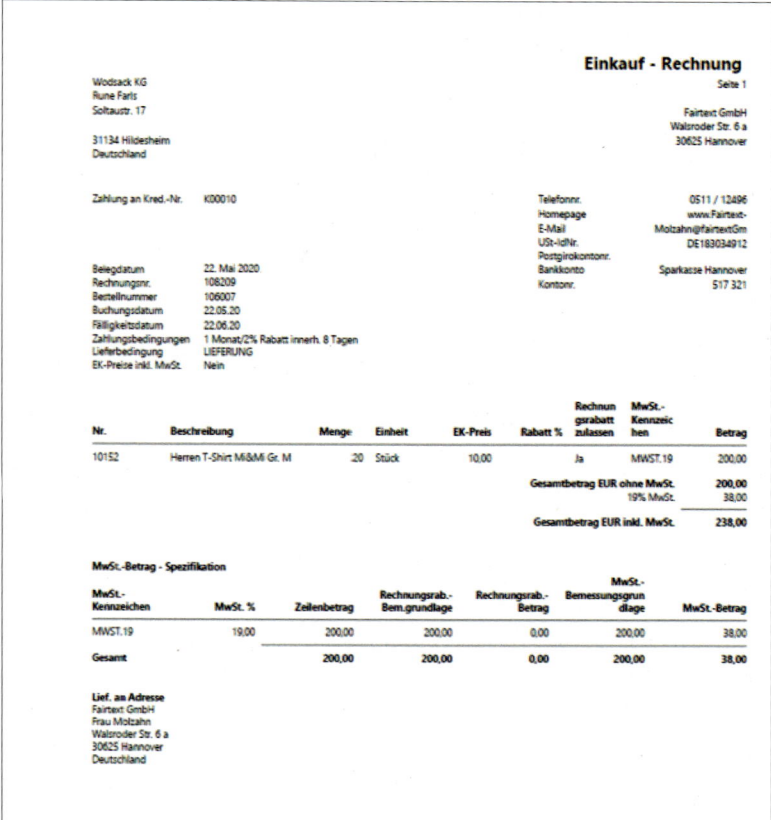

Einkauf/Rechnung

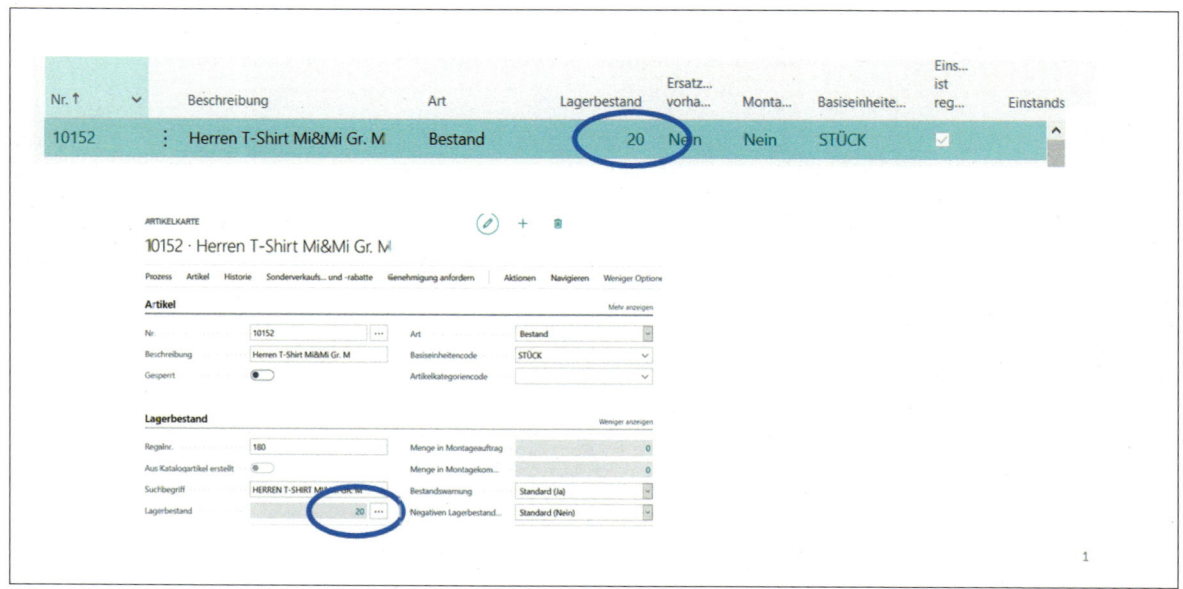

Artikel prüfen

LERNFELD 9

Der Lagerbestand enthält nun die bestellten 20 Mengeneinheiten.

> **Weitere Einkaufs-Funktionen in D365BC**
> - Sammelgutschrift (mehrere Einkaufslieferungen fakturieren)
> - Bearbeitung von elektronischen Belegen (PEPPOL- oder OCR-Rechnungen[1])
> - Organisation von Termineinkäufen
> - Pauschalbestellungen/Rahmenaufträge
> - (...)

Die Lieferung und die Rechnung an den Kunden

Da die notwendige Artikelmenge (hier: 20 Stück) des entsprechenden Artikels (hier: Herren T-Shirt Mi&Mi Gr. M) jetzt im Lager vorhanden ist (siehe oben; Prüfung des Lagerbestandes), kann in der Folge die Lieferung an den Kunden/Debitoren (hier: Tom Simak) mithilfe von D365BC in die Wege geleitet werden.

> Aus dem zuvor erstellten Auftrag (übergeordneter Prozessschritt Nr. 3) ist eine Lieferung und Rechnung durch die entsprechende Buchung zu erstellen.

Innerhalb der Geschäftsprozesskette folgt demzufolge der vierte Prozessschritt: Die Erstellung der **Lieferung** und **Rechnung**.

Über die Funktionen „Verkaufsauftrag" und „laufende Aufträge" (*in der Verkaufshistorie*) wird der entsprechende Verkaufsauftrag (hier: Nr. 101005) in den Bearbeitungsmodus geladen.

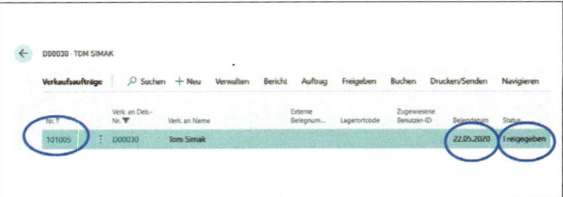

Verkaufsauftrag erneut aufrufen

Nachdem der Verkaufsauftrag in den Bearbeitungsmodus geladen wurde, kann dieser über die Funktion „Buchen" entsprechend gebucht werden.

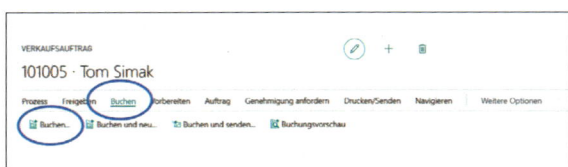

Verkaufsauftrag buchen (1)

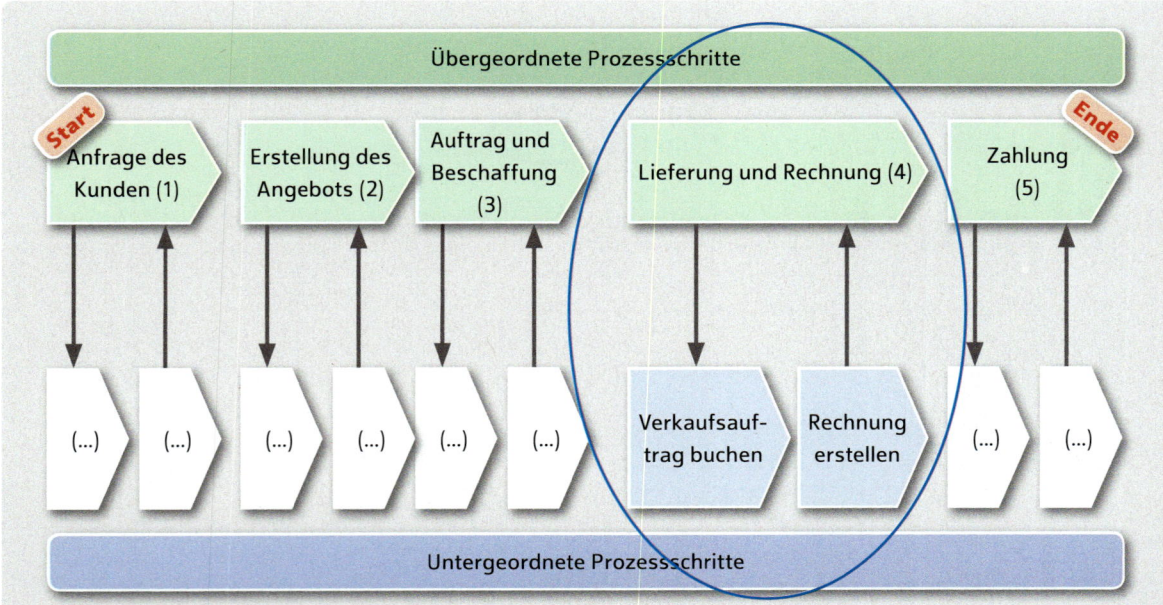

Übergeordneter Prozessschritt Nr. 4

---

[1] PEPPOL (Pan-European Public Procurement Online) ist ein von der Europäischen Union entwickeltes Netzwerk, um die Kommunikation zwischen Lieferanten und öffentlichen Auftraggebern (z. B. Rechnungen) zu erleichtern.
OCR (Optical Character Recognition) bedeutet optische Zeichenerkennung. Es werden automatisch entsprechende Rechnungsdaten erfasst.

Die entsprechende Meldung wird mit „Liefern und fakturieren" bestätigt.

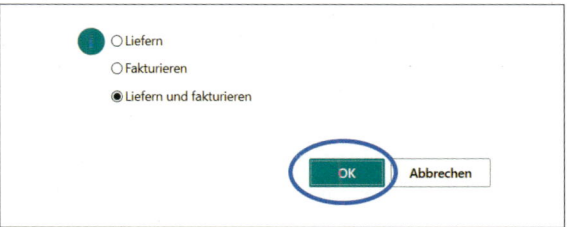

Verkaufsauftrag buchen (2)

Nachdem das Programm den Vorgang gebucht hat, erscheint die entsprechende Meldung. Die gebuchte Rechnung kann direkt geöffnet werden.

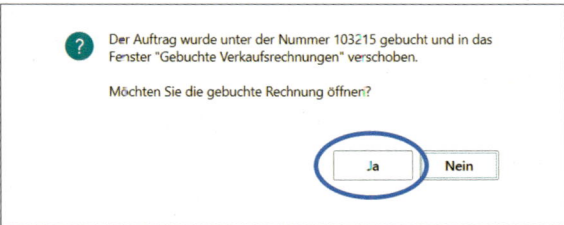

Verkaufsauftrag buchen (3)

Der Anwender befindet sich automatisch in der Bearbeitungsmaske „Geb. Verkaufsrechnungen". Über die Funktion „Drucken/Senden" lässt sich die Rechnung z. B. wieder als PDF anzeigen oder direkt in eine E-Mail importieren.

Rechnung

Gut zu wissen
Durch diesen Vorgang ist aus Sicht der Fairtext GmbH buchhalterisch[1] eine Forderung gegenüber Tom Simak entstanden. In der Geschäftsprozesskette ist dadurch erneut der Finanzbereich miteinbezogen worden.

Durch die Buchung werden die Änderungen (*gebuchte Verkaufslieferung*; *gebuchte Verkaufsrechnung*) auch in der Verkaufshistorie sichtbar. Zudem werden diverse Informationen in der anknüpfenden Kundenstatistik erkennbar, wie etwa der Saldo und dass der Kunde noch nicht bezahlt hat.

Verkaufshistorie und Kundenstatistik

---

1 Vgl. hierzu das Lernfeld 4 in Band 1.

LERNFELD 9

Weitere Verkaufs-Funktionen in D365BC
- Spezialaufträge erstellen
- Rahmenaufträge erstellen
- Veranlassung von Direktlieferungen (d. h. vom eigenen Kreditor direkt zum Debitor)
- Wiederkehrende Verkaufszeilen dauerhaft hinterlegen
- (…)

Der Zahlungsverkehr

Durch die Buchungen der Ein- und Ausgangsrechnungen für den Einkauf (hier: bei der Wodsack KG) und den Verkauf (hier: an Tom Simak Modeboutique) sind Verbindlichkeiten sowie Forderungen in der Finanzbuchhaltung entstanden. Mit dem übergeordneten Prozessschritt Nr. 5 wird der Zahlungsverkehr – bei Vorlage der entsprechenden Belege (hier: Kontoauszug) – zunächst geprüft und in der Folge mithilfe der entsprechenden Funktionen in D365BC erfasst und gebucht.

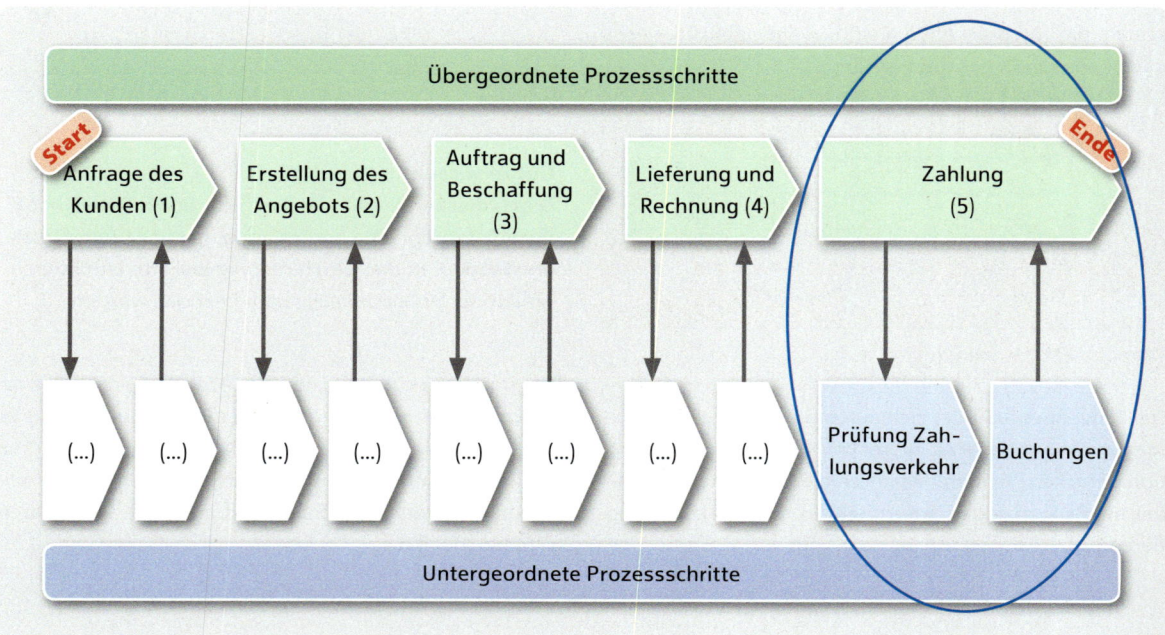

Übergeordneter Prozessschritt Nr. 5

Der Fairtext GmbH liegt wenige Tage nach den genannten Transaktionen folgender Kontoauszug vor:

Kontoauszug Fairtext GmbH Walsroder Str. 6a 30625 Hanover		BIC SPKHDE2HXXX		
IBAN DE53 2505 0180 0000 5173 21	Erstellungsdatum 28.05.2020	Zeit 12:58 Uhr	Auszugs-Nr. 1	Blatt 1
Tom Simak; Rechnungsnr.: 103215	Datum: 28.05.2020			349,43 (+)
WODSACK KG; Rechnungsnr.: 100008	Datum: 28.05.2020			233,24 (–)
		Alter Kontostand:		109.700,50 € (+)
		Neuer Kontostand:		109.816,69 € (+)

Auf dem Beleg lassen sich **zwei Zahlungsbewegungen** identifizieren. Es handelt sich einerseits um den Ausgleich der eigenen Verbindlichkeit und andererseits um den Ausgleich der offenen Forderungen durch unseren Kunden/Debitoren. Beide Geschäftsvorfälle müssen entsprechend geprüft und gebucht werden.

Die Prüfung und Buchung der Eingangszahlung

Zunächst vergleicht die Fairtext GmbH den **Zahlungseingang** mit dem Rechnungsbetrag. Dem Kunden/Debitoren wurden 3% Skonto eingeräumt, sofern dieser innerhalb von acht Tagen bezahlt (siehe Rechnung, S. 557). Laut Kontoauszug ist der Rechnungsbetrag abzgl. des Skontos am 28. Mai eingegangen und somit innerhalb von acht Tagen ab Rechnungsdatum (22. Mai) bezahlt worden. Der Betrag in Höhe von 349,43 € ist korrekt und kann in der Folge in D365BC erfasst und gebucht werden.

Bei der Eingabe in D365BC muss erneut darauf geachtet werden, dass das korrekte Arbeitsdatum (hier: 28. Mai) eingestellt ist. Über das Rollencenter lässt sich sodann über die Funktion **„Zahlungsmanagement"** die Übersicht der Eingangs-Buchungsblätter öffnen.

> **Gut zu wissen**
> Viele Wege führen nach Rom. So lassen sich auch viele Funktionen in D365BC über verschiedene Wege aufrufen. Ausgehend vom Rollencenter ist der Überblick über die verschiedenen Oberkategorien i.d.R. am schnellsten zu erfassen.

Zahlungsmanagement (1)

Über die Bestätigung „ALLGEMEIN" lässt sich anknüpfend ein allgemeines **Zahlungseingangs-Buchungsblatt** öffnen, um im selbigen die entsprechende Einzahlung zu erfassen.

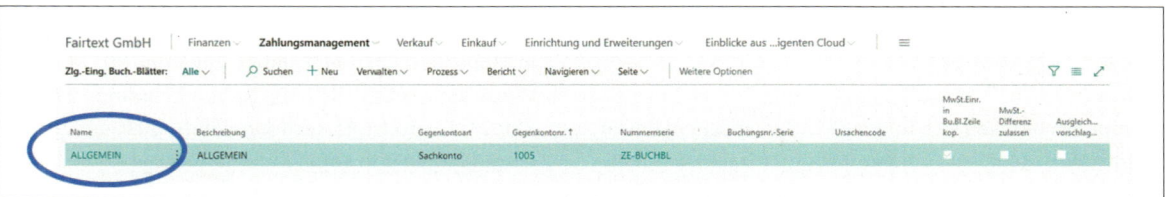

Zahlungsmanagement (2)

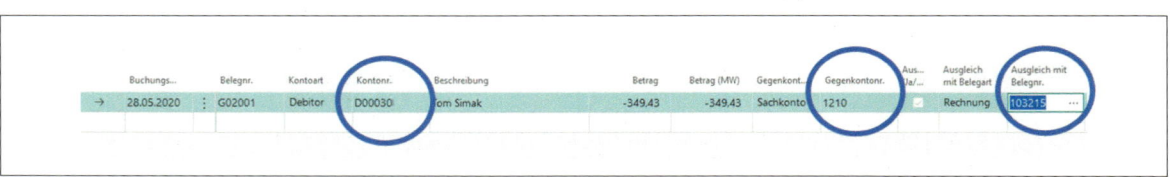

Zahlungsmanagement (3)

LERNFELD 9

Gut zu wissen
Wenn der Cursor über eine Eingabezeile in D365BC gehalten wird, erscheint eine kurze Erklärung, um welche Funktion es sich genau handelt.

Alle bekannten Informationen aus dem Kontoauszug könnten in die Maske eingetragen werden. Einige Daten notiert D365BC jedoch auch automatisch, wenn direkt eine Verknüpfung zu der zuvor erstellten Rechnung hergestellt wird (im abgebildeten Screenshot ist dies bereits der Fall). Andere Angaben kann der Anwender manuell eingeben, wie in diesem Beispiel etwa die Gegenkonto-Angabe „1210" (= Bankkonto).

Um eine Verknüpfung vorzunehmen, sollte zunächst die **„Kontonr."** des Debitors ausgewählt werden. Anschließend klickt der Anwender auf die drei Punkte unter **„Ausgleich mit Belegnr."** Dadurch, dass zuvor die Kontonummer des Debitors (hier: Tom Simak) ausgewählt wurde, erscheinen in der sich öffnenden Liste lediglich Bezüge zu dem ausgewählten Debitor. In diesem Fenster werden die Informationen der erstellten Rechnung sichtbar.

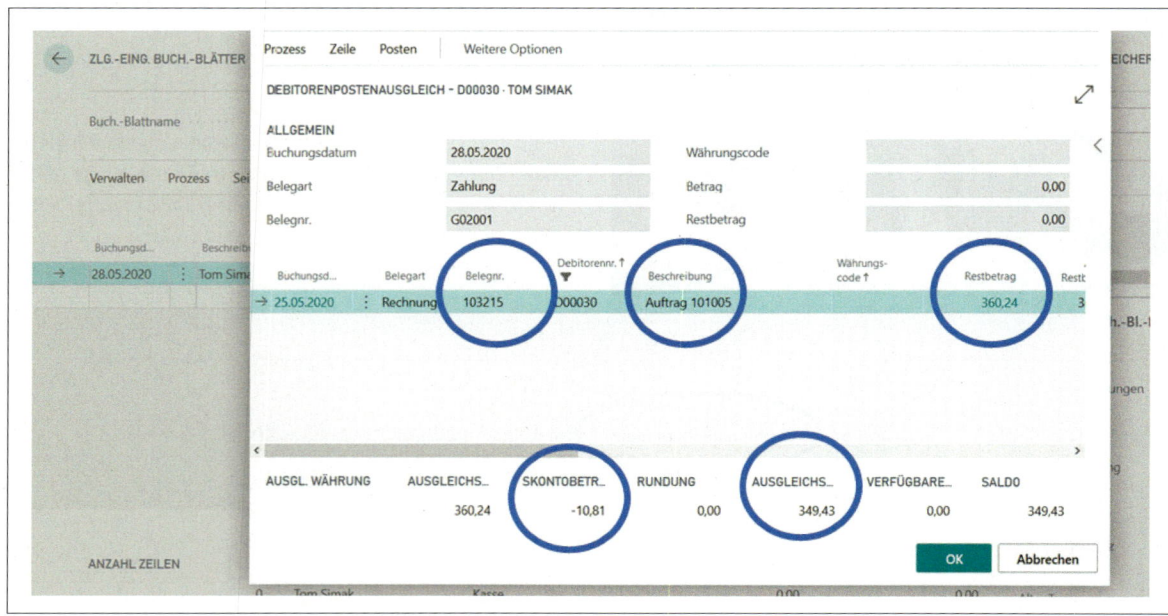

Zahlungsmanagement (4)

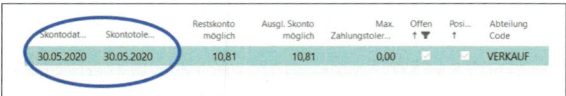

Zahlungsmanagement (5)

Exemplarisch lassen sich folgende Daten ansehen, um zu überprüfen, ob es sich um den richtigen Datensatz handelt:
- Auftragsnummer (hier: 101005; vgl. hierzu den Verkaufsauftrag S. 552)
- Belegnummer (hier: 103215; vgl. hierzu die erstellte Rechnung, S. 557)
- Restbetrag (hier: 360,24 €; vgl. hierzu Rechnungsbetrag, S. 557)
- Skontobetrag (hier: -10,81 € = Skontogewährung in Höhe von 3% bei Zahlung bis zum 30. Mai; vgl. Verkaufsangebot, S. 550; Nebenrechnung: 3% von 360,24 € = 10,81 €; Rechnungsbetrag ist am 28. Mai eingegangen und somit innerhalb der Skontofrist).

Der Datensatz wird zunächst mit „Ok" bestätigt. Da alle Daten korrekt sind, kann der Anwender den nächsten untergeordneten Prozessschritt in die Wege leiten: die **abschließende Buchung des Geldeinganges**.

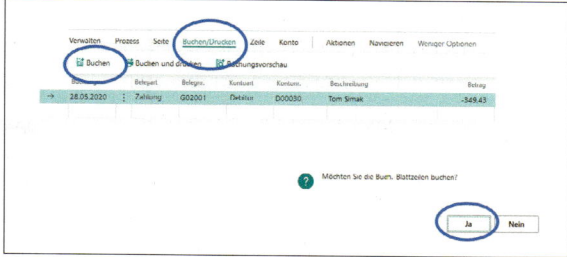

Geldeingang buchen (1)

Die erfolgreiche Buchung wird mit einer entsprechenden Meldung bestätigt. Über das Rollencenter kann zudem in die Debitorenkarte von Tom Simak gewechselt werden. Dort lässt sich der Buchungsvorgang nun innerhalb der Kundenstatistik ebenfalls nachvollziehen.

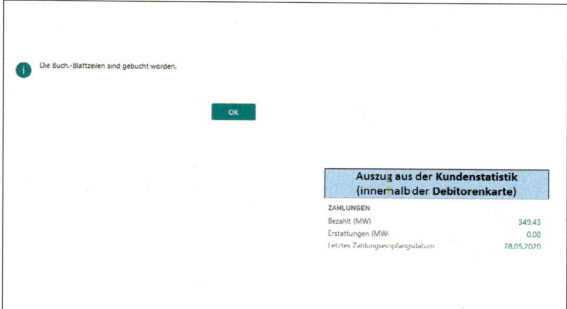

Geldeingang buchen (2)

Die Prüfung und Buchung der Ausgangszahlung

Zunächst vergleicht die Fairtext GmbH den **Zahlungsausgang** mit dem Rechnungsbetrag. Der Fairtext GmbH wurden 2 % Rabatt bei Zahlung innerhalb von acht Tagen eingeräumt (siehe Rechnung, S. 555). Laut Kontoauszug ist der Rechnungsbetrag abzgl. des Rabattes am 28. Mai abgebucht worden und somit innerhalb von acht Tagen ab Rechnungsdatum (22. Mai). Der Betrag in Höhe von 233,24 € ist korrekt und kann in der Folge in D365BC erfasst und gebucht werden.

Erneut kann der Weg dorthin über das Rollencenter erfolgen, indem die Funktion **„Zahlungsmanagement"** und sodann die Übersicht der **Ausgangs-Buchungsblätter** aufgerufen werden.

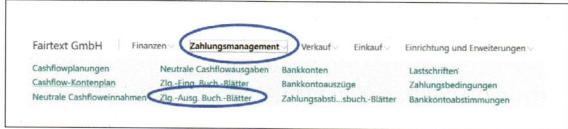

Zahlungsmanagement Ausgangszahlung (1)

Im nächsten Schritt wird ein allgemeines **Zahlungs-Ausgangsblatt** aufgerufen. Die weitere Eingabe erfolgt analog zur Eingabe der bereits gebuchten Eingangsrechnung. Zunächst wird bei der Kontoart „Kreditor" angeklickt und sodann bei der „Kontonr" der entsprechende Kreditor (hier: Wodsack KG) ausgewählt. In der Folge lassen sich über die Funktion **„Ausgleich mit Belegnr."** alle offenen Rechnungen der Wodsack KG öffnen.

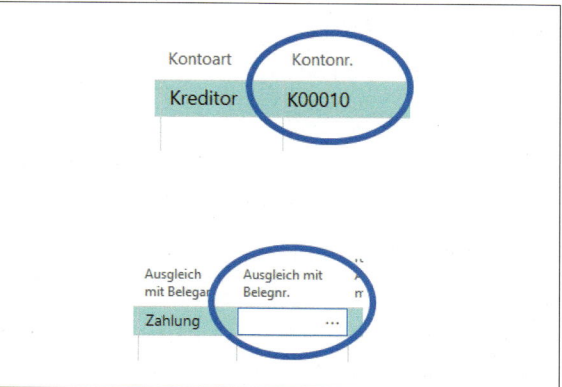

Zahlungsmanagement Ausgangszahlung (2)

Der korrekte Datensatz wird anhand der entsprechenden Belegnummer aufgerufen. Die Belegnummer und auch die Bestellnummer lassen sich mit der erhaltenen Rechnung (siehe S. 555) vergleichen. Analog zur Ausgangsrechnung wird aufgrund der rechtzeitigen Bezahlung innerhalb von acht Tagen der entsprechende Prozentsatz direkt abgezogen (dies wird ersichtlich, wenn weiter unten u. a. der fällige Ausgleichsbetrag betrachtet wird (hier: 238,00 € vermindert um 2 % = 233,24 €).

LERNFELD 9

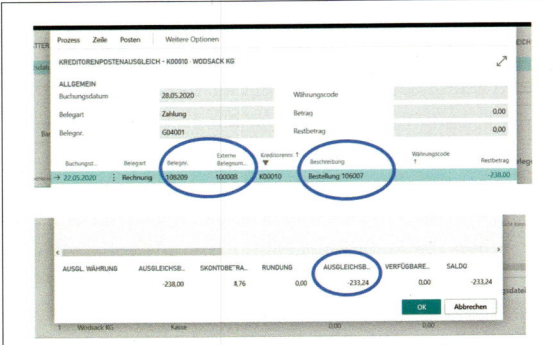

Zahlungsmanagement Ausgangszahlung (3)

Zahlungsmanagement Ausgangszahlung (4)

Durch die Buchung wurde auch der letzte Schritt der übergeordneten fünf Prozessschritte erfolgreich abgeschlossen.

In dem Ausgangs-Zahlungsblatt lassen sich anknüpfend noch fehlende Daten ergänzen, wie etwa das entsprechende Gegenkonto oder möglicherweise eine andere Bankverbindung für den Zahlungsempfänger. Anschließend lässt sich der Zahlungsvorgang analog zu der vorherigen Buchung vornehmen, indem über die Funktion „Buchen/Drucken" und sodann „Buchen" der Vorgang abgeschlossen wird.

Die erfolgreiche Buchung wird mit einer entsprechenden Meldung bestätigt. Über das Rollencenter kann zudem in die Kreditorenkarte der Wodsack KG gewechselt werden. Dort lässt sich der Buchungsvorgang nun innerhalb der Kundenstatistik ebenfalls nachvollziehen.

Weitere ERP-Funktionen in D365BC im Überblick

Die folgenden Ausschnitte zeigen weitere exemplarische Möglichkeiten, die ein Unternehmen mit D365BC umsetzen könnte. Die Möglichkeiten in ERP-Anwendungen sind vielfältig und entwickeln sich stetig weiter.

Personalwesen

562

LERNFELD 9

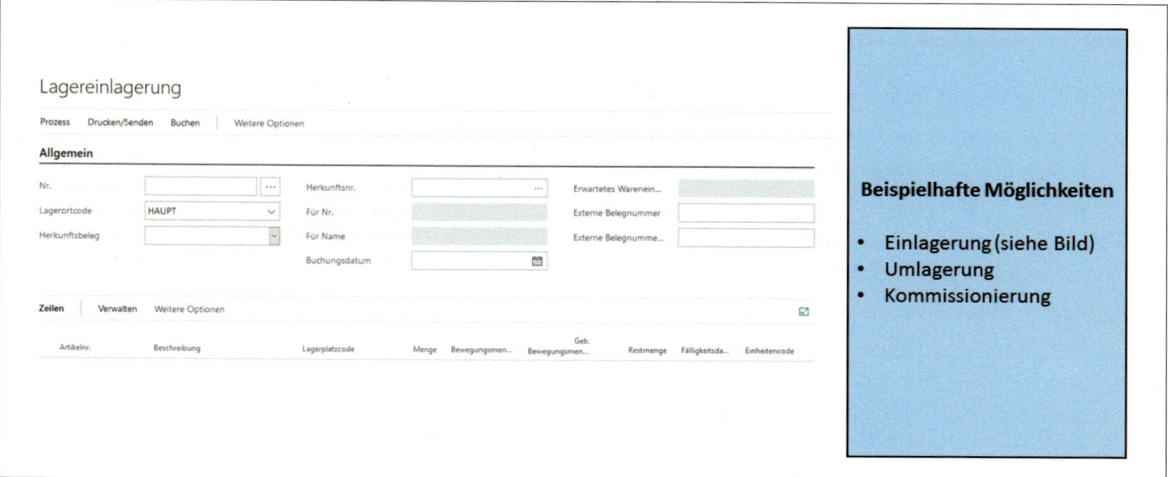

Logistik

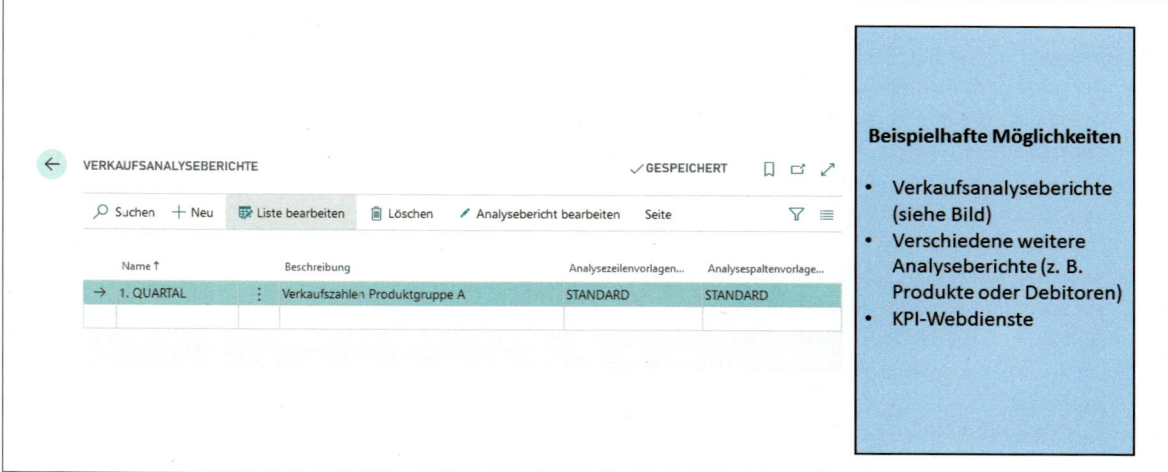

Business Intelligence

Gut zu wissen

Viele ERP-Anwendungen können mit weiteren Programmen und nützlichen Apps verbunden werden. Dies führt zu vereinfachten Arbeitsprozessen. Beispielsweise lassen sich alltägliche E-Mail-, Schreib- und Tabellenkalkulationsprogramme, aber auch innovative Anwendungen sinnvoll in eine ERP-Anwendung einbinden.

LERNFELD 9

AUFGABEN

1. Definieren und erklären Sie das Akronym ERP.
2. Zählen Sie die bekanntesten ERP-Anbieter auf. Welche ERP-Software wird in Ihrem Ausbildungsbetrieb eingesetzt?
3. Welche Nutzungsmöglichkeit bieten viele Anbieter neben der lokal installierten Softwarelösung an?
4. Welche Unternehmensbereiche können in eine ERP-Anwendung Eingang finden?
5. Welche grundlegenden Vorbereitungen sind notwendig, um mit einer ERP-Software arbeiten zu können?
6. Welche Rolle spielt das Arbeitsdatum beim Simulieren von Geschäftsprozessen in einer ERP-Anwendung?
7. Welche Funktion übernimmt das Rollencenter in D365BC bzw. generell in ERP-Anwendungen?
8. Wodurch lässt sich das Arbeiten mit Microsoft Dynamics 365 Business Central zusätzlich erleichtern?
9. Welche Funktionen übernehmen die Debitoren- sowie Kreditorenkarten innerhalb einer ERP-Anwendung?

AKTIONEN

Hinweise:
- Die folgenden Aufgaben lassen sich nur bearbeiten, wenn Sie einen **Zugang zu einer ERP-Anwendung** besitzen.
- Erstellen Sie von Ihren Arbeitswegen Screenshots und speichern Sie diese in einem Dokument. Dies kann hilfreich sein, wenn Sie später Ihre Arbeitswege nachvollziehen möchten. Ferner beschreiben Sie auf kompakte Weise den digitalen Weg (z. B. „Zunächst habe ich das Rollencenter angewählt, um von dort in den Funktionsbereich „Verkauf" zu wechseln").
- **Tipp:** Recherchieren Sie im Internet. Einige ERP-Anbieter bieten kostenlose Test-Zugänge an.

1. Hinterlegen Sie in der ERP-Anwendung fiktive Unternehmensdaten.
2. Hinterlegen Sie in der ERP-Anwendung einen fiktiven Artikel.
3. Bilden Sie in Ihrer Klasse 2er-Teams. Für Ihren Partner bzw. Ihre Partnerin erstellen Sie eine neue Debitorenkarte.
4. Erstellen Sie für Ihren hinterlegten Artikel ein Verkaufsangebot für Ihren neuen Debitoren. Das Verkaufsangebot sollte bestimmte Zahlungsbedingungen enthalten. Im Anschluss erstellen Sie von dem Verkaufsangebot eine PDF-Datei und senden diese per E-Mail (oder über einen Tauschordner in einer Cloud) an Ihren Debitoren.
5. Sie haben jeweils ein Verkaufsangebot erhalten. Zur Vereinfachung nehmen Sie dieses Angebot unverändert an. Ihre Antwort senden Sie per E-Mail (oder über einen Tauschordner in einer Cloud) zurück.
6. Erstellen Sie einen Auftrag aus dem bisherigen Verkaufsangebot. Erstellen Sie eine Auftragsbestätigung in Form eines PDF-Dokuments.
7. Prüfen Sie den Lagerbestand des Artikels aus der Auftragsbestätigung. Erstellen Sie bei Bedarf eine eigene Bestellung, um das Lager entsprechend aufzufüllen. Erstellen Sie eine Einkaufsbestellung in Form eines PDF-Dokuments.
8. a) Buchen Sie die Einkaufsbestellung in der ERP-Anwendung und öffnen Sie diese im Anschluss in einem PDF-Dokument.
   b) Was ist buchhalterisch aus Ihrer Sicht entstanden?
9. Überprüfen Sie, ob sich der Lagerbestand des entsprechenden Artikels erhöht hat.
10. Buchen Sie den Verkaufsauftrag in der ERP-Anwendung und öffnen Sie die dabei erzeugte Rechnung in einem PDF-Dokument.
11. Ihr Debitor hat innerhalb der Zahlungsfrist die bestmöglichen von Ihnen angebotenen Zahlungsbedingungen eingehalten. Ferner haben Sie ebenfalls die bestmöglichen Zahlungsbedingungen bei der eigenen Bestellung eingehalten. Das Datum der Zahlungen können Sie frei wählen, sofern es innerhalb der Fristen liegt. Buchen Sie beide Zahlungsvorgänge entsprechend.
12. Klicken Sie sich durch Ihre ERP-Anwendung. Welche weiteren Funktionen sind grundsätzlich umsetzbar?

LERNFELD 9

ZUSAMMENFASSUNG

ERP
(= Enterprise Resource Planning)

- Verbindung von verschiedenen Funktionen innerhalb eines Unternehmens
  - Finanzen
  - Einkauf
  - Verkauf
  - Personal
  - (…)
  - (…)

- ERP-Systeme werden eingesetzt, um den Unternehmensaufgaben effizient begegnen zu können

- Ganzheitliche Bearbeitung von Geschäftsprozessketten (z. B. von der Anfrage des Kunden bis zur der Bezahlung)

- Nutzungsmöglichkeiten
  - On-premise ERP
  - Cloud-ERP

- Bekannte ERP-Anbieter
  - SAP
  - Oracle
  - Microsoft Dynamics 365 Business Central

KAPITEL 3
Datenfeeds und Produktdatenoptimierung

Sebastian Holpert trifft Caroline König war in der Mittagspause

Sebastian Holpert:
„Hallo Caroline, wo warst du denn heute Vormittag. Ich hab dich bisher noch gar nicht gesehen …"

Caroline König:
„Mal was Neues: Ich war in der Abteilungsleiterrunde. Frau Beere hat mich mitgenommen. Sie ist wohl mit dem Protokollschreiben dran, hat sich aber beim Sport ihre Hand verletzt. Da musste ich mit hin und mitschreiben."

Sebastian Holpert:
„Und, war es interessant?"

Caroline König:
„Ja, anscheinend sind unsere Zahlen im Hinblick auf die Konversationsrate neuerdings nicht mehr so optimal!"

Sebastian Holpert:
„Ach?"

Caroline König:
„Und dann wurden mögliche Ursachen diskutiert … Ein Grund für die negativen Zahlen wird in der schlechten Qualität der Produktdaten gesehen. Demnächst soll daher eine Normalisierung und ein Matching dieser Daten vorgenommen werden."

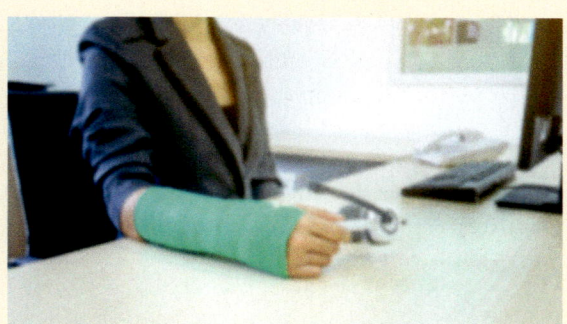

LERNFELD 9

Sebastian Holpert:
„Was ist das denn?"

Caroline König:
„Das hat was mit Produktdatenoptimierung zu tun."

Sebastian Holpert:
„Erklär das mal etwas genauer!"

Erläutern Sie,
a) was man unter Produktdatenoptimierung versteht und
b) warum öfter eine Normalisierung oder ein Matching von Produktdaten vorgenommen werden soll.

INFORMATIONEN

Datenfeeds

Um mehr Aufmerksamkeit auf das eigene Sortiment zu richten, können Datenfeeds verwendet werden.

BEISPIEL

Die Fairtext GmbH stellt verschiedenen Preissuchmaschinen, Suchmaschinen, Teilnehmern an Affiliate-Programmen und weiteren Partnern Produktdaten zur Verfügung. Das Shopsystem der Fairtext GmbH bietet einen Export der Produkte an. Lediglich die Formatvorlage muss auf den Vertriebspartner abgestimmt werden.

Ein Datenfeed ist eine Tabelle, die alle notwendigen Produktdaten enthält. Dazu gehören auch Attribute, die eine Gruppierung der Artikel erlauben. Mit Attributen können die Produkte genau gekennzeichnet und beschrieben werden. Die am häufigsten verwendeten Formate für Datenfeeds sind CSV, XML und TXT.

Der große Vorteil von Datenfeeds ist die Erleichterung der Übertragung von sehr großen Datenbeständen (in der Regel Produktdaten), die kaum noch manuell zu bewältigen ist. Ein Datenfeed ist ein Instrument, das es Datenbanken ermöglicht, auf sich ständig aktualisierende Daten zurückzugreifen: Diese werden von einem Server zu einem Client übertragen. Dort sind sie leicht und ohne größeren Aufwand zu lesen, weil die Daten in einer Tabelle codiert sind. Ein weiterer wichtiger Vorteil eines Datenfeeds ist die Sicherstellung von Aktualität: Ältere Daten beim Client werden immer dann überschrieben, wenn er einen Datenfeed erhält.

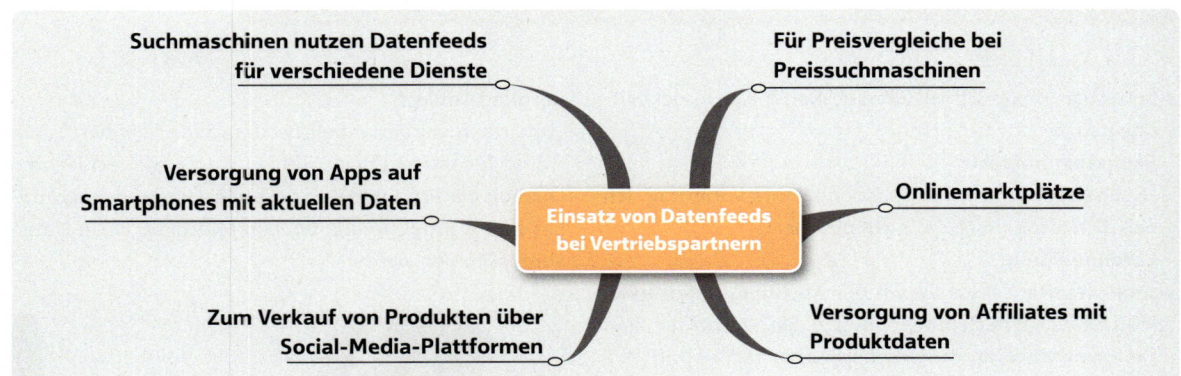

Ist der Upload eines Datenfeeds erfolgreich gewesen, werden aufgrund der übermittelten Produktdaten die Produkte beim Vertriebspartner dargestellt.

Die Artikel im Datenfeed werden durch verschiedene Attribute beschrieben. Attribute sind z. B. der Titel oder der Preis des Produktes. Damit die Produktanzeigen beim Partner (Client) dargestellt werden, müssen die Attribute bestimmte Anforderungen erfüllen.

LERNFELD 9

> **BEISPIELE**
>
> Als unbedingt erforderliche Attribute schlägt Google in seinen Datenfeedspezifikationen vor:
> - ID
> - Titel
> - Beschreibung
> - Link
> - Bildlink
> - Zustand
> - Verfügbarkeit
> - Preis
> - Kennzeichnung existiert

Produktdatenoptimierung

Qualitativ hochwertige Produktdaten sind entscheidend für den Erfolg im E-Commerce. Deshalb müssen einerseits für den Verkauf benötigte Angaben, die in den von Lieferanten bereitgestellten Produktdaten (Artikelstammdaten) fehlen, vor ihrer optimalen Verwendung diesen hinzugefügt werden. Andererseits muss sichergestellt sein, dass die hinterlegten Produktinformationen optimal den Anforderungen an die Gestaltung der Produktdaten angepasst sind.

Ziel der Produktdatenoptimierung ist es, durch gezielte Optimierung und Strukturierung von Produktdaten die Sichtbarkeit von Artikeln zu erhöhen.

> **BEISPIELE**
>
> Mangelhafte Produktdaten wirken sich negativ aus:
> - Fehlen bei der Beschreibung eines Artikels Produktmerkmale, kann der Suchalgorithmus einer Suchmaschine potentiellen Käufern weniger Informationen zur Verfügung stellen.
> - Auch die Suchfunktion eines Webshops liefert schlechte Ergebnisse.
> - Die Vergleichbarkeit von Produkten ist nicht gegeben.
> - Enthalten die Produktdaten bei Attributen keine unterschiedlichen Schreibvarianten bzw. Synonyme, werden die eigenen Produkte bei bestimmten Suchanfragen der Kunden nicht gefunden.
> - Da z. B. Google oder Amazon ihre Anforderungen an die Gestaltung von Produktdaten in jedem Jahr mehrfach verändern, kann es sein, dass man im Ranking nach hinten fällt.
> - Die Sichtbarkeit auf Marktplätzen kann sinken.

Eine Produktdatenoptimierung erhöht die Konversationsrate und sorgt damit für mehr Umsätze. Anhand von Attributen wie z. B.
- Titel,
- Produktmerkmale,
- Produktbeschreibung
- Produktkategorien

können die einzelnen Artikel von den Algorithmen der Suchmaschinen im Internet einerseits und andererseits von der Suchfunktion des Webshops bewertet und entsprechend gerankt werden.

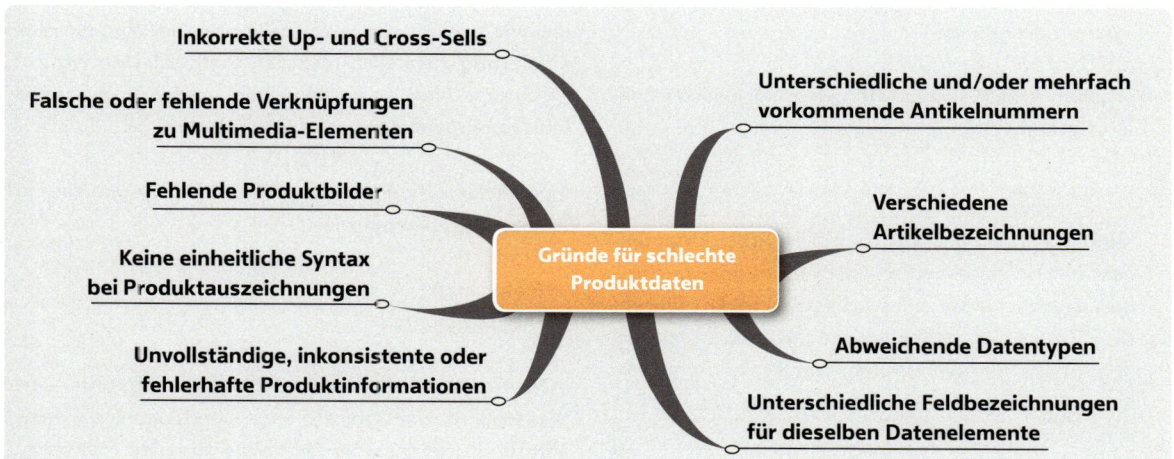

LERNFELD 9

Grundregeln der Produktdatenoptimierung sind:
- Damit der Kunde Produkte nach bestimmten Eigenschaften filtern kann, sollten für jeden Artikel kaufrelevante Attribute festgelegt werden.

> **BEISPIELE**
> - Kaufrelevante Attribute bei Pullovern können unter anderem Farbe, Größe, Form sein.
> - Bei Waschmaschinen bieten sich unter anderem Art (Frontlader oder Toplader), Größe, Gewicht, Energieeffizienzklasse an.

- Bei der Formulierung der Attribute ist es wichtig, sich in die Zielgruppe der interessierten Käufer zu versetzen.

> **BEISPIEL**
> Wenn vielen Kunden ein Fachbegriff unbekannt ist, wird nach diesem nicht gesucht. Verwendet werden sollten also Begriffe, die ein möglichst hohes Suchvolumen haben.

Fachausdruck für die Formulierung der Attribute ist das **Tagging**: Beim Tagging werden Tags (englisch: Schildchen/Etikett) verwendet, um Inhalte mit zusätzlichen Informationen (etwa bestimmten Schlagwörtern) zu versehen. Tagging dient vor allem dazu, Informationen besser auffindbar zu machen. Im Zusammenhang mit dem Tagging der Produktdaten gilt, dass die Verschlagwort aus der Sicht eines potenziellen Kunden die Sichtbarkeit eines Produkts im Internet erheblich erhöht. Deshalb sollte immer gefragt werden:
- Wie suchen potenzielle Kunden?
- Wonach erfolgt die Suche des Kunden?
- Welche speziellen Begrifflichkeiten verwendet ein potenzieller Kunde?

- Für jeden Artikel sollten alternative Suchwörter definiert werden.

> **BEISPIELE**
> Kunden kennen oft den speziellen Produktnamen oder den besonderen Fachausdruck für eine besondere Eigenschaften eines Artikels nicht. Oft führen sie auch Suchen mit fehlerhaften Schreibweisen für den Produktnamen bzw. für Produkteigenschaften durch. Bedacht werden sollte daher bei der Formulierung von Suchwörtern:
> - Synonyme des Attributs
> - (eventuell verwendete) fremdsprachliche Bezeichnungen

Unterschiedliche Schreibvarianten	Synonyme	Fehlerhafte Schreibweisen
Winterschuhe Winter Schuhe Schuhe für den Winter usw.	Winterschuhe Schneeschuhe Winterstiefel usw.	Winteschuhe Winterschue Winterstifel usw.

- Produkte sollten verschiedenen Produktgruppen zugeordnet werden. Es empfiehlt sich auch, Artikel virtuellen Produktkategorien zuzuordnen. Dies können bestimmte Anlässe und Themenwelten sein.

> **BEISPIEL**
> Der Pullover „Elle" der Firma „Hoss" wird warenwirtschaftlich der Kategorie Damenpullover zugeordnet. Es kann aber gleichzeitig eine verkaufsfördernde Zuordnung – z. B. im Webshop – zu virtuellen Produktkategorien erfolgen:
> - Neu im Angebot
> - Ausverkauf
> - Sale
> - Weihnachten
> - Winterurlaub usw.

Klassifizierung als wichtiger Bestandteil der Produktdatenoptimierung

Im Rahmen der Produktdatenoptimierung kommt der Klassifizierung eine immer größer werdende Rolle zu. Unter der Klassifizierung versteht man eine Klassifikation: Dies ist eine Produktbeschreibung durch Merkmale, die hilft, dass Produkte gefunden werden. Wird die **Klassifizierung** zusätzlich noch mit Merkmallisten ergänzt, ist darüber hinaus eine Beschreibung der Produkte mithilfe von Produktdaten möglich.

Eine Klassifikation ist also ein Ordnungssystem zur Einteilung von Objekten wie
- Produkten
- Materialien
- Dienstleistungen

in Klassen mit einer hierarchischen Ordnung. Unter einer **Klasse** wird eine Objektmenge verstanden, die meist aufgrund gemeinsamer Merkmale zu einer Gruppe zusammengefasst wird. Für eine genauere Beschreibung der Objekte können dann in den Klassen Merkmale und zugehörige Werte noch explizit aufgeführt werden.

LERNFELD 9

In einem Klassifizierungssystem wird eine Hierarchie von Begriffen vorgenommen:

Klassifizierung → Merkmalsliste → Merkmale → Werteliste

Für jedes Produkt gibt es eine bestimmte Anzahl von Merkmalen, die in einer Merkmalliste zusammengefasst werden. Die möglichen Ausprägungen eines Merkmals werden dann in einer Werteliste erfasst.

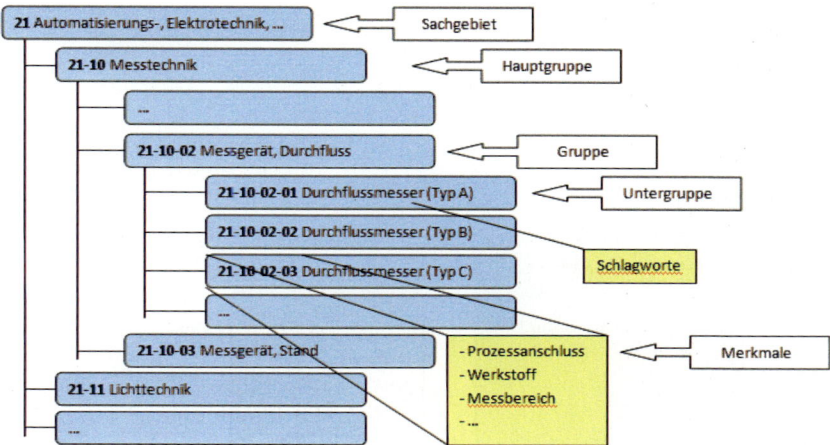

Ein Beispiel für die Klassifikation von Produkten in der Elektronikindustrie: Zur genauen Beschreibung von Produkten können in den Klassen Klassenmerkmale und zugehörige Werte explizit geführt werden.

Folgende Ziele werden mit einer optimalen Produktdatenbeschreibung im Rahmen einer Produktklassifikation für Produktivitätssteigerungen und eine Erleichterung des elektronischen Geschäftsverkehrs angestrebt:

- Vereinheitlichen der Begrifflichkeiten im Hinblick auf die Produktdaten
- Ermöglichen einer systematischen und automatisierbaren Suche bzw. Vergleichbarkeit von Produktinformationen
- Sicherstellen eines Austauschs von Produktdaten mit externen Vertriebspartnern (aber auch internen Geschäftseinheiten) über das Internet oder über elektronischen Datenaustausch
- Schaffen durchgängiger Prozessketten

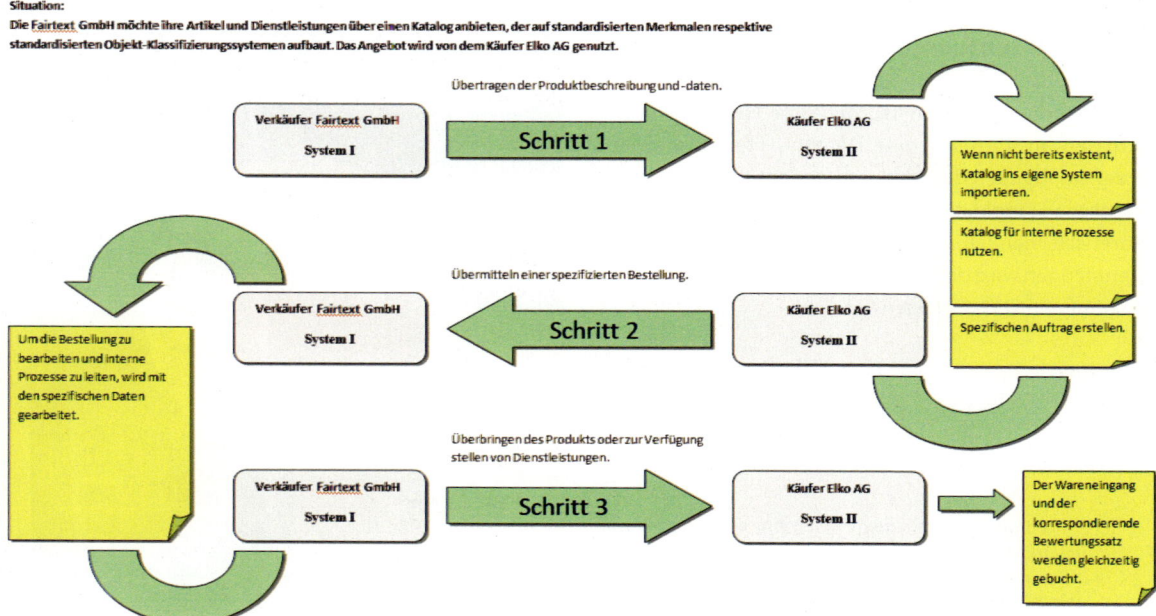

LERNFELD 9

BEISPIEL

Ein Großhändler bedient im B2B-Bereich mithilfe klassifizierter, elektronischer Daten sämtliche Vertriebskanäle (Print-Kataloge, elektronische Kataloge für Shops, Marktplätze und interne Kundensysteme). Diese Daten sind die Basis für sämtliche hierüber angestoßenen Transaktionen. Der Vertrieb kann beispielsweise so optimal auf Anfragen bezüglich Produktspektrum, Lieferbarkeit, Preis oder Produktdetails reagieren.

Um einen perfekten, effizienten und vollständigen Datenaustausch von Produktdaten zwischen einer Vielzahl von Unternehmen zu ermöglichen, sind Standards dafür notwendig. Kostenvorteile und Transparenz können aber nur erreicht werden, wenn möglichst viele Unternehmen denselben Standard verwenden. Es gibt momentan eine Vielzahl von Klassifikationssystemen.

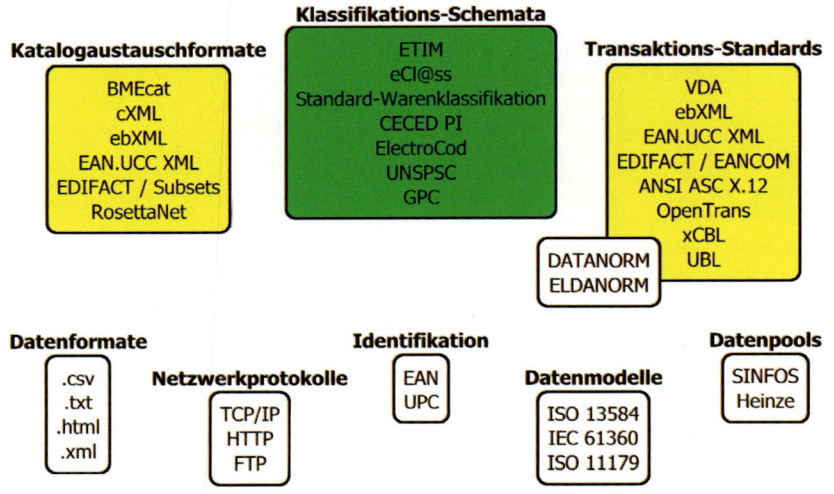

Beispiele für die Vielzahl von Klassifikationssystemen

Weitere wichtige Tätigkeiten der Produktdatenoptimierung

In Großhandlungen fallen häufig riesige Mengen an Produktdaten an. Um eine gute Datenqualität zu erzielen, werden im Rahmen der Produktdatenoptimierung unterschiedliche Tätigkeiten durchgeführt. Dies kann zwar theoretisch manuell geschehen, angesichts der großen Datenmengen wird dies jedoch in der Regel mit Programmen automatisiert durchgeführt.

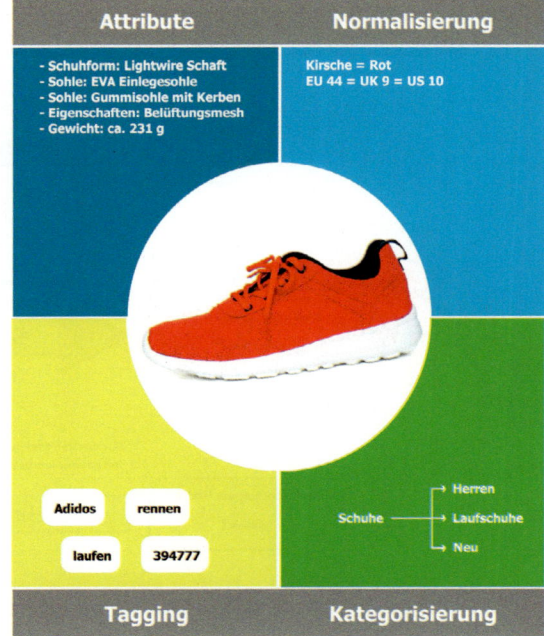

Programme sorgen heute durch eine Optimierung von Produktdaten für eine verbesserte Sichtbarkeit der eigenen Artikel in allen Verkaufskanälen. Sie schaffen vollständige Attributsfelder, normalisierte Bezeichnungen, hilfreiche Schlagworte und eine logische Kategorisierung.

LERNFELD 9

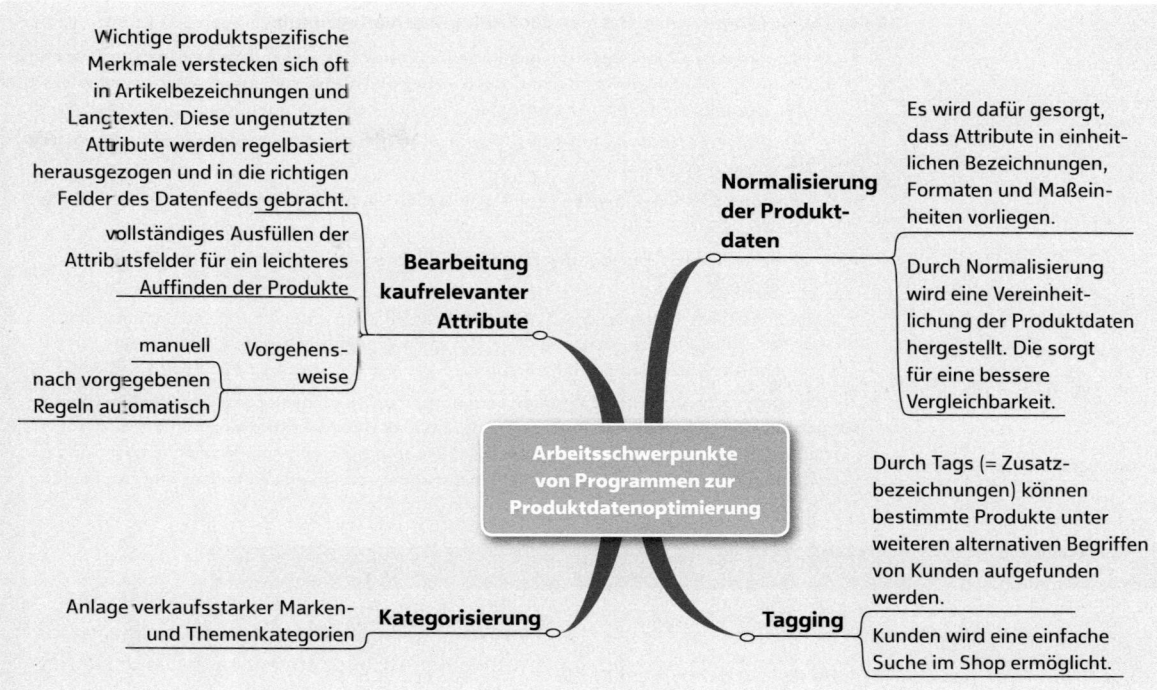

Beispiele für Tätigkeiten im Rahmen der Produktdatenoptimierung	
Anreichern der Daten mit kaufrelevanten Attributen	Kunden lassen gern auf der Suche nach einem Artikel nach Attributen wie Farbe, Größe oder Material filtern. Produktspezifische Merkmale sind oft in Fließtexten, Artikelbezeichnungen und anderen oft bruchstückhaften Textinformationen verborgen. Diese müssen extrahiert werden. Da dies manuell sehr aufwendig ist, kann man spezielle Programme und/oder Dienstleister zur Hilfe nehmen. Diese ermitteln je nach Produkt, welche Merkmale jeweils relevant für Kunden sind.
Anlegen virtueller Produktkategorien	Neben den schon feststehenden eigentlichen Warengruppen können auch frei definierte Produktbereiche angelegt werden. Damit bekommen Webshops Möglichkeiten, auf kurzfristige Aktionen oder aktuelle Produkte hinzuweisen. So lassen sich beispielsweise ereignisspezifische Produkte (etwa für Weihnachten, Sommerferien, Ostern, Halloween, Valentinstag usw.) in Themenwelten zusammenfassen.
Schaffen von Konsistenz	Bessere Suchergebnisse gibt es, wenn z. B. bestimmte Maß- und Größeneinheiten bei allen Produkten einheitlich und widerspruchsfrei verwendet werden.
Verwenden alternativer Suchbegriffe	Ergänzt man die Produktdaten mit Zusatzbezeichnungen, sind sie später häufiger und besser auffindbar. Diesen Vorgang nennt man **Tagging**: Es gibt Software, die dafür sorgt, dass neue Produkte die passenden Zusatzmerkmale automatisch erhalten.
Normalisierung	Oft stammen Produktdaten, die von Webshops genutzt werden, aus unterschiedlichen Quellen (Warenwirtschaftssystem/ERP-System oder Content Managementsystem) oder von verschiedenen Lieferanten. Die Daten sind z. T. unterschiedlich dargestellt.
	Vor diesem Hintergrund müssen die Produktdaten auf eine vorbestimmte Darstellungsweise vereinheitlicht werden. Diesen Prozess nennt man **Normalisierung**.
	So ist es ist oft nicht sinnvoll, jede einzelne Ausprägung einer Farbe zum Filtern zur Verfügung zu stellen. Aus den Ausprägungen Weinrot, Bordeaux oder Knallrot wird die Farbe Rot.
	Durch die Normalisierung wird die Mehrdeutigkeit der produktbeschreibenden Merkmale reduziert, wodurch die Suchfilterfunktion verbessert wird.
Matching	Ein häufig vorkommendes Problem sind mehrfach vorhandene Produktdaten. Diese werden oft auch **Duplikate** oder **Dubletten** genannt: Hier liegen oft uneinheitliche Produktbeschreibungen vor bzw. es fehlen einheitliche Nummern zu eindeutigen Produktidentifizierung (GTIN).

LERNFELD 9

Beispiele für Tätigkeiten im Rahmen der Produktdatenoptimierung

Dies kann dazu führen, dass ein und dasselbe Produkt mit verschiedenen Titeln und Beschreibungen im Sortiment vorhanden ist, wenn es beispielsweise von unterschiedlichen Lieferanten bezogen wird. Solche heterogenen Produktbeschreibungen können entstehen durch:

- Synonyme: Ein Pullover mit Kapuze kann im Textilbereich auch mit Kapuzenpullover oder Hoodie angegeben sein.
- uneinheitliche Schreibweisen von Modellbezeichnungen: XRZ673ZB oder XRZ 673 ZB oder XRZ-673 ZB
- uneinheitliche Bezeichnungen für Stück Angaben oder Größen: 150 Stück oder 3 × 50 Stück
- uneinheitliche Bedeutung von Abkürzungen: HP kann unterschiedliche Bedeutungen haben: Hewlett Packard (Hersteller), Horse Power (Pferdestärke), High Pressure (Hochdruck), Hartpapier, Halbpension

Mehrfach vorhandene Produktdaten verhindert man durch das sogenannte **Matching**. Darunter versteht man den Prozess der automatisierten Identifizierung ähnlicher oder gleicher Datensätze. Mithilfe spezialisierter Programme werden die einzelnen Datensätze miteinander verglichen. Dies geschieht in der Regel anhand des Vergleichs ihrer Attribute.

AUFGABEN

1. Was ist ein Datenfeed?
2. Führen Sie zwei Vorteile bei der Verwendung von Datenfeeds auf.
3. Wo werden Datenfeeds eingesetzt?
4. Geben Sie mögliche Attribute eines Datenfeeds an.
5. Was versteht man unter der Produktdatenanalyse?
6. Erläutern Sie die Folgen einer schlechten Qualität von Produktdaten.
7. Was bedeutet Tagging?
8. Was sollte bei der Verwendung alternativer Suchwörter beachtet werden?
9. Führen Sie Beispiele für virtuelle Produktkategorien auf.
10. Was versteht man unter der Klassifizierung von Daten?
11. Welche Ziele werden mit der Klassifizierung von Produktdaten verfolgt?
12. Erläutern Sie die Begriffe
    a) Normalisierung
    b) Matching
13. Heterogene Produktbeschreibungen bereiten Webshops häufig Probleme.
    a) Wodurch können uneinheitliche Produktbeschreibungen entstehen?
    b) Bringen Sie jeweils ein zum Sortiment Ihres Ausbildungsunternehmen passendes Beispiel.
14. Welche Begriffe verbergen sich hinter den folgenden Erläuterungen?

a) When product data used by online shops originates from different suppliers, it is often displayed differently. Therefore, the product data must be standardized to a predetermined presentation.
b) Supplementing product data with additional designations so that they can later be found more often and more easily.
c) The aim is to achieve the best improvement and structuring of product data to increase the visibility of the products.
   The core lies in working out the unique selling points of products, prioritizing them and presenting them to the customer in the most appealing and unobtrusive way.
   This increases the conversation rate. This leads to more sales.
d) A file of a list of products which uses groupings of attributes that define each product in a unique way.
e) This is the process of automated identification of similar or identical data sets.

15. Welche Tätigkeit im Rahmen der Produktdatenoptimierung nimmt Caroline König hier vor?

dunkelbraun	>	braun
1025 MB	>	1 GB
127 cm	>	50"
4 Stunden	>	4 h
Alu	>	Aluminium

LERNFELD 9

AKTIONEN

1. Erkunden Sie, ob in Ihrem Ausbildungsunternehmen Maßnahmen zur Produktdatenoptimierung vorgenommen werden.

2. Man versteht erst dann etwas richtig, wenn man versucht, es einem anderen zu erklären. Dies führt zu einer eigenen gründlichen Auseinandersetzung mit dem gerade behandelten Thema.
   a) Suchen Sie sich einen Partner.
   b) Lesen Sie noch einmal die Zusammenfassung. Bei Verständnisproblemen schlagen Sie ggf. noch einmal im Informationstext nach.
   c) Ihre Lehrerin/Ihr Lehrer stellt Ihnen 20 Karten zur Verfügung. Auf diese schreiben Sie die zentralen Begriffe des Themas.
   d) Diese Karten legen Sie nun so, dass sich eine sinnvolle Struktur ergibt. Dies geschieht in gemeinsamer Diskussion mit Ihrem Partner: Sie sollen gemeinsam begründen können, warum Sie Ihre Struktur so gelegt haben.
   e) Stellen Sie sich darauf ein, einer anderen Gruppe – oder dem Plenum – Ihre Struktur vorzustellen.

ZUSAMMENFASSUNG

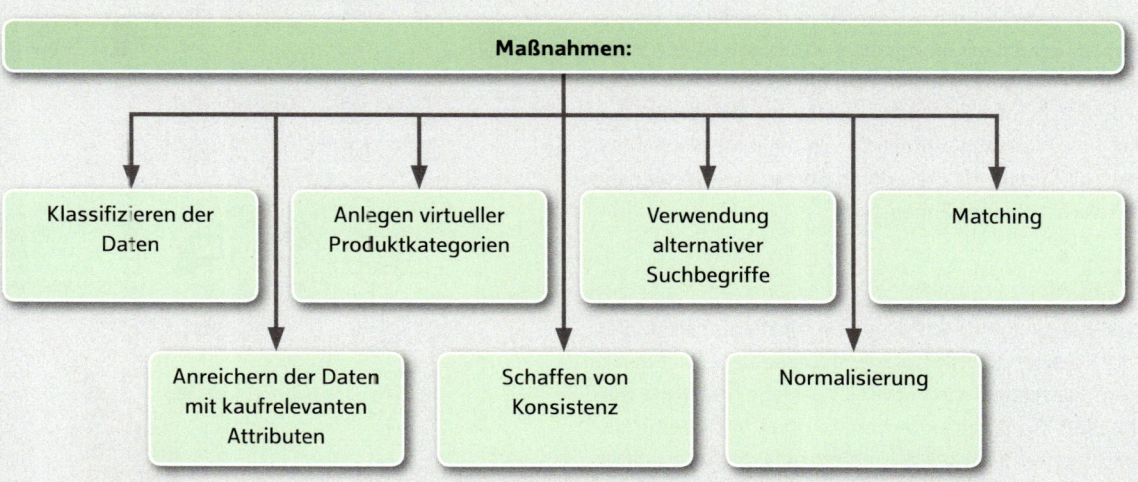

LERNFELD 9

KAPITEL 4
Datenaustausch

Die Auszubildenden treffen sich beim Mittagessen.

Caroline König:
„Ich bin jetzt schon über ein Jahr bei der Fairtext GmbH – und das in den unterschiedlichsten Abteilungen. Aber Rechnungen schreiben musste ich noch nicht ..."

Anne Schulte:
„Stimmt, da hat sich gegenüber früher viel verändert. Heute werden die Rechnungen automatisch von den ERP-System erzeugt und dann mit EDI automatisiert versendet."

Caroline König:
„EDI, was ist das denn? Und warum es denn so etwas überhaupt nötig?"

Erläutern Sie die Notwendigkeit des elektronischen Datenaustauschs.

INFORMATION

Die Notwendigkeit des Datenaustauschs

Zwischen einer Großhandlung und ihren Geschäftspartnern fließen eine kaum überschaubare Menge an Daten. Früher erfolgte bei der Übertragung von Informationen, die z. B. in bestimmten Dokumenten enthalten sind, innerhalb der Übertragungskette von Daten oft ein Wechsel des Mediums. Diesen Vorgang nennt man **Medienbruch**. Durch einen Medienbruch wird die Verarbeitung der Informationen erheblich verlangsamt. Zudem besteht die Gefahr, dass sie durch Übertragungsfehler auch verfälscht werden können.

> **BEISPIEL**
>
> Vor einigen Jahren wurde ein Textdokument als Brief in der Fairtext GmbH empfangen. Diese Daten in Papierform gab man dann in die EDV-Anlage ein. Diese manuellen Eingaben unterbrachen den Verarbeitungsprozess. Es kam oft zu Fehlern, die größere Kosten verursachten.

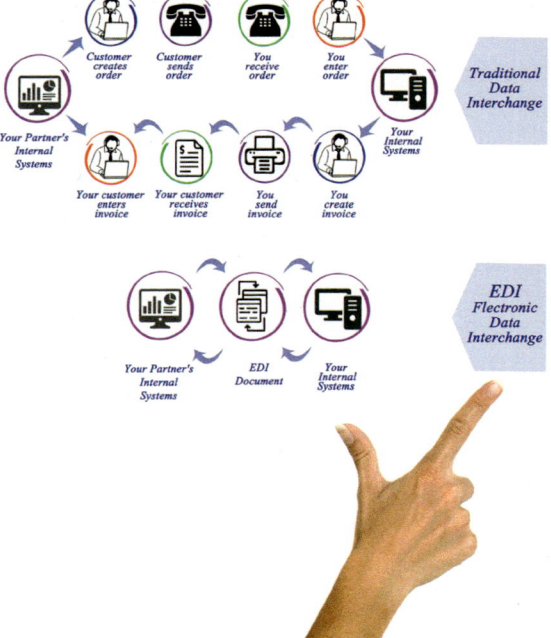

Vor diesem Hintergrund entstand die Idee des Datenaustauschs per Mail und später auch durch die unterschiedlichen Arten der Datenübertragungsmethoden. Dies funktionierte vor allem dann gut, wenn das Daten sendende und das Daten empfangene Unternehmen die gleichen Anwendungsprogramme nutzen. Wenn dieselben Datenformate bei beiden Geschäftspartnern verwendet wurden, erfolgte diese Art des Datenaustausches reibungslos.

In den meisten Fällen gab es jedoch Probleme. Der sendende Geschäftspartner verwendete sehr häufig nicht das Softwaresystem wie der Empfänger der Daten. Dieser konnte die Daten nicht in sein System einlesen, weil sie in einem fremden Format vorlagen. Dies bedeutete, dass die zu übermittelnden Daten in ein Format übertragen werden mussten, das die EDV-Systeme beider Seiten verstanden.

Solche Datenaustauschformate sorgen heute dafür, dass der Empfänger keine Probleme beim Einlesen der Informationen hat. Die meisten Anwendungsprogramme besitzen daher eine Import- und eine Exportfunktion.

Datenaustauschformate

Datenaustausch und Datenexport funktionieren nicht ohne die Verwendung von Datenaustauschformaten. Dabei handelt es sich um standardisierte Dateitypen, die von den verschiedensten Softwareanwendungen auf fast jedem Betriebssystem gelesen werden können.

Für die unterschiedlichsten Zwecke und Dateitypen haben sich bestimmte Dateiarten als Standards gebildet. Die meisten Softwareanwendungen lassen nicht nur ein Abspeichern in der jeweiligen Dateiart des entsprechenden Programms zu, es ist auch ein Importieren bzw. Exportieren von Daten in einem von den meisten Softwarepaketen lesbaren Datenaustauschformat möglich.

Dies gilt
- **für allgemeine Standardsoftware**
  Weit verbreitet in **Textverarbeitungsprogrammen** sind u. a. die Austauschformate mit der Dateiendung
  - .txt (Plain text)
  - .rtf (Rich text Format)
  - .pdf (Portable Document Format)

  Für **Tabellenkalkulationsprogramme** hat sich das Dateiformat mit der Datei Änderung .csv als Standard für den Datenaustausch entwickelt. Dieses Datenaustauschformat spielt auch in sehr vielen betriebswirtschaftlichen Softwareanwendungen eine große Rolle. Standards für den Austausch von **Grafiken** sind u. a. Dateiarten mit den Endungen
  - .jpg (Joint Photographic Experts Group),
  - .tif (Tagged Image File Format)
  - .svg (Scalable Vector Graphics)
- **für die unterschiedlichen** in einer Großhandlung verwendeten betriebswirtschaftlichen **Softwareanwendungen**

BEISPIEL

Kommunizieren Geschäftspartner wie z. B. die Fairtext GmbH und ein Kunde anlässlich der Bestellung miteinander, müssen Sie sich vorher auf einen Standard für einen entsprechenden Datenaustausch einigen, damit die gegenseitige Verarbeitung der anfallenden Daten möglichst reibungslos funktioniert.

Für einen einheitlichen, reibungslosen und schnellen Datenaustausch haben Wirtschafts- und Branchenverbände sowie Internationale Wirtschaftsorganisationen konkrete Vereinbarungen zum Datenaustausch getroffen. Dies führte zur Entwicklung sogenannter **EDI-Standards**.

DEFINITION

Unter **EDI** (Electronic Data Interchange) versteht man den elektronischen Datenaustausch zwischen mehreren Unternehmen.

EDI

Wenn Geschäftspartner **strukturierte** elektronische Geschäftsdokumente austauschen, liegt ein elektronischer Datenaustausch (EDI) vor. Dabei wird angestrebt, dass der Austausch der anfallenden Informationen in Form von Geschäftsdokumenten automatisiert zwischen den EDV-Anwendungen der Geschäftspartner erfolgt, ohne dass ein Eingriff von Personen erfolgt. Typische Informationen, die im Zuge von EDI anderen Unternehmen elektronisch übermittelt werden, sind u. a.
- Bestellungen,
- Lieferscheine,
- Rechnungen,
- Stammdaten (vor allem Artikelstammdaten),
- Lieferantenabrufe,
- Überweisungen
- und weitere branchenspezifische Daten.

EDI führt letztlich zu einer Digitalisierung der meisten Geschäftsprozesse in einem Großhandelsunternehmen.

Eine sehr große Rolle spielt EDI im Bereich der Lieferketten: Zwischen Lieferanten, Kunden, Logistikunternehmen und beteiligten Banken fließt eine kaum noch überschaubare Anzahl von Waren und Zahlungen. Dies ist heute im Rahmen des Supply-Chain- Managements nur noch mit Techniken des elektronischen Datenaustauschs zu bewältigen.

LERNFELD 9

Kaum eine Großhandlung kann auf EDI wegen der vielen Vorteile verzichten:
- EDI vergrößert die Geschwindigkeit der Übertragung von Informationen immens: Gegenüber der Verwendung von Briefen in Papierform bzw. der Nutzung von E-Mails oder Faxgeräten entfallen die vergleichsweise langen Laufzeiten z. B. bei einer Bestellung vom Kunden zum Lieferanten.
- Es findet kein Medienbruch statt: Beim Austausch von Geschäftsdaten zwischen zwei Unternehmen werden die Geschäftsdaten störungsfrei ohne Zwischenschritte und manuelle Eingabetätigkeiten von Mitarbeitern direkt zwischen den EDV-Anwendungen der beiden Geschäftspartner ausgetauscht. Es ist kein Wechsel eines Daten enthaltenden Mediums während des Austauschs notwendig.

BEISPIEL

Früher musste in der Fairtext GmbH die Rechnung eines Lieferanten von einem Mitarbeiter der Einkaufsabteilung per Hand abgeklebt werden. Heute erfolgt eine Übertragung dieser Daten von einem System in das andere. Es muss also nicht manuell eingegriffen werden: es erfolgt kein Medienbruch.

Dadurch ergibt sich für eine Bestellung z. B. eine maximale Rationalisierung des Geschäftsprozesses. Es fallen nämlich kaum Erfassungskosten an.
- EDI sorgt für eine größere Fehlerfreiheit der Geschäftsprozesse: So wird z. B. eine Bestellung exakt, genau und zuverlässig im EDV-System des Lieferanten erfasst. Menschliche Eingabefehler, die sehr kostspielig werden können, werden vermieden.

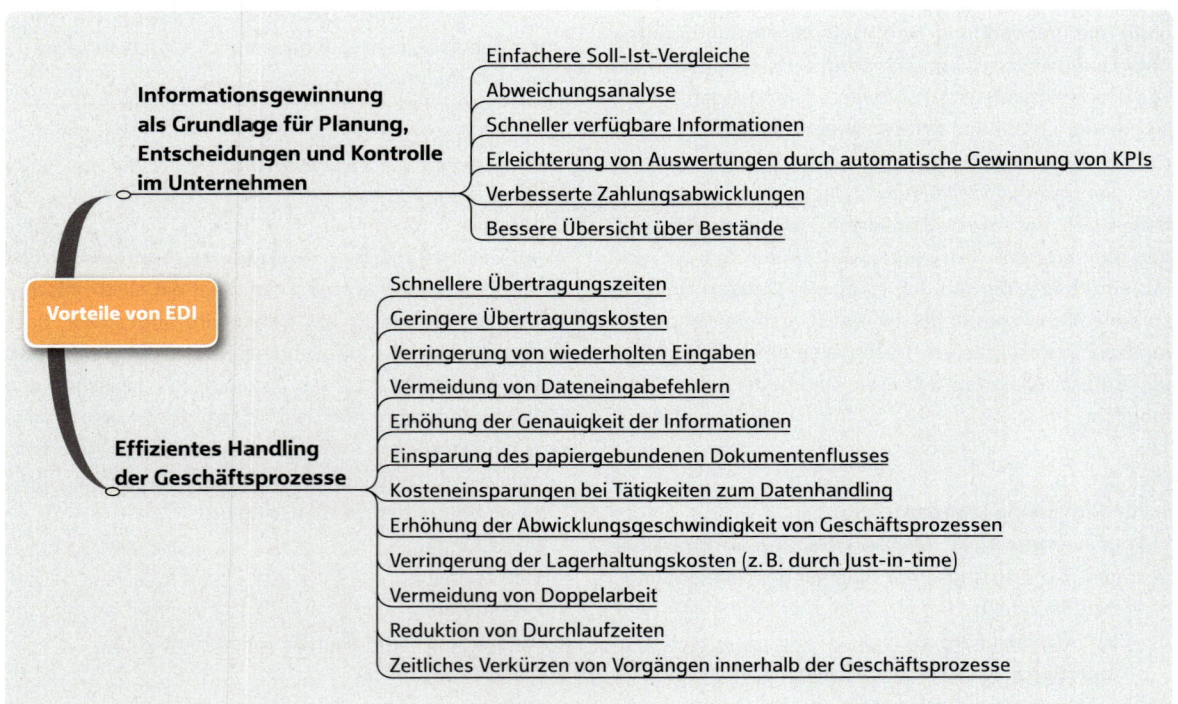

Der allgemeine Ablauf von EDI

Die meisten Warenwirtschaftssysteme bzw. ERP-Systeme, die in Großhandlungen Anwendungen finden, sehen schon vor, mit EDI zu arbeiten. Sie verwenden **sogenannte EDI-Standards**. Dies sind sehr oft auch international geltende Vereinbarungen, die es den EDV-Systemen aller beteiligten Unternehmen ermöglichen, die vom jeweiligen Geschäftspartner übermittelten Informationen problemlos in die eigenen Systeme aufnehmen und weiterverarbeiten zu können. Grundvoraussetzung dafür ist im Rahmen des Standards die Festlegung einer für alle geltenden Struktur der zu importierenden bzw. zu exportierenden Nachrichten festzulegen.

BEISPIEL

Caroline König erläutert Sebastian Holpert das entscheidende Merkmal einer EDI-Nachricht: „Wenn wir eine Bestellung an unseren Lieferanten per E-Mail schicken, schicken wir die Bestellung mehr oder weniger formfrei an eine Person. Die Bestellung als EDI-Nachricht dagegen ist genau strukturiert. Dies bedeutet, diese Nachricht muss genau den Vorschriften eines EDI-Standards – man kann diese auch als Grammatik oder Syntax bezeichnen – entsprechen."

Vor diesem Hintergrund bestehen elektronische Nachrichten im Rahmen von EDI immer aus zwei Teilen:
- aus den **Metainformationen** – diese enthalten vor allem Informationen über die Art des Dokuments, dessen Verarbeitung und seinen Weg an den Empfänger – und
- den **eigentlichen Informationen** (oft auch Nutzinhalt genannt).

Die feste Nachrichtenstruktur besteht aus Elementen, deren Eigenschaften vorgegeben sind.

BEISPIEL
Für ein bestimmtes Element in einem EDI-Dokument wie z. B. dem Preis werden Eigenschaften wie u. a. die Länge oder der Datentyp (numerisch oder alphanumerisch) festgelegt.

Um EDI-Nachrichten zwischen Geschäftspartnern auszutauschen, müssen sie einer vorher bekannten Struktur entsprechen: Beide Seiten müssen also das gleiche Austauschformat verwenden. Weltweit gibt es unzählige Strukturen für EDI-Nachrichten, die sogenannten EDI-Standards.

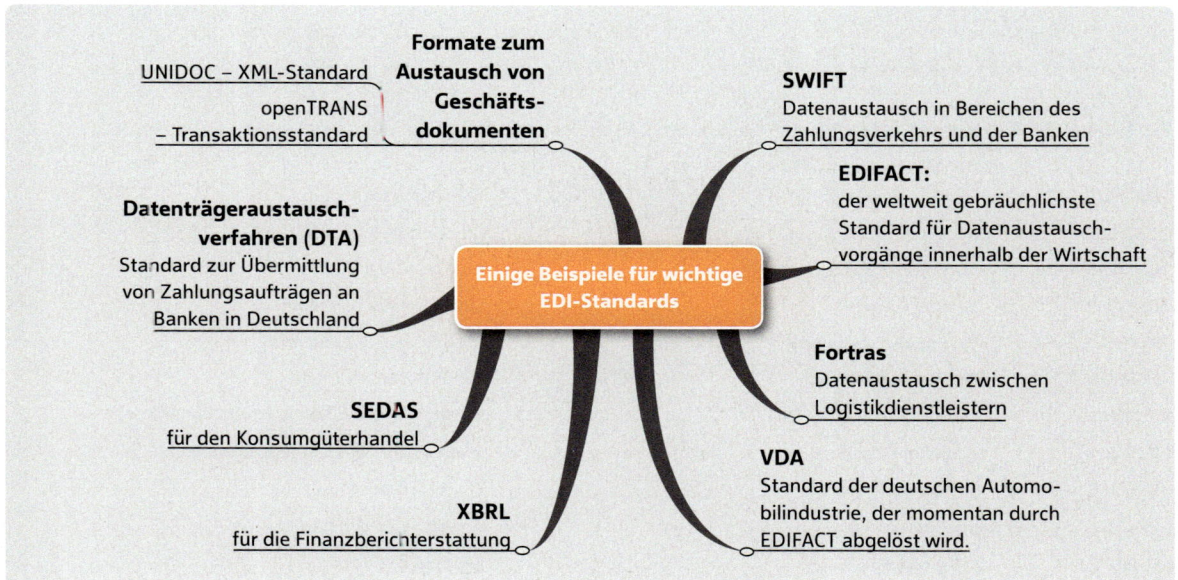

Nicht zu verwechseln mit EDI-Standards sind **Übertragungsprotokolle** wie z. B.
- X. 400
- AS4
- AS2
- OFTP
- OF P2

Dies sind keine EDI-Datenformate. Ein solches Übertragungsprotokoll kennzeichnet das technische Vorgehen, wie eine EDI-Datei gesendet bzw. empfangen wird.

BEISPIEL
Caroline König erläutert Sebastian Holpert: „Ein Übertragungsprotokoll gibt also an, wie eine übermittelte Datei von uns zu unserem Kunden technisch übertragen wird."

EDIFACT als Beispiel für eine EDI-Schnittstelle

Ein von der UN festgelegtes weltweites Regelwerk für den zwischenbetrieblichen elektronischen Datenaustausch zwischen zwei oder mehreren Geschäftspartnern ist **EDIFACT**. EDIFACT steht für „Electronic Data Interchange for Administration, Commerce and Transport", frei übersetzt bedeutet dies etwa „elektronischer Datenaustausch für Verwaltung, Handel und Transport".

EDIFACT möchte den Datenfluss unter Geschäftspartnern optimieren und standardisieren: Es werden einheitliche Elemente definiert, die die Informationen der elektronischen Datei beschreiben.

LERNFELD 9

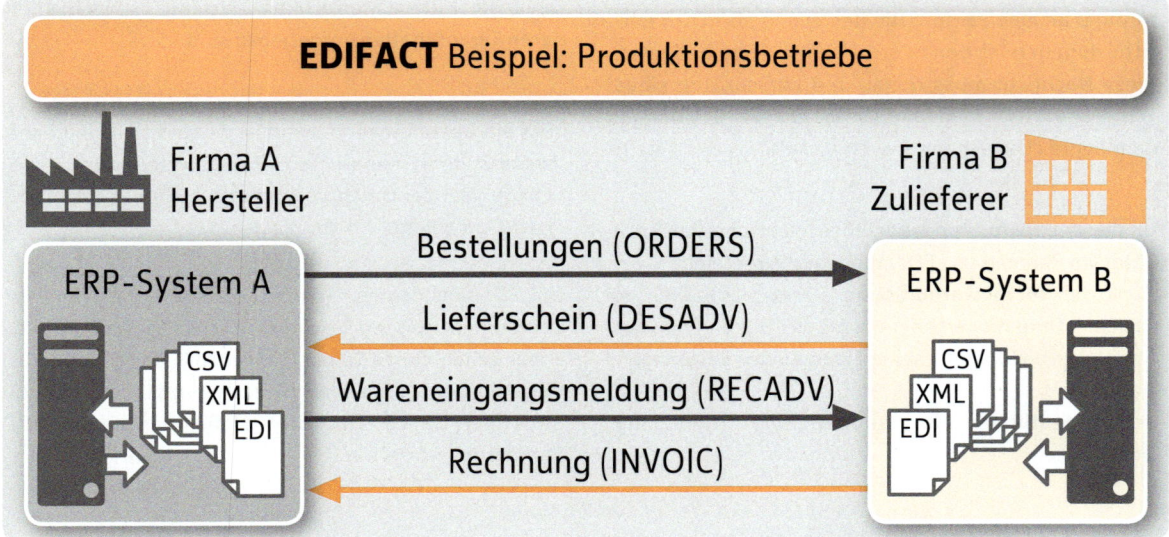

Der grundlegende EDI-Prozess in der Beschaffung.

EDIFACT sieht Nachrichten für fast jeden denkbaren Geschäftsvorfall (und die dort anfallenden Belege) vor.

ORDERS	purchase order	Bestellung (Auftrag)
ORDCHG	purchase order change request	Bestelländerung
ORDRSP	purchase order response	Auftragsbestätigung
DESADV	despatch advise	Lieferavis (Lieferschein)
INVOIC	invoice and credit note	Rechnung und Gutschrift
DELFOR	delivery schedule	Lieferabruf/Lieferplan
IFTMIN	instruction for transport	Transport-/Speditionsauftrag/Frachtbrief
IFTSTA	status of transport	Statusnachricht zu einer Lieferung
CUSDEC	customs declaration	Zollerklärung
PRICAT	price catalogue	Preisliste/Artikelstammdaten
SLSRPT	sales report	Abverkaufsbericht
INVRPT	inventory report	Lagerbestandsbericht
BAPLIE	stowage plan for container-vessel	Stauplan für Containerschiffe
APERAK	application error and acknowledgement	Statusrückmeldung auf Anwendungsebene
PAYMUL	multiple payment order	Zahlungsaufträge
FINSTA	financial statement of an account	Bankkontoauszug

EDIFACT-Nachrichten gibt es für die verschiedensten Belegarten (wie z. B. Rechnung, Bestellung, Lieferschein usw.). Jede EDIFACT-Nachricht hat ein weltweit einheitliches und eindeutiges sechsstelliges Kürzel. In der Tabelle einige Beispiele.

Der EDIFACT-Standard ist sehr umfangreich. Er deckt nahezu jeden Geschäftsvorfall in fast jeder Branche ab. Deshalb wurden Untergruppen entwickelt, die man **Subsets** nennt. Dadurch können Nachrichten leichter bearbeitet und verstanden werden.

Für die Branche Handel gibt es das Subset **EANCOM**. Dieses enthält nur die absoluten Muss-Felder des EDIFACT-Standards sowie branchenspezifische Kann-Felder.

LERNFELD 9

```
UNB+UNOA:1+01010000253001+O0013000093SCHA-
Z59+991006:1902+PAYO0012101221'
UNH+1+INVOIC:D:97A:UN'
BGM+381+1060113800026+9'
DTM+137:199910060000:102'
NAD+BT+VAUXHALL MOTORS LTD::91'
RFF+VA:382324067'
NAD+SU+2002993::92'
RFF+VA:123844750'
CUX+2:EUR'
PAT+1'
DTM+140:19991031:102'
LIN+++090346642:IN'
QTY+12:54:PCE'
MOA+203:1960.29'
PRI+AAA:3630.1724::NTP:100:C62'
RFF+SI:165480'
DTM+11:199909280000:102'
RFF+ON:X18V00003'
RFF+TN:AB1'
TAX+7+VAT+++:::0'
NAD+ST+023::92'
UNS+S'
MOA+77:1960.29'
TAX+7+VAT'
UNT+24+1'
UNZ+1+PAYO0012101221'
```

Quelle: Seeburger Business Integration: EDIFACT: Der universelle Nachrichtenstandard. In: seeburger.com. O.D. https://www.seeburger.com/de/info/was-ist-edifact/ [21.09.2020].

Ein Beispiel für eine Rechnung mit EDIFACT

Ein für Großhandlungen wichtiges EDIFACT-Subset ist der **EANCOM-Standard**. Dieser standardisiert den Nachrichtenaustausch im Handel. Erfasst werden alle Nachrichten, die im Handel normalerweise üblich sind. Integriert in diesen Standard sind die weltweit gültigen **EAN-Identifizierungscodes** (GTINs) und die **Standortcodes** (EAN-Lokationsnummern).

CSV als Beispiel für eine Software-Schnittstelle

Eines der am häufigsten verwendeten Formate für den Datenaustausch ist das CSV-Format. CSV bedeutet „Comma-Separated Values" (frei übersetzt: „durch Komma getrennte Werte").

CSV ist ein Dateiformat, mit dem auch große Datenmengen strukturiert erfasst werden können. Ursprünglich war dieses Format für den Datenaustausch zwischen Standardprogrammen gedacht. Viele Programmanbieter kommerzieller Software haben CSV-Schnittstellen aber auch bereits in ihre Softwarepakete integriert.

BEISPIEL

Die Bearbeitung einer CSV-Datei ist mit einem regulären Tabellenprogramm wie Excel möglich.

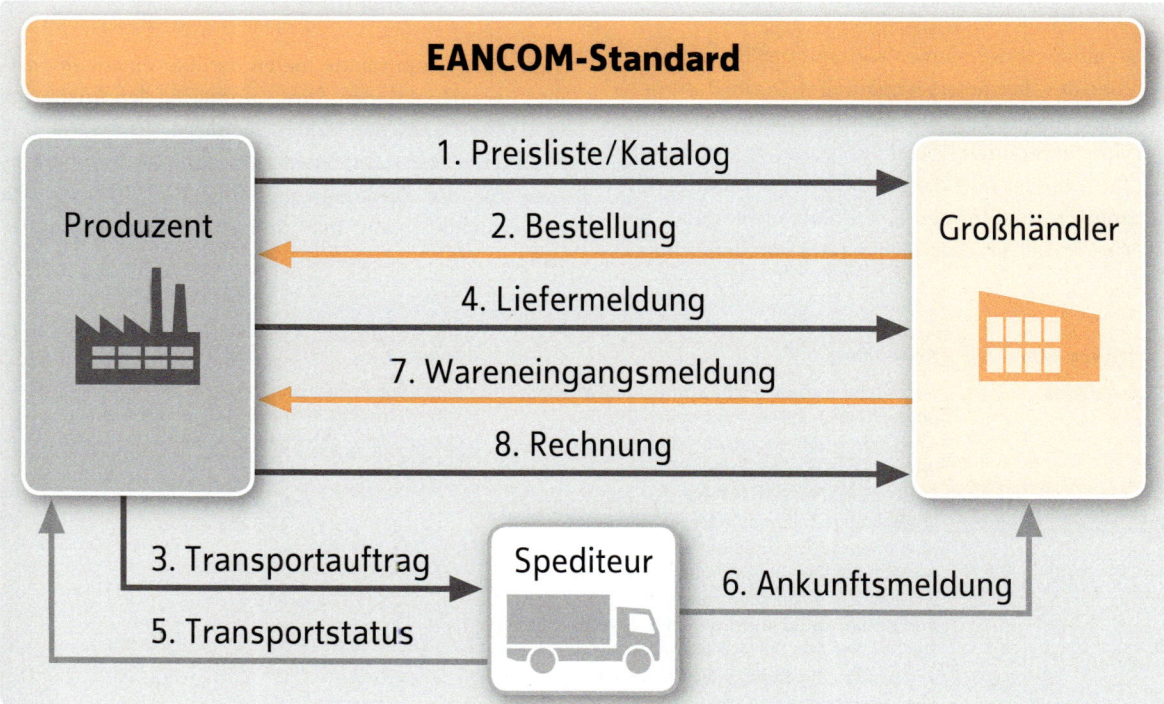

Mit EANCOM-Codes gesendete Nachrichten sorgen für schnelle, effiziente und qualitativ hochwertige Transaktion von warenbegleitenden Informationen und damit Kommunikation zwischen Geschäftspartnern.

LERNFELD 9

Mit dem CSV-Datenformat können beliebige Daten unterschiedlicher Geschäftspartner zwischen deren Softwaresystemen ausgetauscht werden.

BEISPIEL

Mit CSV-Dateien überträgt die Fairtext GmbH große Datenmengen aus den Artikeldateien ihres Warenwirtschaftssystems in das Shopsystem ihres Webshops.

Softwareschnittstellen

Im Rahmen der – zum Teil globalen – Lieferketten sind viele hunderttausend EDV-Anwendungen miteinander verbunden. Dies wird ermöglicht über Softwareschnittstellen, über die jedes Programm verfügt.

Mit Softwareschnittstellen kommunizieren verschiedene unterschiedliche Programme oder Programmteile miteinander. Hier werden z. B. Daten oder Kommandos ausgetauscht. Ein anderer Begriff für die Softwareschnittstellen ist Programmierschnittstellen. International am bekanntesten ist die Abkürzung **API** (Application Programming Interface). Eine API ist eine programmtechnische Lösung, durch die unterschiedliche Anwendungen miteinander kommunizieren können.

BEISPIELE

- In einem Unternehmen wird mit der Textverarbeitung des Herstellers A gearbeitet. Die im Unternehmen verwendete Datenbankanwendung kommt vom Lieferanten B. Eine Programmierschnittstelle (API) bindet nun die Daten der Textverarbeitung komfortabel in die Datenbankanwendung ein. Der Vorteil ist, dass nichts extra von den schon in die Textverarbeitung aufgenommenen Daten noch einmal in die Datenbank eingetippt werden muss.
- Über eine API lassen sich zwischen einer Shopsoftware und einem Warenwirtschaftssystem Datenbankenoperationen ausführen. Dazu gehören das Anlegen, Lesen, Aktualisieren und Löschen von Datensätzen.
- Im Gegensatz zu einer Benutzerschnittstelle kommuniziert bei einem API nicht ein Mensch mit einem System, sondern Anwendungen kommunizieren direkt miteinander. Beispielsweise bestellt Caroline Kaiser einen Drucker in einem Onlineshop. Sie selbst kommuniziert nur mit dem Shop über dessen Weboberfläche. Der Shop selbst kann aber über APIs:
  – die Bonität von Caroline König bei einer Kreditauskunft erfragen,
  – bei einer Versicherung eine Garantieverlängerung abschließen,
  – die Zahlung über Kreditkarte oder PayPal veranlassen
  – sowie einen Spediteur beauftragen.

Webshops profitieren durch Schnittstellenprogrammierung von erweiterten Funktionen ihrer Software. Falls eine Schnittstelle für ein anderes Programm angeboten wird, lässt sich auf diese Weise der Nutzen der ursprünglichen Software erhöhen.

Viele Softwareprodukte bieten darüber hinaus Import- und Exportfunktionen. Dies ermöglicht den Austausch von Daten zwischen unterschiedlicher Software. Das Programmieren und Entwickeln von Zusatzprogrammen für die Kommunikation der Softwareprodukte untereinander nennt man **Schnittstellenprogrammierung**.

Arten von APIs	Anwendung	Beispiele
Interne APIs	Sie sind für professionelle Softwareentwickler unverzichtbar. Sie kommen seitenintern zur Anwendung kommt, um den eigenen internen Webseitenaufbau zu modularisieren. Das gesamte Softwaresystem wird in möglichst viele einzelne, unabhängige Teilmodule zerlegt, die untereinander über interne APIs kommunizieren. Sie werden eingesetzt, um Komponenten und Module der Software auf der einen Seite voneinander zu trennen und auf der anderen Seite wieder zu verbinden. Das Ziel interner APIs ist es, die Modularität zu steigern und gleichzeitig dadurch die Gesamtkomplexität des Gesamtsystems zu senken.	In der Automobil- und PC-Industrie wird der Einsatz interner APIS mit vielfältigen Arbeitsteilungs-, Outsourcing- und Kombinationsmöglichkeiten belohnt.

LERNFELD 9

Arten von APIs	Anwendung	Beispiele
Externe APIs	Analog zur Darbietung bestimmter Funktionen gegenüber dem Benutzer über das User Interface können diese und andere Funktionen auch über eine externe API ausgeführt werden. Externe APIs sind über das Internet zugänglich und stehen einer Vielzahl von Nutzern offen. Dies ist besonders interessant, um Inhalte weiterzuverarbeiten und **Mash-ups** zu erstellen. (Unter einen „Mash-up" versteht man die Erstellung neuer Medieninhalte durch die nahtlose Kombination bereits bestehender Inhalte.)	Externe APIs sind die Schnittstellen von Amazon, eBay, Facebook, PayPal und Google. Ein weiteres typisches Beispiel ist das Versenden von Tweets über Desktop-Anwendungen wie TweetDeck, wo die externe Twitter-API eingesetzt wird. Andere Beispiele sind z. B. YouTube oder Flickr. Beispiel für ein Mash-up: Anbieter von Websites können über die API von Google Maps Landkarten und Satellitenfotos auf der eigenen Website einbinden und zusätzlich mit individuellen Markierungen versehen.
Plattform-APIs	Sie bieten Schnittstellen zur Integration in eine andere Website oder Plattform. Damit können Dritte Applikationen oder Plug-ins entwickeln und diese im Rahmen der Plattform betreiben: Mit Plattform-APIs kann das User Interface eines Programms in das User Interface einer Plattform integriert werden. Ermöglicht werden kann aber auch der Zugriff auf Benutzerdaten (z. B. auf den Namen des eingeloggten Kunden) oder auf andere zentrale Funktionen der Plattform. ieten Schnittstellen zur Integration in eine andere Website oder Plattform. Damit können Dritte Applikationen oder Plug-ins entwickeln und diese im Rahmen der Plattform betreiben: Mit Plattform-APIs kann das User Interface eines Programms in das User Interface einer Plattform integriert werden. Ermöglicht werden kann aber auch der Zugriff auf Benutzerdaten (z. B. auf den Namen des eingeloggten Kunden) oder auf andere zentrale Funktionen der Plattform.	Bekanntes Beispiel aus der Web-Welt ist die API von Facebook.
Authentifizierungs- und Autorisierungs-APIs	Dieser Sondertyp gewinnt immer mehr an Bedeutung: Dies sind Schnittstellen zur Authentifizierung (Identifikation) und Autorisierung (Zugriffsrechtsgewährung) von Benutzern.	Mit Facebook Connect, Google FriendConnect oder der OpenID-Standard ist kein Aufbau eines eigenen User-Pools mehr notwendig. Die Nutzer eines Internetangebots loggen sich über eine solche Plattform ein. Dies nennt man dann auch Single Sign-On.

Web-Schnittstellen

Viele Webdienste, Webshops, Produktportale und generell Webseiten bieten APIs an, um die Anbindung verschiedenster Daten an die eigene Webseite zu ermöglichen. Eine besondere Form von APIS sind also Webschnittstellen. Diese ermöglichen die Kommunikation verschiedener Webanwendungen. Mit diesen werden Daten ausgetauscht und auf entfernten Computern Funktionen aufgerufen.

BEISPIELE

- Über eine entsprechende Schnittstelle tauschen das ERP-System und das Shopsystem der Fairtext GmbH Bestellungen und Kundendaten aus.
- Zwischen verschiedenen externer Payment-Anbietern und dem Shopsystem der Fairtext GmbH fließen unterschiedlichste Zahlungsinformationen.

Das Shopsystem arbeitet beim Vorhandensein einer Webschnittstelle mit den Daten anderer Programme, ohne dass diese extra mühselig noch einmal eingegeben werden müssen.

BEISPIEL

Der Kunde Mark Storch nutzt den Webshop der Fairtext GmbH. Im Backend werden Informationen über ihn und die von ihm bestellten Artikel aus dem ERP-System abgerufen. Hat er z. B. eine Bestellung vorgenommen, werden entsprechende Datenänderungen (unter anderem Verringerung des Lagerbestandes) unmittelbar im ERP-System vorgenommen. Diese Daten müssen nicht im Shopsystem vorgehalten bzw. extra eingegeben werden.

LERNFELD 9

Das Angebot einer gut dokumentierten Programmierschnittstelle (API) kann im E-Commerce-Bereich einen erheblichen Wettbewerbsvorteil darstellen. Eine solche API, die vom Anbieter einer Software zur Verfügung gestellt wird, ermöglicht es anderen Programmanbietern, leicht Software für dieses System zu erstellen. Diese haben nun den Vorteil, mit einem leichten Datenaustausch ihres Produkts mit diesem System zu werben. Es steigt jedoch auch die Attraktivität des Ausgangssystems.

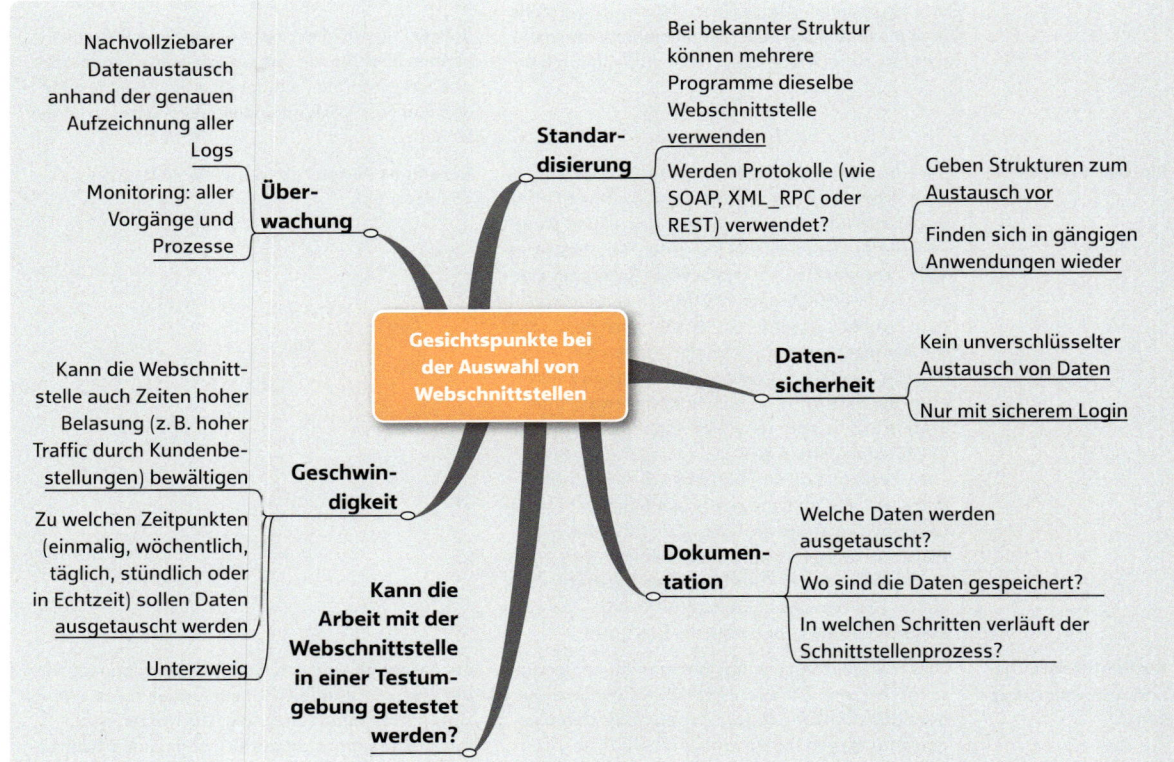

LERNFELD 9

AUFGABEN

1. Was versteht man unter einem Medienbruch?
2. Welche Gefahren hat ein Medienbruch?
3. Was ist die Aufgabe von Datenaustauschformaten?
4. Erläutern Sie den Begriff EDI.

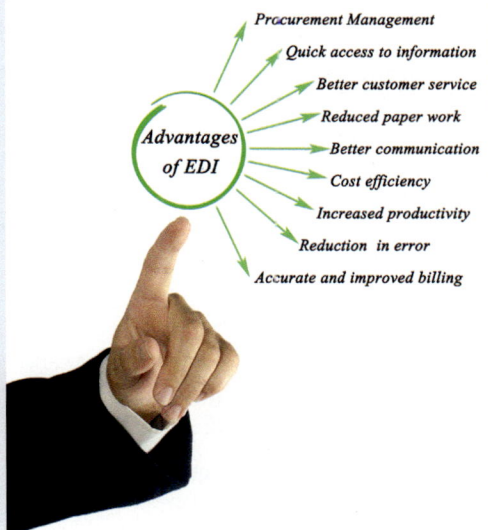

5. Was sind die Vorteile von EDI für Großhandlungen?
6. Erläutern Sie den Begriff „EDI-Standard".
7. Aus welchen Teilen besteht eine EDI-Nachricht?
8. Führen Sie mindestens drei EDI-Standards auf.
9. Wodurch unterscheiden sich EDI-Standards von Übertragungsprotokollen?
10. Was ist EDIFACT?
11. Wodurch unterscheiden sich EDIFACT und EANCOM?
12. Was ist das CSV-Format?
13. Was versteht man unter einer Softwareschnittstelle?
14. Welche Bedeutung haben Programmierschnittstellen?
15. Führen Sie kurz mindestens vier Arten von APIs auf.
16. Welche Art von API liegt in den beiden folgenden Fällen vor?

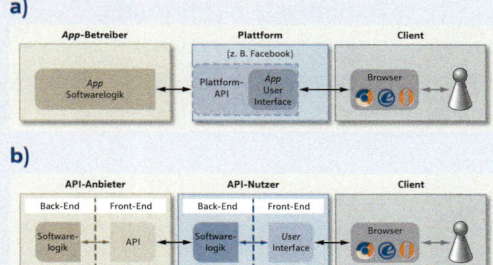

AKTIONEN

1. Verschaffen Sie sich einen Überblick über die verschiedenen Nachrichtentypen des EDIFACT-Datenaustauschstandards unter der Internetadresse https://www.unece.org/trade/untdid/d01b/trmd/trmdi2.htm
2. Schauen Sie sich das Video unter https://youtu.be/9uSA9vSwsVI an. Dieses erklärt das EDI-System.
3. Erstellen Sie in Excel eine kleine .csv-Datei. Schicken sie diese an einen Mitschüler, der die Datei wieder in Excel importiert.

LERNFELD 9

ZUSAMMENFASSUNG

Herkömmlicher Datenaustausch zwischen Anwendungsprogrammen unterschiedlicher Geschäftspartner

verursacht durch Medienbrüche viele Probleme. Lösung:

Elektronischer Datenaustausch

- EDI Electronic Data Interchange
- Automatisierter, schneller und fehlerfreier Import und Export strukturierter Geschäftsdokumente

wird ermöglicht durch:

Datenaustauschformate

- Dateitypen, die von verschiedenen Anwendungsprogrammen gelesen werden können.

EDI-Standards

- Festlegung einer für alle geltenden Struktur der zu importieren bzw. zu exportierenden Nachrichten
- Zum Beispiel
  - EDIFACT
  - EANCOM
  - SEDAS

KAPITEL 5
Webshops als Instrument der Kundengewinnung

Anne Schulte betritt das Büro von Herrn Wange.

Anne Schulte:
„Guten Morgen Herr Wange. Nanu, warum schütteln Sie denn den Kopf?"

Herr Wange:
„Hallo Anne. Ich interessiere mich gerade sehr für die Shopsoftware eines Mitbewerbers. Die wird in dieser Fachzeitschrift hier beschrieben. Aber nur sehr kurz. Hier, schauen Sie mal:"

> Die größte Stärke des Systems ist die Nutzerfreundlichkeit. Es ist sehr zugänglich und einfach zu bedienen und schafft es gleichzeitig dennoch, den vollen Funktionsumfang zu bieten. Auch die Einrichtung lässt sich problemlos bewältigen. Der wohl größte Nachteil ist jedoch das Layout bzw.

> das Design. Der Mangel an Themes ist ein echter Makel. Das Backend dagegen überzeugt mit absoluter Einsteigerfreundlichkeit und einem großen Funktionsumfang. Lediglich die Möglichkeit zur mobilen Verwaltung und ein Benachrichtigungssystem fehlen hier. Das Frontend, also die Shop-Oberfläche, bietet alle nötigen Funktionen, und die bereits angelegten Steuersätze sind sehr von Vorteil.

Anne Schulte:
„Na, nicht gerade informativ. Welche Kriterien müssen eigentlich bei der Auswahl eines Shopsystems beachtet werden?"

Führen Sie Aspekte auf, die bei der Auswahl oder Gestaltung eines Webshops beachtet werden müssen.

INFORMATIONEN

Webshops im Großhandel

B2C-Angebote[1] des Einzelhandels richten sich an Endverbraucher. Im B2B-Marktsegment, in dem Großhandelsunternehmen auftreten, werden Produkte an Hersteller oder andere Händler verkauft.

Händler haben also Geschäftsbeziehungen zu Herstellern, Einzelhändlern oder anderen Großhändlern. Dadurch ergeben sich andere Anforderungen an die jeweiligen Online-Verkaufsbemühungen. Wird bei online auftretenden Einzelhandelsunternehmen versucht, eine große und anonyme Masse – auch auf emotionale Weise – zu erreichen, legen Großhandelsunternehmen eher Wert auf eine direkte und persönliche Ansprache der entsprechenden Verantwortlichen. Diese erfolgt in der Regel informativ und auf Fakten basiert. Es wird viel mehr als im B2C versucht, eine langfristige Beziehung aufzubauen.

Einige Unterschiede zwischen	
B2C	**B2B**
Verkaufsabschlüsse mit einzelnen Käufern	Zum Teil mehrere Käufer und Akteure bei jeder Transaktion
Kunden zahlen mit eigenem Geld	Einkäufer (Einkaufsabteilung) zahlen mit Geld des Unternehmens
Einfache/einfachere Artikel	Komplexe Produkte und Dienstleistungen
Vergleichsweise niedriger Wert pro Verkaufstransaktion	Hohe Werte
Schneller Abschluss der Verkaufsaktionen	Verkaufsaktionen ziehen sich oft über längeren Zeitraum hin
Kunde trifft oft emotionale Entscheidung	Einkäufer treffen rational begründete Entscheidungen nach vielfältigen Prüfungen (Kalkulation/Nutzwertanalyse/Zahlen des Controllings/Beobachtung der Mitbewerber).
Die Onlinehändler haben vergleichsweise viele Kunden, die aber nur mit relativ geringen Beträgen zum Umsatz beitragen.	Auf diesem Markt auftretende Händler haben relativ wenige Kunden, die allerdings mit hohen Beträgen zum Umsatz beitragen.
Onlinemarketing ist entscheidend für die Absatzförderung.	Ein sehr wichtiger Faktor für die Absatzförderung ist das Beziehungsmanagement zu den Ansprechpartnern bei den Kunden.
Der Verkaufsabschluss findet statt zu Zeiten, die dem Kunden passen. Dies kann nachts oder auch am Wochenende sein.	Verkaufsabschlüsse finden zu normalen Geschäftszeiten statt.
Die Unternehmen versuchen möglichst viele Neukunden zu generieren.	Die meisten Kunden sind Stammkunden. Es gibt wenig Neukunden.

---

[1] Zu B2B/B2C siehe auch Lernfeld 2 in Band 1.

LERNFELD 9

Einige Unterschiede zwischen	
B2C	**B2B**
Webshops werden kurz ständig von wechselnden Interessenten besucht.	Geschäftspartner sind fast jeden Tag im Shop.
Auch wenn Preisdifferenzierungen im B2C schon anzutreffen sind, gilt hier für einen Großteil der Angebote, dass Kunden die gleichen Preise sehen.	Im B2B bekommt in der Regel jeder Kunde seinen individuellen Preis.

Im Großhandel erfolgt der Onlineeinkauf (im Gegensatz zu den B2C-Formen) überwiegend noch stationär über Desktops bzw. Laptops. Smartphones spielen hier nur eine geringe Rolle; der Anteil und die Anzahl der Onlineeinkäufe über Webshops und Marktplätze im Großhandel steigen signifikant. Viele der von Großhändlern betriebenen B2B-Shops sind international ausgerichtet. Untersuchungen haben aber gezeigt, dass von diesen nur etwa mit 15 % mit länderspezifischen Frontends[2] ausgestattet sind. Zu erkennen ist, dass B2C-Standards auf B2B abfärben.

Hat sich ein Unternehmen entschieden, einen Webshop zu betreiben, muss dieser entweder selbst programmiert werden oder eine entsprechende Software muss gekauft bzw. gemietet werden. Vor diesem Hintergrund sind für den Erfolg oder Misserfolg des Webshops eine Vielzahl von unterschiedlichen Faktoren ausschlaggebend. Der eigene Webshop – aber auch die Onlinepräsenzen der Mitbewerber – müssen ständig daraufhin untersucht und kontrolliert werden.

> **BEISPIEL**
>
> Ramon Zamir sucht bei verschiedenen Onlineshops einen bestimmten Artikel. Je leichter er diesen auf der jeweiligen Internetseite findet (und dort auch kaufen könnte), desto höher ist die Usability.

Die Usability ist eines der wichtigsten Kriterien bei der Auswahl eines Shopsystems.

Oft wird im Zusammenhang mit der Usability auch von Gebrauchstauglichkeit gesprochen:

Usability

> **DEFINITION**
>
> Unter der **Usability** eines Webshops versteht man dessen Benutzerfreundlichkeit. Diese Eigenschaft liegt vor, wenn der Onlineshop intuitiv und einfach genutzt werden kann.

Funktionalität

Ein weiteres wesentliches Qualitätsmerkmal eines Internetshops ist dessen Funktionalität. Darunter versteht man den Funktionsumfang der Software zum Betreiben des Shops. Es geht um die Frage, welche und wie viele Aufgaben und Anforderungen erfüllt werden.

Bestandteile der Funktionalität (nach ISO/IEC9126)					
Angemessenheit	**Sicherheit**	**Interoperabilität**	**Konformität**	**Ordnungs- mäßigkeit**	**Richtigkeit**
Umfasst das Programm geeignete Funktionen für spezielle Aufgaben?	Verhindert die Software unberechtigte (sowohl vorsätzliche als auch versehentliche) Zugriffe auf Daten und Programmteile?	Kann die Software mit anderen vorgegebenen Computersystemen bzw. Programmen zusammenarbeiten und -wirken?	Hält das Softwareprodukt Standards, Konventionen oder gesetzliche Bestimmungen (im Hinblick auf die Funktonalität) ein?	Hält die Software anwendungsspezifische Normen oder Vereinbarungen ein?	Werden richtige Ergebnisse geliefert bzw. richtige Wirkungen erzielt?

---

2 Frontend ist der für Kunden sichtbare Bereich z. B. eines Webshops; Backend ist der Bereich z. B. eines Webshops, mit dem der Webshop verwaltet wird und der nur für den Administrator zugänglich ist.

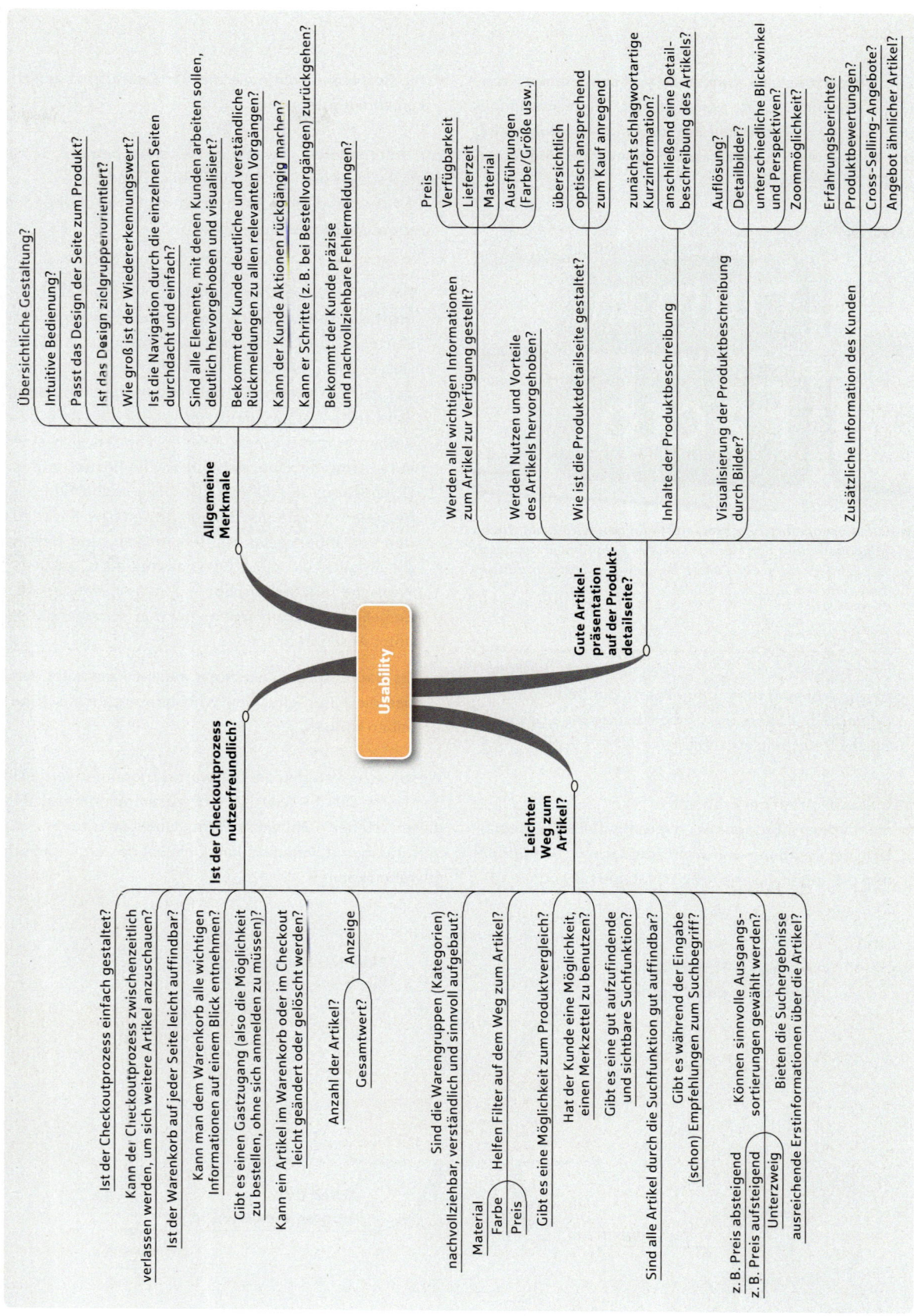

LERNFELD 9

Ergonomie

Eng mit der Usability hängen Gesichtspunkte der Ergonomie zusammen. Oft gehen beide Punkte ineinander über. Unter der Ergonomie versteht man die Anpassung der (technischen) Arbeitsbedingungen an den Menschen und nicht umgekehrt.

Bei allen ergonomischen Problemstellungen wird nicht davon ausgegangen, dass der Mensch sich der Technologie anpassen muss, vielmehr wird der Faktor Mensch ins Zentrum gerückt (human-centered-design).

BEISPIEL

Dies bedeutet, dass sich der Onlineshop an den Kunden anpasst und nicht umgekehrt. Die Bedingungen sind so zu gestalten, dass möglichst geringe gesundheitliche Belastung entsteht.

Es gibt zwei Arten der Ergonomie:
- die Hardware-Ergonomie – hierunter fallen die Gestaltung der Computer-Hardware (der technischen Geräte) und die angemessene Arbeitsplatzgestaltung – und
- die Software-Ergonomie mit der Gebrauchstauglichkeit von Programmen.

Ein Unternehmen, das einen Webshop betreibt, muss beide Aspekte der Ergonomie im Blick haben:
- Das Frontend eines Webshops muss für die Kunden ergonomisch gestaltet sein.

BEISPIEL

Die Unternehmensberaterin Dr. Janina Mueller überprüft die Software-Ergonomie des Webshops der Fairtext GmbH für Kunden. Ein Auszug aus ihrem Gutachten: „... Auch für Kunden ist der Onlineshop der Fairtext GmbH im Hinblick auf die Einhaltung klein softwareergonomischer Kriterien als sehr gelungen einzuschätzen: Kunden können sich eine sehr schnelle Übersicht über die Struktur des Onlineshops der Fairtext GmbH verschaffen. Sie gelangen mit wenigen Seitenaufrufen bzw. Klicks zu den von ihnen gewünschten Artikeln und haben die Möglichkeit, dem Unternehmen auch spezielle Wünsche mitzuteilen. Ebenso können Kunden die Bestellung auch zusammen mit den Personendaten unter Abschrift absenden."

- Das Backend des Webshops muss so gestaltet sein, dass die Mitarbeiter den Webshop ergonomisch betreiben können.

Wesentliche Kriterien der Software-Ergonomie werden in der Norm DIN EN ISO 9241-10 zusammengefasst. Mit dieser stehen Onlinehändlern Qualitätskriterien zur Verfügung, mit denen sie ihre Onlineshops ergonomisch gestalten können.

LERNFELD 9

Die softwareergonomischen Grundsätze der DIN EN ISO 9241-110	
	Die DIN EN ISO 9241-110 sieht sieben Grundsätze für die Gestaltung von Software vor. Werden diese Prinzipien beachtet, ist ein Webshop softwareergonomisch gestaltet. Im Hinblick auf die Internetseiten eines Webshops werden vor allem • Eingabefelder, • Listen • und Menüs betrachtet.
Aufgabenangemessenheit	Die Software soll die Arbeitsschritte zu Erledigung der beabsichtigten Aufgabe genau abbilden. Die Funktionen des Programms basieren auf charakteristischen Eigenschaften der Arbeitsaufgabe.
Selbstbeschreibungsfähigkeit	Alle Texte im Shop (aber auch in der Software für die Mitarbeiter, mit der das Shopsystem gehandelt wird) sind sofort verständlich. Sie sind selbsterklärend. Der Anwender weiß zu jeder Zeit, wo er sich in einem Programm oder Dialog befindet. Ihm ist auch klar, welche Handlungen er nun unternehmen kann.
Steuerbarkeit	Eine Software ist steuerbar, wenn der Anwender Dialoge optimal so beeinflussen kann, dass er sein gewünschtes Ziel erreicht. Erreicht werden kann dies z. B., indem • Bedienungsschritte aufgehoben werden bzw. rückgängig gemacht werden können. • Dialoge des Benutzers mit dem Shopsystem so einfach und flexibel gestaltet werden, dass der Anwender sein Ziel erreicht (z. B.: Ein Kunde erreicht in nur wenigen Schritten den von ihm gesuchten Artikel; ein Mitarbeiter kann wenigen Schritten eine Produktdetailseite erstellen).
Erwartungskonformität	Die Anordnung von Informationen und die Bedeutung von Symbolen sollten den Erwartungen der Anwender entsprechen. Der Benutzer sollte davon ausgehen können, dass das Programm die Kenntnisse seines Arbeitsgebietes und seiner Erfahrung widerspiegelt. Wichtig ist als weiteres Beispiel, dass Funktionstasten in allen Menüs und Masken gleichartig verwendet werden.
Fehlertoleranz	Mit allen programmiertechnischen Möglichkeiten sollte ein Programm helfen, Fehler zu vermeiden. Es sollte Plausibilitätskontrollen und vor allem auch Korrekturmöglichkeiten anbieten. Das beabsichtigte Arbeitsergebnis sollte auch im Falle fehlerhafter Eingaben mit nur geringem Korrekturaufwand erreicht werden.
Individualisierbarkeit	Einstellung in dem Programm bzw. im Output der Programme sollten personenabhängig eingestellt und gespeichert werden können. Die Kommunikation zwischen Programm und dem Anwender sowie die Darstellung der Informationen sollten an die individuellen Fähigkeiten und Bedürfnisse angepasst werden können.
Lernförderlichkeit	Die Software sollte so gestaltet sein, dass der Anwender die Nutzung des Programms leicht lernen kann. Erreicht werden kann dies z. B. durch durchgängige Konzepte bei der Strukturierung von Bedienungsschritten, Dialogen, Funktionen und Menüpunkten.

Responsives Design

Der Erfolg eines Shopsystems hängt maßgeblich davon ab, ob es ein responsives Design aufweist, also ob es auf alle Monitorgrößen angepasst ist.

BEISPIEL

Der Kunde Lukas Volkmar kann den Webshop sowohl mit seinem Smartphone, seinem Tablet als auch mit seinem Desktop-Computer uneingeschränkt und problemlos nutzen.

Ist ein Webshop responsiv, wird dessen Layout so flexibel gestaltet, dass dieses auf allen denkbaren Endgeräten eines potenziellen Kunden eine gleichbleibende Benutzerfreundlichkeit bietet und der Inhalt gänzlich und schnell vom Besucher aufgenommen werden kann.

LERNFELD 9

Barrierefreiheit

Das verwendete System zum Betreiben des eigenen Webshops sollte barrierefrei gestaltet sein. „Barrierefreiheit" bedeutet, dass auch Menschen mit Einschränkungen ohne Probleme den Shop verwenden können.

> **BEISPIEL**
>
> Das Shopsystem ermöglicht es, Menüs nicht nur mit der Maus, sondern auch per Tabulatortaste zu steuern. Die Inhalte der Webseite sind auch als Audiodatei verfügbar.

Um die gesellschaftlichen Anforderungen an die Barrierefreiheit von Onlineshops erfüllen zu können, müssen Onlinehändler in Deutschland mit Kosten von über drei Milliarden Euro rechnen.

Vollständigkeit

Dieses Merkmal ist eng im Zusammenhang mit dem Merkmal der Funktionalität zu sehen. Es geht hierbei darum, ob alle Funktionen im Vergleich zu den vordefinierten Anforderungen (dies kann ein Lasten- oder Pflichtenheft im Rahmen eines Projekts sein) vollständig umgesetzt worden sind.

Übertragbarkeit

Manchmal kann auch die Übertragbarkeit (Portabilität) ein wichtiges Entscheidungskriterium für die Auswahl eines Shopsystems sein. Untersucht werden muss oft auch, wie leicht sich eine Software in eine andere Umgebung übertragen lässt. Gemeint sind damit die drei Bereiche:
- die Softwareumgebung,
- die Hardwareumgebung,
- die organisatorische Umgebung.

> **BEISPIEL**
>
> Bernd Felbermair überprüft gerade die Portabilität eines Webshopsystems. Er untersucht, wie groß der Aufwand zum Installieren der Software (Installierbarkeit). Er prüft auch, ob dieses System anstelle des bisher verwendeten genutzt werden kann (Austauschbarkeit) und ob mit diesen auch gleichzeitig gearbeitet werden kann (Koexistenz).

Zuverlässigkeit

Bei der Auswahl von Shopsystemen muss auch deren fehlerfreie Lauffähigkeit beurteilt werden. Bei diesem Qualitätsmerkmal geht es darum, ob die Software ein bestimmtes Leistungsniveau über einen bestimmten Zeitraum aufrechterhalten kann.

Änderbarkeit

Eine Software muss bei im Falle von Änderungen schnell, fehlerfrei und unkompliziert anzupassen sein. Der Aufwand, der zur Durchführung vorgegebener Änderungen notwendig ist, muss klein sein.

> **BEISPIEL**
>
> Bei einer politisch vorgegebenen Änderung des Mehrwertsteuersatzes muss dieses schnell und nach Möglichkeit mit nur einer Eingabe im Programm umgesetzt werden können.

Effizienz

Unter bestimmten Bedingungen kann auch eine Rolle spielen, ob und in welchem Umfang das ins Auge gefasste Softwarepaket verfügbare Systemressourcen nutzt. Geprüft werden kann also das Verbrauchsverhalten bestimmter Betriebsmittel:

- Wie viel Speicherplatz wird benötigt?
- Wie groß ist die Netzwerkkapazität?
- Wie viel Prozessorleistung wird in Anspruch genommen?
- Wie groß ist der Energieverbrauch?
- Wie viele Festplattenzugriffe erfolgen?

Zugriff auf Quellcode

Hilfreich kann in manchen Fällen auch ein Zugriff auf den Quellcode sein (wenn dies Vertragsgegenstand bei Lieferung des Softwareprodukts ist). Dieser sollte verständlich nachvollziehbar sein. Für Testzwecke oder auch für eine eventuelle Änderbarkeit sollten die Entscheidungslogik, der Name von Variablen usw. verständlich sein.

In den Quellcode werden vom Programmierer alle Befehle und Anweisungen geschrieben, die später vom fertigen Programm verarbeitet werden sollen. Später entsteht dann ein lauffähiges Programm. Kommerzielle Software wird meistens ohne, Programme, die unter einer Open-Source-Lizenz stehen, mit dem Quellcode ausgeliefert. Das ermöglicht deren Anpassung und erleichtert die Lokalisierung von Fehlern.

Erfüllen der Informationspflichten

In einem Onlineshop muss sichergestellt sein, dass der Betreiber seine Informationspflichten gegenüber den Kunden nachkommt. Ein ordnungsgemäßer Webshop muss vor Abschluss des Kaufvertrages in diesem Zusammenhang in angemessener Weise Kunden auf Folgendes hinweisen:

- Impressum,
- Disclaimer,
- die wesentlichen Eigenschaften des Artikels.

Während des Bestellvorganges müssen die folgenden Aspekte berücksichtigt werden:

- Durch passende technische Mittel muss ein Onlineshop so gestaltet sein, dass Fehler im Checkout-Prozess vom Kunden leicht und schnell erkannt werden können und er diese anschließend korrigieren kann.

> **BEISPIEL**
>
> Am Ende des Checkoutprozesses werden in der Fairtext GmbH zusammenfassend noch einmal alle Daten einer Bestellung dargestellt. Imke Wettberg kann vor einer Bestellung ihre Eingaben kontrollieren und diese gegebenenfalls berichtigen.

- Während des Checkout-Prozesses muss der Onlineshop den Kunden über jeden einzelnen Schritt, der zum Vertragsabschluss führt, informieren.

> **BEISPIEL**
>
> Imke Wettberg bestellt bei der Fairtext GmbH. Durch eine Fortschrittsanzeige mit Meldungen wie z. B. „Kundendaten", „Zahlungsinformationen", „Zusammenfassung" wird ihr immer der gerade aktuelle Status des Bestellvorganges angezeigt.

- Auch auf die wesentlichen Eigenschaften des Produkts muss in der Zusammenfassung am Ende der Fortschrittsanzeige hingewiesen werden.
- Spätestens bei Beginn des Checkout-Prozesses muss der Kunde deutlich darüber informiert werden,
  - mit welchen Zahlungsverfahren er die bestellte Ware bezahlen kann,
  - ob es irgendwelche Lieferbeschränkungen gibt.
- Kunden müssen auch über das ihnen zustehende Widerrufsrecht informiert werden. Es muss nachvollziehbar von den Angaben zur Ausübung des Widerrufsverfahrens (Fristen, Widerrufsbelehrung, Muster-Widerrufsformular) Kenntnis genommen werden können.
- Ein Onlineshop muss den Kunden auch angemessen mitteilen, wie hoch die Kosten bei einer Rücksendung von Waren sind, wenn nicht der normale Standardversandweg gewählt wird.
- Der Kunde muss während des Bestellvorganges ohne Schwierigkeiten erfahren können,
  - wie viel die Ware einschließlich der Umsatzsteuer kostet
  - und welche Liefer- und Versandkosten anfallen.
  - Der Kunde muss seine Gesamtkosten ohne Probleme im Voraus berechnen können. (Die Angabe eines Grundpreises ist während des Bestellvorgangs nicht mehr notwendig, wenn vorher schon einmal darauf hingewiesen wurde.)

LERNFELD 9

- Die endgültige Bestätigung, dass der Kunde sich zu einer Zahlung verpflichtet, muss deutlich gekennzeichnet sein. Dies kann durch Schaltflächen (Buttons) erfolgen, aus denen eindeutig hervorgeht, dass dem Kunden nun Kosten entstehen.
- Werden neben den normalen Gewährleistungsrechten bei einem Kauf auch Garantierechte eingeräumt, muss auf diese schon vor Vertragsabschluss hingewiesen werden. Zusätzlich müssen den Kunden die Garantiebedingungen auch in Textform zugestellt werden.
- Webshops sind auch verpflichtet, Hinweise zur Entsorgung von Altbatterien oder Elektroschrott zu geben.

Dies kann in geeigneter Weise auf einer Internetseite des Webshops geschehen. Eine andere Möglichkeit (die schwerer zu beweisen ist) besteht darin, die notwendigen Angaben den Kunden schriftlich mit der Warensendung zukommen zu lassen.

- Weiterhin müssen Kunden mit ausdrücklichen und deutlichen Hinweisen von
    - den AGBs,
    - der Datenschutzerklärung und
    - der Widerrufsbelehrung

  Kenntnis nehmen können. Nicht unbedingt zwingend notwendig ist eine Bestätigung der Kenntnisnahme durch Setzen eines entsprechenden Hakens.

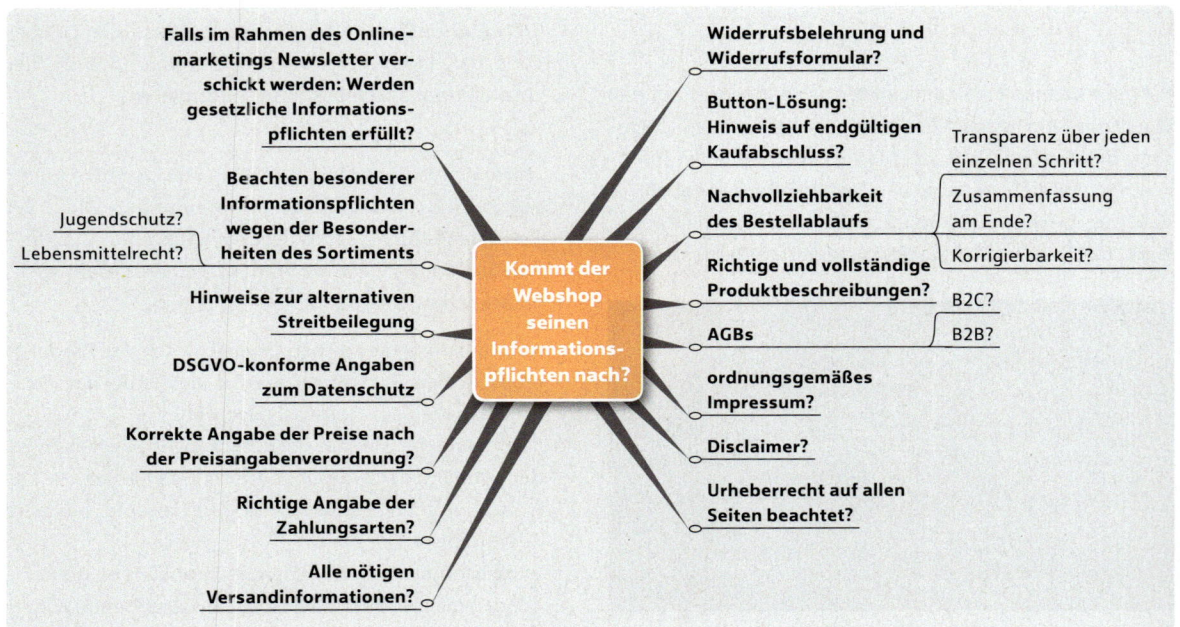

Sprachen

Viele Betreiber von Webshops möchten Artikel auch international verkaufen. Im Backend sollte in diesem Fall eine entsprechende Software zum Betreiben des Webshops mindestens folgende Aspekte gewährleisten:

- Ein Shop sollte in beliebig vielen Sprachen gleichzeitig betrieben werden können. Standardmäßig sollten mindestens Sprachpakete für Deutsch und Englisch vorhanden sein. Weitere Sprachpakete für andere Sprachen sollten zusätzlich geordert werden können.
- Die Sprache sollte über eine Auswahl im Shop manuell vom Kunden umgestellt werden können. Alternativ sollte der Shop die Browsersprache des Besuchers der Internetseite erkennen und automatisch auf die entsprechende Sprache umschalten. Dann kann der potenzielle Kunde in seiner Sprache begrüßt werden.
- Der Shop sollte es dann ermöglichen, alle Produkte, aber auch die während des Kaufvorganges anfallenden Dokumente in der jeweiligen Sprache anzuzeigen bzw. zu erzeugen.
- Alle Dokumente, die während der Bestellabwicklung anfallen, sollten in der gewählten Währung ausgestellt werden können.
- Die Konversationsrate wird verbessert, wenn man dem Kunden anbietet, in seiner Landeswährung zu zahlen. Vor diesem Hintergrund sollten die Betreiber eines

LERNFELD 9

Internetshops die Möglichkeit haben, beliebig viele Währungen selbst anzulegen.

> **BEISPIEL**
>
> Im Webshop der Fairtext GmbH ist der Euro als Standardwährung festgelegt. Für jede weitere Werbung wird dann nur noch der Umrechnungskurs hinterlegt. Mister Delmore aus Glasgow zahlt dann für einen Artikel in britischen Pfund. Die Shopsoftware nimmt die Umrechnung automatisch vor.

Mit der Hinterlegung einer kundenspezifischen Währung kann damit die Kalkulation und Anzeige sämtlicher Preise, aller Frachtkosten, Zuschläge usw. in das entsprechenden Währung erfolgen.

- Ähnliches gilt auch für die Konfiguration von Steuersätzen. Im Shopsystem sollten abhängig von der jeweiligen Rechtslage in dem betreffenden Land beliebig viele Steuersätze hinterlegt und verwaltet werden können. Im Backend muss dann nur noch ausgewählt werden, welcher Steuersatz für welches Land gelten soll. Die Berechnung und das Ausweisen der Umsatzsteuer z. B. erfolgen dann für den Kunden automatisch. Ebenfalls kann entschieden werden, ob die Mehrwertsteuer überhaupt ausgewiesen werden soll. So kann beispielsweise bei Verkäufen in nicht-europäische Länder ein umsatzsteuerfreier Versand angeboten werden.

AUFGABEN

1. Geben Sie mindestens neun Unterschiede zwischen B2B und B2C an.
2. Was versteht man unter der Usability?
3. Führen Sie Kriterien auf, die die Usability eines Webshops vergrößern.
4. Was versteht man unter der Funktionalität eines Webshops?
5. Welche Bestandteile gehören zur Funktionalität nach der ISO/IEC 9126?
6. Führen Sie eine Internetrecherche durch: Besuchen Sie verschiedene Webshops einer bestimmten Branche. Untersuchen Sie diese systematisch auf Unterschiede in der Funktionalität. Präsentieren Sie Ihren Mitschülerinnen und Mitschülern anschließend, wodurch sich verschiedene Shops im Funktionsumfang unterscheiden.
7. Erläutern Sie den Begriff „Ergonomie".
8. Unterscheiden Sie die Hardware- von der Softwareergonomie.
9. Welche Folgen hat eine Nichtbeachtung softwareergonomischer Prinzipien?
10. Führen Sie die softwareergonomischen Grundsätze der DIN EN ISO 9241-110 auf.
11. Was versteht man unter dem responsiven Design?
12. Führen Sie Anforderungen an die Barrierefreiheit von Internetseiten eines Webshops auf.
13. Erläutern Sie die Begriffe
    a) Vollständigkeit
    b) Übertragbarkeit
    c) Zuverlässigkeit
    d) Änderbarkeit
    e) Effizienz
    eines Webshops.
14. Führen Sie Informationspflichten auf, die der Betreiber eines Onlineshops mithilfe der Shopsoftware erfüllen muss.
15. Welche Vorteile bringt die Installation von Sprachpaketen in einem Webshop?
16. Welches Merkmal zur Beurteilung eines Webshops wird in der folgenden Abbildung angesprochen?

LERNFELD 9

AKTIONEN

1. Recherchieren Sie im Internet: Besuchen Sie verschiedene Webshops einer bestimmten Branche. Untersuchen Sie diese systematisch auf Erfüllung verschiedener Kriterien der Usability. Präsentieren Sie Ihren Mitschülerinnen und Mitschülern anschließend, welche Aspekte der Usability in dem jeweiligen Shop Sie als gelungen oder weniger geeignet ansehen. Begründen Sie dies jeweils.

2. Recherchieren Sie im Internet: Besuchen Sie verschiedene Webshops einer bestimmten Branche. Untersuchen Sie, inwieweit diese responsiv gestaltet sind. Präsentieren Sie Ihren Mitschülerinnen und Mitschülern anschließend, wodurch sich verschiedene Shops im Hinblick auf das responsive Design unterscheiden.

3. Suchen Sie im Internet nach mehreren Tests von Shopsystemen. Vergleichen Sie die dort verwendeten Beurteilungskriterien mit den im Kapitel aufgeführten:
   - Welche Beurteilungsmerkmale werden ebenfalls verwendet?
   - Welche Aspekte werden in dem jeweiligen Test nicht berücksichtigt?
   - Gibt es Beurteilungskriterien, die im Kapitel nicht genannt sind?

ZUSAMMENFASSUNG

Beurteilung eines Shopsystems:
- Usabilty
- Funktionalität
- Barrierefreiheit
- Übertragbarkeit
- Zugänglichkeit des Quellcodes
- Einbindung von Sprachen und Währungen
- Effizienz
- Erfüllung von Informationspflichten
- Änderbarkeit
- Zuverlässigkeit
- Vollständigkeit
- Responsives Design
- Ergonomie

LERNFELD 9

KAPITEL 6
Elektronische Marktplätze

Die Auszubildenden der Fairtext GmbH treffen sich während der Mittagspause.

Anne Schulte:
„Habt ihr schon gehört? Die Fairtext GmbH will jetzt nicht nur über unseren eigenen Webshop, sondern auch über Marktplätze Artikel anbieten!"

Sebastian Holpert:
„Marktplätze? Was ist denn der Unterschied zu einem Webshop?"

Stellen Sie die Unterschiede von einem Marktplatz zu einem normalen Webshop dar.

INFORMATIONEN

> **DEFINITION**
>
> Unter **elektronischen Marktplätzen** versteht man Plattformen, auf denen verschiedene Händler europaweit ihre Waren und Dienstleistungen online anbieten können.

Um Kunden online, aber auch offline erreichen und gewinnen zu können, ist es von größter Wichtigkeit, dass der Unternehmer weiß, wie der Handel vernetzt ist und wie Vertriebskanäle optimiert bzw. optimal eingesetzt werden können.

Grundvoraussetzung hierfür ist die Nutzung von verschiedenen elektronischen Marktplätzen, einmal für Werbezwecke und natürlich auch, um die Verkaufsleistung zu steigern. Da die Konkurrenz im Onlinehandel sehr hart ist und auch stetig steigt, sind neben dem Preis für die angebotenen Produkte auch Serviceleistungen, wie schnelle und kostenlose Lieferung sowie kostenlose Rücksendung, und vor allem das Begeistern der angehenden Käufer notwendig.

Aus Sicht eines kleinen Händlers wird es aus folgenden Gründen immer schwieriger, mit einem Webshop Kunden im Internet zu erreichen:
- Es besteht ein Wettbewerb um die besten Plätze bei Suchmaschinen. Dies betrifft sowohl den unbezahlten als auch den bezahlten Bereich.
- Alle Bestandteile des Onlinehandels werden immer herausfordernde und komplexer: Ständig und parallel müssen verschiedene Maßnahmen ergriffen werden, um sich am Markt zu halten:
  - Den Kunden müssen immer mehr Zahlungsarten angeboten werden.
  - Der Kundenservice muss immer weiter verbessert werden.
  - Die Reduzierung der Lieferzeiten ist eine ständige Aufgabe.
  - Zusätzlich muss immer an einer Vergrößerung der Usability gearbeitet werden.
- Die Anzahl der Konkurrenten am Markt steigt. Dadurch steigen die Marketingkosten, die Gewinne sinken.
- Die Kunden bewegen sich auf immer mehr Vertriebskanälen.

Nutzt der (kleine) Onlinehändler auch Marktplätze, hat er gegenüber der ausschließlichen Verwendung eines Webshops verschiedene Vorteile:
- Dem Händler steht ein zusätzlicher Vertriebskanal zur Verfügung.
- Ein Händler kann versuchsweise eigene Artikel oder eigene Strategien im Bereich des Marketings online ausprobieren.
- Online-Marktplätze garantieren dem Händler eine große Zahl an potenziellen Kunden, die er allein nur mit hohen Marketingkosten erreichen könnte, denn mit dem großen Sortiment sprechen Online-Marktplätze

LERNFELD 9

sehr viele Kunden an. Auch das Ranking bei Suchmaschinen wird dadurch verbessert.

Genau wie herkömmliche Märkte bringen auch elektronische Marktplätze Angebot und Nachfrage nach Waren und Dienstleistungen zusammen.

Ein Marktplatz unterscheidet sich von einem normalen Webshop dadurch, dass der Betreiber nicht an der geschäftlichen Transaktion (zwischen Kunde und Anbieter) beteiligt ist: Er unterstützt sie stattdessen technisch und organisatorisch.

Der Betreiber des Marktplatzes stellt Anbietern und Kunden lediglich die für ihre Transaktion technisch und organisatorisch erforderliche Infrastruktur zur Verfügung.

Nach der Registrierung des Kunden kommt einerseits zwischen dem Betreiber des Marktplatzes und dem Verkäufer, andererseits zwischen dem Marktplatz und dem Kunden ein Vertrag über die Nutzung der Plattform zustande.

Einige BEISPIELE für elektronische Marktplätze sind:

- Amazon
- eBay
- Zalando
- Home24.de
- Shopping.com

usw.

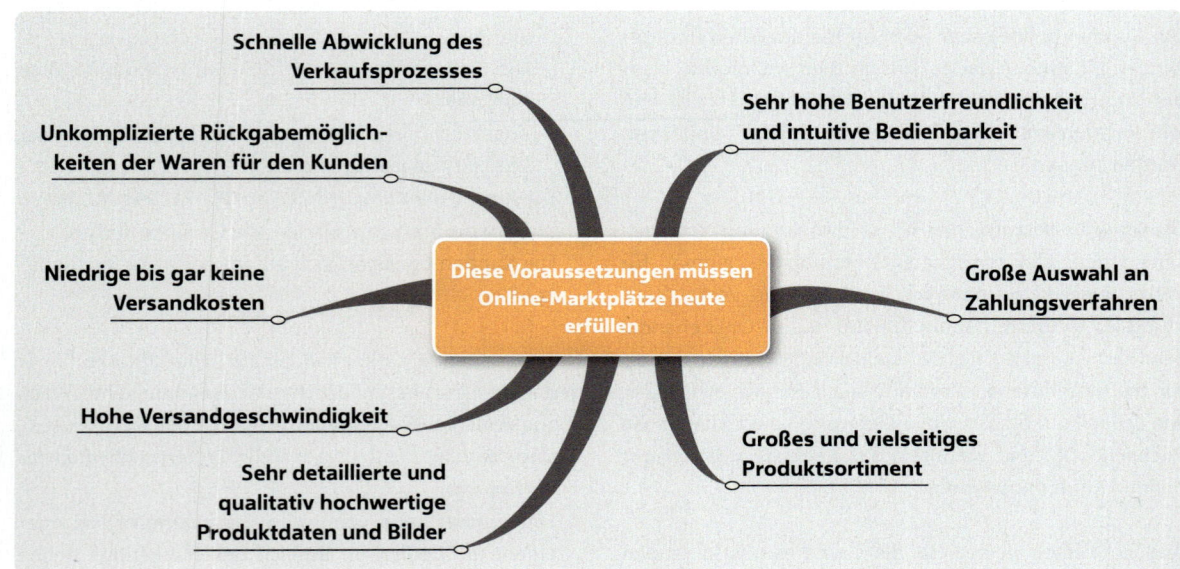

Diese Voraussetzungen müssen Online-Marktplätze heute erfüllen:
- Schnelle Abwicklung des Verkaufsprozesses
- Sehr hohe Benutzerfreundlichkeit und intuitive Bedienbarkeit
- Unkomplizierte Rückgabemöglichkeiten der Waren für den Kunden
- Niedrige bis gar keine Versandkosten
- Große Auswahl an Zahlungsverfahren
- Hohe Versandgeschwindigkeit
- Großes und vielseitiges Produktsortiment
- Sehr detaillierte und qualitativ hochwertige Produktdaten und Bilder

LERNFELD 9

Unterscheidungskriterien der elektronischen Marktplätze

Doch nicht jeder Händler kann auch jeden Marktplatz nutzen.

- Hier findet die Unterscheidung zwischen offenen und geschlossenen Marktplätzen statt. Bei **geschlossenen Marktplätzen** entscheidet der Betreiber, welche Händler für seine Plattform zugelassen werden, bei den **offenen Marktplätzen** kann sich fast jeder Händler selbstständig anmelden.

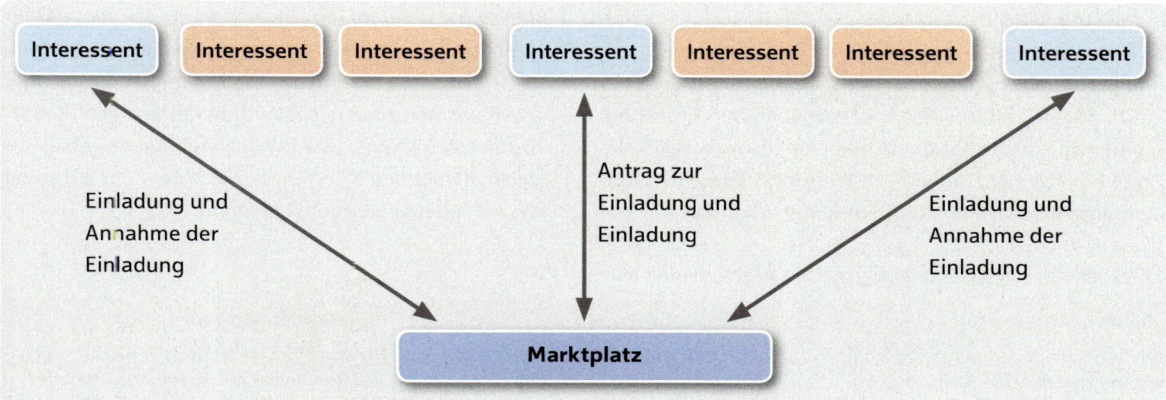

Ein geschlossener Marktplatz

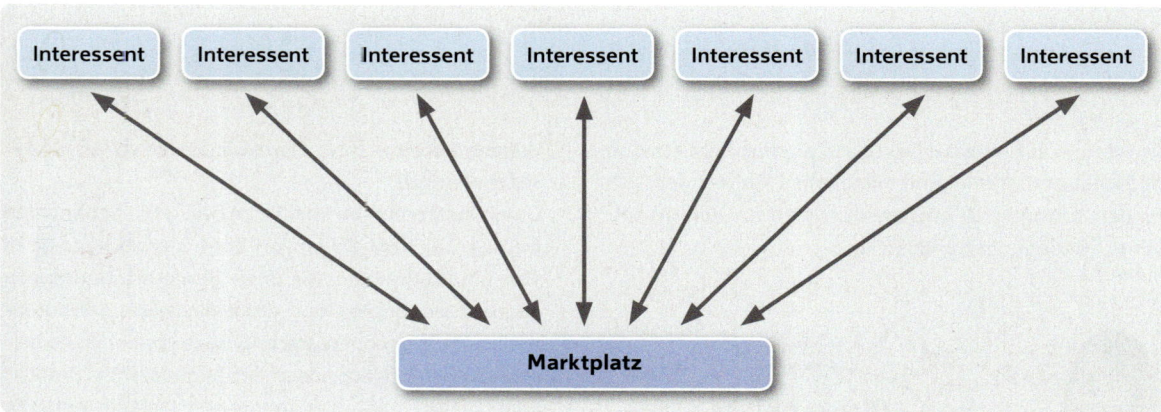

Ein offener Marktplatz

BEISPIEL

Jeder Onlinehändler kann über den Amazon-Marktplatz Waren direkt an Endkunden verkaufen. Dies ist also ein *offener Marktplatz*: Normale Onlinehändler, die über die Amazon-Plattform Waren verkaufen, werden von Amazon als „Seller" betrachtet. Erfolgreichen Onlinehändler bietet Amazon an, als „Vendor" aufzutreten: „Vendor" kann man also nur auf Einladung werden. In dieser Hinsicht liegt also ein geschlossener Marktplatz vor. Amazon nimmt dann den Onlinehändlern sehr viel Arbeit in den Bereichen Marketing, Verkauf und Logistik ab. Damit wird der „Vendor" zum reinen Lieferanten der Ware.

Vorteile für den Onlinehändler sind verbesserte Auffindbarkeit, bevorzugter Zugriff auf Amazons Marketinginstrumente und die Imagevorteile durch „Verkauf und Versand durch Amazon". Diese Vorteile werden jedoch „erkauft" durch den Nachteil einer sehr starken Abhängigkeit von Amazon.

- Eine weitere Unterscheidung bei den Marktplätzen gibt es bei der **Angebotsart**, also der Art und Weise, wie die Waren angeboten werden. Bei Sofortkäufen oder Auktionen findet der Kauf direkt auf dem Marktplatz, also online, statt. Handelt es sich um Kleinanzeigen oder Inserate, wird die Ware zwar online angeboten,

LERNFELD 9

aber häufig „offline" übergeben und unter Umständen auch bar vor Ort bezahlt.
- Ferner gibt es bei der **Betreiberart** des Marktplatzes einen Unterschied. Ein Marktplatz kann von einem Händler selbst betrieben werden, der auch selbst auf seiner Plattform Waren zum Verkauf anbietet, oder von einem reinen Marktplatzbetreiber, der lediglich die Plattform betreut und für andere Händler zur Verfügung stellt.
- Außerdem muss berücksichtigt werden, dass es **branchenübergreifende (horizontale)** Märkte gibt, auf denen Unternehmen verschiedenster Branchen unterschiedliche Produkte anbieten, sowie vertikale Marktplätze, auf denen nur Produkte aus einer bestimmten Branche erstanden werden können.
- Handelt es sich um einen **statischen** Marktplatz, bedeutet dies, dass Waren und/oder Dienstleistungen per Katalog (auch Katalogprinzip genannt), also mit festen Preisen, angeboten werden. Zusätzlich erhält der Kunde hier zu den abgebildeten Produkten Informationen über Art, Güte und Beschaffenheit der Produkte, ohne dass dies als Extratext im Shop eingepflegt werden muss (die Daten stehen ja bereits zur Verfügung). Lediglich die Verfügbarkeit muss ergänzt werden. Im Gegensatz dazu variieren bei den **dynamischen** Märkten die Preise und es werden verschiedene Verhandlungsmechanismen zur Preisbildung herangezogen (Rabatte, Skontobeträge, usw.). Auch Auktionen zählen zu den dynamischen Märkten, weil sich der Preis aufgrund der vorliegenden Gebote bestimmt.

Außerdem lassen sich die Marktplätze unterscheiden in:

Händlerplattformen	Käuferplattformen	Neutrale Marktplätze
Der Hersteller oder Händler bietet für andere Händler eine Plattform an.	B2C-Plattform Händler und Hersteller bieten für Endkunden Waren oder Dienstleistungen an.	Neutrale Dritte bieten eine Plattform an, auf der Hersteller und Händler Produkte anbieten und Käufer diese erwerben können.

Auswahl eines geeigneten Marktplatzes durch einen Onlinehändler

Um Waren auf einem Marktplatz absatzorientiert und möglichst gewinnbringend anbieten zu können und sich für den richtigen zu entscheiden, sind im Vorfeld folgende Überlegungen anzustellen:

- **Was biete ich an?**
Hier muss der Händler überlegen, welche Produkte sich für den Onlinehandel anbieten und welche Erwartungshaltung er in Bezug auf den Umsatz für das angebotene Produkt hat.

- **Zu welchem Preis biete ich an?**
Soll das Produkt „preisstabil" im Netz erscheinen oder gibt die Kalkulation einen Spielraum vor? Falls ja, kann auf Repricer zurückgegriffen werden.

- **Welche Repricer bzw. Dynamic Pricer sollen eingesetzt werden?**
Damit Unternehmen konkurrenzfähig bleiben, nutzen sie Repricer bzw. Dynamic-Pricer. Hierbei handelt es sich um Programme, die unter Berücksichtigung von bestimmten Regeln und Schwellenwerten Produktpreise neu berechnen und anpassen. Daher ist es beispielsweise möglich, dass ein angebotenes Produkt beim gleichen Händler morgens zu einem anderen Preis als mittags angeboten wird.

- **Welche Informationen sind für den Kunden wichtig und gesetzlich notwendig?**
  Um Produkte im Netz anbieten zu können, sind verschiedene Angaben notwendig. Diese dienen dem Kunden als Information und dem Händler als Absicherung, falls der Kunde andere Ansprüche an ein erworbenes Produkt stellt, als dieses tatsächlich hat. Aufgrund von verschiedenen Gesetzen müssen Qualität, Eigenschaften der Waren usw. genau erläutert werden.

- **Welche Konkurrenzprodukte gibt es aktuell?**
  Marktbeobachtungen, gerade im Bereich E-Commerce, sind von größter Wichtigkeit, um konkurrenzfähig zu bleiben und weiterhin am Markt von Kunden gefunden zu werden. Hier sollten auch gerade die Keywords der Konkurrenz erfasst und möglichst bei den eigenen Angeboten eingebaut werden.

- **Welche Kosten fallen für mich als Händler auf den verschiedenen Marktplätzen an und welche Regeln gelten?**
  Die Kosten für das Anbieten von Produkten auf Marktplätzen können variieren. So ist es z. B. möglich, dass Pauschalbeträge für den Shop anfallen und/oder bestimmte Prozentwerte zusätzlich für jedes verkaufte Produkt abzugeben sind. Auch die Dienstleistung, die beim Anbieter des Marktplatzes in Anspruch genommen wird, kann von den Leistungen her unterschiedlich „gebucht" werden, wodurch die Kosten ebenfalls variieren. Des Weiteren verbieten verschiedene Betreiber das Anpassen der Preise (Preiserhöhung oder Preissenkung) an den Konkurrenzpreis. Beim Design und bei den vorgegebenen Features sind die verschiedenen Plattformen meist „starr" und der Händler hat nur wenig Einfluss auf das Aussehen. Seine eigene Corporate Identity bleibt also meist unberücksichtigt.
  Als wichtigste Regel kann angeführt werden, dass es von großer Notwendigkeit ist, die AGB und sonstige Regelungen zu beachten und einzuhalten.

- **Reichweite, Nutzbarkeit und Schnittstellen**
  Ziel eines jeden Verkäufers ist, möglichst viele Menschen zu erreichen, damit Produkte erfolgreich verkauft werden können. Dieser Faktor wird als „Reichweite" bezeichnet und spielt bei der Auswahl eines passenden Marktplatzes eine wichtige Rolle für den Händler.
  Ferner ist die Nutzbarkeit des Shops, der auf dem Marktplatz angelegt werden kann, wichtig. Können Kunden leicht und einfach Produkte finden, die entsprechenden Beschreibungen lesen und die Ware kaufen, stellt dies ein Vorteil für den Händler dar. Aber auch, dass Produkte leicht und einfach einzustellen sind und die Kaufabwicklung zügig von statten geht, sind ausschlaggebende Argumente, ob ein Marktplatz geeignet ist, oder eher nicht.
  Außerdem muss der Händler sich noch überlegen, ob es Schnittstellen zwischen dem Marktplatz und seinem eigenen Onlineshop geben muss und ob diese vom Betreiber angeboten werden.

Vorteile von elektronischen Marktplätzen

- Technische Komponenten unterliegen der Aufsicht des Betreibers.
- Evtl. Störungen sind vom Betreiber zu beheben – dieser muss dafür die notwendige Manpower aufbringen.
- Die Auswahl an Produkten für den Käufer steigt.
- Transaktionen werden automatisiert – Kauf und Verkauf sind einfach möglich.
- Die Marktplätze sind in der Regel bereits bekannt und die potenziellen Kunden müssen nicht extra auf diese aufmerksam gemacht werden (Marketing bereits vorhanden durch Marktplatzbetreiber). Durch ihre große Bekanntheit (zumindest trifft dies auf die größeren Marktplätze zu) haben die dort vertretenen Onlinehändler Imagevorteile. Bei Konflikten, die sich eventuell aus einer geschäftlichen Transaktion zwischen Kunde und Verkäufer ergeben, wird die Handelsplattform zudem oft als Vermittler aufgefasst.
- Auch unbekannte Unternehmen können erfolgreich Produkte verkaufen und weniger eigene Werbung ist notwendig.
- Aufwand und Risiko halten sich in Grenzen durch meist geringe und planbare Kosten.
- Neue Märkte können schnell, einfach und ohne großes Risiko getestet werden.

LERNFELD 9

Nachteile von Marktplätzen

- Unter Umständen liegen alle Kundendaten auf dem Server des Marktplatzes: Dadurch sind auch Auswertungen schwieriger möglich oder kostenpflichtig.
- Wenig Freiheit bei der Gestaltung des Shopdesigns (Corporate Identity fehlt unter Umständen).
- Das Shopsystem des Marktplatzes ist unter Umständen nicht kompatibel mit dem E-Shop-System des Händlers selbst.
- Es gelten die Regeln des Marktplatzes (Rücknahme- und Zahlungsbedingungen, Serviceleistungen, Lieferzeiten, usw.).

Leistungen von Online-Marktplätzen für Händler

Marketing

Die Online-Marktplätze bieten dem Händler einen Online-Marketingmix an, dessen einzelne Maßnahmen er alleine in der Regel nicht vollständig durchführen könnte. Das einzelne Unternehmen ist damit manchmal überfordert. Instrumente des Online-Marketing, die von elektronischen Marktplätzen angeboten werden, sind:

- SEO,
- SEA,
- Displaywerbung,
- ein eigenes Affiliate-Programm,
- Newsletter,
- Anmeldung bei Preissuchmaschinen,
- zielgruppengenaue Verwendung von Social Media. Die Marktplätze haben das Know-how, auch ständig neu hinzukommende Social-Media-Vertriebskanäle zu nutzen, auszuwerten und entsprechende Kampagnen dort zu fahren.

Die Online-Marktplätze betreiben zudem auch außerhalb des Internets Marketingmaßnahmen (z. B. Radio- und Fernsehen-Werbung). Abhängig von der Zielrichtung unterscheidet man bei den Marketingmaßnahmen Off-site- und On-site-Instrumente. Die Handelsplattform führen Maßnahmen durch, die einerseits potenzielle Kunden von außerhalb (**off-site**) gewinnen und andererseits die Besucher der Handelsplattform (**on-site**) zu Kunden des Onlinehändlers machen sollen. Mit von den Marktplätzen zur Verfügung gestellten Tools können Händler ihre eigenen Produkte innerhalb des Marktplatzes besonders mit Marketingmaßnahmen unterstützen und von den Produkten anderer Händler abheben.

Abwicklung von Zahlungen

Ein neuralgischer Punkt im E-Commerce ist die Abwicklung von Zahlungen. Auf der einen Seite hat der Händler Sorge, dass er sein Geld nach der Auslieferung der Artikel nicht erhält, auf der anderen Seite befürchten Kunden, den Artikel nach Bezahlung nicht zu erhalten. Vor diesem Hintergrund wurden Zahlungsverfahren unterschiedlichster Art in großer, nicht unbedingt mehr überschaubarer Menge entwickelt. Die Online-Marktplätze bieten den Händlern und Kunden sehr komfortabel wichtigsten und beliebtesten Zahlungsverfahren an.

Unterschiedliche Modelle der Zahlungsabwicklung bei Online-Marktplätzen	
Vollständige Zahlungsabwicklung	**Zurverfügungstellung von Schnittstellen**
Nachdem der Kunde die Ware bestellt hat, übernimmt der Online-Marktplatz die Forderung. Der Marktplatz bietet dem Kunden unterschiedliche Zahlungsverfahren an. Alle Schritte der Zahlungsabwicklung übernimmt dann der Marktplatz: Falls der Kunde nicht zahlen sollte, führt der Marktplatzbetreiber das Mahnwesen durch. Nach der Bestellung durch den Kunden liefert der Onlinehändler die Ware aus, es sei denn, der Kunde musste die Zahlungsart „Vorkasse" wählen. Einen bestimmten Zeitraum nach Auslieferung der Ware (oft sind dies zwei bis drei Wochen) wird dem der Onlinehändler seine Forderung vom Marktplatz erstattet. Nach Abzug einer Provision erfolgt dies unabhängig davon, ob der Kunde tatsächlich gezahlt hat oder nicht.	Auf Marktplätzen, auf denen dem Händler verschiedene Schnittstellen zur Zahlungsabwicklung zur Verfügung gestellt werden (z. B. eBay), entscheiden die Händler darüber, welche Zahlungsmöglichkeiten sie potenziellen Käufern anbieten stellen wollen. Hat ein Kunde bezahlt, erhält der Händler sofort (ohne eine Rückhaltefrist abwarten zu müssen) den Kaufbetrag.

Angebot von Serviceleistungen

Die Marktplatzbetreiber bieten ihren Onlinehändlern verstärkt Hilfsmittel an, die diese im Umgang mit ihren Kunden nutzen können:

- Zum Kundenservice gehört es, das der Händler auch detaillierte Kundenanfragen zu Produkten, zur Lieferzeit oder zum Bestellstatus beantwortet. Einige Marktplätze bieten dafür als Unterstützung der Händler Hotlines an.

Eine große Hilfe für Kunden ist es im Vorfeld, wenn ihnen der Besuch in einem Onlineshop über die Einheitlichkeit von Prozessen erleichtert wird und:
  - alle nachgefragten Artikel über eine gleiche Navigationsstruktur aufzufinden sind,
  - die Darstellungen der Artikel einheitlich sind,
  - die Bestellprozesse standardisiert sind.
- Außerdem übernehmen die Marktplätze für ihre Onlinehändler häufig einen Teil der Kommunikation mit den Kunden.

> **BEISPIEL**
>
> Der Marktplatz, auf dem die Fartext GmbH vertreten ist, übernimmt bei bestimmten, häufig vorkommenden Geschäftsprozessen die Kommunikation mit den Kunden per E-Mail. Es handelt sich dabei z. B. um die Bestellbestätigungen bzw. Zahlungsbestätigungen. Der Marktplatz hat den Kunden auch einen Bereich zur Verfügung gestellt, wo sie ihre Bestellungen aufrufen, nachvollziehen und bearbeiten können.

- Wenn der Marktplatz ein Bewertungssystem für seine Onlinehändler bietet, ist es für potenzielle Käufer leichter, die Qualität des Verkäufers zu beurteilen.
- Ein besonderer Service für Händler ist die Übernahme des **Fulfillments** durch den Marktplatz. Der Marktplatz stellt Lagerplätze zur Verfügung, verpackt die Artikel und versendet sie fachgerecht. Je nach Vereinbarung können auch Reklamationen und Retouren über den Marktplatz abgewickelt werden.

> **BEISPIELE**
>
> Onlinehändler auf dem Amazon-Marktplatz können einen Vertrag über das „Fulfillment by Amazon" abschließen. Die Vorteile für den Händler:
> - Die Auslieferung erfolgt schneller. Dadurch steigt die Kundenzufriedenheit.
> - Artikel mit langen Lieferzeiträumen werden von Amazon nach hinten gerankt. Durch die schnelle Lieferung über das „Fulfillment by Amazon" kommt der Onlinehändler im Ranking nach vorne.
> - Händler, die das „Fulfillment by Amazon" nutzen, sind automatisch und ohne Zusatzkosten bei Amazon Prime dabei. Dadurch können zum Teil Artikel versandkostenfrei angeboten werden.
>
> Als nachteilig erweist sich, dass Amazon Gebühren für die Einlagerung und den normalen Versand (Ausnahme Amazon Prime) der Artikel verlangt und dass der Onlinehändler keinen direkten Kontakt mehr mit seinen Kunden hat.

Technische Unterstützung

Technisch gesehen ist das Auftreten eines Onlinehändlers auf einem Online-Marktplatz vergleichsweise einfach. Als **Stammdaten** sind für die Handelsplattform zunächst die Produktdaten erforderlich. Als **Bewegungsdaten** benötigt der Marktplatz zusätzlich noch Informationen, um die Verfügbarkeit der Artikel den potenziellen Kunden melden zu können.

In der einfachsten Variante bieten die Online-Marktplätze die Möglichkeit, Produktdaten über Eingabemasken manuell auf die Handelsplattform hochzuladen. Komfortabler ist der Upload von Dateien. Eine Bearbeitung der Produktdaten wird über eine Webschnittstelle durchgeführt.

Viele Shopsysteme bieten Schnittstellenmodule an. Mit diesen können dann die Artikeldaten vom Shopsystem (eventuell auch von dahinterliegenden Warenwirtschaftssystem) gepflegt werden. Im Idealfall können damit verschiedene Online-Marktplätze parallel verwendet werden: Der gesamte Verkaufsprozess wird dann auf mehreren Handelsplattformen automatisch begleitet.

Ausweitung des Kundenkreises über nationale Grenzen

Da besonders die großen Online-Marktplätze international vertreten sind, bieten diese für Onlinehändler die Möglichkeit, Produkte und Dienstleistungen auch im Ausland anzubieten. Für Onlinehändler ist dieser Weg oft einfacher, kostengünstiger, als einen Webshop für ausländische Kunden aufzubauen, denn:

- die standardisierten Module für Geschäftsprozesse (wie z. B. Kaufabwicklung, Zahlungsabwicklung usw.) sind schon in die jeweilige Landessprache übersetzt.
- der Marktplatz orientiert sich bei der Abwicklung der Verkäufe und Zahlungsprozesse an den rechtlichen

LERNFELD 9

Bestimmungen des jeweiligen Landes. Dies gibt dem Onlinehändler schon eine gewisse rechtliche Sicherheit.
- die Marktplätze können auch für eine logistische Abwicklung der Verkäufe sorgen.

Dennoch hat der Onlinehändler beim Angebot seiner Produkte und Dienstleistungen ins Ausland bestimmte Punkte zu beachten:
- Nicht übersehen darf er die im jeweiligen Land möglicherweise herrschenden Meldepflichten oder Einfuhrgrenzen.
- Er muss überprüfen, ob sich die rechtlichen Rahmenbedingungen des jeweiligen Landes von denen in Deutschland unterscheiden.
- Er muss sicherstellen, dass eine über die vom Marktplatz zur Verfügung gestellte Kommunikation in den Standardmodulen in der Landessprache auch im direkten Kontakt zwischen Onlinehändler und ausländischen Kunden in der Muttersprache des potenziellen Käufers stattfindet.
- Selbstverständlich müssen die Produktbeschreibungen in der Landessprache vorhanden sein.

Verschiedene Plattform für Onlinehändler

B2C-Marktplätze

Onlinehändlern steht eine Vielzahl von Online-Marktplätzen zur Verfügung. Sehr viele Händler bieten ihre Waren privaten Kunden vor allem über die Marktplätze von Amazon und eBay an. Bekannte Marktplätze im B2C-Bereich sind in der folgenden Mindmap aufgeführt.

Auch wenn sie rapide Umsatzsteigerungen zeigen, hinken B2C-Marktplätze hinter B2B-orientierten elektronischen Marktplätzen hinterher. Diese sind – auf ihre jeweilige Wirtschaftsstufe gezogen – noch erfolgreicher.

B2B-Marktplätze

B2B-Marktplätze bieten sowohl gewerblichen Käufern als auch Verkäufern Vorteile.

Vorteile für Einkäufer:
- Käufer haben auf Marktplätzen eine große Produkt- und Anbieterauswahl. Diese ist nicht nur regional und auch nicht unbedingt national beschränkt, sondern prinzipiell weltweit.
- Die Käufer können die Preise auf dem Markt vergleichen.
- Kann ein Händler nicht bzw. nicht rechtzeitig liefern, kann schnell zu einem anderen Lieferanten gewechselt werden: Damit haben die Käufer eine ständige Produktverfügbarkeit.

Vorteile für Verkäufer:
- Die als Verkäufer auftretenden Onlinehändler haben auf Marktplätzen ein riesiges, weltweites Kundenpotenzial.
- Die Verkäufer profitieren von auf Geschäftskunden zugeschnittenen Funktionen des Marktplatzes.

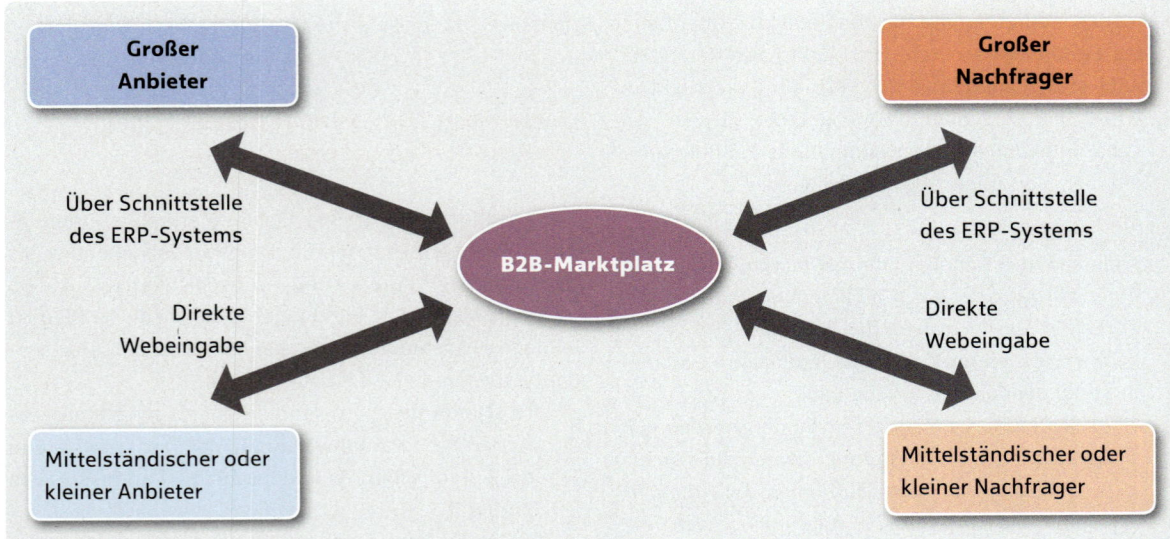

Aufbau eines B2B-Marktplatzes

LERNFELD 9

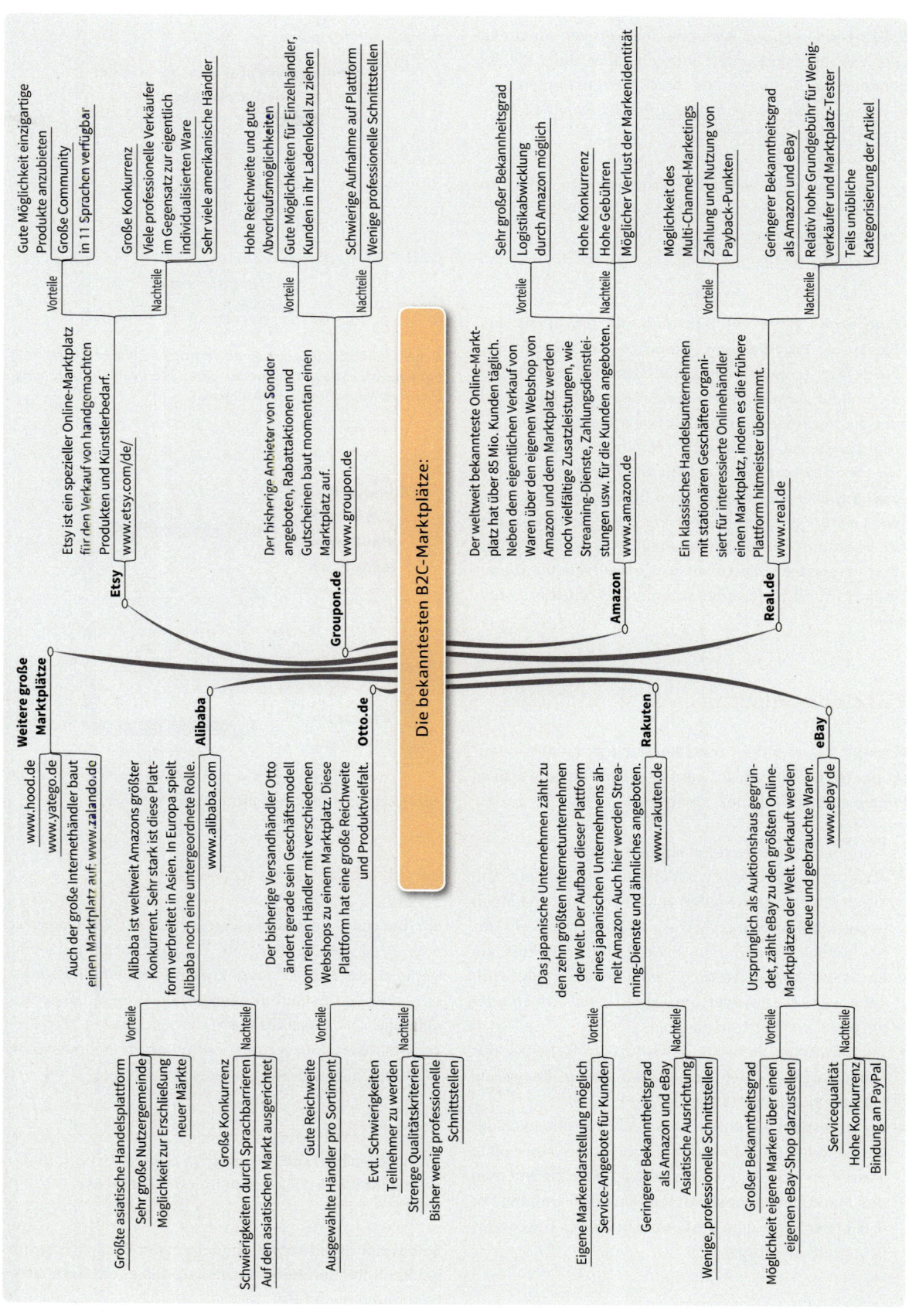

LERNFELD 9

Branchenabhängig gibt es eine *Vielzahl von Marktplätzen*. Bekannt sind unter anderem aber auch die folgenden branchenübergreifenden B2B-Plattformen:
- www.amazon.de/Amazon-Business-Übersicht
- www.mercateo.com
- www.wucato.de
- www.wlw.de (entwickelt sich gerade von einer Produktsuchmaschine zu einer B2B-Plattform)
- www.zentrada.de
- www.restposten.de

Eine große Rolle auf B2B-Marktplätzen spielt das **Electronic Procurement**. Darunter wird die der teilweise oder er vollständig automatisierte Beschaffung im Einkauf verstanden. In erster Linie geht es hierbei um die Verbesserung und Optimierung der Beschaffungsprozesse in Form der funktions- und unternehmensübergreifenden Aktivitäten, die der Bereitstellung aller im Unternehmen benötigten Güter sowie Leistungen dienen. Ziel ist es dabei vorrangig, die Bearbeitungs- und Durchlaufzeiten zu minimieren. Erst in zweiter Linie sollen die Einkaufskosten durch Bedarfs- und Lieferantenoptimierung reduziert werden.

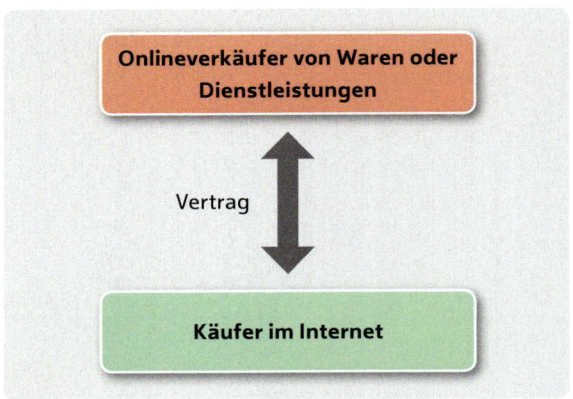

Der Normalfall: Ein Kunde einen Vertrag (bei Waren Kaufvertrag, bei Dienstleistungen entweder einen Werkvertrag oder einen Dienstvertrag) mit dem Webshop ab.

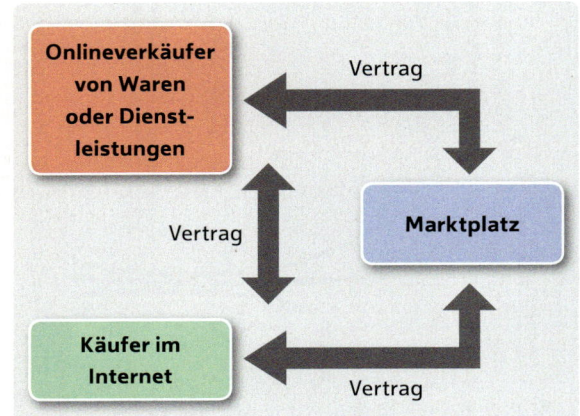

Auf Marktplätzen gibt es immer mehrere Verträge.

Rechtliche Grundlagen von Marktplätzen

Marktplätze vermitteln zwischen Anbietern und Kundenprodukten und Services. Zwischen diesen besteht also im Prinzip eine Dreiecksbeziehung:

Es werden mehrere Verträge abgeschlossen:
- Zunächst einmal wird zwischen dem Anbieter und dem Kunden, der Waren kaufen will bzw. Dienstleistungen beauftragen möchte, ein Vertrag abgeschlossen. Dabei handelt es sich beim Erwerb von Produkten um einen Kaufvertrag. Werden Dienstleistungen erbracht, kann es sich entweder um einen Dienstvertrag oder um einen Werkvertrag handeln.
- Auch zwischen dem Kunden und dem Betreiber des Marktplatzes besteht eine vertragliche Beziehung über die Nutzung des Marktplatzes.
- Zwischen dem Marktplatz und dem Onlinehändler, der Waren oder Dienstleistungen über dem Marktplatz vertreiben möchte, wird ein Vertrag über die Nutzung des Marktplatzes geschlossen. Rechtlich gesehen ist dies in der Regel eine bestimmte Form des Geschäftsbesorgungsvertrages.

Geschäftsbesorgungsvertrag

Ein Geschäftsbesorgungsvertrag ist ein Dienstvertrag oder Werkvertrag, der eine Geschäftsbesorgung zum Gegenstand hat. Er wird zwischen einem Leistungsschuldner (= **Geschäftsbesorger**) und einem Leistungsgläubiger (= **Geschäftsherr**) abgeschlossen. Ein Geschäftsbesorgungsvertrag kann sowohl mündlich als auch schriftlich geschlossen werden.

> **DEFINITION**
>
> Eine **Geschäftsbesorgung** ist eine selbstständige wirtschaftliche Tätigkeit in fremdem Interesse.

Selbstständige Tätigkeit bedeutet: der Geschäftsbesorger kann frei darüber entscheiden, wie er die Geschäftsbesorgung durchführt.

Wirtschaftliche Tätigkeit bedeutet: Es muss sich um eine Tätigkeit handeln, die sich auf das Vermögen des Geschäftsherrn beziehen.

In fremdem Interesse bedeutet: Der Geschäftsbesorger übernimmt eine Aufgabe, für die der Geschäftsherr ursprünglich zuständig war.

> **BEISPIELE für Geschäftsbesorgungsverträge:**
> - Vertrag zwischen einem Rechtsanwalt und seinem Mandanten
> - Beauftragung eines gewerblichen Autohändlers durch den Fahrzeugeigentümer, sein gebrauchtes Fahrzeug im Namen und auf Rechnung des Fahrzeugeigentümers zu verkaufen
> - Steuerberatungsvertrag
> - Maklervertrag
> - Vermögensverwaltungsvertrag
> - Gutachtervertrag
> - Bauträgervertrag
> - Vertrag über die Bearbeitung oder Verarbeitung von Waren für andere, wenn das Gewerbe nicht handwerksmäßig betrieben wird
> - Vertrag über die Übernahme der Beförderung von Gütern und Reisenden zur See
> - Geschäfte der Spediteure, Lagerhalter und Kommissionäre
> - Verlagsgeschäfte
> - Druckereigeschäfte, wenn das Gewerbe nicht handwerksmäßig betrieben wird
> - Bankgeschäfte (Überweisungsvertrag, Zahlungsvertrag, Girovertrag)

Durch den Abschluss eine Geschäftsbesorgungsvertrages verpflichtet sich der Geschäftsbesorger, ein ihm vom Geschäftsherrn übertragenes Geschäft zu besorgen. Der Geschäftsherr muss dem Geschäftsbesorger als Gegenleistung ein Entgelt zahlen. Ein Geschäftsbesorgungsvertrag ist ein Dienstvertrag, wenn die Geschäftsbesorgung nur das Tätigwerden des Geschäftsbesorgers für den Geschäftsherrn zum Inhalt hat.

> **BEISPIEL**
>
> Der Vertrag zwischen einem Rechtsanwalt und einem Klienten ist ein Dienstvertrag in der Form des Geschäftsbesorgungsvertrags

Ein Geschäftsbesorgungsvertrag ist ein Werkvertrag, wenn der Geschäftsbesorger dem Geschäftsherrn außer der Tätigkeit auch den Erfolg der Tätigkeit schuldet.

> **BEISPIEL**
>
> Übernahme der Bearbeitung oder Verarbeitung von Waren für den Geschäftsherrn durch den Besorger.

AUFGABEN

1. Warum wird es aus der Sicht eines kleinen Onlinehändlers immer schwerer, Kunden mit einem Webshop im Internet zu erreichen?
2. Welche Vorteile hat das Auftreten auf einem Marktplatz für einen Onlinehändler?
3. Was ist ein elektronischer Marktplatz?
4. Welche Anforderungen werden von Onlinehändlern heute an Onlinemarktplätze gestellt?
5. „Hier hat nur ein bestimmter Kreis von Geschäftspartnern Zugang." Welche Art von Marktplatz liegt vor?
6. Welche Marktplätze kann man abhängig von der Betreiberart unterscheiden?
7. Führen Sie Bereiche auf, in denen ein Onlinemarktplatz einen Onlinehändler unterstützt.
8. Erläutern Sie,
   a) was Off-site-Maßnahmen,
   b) was On-site-Maßnahmen sind.
9. Führen Sie verschiedene Plattformen für Onlinehändler im B2C-Bereich auf.
10. Was versteht man unter einem B2B-Marktplatz?
11. Führen Sie Beispiele für B2B-Marktplätze auf.
12. Erläutern Sie die Funktionsweise eines großen C2C-Marktplatzes.
13. Erläutern Sie, welche Verträge geschlossen werden, wenn ein Onlinehändler einen Marktplatz nutzt.
14. Was ist ein Geschäftsbesorgungsvertrag?
15. Überlegen Sie, wie das Kosten-Nutzen-Verhältnis beim Einsatz von Repricern ist und warum dieses eine Rolle in Ihrer Verkaufskalkulation spielt.

LERNFELD 9

AKTIONEN

1. Im nächsten Betriebsunterricht der Fairtext GmbH wird es um elektronische Marktplätze und deren Vor- und Nachteile gehen.
   a) Informieren Sie sich über diesen Themenbereich, indem Sie das Kapitel über elektronische Marktplätze lesen.
   b) Erstellen Sie eine zusammenfassende Mindmap.
   c) Präsentieren und vergleichen Sie Ihre Ergebnisse.
   d) Nehmen Sie ggf. Änderungen/Ergänzungen vor.
2. Informieren Sie sich, welche Marktplätze für Sie und Ihr Ausbildungsunternehmen in Deutschland sowie innerhalb Europas infrage kommen, und notieren Sie diese. Finden Sie Vor- und Nachteile, die die jeweiligen Marktplätze für Sie bieten.
3. Informieren Sie sich über geeignete Repricer und halten Sie wichtige Informationen übersichtlich fest. Gehen Sie dabei auch auf die Anforderungen ein, die notwendig sind, um mit diesen Programmen zu arbeiten.
4. Lesen Sie den folgenden Text. Erstellen Sie dann eine englischsprachige Mindmap, die dessen Inhalt wiedergibt.

Marketplaces
On the internet, the merchants cannot assume that buyers come across their online shops by themselves. Online merchants must either engage in cost-intensive marketing or place their goods on web sites that are already well-known to customers. Therefore, there are already many online marketplaces successfully established throughout the web. The term 'online marketplace' refers to an online shop where, in contrast to the classic online shop of a single retailer, customers can purchase products online from different retailers who sell via the marketplace, but on their own account. Similar to a fair or weekly market, merchants come together at a central location and offer their products to visitors. At those marketplaces customers benefit from a large selection of products, while dealers appreciate the increased reach: Merchants who are active on the large online marketplaces often generate the largest part of their sales there.
Internet platforms do not only serve as an additional sales channel, but are also ideal for entering the e-commerce world. Thanks to the online marketplaces the formation of an own online shop and its marketing is possible without large costs. These platforms also make sure that the products are perceived by the intended target group.

ZUSAMMENFASSUNG

Marktplätze
- Sind gerade für den Bereich E-Commerce sehr wichtig
- Wirken verkaufsfördernd
- können Neukunden erreichen und gewinnen
- können Kunden begeistern
- sind die Märkte der Zukunft

KAPITEL 7
Auktionen

LERNFELD 9

Caroline König wird zu Herrn Harriefeld gerufen.

Caroline König:
„Guten Morgen Herr Harriefeld! Sie wollten mich sprechen?"

Herr Harriefeld:
„Hallo Caroline! Hier, schauen Sie einmal: Während der letzten Inventur hat sich gezeigt, dass wir in dieser Warengruppe – obwohl sie eigentlich gut läuft – doch einige Restposten haben. Ich möchte mal versuchen, diese im Rahmen einer Auktion loszuwerden. Dabei sollen Sie mich unterstützen!"

Caroline König:
„Wodurch unterscheidet sich denn eine Auktion von dem normalen Verkauf?"

Geben Sie an, was eine Onlineauktion ist.

INFORMATIONEN

Auktionen zählen zu der Form des dynamischen Marktplatzes. Onlineauktionen sind Auktionen, die über das Internet veranstaltet werden. Nach Abschluss einer Auktion zahlt der erfolgreiche Bieter in der Regel per Nachnahme oder Überweisung. Die Ware wird dann an den Kunden versendet. In einigen Fällen zahlt der Bieter auch bar bei Abholung.

Bekannteste Veranstalter von Onlineauktionen sind
- eBay
- Hood.de
- ricardo.ch
- myhammer.de (für Dienstleistungen).

Innerhalb des Auktionsprinzips werden diverse Unterscheidungen vorgenommen. Je nachdem, was der Verkäufer erreichen und welche Produkte er verkaufen möchte, werden diese Modelle eingesetzt.

Arten von Auktionen

- **Klassische Auktion** (auch Englische Auktion genannt)
  Ein Produkt oder eine Dienstleistung wird zu einem Mindestpreis (Startpreis) innerhalb eines bestimmten Zeitraums angeboten. Die Käufer geben für das gewünschte Produkt Gebote ab und der Höchstbietende erhält nach dem Ablauf der Zeit den Zuschlag. Die klassische Auktion ist geeignet für verschiedene Produkte und Dienstleistungen, bei denen der Preis im Vorfeld nicht zuverlässig bestimmt werden kann. Man unterscheidet:
  - Offline-Auktion: Die Auktion findet in einem Auktionshaus statt.
  - Online-live-Auktion: Die Auktion findet im Internet statt. Unter Umständen können Softwarelösungen eingesetzt werden, die selbstständig bis zu einem festgelegten Höchstpreis mitbieten.

LERNFELD 9

- **Holländische Auktion** (Top-Down-Auktion)
  Ein Produkt wird zu einem festgelegten Höchstpreis angeboten. Die Käufer können innerhalb eines festgelegten Zeitraums Preisvorschläge in bestellten Intervallen nach unten unterbreiten. Der Bieter, der den Preis, den der Verkäufer als Mindestpreis für das Produkt festgelegt hat, bietet, erhält den Zuschlag. Die Holländische Auktion ist geeignet für Produkte, die schnell veräußert werden sollen, ggf. auch aufgrund von Wertverlust, wie bei verderblichen Waren, Restposten (auch bei Reisen oder Tickets).

- **Höchstpreisauktion** (Verdeckte Auktion)
  Ein Produkt, eine Immobilie oder eine Dienstleistung wird zu einem vorher festgelegten Mindestpreis angeboten und die Bieter geben Gebote ab. ==Der Unterschied zur klassischen Auktion besteht darin, dass die Bieter nicht wissen, welchen Preis die anderen Bieter als Gebot abgegeben haben.== Ziel dieser Auktion ist es, einen möglichst hohen Preis zu erzielen und die Bieter an ihre „Höchstgrenze" in Bezug auf das abgegebene Gebot zu treiben. Diese Art der Auktion ist geeignet für Produkte, Immobilien oder Dienstleistungen, bei denen der Mindestpreis möglichst die Kosten deckt und eine Gewinnmaximierung angestrebt wird.

- **Vickrey-Auktion** (Second Price Sealed Bid Auction)
  Diese ähnelt der Höchstpreisauktion. Die Gebote werden ebenfalls verdeckt abgegeben und der Höchstbietende bzw. Tiefstbietende (je nach Angebotsform) erhält den Zuschlag. Allerdings muss nur der Preis des zweithöchsten bzw. zweitniedrigsten Gebotes gezahlt werden. Sie ist geeignet für Produkte, bei denen der Preis schwer einzuschätzen ist, deren Verkauf aber einen möglichst hohen Gewinn bringen soll.

Meist werden Produkte in Auktionen mit dem Ziel des „Verkaufs" angeboten. Hierbei handelt es sich vorwiegend um Produkte, deren Preis schwer abzuschätzen ist, oder um Restbestände, die abverkauft werden sollen.

Auch ist es in der Praxis üblich, dass Unternehmen Container mit Retourenlieferungen von Versandunternehmen „blind" kaufen und die Einzelprodukte wiederum in Auktionen anbieten. Hier besteht allerdings die Gefahr, dass der Käufer – da er nicht weiß, was für Produkte sich in den Containern befinden – unter Umständen zu viel für die erhaltenen Waren zahlt oder diese nur schwer wiederverkäuflich sind.

Werden beispielsweise Container mit Retourenlieferungen von verschiedenen Versandunternehmen angeboten, können sich die Verkäufer gegenseitig „unterbieten" oder „überbieten", je nachdem, welcher Auktionsmechanismus zur Preisbildung herangezogen wird. Der Käufer erhält dann den jeweiligen Container zum günstigsten bzw. zweitgünstigsten oder höchsten bzw. zweithöchsten Preis. Dies hat den Vorteil, dass der Verkäufer die angebotenen Güter „los ist" und der Käufer einen aus seiner Sicht akzeptablen Preis für die erworbenen Artikel zahlt.

Werden Waren und Dienstleistungen über Auktionsplattformen angeboten, gilt auch hier wieder, dass die gesetzlichen Bestimmungen sowie die AGB der Betreiber akzeptiert und eingehalten werden müssen.

Rechtslage bei zwei grundlegenden Problemen bei Auktionen mit eBay	
Eigengebote	**Abbruchjagden**
Preismanipulationen durch Eigengebote über Drittaccounts sind unter dem Begriff „Shill Bidding" bekannt. Nach Ansicht des Bundesgerichtshofs sind Eigengebote eines eBay-Verkäufers unwirksam sind.	Verboten sind „Abbruchjagden". Darunter wird die Teilnahme an einer Online-Auktion verstanden, wobei nur geringe Beträge geboten werden: Gehofft wird auf einen Abbruch der Auktion. Wird diese aus einem bestimmten Grund vom Verkäufer abgebrochen, wird später Schadenersatz in Höhe des Differenzbetrags zwischen dem Höchstgebot zum Zeitpunkt des Abbruchs der Online-Auktion und den Kosten für eine Ersatzbeschaffung des in der Auktion angebotenen Produkts fällig.

LERNFELD 9

Vorteile von Auktionen

- Produkte, Dienstleistungen sowie Immobilien können innerhalb eines festgesetzten Zeitraums schnell verkauft werden.
- Auch schwierige Produkte können abgesetzt werden.
- Der Umsatz kann gesteigert werden.
- Bei B2B-Auktionen ist nur wenig „Manpower" für den Einkauf notwendig (Kostenersparnis).
- Es herrscht Transparenz für den Einkäufer – je nach Auktionsmodell.
- Kulturelle Unterschiede zwischen Käufer und Verkäufer spielen weniger eine Rolle, da beide nur „online" in Erscheinung treten.
- Ein globaler Einkauf sowie Verkauf sind einfach und schnell möglich.
- Das Angebot hat eine hohe Reichweite – dadurch ggf. Steigerung des Angebotspreises, Neukundengewinnung.

- Ggf. ist eine extra Software notwendig, die kostenpflichtig ist.
- Durch die verschiedenen Auktionsformen können Fehleinkäufe entstehen.
- Produkte werden möglicherweise zu einem zu hohen Preis eingekauft.
- Der Bieter wird verleitet, höhere Gebote abzugeben, also er ursprünglich geplant hat.

Nachteile von Auktionen

- Entgelte fallen an (z. B. Kosten für Lizenzen sowie Providergebühren).

Man kann auch juristisch sauber einen Zuschlag in einer Auktion bekommen.

AUFGABEN

1. Was ist eine Onlineauktion?
2. Führen Sie bekannte Veranstalter von Onlineauktionen auf.
3. Erläutern Sie die drei verschiedenen Arten von Auktionen.
4. Führen Sie Vorteile und Nachteile von Onlineauktionen auf.
5. Wie ist die Rechtslage bei
   a) der Abgabe von Eigengeboten,
   b) Abbruchjagden?
6. Welche Art von Auktion ist in den folgenden Beispielen angesprochen?
   a) Die Auktionsplattform legt den maximalen Preis fest. Die Reaktionszeit beginnt zu laufen. Mit jeder Minute fällt der Preis: Das erste Angebot erhält den Zuschlag. Ist die Zeit abgelaufen und die Ware nicht verkauft, wird sie vom Markt genommen.
   b) Die Auktionsplattform bittet die potenziellen Käufer, ihre Gebote bis zu einem bestimmten Termin (dieser wird „Deadline" genannt) abzugeben. Die Auktionsplattform hält die Gebote der Bieter bis zu diesem Termin geheim. Im Anschluss daran werden die Gebote veröffentlicht und der Gewinner ermittelt.
   c) Die Bieter versammeln sich zu einer zuvor bestimmten Zeit virtuell in einem Raum auf der Auktionsplattform. Diese fordert die Teilnehmer auf, ein Gebot abzugeben (oder sie gibt die Gebote vor und die Bieter können diesem Gebot zustimmen). Jeder Bieter sieht das abgegebene Gebot eines anderen Bieters. Er hat dann eine begrenzte Zeit, um ein höheres Gebot abzugeben.

LERNFELD 9

AKTIONEN

1. Nachdem Caroline sich mit verschiedenen Marktplätzen sowie den Vor- und Nachteilen für den Bereich E-Commerce auseinandergesetzt hat, überlegt sie, ob man die von Herrn Harriefeld angesprochenen Produkte auch über spezielle Auktionen verkaufen kann.
   a) Helfen Sie Caroline und informieren Sie sich über diesen Themenbereich, indem Sie das Kapitel über Auktionen lesen.
   b) Halten Sie wichtige Informationen stichpunktartig fest.
   c) Erarbeiten Sie einen Leitfaden für das Anbieten von Produkten per Auktion.
   d) Präsentieren Sie Ihre Ergebnisse.

2. Informieren Sie sich über Auktionsplattformen, die für Ihr Unternehmen bzw. Ihre angebotenen Produkte infrage kommen, und notieren Sie diese. Stellen Sie Ihre Ergebnisse im Plenum vor und üben Sie konstruktive Kritik.

3. Informieren Sie sich über die rechtlichen Rahmenbedingungen, die für das Anbieten von Produkten und Dienstleistungen gelten, und halten Sie diese in einer Mindmap fest. Stellen Sie Ihre Ergebnisse im Plenum vor und üben Sie konstruktive Kritik.

ZUSAMMENFASSUNG

Auktionen

- Auktionen dienen dem schnellen Verkauf von Waren, Immobilien und Dienstleistungen innerhalb eines festgelegten Zeitraums.
- Die Verkaufspreise können variieren.
- Auch „schwierige" Produkte/Dienstleistungen können verkauft werden durch die verschiedenen **Auktionsmodelle**:
  - Klassische Auktion
  - Holländische Auktion
  - Höchstpreisauktion
  - Vickrey-Auktion

KAPITEL 8
Datensicherung

LERNFELD 9

Ein Freitagmittag in der Fairtext GmbH:

Situation 1
Frau Thiele soll auf Anweisung der Unternehmensleitung einen vertraulichen Finanzbericht für die Hausbank des Unternehmens tippen. Während der Mittagspause geht sie in die Kantine. Der PC bleibt selbstverständlich eingeschaltet. Irgendwann zwischen 12:00 und 13:00 Uhr schleicht sich ein Unbekannter ins Büro, kopiert die Datei und beginnt dann auch noch in aller Ruhe, die Zahlen am Anfang des Berichts zu manipulieren.

Situation 2
Herr Strahler spielt in der Mittagspause am Abteilungsrechner Computerspiele. Diese hat er aus seinem privaten Freundeskreis bekommen und auf dem Unternehmenscomputer installiert. Plötzlich meldet sich der „Bloody!"-Virus. Am PC geht nichts mehr. Der Absturz bewirkt einen Totalverlust der Daten.

Situation 3
Mete Özcan liest in der Mittagspause einen interessanten Artikel in der Zeitung:

> (...) Wie gestern ein bekannter Anti-Viren-Experte bekannt gab, sollen über 1000 Webshops in Europa und den USA mit bösartigen Skripten infiziert worden sein. Ziel der Attacke ist zum einen der Diebstahl von Kartendaten und zum anderen die Infiltrierung mit weiterer Malware. (...)

Mete überlegt gleich: Könnte das auch der Fairtext GmbH passieren?

Stellen Sie fest, wie diese Vorfälle hätten vermieden werden können.

INFORMATIONEN

Datensicherung und Datenschutz

Die moderne Computertechnologie hat sich aufgrund ihrer Vorteile in vielen Bereichen der Wirtschaft, der öffentlichen Verwaltung, aber auch des Privatlebens durchgesetzt. Die Abhängigkeit der heutigen Gesellschaft von der Datenverarbeitung birgt jedoch auch schwerwiegende Gefahren in sich:

- Hardware, Programme, vor allem aber Daten können durch Nachlässigkeit verloren gehen oder sogar mutwillig zerstört werden. Dies kann in Unternehmen zu spürbaren Störungen des Geschäftsablaufs führen.

> **BEISPIEL**
> Ein Ausfall der Technik, eine defekte Festplatte oder ein Hackerangriff können dazu führen, dass der Betrieb des Webshops eingestellt werden muss, wenn nicht Vorsorge betrieben wurde.

In Extremfällen wird eventuell sogar die Existenz von Unternehmen gefährdet.

> **BEISPIEL**
> Ein Unternehmen hat alle ausstehenden Forderungen gegenüber den Kunden nur einmal auf einem externen Datenträger gespeichert. Aus Wut, dass sie kein Geld erbeuten, zerstören Einbrecher die EDV-Anlage. Die Daten der Schuldner sind auf dem beschädigten Datenträger nicht mehr auffindbar.

Das Anliegen der **Datensicherung** ist es, die bei der Datenverarbeitung eingesetzten Mittel und Verfahren vor solchen Gefahren abzusichern, die die Funktionsfähigkeit der EDV-Anlagen beeinträchtigen könnten. Die Datensicherung bezieht sich also auf die technischen Aspekte der Datenverarbeitung.

- Wenn die Daten sich auf bestimmte Personen beziehen, unterliegen sie besonderen gesetzlichen Schutzbestimmungen. Der **Datenschutz**[1] soll die Bürger vor dem Missbrauch der Daten, die an irgendeiner Stelle gespeichert oder verarbeitet werden, bewahren.

Datensicherung

Für jedes die elektronische Datenverarbeitung einsetzende Unternehmen stellen die Datenbestände (z. B. Gewinnspannen, Bilanzkennzahlen usw.) einen besonderen Wert dar. Aus Gründen des Betriebsgeheimnisses müs-

---
[1] Mehr zum Datenschutz im Kapitel 9.9.

LERNFELD 9

sen sie deshalb mit besonderer Sorgfalt behandelt werden. Werden keine vorbeugenden Maßnahmen getroffen, bestehen für diese Daten große Sicherheitsrisiken. Datenverlust, unerlaubte Datenmanipulationen oder Diebstahl können die Folgen fehlender Sicherheitsanforderungen sein.

Früher oder später kann jedes Unternehmen die Erfahrung eines Datenverlusts machen. Dies kann passieren durch:

- Hardwarefehler
- einen Fehler des Betriebssystems
- logische Fehler innerhalb der Daten
- Feuer
- Wasserschäden
- Diebstahl
- versehentliches – manchmal auch vorsätzliches – Löschen

Gefährdungspotenzial bei PCs		
Komponenten	**Bedrohung**	**Mögliche Ursachen**
Hardware	• Beschädigung • Zerstörung • Verlust	• zufällige Einwirkungen (Unkenntnis, Schlampigkeit, Verwahrlosung) • vorsätzliche Eingriffe (Sabotage, Raub)
Arbeitsmittel	• Unbrauchbarkeit • Verderblichkeit • Fehler	• wie bei Hardware
Versorgungseinrichtungen	• Störung • Unterbrechung • Ausfall	• wie bei Hardware zusätzlich: nicht beeinflussbare Außeneinwirkungen
Software	• Verfälschung • ungewollte Löschung • ungewollte Übermittlung • Raub	• Manipulation • Ausspähung • Verrat
Menschen	• Versagen • Ausfallen • Veruntreuung	• Überforderung • Gleichgültigkeit • Böswilligkeit

Ein Datenverlust kann für ein Unternehmen einen immensen Schaden verursachen.

BEISPIEL

Ein wirtschaftlich gesundes Unternehmen gerät an den Rand der Insolvenz, weil durch einen Brand auch die Festplatte des Servers mit dem gesamten Forderungsbestand vernichtet wird. Das Unternehmen hatte keine Vorsorge für Sicherungsmaßnahmen getroffen. Der Forderungsbestand konnte nur unzureichend rekonstruiert werden.

Vor diesem Hintergrund ist eine regelmäßige Datensicherung eine sehr wichtige Tätigkeit in einem Unternehmen. Sämtliche Maßnahmen, um Daten gegen Verlust, Zerstörung oder Verfälschung zu sichern, zählen zur Datensicherung. Ziel der Datensicherung ist die Aufrechterhaltung einer ununterbrochenen Funktionsfähigkeit.

Unter **Datensicherung** versteht man
- sowohl den Vorgang des Kopierens der in einem Computersystem vorhandenen Daten auf ein Speichermedium (das im Allgemeinen transportabel ist)
- als auch das Ergebnis – die auf dem Speichermedium gesicherten Daten.

Es geht also bei der Datensicherung überwiegend um eine kurz- bis mittelfristige zusätzliche Speicherung von zu sichernden Daten zur Wiederherstellung verlorener Daten. Auch wenn eine regelmäßige Datensicherung einigen Arbeitsaufwand bedeutet, steht diese Mühe meist in keinem Verhältnis zu einer manuellen Rekonstruktion der Daten. In Netzen, bei denen mehrere Benutzer mit einem Datenbestand arbeiten, ist wenigstens eine wöchentliche, besser eine tägliche **Datensicherung** erforderlich.

Das entscheidende Kriterium für die Beurteilung einer Datensicherung ist der Nachweis, dass die gesicherten Daten auch vollständig und innerhalb eines angemessenen Zeitraums wiederhergestellt werden können.

Durch die kurzfristige Aufbewahrung (in der Regel 3 bis 6 Monate) unterscheidet sich die Datensicherung von der längerfristigen Datenarchivierung, die anderen Gesetzmäßigkeiten unterliegt.

Die meisten Maßnahmen der Datensicherung dienen gleichzeitig auch dem Datenschutz. Es gibt
- technische,
- personelle,
- programmtechnische und
- organisatorische

Verfahren der Datensicherung.

Verfahren der Datensicherung		
Technische Verfahren		
Notstromaggregate Unternehmen besitzen häufig zentrale Rechenzentren. Diese sind in der Regel mit Notstromaggregaten ausgestattet, die bei Stromausfall die notwendige Energie erzeugen, um den Datenverarbeitungsbetrieb aufrechtzuerhalten.	**Parallelrechner** Ein Parallelrechner ist ein zusätzlicher Computer, der bei Ausfall der eigentlichen EDV-Anlage deren Aufgaben wahrnimmt. Im Notfall wird automatisch umgeschaltet, sodass Gesamtausfälle vermieden werden können.	**Streamer** Ein Streamer ist eine spezielle Magnetbandeinheit, die größere Datenmengen sehr schnell aufnehmen bzw. wieder abgeben kann. So können Datenbestände regelmäßig schnell und sicher auf Magnetbändern bzw. Magnetbandkassetten gesichert werden.
Hardware-Schreibschutz Bestimmte Datenträger (z. B. SD-Karten) besitzen einen Schreibschutzschalter. Wird dieser in eine bestimmte Position gebracht, ist ein versehentliches Überschreiben von Dateien nicht möglich.	**Mechanische Sicherungen** Jeder Computer sollte mit einem Schloss versehen sein, damit die Inbetriebnahme nur Schlüsselbesitzern möglich ist. Für die zum Computereinsatz gehörenden Arbeitsmittel (z. B. CD-ROMs, Formulare, Belege, Listen, Protokolle usw.) sollte ein Safe zur Verfügung stehen, der feuer-, diebstahl-, wasser- und explosionssicher ist.	**Räumliche Sicherungen** Sicherheitsschlösser, Sicherheitsverglasungen und Alarmanlagen sind geeignete Schutzmaßnahmen für die Räume, in denen sich EDV-Anlagen befinden.
Organisatorische Verfahren		
Periodisches Anfertigen von Sicherheitskopien Zur Sicherung von Datenbeständen sollten Unternehmen drei Generationen von Datenträgern aufbewahren. Dieses „Großvater-Vater-Sohn-Prinzip" gewährleistet, dass bei täglicher Verarbeitung grundsätzlich die Daten der beiden vorhergehenden Tage noch als Sicherheiten zur Verfügung stehen.	**Überwachungsprotokolle des Betriebsablaufs** Zur Datensicherung besteht auch die Möglichkeit, sämtliche Vorgänge, die in der EDV-Anlage ablaufen, in einer besonderen Datei zu speichern. Sämtliche Tätigkeiten, die mit der EDV-Anlage vorgenommen werden, können so überwacht werden.	
Personelle Verfahren		
Schulungen Das Unternehmen kann durch angemessene Schulungen der Mitarbeiter sicherstellen, dass diese fehlerfrei und ordnungsgemäß die EDV bedienen können.	**Doppelbesetzungen** Es ist darauf zu achten, dass alle Aufgaben in der Datenverarbeitung von mehr als einer Person durchgeführt werden können, damit das Unternehmen nicht von einzelnen Personen mit Spezialkenntnissen abhängig wird.	**Das Vier-Augen-Prinzip** Besonders kritische Vorgänge können geschützt werden, indem vor der Ausführung die Eingabe – und damit Zustimmung – einer zweiten Person (z. B. Abteilungsleiter) verlangt wird.
Anfordern von Führungszeugnissen	Kontrollen des Werkschutzes	Bestellung eines betrieblichen Datenschutzbeauftragten

LERNFELD 9

Verfahren der Datensicherung		
Programmtechnische Verfahren		
Plausibilitätskontrollen Einprogrammierte Plausibilitätskontrollen prüfen, ob eingegebene Daten in der Wirklichkeit überhaupt vorkommen können. Wird beispielsweise als Tageszahl der 32. genannt, wird der Anwender automatisch auf diesen Fehler hingewiesen.	**Passwortverfahren** Der Zugang zu Anwenderprogrammen oder auch zum Betriebssystem sollte durch Kennwörter gesichert werden. Dadurch wird verhindert, dass Unbefugte mit der Software arbeiten können. Kennwörter müssen verdeckt eingegeben werden können: Das eingegebene Passwort darf nicht am Bildschirm erscheinen.	**Berechtigungscodes** Die einzelnen Mitarbeiter werden mit unterschiedlichen Autorisationsgraden ausgestattet: Einige Mitarbeiter dürfen mit allen Unterprogrammen arbeiten, andere dürfen nur bestimmte – nicht sicherheitsgefährdende – Tätigkeiten am Computer vornehmen. Für jeden Mitarbeiter werden also nicht nur Passwörter gespeichert, sondern auch, wozu er im Einzelnen am Computer berechtigt ist.
Software-Schreibschutz und versteckte Dateien Bestimmte Programme ermöglichen es, Dateien zu verstecken. Diese werden nicht im Inhaltsverzeichnis ausgegeben und können daher nur von Mitarbeitern, die von der Existenz der Dateien wissen, bearbeitet werden. In vielen Fällen werden Dateien auch „read only" gestellt: Die Datei kann aus Sicherheitsgründen nur gelesen, aber nicht verändert werden.	**Verschlüsselung von Daten** Sehr wichtige Daten, die auf externen Speichern aufbewahrt werden, können mithilfe geeigneter Programme verschlüsselt werden. Dadurch wird es Unbefugten zumindest erschwert, Daten zu lesen oder zu verändern. Die Verschlüsselung ist mit einem gewissen Zeitverlust verbunden, den man aber bei wichtigen Informationen in Kauf nehmen sollte.	**Prüfziffernverfahren** Prüfziffern dienen dazu, fehlerhafte Angaben bei der Erfassung oder Übermittlung numerischer Daten zu entdecken.

Es gibt verschiedene **Arten der Datensicherung**:

- **vollständige Datensicherung**
  Sämtliche zu sichernden Dateien werden zu einem bestimmten Zeitpunkt auf einen zusätzlichen Datenträger gespeichert. Dies hat den Vorteil, dass alle Daten komplett vorliegen. Es muss bei der Wiederherstellung der Dateien nicht lange gesucht werden. Die Volldatensicherung kann jedoch sehr zeitaufwendig sein und viel Platz auf dem Speichermedium verbrauchen.

- **inkrementelle Datensicherung**
  Werden bei der letzten Sicherung nur die veränderten Daten gespeichert, nennt man diesen Vorgang inkrementelle Datensicherung. Dazu muss einmal eine Volldatensicherung durchgeführt werden. Anschließend werden nur noch die Dateien gesichert, die sich seit der letzten inkrementellen Datensicherung verändert haben. Dadurch wird Speicherplatz gespart und weniger Zeit für die eigentliche Datensicherung benötigt. Die Wiederherstellung der Daten erfordert jedoch einen erheblich größeren Zeitaufwand als die Volldatensicherung.

Datensicherung und Datenschutz überschneiden sich sehr häufig auf dem Gebiet der zu treffenden Maßnahmen.

> **BEISPIEL**
>
> Ein Lohnabrechnungsprogramm wird durch Passwort gesichert. Dies ist sowohl eine Maßnahme des Datenschutzes – personenbezogene Daten der Mitarbeiter sind geschützt – als auch der Datensicherung, weil Unbefugte die Datenbestände des Programms nicht manipulieren können.

Datenträger für die Datensicherung

Bei der Auswahl des Datenträgers für die Datensicherung sollte nicht auf den Preis, sondern eher auf deren Lebensdauer geachtet werden.

Datenträger	Lebensdauer	Mögliche Gefahren
Blu-ray	50–100 Jahre	• Wärme • Licht • Feuchtigkeit • Kratzer
DVD	30–50 Jahre	
CD	5–30 Jahre (Wärme, Licht, Feuchtigkeit und Kratzer)	
Festplatte extern	10 Jahre	• Feuchtigkeit • Stöße • Magnetismus

LERNFELD 9

Datenträger	Lebensdauer	Mögliche Gefahren
Festplatte intern	10–25 Jahre	• Überhitzung
SSD-Festplatte	10–30 Jahre	• Begrenzte Schreibzyklen
USB-Stick	30 Jahre	• Begrenzte Schreibzyklen
Cloud-Speicher	theoretisch unbegrenzt	• Zugriff durch Dritte • Pleite des Anbieters

Nach der Datensicherung sollte ein guter Lagerort ausgewählt werden. Dieser sollte dunkel und trocken sein. Unbefugte dürfen keinen Zugang haben.

Besondere Herausforderungen für Webshops im Bereich der Datensicherung

Neben den allgemeinen Regeln für eine Datensicherung sollten die Betreiber von Webshops noch für weitere initiale Aspekte Vorkehrungen treffen:

- Immer wieder werden von Experten extrem gefährliche Lücken in Betriebssystemen, Bürosoftware und Internetbrowsern entdeckt. Es besteht die Gefahr, dass betriebsfremde Personen Zugriff auf die EDV-Ressourcen des Unternehmens bekommen und großen Schaden anrichten. Eine Abwehrmaßnahme sind regelmäßige monatliche **Updates** (der Fachausdruck dafür ist Patch) für die jeweiligen Programme. Viele Programme erlauben im Rahmen der Konfiguration das Aktivieren einer automatisierten Update-Funktion.
- Auf allen EDV-Geräten des Unternehmens sollte ein wirksamer Virenschutz bestehen. Von großer Bedeutung ist es, dass die Virenschutzsoftware automatisch aktualisiert wird. Bei der Konfiguration sollte darauf geachtet werden, dass diese Programme auf dem Computer ständig im Hintergrund laufen.
- Neben der Installation eine Antivirensoftware sollte auch eine Firewall eingerichtet werden.

> **BEISPIEL**
>
> Im EDV-System eines Unternehmens haben sich wegen des Fehlens eine Antivirensoftware mehrere Trojaner und eine Spyware eingenistet. Eine Firewall verhindert nun einen ungewollten ein- und ausgehenden Datenverkehr.

- Durch eine entsprechende Zugriffsregelung kann gewährleistet werden, dass netzintern jeder nur auf die Daten zugreifen kann, mit denen er auch arbeiten soll.

> **BEISPIEL**
>
> Bei einem Mitbewerber der Fairtext GmbH haben alle Beschäftigten Administratorrechte. Dies stellt ein großes Risiko dar. Begeht ein Mitarbeiter aus Unkenntnis bzw. mangelnder Konzentration einen Fehler oder ist er gar böswillig, kann er mit wenig Aufwand die komplette EDV des Unternehmens stilllegen.

Identitätsmanagement

In vielen Unternehmen wird bewusst ein Identitätsmanagement für die Erhöhung der Datensicherheit eingesetzt, um gleichzeitig eigene Kosten und Sicherheitsanstrengungen senken zu können.

In einem Identitätsmanagementsystem geht es um die Erkennung von Personen in einem Computersystem: Ihre Aufgabe ist die Erstellung und Verwaltung von Benutzern und Elementen sowie von Regeln für deren Online-Nutzungsspielraum.

Dabei wird der Zugang dieser Personen zu den Hardware- und Softwarebestandteilen innerhalb des Systems kontrolliert, indem Benutzerrechte und Einschränkungen mit der festgelegten Identität verglichen werden.

Identitätsmanagementsysteme sorgen dafür, dass sich ein Webshop darauf verlassen kann, dass die Identität eines Kunden auch tatsächlich echt ist.

LERNFELD 9

BEISPIEL

In der Fairtext GmbH legt der Administrator des Webshopsystems im Rahmen des Identitätsmanagements fest, was ein Nutzer des Shopsystems mit welchen Geräten und unter welchen Umständen tun darf. Dies betrifft sowohl Mitarbeiter im Backend als auch die Kunden im Frontend. Der Administrator wird informiert, wenn ein bestimmter Nutzer auf Ressourcen zugreifen möchte, für die er keine Berechtigung hat.

Die Verwaltung von Identitäten ist in einem Webshop von extrem großer Bedeutung: Der Händler muss seine Kunden identifizieren und auf relevante Art und Weise mit ihnen kommunizieren. Dies muss unabhängig davon erfolgen, ob die Kommunikation über Laptop, Mobiltelefon oder Tablet von unterwegs oder von einem Desktop von zu Hause aus erfolgt.

AUFGABEN

1. Wodurch unterscheiden sich Datensicherung und Datenschutz?
2. Schließen sich Datensicherung und Datenschutz aus?
3. Gegen welche Risiken richten sich die Verfahren der Datensicherung?
4. Im Rahmen der Datensicherung werden
   - technische,
   - personelle,
   - programmtechnische und
   - organisatorische

   Verfahren unterschieden.
   Um welche Art von Verfahren handelt es sich in den folgenden Fällen?
   a) Der Zugang zu den Personalcomputern erfolgt nur mit Schlüsseln.
   b) Die Daten werden regelmäßig nach dem Großvater-Vater-Sohn-Prinzip gesichert.
   c) Die Datensicherung erfolgt mithilfe eines Streamers.
   d) Auf alle Programme kann nur mit Passwörtern zugegriffen werden.
   e) Bei der Eingabe von Daten in das Finanzbuchführungsprogramm finden Plausibilitätskontrollen statt.
   f) Bei der Kaufstadt Warenhaus AG gilt das Vier-Augen-Prinzip.
5. Warum wird das Großvater-Vater-Sohn-Prinzip der Datensicherung häufig auch Mehrgenerationenprinzip genannt?
6. Welches Datensicherungsverfahren ist in den folgenden Fällen angesprochen?
   a) Bei Eingabe des Datums 30.02. erscheint auf dem Bildschirm der Warnhinweis „FALSCHE EINGABE".
   b) Jeden Abend werden die Lagerbestände eines Versandunternehmens auf eines von drei Magnetbändern gesichert.
   c) Cornelia Kind gibt vor der Arbeit mit der Datenkasse die Zeichenfolge „354ABD27ä" ein.
7. Führen Sie verschiedene Verfahren auf, um Datenbestände zu sichern gegen
   a) Brand,
   b) Diebstahl.
8. Ordnen Sie zu, welche der folgenden Maßnahmen gegen
   - unbefugten Zugriff,
   - den Verlust oder
   - die Verfälschung von Daten

   eingesetzt werden?
   a) Arbeit mit Passwörtern
   b) Prüfziffernverfahren
   c) Sicherheitskopien nach dem Mehrgenerationenprinzip
9. Welche Hardwareeinrichtungen dienen der Datensicherung?
10. Worauf ist bei der Verwendung von Passwörtern zu achten?
11. Welche der folgenden Aussagen ist richtig?
    a) Beim Großvater-Vater-Sohn-Verfahren dürfen die Daten des Vaterbandes drei Jahre nicht gelöscht werden.
    b) Als Passwörter werden die Ausweisnummern der Mitarbeiter verwendet.
    c) Die Plausibilitätskontrolle dient dazu, logische Fehler zu erkennen.

LERNFELD 9

12. Was versteht man unter dem Identitätsmanagement eines Webshops?

13. Was versteht man unter dem 4-Augenprinzip?

14. Welche Datensicherungsmaßnahmen werden in den folgenden Fällen angewandt?

a)

b)

c)

d)

AKTIONEN

1. Erkunden Sie in Ihrem Ausbildungsbetrieb, welche Datensicherungsmaßnahmen dort angewendet werden. Tragen Sie Ihre Ergebnisse in eine Tabelle nach folgendem Muster ein:

Gefahrenbereich	Maßnahmen zur Datensicherung
Schutz vor falschen Eingaben	
Schutz vor Missbrauch durch unbefugte Personen	
Schutz vor Vernichtung von Programmen und Daten	

2. Fassen Sie stichpunktartig kurz zusammen, welche Vorkehrungen in Hinblick auf die Datensicherung getroffen werden sollten.

3. Spielen Sie die drei Teile des Games unter der Internetadresse https://vsdi.de/sicheriminternet/. Sie sollen einen Betrieb vor „digitalen" Angreifern schützen. In drei Episoden achten Sie auf unterschiedliche Gefahren, die Datensicherung notwendig machen.

LERNFELD 9

ZUSAMMENFASSUNG

Datensicherung

Maßnahmen gegen Verlust, Zerstörung oder Verfälschung von Daten

Technische Verfahren
- Notstromaggregate
- Parallelrechner
- Streamer
- Hardware-Schreibschutz
- mechanische Sicherungen
- räumliche Sicherungen

Personelle Verfahren
- Schulungen
- Doppelbesetzungen
- Vier-Augen-Prinzip

Programmtechnische Verfahren
- Verschlüsselung
- Plausibilitätskontrolle
- Passwortverfahren
- Berechtigungscodes
- Software-Schreibschutz
- versteckte Dateien
- Prüfziffern

Organisatorische Verfahren
- Sicherheitskopien (Großvater-Vater-Sohn-Prinzip)
- Überwachungsprotokolle

KAPITEL 9
Datenschutz

Situation 1

Nach seiner Ausbildung soll Sebastian Holpert von der Fairtext GmbH übernommen werden.

In der Vergangenheit hatte die Datenverarbeitung in der Zentrale nicht immer reibungslos funktioniert. Es gab viele Störungen und Zwischenfälle. Auch gab es Vorwürfe verschiedener Personen, dass mit personenbezogenen Daten zu sorglos umgegangen werde.

Heute haben sich Sebastian und sein jetziger Abteilungsleiter Herr Harriefeld in der Zentrale getroffen. Herr Harriefeld teilt Sebastian mit, dass dieser nach seiner Ausbildung die Aufgaben des betrieblichen Datenschutzbeauftragten übernehmen soll.

Sebastian informiert sich zunächst einmal über die Datenschutzproblematik.
Untersuchen Sie die folgenden Sachverhalte:

a) Überlegen und entscheiden Sie, aus welchen Informationsquellen Informationen über den Datenschutz gewonnen werden können.

b) Werten Sie diese Informationsquellen aus. Erläutern Sie:
- den Zweck des Datenschutzes
- den Begriff *personenbezogene Daten*
- die wichtigsten Formen personenbezogener Daten
- die Rechtsquellen, die den Datenschutz regeln
- die Hierarchie gesetzlicher Bestimmungen im Datenschutz
- die Rolle des Bundesdatenschutzgesetzes
- den Unterschied zwischen Daten und Dateien
- die Phasen bei der Verarbeitung personenbezogener Daten

Situation 2

Herr Harriefeld informiert Sebastian auch über die momentane Situation der Datenverarbeitung bei der Leipziger Filiale der Fairtext GmbH:

„... Zwischen der EDV-Abteilung der Filiale und den Abteilungen findet ein ständiger Datenaustausch statt: Die eigentliche Datenverarbeitung erfolgt in der EDV-Abteilung. Neben warenwirtschaftlichen Daten werden in dem Unternehmen vorwiegend Daten über Mitarbeiter, Kunden und Lieferanten verarbeitet.

Die EDV-Abteilung ist für alle Mitarbeiter der Verwaltung und für das Verkaufspersonal der angeschlossenen Niederlassung jederzeit erreichbar. Seit der Umstellung von der herkömmlichen (manuellen) Datenverarbeitung auf die automatisierte (elektronische) Datenverarbeitung wurden dort von meinem Vorgänger keine besonderen zusätzlichen Veränderungen vorgenommen.

Die Speichermedien werden nach Betriebsschluss in einen normalen Aktenschrank abgelegt. Anschließend schließt der Abteilungsleiter die Räume der EDV-Abteilung selbst ab. Duplikate der Datenbestände existieren nicht.

Auf das Datengeheimnis sind ausschließlich die in der EDV-Abteilung tätigen Mitarbeiter verpflichtet worden ..."

Der Chef der EDV-Abteilung möchte die ordnungsgemäße Anwendung der Vorschriften zum Datenschutz bei der Leipziger Filiale der Fairtext GmbH überprüfen. Er beauftragt Sebastian Holpert, sich die Situation in der Filiale einmal anzuschauen und einen Bericht über die, Datenschutzsituation abzugeben.

Untersuchen Sie anhand der Leipziger Niederlassung der Fairtext GmbH die folgenden Fragen:

a) Findet das Bundesdatenschutzgesetz überhaupt Anwendung?
b) Dürfen personenbezogene Daten verarbeitet werden?
c) Ist eine Verpflichtung aller Mitarbeiter auf das Datengeheimnis erforderlich?
d) Werden die Benachrichtigungs- und die Auskunftspflicht eingehalten?
e) Welche Konsequenzen ergeben sich aus Bestellung und Aufgaben des betrieblichen Datenschutzbeauftragten für das Unternehmen?
f) Inwieweit werden Maßnahmen gemäß § 6 BDSG getroffen? Sind sie ausreichend?
g) Wenn Sie sich als Kunde der Fairtext GmbH betrachten: Welche Rechte können Sie wahrnehmen?
h) Was bedeutet der Datenschutz für die Mitarbeiter der Fairtext GmbH?

INFORMATIONEN

Der Datenschutz

Die zunehmende Verbreitung der EDV und die dadurch mögliche Verknüpfung von unterschiedlichen Dateien machten gesetzliche Regelungen zum Schutz der Privat- und Intimsphäre der Bürger erforderlich.

BEISPIEL

In der Personalabteilung der Larstadt AG wird seit Kurzem ein EDV-gestütztes Personalinformationssystem verwendet. Dies ist ein System zur umfassenden Gewinnung, Speicherung und Verarbeitung von verschiedenartigsten Informationen über das Personal eines Unternehmens. Die zur Verfügung gestellten Informationen können unter Umständen – zum Nachteil des betroffenen Arbeitnehmers – unzutreffend verknüpft und ausgewertet werden. Dies zeigt der Fall von Herrn K., der in der EDV-Abteilung der Larstadt AG arbeitet:

Herr K. kam kurz nach halb neun in sein Unternehmen und zog am Personaleingang seinen EDV-lesbaren Firmenausweis durch die elektronische Stempeluhr. Erfasst wurden Personalnummer, Ankunftszeit und

-ort. Mithilfe seines Firmenausweises, den er in einen Türautomaten stecken muss, wurden wieder seine Daten erfasst und gleichzeitig seine Zugangsberechtigung überprüft. Herr K. musste damals ein schwieriges Programm ändern, wozu er häufig am Terminal arbeitete. Bevor er anfing, hatte er über den Bildschirm seinen Namen anzugeben. Während er arbeitete, wurde die Anzahl der neu erstellten Programmzeilen erfasst. Wegen der schwierigen Änderungsarbeiten musste Herr K. häufiger als sonst telefonieren: Anzahl und Dauer der Gespräche und die Nummer der Angerufenen wurden gespeichert. Herr K. nahm auch direkt mit einem Kollegen Kontakt auf.

Mittags freute sich Herr K. auf seine Pause. Statt bar zu bezahlen, gibt man in der Kantine der Kassiererin nur den Firmenausweis, die ihn in die elektronische Kasse steckt und dann die Kennziffern für Speisen und Getränke eingibt. An jenem Tag hatte Herr K. Geburtstag: Er spendierte seinen Kollegen ein Bier.

Am nächsten Tag kam Herr K. nicht ins Unternehmen, er war erkältet. Tags darauf ließ ihn der Personalchef zu sich rufen. Er hielt Herrn K. die in der Kantine gekauften Flaschen Bier vor und brachte sie in Zusammenhang mit seinem Fernbleiben am nächsten Tag. Bedenklich fand der Personalchef auch die unter dem Durchschnitt liegende Produktivität von Herrn K., seine häufigen Telefongespräche und seine vielen Gänge im Betrieb: Wenn sich das alles nicht ändern würde, dann müsste Herr K. damit rechnen, dass in Zeiten schlechter Konjunktur sein Arbeitsplatz gefährdet sei.

Für den Datenschutz in der Bundesrepublik Deutschland sind einerseits die **EU-Datenschutzgrundverordnung** und andererseits das Bundesdatenschutzgesetz maßgeblich. Die EU-Datenschutzgrundverordnung vereinheitlicht das Datenschutzrecht auf europäischer Ebene. Das **Bundesdatenschutzgesetz** enthält darüber hinausgehende zusätzliche nationale Regelungen.

Datenschutzrechtliche Regelungen haben die Aufgabe, alle personenbezogenen Daten vor Missbrauch bei ihrer Verarbeitung zu schützen und damit die Privatsphäre des Bürgers zu wahren.

DEFINITION

Personenbezogene Daten sind alle Einzelangaben über persönliche oder sachliche Verhältnisse natürlicher Personen, also jedes Menschen.

BEISPIELE

Personenbezogene Daten sind u. a.:
- Name
- Vorname
- Geburtsdatum
- Beruf
- Anschrift
- Gesundheitszustand
- Finanzlage
- Vermögenslage
- Straftaten und Ordnungswidrigkeiten
- politische und religiöse Anschauungen

Datenschutzrechtliche Regelungen finden grundsätzlich immer dann Anwendung, wenn personenbezogene Daten in Dateien verarbeitet werden. Dies gilt unabhängig davon, mit welchem Verfahren – automatisiert (= EDV) oder auch manuell – die Datenverarbeitung durchgeführt wird oder wer die Daten verarbeitet. Die Verantwortung für die Beachtung der Regelungen des Bundesdatenschutzgesetzes liegt grundsätzlich bei den Stellen, die personenbezogene Daten verarbeiten.

Die datenschutzrechtlichen Regelungen gelten also sowohl für
- öffentliche Stellen, wie Behörden und Ämter, als auch
- nicht öffentliche Stellen, wie z. B. Unternehmen.

Die Daten sogenannter *juristischer Personen* sind vom Bundesdatenschutzgesetz nicht betroffen. Als juristische Personen werden Personenvereinigungen (und Vermögensmassen) bezeichnet, die wie Menschen eigene Rechte und Pflichten haben können.

BEISPIEL

Nicht geschützt durch das Bundesdatenschutzgesetz sind u. a. Daten wie
- das Kapital einer Aktiengesellschaft,
- die Beschäftigtenzahl einer GmbH.

LERNFELD 9

BEISPIELE für den Missbrauch personenbezogener Daten

Datei	Zweck	Gefahr des Missbrauchs
Einwohnermeldedatei	Registrierung der gemeldeten Einwohner Grundlage für Entwicklungspläne, Steuerverteilung usw.	Adressenhändler/Verlage besorgen sich die Daten und belästigen den Bürger mit Werbung.
Personenstandsregister	Rechtsverhältnisse, Güterstand, Familienverhältnisse der gemeldeten Bürger	Bekanntgabe von Taufen, Geburten, Sterbefällen locken Vertreter, Händler an.
Strafregister	Erfassung von Mehrfachtätern	Belastung der betreffenden Person mit bereits verbüßten Straftaten.
Verkehrssünderkartei Flensburg	Erfassung von Verkehrssündern nach einem Punktekatalog zur Kontrolle der verkehrsgefährdenden Fahrer	Belastung der Fahrer mit ihrer „Vergangenheit" ohne die Chance, den Lernzuwachs zu berücksichtigen.
Personaldateien in Betrieben	betriebliche Personalpolitik	Speicherung von negativen Merkmalen, die bei Stellenwechsel bekannt gemacht werden
Dateien von Kreditschutzvereinigungen	Erfassung von Kreditbetrügern nach Merkmalen wie Mahnbescheid, Rückschecks, Wechselproteste	Eine negative Auskunft verhindert eine mögliche Kontoeröffnung und schließt den Bürger vom Zahlungsverkehr aus.

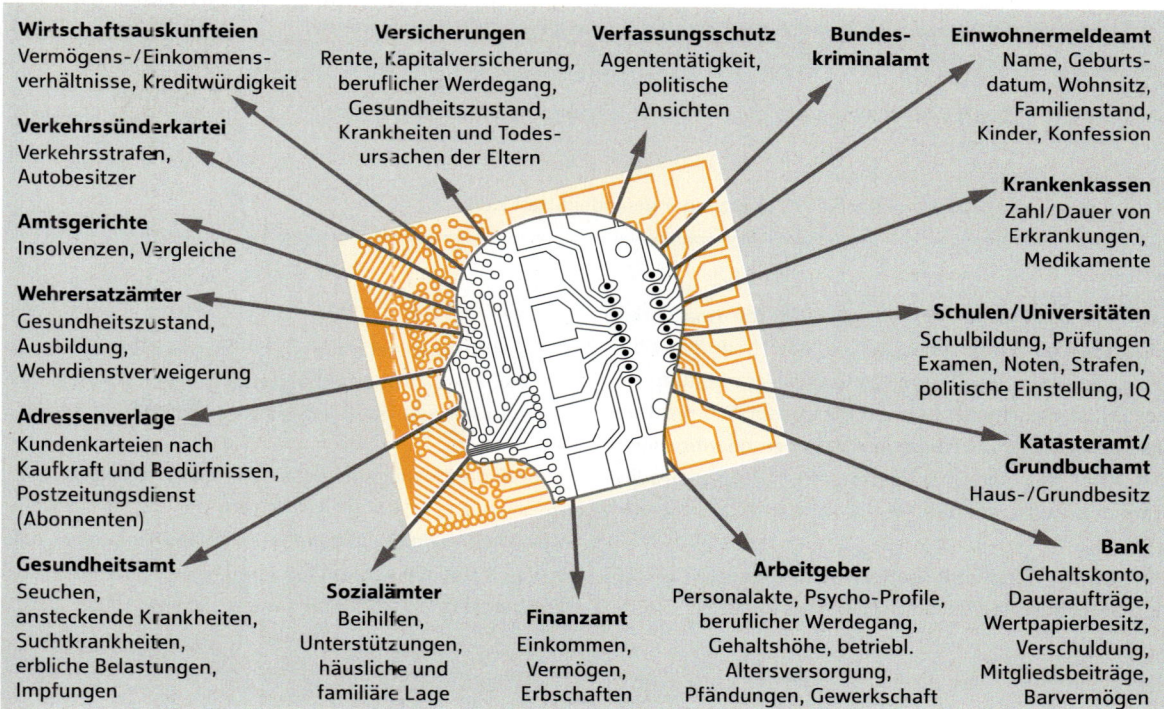

LERNFELD 9

Zulässigkeit der Datenverarbeitung personenbezogener Daten

Das Bundesverfassungsgericht hat den Datenschutz eindeutig als Grundrecht des Bürgers hervorgehoben.

Speicherung personenbezogener Daten ist nach dem Bundesdatenschutzgesetz für Unternehmen zulässig

im Rahmen eines Vertragsverhältnisses oder eines vertragsähnlichen Vertrauensverhältnisses

Beispiele:
- Nach Abschluss eines Arbeitsvertrags dürfen Daten über den Ausbildungsstand und die Leistungsbeurteilung des Arbeitnehmers gespeichert werden.
- Beim Abschluss eines Kreditvertrags ist es zulässig, Daten über Einkommens- und Vermögensverhältnisse des Kreditnehmers zu speichern.

soweit berechtigte Interessen der speichernden Stellen vorliegen

Beispiele:
- Kundenwerbung: Zu Werbezwecken dürfen auch die Adressen möglicher Kunden gespeichert werden.
- Sicherheitserfordernisse: Um bei möglichen Schäden an verkauften Autos eine notwendige Rückrufaktion kostengünstig durchführen zu können, dürfen die Hersteller die Namen der Kunden von den Autoverkäufern übernehmen und speichern.

soweit schutzwürdige Belange der Betroffenen nicht beeinträchtigt werden.

soweit bei nicht automatischen Verfahren die Daten unmittelbar zugänglich sind

Grundsätzlich erlaubt ist die manuelle Speicherung (z. B. Karteikarten, Listen) personenbezogener Daten, soweit diese aus allgemein zugänglichen Quellen (Massenmedien, Telefonbücher, Kataloge usw.) stammen.

Ohne ausdrückliche Genehmigung des Betroffenen dürfen niemals gespeichert werden:
- Krankheitsdaten
- Daten über private Gewohnheiten
- Daten über politische und religiöse Überzeugungen oder Straftaten

Für jede natürliche Person gilt die **informationelle Selbstbestimmung:** Jeder Bürger darf über die Erhebung, Speicherung, Übermittlung und Verarbeitung seiner Daten entscheiden, soweit dies gesetzlich nicht anders geregelt ist. Dies bedeutet, dass personenbezogene Daten nur dann von einer interessierten Stelle verarbeitet werden können, wenn

- entweder das Bundesdatenschutzgesetz dies erlaubt bzw. andere Rechtsvorschriften dies zulassen

> **BEISPIEL**
>
> Das Grundgesetz sieht eindeutig das Briefgeheimnis vor. Dort ist aber auch genau geregelt, in welchen speziellen Ausnahmefällen dies nicht gilt.

- oder die Einwilligung des Betroffenen vorliegt.

Wenn keines der eben genannten Zulässigkeitsmerkmale vorliegt, sind die Verarbeitung und Nutzung personenbezogener Daten verboten.

LERNFELD 9

Besondere Regeln des Datenschutzes nach der DSGVO					
Recht auf Vergessenwerden (Recht auf Löschung)	**Recht auf Datenübertragbarkeit (Datenportabilität)**	**Die Rechenschaftspflicht**	**Einholung von Einwilligungen**	**One-stop-Shop**	**Informationspflichten bei Datenpannen**
Anspruch darauf, dass personenbezogenen Daten gelöscht oder gesperrt werden müssen, wenn für die Verwendung der Daten keine Berechtigung mehr vorliegt. So können EU-Bürger von Suchmaschinen unter bestimmten Voraussetzungen verlangen, dass bestimmte Suchergebnisse nicht mehr gezeigt werden.	Recht, seine Daten z. B. bei einem Wechsel zu anderen (sozialen) Netzwerken, zu einer anderen Bank oder zu einem anderen Arbeitgeber mitnehmen zu dürfen. Man darf von dem Datenverantwortlichen des speichernden Unternehmens verlangen, seine personenbezogenen Daten in einem üblichen Format an einen anderen Verantwortlichen weiterzugeben.	Der Datenverantwortliche eines Unternehmens muss auf Aufforderung die Einhaltung aller Datenschutzprinzipien nachweisen.	• nicht an besondere Formerfordernisse gebunden • Vorteilhaft ist die Dokumentation der Einwilligungen • Eine erteilte Einwilligung muss jederzeit mit Wirkung für die Zukunft widerrufen werden können.	Es soll vermieden werden, dass sich Unternehmen, die eine grenzüberschreitende Datenverarbeitung in unterschiedlichen Mitgliedstaaten durchführen, mit unterschiedlichen lokalen Aufsichtsbehörden zusammenarbeiten müssen. Eine „federführende" Aufsichtsbehörde soll die Funktion eines alleinigen Ansprechpartners im Hinblick auf Datenschutz im Unternehmen erfüllen.	• Wenn ein Webshop eine Datenpanne feststellt, muss er umfassende Schritte einleiten und Sicherungsmaßnahmen hinsichtlich der betroffenen Daten treffen. • Die zuständige Aufsichtsbehörde ist bei jeder „Verletzung des Schutzes personenbezogener Daten" (also bei Datenpannen) unverzüglich – möglichst binnen 72 Stunden – zu benachrichtigen. • Gesetzlich vorgesehen ist darüber hinaus in gewissen Fällen sogar eine Benachrichtigung durch eine halbseitige Anzeige in zwei bundesweit erscheinenden

Rechte des Betroffenen

Die Person, über die Daten gespeichert werden, kann bestimmte Rechte geltend machen:

- **Auskunftsrecht**
  Jeder Betroffene kann bei der speichernden Stelle die zu seiner Person gespeicherten Daten erfragen. Die speichernde Stelle ist zur Auskunft verpflichtet.
- **Berichtigungsrecht**
  Die speichernde Stelle muss unrichtige Daten – unabhängig vom Grund für den Fehler – korrigieren.
- **Sperrungsrecht**
  Wenn weder die Richtigkeit noch die Unrichtigkeit personenbezogener Daten bewiesen werden kann, darf die speichernde Stelle die Daten nicht weiter verwenden, sie müssen gesperrt werden.
- **Löschungsrecht**
  Wenn die Speicherung personenbezogener Daten unzulässig ist, muss die speichernde Stelle diese von ihren Datenträgern entfernen.

Pflichten Daten verarbeitender Stellen

- **Wahrung des Datengeheimnisses**
  Bei Aufnahme ihrer Tätigkeit sind alle Mitarbeiter eines Unternehmens, die mit personenbezogenen Daten zu tun haben, zu verpflichten, diese nicht unbefugt
  – zu verarbeiten,
  – bekanntzugeben oder
  – zugänglich zu machen.
- **Prüfung der Zulässigkeit der Verarbeitung von Daten**
  Das Unternehmen muss bei allen personenbezogenen Daten kontrollieren, ob die Verarbeitung erlaubt ist.
- **Benachrichtigung der Betroffenen bei erstmaliger Speicherung**
  Werden von einem Unternehmen erstmals Daten über eine Person gespeichert, ohne dass sie davon Kenntnis haben kann, muss sie darüber informiert werden.

- **Ernennung eines Beauftragten für den Datenschutz**
  In Unternehmen, in denen mindestens fünf Personen mit der Verarbeitung personenbezogener Daten beschäftigt sind, muss ein Datenschutzbeauftragter eingesetzt werden. Dieser stellt sicher, dass die Vorschriften des Bundesdatenschutzgesetzes beachtet werden. Weitere Aufgaben des Datenschutzbeauftragten sind:
  - Er überwacht die ordnungsgemäße Anwendung von Programmen.
  - Er macht die bei der Verarbeitung personenbezogener Daten tätigen Mitarbeiter mit den Vorschriften des Datenschutzes vertraut.
  - Er führt eine Übersicht über alle im Unternehmen bestehenden Dateien mit personenbezogenen Daten sowie die dazu eingesetzte Hardware.

  Der Datenschutzbeauftragte darf bei der Erfüllung seiner Aufgaben weder behindert werden noch in Datenschutzangelegenheiten Anweisungen von anderer Stelle – z. B. von der Unternehmensleitung – bekommen.

- **Durchführung von Kontrollen zur Erreichung der Datensicherheit**
  Für einen angemessenen Schutz personenbezogener Daten fordert das Bundesdatenschutzgesetz, dass bestimmte technische und organisatorische Maßnahmen zu Kontrollzwecken ergriffen werden. Diese sich z. T. überschneidenden **8 Gebote des Datenschutzes** sind nicht nur für den Datenschutz, sondern auch für die Datensicherung von großer Bedeutung.

Die 8 Gebote des Datenschutzes

1. Zutrittskontrolle
Das Unternehmen muss Unbefugten den Zugang zu den EDV-Anlagen verwehren.

2. Zugangskontrolle
Das Unternehmen muss sicherstellen, dass nur Befugte die EDV-Anlagen nutzen können.

3. Zugriffskontrolle
Das Unternehmen muss sicherstellen, dass die zur Arbeit mit den EDV-Anlagen berechtigten Mitarbeiter ausschließlich auf die Daten zugreifen können, für die sie eine Zugangsberechtigung besitzen.

4. Weitergabekontrolle
Das Unternehmen muss sicherstellen, dass bei der Übermittlung von Daten sowie beim Transport entsprechender Datenträger diese nicht unbefugt gelesen, kopiert, verändert oder gelöscht werden können.

Das Großhandelsunternehmen muss zudem gewährleisten, dass überprüft und festgestellt werden kann, an welche Stellen Daten übermittelt werden können.

5. Eingabekontrolle
Das Unternehmen muss nachträglich überprüfen und feststellen können, welche Daten zu welcher Zeit von wem in die EDV-Anlagen eingegeben worden sind.

6. Auftragskontrolle
Werden personenbezogene Daten im Auftrag verarbeitet, muss sichergestellt werden, dass diese nur entsprechend den Weisungen des Auftraggebers verarbeitet werden können.

7. Verfügbarkeitskontrolle
Das Unternehmen muss sicherstellen, dass personenbezogene Daten nicht zufällig zerstört werden können oder verloren gehen.

8. Trennungsgebot
Personenbezogene Daten, die im Unternehmen zu unterschiedlichen Zwecken erhoben wurden, müssen getrennt verarbeitet werden können.

Die Datenschutzgrundverordnung

Die Datenschutzgrundverordnung (DSGVO) ist seit dem 25. Mai 2018 in Kraft getreten. Sie wird angewendet in der gesamten Europäischen Union mit dem Ziel, dort ein einheitlich hohes Datenschutzniveau zu implementieren. Der englische Begriff für die DSGVO lautet **General Data Protection Regulation (GDPR)**. Wichtig ist, dass diese neue Datenschutzregelung den Geltungsbereich des EU-Datenschutzrechts auf alle Unternehmen auch außerhalb der EU erweitert, sobald diese Daten von EU-Bürgern verarbeiten.

Die Grundstrukturen der DSGVO ähneln sehr stark dem bisherigen deutschen Datenschutzrecht, in manchen Fällen stellen sie bestimmte Grundsätze noch stärker und deutlicher heraus als z. B. das Bundesdatenschutzgesetz:
- Die Unternehmen müssen danach noch mehr Vorsicht walten lassen, wenn sie Daten von Beschäftigten und Kunden speichern.
- Die Bürger erhalten mehr Rechte zu erfahren, was über sie gespeichert wird.

Im Hinblick auf den Electronic-Commerce-Bereich unterscheidet die DSGVO nicht zwischen B2B und B2C: Sie gilt für beide Geschäftsfelder.

> **BEISPIEL**
> Die DSGVO dient dem Schutz natürlicher Personen statt juristischer Personen.
> Im B2C-Bereich ist also jeder Kunde geschützt. Die Daten von Rebecca Mathena dürfen nach einer Bestellung also nicht weitergegeben werden.

Aber auch im B2B-Bereich gilt die DGSVO: Ein Industrieunternehmen versendet Werbemittel an B2B-Partner. Adressiert sind diese in den meisten Fällen direkt an Funktionsträger der Webshops (juristische Personen). Die Funktionsträger (z. B. der Geschäftsführer der Exclusiva GmbH) sind natürliche Personen. Auch hier findet die neue EU-Datenschutzgrundverordnung Anwendung, weil konkrete Personen wie Mitarbeiter oder Leitungspersonal angesprochen werden.

Nach der DSGVO sollen die folgenden Grundsätze im Hinblick auf den Datenschutz erreicht werden:
- das Recht auf informationelle Selbstbestimmung
- das Prinzip der Datensparsamkeit
- Transparenz

Wichtige Punkte, die von der DSGVO besonders hervorgehoben werden:
- **Informationspflicht** von Unternehmen:
  Diese müssen erheben und dokumentieren:
  - Was wird mit den Daten, die in irgendeiner Weise im Unternehmen verarbeitet werden, gemacht?
  - Wer ist der Verantwortliche für die Datenverarbeitung?
  - Wer ist der Datenschutzbeauftragte?
  - Wie lange werden Daten gespeichert?
- Es muss ein **Verzeichnis von Verarbeitungstätigkeiten** geführt werden. Dort sollte aufgeführt werden, welche Daten wann, wie und warum im Unternehmen erhoben werden.
  Folgende Angaben sollten u. a. enthalten sein:
  - Wer ist von der Datenverarbeitung betroffen?
  - Welche Arten von Daten (z. B. Name, Adresse, Telefonnummer von Kunden) fallen an?
  - Wer ist Empfänger der Daten?
  - Gehen Daten in ein Drittland?
  - Welche Maßnahmen werden zum Schutz der Daten getroffen?

Angegeben werden soll durch das Unternehmen auch der Weg der Daten.

> **BEISPIEL**
> Die Fairtext GmbH muss also ermitteln, wo und wann Daten im Unternehmen
> - erhoben, • gespeichert und • genutzt
> werden.

Neben der eigentlichen elektronischen Datenverarbeitung gilt die DGSVO auch für die manuelle Datenverarbeitung (Aktenordner, deren Ablage z. B. in einem Aktenplan erfolgt).
- Es muss im Unternehmen eine **Dokumentation aller mit der Datenverarbeitung verbundenen Prozesse**, die Relevanz für den Datenschutz besitzen, erfolgen.

> **BEISPIEL**
> Die Fairtext GmbH untersucht ihre Geschäftsprozesse unter den folgenden Fragestellungen:
> - Auf welche Art werden Geschäftspartner (z. B. Kunden) über die Verarbeitung ihrer Daten informiert?
> - Wie sollen Mitarbeiter vorgehen, wenn Kunden fragen, welche Daten von ihnen gespeichert wurden?
> - Wie ist im Unternehmen das Prozedere, falls ein Kunde wünscht, dass seine Daten gelöscht werden?
> - Wie ist bei Verstößen gegen den Datenschutz vorzugehen?
> - Die DSGVO schreibt auch vor, dass Daten gelöscht werden müssen, wenn das Ziel, weswegen sie gespeichert wurden, erreicht wurde. Ist dieser Löschprozess vorgesehen und auf welche Weise soll er durchgeführt werden?
> - Auf welche Art werden die Mitarbeiter im Unternehmen informiert bzw. geschult, sodass sie in allen Geschäftsprozessen die geltenden Datenschutzregeln einhalten können?
>
> Die Ergebnisse der Untersuchung dokumentiert die Fairtext GmbH. Dabei versucht sie, alle Prozesse zu optimieren.

- Es muss eine **Datenschutz-Folgeabschätzung** erfolgen.
  Vor allem, wenn die Daten einer Person nach Kriterien wie z. B. Sexualität, Krankheiten, Finanzen, rassische oder ethnische Herkunft oder politischen Ansichten identifiziert oder kategorisiert werden können, besteht eine besonders hohe Gefahr für die betroffenen Personen, wenn diese Daten missbraucht werden. Um geeignete Schutzmaßnahmen für die betroffenen Personen treffen zu können, müssen datenverarbeitende

LERNFELD 9

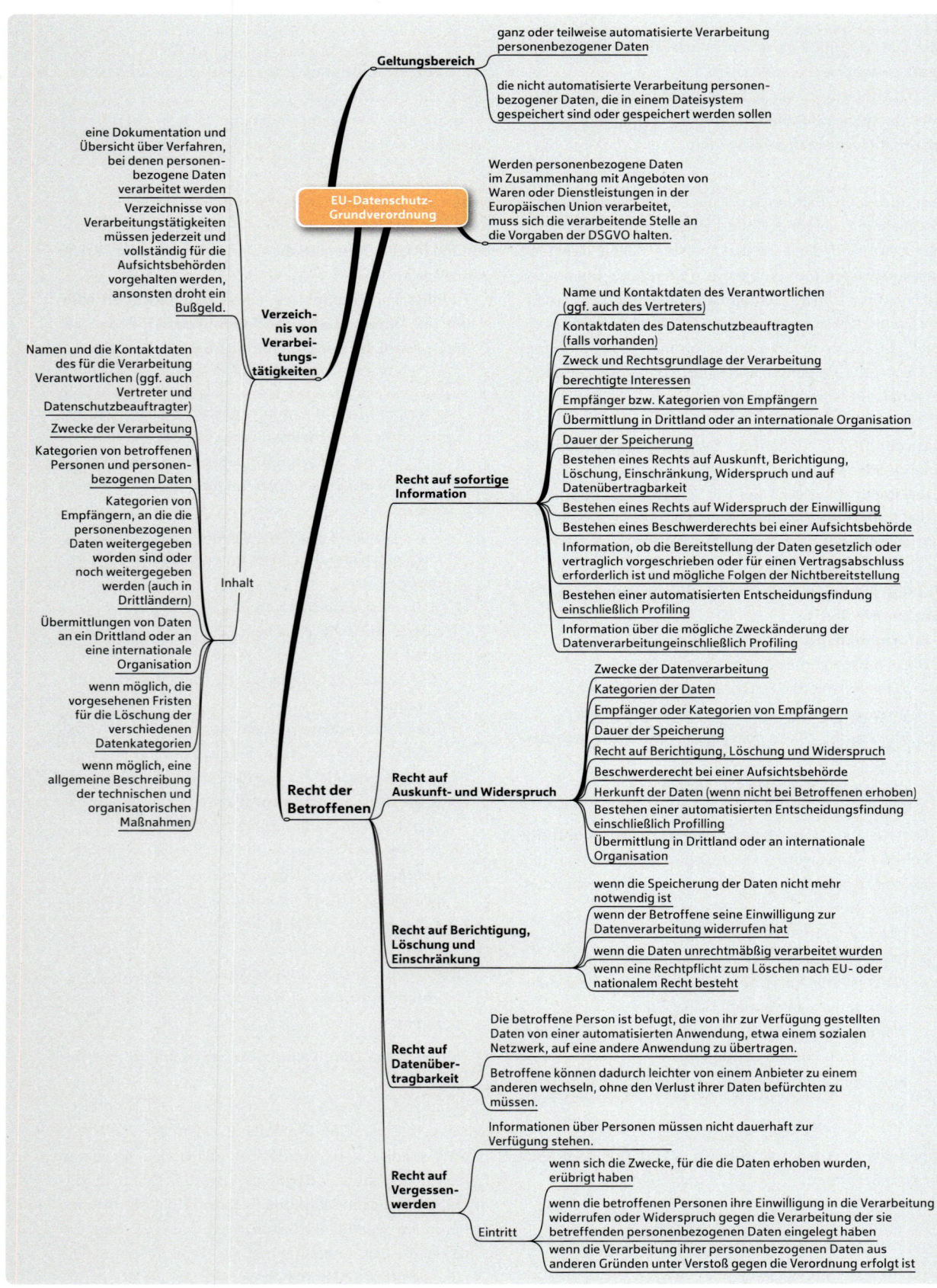

Unternehmen mit einer Datenschutz-Folgeabschätzung Risiken identifizieren.

> **BEISPIEL**
>
> Im Rahmen ihrer Datenschutz-Folgeabschätzung beschreibt die Fairtext GmbH zunächst einmal, welchen Zweck der jeweilige Datenverarbeitungsvorgang im Unternehmen hat und welches Interesse die Fairtext GmbH an diesem hat. Festgehalten werden müssen in diesem Zusammenhang, welche Risiken für möglicherweise betroffene Personen bestehen und was die Fairtext GmbH technisch und organisatorisch gegen einen eventuellen Missbrauch dieser Daten tut. Auch die Vorgehensweise bei einem eventuellen Versagen der Kontrollmechanismen sollte hier dokumentiert werden.

- Bei Datenschutzverletzungen muss innerhalb von 72 Stunden eine Information der Aufsichtsbehörde (in bestimmten Fällen auch des Betroffenen) erfolgen.
- Falls Unternehmen den Datenschutz missachten, dürfen Behörden ein Bußgeld von bis zu 4 % des Jahresumsatzes verhängen. Es gilt dabei ein Höchstbetrag von 20 Millionen € (statt wie früher 300.000,00 €).
- Der Datenschutzbeauftragte muss über Fachwissen verfügen, aber nicht unbedingt zertifiziert werden. Er ist weisungsfrei. Seine Aufgaben sind:
  - Beratung der Verantwortlichen
  - Überwachung der datenschutzrechtlichen Vorschriften

Datenschutz in Webshops

Die Informationspflicht des Unternehmens

Der Webshop muss zu Beginn der Kaufabwicklung den Kunden unterrichten über Art, Umfang und Zweck der Erfassung und Verwendung personenbezogener Daten in allgemein verständlicher Form (wenn dies nicht bereits früher geschehen ist). Dieser Grundsatz gilt allgemein für alle Datenverarbeitungsprozesse, die eine spätere Identifizierung der Kunden ermöglichen (bzw. eine Erfassung oder Nutzung personenbezogener Daten vorbereiten).

Um die Kunden zu informieren, muss der Webshop eine **Datenschutzerklärung** abgeben. Hierzu ist jedes kommerzielle Unternehmen verpflichtet. In der Datenschutzerklärung stellt ein Unternehmen dar, wie es die personenbezogenen Daten der Käufer schützt. Angegeben wird dort, wie die Daten gesammelt und genutzt werden und ob sie gegebenenfalls an Dritte weitergegeben werden. Die Datenschutzerklärung ist häufig auch als

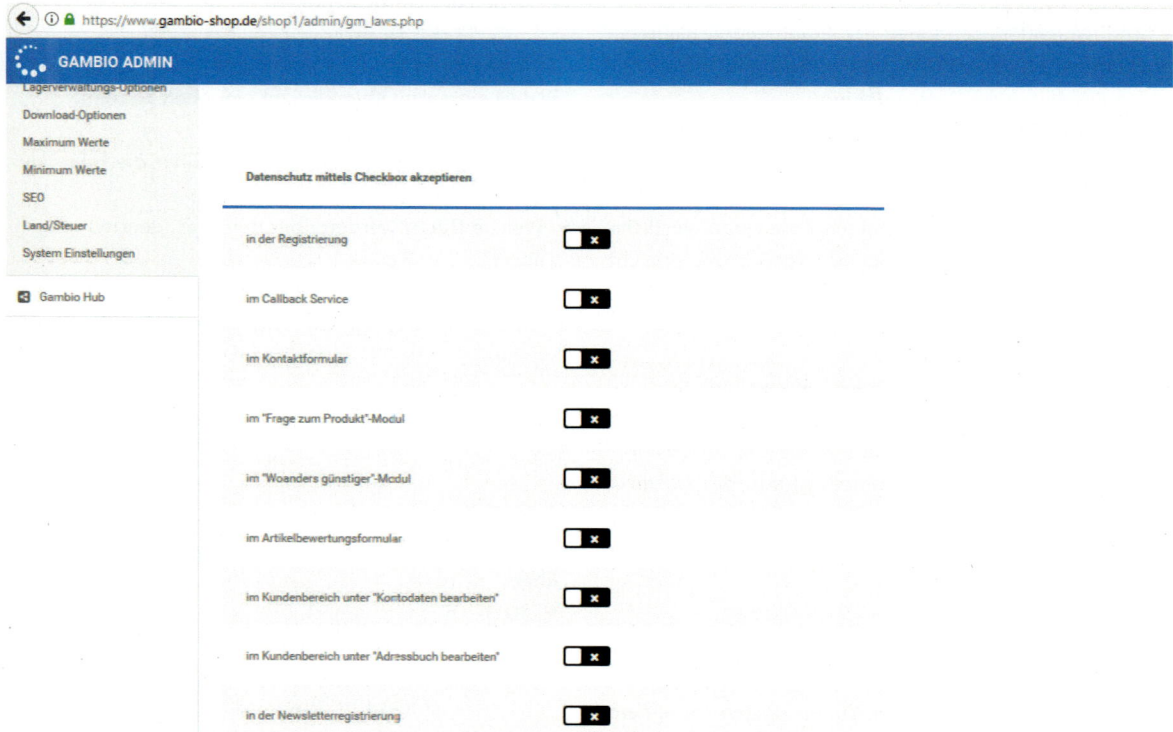

In einer Shopsoftware kann auch eingestellt werden, wo und wie Kunden die Datenschutzerklärung zur Kenntnis nehmen können

LERNFELD 9

Privacy Policy bekannt. Sie verfolgt das Ziel eines ordnungsgemäßen Umgangs mit persönlichen Daten.

Die Datenschutzerklärung muss in einem Webshop gut auffindbar sein.

> Nach herrschender rechtlicher Meinung muss die Datenschutzerklärung mit maximal zwei Mausklicks erreichbar sein.

Einer Datenschutzerklärung können in der Regel folgende Informationen entnommen werden:
- Angaben zu Art, Umfang und Zweck der Datenverarbeitung: Welche personenbezogenen Daten werden zu welchen Zwecken erhoben?
- Weitergabe der Daten an andere Institutionen: Erhalten Dritte (und zu welchem Zweck) die erhobenen Daten?
- Information über Verarbeitung der Daten außerhalb des Europäischen Wirtschaftsraums (EWR): Werden Daten in Drittländer übermittelt?
- Angabe der Maßnahmen, mit welchen die Daten geschützt werden
- Einsatz von Cookies, Web-Bugs.
- Bonitätsprüfungen sowie Übermittlung von Negativdaten an Auskunfteien
- Nutzung von Webanalyse-Tools
- Nutzung von Social-Plug-ins
- Anonyme oder pseudonyme Nutzungsmöglichkeiten
- Eventuell bestehende Widerspruchs- und Widerrufsmöglichkeiten der Datennutzung
- Rechte des Kunden: Auskunfts-, Berichtigungs-, Sperrungs- und Löschungsrechte
- Hinweis auf Kontaktmöglichkeit bei Fragen zum Datenschutz: Wer ist die für Datenschutz verantwortliche Stelle im Unternehmen und wie kann diese erreicht werden?

BEISPIEL

Die Einzelunternehmerin Ulrike Stenger bestellt das erste Mal bei der Fairtext GmbH. Da sie sehr stark an der Wahrung ihrer Privatsphäre interessiert ist, informiert sie sich zunächst einmal anhand der Datenschutzerklärung der Fairtext GmbH über den Stellenwert des Datenschutzes im Unternehmen.

Die ausdrückliche Zustimmung des Kunden

Personenbezogene Daten der Nutzer dürfen von einem Webshopbetreiber nur unter drei Bedingungen erfasst und verarbeitet werden:

- Der Kunde hat eingewilligt.
- Das Bundesdatenschutzgesetz sieht die Erhebung und Nutzung der Daten vor.
- Spezielle Datenschutzvorschriften für den Onlinehandel, wie z. B. das Telemediengesetz, setzen dafür den gesetzlichen Rahmen.

Lässt sich die Erlaubnis, Daten zu erfassen zu speichern und zu verarbeiten, nicht aus einer rechtlichen Vorschrift ableiten, ist eine ausdrückliche Zustimmung des Kunden einzuholen.

> Nicht ausreichend sind:
> - pauschale Klauseln innerhalb der AGB
> - ein versehentlicher Mausklick des Kunden

Die Gewährung des Auskunftsrechts

Nach dem Bundesdatenschutzgesetz haben Kunden ein Auskunftsrecht gegenüber einem Webshop, der personenbezogene Daten von Ihnen gespeichert hat. Es kann also der Fall eintreten, dass das Unternehmen aufgefordert wird, eine anfragende Person über das Ausmaß der Nutzung der personenbezogenen Daten zu informieren. Der Kunde kann die Auskunft schriftlich, per Fax, E-Mail, mündlich oder telefonisch verlangen. Gesetzlich ist für ihn keine Form vorgeschrieben.

Die Auskunft ist für den Kunden grundsätzlich kostenlos. Sie darf einmal im Kalenderjahr eingeholt werden.

Es muss Auskunft gegeben werden über die folgenden Informationen:
- Welche Daten werden über den Anfragenden gespeichert?
- Was ist Zweck und Ziel der Speicherung?
- An wen werden die Daten gegebenenfalls weitergegeben?

Für die Auskunftserteilung ist die Textform vorgeschrieben.

BEISPIEL

Die Fairtext GmbH kann Ulrike Stenger Auskunft geben über
- Brief
- Fax
- E-Mail (Vorher muss die Fairtext GmbH allerdings eine verschlüsselte Übermittlung anbieten, um die unbefugte Kenntnisnahme durch Dritte zu vermeiden.)

Wurden über den Kunden keine Daten gespeichert, ist ihm auch dies mit einer sogenannten **Negativauskunft** mitzuteilen.

Ein Unternehmen kann auf zweierle Arten gegen seine Auskunftspflicht verstoßen:
- Der Kundenwunsch nach Auskunft wird ignoriert.
- Es wird zwar eine Auskunft erteilt. Diese ist aber falsch, unvollständig oder nicht rechtzeitig erfolgt.

Solche Verstöße stellen eine Ordnungswidrigkeiten dar. Diese können, wenn sich der Kunde bei eine Aufsichtsbehörde für den Datenschutz beschwert, mit Geldbußen geahndet werden.

Beschäftigtendatenschutz

Neben den Datenschutzregeln, die eine besondere Bedeutung im Verhältnis zwischen dem Unternehmen und seinen Kunden haben, müssen zusätzlich spezielle Vorschriften, die für die Arbeitsverhältnis im Unternehmen gelten, beachtet werden. Diesen Bereich nennt man Beschäftigtendatenschutz oder Arbeitnehmerdatenschutz.
Im Hinblick auf den Beschäftigtendatenschutz darf der Arbeitgeber Daten von Arbeitnehmern im begrenzten Umfang speichern und verarbeiten. Der Arbeitgeber darf auf Daten von Beschäftigten nur zugreifen,
- wenn dies für die Durchführung des jeweiligen Arbeitsverhältnisses erforderlich ist.

BEISPIEL

Stammdaten wie Name und Adresse, Kontoverbindung, Ausbildung und Qualifikation
Daten der Arbeitszeiterfassung
Weiterhin dürfen Entscheidung über die Begründung eines Beschäftigungsverhältnisses sowie über die Durchführung oder Beendigung des Beschäftigungsverhältnisses verarbeitet werden.

- wenn der Beschäftigte freiwillig (!) Im Arbeitsvertrag oder in einer zusätzlichen Vereinbarung in Schriftform eingewilligt hat.
- wenn eine Betriebsvereinbarung zwischen Arbeitgeber und Betriebsrat dies legitimiert.

Weitere wichtige Regelungen des Arbeitnehmerdatenschutzes:
- Der Arbeitgeber ist verpflichtet, die Personaldaten eines Beschäftigten (salopp formuliert „die Personalakte") sorgfältig aufzubewahren und vertraulich zu behandeln.
- Das Unternehmen darf keine Detailinformationen zur Gesundheit des Beschäftigten erheben. Darf er dies mit Einwilligung des Arbeitnehmers, dürfen diese Daten nicht Bestandteil der Personalakte werden, sondern müssen separat gespeichert und gesichert werden.
- Erfasst die Einwilligungserklärung eines Arbeitnehmers besondere personenbezogener Daten, wie
  - rassische oder ethnische Herkunft,
  - politische Meinung,
  - religiöse und philosophische Überzeugungen,

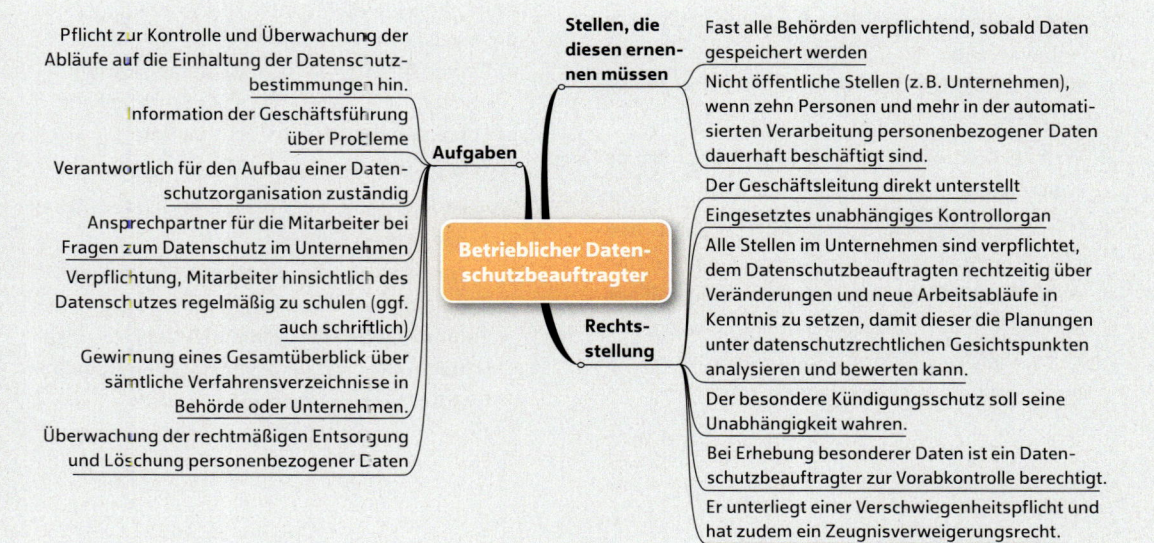

LERNFELD 9

- Gewerkschaftszugehörigkeit,
- Gesundheit oder Sexualleben.

muss diese Einwilligung ausdrücklich erklärt werden. Die Einwilligung muss sich explizit auf diese Daten beziehen.

- Sollen Straftaten im eigenen Unternehmen wie z. B. Diebstahl verhindert oder aufgeklärt werden, hat der Arbeitgeber zusätzlich besondere Rechte. Ein solcher Verdacht muss sich aber auf Tatsachen zu stützen, die zu dokumentieren sind. Für diese Maßnahmen gilt, dass sie verhältnismäßig sein müssen. Sie sind zudem im Detail in einer Betriebsvereinbarung zu regeln. Die Datenverarbeitung muss das mildeste Mittel darstellen, mit dem der Zweck erreicht werden kann.

AUFGABEN

1. Welche Aufgabe haben datenschutzrechtliche Regelungen?
2. In welchen Fällen handelt es sich um geschützte Daten?
   a) Gehaltshöhe von Maria Pahlevan
   b) Bilanzkennziffern der Fairtext GmbH
   c) Bewertung des Gesundheitszustands von Katarzyna Lindemann
   d) Nummer des Bankkontos von Thorsten Weidner
   e) politische Anschauung von Uwe Hetzel
   f) Preis für eine Tüte Gummibärchen
3. Wer ist für den Schutz personenbezogener Daten verantwortlich?
4. In welchen Fällen gelten datenschutzrechtliche Regelungen?
   a) Daten der Kreditnehmer der Dresdner Bank AG auf CD
   b) Mitgliedsliste der Tennisabteilung des Post SV Hildesheim
   c) Aktensammlung eines Fachanwalts für Arbeitsrecht
   d) Personaldatei der Staudtmeister und Wollert OHG
5. Welche Kontrollen sollen den Datenschutz gewährleisten?
6. Herr Sternecker, der Beauftragte für den Datenschutz im Stammhaus der Fairtext GmbH in Hannover, hat ein Flussdiagramm entwickelt, mit dessen Hilfe jeder Sachbearbeiter nachvollziehen kann, welche Daten von den Vorschriften des Bundesdatenschutzgesetzes betroffen sind:

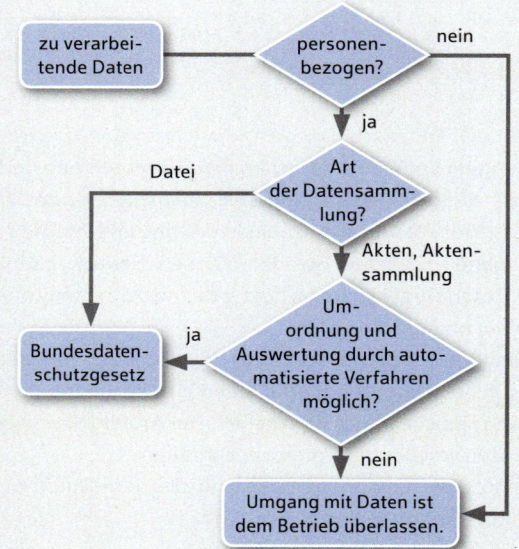

Prüfen Sie, ob die folgenden Datensammlungen unter die Vorschriften des Bundesdatenschutzgesetzes fallen.
   a) Personalfragebogen
   b) Lohnsteuerkarte
   c) Telefonbuch
   d) Stempelkarten
   e) Anschriftenliste
   f) Kfz-Datei
7. Welche Rechte können in den folgenden Fällen wahrgenommen werden?
   a) Petra Janssen, die einen erweiterten Sek-I-Schulabschluss besitzt, erfährt, dass in der Personaldatei aufgrund eines Übertragungsfehlers unter Schulabschluss „kein Schulabschluss" für sie eingetragen wurde.

b) Volkan Karaca vermutet, dass eine Behörde Daten über ihn gespeichert hat.

c) Eine Behörde hat über Hans Kreipe unzulässigerweise Daten gespeichert.

8. Welche der 10 Gebote des Datenschutzes sind in den folgenden „Fällen" angesprochen?
   a) Ein Spezialprogramm protokolliert, wer mit welchen Programmen gearbeitet hat.
   b) Die Überweisung der Gehälter an die Mitarbeiter kann nur mit einem bestimmten Passwort erfolgen, das nur die dazu berechtigten Mitarbeiter der Personalabteilung kennen.
   c) Verlässt ein Mitarbeiter seinen Computer, sichert er ihn durch Abschließen.
   d) Die Datenträger werden im Tresor aufbewahrt.

9. Welche Aufgaben hat ein Datenschutzbeauftragter?

10. Erstellen Sie in Gruppenarbeit ein Anschreiben, um kostenlose Informationen vom Bundesbeauftragten für Datenschutz (Husarenstr. 30, 53117 Bonn) zu erhalten.

11. Suchen Sie im Internet:
    a) die Homepage des Bundesdatenschutzbeauftragten
    b) das Bundesdatenschutzgesetz
    c) das Gesetz zur Regelung der Rahmenbedingungen für Informations- und Kommunikationsdienste (IuKDG)

12. Was versteht man unter dem Beschäftigtendatenschutz?

13. Führen Sie wichtige Regeln des Beschäftigtendatenschutzes auf.

14. Was ist das Ziel einer Datenschutzerklärung?

15. Geben Sie Informationen an, die zu einer Datenschutzerklärung gehören.

16. In welchen Fällen darf ein Webshopbetreiber Daten von Kunden erheben?

17. In welcher Form darf ein Kunde sein Auskunftsrecht wahrnehmen?

18. Über welche Informationen muss Auskunft gegeben werden?

19. Führen Sie die wichtigsten Maßnahmen auf, die die Datenschutz-Grundverordnung besonders betont.

AKTIONEN

1. Führen Sie in Ihrer Klasse eine Kartenabfrage durch. Die Ausgangsfrage lautet: „Wo werden von mir Daten gespeichert?"

2. Bilden Sie in Ihrer Klasse fünf Gruppen und führen Sie eine Pro- und Kontra-Diskussion als Rollenspiel durch. Jeweils ein Mitglied von vier Gruppen wird die Rolle eines Gastes in der Talkshow „talk for you" übernehmen. Ein Mitglied der fünften Gruppe wird die Rolle des Moderators übernehmen. Das Thema der Talkshow lautet: „Ist Datenschutz überflüssig?" Sammeln Sie in Ihren Gruppen Argumente für die Rolle, die Ihnen zugewiesen wurde:
   - Frau/Herr Steinmann ist Kriminalkommissar(in) im Bundeskriminalamt. Sie/er ist verärgert über Restriktionen des Bundesdatenschutzgesetzes und Einwände der Datenschutzbeauftragten von Bund und Ländern: Dadurch wird sie/er in ihrer/seiner Arbeit behindert.
   - Frau/Herr Weber ist eine Bürgerin/ein Bürger, die/der auf ihr/sein Recht auf informationelle Selbstbestimmung pocht. Sie/er ist zudem verärgert über die große Menge von Werbebriefen, die den Briefkasten verstopfen. Als mündige(r) Bürger(in) möchte sie/er nicht überwacht werden.
   - Frau/Herr Hagedorn ist Landesdatenschutzbeauftragte(r). Ihr/ihm geht der Datenschutz nicht weit genug. Der Staat beachtet die Privatsphäre seiner Bürger nicht, die dadurch Nachteile erleiden.
   - Frau/Herr Gehrke ist Abteilungsleiter(in) in einem Versandhandelsunternehmen. Personenbezogene Daten sind für das Unternehmen extrem wichtig.
   - Der Moderator/die Moderatorin führt in das Thema ein und steuert die Diskussion

LERNFELD 9

ZUSAMMENFASSUNG

Der Datenschutz

Bedeutung:
Grundrecht der „informationellen Selbstbestimmung": Jeder Bürger darf über die Erhebung, Speicherung, Übermittlung und Verarbeitung seiner Daten selbst entscheiden, soweit dies gesetzlich nicht anders geregelt ist.

Aufgabe:
Schutz personenbezogener Daten vor Missbrauch bei ihrer Verarbeitung
Personenbezogene Daten: alle Einzelangaben über persönliche und sachliche Verhältnisse natürlicher Personen
Zulässigkeit der Verarbeitung personenbezogener Daten:
- durch Einwilligung des Betroffenen,
- durch Erlaubnis des Bundesdatenschutzgesetzes oder einer anderen Rechtsvorschrift

Rechte des Betroffenen:
- Auskunftsrecht
- Berichtigungsrecht
- Sperrungsrecht
- Löschungsrecht

Pflichten der Datenverarbeiter:
- Wahrung des Datengeheimnisses
- technische und organisatorische Maßnahmen zum Ausschluss von Missbrauch
- Prüfung der Zulässigkeit der Verarbeitung von Daten
- Benachrichtigung der Betroffenen bei erstmaliger Speicherung von Daten zu ihrer Person
- Ernennung eines Beauftragten für den Datenschutz

KAPITEL 11
Chancen und Risiken digitaler Technologien

Anne Schulte ist auf dem Weg zur Arbeit. Interessiert liest sie in der Straßenbahn einen Zeitungsartikel zur Digitalisierung:

> Wie jeder grundsätzliche Strukturwandel ist auch der Übergang zur Informationsgesellschaft nicht vollkommen sozialverträglich zu gestalten. Chancen und Risiken bestehen nebeneinander, für jeden Einzelnen kommt es darauf an, sich intensiv mit den neuen Entwicklungen auseinanderzusetzen.

1. Erläutern Sie die Bedeutung des Begriffs „Digitalisierung".
2. Geben Sie an, wie Sie zu der im Zeitungsartikel geäußerten Meinung stehen. Begründen Sie dies gegebenenfalls.

LERNFELD 9

INFORMATIONEN

Neue Informationstechnologien und das Internet in der Diskussion

Neue Informationstechnologien und das Internet beeinflussen als Schlüsseltechnologien alle Bereiche der Arbeitswelt und der Freizeit, der Wirtschaft und Gesellschaft. Davon ist jeder Einzelne betroffen.

> **BEISPIEL**
>
> Neue Informationstechnologien und das Internet sind überall: Beim Einkaufen im Supermarkt, in der Schule, am Arbeitsplatz, in der Bank, sogar neuerdings im Auto begegnen sie uns. Häufig nutzen wir sie, ohne sie bewusst wahrzunehmen.

Die Bedeutung der neuen Informationstechnologien und des Internets ist darauf zurückzuführen, dass

- diese es ermöglichen, geistige Arbeit – in einem bisher nicht gekannten Ausmaß – durch Maschinen zu ersetzen,
- sie alte, bisher nicht verbundenen Techniken miteinander verbinden.

> **BEISPIEL**
>
> In vielen Bereichen wachsen der Datenverarbeitungs- und der Kommunikationsbereich zusammen: Ein Kunde der Fairtext GmbH bestellt mithilfe seines Smartphones über das Internet im Webshop verschiedene Artikel. Automatisch werden durch diese Bestellung auf dem Webserver der Fairtext GmbH verschiedene Prozesse in den EDV-Systemen ausgelöst.

Der Einsatz der neuen Informationstechnologien und des Internets hat Veränderungen bewirkt – Veränderungen in dem, was Menschen tun, und Veränderungen in der Denkweise der Menschen. Mit der Anwendung der neuen Informationstechnologien und des Internets verbinden sich Hoffnungen und Befürchtungen. Befragungen zeigen, dass die meisten Menschen zugleich positive und negative Auswirkungen des Computereinsatzes erwarten. Die neuen Technologien stehen im Mittelpunkt vieler Diskussionen.

Befürworter begrüßen diese Innovationen als einen Weg,

- um die Produktivität unserer Wirtschaft zu erhöhen, unsere Wettbewerbsfähigkeit und damit Arbeitsplätze zu erhalten,
- um die Arbeitnehmer von lästiger Routinetätigkeit zu befreien,
- um in industriellen Prozessen oder auch im privaten Verbrauch Energie und Rohstoffe zu sparen,
- um viele andere Vorteile wie Sicherheit und Benutzerfreundlichkeit technischer Geräte zu erlangen.

Skeptiker und Gegner der neuen Informationstechnologien und des Internets fürchten, dass

- die Computertechnologie Arbeitsplätze vernichtet,
- erworbene Fähigkeiten überflüssig macht und
- die Menschen in eine Technikabhängigkeit treibt, die dazu führt, dass die Maschine den Menschen und nicht mehr der Mensch die Maschine beherrscht.

Durch

- die rasante Verbreitung des Internets,
- die Entwicklung einer extremen Anzahl von Internetanwendungen mit den unterschiedlichsten Funktionen, die vor einigen Jahren überhaupt nicht denkbar und vorstellbar waren,
- drastische Preissenkungen bei allen Arten von Hardware und Kommunikationsgeräten,
- eine sehr stark gestiegene Leistungsfähigkeit der Prozessoren, die zu einer gewaltigen Steigerung der Funktionsfähigkeit von Geräten führt
- sowie einer Miniaturisierung (= Verkleinerung) der elektronischen Bauteile

haben sich das Internet, die Datenverarbeitung und die Kommunikationstechnik in den letzten Jahren rasant entwickelt. Dieser Trend wird auch in Zukunft mit gleicher Dynamik anhalten. Deshalb sind die durch den Einsatz dieser Technologien hervorgerufenen Entwicklungstendenzen teilweise nur in Umrissen erkennbar.

Die Digitalisierung

Die ständige, immer schneller laufende Weiterentwicklung des Internets, von Hardware und Software wird unter dem Begriff Digitalisierung zusammengefasst. Sie sorgt für einen tief greifenden Wandel in jedem Lebensbereich.

Digitalisierung im engeren, ursprünglichen Sinn bedeutet das Umwandeln von analog vorliegenden Informationen in digitale Formate: herkömmliche Medien wie

LERNFELD 9

Dokumente, Fotografien, Tonaufnahmen oder Filme werden umgewandelt in Dateien, die aus Bits und Bytes bestehen.

BEISPIEL

Die Informationen eines in Papierform vorliegenden Sachbuchs werden umgewandelt in eine E-Book-Datei.

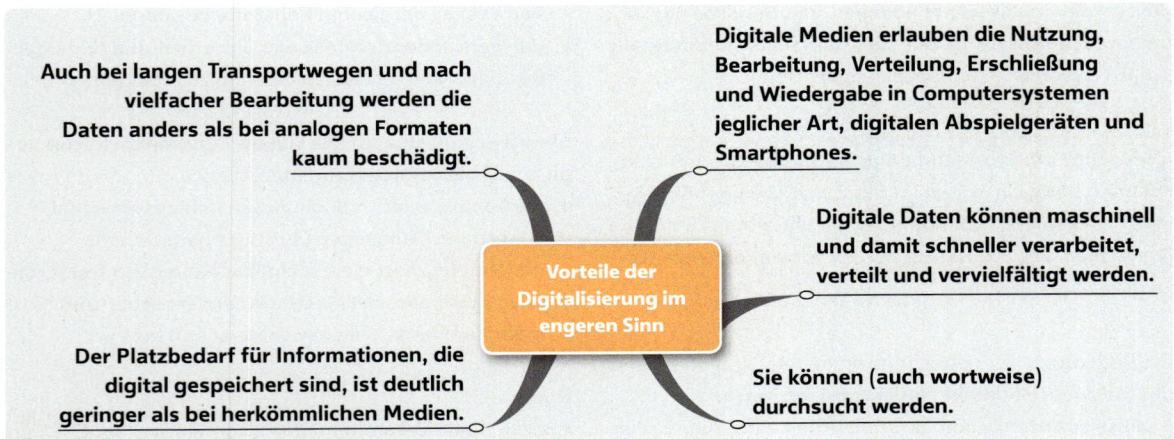

Wird in der gesellschaftlichen Diskussion von **Digitalisierung** gesprochen, ist **im weiteren Sinn** des Begriffes damit der digitale Wandel gemeint. Digitalisierung bedeutet in diesem Zusammenhang die (letztlich durch das Umwandeln von analogen Informationen in digitale Formate ausgelösten) Veränderungsprozesse in allen Bereichen der Gesellschaft. Dieser Prozess der stetigen Weiterentwicklung digitaler Technologien, die unsere Wirtschaft und Gesellschaft nachhaltig prägen, wird oft auch als **digitale Revolution** oder **digitale Transformation** bezeichnet.

BEISPIELE

Immer mehr wird das Leben nicht nur begleitet, sondern auch beeinflusst durch unter anderem
- Künstliche Intelligenz,
- Social Media,
- Big Data
- Internet der Dinge
- Blockchain
- Cloud Services usw.

Durch die Digitalisierung entstehen neue Gewohnheiten und Bedürfnisse sowohl im Geschäftsleben als auch im Privatleben. Im Zuge dieses Prozesses ändern sich einerseits die Erwartungen der Konsumenten. Unternehmen sind andererseits gezwungen, bestehende traditionelle Prozesse entweder digital anzupassen oder durch wesentlich effizientere, digitale Prozesse abzulösen.

Durch die Digitalisierung kommt es auf vielen Märkten zu einer **Disruption**. Darunter versteht man die komplette Zerschlagung bzw. Umstrukturierung eines auf einem Markt bestehenden Geschäftsmodells durch eine Innovation.

BEISPIELE

In der Regel wird ein Markt durch eine Innovation nicht grundlegend verändert, sondern nur weiterentwickelt:
- Gab es früher für Musikliebhaber nur Schallplatten zu kaufen, nahmen Händler mit der Erfindung der CDs auch diese in ihr Sortiment auf. Hier wurde im Prinzip ein Produkt lediglich weiterentwickelt. An den bestehenden Geschäftsmodellen änderte sich nichts Wesentliches.
- Früher gaben Verlage wie Brockhaus Lexika heraus, die in über 20 Bänden das wesentliche Wissen des Menschen zusammenfassen.

Im Rahmen der Disruption werden alte Strukturen durch komplett neue – meist deutlich einfachere oder bequemere – ersetzt:
- Zu disruptiven Prozessen kam es durch das Aufkommen digitaler Musikvertriebe (Spotify, iTunes usw.). Kunden können Musikstücke nun online erwerben, die Interpreten brauchen keine Firmen, die die CDs vertreiben. Auch Presswerke sind nicht mehr nötig. Der Markt ändert sich radikal.
- Mehrbändige Lexika in Papierform werden nicht mehr herausgegeben, seit es Wikipedia gibt.

Disruption bedeutet also, dass auf einem Markt bestehende alte Strukturen, Geschäftsmodelle und Unternehmen stark herausgefordert werden und bei Erfolg vom Markt verdrängt bzw. ersetzt werden.

Disruption: Veränderung der Spielregeln auf dem Markt durch Innovation. Disruption ist oft das Ergebnis neuer Geschäftsmodelle.

Auswirkungen auf Arbeitnehmer

Für Arbeitnehmer hat der Einsatz der neuen Technologien und des Internets unterschiedliche Auswirkungen. Durch Einführung der rasant auftretenden Innovation verändert sich die Arbeitsplatzstruktur. Wenn nahezu jeder Arbeitsplatz EDV-gestützt und dem Internet verbunden ist, tritt der Sachbearbeiter von seinem Arbeitsplatz aus nur noch in einen Dialog mit dem Computer (Mensch-Maschine-Kommunikation). Unterlagen werden nun nicht mehr aus dem Aktenschrank oder dem Dienstweg aus anderen Abteilungen (Mensch-Mensch-Kommunikation) geholt, sondern durch Abruf auf dem Bildschirm sichtbar gemacht.

Es kommt zu einer veränderten Arbeitsorganisation, andere Arbeitsinhalte treten in den Vordergrund. EDV-Anlagen übernehmen einen größeren Anteil der Tätigkeiten, die bisher vom Menschen ausgeführt wurden. Dem Anwender bleiben oft lediglich Aufgaben der Dateneingabe, des Programmaufrufs und der Weiterverwendung der Ergebnisse für Folgetätigkeiten. Hierdurch ergeben sich sowohl Chancen als auch Risiken für die Arbeitnehmer:

- Die Arbeitszufriedenheit kann steigen, wenn durch Befreiung von Routinetätigkeiten die Arbeit erleichtert wird und der Anteil an anspruchsvollen Tätigkeiten zunimmt.
- Wird die Arbeit durch den Einsatz der EDV monotoner, wirkt sich dies negativ auf den Arbeitnehmer aus.

Feststellbar ist, dass in vielen Fällen Computer, Programme und Internetanwendungen eintönigere Routinearbeiten übernehmen und dadurch die Belastungen bei der Arbeit verringern. Durch den EDV-Einsatz können jedoch auch neue Beanspruchungen entstehen. Die ununterbrochene Arbeit an Bildschirmgeräten kann zu Gesundheitsschäden führen. Arbeitstempo und -methoden werden dem Menschen häufig vorgeschrieben.

Daher wird es mit der zunehmenden Durchdringung des beruflichen Lebens mit Computern und Anwendungen immer wichtiger, die Handhabung dieser Geräte so leicht wie möglich zu machen. Die Wissenschaft der Ergonomie gibt viele Hinweise zur optimalen Anpassung der Computer an die geistigen und physischen Eigenschaften des Menschen.

Eine immer größere Bedeutung bekommt die **elektronische Heimarbeit**. Man spricht in diesem Zusammenhang von der Arbeit im „Homeoffice".

Homeoffice: berufliche Arbeit im privaten Umfeld

Die heute in Büros übliche Arbeit lässt sich in die private Wohnung an den privaten Computer verlegen. Die Auslagerung von Arbeiten aus den Arbeitsräumen von Unternehmen in die Home Offices nimmt stark zu.

In allen Bereichen werden neben den betrieblichen Abläufen auch die Arbeitsinhalte der betroffenen Beschäftigten durch Anwendung der Datenverarbeitung verändert. Dadurch werden neue Anforderungen an die Mitarbeiter gestellt. Für fast alle Arbeitsplätze werden Internet- und Datenverarbeitungskenntnisse zwingend notwendig sein. Die Datenverarbeitung hat sich in den nächsten Jahren auch in Kleinbetrieben komplett durchgesetzt. Der Computer wird also überall als selbstverständliches Werkzeug zur Problemlösung genutzt werden.

Unter Umständen kann eine evtl. Aufspaltung (Polarisierung) der Anforderungen in anspruchsvolle Arbeiten für einen Teil der Beschäftigten eine Eingruppierung in eine niedrigere Gehaltsgruppe zur Folge haben.

Befürchtet wird oft ein Arbeitsplatzabbau durch die Anwendung der Datenverarbeitung. Die durch den Computereinsatz hervorgerufenen Produktivitätssteigerungen können menschliche Arbeitskraft freisetzen.

Auswirkungen auf die Betriebe

In allen Bereichen eines Unternehmens erhöht sich durch den Internet- und Computereinsatz die Produktivität: Dieselbe Zahl von Produkten oder Dienstleistungen kann mit einem geringeren Einsatz menschlicher Arbeitskraft hergestellt bzw. angeboten werden. Damit steigen die Wettbewerbsfähigkeit und gleichzeitig auch die Gewinnchancen des einzelnen Unternehmens. Darüber hinaus wird das Unternehmen unabhängiger vom Personal.

Der Einsatz der Informationstechnologien und des Internets kann traditionsreiche Strukturen in Industrie-, Handels- und Dienstleistungsunternehmen zerbrechen bzw. umstrukturieren und uralte Berufsbilder zerstören.

> **BEISPIEL**
>
> Der Computer verändert bekannte Berufe, schafft neue, und einige lässt er verschwinden. Experten schätzen, dass über 2,5 Millionen Arbeitsplätze in der nächsten Zeit davon betroffen sind. Das beste Beispiel dafür ist der Kaufmann/Kauffrau für E-Commerce: Dieser neue Beruf ersetzt in bestimmten Bereichen von Einzelhandelsunternehmen, aber auch in Unternehmen anderer Branchen und Wirtschaftsstufen (Industrie, Großhandel, Banken, Versicherungen, Dienstleistungsunternehmen usw.) in Teilen bisher dort ausgebildete Berufe.

Sämtliche betriebliche Tätigkeiten – von der Planung bis hin zur Personalpolitik und Verwaltung – sind von der Anwendung der neuen Informationstechnologien und des Internets betroffen. Es verändern sich:
- Denkweisen,
- Firmenstrukturen,
- Organisationsprinzipien,
- ökonomische Wertvorstellungen.

Es entwickeln sich in den Unternehmen absolut neue Systeme und Arbeitsmittel wie z. B.
- neue Kommunikationsformen,
- die elektronische papierlose Aktenablage,
- automatische Fertigungsroboter in Teilen der Produktion von Industriebetrieben,
- elektronische Geldüberweisungssysteme,
- fahrerlose Transportsysteme z. B. in Lagern auch von Großhandelsunternehmern.

Die sich durch den Einsatz der innovativen Technologien ergebenden Rationalisierungen vernichten jedoch nicht nur Arbeitsplätze, in sehr vielen Fällen erhalten sie sie auch. Die unter Wettbewerbsdruck stehenden Unternehmen können durch die gestiegene Produktivität höhere Kosten und Löhne auffangen. Zudem entstehen durch Einbeziehung der neuen Technologien, Kommunikationstechniken und Anwendungen neue Wirtschaftszweige, Geschäftsmodelle, Fertigungsmethoden und Produktideen.

> **BEISPIEL**
>
> Der Einsatz der Innovationen hat in den letzten Jahren zu vielfältigen neuen Geschäftsmodellen unterschiedlichster Art im Bereich des E-Commerce geführt. Es gibt eine gewaltige Menge neuer oder verbesserter Geräte und Systeme, die, oft in Kombination mit dem Internet, in allen Bereichen der Wirtschaft gewaltigen Veränderungen führen.
>
> - Industrie 4.0 im Bereich der Industrie
> - der digitale Handel im Bereich des stationären Handels
> - Onlinebanking im Bereich des Kreditwesens

Auch in so gegensätzlichen Bereichen wie
- Nachrichtentechnik
- Bürotechnik
- Medizin,
- Verkehrslenkung,
- Autoelektronik
- Freizeitelektronik
- Bildung

ergeben sich vollkommen neue Anwendungsmöglichkeiten und damit Chancen für viele Unternehmen, neue Produkte und Leistungen anzubieten.

Auswirkungen auf die Konsumenten

Für den Konsumenten bringt die Datenverarbeitung häufig Bequemlichkeitsvorteile. Ein Großteil der Alltagserledigungen kann zu Hause am Computer abgewickelt werden.

> **BEISPIEL**
>
> Immer mehr setzt sich das Electronic Banking durch: Alle wichtigen Bankgeschäfte wie Kontostandsabfragen, Überweisungen oder Daueraufträge können zu jeder Tageszeit von zu Haus erledigt werden. Benötigt wird dazu lediglich ein Smartphone oder ein Computer.

Electronic Banking: Bequemlichkeitsvorteile durch Digitalisierung

Da die Datenerfassung dadurch, dass sie vom Konsumenten vorgenommen wird, in vielen Fällen für die Unternehmen entfällt, bekommt der Verbraucher einen Teil der Kostenersparnis.

> **BEISPIEL**
>
> Eine Überweisung per Onlinebanking ist für einen Bankkunden erheblich preiswerter als eine normale Überweisung in einer Filiale.

Auch das Freizeitverhalten ändert sich. Der Computer hat Einzug in die Privathaushalte gehalten. Zum Teil schon im Kindergartenalter werden Computerspiele gespielt. Personalcomputer, Tablets und Smartphones werden immer öfter bewusst zur Vorbereitung von Schule und Beruf eingesetzt.

Die Verbreitung von Personalcomputern kann so weit gehen, dass auch der Arbeitsplatz zu Hause steht. Dadurch könnte die menschliche Kommunikation behindert werden: Der direkte soziale Kontakt wird möglicherweise durch den Dialog mit dem Computer ersetzt.

Auswirkungen auf die Volkswirtschaft

Im beginnenden Zeitalter der Informationsgesellschaft wird Information zum wichtigsten Produktionsfaktor. Immer mehr entscheidet das Vorhandensein von Daten über den Erfolg von Unternehmen. Führt ein Unternehmen daher in einer Branche eine neue EDV-Technologie ein, sind andere Betriebe gezwungen, dies ebenfalls zu tun.

Die Computertechnologie verbessert einerseits die bestehenden Informations- und Kommunikationssysteme, andererseits erweitert sie mit neuen Nachrichtensystemen die Möglichkeiten, Sprache, Schrift, Bilder und Daten auszutauschen.

Der Sorge, dass eines Tages die Anwender durch die Informationsfülle völlig überschwemmt werden, muss durch bessere Auswahlverfahren begegnet werden. Aber auch dabei hilft die Datenverarbeitung. Ein entscheidender Punkt ist, dass die Gesellschaft lernt, mit den neuen Informationsmedien richtig umzugehen.

Für Industrie und Handel ist der Einsatz der EDV und des Internets auch wichtig, um über fortschreitende Rationalisierung und Produktivitätssteigerungen in allen Bereichen die internationale Wettbewerbsfähigkeit zu erhalten. Sowohl Arbeitgebervertreter als auch Gewerkschaften argumentieren, dass es für ein rohstoffarmes Industrieland wie die Bundesrepublik keine Alternative zur Digitalisierung gibt. Mit dem Verlust der Wettbewerbsfähigkeit würde ein Verlust an Absatzmärkten einhergehen, was ein größeres Arbeitsmarktrisiko darstellt als eine noch kalkulierbare Einsparung von Arbeitsplätzen durch Rationalisierungen.

Die Schwierigkeiten, die eine Umstellung von Wirtschaft und Gesellschaft auf die Digitalisierung mit sich bringt, zu meistern, ist eine besondere Herausforderung. Sie kann nur durch Übereinstimmung aller beteiligten Gruppen gelöst werden. Diese Aufgabe wirkt bis in unser Bildungswesen hinein. Schüler müssen die Techniken, denen sie im späteren Berufs- und Privatleben begegnen, in ihren Grundzügen kennenlernen.

Die Digitalisierung führt nur dann zu neuen Produkten oder Verfahren, wenn die Menschen diese neuen Güter, Abläufe und Arbeitsmittel auch annehmen. Voraussetzung für die Akzeptanz sind

- die rechtzeitige Einbeziehung der Benutzer in die Planung,
- eine stärker dem Menschen angepasste Gestaltung von Technik und Funktionen; Hardware und Software müssen also ergonomisch gestaltet werden,
- eine solche Organisation der Arbeit, dass der Anwender die Möglichkeiten des Einflusses auf Entscheidungen erkennt, ein Gefühl der Mitverantwortung bekommt und sein Arbeitsergebnis sieht.

LERNFELD 9

Chancen und Probleme der Digitalisierung

Die Digitalisierung treibt Veränderungen in Wirtschaft und Gesellschaft voran. Viele sehen sie überwiegend als Chance, andere teilweise aber auch als Bedrohung an.

Vor- und Nachteile der Digitalisierung

■ meistgenannte Vorteile   ■ meistgenannte Nachteile

Item in Prozent „Bitte sagen Sie uns, ob Sie in den folgenden Beispielen für sich persönlich eher einen Vorteil oder einen Nachteil sehen?"		Nachteil	Weder noch	Vorteil	Thema nicht bekannt	k.A.
Speicherung von persönlichen Gesundheitsdaten (z.B. auf der Gesundheitskarte)	Ü60	26	23	**45**	4	2
	Gesamt*	27	26	41	3	3
Speicherung von Telekommunikationsverbindungsdaten zur Verhütung/Verfolgung schwerer Straftaten	Ü60	30	23	**38**	6	3
	Gesamt*	32	25	35	5	3
Digitale Vernetzung des Straßenverkehrs	Ü60	17	27	**39**	10	7
	Gesamt*	15	28	45	7	5
Sammlung und Nutzung von Telekommunikationsverbindungsdaten durch deutsche Geheimdienste	Ü60	50	19	21	5	5
	Gesamt*	51	21	20	4	4
Sammlung und Nutzung von Telekommunikationsverbindungsdaten durch ausländische Geheimdienste	Ü60	**59**	17	14	5	5
	Gesamt*	61	17	14	5	3
Speicherung des eigenen Surfverhaltens (z.B. durch Cookies)	Ü60	**39**	24	16	13	8
	Gesamt*	45	26	17	7	5
Sammlung und Nutzung von persönlichen Daten durch Unternehmen (z.B. Google, Amazon)	Ü60	**50**	18	14	10	8
	Gesamt*	54	20	18	4	4

Basis: 1.091 Fälle (alle Befragten Ü60)   *Basis: 2.683 Fälle (alle Befragten Gesamtbevölkerung)

Klar ist nur, dass die Digitalisierung die Wirtschaft, die Gesellschaft und das Privatleben in jedem Fall umfassend verändern wird.

Vorteile und Nachteile von E-Commerce

Beim E-Commerce wird das Internet als Plattform für den Verkauf von Waren und Dienstleistungen genutzt. Neben vielen Vorteilen kann dies eventuell aber auch Nachteile für die Händler und die Kunden mit sich bringen.

Unternehmen, die im E-Commerce-Bereich auftreten, können im Gegensatz z. B. zu stationären Betriebsformen unabhängig von geografischen Aspekten handeln: Sie können die von ihnen vertriebenen Waren theoretisch weltweit einkaufen, aber ebenfalls auch weltweit verkaufen. Kosten können erheblich verringert werden durch den Wegfall von z.B. Miete für ein Ladengeschäft oder die Einsparung von Personalkosten im Falle von Drop-Shipping. Da mit den Kunden elektronisch Daten ausgetauscht werden, kann das verkaufende Unternehmen eine gezielte Marktforschung betreiben. Damit ist es in der Lage, besser auf die Bedürfnisse und Erwartungen der Kunden einzugehen.

Ein Merkmal des E-Commerce ist die Verkürzung herkömmlicher Lieferketten: Waren können direkt vom Hersteller zum Kunden gebracht werden. Dabei werden traditionelle Zwischenstationen wie Groß- und Einzelhändler umgangen. Dies ergibt durch eine verbesserte Kalkulation einerseits Verkaufschancen. Die nicht mehr in der Lieferkette einbezogenen Unternehmen haben jedoch Umsatzverluste zu verzeichnen.

Der Hauptvorteil für Kunden im Bereich des E-Commerce liegt in der verbesserten Qualität der Dienstleistung: Zu jeder Tages- und Nachtzeit können Waren bequem bestellt werden, ohne dass ein stationäres Geschäft besucht werden muss. Es spielt überhaupt keine Rolle, wo das anbietende Unternehmen seinen Geschäftssitz hat. Da es weltweit für den gewünschten Artikel in der Regel eine Vielzahl von Anbietern gibt, profitieren Kunden vom hohen Wettbewerbsdruck hinsichtlich des

LERNFELD 9

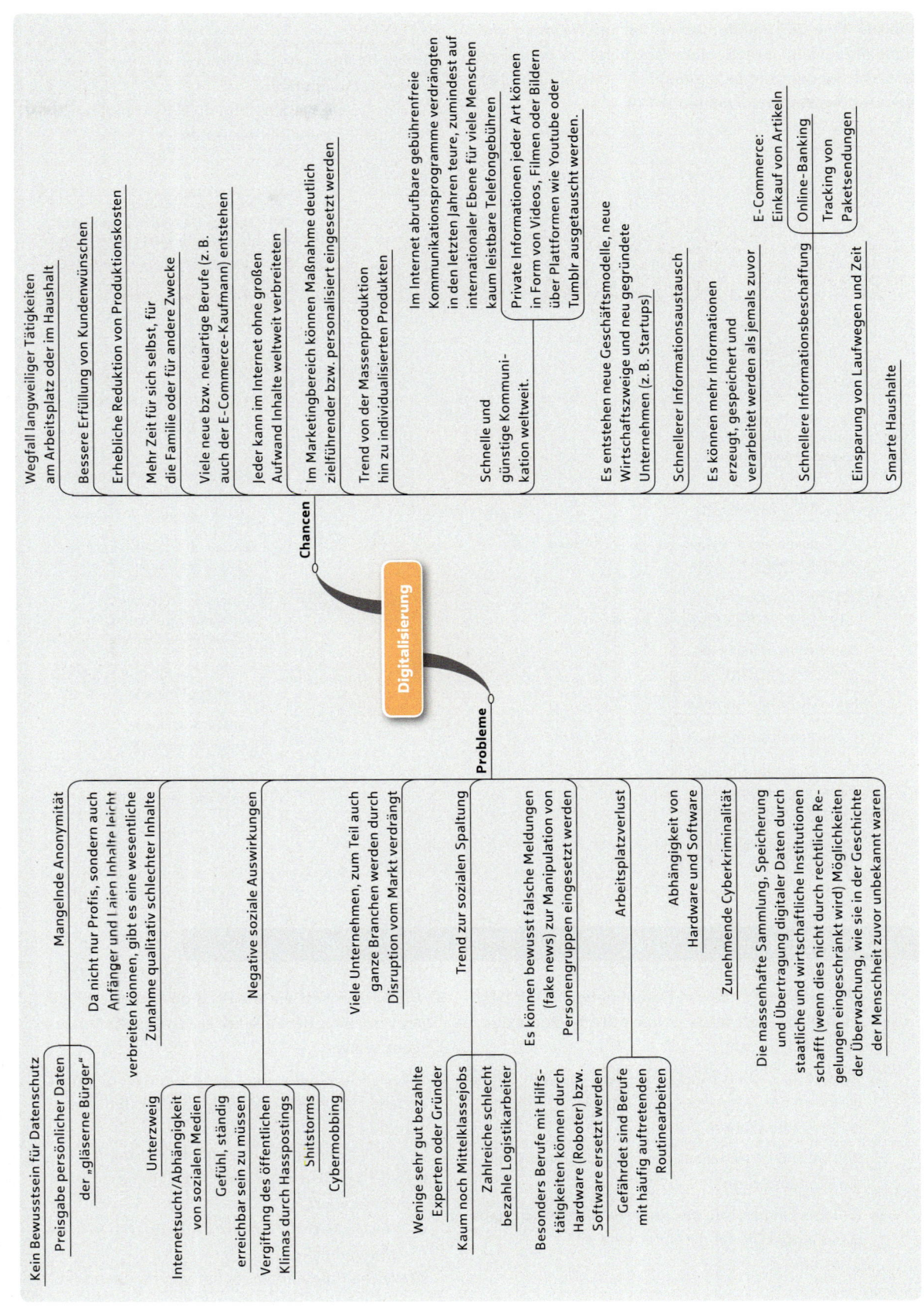

LERNFELD 9

Preises. Eine der Hauptursachen für Entscheidung von Kunden zum Kauf in stationären Geschäften ist mehreren Untersuchungen zufolge die Angst vor missbräuchlicher Verwendung von Kundendaten.

BEISPIELE

Kunden fürchten unter anderem
- Identitätsdiebstähle,
- Diebstähle von Bank- und Kreditkartendaten,
- Ausspähen persönlicher Daten.

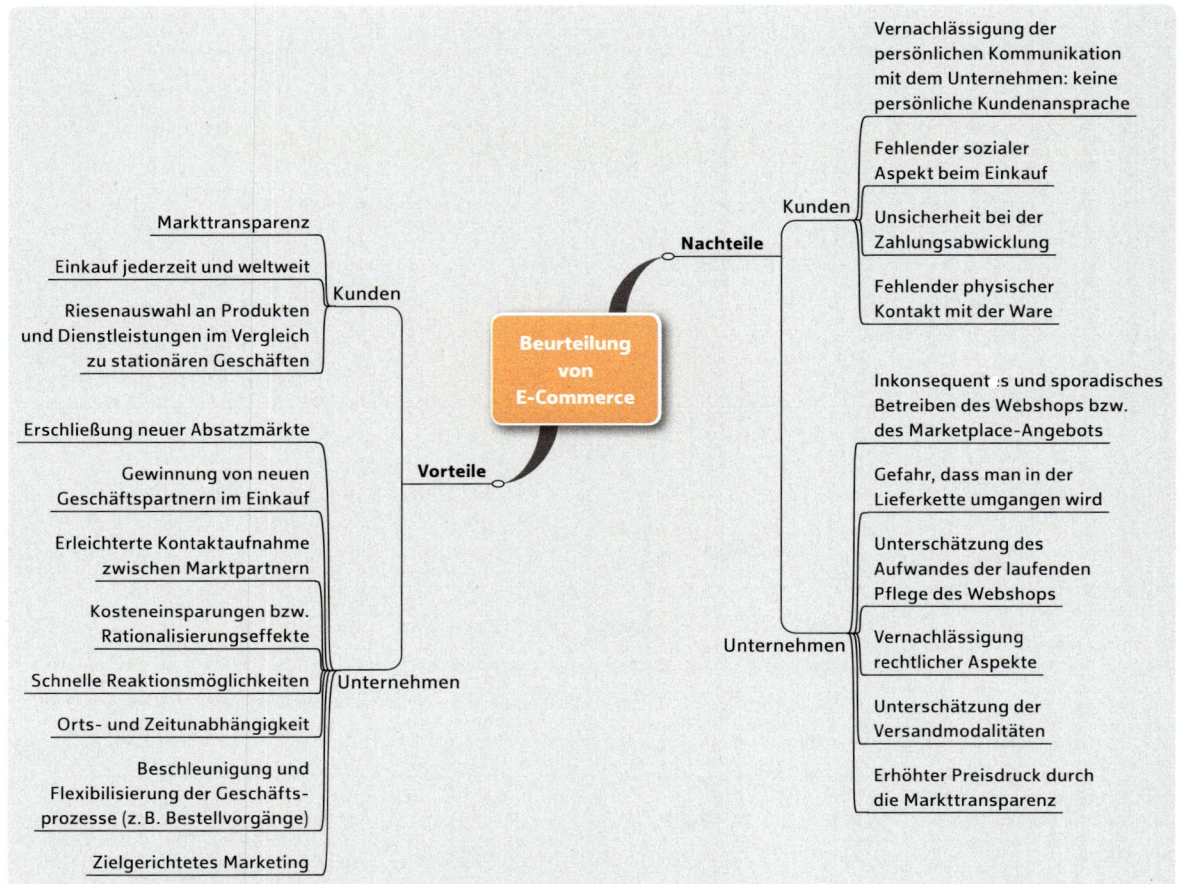

AUFGABEN

1. Warum spricht man im Zusammenhang mit der Digitalisierung von der Schlüsseltechnologie des nächsten Jahrzehnts?
2. Welche Ursachen führten zu der rasanten Entwicklung des Internets der Computertechnologie in den letzten Jahren?
3. Wie verändert sich die Arbeitsplatzstruktur durch die Digitalisierung?
4. Welche Folgen hat die Rationalisierung durch Einsatz der EDV auf die Unternehmen?
5. Wie wirken sich die Nutzung des Internets und der vermehrte der Einsatz der EDV auf die Konsumenten aus?
6. Mit der Teleheimarbeit wird eine Möglichkeit gesehen, Arbeitsplätze außerhalb der Betriebe zu schaffen.
    a) Was versteht man unter Teleheimarbeit?
    b) Welche Vorteile haben Arbeitnehmer bzw. Arbeitgeber?
    c) Welche Nachteile haben Arbeitnehmer bzw. Arbeitgeber?
    d) Welche Hardware muss dafür vorhanden sein?

LERNFELD 9

7. Aus einem Zeitungsartikel über die Veränderung des Arbeitsmarktes:

   „Mag man sich heute darüber streiten, ob die kleinen Mikroprozessoren Jobkiller oder Jobknüller sind – eines sind sie in jedem Fall: Jobveränderer."

   Beurteilen Sie diese Aussage.

8. Führen Sie Beispiele für die vielfältige Anwendung der Digitalisierung auf in
   a) Ihrem Ausbildungsbetrieb,
   b) Ihrem Freizeitbereich.

9. Erläutern Sie das Zusammenwachsen von Datenverarbeitung, Kommunikationstechnik und Büroorganisation.

AKTIONEN

1. Beurteilen Sie die folgenden Meinungen.
   - Wo stimmen Sie zu? Wo sind Sie anderer Meinung?
   - Führen Sie Begründungen dafür auf. Diskutieren Sie in Ihrer Klasse.

   a) „[...] Würde man die Generation bis 50 fragen, ob sie ohne Google leben könnte, so wird sie vermutlich antworten: ‚Ein Leben ohne Google ist möglich, aber nutzlos. Die Suchmaschine macht Alltag und Arbeit einfacher und reichhaltiger.' Google zu vermeiden wäre für sie gleichbedeutend mit dem Gang ins ‚digitale Kloster'.[...]"

   Quelle: Rolf, Arno: Ist die Welt eine Google? In: Hamburger Abendblatt. 15.1.2016. www.abendblatt.de/meinung/article206926353/Ist-die-Welt-eine-Google.html [22.09.2020].

   b) Diese großen Plattformen „[...] haben sich zu zentralen Kristallisationspunkten entwickelt. Beinahe die gesamte vernetzte Welt wird inzwischen von einigen dominanten Playern beherrscht. Das Vordringen von Google in unterschiedlichste Bereiche wie Betriebssysteme, Browser, Messenger, Karten, Logistik oder Smart Metering veranschaulicht diesen Trend eindrucksvoll. [...] Deshalb sind diese Plattform-Konzerne nicht nur in der Lage, langfristig ihre Wettbewerbsposition im Markt zu festigen, sondern auch exklusive Datenmonopole zu schaffen. Ein einziger Log-in in ihre Welt, gepaart mit der Nutzereinwilligung zur Datenverarbeitung, ermöglicht ihnen die Erstellung der weltweit aussagekräftigsten Kundenprofile, weil Daten aus allen Produkt- und Leistungssparten der Plattformen zentral zusammengeführt werden können. [...]"

   Quelle: Pflüger, Friedbert: Die eigentlichen Gewinner der DSGVO sind Google, Amazon und Facebook. In: Handelsblatt. 20.6.2018. www.handelsblatt.com/meinung/gastbeitraege/gastbeitrag-die-eigentlichen-gewinner-der-dsgvo-sind-google-amazon-und-facebook/22709224.html?ticket=ST-427972-iQukqCVN17udN6uMTyWO-ap4 [22.09.2020].

   c) „[...] Vorteile sind unter anderem, dass man immer auf dem neusten Stand gehalten wird und beispielsweise über Kanäle wie YouTube berühmt werden kann. Außerdem gibt es direkte und schnelle Kommunikation mit Freunden oder Followern sowie schnelles Feedback für geteilte Inhalte. Die Kommunikation ist weltweit 24 Stunden rund um die Uhr möglich und die Anmeldung ist meistens kostenlos. [...]"

   Quelle: Lisken, Sophie, Klasse 8c, Marienschule Xanten: Die Vorteile und Gefahren sozialer Netze. In: WAZ online. 15.7.2016. www.waz.de/mediacampus/best-of/die-vorteile-und-gefahren-sozialer-netze-id12005068.html [19.3.2019].

   d) „[...] Damit hätten die US-Konzerne einen Viertel ihrer Profite von den Ländern, in denen sie erwirtschaftet wurden und eigentlich hätten versteuert werden müssen, abgezogen. Zu den großen Verlierern dieses Verschiebebahnhofs gehörten die Steuerbehörden der großen Industrieländer selbst, darunter auch Deutschland. [...]"

   Quelle: Oxfam – Multis verschieben Riesensummen zum Steuersparen. 10. November 2015. © reuters

   „[...] Im Gegensatz dazu gibt es für die Tech-Riesen aus dem Silicon Valley heute keinerlei Regulierung. Hier gilt einzig und allein das Prinzip, dass der Gewinner alles erhält. So haben ein paar Unternehmen eine Monopolstellung erreicht, die ihnen unvergleichliche Dominanz verschafft. Google als Suchmaschine, Amazon im E-Commerce, Facebook unter den sozialen Netzwerken – und jeder, der von Wettbewerbsrecht spricht, wird ausgelacht. [...]"

   Quelle: „Facebook zerstört die Demokratie" von John F. Jungclaussen in DIE ZEIT 53 / 2017 (19.12.2017). www.zeit.de/2017/53/soziale-netzwerke-facebook-macht-niall-ferguson-historiker [20.3.2019].

LERNFELD 9

e) „[...] Während die Nutzer den Giganten die als alternativlos empfundene Zustimmung zur Datennutzung geben, wächst in gleichem Maße der Wunsch, bei den kleineren und mittleren europäischen Unternehmen das Prinzip der Datensparsamkeit anzuwenden und eine Nutzung der Daten zu verweigern. Das Ergebnis ist offenkundig: Die Giganten aus den USA und Asien werden (daten-)reicher, die europäischen Konkurrenten, nicht zuletzt die kleinen und mittleren Unternehmen werden (daten-)ärmer. So droht die europäische Wirtschaft den Zugang zum zentralen Stoff moderner Gesellschaften und Volkswirtschaften zu verlieren – den digitalen Daten. [...]"

Quelle: Pflüger, Friedbert: Die eigentlichen Gewinner der DSGVO sind Google, Amazon und Facebook. In: Handelsblatt. 20.6.2018. www.handelsblatt.com/meinung/gastbeitraege/gastbeitrag-die-eigentlichen-gewinner-der-dsgvo-sind-google-amazon-und-facebook/ 22709224.html?ticket=ST-427972-iQukqCVN17udN6uMTyWO-ap4 [22.09.2020].

ZUSAMMENFASSUNG

Auswirkungen der Digitalisierung

Arbeitnehmer
- Gefahr des Arbeitsplatzabbaus
- Veränderung der Arbeitsplatzstruktur
- Einfluss auf Arbeitsinhalte, -tempo und -bedingungen
- Tendenz zur Heimarbeit
- Mögliche Polarisierung der Anforderungen
- Evtl. Minderung der Löhne bei Abqualifizierung

Volkswirtschaft
- Erledigung vieler Tätigkeiten von zu Hause aus
- Kostenersparnis
- Veränderung der Freizeitgewohnheiten

Betriebe
- Zunahme der Produktivität
- Steigerung der Wettbewerbsfähigkeit
- Zunahme der Gewinne
- Personalunabhängigkeit
- Neue Arbeitsmittel
- Neue Geschäftsmodelle
- Neue Produkte und Fertigungsverfahren

Konsumenten
- Entwicklung zur Informationsgesellschaft
- Neue Informations- und Nachrichtensysteme
- Steigerung der internationalen Konkurrenzfähigkeit

Sachwortverzeichnis

A

Abbruchjagden 608
Abfertigung zum freien Verkehr 396
Absatzformen 218
Absatzforschung 183
Absatzmarketing 319
– integriertes 319
– Konzeption 319
Absatzmarktforschung 183
– Bereiche 185
Absatzpolitische Instrumente 319
Absatzwege 218
Absatzwerbung 248
– Aufgaben 248
– Ziele 249
Abschlussvertreter 222
Abschreibungsversicherung 373
Absetzung für Abnutzung 461
Abstrakte Schäden 51
Ab Versandstation 11
AfA 461, 462
AFTA 438
AGB 40
AIDA (Formel) 278
Akkreditiv-Formen 369
aktive Veredelung 401
Alleinwerbung 262
Allgemeine Geschäftsbedingungen 40
Allgemeinwerbung 264
Amazon Payments 112
Andenpakt 438
Änderbarkeit 590
Angebot 548
Angebotskurve 298
Angebotsoligopol 309
Annahmerisiko 351
Annahmeverzug 57
Anschaffung 462
Antizyklisches Werbeverhalten 279
APEC 439
API 580
Arglistig verschwiegene Mängel 26, 27
Arten der Mängel 23
Artikel 211
ASEAN 438
Attribute 568
Aufbewahrungspflicht 28
Auftragsbestätigung 552
Aufwendungsersatz 35
Auktionen 607
Ausfuhranmeldung 401
Ausfuhrgeschäft 378
Ausfuhrverfahren 401
Ausgleichskalkulation 310
Ausgleichsnehmer 310

Ausgleichsträger 310
Auskunftsrecht 623
Außenhandel 429
Außenwirtschaftspolitik, Instrumente 432
Außergerichtliches Mahnverfahren 137
außerplanmäßige Abschreibung 461, 467
Ausstellungen 229
Autarkie 431

B

B2B-Marktplätze 602
B2C-Marktplätze 602
Banküberweisung 100
Bargeldlose Zahlung 93, 105
Barrierefreiheit 590
Barzahlung 93
Basel III 525
Bedarfsforschung 184
Befragung 188
Begrüßung 362
Beleg 538
Berechnung des Schadens 51
Berechtigungscodes 614
Berichtigungsrecht 623
Beschaffung 550
Beschäftigtendatenschutz 629
Beseitigung des Mangels 31
besondere Verfahren 400
Besondere Verjährungsfristen 154
betriebsgewöhnliche Nutzungsdauer 462
Bevölkerungsstruktur 171
Beweisfunktion 391
Beweislast 157
Beweislastumkehr 39
Beziehungsorientierung 357
Bezirksvertreter 224
Bill of Lading 388
Bitcoin 116
Bordkonnossement 389
Bounce Rate 282

C

Cashflow 504
Cashflow-Rate 504
Click Through Rate 281
Cloud ERP 543
Commercial Invoice 384
Consular Invoice 384
Contest 256
Conversion Rate 282
Corporate Behaviour 254
Corporate Communications 254
Corporate Design 254

Corporate Identity 253
Customs Invoice 384

D

Datenberechnung 510
Datenfeeds 566
Datenschutz 611, 619
Datenschutzgrundverordnung 624
Datensicherung 611, 612
Datensicherung, inkrementelle 614
Datensicherung, vollständige 614
Daten visualisieren 511
Dauerauftrag 102
Debitor 546
Debitorenkarte 546
degressive Abschreibung 461
Deskresearch 186
Devisenbewirtschaftung 432
Diagrammarten 511
Digitale Signatur 117
Direktmarketing 250
Direktwerbung 263
Dispositionspapier 388, 391
Disruption 634
Distanzkauf 28
Distribution 218
– akquisitorische 217
– physische 217
Distributionsorgane 218
Distributionspolitik 217
Diversifikation 214
Dokumente gegen Akzept 366
Dokumente gegen Kasse 366
Dokumente im Außenhandel 382
Dokumenten-Akkreditiv 367
Dokumenten-Inkasso 366
Draufgabe 313
Dreingabe 313
Drittländer 377
Dubletten 571
Dumping 433
Durchfrachtkonnossement 389

E

Echt/Echt-Methode 127
EDV-System ATLAS 397
Effektivzinsmethode 127
Effizienz 591
Eigengebote 608
Eigenkapitalrentabilität 500
Einfirmenvertreter 225
Einfuhrabgaben 395, 402
Einfuhrbestimmungen 382
Einfuhrgeschäft 378
Einfuhrkontingente 432
Einfuhrumsatzsteuer 407
Einfuhrumsatzsteuerwert 407

Einführungswerbung 250
Einfuhrzoll 402
Eingangsmeldung 396
eingeschränkte Deckung 371
Einheitspapier 397
Einiseitiger Handelskauf 27
einstufiges Ausfuhrverfahren 401
Einzelversicherung 373
Einzelwerbung 263
Einzugsermächtigung 12, 106
Electronic Cash 105
Electronic Procurement 604
Elektronisches Bezahlsystem 111
Embargomaßnahmen 432
Endverwendung 400
EORI-Nummer 377
Equipment-Leasing 517
Ereignisse 536
Erfolgsrechnung (KER), kurzfristige 213
Erfüllungsort 9
Erfüllung und Schadensersatz wegen verspäteter Lieferung 49
Ergonomie 588
Erhaltungswerbung 250
Erinnerungswert 463
Ermittlung des Zollsatzes 406
Ermittlung des Zollwerts 402
ERP 542
Ersatz vergeblicher Aufwendungen 38, 51, 127
Erweiterte ereignisgesteuerte Prozessketten 537
Erwerbsbesteuerung 379
Erwerbssteuer 380
EU-Binnenmarkt 435
Europäischer Wirtschaftsraum (EWR) 437
Europäische Union (EU) 435
Eventmarketing 256
Expansionswerbung 250
Exportkreditgarantie 369
Exportkreditversicherung 369
Exportquoten 432
externer Versand 400
EZT-online 377

F
Fabrikationsrisikodeckung 370
Factoring 522
– Abwicklung 522
– Funktionen 523
– Kosten 523
– Nachteile 524
– Vertrag 522
– Vorteile 524
Falschlieferung 25
FCT-Dokument 390
Fehlerhafte Montageanleitung 25
Fehlverkäufe 212

Femininität 360
Fieldresearch 188
Fixgeschäft 48
Fixkauf 50
Forderungsmanagement 122
Franchising 221
Freigut 397
Freihandel 430
Freihändiger Verkauf 58
Freizone 400
Fristsetzung 33
Fulfillment 601
Funktionalität 586
Funktionen 536

G
Garantie 38
GATT 434
Gefahrenübergang 10
Geldschuld 11
Geldwäschegesetz 96
Gemeinschaftswerbung 262
gerichtliches Mahnverfahren 140
Gerichtliches Mahnverfahren 141
Gerichtsstand 12
Geringfügige Mängel 32
Gesamtkapitalrentabilität 501
Geschäftsbesorgungsvertrag 604
Geschäftseinheit, strategische (SGE) 332
Geschäftsprozesse 542
Geschäftsprozesskette 546
Geschäftsprozessmodellierung 534
Geschenke 363
geschlossene Marktplätze 597
Gesetz gegen den unlauteren Wettbewerb (UWG) 266
Gesetzlicher Erfüllungsort 9
Gesetzliche Verzugszinsen 126
Gesichtsverlust 363
Gestellung 396
Gewährleistungsfristen 39
Give Aways 290
Gleichgewichtsmenge 297
Gleichgewichtspreis 297
Google Pay 113
Grenzanbieter 298
Grenznachfrager 298
Grobe Fahrlässigkeit 40, 58, 152
Große Havarie 373
Großer [unbeschränkter] Schadensersatz 37
Großvater-Vater-Sohn-Prinzip 613
Gruppenwerbung 264

H
Haftungsausschluss bei Kenntnis oder grob fahrlässiger Unkenntnis 40

Haftungsausschluss bei unerheblichen Mängeln 40
Haftungsausschluss bei Verletzung der Rügepflicht beim Handelskauf 40
Haftungsverschärfung 48
Halbbare Zahlung 96
Handelsfaktura 384
Handelshemmnisse 431
– nichttarifäre 431
– tarifäre 431
Handelsrechnung 384
Handelsverträge 433
Handelsvertreter 222
– Pflichten 223
– Rechte 223
Handkauf 10
Handlungsreisender 219
Hardware-Schreibschutz 613
Hemmung der Verjährung 154
Höchstfristen 153
Höhere Gewalt 154
holländische Auktion 608
Human Relations 257

I
Identitätsmanagement 615
IKEA-Klausel 25
Immobilien-Leasing 517
Incoterms® 2020 418
Individualismus 358
Individualwerbung 262
Informationelle Selbstbestimmung 622
Informationsobjekt 538
Informationspflicht 591, 627
Inhaberkonnossement 389
Inhalte der Zollanmeldung 397
Inhalte des Konnossements 388
Inkassoverfahren 113
Innerbetriebliche Werbung 257
innergemeinschaftliche Lieferung 379
innergemeinschaftlicher Erwerb 380
Inspektionszertifikat 387
Institute Cargo Clauses 372
Intermodalkonnossement 390
Internationaler Eisenbahnfrachtbrief (CIM) 390
Internationaler Frachtbrief im Straßengüterverkehr (CMR) 390
internationaler Kaufvertrag 413
Internationale Spediteur-Übernahmebescheinigung (FCR-Dokument) 390
interner Versand 400
Internetzollanmeldung 399
Intrastat-Meldung 379

Investitionsgüter-Leasing 517
Ist-Plan-Portfolio 336

K
Kai-Teilscheine 389
Käufermarkt 169
Kernsortiment 211
Klarna 114
Klassifizierung 568
klassische Auktion 607
Kleiner [beschränkter]
  Schadensersatz 37
Klickrate 281
Kollektivismus 358
Kommissionär 227
– Bedeutung 228
– Pflichten 228
– Rechte 228
Kommunikationsmix 258
Konditionen 313
Konkrete Schäden 51
Konkurrenzforschung 183
Konnektoren 536
Konnossement 388
Konnossement-Anteilschein 389
Konnossement-Teilscheine 389
Konsulatsfaktura 384
Konsumentenrente 297
Konsumgüter-Leasing 517
Konventionalstrafe 52
Konvertierungsrisiko 352
Körpersprache 361
Kosten des Mahnverfahrens 143
Kreditor 553
Kreditorenkarte 553
Kreditrisiko 352
Kreditversicherung 138
Kreisdiagramme 512
Kulturdimensionen 356
Kultur, monochrone 359
Kundendienstleistungen 211
Kundenorientierung 319
Kundenzufriedenheit 319

L
Ladenkauf 10
Ladeschein 390
Lastschriftverfahren 102
Laufende Versicherung 373
Leasing 515
– Arten 517
– direktes 517
– Formen 517
– indirektes 517
Lebenszyklus 198
legalisierte Handelsrechnung 384
Legitimationsfunktion 391
Leichte Fahrlässigkeit 152
Leistungs-Abschreibung 461, 465
Letter of Credit 367

Lieferantenkreditdeckung 370
Liefertermin 47
Lieferung einer mangelfreien Sache 32
Lieferungsrisiko 352
Lieferungs- und Zahlungs-
  bedingungen 313
Lieferungsverzug 46
lineare Abschreibung 461
Liniendiagramme 511
Lockvogelwerbung 268
Löschungsrecht 623
Luftfrachtbrief 390

M
Machtdistanz 358
Mahnbescheid 141
Mahnung 47, 136
Mahnverfahren 141
Mahnverfahren, außergerichtliches
  (kaufmännisches) 137
Mahnverfahren, gerichtliches 140
Mängelarten 23
Mangelhafte Lieferung 37
Mangelhafte Ware 30, 36
Mängelrüge 26
Marke 200
Markenpolitik 200
Marketing 600
– Audit 344
– Grundstruktur 332
Marketingdurchführung 174
Marketingkommunikation 248
Marketingkontrolle 174
Marketingmix 320
– Strategien 325
– Wirkung 325
Marketingplanung 174
Marketingziele 174
Marketingzielsetzung 174
Marktanalyse 185
Marktanteil 185
Marktanteils-Marktwachstums-
  Portfolio 333
Marktbeobachtung 185
Märkte 228
Markterkundung 174, 182
Marktformenschema 309
Marktforschung 174
Marktpotenzial 185
Marktprognose 186
Marktrisiko 351
Marktsegmente 176
Marktsegmentierung 176
Marktuntersuchung 182, 183
Marktveranstaltungen 228
Marktvolumen 185
Maskulinität 360
Massenwerbung 264
Matching 571

Mate's Receipt 389
Mehrfirmenvertreter 225
Mehrseitige (multilaterale) Verträge 433
Meinungsforschung 184
Meistbegünstigung 433
MERCOSUR 438
Messen 229
Microsoft Dynamics Business
  Central 543
Minderlieferung 25
Mindermengenzuschlag 314
Minderung des Kaufpreises 35
Mindestabnahmemengen 314
Mindestauftragswerte 314
Mobilien-Leasing 517
Mondpreiswerbung 268
Montagefehler 24
Moratoriumsrisiko 353
Motivforschung 184

N
Nachbesserung 31, 32
Nacherfüllung 31
Nachfragekurve 299
Nachnahme 138
Nachrangige Rechte 33, 126
NAFTA 438
Namenskonnossement 389
Naturalrabatte 312
Nettopreisbildungssystem 309
Neubeginn der Verjährung 155
Nichtleistung 46
Nicht-Rechtzeitig-Lieferung 46
Nicht-Rechtzeitig-Zahlung 124
Nichtverkäufe 212
Normalisierung 571
Notstromaggregat 613
Notverkauf 28, 59
Nutzungsdauer 462

O
OECD 435
Offene Mängel 27
offene Marktplätze 597
Öffentliche Versteigerung 58
Öffentlichkeitsarbeit 252
ökonomische Risiken 351
On Board B/L 389
Online-Marketingcontrolling 281
Operating-Leasing 519
Orderkonnossement 389
Organisationseinheit 538

P
Packliste 388
Packung 201
– Absatzaufgabe 202
– Auswirkungen auf die Kosten 204

– Informationsaufgabe 202
– Schutzaufgabe 204
Packungspolitik 201
Panel 189
Paneleffekt 190
Parallelrechner 613
passive Veredelung 401
Passwortverfahren 614
Payment Provider 111
PayPal 112
Paysafecard 113
Pennerliste 213
Personalrabatt 313
Persönlicher Verkauf 256
Pfandverwertung 148
Pfeile 536
Plant-Leasing 517
Planung eines Ausfuhrgeschäfts 378
Planung eines Einfuhrgeschäfts 378
Platzkauf 10
Platzvertreter 224
Plausibilitätskontrolle 614
politische Risiken 352
Polypol 296
Portfolio-Analyse 333
Portfolio-Kategorien 337
– Strategien 337
– strategische Elemente 337
Preisbildung 296
Preisbindung 309
Preisdifferenzierung
– mengenmäßige 313
– personelle 313
– räumliche 313
– zeitliche 313
Preisgegenüberstellung 270
– irreführende 271
Preisrisiko 351
Preis- und Konditionenpolitik 308
Preisvergleiche 270
Primärerhebung 188
– Methoden 188
– Nachteile 188
– Vorteile 188
Product-Placement 257
Produktdatenoptimierung 567
Produktgestaltung 198
Produktivität 505
Produktlebenszyklus 199
Produktpolitik 197
Produzentenrente 298
Profilanalyse 184
Pro-forma-Rechnung 384
Protektionismus 430
Prüfzifferverfahren 614
Public Relations 252
Pünktlichkeit 363

Q
Quellcode 591
Quittung 94

R
Rabatte 313
Randsortiment 211
Received for Shipment B/L 389
Rechte 30
Rechte des Käufers 49
Rechte des Verkäufers 126
Rechtsfolgen der Verjährung 157
Rechtsfolgen des Annahmeverzugs 58
Rechtsmängel 26
Reederei-Lieferschein 389
Regelmäßige Verjährung 152
Regelungen des UN-Kaufrechts 415
Reisender 225
Reklamationsfristen 27
Reklame 250
Rennerliste 213
Rentabilität 499
Rentabilitätskennzahlen 499
responsives Design 589
Restbuchwert 464
Risiken im Außenhandel 351
Risikoabsicherung 366
Rollencenter 543, 544
Rücktritt vom Vertrag 34, 49, 126
Rügefristen 27

S
Sachmangel 24
Sachorientierung 357
Salespromotion 255
Sammelwerbung 263
Säulendiagramme 512
Schadenberechnung 52
Schadensersatz 36
Schadensersatz neben der Leistung 37
Schadensersatz statt der Leistung 37
Schadensersatz statt der Lieferung 50
Schadensersatz statt der Zahlung 126
Schadensersatz statt Leistung 37
Sea Waybill 389
Seefrachtbrief 389
Sekundärerhebung 186
Selbsthilfeverkauf 58
Selbstinverzugsetzung 48, 126
Selfliquidating Offers 255
Serviceleistungen 601
Shipped on Board B/L 389
Skonto 313
Softwareschnittstellen 580
Software-Schreibschutz 614

Sorte 211
Sortiment 210
– bedarfsorientiert 212
– herkunftsorientiert 212
– stofforientiert 212
Sortimentsbereinigung 214
Sortimentsbreite 211
Sortimentserweiterung 214
Sortimentsgliederung 210
Sortimentskontrolle 212
Sortimentsorientierung 212
Sortimentspolitik 210
– Bestimmungsgrößen 212
Sortimentstiefe 211
Sortimentsumfang 211
Sortimentsveränderung 214
soziokulturelle Risiken 353
Spediteur 396
Spediteurkonnossement 390
Sperrungsrecht 623
Sperrwirkung 391
Sponsoring 253
Sprachen 592
SSL 116
Standortforschung 183
Stellenbeschreibung 220
Streamer 613
Streugebiet 276
Streukreis 276
Streuweg 276
Streuzeit 277

T
Tagging 568, 571
TARIC 377
Tarifierung 377
Tatsachenforschung 184
technische Unterstützung 601
Teilamortisationsvertrag 518
Telefonwerbung 271
Termingeschäft 48
Through Bills of Lading 389
Tortendiagramme 512
Traditionspapier 391
Transferrisiko 352
Transportrisiko 352
Transportversicherung 371
Trend 171
Treuerabatt 313

U
Überlassung zum freien Verkehr 396
Übernahmekonnossement 389
Übertragbarkeit 590
Überversicherung 374
Überwachungsprotokoll 613
Überweisung 101
Überweisungsauftrag 101
Überweisungsfristen 101

Umsatzrentabilität 501
Umsatzsteuer-Identifikations-
    nummer 379
Umwandlungsverfahren 401
Unique Visits 282
UN-Kaufrecht 414
Unmöglichkeit der Lieferung 52
Unsicherheitsvermeidung 360
Unterversicherung 374
Unverschuldete Lieferungs-
    verzögerung 47
unvollständige Anmeldung 402
Unzumutbare Belästigung 271
Ursprungserklärung 387
Ursprungszeugnis 384
Usability 586
UWG (Gesetz gegen den unlauteren
    Wettbewerb) 266

V
Valutierung 314
Verbrauchsteuer 408
Verbundpromotion 255
Veredelung 401
vereinfachte Ausfuhranmeldung
    402
vereinfachte Zollanmeldung 399
Verjährung 151
Verjährungsfristen 39, 154
Verjährungsrecht 151
Verjährung von Mängelansprüchen
    39
Verkäufermarkt 169
Verkaufsförderung 255
Verknüpfungsoperatoren 536
Verladekonnossement 389
Vermittlungsvertreter 222
Verpackung 201
Verpackungskosten 204
Verpackungsmüll 205
Versandpapiere 388
Verschlüsselung 614
Versendungskauf 10
Versicherungspapiere 373, 390
Versicherungspolice 373, 390
Versicherungszertifikat 373, 391
verstecke (verdeckte) Mängel 27
Versteckte Dateien 614
Versteckte (verdeckte) Mängel 26
Vertraglicher Erfüllungsort 12
Vertraglicher Haftungsausschluss
    40

Vertragsgestaltung 412
Vertragssprache 421
Vertriebsfranchising 221
Verzugszinsen 127
Vickrey-Auktion 608
Vier-Augen-Prinzip 613
Vier-Felder-Matrix 333
Visitenkarten 362
Vollamortisationsvertrag 518
volle Deckung 371
Vollständige Konkurrenz 309
Vollständigkeit 590
Vollstreckbarer Titel 142
Vollstreckungsbescheid 142
Vollstreckungsklausel 146
Vollstreckungstitel 146
Vorrangige Rechte 31
Vorsatz 46
Vorteile des Außenhandels 429
Vorteile des UN-Kaufrechts 417
vorübergehende Verwahrung 396
vorübergehende Verwendung 400

W
Warenarten 211
Warenbörsen 229
Warengruppen 211
Warenschuld 10
Warenverkehrsbescheinigung 387
Web-Monitoring 282
Wechselkurspolitik 432
Werbearten 262
Werbebrief 290
Werbedurchführung 278
Werbeerfolg 280
Werbeerfolgskontrolle 280
Werbeetat 276
Werbegrundsätze 278
Werbemittel 287
Werbemittelgestaltung 277
Werbeplan 276
Werbeplanung 276
Werbetiming 277
Werbeträger 287
Werbeverhalten
– antizyklisch 279
Werbeziele 175
Werbezielgebiet 276
Werbung 262
– im Internet 291
– innerbetriebliche 257
– irreführende 268

– vergleichende 270
Wertbrief 96
Wertewandel 170
Wertpapier 391
Wertschöpfungskettendiagramme
    535
Wettbewerbsforschung 183
Wettbewerbsverstöße 272
– Rechtsfolgen 272
Wirtschaftlichkeit 505
WTO 434

Z
Zahlschein 97
Zahlungen 600
Zahlungsmanagement 559
Zahlungsverbotsrisiko 352
Zahlungsverkehr 558
Zahlungsverzug 124
Zession 522
Zinsmethode, Echt/Echt-Methode
    127
Zollanmeldung 395, 396
Zollanmeldung zum freien Verkehr
    397
Zollbefund 396
Zollbeschau 396
Zollbescheid 397
Zollbetrag 402
Zolldeklarant 396
Zölle 432
Zollfaktura 384
Zollfreistellung 396
Zollgut 397
Zolllager 400
Zollpapiere 384
Zolltarifnummer 377
Zollverfahren „Lagerung" 400
Zollvergünstigungen 433
Zollwert 402
Zollwertanmeldung 397
Zuverlässigkeit 590
Zuviellieferungen 26
Zuweniglieferungen 25
Zwangsversteigerung 148
Zwangsverwaltung 148
Zwangsvollstreckung 146
Zweckgeschäft 48
Zweckkauf 50
Zweiseitige (bilaterale) Verträge 433
Zweiseitiger Handelskauf 26, 27
zweistufiges Ausfuhrverfahren 401

Bildquellenverzeichnis

|ACID21 GmbH, Berlin: 182.1, 182.2, 182.3. |Bergmoser + Höller Verlag AG, Aachen: Zahlenbilder 112.1. |Bitkom, Berlin: 87.1. |boerse.de Finanzportal AG, Rosenheim: boerse.de Finanzportal AG, Rosenheim; www.boerse.de 506.1. |Colourbox.com, Odense: 362.2. |DIVSI – Deutsches Institut für Vertrauen und Sicherheit im Internet, Hamburg: Brucerius Law School -Hochschule für Rechtswissenschaft gGmbH 638.1. |dreamstime.com, Brentwood: Gunhold Brunbauer 202.2. |Europäische Kommission, Brussels: 378.1. |Fieber, Tobias, Hannover: 543.2, 544.1, 551.1, 552.2, 555.1; Hild, Claudia 550.2, 552.5, 554.1, 557.1. |Formularverlag CW Niemeyer GmbH & Co. KG, Hameln: 386.1, 398.1. |fotolia.com, New York: abcmedia 269.1; Africa Studio 243.5; ake1150 370.2; Andreas Reimann 66.2; B. Wylezich 141.1, 372.1; BEAUTYofLIFE 366.1; BRN-Pixel 269.3; Christos Georghiou 370.1; contrastwerkstatt 30.1; Fahrner, Eric 617.5; fotomek 116.1, 562.3, 607.1; Gina Sanders 442.1; kenterville 254.3; ldprod 81.1; Nataly Gor 328.3; pico 269.2; tunedin 505.1; viperagp 289.2; Visual Concepts 74.1. |Gambio GmbH, Bremen: 627.1; Paypal 118.1. |Generalzolldirektion, Bonn: 399.1, 407.1. |Getty Images, München: Peter M. Fisher 107.2. |giropay GmbH, Frankfurt am Main: 114.2. |Google LLC: 113.2; Google and the Google logo are registered trademarks of Google LLC, used with permission. 241.1. |Görmann, Felix, Rossdorf: 9.1, 10.1, 11.1, 25.1, 28.1, 47.1, 51.1, 57.1, 95.2, 96.1, 123.1, 126.1, 141.2, 148.1, 155.1, 166.1, 170.1, 176.1, 185.1, 190.1, 196.1, 213.1, 214.1, 217.1, 219.1, 247.1, 248.1, 251.1, 255.1, 262.1, 276.1, 281.1, 287.1, 314.1, 319.1, 330.1, 352.1, 427.1, 429.1, 432.1, 433.1, 515.2, 522.1, 612.1, 618.1, 620.1, 623.1. |Handelsverband Deutschland - HDE - e.V., Berlin: 590.1. |Heinemeier, Hartwig, Hannover: 40.1, 49.1, 50.1, 94.1, 151.1, 181.1, 254.1, 254.2, 258.1, 267.1, 271.1, 279.1, 279.2, 288.4, 289.1, 297.1, 297.2, 325.1. |Hild, Claudia, Angelburg: 26.1, 31.1, 31.2, 34.1, 38.1, 45.2, 52.1, 59.1, 73.1, 75.1, 80.1, 95.1, 97.1, 100.1, 105.1, 123.3, 135.1, 137.1, 140.1, 146.1, 173.1, 173.2, 173.3, 173.4, 179.1, 184.1, 186.1, 192.1, 199.1, 200.1, 200.2, 203.1, 210.1, 213.2, 223.1, 226.1, 227.1, 231.1, 236.1, 239.2, 240.1, 243.4, 250.1, 252.1, 262.2, 263.2, 266.1, 279.3, 284.1, 290.1, 295.1, 296.1, 296.2, 298.1, 298.2, 299.1, 301.1, 301.2, 301.3, 301.4, 303.1, 305.1, 306.1, 328.1, 334.1, 334.2, 335.1, 336.1, 351.1, 388.1, 421.1, 422.1, 428.1, 428.2, 519.1, 543.1, 578.1, 579.1, 583.2, 583.3, 621.1; Hild, Claudia 278.1. |iStockphoto.com, Calgary: Issaurinko 570.3; rebelml 328.2; sumos 373.1. |Jecht, Birk, Hildesheim: 234.1, 243.1, 345.1, 346.1, 346.2, 569.1, 569.2, 570.1, 570.2. |Jecht, Hans, Hildesheim: 117.1. |Microsoft Deutschland GmbH, München: 545.1, 547.1, 548.1, 549.1, 549.2, 550.1, 550.3, 552.1, 552.3, 552.4, 552.6, 552.7, 553.1, 553.2, 553.3, 554.2, 554.3, 554.5, 555.2, 556.1, 556.2, 557.2, 557.3, 557.4, 559.2, 559.3, 559.4, 560.1, 560.2, 561.1, 561.2, 561.3, 561.4, 562.1, 562.2, 562.4, 563.1, 563.2. |paydirekt GmbH, Frankfurt am Main: 114.1. |PayPal Deutschland GmbH, Kleinmachnow: 112.2. |Paysafe Group, Wien: 113.1. |Picture-Alliance GmbH, Frankfurt/M.: 436.2; dpa-infografik 107.1, 436.1; dpa-infografik GmbH 67.1, 187.1, 205.1, 260.1, 292.1; dpa/Stache, Soeren 257.1; FrankHoermann/SvenSimon 270.1; Gentsch, Friso 289.3. |Steinbeis - Transferzentrum Unternehmensentwicklung an der Hochschule Pforzheim, Pforzheim: 342.1. |stock.adobe.com, Dublin: 45.1; Aisyaqilumar 204.1; andyller 245.1; bagiuiani 589.1; beebright 119.2; blackzheep 237.1; bloomicon 237.2; bluedesign 128.2; Boehmer, Oliver 474.1; Butch 6.1; chekman 92.2; chika_milan 635.2; Coloures-Pic 62.2; denisismagilov 532.1; designer491 586.1; Dmitry 574.2, 583.1; DOC RABE Media 67.2; Drobot, Dean 154.1; Elnur 127.1; Engel, Jan 66.1; Ernst, Daniel 609.1; faithie 239.1; FARBAI 243.2; fizkes 104.1; flydragon 88.1; fotohansel 16.1, 16.2, 16.3, 16.4; fotomek 551.2; FrankBoston 68.1; gloszilla 71.1; Golden Sikorka 120.1; golubovy 544.2; Gstudio 92.1; H_Ko 244.2; hafakot 588.1; Halfpoint 561.5; jackfrog 596.1; Jirsák, Jakub 505.2; jivimages 253.1; Johannsen, M. 348.1; K.C. 64.1; kentoh 635.1; Kneschke, Robert 202.1, 515.1, 617.4; Krakenimages.com 162.1; Kruk, Ivan 637.1; Leal, Luisa 62.1; Lee, Tomm 510.1; Light Impression 559.1; m.mphoto 17.1; maciek905 598.2; Marc 92.3; marcus_hofmann 128.1; master1305 244.1; Matynia, Wiktoria 243.3; MclittleStock 288.2; MQ-Illustrations 63.1; okufner 362.1; Panumas 554.4; pathdoc 130.1; photowahn 172.1; pictworks 65.1; Popov, Andrey 84.1, 93.1, 596.2; profit_image 574.1; Qaiyoom, Abdul 119.1, 234.2; Rawpixel.com 593.1; Reimer, Thomas 288.3; Rosenthal, Mathias 598.1; rrice 599.1; Saint-Ramon, Eve Titel, Titel; showcake 197.1; spainter_vfx 591.1; ST-studio 263.1; Stanislau_V 607.2; stokkete 70.1; studio v-zwoelf 533.1; Suphanat 617.1; SurfupVector 91.1, 91.2, 91.3; Suzi, Aleksandra 229.1; Travis 120.2; Trueffelpix 245.2; ttanothai 565.1; vectorfusionart 498.1; VRD 72.1; wladimir1804 595.1, 615.1; WoGi 617.2, 617.3; Wylezich, Björn 288.1; Zerbor 183.1. |Verband der Vereine Creditreform e.V., Neuss: 123.2. |Verlag Franz Vahlen GmbH, München: Stefan Müller, Katja Gelbrich: Interkulturelles Marketing, S.149, 2015 361.1. |Weber – MeineVorlagen.com, Wil: 345.2.

Wir arbeiten sehr sorgfältig daran, für alle verwendeten Abbildungen die Rechteinhaberinnen und Rechteinhaber zu ermitteln. Sollte uns dies im Einzelfall nicht vollständig gelungen sein, werden berechtigte Ansprüche selbstverständlich im Rahmen der üblichen Vereinbarungen abgegolten.

Konten

0 Anlage- und Kapitalkonten

00 Frei
01 Immaterielle Vermögensgegenstände (z. B. Firmenwert)
02 Grundstücke und Gebäude
  0210 Grundstücke
  0230 Gebäude
03 Anlagen, Maschinen, Betriebs- und Geschäftsausstattung
  0310 Technische Anlagen und Maschinen
  0330 Betriebs- und Geschäftsausstattung (BGA)
  0340 Fuhrpark
  0350 Geleistete Anzahlungen
  0360 Anlagen im Bau
  0370 Geringwertige Wirtschaftsgüter (GWG)
  0371 GWG-Sammelposten
04 Finanzanlagen
  0430 Beteiligungen
  0450 Wertpapiere des Anlagevermögens
  0460 Sonstige Ausleihungen (Darlehen)
05 Abschreibungen und Wertberichtigungen
  0510 Abschreibungen auf Sachanlagen
  0520 Wertberichtigungen bei Forderungen
    0521 Einzelwertberichtigungen (EWB)
    0522 Pauschalwertberichtigungen (PWB)
06 Eigenkapital
  0610 Gezeichnetes Kapital oder Eigenkapital
  0620 Kapitalrücklagen
  0630 Gewinnrücklage
    0631 Gesetzliche Rücklagen
    0633 Satzungsmäßige Rücklagen
    0634 Andere Gewinnrücklagen
  0640 Gewinnvortrag, Verlustvortrag
  0650 Jahresüberschuss, Jahresfehlbetrag
  0660 Bilanzgewinn, Bilanzverlust
  0670 Ergebnisverwendung
07 Sonderposten mit Rücklageanteil und Rückstellungen
  0710 Sonderposten mit Rücklageanteil
  0720 Rückstellungen
    0721 Rückstellungen für Pensionen
    0722 Steuerrückstellungen
    0724 Sonstige Rückstellungen
08 Verbindlichkeiten
  0820 Verbindlichkeiten gegenüber Kreditinstituten (z. B. Darlehen)
  0830 Hypotheken

1 Finanzkonten

10 Forderungen
  1010 Forderungen a. LL
  1020 Zweifelhafte Forderungen
  1030 Nachnahmeforderungen
11 Sonstige Vermögensgegenstände
  1130 Sonstige Forderungen
  1140 Geleistete Anzahlungen auf Vorräte
  1150 Forderungen an Gesellschafter
  1160 Forderungen an Mitarbeiter
  1170 SV-Vorauszahlung
12 Wertpapiere des Umlaufvermögens
13 Banken
  1310 -1319 Kreditinstitute (= Bank)
  1320 Postbank
14 Vorsteuer
  1410 Vorsteuer (19 %)
    1411 Vorsteuer für i. E.[2]
  1420 Vorsteuer (7 %)
  1430 Einfuhrumsatzsteuer
15 Zahlungsmittel
  1510 Kasse
  1520 Schecks
  1530 Wechselforderungen (Besitzwechsel)
  1540 Protestwechsel
16 Privatkonten
  1610 Privatentnahmen
  1620 Privateinlagen
17 Verbindlichkeiten
  1710 Verbindlichkeiten a. LL
  1750 Erhaltene Anzahlungen auf Bestellungen
  1760 Wechselverbindlichkeiten (Schuldwechsel)
18 Umsatzsteuer
  1810 Umsatzsteuer (19 %)
    1811 Umsatzsteuer für i. E.[2]
  1820 Umsatzsteuer (7 %)
19 Sonstige Verbindlichkeiten
  1910 Verbindlichkeiten aus Steuern
  1930 Verbindlichkeiten gegenüber Gesellschaftern
  1940 Sonstige Verbindlichkeiten
  1950 Verbindlichkeiten aus Vermögensbildung
  1980 Zollverbindlichkeiten

---

[2] i. E. = innergemeinschaftliche Erwerbe

Fortsetzung Kontenklasse 0

09 Rechnungsabgrenzungsposten
  0910 Aktive Rechnungsabgrenzungsposten
  0920 Disagio
  0930 Passive Rechnungsabgrenzungsposten

2 Abgrenzungskonten

20 Sonstige Aufwendungen
  2010 Frei
  2020 Betriebsfremde Aufwendungen
  2030 Periodenfremde Aufwendungen
  2040 Verluste aus dem Abgang von AV
  2050 Verluste aus dem Abgang von UV (außer Vorräte)
  2060 Sonstige Aufwendungen (z. B. Kursverluste, Kassenfehlbeträge, außergewöhnliche Aufwendungen)
  2070 Spenden[3]
  2080 Anlagenabgänge
21 Zinsen und ähnliche Aufwendungen
  2110 Zinsaufwendungen
  2130 Diskontaufwendungen
  2140 Zinsähnliche Aufwendungen
  2150 Aufwendungen aus Kursdifferenzen
22 Steuern vom Einkommen
  2210 Körperschaftsteuer sowie SolZ[3]
  2230 Kapitalertragsteuer
  2250 Steuernachzahlungen – Vorjahre[3]
  2251 Steuererstattungen – Vorjahre[3]
23 Forderungsverluste
  2310 Übliche Abschreibungen auf Forderungen
  2320 Außergewöhnliche Abschreibungen auf Forderungen
  2330 Zuführungen zu Einzelwertberichtigungen
  2340 Zuführungen zu Pauschalwertberichtigungen
24 Sonstige Erträge
  2410 Frei
  2420 Betriebsfremde Erträge
  2430 Periodenfremde Erträge
  2460 Sonstige Erträge (z. B. Sachbezüge, Kassenüberschüsse, außergewöhnl. Erträge)
25 Erträge aus Beteiligungen, Wertpapieren und Ausleihungen des Finanzanlagevermögens
  2510 Erträge aus Beteiligungen
  2520 Erträge aus Wertpapieren des AV
26 Sonstige Zinsen und ähnliche Erträge
  2610 Zinserträge
  2630 Diskonterträge
  2640 Zinsähnliche Erträge
  2650 Erträge aus Kursdifferenzen
27 Sonstige betriebliche Erträge
  2700 Erlöse aus Anlagenabgängen
  2710 Erträge a. d. Abgang von AV

---

[3] Diese Konten sind im AKA-Kontenplan nicht enthalten, da sie nur für Kapitalgesellschaften gelten.

---

[1] Auf der Grundlage des vom **Bundesverband des Groß- und Außenhandels (BGA)**, Bonn 1988, und unter voller Berücksichtigung des von der **Aufgabe kaufmännische Abschlussprüfungen (AKA)**, IHK Nürnberg, herausgegebenen Großhandelskontenrahmens (1988).
Die Konten **8818** und **8828 Kundenskonto** sind im Kontenrahmen nicht aufgeführt, ebenso wie die **Unterkonten** der Kontengruppen **37 und 38**. Sie ent

Kontenrahmen für den Groß- und Außenhandel[1]

klassen

3 Wareneinkaufskonten / Warenbestandskonten

30 Warengruppe I
- 3010 Wareneingang
- 3020 Warenbezugskosten
- 3030 Leihemballagen
- 3050 Rücksendungen an Lieferanten
- 3060 Nachlässe von Lieferanten
- 3070 Lieferantenboni
- 3080 Lieferantenskonti

31 Warengruppe II
- 3110 Wareneingang
- 3120 Warenbezugskosten
- 3130 Leihemballagen
- 3150 Rücksendungen an Lieferanten
- 3160 Nachlässe von Lieferanten
- 3170 Lieferantenboni
- 3180 Lieferantenskonti

32 Warengruppe III

33 Warengruppe IV

37 Wareneingang aus i. E.[2]

38 Wareneinfuhr (aus Drittländern)

39 Warenbestände
- 3910 Warengruppe I
- 3920 Warengruppe II
- 3930 Warengruppe III
- 3940 Warengruppe IV

Fortsetzung Kontenklasse 2

- 2720 Erträge aus dem Abgang von UV (außer Vorräte)
- 2730 Erträge aus Zuschreibungen
- 2731 Zuschreibungen im AV
- 2732 Zuschreibungen im UV
- 2740 Erträge aus abgeschriebenen Forderungen
- 2750 Erträge aus der Auflösung von Wertberichtigungen zu Forderungen
- 2751 Auflösung von Einzelwertberichtigungen (EWB)
- 2752 Auflösung von Pauschalwertberichtigungen (PWB)
- 2760 Erträge aus der Auflösung von Rückstellungen
- 2770 Sonstige betriebliche Erträge (z. B. Kursgewinne)
- 2771 Erträge aus Versicherungsentschädigungen
- 2780 Entnahme von sonstigen Gegenständen und Leistungen

28 Verrechnete kalkulatorische Kosten[4]

29 Abgrenzung innerhalb des Geschäftsjahres[4]

---

[4] Kalkulatorische Kosten und innerperiodische Abgrenzungen werden in der Praxis nicht buchhalterisch, sondern stets tabellarisch in der Abgrenzungsrechnung der KLR berücksichtigt.

4 Konten der Kostenarten

40 Personalkosten
- 4010 Löhne
- 4020 Gehälter
- 4030 Aushilfslöhne
- 4040 Gesetzliche soziale Aufwendungen
- 4050 Freiwillige soziale Aufwendungen
- 4060 Aufwendungen für Altersversorgung
- 4070 Vermögenswirksame Leistungen

41 Mieten, Pachten, Leasing

42 Steuern, Beiträge, Versicherungen
- 4210 Gewerbesteuer
- 4211 Gewerbesteuernachzahlungen – Vorjahre
- 4212 Gewerbesteuererstattungen – Vorjahre
- 4220 Kfz-Steuer
- 4230 Grundsteuer
- 4240 Sonstige Betriebsteuern
- 4250 Betriebsteuernachzahlungen – Vorjahre
- 4251 Betriebsteuererstattungen – Vorjahre
- 4260 Versicherungen
- 4270 Beiträge
- 4280 Gebühren und sonstige Abgaben

43 Energie, Betriebsstoffe

44 Werbe- und Reisekosten

45 Provisionen

46 Kosten der Warenabgabe
- 4610 Verpackungsmaterial
- 4620 Ausgangsfrachten
- 4630 Gewährleistungen

47 Betriebskosten, Instandhaltung
- 4710 Instandhaltung
- 4730 Sonstige Betriebskosten

48 Allgemeine Verwaltung
- 4810 Bürobedarf
- 4820 Porto- und Telekommunikationskosten
- 4821 Portokosten
- 4822 Kosten der Telekommunikation
- 4830 Kosten der Datenverarbeitung
- 4840 Rechts- und Beratungskosten
- 4850 Personalbeschaffungskosten
- 4860 Kosten des Geldverkehrs
- 4890 Diverse Aufwendungen

49 Abschreibungen
- 4910 Abschreibungen auf Sachanlagen
- 4920 Abschreibungen auf GWG
- 4930 Abschreibungen auf Sammelposten
- 4931 Abschreibungen auf SP Jahr 1
- 4932 Abschreibungen auf SP Jahr 2
- 4933 ... usw.
- 4940 Außerplanmäßige Abschreibungen auf Sachanlagen
- 4950 Abschreibungen auf Finanzanlagen des AV
- 4960 Abschreibungen auf Wertpapiere des UV

5 Konten der Kostenstellen[5]

Für die Konten der Kostenstellen sind betriebs- und branchenbedingt unterschiedliche Aufteilungen möglich. Die nachfolgende Untergliederung nach Funktionen ist beispielhaft aufgeführt:
- Einkauf
- Lager
- Vertrieb
- Verwaltung
- Fuhrpark
- Be-/Verarbeitung

[5] Anmerkung: Die Kostenstellenrechnung wird in der Praxis stets tabellarisch und nicht kontenmäßig durchgeführt. Die Kontenklasse 5 bleibt deshalb in der Regel frei.

6 Konten für Umsatzkostenverfahren[6]

[6] Anmerkung: Diese Kontenklasse bleibt in der Regel frei, da Großhandelsunternehmen ihre GuV-Rechnung meist nach dem Gesamtkostenverfahren erstellen.

7 Freie Kontenklasse

8 Warenverkaufskonten/Umsatzerlöse

80 Warengruppe I
- 8010 Warenverkauf
- 8050 Rücksendungen von Kunden
- 8060 Nachlässe an Kunden
- 8070 Kundenboni
- 8080 Kundenskonti

81 Warengruppe II
- 8110 Warenverkauf
- 8150 Rücksendungen von Kunden
- 8160 Nachlässe
- 8170 Kundenboni
- 8180 Kundenskonti

82 Warengruppe III

83 Warengruppe IV

87 Sonstige Erlöse
- 8710 Entnahme von Waren
- 8720 Provisionserträge
- 8730 Mieterträge

88 Außenhandelserlöse
- 8810 Erlöse aus innergemeinschaftlicher Lieferung
- 8820 Erlöse aus Warenausfuhr (in Drittländer)

9 Abschlusskonten

- 9100 Eröffnungsbilanzkonto
- 9150 Saldenvorträge (Sammelkonto)
- 9200 Warenabschlusskonto
- 9300 Gewinn- und Verlustkonto
- 9400 Schlussbilanzkonto

Gliederung der Jahresbilanz
mittelgroßer und großer Kapitalgesellschaften[1]
nach § 266 Abs. 2 und 3 Handelsgesetzbuch mit Kontenzuordnung[2]

Aktiva		Passiva	
A. **Anlagevermögen**		A. **Eigenkapital**	
I. Immaterielle Vermögensgegenstände	(01)	I. Gezeichnetes Kapital	(0610)
1. Selbstgeschaffene gewerbliche Schutzrechte und ähnliche Rechte und Werte;		II. Kapitalrücklage	(0620)
2. entgeltlich erworbene Konzessionen, gewerbliche Schutzrechte und ähnliche Rechte und Werte sowie Lizenzen an solchen Rechten und Werten		III. Gewinnrücklagen	
		1. gesetzliche Rücklage	(0631)
		2. Rücklage für Anteile an einem herrschenden oder mehrheitlich beteiligten Unternehmen	
3. Geschäfts- oder Firmenwert		3. satzungsmäßige Rücklagen	(0633)
4. geleistete Anzahlungen		4. andere Gewinnrücklagen	(0634)
II. Sachanlagen	(02–03)	IV. Gewinnvortrag/Verlustvortrag[3]	(0640)
1. Grundstücke, grundstücksgleiche Rechte und Bauten einschließlich der Bauten auf fremden Grundstücken	(0210, 0230)	V. Jahresüberschuss/ Jahresfehlbetrag[3]	(0650, 0660)
2. technische Anlagen und Maschinen	(0310)	B. **Rückstellungen**	(0720)
3. andere Anlagen, Betriebs- und Geschäftsausstattung	(0330, 0340, 0370, 0371)	1. Rückstellungen für Pensionen und ähnliche Verpflichtungen	(0721)
4. geleistete Anzahlungen und Anlagen im Bau	(0350, 0360)	2. Steuerrückstellungen	(0722)
III. Finanzanlagen	(04)	3. sonstige Rückstellungen	(0724)
1. Anteile an verbundenen Unternehmen		C. **Verbindlichkeiten**	
2. Ausleihungen an verbundene Unternehmen		1. Anleihen davon konvertibel	
3. Beteiligungen	(0430)	2. Verbindlichkeiten gegenüber Kreditinstituten	(0820)
4. Ausleihungen an Unternehmen, mit denen ein Beteiligungsverhältnis besteht		3. erhaltene Anzahlungen auf Bestellungen	(1750)
5. Wertpapiere des Anlagevermögens	(0450)	4. Verbindlichkeiten aus Lieferungen und Leistungen	(1710)
6. sonstige Ausleihungen	(0460)	5. Verbindlichkeiten aus der Annahme gezogener Wechsel und der Ausstellung eigener Wechsel	(1760)
B. **Umlaufvermögen**		6. Verbindlichkeiten gegenüber verbundenen Unternehmen	
I. Vorräte		7. Verbindlichkeiten gegenüber Unternehmen, mit denen ein Beteiligungsverhältnis besteht	
1. Roh-, Hilfs- und Betriebsstoffe			
2. unfertige Erzeugnisse			
3. fertige Erzeugnisse und Waren	(39)	8. sonstige Verbindlichkeiten	(1930, 1940, 1950, 1980)
4. geleistete Anzahlungen	(1140)	– davon aus Steuern	(18, 1910)
II. Forderungen und sonstige Vermögensgegenstände		– davon im Rahmen der sozialen Sicherheit	
1. Forderungen aus Lieferungen und Leistungen	(1010, 1020, 1030, 1530)		
2. Forderungen gegen verbundene Unternehmen			
3. Forderungen gegen Unternehmen, mit denen ein Beteiligungsverhältnis besteht			
4. sonstige Vermögensgegenstände	(1130–1170)	D. **Rechnungsabgrenzungsposten**	(0930)
III. Wertpapiere	(12)	E. **Passive latente Steuern**	
1. Anteile an verbundenen Unternehmen			
2. sonstige Wertpapiere			
IV. Kassenbestand, Bundesbankguthaben, Guthaben bei Kreditinstituten und Schecks	(1310, 1320, 1510)		
C. **Rechnungsabgrenzungsposten**	(0910, 0920)		
D. **Aktive latente Steuern**			
E. **Aktiver Unterschiedsbetrag aus der Vermögensverrechnung**			

---

1 § 266 (1) HGB: Kleine Kapitalgesellschaften (§ 267[1] HGB) brauchen nur eine verkürzte Bilanz aus den mit Buchstaben und römischen Zahlen bestehenden Posten aufzustellen. Kleinstkapitalgesellschaften (§ 267a HGB) dürfen ebenfalls eine verkürzte Bilanz aufstellen, die nur die mit Buchstaben bezeichneten Posten enthalten muss.

2 nach dem Kontenrahmen für den Groß- und Außenhandel

3 § 268 (1) HGB: Die Bilanz darf auch nach vollständiger oder teilweiser Verwendung des Jahresergebnisses aufgestellt werden. Wird die Bilanz nach teilweiser Verwendung des Jahresergebnisses (z. B. Zuführung von 50 % des Jahresgewinns in eine Gewinnrücklage) aufgestellt, so tritt an die Stelle des Postens „Jahresüberschuss/Jahresfehlbetrag" und „Gewinnvortrag/Verlustvortrag" der Posten **Bilanzgewinn/Bilanzverlust**; ein vorhandener Gewinn- oder Verlustvortrag ist in den Posten „Bilanzgewinn/Bilanzverlust" einzubeziehen und in der Bilanz oder im Anhang gesondert anzugeben.

Gliederung der Gewinn- und Verlustrechnung in Staffelform[1]
nach § 275 Handelsgesetzbuch mit Kontenzuordnung[2]

(1) Die Gewinn- und Verlustrechnung ist in Staffelform nach dem Gesamtkostenverfahren oder dem Umsatzkostenverfahren aufzustellen. Dabei sind die in Absatz 2 oder 3 bezeichneten Posten in der angegebenen Reihenfolge gesondert auszuweisen.

(2) Bei Anwendung des **Gesamtkostenverfahrens** sind auszuweisen:
1. Umsatzerlöse (8010, 8710, 8720, 8730, 8810, 8820)
2. Erhöhung oder Verminderung des Bestands an fertigen und unfertigen Erzeugnissen
3. andere aktivierte Eigenleistungen
4. sonstige betriebliche Erträge (2420, 2430, 2460, 2650, 2700, 2720, 2730, 2740, 2750, 2760, 2770, 2780)
5. Materialaufwand:
    a) Aufwendungen für Roh-, Hilfs- und Betriebsstoffe und für bezogene Waren (3010, 3710, 3810)
    b) Aufwendungen für bezogene Leistungen
6. Personalaufwand:
    a) Löhne und Gehälter (4010, 4020, 4030, 4070)
    b) soziale Abgaben und Aufwendungen für Altersversorgung und für Unterstützung, davon für Altersversorgung (4040, 4050, 4060)
7. Abschreibungen:
    a) auf immaterielle Vermögensgegenstände des Anlagevermögens und Sachanlagen (4910, 4920)
    b) auf Vermögensgegenstände des Umlaufvermögens, soweit diese die in der Kapitalgesellschaft üblichen Abschreibungen überschreiten (2320)
8. sonstige betriebliche Aufwendungen (2020, 2030, 2040, 2050, 2060, 2070, 2080, 2150, 2310, 2320, 2330, 2340, 4100, 4260, 4270, 4280, 4300, 4400, 4500, 4610, 4620, 4630, 4710, 4730, 4810, 4820, 4830, 4840, 4850, 4860, 4890)
9. Erträge aus Beteiligungen (2510)
    – davon aus verbundenen Unternehmen
10. Erträge aus anderen Wertpapieren und Ausleihungen des Finanzanlagevermögens (2520)
    – davon aus verbundenen Unternehmen
11. sonstige Zinsen und ähnliche Erträge (2610, 2630, 2640)
    – davon aus verbundenen Unternehmen
12. Abschreibungen auf Finanzanlagen und auf Wertpapiere des Umlaufvermögens (4930, 4940)
13. Zinsen und ähnliche Aufwendungen (2110, 2130, 2140)
    – davon an verbundene Unternehmen
14. Steuern vom Einkommen und vom Ertrag (2210, 2230, 2250, 4210)
15. **Ergebnis nach Steuern (Saldo)**
16. sonstige Steuern (4220, 4230, 4240, 4250)
17. **Jahresüberschuss/Jahresfehlbetrag (Saldo)**

(3) Bei Anwendung des **Umsatzkostenverfahrens** sind auszuweisen:
1. Umsatzerlöse
2. Herstellungskosten der zur Erzielung der Umsatzerlöse erbrachten Leistungen
3. Bruttoergebnis vom Umsatz
4. Vertriebskosten
5. allgemeine Verwaltungskosten
6. sonstige betriebliche Erträge
7. sonstige betriebliche Aufwendungen
8. Erträge aus Beteiligungen,
    – davon aus verbundenen Unternehmen
9. Erträge aus anderen Wertpapieren und Ausleihungen des Finanzanlagevermögens,
    – davon aus verbundenen Unternehmen
10. sonstige Zinsen und ähnliche Erträge,
    – davon aus verbundenen Unternehmen
11. Abschreibungen auf Finanzanlagen und auf Wertpapiere des Umlaufvermögens
12. Zinsen und ähnliche Aufwendungen,
    – davon an verbundene Unternehmen
13. Steuern vom Einkommen und vom Ertrag
14. **Ergebnis nach Steuern**
15. sonstige Steuern
16. **Jahresüberschuss/Jahresfehlbetrag**

---

1 § 275 [5] HGB: Kleinstkapitalgesellschaften (§ 267a HGB) dürfen eine verkürzte GuV-Rechnung aufstellen, die nur die Posten Umsatzerlöse, sonstige Erträge, Materialaufwand, Personalaufwand, Abschreibungen, sonstige Aufwendungen, Steuern und Jahresüberschuss/Jahresfehlbetrag enthält. § 276 HGB: Kleine und mittelgroße Kapitalgesellschaften (§ 267 HGB) dürfen die Posten § 275 Abs. 2 Nr. 1 bis 5 oder Abs. 3 Nr. 1 bis 3 und 6 zu einem Posten „**Rohergebnis**" zusammenfassen.

2 nach dem Kontenrahmen für den Groß- und Außenhandel